Über die Herausgeber

Prof. Dr. Siegfried Grubitzsch, geboren 1940, lehrt an der Carl von Ossietzky Universität Oldenburg / O. das Fach *Psychologie mit dem Schwerpunkt psychologische Diagnostik*. Mitherausgeber der 1977 von ihm gegründeten Zeitschrift *Psychologie und Gesellschaftskritik*. Seit 1985 Leiter der «Test- und gutachtenpsychologischen Beratungsstelle» an der Universität in Oldenburg. Zahlreiche Buch- und Zeitschriftenveröffentlichungen zur Psychodiagnostik und ihrer sozialgeschichtlichen Zusammenhänge. Arbeiten zur Kritik der Psychologie als Sozialtechnologie, ihrer Methoden und Theorien.

Prof. Dr. Klaus Weber, geb. 1960, Erzieher / Diplompsychologe, lehrt an der Fachhochschule Frankfurt / Main (Sozialarbeit) Klinische Psychologie. Arbeiten zur Psychologiegeschichte, zu Subjekttheorien und zum Zusammenhang von Faschismus / Rassismus und Psychologie. Mitherausgeber der Zeitschrift «Psychologie & Gesellschaftskritik». – *Buchveröffentlichungen*: Vom Aufbau des Herrenmenschen. Philipp Lersch – Eine Karriere als Militärpsychologe und Charakterologe. Pfaffenweiler 1993; «Was ein rechter Mann ist». Subjektive Konstruktionen rechter Männer. Pfaffenweiler 1997.

Die Herausgeber bedanken sich ausdrücklich bei cand. psych. Markus Wild, Carl von Ossietzky Universität Oldenburg. Mit zuverlässiger Arbeit hat er wesentlich am Zustandekommen des Handbuchs mitgewirkt.

Siegfried Grubitzsch
Klaus Weber (Hg.)

Psychologische Grundbegriffe

Ein Handbuch

rororo
rowohlts enzyklopädie

rowohlts enzyklopädie
Herausgegeben von Burghard König

Originalausgabe
Veröffentlicht im Rowohlt Taschenbuch Verlag GmbH,
Reinbek bei Hamburg, April 1998

Umschlaggestaltung Jens Kreitmeyer
Satz Aldus und Frutiger (Linotronic 500)
Gesamtherstellung Clausen & Bosse, Leck
Printed in Germany
ISBN 3 499 55588 3

Inhalt

Aggression

Die verschiedenen Versuche, Aggression zu bestimmen, reichen von einem allgemeinen Aktivitätsbegriff über eine Vorstellung von produktiver oder lediglich instrumenteller Aggression bis hin zu eindeutig destruktivem Verhalten und Gewalt (Nolting, 1994; Selg, 1968). Aggression kann als Reaktion auf Frustration angesehen werden, als erlerntes Verhalten, als Reaktion auf Bedrohungsreize (Fromm, 1973), oder es kann, wie in psychoanalytischen Ansätzen, von einem grundsätzlich bestehenden aggressiven Impuls ausgegangen werden, der sozialisiert werden muß (Mitscherlich, 1983). Den größten Teil der bestehenden Vorstellungen zu Aggression bilden Theorien, die sich an beobachtbaren Verhaltensweisen orientieren. Hier wird Aggression als das Austeilen schädigender Reize definiert, wobei dies offen oder verdeckt geschehen kann, mit verbalen oder körperlichen Mitteln, oder lediglich in der Phantasie. Bemerkenswert bei dieser Schwerpunktsetzung auf reale, unmittelbar wahrnehmbare Unterschiede bleibt die fehlende Unterscheidung in männliches und weibliches Aggressionsverhalten, obwohl sowohl Aggressionsformen als auch die Häufigkeit des Ausagierens sehr unterschiedlich auf die Geschlechter verteilt sind: offen gewalttätige Aggressionen werden wesentlich häufiger von Männern ausgeführt, während Frauen sich eher der stillen und indirekten Praktiken bedienen. Ebenso kommt nicht zur Sprache, daß es Männern eher als Frauen zugebilligt wird, aggressiv zu sein. Auch produktive Formen der Aggression wie Selbstbehauptung und Durchsetzung gelten, entgegen dem unmittelbaren Anschein, immer noch als unweiblich und werden für Frauen tabuisiert (Musfeld, 1997). Demgegenüber wählen psychoanalytische Theorien einen anderen Zugang. Sie beziehen sich auf den ursprünglichen Wortstamm, das «ad-gredere», und betrachten Aggression zunächst als ein Herangehen, als Zupacken, als Aktivität. Aggression ist hier ein lebenserhaltender Impuls, der sich die Welt lustvoll einzuverleiben sucht und dabei zunächst durchaus auch rücksichtslos vorgeht (Winnicott, 1958). Aus diesem «Trieb» entstehen dann, gesellschaftlich und sozial vermittelt und individuell angeeignet, die verschiedenen Formen produktiver und destruktiver Aggression. Zu wenig beachtet werden Praktiken institutioneller Aggression, die zur Etablierung von autoritären Strukturen dienen. Dies gesellschaftliche Wahrnehmungstabu führt dazu, daß auch Aggression gegen die Herrschaft unbewußt bleiben muß und häufig auf weniger gefährliche Objekte verschoben wird (Erdheim, 1984).

Literatur

Erdheim, M. (1984). Die gesellschaftliche Produktion von Unbewußtheit. Frankfurt/M.
Fromm, E. (1973). Anatomie der menschlichen Destruktivität. Reinbek.
Mitscherlich, A. (1983). Gesammelte Schriften. Bd. V. Frankfurt/M.
Musfeld, T. (1997). Im Schatten der Weiblichkeit. Tübingen.
Nolting, H.-P. (1994). Lernfall Aggression. Reinbek.
Selg, H. (1968). Diagnostik der Aggressivität. Göttingen.
Winnicott, D. W. (1958). Von der Kinderheilkunde zur Psychoanalyse. Frankfurt/M.

Tamara Musfeld

Aktionsforschung

Die seit Anfang der 70er Jahre im deutschen Sprachraum existierende Diskussion um die Aktionsforschung steht für Stichworte oder Konzepte, die eine Reform oder gar Überwindung herkömmlicher Sozialforschung in der Form empirisch-analytisch orientierter Forschungspraxis anstreben. Als Urheber von «action research» gilt Kurt Lewin mit seiner Abkehr von einer bloß diagnostizierenden Wissenschaft hin zu einer zu sozialem Handeln führenden Forschung, der Propagierung von Arbeit im sozialen Feld statt dem bloßen Laborexperiment und seinem Programm, Wissenschaft und Praxis in der Betonung von Multidisziplinarität und Problemspezifität zu vermitteln. Entsprechend der unterschiedlichen Entwicklung von Aktionsforschung im deutschsprachigen Raum, besonders im Gefolge der Studentenbewegung, finden sich dort äquivalente Bezeichnungen wie Tatforschung, Handlungsforschung, aktivierende Sozialforschung. Solche terminologische Uneinheitlichkeit dokumentiert, daß Aktionsforschung keineswegs bloß eine Übersetzung der im angloamerikanischen Bereich konzipierten «action research» etwa im Sinne Lewins oder des Tavistock-Instituts bezeichnet. Während sowohl Vertreter wie Kritiker der Aktionsforschung diese lediglich als eine verkümmerte Form empirischer Sozialforschung darstellen, intendiert die von vielen Vertretern als «neue Aktionsforschung» bezeichnete Richtung eine eigenständige Position (Moser, 1977). Als grundlegende Prinzipien werden nach Haag u. a. (1972) genannt: (1) eine konstitutive Vorentscheidung für das Wissenschaftsziel, das Forschungsfeld während des Forschungsprozesses zu verändern (Parteinahme, unmittelbares Eingreifen; Aufhebung der Trennung von Grundlagen- und Anwendungswissen; Forschungsziel: Veränderung); (2) Entlassung aller am Forschungsprozeß Beteiligten aus dem Status eines erforschten oder zu erforschenden Objektes zugunsten ihrer Einbeziehung in einem permanenten Kommunikationsprozeß von

Forschern und im Forschungsfeld Lebenden (Subjekt-Subjekt-Beziehung); Beteiligung der zu Erforschenden an der Problemstellung und an der Auswertung von Forschungsergebnissen; (3) Bezug des Erkenntnisinteresses und der Fragestellungen von Anfang an auf gesellschaftliche Praxis (Rechtfertigung der Wissenschaft im praktischen Lebenszusammenhang und Praxisbezug). Im Forschungsprozeß gewonnene Daten werden nicht als isolierte Werte in einem statischen Gefüge, sondern als Momente eines prozeßhaften Ablaufs gesehen (kommunikative Schleifen). Neben einer Neudefinition der Rolle der Forscher und der Erforschten soll schließlich die Komplexität des Gegenstandsbereichs gewahrt werden. Statt willkürlicher Segmentierung oder forschungstechnischer Zerlegung in isolierte Variablen soll die soziale Lebenswelt als verbindlicher Ausgangspunkt der Untersuchungstätigkeit thematisiert werden. Kritikpunkten an theoretischen und forschungsbezogenen Aporien, fehlender Umsetzung, Problemverschiebung, unreflektiertem Aktionismus, konkretistischer Praxisbeschwörung, Rollenkonfusionen und zunehmender Abkehr von der praktischen Ebene auf eine wissenschaftstheoretische Metaebene (vgl. Hörmann, 1988) stehen Bemühungen um die Entwicklung diskursorientierter Gütemaßstäbe wie Transparenz, Stimmigkeit, Adäquatheit, Triangulation (vgl. Moser, 1995), Realitätshaltigkeit, Praxisrelevanz und Interaktion gegenüber (Moser, 1977) oder Sensibilisierung für Institutionsbarrieren und Probleme kritisch-reflexiver Schulbegleitforschung wie Entwicklungsorientiertheit, Kommunikation, (Selbst-)Reflexion, Anonymität, Aufwendigkeit (Heinze, 1987; Elliott, 1993). Nach anfänglichem Engagement für vernachlässigte gesellschaftliche Gruppen und pädagogische Felder (Altrichter & Gstettner, 1993) finden sich gegenwärtige an der Aktionsforschung orientierte praktische Umsetzungen besonders in der Lehrerbildung und Schulentwicklungsforschung.

Literatur

Altrichter, H. & Gstettner, P. (1993). Aktionsforschung. Ein abgeschlossenes Kapitel in der Geschichte der deutschen Sozialwissenschaft? Sozialwissenschaftliche Literatur Rundschau 16 (Nr. 26), S. 67–83.

Fiedler, P. A. & Hörmann, G. (Hg.). (1978). Aktionsforschung in Psychologie und Pädagogik. Darmstadt.

Haag, F., Krüger, H., Schwärzel, W. & Wildt, J. (Hg.). (1972). Aktionsforschung. Forschungsstrategien, Forschungsfelder und Forschungspläne. München.

Heinze, T. (1987). Qualitative Sozialforschung. Erfahrungen, Probleme und Perspektiven. Opladen.

Hörmann, G. (1988). Aktionsforschung als Forschungsstrategie und Sozialforschungspraxis. In: T. Feltes (Hg.). Kriminologie und Praxisforschung (S. 31–44). Bonn.

Huschke-Rhein, R. (1993). Systemisch-ökologische Pädagogik, Bd. 2: Qualitative Forschungsmethoden. Köln.
Moser, H. (1977). Methoden der Aktionsforschung. Eine Einführung. München.
Moser, H. (1995). Grundlagen der Praxisforschung. Freiburg.

Georg Hörmann

Alkoholismus/Drogenabhängigkeit

Seit 1968 ist Alkoholismus vom Bundessozialgericht als Krankheit anerkannt; dies erlaubt es den Betroffenen, sich als krank und nicht als haltlos und willensschwach zu definieren, eine Stigmatisierung, die sich im öffentlichen Bewußtsein zäh erhält, ebenso wie die medizinische Legende genetischer Disposition. In der BRD rechnet man mit ca. 2,6 Mill. Alkoholabhängigen, die Auswirkungen auf die Mitbetroffenen sind erheblich und krank machend (vgl. Schmieder, 1992). Die Rückfallquoten sollen sich nach Katamnesen von elf Jahren auf ca. 36,1 Prozent einpendeln. In bezug darauf entschied 1987/88 das Bundesarbeitsgericht, der Rückfall eines Arbeitnehmers sei selbst verschuldet und somit ein Kündigungsgrund, weil er durch stationäre Entwöhnungsbehandlung erkannt haben müsse, daß der Griff zum Alkohol zwingend den Rückfall einleite. Dieses rational kognitive Verhaltensansinnen hinkt neuerem Forschungsstand hinterher, wonach nicht mangelhafte Einsicht in Gefährdungen Ursache des Rezidivs sind, vielmehr ist es als Versuch zu bewerten, «unbewältigte psychische Probleme, die im Zustand der ‹Trockenheit› in den Vordergrund getreten sind, in den Hintergrund zu drängen» (Körkel, 1988, S. 242).

An der Psychoanalyse wurde schon sehr früh kritisiert, sie sei nicht in der Lage, präzise solche Faktoren zu isolieren, die zu dieser Form süchtiger psychischer Fehlentwicklung führten. Der süchtige Reizhunger soll Folge frühkindlicher Verwöhnungsschäden sein, Sucht gilt als (erotisierter) Prozeß der Selbstzerstörung, stehe im Dienst der Abwehr, sei mißglückter Selbsttherapieversuch und Annäherung an das lebensgeschichtlich verlorengegangene «wahre Selbst». Alkoholismus als Sucht korrelativ an einen Persönlichkeitszug zu binden scheint nicht möglich; darum wurde die Suche nach der Suchtpersönlichkeit aufgegeben. Hauptsächlich werden eher trivial-soziologische und sozialpsychologische Begründungsargumente um Isolation und Apathie, allgemein depravierte Arbeits-, Lebens- und Beziehungsverhältnisse herangezogen. Faßt man alle Ergebnisse der Alkoholismusforschung zusammen, «konturiert sich summarisch die durchschnittliche psychosoziale Belastung des durchschnittlichen Sozialcharakters in alltäglicher Lebensnormalität» (Schmieder 1992 a, S. 12) als Symptomwahl; Alkohol als Droge liegt nahe, weil er hochgradig kulturell eingebettet ist.

Die WHO hat den Begriff der Sucht aufgegeben und durch «Drug-Addiction» ersetzt und definiert als «unbezwingbares, gieriges seelisches Verlangen, mit der Einnahme der Droge fortzufahren und das Bedürfnis, sich diese Droge um jeden Preis zu beschaffen» (vgl. Pschyrembel, 1977). Die Weitsicht v. Gebsattels (1948), «daß jede Richtung menschlichen Interesses süchtig entarten kann», ist hier pharmakologisch verengt und scheint eher an den Folgen denn an den Ursachen interessiert. Stoffungebundene Abhängigkeiten wie Spielsucht an Geldspielautomaten, die ein Bedürfnis nach Selbstbestrafung signalisieren soll, fallen ebenso durch das Raster wie etwa die inzwischen eher nicht mehr getrennt gedachten Anorexia nervosa und Bulimie: Krankheiten, von denen hauptsächlich Frauen betroffen sind, das extreme Hungern, der eigene Körper als Kampffeld, das elende Pendeln zwischen Kühlschrank und Klo. Betroffene Mädchen und Frauen sollen aus asexuellen Familien mit einem jeweils übermächtig dominierenden Partner kommen, hohes Leistungsbewußtsein aufweisen und auf krankmachende Weise dem herrschenden Körperleitbild folgen; Protest auch, das Schicksal der Mutter und anderer Frauen zu wiederholen, Widerstand durch Krankheit gegen Feminisierung und Übertreibung des weiblichen Idealbildes. Medikamentenabhängigkeit (1,2 Mill. Betroffene), hauptsächlich unter Frauen verbreitet, ist stille Sucht unter der medizinischen (Selbst-)Lüge, pharmakologisch etwas für die eigene psychische Gesundheit tun zu können. Raucher können durch Nikotinzufuhr sedierend oder aktivierend auf sich selbst einwirken. Zur Zeit unterliegen sie einer weltweiten Kampagne, die mit dem Diktat der Gesundheit das Gebot mentaler Nüchternheit durchzusetzen trachtet. Bei Haschisch- und Marihuana-Konsumenten wird das eintretende Demotivations-Syndrom beklagt – in einer Gesellschaft, die ebendiese mentale Nüchternheit und Leistungsbereitschaft abverlangt, eine schwerwiegende psychische Abweichung. Spektakulär (weil medienwirksam) sind die «harten Drogen» wie Opium, Morphium, Kokain und vor allem das immens profitträchtige Heroin. Von Asiaten, die sich jahrzehntelang Opium und auch Morphium zugeführt hatten, dabei sozial gut eingebettet waren, weiß man, daß sie sich in bester geistiger und körperlicher Verfassung befanden. Patienten, die diese Gifte konsumierten und in einer psychiatrischen Klinik in Deutschland behandelt wurden, waren verwahrlost, zeigten sich als unaufrichtig und willensschwach. Daraus wurde geschlossen, daß deren «psychische Zwielichtigkeit» nicht ursächlich auf den Drogengebrauch zurückzuführen sei, sondern auf ein

Leben in einer «zwielichtigen», von Widersprüchen durchzogenen gesellschaftlichen Position und Situation. Aus der US-amerikanischen Literatur ist das Phänomen der kontrollierten, nicht abhängigen Heroinkonsumenten bekannt, die diese Droge zeremoniell, streng regelhaft und nur sozial eingebunden gebrauchen – und nicht abhängig werden.

Mißbräuchlicher Umgang mit Drogen ist der Regelfall. Sie zu dämonisieren ist überkommen; es winkelt den Blick davon ab, daß es sich um eine Symptomwahl handelt. So wird der Alkoholismus, die verbreitetste süchtige Abweichung, für einen Mangel an «Ventilsitten» (Antons & Schulz, 1981, S. 229) verantwortlich gemacht; süchtige Verhaltensweisen werden dann dazu benutzt, gesellschaftlich erzeugte Spannungen, Sinnlosigkeit, Entfremdung, Ängste, zu kompensieren. In bezug auf alle anderen Drogen sollte der Slogan gelten: «Schafft mehr gute Gründe, keine Drogen zu nehmen». Einer kritischen Psychologie fällt die Aufgabe zu, in Hinblick auf Prävention, Therapie und Hilfe zur Selbsthilfe sich selbst als theoretische wie praktische Gesellschaftskritik zu entwerfen.

Literatur

Antons, K. & Schulz, W. (1981). Normales Trinken und Suchtentwicklung. Göttingen / Toronto / Zürich.

Körkel, J. (Hg.). (1988). Der Rückfall des Suchtkranken. Berlin.

Schmieder, A. (1992). Alkohol & Co. Mitgefangen in der Sucht. Sich aus der Verstrikkung lösen. Stuttgart.

Schmieder, A. (1992a). Sucht: Normalität der Abwehr. Freiburg.

Arnold Schmieder

Allgemeine Psychologie

Psychologie als Wissenschaft

Die Allgemeine Psychologie faßt alle Gebiete zusammen, die aus zeitgenössischer Sicht die Grundlagen zur Beschreibung und Erklärung menschlichen Erlebens und Verhaltens bilden. Mit dem Anspruch, eine Wissenschaft zu sein, verbindet sich die Konvention über die Begriffe, die eine Verständigung über ihre Inhalte erlauben sollen. Diese Begriffe beruhen auf Definitionen, die wiederum Ergebnisse von empirisch gewonnenen Beobachtungen sind oder die Gruppen von empirisch gesicherten Ergebnissen zusammenfassen. Die Beschränkung auf empirische Zusammenhänge ist notwendig, weil nur so eine Kommunikationsbasis geschaffen werden kann. Sie führt konsequenterweise bei der Veränderung der Befundlage auch zur Änderung von Begriffen. Allgemeine Psychologie ist keine einheitliche Theorie. Sie setzt sich zusammen aus Teilgebieten, die bestimmte Aspekte verkörpern. Auch die Abgrenzung zu den Teilgebieten der Psychologie insgesamt, etwa zur Entwicklungspsychologie, zur differentiellen Psychologie (Persönlichkeit) oder zur Sozialpsychologie, ist nicht eindeutig.

Methoden der Allgemeine Psychologie

Die vorherrschenden Methoden sind systematische Beobachtung und Experiment. Das Experiment schafft eine künstliche Situation, in der bestimmte Einflußfaktoren systematisch verändert werden, um deren Auswirkungen auf von ihnen abhängige Zielgrößen zu beobachten. Von den Ergebnissen dieser Experimente kann dann auf ähnlich gelagerte Sachverhalte in der Realität verallgemeinert werden. Die Grenzen dieser Verallgemeinerung sind nicht immer leicht zu ziehen. Auch kann versucht werden, in der wirklichen Welt Beobachtungen zu machen, indem zu beobachtende Variablen klar definiert werden. Wissenschaftliche Untersuchungen sind immer hypothesengeleitet, um Manipulationen der Zusammenhänge bei der Erklärung zu vermeiden. Ergebnisse dieser Art von Forschung stoßen dann auf Widerstände, wenn ihre Erklärungen die Fragen, die gestellt werden, nur unzureichend beantworten können (Beispiel: Die Frage, was Aggression ist und warum sich Menschen unter bestimmten Bedingungen aggressiver verhalten, als dies gewünscht wird, wirft sehr viele komplexe methodische Probleme auf. Es sind bisher keine übereinstimmenden oder vollständigen Antworten gefunden worden). Allgemeine Psychologie spiegelt den Stand der Forschung ihrer Epoche wider und läßt dabei Überholtes verschwinden. Daher stammt auch die Übertragung des Begriffs «Paradigmenwechsel». Er wurde von Kuhn (1976) anhand der Entwicklung naturwissenschaftlicher Modelle in der Physik begründet und hat als Schlagwort auch in andere Wissenschaften Einzug gefunden. Die Erkenntnisse leiten sich in der Psychologie meist vom Ausgang bestimmter Experimente ab, welche die bis dahin gültigen Schlußfolgerungen verändern. Die Psychologie ist damit unabhängig geworden von ihrer früheren Einordnung innerhalb der Philosophie. Spätestens seit Ende des 19. Jahrhunderts ist sie eigenständig, obwohl erst 1941 in Deutschland ein eigener akademischer Abschluß etabliert wurde.

Teilgebiete der Allgemeinen Psychologie

Die Allgemeine Psychologie umfaßt konventionell Teilgebiete, die hier alle sowohl aufgeführt und kurz vorgestellt als auch in ihren Zusammenhängen beschrieben werden.

Wahrnehmung: Die Psychologie der Wahrnehmung befaßt sich mit dem Erkennen und der Aufnahme sogenannter innerer (Körper) und äußerer (Umwelt) Reize durch die Sinnesorgane und das Zentralnervensystem sowie deren Verarbeitung. Der Sehsinn gilt psychologisch als der mit dem größten Informationsgehalt vor dem Hörsinn, dem Geruchssinn, dem Geschmack und dem Tastsinn, wobei sich die Eindrucksbildung selbstverständlich häufig aus einer Kombination von Sinneswahrnehmungen bildet. Die Wahrnehmungspsychologie steht oft an erster Stelle der Aufzählung, da sie Voraussetzung für das Erleben der Menschen und ihre Teilnahme am sozialen Leben ist. Ein Teilgebiet der Wahrnehmungspsychologie ist die Aufmerksamkeitsforschung, die sich mit psychophysiologischen Prozessen der Reizaufnahmebereitschaft, mit den Unterschieden der Verarbeitung im Schlaf und im wachen Zustand und den verschiedenen Schwankungen innerhalb dieser Phasen (Biorhythmus), die vom Nervensystem autonom, aber auch willentlich beeinflußt werden, befaßt. Die Verarbeitung von Reizen im Nervensystem führt schließlich zum Gebiet der Psychologie des Denkens oder der Psychologie der Kognitionen, die bereits ein äußerst differenziertes Gebiet darstellt, das extrem viele Erkenntnisse gerade in jüngster Zeit liefert. Die Verarbeitung von Reizen und die Kombination von Informationen in Abhängigkeit von Erbanlagen (Begabung), kindlicher Entwicklung, Förderung, Training, Erfahrung, Geschlecht und sozialen Rahmenbedingungen ist eines der kontroversesten wissenschaftlichen Gebiete überhaupt, da sie in Verbindung mit dem Lernen enorme Konsequenzen besitzt für alle Aussagen, die mit dem menschlichen Geist zusammenhängen. Die kognitive Psychologie hat mit der Informatik einen Aufschwung genommen, da die Versuche, das Denken maschinell zu simulieren, zu neuen Ansätzen und Hypothesen geführt haben, ohne daß es bisher gelungen wäre, im Sinne einer künstlichen Intelligenz das Nervensystem zu kopieren. «Ein Computersystem kann zwar klar abgegrenzte, durch spezifische Attribute charakterisierte Kategorien anwenden, doch entbehren diese immer des individuellen Bedeutungsgehalts und der sensorischen wie motorischen Inhalte. Eine maschinelle Modellbildung über die menschliche Kategorienbildung und -anwendung bleibt damit immer ein unvollständiges Abbild und führt zu einer Verzerrung des Bildes vom Menschen, wie sie als Folge einer Theoriebildung denkbar ist, die Computerprogramme zur Verifikation ihrer Annahme benutzt» (Becker, 1992, S. 201). Nichtsdestotrotz wird schon seit einigen Jahren statt vom Denken auch von «menschlicher Informationsverarbeitung» (Lindsay & Norman, 1977) gesprochen.

Psychologie der Sprache: Eine dem Menschen vorbehaltene Form, kognitive Inhalte zu repräsentieren und zu kommunizieren, ist die Sprache, die daher auf das engste mit der Denkpsychologie verknüpft ist. Im Gegensatz zu anderen Lebewesen sind beim Menschen alle Reaktionen auch sprachlich codiert und werden in sprachlicher Bedeutung subjektiv wahrgenommen und übermittelt. Die Sprachpsychologie umfaßt daher die Funktion der Sprache, ihre biologische Herkunft, die Entwicklung des Sprechens, den Aufbau der Sprache und die Verwendung der Sprache.

Gedächtnis: Die Leistungen des Nervensystems, Informationen unterschiedlich dauerhaft und selektiv zu speichern, sowie die Bedingungen, unter denen diese Speicherung sich vollzieht, gehemmt oder gefördert wird, sind Gegenstand der Gedächtnispsychologie. Sie ist heute ein auf Grundlagenforschung konzentriertes Gebiet, bei dem biologische Grundlagen der Funktionen des Gedächtnisses im Vordergrund stehen und statistische Modelle, etwa zur Menge von Informationen, herangezogen werden. Ist ein Aspekt die gezielte Erhöhung der Merkfähigkeit, um Fertigkeiten und Wissen zu entwickeln, sind andere Themen die autonomen Funktionen des Gedächtnisses, sich bestimmter Informationen zu bedienen und diese aufgrund ihrer Intensität und Bedeutung einzuordnen. Unter extremen Bedingungen können Erlebnisse wie auch Informationen eine stärkere Spur hinterlassen. Ist die Bedeutung von Angst oder Bedrohung gekennzeichnet, kann das Gedächtnis die Erinnerung dieser Inhalte blockieren. Sachverhalte, die sich vor das Problem einer nicht mehr vorhandenen Erinnerung gestellt sehen, werden kontrovers behandelt, vor allem, wenn sie traumatische Bedeutung haben können. Die Mechanismen der Blockade solcher Erinnerungen, etwa an Krieg oder Gewalthandlungen, sind Gegenstand intensiver wissenschaftlicher Bemühungen.

Lernen: Lernen setzt Wahrnehmen voraus, ist eine Art des Denkens, greift auf das Gedächtnis zurück, verlangt Aufmerksamkeit, ist sprachlich abgebildet, verlangt Motivation und wird von Emotionen beeinflußt. Lernen wird unterschieden als Veränderung von bekannten Handlungen und als Erwerb noch nicht bekannter Handlungen. Es gibt autonome Lernprozesse, die im Laufe der Entwicklung vonstatten gehen wie das Lernen einer Sprache. Jede Beobachtung von Kindern führt einem diese Entwicklungen vor Augen. Der Fokus liegt jedoch auch auf dem Lernen, das unter absichtlichen Bedingungen stattfindet. Die Entwicklung der menschlichen Kulturen erwartet mehr als nur das ohnehin sich vollziehende soziale Lernen. Schon allein die Menge an Fertigkeiten, die in der Moderne zu beobachten sind, verlangt von Individuen eine ständige und kontinuierliche Anstrengung, sich Verhalten und Kenntnisse anzueignen und zu verändern, die konsequenterweise in der Aufforderung zum «lebenslangen Lernen» mündet. Die Lernpsychologie ist eine der großen Utopien des 20. Jahrhunderts geworden. Nach der Entdeckung des bedingten Reflexes durch Pawlow in Rußland entstand in den USA eine Bewegung, die dem Lernen sehr viel Zutrauen schenkte und in den Postulaten des Behaviorismus, die eng mit den Namen Watson und Skinner verknüpft sind, die Möglichkeit nahelegte, daß jeder Mensch praktisch zu allem zu bilden sei. Diese Theorie war dadurch, daß sie völlig auf die Umwelt setzte, progressiv, geriet jedoch aus ebendiesem Grund in einen Disput, da sie Denken und Bewußtsein als nicht notwendig für eine Psychologie ablehnte und das Verhalten auf beobachtbare Mechanismen des Lernens zurückführen wollte. Der Charme dieser Psychologie bestand in ihrer Beschränkung auf das methodisch Identifizierbare und ihre Hinwendung zu einer Ausdehnung der Möglichkeiten zur Veränderung des Verhaltens. Auf diesem Gebiet sind viele Beiträge erschienen, die einen bis heute gültigen Einfluß in der Erziehung, der Bildung und in der Psychotherapie (Verhaltenstherapie) haben.

Motivation: Dieser Bereich allgemeiner Psychologie beschäftigt sich mit den Dimensionen, die Verhalten auslösen und fördern oder hemmen. Abgegrenzt werden elementare motivationale Bedingungen wie die physiologischen Bedürfnisse, die die Grundfunktionen des Organismus sichern. Die Aufrechterhaltung des körperlichen Gleichgewichts wird durch Hunger und Durst, auch durch das Bedürfnis nach Schlaf, und das Vermeiden störender Reize (Licht, Lärm) gesteuert. Ebenso sind soziale Motive elementar. Motivationspsychologie betrachtet die komplexen sozial vermittelten Motive, die das Verhalten beeinflussen und dazu führen, z. B. schwierige Aufgaben über einen längeren Zeitraum auszuführen. Als Thema sei die «Leistungsmotivation» genannt. Eine Unterscheidung wird in innere (intrinsische) Motivation, die im Subjekt selbst liegt, und äußere (extrinsische) Motivation, die aus der Umgebung kommt, vorgenommen.

Emotion: Die Psychologie der Emotionen umfaßt die Beschreibung und Erklärung körperlicher Reaktionsmechanismen, die subjektiv und objektiv unterschieden werden können als eine Anpassung auf bestimmte innere und äußere Bedingungen. Sie werden in der Psychologie, insbesondere aber in der Umgangssprache Gefühle genannt. Emotionen / Gefühle werden in der Psychologie nicht anderen Komponenten wie dem Denken oder der Motivation gegenübergestellt, sondern als allen psychischen Prozessen unterliegende bzw. diese begleitende Mechanismen gesehen. Im Nervensystem wird keine Trennung in kognitive und emotionale Dimensionen vorgenommen. Areale des Gehirns arbeiten immer gleichzeitig. Emotionen hoher Intensität, z. B. Angst, werden teilweise als dem

Denken entgegengesetzt betrachtet, sie haben aber nur eine das Handeln in Extremsituationen leitende Funktion und sind darüber hinaus kognitiv und sprachlich repräsentierte Erlebnisse.

Wichtige Organe der Allgemeinen Psychologie: Die zeitgenössische Forschung schlägt sich in Fachzeitschriften nieder, von denen in deutscher Sprache die «Zeitschrift für experimentelle und angewandte Psychologie» und in englischer Sprache die Zeitschriften «Psychological Review» und «Psychological Bulletin» zu nennen sind.

Literatur

Becker, B. (1992). Künstliche Intelligenz. Frankfurt / M.
Kuhn, T. (1976). Die Struktur wissenschaftlicher Revolutionen. Frankfurt / M.
Legewie, H. & Ehlers, W. (1994). Knaurs moderne Psychologie. München.
Lindsay, P. H. & Norman, D. A. (1977). Human Information Processing. New York.
Nolting, H.-P. & Paulus, P. (1993). Psychologie lernen. Weinheim.
Schönpflug, W. & Schönpflug, U. (1995). Psychologie. Weinheim.
Spada, H. (Hg.). (1992). Allgemeine Psychologie. Bern.
Zimbardo, P. G. (1992). Psychologie. Berlin.

Stefan Göhring

Alltagsbewußtsein

Die Begriffe Alltag und Alltagsbewußtsein wurden in den 70er Jahren zu Themen der politischen und wissenschaftlichen Diskussion, allerdings mit der apolitischen Tendenz, damit die Begriffe Klassengesellschaft und Klassenbewußtsein zu ersetzen. An der Substitution der Begriffe wird zugleich deutlich, daß Alltag häufig in seiner trivialen Totalität entwertet und negiert, so auch nur selten Gegenstand der Reflexion wird. Demgegenüber bezeichnet *Alltag* ein bedeutsames «gesellschaftliches Restphänomen» (Alheit), das in der subjektorientierten Theoriebildung und Forschung die alltäglichen Sichtweisen der einzelnen innerhalb ihrer Alltagswelten ernst nimmt, verdeutlicht und untersucht. Alltagswelt ist weder auf soziale Systeme oder gesellschaftliche Institutionen noch auf rein subjektive Erfahrungswelten beziehbar. Sie ist vielmehr als individuelle Schnittstelle von Subjekt und Gesellschaft definierbar: (a) *Alltagswelt* ist immer die Alltagswelt konkreter gesellschaftlicher Subjekte, mithin subjektive Praxis und Reproduktion der Produktionsverhältnisse; (b) *Alltagsleben* wird durch lebenszyklische Zeitstrukturen im Kontext gesellschaftlicher Arbeitsorganisation determiniert, d. h., es repräsentiert die gesellschaftlichen Verhältnisse zwischen den Verhaltensweisen. Alltag verdeckt einen zwiespältigen Handlungszusammenhang innerhalb intra- und interpersoneller Alltagswahrnehmungen und Kognitionen: einerseits entfaltet er die Organisationsprämissen notwendiger Routinehandlungen, ohne deren selbstverständliche Voraussetzung die Alltagsbewältigung mißlingen müßte; andererseits ist er Ort der «Identitätsarbeit» des Subjekts durch individualisierende Distanzierung von vorgegebenen Rollen, individuelle Konturierung jenseits der Alltagsroutinen. Alltagsbewußtsein kann so zunächst als Bewußtsein der Scheinsynthese dieser Handlungs- und Lebenszusammenhänge verstanden und eine Interdependenz mit einem – fiktiven – Klassenbewußtsein angenommen werden. Alltagsbewußtsein wird bei Leithäuser als Produkt eines Vergesellschaftungsprozesses verstanden, der die Erfahrung des Subjekts systematisch «entindividualisiert». Diesem Defizitmodell eines «autistischen Milieus» des Alltagslebens ist die kollektive Alltagserfahrung des Widerspruchs von individueller und gesellschaftlicher Verwirklichung entgegenzustellen: Genau in dieser Dialektik von Reproduktion und Veränderung liegt die Interdependenz von Alltagswissen und Klassenbewußtsein, d. h. das Potential für alltägliche Protestformen, für die Resistenzbereitschaft von Subjekten, die eine totale Kolonisierung ihrer Lebenswelt aus der Binnenperspektive bekämpfen.

Literatur

Alheit, P. (1983). Alltagsleben. Zur Bedeutung eines gesellschaftlichen »Restphänomens«. Frankfurt / M.

Kleinspehn, T. (1975). Der verdrängte Alltag. Henri Lefèbres marxistische Kritik des Alltagslebens. Gießen.

Leithäuser, T. (1976). Formen des Alltagsbewußtseins. Frankfurt / M.

Tacke, G. (1985). Alltagsdiagnostik. Theorien und empirische Befunde zur Personenwahrnehmung. Weinheim / Basel.

Ulrich Kobbé

Analytische Psychologie

Als Begründer der Analytischen Psychologie gilt C. G. Jung (1875–1961). Er wurde als Pfarrerssohn in Klein-Hüningen bei Basel geboren. Nach Abschluß des Medizinstudiums war er ab 1900 Mitarbeiter am Zürcher Burghölzli. Seine freundschaftliche Verbindung mit Freud bahnte sich 1906 an. Als diese 1913 zerbrach, gab Jung seine Dozentur und die Stellung am Burghölzli auf, um sich fortan seinen eigentlichen Interessen zu widmen: seinen Privatpatienten und der literarischen Produktion; letztere umfaßt 18 Bände. Analytische Psychologie ist erstens ein Weg zu therapieren, zweitens eine Methode zur Kulturdeutung.

Zum therapeutischen Konzept: Um Erfolg zu haben, sei die Arbeit mit Träumen unabdingbar. Nach Jung ist Neurose ein Zustand des aus traditionellen Bindungen entlassenen Menschen. Der Einfluß der religiös ausgerichteten Kindheit wird deutlich, wenn er meint: «… keiner wird wirklich geheilt, der seine religiöse Einstellung nicht wieder erreicht» (Jung, 1932/1948, S. 362). Zur Deutung von Kultur leitete ihn seine Lehre der Archetypen (angeborene, unbewußt wirkende Vorstellungsmuster wie z. B. Animus und Anima). Als nämlich die nationalsozialistische Kulturkatastrophe die Geschichte Europas zutiefst erschütterte, zögerte Jung nicht, folgendes zu Papier zu bringen: «Ich wage sogar die ketzerische Behauptung, daß der alte Wotan mit seinem abgründigen und niemals ausgeschöpften Charakter mehr vom Nationalsozialismus erklärt» (1936, S. 209), als es der ökonomische, der politische und der psychologische Faktor insgesamt könnten. Im Nationalsozialismus sah er Wotan, den deutschen Archetypus, wiedererwacht. Und heute? Auch die Forschung jüngeren Datums bestätigt «Jungs Antisemitismus und seine Liaison mit dem Nationalsozialismus» (Gess, 1994, S. 17). Und daß C. G. Jung inzwischen unter postmodernen Bedingungen Konjunktur hat, daran läßt Heinz Gess durch das Herbeischaffen einer Fülle von Beweisen keinen Zweifel. Die Fortschreibung Jungscher Positionen läßt sich auch am sog. «neuen Denken», im «New Age» aufzeigen. Wodurch sich der Gedanke aufdrängt, «daß neues Denken tatsächlich … Vertiefung und Perfektion in Richtung eines ‹Faschismus der Technik› ist» (ebd., S. 15), so daß in diesem historisch neuen Zusammenhang von einer «Jung-Renaissance» (ebd., S. 17) gesprochen werden kann.

Literatur

Gess, H. (1994). Vom Faschismus zum Neuen Denken. C. G. Jungs Theorie im Wandel der Zeit. Lüneburg.
Jung, C. G. (1932/1948). Über die Beziehung der Psychotherapie zur Seelsorge. In: GW Bd. 11 (S. 355–376). Zürich.
Jung, C. G. (1936/74). Wotan. In: GW Bd. 10 (S. 203–218). Olten.

Ewald H. Englert

Angst

Die Menschen des 20. Jahrhunderts leben in einer allgegenwärtigen Stimmung der Angst. Dies zeigt sich im alltäglichen Sprachgebrauch, wo wir fast ausschließlich das Wort Angst gebrauchen, das im Deutschen im Unterschied zu «Furcht», die immer auf einen konkreten, situationsgebundenen Bezug verweist, Ausdruck eines unbestimmten Gefühls ist.

Kafkas Romane «Das Schloß» und «Der Prozeß» geben die eindringlichste Schilderung dieser bedrohlichen und unfaßbaren Angststimmung wieder. So sehr scheint dieses allgemeine Gefühl unserem Menschsein eingewoben zu sein, daß wir ihm «existentielle» Bedeutung zumessen und uns schwerlich vorstellen können, es habe Zeiten gegeben, in denen «Angst» kein Thema gewesen sei. Es ist in der Tat erstaunlich, daß erst die beginnende Neuzeit sich bemüht, die Angst auf den Begriff zu bringen. Christlich gesehen ist die Angst eine unmittelbare Folge des Schuldigwerdens vor Gott durch das Essen des Apfels vom Baum der Erkenntnis. Der Angst voraus gehen zwei weitere menschliche «Existentialien»: die Erkenntnis der Nacktheit und die Scham. Ihr folgen nach: die Lüge, die Mühsal der Geburt und der Arbeit, Krankheit und Tod. Die Schuld des Menschen besteht in seiner Abkehr von Gott und seiner Hinkehr zum «Geschaffenen», zur «Welt» – die christliche Definition von «Sünde» von Thomas v. Aquin bis heute –, die mit dem Sündenfall des Menschen ebenfalls schuldig wird. Das Schwinden der Heilsgewißheit bei einem Teil der europäischen Bevölkerung veranlaßte Mitte des 19. Jahrhunderts Kierkegaard zu zeigen, welche Bedeutung Sünde und Angst haben. Nicht weil Adam schuldig geworden ist, sind alle nachfolgenden Generationen bis zum Tag der Erlösung schuldig, jeder einzelne Mensch vollzieht mit seiner Menschwerdung diesen Akt der Sünde aufs neue. Mit dieser Schärfe dynamisiert Kierkegaard das Thema Schuld und Angst und übt eine starke Faszination insbesondere auf die Existentialisten des 20. Jahrhunderts (Heidegger und Sartre), aber auch auf Freud aus. Nach Kierkegaard ist der Mensch eine Synthese aus Leib und Seele, geeinigt von einem Dritten, dem Geist. Dieser ist der eigentliche Unruhestifter, der den Menschen schwankend und zweideutig macht. In dem Moment, da Gott dem Menschen sein Verbot verkündet, kommt das Schwankende des Geistes zum Ausdruck: einerseits möchte er sein wie Gott, andrerseits droht ihm Gott mit der Strafe des Untergangs. Die Möglichkeit der Freiheit, die das Verbot dem Menschen eröffnet, ist der eigentliche Urzustand der Angst. Bedingt durch die Zweideutigkeit seines Geistes steht der Mensch in jedem Augenblick seines Lebens vor der Entscheidung: Entweder Hinkehr zu Gott oder Hinkehr zur Welt. Mit seinen Gedanken zu «Sein und Angst» hat Kierkegaard mächtig in die Geistesgeschichte hineingewirkt, so daß wir seinem Angstbegriff bis heute nicht recht entkommen sind.

Indem Heidegger die Kierkegaardsche Begrifflichkeit aus ihrer christlichen Umklammerung löst, radikalisiert er sie zugleich. Das Unheimliche der Angst ist die nächste Nähe des Nichts oder die Welt in ihrer Weltlichkeit, die sich «um einen legt und den Atem verschlägt, ohne daß es etwas wäre, von dem man sagen könnte: dieses da» (Heidegger, 1979, S. 401). Das Faktum, daß ich bin, mein nacktes In-der-Welt-Sein, ist konstitutiv für mein Befinden in der Angst. Die existentielle Bestimmung der Angst lautet demnach: «Die Angst aber ist Angst vor diesem Schein selbst, so zwar, daß dieses Sichängsten vor ihm ein Sichängsten um dieses Sein ist» (ebd., S. 405). Sartre führt das Heideggersche Sein in das menschliche Bewußtsein zurück: «Das Sein des Bewußtseins als Bewußtsein ist, im Abstand zu sich zu sein als Anwesenheit bei sich, und dieser Null-Abstand, den das Sein in sein Sein hineinträgt, ist das Nichts» (Sartre, 1962, S. 131). Freiheit nun ist die Möglichkeit, ein Nichts aus sich hervorzubringen, weil das Bewußtsein selbst das Nichts an Sein ist, damit den ontologischen Mangel des Menschen konstituierend: «In der Angst ängstigt sich die Freiheit vor sich selbst» (ebd., S. 78).

Der kausalgenetische Ansatz Freuds fand einen frühen Grund der Angstentstehung im Geburtstrauma, das Freud zum ontogenetischen Prinzip erklärte. Unmittelbar damit hängt als Bedingung der Angst der «Objektverlust» zusammen, die Angst des Kindes, die Mutter (die Mutterbrust) zu verlieren. Ort der Angstproduktion und -verarbeitung ist das Ich, das die Aufgabe hat, unterscheiden zu lernen zwischen «Realangst» und (neurotischer) «Triebangst». Auf dieser theoretischen Grundlage konstruiert die Psychoanalyse ihre vier bekannten Grundformen neurotischer Angst: Zwangsneurose, Hysterien, Depression und Schizoidie (vgl. Riemann, 1961).

Literatur

Freud, S. (1978). Das Ich und das Es. Frankfurt/M.
Haug, F. & Hauser, K. (Hg.). (1991). Die andere Angst.
Heidegger, M. (1979). Prolegomena zur Geschichte des Zeitbegriffs. GA Bd. 20. Frankfurt/M.
Kierkegaard, S. (1984). Der Begriff Angst. Frankfurt/M.
Riemann, F. (1961). Grundformen der Angst. München.
Sartre, J. P. (1962). Das Sein und das Nichts. Reinbek.

Wolfgang Deubelius

Anlage und Umwelt

Die in der Öffentlichkeit und verschiedenen Humanwissenschaften kontrovers geführte Diskussion über den Einfluß von Vererbung und Umwelt, von Natur und Gesellschaft auf die menschliche Entwicklung orientiert sich im wesentlichen an drei grundlegenden Fragestellungen: (1) Was ist die *wahre* Natur des Menschen? (2) Wie läßt sich die Existenz *interindividueller Differenzen* erklären? (3) Welche Hoffnungen können wir auf die *Bildsamkeit* des Menschen durch Erziehung setzen? Das Interesse an einer Beantwortung dieser Fragen reicht historisch weit zurück und ist nicht nur von fachwissenschaftlichem Interesse: Im Umkreis der Anlage-Umwelt-Debatte stoßen wir nämlich üblicherweise auf Aussagen, die mit der Auf- bzw. Abwertung sozialer und ethnischer Gruppen, mit Herrschaftsansprüchen und Legitimationsmustern sozialer Ungleichkeit und – in der Neuzeit – mit Fragen von Bildungs- und Sozialpolitik zu tun haben (z. B. Herrnstein & Murray, 1994; Fraser, 1995). Die Anlage-Umwelt-Diskussion kreist um das Determinismusproblem, d. h. um die Frage, ob wir Opfer unseres genetischen Schicksals oder selbstverantwortliche Gestalter sind.

Modellvorstellungen zum Verhältnis von Anlage und Umwelt in der menschlichen Entwicklung lassen sich in zwei bzw. vier Gruppen unterteilen: (1) *dualistische Theorieansätze* (Präformationslehren, z. B. genetischer Determinismus; Tabula-rasa-Ansätze, z. B. Milieudeterminismus) und (2) *Interaktionsmodelle* (Proportionsmodelle und dynamische Interaktionsmodelle). Dualistische Theorien (Anlage *oder* Umwelt) sehen in genetischen oder umweltbezogenen Determinanten der menschlichen Entwicklung konkurrierende und klar zu unterscheidende Einflußgrößen. So nahm z. B. die *Homunculus-Theorie* an, daß im männlichen Samen der Mensch in Miniaturausgabe vollständig vorgebildet sei und ohne qualitative Veränderungen nur noch heranwachse. Die radikale Gegenposition findet sich in der Gestalt der sog. Empiristen oder Milieutheoretiker, die an die nahezu unbegrenzte Formbarkeit des Menschen durch Erziehung und Umwelteinflüsse glaubten. Menschliche Natur ist dieser Auffassung zufolge Rohmaterial ohne endogenen Bauplan, eine Vorstellung, die sich zum Bild der Wachstafel verdichtete, in die das Leben seine Spuren schreibt (tabula rasa). Die frühen Behavioristen waren typische Vertreter der These von der Formbarkeit menschlicher Natur. Trotz ihrer offenkundigen Gegensätzlichkeit besitzen Erb- und Umwelttheorien eine verbindende Gemeinsamkeit: Beide Positionen entsprechen einem mechanistischen Denken und konzipieren ihr Verständnis menschlicher Entwicklung wesentlich passiv-deterministisch; beide Auffassungen behaupten, daß wir unserem Schicksal ausgeliefert seien, und vergessen, daß wir unsere Talente und Anlagen in tätiger Auseinandersetzung mit natürlichen und gesellschaftlichen Umweltbedingungen aktiv entwickeln müssen. Streng dualistische Positionen sind in den heutigen Humanwissenschaften nur noch von historischem Interesse. Die Fragestellung «Erbe oder Umwelt?» wurde in der wissenschaftlichen Forschung durch die Frage nach dem *relativen* Anteil von Anlage und Umweltfaktoren in der Entwicklung abgelöst.

Proportionstheoretische Modelle gehen von der eindeutigen Unterscheidbarkeit fixer genetischer oder milieubedingter Einflüsse aus und machen Aussagen über die relative Determiniertheit physischer und psychischer Merkmalsausprägungen. Entsprechende Behauptungen schätzen etwa die Anlagekomponente der Intelligenzleistung auf einen festen prozentualen Wert. Herrnstein & Murray (1994) gehen z. B. davon aus, daß der IQ zu 60 Prozent genetisch bedingt sei. Solche Aussagen sind nach Auffassung dynamischer Interaktionstheorien unzulässig. Zum einen ist Umwelt ein breites und unscharfes Konzept; zum anderen existieren keine unumstrittenen Methoden, Umwelt- und Erbfaktoren voneinander zu trennen (vgl. Anastasi, 1976). Zudem gleichen genetische Informationen nicht starren, sondern komplex verzweigten Programmanweisungen, so daß je nach gegebenen Umweltbedingungen ein und derselbe Genotyp sich in unterschiedlichen Phänotypen manifestieren kann.

Proportions- und Interaktionsansätze gehen davon aus, daß Anlage- und Umwelteinflüsse in der menschlichen Entwicklung in spezifischer Weise zusammenwirken. Während Proportionstheoretiker der Überzeugung sind, eine feste relative Gewichtung von Anlage- und Umweltkomponenten vornehmen zu können, setzen Erbfaktoren nach Ansicht der dynamischen Interaktionstheorie zwar «absolute Wachstumsgrenzen, die in keiner Umwelt überschritten werden können», und bestimmen die Reagibilität auf Umweltfaktoren. Niemals aber kann gesagt werden, «daß sie die Möglichkeiten für die Entwicklung von Merkmalen und Fähigkeiten bestimmen» (Ausubel & Sullivan, 1974, S. 63 f).

Sieht man von frühen Beobachtungen an «Wolfskindern» und familiensoziologischen Arbeiten ab, so bilden die Ergebnisse der Zwillingsforschung das Hauptfeld der Auseinandersetzung. Da eineiige Zwillinge aus der Teilung eines befruchteten Eis hervorgehen und damit genetisch identisch sind, müßte im Vergleich der Entwicklung von Zwillingen mit der Entwicklung von Geschwistern und nichtverwandten Personen Aufschluß über das Gewicht genetischer Anlagen auf die Persönlichkeitsentwicklung zu gewinnen sein (z. B. Schepank, 1996). Eine offene Frage ist, ob die Fortschritte bei der Entschlüsselung des genetischen Codes unsere Kenntnisse über die exakte Beziehung zwischen genetisch verankerten Informationen und psychischen Merkmalen und Fähigkeiten wesentlich erweitern werden. Gesichert scheint aber, daß die Ähnlichkeit der genetischen Ausstattung bei soziologisch oder ethnologisch unterscheidbaren Menschengruppen größer ist als die Verschiedenheit. Sieht man von körperlichen Merkmalen wie Augenfarbe und Blutgruppe ab, so sind nur wenige absolut umweltresistente Erbmerkmale bekannt. Bei bekannten genetischen Defekten besteht häufig eine erstaunliche Variabilität phänotypischer Zustandsbilder. Andererseits belegen Ergebnisse aus Förderungsprogrammen, daß menschliche Fähigkeiten und Fertigkeiten nicht beliebig förderbar und formbar sind. Dies enthebt uns aber nicht der Verpflichtung, mit wissenschaftlichen Mitteln förderliche und hemmende Umwelten und Umweltfaktoren zu identifizieren.

Literatur

Anastasi, A. (1976). Differentielle Psychologie. Weinheim.
Ausubel, D. P. & Sullivan, E. V. (1974). Das Kindesalter. Fakten – Probleme, Theorien. München.
Fraser, S. (1995). The Bell Curve Wars. Race, intelligence and the future of America. New York.
Herrnstein, R. J. & Murray, C. (1994). The Bell Curve. Intelligence and class structure in American life. New York.
Kamin, L. (1979). Der Intelligenz-Quotient in Wissenschaft und Politik. Darmstadt.
Schepank, H. (1996). Zwillingsschicksale. Gesundheit und psychische Erkrankungen bei 100 Zwillingen im Verlauf von drei Jahrzehnten. Stuttgart.

Ali Wacker

Anpassung

Anpassung ergibt sich nach Piaget (1992) aus einer «Interaktion» zwischen Organismus und Umwelt. Anpassung beruht auf der Herstellung eines Gleichgewichts von «Akkommodation» der Strukturen dieses Systems «an die von der Umwelt aufgezwungenen Umstände» und der «Assimilation dieser Wirkungen» (ebd., S. 177) an diese Strukturen. Aber erst auf der Ebene des Menschen als Resultat des Evolutionsprozesses ergibt sich eine zugleich offene und stabile Äquiliberation zwischen Assimilation und Akkommodation. Nach Merton ergibt sich bei einer mangelhaften Integration von kultureller und sozialer Struktur «eine Tendenz zum Zusammenbruch der Normen, zur Normlosigkeit» (Lamnek 1983, S. 117). Darauf wird in Hinsicht auf die positive bzw. negative Einstellung zu kulturellen Zielen und institutionalisierten Mitteln mit «unterschiedliche(n) Formen der Anpassung», die, mit Ausnahme des Konformismus, «als abweichende Verhaltensweisen definiert sind» (ebd.), reagiert. Bei Riesman wird Anomie als Charaktereigenschaft begriffen. Im Verhältnis zu den Typen des autonomen und angepaßten Charakters ist danach der anomische nur zur überangepaßten Form der Anpassung disponiert (vgl. Riesman 1977). Nach dem Radikalen Konstruktivismus suggeriert der Begriff der Anpassung «irrtümlich eine Art adaptiver Tätigkeit auf seiten des Organismus» (v. Glasersfeld 1987, 137). Im Begriff der selbstreferentiellen geschlossenen Systeme in der Theorie sozialer Systeme bei Luhmann (1987) meint Anpassung, daß die Umwelt «Anreger von Strukturveränderungen» im Sinne der «Selbständerung» des Systems ist. Der umweltbezogene Begriff der Anpassung ist durch den der «*Selbstanpassung* zu ergänzen» (ebd., S. 479). Nach der Marxschen Theorie ist es allererst die bürgerliche Produktionsorganisation, die den Unterschied «zwischen dem Leben jedes Individuums, soweit es persönlich ist und insofern es unter irgendeinen Zweig der Arbeit und die dazu gehörenden Bedingungen subsumiert ist», bewirkt (Marx, 1983, S. 76). In psychologischen Konzepten erweist sich Anpassung als ein bestimmtes Persönlichkeitsmerkmal, das innerhalb des Gesamts aller Eigenschaften der Persönlichkeit einen im Verhältnis zu bestimmten Situationen, denen das Individuum ausgesetzt ist, mehr konstanten oder variablen Charakter hat. Der Freudsche Begriff der Normalität des Verhaltens überwindet dagegen die Vorstellung, daß normales Verhalten nur in der Anpassung an die Realität vorliege (vgl. Freud, 1975). Anpassung wird schließlich «zu einer Leerformel, wenn das, woran es sich anzupassen gilt, selbst das Stigma des menschlichen Entwurfs trägt» (Dux 1970, S. 261).

Literatur

Dux, G. (1970). Helmut Plessners philosophische Anthropologie im Prospekt. In: Plessner, H., Philosophische Anthropologie. Frankfurt/M.
Freud, S. (1975). Der Realitätsverlust bei Neurose und Psychose. Studienausgabe Bd. III. Frankfurt/M.
Glasersfeld, v. E. (1987). Wissen, Sprache und Wirklichkeit. Braunschweig/Wiesbaden.
Lamnek, S. (1983). Theorien abweichenden Verhaltens. München.
Luhmann, N. (1987). Soziale Systeme. Frankfurt/M.
Marx, K. (1983). Die deutsche Ideologie. In: MEW Bd. 3. Berlin.
Piaget, J. (1992). Biologie und Erkenntnis. Frankfurt/M.
Riesman, D. (1977). Die einsame Masse. Reinbek.

Harald Kerber

Anthropologie

Obwohl der Begriff Anthropologie erst mit dem Übergang zur Moderne geläufig wird, ist das Nachdenken über die Stellung des Menschen in der Welt ständige Anstrengung des okzidentalen Philosophierens. Anthropologisches Denken wird explizit in Verbindung mit der neuzeitlichen Pädagogik, etwa bei Comenius im 17. Jahrhundert und später bei Rousseau, Pestalozzi und Kant. Letzterer unterscheidet eine physiologische (d. h., was die Natur aus dem Menschen macht) und eine pragmatische (d. h., was der Mensch aus sich selber macht) Anthropologie (Kant, 1968). Im Zusammenhang mit der Etablierung der Sozial- und Kulturwissenschaften entstand im 19. und 20. Jahrhundert im angelsächsischen Raum ein Verständnis von Anthropologie als «social» bzw. «cultural anthropology», das sich am Vorbild der Ethnologie, nämlich dem Studium von Angehörigen außereuropäischer, überschaubarer Kulturen, orientierte. Im Unterschied hierzu versuchte die in Deutschland bis in die 70er Jahre des 20. Jahrhunderts dominant gewordene sog. philosophische Anthropologie noch einmal die Frage nach der Stellung des Menschen in der Welt und zur Natur zu klären. Seit ihrer Erneuerung nach dem Ersten Weltkrieg durch Max Scheler, Helmut Plessner und Arnold Gehlen verstand sich die philosophische Anthropologie als eine Analyse der Befindlichkeit des Menschen, als Konstruktion einer Grundlage zur Integration der auseinanderstrebenden Humanwissenschaften und als Reflexion auf die fortschreitende Diskrepanz von Theorie und Praxis. Trotz gegensätzlicher Positionen (z. B. «exzentrische Positionalität» bei Plessner vs. Institutionenlehre bei Gehlen) ging der Versuch dahin, auf einen ‹einheitlichen Gegenstand› zu kommen. Dies ist praktisch wie theoretisch gescheitert.

Die in den 70er Jahren einsetzende Anthropologiekritik (Lepenies & Nolte, 1971) konzipierte Anthropologie als eine Wissenschaft der «Differenz» (Kamper, 1973), darin die Unabschließbarkeit humanwissenschaftlicher Begriffsbildung methodologisch ernst nehmend. In Konsequenz dieser Kritik kann heute Anthropologie nur als historische Anthropologie (Gebauer, 1989), die die Geschichtlichkeit des Gegenstandes und die Geschichtlichkeit der Methode gleichzeitig thematisiert, betrieben werden (Kamper & Wulf, 1994). Diese doppelte Geschichtlichkeit ist eine Absage an jedes geschlossene normative Wissenssystem (Wulf, 1997).

Literatur

Gebauer, G. u. a. (1989). Historische Anthropologie. Reinbek.

Kamper, D. (1973). Geschichte und menschliche Natur. Die Tragweite gegenwärtiger Anthropologiekritik. München.

Kamper, D. & Wulf, C. (Hg.). (1994). Anthropologie nach dem Tode des Menschen. Frankfurt / M.

Kant, I. (1968). Anthropologie in pragmatischer Hinsicht. Theorie-Werkausgabe Bd. XII. Frankfurt / M.

Lepenies, W. & Nolte, H. (1971). Kritik der Anthropologie. München.
Wulf, C. (Hg.). (1997). Vom Menschen. Handbuch historische Anthropologie. Weinheim / Basel.

Klaus-Dieter Scheer

Antipädagogik

«Pädagogische» Theorien gehen üblicherweise von einem qualitativen Unterschied zwischen Erziehungs-Subjekten und Erziehungs-Objekten aus. Ungeachtet aller definitorischen Feinheiten kennzeichnen die Begriffe Pädagogik / Erziehung ein einseitig auf Kinder / Zöglinge zielendes Projekt von Erwachsenen / Erziehenden. Auch wenn Hacke in seinem journalistischen Bestseller «Der kleine Erziehungsberater» formuliert: «Wahrscheinlich ist Erziehung Quatsch. Sie führt zu nichts oder allenfalls zum Gegenteil dessen, was man will» (S. 23), so gelingt es den politischen Eliten besonders in Krisenzeiten leicht, die illusionäre Erziehungsideologie neu zu beleben. Dadurch wird die Chimäre «Erziehung» einerseits zum Sündenbock für alle möglichen Mißstände, andererseits zum Hoffnungsträger für eine bessere Zukunft; in beiden Fällen geraten durch dieses Manöver die realen Verantwortlichkeiten aus dem Blick. «Antipädagogik ist kritische Theorie, also Information über behauptete und geglaubte Unwahrheiten» (v. Braunmühl, 1975, S. 238). Die Naivität dieser Definition war in den 70er Jahren vielleicht verzeihlich; inzwischen jedoch ist die Tatsache unübersehbar, daß ein Großteil der Erwachsenen an der Erziehungsideologie nicht irrtümlich festhält, sondern wegen des Bedürfnisses nach Machtausübung über Abhängige. Die antipädagogische Feststellung: «Erzieher – nicht Kinder – brauchen die Pädagogik» (Miller, 1980, S. 117), ist zwar richtig, aber das «Merken» dieses Zusammenhangs (Miller, 1981) und die Entlarvung der Pädagogik als «hochangesehenes Lügengebäude» (Miller, 1990, S. 53) haben sich als wirkungslos erwiesen, der antipädagogischen Zielsetzung «Statt Erziehung für Kinder Freiheit für alle» (v. Braunmühl, 1978, S. 130) in nennenswertem Maße näherzukommen.

In den vergangenen Jahrzehnten hat sich herausgestellt, daß in Fällen der Herrschaftsausübung von Erziehern über Kinder oft beobachtbar ist, daß jene sich für selbst in der Kindheit erlittene Unterdrückung rächen bzw. entschädigen. Zugleich dient sie vielfach als Kompensation für jeweils aktuelle Ohnmachtserfahrungen in Familie, Beruf und Gesellschaft. Deshalb muß die «antipädagogische Aufklärung» ganz allgemein an einer «demokratischen Moral» (v. Braunmühl, 1997, S. 107) interessiert sein, die zum «Abschied von der Macht» (Dustdar, 1996) führt. Dabei erweisen sich die Analysen der «Guru Papers» als nützlich, z. B. folgende Differenzierung: «Die Entscheidung, ob eine Hierarchie grundsätzlich macht- oder aufgabenorientiert ist, wird dadurch erschwert, daß sich auch machtorientierte Hierarchien meistens als aufgabenorientiert darstellen – häufig klingen gerade ihre Aufgaben und Ziele besonders idealistisch» (Kramer & Alstad, 1995, S. 44). In dieser Lage muß Antipädagogik als Kritische Theorie die von machtorientierten Menschen behauptete Aufgabenorientiertheit pädagogischer Herrschaft als Betrugsmanöver aufdecken, das mit modernem Menschenrechtsbewußtsein unvereinbar ist: «Grundlegende Menschenrechte können nicht von Bedingungen wie ‹Mündigkeit› oder einer vermeintlichen ‹Erziehungsbedürftigkeit› abhängig gemacht werden. Vielmehr muß z. B. auf die Verschränkung zwischen der körperlichen und seelischen Gewalt gegen Kinder und dem gesellschaftlichen Minderwertigkeitsstatus der Kinder hingewiesen werden» (Hartwig-Hellstern, 1995, S. 65 f). Obwohl das Recht seiner Idee nach die faktisch Schwächeren vor Übergriffen durch Stärkere schützen soll, steht es im Fall der sog. Minderjährigen auf der Seite der Volljährigen und privilegiert die ohnehin Mächtigeren. Die heutige Rechtslage folgt der erziehungsideologischen Linie, «daß Kinder mit wachsendem Alter = zunehmenden Fähigkeiten = größerer Macht in stärkere Rechtspositionen gelangen», während es gerecht und vernünftig wäre, «daß die Grundrechte für alle Menschen gleichermaßen gelten, unabhängig von ihren Fähigkeiten, so daß also nicht ihre Rechte mit ihren Fähigkeiten zunehmen, sondern umgekehrt ihre Pflichten und ihre Verantwortlichkeit» (v. Braunmühl, 1997, S. 139). Nur auf diese Weise kann die qualitative Unterscheidung zwischen Erwachsenen und Kindern überwunden und der Forderung des Deutschen Bundesjugendrings von 1991 Rechnung getragen werden: «Es ist notwendig, Kinder nicht länger als ‹unfertige› Menschen oder Objekte familiärer und staatlicher Politik zu betrachten, sondern ihre Subjektivität und Autonomie anzuerkennen» (ebd., S. 10). Dieser Anerkennung steht die spezifische «pädagogische Denkbrille» (v. Braunmühl, 1975, S. 278) entgegen, die zu den traditionellen Wahrnehmungsverzerrungen führt, durch welche die faktisch gegebene Subjekthaftigkeit der Kinder besonders in Konfliktfällen dem pädagogischen Machbarkeitswahn untergeordnet wird, der die an sich heute anerkannten Menschenrechte der Kinder außer Kraft setzt: «Kinder kommen in erster Linie als das vor, was sie werden sollen, nicht aber als das, was sie sind» (Hartwig-Hellstern, 1995, S. 61).

«Der traditionelle pädagogische Standpunkt ... blockiert die seit langem überfällige Anerkennung der Kinder als gleichberechtigte Gesellschaftsmitglieder» (Hartwig-Hellstern, 1995, S. 48). Und er steht der über die «Kinderfrage» weit hinausweisenden Erkenntnis im Wege: «Letztendlich kann man es drehen und wenden, wie man will: Die berechtigten Anliegen aller modernen Bürgerbewegungen ... sind erst mit der Gleichberechtigung der Generationen zu Ende gedacht» (v. Braunmühl, 1997, S. 129).

Literatur

Braunmühl, E. v. (1975). Antipädagogik. Studien zur Abschaffung der Erziehung. Weinheim / Basel.
Braunmühl, E. v. (1978). Zeit für Kinder. Theorie und Praxis von Kinderfeindlichkeit, Kinderfreundlichkeit, Kinderschutz. Frankfurt / M.
Braunmühl, E. v. (1997). Was ist antipädagogische Aufklärung? Bonn.
Dustdar, F. (1996). Abschied von der Macht. Demokratie und Verantwortung. Frankfurt / M.
Hacke, A. (1992). Der kleine Erziehungsberater. München.
Hartwig-Hellstern, F. (1995). Kinderbürger. Über die politische Beteiligung von Kindern. Bonn.
Kramer, J. & Alstad, D. (1995). Die Guru Papers. Masken der Macht. Frankfurt / M.
Miller, A. (1980). Am Anfang war Erziehung. Frankfurt / M.
Miller, A. (1981). Du sollst nicht merken. Frankfurt / M.
Miller, A. (1990). Abbruch der Schweigemauer. Hamburg.

Ekkehard v. Braunmühl

Antirassismus

Antirassismus in der psychosozialen Arbeit

«Interkulturelle Kompetenz» wird von immer mehr Theoretikern und Praktikern als Schlüsselqualifikation innerhalb der psychosozialen Versorgung benannt (vgl. Hinz-Rommel, 1994). Eine antirassistische Haltung und die dazu notwendige Thematisierung der Rolle von Rassismus in der psychosozialen Versorgung werden dabei als wichtiger Bestandteil dieser Kompetenz gesehen. Trotz dieser häufig genannten Forderung fehlt es in der Psychologie bisher an einer profunden Auseinandersetzung (vgl. Mecheril & Teo, 1997). Auf der anderen Seite existiert eine Vielzahl antirassistischer «Programme», «Trainings», «Workshops» etc., die sich unterschiedlichster psychologischer Theorien und Methoden bedienen, angefangen bei den verhaltenstherapeutischen Erklärungsmodellen, die bei Rassismus von Einstellungen ausgehen und diesen mit «Dekonditionierung» begegnen (etwa van den Broek, 1988; Meulenbelt, 1988), bis hin zur Psychoanalyse. Rassismus wird häufig dargestellt als eine «Persönlichkeitsstörung» (vgl. Holzkamp, 1994), und antirassistische Strategien bilden quasi-therapeutische Methoden, um diesen «Störungen» zu begegnen. Alle diese Ansätze sind bisher nicht evaluiert, und deshalb ist ihre «Effektivität» in Frage zu stellen (vgl. Castro Varela, 1997). Antirassismus in der psychosozialen Theorie und Praxis bedeutet eine explizite Auseinandersetzung mit Themen wie «Macht», «Differenz» und «Normalität» ebenso wie mit der persönlichen und auch professionellen Eingebundenheit in gesellschaftliche Machtverhältnisse (vgl. Attia et al., 1995; Rommelspacher, 1995). Eine Psychologie, die sich antirassistisch nennt und dementsprechend agiert, erfordert das Überdenken bisheriger Ausbildungscurricula sowohl auf universitärer Ebene als auch im Bereich der therapeutischen Fort- und Weiterbildungen. Die Konzepte psychosozialen Handelns sind auf implizite und explizite Aspekte von Rassismus zu überprüfen (AG «Gegen Rassismus und Antisemitismus in der psychosozialen Versorgung», 1995; 1997). Dazu ist unter anderem auch – als ein erster Schritt – die Wahrnehmung von struktureller Macht im psychosozialen Kontext vonnöten. Ebenso ist es unabdingbar, sich den verschiedenen kulturellen Vorstellungen von «Krankheit» und «Gesundheit» zu stellen und der eurozentrischen Sicht in der Psychologie entgegenzutreten (vgl. Mecheril et al., 1995). Die Beschäftigung mit Rassismuserfahrungen und ihren psychosozialen Konsequenzen erfordert eine Psychologie, die sich einmischt in politische Entscheidungen, eine Psychologie, die ihre eigene Geschichte und auch gesellschaftliche Funktion reflektiert.

Theoretische Grundlagen

Antirassismus bezeichnet Auffassungen und Praktiken, die sich gegen Rassismus wenden. Da Rassismus die Verschiedenheit von Menschen bzw. menschlichen Gruppen zur Grundlage hat, «finden sich die Antirassisten in dem Dilemma, … vor die Alternative *von Verleugnung vs. Überaffirmation des Unterschieds* gestellt zu sein» (Haug, 1992, S. 28). Da Rassen nicht natürlich gegebene, sondern in Diskursen konstruierte Bevölkerungsgruppen darstellen, kann es auch keinen eindeutigen Rassismusbegriff und damit keine eindeutige Definition von Antirassismus geben: «Ich bin Antirassist und beziehe mich auf den Rassisten. Er ist Rassist und bezieht sich auf andere Rassen» (ebd., S. 32). Entscheidend an der Konstruktion der Rassen durch die Rassisten ist, daß diese «Rassifizierung» von Bevölkerungsgruppen historische, soziale und ökonomische, also jeweils spezifische gesellschaftliche Bedingungen hat. Insofern hat eine antirassistische nur als politische Haltung/Praxis eine Bedeutung: Nur durch Einbeziehung der «übergeordneten ökonomischen und staatlichen Strukturen unter bestimmten lokalen Bedingungen» (Osterkamp, 1996, S. 137) macht die Analyse rassistischer Strukturen und der subjektiven Verflochtenheit darin einen Sinn. Da Rassismus in erster Linie als persönliches Attribut eines Menschen gedacht wird, wird bei der Erklärung rassistisch motivierter Handlungen meist psychologisches Wissen nachgefragt. Holzkamp weist darauf hin, daß gängige psychologische Erklärungsansätze dazu führen, daß zum einen aktuelle Handlungsmöglichkeiten verneint werden, zum anderen das «Dingfestmachen und Ändern von ‹Rassisten›» (Holzkamp, 1994, S. 55) selbst Teil einer Ein- und Ausgliederungsstrategie ist. Antirassistische Erziehung sollte den Lernenden verdeutlichen, «daß sie nicht nur potentielles Subjekt von rassistischen Ausgrenzungs- und Diffamierungsbewegungen gegenüber ethnischen Minderheiten sind, sondern als Jugendliche, Mädchen, Behinderte etc. selbst auch potentielle Opfer der Ausgrenzung und Diffamierung durch andere» (ebd., S. 54/55).

Literatur

Attia, I. et al. (Hg.). (1995). Multikulturelle Gesellschaft – monokulturelle Psychologie. Tübingen.

AG «Gegen Rassismus und Antisemitismus in der psychosozialen Versorgung» (1995). Thesen zur psychosozialen Versorgung in einer pluralen Gesellschaft. Verhaltenstherapie & psychosoziale Praxis, 4, S. 603–607.

AG «Gegen Rassismus und Antisemitismus in der psychosozialen Versorgung» (1997). Erklärung zum Europäischen Jahr gegen Rassismus und Folgerungen für eine antirassistisch fundierte psychosoziale Arbeit. Verhaltenstherapie & psychosoziale Praxis, 2, S. 279–282.

Broek, L. van den (1988). Am Ende der Weißheit. Berlin.

Castro Varela, M. (1997). Psychologie und Antirassismus. In: P. Mecheril & T. Teo (Hg.), Psychologie und Rassismus (S. 243–257). Reinbek.

Cohen, P. (1994). Verbotene Spiele. Theorie und Praxis antirassistischer Erziehung. Berlin / Hamburg.

Haug, W. F. (1992). Zur Dialektik des Anti-Rassismus. Argument. Zeitschrift für Philosophie und Sozialwissenschaften, 191, S. 27–52.

Hinz-Rommel, W. (1994). Interkulturelle Kompetenz. Münster / New York.

Holzkamp, K. (1994). Antirassistische Erziehung als Änderung rassistischer «Einstellungen» In: Argument. Zeitschrift für Philosophie und Sozialwissenschaften, 203, S. 41–58.

Mecheril, P., Appel, S. & Teo, T. (1995). «Ethnische Quotierung» in der deutschsprachigen Psychologie? Dokumentation und Kommentierung einer Initiative. Journal für Psychologie, 3 (3), S. 53–62.

Mecheril, P. & Teo, T. (Hg.). (1997). Psychologie und Rassismus. Reinbek.

Meulenbelt, A. (1988). Scheidelinien. Reinbek.

Osterkamp, U. (1996). Rassismus als Selbstentmächtigung. Berlin / Hamburg.

Rommelspacher, B. (1995). Dominanzkultur. Texte zu Fremdheit. Berlin.

Weber, K. (1997). Kann Psychologie zur Überwindung des Rassismus beitragen? In: T. Teo & P. Mecheril (Hg.), Psychologie und Rassismus (S. 286–302). Reinbek.

María del Mar Castro Varela / Klaus Weber

Antisemitismus

Der Begriff wurde zum erstenmal 1879 von dem Journalisten Wilhelm Marr zur Charakterisierung des antijüdischen Rassismus benutzt. Der Begriff unterstellt eine semitische «Rasse», die den indogermanischen «Rassen» aufgrund von Sprachforschungen irrtümlicherweise gegenübergestellt wurde. Tatsächlich gab dieser Begriff den zahlreichen antijüdischen Ressentiments und Programmen jener Zeit einen neuen Namen und ersetzte die traditionell religiöse Begründung des Judenhasses durch eine rassistische Ideologie. Im Antisemitismus kamen sehr unterschiedliche kulturelle, politische und religiöse Strömungen zum Ausdruck: so ein tief verankerter christlicher Antijudaismus, der sich in zahllosen Verfolgungen von Juden über Jahrhunderte hinweg gezeigt hatte, in dem die Juden für jedes gesellschaftliche Mißgeschick verantwortlich gemacht wurden. Dieser trat vor allem in den volksnahen Formen des Antisemitismus in Polen und Rußland zutage. Zu Zeiten der Industrialisierung, Urbanisierung und Säkularisierung versuchten die herrschenden Schichten, den Unmut vielfach auf die Juden abzulenken, indem sie diese sowohl zum Symbol von städtischem Leben, Modernität und sozialem Aufruhr als auch von Rückständigkeit, Tradition und religiöser Orthodoxie machten. Dies war die Hauptquelle des französischen Antisemitismus, wo sich im Zusammenhang mit der Dreyfusaffäre (1894) antidemokratische und antirepublikanische wie auch antiklerikale Strömungen artikulierten. In der Zeit der Nationalstaatenbildung wurde «der» Jude vielfach auch zu dem «Anderen» schlechthin gemacht, der der Nation als Kosmopolit feindlich gegenüberstehe und von dem eine Weltverschwörung drohe. Dies traf insbesondere auf die christliche Mehrheitsgesellschaft in Deutschland zu, die die Juden zu ihren Antipoden machte, um ihre eigene nationale Identität zu definieren. Die Deutschen legitimierten damit ihre imperialistischen Expansionen und rassistischen Welteroberungspläne.

Das Christentum hat seinen Ursprung in der jüdischen Religion. Für die Christen war die weitere Existenz des Judentums eine ständige Herausforderung, da dies seinen Anspruch auf Erfüllung der Heiligen Schrift in Frage stellte. Die Ablehnung der Juden – als Individuen und als Kollektiv – wurde zu einem zentralen Bestandteil christlicher Lehre und Praxis. So verstanden die Christen die Juden als Antithese, als das Alte, das es zu überwinden galt. Allerdings gibt es unterschiedliche Auffassungen über den Einfluß des Christentums auf den säkularen Antisemitismus. Hannah Arendt z. B. erklärt den modernen Antisemitismus mehr aus der gesellschaftlichen Funktion der Juden: Die christliche Mehrheitsgesellschaft hatte sie über Jahrhunderte hinweg an den Rand der Gesellschaft gedrängt. Aus dieser Position heraus übernahmen sie eine wichtige Brükkenfunktion zu anderen Gesellschaften. Das bedeutete, daß sie den herrschenden Familien nützlich waren, aber nicht wirklich gefährlich werden konnten. Die christliche Bevölkerung neidete ihnen diese Rolle als Privilegierung und bezichtigte sie der Illoyalität. Die Wirkungsmächtigkeit religiöser Traditionen in einer sich säkular verstehenden Gesellschaft wird in den Sozialwissenschaften bis heute wenig berücksichtigt. So beziehen sich die meisten psychologischen Erklärungsmuster zum Antisemitismus auf die Vorurteilsforschung, die im Antisemitismus wie in jedem Rassismus primär eine Funktion der Abwehr von eigenen destruktiven Impulsen sieht und/oder die Verschiebung von Konflikten auf Schwächere im Sinne der Abreaktion eigener Frustrationserfahrungen. Dies kann aber weder den überdauernden Charakter des Antisemitismus noch seine spezifischen Inhalte erklären.

Sigmund Freud hat sich in «Der Mann Moses und die monotheistische Religion» auf die Wurzeln des Antisemitismus im Christentum bezogen, was aber später kaum aufgegriffen wurde. Freud sieht im Haß gegen das Judentum eine Verschiebung des Hasses gegen die Strenge des christlichen Über-Ich, also in einem ursprünglich antichristlichen Ressentiment. Auch analysiert er den Vorwurf des «Gottesmordes» als eine Projektion und Verschiebung der allgemein gehegten Todeswünsche gegen den Vater. In der Eifersucht gegenüber den Juden als dem «auserwählten» Volk sieht er den Neid und die Rivalität des Jüngeren gegenüber dem Erstgeborenen. Zweifellos ist der Antisemitismus als ein multidimensionales Phänomen zu begreifen, in dem religiöse, kulturelle und individuelle Voreingenommenheit zusammenwirken. In Deutschland allerdings ist der Antisemitismus nicht ohne den Nationalsozialismus zu verstehen. Hier ist nicht nur der traditionelle Antisemitismus gegenwärtig, der sich z. B. darin zeigt, daß 22 Prozent der Befragten Juden nicht als Nachbarn haben wollen (Emnid, 1994). Auf diesen hat sich noch der sog. sekundäre Antisemitismus aufgesetzt, ein Antisemitismus «wegen Auschwitz». Dieser entwickelte sich aufgrund des Versuchs der nichtjüdischen Deutschen, ihre Geschichte und die eigene Schuld zu verdrängen. Sie machen jeden, der sie an diese Geschichte erinnert, für ihr Unbehagen oder die eigenen Schuldgefühle verantwortlich. Sie diffamieren Juden dann als rastlose Rächer, die keine Ruhe geben wollen. Hier wird der alte christliche Antijudaismus im Bild vom «Rachegott» reaktiviert. Gleichwohl ist der Antisemitismus in Deutschland seit dem Nationalsozialismus relativ tabuisiert, und vor allem in der Zeit nach dem Nationalsozialismus hatte sich eine ausgeprägt projüdische Haltung an dessen Stelle gesetzt. Ein solcher Philosemitismus, in dem die Juden als besonders kultivierte, intelligente und friedfertige Menschen idealisiert werden, muß als Abwehr oder – in der psychoanalytischen Terminologie – als Gegenbesetzung gegen die verpönten antisemitischen Impulse gewertet werden. Gerade die zweite und dritte Generation der nicht-jüdischen Deutschen, die durch das Schweigen der Eltern und Großeltern enttäuscht sind, suchen nach moralischer Orientierung und bauen Juden als moralische Autoritäten auf. Eine solche Unterwerfung ist immer auch eine narzißtische Kränkung und führt zum Gegenimpuls, Juden als moralische Autoritäten zu demontieren. Dies geschieht z. B. dann, wenn Juden aus aller Welt für die antipalästinensische Politik Israels verantwortlich gemacht werden. Damit soll «bewiesen» werden, daß diese auch nicht besser seien. Das Entlastungsmotiv wird in der emotionalen Fixierung auf das Thema oft allzu deutlich.

Literatur

Arendt, H. (1958). Elemente und Ursprünge totaler Herrschaft. München.
Rommelspacher, B. (1995). Schuldlos-Schuldig. Wie sich junge Frauen mit Antisemitismus auseinandersetzen. Hamburg.
Traverso, E. (1993). Die Juden und Deutschland. Berlin.

Birgit Rommelspacher

Arbeit

1. Theorie der Arbeit bei Marx: Er verknüpft für seine Diskussion des Arbeitsbegriffs Traditionslinien aus Ethik und Ökonomie, Moral und Philosophie (vgl. Haug, 1994) und bestimmt Arbeit als widersprüchliche Voraussetzung von Armut und Reichtum und damit als Dimension von Herrschaft. In seinen frühen Schriften faßt er Arbeit selbst als Entfremdung. Dieser von Hegel geprägte Diskurs mit dem Gegensatz von Innen und Außen, eigen und fremd, Vergegenständlichung und Entäußerung hat die Diskussionen in der Kritischen Theorie und später um alternative Lebensweise bis in die 1980er Jahre bestimmt. Hierher gehört der bekannte Satz: «Der Arbeiter fühlt sich daher erst außer der Arbeit bei sich und in der Arbeit außer sich ...» Feministische Zweifel an Marx streiten auch gegen diesen Satz, weil die Metapher des «zu Hause» als Ort ohne Arbeit nur für Männer gilt (Ivekovic, 1987). In der verkehrten Form entfremdeter Arbeit denkt Marx u. a. freie Lebensäußerung; Genuß des Lebens; die Betätigung des menschlichen Gemeinwesens; Selbstbetätigung; Bewußtsein, ein menschliches Bedürfnis befriedigt zu haben; in der Liebe sich bestätigt wissen; die Entwicklung der Individuen zu totalen Individuen; der Verkehr der Individuen als solcher. Die Selbsttätigkeit ist Genuß. Das Leben selbst ist lustvolle Produktion. Die Organe der Individualität des Menschen sind: sehen, riechen, hören, schmecken, fühlen, denken, anschauen, empfinden, wollen, tätig sein. Offensichtlich bezog Marx die «Lebensweise» in seine Arbeitsperspektive ein. Er begriff sie als den gemeinschaftlichen, genußvollen, die einzelnen entwikkelnden tätigen Zusammenhang der Individuen eines Gemeinwesens. Leben ist tätiges Leben. Die Lebensweise wird verkehrt durch die Produktionsverhältnisse, die Art und Weise, wie die Menschen ihr materielles Leben produzieren. Die Überwindung der Verkehrung / Entfremdung denkt Marx nach der Seite der Arbeit als Verwandlung des Produktionsprozesses in einen industriellen und damit eine Verschiebung der Produzenten in ihrem Verhältnis zur Natur. Der Mensch arbeitet nicht mehr selbst direkt mit Naturgegenständen, sondern «tritt neben den Naturprozeß, statt sein Hauptagent zu sein» (MEW 42, S. 601). Weder die unmittelbare Arbeit noch die Arbeitszeit werden jetzt Maßstab, sondern des Produzenten eigenes Wissen über Naturprozesse, die er sich dienstbar macht, also seine eigene Entwicklung als gesellschaftliches Individuum. Als «nützliche Arbeit ist die Arbeit ... eine von allen Gesellschaftsformen unabhängige Existenzbedingung des Menschen, ewige Naturnotwendigkeit, um den Stoffwechsel zwischen Mensch und Natur, also des menschlichen Lebens zu vermitteln» (MEW 23, S. 57). Im Kontext spricht Marx auch davon, daß der Mensch «durch diese Bewegung (der seiner Leiblichkeit angehörigen Naturkräfte, F. H.) auf die Natur außer ihm wirkt und sie verändert, ... er zugleich seine eigne Natur» verändert (MEW 23, S. 192), ein Zusammenhang, der zum produktiven Ausgangspunkt für das Verhältnis von Persönlichkeitsentwicklung, Bewußtseinsentwicklung und Arbeit in der marxistisch sich verstehenden Psychologie geworden ist. In «Kritik des Gothaer Programms» skizziert Marx perspektivisch ein Gemeinwesen, welches die Verkehrungen der Arbeit überwunden hat. Hier fällt der Satz von der «Arbeit als erstem Lebensbedürfnis» (MEW 19, S. 21). Diese Äußerung hat zu vielerlei Einseitigkeiten beigetragen. Neben der Vorstellung, Individuen, denen eine «arbeitsscheue» Haltung attestiert wird, könnten zu solchen, denen «Arbeit zum ersten Lebensbedürfnis» wird, erzogen werden, wurde befürchtet, Marx könne eine Gesellschaft herbeigesehnt haben, in der die Bedürfnisse zum Maßstab gesellschaftlicher Regelung genommen würden, die durch Kapitalismus und Überflußproduktion auf der einen Seite, Armut auf der anderen formiert sind. Dabei ist der Kontext eindeutig: wenn es den Menschen gelingt, sich aus materieller Not und Herrschaft zu befreien, dann ist die Erzeugung des materiellen Lebens ihnen produktiver Genuß und Entfaltung ihrer Fähigkeiten. Dieses Bedürfnis werden sie leben können und insofern ihr Menschsein verwirklichen. Das schließt die Aufhebung der Arbeitsteilungen ein, die die Entzweiung der menschlichen Arbeit als Grundlage von Gesellschaftsformationen hervorbrachten: die Teilung in Hand- und Kopfarbeit; in Männer- und Frauenarbeit; in Arbeit und Nichtarbeit.

2. Lucien Sève (1972) entwirft aus dem eigentümlichen, von Marx herausgearbeiteten Verhältnis der Arbeiter zu sich selbst und ihrer Arbeitskraft, sobald sie auf den Arbeitsmarkt und in den kapitalistisch betriebenen Produktionsprozeß treten, eine allgemeine Persönlichkeitstheorie. Sein zentraler Begriff ist die Individualitätsform. Dieser Term ist eine Analysefolie, auf der die arbeitsteilig bestimmten Bedingungen nach dem Grad ihrer historisch je verschiedenen Möglichkeit von Selbstbestimmung für die einzelnen eingetragen werden können, sowie der Grad an Formierung. Der Begriff wurde für die Frauenforschung fruchtbar gemacht und empirisch angereichert (vgl. Haug, 1980; 1983; Haug/Hauser, 1985; 1986; 1991). Zu den Bedingungen für die Entfaltung von Persönlichkeit zählt er die Teilnahme an Klassenkämpfen als eine historisch mögliche Form der Realisierung von Selbstbestimmung. Er formuliert seine Ausführungen für eine praktische Psychologie in Begriffen, die er analog zu denen der Kritik der politischen Ökonomie bildet, ein Verfahren, das den Schluß nahelegt, die Bewegungen im Ökonomischen und im Psychischen für gleichartig zu halten (z. B. psychologisches Produkt). Eher haltbar sind seine Vorschläge zum Verhältnis von Arbeit und Lernen. Ausgangspunkt ist, daß die Menschen Handlungen vollziehen, aus denen sie etwas lernen, und solche, denen keine entwikkelnde Kraft mehr innewohnt. Fortschritt und Entwicklung der Persönlichkeit hängen davon ab, wie sich die Handlungen im Tagesverlauf verteilen, also wieviel Zeit die einzelnen zum Lernen haben, wie sie sich den Tag einteilen können. Lernzeit ist objektiv gegeben und subjektiv verfügt. Dabei untersucht Sève nicht im einzelnen, wie Handlungen strukturiert sind, sondern begnügt sich mit der Analyse von Produktionsverhältnissen. So nimmt er an, daß in der fremdbestimmten Lohnarbeit abstrakte Arbeit geleistet werde, aus der die einzelnen nichts lernen könnten. Andere Aktivitäten, etwa die zu Hause, seien konkret, da auf sich selbst bezogen, aber auch nicht geeignet zum Lernen, da sie zum Abklatsch der Lernlosigkeit in der Erwerbsarbeit würden. Daraus zieht er den Schluß, daß die Individuen im Kapitalismus gespaltene Persönlichkeiten haben: zerstört durch die Abstraktheit gesellschaftlicher Arbeit und die Konkretheit privater blockierter Entwicklung. Sèves Arbeiten liefern Anstöße für eine Pathologie der Persönlichkeit im Kapitalismus und für die Problematik der «Unentwickeltheit» großer Teile der Bevölkerung.

3. Winfried Hacker: Er übersetzt die Frage nach Arbeit und Persönlichkeitsentwicklung in die Frage nach den kognitiven Komponenten beim Arbeitshandeln, die in der Realentwicklung der Arbeit ständig zunehmen. Damit rücken die psychischen, inneren Dimensionen des Arbeitshandelns in das Zentrum jeder Arbeitsanalyse und sind so Grundlage für die Entstehung von Arbeitspsychologie als Wissenschaft. Zentrale Annahme ist, daß das Psychische die Kommandozentrale darstellt, «ohne Berücksichtigung ihrer Befehle bleiben die Tätigkeiten unverständliche und gar chaotische Vorgangsbündel» (Hacker, 1972, S. 72). Die Erhöhung der Produktivität der Arbeit und die Entwicklung der Menschen gehören demnach zusammen. Die Übernahme körperlicher Tätigkeiten durch Maschinen und ihre damit einhergehende Verschiebung in kognitive Vorgänge erfordere Übersetzungs- und Transformationsleistungen, also die Übertragung eigener Regulation auf die der Maschinen, die anderer Logik gehorchen und andere Qualifikationen und Lernstrategien brauchen. Der Ausbau kognitiver Momente erfordert das Optimieren der psychischen Tätigkeiten. Produktionsverfahren und Lernstrategien werden zugleich optimiert. Hackers Ausgangspunkt: (1) Das Handeln der Menschen muß durch ihre Köpfe hindurch. Sie müssen antizipieren, einen Plan machen, ihr Handlungsvollzug ist sinngesteuert. (2) Menschen gestalten Natur um und verändern sich dabei; Handeln und Persönlichkeitsentwicklung stehen also in einem Wechselverhältnis zueinander. Die Instanz, die Handeln abbildet und reguliert, ist die Psyche, die durch Arbeitshandeln bestimmt ist. Die Ebenen der Regulation: sensumotorisch, perzeptiv-begrifflich und intellektuell, werden für die gleiche Handlung in Anspruch genommen. Der Grad der Beherrschung einer Handlung ist abhängig davon, wie viele Teile psychisch automatisiert sind. Die Analyse wird lerntheoretsich ausgebaut: Zunächst braucht jede Handlung intellektuelle Regulierung. Damit sie vollzogen werden kann, wird sie in Teilschritte zerlegt. Der denkende Kopf organisiert Abfolge und hierarchisches Zueinander. Die Vielfältigkeit der Handlungen verbiete, jedes Teilstück stets neu zu denken. Um handlungsfähig zu sein, erfolgt Lernen als schnellstmögliche Automatisierung von Handlungselementen, d. h. Vollzug ohne Indienstnahme des Bewußtseins, durch Übung. Die intellektuelle Ebene wird frei für neue Handlungen. Neben der Vorstellung gibt es bei Hacker keine Perspektive für die beste Form menschlicher Arbeit.

4. Feminismus: In der Frauenbewegung der späten 1960er und 1970er Jahre beginnt international eine heftige Auseinandersetzung mit dem Marxschen Arbeitsbegriff, der die unbezahlte Arbeit der Frauen entnenne, ihren mehrwertproduzierenden Charakter (bei der Produktion der Ware Arbeitskraft) nicht erkenne und so zur Frauenunterdrückung beitrage. Dieser Streit um die Hausarbeit war wesentliches Moment in den wachsenden Spannungen zwischen Arbeiterbewegung und Frauenbewegung. Die Kritik – Marx habe ein Arbeitskonzept entwickelt, das die Frauen ausschloß; Arbeit habe er vornehmlich auf Erwerbsarbeit bezogen, so daß in sein Konzept der «produktiven Arbeit» Hausarbeit nicht eingehe (vgl. v. Werlhoff, 1978); Arbeit sei statt dessen kopflastig konzipiert (Neusüß, 1985) – scheint bei genauer Lektüre einseitig. Marx benutzt z. B. das Attribut «produktiv» zunächst zur Kennzeichnung aller konkret-nützlichen Arbeit. Unter Kapitalbedingungen genügt es nicht mehr, daß der Arbeiter überhaupt produziert: «Er muß Mehrwert produzieren ... Der Begriff des produktiven Arbeiters schließt daher ... ein spezifisch gesellschaftliches, geschichtlich entstandnes Produktionsverhältnis (ein), welches den Arbeiter zum unmittelbaren Verwertungsmittel des Kapitals stempelt. Produktiver Arbeiter zu sein, ist daher kein Glück, sondern ein Pech» (MEW 23, S. 532). Und perspektivisch: «Einmal die Arbeit emanzipiert, so wird jeder Mensch ein Arbeiter, und produktive Arbeit hört auf, eine Klasseneigenschaft zu sein» (MEW 17, S. 342). Auch stellt Marx Frauenunterdrückung in den Kontext von entfremdeter Arbeit: «Die freilich noch sehr rohe, latente Sklaverei in der Familie ist das erste Eigentum, das übrigens hier schon der Definition der modernen Ökonomie entspricht, nach der es die Verfügung über fremde Arbeit ist» (MEW 3, S. 32).

5. Kritische Psychologie: In der Kritischen Psychologie wird in den 1970er und 1980er Jahren ein Konzept erarbeitet, das Arbeit ins Zentrum der Menschwerdung rückt und dabei die Fragen menschlicher Bedürfnisse und die der Motivation und Emotion, der Wahrnehmung, der Erkenntnis und des Denkens neu diskutiert und reformuliert (vgl. Holzkamp, 1983; Osterkamp, 1975; Schurig, 1976). In Osterkamps Entwurf schließen die «produktiven Bedürfnisse» das Verlangen nach der Verfügung über die gesellschaftlichen Lebensbedingungen ein; der Protest gegen fremdbestimmte Produktionsverhältnisse kann mitgedacht werden. In diesem Kontext entwirft auch das «Projekt Automation und Qualifikation» eine Entwicklungsgeschichte menschlicher Arbeit (1978). 1983 reformuliert Holzkamp sein Arbeitskonzept in bezug auf die Frage der Bedürfnisse. Er ersetzt das Konzept der «produktiven Bedürfnisse» durch die Wendung «produktiver Aspekt menschlicher Bedürfnis-Verhältnisse» (1983, S. 242): Nicht die «Arbeit» als solche ist erstes Lebensbedürfnis, sondern «Arbeit» nur soweit, wie sie dem einzelnen die Teilhabe an der Verfügung über den gesellschaftlichen Prozeß erlaubt, ihn also «handlungsfähig» macht. Mithin ist nicht «Arbeit», sondern «Handlungsfähigkeit das erste menschliche Lebensbedürfnis – dies deswegen, weil Handlungsfähigkeit die allgemeinste Rahmenqualität eines menschlichen und menschenwürdigen Daseins ist, und Handlungsunfähigkeit die allgemeinste Qualität menschlichen Elends der Ausgeliefertheit an die Verhältnisse, Angst, Unfreiheit und Erniedrigung» (ebd., S. 243). Der Begriff der Handlungsfähigkeit verhindert eine Zentrierung auf das Individuum, als wäre dieses kein gesellschaftliches Wesen, sondern so privat, wie die bürgerliche Gesellschaft es illusionär positioniert. Handlungsfähigkeit und ihre Erweiterung sind Vorbedingungen dafür, daß «freie Tätigkeit» möglich wird, aber wie und unter welchen Verhältnissen können die Menschen ihr materielles Leben so gewinnen, daß sie es nicht zugleich verlieren, sondern daß es Genuß, Lust, Liebe, Entwicklung, Gemeinwesen ist?

6. Krise der Arbeitsgesellschaft: Habermas formuliert (1985): «Das Produktionsparadigma gibt dem Praxisbegriff eine so klare empirische Bedeutung, daß sich die Frage stellt, ob es mit dem historisch absehbaren Ende der Arbeitsgesellschaft seine Plausibilität verliert» (ebd., S. 99). Gerade in der Verabschiedung des Begriffs setzt er dabei das, was bei Marx «unmittelbare Arbeit» war, als ewige Existenzbedingung voraus. Die von Marx formulierte Perspektive des «industriellen Naturprozesses», wie er heute mit der mikroelektronischen Produktionsweise schon Wirklichkeit ist und in kapitalistischer Form verheerende Folgen für die Natur hat und die Menschen als Fluch von Arbeitslosigkeit trifft, kommt bei Habermas ebensowenig in den Blick wie bei den Konzepten aus den staatssozialistischen Ländern; die Konzepte berühren sich vielmehr. Wo in den Ländern des «Kasernenkommunismus» der Mangel verallgemeinert und gesellschaftliche Vermittlungsformen gemeinschaftlicher Arbeit nicht entwickelt wurden, wird mit der Auffassung selbstbestimmter menschlicher Subjektivität außerhalb unmittelbarer Arbeit ebenfalls die Perspektive aus den Augen verloren. Die Arbeitsutopie habe keine Kraft mehr, sagt Habermas, ins Zentrum rücke die Lebensweise. In allen Marxschen Schriften wird deutlich, daß es Marx um die Revolutionierung der Lebensweise ging, die er durch die Produktionsweise bestimmt sah. Rekonstruiert man den schillernden Arbeitsbegriff, so hören sich solche Marx-Verabschiedungen seltsam an. Es ginge jetzt nämlich darum, die Erzeugung des materiellen Lebens, also des Lebens und der Lebensmittel, nicht mehr so wichtig zu nehmen. Gesellschaftstheorie müsse nicht mehr von dieser Grundlage ausgehen. Hinter den Verabschiedungen steckt die Frage, ob die Erzeugung des materiellen Lebens herrschaftsförmig geregelt bleiben könnte und gleichwohl menschliche Entwicklung und menschliches Glück möglich wären. Der Zusammenbruch der staatssozialistischen Planökonomien scheint das Setzen auf Kapitalismus notwendig zu machen. Die sich zuspitzende Katastrophenlogik kapitalistischer Gesellschaften im Weltmaßstab verdeutlicht das Illusionäre, eine Zukunft ohne Einfluß auf die Rahmenbedingungen des Handelns im großen auf längere Sicht für lebbar zu halten.

Literatur

Habermas, J. (1985). Die neue Unübersichtlichkeit. Frankfurt / M.
Habermas, J. (1981). Theorie des kommunikativen Handelns. Frankfurt / M.
Habermas, J. (1985). Der philosophische Diskurs der Moderne. Frankfurt / M.
Hacker, W. (1972). Allgemeine Arbeits- und Ingenieurspsychologie. Berlin / DDR.
Hartmann, H. (Hg.). (1981). The Unhappy Marriage of Marxism and Feminism. London.
Haug, F. (Hg.). (1980). Frauenformen. Berlin.
Haug, F. (1983). Sexualisierung der Körper. Frauenformen 2. Berlin.
Haug, F. & Hauser, K. (Hg.). (1985). Subjekt Frau. Berlin.
Haug, F. & Hauser, K. (Hg.). (1986). Der Widerspenstigen Lähmung. Berlin.
Haug, F. & Hauser, K. (Hg.). (1991). Die andere Angst. Berlin.
Haug, F. (1994). Stichwort Arbeit. In: W. F. Haug (Hg.), Historisch-kritisches Wörterbuch des Marxismus. Bd. 1 (S. 401–422). Hamburg.
Holzkamp, K. (1983). Grundlegung der Psychologie. Frankfurt / M.
Ivekovic, R. (1984). Noch einmal zum Marxismus und Feminismus. In: Geschlechterverhältnisse und Frauenpolitik (S. 103–112). Berlin.
MEW = Marx Engels Werke (1965 ff). Berlin / DDR.
Neusüß, C. (1985). Die Kopfgeburten der Arbeiterbewegung. Hamburg.
Osterkamp, U. (1975). Grundlagen der psychologischen Motivationsforschung. Frankfurt / M.
Projekt Automation und Qualifikation (1978). Entwicklung der Arbeit. Berlin.
Schurig, V. (1976). Die Entstehung des Bewußtseins. Frankfurt / M.
Sève, L. (1972). Marxismus und Theorie der Persönlichkeit. Berlin / DDR.
v. Werlhoff, C. (1978). Frauenarbeit: Der blinde Fleck in der Kritik der Politischen Ökonomie. Beiträge zur feministischen Theorie und Praxis, 1 / 78. Köln.

Frigga Haug

Arbeits- und Betriebspsychologie

Im traditionellen Sinn ist Arbeits- und Betriebspsychologie jener Teil der Angewandten Psychologie, der sich mit der Gestaltung von Arbeitsbedingungen im Hinblick auf psychische Merkmale des Menschen sowie mit der Anpassung des Menschen an jene Bedingungen befaßt; als solche ist sie Teil einer interdisziplinär verstandenen Arbeitswissenschaft.

Als erste Darstellung des Gebiets ist das Buch von Hugo Münsterberg «Psychologie des Wirtschaftslebens» (1912) zu nennen, in welchem eine *Wirtschaftspsychologie* mit breiter Programmatik vorgestellt wurde. Man sprach damals auch von «industrieller Psychotechnik». Später setzte sich die Bezeichnung Arbeitspsychologie durch, zu welcher im Laufe der Entwicklung eine Betriebspsychologie hinzukam, die wiederum zu einer Organisationspsychologie erweitert wurde. Heute spricht man meistens von der *Arbeits- und Organisationspsychologie*, als solche scheint sich die Teildisziplin im Fächerkatalog der akademischen Psychologie inzwischen einigermaßen etabliert zu haben.

Die interne Abgrenzung zwischen Arbeits- und Organisationspsychologie ist undeutlich; so weisen die beiden wohl verbreitetsten Lehrbücher der Einzelgebiete (Ulich, 1994; v. Rosenstiel, 1992) einen durchaus breiten Überschneidungsbereich auf. Als Gesamtdarstellungen der beiden Fächer sei auf die entsprechenden Bände in der «Enzyklopädie der Psychologie» verwiesen (Kleinbeck & Rutenfranz, 1987; Roth, 1989). Die aktuellste Darstellung vieler Einzelthemen findet sich bei den einschlägigen Stichworten des «Handbuchs Arbeitswissenschaft» (Luczak & Volpert, 1997). Ein kritisches Befassen mit Arbeits- und Organisations- bzw. Betriebspsychologie (Volpert, 1975) hat damit zu beginnen, daß diese eine weithin begriffslose Wissenschaft von entfremdeter Arbeit ist. Mensch und Arbeit werden als gesellschafts- und geschichtslose Wesenheiten angesehen, die aneinander angepaßt werden sollen. Die Produktionsverhältnisse gelten als naturgegeben; Entfremdung wird zu subjektivem Unwohlsein, das es durch geeignete psychologische Maßnahmen zu beseitigen gilt. Zweifellos werden durch das Zusammentragen wissenschaftlicher Erkenntnisse manches Arbeitsleid und manche Verkümmerung von Fähigkeiten gemildert. Soweit die Arbeits- und Betriebspsychologie jedoch gesellschaftliche Zusammenhänge ausblendet und sich in die gegebenen kritiklos einfügt, haben ihre Ergebnisse und Gestaltungshinweise gleichzeitig die Funktion, den Widerstand der Arbeitenden gegen die Produktionsverhältnisse zu verringern. Dieser meist gemeinsam geführte Widerstand hat zwei Hauptformen: die sog. Leistungszurückhaltung und den offenen Kampf gegen ungünstige Arbeitsbedingungen. Gegenstrategien zielen somit auf die Erhöhung und Effektivierung der Leistungsverausgabung, also die Intensifikation der Arbeit, und auf die Integration der Arbeitenden in den Betrieb und das Wirtschaftssystem, vor allem in Form einer Schwächung der gewerkschaftlichen Organisation.

Die Geschichte der Arbeits- und Betriebspsychologie – und der Arbeitswissenschaft allgemein – läßt sich als stufenweise Erschließung neuer Möglichkeiten der Arbeitsintensifikation und der Integration der Arbeitenden auffassen, jeweils auf der Grundlage einer veränderten gesellschaftlichen Situation sowie in diesem Kontext ebenfalls veränderter technischer Mittel (vgl. Volpert, 1975). Dieses Stufenmodell ist so zu verstehen, daß auch nach dem Aufkommen einer neuen Sichtweise (Stufe) der alte Ansatz nicht verschwindet; er wird weiter betrieben und weiter entwickelt, steht jedoch nicht mehr im Mittelpunkt des allgemeinen Interesses. Arbeits- und Betriebspsychologie ist im wesentlichen als Auseinandersetzung mit dem *Taylorismus* entstanden. Sie übernahm dessen allgemeine Zielsetzungen – höchstmögliche Leistung der Arbeitenden bei größtmöglicher Harmonie mit der Betriebsleitung –, glaubte jedoch, die Mängel dieses Systems durch eine bessere Berücksichtigung psychologischer Erkenntnisse beheben zu können. Seither betonen die Vertreter der Arbeits- und Betriebspsychologie in ständig wiederkehrenden Formulierungen, ihr Ansatz bedeute eine «Überwindung des Taylorismus» und sei geeignet, die «Verschwendung menschlicher Arbeitskraft» zu beseitigen. Der erste derartige Versuch sei als *individualwissenschaftliche* Stufe bezeichnet, da es ihm um die wechselseitige Anpassung des individuellen Arbeiters und seines Arbeitsplatzes geht. Die Anpassung der äußeren Arbeitsbedingungen an den Menschen begegnet uns heute etwa als *Ingenieurpsychologie*. Die Anpassung des Menschen an die Arbeit umfaßt vor allem die Gebiete der Eignungsdiagnostik und Personalauslese sowie der Verkürzung der Anlernzeit. Die zweite Stufe ist die *gruppenwissenschaftliche*; hier rückt die Arbeitsgruppe in den Vordergrund. Es wird angestrebt, diese in ihren Zielsetzungen gewissermaßen «umzudrehen», also zur Verfolgung der Ziele der Betriebsleitung zu bringen. Wichtige Methoden sind dabei ein «demokratischer Führungsstil», die Förderung «informeller» Beziehung zwischen den Arbeitenden und die Erhöhung der «Arbeitszufriedenheit». Diese Stufe ist allgemein als Human-relations-Bewegung bekannt. Eine neue Situation entstand, als die Untersuchung der Arbeitstätigkeit und des Arbeitsinhaltes in den Vordergrund rückte; hier sprechen wir von der *aktionswissenschaftlichen Stufe*. Einer ihrer Begründer, der amerikanische Industrieberater Peter F. Drucker, gab als Ziel an, die Arbeitenden müßten eine «unternehmerische Haltung» annehmen – parallel dazu sollten sich die Gewerkschaften «zu einer loyalen Opposition bequemen» (1950, S. 159). Im Grunde ist das eine alte Wunschvorstellung der Unternehmer, der Ansatzpunkt ist diesmal aber die konkrete Arbeitstätigkeit selbst. «Den Menschen zu benutzen, als wäre er eine schlecht konstruierte Einzweckmaschine, heißt, ihn sehr schlecht und leistungsschwach nutzen» (Drucker, 1950, S. 234). Entsprechend bemühte man sich um «neue Formen der Arbeitsgestaltung», etwa eine «Aufgabenbereicherung» oder die Einführung sog. teilautonomer Arbeitsgruppen. Zusammenfassend läßt sich diese Stufe so charakterisieren: «Die kontrollierte Freigabe von Handlungsspielräumen – selbstverständlich nur so weit, als dies im Rahmen der Produktionsweise funktional ist – öffnet den Zugang zu bisher verschlossenen Intensifikationspotentialen und macht Bereiche menschlicher Motivation und Arbeitsverausgabung zugänglich und steuerbar, die sich bisher einer solchen Steuerung entzogen und sogar Leistungszurückhaltung ermöglicht hatten: wenn entweder vorhandene Handlungsspielräume in einer Weise genutzt wurden, die nicht dem Betriebsziel dienten, oder wenn das Nichtvorhandensein solcher Spielräume Unlust und Monotoniegefühle erzeugte» (Volpert, 1975, S. 54f).

Die Reformorientierung der 70er Jahre beförderte die Entwicklung aktionswissenschaftlicher Konzepte. Man sprach von einer «Humanisierung des Arbeitslebens»; in der BRD rief die sozialliberale Regierung ein so benanntes Forschungsprogramm ins Leben. Doch war die neue Stufe in der BRD noch kaum als bestimmende etabliert, da geriet sie in den restaurativen gesellschaftspolitischen Tendenzen der 80er Jahre in eine Krise. Der überwiegende Teil des Managements setzte wieder auf das, was geschäftstüchtige Computerwissenschaftler als «informationstechnische Revolution» kennzeichneten. Man erhoffte sich etwa die Lösung organisatorischer Probleme durch eine betriebsinterne Computervernetzung (unter dem Stichwort «Computer Integrated Manufacturing, CIM») oder – durch die Einführung sog. Expertensysteme – neue und profitable Formen der Enteignung des Wissens betrieblicher Experten (s. Volpert, 1988). Viele Arbeits- und Betriebspsychologen vergaßen die Versprechungen und Erkenntnisse der aktionswissenschaftlichen Stufe und befaßten sich statt dessen etwa mit Detailproblemen der Gestaltung des «Mensch-Rechner-Dialogs». Dies wurde verstärkt durch allgemeine Tendenzen in der gesamten Psychologie, die wissenschaftliche Orientierung wieder auf ein naturwissenschaftlich-experimentelles Vorbild einzuengen und die anrüchige Nähe zu gesellschaftlichen Problemen und Gesellschaftstheorien zu meiden. Dieses wissenschaftliche Klima ermöglichte es übrigens der – grundsätzlich ebenso orientierten – Arbeitspsychologie der DDR, sich relativ schnell in die westlich dominierte Nachvereinigungs-Psychologie zu integrieren.

Der erneute Bruch kam zu Beginn der 90er Jahre. Krisenerscheinungen in der industriellen Produktion verbanden sich mit dem nahezu völligen Zusammenbruch der Erwartungen an informationstechnische Lösungen wie CIM, Expertensysteme usw. Die neuen Systeme waren höchst fehleranfällig; sie verschärften die Probleme der Arbeitsorganisation, anstatt sie zu lösen. Da erschien ein Buch von Womack, Jones & Roos (1991), welches (in einseitiger und weithin verfälschender Weise) die Ergebnisse eines Forschungsprojekts westlicher Sozialwissenschaftler zur japanischen Autoindustrie zusammenfaßte und das Modell der «Lean Production», einer abgemagerten (euphemistisch als «schlank» übersetzten) Organisation vorstellte, wie es damals in Ansätzen bei Toyota erkennbar war. Ein Aspekt dieses Modells war die Organisation der Arbeit in Gruppen, welche bei maximaler Leistungsorientierung unter meist sehr ungünstigen Arbeitsbedingungen gewisse Bereiche eigener Verantwortung hatten. Der Erfolg dieser Propagandaschrift war überwältigend. «Japanische» Modelle wurden mit einigem Aufwand erprobt; man versuchte sich an «Qualitätszirkeln», am «kontinuierlichen Verbesserungsprozeß» etc. Die Welle überschwemmte auch die Arbeits- und Organisationspsychologie, deren Vertreter zumeist ihre Gruppenarbeitskonzepte eher verschämt als trotzig eingemottet hatten. Sie hoben nun zweierlei hervor: zum einen, daß sie solches schon immer gesagt hätten, zum anderen, daß sich die neue Mode doch erheblich von dem unterscheide, was aus psychologischer Sicht zu empfehlen sei. In der Tat liegen solche Unterschiede auf der Hand: Das Moment der Leistungssteigerung durch die Gruppe (zur Rettung des Betriebs oder des Wirtschaftsstandorts) tritt völlig ungeschützt in den Vordergrund, von größeren Handlungsspielräumen bei der Arbeitsausführung ist kaum mehr die Rede. Dieser offenkundige Bruch gegenüber den vorhergehenden Modellen der «Arbeitshumanisierung» einschließlich der zeitlichen Diskontinuität veranlaßt manche, von einer neuen Stufe innerhalb der Arbeitswissenschaft, etwa dem «Toyotismus», zu sprechen. Betrachtet man aber die obige Charakterisierung der aktionswissenschaftlichen Stufe als «kontrollierte Freigabe von Handlungsspielräumen», so scheint es eher, daß diese Stufe nunmehr erst zu ihrer Wahrheit innerhalb der bestehenden Produktionsweise gekommen ist und die neuen Potentiale der Arbeitsintensifikation erst jetzt wirklich erschlossen werden.

Einige Jahrzehnte nach Peter F. Druckers Visionen sollen die Arbeitenden nun in der Tat dazu gezwungen werden, «Unternehmer» ihrer eigenen Arbeitskraft (einer prekären Ware) zu werden und die ausgefeilten Methoden der Enteignung ihres Wissens als «partizipatives» und «qualitätsorientiertes» Management zu akzeptieren. Mit aller Kraft, aller «Kreativität» und «Teamfähigkeit» sollen sie ihr Bestes zur Erhöhung des Gewinns und zur Wegrationalisierung der eigenen Arbeitsplätze geben. Andernfalls werden sie durch jüngere, noch kreativere und teamfähigere Personen ersetzt und vermehren das Heer der Arbeitslosen, welches stets das beste Druckmittel zur Verschlechterung der Lage der Arbeitenden ist. Im Vergleich damit war Frederick W. Taylor, die große Schreckfigur, in der Tat ein Waisenknabe in Sachen Arbeitsintensivierung. (Dabei bleibt es übrigens – vor allem im Bereich der qualifizierten Arbeitstätigkeit – nicht bei der Intensivierung, auch die Extensivierung der Arbeit kommt wieder, meist in der Form unbezahlter Mehrarbeit erheblichen Ausmaßes).

Doch deutet sich die erneute Wende schon an. Jede Stufe der Arbeitswissenschaft entwickelt gegen Ende in ihren Maßnahmen parodistische Züge; hier ist es nicht anders. Die Krise der neuen Schlankheits- und Gruppen-Folklore wird deutlich. Die Kritik am Toyotismus ist heute (1998) bereits verbreitet, klebt aber häufig noch an den alten Illusionen der Arbeitshumanisierung. Auch zeichnet sich der Schwerpunkt der neuen Stufe ab; man sieht förmlich die Schlagzeilen neuer Management-Philosophen vor sich, die «Persönlichkeit» müsse in den Mittelpunkt gerückt werden etc. Es wird also wieder um die Individuen gehen und deren Zurichtung als entrechtete und entsolidarisierte «autonome» Arbeitskraft-Unternehmer (vgl. Moldaschl, 1998). Im Vordergrund dürften dabei die Internalisierung vorgeblicher Marktzwänge und die perfektere arbeitskonforme Strukturierung aller Lebensbereiche in postmoderner Identitätslosigkeit stehen. Dabei wird es jedoch unvermeidlich sein, daß mit der vermehrten Arbeitsintensivierung und auch -extensivierung neue Widerstände entstehen und neue Widersprüche aufbrechen – zumindest in der Form neuartiger Formen der Arbeitsbelastung.

Gegenüber den stets verfeinerten Methoden zur Erschließung neuer Potentiale der Arbeitsverausgabung bleibt ein beständiges Thema kritischer sozialwissenschaftlicher Befassung mit menschlicher Arbeit, das eine lange Tradition hat (schon Adam Smith und Karl Marx befaßten sich damit): die Untersuchung schädlicher Auswirkungen solcher Strategien auf die arbeitenden Personen. Aktuelle Überblicke über die Forschungsergebnisse finden sich in den einschlägigen Stichworten des erwähnten «Handbuchs Arbeitswissenschaft» (Luczak & Volpert, 1997). Die Untersuchungen befaßten sich zunächst mit den Auswirkungen tayloristisch-restriktiver Arbeitssituationen. Auch wenn diese durch eine solidarische Arbeits- und Lebenskultur abgemildert werden können, muß man von einem «langen Arm der Arbeit» sprechen, der praktisch alle Lebensbereiche erfaßt. Ähnliches, noch schwerer Wiegendes zeigt sich nun unter den Bedingungen «toyotistischer» und «post-toyotistischer» Rationalisierungsstrategien. Dabei wirken sich neue Momente besonders negativ aus, etwa die Beseitigung von Puffern in der «just-in-time»-Produktion, der Verantwortungsdruck im Hinblick auf «Qualitätssicherung», die ständige Reduktion der Personalbesetzung in Arbeitsgruppen usw. Man wird davon ausgehen können, daß die Gesamtbelastung an solchen Arbeitsplätzen deutlich höher ist als in klassischen tayloristischen Arbeitsformen, entsprechend wird auch mit gravierenderen persönlichkeitsschädlichen Folgen zu rechnen sein. Einige Untersuchungen zu den neuen Belastungen und ihren Auswirkungen liegen bereits vor. So spricht Moldaschl (1998) in Zusammenfassung seiner empirischen Forschungen von «widersprüchlichen Anforderungen«, welche ein «jeweils spezifisches Spannungsverhältnis von Fremdbestimmung und gewährtem Handlungsspielraum» kennzeichnen. Das Grundmerkmal derartiger Rationalisierungsstrategien am Arbeitsplatz ist damit noch einmal genannt. In der Aufdeckung solcher Phänomene und der Aufklärung darüber dürfte eine der wichtigsten Aufgaben kritischer Arbeits- und Betriebspsycholog(inn)en der nächsten Jahre liegen, auch und gerade in einer Zeit, in welcher die Indienstnahme der Wissenschaft für die Interessen der Arbeitgeber immer unverfrorener durchgesetzt wird.

Literatur

Drucker, P. F. (1950). Gesellschaft am Fließband. Frankfurt/M.

Kleinbeck, U. & Rutenfranz, J. (Hg.). (1987). Arbeitspsychologie (Enzyklopädie der Psychologie, D, III, Bd. 1). Göttingen.

Luczak, H. & Volpert, W. (Hg.). (1997). Handbuch Arbeitswissenschaft. Stuttgart.

Moldaschl, M. (1998). Herrschaft durch Autonomie – Dezentralisierung und widersprüchliche Arbeitsanforderungen. In: B. Lutz (Hg.), Entwicklungsperspektiven von Arbeit. Weinheim.

Moldaschl, M. & Schultz-Wild, R. (Hg.). (1994). Arbeitsorientierte Rationalisierung. Frankfurt/M.

Münsterberg, H. (1912). Psychologie und Wirtschaftsleben. Leipzig.

Rosenstiel, L. v. (1992). Grundlagen der Organisationspsychologie. Stuttgart.

Roth, E. (Hg.). (1989). Organisationspsychologie (Enzyklopädie der Psychologie, D, III, Bd. 3). Göttingen.

Ulich, E. (1994). Arbeitspsychologie. Zürich/Stuttgart.

Volpert, W. (1975). Die Lohnarbeitswissenschaft und die Psychologie der Arbeitstätigkeit. In: P. Groskurth & W. Volpert, Lohnarbeitspsychologie (S. 11–196). Frankfurt/M.

Volpert, W. (1988). Zauberlehrlinge. München.

Womack, J. P., Jones, D. T. & Roos, D. T. (1991). Die zweite Revolution in der Autoindustrie. Frankfurt/M.

Walter Volpert

Arbeitslosigkeit

Arbeitslosigkeit im Sinne von erzwungener Freisetzung von gesellschaftlich organisierter Erwerbstätigkeit ist seit den 30er Jahren Gegenstand psychologischer Forschung und Intervention. In der klassischen Marienthal-Studie (Jahoda et al., 1975) wurde untersucht, wie sich Massenarbeitslosigkeit als Folge der Weltwirtschaftskrise in einem österreichischen Dorf bei Individuen, Gruppen und im Hinblick auf die gesamte Gemeinde auswirkt. Der damals geprägte Begriff der «müden Gemeinschaft» charakterisiert den resignativen und apathischen Anteil von sozialen Bewältigungsformen der Erwerbslosigkeit. Gegenwärtig erreichen die Arbeitslosenraten vom Umfang her bereits wieder den Stand der Weltwirtschaftskrise, wobei insbesondere die Langzeit-Arbeitslosigkeit dramatisch angestiegen ist. Im Unterschied zu den 30er Jahren hat das wohlfahrtsstaatliche Sicherungssystem bislang jedoch den Zusammenhang von Arbeitslosigkeit und brutaler materieller Not abgefedert. In der BRD wurden 1997 Höchstwerte der Arbeitslosenrate seit 1945 erreicht, wobei aufgrund einer restriktiveren Handhabung der Erfassungskriterien zunehmend mehr Menschen nicht mehr in der Statistik der Bundesanstalt für Arbeit auftauchen, was eine systematische Unterschätzung insbesondere des Ausmaßes an Langzeitarbeitslosigkeit bewirkt.

Es lassen sich verschiedene Formen von Arbeitslosigkeit unterscheiden: Neben einer in Abhängigkeit von den ökonomischen Krisenzyklen auftretenden konjunkturellen Arbeitslosigkeit existiert als Diskrepanz zwischen Qualifikationsanforderungen von Arbeitsplätzen und vorhandener Qualifikationsstruktur der Arbeitskräfte strukturelle Arbeitslosigkeit. Jahreszeitlich bedingte Schwankungen der Arbeitskräftenachfrage verursachen saisonale Arbeitslosigkeit, während Kurzarbeit durch eine temporär unterausgelastete Produktionskapazität entsteht. Unter offener Arbeitslosigkeit wird ein vollständiger Arbeitsstop, unter verdeckter Arbeitslosigkeit ein eingeschränkter Produktivitätsgrad des weiter beschäftigten Arbeitnehmers verstanden. Mit technologisch bedingter Arbeitslosigkeit ist die Entlassung von Arbeitnehmern infolge der Ersetzung menschlicher Arbeitskraft durch Maschinen gemeint.

Nicht nur auf der objektiven, sondern auch auf der subjektiven Seite legt der Begriff Arbeitslosigkeit eine Einheitlichkeit von Lebenssituationen nahe, die der unterschiedlichen Realität verschiedener Formen von Arbeitslosigkeit keineswegs entspricht. Der Deprivationsansatz der psychologischen Arbeitslosenforschung, der von der Annahme ausgeht, daß Arbeit die wichtigste Verknüpfung mit der Realität herstellt, bildet die latenten Funktionen von Arbeit, die in der Arbeitslosigkeit verlorengehen, neben der manifesten des Gelderwerbs für den Lebensunterhalt, in fünf Dimensionen ab: Sie stellt eine erzwungene Aktivität dar, welche soziale Kontakte außerhalb des engeren sozialen Netzes vermittelt, in der Verfolgung von gemeinsamen Zielen, welche über die unmittelbaren indviduellen Ziele hinausgehen; sie läuft innerhalb einer gesetzten Zeitstruktur ab und ist verknüpft mit einem sozialen Status, welcher Berufsprestige mit dem zentralen gesellschaftlichen Bewertungssystem Geld verbindet (Jahoda, 1983).

Andere arbeitszentrierte Ansätze sehen Beschäftigung in der modernen Gesellschaft als zentralen Mechanismus sozialer Integration an und dementsprechend das Fehlen von gesellschaftlich organisierter Beschäftigung als Mechanismus sozialer Ausgrenzung (vgl. Wacker, 1996). Stigmatheoretische Ansätze betonen hingegen eher den Zusammenhang von individueller Bewältigung und gesellschaftlicher Thematisierung von Arbeitslosigkeit, indem sie Arbeitslose als Objekte von Vorurteilen und Diskriminierung betrachten. Die an einem Konzept von Arbeit als sinnvoller Aktivität orientierte Agency-Theorie (Fryer & Payne, 1984) gibt Aspekten der sinnvollen Zeitverwendung und ihrer individuellen Bedeutung demgegenüber einen vorrangigen Stellenwert.

Es kann davon ausgegangen werden, daß der psychosoziale Streß, der durch berufliche Transitionen hervorgerufen wird, auf unterschiedlichen Ebenen ansetzt: (1) Der Verlust der mit der Arbeitstätigkeit verbundenen Momente von ökonomischer Sicherheit, sozialer Einbindung, Selbstwertgefühl, Zeitstrukturierung, externen Anforderungen, die wesentliche identitätsstabilisierende Bedeutung gehabt haben, bewirkt eine primäre Viktimisierung; (2) die mit andauernder Arbeitslosigkeit zunehmenden Erfahrungen von Alltagsproblemen und sozialer Stigmatisierung führen zu einer sekundären Viktimisierung; (3) sozial als unangemessen angesehene Formen der Bewältigung werden im Rahmen einer Tendenz des «victim blaming» den Betroffenen selbst angelastet (tertiäre Viktimisierung); zum einen jenen, die aufgrund des Mangels an individuellen (z. B. individuelle Bewältigungskompetenzen) und sozialen Ressourcen (z. B. soziale Unterstützung) massive psychosoziale Probleme als Folge von Arbeitslosigkeit aufweisen, welche dann wiederum ein eigenständiges Vermittlungshemmnis in Arbeit bilden; zum anderen jenen positiven Bewältigern der Arbeitslosigkeit, die «zu gut» mit der Situation fertig werden und denen deshalb ein Mißbrauch des Sozialversicherungssystems vorgeworfen wird.

Zweifellos gibt es keinen Reaktionsautomatismus auf Arbeitslosigkeit. Zwischen relativ belastungsfreien Bewältigungsformen bei selbstgewählten beruflichen Übergängen und dramatischen Zuspitzungen als Folge einer Summierung alltäglicher Belastungen und dem Verstärkungseffekt von Arbeitslosigkeit bei psychosozialen Krisen finden sich vielfältige Formen individueller Bewältigung, deren konkrete Ausprägung von einer Vielzahl von Moderatorvariablen mitbestimmt wird. Im Durchschnitt wirken sich jedoch die Verringerung der finanziellen Mittel, der Verlust der positiven Funktionen von Arbeit sowie die mit ansteigender oder anhaltender Massenarbeitslosigkeit zunehmende Perspektivlosigkeit vieler Arbeitsloser äußerst negativ auf ihre psychische und körperliche Gesundheit aus. Die nachgewiesenen psychosozialen Folgen von Arbeitslosigkeit wie Depressivität, Ängstlichkeit, Schlaflosigkeit, Reizbarkeit, allgemeine Nervosität und Konzentrationsstörungen können, wenn die Arbeitslosigkeit längere Zeit andauert, auch eine Beeinträchtigung der körperlichen Gesundheit zur Folge haben.

Eine Begrenzung der schädigenden Effekte von Arbeitslosigkeit durch Interventionen bei Arbeitslosen verfolgt zwei Ziele: die Erleichterung einer Wiedereingliederung in den Arbeitsmarkt und die psychosoziale Stabilisierung in der Arbeitslosigkeit. Höhere Erfolgsraten zeigen sich bei Maßnahmen, bei denen eine intensive sozialpädagogische Betreuung bei der vorgängigen Bewältigung jener aus der Arbeitslosigkeit resultierenden psychosozialen Probleme hilft und die sich insbesondere in Betriebspraktika eng an die industrielle Realität anlehnen. Psychosoziale Stabilisierung läßt sich oft nur während der Maßnahmeteilnahme selbst feststellen, wohingegen längerfristige Effekte bei einem späteren Verbleib in der Arbeitslosigkeit eher wieder verlorengehen (Kieselbach & Klink, 1997). Um den psychosozialen Streß, der mit Arbeitsplatzverlust verbunden sein kann, zukünftig gesellschaftlich zu begrenzen, wird es darauf ankommen, die Folgen von als notwendig erachteten industriellen Umstrukturierungen nicht einseitig jenen aufzubürden, die oft nicht über die personalen Ressourcen verfügen, um damit angemessen umzugehen. Statt dessen sollten Formen gesellschaftlicher Begleitung und Beratung in beruflichen Umbrüchen konzipiert werden, die soziale Unterstützung in beruflichen Krisensituationen verknüpfen mit der Entwicklung individueller Kompetenzen, welche auf eine Stärkung persönlicher Ressourcen zur Bewältigung beruflicher Umbrüche wie Arbeitsplatzverlust und Arbeitslosigkeit abzielen.

Literatur

Fryer, D. & Payne, R. L. (1984). Proactive behaviour in unemployment: Findings and implications. Leisure Studies, 3, S. 273–295.

Jahoda, M., Lazarsfeld, P., & Zeisel, H. (1975). Die Arbeitslosen von Marienthal. Ein soziographischer Versuch. Frankfurt / M.
Jahoda, M. (1983). Wieviel Arbeit braucht der Mensch? Arbeit und Arbeitslosigkeit im 20. Jahrhundert. Weinheim.
Kieselbach, T. & Klink, F. (1997). Interventionen bei Arbeitsplatzverlust und Arbeitslosigkeit. In: C. M. Hockel, W. Molt & L. v. Rosenstiel (Hg.), Handbuch der Angewandten Psychologie. München (Kap. V – 6.4, S. 1 – 16).
Wacker, A. (1996). Arbeitslosigkeit. In: F. Stimmer (Hg.), Lexikon der Sozialpädagogik und der Sozialarbeit (S. 41–44). München.

Thomas Kieselbach

Assessment-Center-Verfahren

Beim Assessment-Center handelt es sich um ein wissenschaftlich fundiertes, diagnostisches Beurteilungssystem, in dem mehrere Bewerber über mehrere Tage lang mit Hilfe erprobter Verfahren (insbesondere Situations-Simulationen und psychologischen Papier-Bleistift-Tests) untersucht und von geschulten Beurteilern hinsichtlich ihrer Eignung für bestimmte Positionen beurteilt werden. Während in der herkömlichen psychologischen Eignungsdiagnostik explizit oder implizit überdauernde Persönlichkeitsmerkmale angenommen werden, wird beim Assessment-Center vor allem die dynamische Interaktion zwischen der Person (dem Bewerber) und der stimulierten Situation (situative Übungen) untersucht (Situationstheorie). Mit Hilfe des Assessment-Centers sollen Personalentscheidungen bei der Auswahl und Plazierung sowie bei der Entwicklung und Förderung (Förder-Assessment) optimiert und Fehlentscheidungen minimiert werden. Mit Hilfe des Förder-Assessments sollen das vorhandene «Managementpotential» einer Organisation identifiziert und beurteilt werden (Potentialanalyse), Stärken und Schwächen sowie förderungsbedürftige Bereiche aufgezeigt werden, Entwicklungs- und Trainingsnotwendigkeiten herausgefunden und letztlich durch Beratung und Förderung der Assessment-Center-Absolventen langfristige Entwicklungen des Führungskräftepotentials (Kaderentwicklung) eingeleitet werden.

Die wichtigsten Beurteilungssysteme eines Assessment-Centers, an dem etwa zehn Kandidaten und zehn Beurteiler teilnehmen, sind: (a) die Postkorbübung: Diese schriftliche Einzelübung kommt fast in allen Assessment-Center-Verfahren vor. Der Kandidat muß unter Zeitdruck 20 bis 40 Dokumente durcharbeiten und Anweisungen zu ihrer Erledigung oder Rückstellung geben, da ihn eine unvorhergesehene, äußerst wichtige und unaufschiebbare Verpflichtung zwingt, den Arbeitsplatz für einige Zeit zu verlassen; (b) die Problemlösungsaufgaben: Der Kandidat wird mit einem in einer Organisation aufgetretenen Problem konfrontiert und aufgefordert, einen schriftlichen Lösungsvorschlag auszuarbeiten (Harvard-Methode). Er soll so auf seine Fähigkeit untersucht werden, wie gut er komplexe Sachverhalte überblicken und schriftlich kommunizieren kann; (c) die vorbereitete Rede: Der Kandidat muß eine kurze freie Ansprache zu einem vorgegebenen oder frei gewählten Thema halten; (d) die interaktive Übung (das Rollenspiel): Der Kandidat muß mit einem der Beurteiler ein Gespräch führen, in welchem der Beurteiler eine ganz bestimmte Rolle übernimmt. Beurteilt wird die Fähigkeit des Kandidaten, sich in andere einfühlen zu können und soziale Streßlagen zu bewältigen; (e) die führerlose Gruppendiskussion: Der Gruppe von Bewerbern wird ein unternehmensbezogenes Problem vorgestellt. Ihre Aufgabe ist es, «führerlos» zu einer gemeinsamen Lösung und Entscheidung zu kommen. Die Teilnehmer der Gruppendiskussion haben entweder eine uniforme Rolle (d. h. keine Rollenzuteilung) oder eine zugeteilte Rolle zu spielen. Die führerlose Gruppendiskussion ist bereits in der Offiziersauslese der deutschen Reichswehr in den 30er Jahren zu finden. Es handelt sich dabei um einen ganzheitlichen, gruppendynamischen Ansatz, der von der Gestaltpsychologie der Berliner Schule beeinflußt ist.

Die historischen Wurzeln des Assessment-Centers liegen in der Heerespsychologie der Weimarer Republik. Es hat nach 1945 via England und USA den Weg zurück nach Europa gefunden. Das 1920 von Johann Rieffert eingerichtete Psychotechnische Laboratorium des Reichswehrministeriums in Berlin (zur Eignungsprüfung von Kraftfahrern und Funkern) ist seit 1927 für die Eignungsprüfung von Offiziersanwärtern erweitert, 1938 als «Hauptstelle der Wehrmacht für Psychologie und Rassenkunde» umbenannt und 1942 aus ideologischen Gründen aufgelöst worden. Die angewandten Prüfverfahren hatten bereits alle wesentlichen Merkmale des Assessment-Center-Ansatzes. Der Durchbruch des Gruppenauswahlverfahrens in der Wirtschaft erfolgte nach dem Zweiten Weltkrieg durch die «Management Progress Study», einer bei AT & T durchgeführten wissenschaftlichen Langzeitstudie (1956–1966), welche den Nutzen der Assessment-Center-Anwendung als äußerst erfolgversprechend erkennen ließ (IBM, New England-Bell Company, Michigan-Bell folgten). Das Assessment-Center hat sich in den folgenden Jahren in den größeren Unternehmen der Wirtschaft und Verwaltung sowohl in den USA als auch in Europa durchgesetzt.

Die prognostische Validität wird in den meisten Gültigkeitsstudien mit den Korrelationskoeffizienten zwischen .40 und .70 angegeben (vgl. Rosenstiel et al., 1995). So wurde empirisch ermittelt, ob die Beurteilungen der Assessment-Center-Teilnehmer zum Zeitpunkt der Untersuchung die künftige Bewährung angemessen vorhersagen. Diese künftige Bewährung wird am häufigsten am Kriterium der Karriere (z. B. hierarchischer Aufstieg in einer bestimmten Zeit bzw. Gehaltsentwicklung), aber auch der Beurteilung durch Vorgesetzte und gelegentlich an harten Leistungskriterien festgemacht. Somit ist die prognostische Validität des Assessment-Centers als befriedigend anzusehen, jedenfalls allen anderen vergleichbaren diagnostischen Verfahren überlegen. Zu bedenken ist aber, daß durch Bekanntwerden der Assessment-Center-Ergebnisse die Karriere eines Assessment-Center-Teilnehmers im Sinne einer «self fulfilling prophecy» beeinflußt werden kann. Es ist daher das Assessment-Center-Verfahren schon als organisationskulturfestigender Mythos kritisiert worden.

Literatur

Hanslik, A. & Koller, W. (1991). Die historischen Wurzeln des Assessment-Centers und seine praktische Bedeutung heute. Zeitschrift für Sozialpsychologie und Gruppendynamik, 16, 1, S. 19–44.
Rosenstiel, L., Molt, W. & Rüttinger, B. (1995). Organisationspsychologie. Stuttgart/Berlin/Köln.
Zucha, R. O. (1995). Die Methodik und Gestaltung der Führungskräfteentwicklung. Psychologie in Österreich, 15, 1, S. 19–23.

Rudolf O. Zucha

Attributionstheorie

Die Attributionstheorie hat in den letzten Jahrzehnten als einer der wichtigsten theoretischen Ansätze in der Sozialpsychologie zu einer großen Anzahl von empirischen Untersuchungen geführt. Sie hat die Erklärungen zum Gegenstand, die ein Alltagsmensch vornimmt, um Ursachen und Gründe für das Verhalten anderer, aber auch für das eigene Verhalten einzuschätzen. Die Funktion dieser Kausalwahrnehmung besteht darin, den vielfältigen Ereignissen der sozialen Umgebung über das bloße Registrieren hinaus Bedeutung und Ordnung zu verleihen, um diese voraussagbar sowie eigene Verhaltenskonsequenzen planbar zu machen. Der Theorie über naiv-psychologische Vorstellungen liegen zwei Annahmen zugrunde: zum einen die Eigenart des menschlichen Verstandes, Beobachtbares auf zugrundeliegende Ursachen zurückzuführen, zum anderen die Bemühung um wirklichkeitsgetreues Begreifen der sozialen Umgebung. Mit der Betonung des Menschen als rationalen Wesens entspricht die Attributionstheorie einer kognitiven Wende in der Psychologie und richtet sich sowohl gegen psychoanalytische Theorien, die das Verhalten eher von unbewußten Triebkräften gesteuert sehen, als auch gegen das Reiz-Reaktions-Schema der orthodox behavioristischen Lerntheorien.

Die Attributionstheorie ist relativ einheitlich, weil die grundlegenden Überlegungen und Annahmen von Heider (1977) auch für spätere Systematisierungen, Modifikationen und Erweiterungen (z. B. Kelley, 1978; Weiner, 1974; Jones & Davis, 1965) gelten. Heider unterscheidet Personen- und Situationsattributionen, d. h., der Alltagsmensch macht als naiver Psychologe Personen in ihren Fähigkeiten, Intentionen und Anstrengungen oder den Handlungskontext in seinem Schwierigkeitsgrad und als Zufall (Glück oder Pech) für das Zustandekommen eines Verhaltens verantwortlich. Die umfassendste Theorie über die Entstehung von Attributionsprozessen stammt von Kelley (1978). Seine Kovariationskonzepte sind als eine Art naive Varianzanalyse zu verstehen, mit der Ereignisse auf mögliche personen- oder situationsbezogene Ursachenfaktoren zurückgeführt werden, mit denen sie kovariieren. Dazu sind mehrere Beobachtungen notwendig. So wird etwa in einer Beobachtung «A ärgert sich über B» dem Verhalten von B eine negative Eigenschaft attribuiert, wenn in weiteren Beobachtungen viele Leute sich über B ärgern (hoher Konsensus), wenn darüber hinaus sich A nur über B und nicht über andere Personen ärgert (hohe Distinktheit) und wenn A sich häufig über B ärgert (hohe Konsistenz). Fehlen Informationen oder einfach das Interesse, greifen Personen auf kausale Schemata zurück. Ursprüngliche Ursachenfaktoren treten dann in den Hintergrund, wenn Beobachter eine eigentlich wichtige Ursache feststellen (Abschwächungsprinzip). Die Attributionstheorie wird in vielen Bereichen der Psychologie angewendet, deckt aber die jeweiligen Einzelthematiken immer nur in Teilbereichen, d. h. bezogen auf den attributionstheoretischen Blickwinkel, ab. Beispiele: Leistungsmotivation (vgl. Heckhausen, 1980), Lernvorgänge (Rotter, 1954), klinische Psychologie (Liebhardt, 1974), Vorurteils- und Stereotypenforschung (Hamilton, 1979).

Literatur

Hamilton, D. L. (1979). A Cognitive-attributional Analysis of Stereotyping. In: L. Berkowitz (Hg.), Advances in Experimental Social Psychology, Bd. 12 (S. 53–84). New York.

Heckhausen, H. (1980). Motivation und Handeln. Berlin.

Heider, F. (1977). Psychologie der interpersonalen Beziehungen. Stuttgart.

Jones, E. E. & Davis, K. E. (1965). From Acts to Dispositions: The Attribution Process in Person Perception. In: L. Berkowitz (Hg.), Advances in Experimental Social Psychology, Bd. 2 (S. 219–266). New York.

Kelley, H. H. (1978). Kausalattribution. Die Prozesse der Zuschreibung von Ursachen. In: W. Stroebe (Hg.), Sozialpsychologie, Bd. 1 (S. 212–265). Darmstadt.
Liebhardt, E. H. (1974). Attributionstherapie – Beeinflussung herzneurotischer Beschwerden durch Externalisierung kausaler Zuschreibungen. Zeitschrift für klinische Psychologie, 3, S. 71–94.
Rotter, J. B. (1954). Social Learning and Clinical Psychology. Englewood Cliffs, N. J.
Weiner, B. (Hg.). (1974). Achievement, Motivation and Attribution Theory. Morristown, N. J.

Andreas Witzel

Ausbildung in der Psychologie

Psychologie wird in verschiedensten Studiengängen und Schulen gelehrt. In sozialen, medizinischen und wirtschaftlichen Ausbildungen ist das Fach «Psychologie» mittlerweile obligatorisch. Im wesentlichen leiten sich dabei die Inhalte der psychologischen Ausbildungsangebote vom Stand und den Entwicklungen der akademischen Psychologie ab. Am deutlichsten zeigen sich die Konturen der akademischen Psychologie im Diplom-Studiengang «Psychologie»: Die Studienordnung teilt das Studium der Psychologie in ein Grundstudium und ein Hauptstudium auf. Im Grundstudium werden die Grundlagenfächer Allgemeine Psychologie, Neuropsychologie, Entwicklungspsychologie, Persönlichkeitspsychologie, Sozialpsychologie und Methodenlehre vermittelt. Im Hauptstudium findet eine Schwerpunktsetzung in einer oder mehreren Teildisziplinen und in Grundzügen die Aneignung der anwendungsbezogenen Disziplinen Psychologische Diagnostik, Klinische Psychologie, Wirtschaftspsychologie, Pädagogische Psychologie und Sozialpsychologie statt. Studienbegleitend werden zwei bis drei mehrwöchige Praktika absolviert. Zu beachten ist, daß über diese allgemeine Strukturierung des Studiums hinaus die Studienordnung und vor allem die inhaltliche Ausgestaltung der Lehrangebote stark variieren. Die praktische Ausbildung im Psychologiestudium hat von der Studienordnung her wenig Platz und unterliegt im wesentlichen dem freiwilligen Engagement. Eine Weiterbildung über das Studium hinaus an privaten Instituten (besonders im klinischen Bereich) gewinnt beruflich zunehmend an Bedeutung.

Gemäß dem schwer zu fassenden Gegenstand der Psychologie gibt es in der psychologischen Landschaft verschiedene Menschenbilder und verschiedene Methoden des wissenschaftlichen Vorgehens. Grob vereinfacht lassen sich hier zwei Strömungen der akademischen Psychologie unterscheiden: zum einen eine *positivistische Psychologie*, die mit einem mechanistischen bzw. systemischen Menschenbild um die quantitative Erfassung psychologischer Konstrukte bemüht ist. Zum anderen eine *hermeneutische Psychologie,* die mit einem dialektischen Menschenbild und überwiegend qualitativen Methoden die soziale Verfaßtheit der Psyche analysiert. Die hermeneutische Psychologie, zu der in erster Linie die Psychoanalyse und die reflexive Sozialpsychologie gehören, findet in der akademischen Psychologie zunehmend weniger Platz. Jenseits der Vorwürfe angeblich wissenschaftlicher Mängel liegen die Gründe für die Ausgrenzung dieser Psychologie aus der akademischen Landschaft in gesellschaftspolitischen Ansprüchen an die Psychologie. Die hermeneutische Psychologie liefert nur in geringem Maß technisch verwertbare Erkenntnisse hinsichtlich der Kontrolle und Optimierung psychischer Funktionen. Hier ist eine positivistische Psychologie leistungsstärker, die exakte Ergebnisse produziert. Beispielsweise die immer wichtiger werdende Kompatibilität von Mensch, Maschine und Organisation in der Arbeitswelt kann mit funktionalistischen psychologischen Modellen besser unterstützt werden. Immer wichtiger wird die Psychologie auch für die Entwicklung künstlicher Intelligenz zum Fortschritt der Computertechnologie. Hier steht vor allem die Kognitive Psychologie im Zentrum der zukunftsweisenden Cognitive Science.

In der psychologischen Ausbildung wird diesen gesellschaftlichen Entwicklungen Rechnung getragen, indem die traditionellen Fächer der Allgemeinen Psychologie in allen Teildisziplinen verstärkt weiterentwickelt werden und den psychologischen Mainstream bilden. Die Kognitive Psychologie entwickelt sich hierbei zur akademischen Psychologie schlechthin. Die Ausbildung in reflexiver, hermeneutischer Psychologie verlagert sich immer mehr in die freiwillige Initiative der Auszubildenden. Studierende sind hier auf Lehrangebote außerhalb des Lehrplans und der psychologischen Fakultäten angewiesen. Die Möglichkeit, hermeneutische Psychologie fundiert zu erlernen, gibt es nicht an allen psychologischen Instituten. An philosophischen, soziologischen, pädagogischen oder auch sprachwissenschaftlichen Fakultäten finden sich für eine ausgewogene psychologische Ausbildung lohnende Lehrangebote.

Die Prüfungsordnungen lassen zur Zeit nur wenig Spielraum, sich den hermeneutisch reflexiven und fächerübergreifenden Lehrangeboten zu widmen. Zudem ist unsicher, was die Zukunft bringen wird. Es sind Reformen der Studienordnung im Gespräch, die das Zeitbudget der Studierenden noch weitgehender mit den Fächern der Mainstream-Psychologie füllen werden. Das Studium wird verschulter und weniger selbstverantwortlich aufgebaut sein. Insgesamt läßt sich eine Reduzierung der theoretischen Fundierung akademischer Psychologie beobachten, da zum positivistischen Paradigma alternative Theorien noch mehr als bisher in den Hintergrund rücken. Eine damit verbundene wissenschaftstheoretische Reflexion der Möglichkeiten und Grenzen der Psychologie ist in der psychologischen Ausbildung nicht selbstverständlich, und die Inanspruchnahme außerlehrplanmäßiger bzw. fächerübergreifender Lehrangebote gewinnt hinsichtlich einer umfassenden psychologischen Ausbildung zunehmend an Bedeutung.

Literatur

Fellner, M. (1997). Einblick in das Studium der Psychologie. München.
Lück, H. E. (1991). Geschichte der Psychologie. Stuttgart.
Ulich, D. (1993). Einführung in die Psychologie. Stuttgart.
Zimbardo, P. G. (1995). Psychologie. Berlin.

Markus Fellner

Autogenes Training

Das Autogene Training ist eine Technik der Selbsthypnose, mit deren Hilfe man sich in eine körperliche Tiefenentspannung (Unterstufe) und, darauf aufbauend, in eine intensive Innenschau (Oberstufe) versetzen kann. Entwickelt wurde das Autogene Training von dem Berliner Arzt J. H. Schultz, der erstmals 1932 sein Standardwerk «Das autogene Training» veröffentlichte (vgl. Schultz, 1991). Die Abfolge der Übungen der Unterstufe, die kumulativ erlernt werden, ist festgelegt: (a) Schwereerlebnis durch Muskelentspannung (Formel: «Arme und Beine sind ganz schwer»); (b) Wärmeerlebnis durch Gefäßentspannung («Arme und Beine sind ganz warm»); (c) Atemübung («Atmung ganz ruhig»); (d) Herzübung («Herz schlägt ruhig und gleichmäßig»); (e) Entspannung der Bauchorgane («Sonnengeflecht strömend warm»); (f) Einstellung der Kopfregion durch Gefühl der Stirnfrische («Stirn angenehm kühl»). Das Prinzip der gezielten Beeinflussung des vegetativen Nervensystems wirkt verstärkt durch stützende innere Bilder, z. B. bei der Atemübung ein im Atemrhythmus sich wiegendes Kornfeld o. ä. Indikationen sind Schmerzen, Nervosität, Schlafstörungen, Muskelverspannungen und psychosomatische Erkrankungen wie Asthma bronchiale, Morbus Crohn, essentielle Hypertonie, Angina pectoris, Colitis ulcerosa. Kontraindikationen sind Erkrankungen wie Schizophrenie, endogene Depression, körperlich bedingte Psychosen. Ungünstig sind Patienten mit Zwängen und mit hypochondrischen Einstellungen. Bei Kindern sollte man erst ab ca. sechs Jahren beginnen (vgl. Kraft, 1996). Die Unterstufe des Autogenen Trainings ist bei täglichem Üben gewöhnlich in zwei bis vier Monaten zu erlernen (vgl. Eberlein, 1996). Die Oberstufe baut auf Sätzen auf, die persönliche Lebenssituationen betreffen (z. B. «Rauchen ist mir gleichgültig», «Ich bestehe meine Prüfung», «Ich schaffe mein Leben»). Durch weitergehende meditative Übungen wie Vorstellungen von Farben, Menschen, Szenen ergibt sich Zugang zu bislang verdeckten problematischen Persönlichkeitsbereichen. Damit erweitern sich die Indikationen für Autogenes Training auf Neurosen, z. B. Ängste oder auch Sucht. Die weite Verbreitung des Autogenen Trainings ergibt sich zusätzlich durch die positiven Wirkungen auch für «Gesunde» durch eine allgemeine Erholung und Erhöhung der Konzentration, durch die Prophylaxe bzw. Bewältigung von Streß (vgl. Schenk, 1996) und die Förderung der Persönlichkeitsentwicklung.

Literatur

Eberlein, G. (1996). Gesund durch Autogenes Training. Düsseldorf.
Kraft, H. (1996). Autogenes Training. In: W. Senf & M. Broda (Hg.), Praxis der Psychotherapie (S. 221–225). Stuttgart.
Schenk, C. (1996). Streß bewältigen durch Entspannung.
Schultz, J. H. (1991). Das Autogene Training. Stuttgart.

Heiko Baumbach

Bedürfnis

Allgemein ist der Bedürfnisbegriff in der Psychologie unscharf und wird häufig im Zusammenhang inhaltlich verwandter Begriffe (wie Instinkt, Trieb, Motivation, Interesse, Antrieb, Affekt) thematisch. In der Regel bleibt die historische Dynamik der Bedürfnisse wie auch der sinnverwandten psychologischen Begriffe unerschlossen. Wandelbarkeit im Sinne historischer Plastizität wurde besonders von den Instinktlehren, die unter dem Einfluß der frühen Motivationstheorie standen (McDougall), auf anlagemäßige Gegebenheiten und eine Vielzahl menschliches Handeln anleitender Instinkte verkürzt. Sinngemäß meint die Psychologie mit Bedürfnis einen irgendwie gearteten Mangelzustand, der zur Herstellung von Ausgewogenheit dränge. Schon bei Freud sind Triebe wesentliche Stimuli menschlicher Tätigkeit; er unterscheidet sexuelle Triebe und «Ich»-Triebe, später führt er die Begriffe «erotische Triebe» und «Todestriebe» ein. Durch das gesellschaftliche Milieu werden Triebe häufig begrenzt, verboten oder zensiert.

In klassisch-behavioristischer Tradition, in verhaltenswissenschaftlicher und biologischer Deutung wird Bedürfnis als Mangelzustand eines Organismus angesehen, der als Störung des physiologisch-organismischen Gleichgewichts zu ausgleichenden (homöostatischen) Reaktionen führt, was aus sog. erlebenspsychologischer Sicht als Zustand des Begehrens bestimmte Handlungsketten auslöst. Bedürfnis wird als «Zeitdauer» gefaßt, in der das Individium etwas, was es benötigt, nicht erhalten hat. Bei Irle (1978, S. 124) ist dieses Verständnis (primärer, biologischer) Bedürfnisse aufgegriffen: «Mangelzustände (Deprivationen) stimulieren den Organismus intern zu Verhaltensweisen, durch die diese Mangelzustände beseitigt werden können. Das Individuum führt *instrumentelle* Handlungen aus, welche die raumzeitliche Distanz zu diesen Stoffen minimieren, und es führt *konsumatorische* Handlungen aus, indem es sich diese Stoffe einverleibt». Lerntheoretisch wurden – entgegen den Instinktlehren – ausschließlich diese Bedürfnisse als angeborene und vererbte, präziser als arteigene, d. h. in der stammesgeschichtlichen Entwicklung der Menschen erworbene, primäre Triebe («drives») angenommen (Hull). Sekundär sind nach Lewin (1926) die durch Gesellschaft und Zivilisation vermittelten «Quasibedürfnisse», die er von den «echten» unterscheidet. In der experimentellen Psychologie, wie sie von Wundt ausging, liegen viele Untersuchungen zur Rolle subjektiver Bedürfnisspannungen vor. Ein klassisches Beispiel ist der Zusammenhang zwischen Hungergefühl und Wahrnehmung: Man läßt hungrige Versuchspersonen mehrdeutige Figuren oder mehrdeutige Situationen, die ihnen z. B. in Form einer Zeichnung vorgelegt werden, beschreiben und stellt dann fest, daß die hungrigen Versuchspersonen im Gegensatz zur Kontrollgruppe der gesättigten Versuchspersonen wesentlich häufiger Nahrungsmittel oder Vorgänge im weiteren Umfeld der Nahrungsaufnahme deuten, also die Bedürfnisspannung «Hunger» signifikant die Wahrnehmung, d. h. die Interpretation der vorgezeigten Figuren oder Situationen steuert.

In Anlehnung an eine humanistische und existenzphilosophische Auffassung wird im Menschenbild der Humanistischen Psychologie der Mensch nicht auf ein (Bedürfnis-)Wesen beschränkt, dem vornehmlich Mängelbeseitigung zwecks Selbsterhaltung und Bedürfnisbefriedigung anliegt; das Verständnis von Bedürfnis ist um Selbstverwirklichungstendenzen (Entfaltung menschlicher Fähigkeiten), um das Streben nach einem sinnerfüllten Dasein erweitert. Sinnorientierung als transzendierendes Bedürfnis ist dabei nicht voraussetzungslos, sondern man geht von der Grundannahme aus, daß der Mensch – bewußt oder unbewußt – die Suche nach der Sinnerfüllung seines Lebens an kulturellen Werten der Umwelt orientiert (vgl. Bühler & Massarik, 1969). Darin kündet sich eine perspektivische Fassung des Bedürfnisbegriffs an: Im Bedürfnis ist nicht nur der Mangel verwaltet, es bescheidet sich nicht nur innerhalb der Schranken vorgefundener Möglichkeiten mit bloßer Reaktion, sondern trägt auch aktive und dynamische Züge. Die Aktivierungsforschung läßt die Bedürfnisdefinition in der Einschränkung auf Bedürftigkeit und Mangel als fragwürdig erscheinen; neurophysiologische Forschungsergebnisse sind zu berücksichtigen, die für die Annahme sprechen, daß das Gehirn darauf angelegt ist, Aktivität zu entwickeln. Gegenüber der Vorstellung von einem aktivitätserzwingenden Mangelzustand ist von einem ständig vorhandenen Bedürfnis nach Aktivität auszugehen.

Die Kritische Psychologie argumentiert mit einer aktiven, für sie aber vor allem prospektiven Dimension im Bedürfnisbegriff. Produktive Bedürfnisse sind als Prozeß verstanden, der sich auf Erneuerung richtet: Rational eingesehene, objektive gesellschaftliche Notwendigkeiten – Erweiterung der Kontrolle über individuelle und gesellschaftliche Lebensbedingungen sowie Intensivierung der sozialen Beziehungen – sind in diesem Bedürfnisbegriff als Ziel gesetzt. Damit dieses Bedürfnis je individuell handlungsanleitend und in tatsächlichem Handeln auch realisiert wird, muß es auch emotional positiv besetzt werden (vgl. Holzkamp-Osterkamp, 1976). Abzuklären bleibt, wie sich dieses produktive Bedürfnis gegen alle ideologischen Blockierungen, Manipulationen und Bedürfnisfunktionalisierungen bewußtseinsmäßig und handlungsstiftend durchsetzt.

In der Psychologie sind der Tendenz nach die Begriffe Bedürfnis und Mangel verquickt. In Ansätzen wird die theoretische und praktische Ambivalenz von Bedürfnissen mitgedacht, nämlich auch konstruktiv und kreativ über das Mißliche am Gegenwärtigen hinausweisen zu können und nicht bloß ausgleichend nach Maßgabe bestehender, gesellschaftlich legitimierter Möglichkeiten darauf zu reagieren. Jervis (1978, S. 15) verweist in diesem Zusammenhang auf die «fundamentale Zweideutigkeit» des Bedürfnisbegriffs, die auch bei Marx schon existiert habe: «Einerseits ist Bedürfnis Mangel, Armut, weshalb man richtigerweise von *Freiheit von Bedürfnis* spricht; andererseits ist es Erwartung, Projekt, Bewußtsein, Reife und Reichtum an Zielen; deswegen spricht Marx von einem Menschen *reich an Bedürfnissen*, in der Perspektive einer zukünftigen Gesellschaft.» Bei Heller (1976) wird im Anschluß an eine Analyse des Marxschen Bedürfnisbegriffs diese emanzipatorische Dimension von Bedürfnissen diskutiert: Motive einer die gegebene Gesellschaft transzendierenden Praxis beruhen, wie die Autorin argumentiert, in der Existenz «radikaler Bedürfnisse» (Marx), die als zwar inhärente Momente der kapitalistischen Bedürfnisstruktur doch nicht im Rahmen dieser gesellschaftlichen Verhältnisse zu befriedigen sind; die kapitalistische Entfremdung selbst bringe die radikalen Bedürfnisse hervor, und zwar im Bewußtsein der Entfremdung. Gegenüber einseitigen Mangelkonzeptionen und theoretischen Ansätzen, welche die gesellschaftliche Vermitteltheit übergreifender (radikaler) Bedürfnisse verkennen, ist an einem theoretisch erweiterten, dynamischen und perspektivischen Bedürfnisbegriff festzuhalten. Er mag eine Analyse anleiten, die in praktischer Absicht alltäglichen Initiationsmomenten nachgeht, aus denen sich Widerstand gegen Bedürfnisrepression nährt und die als Keimformen qualitativ neuer Bedürfnisse zu interpretieren sind.

Literatur

Bühler, C. & Massarik, F. (Hg.). (1969). Lebenslauf und Lebensziele – Studien in humanistisch-psychologischer Sicht. Stuttgart.
Heller, A. (1976). Theorie der Bedürfnisse bei Marx. Berlin.
Holzkamp-Osterkamp, U. (1976). Grundlagen der psychologischen Motivationsforschung 2. Besonderheit der menschlichen Bedürfnisse – Problematik und Erkenntnisgehalt der Psychoanalyse. Frankfurt/M.
Irle, M. (1978). Kursus der Sozialpsychologie. Teil I. Darmstadt/Neuwied.
Jervis, G. (1978). Welche Bedürfnisse? Psychologie und Gesellschaft, 5, S. 10 ff.
Lewin, K. (1926). Vorsatz, Wille und Bedürfnis. Berlin.

Arnold Schmieder

Begehren

In Auseinandersetzung mit dem Herr-Knecht-Verhältnis in Hegels «Phänomenologie des Geistes» von Jacques Lacan (1901–1981) in den Sprachschatz der Psychoanalyse eingeführter Begriff. Fundierend ist dabei Freuds biologistischer Grundgedanke, daß der Mensch (im Unterschied zu den meisten Tieren) verfrüht und unfertig zur Welt kommt und sich zum einen daraus ein Grundbedürfnis nach Geliebtwerden ergibt, zum anderen die ersten, durch fremde Hilfe erzeugten Befriedigungserlebnisse sich qua «Gedächtnisspur» festsetzen und bei jedem erneuten Auftreten des Bedürfnisses einen unbewußten Wunsch zur Wiederherstellung der Ursprungssituation generieren (vgl. Freud, 1972). Lacan verbindet diese basale menschliche Verfaßtheit mit seiner dem Strukturalismus verpflichteten Kernthese, «daß das Unbewußte radikal die Struktur von Sprache hat» (1991, S. 182). Dieser Perspektivenzuspitzung in Richtung Intersubjektivität verdankt sich seine begriffliche Differenzierung in Bedürfnis (besoin), Anspruch (demande) und

Begehren (désir), wobei unter Bedürfnisse die biologischen Aspekte der menschlichen Existenz gefaßt werden, die notwendig mit Hilfe eines Appells, z. B. eines Schreis an die Mitmenschen gerichtet werden und somit einen An-Spruch auf Zuwendung darstellen. Doch das «Begehren (ist) weder Appetit auf Befriedigung, noch Anspruch auf Liebe, sondern vielmehr die Differenz, die entsteht aus der Subtraktion des ersten vom zweiten, ja das Phänomen ihrer Spaltung selbst» (Lacan, 1991 II, S. 127); der (überzeitliche) Liebesanspruch ist durch (zeitweilige) Bedürfnisbefriedigung nicht stillbar. Als Antriebskraft wird das Begehren aus diesem Überschuß an Nicht-Sein gespeist, strebt weiter nach (unerreichbarer) Erfüllung, gegebenenfalls in psychotischer Symptombildung. Die Ordnung der Sprache hingegen ermöglicht, den Gegenstand des Begehrens symbolisch in Erscheinung treten zu lassen, sie tritt auch als Vermittlungsglied zwischen das Begehren des einen und des anderen. Das Begehren sprachlich zu artikulieren bedeutet dabei, sich dem Gesetz der Sprache zu unterstellen; die psychische Gesundheit des Menschen hängt konstitutiv an diesem Sich-Einfügen.

Literatur

Bowie, M. (1994). Lacan. Göttingen.
Freud, S. (1972). Die Traumdeutung. Frankfurt / M.
Juranville, A. (1990). Lacan und die Philosophie. München.
Lacan, J. (1991). Schriften I und II. Weinheim / Berlin.
Pagel, G. (1991). Lacan zur Einführung. Hamburg.
Schöpf, A. (Hg.). (1987). Bedürfnis, Wunsch, Begehren. Probleme einer philosophischen Sozialanthropologie. Würzburg.

Maria Borcsa

Behaviorismus

Zur Hauptfigur des frühen Behaviorismus profilierte sich J. B. Watson mit seiner klassischen Schrift aus dem Jahr 1913 «Psychology as the Behaviorist Views It». Meist wird zwischen einem «metaphysischen» und einem «methodischen» Behaviorismus unterschieden. Der metaphysische Behaviorismus läßt sich durch folgende Positionen kennzeichnen: «1. Das Vorkommen einer ‹Seele› und ‹psychischer Zustände› wird abgelehnt; 2. alle Erfahrung kann auf Drüsensekretion und Muskelbewegungen reduziert werden; 3. menschliches Verhalten wird fast ausschließlich von Umwelt-(Lern-)Einflüssen bestimmt, weniger durch erbliche oder biologische Faktoren, und 4. Bewußtseinsprozesse stehen ausserhalb wissenschaftlicher Forschung» (Mahoney, 1977, S. 21). Der «methodische» Behaviorismus legt sich inhaltlich hinsichtlich Existenz oder Nichtexistenz des Bewußtseins bzw. psychischer Ereignisse nicht fest. Entscheidend ist für ihn, daß eine wissenschaftliche Psychologie in jedem Fall (ausschließlich) auf die Registrierung von Verhalten angewiesen ist. Als wesentlicher Vertreter des (radikalen) Behaviorismus gilt B. F. Skinner, dessen Programm einer operanten S-R-Psychologie großen Einfluß auf die Entwicklung der Verhaltenstherapie ausübte. Ähnlich wie Watson vertrat er einen ausgeprägten Umweltdeterminismus. Theoretischen Modellen, sofern sie mit (hypothetischen) Konstrukten bzw. latenten oder «intervenierenden» Variablen – also nicht direkt beobachtbaren Größen – arbeiten, stand er äußerst zurückhaltend gegenüber.

Weitere Ausdifferenzierung von «Behaviorismen» macht deren Konturen zunehmend unschärfer. Was bleibt, ist die Einigkeit bezüglich einer erfahrungswissenschaftlichen Grundhaltung und eine Skepsis gegenüber mentalistischen Modellen bzw. «verstehenden» Ansätzen in der Psychologie. Beschreibungen des «methodischen» B. lesen sich wie Auszüge aus dem allgemeinen Credo der empirischen Psychologie kritisch-rationalistischer Färbung: Suche nach Gesetzmäßigkeiten bzw. nach systematischen Beziehungen zwischen Klassen von Ereignissen; Betonung von Beobachtbarkeit und Operationalisierbarkeit; Testbarkeit und Falsifizierbarkeit von Hypothesen; Hypothesenprüfung in kontrollierten Experimenten mit unabhängigen Replikationen, dadurch Generalisierbarkeit der Befunde. Behaviorismuskritik setzt an verschiedenen Aspekten an: an der Dogmatik und dem umfassenden Anspruch der Behavioristen, der Ignoranz gegenüber relevanten Unterschieden zwischen Mensch und Tier, an der Trivialisierung menschlicher Verhaltensdynamik, der Überschätzung des Objektiven und der erzieherischen Formbarkeit des Menschen.

Literatur

Albert, H. & Stapf, K. H. (Hg.). (1979). Theorie und Erfahrung. Beiträge zur Grundlagenproblematik in den Sozialwissenschaften. Stuttgart.

Bungard, W. (Hg.). (1980). Die «gute» Versuchsperson denkt nicht. Artefakte in der Sozialpsychologie. München.

Devereux, G. (1992). Angst und Methode in den Verhaltenswissenschaften. Frankfurt/M.

Holzkamp, K. (1972). Kritische Psychologie. Frankfurt/M.

Mahoney, M. J. (1977). Kognitive Verhaltenstherapie. München.

Günter Schiepek

Beobachtung / Introspektion

Neben dem Experiment und der Befragung in ihren verschiedenen Varianten gilt die Beobachtung als die dritte klassische Erkenntnismethode der Wissenschaft. Gleichzeitig setzen das Experiment und die Befragung jeweils Beobachtungen, nämlich die Selbst- und Fremdbeobachtungen der Forscherinnen und / oder der Probanden, voraus. In der Anwendung und Weiterentwicklung der Beobachtung als psychologischer Forschungsmethode wurde zwischen mehreren Formen der Beobachtung differenziert. Dabei unterscheidet man klassischerweise zwischen systematischer, wissenschaftlicher und unsystematischer Alltagsbeobachtung. Diese Unterscheidung wird ersetzt durch ein Konzept von wissenschaftlicher Beobachtung, das Elemente von Selbstreflexivität und Alltagsbeobachtung integriert und in einem Forschungsprozeß als wissenschaftliche Erkenntnismethode systematisiert und nutzbar macht.

«Wahrnehmen ist notwendige Voraussetzung jeder sinnvollen menschlichen Tätigkeit. Geht unbeabsichtigtes *Wahrnehmen* in ... untersuchendes, zergliederndes und zusammenfügendes Handeln über, wird es zum *Beobachten*» (Ernst & Wawrinowski, 1991, S. 32). Beobachtung ist demnach eine systematische und gezielte, vor allem eine für das Subjekt und das Objekt der Beobachtung sensibilisierte Form der Wahrnehmung. Prinzipiell unterliegt Beobachtung damit den gleichen Prozessen, die auch Wahrnehmung strukturieren und anleiten. Betrachtet man die Geschichte des Wortes «beobachten» auf der Grundlage seiner Verwendung in der Literatur, so werden drei Bedeutungskontexte sichtbar, die als Koordinatensystem den Horizont jeglicher Beobachtung bilden, nämlich «Macht» / »Kontrolle», «Öffentlichkeit» und «Wissenschaft» / »Forschung». Den Akt der Beobachtung verstehen wir u. a. als einen Grenzziehungsprozeß, der den Ort markiert, an dem die Beobachterin zu Aussagen über das beobachtete Phänomen gelangt. Dieser Ort ist im oben genannten Koordinatensystem kritisch zu bestimmen und zu hinterfragen (vgl. dazu Devereux, 1984; Muckel, 1996).

In der quantitativen Tradition der Psychologie dient Beobachtung der Entwicklung, Bekräftigung und Bezweiflung von Thesen innerhalb eines klar definierten theoretischen Bezugsrahmens und beruht als eine überwiegend hypothesengeleitete deduktive Form der Datengewinnung auf einem mehr oder weniger streng determinierten und in Abhängigkeit von der Fragestellung festzulegendem Regelsystem. Dieser Prozeß muß nachvollziehbar und wiederholbar sein, um die Ergebnisse intersubjektiver Überprüfbarkeit zugänglich zu machen und die Erfüllung oder Nicht-erfüllung der traditionellen Gütekriterien einschätzen zu können. Quantitative Beobachtung kommt daher vor allem als Fremdbeobachtung menschlichen Verhaltens zum Einsatz. Selbstbeobachtung spielt aufgrund methodischer und theoretischer Schwierigkeiten eher eine untergeordnete Rolle. Dabei stellen Selbstauskünfte der Probandinnen in Form von Fragebögen und Interviews die verbreitetsten Verfahren dar. Bei der Konstruktion eines Beobachtungssystems werden Prozesse der Selektion, der Klassifikation und der Abstraktion fokussiert. Außerdem werden Aspekte diskutiert, welche die Beobachtungsleistung selbst betreffen, also Probleme der Datenaufnahme (z. B. Aufmerksamkeit), der Datenverarbeitung (z. B. Urteilsfehler, Inferenzfehler) und ihrer Überprüfung mit Maßen der Beobachterinnenübereinstimmung (vgl. Greve & Wentura, 1997).

In der qualitativen Psychologie wird die teilnehmende Beobachtung (vgl. Jorgensen, 1989; Aster, Merkens & Repp, 1989) als methodisch-methodologischer Kern der Feldforschung (vgl. Lofland & Lofland, 1984) favorisiert. Menschen und Phänomene werden in ihren alltäglichen Kontexten aufgesucht. Dort sollen «unterschiedliche Formen und Grade des interaktiven Sich-Einlassens auf den thematischen Gegenstandsbereich» (Breuer, 1996, S. 20) – also z. B. Zuschauen, Mitmachen, Begleiten, Hospitieren, Gespräche führen – dazu beitragen, das Feldgeschehen mit Hilfe von Feldnotizen, Gesprächstranskripten, Videoaufzeichnungen etc. zu beschreiben (vgl. Geertz, 1987).

Ein fundamentales Problem jeder wissenschaftlichen Beobachtung ist die Beschreibung des Beobachteten. Um zu prägnanten Beschreibungen zu gelangen, muß die Beobachterin Wörter finden: In einem stetigen Prozeß zwischen Beobachten und Beschreiben sollen die Beobachtungen in Sprache übersetzt werden (vgl. Bateson, 1985). Die Beschreibungen sollen den Beobachtungen entsprechend fortwährend präzisiert werden (dies kann eventuell zu Kategorisierungen von Wahrnehmungen führen), und umgekehrt leiten die gefundenen Begrifflichkeiten die Aufmerksamkeit in den sich anschließenden Beobachtungen als Fokussierungen, als neue Fragen, als Ausfüllung von aufgedeckten Leerstellen etc. Dies impliziert, daß Beobachtungen in der Regel nicht schlicht registriert, sondern als komplexe Ausgangspunkte zur Herstellung von Daten behandelt und als solche reflektiert werden.

Die Introspektion (Selbstbeobachtung) wurde in der Geschichte der Psychologie als Erkenntnismethode zunehmend geringgeschätzt und verlor – abgesehen von der Psychoanalyse – mit der «behavioristischen Wende» ihr Gewicht, das sie trotz der «kognitiven Wende» Ende der 50er Jahre nicht wiedererlangte (vgl. Danziger, 1980). Die Abwertung der Introspektionsmethode geschah auf der Basis eines erkenntnistheoretisch naiven Subjekt-Objekt-Paradigmas, das nur solche Erkenntnisse als «wissenschaftlich» akzeptierte, die über verschiedene Subjekte generalisierbar, d. h. unabhängig von ihnen und durch dritte überprüfbar waren. In der Selbstbeobachtung als Erkenntnismethode aber läßt sich weder das Objekt eindeutig vom Subjekt unterscheiden, noch ist eine externe Überprüfung der Erkenntnisse und Aussagen über die gemachten Beobachtungen möglich. Im Kontrast zum klassisch-experimentellen Ansatz betrachtet die Psychoanalyse die Einbeziehung von Selbstbeobachtung, deren Reflexion und Analyse in den (psychologischen) Forschungsprozeß entsprechend ihrem Konzept der Gegenübertragung als wertvolle und nicht substituierbare Erkenntnismethode. Die Selbstbeobachtung und -reflexion auf seiten der Forscherin sind in diesem Konzept nicht nur ein Instrument zur «Selbsterkenntnis», das Auskunft über innere Prozesse der Beobachterin gibt, sondern auch ein Weg, um Erkenntnisse über ein beobachtetes Phänomen außerhalb der Forscherin zu gewinnen (vgl. dazu Devereux, 1984; Muckel, 1996): All das, was durch Prozesse der Beobachtung von Welt in der Forscherin als Resonanzen (Assoziationen, Gefühle, körperliche Sensationen) ausgelöst wird, soll nicht als zu eliminierende Störquelle betrachtet, sondern zur Erkenntnis des beobachteten Phänomens nutzbar gemacht werden. Dabei wird die unhintergehbare Subjektivität der Forscherin insofern zum Meßinstrument, als die Konstituierung des Phänomens durch den Prozeß der Beobachtung zum Gegenstand von Analysen wird und Selbst- und Fremdbeobachtung miteinander in Beziehung gesetzt werden.

Literatur

Aster, R., Merkens, H. & Repp, M. (Hg.). (1989). Teilnehmende Beobachtung. Werkstattberichte und methodologische Reflexionen. Frankfurt/New York.

Bateson, G. (1985). Ökologie des Geistes. Anthropologische, psychologische, biologische und epistemologische Perspektiven. Frankfurt/M.

Breuer, F. (1996). Qualitative Psychologie. Grundlagen, Methoden und Anwendungen eines Forschungsstils. Opladen.

Danziger, K. (1980). The History of Introspection reconsidered. Journal of the History of the Behavioral Sciences, 16, S. 241–261.

Devereux, G. (1984). Angst und Methode in den Verhaltenswissenschaften. Frankfurt/M.

Ernst, M. & Wawrinowski, U. (1991). Theorie und Praxis reflektierter Beobachtung. Weinheim.

Geertz, C. (1987). Dichte Beschreibung. Beiträge zum Verstehen kultureller Systeme. Frankfurt/M.

Greve, W. & Wentura, D. (1997). Wissenschaftliche Beobachtung in der Psychologie. Eine Einführung. München.

Jorgensen, D. L. (1989). Participant Observation. A Methodology for Human Studies. Newbury Park (Ca.).
Lofland, J. & Lofland, L. (1984). Analyzing Social Settings. A Guide to Qualitative Observation and Analysis. Belmont (Ca.).
Muckel, P. (1996). Selbstreflexivität und Subjektivität im Forschungsprozeß. In: Breuer, F. (Hg.), Qualitative Psychologie. Grundlagen, Methoden und Anwendungen eines Forschungsstils (S. 61–78). Opladen.

Ute Bommersheim / Petra Muckel

Beratung

Beratung ist das umfassendste und das am stärksten diversifizierte Berufsfeld psychosozialer Profession und eine der am weitesten verbreiteten Handlungsorientierungen und Interventionsformen von psychologisch, pädagogisch und sozialarbeiterisch tätigen Praktikern. Unterschiedlichste Anlässe, Aufgaben und Ziele von Beratung und verschiedenste Adressatengruppen lassen Beratung mittlerweile zu einer Kommunikations- und Interaktionsform werden, die sämtliche Alltagsbereiche und Lebenskontexte durchdringt.

Beratung ist Flankierung der und Reaktion auf die Pluralisierung von Lebensformen und die Individualisierung der Lebensentwürfe der Menschen. Sie bietet eine zeitgemäße Form der Bearbeitung von Modernisierungsprozessen, der Nutzung ihrer Chancen, der Vermeidung ihrer Risiken sowie der Bewältigung ihrer beeinträchtigenden Folgen. Versprochen wird über Ausbildung fundierte, kompetente und planvoll organisierte Hilfe bei der Orientierung, Planung, Entscheidung und beim Handeln in allen Lebensbereichen ebenso wie eine Kompensation des zunehmenden Verlusts an Gemeinschaft und der «Individualisierung von Risiken» (Keupp et al., 1989). Nicht nur für Psychologen «ist Beratung zu *dem* Professionalisierungsfeld geworden» (Knauth & Wolff, 1989, S. 327). Sie scheint auch für andere soziale, gesundheitliche und erzieherische Disziplinen eine große Professionalisierungschance zu bieten (Nestmann, 1988).

Beratung nur als Gegenstand professionalen Handelns zu betrachten, ist eine verkürzte Sichtweise. Als eine allgegenwärtige Interaktionsform der Orientierungshilfe, der gegenseitigen sozialen Unterstützung und der Problembearbeitung ist sie im Alltag anzutreffen, wo Personen nicht aufgrund eigener Erfahrungen, Kenntnisse, Kompetenzen urteilen, entscheiden oder handeln können und deshalb die Hilfe anderer suchen (Diewald, 1991; Röhrle, 1994).

Beratung hat darüber hinaus ihren Stellenwert als Supervision / Praxisberatung und als sozialwissenschaftlich begründete Form der Institutions- und der Politikberatung. Auch in der Politikberatung kommen zur Begründung von Praxisentscheidungen sozialwissenschaftliche Methoden und Wissensbestände zum Einsatz. Trotz der im Zuge der Ausweitung von psychosozialen Beratungsfeldern zu Beginn der 80er Jahre breiten und intensiven theoretischen Bemühungen einer konzeptionellen Grundlegung von Beratung existiert bis heute keine integrierende Beratungstheorie, die auch handlungsleitend für die vielfältigen Beratungsfunktionen und -aktivitäten von Beratern und Beraterinnen in der Praxis sein könnte. Entwürfe eines «metatheoretischen Bezugsrahmens» bleiben eher allgemein.

In der deutschen Psychologie herrscht das wohl auffälligste Ungleichgewicht zwischen der immensen praktischen Verbreitung und Bedeutung von Beratung und ihrer wissenschaftlichen Vernachlässigung. Neben die klassisch psychologischen Beratungsfelder der Berufsberatung, Erziehungsberatung, Ehe- und Familienberatung, Sexualberatung, schulpsychologischen Beratung, Studien- und Studentenberatung sind immer neue Beratungseinrichtungen getreten, häufig von Psychologen und Psychologinnen initiiert und entwickelt und meist mit psychologischer Beteiligung in einem multiprofessionellen Arbeitsteam: so die Drogenberatung, Jugendberatung, Männer- und Frauenberatung, AIDS-Beratung, Migrantenberatung, Gesundheitsberatung etc. Außer in einem relativ struktur-konstanten und rechtlich fixierten *Beratungskernbereich* mit sowohl traditionellen institutionsgebundenen Diensten als auch innovativen niederschwelligen und lebensweltorientierten Angeboten arbeiten Psychologen und Psychologinnen also inzwischen auch in einem breiten, sich ausweitenden *offenen Beratungsfeld,* das flexibel auf aktuelle Anforderungen oder Problemlagen bestimmter Bevölkerungsgruppen reagiert oder neue Beratungsdomänen erschließt.

Wenn darüber hinaus das Beraten ein bedeutsamer Anteil allen professionellen psychologischen Handelns auch in Tätigkeitsfeldern ist, die den Begriff Beratung nicht in ihrem Namen tragen, verwundert die wissenschaftliche, theoretisch-konzeptionelle Zurückhaltung der deutschen Psychologie noch mehr. Bis heute führt psychologische Beratung als Bestandteil der klinischen Psychologie ein wissenschaftliches Schattendasein neben der Psychotherapie. Es gibt keine eigenständige «Beratungspsychologie», wie sie sich in den USA seit mehren Jahrzehnten etabliert hat. In der deutschen Beratungsgeschichte bestimmte zunächst eine stark testdiagnostische Orientierung die Beratungskonzeptionen der Psychologie.

Bei dem auch ‹faktorentheoretischer Ansatz› (Martin, 1977) genannten Konzept handelt es sich allerdings im engeren Sinn nicht um eine Theorie der Beratung. Mit der wachsenden kritischen Auseinandersetzung um die klassisch psychologische Testdiagnostik, mit einer Verschiebung psychologischer Aufgaben und Funktionen von Selektions- auf Modifikationsaufgaben sowie mit der zunehmenden Engführung klinischer Psychologie auf Psychotherapie stieg die Bedeutung von Beratungsansätzen, die aus verschiedenen Psychotherapieschulen abgeleitet werden. Waren es anfangs vornehmlich psychoanalytische und verhaltens- oder lerntheoretische Einflüsse, so erweitert insbesondere die humanistische Psychologie mit den Arbeiten von Carl Rogers durch klientzentrierte Beratung die konzeptionellen psychologischen Beratungsperspektiven.

Neben internen Differenzierungen der drei großen Therapiestränge traten mit dem Aufkommen kommunikationstheoretischer Reflexionen sozialer und psychosozialer Interaktionsprozesse familientherapeutische Beratungskonzepte, die psychoanalytisch oder systemtheoretisch orientiert waren, sowie erlebnis- und körperorientierte humanistische Konzepte wie z. B. das Psychodrama oder die Gestalttherapie. Diese neueren Therapiemodelle beeinflußten die psychologische Beratungspraxis und Beratungstheorie nachdrücklich und entwickelten wie andere der unzähligen ‹neuen Therapien› auch Beratungsableger. In der deutschen Psychologie wird seither Beratung in Theorie und Praxis der psychosozialen Intervention primär als ‹kleine Therapie› verstanden und behandelt. Wie Untersuchungen von Beratungspraktikern belegen (Keupp et al., 1989; Danzer, 1992), ist Beratung zwar in ihrer praktischen Umsetzung weniger orthodox auf eine therapeutische Schulrichtung hin, sondern eher eklektisch orientiert. Dieser oft pragmatische Eklektizismus erschöpft sich allerdings vorrangig in der Auswahl unterschiedlicher Interventionsstrategien aus dem ‹Supermarkt› traditioneller und neuer Therapieformen. Beratung wird in diesen Therapieablegern implizit als ‹defizitäre› Form psychotherapeutischen Handelns ausgewiesen. Hinter dieser Ableitung von Beratung aus Therapie, bei gleichzeitig hierarchisierender Differenzierung beider Interventionsformen, verbergen sich stärker professionelle und standespolitisch motivierte Interessen als methodisch konzeptionelle Argumentationen. Nach Heil & Scheller (1981) hat die «Entwicklung der psychologischen Interventionsmethodik zur Bedeutungserweiterung der Begriffe Beratung und Therapie geführt, die heute eine Unterscheidung nur noch auf der Basis schwammiger Akzentsetzungen erlauben» (ebd., S. 182). Die Konsequenz entsprechender Auffassungen ist sehr häufig ein synonymer Gebrauch der Begriffe Beratung und Therapie. Viel stärker werden in der Entwicklung einer eigenständigen Counseling Psychology in den USA die eigentlichen Wurzeln der Disziplin im Bereich der Beratung in der Schule, der Beratung im Beruf und in der Karriereplanung deutlich und hervorgehoben als die Ursprünge in psychotherapeutischen Zusammenhängen.

Die Beratungsprofession hat in den USA heute die ausgeprägteste und stabilste Identität ihrer Geschichte erreicht. Dieser Stand ist eine Folge des Fortschritts in Ausbildung, Prüfung und Anerkennung, der verbesserten Standards der Schulung und Berufsvorbereitung, die heute weiter verbreitet sind als jemals zuvor, der größeren öffentlichen und staatlichen Anerkennung von Beratungskompetenz, der Erarbeitung ethischer Rahmenrichtlinien sowie einer intensiv supervidierten, evaluierten und kontrollierten professionellen Beratungspraxis.

Drei Rollenbestandteile waren und sind in der Counseling Psychology von zentraler Bedeutung: (1) die *präventive Rolle* in der Beratung versucht, Problemursachen und Probleme zu antizipieren, sie umgehbar zu machen oder ihnen vorzubeugen. Zentraler Aspekt von Beratungspsychologie ist es, Individuen dabei behilflich zu sein, Veränderungen in ihrer persönlichen und zwischenmenschlichen Umwelt vorzunehmen und so die Auftretenswahrscheinlichkeit von Problemen zu minimieren und dadurch die Notwendigkeit kurativ-heilender Maßnahmen der Wiederherstellung zu vermeiden; (2) die *entwickelnde / wachstumsfördernde Rolle* in der Beratung versucht, Individuen dabei zu unterstützen, die größtmöglichen Vorteile aus den Erfahrungen ihrer eigenen Kräfte und Potentiale zu erkennen und diese weiterzuentwickeln; (3) die *kurativ-heilende Rolle*, die in größter Nähe zur klinisch psychotherapeutischen Funktion liegt, richtet sich auf die Unterstützung von Individuen und Gruppen, Probleme zu bewältigen, Störungen, welcher Art auch immer, zu beseitigen, Beschädigungen und Verletzungen zu kurieren sowie Defizite zu kompensieren. Das Charakteristikum von Beratungspsychologie ist die weitgehende Integration dieser drei Rollen.

Zudem bestimmen einige vereinheitlichende Merkmale eine Beratungspsychologie: (a) Beratung fokussiert auf die Stärken, Potentiale und Ressourcen von Personen wie von sozialen Umwelten und orientiert sich an den positiven Anteilen psychischer Gesundheit der Klienten. Beratungspsychologie ist geprägt durch eine optimistische Philosophie und Haltung, die unterstellt, daß Menschen sich ändern können, daß sie Einfluß nehmen können auf sich und ihre Umwelt, daß sie Ressourcen nutzen und ein gelingendes Leben führen können; (b) Beratung betont die Interaktion von Person und Umwelt. Im Mittelpunkt stehen interaktionistische Sichtweisen, die die wechselseitigen Einflüsse und die Transaktionen von Personen und Umwelt konzeptionell und in praktischer Beratungsarbeit berücksichtigen; (c) die Normalität der Klientel wird in den meisten Definitionen betont, obwohl zahlreiche Autoren inzwischen auch auf zunehmend schwerer und multidimensional gestörte Klientelen der Beratungspraxis verweisen. Allgemeine Lebensprobleme, die als normative wie als nichtnormative kritische Lebensereignisse im Leben vieler Menschen eintreten, alltägliche psychosoziale Schwierigkeiten und Anforderungen und nichtpsychotische Störungen stehen im Vordergrund; (d) Beratung beschränkt sich auf zeitlich überschaubare Interventionen. Beraten steht im Mittelpunkt relativ kurzfristiger Hilfeprozesse, die auf rasche Veränderungen angelegt sind; (e) Probleme werden in ihren Zusammenhängen, Anforderungen und Krisen von Ratsuchenden immer im Kontext der Lebensbezüge beraten. Beraten werden Berufswahl, Berufsentwicklung, Karriereplanung, berufliche Probleme und ihre inner- und außerberuflichen Folgen.

Zwar ist Beratungspsychologie in Deutschland noch weit entfernt von einer Eigenständigkeit als psychologische Teildisziplin mit eigenständigen Berufsfeldern, spezifischen Aus- und Fortbildungsrichtlinien und -programmen, eigenständigen Theorieentwicklungen etc. Doch verweisen theoretische Diskussionen auf ein sich veränderndes ‹enttherapeutisiertes› Selbstverständnis. Hierzu hat insbesondere die interdisziplinäre Diskussion beigetragen, in der eine alltagsorientierte und lebensweltorientierte Beratungstheorie und Beratungspraxis entwickelt und propagiert wird (Thiersch, 1989; 1991). In dem bisher ersten deutschsprachigen Werk zur allgemeinen Beratungspsychologie von Dietrich (1983) hat eine Neuorientierung bereits zu einem umfassenderen Beratungsverständnis geführt. Als kritische interdisziplinäre Reflexion der psychotherapeutischen Beratungspraxis und unter Bezug auf amerikanische Entwicklungen der Community Psychology entwickeln sich gemeindepsychologische Perspektiven (Keupp, 1990; Kardorff, 1992). Mit dieser psychosozialen Ausrichtung ergibt sich die konzeptionelle Anschlußfähigkeit der Beratungsdiskussion an sozialwissenschaftliche Debatten und an sozialpädagogische Theorie und Praxis. Favorisiert werden Handlungsperspektiven psychosozialer Praxis, die lebenswelt- und alltagssensibel organisiert sind, Handlungskonzepte wie im Empowerment als Vermittlung von Einfluß- und Selbstbestimmungsmöglichkeiten an Betroffene (Stark, 1989), Partizipation als ‹Teilhabestrategie›, als aktive Unterstützung von Initiativen und selbstorganisierten alltagsnahen Projekten zur Gestaltung sozialer und räumlicher Umwelt (Sachs-Pfeiffer, 1989), Netzwerkförderung als Arbeit mit intermediären Instanzen und informellen Unterstützungssystemen, Prävention als eine Chance,

Handlungsfreiräume zu schaffen und, wo sie bedroht sind, aufrechtzuerhalten.

Betrachtet man die aktuelle, konzeptionelle Beratungsliteratur, so fällt auf, daß die vorgeschlagenen Konzepte und Orientierungen der gesellschaftlichen Ausdifferenzierungslogik folgen und von Beratung allgemein eine größere Sensibilität und Anpassungsfähigkeit gegenüber den sich verändernden Alltagsstrukturen erwarten. Größere ‹kommunikative Sensibilität› sowie deutlichere Ressourcen- und Netzwerkorientierung wird hierbei ebenso angezielt wie die Ausrichtung von Beratung an sozialökologischen Perspektiven. Beratung wird zu einem alltagssensiblen Deutungsangebot, gekennzeichnet vom Respekt vor der Autonomie der Ratsuchenden. In hohem Maß ist dieses lebensweltorientierte Vorgehen letztendlich von der Person der Beratenden abhängig, d. h. von deren ganz individuellen Umgehensweisen mit Beratungswissen und ihren Versuchen, dieses Wissen handlungsfähig zu machen, sei es als hermeneutische Deutungskompetenz (Ferchhoff, 1990), als eine Beratungskompetenz im Sinne von (Lebens-)Kunst (Frommann, 1990) oder als eine Form der Beratung, die sich am literarischen Modell des Erzählers bei Walter Benjamin orientiert. In diesen Beratungsentwürfen versteht sich Beratungshandeln als ein tentatives Handeln, als ein die vorhandenen Problemlösekapazitäten der Ratsuchenden ergänzendes Unterstützungsangebot jenseits perfekter Lösungen, allerdings auf dem Weg zu einem gelingenderen Alltag.

Einen weiteren Schwerpunkt der aktuellen Beratungsdiskussion stellt die mit der gemeindepsychologischen Orientierung favorisierte sozialökologische Perspektive dar. Beratung als kontext- und ressourcenorientiertes Handeln dient hier vorrangig der Aktivierung und Unterstützung vorhandener Ressourcen, so daß Hilfe als weitestgehend selbständige und durch soziale Netzwerke mitgetragen im alltäglichen sozial-räumlichen Kontext möglich wird (Pearson, 1997).

Literatur

Bellardi, N. (1996). Supervision. Eine Einführung für soziale Berufe. Freiburg.

Brown, S. D. & Lent, R. W. (Hg.). (1992). Handbook of Counseling Psychology. New York.

Brunner, E. J. & Schönig, W. (Hg.). (1990). Theorie und Praxis von Beratung. Freiburg.

Danzer, B. (1992). Die «Alltagswende» im Arbeitsfeld Beratung. Regensburg.

Dietrich, G. (1983). Allgemeine Beratungspsychologie. Göttingen.

Diewald, M. (1991). Soziale Beziehungen: Verlust oder Liberalisierung. Soziale Unterstützung in informellen Netzwerken. Berlin.

Ferchhoff, W. (1990). Alltagsweltliches und wissenschaftliches Wissen in Professionalisierungskonzepten. Soziale Arbeit, 10 (12), S. 441–447.

Frommann, A. (1990). Was geschieht eigentlich in Beratungen? In: E. J. Brunner & W. Schönig (Hg.), Theorie und Praxis von Beratung (S. 28–40). Freiburg.
Gröning, K. (1993). Beratung für Frauen. Neue Praxis, 23 (3), S. 227–248.
Heil, F. E. & Scheller, R. (1981). Entwicklungsmöglichkeiten der gegenwärtigen Beratungspraxis. In: U. Baumann, H. Berbalk & G. Seidenstücker (Hg.). Klinische Psychologie. Bd. 4 (S. 180 – 208). Bern.
Heiner, M., Meinhold, M., von Spiegel, H. & Staub-Bernasconi, S. (1994). Methodisches Handeln in der sozialen Arbeit. Freiburg.
Kardorff, E. v. (1992). Gemeindepsychologie – zwischen eigenständiger Berufsidentität und psychologischer Arbeitsperspektive. In: I. Böhm (Hg.), Gemeindepsychologisches Handeln (S. 303–318). Freiburg.
Keupp, H. (1990). Gemeindepsychologie. Alternative zum Psychokult? Neue Praxis, 20 (2), S. 168–177.
Keupp, H., Straus, F. & Gmür, W. (1989). Verwissenschaftlichung und Professionalisierung. In: U. Beck & W. Bonß (Hg.), Weder Sozialtechnologie noch Aufklärung? (S. 149–195). Frankfurt/M.
Knauth, B. & Wolff, S. (1989). Die Pragmatik von Beratung – Ein konversationsanalytischer Beitrag zur Theorie psychosozialer Dienstleistungen. Verhaltenstherapie und psychosoziale Praxis 21 (2), S. 327–344.
Martin, L. R. (1977). Erziehung und Therapie. In: R. Schwarzer (Hg.), Beraterlexikon (S. 60–64). München.
Nestmann, F. (1983). Beratung in den 80er Jahren. Versuch einer Situationsanalyse auf der Basis internationaler Erfahrungen. Archiv für Wissenschaft und Praxis der sozialen Arbeit, 3, S. 131–146.
Nestmann, F. (1984). Beratung in der Erziehungsberatung. In: H. Zygowski (Hg.), Erziehungsberatung in der Krise (S. 74–98). Tübingen.
Nestmann, F. (1988). Beratung. In: G. Hörmann & F. Nestmann (Hg.), Handbuch der psychosozialen Intervention (S. 101–113). Opladen.
Nestmann, F. (1989). Förderung sozialer Netzwerke – eine Perspektive pädagogischer Handlungskompetenz? Neue Praxis, 19 (2), S. 107–124.
Pearson, R. E. (1997). Beratung und soziale Netzwerke. Weinheim.
Röhrle, B. (1994). Soziale Netzwerke und Unterstützung. Weinheim.
Sachs-Pfeiffer, T. (1989). Partizipation: Teilhaben statt Teilnehmen. In: W. Stark (Hg.), Lebensweltbezogene Prävention und Gesundheitsförderung (S. 191–222). Freiburg.
Schönig, W. & Brunner, E. J. (Hg.). (1990). Theorie und Praxis von Beratung. Freiburg.
Schönig, W. & Brunner, E. J. (Hg.). (1993). Organisationen beraten. Freiburg.
Stark, W. (Hg.). (1989).Lebensweltbezogene Prävention und Gesundheitsförderung. Freiburg.
Stark, W. (1996). Empowerment: neue Handlungskompetenzen in der psychosozialen Praxis. Freiburg.
Thiersch, H. (1989). Homo Consultabilis: Zur Moral institutionalisierter Beratung. In: K. Böllert & U. Otto (Hg.), Soziale Arbeit auf der Suche nach der Zukunft (S. 175–193). Bielefeld.
Thiersch, H. (1991). Soziale Beratung. In: M. Beck, G. Brückner & H.-U. Thiel (Hg.), Psychosoziale Beratung (S. 23–35). Tübingen.

Frank Nestmann / Frank Engel

Berufspraxis von Psychologen

Seit dem Erlaß der ersten Diplomprüfungsordnung 1941 sind Psychologen mittlerweile in nahezu allen Bereichen der Arbeitswelt tätig. Sie sind bei der Bundeswehr und in der Werbebranche genauso wie in Industrieunternehmen oder im Gesundheitswesen tätig. Laut Mikrozensus des Statistischen Bundesamtes von 1993 wurden ca. 28 000 berufstätige Psychologen ermittelt (vgl. Bausch, 1996). Dabei verteilen sich 93 % der berufstätigen Psychologen auf lediglich drei Berufsfelder: 79,2 % von ihnen arbeiten in der Klinischen Psychologie (freie Praxis, Beratungsstellen, Kliniken und Reha-Einrichtungen jedweder Art), 10,9 % sind im Bereich Arbeits-, Betriebs- und Organisationspsychologie (ABO) und 2,9 % in Lehre und Forschung tätig (vgl. Schorr, 1991). 1995 lag der eindeutige Nachfrageschwerpunkt im klinischen Sektor, ein weiterer Nachfrageschwerpunkt im Bereich der Erwachsenenbildung (vgl. Bausch, 1996). Insgesamt wird von der Bundesanstalt für Arbeit der psychologischen Berufsgruppe eher als anderen akademischen Berufsgruppen zugetraut, sich vor Arbeitslosigkeit zu schützen, da «... andererseits eine psychologische Ausbildung – auch wegen der großen Bereitschaft und Möglichkeit zur Selbständigkeit – im fortgeschrittenen Lebensalter eher vor Arbeitslosigkeit schützen kann als andere akademische Ausbildungsgänge» (Bausch,. 1996, S. 20).

Von Psychologen wird allgemein erwartet, daß sie Spezialisten in Wahrnehmung und Kommunikation sowie in der Vermessung und Beurteilung von menschlichen Eigenschaften und Fähigkeiten sind. Mit diesen Fachkenntnissen sollen sie diagnostizieren und therapieren (Klinische Psychologie), selegieren und prognostizieren (Personalauslese und -führung in der ABO-Psychologie). Der Psychologe außerhalb universitärer Einrichtungen wird vor allem nach Gesichtspunkten der Nützlichkeit und Verwertbarkeit in seiner Fachkompetenz beurteilt und dementsprechend nachgefragt. Seine Professionalität unterliegt damit in vollem Umfang üblichen Nützlichkeits- und Verwertungsinteressen. Seine berufliche Daseinsberechtigung wird also vom Ausmaß der Erfüllbarkeit dieser Erwartungen abhängig gemacht.

Arbeits-, Betriebs- und Organisationspsychologie

Die Beschäftigung von ABO-Psychologen ist betriebswirtschaftlich nur dann interessant, wenn ihre Tätigkeit bei Personalauslese, innerbetrieblicher Konfliktsteuerung sowie bei der Rationalisierung und Effektivierung von Organisations- und Arbeitsabläufen nachweisbar ein positives betriebswirtschaftliches Ergebnis mitbewirkt hat (vgl. Mattes, 1987).

Das gleiche gilt für die Mitwirkung von Psychologen an Werbekampagnen.

Stellt sich Psychologie im Produktionsprozeß willentlich in den Dienst der Mehrwertproduktion, so will der hier tätige Psychologe gleichberechtigt mit dem Ingenieur am Zustandekommen des Produkts beteiligt sein, seinen Anteil und damit seinen Wert kennen. Eine seiner Hauptaufgaben liegt darin, unter Einsatz psychologischer Mittel dazu beizutragen, daß Effektivierung, und Leistungssteigerung möglichst ohne Widerstände von seiten der Arbeitnehmer organisiert werden kann.

Klinische Psychologie

Beratung, Diagnostik und Therapie finden vor allem in Beratungsstellen, freien Praxen sowie Kliniken und Reha-Einrichtungen statt. Bei 28 000 berufstätigen Psychologen sind ca. 79 % im klinischen Anwendungsbereich tätig. Davon arbeiten in der Beratung ca. 23 %, in freier Praxis 32 % und im Klinik- und Reha-Bereich 30 % (vgl. Schorr, 1991). Der Beratungsbereich bietet als psychologisch definierter die am wenigsten fremdbestimmten (Ärztekonkurrenz) Arbeitsbedingungen für Psychologen, jedoch nur, solange die dort angebotenen Dienstleistungen Beratung und nicht Therapie genannt werden. Psychologen in der freien Praxis haben sich in einem komplizierten Gestrüpp heilkundlicher und anderer gesetzlicher Regelungen und Bestimmungen zurechtzufinden. Trotz dieser Verhältnisse und trotz «Ärzteschwemme» und nach wie vor hohen Diplomandenzahlen (ca. 750 pro Jahr) (vgl. Bausch, 1996) handelt es sich beim Psychotherapiemarkt volkswirtschaftlich nach wie vor um einen fast völlig freien Markt von Dienstleistungen mit enormen Wachstumsmöglichkeiten (vgl. Grawe et al., 1994).

Diskussion

Der für die Psychologie nach 1941 entstandene Professionalisierungsschub nahm in den 70er und 80er Jahren an Umfang und Kraft erheblich zu und hält ungebremst an. So stiegen die Studierendenzahlen Mitte der 70er Jahre von 13 300 auf 24 600 Studierende zu Beginn der 90er Jahre. Auch der mit Abstand größte Teilarbeitsmarkt (Beratungsstellen und Gesundheitswesen) ist im Bereich regulärer Anstellungsverhältnisse kaum noch aufnahmefähig. Dagegen werden in seinem Subsegment «Freie Praxis» große Wachstumsmöglichkeiten prognostiziert. Analog zur Gebührenordnung für Ärzte (GOÄ) und verschärfter Gutachterprozeduren wird die klinisch-psychologische Dienstleistung zu einem technisch zugerichteten Instrumentarium gemacht, in der Hoffnung, seine volkswirtschaftliche Effizienz besser überprüfen zu können. In der Diskussion sind hier Fallpauschalen, Kostendeckelung und Zuzahlung durch Patienten. Resultat ist u.a. eine rigide Therapiestundenverknappung.

Der immer noch bestehende Doppelcharakter von Psychotherapie, einerseits Dienstleistung zu sein, andererseits auch Freiräume zu persönlicher Weiterentwicklung zu bieten, scheint sich zugunsten des Verwertungsaspekts zu vereinseitigen. Der hilfsbedürftige Mensch wird in diesem Prozeß wie eine defekte Technik behandelt, die es kostengünstig zu reparieren gilt. In diesem Prozeß wird eine kritische Psychologie, die in ihrer klinischen Variante dem leidenden Individuum Schutz und Raum zur Entwicklung persönlicher Fähigkeiten, aber auch die Möglichkeit zur Herausbildung von Widerständigkeit bieten sollte, auf der Strecke bleiben. Klinische Psychologie, die sich ausschließlich dem Kosten-Nutzen-Prinzip und der Erbringung geforderter Anpassungsleistungen verpflichtet, wird zur eindimensionalen Anpassungstechnologie und verliert ihre emanzipatorische und kreative Dimension.

Berufspraxis von Psychologen in Österreich

In Österreich wurde die Berufspraxis von Psychologen durch die bundesgesetzlichen Bestimmungen zur Ausübung von klinischer Psychologie und Gesundheitspsychologie sowie der Psychotherapie vom 1. 1. 1991 einem deutlichen Wandel unterzogen. So wird Psychotherapie nicht mehr als psychologischer Beruf gesehen und ist, im Gegensatz zu vielen anderen Ländern, auch nicht Teil der klinischen Psychologie. Für die Ausbildung zum Psychotherapeuten existieren eigene Studiengänge, unabhängig vom Psychologiestudium. Die klare Regulierung des Berufs führte zu einem verstärkten Zustrom von Studierenden. Allerdings ist vor allem in den Ballungszentren der Psychotherapie-Markt längst gesättigt, was die Frage nach den Berufschancen der Absolventen aufwirft. Andererseits ist nun in der Praxis eine Vielzahl von Stellenausschreibungen für Psychologen an die postuniversitäre Graduierung in klinischer Psychologie gebunden. Dies gilt zunehmend auch für solche Stellen, die nicht genuin dem klinischen Bereich entstammen wie die Beratung in ambulanten Einrichtungen des psyschosozialen Feldes. Dies führte zu einem Run auf die einschlägigen Weiterbildungscurricula, die aus eigener Tasche bezahlt werden müssen. Problematisch in diesem Zusammenhang ist, daß für den im Rahmen der Weiterbildung vorgesehenen praktischen Teil in vielen Bundesländern nicht genügend Arbeitsplätze vorhanden sind. Dies führt zu einer zunehmenden Bereitschaft zu Gratisarbeit bei Studienabgängern, was von den finanziell ohnedies schwachen Institutionen im Gesundheitsbereich ausgenutzt wird. Mit der gesetzlichen Etablierung klinischer Psychologie konnte sich zudem ein konservatives professionelles Selbstverständnis durchsetzen, welches die Testdiagnostik zur Kernkompetenz dieses Bereichs erhebt und das Monopol auf deren Durchführung gegen alle Seiten abzusichern versucht. Psychologische Diagnostik wird mittlerweile auch von den Krankenkassen abgegolten. Neben den gesetzlichen Rahmenbedingungen wird die Berufspraxis von Psychologen auch durch politische und ökonomische Faktoren mitbestimmt. In der liberalen Kreisky-Ära der 70er Jahre war der Grundstein für eine im europäischen Vergleich relativ gute psychosoziale Versorgung gelegt worden, was für viele Psychologen auch Arbeitsmöglichkeit in zum Teil selbst initiierten Projekten bedeutete. Mit Inkrafttreten der Sparmaßnahmen in der zweiten Hälfte der 90er Jahre sind zahreiche Projekte des psychosozialen Bereichs, allen voran die Frauenberatungsstellen, von der Schließung bedroht. Als Ausweg drängen Psychologen oft in etablierte Institutionen, wo sie nicht selten (schlechter bezahlte) Sozialarbeiterposten besetzen. Als Entwicklungsfeld kann die Gesundheitspsychologie betrachtet werden. Durch die Diskussion um die Umsetzung von Gesundheitsförderungskonzepten sowie die Einführung von Betriebssicherheitsmaßnahmen könnten sich hier neue Betätigungsfelder eröffnen. Voraussetzung wären jedoch die Entwicklung eines neuen professionellen Selbstverständnisses sowie die Bereitschaft zu interdisziplinärer Zusammenarbeit.

Literatur

Bausch, M. (1996). Arbeitsmarkt-Information Psychologinnen und Psychologen. Arbeitsmarkt-Informationsstelle. Frankfurt / M.
Grawe, K. et al. (1994). Psychotherapie im Wandel von der Konfession zur Profession. Göttingen / Bern / Toronto / Seattle.
Kierein, M., Pritz, A. & Sonneck, G. (1991). Psychologengesetz. Psychotherapiegesetz. Kurzkommentar. Wien.
Mattes, P. (1987). Berufspraxis von Psychologen. In: S. Grubitzsch & C. Rexilius (Hg.), Psychologische Grundbegriffe. Reinbek.
Schorr, A. (1991). Psychologen im Beruf. Bonn.
Wollschläger, M. (1996). Das Berufsbild des Psychologen in der psychiatrischen Klinik. Tübingen.
Zygowski, H. (1990). Die TherapeutIn-KlientIn-Beziehung als berufliches Verhältnis. Störfaktor 13, S. 52–60.

Martin Wollschläger / Wolfgang Fürnkranz

Berufsverbote

Der Begriff bezeichnet in der politischen Diskussion der Bundesrepublik Deutschland das staatlich initiierte und durch höchstrichterliche Rechtsprechung legitimierte disziplinarische Vorgehen gegen Angehörige des öffentlichen Dienstes aufgrund des Vorwurfs «verfassungsfeindlicher Aktivitäten» sowie die Praxis der Regelüberprüfung der Verfassungstreue durch den Verfassungsschutz bei Bewerbungen für den öffentlichen Dienst von 1972 bis Ende der 80er Jahre. Ausgangspunkt war der «Radikalenerlaß» der Regierungschefs des Bundes und der Länder vom Januar 1972. Von der Regierung Brandt (SPD) zur innenpolitischen Absicherung ihrer Ostpolitik konzipiert, entwickelte sich daraus binnen kurzem eine umfassende Praxis der politischen Verfolgung und Bespitzelung Andersdenkender, die im In- und Ausland wachsende Proteste hervorrief. Dem Erlaß von 1972 folgten höchstrichterliche Verschärfungen der Judikatur auf der Basis eines ungebrochen vordemokratischen, mit der politischen Leitidee der «wehrhaften Demokratie» begründeten obrigkeitsstaatlichen Beamtenverständnisses. Dessen rechtlichen Kern bildete die besondere Treuepflicht gegenüber dem Staat und seiner geltenden Verfassungsordnung. Die öffentliche Kritik verwies dagegen auf den legalen Rahmen des angeschuldigten oppositionellen Handelns. Zentrale Grundrechte (etwa Art. 3.3 GG, Diskriminierungsverbot, und Art. 21.2 GG, Parteienprivileg) würden mißachtet; Ziel sei die staatskonforme Disziplinierung des öffentlichen Dienstes. Die flächendeckende Überprüfungs- und Berufsverbotspraxis richtete sich vor allem gegen Angehörige kommunistischer Parteien, ferner gegen linke Zusammenschlüsse aus unterschiedlichen Gesellschaftsbereichen, in Einzelfällen gegen kritische Wissenschaftler wie den Hannoveraner Professor Peter Brückner. Die umfangreiche Ausforschungspraxis des Verfassungsschutzes, die staatlicherseits beabsichtigte Abschreckungswirkung durch politisch-soziale Stigmatisierung und den Entzug beruflicher Perspektiven führten zu widersprüchlichen Resultaten: Einschüchterung, politischer Opportunismus und Distanz zu gesellschaftskritischem Engagement einerseits; andererseits Stabilisierung des Protestes und Effektivierung der politischen Kritik. Bedeutend war 1987 der Untersuchungsbericht der Internationalen Arbeitsorganisation (ILO), der die Bundesregierung zur Zurücknahme der Berufsverbotspraxis aufforderte. 1995 stufte der Europäische Gerichtshof für Menschenrechte die Berufsverbotspraxis in der Bundesrepublik als Verstoß gegen die Europäische Menschenrechtskonvention ein. Mit dem Zerfall der DDR und des sozialistischen Systems, der Neuorientierung oder Auflösung der inkriminierten Organisationen war ab 1989/90 die bisherige Berufsverbotspraxis der CDU-Regierungen politisch obsolet geworden (die SPD-regierten Länder hatten sich daraus Ende der 70er Jahre verabschiedet). – Eine öffentliche Aufarbeitung der Staatspraxis der Berufsverbote ist nicht geschehen. Empirische Untersuchungen über sozialpsychologische Folgen und individuelle psychische Auswirkungen der fast zwei Jahrzehnte währenden Repressionspolitik stehen bis heute aus.

Literatur

Blanke, T. & Sterzel, D. (1990). Über den Umgang mit Radikalen nach 40 Jahren Grundgesetz der BRD. In: Komitee für Grundrechte und Demokratie. Jahrbuch 88/89 (S. 359–374). Sensbachtal.

Meyer-Siebert, J. (1988). Parteiform und Subjektivität. Geschlechtsspezifische Verarbeitung von Berufsverboten. In: F. Haug & K. Hauser (Hg.), Küche und Staat. Politik der Frauen (S. 127–157). Hamburg.

Heike Fleßner

Bewußtsein

Hegel unterscheidet in der «Phänomenologie des Geistes» in drei Abschnitten zehn Formen des Bewußtseins: im ersten Abschnitt (*Bewußtsein*) (1) die sinnliche Gewißheit, (2) die Wahrnehmung, (3) die Kraft und den Verstand; im zweiten Abschnitt (*Selbstbewußtsein*): (4) Stoizismus, (5) Skeptizismus und (6) das unglückliche Bewußtsein; im dritten Abschnitt (*Vernunft*): die (7) Vernunft selbst, (8) den Geist, (9) die Religion und (10) das absolute Wissen. Er faßt damit Entwürfe verschiedener Philosophen und Theologen, in deren Konzeptionen ein Mehr oder Weniger an Bewußtseinsformen dargestellt wurde, zusammen. Die Übergänge der einzelnen Stufen des Bewußtseins werden als Höherentwicklung begriffen. Marx hat die Konzeptionen des Bewußtseins bei Hegel aus materialistischen Gründen zuerst polemisch als Phrasen verworfen, um richtiges, praktisches Bewußtsein an seine Stelle zu setzen. Später hat er die Abstraktionen des Bewußtseins als notwendige Voraussetzungen der Analyse der Struktur der bürgerlichen Gesellschaft anerkannt, um sich der gleichwohl abstrakten Realität vergewissern zu können. Das heißt, auch Marx sieht das Bewußtsein als Basiskategorie an. Marx betrachtet, und das ist der Unterschied zur traditionellen Wissenschaft, die von ihm kritisierten Begriffe der Kritik der politischen Ökonomie, die Daseins- und Bewußtseinsbestimmungen (Universalien) der bürgerlichen Gesellschaft zugleich sein sollen, unter dem Aspekt ihrer Aufhebbarkeit. So ist nach Marx die sinnliche Gewißheit Hegels (1) das Bewußtsein der Idee des Gebrauchswerts, die Wahrnehmung (2) das Bewußtsein des Tauschwerts (der Allgemein- oder Gattungsbegriffe) und der Verstand, dessen Kraft Freud mit der Libido gleichsetzt, das Bewußtsein der Einheit von (1) und (2), der Warenform, diesem sinnlich-übersinnlichen Ding, das durch Projektion entsteht und eine bloße Vorstellung darstellt. Die Formen des Selbstbewußtseins (4–6) erklärt Marx aus den ihnen entsprechenden Formen des von ihm analysierten Geldes (den Äquivalentformen). Die Vernunft in ihren vier verschiedenen Formen (7–10) ist nach Marx dagegen eine Mystifikation des Kapitals, d. h. der Formen, die das Geld als Kapital annimmt. Das ist gemeint, wenn Marx davon spricht, daß das Sein das Bewußtsein bestimmt.

Nach Sartre ist Bewußtsein immer das Bewußtsein von Etwas. Der philosophische Begriff des Seins, der gesellschaftliches Sein meint, ist Bewußtsein. Ein solches Bewußtsein ist nach Marx richtiges Bewußtsein einer falschen, auf dem Kopf stehenden, abstrakten Realität. Deshalb definiert Lukács das Selbstbewußtsein Hegels als das Bewußtsein (die Reflektion) der Ware (Arbeitskraft), und das ist das Bewußtsein des Geldes, das diese Ware wert sein soll. Das «Kapital» ist das von Marx auf der Stufe des vernünftigen Bewußtseins des Kapitals analysierte Klassenbewußtsein, das allerdings ökonomisch, wenn auch ökonomiekritisch, beschränkt ist. Wenn alles gesellschaftliche Sein Bewußtsein ist, dann ist das einzige bewußtseinsunabhängige Bewußtsein das unbewußte Bewußtsein, wie es Freud analysiert hat. Nach Freuds Interpretation sind die Formen des Hegelschen Bewußtseins gerade unbewußt, die des Selbstbewußtseins vorbewußt und erst die Formen des vernünftigen Bewußtseins bewußt. Das heißt, die Formen des (natürlichen) Bewußtseins sind dem Menschen nichts Bewußtes, sondern nur latent vorhandenes Bewußtsein. Dagegen sollen die Formen des Selbstbewußtseins in sich selbst reflektiertes Bewußtsein sein, d. h. der Schein (= Sein bzw. Bewußtsein), der sich als Schein reflektiert, um im vernünftigen Bewußtsein sich als Schein zu wissen, also das Wesen zu sein. Das Wesen des Bewußtseins aber ist das begriffene unbewußte Bewußtsein. Die Vernunft in ihren verschiedenen Formen ist begriffliches Bewußtsein, mithin die Form des an sich begrifflich strukturierten unbewußten Bewußtseins. Als verselbständigtes Bewußtsein ist es herrschendes Bewußtsein, so wie das Kapital respektive die Produktivkräfte und das Geld sich verselbständigt haben. Das Kapital ist nach Krahls Marx-Interpretation nur unbewußtes Bewußtsein, d. h. das Es das Bewußtsein der Produktivkräfte und das Über-Ich das des sich selbst vermehrenden Geldes. Der von Marx analysierte Wert ist das Gefühl, das revolutionstheoretisch gesehen bewußt werden muß. Heute geht es um eine Theorie und Empirie des Bewußtseins unter dem Aspekt seiner Aufhebbarkeit, weil alles Bewußtsein falsches Bewußtsein geworden ist.

Literatur

Hegel, G. W. F. (1970). Phänomenologie des Geistes. Frankfurt/M.
Krahl, H. J. (1971). Konstitution und Klassenkampf. Frankfurt/M.
Krahl, H. J. (1979). Erfahrung des Bewußtseins. Frankfurt/M.

Marx, K. (1977). Ökonomisch-philosophische Manuskripte von 1844. MEW Bd. 40. Berlin-Ost.
Marx, K. (1969). Deutsche Ideologie. Berlin-Ost.
Sartre, J.-P. (1995). Das Sein und das Nichts. Versuch einer phänomenologischen Ontologie. Reinbek.

Walter G. Neumann

Beziehung

Der Beziehungsbegriff ist elementarer Bestandteil philosophischer, psychologischer und soziologischer Theorien über Art, Funktion und Bedeutung interpersonalen Geschehens. Er fußt auf entwicklungspsychologischen, psychoanalytischen und systemischen Erklärungsmodellen zwischenmenschlicher Prozesse sowohl intrapsychischer als auch intersubjektiver Art. Die Psychoanalytiker um Freud führen die Auffassung vom Kern unserer Existenz als Selbst-Nichtselbst-Begegnung in ein Beziehungsprinzip innerer Strukturen, intrapsychischer Selbst- und Objektrepräsentanzen über. Damit betonen sie den aktiven Aspekt des sich auf den anderen beziehenden Subjekts. Darauf basierende entwicklungspsychologische Annahmen werden von Lacan anhand des Spiegelstadiums in der kindlichen Entwicklung herausgearbeitet und speziell auf das eigene aggressive Begehren und dessen frustrierende Infragestellung durch den anderen bezogen. Die von Kernberg erarbeitete Objektbeziehungstheorie umfaßt Natur und Ursprung zwischenmenschlicher Beziehungen wie intrapsychischer Strukturen, die sich aus verinnerlichten Beziehungen mit anderen herleiten, sie fixieren, modifizieren und sie im Kontext aktueller zwischenmenschlicher Beziehungen reaktivieren. In der psychoanalytischen Topik des psychischen Apparats (Es – Ich – Überich) leistet die Objektbeziehungstheorie einen Beitrag zur Erklärung normaler wie pathologischer Ich- und Überich-Entwicklung sowie der Wechselwirkungen von intrapsychischen mit interpersonellen Objektbeziehungen. Die systemischen Theorien untersuchen Paarbeziehungen hinsichtlich ihrer Beziehungsmodi und Beziehungsgleichgewichte, deren Bewegung von den Interaktionspartnern in unterschiedlicher Weise zwischen den Polaritäten Augenblick – Dauer, Verschiedenheit – Gleichheit, Befriedigung – Versagung, Stimulierung – Stabilisierung, Nähe – Distanz gelebt wird. Nach Stierlin lehnen sich diese Modellvorstellungen an Hegels Beschreibungen des Herr-Knecht-Verhältnisses mit den Charakteristika Begierde – Genuß, Arbeit und Todesfurcht an und fokussieren die Erstarrung der dialektischen Positionen. Zugleich vertreten sie unter Bezug auf Bateson konstruktivistische Auffassungen «weicher» Beziehungsrealitäten der Wahrnehmung, Deutung, Emotion, Phantasie und Beziehung versus «harter» Realitäten materieller Art. Die Psychoanalyse Lacans und die Systemtheorie Stierlins greifen Hegels Herr-Knecht-Dialektik der zwischenmenschlichen Beziehungen auf, wie sie als generelles, dynamisch-dialektisches Beziehungsparadigma von Dominanz – Unterwerfung, von reinem Genießen des Herrn und Freiheit des durch Arbeit möglichen knechtischen Selbstbewußtseins bei gegenseitiger Anerkennung und Abhängigkeit exemplifiziert wird. Doch gerinnt auch diese Anleihe zu extrem abstrahierender Theoriebildung, die weder den äußeren Zwang der Arbeit, entfremdende Beziehungsrealitäten noch andere gesellschaftliche Kontexte berücksichtigt.

Literatur

Kernberg, O. F. (1981). Objektbeziehungen und Praxis der Psychoanalyse. Stuttgart.
Laing, R. D., Phillipson, H. & Lee, A. R. (1971). Interpersonelle Wahrnehmung. Frankfurt / M.
Stierlin, H. (1971). Das Tun des Einen ist das Tun des Anderen. Frankfurt / M.

Ulrich Kobbé

Bindungsforschung

Der englische Psychoanalytiker John Bowlby formulierte die Bindungstheorie (1975; 1976; 1980). Sie geht davon aus, daß der Eltern-Kind-Bindung phylogenetisch angelegte Verhaltenssysteme zugrunde liegen, die der Arterhaltung dienen, indem sie die Nähe zwischen Eltern und Kind sichern. Der Bindungstheorie liegen folgende konzeptuelle Merkmale zugrunde: 1. *Besonderheit:* Das Bindungsverhalten richtet sich auf ein oder wenige besondere Individuen, die eine klare Bevorzugungshierarchie haben. 2. *Dauer*: Eine Bindung dauert einen längeren Zeitraum an, auch wenn sie durch weitere Bindungen ergänzt oder abgelöst werden kann. 3. *Bedeutung von Gefühlen*: Wesentliche Gefühle (Liebe , Trauer, Wut etc.) begleiten die Entstehung, den Erhalt und den Verlust von Bindungen. 4. *Ontogenese*: Die meisten Kinder entwickeln eine Bindung in den ersten neun Lebensmonaten gegenüber der Person, die sich am meisten um das Kind kümmert. 5. *Lernen*: Beim Entstehen von Bindungen spielt das Lernen der Unterscheidung von Vertrautem und Fremdem eine Schlüsselrolle. 6. *Organisation von Verhalten*: Anfänglich wird Bindungsverhalten durch Distress aktiviert und durch Körperkontakt mit der Bindungsperson deaktiviert. Nach dem Ende des ersten Lebensjahres wird es durch zunehmend komplexe Verhaltenssysteme gesteuert, die Vorstellungsmodelle der Umwelt und des Selbst umfassen. Komplementär zum Bindungsverhalten ist das Explorationsverhalten des Kindes. 7. *Biologische Funktion*: Es ist wichtig, Bindung von Abhängigkeit zu unterscheiden. Die Präsenz der Bindungsperson ist die Voraussetzung dafür, daß ein Kind Explorationsverhalten zeigen und so selbständig werden kann.

Die empirische Bindungsforschung wurde von Mary Ainsworth begründet. Sie formulierte zunächst das Konzept der Feinfühligkeit. Feinfühliges Verhalten einer Person gegenüber einem Kleinkind beinhaltet, (a) die Signale des Kindes wahrzunehmen, (b) richtig zu interpretieren und (c) prompt und (d) angemessen darauf zu reagieren. Bei ihren Verhaltensbeobachtungen stellte Ainsworth fest, daß Mütter sich in der Feinfühligkeit gegenüber ihren Kindern unterscheiden und dies sich wiederum auf das Verhalten der Kinder auswirkt. In einer längsschnittlichen Untersuchung wiesen Ainsworth und Bell (1977) nach, daß Kinder von Müttern, die prompt und angemessen auf das Weinen ihrer Kinder im ersten Lebensjahr reagierten, später weniger weinen. Im Gegensatz dazu weinen Kinder, deren Weinen größtenteils ignoriert wurde, später mehr. Ausgehend von dem Konzept der sicheren Basis, von der aus ein Kind seine Umwelt erkunden und bei Angst oder Unwohlsein zu ihr zurückkehren kann, entwickelte Ainsworth eine standardisierte Laborsituation, in der die Balance zwischen Bindungs- und Explorationsverhalten von einjährigen Kindern beobachtet werden kann. Sie konnte drei Bindungs-Verhaltens-Strategien unterscheiden. Kinder mit einer «sicheren» Strategie *(Muster B)* zeigen in der «Fremden Situation» eine ausgewogene Balance zwischen Bindungs- und Erkundungsverhalten, können ihre Bindungsperson als sichere Basis nutzen und von ihr aus die neue Umgebung erkunden, bleiben dabei jedoch in häufigem Blickkontakt. Nach Trennungen reagieren sie mit deutlichem Bindungsverhalten und suchen aktiv die Nähe der zurückkommenden Bindungsperson. Die Mütter von sicher gebundenen Kinder zeigten auch die höchste Feinfühligkeit. Das *Muster A* steht für die «unsicher-vermeidende» Strategie. Sie ist gekennzeichnet durch ein ausgeprägtes Explorationsverhalten während der gesamten Situation, in der so gut wie kein Bindungsverhalten auftritt. Die Trennungen von der Bezugsperson werden von den Kindern nicht mit Weinen beantwortet, und auf die Rückkehr der Bezugsperson reagieren sie mit Ignorieren und deutlichem Vermeiden von Nähe. Diese Kinder haben die Erfahrung gemacht, daß ihre Bindungsperson wenig feinfühlig war und auf ihr Weinen und ihr Bedürfnis nach körperlicher Nähe häufig mit Zurückweisung reagiert hat. Kinder mit einer «unsicher-ambivalenten» Strategie *(Muster C)* zeigen im Gegensatz zur Gruppe A starkes Bindungsverhalten, aber kaum Explorationsverhalten. Schon die Anwesenheit einer fremden Person beunruhigt sie sehr, und die Trennung von der Bindungsperson stellt eine starke Belastung für sie dar. Obwohl sie starkes Bindungsverhalten zeigen, können sie aus der Nähe zur Bindungsperson keine Sicherheit gewinnen, so daß ihr Explorationsverhalten nicht wieder aktiviert werden kann. Diese Kinder haben die Erfahrung gemacht, daß ihre Bindungsperson nur unvorhersehbar verfügbar ist und sie sich nicht darauf verlassen können, daß verläßlich Unterstützung gewährt wird.

Bindungsqualitäten haben langfristige Auswirkungen auf die spätere Entwicklung. Im Kindergartenalter zeigen Kinder, die als Einjährige sicher gebunden waren, mehr soziale Kompetenz, sie lösen Konflikte mit Gleichaltrigen selbständiger, spielen konzentrierter und unterstellen anderen keine feindseligen Absichten (Suess, Grossmann & Sroufe, 1992). Kinder, die als Einjährige zur Mutter ein sicheres Bindungsmuster zeigten, reagierten als Sechsjährige im Gegensatz zu Kindern mit unsicherem Bindungsmuster freudig auf die Rückkehr ihrer Eltern und tauschten in einem spontanen und flüssigen Dialog ihre Erfahrungen mit ihnen aus (Wartner, Grossmann et al., 1994). Im weiteren Verlauf wird die Bindungsforschung sich vermehrt der Fragestellung widmen müssen, welche Prozesse Bindungen über den Lebenslauf hinweg beeinflussen.

Literatur

Ainsworth, M. D. S. & Bell, S. M. (1977). Infant crying and maternal responsiveness: A rejoinder to Gewirt and Boyd. Child Development, 48, S. 1208–1216.
Bowlby, J. (1975). Bindung. München.
Bowlby, J. (1976). Trennung. München.
Bowlby, J. (1983). Verlust. München.
Suess, B., Grossmann, K. E. & Sroufe, L. A. (1992). Effects of infant attachment to mother and father on quality of adaptation in preschool: from dyadic to individual organization of self. International Journal of Behavioral Development, 15, S. 43–65.
Wartner, U., Grossmann, K., Fremmer-Bombik, E., Suess, G. (1994). Attachment patterns at age six in South Germany: Predictability from infancy and implications for preschool behavior. Child Development 65, 1014 – 1027.

Fabienne Becker-Stoll

Biofeedback

Biofeedback bezeichnet einen biologischen Regel- oder Rückkopplungsmechanismus. Zugleich bezeichnet Biofeedback eine Reihe in der Verhaltenstherapie angewandter Verfahren, bei denen nicht oder kaum von der Person wahrnehmbare physiologische Parameter mittels technischer Apparaturen erfaßt und der bewußten Wahrnehmung zugänglich gemacht werden. Die Rückmeldung (das Feedback) kann aus optischen oder akustischen Signalen bestehen. In einer Biofeedbacktherapie ist das Ziel dieser Rückmeldung die Erleichterung der Selbstkontrolle der jeweiligen Körperfunktion. Störungen, die mit Fehlfunktionen des biologischen Systems einhergehen, sollen sich durch die so erreichte Selbstkontrolle positiv beeinflussen lassen (vgl. Waschulewski-Floruss et al., 1996). Es können vier unterscheidbare Fähigkeiten trainiert werden. Dabei handelt es sich um die «Wahrnehmung physiologischer Abläufe», die «Wahrnehmung von Situationen, die diese Abläufe verändern», die «Selbstkontrolle physiologischer Abläufe» und «die Generalisierung des Gelernten auf Alltagssituationen ohne Unterstützung des Biofeedbacks» (vgl. Legewie & Nusselt, 1975). Die eingesetzten Verfahren sind vielfältig und beziehen sich auf den jeweiligen biologischen Prozeß. Dabei können die Muskelaktivität, die Herzfrequenz, die elektrische Aktivität des Gehirns, der Hautwiderstand, die Hauttemperatur, der Blutdurchfluß in einem Gefäß, die Atemfrequenz oder -qualität und neuerdings auch Zustände innerer Organe rückgemeldet werden (vgl. Waschulewski-Floruss et al., 1996). Die heute vorliegenden modernen Biofeedbackverfahren spiegeln mit ihrer Meßgenauigkeit die Entwicklungen in der Elektronik und Computertechnik wider. Die ersten Berichte über operante Kontrolle vegetativer Funktionen sind phänomenologischer Art. So soll Tacharnoff bereits 1885 über die akustische Rückmeldung des Pulsschlags seine Versuchspersonen in die Lage versetzt haben, im Ruhezustand ihren Puls bis zu 30 Pulsschläge in der Minute willentlich zu steigern (vgl. Zeier, 1990). Biofeedbackverfahren stehen wie die Apparatemedizin in der Gefahr, den zwischenmenschlichen Kontakt zugunsten einer Technikfaszination aufzugeben und physiologisch sinnvollerweise nicht kontrollierbare Körperfunktionen zu manipulieren. Sinnvoll einsetzbar wären diese Verfahren dort, wo psychosomatische Störungen, d. h. Störungen der inneren biologischen Regelkreise ohne erkennbaren Anlaß, auftreten. Beeinträchtigungen solcher Art sind als Hinweise des Körpers auf Streß und andere Faktoren zu verstehen, die zu betrachten und eventuell zu verändern sind.

Literatur

Legewie, H. & Nusselt, L. (1975). Biofeedback-Therapie. München.
Waschulewski-Floruss, H., Miltner, W. & Haag, G. (1996). Biofeedback. In: M. Linden & M. Hautzinger (Hg.), Verhaltenstherapie. Techniken, Einzelverfahren und Behandlungsanleitungen (S. 102–108). Berlin / Heidelberg.
Zeier, H. (1990). Biofeedback. Physiologische Grundlagen – Anwendungen in der Psychotherapie. Bern / Stuttgart / Toronto.

Peter Petereit

Chaostheorie / Chaosforschung

Die Chaostheorie bzw. -forschung – ursprünglich ein Zweig der Mathematik – erforscht, wie (1) aus Chaos Ordnung und (2) aus Ordnung Chaos entstehen kann. Im ersten Fall ist mit «Chaos» das Ungeordnete, Zufällige gemeint, im zweiten Fall das Nicht-Vorhersagbare, das eine geordnete Struktur haben kann. Ein zentrales Konstrukt der Chaostheorie ist die Selbstorganisation, die Fähigkeit offener Systeme, aus sich selbst heraus komplexe Strukturen zu entwickeln. Interessante Modelle für das Entstehen von Selbstorganisation liefert die fraktale Mathematik. Eine wichtige Methode dabei ist die Iteration, d. h. das wiederholte Ausführen der gleichen Rechenoperation (u. a. auch geometrische Operationen), wobei immer das Ergebnis der vorangehenden Operation als Eingangsgröße der folgenden Operation verwendet wird. Obwohl dabei oft ganz einfache geometrische Figuren (Dreiecke, Rechtecke) als erste Eingangsgröße verwendet werden und die wiederholt auszuführende Operation sehr einfach sein kann (z. B. Verkleinerungen, Drehungen), kommen nach vielen Iterationen erstaunlich komplexe Gebilde zustande, die oft eine frappierende Ähnlichkeit mit Formen der belebten oder unbelebten Natur aufweisen.

Während die Chaosforschung und die fraktale Mathematik in viele Naturwissenschaften und in einige Sozialwissenschaften bis hin zur Theologie Eingang gefunden hat, wurde sie in der Psychologie bisher nur gelegentlich berücksichtigt (vgl. Höger, 1992; Lieb, 1995). Im Bereich der Grundlagenforschung könnte die Chaostheorie aber weitergehende Konsequenzen haben – sowohl für das Wissenschaftsverständnis als auch für die konkrete Forschungspraxis.

Das Menschenbild der herrschenden (sich an den klassischen Naturwissenschaften orientierenden) Psychologie kann als das einer «trivialen Maschine» beschrieben werden: Der Mensch nimmt Reize von der Außenwelt mit seinen Sinnesorganen auf, verarbeitet sie und führt dann entsprechende Reaktionen aus (Reiz-Organismus-Reaktionsmodell). Der Ausdruck «trivial» meint hier nicht «einfach» oder «simpel»: Eine triviale Maschine kann sehr komplex sein und auch Rückmeldeschleifen enthalten. Gemeint ist hier vielmehr die lineare Anordnung Input – Verarbeitung – Output und die Steuerung von außen. Demgegenüber liefert die fraktale Mathematik Modelle «nicht-trivialer», d. h. lernender bzw. kreativer Maschinen mit der Fähigkeit zur Selbstorganisation. Wenn sich die Methoden der Psychologie an der Chaosforschung und besonders an der fraktalen Mathematik orientieren würden, könnte man den Vorgang der Iteration interpretieren als das wiederholte Ausführen der gleichen Handlung – also als Übung. Die ausschließliche Verwendung des jeweils vorangegangenen Outputs als neuen Input und das Ausführen der Operation, ohne dabei das fertige Produkt der Selbstorganisation auch nur zu kennen, geschweige denn planend anzugehen, könnten in der Psychologie bedeuten: Beschränkung und Konzentration auf das «Hier und Jetzt», wobei das Ergebnis der jeweils unmittelbar voausgegangenen Handlung im Kurzzeitgedächtnis präsent ist; das Absehen von irgendwelchen Zielen und Absichten und statt dessen das völlige Aufgehen in der gerade ausgeführten Tätigkeit. Dies alles zusammengenommen entspricht ziemlich genau dem, was wir unter dem Begriff «Meditation» zusammenfassen.

Das Ziel einer sich an der Chaosforschung orientierenden Psychologie wäre nicht die möglichst genaue Vorhersagbarkeit menschlichen Verhaltens, sondern das Gegenteil: In dem Maß, wie die Selbstorganisation zum Tragen kommt, nimmt die Vorhersagbarkeit des Verhaltens ab. Das Ziel wäre statt dessen die Unterstützung der Selbstorganisation von Individuum und Gesellschaft.

Literatur

Höger, R. (1992). Chaos-Forschung und ihre Perspektiven für die Psychologie. Psychologische Rundschau, 43, S. 223–231.

Kriz, J. (1992). Chaos und Struktur. München.

Lieb, H. (1995). Verhaltenstherapie und Systemtheorie: Ein Beitrag zur Paradigmadiskussion in der Psychotherapie. Regensburg.

Peitgen, H.-O., Jürgens, H. & Saupe, D. (1992). Bausteine des Chaos – Fraktale. Heidelberg / New York.

Jörg Sommer

Charakter

Die deutschsprachige Psychologie faßt Charakter als «das Gesamtgefüge der die individuelle Besonderheit eines Menschen kennzeichnenden Eigenschaften» (Dorsch, 1987, S. 111). Eigenschaften werden dabei als relativ statische, überdauernde und objektiv meßbare Dispositionen der Person betrachtet. Als alltagspsychologischer Begriff wird Charakter sowohl deskriptiv als auch normativ («der hat Charakter») verwendet; der Diskurs vom menschlichen Charakter stellt die Schnittstelle zwischen individuellen Haltungen und gesellschaftlichen / staatlichen Anforderungen an die Subjekte dar. Im deutschen Faschismus war die «Arbeit am Charakter» die herrschende Form der freiwilligen Selbstunterstellung unter die staatliche Ordnung: «Am Charakter werden die Individuen zur Ordnung gerufen. Am Charakter werden sie beurteilt» (Haug, 1986, S. 90). Sprechweisen vom Charakter, die auf Personen und auf Nationalitäten / Völker bezogen sind («Mentalitäten»), sehen von den jeweiligen historisch-spezifischen gesellschaftlichen Formen ab, «die den Individuen [und Gruppen] objektiv bestimmte gesellschaftliche Charaktere aufprägen» (Sève, 1973, S. 267). Festigt eine solche Rede vom Charakter die «Naturalisierung der historischen Formbestimmungen» (Haug, 1995, S. 442) und damit die Festlegung je individueller Eigenschaften, Haltungen und Tätigkeiten, so ist die Rede vom «wahren Charakter», der sich hinter der entfremdeten Maske der einzelnen Subjekte befände, ein hilfloser Reflex auf die reale Unmöglichkeit der Subjekte, die Bedingungen ihres Lebens in einer kapitalistischen Gesellschaftsform selbst zu bestimmen. In der Suche nach «Echtheit», «Authentizität» und dem «wahren Wesen des Menschen» wird das Subjekt als Träger einer von gesellschaftlichen Widersprüchen freien Substanz gesehen und (unter Rückgriff auf lebensphilosophische Theoreme) gegen Technik, Moderne und zuletzt Zivilgesellschaft ausgerichtet (vgl. Weber, 1993, S. 121). In der Psychologie spiegelt sich dieser Reflex in theoretisch-praktischen Einzeldisziplinen wider; so in der Humanistischen Psychologie und in Teilen einer der Subjekt / Objekt-Trennung verhafteten Psychoanalyse. Persönlichkeitspsychologische Modelle, die sowohl die durch das Subjekt hindurchgehenden gesellschaftlichen Widersprüche erfassen als auch die Tatsache der je individuellen «Überlebensaufgabe» (F. Haug, 1995, S. 865), sich in diesen Verhältnissen eine Kohärenz und Identität zu erarbeiten, lassen den Begriff des Charakters in seiner Eindimensionalität verblassen. Er hat keinen psychologischen Gebrauchswert mehr.

Literatur

Dorsch, F. (1987). Psychologisches Wörterbuch. Bern/Stuttgart/Toronto.
Haug, F. (1995). Arbeitsfreundschaft. Erinnerungen an Klaus Holzkamp. Das Argument, 212, S. 857–866.
Haug, W. F. (1986). Die Faschisierung des bürgerlichen Subjekts. Berlin.
Haug, W. F. (1995). Charaktermaske. In: Ders. (Hg.), Historisch-Kritisches Wörterbuch des Marxismus. Bd. 2 (S. 435–451). Hamburg.
Sève, L. (1973). Marximus und Theorie der Persönlichkeit. Frankfurt/M.
Weber, K. (1993). Vom Aufbau des Herrenmenschen. Pfaffenweiler.
Weber, K. (1996). Die Veränderung der Welt hat kein Subjekt. Im Gedenken an Klaus Holzkamp, Psychologie & Gesellschaftskritik, 80, S. 5–20.

Klaus Weber

Coaching

Der Begriff entstammt dem Sport, wo der Coach als intimer Ratgeber für alle fachlichen und persönlichen Belange des Sportlers fungiert. In der Managementliteratur bezeichnet Coaching eine Beratungsform für Führungskräfte in Betrieben, in Verwaltungssystemen und in sozialen Dienstleistungseinrichtungen. Coaching dient Personen mit Steuerungsfunktionen auf allen hierarchischen Ebenen, also Topmanagern wie Vorarbeitern. Coaching ist seiner Funktion nach in erster Linie eine «exklusive» Form der Personalentwicklung. Führungskräfte können hier im Gegensatz zu traditionellen Seminar- und Trainingsveranstaltungen genau die Themen verhandeln, die sie aktuell beschäftigen. Daneben hat Coaching die Funktion einer Beratungsform für «Freud und Leid im Beruf» (Schreyögg, 1995, S. 62). So dient es zur Bewältigung individueller wie kollektiver beruflicher Krisen, aber auch zur Karriereberatung, zur Steigerung sozialer Kompetenzen usw. Thematisch ist Coaching auf sämtliche Steuerungsfunktionen von Führungskräften gerichtet. Schwerpunkte bilden die Personal- sowie die Führungsfunktion. Coaching fand ursprünglich nur «unter vier Augen» statt (Looss, 1993, S. 1). Derzeit setzen sich auch Gruppen- und Teamsettings durch. Für funktions- und hierarchiegleiche Führungskräfte bietet sich Gruppen-Coaching an, für Teams von Führungskräften Team-Coaching. Methodisch dominieren im Coaching Formen professioneller Gesprächsführung. Zur Bearbeitung erlebnishafter Phänomene dienen Rollenspiele und verwandte Praktiken. Zur Veranschaulichung komplexer organisatorischer Situationen und Prozesse werden die Klienten angeleitet, mit Medien wie Bausteinen oder Malstiften zu arbeiten. Als Coaches kommen freiberufliche oder organisationsinterne Berater aus Stabsabteilungen in Frage. Derzeit etablieren immer mehr Organisationen eigene Coaching-Abteilungen. Coaching weist konzeptionelle Nähe zur Supervision auf. Es stellt aber im Hinblick auf seine Thematik (Managementfunktionen) und im Hinblick auf seine Zielgruppe (Führungskräfte) eine spezialisierte Variante dar. Von «Vorgesetzten-Coaching» zu sprechen ist nicht sinnvoll. Diese Begriffsverwendung stellt terminologisch einen Widerspruch dar; denn eine Vorgesetzten-Untergebenen-Relation beinhaltet niemals das Ausmaß an Freiheit (freie Wahl des Beraters, des Themas usw.), das Beratung im eigentlichen Sinn ausmacht.

Literatur

Looss, W. (1993). Coaching für Manager – Problembewältigung unter 4 Augen. Landsberg / Lech.

Schreyögg, A. (1995). Coaching. Eine Einführung für Praxis und Ausbildung. Frankfurt / New York.

Astrid Schreyögg

Computer / Neue Technologien

Computer und Neue Technologien sind Bestandteil des privaten und Arbeitsalltags. Dies ist zugleich die methodische Differenz zu traditioneller Technik (vgl. Hörning, 1989), die vorrangig über die Welt der Arbeit erlebt wurde. Neue Technologien ist die Sammelbezeichnung für Verfahren und Mittel der Informationserfassung, -verarbeitung und -übermittlung (Glasfasertechnik, Kabelfernsehen, Pay-TV, Internet, E-Mail etc.). In der BRD ist 1997 in jedem dritten Haushalt ein PC in Benutzung. Klassische Technik war durch die mit ihr verrichtbaren Funktionen charakterisiert. Produktions- und Gesellschaftsstruktur spiegeln die angewandte Technik (Marx, 1962). Die Handmühle steht für die Feudalgesellschaft, die «Dampfmühle für eine Gesellschaft mit industriellen Kapitalisten» (Marx).

Neue Technologien konstituieren Wahrnehmung und soziale Arrangements

Neue Technologien sind multifunktional und in ihren Verwendungen optional, sie sind frei von konkreten Zwecken und deshalb auf die Aneignung durch die Subjekte in besonderem Maß angewiesen. Individuelles Interesse und angewandte Kompetenz haben unterschiedliche Nutzungen gleicher Ausgangskonfigurationen zum Ergebnis (der Computer: ein Spielgerät, ein Terminal im Netz, eine Informationsmaschine, ein Fotoarchiv, ein Musikgerät, eine Rechen- oder Schreibmaschine usw.). Technikbenutzung wird zur kulturellen Inszenierung durch situativ und kontextspezifische Optionsausübung. Durch die Individuen wird Technik real oder nicht (z. B.: Minitel in Frankreich, Btx in Deutschland). Die Trennung der entwicklungsgeschichtlich ausgebildeten zwei Computerwelten (die der Großrechner mit den Terminals und die zum Spielen geeigneten Apparate, zunächst Homecomputer, Spielkonsolen, jetzt multimediafähige PCs) wird sukzessive aufgehoben. Schleichend verändert sich mit dem effektivierten Zugriff auf Daten, Texte, Musik, Sprache und Bilder die Wahrnehmung der Welt. Zu nennen sind die Computerfreaks und die Ausbildung von Spezialkulturen (Wetzstein et al., 1995); Einstellungen zum Computer; Computer und Medien in Schule, Freizeit, Jugendarbeit usw. (Überblick bei Tully 1994). Die Technisierung der Medien befördert das Denken in Bildern, die spielerische Reproduktion, die Vielfalt, die Verfügbarkeit, die Konzentration auf das Hier und Jetzt, ganz so wie die Entfaltung der «Wohlstandstechniken» die Erleichterung des privaten Alltags (Technisierung des Haushalts, die Mobilität) und die Produktion von Risiken (Industrie, Chemie, Müll, Energie) zur Folge hat.

Alltägliche Strukturierung

Die derzeit wichtige Entwicklung betrifft die Netzeinbindung (über Internet) und die Verschmelzung der beiden Medienwelten (TV, PC). Kommunikation, Kooperation und Kognition werden verändert. Computer und Neue Technologien begünstigen den Trend zur Indirektheit. Dabei wird häufig übersehen, daß die Effektivierung durch Technik nicht nur intendierte Folgen hat (Schrift und Sprache haben nicht nur kommunikative, sondern auch kognitive Funktion; Schreiben ordnet die Gedanken usw.). Insofern werden vielfach psychologische und soziale Konsequenzen übersehen (Weizenbaum, 1976). Mit der Computertechnik erfolgt in der Arbeit eine Ablösung von einem vorrangig mechanischen Technikbegriff, dem ein Denken in konkreter Aufgabenverrichtung entsprach. Moderne Kommunikationstechnologien sind auf die Verknüpfung und die Effektivierung von Funktionszusammenhängen spezialisiert. Computer perfektionieren und substituieren Verrichtungen durch Zusammenfassung. Traditionelles Arbeitsgeschick wird hinfällig (u. a. Setzer, Kassierer in Banken, Sekretariate, Telefonistinnen). Die Verknüpfung von Teilverrichtungen und die digitale Informationsübertragung garantieren eine Verdichtung und beschleunigte Abwicklung. Sobald Aufgaben an Computer übertragen werden, kommt es zur Auflösung vormals einsichtiger Prozesse und Zusammenhänge. Die Technisierung bedeutet Dynamisierung und «Entbettung» (Anthony Giddens), räumliche Nähe und direkte Kooperation verlieren an Gewicht (Flexibilisierung von Zeit, Teilzeitarbeit, lokale Officecenters, betriebseigene Büros, Telearbeit).

Im Alltag werden neue Kommunikations- und Informationswege erschlossen. Zeitsouveränität sowie Entkopplung von strikten Programmschemen (durch mehr Kanäle und Videogerät) und Zugriff auf Informationen (Videotext) sind ein Ergebnis des medialisierten Alltags. Noch nachhaltiger wirkt die Benutzung moderner Gadgets («Dingsda»), sie strukturieren soziale Bezüge. (Ein Handy befreit vom stationären Telefon, gestattet mehr Individualität und Unabhängigkeit und etabliert neue soziale Muster der Vergesellschaftung, ständig erreichbar sein bzw. die Nichterreichbarkeit rechtfertigen.) Techniknutzung geht einher mit strukturellem Zwang, ihre Wahl und Nutzung schließt Festlegungen ein, die die sozialen Strukturen verändern (Giddens, 1992, S. 230). In der globalisierten, kommunikativ-verknüpften und informationsgestützten Gesellschaft sind die zwei Seiten der Technik allgegenwärtig: sie erleichtert und setzt Bedingungen. Die Optionalität macht Exklusion alltäglich, und es werden Bedingungen gesetzt: Bedienungsgeschick und Verfügung über die Gadgets (Nummerncodes und Chipkarten, Lesegeräte, die Einhaltung von Prüfroutinen im Computernetz) sind unabdingbar. Spontaneität wird möglich, z. B. weltweite billige und rasche Kommunikation per E-Mail, und unmöglich, wenn die Chipkarte fehlt, die Computerkasse klemmt oder der Balkencode fehlt. Aufgrund der Dynamik, die die neuen Technologien kennzeichnet, ist sie Repräsentant der Modernisierung, sie begünstigt die Individiualisierung, und das Leben in Parallelwelten wird als Entstrukturierung der Lebenszusammenhänge und in den von den Individuen getragenen Rearrangements kenntlich. Computermythen und Informalisierung sind die absehbaren Entwicklungen.

Literatur

Giddens, A. (1992). Die Konstitution der Gesellschaft. Frankfurt/New York.

Hörning, K. H. (1989). Das Subjekt vor der Technik. In: D. Brock, Subjektivität im gesellschaftlichen Wandel (S. 17–35). München.

Marx, K. (1962). Das Kapital. Kritik der politischen Ökonomie. Berlin (Ost).

Tully, C. J. (1994). Lernen in der Informationsgesellschaft. Informelle Bildung durch Medien und Computer. Opladen.

Weizenbaum, J. (1976). Die Macht der Computer und die Ohnmacht der Vernunft. Frankfurt/M.

Wetzstein, T. A. et al. (1995). Datenreisende. Die Kultur der Computernetzwerke. Opladen.

Claus J. Tully

Denken

Marx, der die Vorstellungen der Philosophie Hegels nur deshalb überschreiten konnte, weil er sie denkend überschritt, unterscheidet das Vorstellen vom Denken wie die Philosophie von der Wissenschaft (d. h. die Theorie von der Praxis). Praxis ist nach M. Merleau-Ponty (1974) Denken, Sprechen und Handeln. G. Petrovic (1985) interpretiert den Marxschen Satz der elften Feuerbachthese, daß die Philosophen die Welt nur interpretiert hätten und daß sie zu verändern wäre, damit, daß sie gedacht werden müßte. Strenggenommen ist Denken praktisches Vorstellen und Vorstellen theoretisches Denken. Vorstellen kann ich mir alles mögliche (wie einen Gott, den Weihnachtsmann, Marsmännchen), Denken aber nur Wirkliches. Vorstellungen sind immer geldvermittelt, Begriffe verdinglichte Vorstellungen, während Denken über das bloße Vorstellen hinausgeht, d. h. das Wesen des Geldes (also das Kapital) reflektiert und damit den Verdinglichungszusammenhang durchbricht. Denken ist dasselbe, was schon Hume, Hegel und Freud mit innerer Erfahrung meinen. Wenn Hegel schreibt: «Diese dialektische Bewegung, welche das Bewußtsein an ihm selbst, sowohl an seinem Wissen als an seinem Gegenstande ausübt, insofern ihm der neue wahre Gegenstand daraus entspringt, ist eigentlich dasjenige, was Erfahrung genannt wird» (1967, S. 73), dann sagt er damit dasselbe wie Freud, wenn dieser notiert, wie «ein unbewußter Gedanke ... für einen Moment der unbewußten Betrachtung überlassen (wird), und deren Ergebnis alsbald von der bewußten Wahrnehmung erfahren» (1970, S. 155) wird. Das heißt, Denken (Sprechen und Handeln) ist als solches immer voraussetzungslos und unmittelbar (spontan), wie es Hegel von der Wissenschaft des Lebens fordert. Es ist eine spontane Äußerung des unbewußten Bewußtseins. Denken ist also eine Synthese von dem unbewußten Es und dem ebensolchen Über-Ich, wie sie sich mit der Teilung des Ich in der Reflektion der *psychologia rationalis* in der Moderne herausgebildet haben. Denken ist als solches ein Denken der Sinne selbst, von denen Marx annahm, daß sie in der Geschichte der Zivilisation der Menschheit theoretische Sinne werden. Denken ist (mit Hegel und Marx) wesenslogische Reflexion und praktische Aufhebung dieses Wesens, bei dem als reine Erkenntnis stehenzubleiben Positivismus wäre, der alles so belassen will, wie es ist. Denken ist also im Gegensatz zum Vorstellen auch kein Abbild. Formallogisches Denken unterscheidet sich von dialektischem Denken wie das theoretische Denken von dem praktischen Vorstellen. Nach formalem Denken ist A = A, nach dialektischem Denken ist A mit A nicht-identisch, vielmehr ist A als Begriff das Ergebnis einer Identität von Nicht-Identischem und Identischem. Formales Denken ist die Subsumtion von Mannigfaltigem unter einen identischen Begriff, während dialektisches Denken die Eigenständigkeit von ersterem vertritt. Nach Th. W. Adorno ist der Positivismus des Denkens des gemeinen Menschenverstandes noch zu überbieten, um mit sich identisch fürs Denken zu sein. Denken ist deshalb auch die Auflösung der Antinomien Kants und der Dualismen und Widersprüche bzw. Antagonismen, wie sie Hegel und Marx gleichermaßen analysiert haben. Denken ist zugleich gegenüber dem subjektiven Vorstellen etwas Objektives, ein Konkretes gegenüber dem abstrakten Bewußtsein als solchem. Der Computer denkt nicht, weil er weder ein gesellschaftliches noch ein sexuelles Wesen ist. Denken meint immer das eigene Bedürfnis, den anderen Menschen und die äußere Natur. Das heißt, es ist der Ausgang aus Entfremdung respektive Verdinglichung. In Denken steckt zugleich ein konkret-utopisches Moment, die Antizipation einer menschlichen Gesellschaft.

Literatur

Freud, S. (1970). Gesammelte Werke Bd. 4. Frankfurt/M.
Hegel, G. W. F. (1967). Phänomenologie des Geistes. Berlin (Ost).
Krahl, H. J. (1979). Erfahrung des Bewußtseins. Frankfurt/M.
Merleau-Ponty, M. (1974). Die Abenteuer der Dialektik. Frankfurt/M.
Petrovic, G. (1985). In: W. Schmied-Kowarzik (Hg.), Die gegenwärtige Bedeutung des Marxschen Denkens. Bochum.
Schmidt, A. (1970). Beiträge zur marxistischen Erkenntnistheorie. Frankfurt/M.

Walter G. Neumann

Depression

Depression umfaßt ein Spektrum von Stimmungen und Verhaltensweisen wie Traurigkeit, Enttäuschung, Pessimismus und Gleichgültigkeit, negatives Selbstbild, Apathie, Rückzug und Veränderungen im Aktivitätsniveau, Schlaf- und Appetitmangel und Verlust des sexuellen Begehrens bis hin zu immer wiederkehrenden Todes- oder Suizidgedanken. Von Trauer als der angemessenen Reaktion auf das Erlebnis eines Verlustes ist Depression (Melancholie) abgrenzbar, wenn die Traurigkeit von übermäßiger Intensität und Dauer ist oder unter Umständen auftritt, die sie überlicherweise nicht rechtfertigen. Überschreitet die Depression bestimmte Grenzen, nimmt sie psychotische Charakteristika an. Von Depression als universellem Phänomen im Sinne einer weit verbreiteten emotionalen Befindlichkeit (Lowen, 1978), inbesondere im

Gefolge kritischer Lebensereignisse oder als geschlechtsspezifischer Verarbeitungsform (Dörner & Plog, 1996), die man eher als Depressivität oder Depressiv-Sein bezeichnen sollte, unterscheidbar ist das klinische Erscheinungsbild der Depression als affektiver Störung (Mundt, 1991), deren Symptomatologie neben emotionalen (niedergedrückte Stimmung, Selbsthaß bis hin zum Nichtfühlenkönnen), kognitiven (negative Einstellungen gegenüber sich selbst, der Umwelt und der Zukunft), motivationalen (Passivität, Rückzug, Vermeidung, Interesselosigkeit bis hin zum Nichtwollenkönnen), vegetativ-physiologischen (Appetitverlust, Schlafstörungen, Lustlosigkeit), motorischen Veränderungen auch recht unspezifische somatische Beschwerden (Schmerzempfinden, «larvierte Depression») und bei schweren Fällen wahnhaft übersteigerte Vorstellungen, die meistens um eigenes Versagen und Wertlosigkeit, Schuldhaftigkeit, Erkrankung, Verarmung kreisen, umfassen kann.

Neuere Studien zur Effektivität unterschiedlicher Behandlungsansätze belegen die Wirksamkeit kognitiv-verhaltenstherapeutischer Interventionen (Hautzinger u. a., 1994) nicht nur bei geringeren Graden von Depressivität, sondern in Kombination mit medikamentöser antidepressiver Therapie auch für gezielte klinische Populationen schwer Depressiver. Abgesehen vom klinischen Blickwinkel wird es Aufgabe gesellschaftstheoretischer Reflexion bleiben, nicht nur weitere sozialepidemiologische Untersuchungen zu Verteilung, Verbreitung und Erscheinungsform depressiver Reaktionen zu forcieren, sondern auch Überlegungen weiterzuverfolgen zum Zusammenhang von Gesellschaftsstruktur, psychischer Widerspiegelung und wissenschaftlicher Verarbeitung in Hinblick auf die Prävention gegen depressionsfördernde Lebensbedingungen.

Literatur

Beck, A. T. (1992). Kognitive Therapie der Depression. Weinheim.
Dörner, K. & Plog, U. (1996). Irren ist menschlich. Bonn.
Hautzinger, M. & Hoffmann, N. (Hg.). (1979). Depression und Umwelt. Salzburg.
Hautzinger, M., Stark, W. & Treiber, R. (1994). Kognitive Verhaltenstherapie bei Depressionen. Weinheim.
Lowen, A. (1978). Depression. Unsere Zeitkrankheit. München.
Mundt, C. (1991). Depressionskonzepte heute. Berlin.
Seligman, M. E. P. (1979). Erlernte Hilflosigkeit. München.

Georg Hörmann

Deprivation

In der sozialwissenschaftlichen Begriffssprache schließt Deprivation an das Bedeutungsfeld von Verlust, Mangel und Entbehrung an. *Relative Deprivation* meint seit den historisch-empirischen Studien von Runciman (1972) und Townsend (1979) zur Armut in Großbritannien nicht mehr traditionelle Formen von Armut und Verelendung, sondern zeitgenössische, Formen und Praxen ökonomisch begründeter kultureller Ausgrenzung und sozialer Ausschließung vom vorhandenen gesellschaftlichen Reichtum und gegebenen Möglichkeiten zur Bedürfnisbefriedigung. Dies schließt auch psychosoziale Bedürfnisse, z. B. nach subjektiver Anerkennung oder Wertschätzung, ein. Entsprechend meint *psychische Deprivation* besondere subjektive Wirksamkeiten allgemeiner sozialer Mängellagen auf die Lebensweise von Individuen, denen wesentliche und sozial akzeptierte Formen alltäglicher Lebensführung entzogen sind. Das umfassende sozialwissenschaftliche Leitkonzept relativer Deprivation wird in der kritischen Armutsdiskussion angewandt, etwa um zunächst unsichtbare existentielle Mängellagen zu erkennen, empirisch zu dimensionieren und für Armutsberichte zu quantifizieren. Townsend meint mit relativer Deprivation «das Fehlen oder die Verknappung von Nahrungsmitteln, Annehmlichkeiten, soziokulturellen Standards, Dienstleistungen und Handlungsformen, die eine Gesellschaft kennzeichnen und allgemein vorhanden sind. Die Menschen, die diese Lebensbedingungen, welche erst Gesellschaftsmitglieder ausmachen, nicht haben und denen sie fehlen, leben in Armut» (1979). Wie auch immer wissenschaftlich über empirische Bestimmungen aller historisch-konkreter relativer Deprivation und damit der Armutsgrenze gestritten werden mag – entscheidendes Merkmal des Konzepts ist die soziale Ausschließung von Menschen von gesellschaftlichen Lebenschancen, sozialen Lebensformen und kulturellen Handlungspraxen.

Literatur

Runciman, W. C. (1972). Relative Deprivation und Social Justice. Harmondsworth.
Townsend, P. (1979). Poverty in the United Kingdom. Harmondsworth.
Walper, S. (1988). Familiäre Konsequenzen ökonomischer Deprivation. München / Weinheim.

Richard Albrecht

Determinismus

Determinismus kommt vom lateinischen *terminare*, was u. a. begrenzen heißt. Determinieren wird meist als Festlegen verstanden. In der Psychologie ist «Festlegen» ein problematischer Akt, da die Psyche ein vielschichtiger und schwer bestimmbarer Gegenstand ist. Philosophisch gesehen verneint der Determinismus die Möglichkeit der Freiheit. Psychologie wäre im Prinzip überflüssig, weil alles so käme, wie es kommen muß. Der Determinismus kann gewissermaßen als der erkenntnistheoretische «terminator» der Psychologie gesehen werden. Determinismus taucht stets im Kontext wissenschaftlicher Methoden auf. Die führende Methode in der Psychologie – der Positivismus – kommt dabei um den Determinismus prinzipiell nicht herum. Von daher wird hier auf eine wissenschaftstheoretische Unterscheidung von Determinismus rekurriert: jene in metaphysischen und methodischen Determinismus. Der Begriff «methodischer Determinismus» bezeichnet eine Überlegung, die davon ausgeht, daß ein abstraktes und die Erkenntnis festlegendes Muster von Wirklichkeit wissenschaftliche Erkenntnis erst möglich macht. Der Begriff «metaphysischer Determinismus» bezeichnet Theorien, die das Sein als etwas für alle Zukunft Festgelegtes begreifen. Sie implizieren einen «deus ex machina», der letztendlich den Lauf der Welt bestimmt. Nachdem durch die Aufklärung der Determinismus vom philosophischen Problem des Gottesbeweises gelöst wurde, bekam der alte «deus ex machina» die neue Gestalt eines «ghost in the machine». Auch wenn dieser Geist nie sein Gesicht zeigt, ist im metaphysischen Determinismus ein theoretischer Supercomputer denkbar, der jeden Quantensprung – und eben auch das Handeln und Erleben jedes Menschen – vorhersagen könnte, sofern man ihn mit allen «Informationen» des Universums füttern könnte. In der hermeneutischen Psychologie etablierte sich ein anderer Begriff des Determinismus, der mit dem philosophischen Problem des Determinismus nichts zu tun hat: Er basiert auf dem Freudschen Konzept der *Überdeterminierung*. Es besagt, daß psychisches Geschehen in der Regel viele Gründe hat. Das heißt, der Glaube an die Möglichkeit einer einzigen Ursache von Erleben und Handeln gilt hier als illusorisch.

Literatur

Gribbin, J. (1987). Auf der Suche nach Schrödingers Katze. München.
Helferich, C. (1985). Geschichte der Philosophie (Stichwort «Freiheit»). Stuttgart.
Mertens, W. (1992). Kompendium psychoanalytischer Grundbegriffe (Stichwort «Determinismus»). München.
Skinner, B. F. (1973). Wissenschaft und menschliches Verhalten. München.

Markus Fellner

Dialektik

Der Begriff «Dialektik» kommt aus der griechischen Sprache und kann als «Kunst des gemeinsamen Sprechens» verstanden werden. Offiziell gesprochen wird er auch als die «Kunst der Gesprächsführung» oder die «Erforschung der Wahrheit durch Aufweisung und Überwindung von Widersprüchen» übersetzt (Der Duden, 1996, S. 212). Der Begriff der Dialektik zieht sich durch die ganze Philosophiegeschichte. In den Wissenschaften wird er dabei zur Kennzeichnung einer bestimmten Erkenntnismethode verwendet. Frühe Spuren sind z. B. bei Platon zu erkennen, der Theorie in der Form des Dialogs ausarbeitete. Damit veranschaulichte er, wie Erkenntnis in Zwiesprache gewonnen werden kann. Später wurde die Dialektik in systematisierter Form dargestellt, wobei folgende Figur im Zentrum steht: Zu jeder These gibt es eine Antithese, und der Widerspruch der beiden Thesen kann in einer Synthese aufgehoben werden. Die Synthese wird durch einen Akt der Vermittlung des Widerspruchs zwischen den zwei Thesen gewonnen, ohne den Widerspruch zu glätten. Die Synthese muß nicht unbedingt den Gesetzen der Logik gehorchen. Vielmehr erschließt sie hermeneutische Erkenntnisse, die in logisch kohärenter Form nicht gewinnbar wären. Die Dialektik wird dem Gebot der Rationalität verpflichtet, so daß sie also einen Begriff der Vernunft enthält. Im 20. Jahrhundert wendeten Theoretiker der Frankfurter Schule – insbesondere Adorno und Horkheimer – die dialektische Methode am konsequentesten an und etablierten sie in den Sozialwissenschaften. Unter Bezug auf Marx, Hegel und Freud schufen sie eine radikale Methode der Gesellschaftskritik, welche gesellschaftliche Verhältnisse im Subjekt nachvollziebar macht (vgl. Adorno et al., 1969).

In der Psychologie wird der Begriff «dialektisch» inflationär und zum Teil unpassend verwendet. Psychologien, die Wechselwirkungen zwischen der Psyche und ihrem Umfeld in Betracht ziehen, gelten häufig als dialektisch. Zu beachten ist dabei, ob sie von äußeren oder inneren Zusammenhängen bzw. Widersprüchen von Individuum und Gesellschaft ausgehen und ob sie die Reflexion ihrer Erkenntnismittel in den Forschungsprozeß aufnehmen.

Literatur

Adorno T. W. et al. (1969). Der Positivismusstreit in der deutschen Soziologie. Darmstadt.

Horkheimer, M. & Adorno, T. W. (1969). Die Dialektik der Aufklärung. Frankfurt/M.

Keupp, H. (Hg.). (1995). Der Mensch als soziales Wesen. München.
Platon. (1994). Phaidros oder Vom Schönen. Stuttgart.

Markus Fellner

Differentielle Psychologie

Begriffsbestimmung

Differentielle Psychologie hat die Aufgabe, Differenzen, also Unterschiede im Denken und Fühlen, im Handeln und Erleben von einzelnen und Gruppen theoretisch und empirisch zu erfassen. Entsprechend haben sich in der Differentiellen Psychologie zwei Schwerpunkte der wissenschaftlichen Bearbeitung herausgebildet: theoretische Modelle zur Beschreibung und zur Erklärung der Art und der Entstehung intra- und interindividueller Unterschiede auf der einen, statistische Verfahren zur empirischen Feststellung und Überprüfung dieser Unterschiede selbst und ihrer Entwicklung. Innerhalb der Allgemeinen Psychologie und der spezifischen Psychologien nimmt die Differentielle Psychologie insofern eine Sonderstellung ein, als sie allen anderen Teilgebieten Hilfswissenschaft ist, wenn es um inter- oder intraindividuelle Unterschiede geht. Wie die Allgemeine Psychologie nach allgemeinen, überdauernden, statistisch gesicherten und mathematisch abbildbaren Gesetzmäßigkeiten des menschlichen Organismus und seiner Funktionen sucht, so besteht das Ziel der Differentiellen Psychologie darin, die intra- und interindividuelle Variation von Verhaltenseigenschaften, Einstellungen, Gewohnheiten und Dispositionseigenschaften so zu fixieren, daß statistisch gesicherte Regelmäßigkeiten oder Gesetzmäßigkeiten erkennbar werden. Insbesondere Fragebögen und andere Erhebungsverfahren, mathematisch-statistische Auswertungsverfahren und gängige psychodiagnostische Testverfahren stehen im Mittelpunkt der Forschung innerhalb der Differentiellen Psychologie. Die impliziten Mängel all dieser methodischen Versatzstücke bleiben in der Regel undiskutiert. Die Möglichkeit der statistischen Verwertung von empirischen Differenzen zwischen Individuen führt im nächsten konsequenten Schritt zur Herausrechnung von Normen, die schließlich Bezugspunkt der Beurteilung individueller Variationen, also ihrer Normalität und damit zum Kriterium für die Bestimmung für Abweichungen von der Norm werden. Auf diese Weise wird die Differentielle Psychologie zur Basis der Beurteilung, Bewertung und zuletzt der Ausgrenzung von Menschen, die nicht der Norm entsprechen. Konkrete Lebenszusammenhänge spielen in der

Differentiellen Psychologie keine Rolle. Die entscheidenden Fragen, wie Differenzen entstehen, wie sie sich im Laufe einer Biographie entwickeln, welche konkreten Lebensbedingungen sie bewirken, welche Chancen ein Mensch hatte, Eigenschaften, Fähigkeiten usw. zu entwickeln, werden in der Differentiellen Psychologie nicht gestellt. Möglichkeiten, entsprechende Erkenntnisse der Entwicklungs-, Persönlichkeits- oder Sozialpsychologie in die eigenen Forschungsfragen und -vorhaben zu integrieren, werden von den Vertretern Differentieller Psychologie nicht genutzt. Entsprechend eng ist der theoretische Horizont.

Zur Geschichte der Differentiellen Psychologie

Für das Funktionieren in der manufaktoriellen, später der maschinellen und automatisierten Produktion müssen Menschen klar umschriebene, bis ins Detail vom Rhythmus des Produktionsprozesses vorgegebene Fähigkeiten und Verhaltensweisen zur Verfügung haben. Um «den richtigen Mann an den richtigen Platz» stellen zu können, werden Meßinstrumente nötig, die es ermöglichen, die besser von der weniger geeigneten Arbeitskraft zielsicher unterscheiden zu können (s. Jaeger & Staeuble, 1974). Für das Funktionieren des gesellschaftlichen Zusammenlebens wird es nötig, diejenigen auf sicherer Entscheidungsbasis ausgrenzen zu können, die das Zusammenleben durch ihr nicht normgerechtes Verhalten stören. Die technisierte Kriegsführung erfordert den Einsatz von in besonderer Weise qualifizierten Soldaten, die als Beobachter, Funker oder Scharfschützen geeignet sind. So haben der Produktionssektor, die Psychiatrie und das Militär der Entwicklung einer Differentiellen Psychologie die entscheidenden Impulse gegeben.

Eine gründliche Reform der Differentiellen Psychologie brachte die Verfeinerung der statistischen Verfahren, vor allem die Entwicklung der Faktorenanalyse, mit sich. Auf ihrer Basis entwickelten sich die faktorenanalytischen Persönlichkeitsmodelle, denen experimentelle oder systematische Beobachtungsverfahren zugrunde lagen, mit deren Hilfe individuelles Verhalten differenziert und detailliert empirisch erfaßt werden und aus der Datenfülle zugrundeliegende Dimensionen des Verhaltens statistisch extrapoliert werden konnten. Die Problematik dieser Modelle besteht (1) darin, daß die Struktur der Persönlichkeit als additives Zusammenwirken der jeweils herausgerechneten Dimensionen beschrieben wird (vgl. Cattell, 1973), (2) in der Stichprobenabhängigkeit und fraglichen Generalisierbarkeit der gefundenen Persönlichkeitsdimensionen; (3) in der Vernachlässigung von situativen Kontexten, die Persönlichkeit und ihre Eigenschaften erst interpretierbar machen; und

(4) in der Ignoranz gegenüber der Entwicklung menschlicher Persönlichkeit und individuellen Verhaltens.

Gegenwärtige Tendenzen

Asendorpf (1990) versucht, in einer Zusammenfassung der aktuellen Debatte, Problembereiche aufzuzeigen und Lösungen anzubieten: (1) Klare Trennung von Differentieller Psychologie und Persönlichkeitspsychologie hinsichtlich ihrer Aufgabenstellung; (2) Betonung des nomothetischen Charakters der Differentiellen Psychologie, die von ihrer Definition her nicht idiographisch sein kann; (3) Ergänzung reiner Fragebogenforschung durch situative Analysen einschließlich Fremd- und Eigenbeobachtung. Die Tendenz, den heuristischen Aspekt stärker in den Vordergrund zu rücken, um gründlichere Einblicke in Verhalten zu bekommen, könnte der Differentiellen Psychologie neue methodische Impulse geben, aber auch zu stärkerer theoretischer Orientierung führen.

Literatur

Anastasi, A. (1976). Differentielle Psychologie. Bd. 1 / 2. Weinheim / Basel.
Asendorpf, J. (1990). Die differentielle Sichtweise in der Psychologie. Göttingen.
Cattell, R. B. (1973). Die empirische Erforschung der Persönlichkeit. Weinheim / Basel.
Flammer, A. Die Differentielle Psychologie in der Krise. In: U. Pulver, A. Lang & W. Schmid (1978), Ist Psychodiagnostik verantwortbar? Bern.
Hall, C. S. & Lindzey, G. (1980). Theorien der Persönlichkeit. Bd. 1/2. München.
Hurrelmann, K. & Ulich, D. (Hg.). (1980). Handbuch der Sozialisationsforschung. Weinheim / Basel.
Jaeger, S. & Staeuble, I. (1974). Die gesellschaftliche Genese der Psychologie. Frankfurt / M.
Kamin, L. J. (1974). The Science and Politics of I. Q. New York.
Keller, H. P. (1979). Geschlechtsunterschiede. Weinheim / Basel.
Maccoby, E. E. & Jacklin, C. N. (1974). The Psychology of Sex Differences. Stanford, Cal.
Mischel, W. (1968). Personality and Assessment. New York.
Schmid, R. (1977). Intelligenz- und Leistungsmessung. Geschichte und Funktion psychologischer Tests. Frankfurt / M.

Günter Rexilius

Differenz

Der Begriff bezeichnet ein Konzept der Postmoderne, das auf die ontisch-ontologische Differenz zwischen dem Seienden und dem Sein bei Heidegger zurückgreift und mit Derrida das allen Differenzen Präexistierende bezeichnet. Bereits Bachelard vertrat mit seiner Auffassung von den keineswegs linear-kontinuierlich verlaufenden, sondern sich sprunghaft mit Krisen und dramatischen Einschnitten entwickelnden Wissenschaften eine Theorie der Diskontinuität, die u. a. Foucault zur Ausarbeitung des Gedankens unaufhebbarer Differenz inspirierte. Dieses Denken freier Differenz führt Deleuze jenseits der klassischen Kategorien von Identität, (Selbst-)Ähnlichkeit, Analogie und Gegensatz fort und leitet die Ausarbeitungen Derridas ein, der die Idee der *Differenz* geradezu radikalisiert. Die ursprüngliche Differenz von Tatsache und Recht, von Sein und Sinn charakterisiert Derrida als Differierung und bezeichnet damit einerseits ein Nicht-identisch-Sein, z. B. der zwangsläufig minimal zeitversetzten Gegenwart mit sich selbst, sowie andererseits ein Auf-später-Verschieben, das in der morgigen Retrospektive erst die heutige Gegenwart vervollkommnet: Es gibt Geschichte, weil vom Ursprung her die Gegenwart quasi gegen sich selbst verspätet ist. Dieser Begriff ursprünglicher Verspätung, der Ungleichzeitigkeit, impliziert als Paradoxon die Begründung jeder Ursprünglichkeit und Wiederholung bis hin zu den logischen Paradoxa «Im Anfang war die Wiederholung» und «Im Anfang war die Re-Präsentation». Mit dieser relativierenden Position kann Kritik nicht mehr unter Berufung auf die Absolutheit eines imaginären metadiskursiven archimedischen Standpunkts erfolgen. Statt dessen läßt sich mit Lyotard ein Widerstreit derart unterschiedlich-ungleichartiger Diskursarten (z. B. Argumentieren, Erkennen, Beschreiben, Erzählen, Be-Fragen, Befehlen ...) konstatieren, daß deren «Inkommensurabilität» zur Anerkennung der jeweiligen Differenz veranlaßt und einen anderen – wissenschaftlichen – Diskurs der Akzeptanz des anderen erzwingt. Damit eröffnet sich die Chance für eine Aufgabe der im Grunde auf Indifferenz abzielenden Interdisziplinarität ursprünglich inkompatibler Wissenschaften zugunsten der von Devereux vertretenen Komplementarität der Wissenschaften. Problematisch wird diese Akzentuierung der Unterschiedlichkeit/Verschiedenheit u. U. hinsichtlich des Mißverständnisses, damit sei die in den 70er Jahren propagierte Gleichberechtigung der Geschlechter oder der Rassen wieder aufgehoben. Der postmoderne Wissenschaftsdiskurs bietet durchaus Chancen, die unkritisch-pauschalisierende, politisch korrekte Gleichberechtigungsformel inklusive ihrer ideologischen Leugnung realer, individualisierender Unterschiede zugunsten Differenz anerkennender, respektvoller Diskurse aufzuheben und eine neue, fruchtbare Auseinandersetzung innerhalb der Wissenschaften wiederzubeleben.

Literatur

Derrida, J. (1986). Positionen. Wien.
Descombes, V. (1981). Das Selbe und das Andere. Frankfurt/M.
Fast, I. (1996). Von der Einheit zur Differenz. Psychoanalyse der Geschlechtsidentität. Frankfurt/M.
Lyotard, J.-F. (1987). Der Widerstreit. München.

Ulrich Kobbé

Diskurs

Mit Foucault verstehen wir unter Diskursen geregelte Verknüpfungen oder Formierungen von Aussagen. Foucault meint damit nicht die Logik oder Ordnung eines grammatikalischen Satzes oder eines auf wissenschaftlichen Aussagen basierenden Textes. Zu Diskursen verknüpfte Aussagen umfassen alles zu einer bestimmten Zeit und an einem bestimmten Ort wirklich Gesagte. Diese Masse von gesagten Dingen unterliegt bestimmten Ordnungen. Das heißt, daß in jeder Gesellschaft die Produktion von Diskursen organisiert, reglementiert, selektiert und kontrolliert wird. Gesellschaftliche Machtverhältnisse bestimmen, was, von wem und wie etwas gesagt wird. Also sind Diskurse dem Machtwillen unterworfen, der sie kontrollierend durchdringt. Diskurse sind nicht nur bloße Abbildungen der Wirklichkeit durch Sprache, sondern Macht konstituiert den Diskurs. Am Beispiel der Sexualität zeigt Foucault auf, daß Sexualität nicht dadurch kontrolliert wird, daß das Sprechen darüber verboten würde. Vielmehr werden immer mehr Diskurse über Sexualität installiert. Durch die Vermehrung der Informationen und des Wissens über Sexualität, zum Beispiel in Form der Sexualwissenschaft, psychologischer Theorien, juristischer Debatten oder medizinischer Erkenntnisse, kann nun festgelegt werden, wer eine angeblich «normale» Sexualität hat und welche Ausformungen von Sexualität pathologisch sind. Durch die Verknüpfung von Wissen und Macht werden dann rechtliche oder moralische Sanktionen legitimiert und bestimmte Personengruppen diskriminiert oder kriminalisiert. An diesem Beispiel ist zu erkennen, daß Diskurse Machtverhältnissen entwachsen und die Vermehrung der Diskurse die Vermehrung von Macht bedingt.

Die Diskursanalyse ist ein methodisches Vorgehen, das dazu dient, Texte oder Theorien nicht mehr nur auf ihre angeblich objektiven Inhalte hin zu untersuchen, sondern gezielt die Verbindung von Macht und Wissen zu analysieren, die Wirkungsabsichten von Texten besser zu durchschauen und die in Texten transportierten Ideologien erkennbar zu machen. Beispielsweise verlangen feministische Vertreterinnen der Diskursanalyse die Analyse patriarchaler, geschlechterhierarchischer Dimensionen und fordern die Berücksichtigung des weiblichen Lebenszusammenhanges oder die Etablierung feministischer Argumentationslinien im Rahmen des diskursanalytischen Vorgehens. Texte können also nicht nur dekonstruiert werden, sondern Diskursanalyse ist auch ein politisches Instrument, um marginalisierte Diskurse einzubringen und zu verstärken.

Literatur

Burman, E. & Parker, I. (1993). Discourse Analytical Research. London.
Dietzinger, A. et al. (Hg.). (1994). Erfahrungen mit Methode. Wege sozialwissenschaftlicher Frauenforschung. Freiburg.
Foucault, M. (1974). Die Ordnung der Dinge. Frankfurt / M.
Wilkinson, S. & Kitzinger, C. (Hg.). (1995). Feminism and Discourse. Psychological Perspectives. London.

Rita Seitz

Diskurstheorie / Diskursanalyse

1 Grundlagen

Orientiert an Michel Foucault (1978; 1983; 1988) wird unter Diskurs der Fluß von Wissen bzw. Bewußtseinsinhalten durch die Zeit verstanden. Das Wissen und Meinen der Menschheit fließt durch viele Kanäle, die miteinander verbunden sein können, die einander kreuzen, ineinander übergehen und verschmelzen, gleichsam unterirdisch weiterfließen und wieder auftauchen, aber auch versiegen können. Diskurse sind das Werk tätiger Menschen. Diese nehmen tradierte Diskurse auf, tragen sie weiter, verändern und vergegenständlichen sie. Diskurstheorie verbindet sich so mit der Tätigkeitstheorie der Kulturhistorischen Schule (Leontjew, 1982).

Diskurs und Bedeutung: Als höchst differenzierter Fluß von Bewußtseinsinhalten durch die Zeit ist der Diskurs bzw. das verzweigte Netz der Diskurse zugleich der Ort, an dem Bedeutungen ausgehandelt und dadurch verändert werden und der Wirklichkeit durch die Menschen zugewiesen werden. Und die so entstehenden Bedeutungsnetze bestimmen und organisieren sowohl unsere Handlungen wie auch unsere Auffassungen von uns selbst und von der Welt, in der wir leben. Jeder Mensch ist in Diskurse verstrickt. Und jeder einzelne, der sich in Einklang mit einem hegemonialen Diskursstrang äußert, der z. B. andere ausgrenzt (wie seit langem etwa beim Diskurs über Einwanderung, Flucht und Asyl zu beobachten ist), stärkt diesen ausgrenzenden Diskurs. Er übt ihn damit vor Ort aus und trägt dazu bei, den Betroffenen zu schaden. Er kann somit zur Eskalation und zum Unfrieden beitragen, wenn der hegemoniale Diskurs z. B. konfliktverschärfend angelegt ist. Der Diskurs über Einwanderer, Flüchtlinge und Asyl in Deutschland und anderswo etwa hat z. B. die *Macht*, die Anderen als normal oder abweichend, als integrierbar oder nicht integrierbar hinzustellen, sie mit biologischen oder kulturellen Argumenten als «Rasse» zu konstruieren und sie negativ (oder auch positiv) zu bewerten und damit die Grundlage dafür bereitzustellen, wie mit ihnen umgegangen wird (vgl. Jäger, 1992).

Diskurs und Wirklichkeit: Neben und außerhalb der unmittelbar «sprachlich-diskursiven Sphäre» haben Ereignisse, Verhältnisse und Strukturen zwar ihre Existenzbedingungen und realen Effekte; «aber nur innerhalb des Diskursiven, und vorbehaltlich seiner spezifischen Umstände, Grenzen und Modalitäten, haben sie Bedeutung oder können innerhalb eines Bedeutungsrahmens konstruiert werden» (Hall, 1994, S. 17). Wirklichkeiten sind insofern diskursiv erzeugt, als die Subjekte / Kräfte / Mächte, die Wirklichkeit produzieren, gestalten, konstituieren, selbst in sehr unterschiedlicher Weise diskursiv verstrickt und dadurch (historisch) geprägt sind und Wirklichkeit auf der (Wissens-)Grundlage dieser Geprägtheiten gestalten. Die Zuordnung von komplexen Bedeutungszusammenhängen zu Wirklichkeiten und Gegenstandszusammenhängen und, in Verbindung damit, die Art und Weise, wie Menschen ihre Wirklichkeit zu bewältigen versuchen, sind als Resultate höchst verschiedener historisch-diskursiver Prozesse höchst verschieden. Das gilt innerhalb von Gruppen, obwohl diese sich selbst meist als homogen betrachten, erst recht aber für Gruppen, die sich als radikal verschieden interpretieren (wie – sehr vereinfachend benannt – etwa «Christen» und «Moslems»). Hier wird zugleich deutlich, daß Diskurse die Wirklichkeit nicht im Sinne wie auch immer gearteter Widerspiegelungstheorien einfach *abbilden*, sondern sie stellen eigene, von Menschen geschaffene Realitäten dar. Sie liefern die Applikationsvorgaben für die Gestaltung bzw. Veränderung von Wirklichkeit (vgl. Link, 1992).

Diskurse als soziale Wissensvorräte: Diskurse sind also als soziale Wissensvorräte zu verstehen, die sich die Menschen erarbeitet haben und die von Menschen zu Menschen, von Generation zu Generation und im Austausch zwischen den Kulturen, also diachron und synchron in vielfältigen Gemengelagen, weitergegeben und aufgrund neuer Kämpfe untereinander und neuer Lern- und Arbeitsprozesse verändert werden. Auf dieser Basis werden Wirklichkeiten durch die tätigen Individuen in sozialen Zusammenhängen selbst immer wieder und mehr oder minder schnell umstrukturiert. Die Individuen werden durch die Diskurse als Subjekte konstituiert, und zwar insofern, als ihr Wissen und Fühlen, ihr Selbstverständnis und ihre Vorstellung eigener Identität durch sie konstituiert sind. Alle Menschen sind in Diskurse verstrickt; zugleich stricken alle daran mit; allerdings mit mehr oder minder großem Einfluß. Entsprechend ist die – ebenfalls auf diskursivem Wege erzeugte – Macht über die verschiedenen Diskurse verteilt. Wer etwa leichten Zugang zu den Medien hat, ist eher in der Lage, diskursive Verläufe mit zu prägen und mit zu beeinflussen, als jemand, der seine Ansichten jeweils nur im kleinen Kreise zur Geltung bringen kann. Trotz der Ungleichverteilung der Macht *über* die Diskurse kann nicht davon ausgegangen werden, daß der Verlauf der Diskurse von einzelnen oder einzelnen Gruppen gesteuert oder gar restlos beherrscht wird. Er kann zwar taktisch beeinflußt werden; gewisse Regulationen in wohlbegrenzten Bereichen sind möglich; doch das Resultat dieser Verläufe ist in keinem Falle (genau) vorherbestimmbar. Es entwickelt sich gleichsam hinter dem Rücken der Subjekte.

Die «Normalität» der Diskurse: In der Regel wird der eigene Diskurs für *normal* und *natürlich* gehalten; andere Arten der Sicht und der Gestaltung von Wirklichkeit werden (zumindest tendenziell) als Normabweichungen wahrgenommen, als mehr oder minder «fremd». Die Verbindung von Diskurs und Macht führt nun dazu, daß sich machtvolle Diskurse als normal oder auch als wahr durchsetzen können. Sie geben dann in ganzen Gesellschaften und Gruppen die Regeln und Routinen dafür vor, was sagbar und was nicht sagbar ist, oder anders: was als wahr oder richtig zu gelten habe. Wichtig ist die Tatsache, daß solche Regeln und Routinen inklusive konventionalisierter Handlungs- und Tätigkeitspotentiale lokal und global unterschiedlich ausgebildet sind und daß sie sich historisch ständig allmählich oder auch schneller verändern. Die Ursachen solcher Veränderungen können dabei von sehr unterschiedlicher Art sein. Sie liegen alle jedoch in der Tatsache begründet, daß Menschen in sozialen Kontexten miteinander und gegeneinander agieren, um Bedeutungszuweisungen streiten und tradierte Bedeutungen modifizieren. Und sie tun dies jeweils auf der Grundlage der diskursiven Vernetzungen, in die sie eingebunden sind, die sie dadurch zugleich modifizieren und weitertransportieren helfen. Dabei handelt es sich nicht um ein völlig beliebiges und diffuses Gewimmel, sondern um Bewegungen im Rahmen tradierter und mehr oder minder fester diskursiver Felder, die sich als tradierte Macht- oder auch Herrschaftsstrukturen bezeichnen lassen. Sie sind zugleich das, was man traditionellerweise und häufig homogenisierend als *Kultur* oder *Kulturen* oder gar als *Kulturkreise* bezeichnet (etwa Huntington, 1996). Sie sind nichts Festes, sondern in Bewegung; sie sind nicht statisch, sondern dynamisch und stehen immer zur Disposition.

2 Die Struktur der Diskurse

Diskursstränge: Die Welt als Ganze ist also – diskursanalytisch gesehen – von einem netzartigen dynamischen, sich ständig verändernden diskursiven Gewimmel überzogen, innerhalb dessen die Individuen jeweils verortet sind. Dieser Ort macht die jeweilige Subjektposition oder besser: die Diskursposition der Individuen aus. Die diskursiven Netze, die soziale Gruppen bis hin zu ganzen Gesellschaften konstituieren, bestehen aus einer Vielzahl von Diskurssträngen. Diskursstränge sind als thematisch voneinander unterscheidbare Diskursverläufe zu fassen. Solche Diskursstränge berühren, überlappen, verschränken und überschneiden sich; in diskursiven Kämpfen verdrängen sie sich, spalten sie sich und verschmelzen miteinander. Man darf sich einen Diskursstrang also nicht als etwas Fixes vorstellen, sondern als Teil eines prozessierenden dynamisch fluktuierenden Gewimmels. In ihren Haupt-Themensträngen lassen sich die Diskursstränge trotz dieser Dynamik meist leicht voneinander abgrenzen, zumindest wenn es darum geht, aktuelle Schnitte durch den jeweiligen Diskursstrang vorzunehmen. Da Diskursstränge jedoch zumeist tief in den jeweiligen Vergangenheiten verwurzelt sind, sind sie – aus den verschiedensten Gründen – oft schwer rekonstruierbar, worauf Foucault besonders in seiner «Archäologie des Wissens» (1988) hingewiesen hat. Es ist aber das Gewimmel der Diskursstränge, das die jeweiligen Gegenwarten bestimmt. Die Analyse dieses Gewimmels oder auch einzelner Bereiche daraus erlaubt relativ klare Aussagen über gegenwärtige Befindlichkeiten, aber auch einige vorsichtige Prognosen über zukünftige Entwicklungen. Dies ist deshalb der Fall, weil der Fluß der Diskurse durch die Zeit nicht einfach und beliebig abbricht, sondern eine gewisse Festigkeit hat. Es gibt auf diesem Globus mehr oder minder feste unterschiedliche Konstellationen von Diskurssträngen, die sich bei aller inneren Differenziertheit als relativ homogene «Kulturen» auffassen lassen.

Kulturen und «Kulturkreise» als diskursive Netze: Grenzen zwischen solchen sog. «Kulturen» können sprachlich, ideologisch / religiös und / oder räumlich-geographisch markiert sein und dabei jeweils sehr unterschiedlich verlaufen und in unterschiedlichen Gemengelagen und Überlappungen auftreten. Analog solchen sich überlappenden und voneinander abgrenzbaren Diskursen ist «Kultur» generell verteilt; ja, dieses komplexe Netz von Diskursen *ist* das Netz von «Kulturen / Kulturellem», wobei unter Kultur eben das vielfältige und differenzierte Gesamt der Prozesse und Produkte menschlicher ideell-praktischer Tätigkeit und damit verbundener Bedeutungszuweisungen zu verstehen ist. Somit *ist* der Diskurs die Kultur. Das heißt trivialerweise für jedes Land auch: Die vorhandene Kultur ist Multikultur.

Die Diskurse bestimmen die menschlichen Lebensformen und Diskurs- bzw. Subjektpositionen, traditionell gesagt: unsere Weltanschauungen und Wirklichkeitserklärungen. Sie transportieren und formieren Werte, Normen, Religionen, Ideologien, Sprachen, Institutionen, Architektur, «Körper» von und in höchst unterschiedlicher Art bis hin zur Bereitstellung von Applikationsvorgaben für die Formierung von Sex-und-Genderrealisationen (vgl. dazu Institut für Sozialforschung, 1994).

Diskursive Kämpfe: Stoßen unterschiedliche Diskursnetze aufeinander, z. B. bei Wanderungsbewegungen, führt dies zu Verschmelzungen, Nebeneinander, Verbindungen, Abtötungen, Versiegen, zu lokalen und globalen Konflikten bis hin zu Kämpfen und kriegerischen Auseinandersetzungen. Gewaltförmige «Lösungen» erfolgen zwar nicht zwangsläufig, wie dies Samuel P. Huntington diagnostizieren zu können glaubt (1993, 1996), sie sind aber – insbesondere bei gewalteskalierenden politischen Rahmenbedingungen – kaum jemals auszuschließen.

3 Diskursanalyse

Diskursanalyse, deren Ziel es ist, das Gewirr von Diskurssträngen («Themen»), die auf den unterschiedlichen Diskursebenen (Wissenschaften, Politik, Medien, Alltag) prozessieren, zu analysieren, schließt an diese Überlegungen an. Sie betont zugleich das Gewordensein von Kultur, ihre (relative) Festigkeit, mit anderen Worten: ihre Historizität und zugleich ihre Veränderbarkeit. Damit könnte sich Diskursanalyse einerseits als geeignet erweisen, Ergebnisse semiotischer Kulturwissenschaft und traditioneller Linguistik, insbesondere der Textlinguistik, aufeinander zu beziehen. Andererseits ist sie in der Lage, potentielle Konfliktherde genauer zu analysieren, zu verstehen und möglicherweise zu entschärfen. Für die Praxis von Diskursanalyse ist besonders wichtig, daß der Zusammenhalt von Diskursen bzw. Kulturen oder «Gemeinschaften» durch je spezifische Systeme kollektiver Symbole gewährleistet ist. Jürgen Link (1982, 1985, 1992) hat anhand einer Vielzahl von Analysen gezeigt, daß es Systeme kollektiver Symbolik gibt, die die politische Topographie einer Gesellschaft jeweils repräsentieren und zusammenhalten; sie sind interkulturell verschieden und verändern sich im Laufe der Zeit. Sie stiften Sinn und tragen damit auch zur Vorstellung homogener Gesellschaften bei, auch wo es diesen Sinn und diese Homogenität nicht gibt. Die Kollektivsymbolik ist deshalb bei allen diskursanalytischen Versuchen besonders zu beachten (vgl. dazu und zu diskursanalytischen Verfahren allgemein Jäger, 1993).

Literatur

Böke, Jung, Wengeler & Stötzel. (Hg.). (1996). Migration und öffentlicher Diskurs. Opladen.
Dreyfus, H. L. & Rabinow, P. (1994). Michel Foucault. Jenseits von Strukturalismus und Hermeneutik. Frankfurt/M.
Foucault, M. (1978). Dispositive der Macht. Berlin.
Foucault, M. (1983). Der Wille zum Wissen. Sexualität und Wahrheit 1. Frankfurt/M.
Foucault, M. (1988). Archäologie des Wissens. Frankfurt/M.
Hall, S. (1994). Rassismus und kulturelle Identität. Hamburg.
Huntington, S. P. (1993). The Clash of Civilizations? Foreign Affairs 72, S. 22–49.
Huntington, S. P. (1996). Kampf der Kulturen. München/Wien.
Institut für Sozialforschung. (Hg.). (1994). Geschlechterverhältnisse und Politik. Frankfurt/M.
Jäger, S. (1992). BrandSätze. Rassismus im Alltag. Duisburg. (4. Aufl. 1996).
Jäger, S. (1993). Kritische Diskursanalyse. Eine Einführung. Duisburg.
Leontjew, A. N. (1982). Tätigkeit, Bewußtsein, Persönlichkeit. Köln.
Link, J. (1982). Kollektivsymbolik und Mediendiskurse. KULTURREVOLUTION 1, S. 6–21.
Link, J. (1985). Multikulturen: Auf verlorenem Posten gegen den Neonationalismus? KULTURREVOLUTION 10, S. 6–12.
Link, J. (1992). Die Analyse der symbolischen Komponenten realer Ereignisse. Ein Beitrag der Diskurstheorie zur Analyse neorassistischer Äußerungen. In: S. Jäger & F. Januschek (Hg.), Der Diskurs des Rassismus (S. 37–52). Oldenburg.
Link, J. (1992a). Normalismus – Konturen eines Konzepts. KULTURREVOLUTION 27, S. 50–70.

Siegfried Jäger

Dyskalkulie

Dyskalkulie ist eine Teilleistungsschwäche. Teilleistungsschwächen werden definiert als umschriebene Ausfälle sehr unterschiedlicher Funktionen, die aus dem übrigen Leistungsniveau oder Entwicklungsstand eines Kindes herausfallen. Wie in den klinisch-diagnostischen Leitlinien der Internationalen Klassifikation Psychischer Störungen der WHO betont wird, bildet sich Dyskalkulie bei den ersten Schritten der Befassung mit Mathematik heraus. Im engeren Sinn ist mit Dyskalkulie ein mangelhaftes bis unzureichendes oder verkehrtes Verständnis von Mengen und Größen, von Zahlen und mathematischen Operationen gemeint. Eine Dyskalkulie verursacht in der Regel bei den davon betroffenen Schulkindern eine Mißerfolgsorientierung, Schulversagen und damit Entzug von Lebenschancen. Arithmastheniker sind normal bis überdurchschnittlich intelligente Kinder, deren Leistungen im mathematischen Bereich erwartungswidrig niedrig ausfallen und bei denen alle herkömmlichen Formen des Übens und Nachhelfens keinen Erfolg zeigen. Rechenschwache Kinder werden häufig erst über Depression, Angstsyndrome, Leistungsangst und Kontaktstörungen auffällig. Dies ist bei rechtzeitiger Konsultation von Experten weitgehend vermeidbar, da mit dem vorliegenden diagnostischen und mathematiktherapeutischen Arsenal erfolgversprechend interveniert werden kann. Eine Dyskalkulie weist ihre eigenen Gesetzmäßigkeiten auf und über die genuine psychotherapeutische Tätigkeit des Psychologen hinaus. Für die Diagnostik ist die Schulnote ein untaugliches Instrument, da sie keinen Aufschluß über die Art und die Gründe der Fehler gibt. Erforderlich ist vielmehr die Erstellung eines individuellen qualitativen Fehlerprofils. So ergibt sich ein Aufschluß über die subjektiven Algorithmen der rechenschwachen Kinder, ihre Vorstellungen von Größen und Zahlen, über Mißverständnisse, konkurrierende Auffassungen und Kompensationsstrategien. Positive Befunde differentialdiagnostischer Untersuchungen bedeuten dabei zumeist nicht, daß die Rechenschwäche des Betreffenden nicht therapierbar ist. Das ermittelte qualitative Fehlerprofil, das die Fehlerschwerpunkte des Klienten qualitativ aufgeschlüsselt darstellt und sie auf ihre möglichen Ursachen zurückführt, liefert die Basis für die Erstellung eines notwendig speziellen, individuell zugeschnittenen Therapieplans. Ein solcher hat drei Ebenen therapeutisch aufzuarbeiten: die spezifisch fachliche Schieflage, die Psychologie des mißerfolgsorientierten Schülers und die damit einhergehende Verkümmerung der analytischen Seiten des kindlichen Verstandes.

Literatur

Aebeli-Jomini, A.-M. (1979). Das Problem der Rechenschwäche bei normal intelligenten Volksschülern. Zürich.
Geissemann, H. (1996). Dyskalkulie heute. Bern.
Grissemann, H. & Weber, A. (1990). Grundlagen und Praxis der Dyskalkulietherapie. Bern.
Lorenz, J. H. (1991). Rechenschwache Schüler in der Grundschule – Erklärungsversuche und Förderstrategien. JMD, 12.
Lorenz, J. H. (1992). Anschauung und Veranschaulichungsmittel im Mathematikunterricht. Göttingen.
Schwerin, von A. (1995). Hilfe, mein Kind kann nicht rechnen! München.

Alexander von Schwerin

Einstellungen

Ein vor allem in der Sozialpsychologie gebräuchlicher Begriff, für den bis heute keine allseits akzeptierte Definition vorliegt. Ajzen & Fishbein (1980) weisen ca. 500 Begriffsbestimmungen auf, Rosch & Frey (1987) stellen fest, daß Versuche, den Begriff Einstellung zu definieren, je nach Wissenschaftsauffassung, Zeitpunkt und individueller Forschungsperspektive anders ausfallen. Eine einfache Definition findet sich bei Ajzen: Danach ist eine Einstellung «eine Disposition, auf einen Gegenstand, eine Person oder ein Ereignis positiv oder negativ zu reagieren» (Ajzen, 1988, S. 4). Wesentliche Bestimmungsstücke des Einstellungskonzepts (vgl. Hanft, 1991) sind: (1) Die Inhalte von Einstellungen sind subjektive Bewertungen der sozialen Realität. Als Methode ihrer Erfassung dienen Fragebögen, deren Ergebnis den Grad der Zu- oder Abneigung einer Person gegenüber einem Bezugsobjekt metrisch abbilden soll. (2) Einstellungen sind verinnerlichte Wertstrukturen einer Person, die sich in und durch Interaktionsprozesse ausbilden und auf diese zurückwirken. Weshalb nicht selten in ontologisierender Weise den Subjekten «falsche» Einstellungen angelastet werden, die es zu ändern gilt. (3) Einstellungen beziehen sich auf konkrete Objekte oder abstrakte Sachverhalte aus der Erfahrungswelt der Menschen. Ihre präzise empirische Erfassung ist demzufolge abhängig von ihrer inhaltlichen Eindeutigkeit und Eingrenzbarkeit. (4) Als in der psychischen Struktur einer Person verankerte subjektive Bewertungen gelten Einstellungen als relativ überdauernd. Langfristig zwar veränderbar, aber konsistent gegenüber kurzfristig wechselnden Handlungsbezügen. (5) Einstellungen beinhalten neben verbalen Bewertungen gleichermaßen Handlungsdispositionen. Die Annahme einer Einstellung als Verhaltensprädiktor hat die Attraktivität des Forschungskonstruktes «Einstellungen» in den früheren Jahren maßgeblich geprägt, aber auch seine Krise in den 70er Jahren ausgelöst. Noch immer ist zum Zusammenhang zwischen Einstellung und Verhalten kein überzeugender Nachweis erbracht. Zahlreiche Untersuchungen erbrachten, daß die gemessenen Einstellungen zur Erklärung nur eines geringen Teils am Verhalten herangezogen werden können (Mummendey, 1979). Eine Neuformulierung ihres Zueinanders versuchen Ajzen & Fishbein (1977), indem sie Einstellung und Verhalten als Ergebnis des Zusammenspiels von Handlung, Ziel, Situation und Zeit betrachten. Zwar konnten sie ihr Modell anhand vieler empirischer Einzeluntersuchungen zur Konsistenz von Einstellung und Verhalten weitgehend bestätigen, jedoch nur unter Inkaufnahme eines Verlustes der präzisen Vorhersage des Verhaltens einzelner Individuen. Aber genau dieses war ursprüngliches Ziel der Erforschung von Einstellungen: die Vorhersage des konkreten Verhaltens einer Person gegenüber einem Bezugsobjekt auf der Basis der bei ihr erfaßten Einstellungen (Markard, 1984). In Ablösung dieser weitgehend erfolglosen Erklärungsversuche wird in neuen Forschungsbemühungen unter Bezug auf kommunikationstheoretische Sichtweisen angestrebt, das Individuum als aktives, sein Handeln bestimmendes Subjekt zu sehen, das Situationen jeweils neu interpretiert und sein Handeln an dieser Sinngebung orientiert. Solche Einstellungstheorien zeichnen sich durch ihre kognitive Grundposition aus. Analysiert wird, wie Individuen Einstellungen verarbeiten sowie emotional und kognitiv organisieren. Zentrales Anliegen aller Einstellungsforschung war und ist die Frage nach der Beeinflußbarkeit von Einstellungen. Die umfangreiche Aufklärungskampagne zum Schutz vor Aids z. B. zählte zu den Versuchen einer gezielten Einstellungsänderung. Allerdings sind solche Maßnahmen oft weitaus weniger erfolgreich als erwartet (Six & Schäfer, 1985). Über erfolgreiche Formen der Einstellungsveränderung berichten Zanna et al. (1987).

Literatur

Ajzen, I. & Fishbein, M. (1977). Attitude-behavior relations: A theoretical analysis and review of empirical research. Psychological Bulletin, 84, S. 888–918.

Ajzen, I. & Fishbein, M. (1980). Understanding attitudes and predicting social behavior. Englewood Cliffs, N. J.

Ajzen, I. (1988). Attitudes, personality and behavior. Milton Keynes.

Hanft, A. (1991). Identifikation als Einstellung zur Organisation: Eine kritische Analyse aus interaktionistischer Perspektive. München.

Markard, M. (1984). Einstellung – Kritik eines sozialpsychologischen Grundkonzepts. Frankfurt / M.

Mummendey, A. (1979). Zum gegenwärtigen Stand der Erforschung der Einstellungs-

Verhaltens-Konsistenz. In: H.-D. Mummendey (Hg.), Einstellung und Verhalten (S. 13–30). Bern.
Rosch, M. & Frey, D. (1987). Soziale Einstellungen. In: D. Frey & S. Greif (Hg.), Sozialpsychologie. München.
Six, B. & Schäfer, B. (1985). Einstellungsänderung. Stuttgart.
Zanna, M. P., Olson, J. M. & Herman, C. P. (Hg.). (1987). Social influence: The Ontario Symposion, Bd. 5, S. 3–40. Hillsdale, NJ.

Anke Hanft

Elektroschock

Der Elektroschock (heute auch beschönigend «Elektrobehandlung», «Elektrokonvulsions-Therapie», «Elektrokrampftherapie» oder «Elektroheilkrampfbehandlung» genannt) wurde erstmals 1938 im damals faschistischen Italien vom Psychiater Cerletti beim Menschen angewendet. Der Elektroschock gilt heute für viele Psychiater als guter, sicherer Eingriff zur Behandlung der Depression. Die Nebenwirkungen der Antidepressiva werden als gefährlicher und schwerwiegender eingestuft. Elektroschocks werden auch bei Schizophrenie und weiteren psychiatrischen Diagnosen angewendet. Weil Antidepressiva für alte Menschen besonders gefährlich sind, werden bei ihnen Elektroschocks häufiger eingesetzt. Nicht berücksichtigt wird dabei, daß Elektroschocks in dieser Altersgruppe vermehrt zu Todesfällen führen (vgl. Frank, 1996). Frauen werden häufiger elektrisch geschockt als Männer (je nach Quelle wird das Verhältnis mit 2:1 bis 3:1 angegeben). Die Psychiatrie rätselt über die Ursache der Wirksamkeit von Elektroschocks und hat zur Erklärung nur Hypothesen anzubieten (vgl. Fink, 1994). Als Folge des Schocks kommt es zu Störungen – Verwirrung, Gedächtnisstörungen und Schwankschwindel –, die denjenigen einer schweren Hirnerschütterung entsprechen. Was als vorübergehende Besserung der Depression erscheinen mag, wird sinnvollerweise als euphorisches Überspielen der beschämenden Folgen der organischen Schädigung des Gehirns verstanden und erklärt (vgl. Breggin, 1980). Bei vielen Betroffenen bleiben Gedächtnisausfälle für die Wochen und Monate vor, während und nach der Applikation der Elektroschockserie bestehen. Elektroschockbefürworter betonen, daß verschiedene Modifikationen die Behandlung sicherer und nebenwirkungsfreier gemacht haben. Doch die heute allgemein praktizierte Anwendung des Elektroschocks in Narkose vergrößert die mit dem Eingriff verbundenen Gefahren (vgl. Breggin, 1980). Weitere Änderungen wie die unilaterale Anwendung (zur Verminderung der Störung des verbalen Gedächtnisses) und die sog. Kurzpulstechnik sind –

falls effektiv weniger Gedächtnisstörungen auftreten – weniger wirksam und werden deshalb von vielen Anwendern abgelehnt. Bis in die 70er Jahre wurde von den Anwendern zugegeben, daß der Elektroschock als Disziplinierungsmaßnahme eingesetzt wurde. Mit Recht war diese Behandlungsmethode deshalb Ende der 60er Jahre zum Symbol einer repressiven Psychiatrie geworden. Seit Beginn der 80er Jahre ist die Zahl der Elektroschockbehandlungen weltweit im Steigen. Es ist auffallend, daß dieses «Comeback des Elektroschocks» in eine Zeit fällt, in der zunehmend Kritik an den Wirkungen der Psychopharmaka laut wird (vgl. Rufer, 1992).

Literatur

Breggin, P. (1980). Elektroschock ist keine Therapie. München / Wien / Baltimore.

Fink, M. (1994). The Mode of Action of ECT. Psychopharmacology Bulletin, 30, S. 309–312.

Frank, L. R. (1996). Elektroschock. In: P. Lehmann (Hg.), Schöne neue Psychiatrie. Bd. 1 (S. 287–320). Berlin.

Rufer, M. (1992). Biologische Psychiatrie und Elektroschock. Widerspruch, 23, S. 113–124.

Sackheim, H. A. (1994). Continuation Therapy Following ECT: Direction of Future Research. Psychopharmacology Bulletin, 30, S. 501–521.

Marc Rufer

Empowerment

Das Konzept des Empowerments hat sich im Kontext der Gemeindepsychologie entwickelt und wendet sich gegen den traditionellen Hilfediskurs. Empowerment bezeichnet den Prozeß, durch den Menschen in die Lage versetzt werden, ihre je individuellen Handlungsmöglichkeiten in einer sozialen Situation zu (er-)kennen und im Zusammendenken mit den eigenen Ressourcen und Kompetenzen auch zu ergreifen. Der zentrale Aspekt der Empowermentperspektive für die psychosoziale Arbeit besteht darin, Arbeitshaltungen zu entwickeln, die es ermöglichen, soziale Kräfte bei den Klienten zu wecken oder sie zu entdecken. Es ist keine neue Methode, sondern eine spezifische Grundhaltung des Helfens, die den selbstverständlichen Blick auf die Defizite von Menschen überwindet und damit ein wichtiges Instrumentarium präventiver psychosozialer Arbeit darstellt. Auf der Seite der professionell Tätigen beinhaltet diese Haltung das Konzept der Selbstentmächtigung, der bewußten Solidarisierung der Helfer mit den Klienten durch eine Strategie der «Offenbarung des Machtverhältnisses» (Weber, 1996, S. 44) zwischen Helfer und

Klienten. Unter Empowerment können alle Möglichkeiten verstanden werden, die es Menschen ermöglichen, Kontrolle über ihr Leben zu gewinnen und sie bei der Beschaffung von Ressourcen zu unterstützen. Ausgehend vom Konzept des Empowerment stellen sich folgende Fragen: Unter welchen Bedingungen gelingt es Menschen, sich aus einer machtlosen Situation herauszuentwickeln, die eigene Stärke zusammen mit anderen zu erkennen und die Lebensbedingungen nach eigenen Vorstellungen zu gestalten? Wie werden solche Formen der Selbstorganisation gefördert? Welche Auswirkungen hat das auf die beteiligten Menschen und Organisationen? Die Antworten bewegen sich auf drei Ebenen: Zum einen wird unter dem Empowermentbegriff die Wichtigkeit der Selbstbestimmung der Klienten als Gegenmacht zu professionellen Experten diskutiert. Zum anderen bündelt das Empowermentkonzept spezifische Methoden, Techniken und Verfahren individueller und sozialer (Gemeinwesen-)Arbeit. Darüber hinaus ist Empowerment als Grundhaltung in der therapeutischen, beratenden oder politischen Arbeit zu verstehen. Individuelle Empowermentprozesse zeigen die andere Seite der weit verbreiteten «erlernten Hilflosigkeit» – Gegenkonzept ist nun die «erlernte Hoffnungsfreudigkeit». Im gesundheitspsychologischen Bereich versteht sich Empowerment als Unterstützung der selbstgewählten Lebensentwürfe kranker Menschen. Grundlage dabei ist, daß Empowerment über ein gesichertes Wissen verfügt, daß Lebensbewältigung generell, insbesondere der Umgang mit Krisen, Krankheit und Behinderung sozialer Ressourcen und sozialer Netzwerke und Bezüge bedarf.

Literatur

Rappaport, J. (1985). Ein Plädoyer für die Widersprüchlichkeit: ein sozialpolitisches Konzept des «empowerment» anstelle präventiver Ansätze. Verhaltenstherapie & psychosoziale Praxis, 17, S. 257–278.

Stark, W. (1996). Empowerment: Neue Handlungskompetenzen in der psychosozialen Praxis. Freiburg.

Weber, K. (1996). Zweifach vermintes Gelände – kulturelle Differenz und Geschlecht als Dimensionen sozialpsychiatrischer Arbeit. Störfaktor. Zeitschrift kritischer Psychologinnen und Psychologen, 35/36, S. 31–50.

Sabine Pankofer / Klaus Weber

Entfremdung

Entfremdung bezeichnet zwei Sachverhalte: den Prozeß, der materiellen oder sozialen Umwelt oder auch sich selbst fremd zu werden und den Zustand, sich der Natur, den Artefakten, den Mitmenschen oder sich selbst gegenüber fremd zu fühlen. Folglich impliziert der Begriff der Entfremdung eine diesem Prozeß oder Zustand vorausliegende und gegebenenfalls wiederherzustellende Einheit von empfindendem Subjekt und erlebter Umgebung.

Philosophisch virulent wurde der Begriff in der Vertragstheorie Rousseaus, im deutschen Idealismus und bei Marx. Geschichtlicher Hintergrund dieser Entwicklung sind die seit der Aufklärung des 18. Jahrhunderts in alle Lebensbereiche eindringende Rationalisierung und Industrialisierung. Die fortschreitende Arbeitsteilung und die entstehende Klassengesellschaft veranschaulichten jedem, was Entfremdung war. Wie im Begriff der Gesellschaft artikuliert sich in dem der Entfremdung das Krisenbewußtsein des 19. Jahrhunderts.

Für Rousseau bedeutet Entfremdung die mit dem spekulativen Übergang vom Natur- zum Gesellschaftszustand verknüpfte Aufgabe der ursprünglichen Freiheit des Menschen. Erst der Verzicht auf die natürliche Freiheit ermöglicht die Konstitution von Gesellschaft.

Im deutschen Idealismus, namentlich bei Fichte und Hegel, wird Entfremdung als notwendiges Moment der gedanklichen Aneignung und damit der Erkenntnis der objektiven, außerhalb des Menschen bestehenden Verhältnisse gedacht. Für Fichte ist die Welt die Setzung eines allmächtigen Ich, in der es sich gleichwohl verlaufen mag und die es sich deshalb – wiederum gedanklich – noch einmal anzueignen hat. Hegel plausibilisiert diesen Gedanken, indem er alle Erkenntnis von der Gegenüberstellung von zunächst noch beschränktem Geist und gegenständlicher Welt ihren Ausgang nehmen läßt. Das Bewußtsein begreift die Welt nur in dem Maß, in dem es sich an sie verliert, entäußert oder entfremdet, sich in einem zweiten Schritt als in sie eingegangen erkennt und damit, drittens, die Entfremdung nicht einfach nur rückgängig macht, sondern im doppelten Sinn aufhebt. Im Unterschied zur bloß spekulativen Entfremdung und Wiederaneignung der Welt bei Fichte begreift Hegel Veräußerung und Aufhebung als Momente der Arbeit. Erst indem der Mensch die Natur bearbeitet, sie zu seiner Welt macht und versteht, wird er sich sukzessive seiner selbst bewußt. Hegel beschreibt diesen Prozeß psychologisch als Phänomenologie des Geistes und entfaltet ihn historisch als Philosophie der Geschichte. An dessen logischem Ende begreift der Geist schließlich alle bisherige Geschichte als notwendige Etappen seiner eigenen Konstitution.

Marx schließt sich der Hegelschen Bestimmung der Arbeit als Medium der Selbsterkenntnis und Movens der Geschichte an, verwirft aber dessen Gedanken, daß der Mensch seine in den von ihm geschaffenen Gegenständen geronnene Entfremdung retrospektiv aufheben könne. Hegel ignoriere, daß der Mensch sich die gegenständliche Welt nicht nur geistig, sondern auch sinnlich aneignen müsse, um die Entfremdung aufzuheben. Dies sei unter den Bedingungen der bürgerlichen Gesellschaft, der Arbeitsteilung und des Privateigentums aber nicht möglich. Der allen Eigentums bare, um des Überlebens willen auf den Verkauf seiner Arbeitskraft angewiesene Proletarier produziere fremdbestimmt und werde seiner deshalb im von ihm hergestellten Gegenstand auch nicht inne, sondern gerate vielmehr in Abhängigkeit von den anonymen Kräften des Marktes. Der Kapitalismus pervertiere das Verhältnis des Menschen zum Menschen und letztlich auch sein Wesen. Nur eine Revolution der Verhältnisse vermag Marx zufolge die Entfremdung aufzuheben und den Menschen der freien Entfaltung seiner Tätigkeit zuzuführen.

Andere Soziologen des 19. Jahrhunderts haben den sich in Industrialisierung, Technisierung, Urbanisierung und Bürokratisierung ausdrükkenden sozialen Wandel als Anomie, Entzauberung oder Verdinglichung zu kennzeichnen versucht. Mit Marx teilen sie das epochale Bewußtsein, der Moderne anzugehören; im Unterschied zu Marx glauben sie allerdings nicht, der modernen, in sich zerrissenen Gesellschaft den Weg in eine bessere, grundsätzlich andere und nicht entfremdete Zukunft weisen zu können. Bewußt oder unbewußt tragen ihre Diagnosen dem Gegensatz Rechnung, der sich zwischen der prinzipiellen Gestaltbarkeit gesellschaftlicher Verhältnisse und der faktischen Ohnmacht der in sie verstrickten Individuen auftut.

Literatur

Israel, J. (1972). Der Begriff der Entfremdung. Reinbek.
Nisbet, R. A. (1966). The Sociological Tradition. New York.
Plessner, H. (1985). Das Problem der Öffentlichkeit und die Idee der Entfremdung. In: Gesammelte Schriften. Bd. 10 (S. 212 – 226). Frankfurt / M.
Schrey, H. H. (Hg.). (1975). Entfremdung. Darmstadt.

Axel T. Paul

Entscheidung

Unter einer Entscheidung wird zumeist die (bewußte) Wahl zwischen zwei oder mehr Alternativen verstanden. Die Entscheidungstheorie als eine präskriptive bzw. normative interdisziplinäre Wissenschaft hat zum Ziel, die *Rationalität* von Entscheidungen zu verbessern. Ein Entscheidungsproblem wird hierzu in einem Modell abgebildet, das bei Entscheidung unter Sicherheit (1) die Alternativen und (2) die Ziele und Präferenzen des Entscheiders enthält sowie bei Entscheidung unter Risiko zusätzlich (3) die Umweltzustände, die die Konsequenzen der Alternativen beeinflussen können, mit ihren jeweiligen Eintrittswahrscheinlichkeiten. Als rational wird eine Entscheidung dann bezeichnet, wenn sie den erwarteten Nutzen des Entscheiders unter den gegebenen Restriktionen maximiert (vgl. Bernoulli, 1738 / 1996; Eisenführ & Weber, 1994; für die Psychologie Cronbach & Gleser, 1965). Als Basis der präskriptiven Entscheidungstheorie wird ein nutzenmaximierendes Individuum *(homo oeconomicus)* angenommen, das konsistent in bezug auf von ihm akzeptierte Anforderungen an das Entscheidungsverhalten (z. B. die Axiome der Erwartungsnutzentheorie) handelt und dabei für andere einsichtige und nachvollziehbare Entscheidungsmethoden benutzt.

In der psychologisch ausgerichteten deskriptiven Entscheidungstheorie wurden seit vielen Jahren empirische Ergebnisse darüber zusammengetragen, wie sich Menschen in Entscheidungssituationen tatsächlich verhalten. Dabei hat sich im wesentlichen gezeigt, daß systematische Fehler bei der Einschätzung von Wahrscheinlichkeiten durch Urteilsheuristiken und die Abhängigkeit des Entscheidungsverhaltens von der Problemformulierung (vgl. Kahnemann, Slovic & Tversky, 1982; Kirchler, 1995), aber auch die Unfähigkeit des Menschen, angemessene Lösungsstrategien in komplexen Problemlösungssituationen zu finden (vgl. Dörner, 1989), den Rationalitätsanforderungen der präskriptiven Entscheidungstheorie nicht entsprechen. Die begrenzte Informationsverarbeitungskapazität des Menschen führte zum Konzept der begrenzten Rationalität (vgl. Simon, 1955), nach dem Entscheider nicht optimale, sondern lediglich zufriedenstellende Lösungen anstreben und das in neuerer Zeit zu Revisionen der Verhaltensannahmen des Homo oeconomicus geführt hat (vgl. Kirchgässner, 1991). Sowohl die formalen präskriptiven als auch die an Laborexperimenten und einem Infomationsverarbeitungsansatz orientierten deskriptiven entscheidungstheoretischen Ansätze bedürfen allerdings der Ergänzung. Beide Ansätze gehen im wesentlichen von Alleinentscheidern aus und vernachlässigen den sozialen Charakter menschlichen Handelns; Ansatzpunkte hierfür finden sich lediglich in der mathematischen Spieltheorie (vgl. von Neumann & Morgenstern, 1947) und der Theorie der Gruppenentscheidungen (vgl. Arrow, 1951; Crott, 1979).

Entscheidungen können aber auch als Reaktionen auf die aus den Strukturen sozialer Systeme resultierenden Verhaltenserwartungen gesehen werden (vgl. Luhmann, 1984). Zudem kommt es in sozialen Kontexten im wesentlichen darauf an zu handeln (vgl. Brunsson, 1982). Die an der Informationssammlung und Alternativenabwägung orientierten entscheidungstheoretischen Ansätze aber berücksichtigen in der Regel zu wenig die (mikro-)politische Umsetzbarkeit von Entscheidungen. Durch die Betrachtung von Entscheidungen als Wahlakte und deren analytische Trennung vom Handeln wird die Bedeutung von Intention und rationalem Kalkül sowie die Trennbarkeit von Zielen und Mitteln im menschlichen Leben überbetont. Entscheidungen lassen sich nämlich – in Abgrenzung zur einleitenden Definition – auch begreifen als nachträgliche Rationalisierungen (vgl. March, 1990), die unsere Handlungen für andere und für uns selbst sinnhaft und nachvollziehbar machen und damit z. B. auch zur Konstruktion der eigenen Biographie und zum Abbau kognitiver Dissonanzen beitragen. Von einer präskriptiven und einer deskriptiven kann daher eine ontologische Betrachtung von Entscheidungen unterschieden werden (vgl. Chia, 1994), bei der Entscheidungen als die nachträgliche Vornahme von Einschnitten in den Strom unserer Handlungen und Erfahrungen interpretiert werden.

Literatur

Arrow, K. J. (1951 / 1963). Social Choice and Individual Values. New York.

Bernoulli, D. (1738 / 1996). Specimen Theoriae Novae de Mensura Sortis. Comentarii Academiae Scientiarum Imperialis Petropolitanae (1738), S. 172–192. Dt. Übersetzung (1996). Die Betriebswirtschaft, 56, S. 733–742.

Brunsson, N. (1982). The Irrationality of Action and Action Rationality: Decisions, Ideologies and Organizational Actions. Journal of Management Studies, 19, S. 29–44.

Chia, R. (1994). The Concept of Decision: A Deconstructive Analysis. Journal of Management Studies, 31, S. 781–806.

Cronbach, L. J. & Gleser, G. C. (1965). Psychological Tests and Personnel Decisions. Urbana.

Crott, H. (1979). Soziale Interaktion und Gruppenprozesse. Stuttgart.

Dörner, D. (1989). Die Logik des Mißlingens: strategisches Denken in komplexen Situationen. Reinbek.

Eisenführ, F. & Weber, M. (1994). Rationales Entscheiden. 2. Aufl. Berlin.

Kahnemann, D., Slovic, P. & Tversky, A. (Hg.). (1982). Judgment under Uncertainty: Heuristics and Biases. Cambridge.

Kirchgässner, G. (1991). Homo oeconomicus: das ökonomische Modell individuellen Verhaltens und seine Anwendung in den Wirtschafts- und Sozialwissenschaften. Tübingen.

Kirchler, E. M. (1995). Wirtschaftspsychologie. Grundlagen und Anwendungsfelder der Ökonomischen Psychologie. Göttingen.

Luhmann, N. (1984). Soziologische Aspekte des Entscheidungsverhaltens. Die Betriebswirtschaft, 44, S. 591–603.

March, J. G. (1990). Beschränkte Rationalität, Ungewißheit und die Technik der Auswahl. In: J. G. March (Hg.), Entscheidung und Organisation (S. 297–328). Wiesbaden.

Neumann, J. v. & Morgenstern, O. (1947). Theory of Games and Economic Behavior. Princeton.

Simon, H. A. (1955). A Behavioral Model of Rational Choice. Quarterly Journal of Economics, 69, S. 99–118.

Axel Haunschild

Entwicklung

Entwicklung ist die fortschreitende Ausdifferenzierung des Gegebenen. Sie demonstriert, daß sich etwas aus sich heraus bewegt, nicht wie beim Kreislauf in sich zurück. Durch die Entwicklung kann etwas nicht bei sich bleiben, obwohl es es selbst bleibt. Entwicklung verdeutlicht so die Identität von Identität und Nichtidentität. Sie bedeutet, daß die Resultate der Substanz sich in ihrer zeitlichen Dimension qualitativ verändern. Entwicklung zeichnet sich unter anderem durch irreversible Veränderung aus. Wird Entwicklung als gesellschaftliche Kategorie verstanden, dann ist sie das, womit der Mensch die natürlichen Kreisläufe tendenziell aufhebt. Ihr Modus ist die Möglichkeit, wobei diese jedoch nicht strikt von der Notwendigkeit geschieden werden kann. Sie ist das Prinzip, das aus der (ersten) Natur herausführt, das ontologische Prinzip des Seins zum Andern. «Die Entwicklung ist auf diese Weise nicht das harm- und kampflose bloße Hervorgehen, wie die des organischen Lebens, sondern die harte unwillige Arbeit gegen sich selbst, und ferner ist sie nicht bloß das Formelle des Sichentwickelns überhaupt, sondern das Hervorbringen eines Zwecks von bestimmtem Inhalte» (Hegel, 1975, S. 107). Im Gegensatz zur Evolution manifestiert sich in ihr die spezifisch menschliche, somit gesellschaftliche Komponente. Entwicklung ist also mehr als Differenzierung und Integration in der Zeit. Sie ist ein widersprüchlicher, aber gerichteter Prozeß, wobei jedoch keine Endzustände oder Endziele objektiv vorgegeben sind. Sie ist offen und doch bedingt. Entwicklung hat ein teleologisches Moment, ohne teleologisch zu sein. Sie meint nicht Automatik des gesellschaftlichen Prozesses, kennt aber sehr wohl Gesetzmäßigkeiten. Sie ist mehr als sozialer Wandel. Die häufigste Anwendung findet der Begriff der Entwicklung in jenem der Unterentwicklung. Diese unterstellt aber geradewegs objektive Normen und Ziele, die es einzuholen gilt. Entwicklung kann auch als Synonym für Fortschritt betrachtet werden, wird dieser nicht ausschließlich positiv aufgeladen. Das Problem des Entwicklungs- wie auch des Fortschrittsbegriffs besteht darin, daß ein Aufstieg vom Niederen zum Höheren nicht einfach postuliert, andererseits die positive Konnotation nicht gänzlich eliminiert werden kann und soll. Diese immanenten Widersprüche führen heute oft dazu, Entwicklung und Fortschritt überhaupt zu leugnen bzw. eine sinnvolle Verwendung dieser Kategorien in Frage zu stellen.

Literatur

Endruweit, G. (1986). Elite und Entwicklung. Frankfurt/M.

Hegel, G. W. F. (1975). Vorlesungen über die Philosophie der Geschichte. Stuttgart.

Lorenzer, A. (1972). Zur Begründung einer materialistischen Sozialisationstheorie. Frankfurt/M.

Franz Schandl

Entwicklungspsychologie

Entwicklungspsychologie beschäftigt sich mit der psychischen Entwicklung des Menschen von der Befruchtung bis zum Tod. Traditionellerweise wurde das Hauptaugenmerk auf Kindheit und Adoleszenz gelegt, da diese Lebensphasen als grundlegend für die Formung der Person angesehen wurden. Mittlerweile wird die vollständige Lebensspanne als relevanter Gegenstand der Entwicklungspsychologie berücksichtigt. Eine genaue Begriffsreflexion macht deutlich, daß Kinderpsychologie als solche nicht Teil der Entwicklungspsychologie sein muß, nämlich dann, wenn die Entwicklungsdimension nicht inkludiert ist. In kritischen Ansätzen wird Entwicklungspsychologie allgemeiner verstanden, wenn die Entwicklung des Psychischen evolutionär und historisch-kulturell rekonstruiert wird (Leontjew, 1973; Holzkamp, 1983).

Historische Aspekte: Zur Institutionalisierung der Entwicklungspsychologie kam es im Zusammenhang mit der Genese der Psychologie als wissenschaftlicher Disziplin am Ende des 19. Jahrhunderts – zur selben Zeit, als auch das Konzept der Entwicklung in den Natur-, Sozial- und Humanwissenschaften zur vollen Blüte gelangte. Charles Darwin (1809–1882) verfaßte unter der Prämisse einer Rekapitulation, nach der die Individualentwicklung die Stammesentwicklung wiederholt (in Deutschland als biogenetisches Grundgesetz durch Haeckel vertreten), eine der ersten «Babybiographien», indem er systematisch die frühe Entwicklung seines Sohns beobachtete und niederschrieb. In den USA führte G. Stanley Hall (1844–1924) die Fragebogenmethode in die Entwicklungspsychologie ein. In Frankreich entwickelte Alfred Binet (1857–1911) den ersten Intelligenztest für Kinder mit der Absicht, retardierte Kinder zu identifizieren und zu unterstützen. Aus deutschsprachiger Sicht ist Sigmund Freuds (1856–1939) bekannte psychosexuelle Phasenlehre zu nennen. Eine grobe Rekonstruktion der Dynamik des Fachs Entwicklungspsychologie ergibt, daß die anfangs dominierenden Reifungstheorien, die der biologischen Entfaltung die entscheidende Rolle in der Entwicklung zusprachen, in den 1950er und 60er Jahren von behavioristischen Lerntheorien mit ihrer Betonung der Umwelt abgelöst wurden. In der zweiten Hälfte der 60er und in den 70er Jahren dominierte die kognitiv-strukturgenetische Theorie des Schweizer Psychologen Jean

Piaget (1896–1980). Momentan herrscht kein einzelnes Forschungsprogramm mehr vor, da die Entwicklungspsychologie pluralistisch und eklektizistisch geworden ist.

Historisch bedeutsam ist auch die Frage nach der Emergenz des Begriffs einer Kindheit oder anderer Altersgruppierungen. Aries (1975) hat darauf hingewiesen, daß das Konzept einer Kindheit in Europa erst in der Moderne entstand bzw. daß das Mittelalter keine Idee davon hatte. Borstelmann (1983) hingegen hat argumentiert, daß Kindheit im Mittelalter durchaus als eine spezielle Phase anerkannt wurde, auch wenn man Kinder anders behandelte als heute. Mehr Klarheit herrscht um die historische Genese des Begriffs einer Adoleszenz, der erst zu Beginn des 20. Jahrhunderts populär wurde. Sozialgeschichtlich ergibt sich eine interessante Konstellation von Kapital auf der einen und Arbeit auf der anderen Seite. Im Zuge der Arbeiterbewegung wurde ein Verbot von Kinderarbeit und das Recht auf Schulbesuch gefordert. Andererseits benötigte ein zunehmend komplizierter werdender Arbeitsprozeß gut ausgebildete Fachkräfte. In diesem Zusammenhang wurden Adoleszente als eigene Gruppe konstituiert. Mittlerweile ist diese Altersgruppe zu einer äußerst wichtigen Zielgruppe von Werbung und Warenästhetik avanciert. In den Industrienationen wird auch der Begriff einer «verlängerten Adoleszenz» verwendet, wobei 20- bis 30jährige gemeint sind, die an Universitäten ihre Ausbildung erhalten und noch nicht in die Arbeitswelt integriert sind.

Traditionelle Aufgaben und Methoden der Entwicklungspsychologie: Die Entwicklungspsychologie beschreibt die Entwicklung des Menschen und spezifischer Dimensionen wie die Entwicklung des Denkens, der Emotion, der Wahrnehmung etc. Zugleich wird versucht, das Verhältnis dieser Dimensionen zueinander zu bestimmen: z. B., ob das Denken das Sprechen beeinflußt oder umgekehrt, und in welcher Weise. Als allgemeine Prinzipien zur Erklärung von Entwicklung werden u. a. Reifung, Lernen, Sozialisation, Äquilibration, Erfahrung und Verstärkung verwendet. Da die Entwicklungspsychologie viele praktische Implikationen beinhaltet, versucht man, auch auf Basis ihrer Erkenntnisse Entwicklung zu gestalten oder in eine bestimmte Richtung zu lenken. Traditionelle Methoden der Entwicklungspsychologie sind (a) die Querschnittsuntersuchung, bei der unterschiedliche Altersgruppen zu einem Meßzeitpunkt erforscht werden. Dieses kostengünstige und zeitökonomische Design läßt allerdings keine Bestimmung von individuellen oder echten Entwicklungen zu; (b) die Längsschnittuntersuchung, die Daten einer Kohorte über mehrere Meßzeitpunkte verfolgt, erlaubt die Bestimmung individueller Entwicklungen und wahrer Entwicklungstrends, damit u. a.

die Erfassung der Stabilität von Eigenschaften, ist jedoch teuer, langwierig und mit Verlust von Versuchspersonen belastet. Die Längsschnittuntersuchung läßt auch offen, ob gefundene Entwicklungstrends einer untersuchten Kohorte sich auch auf andere Kohorten übertragen lassen. Eine Kombination von Quer- und Längsschnittuntersuchung führt zur (c) Sequenzuntersuchung, bei der Daten zwei oder mehrerer Kohorten über zwei oder mehrere Meßzeitpunkte erhoben werden, womit Vorzüge von Längsschnitt und Querschnitt summiert werden.

Systematisierung des Fachs: Sigmund Freuds (1856–1939) Theorie der psychosexuellen Phasen, nach der die Energie auf unterschiedliche Körperzonen konzentriert ist, ist eine Rekonstruktion der Phasen über Gespräche mit erwachsenen Patienten und nicht aufgrund der Beobachtung von Kindern. Neo-Freudianer wie Erik Erikson (1902–1994) kritisierten u. a. Freuds Konzentration auf Sexualität. Erikson erweiterte die psychoanalytische Theorie durch acht psychosoziale Stufen, die für die gesamte Lebensspanne bedeutsam sind: Urvertrauen versus Urmißtrauen (0–1 Jahre); Autonomie versus Scham und Zweifel (1–3 Jahre); Initiative versus Schuldgefühl (3–6 Jahre); Fleiß versus Minderwertigkeit (6–12 Jahre); Identität versus Rollendiffusion (12–20 Jahre); Intimität versus Isolierung (20–40 Jahre); Generativität versus Stagnation (40–65 Jahre); Ich-Integrität versus Verzweiflung (ab 65 Jahre). Jean Piaget (1896–1980) akzentuierte die Vorstellung, daß Kinder Wirklichkeit nicht passiv wiedergeben, sondern diese konstruieren, und ist in der Entwicklungspsychologie vor allem durch seine kognitive Stufentheorie berühmt. Piaget konnte u. a. zeigen, daß Objektpermanenz – d. h. das Wissen, daß ein Objekt nicht zu existieren aufhört, wenn man es nicht mehr sieht – in der sensumotorischen Phase erworben wird. Lerntheorien sind keine eigentlichen Entwicklungstheorien, haben aber Veränderungen durch Lernen zum Inhalt. John B. Watson (1878–1958) ist mit dem «Albert-Experiment», das er zusammen mit Rosalie Rayner durchführte, vor allem wegen der ethischen Gedanken- und / oder Rücksichtslosigkeit des Experiments, das die Konditionierung von Angst bei einem kleinen Jungen demonstrierte, in die Geschichte der Entwicklungspsychologie eingegangen. Watson machte sich auch einen Namen durch seine Erziehungsratschläge, Er empfahl u. a., daß man Kinder niemals umarmen oder küssen soll. B. F. Skinner (1904–1990) entwickelte eine kommerziell erfolglose «Air-Crib», mit der eine ideale, von der Außenwelt relativ isolierte Umwelt für das Kleinkind geschaffen werden sollte. Die wichtigsten «lerntheoretischen» Beiträge wurden durch Albert Banduras (geboren 1925) informationstheoretisch erweiterte soziale Lerntheorie und seine Arbeiten zum Imitationslernen (Lernen am Modell) geleistet. Ethologische Theorien in der Entwicklungspsychologie haben ihre Wurzeln in den Arbeiten von Darwin und frühen Verhaltensforschern (z. B. Konrad Lorenz). Bedeutsamer Vertreter in der Entwicklungspsychologie ist John Bowlby (1908–1990), dem es über seine Attachment-Forschungen gelang, die emotionale Entwicklung wieder ins Zentrum des Interesses zu rücken. Sogenannte kontextualistische Theorien wurden u. a. von der kulturhistorischen Schule und insbesondere Lew Wygotski (1896–1934) vorgelegt. Wygotski macht deutlich, daß das tätige Individuum nicht von seinem Kontext getrennt werden darf. Bekannt ist seine Idee, daß das Inter-Psychische das Intra-Psychische erzeugt, und besonders das Konzept einer «Zone der nächsten Entwicklung», die auf das kooperative Lösungspotential eines Kindes, das mit entwickelteren Personen zusammenarbeitet, verweist. Spätere kontextualistische Theorien wurden u. a. von Bronfenbrenner vorgeschlagen, der in einer ökologischen Psychologie unterschiedliche kontextuelle Systeme (Makro-, Exo-, Meso-, Mikrosystem) berücksichtigt.

Eine Systematisierung kann nach *Lebensabschnitten* oder auch über *Gegenstandsbereiche* erfolgen: Entwicklung von Wahrnehmung, Kognition, Sprache, Emotion, Identität, soziale Kognition, Geschlechtsrollenorientierung etc. Bekannt und prägnant die Theorie der Moralentwicklung von L. Kohlberg (S. Scarr & McCartney 1927–1987), der sechs Stufen des moralischen Urteils unterscheidet. Jeweils zwei Stufen finden sich auf der präkonventionellen, konventionellen und postkonventionellen Ebene. Die Mehrheit der Erwachsenen erreicht allerdings nie die postkonventionelle Ebene, auf der gesellschaftliche Normen nicht fraglos hingenommen und moralische Urteile nach allgemeinen Prinzipien der Gerechtigkeit artikuliert werden (vgl. Teo, Becker & Edelstein, 1995).

Theoretische Probleme: Bedeutende theoretische Probleme beziehen sich auf das Verhältnis von Natur und Umwelt, auf die Frage, ob Kinder eine aktive oder passive Rolle in der Entwicklung spielen, ob Kinder gut oder schlecht sind, ob Entwicklung quantitativ oder qualitativ progrediert, ob Entwicklungsergebnisse universal oder partikular gesehen werden müssen und was das Hauptaugenmerk der Entwicklungspsychologie sein soll. Für die politisch vereinnahmte Frage nach dem Verhältnis von Anlage und Umwelt hat in der Entwicklungspsychologie eine Verschiebung Richtung Vererbung stattgefunden. Soziale Unterschiede können so besser gerechtfertigt werden. Das konzeptuelle Defizit der Vererbungstheoretiker besteht darin, daß eine niedrige empirische Aufklärung durch die Umwelt nicht automatisch auf Erblichkeit schließen läßt. Eine solche Konklusion beruht auf der Prämisse, daß menschliches Handeln bedingt und nicht begründet ist.

Empirische Ergebnisse: Die Entwicklungspsychologie produziert eine erstaunliche Vielfalt an «Wissen» (im Sinne von Foucault). Glaubte so mancher Forscher am Beginn des Jahrhunderts noch, daß Neugeborene vor visueller Überstimulation geschützt werden müssen – und Kinderbetten in der Tat mit weißen Leintüchern drapiert wurden –, hat die Entwicklungspsychologie der Wahrnehmung deutlich gemacht, daß Neugeborene gewisse Farben und Geschmack unterscheiden, grobe Muster bevorzugen, besonders sensitiv in bezug auf die menschliche Stimme sind, auf Gestank negativ reagieren und Lärm von Musik differenzieren können. Experimente legen nahe, daß bereits zwei Tage alte Kinder Größenkonstanz aufweisen (Slater, Mattock & Brown, 1990), mit potentiell wichtigen philosophischen Implikationen. Aber auch sozial relevante Fragen werden in der Entwicklungspsychologie beantwortet, wenn z. B. Forscherinnen zeigen, daß lesbische oder schwule Eltern die Entwicklung ihrer Kinder keineswegs negativ beeinflussen (Patterson, 1992), wie von der religiösen Rechten behauptet wird. Empirisch arbeitende Entwicklungspsychologen thematisieren durchaus die negativen Auswirkungen von Armut auf die psychische Entwicklung.

Kritische Positionen und Problemzonen: Kritische Positionen in der Entwicklungspsychologie sind sehr heterogen, so daß es schwierig ist, einen gemeinsamen Nenner für die Entwicklungspsychologie zu definieren. Ihre Stärke liegt sicherlich im Aufweis der Schwächen der traditionellen Entwicklungspsychologie. Es gibt aber auch positiv-kritische Ansätze in der Entwicklungspsychologie (z. B. Broughton, 1987). Man sollte zumindest drei kritische Forschungstraditionen unterscheiden: (a) Die deutschsprachigen kritisch-theoretischen Traditionen fokussieren auf unreflektierte Annahmen der traditionellen Psychologie, die auch für die Entwicklungspsychologie gelten. Es wurde auch versucht, Kategorien der Kritischen Psychologie im «Projekt Subjektentwicklung in der frühen Kindheit» (1984) empirisch umzusetzen. (b) Die von französischen Philosophen inspirierten Kritiker wollen die Entwicklungspsychologie dekonstruieren. Burman (1994) versuchte in diesem Sinn eine Dekonstruktion der Entwicklungspsychologie. Foucault (1976, S. 288) selbst nennt die Entwicklungspsychologie als eine jener Disziplinen, in der sich Wissen mit Macht paart. (c) Die vor allem nordamerikanische «Multiple Voices»-Position, die von allen drei kritischen Positionen in der traditionellen Entwicklungspsychologie am einflußreichsten ist, kritisiert, daß die Entwicklungspsychologie einseitig männlich, «weiß», europäisch-amerikanisch, an der Mittelschicht und heterosexuell orientiert sei. Alle wichtigen Theorien wurden unter solchen Gesichtspunkten kritisiert. Einflußreich ist Gilligans (1977) feministische Kritik an Kohlberg, die das

Problem aufwirft, ob die Suche nach bestimmten Problemen nicht dem Forschungskontext (zu dem das soziale Geschlecht gehört) geschuldet ist. Außerdem wurde argumentiert, daß es wichtig ist, dem besonderen Charakter der Entwicklung von spezifischen ethnischen Minderheiten gerecht zu werden (s. Teo, 1993). Auch die Diskussion um die Universalität von Erziehungsstilen macht deutlich, daß ein in vielen Studien als besonders entwicklungsfördernd ermittelter autoritativer Erziehungsstil (herzlich und warm, aber auch anspruchsvoll und kontrollierend; nicht mit autoritär zu verwechseln) in anderen kulturellen Kontexten nicht viel Sinn macht (s. Chao, 1994).

Literatur

Aries, P. (1975). Geschichte der Kindheit. München.
Borstelmann, L. J. (1983). Children before psychology: Ideas about children form antiquity to the late 1800s. In: P. H. Mussen (Hg.), Handbook of child psychology (Bd. 1). New York.
Broughton, J. M. (Hg.). (1987). Critical theories of psychological development. New York.
Burman, E. (1994). Deconstructing developmental psychology. London.
Chao, R. K. (1994). Beyond parental control and authoritarian parenting style: Understanding Chinese parenting through the cultural notion of training. Child development, 65, S. 1111–1119.
Foucault, M. (1976). Überwachen und Strafen: Die Geburt des Gefängnisses. Frankfurt/M.
Gilligan, C. (1977). In a different voice: Women's conceptions of self and of morality. Harvard Educational Review, 47(4), S. 481–517.
Holzkamp, K. (1983). Grundlegung der Psychologie. Frankfurt/M.
Leontjew, A. N. (1973). Probleme der Entwicklung des Psychischen. Frankfurt/M.
Patterson, C. J. (1992). Children of lesbian and gay parents. Child development, 63, S. 1025–1043.
Projekt «Subjektentwicklung in der frühen Kindheit» (1984). Theoretische Grundlage und methodische Entwicklung der Projektarbeit. Forum Kritische Psychologie, 14, S. 56–81.
Scarr, S. & McCartney, K. (1983). How people make their own environments: A theory of genotype-environment effects. Child development, 54, S. 424–435.
Slater, A., Mattock, A. & Brown, E. (1990). Size constancy at birth: Newborn infants' responses to retinal and real size. Journal of Experimental Child Psychology, 49, S. 314–322.
Teo, T. (1997). Developmental psychology and the relevance of a critical metatheoretical reflection. Human Development, 40 (4), S. 195 – 210.
Teo, T. (1993). Erfahrungsseelenkunde von birassischer Identität. Störfaktor, 21, S. 7–22.
Teo, T., Becker, G. & Edelstein, W. (1995). Variability in structured wholeness: Context factors in L. Kohlberg's data on the development of moral judgment. Merrill-Palmer Quarterly, 41 (3), S. 381–393.

Thomas Teo

Epidemiologie

Mit dem Begriff Epidemiologie umschreibt man heute eine Vielzahl von Methoden der empirischen Sozialforschung, die in den Gesundheitswissenschaften einschließlich der Medizin angewendet werden zur Untersuchung von komplexen Zusammenhängen zwischen gesellschaftlichen Zuständen oder Entwicklungen und deren Auswirkungen auf die Gesundheit bzw. Krankheit von Individuen, Gruppen, der Bevölkerungen einer Region oder eines Landes bzw. der Menschheit schlechthin. Im einfachsten Fall geht es um die Beschreibung des Gesundheits- oder Krankheitszustandes einer wohldefinierten Gruppe von Personen in eng definierten Raum-Zeit-Bezügen. Die *deskriptive Epidemiologie* diagnostiziert Ereignisse im jeweiligen räumlichen und zeitlichen Bezugsrahmen. Sie stellt Datensätze bereit, die für die Gesundheitswissenschaften und die Medizin die Grundlagen darstellen zur Hypothesenbildung über die Entstehung und Verbreitung von Gesundheit und Krankheit.

In Fortführung dieser Ansätze bemüht sich die *analytische Epidemiologie* darum, gezielt Ursachenforschung zur Gesundheit bzw. Krankheit zu betreiben. Zu den zentralen Untersuchungsdimensionen zählen einerseits die sozialstrukturellen Variablen wie Einkommen, Bildung, Beruf und Berufsstatus usw. sowie die Zugehörigkeit zu verschiedenen Milieus mit ihren unterschiedlichen Lebensstilen, andererseits Indikatoren für Gesundheit und Krankheit. Je nach Fragestellung werden Cluster bzw. Untergruppen gebildet, die miteinander auf ihren Gesundheits- und Krankheitszustand verglichen werden können. Als Methode der Wahl bieten sich Längsschnittstudien an, um zu ermitteln, welche Kombination von Variablen die Gesundheit besonders beeinträchtigt, wobei Interdependenzen mit den sozialen Sicherungssystemen der jeweiligen Länder zu berücksichtigen sind. Zum Beispiel weiß man, daß sich Armut pauschal genommen immer negativ auf das gesundheitliche Wohlbefinden auswirkt. Aber ein kausaler Zusammenhang von Armut und im Vergleich mit der gesamten Bevölkerung eines Landes verkürzter Lebenserwartung läßt sich nur in den hochindustrialisierten Ländern feststellen, die wie die USA keine allen Bürgerinnen und Bürgern offenstehende Sozialgesetzgebung kennen. Wenn die Kosten etwa zur Behandlung von Krankheiten individuell aufgebracht werden müssen, hängt die Entscheidung darüber, was man im Krankheitsfall unternehmen soll und kann, nicht zuletzt von den verfügbaren finanziellen Ressourcen ab. Wird die Krankheitsbehandlung hinausgeschoben, kann es zur Chronifizierung des Leidens kommen. Genau diese Zusammenhänge sind in amerikanischen Studien über Armut und Gesundheit bzw. Krankheit wiederholt empirisch belegt worden (Hollingshead & Redlich, 1958; Dohrenwend et al., 1989).

Andererseits gibt es riskante Verhaltensweisen, die unabhängig von der sozialstrukturellen Lage mit gesundheitlichen Beeinträchtigungen assoziiert sind. Zu den klassischen Beispielen gehören das Rauchen und der exzessive Alkoholkonsum. Wie man aus einer Vielzahl von Studien weiß, variieren riskante Verhaltensweisen systematisch mit dem Geschlecht, dem Alter und dem Bildungsstatus. Der Geschlechtervergleich zeigt, daß Frauen, die dieselben bedrückenden Lebensbedingungen zu bewältigen haben, weniger riskante Verhaltensweisen entwickeln. Es gibt also Alternativen, wie man mit gesellschaftlichen Verhältnissen umgehen kann, und manche davon sind gesundheitsfreundlicher als andere. Frauen wählen häufig die gesundheitsfreundlicheren Alternativen. Zur Erklärung dieser Unterschiede verweist man gewöhnlich auf die geschlechtsspezifische Sozialisation, die den instrumentellen Verhaltensstil der Männern bestärken soll und den expressiven der Frauen. Zu letzterem gehört eine besondere, eben weibliche Fürsorge für die eigene Gesundheit und die der Familienmitglieder. Angesichts nachhaltiger Veränderungen im Geschlechterverhältnis wird es allerdings Zeit, diese Erklärung auf ihre Stichhaltigkeit hin zu überprüfen.

Die *experimentelle Epidemiologie* geht über diese Ansätze hinaus und untersucht in prospektiven Längsschnittstudien die Auswirkungen von gezielten Interventionen in ausgewählten Studienpopulationen. Diese können sich sowohl auf den individuellen Lebensstil beziehen als auch auf verschiedene Formen der medikamentösen Behandlung. Untersucht werden die gesundheitlichen Langzeitwirkungen dieser Einflußnahmen. Klassische Beispiele sind Studien zur Vermeidung von Herz-Kreislauf-Erkrankungen (Badura et al., 1987) oder neuerdings die Auswirkungen von Hormonersatztherapien bei Frauen nach der Menopause. Alle diese Studien werfen erhebliche ethische Probleme auf, worauf hier nicht ausführlich eingegangen werden kann. Ein weiterer Arbeitsbereich der Epidemiologie ist die *Gesundheitssystemforschung*, zu der die vergleichende Analyse der unterschiedlichen Gesundheitssysteme in verschiedenen Ländern gehört sowie deren Auswirkungen auf die Kostenentwicklungen im Gesundheitssektor, ebenso die Untersuchung von Effektivität und Effizienz aller Sparten des Gesundheitswesens und die Qualitätssicherung der Angebote. Es liegt auf der Hand, daß diese Studien für Planungen im Gesundheitsbereich unverzichtbar sind.

Schließlich profitiert auch die (primäre) *Prävention* von den Ergebnissen der Epidemiologie, die in Programme zur Gesundheitsförderung umgesetzt werden können. Dabei geht es darum, individuelle *Verhaltensän-*

derungen mit den gesellschaftlich notwendigen sozial-ökologischen *Verhältnisänderungen* zusammenzubringen, denn beide bedingen sich gegenseitig, wenn die Gesundheitsförderung effektiv sein soll. Das haben die Studien über den Zusammenhang zwischen Sozialstruktur und Morbidität bzw. Mortalität hinreichend belegt.

Literatur

Badura, B., Kaufhold, G., Lehmann, H., Pfaff, H., Schott, T. & Waltz, M. (1987). Leben mit dem Herzinfarkt. Eine sozialepidemiologische Studie. Berlin.
Dohrenwend, B. P., Dohrenwend, B. S., Gould, M. S., Link, B., Neuhrbauer, R. & Wunsch-Hitzig, R. (1989). Mental Illness in the United States: Epidemiological Estimates. New York.
Hollingshead, A. B. & Redlich, F. C. (1958). Social Class and Mental Illness. New York.
Hurrelmann, K. & Laaser, U. (Hg.). (1993). Gesundheitswissenschaften. Weinheim.
Kasl, S. V. & Cooper, C. L. (Hg.). (1987). Stress and Health. Chichester.

Irmgard Vogt

Erfahrung

Den alltäglichen Begriff der Erfahrung als «Vertrautheit mit dem Besonderen» (Hügli & Lübcke, 1997, S. 180) findet man bei Aristoteles. In der Renaissance wird Erfahrung mit methodisch angeleiteter Erkenntnis gleichgesetzt. Im Unterschied zu Aristoteles meint Empirie bei Bacon den Vorgang der «Verfügung über *generelle Sätze und Regeln*» (Kambartel, 1972, S. 611). Mit Locke beginnend liegt im Empirismus eine Ineinssetzung von Wahrnehmung und Erfahrung vor. Für die Empiristen wird alles Erfahrungswissen «auf das durch die Sinne ‹Gegebene›» zurückbezogen (Hügli & Lübcke, 1997, S. 180). Im logischen Empirismus, so bei Carnap, werden wissenschaftliche Theorien auf Basissätze zurückgeführt und zwischen Beobachtungs- und Theoriesprache unterschieden. Im kritischen Rationalismus bei Popper wird dagegen die Theorieabhängigkeit unserer Erfahrung betont (vgl. Popper, 1994). Bei Kant ist Erfahrung verstanden als Erfahrungserkenntnis. Erkenntnis kommt in Rekurs auf das transzendentale Bewußtsein aus dem Zusammenspiel von Anschauungsformen und Kategorien im Verhältnis zur Gegebenheit des empirischen Materials der Anschauung zustande (vgl. Kant, 1974). Hegel kritisiert unter der Maßgabe der Selbstbewegung des Begriffs die Dualität zwischen den apriorischen Bestandstücken bei Kant und dem als Gegebenheit begriffenen Material der Erkenntnis (vgl. Hegel, 1986). Im absoluten Wissen liegt dann eine «Überwindung aller Erfahrung» (Gadamer 1990, 361) vor. In der «Negativen Dialektik» bei

Adorno ist alle bisherige Erfahrung durch einen gesellschaftlichen Zwangszusammenhang vermittelt, und es wird auf die Wendung zum Nichtbegrifflichen im Verhältnis zum Begriff insistiert (vgl. Adorno, 1977). Im Marburger Neukantianismus, so bei Cohen, wird durch Reinigung der Erfahrung «von allen metaphysischen und empiristischen Prämissen jede Annahme einer reinen Gegebenheit» (Kambartel 1972, 616) vermieden. In der Hermeneutik bei Dilthey werden natur- und geisteswissenschaftliche Begriffsbildung unterschieden (vgl. Dilthey, 1974). Der neuere hermeneutische Erfahrungsbegriff, so bei Heidegger und Gadamer, «ist kritisch gegen den empiristischen wie auch gegen den phänomenologischen gerichtet» (Hügli & Lübcke 1997, S. 181). Im Dekonstruktivismus (Derrida) erfährt der Begriff des Verstehens eine Kritik unter dem Gesichtspunkt einer «Hermeneutik» der «Signifikantenketten» (Welsch, 1995, S. 260). Aus der Sicht des Radikalen Konstruktivismus verdanken sich unsere Kategorien nicht, wie in der Ethologie und im hypothetischen Realismus, einem Anpassungsvorgang in Hinsicht auf die Umwelt. Wirklichkeit ist Resultat von Konstruktion infolge der Selbstreferentialität des Gehirns (vgl. Roth, 1994). Luhmann (1995) kritisiert Roth dahin gehend, daß das Nervensystem nicht, anders als das Bewußtsein, «Selbstreferenz und Fremdreferenz» kombinieren resp. unterscheiden kann.

Literatur

Adorno, T. W. (1977). Negative Dialektik. Ges. Schriften, Bd. 6. Frankfurt/M.
Dilthey, W. (1974). Der Aufbau der geschichtlichen Welt in den Geisteswissenschaften. Frankfurt/M.
Gadamer, H. G. (1990). Wahrheit und Methode. Tübingen.
Hegel, G. W. F. (1986). Werke Bde 3, 5, 6 und 8. Frankfurt/M.
Hügli, A. & Lübcke, P. (1997). Philosophielexikon. Reinbek.
Kambartel, F. (1972). Erfahrung. In: J. Ritter (Hg.), Historisches Wörterbuch der Philosophie, Bd. 2. Frankfurt/M.
Kant, I. (1974). Kritik der reinen Vernunft. Frankfurt/M.
Luhmann, N. (1995). Die Kunst der Gesellschaft. Frankfurt/M.
Popper, K. R. (1994). Logik der Forschung. Tübingen.
Roth, G. (1994). Das Gehirn und seine Wirklichkeit. Frankfurt/M.
Welsch, W. (1995). Die zeitgenössische Vernunftkritik und das Konzept der transversalen Vernunft. Frankfurt/M.

Harald Kerber

Ergonomie

Der Begriff Ergonomie (griech: *ergon* = Werk, Arbeit; *nomos* = Gesetz, Lehre) wurde von Jastrzebowsky (1857) geprägt. Physiologen, Psychologen, Mediziner und Ingenieure bezeichneten damit 1949 auch ihr gemeinsames arbeitswissenschaftliches Aufgabenfeld. Während im Angloamerikanischen «Ergonomics» eher arbeitspsychologische Konzepte umschließt, ist die «Ergonomie» im deutschen Sprachraum traditionsgemäß stärker arbeitsphysiologisch-ingenieurwissenschaftlich orientiert. Ergonomie beinhaltet das Analysieren, Messen, Beurteilen und Gestalten aller Beziehungen zwischen Mensch und Arbeit, d. h. des Mensch-Arbeits-Systems (Rohmert, 1993; Schmidtke, 1993; ISO 6385). Ergonomische Fragestellungen ergeben sich bei der Funktionsteilung zwischen Mensch und Maschine im Rahmen der Aufgabengestaltung sowie bei der Anpassung technischer Parameter an funktionelle Leistungsmöglichkeiten des Menschen im Rahmen der Schnittstellengestaltung, d. h. bei der Gestaltung der Interaktionen des Menschen mit Maschinen, Geräten, Einrichtungen und Anlagen sowie bei der Überwachung und Steuerung technologischer Prozesse in einer zu gestaltenden Arbeitsumwelt. Mit dem Ziel einer Anpassung der Maschine und der Arbeitsbedingungen an die überdauernden und dynamisch sich verändernden Merkmale der im System arbeitenden Menschen sind diese als weitestgehend gegeben zu berücksichtigen. Arbeitsanalysen als Analysen von Arbeitsbedingungen und -tätigkeiten und deren Folgen für die direkt und indirekt Betroffenen sind zur Statusdiagnose sowohl allen Interventionsmaßnahmen vorzuschalten wie auch als Evaluationsinstrument zur Überprüfung von Effektivität und Effizienz zu verwenden. Von zentraler methodischer Bedeutung ist dabei die Ermittlung der Belastung, der Beanspruchung und der Beanspruchungsfolgen für die Arbeitenden. Auf dieser Grundlage sind Arbeitssysteme in bezug auf die Erreichung arbeitswissenschaftlicher Ziele (Rohmert, 1984) zu beurteilen und zu gestalten. Eine verbreitete Technikzentriertheit, eine partialisierende Systembetrachtung, eine allein werbewirksame Begriffsverwendung und «Spezialgebiete» wie z. B. die ‹Software-Ergonomie› oder ‹Kognitive Ergonomie› sind kritisch zu betrachten (Nachreiner, 1994; Schmidtke, 1993). Da es in der Ergonomie um Menschen und deren Arbeitsverhalten geht und in den Arbeitsprozessen zunehmend die Verlagerung von körperlicher zu psychischer Belastung erkennbar wird, sind psychologische Ansätze hier in Zukunft professionell gefordert.

Literatur

Luczak, H., Volpert, W. & Müller, T. (Hg.). (1997). Handbuch Arbeitswissenschaft. Stuttgart.
Nachreiner, F. (1994). Methodenprobleme der Software-Ergonomie. In: A. Hartmann, T. Herrmann, M. Rohde & V. Wulf (Hg.), Menschengerechte Groupware – Software-ergonomische Gestaltung und partizipative Umsetzung (S. 51–63). Stuttgart.
Rohmert, W. (1984). Das Belastungs-Beanspruchungs-Konzept. Z. Arb.wiss., 38, S. 193–200.
Rohmert, W. (1993). Konzepte der Arbeitsstrukturierung. In: H. Schmidtke (Hg.), Ergonomie (S. 600–614). München.
Schmidtke, H. (1993). Normative Aspekte. In: H. Schmidtke (Hg.), Ergonomie (S. 629–634). München.

Peter Nickel

Erkennen

Seit Adam und Eva den Apfel vom Baum der Erkenntnis gegessen haben, plagt die abendländischen Menschen die Frage nach dem «richtigen» Erkennen: Woran merke ich, daß das, was ich subjektiv als richtig erkenne, auch objektive Gültigkeit hat? Das hebräische Wort für «erkennen» *jedah* verweist in seinem Bedeutungsgehalt noch ins Offene: Wahrnehmen, Erkennen, Wissen meint ein «vertraut sein mit etwas», es ist eine sinnliche Tätigkeit des Einverleibens, des Einswerdens; deshalb das Essen des Apfels, deshalb drückt das Hebräische das Einswerden von Mann und Frau mit dem Wort «Erkennen» aus. Nach der Bibel erschafft Gott die Welt als eine Welt der Zweiheit, weshalb der hebräische Text der Bibel mit dem zweiten Buchstaben des Alphabets, dem «Beth» beginnt. Und am Ende des Schöpfungsberichts nennt Gott diese Welt der Zweiheit ausdrücklich «sehr gut». Diese Zweiheit meint aber keine Gegensätzlichkeit, sondern eine aufeinander bezogene Polarität. So hat die Erde zwei Pole, gibt es Tag und Nacht, Sommer und Winter, Mann und Frau und Gut und Böse. In diesem «und» eint sich die Polarität zur Ganzheit. Mit dem Aufstieg des griechischen Denkens zur Philosophie ändert sich der Bedeutungsgehalt von «erkennen» radikal: Das griechische Wort «gnosis» meint Erkennen in Abgrenzung zu etwas, ein Unterscheiden von richtig und falsch. Nicht zufällig entstammt «gnosis» der juristischen Sphäre, wie auch das Wort «Kategorie» den Begriffsrahmen meint, der auf der «agora», dem Markt- und Richtplatz, verhandelt wird. Ziel der Erkenntnis ist es, zu einem endgültigen, feststehenden diagnostischen Befund zu kommen über das, was richtig *oder* falsch ist, der Weg dorthin führt über die Rede und Widerrede (Dialektik). Die Polarität wird zur spaltenden Qualität: Geist / Materie, Subjekt / Objekt, Form / Substanz, Idee / Erscheinung, Leib / Seele. Die Vielfalt der Erscheinung soll abstrahiert werden zur «Erkenntnis des Einen». Parmenides sieht als Ziel des Erkennens die Erkenntnis des Wahren als «Absolutum». Anaxagoras behauptet, «das Eine» lasse sich nur mit dem Geist / Verstand erkennen, die menschlichen Sinne aber stifteten dabei nur Verwirrung, Platon lobt das Streben der Seele nach Erkenntnis des «Guten, Wahren und Schönen», tadelt aber gleichzeitig die Leidenschaften des Leibes als «häßlich und böse». Am Ende des 20. Jahrhunderts ist trotz des Wissens um viele mit bewundernswerter Verstandesschärfe ausgeführter Begriffssysteme (z. B. Spinoza, Kant, Fichte, Hegel, Schelling) festzustellen: Das Erkennen bleibt ein sehr individueller, subjektiver Akt.

Wolfgang Deubelius

Erkenntnistheorie

Das Problem der Erkenntnis ist so alt wie philosophisches Denken. Von Erkenntnistheorie ist aber erstmals im 19. Jahrhundert in E. Reinholds «Theorie der Erkenntnis» (Ritter, 1972, S. 683) die Rede. Erkenntnistheorie kommt also erst in der Neuzeit und hier im Zusammenhang mit der modernen Naturerkenntnis auf. «Mit dem *cogito ergo sum,* der Selbstgewißheit des aus dem absoluten Zweifel geborenen Ich im Rationalismus des Descartes, beginnt die ‹kritische Erkenntnislehre›» (Kerber, 1991, S. 124; vgl. Hartmann, 1956, S. 30).

Gegenüber der Apriorität des Verstandes bei Descartes wird von Locke am Aposteriorischen des Sinnlichen angeknüpft und die Vorstellung von den eingeborenen Ideen bei Descartes kritisiert. Locke unterscheidet dabei zwischen *sensation* und *reflection.* Bei Leibniz ergibt sich gegenüber dem Sensualismus, daß der Intellekt selbst nicht in den Sinnen sein könne. Das Problem der Verknüpfung der beiden Erkenntnisstämme für die Möglichkeit von Erkenntnis wurde so, im Rückgang auf die einheitsstiftende Funktion eines transzendentalen Bewußtseins in Auseinandersetzung mit dem Skeptizismus Humes, für die Erkenntnistheorie Kants relevant, wonach die menschliche Erkenntnis sich nur auf die Welt der Erscheinungen bezieht, nicht aber auf «Dinge an sich selbst» (vgl. Kerber, 1991, S. 124 f). Hegel kritisiert ein von der Trennung in Erkenntnis und Absolutem ausgehendes erkenntnistheoretisches Verständnis von Erkenntnis als in sich widersinnig. Für Marx sind die Kategorien, bezogen auf Gesellschaftsformen, «Daseinsformen, Existenzbestimmungen»

(1974, S. 26). Im Sinne des hypothetischen Realismus von K. Lorenz und der evolutionären Erkenntnistheorie haben die Verstandeskategorien ihre naturgeschichtlich verstandene Entstehungsgeschichte (vgl. Lorenz, 1989). Von dieser Thematik ist auch der falsifikationstheoretische Ansatz von Popper bestimmt (vgl. Popper, 1974). Die evolutionstheoretische Umformulierung der Kantischen Fragestellung hat aber ihre konsequenteste Gestalt in der Genetischen Erkenntnistheorie von J. Piaget erfahren. Er erblickt in den über notwendige Prozesse zunehmender Dezentrierung sich genetisch herausbildenden logisch-mathematischen Strukturen die Einlösung der Frage über den Herkunftscharakter wie über die Geltung und Notwendigkeit der apriorischen Formen, von denen Kant ausging (vgl. Piaget, 1992). Im Radikalen Konstruktivismus wird gegen den hypothetischen Realismus und gegen Popper eingewendet, daß es eine «bewußtseinsunabhängige, objektive Wahrheit» (Roth 1994, S. 320) nicht gebe, weil eine bewußtseinsunabhängige Welt nicht existiere. Es handelt sich hierbei um eine Erkenntnistheorie «für ‹informational geschlossene Systeme›» (v. Glasersfeld, 1987, S. 184). Die Struktur der Umwelt ist «das Ergebnis» von «Wahrnehmungs- und Erkenntnisprozesse(n)», und Theorien und Modelle sind nur «Theorien und Modelle» (ebd., S. 185). In einem entsprechenden Sinn wird hier die Äquilibrationstheorie von Piaget interpretiert. Nach der an der Phänomenologie geübten Kritik von seiten der Kritischen Theorie ist der «Geist ... vom Gegebenen sowenig abzuspalten» «wie dieses von ihm. Beide sind kein Erstes», sondern «durcheinander vermittelt» (Adorno, 1990, S. 33). In der Tradition dieses Ansatzes wird das Erkenntnisproblem durch den Rekurs auf gesellschaftliche Strukturen zu erklären versucht (vgl. Kerber, 1991, S. 128). Im Hinblick auf eine transzendental-anthropologische und sprachanalytisch orientierte Wendung des transzendentalen Ansatzes bei Kant soll der Begriff der transzendentalen Kommunikationsgemeinschaft sich nicht nur auf die Geltungsbegründung mathematisch-physikalischen Wissens, sondern auch auf die «‹Bedingung der Möglichkeit der Sozialwissenschaften›» (Apel 1973, 220) beziehen. Der unter kommunikationstheoretischen Gesichtspunkten verstandene transzendental-anthropologische Ansatz wird von Habermas für die Reflexion auf das Verhältnis von Philosophie und Wissenschaft fruchtbar gemacht, wonach «eine unbeirrt philosophische Erkenntnis der Wissenschaft einen legitimen Platz erst einräumt» (Habermas, 1994, S. 11). Eine veränderte Reformulierung dieses Ansatzes liegt im Ausgang von der Unterscheidung zwischen System und einem kritisch verstandenen Begriff der Lebenswelt sowie einem lebensweltlich und sprachtheoretisch zentrierten, sich in empirischen Verkörperungen manifestierenden und auf den «vernünftigen Gehalt anthropologisch tiefsitzender Strukturen» zurückverweisenden Begriff «des kommunikativen Handelns» vor (Habermas, 1995, S. 561; vgl. Kerber, 1991, S. 128f). Im operativen Konstruktivismus in der Systemtheorie von Luhmann wird gegenüber der Zweiwertigkeit der überkommenen Epistemologie und der Leitunterscheidung «von empirisch und transzendental» (Luhmann, 1990, S. 498) bei Kant sowie der von «Materie/Geist» (ebd., S. 128) in einer materialistischen Erkenntnistheorie wie auch gegenüber der Dialektik bei Hegel die Thematik der Selbstreferenzunterbrechung, so wie sie schon die Kantische Theorie auszeichnet, abgekoppelt von der dort vorliegenden «Bewußtseinsanalyse» und auf die Thematik systemischer Selbstreferenz im Sinne einer «second order cybernetics» bezogen.

Literatur

Adorno, T. W. (1990). Zur Metakritik der Erkenntnistheorie. Frankfurt/M.
Apel, K. O. (1973). Transformation der Philosophie. Frankfurt/M.
Glasersfeld, E. v. (1987). Wissen, Sprache und Wirklichkeit. Braunschweig/Wiesbaden.
Habermas, J. (1994). Erkenntnis und Interesse. Frankfurt/M.
Habermas, J. (1995). Theorie des kommunikativen Handelns. Frankfurt/M.
Hartmann, N. (1956). Einführung in die Philosophie. Hannover.
Kerber, H. (1991). Erkenntnistheorie. In: H. Kerber & A. Schmieder (Hg.), Handbuch Soziologie (S. 119–131). Reinbek.
Lorenz, K. (1989). Die Rückseite des Spiegels. München.
Luhmann, N. (1990). Die Wissenschaft der Gesellschaft. Frankfurt/M.
Marx, K. (1974). Grundrisse der Kritik der politischen Ökonomie. Berlin.
Piaget, J. (1992). Biologie und Erkenntnis. Frankfurt/M.
Popper, K. R. (1974). Objektive Erkenntnis. Hamburg.
Ritter, J. (Hg.). (1972). Historisches Wörterbuch der Philosophie, Bd. 2. Basel/Stuttgart.
Roth, G. (1994). Das Gehirn und seine Wirklichkeit. Frankfurt/M.

Harald Kerber

Erziehungsberatung

Unter dem Begriff Erziehungsberatung wird gemeinhin professionelle Beratung zur Erziehung verstanden. Die Berater und Beraterinnen sind ausgebildete Fachkräfte (Sozialarbeiter und Sozialpädagogen, Diplom-Pädagogen, Diplom-Psychologen und Mediziner), die ihre Beratungsangebote im Auftrag kommunaler Behörden (Jugendamt, Allgemeiner Sozialer Dienst) oder im Auftrag von freien Wohlfahrtsverbänden meist im institutionellen Rahmen einer Erziehungsberatungsstelle anbieten.

Geschichte

Professionelle Erziehungsberatung gibt es in Deutschland seit etwa 100 Jahren. Erste Angebote entstanden in Form von Privatinitiativen von Ärzten, Lehrern und sozial engagierten Vereinen. Als einer der ersten Vorreiter kann die Errichtung einer heilpädagogischen Erziehungsberatungsstelle durch den Kriminalpsychiater W. Cimbal im Jahr 1903 gelten (vgl. Presting, 1991; Geib, Rosarius & Trabant, 1990; Hundsalz, 1995; Abel, 1997 a). Die historischen Wurzeln der Erziehungsberatung sind vor allem in der Psychoanalyse und der sich aus ihr entwickelnden Psychoanalytischen Pädagogik, in der Heilpädagogik wie auch in sozialpädagogischen, fürsorgerischen Reformansätzen und in psychiatrisch-kriminologischen Herangehensweisen zu verorten. Aufgabe der Erziehungsberatungsstellen war in erster Linie die «Sichtung», also die Diagnostik von auffälligen Kindern und Jugendlichen. Diesem Zweck diente die Erziehungsberatung auch im Nationalsozialismus. Im Dritten Reich wurde die Erziehungsberatung weitgehend von der Nationalsozialistischen Volkswohlfahrt (NSV) organisiert. Im Zuge weiterer Verbreitung psychotechnischer Verfahren (Intelligenzdiagnostik) konnte sich in dieser Zeit besonders der Berufsstand der Psychologen in der Erziehungsberatung etablieren (vgl. Abel, 1998 a). Nach dem Krieg wurde die Erziehungsberatung nach dem amerikanischen Modell der «child-guidance-clinic» ausgebaut. Ein multidisziplinär zusammengestelltes Team war eine wichtige Grundlage dieses Ansatzes. Gab es 1953 erst 134 hauptamtliche MitarbeiterInnen, so sind es 1987 insgesamt 3947, von denen die Berufsgruppe der Psychologen den größten Anteil bildet (über 50 Prozent). Die Richtzahl der WHO ist damit aber längst nicht erreicht.

Rahmenbedingungen

Heute unterscheiden sich Erziehungsberatungsstellen in ihrer Arbeitsweise, ihrer konzeptionellen Ausrichtung und ihrer Klientel. Ihr Erscheinungsbild variiert je nach Trägerinteresse, Ausbildungsstand und Besetzung des Mitarbeiterteams. Als übergreifende allgemeine Merkmale der Erziehungsberatung dürfen gelten: ein multiprofessionelles Team, Freiwilligkeit und Kostenlosigkeit der Inanspruchnahme, Schutz der Privatsphäre durch Datenschutzbestimmungen. Im VIII. Sozialgesetzbuch ist Erziehungsberatung im Rahmen der Leistungen der Jugendhilfe als sozialstaatliche Leistung institutionalisiert. Bestimmungen über Art und Umfang der Erziehungsberatung sind hier im Kinder- und Jugendhilfegesetz (KJHG) festgelegt. Für die Erziehungsberatung wurde eigens der Paragraph 28 eingerichtet. Darüber hinaus wird in weiteren gut 20 Paragraphen des KJHG Beratung als Jugendhilfeleistung genannt (vgl. Hundsalz, 1995; Abel, 1998b). Hier fehlt oft die genaue Zuordnung, wer diese Beratung durchführen soll, unter welchen Bedingungen und zu welchem Zweck beraten werden soll. Das macht die Abgrenzung der Beratungsleistungen untereinander schwierig und führt zu Diskussionen um die jeweilige Zuständigkeit (vgl. Abel, 1996). Im Bericht der Kommunalen Gemeinschaftsstelle für Verwaltungsvereinfachung wird eine konkretere Einordnung der Erziehungsberatung in das soziale Leistungssystem Jugendhilfe vorgenommen. Danach ist die Erziehungsberatung «zu den zentralen Beratungsangeboten der Jugendhilfe» zu zählen. Erziehungsberatung setzt die Leitvorstellungen der Jugendhilfe nach ihren besonderen Möglichkeiten spezifiziert um. «Im Vergleich zu den an anderen Stellen im KJHG genannten Beratungsaufgaben kann Erziehungsberatung als eine besonders intensive Maßnahme gekennzeichnet werden …» (ebd.). In Anlehnung an die Charakterisierungen der Erziehungsberatung im KGSt-Bericht lassen sich die Anforderungen in folgendem Aufgabenprofil zusammenfassen. *Rechtsgrundlage* der Beratung ist der ß 28 Erziehungsberatung (KJHG). In Kombination mit anderen Paragraphen des KJHG wird ein Rechtsanspruch auf Erziehungsberatung als niedrigschwelliges kostenloses Leistungsangebot festgelegt, sofern eine dem Wohl des Kindes entsprechende Erziehung nicht gewährleistet und Erziehungsberatung als Hilfe geeignet und notwendig ist. *Anlässe* der Beratung sind aktuelle Problemsituationen, die sich zu dauernden Beeinträchtigungen verfestigen können. Im Vordergrund steht beim Aufsuchen einer Erziehungsberatungsstelle zunächst der Wunsch nach Information und Auskunft. Ebenso wird Rat und Hilfe bei aktuellen Belastungen und Krisensituationen gesucht. Bei andauernden, zum Teil erheblichen Verhaltensauffälligkeiten und psychischen Störungen erwarten die Betroffenen, meist die Eltern Unterstützung, eingehende Beratung und Therapie. *Gegenstand* der Erziehungsberatung sind in erster Linie die Hilfe bei der Klärung und Bewältigung individueller und familienbezogener Probleme und der zugrundeliegenden Faktoren sowie Erziehungsfragen und Erziehungsschwierigkeiten von Eltern (z. B. bei Trennung und Scheidung), Lernschwierigkeiten, Verhaltensauffälligkeiten und Entwicklungsstörungen, psychosomatische Beschwerden von Kindern und Jugendlichen; komplexe Problemlagen und Mehrfachbelastungen und -störungen (ganzheitliche Problemsicht und Problemlösung erforderlich). *Arbeitsweisen* reichen von der Auskunft und Information über Sachverhalte, Situationen, Prozesse und Handlungsmöglichkeiten über die Unterstützung in familialen Krisensituationen bis zu psychosozialen Beratungen und therapeutischen Interventionen. Dabei soll das soziale Netzwerk der

Betroffenen einbezogen werden. Die Förderung der Zusammenarbeit der Betroffenen mit anderen Institutionen (Schule, Kindergarten etc.) ist wie das Zusammenwirken verschiedener Fachkräfte in einem Team wichtige Voraussetzung für die Arbeit der Erziehungsberatungsstellen. Die umfassende Exploration (Diagnostik) bildet einen wesentlichen Bestandteil der Beratungsarbeit und bietet Entscheidungshilfen auch für andere Institutionen (z. B. Schule oder Jugendamt). Eine eigenständige fachliche *Konzeption* oder Theorie des Beratens in der Erziehungsberatung liegt nicht vor. Auch wenn Erziehungsberatung als reines Praxiswissen gelten kann, ist dieses selten unbeeinflußt von theoretischen Festlegungen. Und zwar richtet sich das Beratungshandeln meist nach der theoretischen Orientierung der jeweiligen Beratenden. Diese Orientierungen werden in erster Linie über Ausbildungen in bestimmten Psychotherapien erworben. Die Beratungsarbeit wird also – entsprechend der professionellen Dominanz der Psychologenschaft – psychologietheoretisch fundiert. Im multidisziplinär zusammengesetzten Team treffen verschiedene psychotherapeutische Richtungen aufeinander, deren Divergenzen sich zum Teil in eklektischen Arbeitsverständnissen der Beratungsstellen aufzulösen scheinen und der Entwicklung einer einheitlichen Konzeption im Wege stehen.

Institutionelle Erziehungsberatung wird durch das KJHG – und hier ergänzend durch den Bericht der KGSt – festgelegt auf die Anamnese, Diagnostik, Kategorisierung und Behandlung (Therapie und Prävention) abweichenden Verhaltens von Kindern und Jugendlichen in Form psychosozialer Versorgungsleistungen (Jugendhilfe) in Kooperation mit anderen sozial-kontrollierenden Instanzen wie Schule und Jugendamt. Die Erziehungsberatung ist in ihrer gesellschaftlichen Funktion in den 70er und 80er Jahren stark kritisiert worden (vgl. Zygowski, 1984). Und auch heute trifft folgende kritische Beurteilung zu: «Die psychosozialen Probleme ihrer Klientel werden entsprechend der sozialkontrollierenden und -integrierenden Funktion der Erziehungsberatung als individuelle Störungen begriffen, die mit psychologisierenden Techniken und individualisierenden Lösungsstrategien bewältigt werden sollen» (Abel, 1996, S. 60). Auch die «Alltagswende im Arbeitsfeld Beratung» (Danzer, 1992), etwa in Form von lebensweltorientiertem Vorgehen oder Ansätzen der Gemeindepsychologie und der Gemeinwesenarbeit (Càrdenas & Gewicke-Schopmann, 1984; 1990), konnte die der Erziehungsberatung inhärente «Individualitätssystematik» in ihrem Einfluß auf Zweck und Funktion der Beratungsarbeit kaum relativieren.

Die *aktuelle Situation* der Erziehungsberatung ist einerseits geprägt von der noch immer nicht abgeschlossenen Anpassung an das 1991 in

Kraft getretene KJHG (Jugendhilfeplanung), andererseits von chronischen Finanzierungsproblemen und Einsparungsmaßnahmen. Mit betriebswirtschaftlichen Finanzierungsmodellen wie «output-orientierte Steuerung», «Budgetierung» der Beratungsstellenetats und «Produktorientierung» soll die Erziehungsberatung wirtschaftlich effizienter gemacht werden (vgl. Körner, Kassebrock & Gröll, 1997). Angesichts von Diskussionen um die Aufwandswürdigkeit von psychosozialen Problemen und Plänen eines formellen Gewährungsverfahrens (Menne, 1992; BKfE, 1993) für Beratungsleistungen nach § 28 fürchten Erziehungsberater um die Erhaltung ihrer fachlichen Standards und die ausreichende Befriedigung der nach wie vor großen Nachfrage.

Literatur

Abel, A. H. (1996). Beratung in der Jugendhilfe. Verhaltenstherapie & psychosoziale Praxis, 28, S. 49–69.

Abel, A. H. (1998a). Geschichte der Erziehungsberatung: Bedingungen, Zwecke, Kontinuitäten. In: W. Körner & G. Hörmann (Hg.), Handbuch der Erziehungsberatung. Bd. 1 (S. 19 – 51). Göttingen.

Abel, A. H. (1998b). Rahmenbedingungen der Erziehungsberatung. In: W. Körner & G. Hörmann (Hg.), Handbuch der Erziehungsberatung. Bd. 1. (S. 87 – 111). Göttingen.

BKfE (1993). Erziehungsberatung in Mecklenburg-Vorpommern. Informationen für Erziehungsberatungsstellen, 2 u. 3, S. 6–20.

Càrdenas, B. & Gewicke, M. (1984). Von der traditionellen zur gemeinwesenorientierten Erziehungsberatung. Neuorientierung einer Kleinstadt-Beratungsstelle. In: H. Zygowski (Hg.), Erziehungsberatung in der Krise. Analysen und Erfahrungen (S. 189–207). Tübingen.

Càrdenas Alfonso, B. & Gewicke-Schopmann, M. (1990). Was können Erziehungsberatungsstellen durch Nutzen der Ressourcen ihres Gemeinwesens für Kinder und Jugendliche tun? In: C. Köttgen, D. Ketzer & S. Richter (Hg.), Aus dem Rahmen fallen. Kinder und Jugendliche zwischen Erziehung und Psychiatrie (S. 193–205). Bonn.

Danzer, B. (1992). Die «Alltagswende» im Arbeitsfeld Beratung. Regensburg.

Geib, N. W. H., Rosarius, A. & Trabant, D. (1990). Auf Spurensuche … Zur Geschichte der Erziehungsberatung. In: Senatsverwaltung für Jugend und Familie (Hg.), Rundbrief, S. 23–47.

Hundsalz, A. (1995). Die Erziehungsberatung. Grundlagen, Organisation, Konzepte und Methoden. Weinheim / München.

Körner, W., Kassebrock, F. & Gröll, J. (1997). Tendenzen in Jugendhilfe und Erziehungsberatung. In: W. Körner & G. Hörmann (Hg.), Handbuch der Erziehungsberatung. Bd 1. (S. 113 – 128). Göttingen.

Kommunale Gemeinschaftsstelle für Verwaltungsvereinfachung. (1993). Organisation der Jugendhilfe: Ziele, Aufgaben und Tätigkeiten des Jugendamtes. Köln.

Menne, K. (1992). Die Arbeitsbedingungen für Erziehungsberatung nach dem KJHG – Probleme der Umsetzung. Informationen für Erziehungsberatungsstellen. Hg. v. BKfE e.V., 2, S. 21–24.

Presting, G. (Hg.). (1991). Erziehungs- und Familienberatung. München.

Zygowski, H. (Hg.). (1984). Erziehungsberatung in der Krise. Analysen und Erfahrungen. Tübingen.

Andreas H. Abel

Esoterik

Seit Mitte der 80er Jahre haben sich – aus den USA kommend – esoterische, spirituelle und biologistische Strömungen im deutschsprachigen Raum stark ausgebreitet; seit den 90er Jahren auch im ehemaligen Ostblock. Viele der einst typisch esoterischen Anschauungen sind nunmehr in Politik, Wissenschaft, Ökologiebewegung, Management, Alltagsdenken etc. etabliert. Sie entsprechen dem allgemeinen Verlangen nach einfachen Erklärungsmustern für komplizierte und beängstigende gesellschaftliche Verhältnisse, oder sie dienen der Rechtfertigung für Unmenschlichkeiten.

Trotz der vielfältigen Erscheinungsformen gibt es allgemeine Charakteristika: (1) der Glaube an das Anbrechen des astrologisch bedingten harmonischen Wassermannzeitalters, auch New Age genannt; der Lauf der Geschichte scheint vorherbestimmt. (2) Der Mensch erlangt durch verschiedene Praktiken eine höhere Bewußtseinsebene (Erleuchtung). Das an sich geheime esoterische «Wissen» – das nicht gelernt, sondern nur erlebt werden könne – wird nun allgemein erfahrbar. Je mehr Menschen sich auf den spirituellen Weg machen, desto eher gelange die gesamte Menschheit zur Transformation. (3) Frauen (die neuen Priesterinnen oder Göttinnen) oder Weiblichkeit an sich werden als Mensch und Erde rettendes Prinzip definiert. Der Frauen Göttlichkeit basiert auf ihrer Fähigkeit, «Leben zu kreieren», d. h. zu gebären (spiritueller Ökofeminismus, vgl. Wölflingseder, 1997 b). (4) Der Mensch schafft sich seine Realität durch sein Bewußtsein selbst (positives Denken). Es handelt sich also um eine idealistische und keine materialistische Sichtweise: Ideale und nicht die materiellen ökonomischen Verhältnisse bestimmen das Leben. Die Ursachen allen persönlichen Leids und aller gesellschaftlichen Mißstände liegen demnach im Bewußtsein der Menschen und nicht in den objektiven Voraussetzungen. (5) Menschliches Verhalten und politisches Handeln habe sich an die vermeintlich natürliche oder kosmische Ordnung zu halten (Biologismus, Organizismus). Allgemeingesellschaftlich dient Biologismus heute vermehrt zur «wissenschaftlichen» Begründung von Differenzen und Diskriminierungen – etwa zwischen Arm und Reich, «Einheimischen» und «Fremden», «Weißen» und «Farbigen», Mann und Frau etc. (Rassismus, Sexismus) (vgl. Wölflingseder,

1995; 1997a). (6) Die nichtmenschliche Natur wird als lebendiges, denkendes, handelndes Wesen (Subjekt) dargestellt, um ihren Schützenswert zu begründen. (7) Dualismen der Wirklichkeit sollen «ganzheitlich» aufgelöst werden. Die dualistische Wahrnehmung (Dialektik fehlt gänzlich) bezieht sich auch auf die Einteilung in die spirituelle Elite einerseits und andererseits in jene, die «all das nicht verstehen können, weil sie noch nicht so weit sind». (8) Glauben ist die charakteristische Denkform: vor allem an Karma (das durch früheres Handeln bedingte gegenwärtige Schicksal) und Wiedergeburt sowie an verschiedene Praktiken, durch die Heil erlangt werde. Spiritualität ist in den letzten Jahren immer mehr zu einem weitverbreiteten Trostpflaster und Allheilmittel geworden. Spiritualität dient auch zur Erhöhung der gesellschaftlichen Akzeptanz von Biologismus, Rassismus und autoritären Gesellschaftskonzeptionen (vgl. Geden, 1996). Glaubensfragen sind nicht diskutierbar, sie enden immer in einem Zirkelschluß. Die Religion wurde im Zuge des Kapitalismus mehr und mehr durch (den Glauben an) Warenwirtschaft und Geld ersetzt. Religion wird aus Gründen der historischen Entwicklung an Bedeutung verlieren; sie ist heute nur mehr eine unter vielen Sinnstiftungsvarianten. Die Esoterik-Bewegung stellt ein Zerfallsprodukt der offiziellen Kirche bzw. der Religion an sich dar.

Die vermehrte Hinwendung zu Glaube / Aberglaube und Esoterik oder das Verkünden eines goldenes Zeitalters ist historisch betrachtet immer Folge großer Verunsicherung durch gesellschaftliche Umbrüche. Die Ursachen sind in den jeweils aktuellen ökonomischen / politischen Verhältnissen zu suchen. Glaube / Aberglaube / Irrationalismus ist nicht das «böse» Gegenteil der «guten» Aufklärung und Demokratie. Auch bricht der rechte Rand nicht in die gesellschaftliche Mitte ein, sondern all die irrationalen, biologistischen und rassistischen Erscheinungen sind einerseits *Reaktionen* auf die Verhältnisse in ebendieser Mitte unserer marktwirtschaftlichen Demokratie, andererseits Folge fehlender emanzipatorischer Perspektiven. Esoterik ist genauso wie Populismus, Nationalismus und Fundamentalismus *Auswirkung* der krisenhaften Verfaßtheit dessen, was sich da als «gute» demokratische Rechtsstaatlichkeit hervortut. Der Hauptgrund für die weite Verbreitung der Esoterik-Bewegung – die Unzufriedenheit mit unseren gesellschaftlichen Verhältnissen – mag durchaus einen emanzipatorischen Aspekt darstellen. Die angebotenen Ideologien und Praktiken sind jedoch hilflose kurzschlüssige Überreaktionen: «rationale Irrationalität» gegen die «irrationale Rationalität» unserer Wirklichkeit (Volkmar Sigusch) (vgl. Wölflingseder, 1997a).

Literatur

Geden, O. (1996). Rechte Ökologie. Umweltschutz zwischen Emanzipation und Faschismus. Berlin.
Gess, H. (1994). Vom Faschismus zum Neuen Denken. C. G. Jungs Theorie im Wandel der Zeit. Lüneburg.
Kayser, M. & Wagemann, P.-A. (1991). Wie frei ist die Waldorfschule? Berlin.
Kratz, P. (1994). Die Götter des New Age. Im Schnittpunkt von «Neuem Denken», Faschismus und Romantik. Berlin.
Ottomeyer, K. (1992). New Age – verdiente Strafe für die Sünden der akademischen Psychologie. In: E. Gugenberger & R. Schweidlenka (Hg.), Mißbrauchte Sehnsüchte? (S. 60–85). Wien.
Wölflingseder, M. (1995). Biologismus – «Natur als Politik». New Age und Neue Rechte als Vorreiter einer (wieder) etablierten Ideologie. In: Fischer, G. & Wölflingseder, M. (Hg.), Biologismus – Rassismus – Nationalismus (S. 22–36). Wien.
Wölflingseder, M. (1997 a). Die Spirituellen, die aus der Kälte kamen. In: E. Awadalla, Heimliches Wissen – unheimliche Macht. Sekten, Kulte, Esoterik und der rechte Rand (S. 181–202). Wien / Bozen.
Wölflingseder, M. (1997 b). Fetisch Weiblichkeit. Über die diffizilen Zusammenhänge zwischen spirituellem Ökofeminismus und rechter Ideologie. In: R. Bitzan (Hg.), Rechte Frauen. Skingirls, Walküren und feine Damen (S. 56–60). Berlin.
Wölpert, F. (1988). Die Machbarkeit des Glücks – Psychoanalyse in der «Wendezeit». In: Anmerkungen Nr. 8 (S. 83–104).

Maria Wölflingseder

Eßstörungen

Eßstörungen treten nach dem bisherigen Forschungsstand überwiegend in westlichen Industrieländern auf, die geprägt sind durch Nahrungsüberfluß, eine starke Konsumentwicklung und die Entwicklung eines funktionalistischen Körperbildes (vgl. Stahr et al., 1995). Nach Angaben der Bundeszentrale für gesundheitliche Aufklärung (BZgA) sind etwa 85 Prozent der von Eßstörungen betroffenen Personen weiblichen Geschlechts (BZgA, 1994). Fachleute unterscheiden vier Formen eßgestörten Verhaltens: die Anorexia nervosa (Magersucht), Bulimie nervosa (Eß-Brechsucht), latente Eßsucht (Wechsel zwischen rigidem Diäthalten und Freßattacken) und Eß-/Fettsucht (Übergewicht/Adipositas) (vgl. ebd.). Die Erscheinungsformen sind nicht eindeutig voneinander abzugrenzen, denn sowohl Mager- als auch Eßsüchtige können ihr Essen erbrechen, und ehemals Magersüchtige können eßsüchtig werden, Eßsüchtige wiederum magersüchtig oder bulimisch. «Gemeinsam ist allen Betroffenen, daß ihre Gedanken ständig ums Essen kreisen. Daneben nimmt das Thema «Heimlichkeit» einen sehr wichtigen Stellenwert ein» (vgl. Beyer & Gipser, 1996, S. 68).

Mittlerweile gibt es zahlreiche Publikationen zu Charakteristika und Behandlung der einzelnen Symptomatiken, die als eine in unserer Kultur besonders für Frauen akzeptierte pathogene Ausdrucksform psychosomatischer Erkrankungen gesehen werden. Als wesentlicher Auslöser eßgestörten Verhaltens wird ein häufiges und chronisches Diäthalten gesehen. Experten aus Beratungszentren weisen darauf hin, daß das Streben nach der Idealfigur, verbunden mit einer rigiden Körperkontrolle, bereits für Mädchen ein zentrales Thema ist. In einer Gesellschaft, in der Nahrung im Überfluß vorhanden ist, werden Schlankheit propagiert und ein diszipliniertes Ernährungsverhalten frühzeitig eingeübt. Derzeit sind über 500 Diäten auf dem Markt, die in erster Linie von Mädchen und Frauen ausprobiert werden. Dicksein wird in unserer Kultur abgewertet und gleichgesetzt mit Passivität, Faulheit und Zügellosigkeit, Schlankheit dagegen wird mit Charaktereigenschaften wie Disziplin, Ehrgeiz, Schönheit und Attraktivität assoziiert. Es verwundert daher nicht, daß 90 Prozent aller Frauen Schlankheitsdiäten durchführen bzw. durchgeführt haben und 70 Prozent aller Frauen mit ihrer Figur hadern und abnehmen wollen (vgl. Beyer & Gipser, 1996). Das Auftreten von Eßstörungen bei Frauen und Mädchen hängt fast immer mit einer ausgeprägten Identitäts- und Selbstwertproblematik zusammen (Stahr et al., 1995). Folglich muß es gesellschaftliche Strukturen geben, die Mädchen und Frauen veranlassen, Eßstörungen im Zusammenhang mit der Suche nach Identität zu entwickeln. In diesem Zusammenhang stellen von Essen und Habermas einen interessanten Vergleich zwischen der Hysterie – der psychosomatischen Frauenkrankheit des 19. Jahrhunderts – und der heutigen Bulimie her. Beide Krankheitsbilder treten erstmals in gesellschaftlichen Umbruchsituationen auf, die das Leben vieler Frauen entscheidend veränderten (vgl. Habermas & v. Essen, 1994). Folgen wir der aktuellen Zeit- und Gesellschaftsdiagnose von Ulrich Beck, so leben wir in einer *Risikogesellschaft*, die sich durch Zivilisationsgefährdungen und zunehmende Individualisierung auszeichnet. Beck spricht von einer dreifachen Individualisierung: der Herausbildung aus traditionellen Bindungen, dem Verlust von traditionellen Sicherheiten und einer neuen Art von sozialer Einbindung (vgl. Beck, 1986). Die Freisetzung aus traditionellen Normen, der zunehmende Leistungsdruck sowie der Zwang zur Selbstverwirklichung trifft Frauen wesentlich härter als Männer, da sie sich in einer weiterhin geschlechtshierarchisch organisierten Gesellschaft mit neuen Anforderungen auseinandersetzen müssen. Dadurch geraten Frauen in Schwierigkeiten, die sie mit Hilfe eßgestörten Verhaltens zu lösen versuchen. Fachleute, die mit eßgestörten Frauen und Mädchen arbeiten, berichten immer wieder von einem Zusammenhang eßgestörten

Verhaltens und sexuellem Mißbrauch. So sind bereits Mädchen im Vergleich zu Jungen verstärkt Gewalt- und Mißbrauchserfahrungen ausgesetzt (vgl. Olbricht, 1993).

Während Menschen mit Bulimie und Magersucht in der Regel therapeutisch behandelt werden, unterliegen eßsüchtige Menschen, die ein hohes Übergewicht aufweisen, umfangreichen Erziehungsmaßnahmen zu normgerechtem Verhalten und Aussehen. Hinzu kommt, daß regelmäßig eine Vielzahl somatischer und funktioneller Störungsbilder linear auf Übergewicht zurückgeführt werden, die ebensogut für sich situationsspezifisch und psychosomatisch diagnostiziert werden können. Ein Umdenken von therapeutischer Seite ist dringend erforderlich, denn Übergewichtige werden in unserer Kultur einerseits pathologisiert und mit Körpernormvorstellungen diskriminiert, andererseits wird eine vorhandene psychische Determination eßsüchtigen Verhaltens im Vergleich zu den anderen Symptomatiken bagatellisiert.

Literatur

Beck, U. (1986). Risikogesellschaft. Frankfurt/M.

Beyer, K. & Gipser, D. (1996). Aber bitte mit Sahne! Von der Last zur Lust am Essen. Hamburg.

Bundeszentrale für gesundheitliche Aufklärung (BZgA) (Hg.). (1994). Eß-Störungen. Köln.

Habermas, T. & Essen, C. v. (1994). Hysterie und Bulimie. In: T. Habermas (1994), Zur Geschichte der Magersucht. Frankfurt/M.

Olbricht, I. (1993). Was Frauen krank macht. München.

Stahr, I., Barb-Priebe, I. & Schulz, E. (1995). Eßstörungen und die Suche nach Identität. Weinheim/München.

Kathrin Beyer

Ethnopsychoanalyse

Die Ethnopsychoanalyse untersucht das Verhältnis von Individuum und Gesellschaft, indem sie die Wirkung unterschiedlicher gesellschaftlicher Verhältnisse auf das bewußte und unbewußte Seelenleben im Individuum erforscht. Sie benutzt dabei das methodische, technische und theoretische Instrumentarium der Psychoanalyse, unter Beibehaltung ihres Trieb- und Konfliktmodells. Die Ethnopsychoanalyse ermöglicht somit eine psychoanalytische Untersuchung des einzelnen in seiner Gesellschaft und bemüht sich, die psychologischen Auswirkungen von gesellschaftlichen Kräften, von unterschiedlichen Gesellschaftsgefügen sowie historischen und kulturellen Prozessen und Institutionen auf die psychische Struktur eines Individuums praktisch zu erfassen und deren psychische Repräsentanzen theoretisch zu bestimmen. Die Ethnopsychoanalyse ist aus der Verbindung von Psychoanalyse und Ethnologie entstanden. Sigmund Freud hat mit seiner Arbeit «Totem und Tabu» (1912/13) das Forschungsfeld zwischen Psychoanalyse und Ethnologie eröffnet und auf das Unbewußte in Kultur und Geschichte ausgedehnt. Dabei ging es zunächst um die Anwendung von Gesichtspunkten und Ergebnissen der Psychoanalyse auf ethnologischem Gebiet, also um die Idee, die aus der Psychoanalyse einzelner Individuen erschlossene Bedeutung regelmäßig auftretender und unbewußt wirkender Konstellationen wie dem «Ödipuskomplex» auf kulturelle, historische und ethnologische Phänomene im Rahmen eines universalistischen Konzepts zu übertragen. Im weiteren Verlauf der Auseinandersetzung wurde diese spekulativ-vergleichende Anwendung durch empirisch und methodisch differenzierte Vorgangsweisen ersetzt. Für die Herausbildung und Entwicklung der Ethnopsychoanalyse, welche im deutschsprachigen Raum nach dem Ende des Zweiten Weltkrieges entstand, waren die Auseinandersetzungen innerhalb der Psychoanalyse mit dem Ethnologen Bronislaw Malinowski in den 20er Jahren wichtig. Die zur Anwendung der Psychoanalyse auf die Ethnologie parallel verlaufende Debatte um die soziologische Anwendung der Psychoanalyse und die darauf aufbauenden Beiträge zur Entwicklung einer psychoanalytischen Sozialpsychologie waren auch für die Ethnopsychoanalyse fruchtbar.

Die Pioniere auf dem Gebiet der Ethnopsychoanalyse, die Schweizer Psychoanalytiker Paul Parin, Fritz Morgenthaler und Goldy Parin-Matthèy, haben bei ihren Feldforschungen bei den Dogon und Agni in Westafrika in den 50er und 60er Jahren erstmals die psychoanalytische Technik als Forschungsmethode angewendet. Es gelang der Nachweis, daß sich die Psychoanalyse praktisch und theoretisch eignet, Angehörige eines außerhalb unserer europäischen Zivilisationsgeschichte stehenden traditionsgeleiteten Gesellschaftsgefüges im psychoanalytischen Sinn zu verstehen. Als herausragendes Ergebnis der Untersuchungen gelang die Einsicht, daß es vor allem die Wirkungen der gesellschaftlichen Kräfte im Individuum sind, die als Grundlage für menschliches Verhalten maßgeblich sind. Die biologischen Gesetzmäßigkeiten treten gegenüber den kulturellen Momenten zurück. Die neuen Erfahrungen mit der Psychoanalyse in der fremden Kultur haben die Wahrnehmung für die Verhältnisse in der eigenen Gesellschaft geschärft, und sie wurden zu einer Ausweitung, Ergänzung und Kritik der psychoanalytischen Theorie und Praxis in der eigenen Kultur genutzt. Die Ethnopsychoanalyse hat sich zu einem an theoretischen und praktischen Innovationen reichen Wissenschaftszweig entwickelt, welcher den Stellenwert der Psychoanalyse auf dem

Gebiet der Sozial- und Kulturwissenschaften betont. Die Ausarbeitung dieses gesellschafts- und kulturtheoretischen Ansatzes in der Psychoanalyse wurde vor allem außerhalb der psychoanalytic community, in den Human- und Sozialwissenschaften, die sich aufklärerischen Ansprüchen verpflichtet fühlen, aufgenommen. Für die theoretische Diskussion und die praktische Anwendung der Ethnopsychoanalyse als sozialwissenschaftlicher Disziplin waren die methodologischen Arbeiten von Georges Devereux bedeutsam. Er hat die Subjektivität des Forschers und die Rolle der Gegenübertragung im verhaltenswissenschaftlichen Forschungsprozeß untersucht und als Methode der Datengewinnung eingesetzt. In seiner Analyse der Mechanismen der historischen und gesellschaftlichen Produktion von Unbewußtheit, die sich im Individuum geltend machen, widmet sich Mario Erdheim der Ausarbeitung einer ethnopsychoanalytischen Kulturtheorie und Wissenschaftskritik. Seine Analysen der Manipulationen des Unbewußten durch gesellschaftliche Herrschaftverhältnisse und Machtinteressen akzentuieren in besonderer Weise die Adoleszenz als dessen Schauplatz.

Die ethnopsychoanalytische Erkenntnisgewinnung basiert auf der Aufnahme und Verarbeitung des ethnopsychoanalytischen Prozesses, der sich zwischen dem psychoanalytischen Beobachter und seinem Gesprächspartner entlang der Dynamik von Übertragung, Gegenübertragung und Widerstand entwickelt und die Auseinandersetzung des Psychoanalytikers mit der fremden und seiner eigenen Kultur und Gesellschaft sowie seiner Rolle und Position als Wissenschaftler enthält. Ein breites Spektrum ethnopsychoanalytischer Forschungen hat den jungen Wissenschaftszweig der Ethnopsychoanalyse mit praktischen und theoretischen Arbeiten bereichert. Die Untersuchungen von Mario Erdheim, Maya Nadig, Florence Weiss, Lise Tripet, Markus Weilenmann, Claudia Roth, Christian Maier, Marva Karrer, Sigrid Awart, Marianne Leuzinger-Bohleber, Alf Gerlach, Hans Bosse und anderen haben verschiedenste Möglichkeiten der Anwendung des ethnopsychoanalytischen Ansatzes sowohl in der fremden als auch in der eigenen Kultur gezeigt.

Literatur

Devereux, G. (1973). Angst und Methode in den Verhaltenswissenschaften. München.

Erdheim, M. (1984). Die gesellschaftliche Produktion von Unbewußtheit. Frankfurt / M.

Muensterberger T. (Hg.). (1974). Der Mensch und seine Kultur. Psychoanalytische Ethnologie nach ‹Totem und Tabu›. München.

Parin, P., Morgenthaler, F. & Parin-Matthèy, G. (1989). Die Weißen denken zuviel. Psychoanalytische Untersuchungen bei den Dogon in Westafrika. Frankfurt / M.

Parin, P., Morgenthaler, F. & Parin-Matthèy, G. (1971). Fürchte deinen Nächsten wie dich selbst. Psychoanalyse und Gesellschaft am Modell der Agni in Westafrika. Frankfurt / M.

Parin, P. & Parin-Matthèy, G. (1988). Subjekt im Widerspruch. Frankfurt/M.
Parin, P. (1992). Der Widerspruch im Subjekt. Ethnopsychoanalytische Studien. Hamburg.
Reichmayr, J. (1995). Einführung in die Ethnopsychoanalyse. Geschichte, Theorien und Methoden. Frankfurt/M.

Johannes Reichmayr

Eugenik

Francis Galton (1822–1911) hat den Begriff Eugenik 1883 geprägt und als «Wissenschaft von der Verbesserung des Menschen durch Zucht» definiert. Der deutsche Begriff Rassenhygiene hat weitgehend ähnliche Bedeutung. Der Mediziner Alfred Ploetz (1860–1940), der ihn erstmals verwendet, spricht von der «Wissenschaft von der Verbesserung der Erbanlagen». Die Sozialdarwinisten verstanden die bestehenden gesellschaftlichen Verhältnisse als Ergebnis eines biologischen Ausleseprozesses: Im «Kampf ums Dasein» überleben nur die «Tüchtigen». Die Eugeniker hatten das klare Ziel, diesen Selektionsprozeß in ihrem Sinn zu beeinflussen. Die Fortpflanzung sollte nur «hochwertigen» Paaren gestattet sein. Eugenisches Denken war in der ersten Hälfte des 20. Jahrhunderts weit verbreitet. So setzten sich damals führende Psychiater wie Forel, Kraepelin und Bleuler für eine Verbesserung der Menschheit durch eine «gesunde Zuchtwahl» ein (vgl. Rufer, 1991). Doch begannen die Eugeniker auch laut über die Tötung von «lebensunwerten» Menschen nachzudenken. 1920 publizierten der Psychiater Alfred Hoche und der Jurist Karl Binding das Buch «Die Freigabe der Vernichtung lebensunwerten Lebens. Ihr Maß und ihre Form». Nach der faschistischen Machtergreifung 1933 in Deutschland wurden die bis dahin von den Eugenikern und Rassenhygienikern verkündeten Ideen zielstrebig verwirklicht. Im selben Jahr noch erließ Hitler das «Gesetz zur Verhütung erbkranken Nachwuchses». In den darauffolgenden Jahren wurden im NS-Staat mindestens 400000 Menschen zwangssterilisiert und 30000 Schwangerschaftsunterbrechungen mit eugenischer Indikation durchgeführt. Am 18. August 1939 begann die «Kinderaktion», die Ermordung von «mißgebildeten und geistig unterentwickelten Kindern». Ebenfalls im August 1939 begann die «Aktion T4», etwas später wurde sie durch die «Sonderbehandlung 14 f.13» ergänzt. Insgesamt wurden weit über 200000 Geisteskranke, «Asoziale» und Außenseiter umgebracht. Der Schritt von der Sterilisation und Schwangerschaftsunterbrechung zum Massenmord war schnell gemacht. Nicht nur die Ermordung der Psychiatriepatienten, auch der Genozid an den Juden war letztlich eugenisch begründet. Dem eugenischen Denken zufolge sind beide biologisch minderwertig. Mit dem Ende des Zweiten Weltkriegs sind die Ideale und Ziele der Eugeniker keineswegs verschwunden. Es kam zur «humangenetischen Modernisierung der Eugenik». Mit gentechnologischen Methoden wird versucht, die genetische Anlage von Schizophrenie, Manie und weiteren psychischen Störungen nachzuweisen. Dies soll die Grundlage zur Früherkennung und damit zur Ausmerzung der Geisteskrankheiten (durch Schwangerschaftsunterbrechung) bieten. Aktuell setzen sich humangenetische Beratungsstellen und Psychiater dafür ein, daß erwachsene Menschen, die an psychischen Krankheiten leiden, sich nicht fortpflanzen sollten.

Literatur

Bayertz, K. (1987). GenEthik. Reinbek.
Rufer, M. (1991). Wer ist irr? Bern.
Schmuhl, H.-W. (1987). Rassenhygiene, Nationalsozialismus, Euthanasie. Göttingen.
Weingart, P., Kroll, J. & Bayertz, K. (1988). Rasse, Blut und Gene. Frankfurt/M.
Wess, L. (1989). Die Träume der Genetik. Nördlingen.

Marc Rufer

Evaluation

Evaluationsforschung beschäftigt sich mit der Analyse, Überprüfung und Bewertung des Nutzens und Erfolgs, des Verlaufs, der Funktionsbedingungen, der intervenierenden Variablen, der Stabilität, Qualität und Akzeptanz sowie der unvorhergesehenen Nebenfolgen und Zusatzeffekte sozialer Programme (z. B. Psychiatriereform; Aids-Prävention), gesetzlicher Veränderungen und Neuregelungen (z. B. Pflegeversicherung; Betreuungsrecht), von Modellprojekten und Organisationsveränderungen und pädagogischen sowie therapeutischen Interventionen (z. B. Therapie- und Lernerfolgsmessung). Im Unterschied zur Grundlagenforschung ist Evaluation angewandte Forschung zur praxisnahen Überprüfung «technologischer» Theorien (Chen, 1990), Konzepte, Programme und Interventionen in komplexen Umwelten (Wottawa & Thierau, 1990; Rossi & Freeman, 1993; Bortz & Döring, 1995). Ein wesentliches Ziel der Evaluationsforschung besteht darin, Entscheidungshilfen für Politik, Administration und Versorgungspraxis bereitzustellen (vgl. Ronge, 1989). Evaluationsforschung ist daher überwiegend gebundene Auftragsforschung mit vorgebenenen Fragestellungen. Der Aufschwung der Evaluationsforschung ist eng mit staatlichen Reformprogrammen und Modellprojekten verknüpft und verweist auf den Bedarf an wissenschaftlich gesicherten Nachweisen zu Wirkung, Qualität und Kosten-Nutzen-Effizienz versorgungsbezogener Maßnahmen, zu ihrer Umsetzung und öffentlichen Legitimation. Evaluation befindet sich damit in einem oft konfliktgeladenen Spannungsverhältnis zwischen politisch, institutionell und professionell definierten Interessen einerseits, den Interessen, Notwendigkeiten und Bedürfnissen der Zielgruppen von Interventionsmaßnahmen andererseits. Dieser komplexe Praxisbezug bestimmt den besonderen Charakter der Evaluationsforschung.

In der Evaluationsforschung wird zwischen «summativer» (auch endpunkt-) und «formativer» (auch prozeßbegleitender) Evaluation unterschieden. Bei der summativen Evaluation geht es darum, die durch das Programm bzw. die Maßnahme vorgegebenen Zielgrößen anhand vorher festgelegter und mit dem Auftraggeber und den an der Maßnahme beteiligten Fachkräften und – was bislang kaum geschieht – den Adressaten abgestimmten und dann wissenschaftlich operationalisierten Kriterien und Indikatoren zu verschiedenen Erhebungszeitpunkten zu überprüfen. Bei der formativen Evaluation liegt der Schwerpunkt darauf, die einzelnen Programmschritte zu dokumentieren und zu begleiten, um den Einfluß von Rahmenbedingungen, die interne Entwicklung und die prozeßbegleitenden Erfahrungen, Reaktionen und Sichtweisen aller Beteiligter auf die Maßnahme zu erfassen. Idealerweise bietet sich eine in der Praxis nicht immer realisierbare Kombination beider Vorgehensweisen an. In der medizinischen, pädagogischen und psychologischen Interventions- und Therapie(vergleichs)forschung überwiegen summative Evaluationsstudien. Dabei kommen (quasi-)experimentelle Versuchspläne in stark strukturierten und gut kontrollierbaren Umgebungen (z. B. Klinik) oder Kohorten- und / oder Panelstudien bei der Untersuchung von Maßnahmen, die auf größere Populationen zielen (etwa bei Präventions- oder Inanspruchnahmestudien), zum Einsatz. Veränderungen werden hier zumeist mit Hilfe standardisierter Tests und Fragebogen erhoben. Formativ werden mit Hilfe von Zeitreihenanalysen z. B. Therapieverläufe und Anamnesen dokumentiert und zukünftige Entwicklungstrends extrapoliert (vgl. Bortz & Döring, 1995; Wottawa & Thierau, 1990; Rossi & Freeman, 1993). Dem Vorteil großer Exaktheit dieses Vorgehens stehen jedoch eine mangelnde externe Validität, die häufig aus methodischen Gründen gewählte, in der Praxis jedoch unrealistische Annahme stabiler Systemumwelten sowie die Normierung der Ergebniskriterien entlang rein quantitativer und expertendefinierter Standards entgegen. Vertreter prozeßorientierter Evaluation setzen auf eine qualitativ gerichtete Forschungsperspektive, die die Binnensicht der Beteiligten und die Interaktions- und Aushandlungsprozesse bei der Umsetzung von Programmen und Maßnahmen in den Vordergrund stellt. Damit verändert sich zugleich die Rolle des Forschers, der damit nicht nur externer Beobachter des Gelingens oder Scheiterns eines Programms ist. Eine strenge Außenperspektive wird etwa der Evaluierung von Modellprojekten, bei denen Schwerpunkte auf erfolgreicher Implementation, Überwindung von Hindernissen, Erkundung des Projektumfeldes, Entwicklung und kommunikativer Herstellung von Akzeptanz liegen, nur unzureichend gerecht. Auf diese Problematik reagieren verschiedene Konzeptionen der Begleit- (vgl. Heiner [Hg.], 1988), Praxis- (vgl. v. Kardorff, 1988; Moser, 1995) und Handlungsforschung (vgl. Gstettner, 1995), die dem Forscher eine aktive, in der Aktionsforschung eine parteiliche (nicht parteiische) Rolle zuschreiben. Bei diesem Vorgehen werden die Grenzen zwischen Forschung, Entwicklung und Beratung fließend. Dieser Sachverhalt erfordert eine besonders sorgfältige Dokumentation des Forschungsprozesses und verlangt vom Forscher ein hohes Maß an sozialer Kompetenz und Unabhängigkeit.

Literatur

Bortz, J. & Döring, N. (1995). Forschungsmethoden und Evaluation. Berlin.
Chen, H. (1990). Theory-Driven Evaluations. London.
Gstettner, P. (1995). Handlungsforschung. In: U. Flick, E. v. Kardorff, H. Keupp, L. v. Rosenstiel & S. Wolff (Hg.), Handbuch Qualitative Sozialforschung (S. 266–268). Weinheim.
Häussler, B., Schliehe, F., Brennecke, R. & Weber-Falkensammer, H. (Hg.). (1992). Sozialmedizinische Ansätze der Evaluation. Berlin.
Heiner, M. (Hg.) (1988). Selbstevoluation. Freiburg.
Kardorff, E. v. (1988). Praxisforschung als Forschung der Praxis. In: M. Heiner (Hg.), Praxisforschung in der sozialen Arbeit. Freiburg.
Koch, U. & Wittmann, W. (Hg.). (1990). Evaluationsforschung. Bewertung von Sozial- und Gesundheitsprogrammen. Berlin.
Kvale, S. (1995). Validierung: Von der Beobachtung zu Kommunikation und Handeln. In: U. Flick et al. (Hg.), Handbuch Qualitative Sozialforschung (S. 427–431). Weinheim.
Moser, H. (1995). Grundlagen der Praxisforschung. Freiburg.
Ronge, V. (1989). Verwendung sozialwissenschaftlicher Forschungsergebnisse in institutionellen Kontexten. In: U. Beck & W. Bonß (Hg.), Weder Sozialtechnologie noch Aufklärung. Frankfurt/M.
Rossi, P. H. & Freeman, H. E. (1993). Evaluation. A systematic approach. London.
Wottawa, H. & Thierau, H. (1990). Evaluation. Bern.

Ernst v. Kardorff

Experiment

Das Experiment gilt als die wichtigste Methode in der naturwissenschaftlich orientierten Psychologie. Hauptkriterium ist das «Herstellungsmoment»: Das zu erforschende Phänomen wird vom Forscher willkürlich herbeigeführt, während bei den nicht experimentellen Methoden das Phänomen ohne Zutun des Forschers schon vorhanden ist bzw. sein Eintreten abgewartet wird. Ein weiteres, jedoch nicht mehr von allen Autoren gefordertes Kriterium des Experiments ist die systematische Variation von Bedingungen, die das erforschte Phänomen beeinflussen. Diese werden als «unabhängige Variablen» oder als «Faktoren» (wörtl.: Macher) bezeichnet, weil sie nach dem Willen des Forschers frei gewählt werden können. Das zu erforschende Phänomen ist dann die «abhängige Variable», weil zumindest vermutet wird, daß es von der unabhängigen Variablen abhängt. Im einfachsten Fall führt das zu einem Versuchsplan mit einer Kontroll- und einer Experimentalbedingung. Die Untersuchungseinheiten (in der Regel eine Stichprobe von Versuchspersonen) werden nach dem Zufall in zwei Gruppen aufgeteilt. Bei der einen Gruppe – der Experimentalgruppe – wird die unabhängige Variable realisiert, bei der anderen – der Kontrollgruppe – nicht. Dann wird die abhängige Variable in beiden Gruppen in gleicher Weise beobachtet bzw. gemessen. Es gibt auch komplexere Versuchspläne, in denen die unabhängige Variable in mehr als zwei Stufen (vorhanden – nicht vorhanden) realisiert wird, also in unterschiedlichen Qualitäten oder gar Intensitäten (z. B. nicht vorhanden – schwach – mittel – stark). Schließlich gibt es Versuchspläne, in denen gleichzeitig mehrere unabhängige Variablen ins Spiel gebracht und in allen möglichen Kombinationen auftreten («vollständige Versuchspläne») oder zumindest in den wichtigsten Kombinationen («unvollständige Versuchspläne»). Ein drittes, ebenfalls nicht generell gefordertes Kriterium des Experiments wurde schon erwähnt: die Messung der abhängigen Variablen und die Verwendung mehrerer Untersuchungseinheiten (in der Regel Versuchspersonen), so daß eine statistische Auswertung möglich wird (Schulz u. a. 1981). Für diesen Zweck wurde seit den 30er Jahren des 20. Jahrhunderts eine Fülle mathematisch-statistischer Verfahren entwickelt, deren Vermittlung im Grundstudium der Psychologie einen gewichtigen Anteil ausmacht. Der Hauptgrund für die herausragende Stellung des Experiments in der psychologischen Methodologie ist die Möglichkeit der Kontrolle von Störvariablen – das sind die Bedingungen, welche den jeweils untersuchten Zusammenhang zwischen abhängigen und und unabhängigen Variablen stören, z. B. Lärm während der Durchführung eines Intelligenztestes.

Nicht immer ist es möglich, diese Störvariablen ganz zu eliminieren. Dann versucht man, sie konstant zu halten (geringer, aber gleichmäßiger Lärmpegel). Gelingt auch das nicht, greift die Methode der «Randomisierung». Dazu werden die Untersuchungseinheiten (Versuchspersonen) nach dem Zufall den verschiedenen Versuchsbedingungen zugeteilt. Dadurch sind alle Störvariablen – auch unbekannte – nur noch zufällig über die Daten verteilt und können sich nicht mehr systematisch auf die Ergebnisse auswirken. Voraussetzung dafür ist allerdings, daß nicht neue Störvariablen ins Spiel kommen – das wird seit einigen Jahrzehnten zunehmend durch methodenkritische Forschungen nahegelegt, die unter der Bezeichnung «Sozialpsychologie des Experiments» durchgeführt worden sind. Ein anderer Einwand gegen das Experiment betrifft die Tatsache, daß mit den Störvariablen auch die alltägliche Lebenswelt der Versuchspersonen eliminiert wird. Dadurch werden sie verunsichert, «labilisiert» (Holzkamp, 1972) oder «dekontextualisiert» (Hellerich & White, 1992). Nur in diesem Ausnahmezustand könnten die Beziehungen zwischen abhängigen und unabhängigen Variablen nachgewiesen werden. In der Alltagssituation würden sie dann kaum noch auftreten. Im Rahmen qualitativer Forschung wird deshalb für Experimente nur noch das Herstellungsmoment gefordert, eventuell noch eine systematische Variation der Bedingungen. Die Versuchsperson ist nicht mehr Beobachtungsobjekt des Forschers, sondern sein Forschungspartner (Kvale, 1972). Portele (1979) vertritt ein Experiment mit offenem Ausgang, bei dem alle Beteiligten ihre Erfahrungen im Prozeß reflektieren.

Literatur

Hellerich, G. & White, D. (1992). Psychologie und Postmoderne. Psychologie & Gesellschaftskritik, 63 / 64, S. 5–16.
Holzkamp, K. (1972). Kritische Psychologie. Frankfurt / M.
Kvale, S. (1972). Phänomenologie und experimentelle Psychologie. In: A. Johansson & M. Johansson (Hg.), Psychologie & Praxis. Stuttgart, S. 90–98.
Portele, G. (1979). Gestalttheorie und Wissenschaftstheorie. Gestalt Theory, 1, S. 26–38.
Schulz, T., Muthig, K.-P. & Koeppler, K. (1981). Theorie, Experiment und Versuchsplanung in der Psychologie. Stuttgart.

Jörg Sommer

Familientherapie

Grundlagen: Der Gedanke, daß menschliches Verhalten nur vor dem Hintergrund des für die Person relevanten Beziehungsnetzes verstanden werden kann, bildete dic Grundlage für die Entwicklung der Familientherapie. Es wurde bald von einem zirkulären Systemmodell gesprochen, das als neue Erkenntnistheorie das traditionelle psychiatrische Paradigma mit seiner von Umweltbezügen losgelösten Betrachtungsweise des Individuums überwinde. Dabei wurden Modelle aus den Wissenschaftsbereichen Kybernetik, Systemtheorie, Kommunikationstheorie und Konstruktivismus analog auf die Arbeit mit Familien angewendet. Aufgrund der zentralen Bedeutung des Begriffs ‹System› wird zunehmend auch von systemischer Therapie gesprochen. Damit wird zugleich zum Ausdruck gebracht, daß sich zwar der Fokus auf die Beziehungs- und Kommunikationsmuster verändert hat, aber nicht zwangsläufig immer mit der ganzen Familie gearbeitet wird.

Familientherapeutische Schulen: Zunächst entwickelten sich die klassischen Familientherapien, bei denen die Familie als System verstanden wird, das mit Begriffen aus der Systemtheorie (Gleichgewicht, Grenze, Subsystem) beschrieben werden kann. Symptome werden hier als Anpassungsstörung beim Übergang des ‹Familienlebenszyklus› von einer Phase zur nächsten begriffen. Zu diesen Ansätzen gehören (a) die strategische Familientherapie; (b) die strukturelle Familientherapie (Minuchin); (c) die wachstumsorientierte Familientherapie (Satir), die sich an der Humanistischen Psychologie orientiert; (d) die psychoanalytischen Ansätze (Stierlin, Boszormenyi-Nagy). In der Fachdiskussion wird zunehmend in Frage gestellt, ob der ursprüngliche Anspruch einer neuen Erkenntnistheorie eingelöst werden kann oder ob nicht lediglich der Blickwinkel sich vom Individuum auf die Familie erweitert habe. Als Weiterentwicklung haben sich «narrative» Ansätze entwickelt, die sich auf sprachphilosophische Theorien gründen. Nach ihnen wird in der menschlichen Gemeinschaft Bedeutung durch sprachlichen und kommunikativen Austausch erzeugt. Stierlin spricht von einem «Familiencredo». Probleme entstehen demnach nur in Sprache und können auch nur in Sprache gelöst werden. Therapeutische Prozesse werden als Schaffung eines dialogischen Raums verstanden, der Veränderungen begünstigt. Den klassischen Familientherapien wird vorgeworfen, sie seien vorwiegend für Mittelschichtsfamilien geeignet, da ihnen ein an kleinbürgerlichen Normen orientiertes Bild der Familie zugrunde läge. Außerdem würden sie den gesellschaftlich bedingten Funktionsverlust und die damit einhergehenden Veränderungsprozesse von Familien nur unzureichend wahrnehmen.

Literatur

Ludewig, K. (1992). Systemische Therapie. Stuttgart.
Reiter, L. & Reiter-Theil, S. (1988). Von der Familientherapie zur Systemischen Perspektive. Berlin.
Schlippe, A. von & Schweitzer, J. (1996). Lehrbuch der Systemischen Therapie. Göttingen / Zürich.
Simon, F. B. & Stierlin, H. (1984). Die Sprache der Familientherapie. Stuttgart.

Manfred Enders

Faschisierung

Im Zusammenhang mit der Verabschiedung der Notstandsgesetze 1968, der Politik der Berufsverbote und der staatlich und medial organisierten RAF-Hysterie Anfang der 70er Jahre vertrat ein Teil der bundesrepublikanischen Linken die These, daß sich die BRD zu einem faschistischen Staat wandeln könne. Etwas vorsichtiger bezeichnete der später von der Hochschule verwiesene Peter Brückner die undemokratischen Verhältnisse als «Tendenzen zur Refaschisierung» (1976, S. 34) und «Reise in die Faschisierung» (ebd., S. VI). Die staatliche Repression und die damit verbundene außerrechtliche Verfolgungspraxis von «Staatsgegnern» wurden von ihm in Hinblick auf psychosoziale Folgen in den gewaltförmigen Beziehungen in der Sozialisation, innerhalb der Familie und im zwischenmenschlichen Bereich untersucht (Brückner, 1981). Der «psychologischen Kriegsführung in der BRD» (Brückner, 1983, S. 242) setzte Brückner die Aufforderung zur «Zerstörung des Gehorsams» (ebd., S. 12) und zum Zivilgehorsam entgegen, mit dem Hinweis, eine historisch-psychologische Analyse der «Kontinuitäten ... zwischen familialen Sozialisationsweisen und der ‹Faschisierung›, wenn es sie denn gibt» (Brückner, 1982, S. 72), zu beginnen bzw. fortzusetzen. Über den Rahmen des Zusammenhangs von Familie und Faschismus, den bereits Wilhelm Reich (1971) thematisierte, geht die Forschungsarbeit Wolfgang F. Haugs über die Selbstunterstellung der Subjekte in gewaltförmigen Institutionen hinaus. Sie thematisiert die selbsttätige Einpassung der Subjekte in den faschistischen Staat am Beispiel des Vernichtungszusammenhangs in der psychiatrischen Landschaft vor und während des deutschen Faschismus. Dabei werden die ideologischen Vorbereitungen und -arbeiten an der Faschisierung der einzelnen in ihren alltäglichen Lebensbereichen (Sport, Sexualität, Arbeitsplatz etc.) ebenso thematisiert wie der Beitrag der Ideologen in Bereichen von Wissenschaft oder Kunst. Dieser Blick auf die «Faschisierung des Subjekts» (Haug, 1986) setzt voraus, Subjektivität nicht von «innen nach außen» (Haug, 1993, S. 134) erklären zu wollen. Denn «damit werden Verantwortung und Schuld für gesellschaftliche Verhältnisse als individuell zu erlebendes Schicksal ins Subjekt verlagert» (Weber, 1996, S. 12). Faschisierungsprozesse sind somit nur aus dem Blickwinkel einer kritischen Psychologie zu erforschen, die die Verschränkung von Gesellschaft und Subjekt nicht psychologisierend versteht.

Literatur

Brückner, P. (1981). Zur Sozialpsychologie des Kapitalismus. Reinbek.
Brückner, P. (1982). Psychologie und Geschichte. Vorlesungen im «Club Voltaire» 1980/81. Berlin.
Brückner, P. (1983). Zerstörung des Gehorsams. Aufsätze zur politischen Psychologie. Berlin.
Brückner, P. & Krovoza , A. (1976). Staatsfeinde. Innerstaatliche Feinderklärung in der Bundesrepublik. Berlin.
Haug, W. F. (1986). Die Faschisierung des bürgerlichen Subjekts. Die Ideologie der gesunden Normalität und die Ausrottungspolitiken im deutschen Faschismus. Berlin.
Haug, W. F. (1993). Elemente einer Theorie des Ideologischen. Hamburg.
Reich, W. (1971). Die Massenpsychologie des Faschismus. Köln.
Weber, K. (1996). Die Veränderung der Welt hat kein Subjekt. Im Gedenken an Klaus Holzkamp. Psychologie- und Gesellschaftskritik, 80, S. 5–20.

Klaus Weber

Feldtheorie

Die psychologische Feldtheorie ist wesentlicher Bestandteil des Lebenswerks von Kurt Lewin (1890–1947) (Marrow, 1977). Sie ist weniger eine Theorie im herkömmlichen Sinn, eher «eine Methode der Analyse von Kausalbeziehungen und der Synthese wissenschaftlicher Konstrukta» (Lewin, 1963, S. 87). Als Metatheorie erlangt sie paradigmatischen Wert, hierin der Gestalttheorie ähnlich, mit der sie ideengeschichtlich verwandt ist. Im deutschsprachigen Raum erfährt sie erneut Beachtung mit Erscheinen der Kurt-Lewin-Werkausgabe (Graumann, 1981 ff). Auch in den USA, wohin Lewin 1933 emigrierte, ist ihre ungeschwächte Anregungskraft wiedererkannt worden (Stivers & Wheelan, 1986). Angesichts ihres impliziten Reichtums an Begrifflichkeit besitzt die Feldtheorie bleibende Aktualität. Lewin stützt sich auf Ernst Cassirers Logik der Funktionsbegriffe. Diese lassen sich kontinuierlich aufeinander abbilden, wodurch sie in ihrer Gesamtheit einen real gegebenen Sachverhalt repräsentieren. Damit gilt jeder besondere Einzelfall als unmittelbar erfaßt in seinen «konditionalgenetischen Bedingungen» (Darstellung des «reinen

Falls», N = 1 – Forschung). Analog zur physikalischen Feldtheorie liegt ein axiomatisches Raumkonstrukt zugrunde, aus welchem eine Mannigfaltigkeit positionaler Beziehungen abgeleitet und definiert wird. Psychologisch relevant wird die Feldtheorie durch ihre Anwendung auf den Menschen als Subjekt, dessen zielintegrierende Aktivität als *Lokomotion* mit *Lebensraum* gedeutet wird. Diese Gerichtetheit auf Ziele wird in zwei Hinsichten betrachtet. Die Person ist (1) Region im Lebensraum «zur gegebenen Zeit» und (2) Zustand von Bedürftigkeit im Hier und Jetzt, d. h. ein in sich differenziertes, zu Integration und Dissoziation fähiges System von Spannungen. Zwei Aspekte der Analyse menschlichen Verhaltens werden herangezogen und entsprechend dem Anspruch Lewins auf Entwicklung einer psychologie-adäquaten Wissenschaftssprache formalisiert. (1) Die gestalthafte Gliederbarkeit von Person und Umwelt wird mit dem Mittel der *Topologie* dargestellt, einerseits die «Erkenntnisstruktur», welche die Person von ihrer Umwelt erwirbt, andererseits die Struktur der Person selber als System von Spannungen. (2) Die Gerichtetheiten («Kräfte») im Lebensraum werden mit dem Mittel der Vektormathematik, später der *Hodologie* beschrieben. Den Zuständen der Person entspricht die *Valenz* (der Aufforderungscharakter) der Regionen im Lebensraum. In ihrer Gesamtheit induzieren und konstellieren sie die «Motivationsstruktur» der Person, welche die Richtung ihrer Lokomotion bestimmt. Verhalten wird demnach begriffen aus der Totalität der Existenz von Feldstrukturen und Feldkräften.

Literatur

Graumann, C. F. (Hg.). (1981). Kurt-Lewin-Werkausgabe. Bern / Stuttgart.

Lewin, K. (1963). Feldtheorie in den Sozialwissenschaften. Bern.

Marrow, J. (1977). Kurt Lewin. Leben und Werk. Stuttgart.

Stivers, E. & Wheelan, S. (Hg.). (1986). The Lewin Legacy. Field Theory in Current Practice. Berlin.

Klaus Peter Walcher

Feminismus

Feminismus meint die praktische (Frauenbewegungen als politisch-kulturelle Bewegungen) und theoretische bzw. wissenschaftliche Kritik des hierarchischen Geschlechterverhältnisses in seinen vielen Formen. Insofern neben dem weißen euroamerikanischen Mittelschicht-Feminismus auf der ganzen Welt kontextbezogene Kritiken an den jeweiligen Geschlechterverhältnissen entwickelt werden, heißt es heute: Feminismen.

Das Erkenntnisinteresse feministischer Wissenschaft ist verbunden mit dem Interesse an der Aufhebung von Unterdrückung, Ausbeutung und Diskriminierung von Frauen. Sie ist Geschlechterforschung, auch wenn nicht alle ihrer Unternehmungen Frauen ins Zentrum der Untersuchung stellen. Feministische Wissenschaft kritisiert den *Androzentrismus* in Gesellschaft und Wissenschaft, d. h. eine Konstruktion von Wirklichkeit, die von Männern, ihrer Perspektive und ihren Interessen im Rahmen des sie privilegierenden Geschlechterverhältnisses bestimmt ist. Ihr Ziel ist, diesem *andere Perspektiven* entgegenzusetzen, die zu Sichten der Welt führen, welche nicht die gegebene Form der Geschlechterhierarchie als selbstverständlich unterstellen und damit bekräftigen, sondern auf Veränderung weisen (daher häufig die Metapher des «anderen Blicks», der «anderen Stimme» usw.). Sie stellt neue Fragen, setzt andere Prämissen, untersucht kritisch vorhandenes Wissen, greift unterdrückte Stränge auf, trifft andere Bewertungen, revidiert und entwirft neue Konzepte.

Basiskonzepte

Feministische Wissenschaft ging von der sex/gender-Unterscheidung, d. h. der Unterscheidung von biologischem und sozialem Geschlecht aus: Mit der sozialen Zuordnung eines Individuums zu einem biologischen Geschlecht wird seine Körperlichkeit mit einem sozial bestimmten Geschlecht verknüpft, beginnt der Prozeß der «Vergeschlechtlichung». Geschlecht (gender) wird von der feministischen Wissenschaft als eine *Kategorie sozialer Struktur* begriffen, als ein zentrales Moment sozialer Ungleichheit, das in Verbindung mit anderen (Schicht, Behinderung, Hautfarbe, ethnischer Zugehörigkeit usw.) Lebensbedingungen strukturiert. Geschlecht gehört zu den *Konstitutionsbedingungen von Subjektivität*. Zunehmend setzt sich in Form eines gemäßigten oder radikalen Konstruktivismus eine Sicht von Geschlecht als *sozialer Konstruktion* durch, die in der historischen Dynamik der Geschlechterverhältnisse hervorgebracht und verändert wird: die Bilder und Diskurse Männlichkeit und Weiblichkeit entwerfen, wie – und wo – eine Frau oder ein Mann «sein» soll, wie sie sich verhalten, folgt nicht aus der Biologie weiblicher und männlicher Organismen, sondern entsteht in sozialen Prozessen. Unsere und die meisten anderen Gesellschaften konstruieren «Frau» als das andere, Besondere, Mindere gegenüber «Mann» als dem Ich/Subjekt, dem Allgemeinen, Höherwertigen. Die deutsche Kultur tut das anders als die indische, die türkische, die der Maoris. Auch innerhalb einer jeden Gesellschaft kann Geschlecht auf sehr unterschiedliche Weisen konstruiert werden, können die Geschlechterverhältnisse differieren. Menschen existieren von der frühen Zuordnung an als «Frauen» und «Männer», lebenslang. Die Geschlechtszugehörigkeit der Beteiligten ist ein zentraler *Orientierungspunkt in der Interaktion.* Die Irritation, wenn wir das Geschlecht des Gegenübers nicht identifizieren können, wenn eine Frau von sich als Mann träumt, oder die Irritation durch Transsexuelle oder gar Zwitter-Erscheinungen verweist auf den Zwang zu eindeutiger Zuordnung, der in unserer Gesellschaft herrscht. Jedes Individuum muß sein Geschlecht in der Interaktion symbolisch – mit den angemessenen Symbolen unseres kulturellen Zwei-Geschlechtersystems – darstellen, so daß wir alle Geschlecht bzw. die Geschlechterverhältnisse mitreproduzieren *(doing gender).* Mit dem eigenen Geschlecht und dem des Gegenübers in der Interaktion werden mehr oder weniger stereotype Überzeugungen, Erwartungen, Wünsche, Selbstkonzepte, Lebensmuster verbunden. Mit Bezug auf das, was eine Person mit «Geschlecht» bei sich und anderen verbindet, handelt sie. Geschlecht ist also ein *Bezugspunkt* von Deuten und Handeln, der zwar je nach individueller Lebensgeschichte, Situation und Kontext unterschiedlich durchdringend wirksam ist – immer aber viel stärker, als wir meinen. Durch das Handeln in ständiger Selbst-Darstellung als «Frau» oder «Mann» und entsprechendes Behandeltwerden in Tausenden von Interaktionen werden «wir» im Sozialisationsprozeß zu Frauen und Männern.

Für die Feministische Psychologie steht also an, *Erleben und Handeln* von Individuen geschlechtsbezogen zu thematisieren und zu fragen, wie Individuen als Frauen und Männer (als gendered subjects) hervorgebracht werden und sich selbst dazu machen.

Sozialwissenschaftlerinnen haben herausgearbeitet, daß die Analyse von Geschlecht(erverhältnissen) bestimmter *Konzepte* bedarf: geschlechtshierarchische Arbeitsteilung, Macht / Dominanz / Gewalt, symbolisches System der Zweigeschlechtlichkeit bzw. Geschlechterdiskurse, System der Heterosexualität. Insofern braucht auch Feministische Psychologie eine *interdisziplinäre* Ausrichtung, v. a. sozial- bzw. kulturwissenschaftliche Kategorien, um das Gewordensein und die fortdauernde Herstellung vergeschlechtlichter Subjekte nicht aus dem Blick zu verlieren. Besonders wichtig für die Psychologie scheint mir das Konzept des kulturellen *Symbolsystems* der Zweigeschlechtlichkeit. Trotz der postulierten abstrakten Gleichheit von Männern und Frauen verbindet dieses Symbolsystem die Polaritäten von Kultur – Natur, hart – weich, Geist – Körper, Verstand – Gefühl mit Männlichkeit und Weiblichkeit. Es konnotiert Technik männlich und Sorge für andere weiblich und wertet das mit Männlichkeit Konnotierte auf, das Weibliche ab. Auch wenn diese Dichotomien (etwa durch die technologische Entwicklung, welche die

Grenzen zwischen Körpern und Maschinen verwischt) aufgeweicht werden, zeichnet sich keine Gleichbewertung des Weiblichen ab. Und es gilt, aufmerksam dafür zu sein, daß in einer Gesellschaft der Medien und damit der Bilder TV-Shows, Werbung oder Computerspiele alte und eine Vielzahl neuer Weiblichkeits- und Männlichkeitsbilder (Symbolisierungen der Geschlechter) in Köpfe und Herzen transportieren, die mit den Wirklichkeiten von Frauen und Männern wenig zu tun haben, aber dennoch psychisch wirksam sind: als Ideale, Ansprüche, Abwertungen, Feindbilder usw.

Zum Stand feministischer Psychologie

Feministische Psychologie kritisiert die Psychologie, methodologisch und theoretisch, sie gibt den Erfahrungen von Frauen Stimme, und sie bearbeitet eine Vielzahl von praktisch für Frauen relevanten Fragen (vgl. Bilden, 1991 b; 1994). Feministische Autorinnen kritisieren den Androzentrismus der Psychologie, der wesentliche Momente der sozialen Wirklichkeit verschleiert: durch Übergehen von Frauen, Verschweigen des hierarchischen Geschlechterverhältnisses, Universalisierung ihrer mit dem Blick auf (weiße, euroamerikanische) Männer aufgestellten Aussagen als «allgemein-menschlich» und geschlechtsneutral, Abstraktion vom sozialen und historischen Kontext durch Setzung eines abstrakt-autonomen Individuums, versteckte Wiederkehr der klassischen Geschlechtsrollenstereotype (z. B. in Experimentalarrangements u. v. a in Lehrbuchbeispielen), durch den üblichen Begriff von Objektivität und die experimentelle Methode, benutzt als Instrument von Herrschaft und Kontrolle, basierend auf der empathielosen Distanz des Forschers vom Untersuchungsobjekt. Inzwischen gibt es *empirisch-psychologische* Forschung über Frauen bzw. zu Geschlechterdifferenzen, etwa im Bereich von Sozialisation / Entwicklung (Bilden, 1991 a) oder über Depression bei Frauen (McGrath, 1993), wobei selten eine theoretische Reflexion auf das Geschlechterverhältnis zugrunde liegt. Viel größer ist die Zahl der Veröffentlichungen zu *praktischen Fragen*. Viele dieser Versuche, mehr von Frauen zu verstehen, die oft auf praktischen professionellen Erfahrungen beruhen, halten sich nicht an den methodischen Kanon der Psychologie. Sie thematisieren psychisches Leiden von Frauen sowie Behandlungs- und Selbsthilfe-Möglichkeiten, die Situation von Frauen in Führungspositionen bzw. die psychosozialen Mechanismen, die sie aus solchen fernhalten, weibliche Sexualität, lesbische und schwule «Psychologien» u. a. m. In manchen dieser Veröffentlichungen werden wieder neue Bestimmungen von Weiblichkeit (etwa was weibliche Sexualität sei) oder Männlichkeit produziert; Geschlecht wird also festgeschrieben.

Selten werden Männer als vergeschlechtlichte Individuen betrachtet, etwa mit Fragen nach dem Zusammenhang ihres psychischen Leidens – bzw. der Formen, wie sie Leiden in Aktion nach außen verschwinden lassen.

Viel theoretische und auch empirische Arbeit von feministischen Psychologinnen und Philosophinnen ist zum Spannnungsfeld von Autonomie und Beziehung / Verbundenheit geleistet worden. Als Ergebnis wird Autonomie (Unabhängigkeit) neu gefaßt, nämlich weniger ichbezogen und – zumindest bei Frauen – auch ihre wichtigen Beziehungen umfassend, als Autonomie-in-Beziehungen (vgl. self-in-relations), ohne die Leugnung energetischer, emotionaler und alltagspraktischer Abhängigkeiten, welche den üblichen «männlichen» Begriff von Autonomie kennzeichnet. Feministische Psychologie sieht Frauen nicht nur als Opfer, sondern auch als Subjekte, Mittäterinnen der Geschlechterkonstruktion, welche Ungleichheit, Dominanz und Unterordnung im Zusammenspiel mit Männern immer neu herstellen, oft gerade in einer Mischung von Anpassung und Widerständigkeit.

Die Feministische Psychologie bedient sich einer Vielzahl von Vorgehensweisen, Theorien und Ansätzen Besonders fruchtbar sind Versuche, psychoanalytisches und sozialwissenschaftliches Denken zu kombinieren, um die Verankerung des Geschlechterverhältnisses in den Subjekten, in ihren Motiven, ihrem Begehren verständlich zu machen (Chodorov, 1985); vor allem auf der Basis feministisch revidierter Kritischer Theorie (Frankfurter Schule), so etwa Benjamin (1990) zum Thema Dominanz und Unterwerfung; Becker-Schmidt & Knapp (1995) über Geschlechterbeziehungen und Differenzen. Britische Wissenschaftlerinnen und die deutschen Kritischen Psychologinnen arbeiten diskursanalytisch (vgl. Wilkinson & Kitzinger 1995; Haug & Hauser, 1985). Auch systemisches Denken wurde fruchtbar von feministischen Psychologinnen verwendet, um die soziale Konstruktion der Geschlechter zu untersuchen (Hare-Mustin & Marecek, 1990).

Notwendigkeit interdisziplinärer theoretischer Diskussion

Feministische Psychologie muß, um nicht provinziell zu werden, sich mit den feministisch-theoretischen Diskussionen in anderen Disziplinen (Philosophie, Kulturwissenschaft, Sozialwissenschaft) auseinandersetzen. In der neueren diskursdominierten Theoriediskussion geht es um die Infragestellung der sex / gender-Unterscheidung, auf der das Gros feministischen Denkens seit den späten 70er Jahren aufbaute. Auch die Bestimmung von «sex» wird noch einmal ent-naturalisiert, d. h. als Produkt von Diskursen (z. B. der Biologie) über den Körper dekonstruiert.

Die Entkörperung durch den Butlerschen Diskursansatz, der nur noch Texte zu sehen scheint, wird von anderen feministischen Theoretikerinnen vielfach kritisiert, ohne daß sie der Biologie den alten Platz einräumen. Sie betonen, daß der Körper nicht einfach Natur ist, sondern sozial geformt, uns nur in sozialen Repräsentationen zugänglich, in Bedeutungsgewebe eingebunden. Insbesondere der weibliche Körper wird immer wieder neu zur Projektionsfläche von abgewehrten Wünschen und Ängsten, überlagert von Bildern. Und: Bedeutet nicht die radikalisierte dekonstruktivistische Sicht, daß sozusagen nur noch die Meta-Ebene als zulässig erachtet wird, daß die Subjekte und ihre Interessen, ihr Erleben, ihre Gefühle und Wahrnehmungen, übergangen werden, daß das «Subjekt Frau» im Diskurs verschwindet? Für die Psychologie ist das Erleben und Handeln konkreter Subjekte, wie sie geworden und sozial konstituiert sind, der Ausgangspunkt. Sie müßte also nach der psychischen Wirksamkeit von Diskursen und Bildern und dem Umgang der Subjekte damit fragen, nicht nur abstrakt das Subjekt als Schnittpunkt von Diskursen bestimmen. Dennoch lassen sich aus der dekonstruktivistischen Diskussion Kritiken auch an feministischer psychosozialer Arbeit ableiten und Strategien entwickeln, welche nicht an der Herstellung von Geschlecht mitarbeiten (Szemerédy, 1996).

Auf der Tagesordnung steht ebenso die Auseinandersetzung mit der Infragestellung des *Subjektbegriffs*, jedenfalls der Konzeption des einheitlichen (= hierarchisch geordneten) Subjekts. Der Diskurs über «weibliche Identität» scheint von dieser Infragestellung des einheitlichen Subjekts noch wenig berührt (aber. Benjamin 1995); vielleicht weil sie das neu sich definierende «Subjekt Frau» in Frage stellt, während leidvolle Probleme der Selbstbestimmung von Frauen im Vordergrund stehen.

Wissenschaftstheorie / Methodologie

Feministische Psychologie zeichnet sich wie Feministische Wissenschaft allgemein nicht durch bestimmte Methoden aus, sondern durch die Zentralität des Begriffs Geschlecht, durch die Thematisierung des hierarchischen Geschlechterverhältnisses und durch deren systematische theoretische Fassung und Diskussion. Ihr Gegenstand ist Subjektivität, sie geht von individuellen Erfahrungen und Perspektiven aus. Wissen betrachtet sie als perspektivisch und nicht wertfrei (andere Epistemologien übergehen z. B. Frauen!). Festes Wissen betrachtet sie als unmöglich, da die Perspektiven von anderen, auch Marginalisierten, immer wieder neue Herausforderungen bringen. Objektivität, eine relative Objektivität, scheint es nur im Hinundhergehen der Forscherinnen zwischen Nähe / Sichhineinversetzen in ihre Forschungssubjekte und Distanz zu ihnen zu geben. Feministische Wissenschaft verlangt wie keine andere Selbstreflexion, intellektuelle Anstrengungen, die eigene soziale Verortung und Perspektive einzubeziehen und sich den Ängsten und der Abwehr im Zusammenhang mit der Geschlechterdifferenz zu stellen (Bekker-Schmidt & Bilden, 1991).

Feministische Psychologie, die Geschlecht nicht festschreiben will, darf Individuen gemäß ihrer sozialen Klassifikation als Frau oder Mann nicht einfach kategorisieren. Sie muß mehrstufig vorgehen: Zuerst geht es darum, unter Voraussetzung der Geschlechterdifferenz die Unterschiede, die für die Subjekte bestehen, herauszuarbeiten. Dann gilt es zu untersuchen, wie die Unterschiede entstehen und gemacht werden. Schließlich sollte sie auch die Gleichheit wahrnehmen; denn Frauen und Männer können gleich oder ähnlich fühlen, denken, handeln (Kompetenz), und sie tun es auch des öfteren (Performanz). Beide verfügen über mehr oder weniger «männliche» und «weibliche» Perspektiven (Sach- und Beziehungsorientierung, Gerechtigkeits- und Fürsorgeorientierung etc.), tendieren aber dazu, sie mit unterschiedlicher Gewichtung anzuwenden, abhängig von der Situation und den je individuellen Erfahrungen. Dabei ist zu berücksichtigen, daß die «männliche» Perspektive kulturell dominant ist. Wenn die Festschreibung von Geschlecht vermieden werden soll, muß die Bedeutungsvielfalt und Mehrdeutigkeit von Geschlecht im Auge behalten werden.

Literatur

Becker-Schmidt, R. & Bilden, H. (1991). Anregungen für die qualitative Forschung aus der Frauenforschung. In: U. Flick et al. (Hg.), Handbuch der qualitativen Forschung (S. 23–30). Weinheim.

Becker-Schmidt, R. & Knapp, G.-A. (Hg.). (1995). Geschlechterverhältnis und Geschlechterbeziehungen in den Sozialwissenschaften. Frankfurt/M.

Benhabib, S. (Hg.). (1993). Der Streit um Differenz. Feminismus und Postmoderne in der Gegenwart. Frankfurt/M.

Benjamin, J. (1990). Die Fesseln der Liebe. Frankfurt/M.

Benjamin, J. (1995). Unbestimmte Grenzen. Frankfurt/M.

Bilden, H. (1991 a). Geschlechtsspezifische Sozialisation. In: K. Hurrelmann & D. Ulich (Hg.), Neues Handbuch der Sozialisationsforschung. Weinheim.

Bilden, H. (1991 b). Zur Produktion von Subjektivität im Geschlechterverhältnis. Verhaltenstherapie und psychosoziale Praxis, 23, S. 201–220.

Bilden, H. (1994). Feministische Perspektiven in der Sozialpsychologie am Beispiel der Bulimie. In: H. Keupp (Hg.), Zugänge zum Subjekt (S. 147–185). Frankfurt/M.

Chodorov, N. (1985). Das Erbe der Mütter. München.

Diezinger, A. (Hg.). (1994). Erfahrung mit Methode. Freiburg.

Hagemann-White, C. (1993). Die Konstrukteure des Geschlechts auf frischer Tat ertappen – methodische Konsequenzen einer theoretischen Einsicht. Feministische Studien 11, H. 2, S. 68 – 78.

Hare-Mustin, R. T. & Marecek, J. (1990). Making a difference. Psychology and the construction of gender. New Haven.
Haug, F. & Hauser, K. (Hg.). (1985). Subjekt Frau. Berlin.
Journal für Psychologie (1994). 3 (Heftthema «Psychologie des Geschlechterverhältnisses»).
McGrath, E. (1993). Frauen und Depression. Bergheim.
Szemerédy, S. (1996). Oh Boy, it's a Girl! Dekonstruktion/Kritik der Kategorie Geschlecht – eine Chance für feministische Soziale Arbeit mit mißbrauchten/mißhandelten Mädchen? Psychologie & Gesellschaftskritik, 20, S. 65–86.
Wilkinson, S. & Kitzinger, C. (Hg.). (1995). Feminism and discourse. London.

Helga Bilden

Feministische Therapie

Die feministische Therapie geht im Vergleich zu den anderen Therapien von einem gesellschaftskritischen Ansatz aus. «Ihr zugrundeliegender Anspruch ist, im Kampf gegen die geschlechtsspezifische Diskriminierung von Frauen, diese in ihrer Persönlichkeit zu und in ihrem Erleben von Weiblichkeit und Frausein zu stärken und zu stützen» (Stahr et al., 1995, S. 100). Sie bezieht sich in besonderer Weise auf die Ergebnisse der Frauenforschung und ihre Erkenntnisse über die psychischen Folgen der Benachteiligungen von Frauen in materieller, kultureller und sozialer Hinsicht (vgl. Dorst, 1994). Feministische Therapie begreift die Leiden von Frauen demnach nicht als individuelle Störungen oder persönliches Versagen, sondern als Ausdrucksform gesellschaftlicher Verhältnisse. Im Vergleich zu feministischer Therapie orientieren sich Psychologie und Psychotherapie am System des weißen, christlichen und heterosexuellen Mittelschichtsmannes: «Sein Umgang mit Sprache, mit Gefühlen, mit Zeit, mit Macht, mit dem Körper, mit dem Anderen gipfelt sich als das Maß für den Menschen schlechthin auf» (Freytag, 1994, S. 75). Insofern konzentriert sich die feministische Therapie auf die Sichtweisen der Frauen unter Berücksichtigung der bestehenden Machtverhältnisse, die Frauen als Angehörige nicht-herrschender Kollektive festschreibt. Bei der feministischen Therapie handelt es sich um keine spezifische Therapieform, sondern Feministinnen arbeiten je nach Ausbildung, Überzeugung und Erfahrung mit verschiedenen Methoden. Grundsätzlich können alle Therapiemethoden und Heilpraktiken für die Arbeit mit Frauen nutzbar gemacht werden, «wobei die Aufgabe bleibt, das implizite Frauenbild der zugrundeliegenden Theorien auf ihren Ideologiegehalt hin kritisch zu überprüfen und entsprechend zu verändern» (Dorst, 1994, S. 68). Der feministische Beratungs- und Therapieansatz basiert daher auf folgenden Grundsätzen: (1) Die Therapeuten sind weiblichen Geschlechts, um das Machtungleichgewicht in der Therapie nicht noch durch die Geschlechterhierarchie zu verstärken und die männliche Definitionsmacht zumindest in dieser Situation einzuschränken. (2) Die Klientin wird als Expertin für ihr eigenes Selbst gesehen. Ziel der Therapie ist es, die schon vorhandenen Fähigkeiten und Ressourcen der Klientin zu verstärken und ihr dabei zu helfen, ein positives Verhältnis zu ihrem Körper zu entwickeln. (3) Feministische Therapie ermöglicht Frauen, durch die Teilnahme an Selbsterfahrungsgruppen auch die kollektive Seite der Identität zu stärken (vgl. Stahr et al., 1995). Durch die Identifizierung mit anderen Frauen in ähnlichen Situationen kann der subjektive Leidensdruck und die soziale Isolation aufgehoben werden. (4) Frauenspezifische Konfliktbereiche wie Eßstörungen, sexuelle Gewalterfahrungen, Medikamenten- und Drogenabhängigkeit werden von feministischen Therapeutinnen als Konfliktlösungsstrategien im weiblichen Lebenszusammenhang gesehen. Ziel ist daher, die soziokulturellen Ursachen in die Therapien mit einfließen zu lassen, um eine stärkere Sensibilität der Frauen für die bestehenden patriarchalen Rollenzuschreibungen zu fördern.

Feministische Therapie wird seit über 15 Jahren in Deutschland praktiziert. Die ersten feministischen Beratungszentren entstanden Ende der 70er, Anfang der 80er Jahre in Berlin, Hamburg und München. Heute gibt es Hunderte von Beratungseinrichtungen, Therapiezentren, Praxen, Teile von Institutionen sowie einige Ausbildungsinstitute, die feministisch therapeutisch arbeiten (vgl. Freytag, 1994).

In der ambulanten Behandlung mit eßgestörten Frauen und weiblichen Jugendlichen kommt der feministischen Therapie seit Anfang der 80er Jahre eine besondere Bedeutung zu. In Anlehnung an das Anti-Diät-Konzept der Psychologin Susi Orbach (1979, 1984) entstanden zahlreiche Anti-Diät-Gruppen für Frauen mit dem Ziel, die teilweise selbstzerstörenden Verhaltensweisen der Betroffenen vor dem Hintergrund patriarchaler Rollenzuschreibungen kritisch zu reflektieren und sich dem Gebot des insbesondere für Frauen propagierten Schönheitsideals des schlanken makellosen Körpers zu entziehen. Daneben wurde gerade von feministischen Beraterinnen und Therapeutinnen ein Zusammenhang zwischen Eßstörungen und sexuellem Mißbrauch bei Frauen und Mädchen aufgezeigt und publiziert (vgl. Olbricht, 1993). So ist feministische Therapie in der ambulanten Beratung ein wesentlicher Beitrag für Frauen und Mädchen auf der Suche nach Möglichkeiten selbstbestimmten Lebens.

Literatur

Dorst, B. (1994). Frauengemäße Psychotherapie. ifg, Zeitschrift für Frauenforschung, 12. Jahrgang, Heft 4, S. 65–73.

Freytag, G. (1994). Was ist Feministische Therapie? ifg, Zeitschrift für Frauenforschung, 12. Jahrgang, Heft 4, S. 74–83.

Olbricht, I. (1993). Was Frauen krank macht. München.

Orbach, S. (1979 / 1984). Das Anti-Diät Buch I und II. München.

Stahr, I., Barb-Priebe, I. & Schulz, E. (1995). Eßstörungen und die Suche nach Identität. Weinheim / München.

Kathrin Beyer

Fordismus

Die durch Henry Ford (1863–1947) begründete Massenproduktion stützt sich auf die von F. W. Taylor entwickelten Grundsätze (Taylorismus). Das Ziel von Ford war es, ein für die breite Masse erschwingliches Automobil anzubieten. Er nahm deshalb von der bis dahin vorherrschenden, an Kundenwünschen orientierten Handwerksproduktion Abstand und entwickelte das T-Modell, das ab 1911 in Fließfertigung produziert wurde. Die günstige Massenfertigung war aufgrund vollständig standardisierter Bauteile möglich. Die Standardisierung und Fragmentierung des Produktionsprozesses erlaubten den Einsatz von Spezialmaschinen, die auch von ungelernten Arbeitskräften bedient werden konnten. Die arbeitsteilige Produktion verlangte detaillierte Planung und nahm bürokratische Züge an. Der Einsatz des Fließbandes stellte insofern eine Weiterentwicklung tayloristischer Ideen dar, da auf diese Weise nicht nur manuelle Transportbewegungen, sondern auch die von Taylor geforderte direkte Kontrolle der Arbeitnehmer reduziert werden konnte. Das Montageband wurde zum Kontrollinstrument, dessen Geschwindigkeit den Produktionsprozeß antrieb. Rationalisierungsgewinne ermöglichten die Zahlung überdurchschnittlicher Löhne, die den Mitarbeitern einerseits Kaufkraft für Autos schafften, andererseits die Bindung an das Unternehmen stärkten. Diese Bindung war durch hohe Fehlzeiten und Fluktuationsraten aufgrund monotoner Arbeitsbedingungen bedroht (vgl. Staehle, 1994). Durchschnittliche Taktzeiten von ein bis zwei Minuten sind in der Automobilproduktion bis heute die Regel (vgl. Berggren, 1991). Sie werden als Ursache für die aus fremdbestimmter Arbeit resultierenden Erscheinungen wie Motivationsverlust und Streß diskutiert. Für die mit der Fließfertigung verbundenen Probleme hinsichtlich der Entmenschlichung der Arbeit scheinen auch Konzepte des Lean Management keine akzeptable Lösung darzustellen. So wird die «schlanke» Organisation betrieblicher Prozesse nach einer anfänglichen Euphorie bereits wieder überdacht und in Richtung partizipativer Strukturen verstärkt, wie z. B. die Renaissance der in den 70er Jahren entwickelten teilautonomen Arbeitsgruppen zeigt.

Literatur

Berggren, C. (1991). Von Ford zu Volvo. Berlin.
Kang, S. (1994). Fordismus und Hyundaeismus. Franfurt/M.
Lemke, S. (1995). Auswirkungen der Einführung teilautonomer Gruppenarbeit auf ausgewählte sozialpsychologische und betriebswirtschaftliche Kenngrößen – Eine Untersuchung in einem Automobilwerk. Frankfurt/M.
Staehle, W. (1994). Management – Eine verhaltenswissenschaftliche Perspektive. München.
Womack, J. P. u. a. (1992). Die zweite Revolution in der Autoindustrie. Frankfurt/New York.

Björn Hackert

Forensische Psychologie

Forensische Psychologie stellt einen Teilbereich der Angewandten Psychologie dar. Ein wesentliches Essential der Forensischen Psychologie beinhaltet, daß sie in einem rechtlich relevanten Verfahren, beispielsweise auch in einem jugendbehördlichen Verfahren nach den Regeln des Kinder- und Jugendhilfegesetzes, gutachtlich zum Vorliegen oder Nichtvorliegen bestimmter gesetzlicher oder richterlicher Fragestellungen Stellung nimmt. Dabei wendet die Forensische Psychologie psychologische Theorien, Methoden und Erkenntnisse auf die Rechtspflege an (vgl. Greuel, 1993).

Vor allem in Deutschland hat sich die Forensische Psychologie in den beiden letzten Jahrzehnten stärker auf die gerichtliche Sachverständigentätigkeit konzentriert (vgl. Kühne, 1988), obwohl auch Probleme und Aspekte des Strafvollzugs, der Kriminalprognose, der Gerichtsverhandlung und neuerdings vor allem des kindlichen Opferschutzes (vgl. Volbert & Pieters, 1993; Bohlander, 1995) thematisiert werden. Bei den zuletzt genannten Themen kann sich die Forensische Psychologie mit Inhalten der Kriminalpsychologie überschneiden, die sich z. B. vordringlich mit der Anwendung psychologischer Theorien, Methoden und Ergebnisse auf Probleme der Kriminalität befaßt. Bei der Forensischen Psychologie handelt es sich vermutlich um die historisch älteste Disziplin der Rechtspsychologie, und zwar nach wie vor um eine Art selbstdefinierter Hilfswissenschaft des Rechts (Greuel, 1993), obwohl ihr Verhältnis und ihre Beziehung zum Recht und zur Rechtswissenschaft unklar geblieben ist. Es zeigt sich, daß die traditionelle europäische Forensische Psychologie eine auffallende Tendenz hat, sich den Bedürfnissen der juristischen Praxis anzupassen. Die Selbstdarstellung der Forensischen Psychologie beschränkt sich dementsprechend darauf, das Arbeitsfeld in bezug auf gerichtliche Begutachtungen auszuweiten und hier andere Berufsgruppen zum Teil erfolgreich zu verdrängen (Gutachtentätigkeit in der Familien- und Vormundschaftsgerichtsbarbeit; Glaubhaftigkeitsbegutachtungen kindlicher Opferzeugen) sowie Handlungsanweisungen für die Bewältigung praktischer Fragestellungen zu geben (Konzept der Glaubwürdigkeitsmerkmale bzw. der Realkennzeichen). Eine derartige theorielose Forensische Psychologie, die ihren Standort weitgehend nach ihrer instrumentellen Funktion definiert, setzt sich nicht zu Unrecht dem Verdacht aus, für beliebige Ziele einsetzbar zu sein. Gemäß dieser Selbstbeschränkung nimmt der Sachverständige vor Gericht im deutschen Sprachraum nach wie vor nur eine Gehilfenrolle ein (Kette, 1987). Forensische Psychologie in diesem Sinn befolgt auf der Grundlage bestehender Gesetze die Anweisungen des Gerichts und hat die Fragen des Gerichts zu beantworten (Wegener, 1992).

Die Arbeitsgebiete der Forensischen Psychologie konzentrieren sich in der Strafgerichtsbarkeit derzeit auf die Beurteilung der Glaubhaftigkeit von Zeugenaussagen und die Beurteilung der Schuldfähigkeit, in der Jugendgerichtsbarkeit auf die Beurteilung der strafrechtlichen Verantwortungsreife von Jugendlichen und Heranwachsenden sowie die Beurteilung der Schuldfähigkeit dieses Personenkreises und in der Familien- und Vormundschaftsgerichtsbarkeit auf Sorgerechts- und Umgangsregelungen, Adoptionen, Entzug der elterlichen Sorge, Herausnahme des Kindes aus der Pflegefamilie sowie auf Fragen der Geschäftsfähigkeit und Betreuung. In der anderen Zivilgerichtsbarkeit werden z. B. Fragen der Delikt
haftung von Kindern, der Prozeßfähigkeit, des Schadensersatzes oder der Zubilligung von Schmerzensgeld beurteilt, in der Verwaltungsgerichtsbarkeit Fahreignungsuntersuchungen und Namensänderungen, in der Sozial- und Arbeitsgerichtsbarkeit z. B. Fragen der Arbeitsfähigkeit, der Erwerbsfähigkeit oder Umschulungseignung und im Strafvollzug Fragen der Strafaussetzung zur Bewährung, Haftfähigkeit, Vollzugslokkerungen, Kriminalprognose oder Gnadengesuche. Nach wie vor behält die Forensische Psychologie ihren Stellenwert durch die Praxis der Gerichte, bei komplexen psychologischen Fragestellungen einen Sachverständigen zu ernennen. Ob sich aber der Bedarf – wie nach dem rasanten Anstieg der familienrechtlichen Begutachtungen nach der letzten großen Familienrechtsreform im Jahre 1978 mit der Einführung der Familienge-

richtsbarkeit – erhöhen wird, ist in Frage zu stellen, da sinkende finanzielle Ressourcen der Justizverwaltungen und die qualifiziertere Richterschaft, die offenbar vermehrt Fort- und Weiterbildungen in Anspruch nimmt, gegen eine quantitative Ausweitung der Begutachtungen sprechen.

In bezug auf die Forensische Psychologie ist zu fordern, daß eine theoriegeleitete und anwendungsbezogene Grundlagenforschung betrieben wird – etwa die Entwicklung und Evaluation forensisch-psychologischer Diagnoseinstrumente und Kriterien zur Prognose (Greuel, 1993), die in enger Verknüpfung und Wechselwirkung zur forensischen Praxis zu stehen hat. Ob jedoch angesichts der zunehmenden Etablierung der Rechtspsychologie auch die Forensische Psychologie und Kriminalpsychologie ihre Eigenständigkeit und eigene Konzeptualisierungen beibehalten können, muß bezweifelt werden. Die moderne Rechtspsychologie geht über den Inhalt der Forensischen Psychologie im Sinne gutachtlicher Unterstützung der Rechtspflege und der Kriminalpsychologie als Teildisziplin der Kriminologie, die die Lehre vom Verbrechen zum Inhalt hat, hinaus und begreift sich als Gesamtheit der psychologischen Erkenntnisse und Anwendungsmöglichkeiten, die die Arbeits- und Konfliktbewältigung in der Schnittmenge von Recht, rechtstatsächlicher Faktizität, sozialer Kontrolle, Rechtswesen, Polizeiwesen und Sozialwesen betreffen (vgl. Northoff, 1996).

Literatur

Bohlander, M. (1995). Der Einsatz von Videotechnologie bei der Vernehmung kindlicher Zeugen im Strafverfahren. Eine rechtsvergleichende Betrachtung der Modelle Englands, der USA und Australiens. Zeitschrift für die gesamte Strafrechtswissenschaft, Bd. 107, Heft 1, S. 82–116.

Greuel, L. (1993). Forensische Psychologie. In: A. Schorr (Hg.), Handbuch der Angewandten Psychologie. Die Angewandte Psychologie in Schlüsselbegriffen (S. 235–242). Bonn.

Hommers, W. (1991). (Hg.). Perspektiven der Rechtspsychologie. Göttingen.

Kette, G. (1987). Rechtspsychologie. Wien.

Kühne, A. (1988). Psychologie im Rechtswesen. Weinheim.

Northoff, R. (1996). Rechtspsychologie. Anwendungsorientierte Grundlagen der Arbeits- und Konfliktbewältigung für Rechtswesen, Sozialwesen, Polizeiwesen. Bonn.

Undeutsch, U. (1967). Handbuch der Psychologie. Bd. 11. Forensische Psychologie. Göttingen.

Volbert, R. & Pieters, V. (1993). Zur Situation kindlicher Zeugen vor Gericht. Bonn.

Wegener, H. (1992). Einführung in die Forensische Psychologie. Darmstadt.

Rainer Balloff

Forschungsmethoden

Forschungsmethoden verbinden in der Psychologie wie in allen empirischen Wissenschaften theoretische Aussagen mit der Wirklichkeit. Bachelard (1993) zufolge bilden Methoden nicht einfach das Gegebene ab; dieses ist vielmehr Resultat methodisch elaborierter Konstruktion. In der Psychologie dominiert die empirisch-analytische Methodologie. Favorisiert werden exakte empirische Methoden nach dem Vorbild der Naturwissenschaften. Der Ablauf einer Untersuchung unterliegt strengen Standards.

Fragestellung: Ein theoretisches oder praktisches Problem wird zunächst in eine abgegrenzte Frage übersetzt und in empirisch prüfbare Hypothesen überführt. Hypothesen benennen die methodischen Operationen der Untersuchung und präzisieren Bedingungen, wenn eine Hypothese als bestätigt gilt.

Stichprobe: Die Wahl der Versuchspersonen («Vpn») hängt vom Thema der Untersuchung ab. Die Meinungsforschung benötigt repräsentative Stichproben, damit genaue Prognosen möglich sind. Der Allgemeinen Psychologie genügen oft kleine Stichproben.

Erhebungsmethode: Psychologische Größen wie «Intelligenz» oder «Einstellung» sind nicht direkt beobachtbar. Erhebungsmethoden müssen deshalb möglichst valide Anzeichen dieser Größen erfassen. (a) *Beobachtungen* sind entweder verdeckt oder offen, teilnehmend oder nicht-teilnehmend, standardisiert oder nicht-standardisiert. Meist wird Verhalten nach vorgegebenen Kategorien beobachtet. Elaborierte Kategoriensysteme erfordern audiovisuelle Aufzeichnungen (vgl. Diederich, 1990). (b) *Befragungsmethoden:* In der Sozialforschung (bei Umfragen) stellt die mündliche Befragung, das Interview, die übliche Erhebungsmethode dar. In der Psychologie dominieren schriftliche Befragungen. Bei Befragungen ist unklar, ob Antworten die tatsächlichen Meinungen einer Vp wiedergeben und inwieweit Meinung und Verhalten übereinstimmen (vgl. Eckes & Six 1994). (c) *Experiment:* das wissenschaftliche Experiment gilt vielen als der Königsweg psychologischer Forschung; es entspricht dem Selbstverständnis der Psychologie als exakter Wissenschaft. Im Experiment werden Bedingungen (die unabhängigen Variablen) willkürlich hergestellt und variiert, um ihre Wirkung auf abhängige Variablen zu prüfen. Irrelevante Variablen, die diese Wirkung verdecken könnten, müssen kontrolliert werden (z. B. durch Parallelisierung der Teilstichproben). (d) *Inhaltsanalyse:* Die Inhaltsanalyse sortiert Dokumente wie Zeitungen oder Bilder nach bestimmten Kategorien. So läßt sich auch Material aus offenen Befragungen quantitativ auswerten. Kritisiert wird von «qualitativen» Forschern, daß hierbei subtile Bedeutungsnuancen des Materials eingeebnet werden (vgl. Mayring, 1993).

Auswertungsmethoden: Vor einer statistischen Auswertung der Daten muß die meßtheoretische Frage geklärt werden, welche Art von Messung vorliegt. So entscheidet das Skalenniveau einer Messung, welche Statistiken geeignet sind (eine interpretierbare Berechnung von Mittelwerten verlangt z. B. eine Intervallskala). Auswertungsmethoden werden in korrelationsstatistische, d. h. Zusammenhänge feststellende und varianzanalytische, d. h. Unterschiede erfassende Vorgehensweisen unterteilt. Beide Verfahrenstypen lassen sich jedoch mathematisch ineinander überführen. Wann ein Ergebnis statistisch bedeutsam ist, beschäftigt die schließende Statistik. Sie bestimmt, wann und mit welcher Irrtumswahrscheinlichkeit Daten tatsächliche, keine bloß zufallsbedingten Ergebnisse darstellen.

Kritik: Verkürzungen und verborgene Ideologien der vorherrschenden psychologischen Forschungsmethodologie wurden von Holzkamp (1972) – in einer Mischung konstruktivistischer und historisch-materialistischer Argumente – angeprangert. Diese Kritik hat die Entwicklung sozialwissenschaftlicher Theorien und qualitativer Untersuchungsmethoden in der Psychologie angeregt.

Literatur

Bachelard, G. (1993). Epistemologie. Frankfurt / M.
Diederich, J. (1990). Verknüpfungen von «Wiederholen» und «Weitermachen» im Schulunterricht. In: N. Luhmann & K. E. Schorr (Hg.), Zwischen Anfang und Ende. Frankfurt / M.
Eckes, T. & Six, B. (1994). Fakten und Fiktionen in der Einstellungs-Verhaltens-Forschung: Eine Meta-Analyse. Ztschr. f. Sozialpsychologie, 25, S. 253–271.
Holzkamp, K. (1972). Kritische Psychologie. Frankfurt / M.
Mayring, P. (1993). Einführung in die qualitative Sozialforschung. Weinheim.

Paul Walter

Freiheit

Aus der Sicht der Attributionstheorien, die sich mit den Prozessen, die im Alltagsdenken zu Ursachenzuschreibungen führen, beschäftigen, unterscheidet Steiner (1970) zwei Arten von Freiheit: Ergebnisfreiheit und Entscheidungsfreiheit. Die Ergebnisfreiheit bezieht sich auf die Verfügbarkeit erwünschter Ergebnisse, ob also für ein Individuum z. B. ein bestimmtes Objekt, das es gern haben möchte, zugänglich ist. Die Entscheidungsfreiheit bezieht sich auf die Wahlmöglichkeiten des Individuums zwischen alternativen Ergebnissen oder Verhaltensweisen. Jede dieser Freiheiten kann ohne die andere für das Individuum vorhanden sein. Die Reaktanztheorie geht auf J. W. Brehm (1966) zurück. «Durch diese Theorie werden Reaktionen von Individuen vorhergesagt bzw. erklärt, die als Folge der Bedrohung von Freiheitsspielräumen einer Person auftreten» (Gniech & Dickenberger, 1992, S. 6). Durch diese Bedrohung oder Einengung der Freiheit entsteht demnach eine als psychologische Reaktanz bezeichnete Motivation, Freiheit wieder herzustellen. Erich Fromm wollte mit seinen Überlegungen zu den Wechselwirkungen zwischen psychischen und sozialen Faktoren im jeweiligen historischen Kontext einen Beitrag zur Aufklärung über die Entstehung von totalitären Systemen liefern. Seine entscheidende These ist, «daß der moderne Mensch, nachdem er sich von den Fesseln der vor-individualistischen Gesellschaft befreite, die ihm gleichzeitig Sicherheit gab und ihm Grenzen setzte, sich noch nicht die Freiheit – verstanden als positive Verwirklichung seines individuellen Selbst – errungen hat» (1995, S. 7). Skinner (1973) fordert eine Technologie des Verhaltens ein, um die Probleme der Menschheit zu lösen. Einen wesentlichen Grund dafür, daß eine entsprechende Verhaltenstechnologie nicht etabliert werden konnte, sieht er in unserem Umgang mit Ursachen von Verhalten. Skinner geht davon aus, daß die Menschen die Ursachen von Verhalten dem «inneren Menschen» zuschreiben, der aber zwei Grundzüge habe, die für eine Etablierung der Verhaltenstechnologie besonders störend seien: Freiheit und Würde. Freiheit in Skinners Betrachtungsweise hingegen ist Flucht vor aversiven Bedingungen, wobei dieses Verhalten durch operantes Konditionieren gelernt wird. Der Kampf um Freiheit ist demnach nicht auf einen Willen, frei zu sein, zurückzuführen, sondern auf bestimmte charakteristische Verhaltensprozesse. Im deutschsprachigen Raum gibt es kaum Arbeiten über das Freiheitserleben, in denen sowohl quantitative als auch qualitative Daten erhoben worden sind. Erste Ergebnisse, die auch auf Unterschiede zwischen Altersgruppen im Erleben von Freiheit hinweisen, liegen nunmehr vor (vgl. Orzessek, 1996). In jüngster Zeit erregt vermehrt das Problem der Willensfreiheit das Interesse der wissenschaftlichen Psychologie (vgl. von Cranach & Foppa, 1996). Es wäre wünschenswert, wenn die verschiedenen Strömungen und «Schulen» der Psychologie ihre Freiheitskonzeptionen stärker ausarbeiten würden, so wie Fuchs (1995) dies für die Kritische und die Humanistische Psychologie geleistet hat.

Literatur

Brehm, J.W. (1966). A theory of psychological reactance. New York.
Cranach, M. v. & Foppa, K. (Hg.). (1996). Freiheit des Entscheidens und Handelns: ein Problem der nomologischen Psychologie. Heidelberg.
Fromm, E. (1995). Furcht vor der Freiheit. München (Orig. 1941).
Fuchs, H. (1995). Befreiungen – Kritische und Humanistische Psychologie im Dialog. Humanistische Psychologie, 18, S. 13–36.
Gniech, G. & Dickenberger, D. (1992). Die Reaktanz-Theorie. Bremer Beiträge zur Psychologie, 104. Bremen.
Orzessek, P. (1996). Verstehen und Erleben von Freiheit bei Jugendlichen und Erwachsenen: eine empirische Studie. Diplomarbeit. Universität Oldenburg.
Skinner, B. F. (1973). Jenseits von Freiheit und Würde. Reinbek (Orig. 1971).
Steiner, I. (1970). Perceived freedom. In: L. Berkowitz (Hg.), Advances in Experimental Social Psychology, Bd. 5 (S. 187–248). New York.

Peter Orzessek

Fuzzy logic

Die fuzzy logic ist identisch mit einer unendlichwertigen Logik, in der eine Aussage nicht nur wahr oder falsch sein kann, sondern auch mehr oder weniger wahr bzw. falsch. Jeder Aussage wird ein Geltungswert zwischen 0 und 1 zugeordnet, in der zweiwertigen Logik ein Wahrheitswert von null oder eins. Ein Würfelergebnis kann z. B. in der zweiwertigen Logik so formuliert werden: «Die Wahrscheinlichkeit, mit einem ungefälschten Würfel auf Anhieb zweimal hintereinander eine 4 zu würfeln, beträgt ein Sechstel mal ein Sechstel gleich 0,028.» Der Geltungswert dieser Aussage ist eins, weil sie logisch zwingend aus dem Begriff des ungefälschten Würfels abgeleitet werden kann (analytische Aussage). Der entscheidende Nachteil solcher Wahrscheinlichkeitsaussagen besteht nun darin, daß ihre Konklusion nicht empirisch nachprüfbar ist – denn Wahrscheinlichkeiten sieht man den Dingen oder Ereignissen nicht an. Diesem Mangel wird durch die fuzzy logic abgeholfen, in der die Wahrscheinlichkeitsaussage in eine Aussagenwahrscheinlichkeit transformiert wird: «Mit diesem Würfel erziele ich auf Anhieb zweimal hintereinander eine 4.» Unter der Hypothese, daß es sich um einen ungefälschten Würfel handelt, kann dieser Aussage ein Geltungswert (eine Aussagenwahrscheinlichkeit) von 0,028 zugeordnet werden. Dieser Wert ist so niedrig, daß wir die Hypothese des ungefälschten Würfels mit einiger Berechtigung verwerfen können. Die Schlußfolgerung ist zwar nicht logisch zwingend, aber von anderen Fachleuten Schritt für Schritt nachvollziehbar und überprüfbar, was einem wichtigen Wissenschaftskriterium entspricht. Die Argumentation des Signifikanztests, der in der Methodologie der Psychologie eine wichtige Rolle spielt, folgt dieser «fuzzy logic», ohne daß dies bisher allgemein erkannt wurde. In dem obigen Würfelbeispiel brauchen wir nur noch ein «Signifikanzniveau» von z. B. 0,05 (5 %) einzuführen, und die Analogie zum Signifikanztest ist offensichtlich. Weitere Anwendungsbereiche der fuzzy logic sind entscheidungstheoretische Modelle in der kognitiven Psychologie. In der klassischen Mengenlehre gehört ein Element entweder zu einer (Teil-)Menge oder nicht, hat also den Zugehörigkeitswert null oder eins. Dagegen besitzt ein Element bei den fuzzy sets (unscharfen Mengen) einen Zugehörigkeitswert zu einer (Teil-)Menge zwischen null und eins. Indem er die klassische Mengenlehre verallgemeinerte, könnte Zadeh (1965) unsere gesamte begriffliche Repräsentation der Welt revolutioniert haben; die traditionelle Sichtweise beschrieb und kritisierte Barthes (1979) als «Binarismus». Damit sind viele Zwischentöne, Unbestimmtheiten und Übergänge in unserer Sprache und unserem Denken nicht repräsentiert; dem könnte durch Begriffssysteme auf Grundlage der fuzzy sets abgeholfen werden.

Literatur

Barthes, R. (1979). Elemente der Semiologie. Frankfurt / M.
Dörner, D. (1979). Problemlösen als Informationsverarbeitung. Stuttgart.
Hussy, W. (1993). Denken und Problemlösen. Stuttgart.
Spies, M. (1993). Unsicheres Wissen. Heidelberg.
Zadeh, A. (1965). Fuzzy sets. In: Information & Control, 8, S. 338–353.

Jörg Sommer

Ganzheits- und Gestaltpsychologie

Zur Geschichte

Am Ende des 19. Jahrhunderts werden zum erstenmal gestalt- und ganzheitliche Begriffe naturwissenschaftlich gebraucht. Der Physiker E. Mach (1838–1916) unterscheidet mit ihnen die für die Wahrnehmung grundlegenden einfachen und komplexen unmittelbaren Empfindungen, z. B. Raumgestalten, Tongestalten, in ihrer systematischen Aufeinanderbezogenheit. Solche komplexen unmittelbaren Empfindungen begreift er in der Art biologischer und physikalischer funktionaler Beziehungssysteme, die gleichgewichtserhaltend auf Einzelreize reagieren. Eine Reihe von Psychologen antworten ihm: Christian v. Ehrenfels fragt, ob Vorstellungsgebilde (etwa Melodien) Zusammenfassungen vom Elementen (Komplexionen) oder gar etwas Neues (Gestalten) darstellen. Er weist in seinem Beitrag auf die «Übersummenhaftigkeit» der Gestaltqualitäten und deren «Transponierbarkeit» hin: So sei die Melodie gegenüber der Summe der Einzeltöne etwas Neues; sie bleibe dieselbe, wenn auch jeder Einzelton ein anderer werde. Hans Cornelius unternimmt es im Anschluß an v. Ehrenfels, nicht nur Empfindungs- und Vorstellungs-, sondern auch Erlebniseindrücke / -gestalten in der Art ihrer Komplexhaftigkeit zu bestimmen. Er kommt zu dem Ergebnis, daß nicht nur Einzelgestalten («Unterganze im Bewußtseinsfeld»), sondern auch das «Erlebnisgesamt» komplexhafte Ganzheitsqualität besitzen. Gefühle qualifizieren hiernach gestalthaft den jeweiligen Gesamtbewußtseinsinhalt. Felix Krueger unterscheidet ungegliedert gegebene Ganzheiten von qualitativ sich gliedernden Gestalten sowie diffuse (Ganzheits-) und gegliederte (Gestalt-)Qualitäten des Empfindens, des Wahrnehmens, des Erlebens. Er betont, daß Ganzheiten als anfänglich diffus und ungegliedert gegeben jenes Strukturierte schon anzeigten. Seit den 20er Jahren versuchen Kunstpädagogen wie Hans Geist in Halle und Franz Cizek bei Wien, die Ganzheits- und Gestalterkenntnisse umzusetzen und mit Schulkindern Vorstellungen, Erlebnisse und Gefühle bildnerisch zu gestalten; sie begründen eine Gestaltungspädagogik und -therapie. Seit den 30er Jahren macht Fritz Perls mit Therapie-Ausbildungskandidaten den Versuch, ein integriert erlebtes Körpergefühl gestalthaft in seinem Kontext zu erarbeiten; er tauscht mit dem Psycho- und Soziodramatiker Moreno seine methodische Erfahrung aus und begründet die Gestalttherapie. In den 40er Jahren unternimmt es Lotte Hoffmann in der Tradition der Leipziger Schule, bei Schulkindern Bildvorlagen ganzheits- und gestalttheoretisch zu verwenden und mit Abbildungen von Fröbels «Spielgaben» (Kugel, Würfel, Säulen etc.) Formauffassung und -wiedergabe für die Schulreife- und Leistungsuntersuchungen zu testen. Mit Hilfe des testdiagnostischen Instrumentariums wird es möglich, die Ausdrucksgebungen von normal entwickelten wie behinderten, gestörten, psychisch erkrankten Menschen anhand ihres ‹Gestalt-Ausdrucks› zu diskutieren. Eine gestaltorientierte Mengendidaktik der ausgehenden 60er und der 70er Jahre vermittelt die Aspekte der Gestalt- und Ganzheitslogik mit Hilfe von bildgestalthaften Formvorlagen schulisch, bereitet die Kinder auf formal-logisches Denken vor. Die Psychologie möchte die Elemente unseres Empfindens, Wahrnehmens und Erlebens gestalthaft (in ihren Gliederungsaspekten) und ganzheitlich (in ihren Systemaspekten) begreifen. «Ganzheit» und «Gestalt» – mittels dieser Begriffe wird es im Verlauf des 20. Jahrhunderts möglich, eine erfahrbare Einheit des Bewußtseins, des Erlebens und Verhaltens zu denken; wird es logisch-begrifflich möglich, Aspekte der

Gliederung, des Komplexes bzw. des Systems auf alle Formen des menschlichen Ein- und Ausdrucks anzuwenden; setzt sich eine formallogische Weltaneignung durch.

Zur Definition von Ganzheit und Gestalt

Die Lehre von der Gestalt besagt, daß das unserer Empfindung unmittelbar Gegebene eine Qualität besitzt, nicht so chaotisch ist, daß es erst durch unser Vorstellen strukturiert werden müsse. Das primär Gegebene erscheint in der einen Version als ein bereits Geformtes, bildet die Einheit des Bewußtseins, das in der anderen in diesem Vorgang selbstreflektierend und konstruktbildend zur Einheit seiner selbst gelangt. Die Lehre vom Ganzen deutet jenen reflexiven Prozeß der Form-, Gestaltbildung in seiner System- und Konstrukthaftigkeit an. Sie wird konsequent zunächst nur von der sog. Leipziger Schule eingebracht, um einen komplexhaft-erlebten Zusammenhang zu spiegeln. Ganzheit ist hiernach ein einheitsbildendes dinghaft-bewußtes, erlebnishaftes Korrelat der Bildung von Gestalt. Der Ganzheits- und der Gestaltbegriff sind also nicht deckungsgleich. Die aus dem erfahrenen Sinnes-, Erlebniskomplex geformte Gestalt setzt laut Husserls Phänomenologie «Einheitsmomente» der Betrachtung, des Erlebens und des Verhaltens voraus. Diese werden in den Konzepten des «realistischen Konstruktivismus» oder des «radikalen Konstruktivismus» derzeit verstärkt wieder diskutiert.

Zur pädagogischen, psychologischen und bildnerisch-therapeutischen Arbeit

Gestaltarbeit entwickelt sich als Arbeit an dem Wahrnehmens-, Erlebens- und Verhaltensausdruck, welcher vorstellungs-, erlebnishaft, bildnerisch oder verhaltensausdrücklich dokumentiert wird. In der Herausarbeitung der Gestalt, einer Figuration der Wahrnehmung, der Vorstellung, des Erlebens, ist immer ihr Kontext, das Gesamt ihres Hintergrundes gefragt. Die Figur-Grund-Problematik wird pädagogisch-handelnd, psychologisch-rollenhaft oder bildnerisch-ästhetisch erarbeitet. Hierbei zeigt sich Gestaltpsychologie, wie sie Fritz Perls (1893–1970) versteht, als eine Methode, die die Einzelteile des Ein- und Ausdrucks zu einer Ganzheit unter der Annahme, der Vorgabe von Gestalt organisiert. «Gestalt» zeigt sich als Konfiguration, als Koordination von Einzelmerkmalen bzw. -komponenten, deren «Ganzheit», die als Einzelheit wie als Gesamt Eigenschaften zeigt, die als solche keinem ihrer Elemente zugeschrieben werden können. Die Figur-Grund-Beziehung, die sich aus ihrer Umgebung, aus ihrem Kontext abhebende Figur – sie wird zum Zentrum des gestalttherapeutischen Interesses; sie will in ihren bewußt-unbewußten Konfigurationen, in ihrer Dynamik erkannt werden; sie definiert die zu Bewußtsein kommenden, drängenden Impulse auf dem Hintergrund unbewußter Organisationsstruktur, so daß das drängendste Bedürfnis die Gestalt bestimmt und dieses in der Folge gestalttherapeutisch erarbeitet werden kann.

Literatur

Ehrenfels, C. v. (1890). Über Gestaltqualitäten. Vierteljahresschrift für wissenschaftliche Philosophie, 14, S. 249–292.
Hoffmann, L. (1944). Vom schöpferischen Primitivganzen zur Gestalt. München.
Krueger, F. (1953). Zur Philosophie und Psychologie der Ganzheit. Berlin.
Perls, F. (1976). Grundlagen der Gestalttherapie. München.
Rechtien, W. (1986). Ganzheits-, Gestalt- und Feldtheorie. In: G. Rexilius & S. Grubitzsch (Hg.), Psychologie. Theorien – Methoden – Arbeitsfelder. Ein Grundkurs (S. 476–496). Reinbek.

Karl-Heinz Menzen

Gedächtnis und Erinnerung

Im weitesten Sinne ist «Gedächtnis» das Weiterwirken der gelebten Vergangenheit. Gedächtnis liegt allen psychischen Funktionen (wie Wahrnehmen, Fühlen, Denken) zugrunde und ist somit einer der allgemeinsten Grundbegriffe.

Bereiche des Gedächtnisses: Mit der naturwissenschaftlichen Psychologie wurde Gedächtnis als Mechanismus der Sinnestätigkeit, des Lernens und der Gewohnheit, gesehen (Hering, 1870 / 1969; Ebbinghaus, 1885 / 1992), das ist der Bereich des *habituellen Gedächtnisses*. Demgegenüber behauptete H. Bergson (1896 / 1908), daß – während das habituelle Gedächtnis funktionell immer Gegenwart ist – die Vergangenheit in einem davon unterschiedenen, dem «eigentlichen» Gedächtnis, aufbewahrt werde. Dieser Bereich ist das *autobiographische Gedächtnis* («Sich-Erinnern»). Nach der kognitiven Wende (50er Jahre) wurde das (in der Sprache fixierte) Wissen zu einem dominanten Forschungsthema. Tulving (1972) bezeichnete diesen Bereich als *semantisches* Gedächtnis, gemeint ist das Wissen von der Welt überhaupt, im Unterschied zum «episodischen» (= autobiographischen) Gedächtnis (Tulving, 1983). Das habituelle Gedächtnis ist im Unterschied zu den beiden anderen prinzipiell körpergebunden und arbeitet nicht notwendig bewußt. Das autobiographische Gedächtnis unterscheidet sich vom semantischen dadurch, daß seine Inhalte zeitlich strukturiert und persönlich (je meine Vergangenheit) sind. Aufgrund dieser Unterschiede ist es plausibel und teilweise empirisch bestätigt, diese drei Bereiche als *Systeme* des Gedächtnisses anzusehen. Da Tulving und andere mit für die Versuchspersonen bedeutungslosem Material (Wörterlisten) arbeiteten, konnte der Nachweis des systematischen Unterschieds von episodischem und semantischem Gedächtnis nur unvollkommen (s. Parkin, 1996) gelingen. Vielfach werden daher autobiographisches und semantisches Gedächtnis zusammengefaßt und dem habituellen gegenübergestellt, wobei man sich der (von Programmiersprachen inspirierten) Terminologie von «deklarativem» versus «prozeduralem» Gedächtnis bedient. Lange bekannt ist, daß wir Sachverhalte wissen, ohne sie mit Aufmerksamkeit gelernt zu haben (tacit knowledge, inzidentelles Lernen, Mit-Lernen, unbewußte Kognition usw.). Seit einiger Zeit wird dieses Phänomen als Unterscheidung von *implizitem und explizitem Gedächtnis* gewürdigt (Schacter, 1987). Das habituelle Gedächtnis ist primär implizit, d. h. nicht verbalisiert und u. U. nicht verbalisierbar; das autobiographische wie das semantische Gedächtnis arbeiten sowohl explizit als implizit.

habituelles G. (prozedurales G., skill)	primär implizit
autobiographisches G. (episodisches G.)	zeitlich strukturiert, persönlich
semantisches G.	Weltwissen, Sprachkompetenz

Die drei Bereiche des Gedächtnisses

Unter *Meta-Gedächtnis* (oder allgemeiner: Meta-Kognition, Metcalfe & Shimamura, 1994) faßt man das Phänomen, daß Gedächtnisprozesse von einem Wissen *über* unser Wissen begleitet sind. Bei konkreten Aufgaben haben wir meist ein Gefühl dafür, ob wir etwas wissen (feeling-of-knowing) oder nicht. Bekannt ist besonders das Tip-of-the-tongue-Phänomen («mir liegt's auf der Zunge», vgl. Brown & McNeill, 1966); nicht klar ist, ob solche Phänomene wirklich einen besonderen Gedächtnisbereich anzeigen oder schlicht Folge einer nur partiellen Erinnerung sind, die durch multiple Kodierung in einem Netzwerk erklärbar wäre (vgl. Klimesch, 1988).

Sinn und Bedeutung: Alle psychischen Funktionen sind bedeutungsorientiert, schon wegen der notwendigen Selektion aus der Masse der aufnehmbaren Reize. Verhängnisvoll ist daher die von Ebbinghaus (1885) begründete Methode, Gedächtnis an bedeutungsfreiem Material («sinnlosen Silben») zu untersuchen. Erst mit der kognitiven Wende begann man Bedeutung als Grundfaktor einzubeziehen. Als erstes wurde Bedeutung, wenn auch rein formal, eingeführt durch den Grundbegriff der *Kodierung* (Miller, 1956): So wie die Sprechstimme im Telefon elektromagnetisch kodiert wird, werden z. B. Wahrnehmungen im Gedächtnis kodiert, etwa visuell oder phonologisch oder abstrakt propositional.

Gedächtnis und Emotion: Die Grundfunktion des (autobiographischen) Gedächtnisses ist der Aufbau der Identität oder des Selbst. Nietzsche (1887 / 1906) und dann besonders Freud (1898 / 1952; 1899 / 1952) haben dementsprechend Behalten und Vergessen in den Zusammenhang der Interessen und Strebungen des Individuums gestellt. Die traditionelle Forschung beschränkt sich dagegen im wesentlichen auf die Untersuchung der Abhängigkeit einzelner Gedächtnisleistungen von der Stimmung (Christianson, 1992; Kuiken, 1991; Bower, 1981).

Dauer des Behaltens: In den 60er Jahren kam – in Analogie zur Computer-Architektur – das Drei-Speicher-Modell auf (Atkinson & Shiffrin, 1968): Die einströmende Information wird zunächst für sehr kurze Zeit im sensorischen «Register» oder Ultra-Kurzzeit-Gedächtnis (UZG) (Eingabe-Buffer) gehalten, gelangt dann ins Kurzzeitgedächtnis (KZG, zentraler Prozessor) und ggf. ins Langzeitgedächtnis (LZG, Diskette, Plattenspeicher o. ä.). Das UZG beruht auf der Fähigkeit der Sinnes-Rezeptoren, eingehende Information etwa eine halbe Sekunde zur Verfügung zu halten (Sperling, 1960). Die Unterscheidung von KZG und LZG ist funktionell zu verstehen; eine Trennung als eigene Systeme oder als separate Speicher ist nicht nachgewiesen und schon deshalb wenig wahrscheinlich, weil Gedächtnisinhalte für *beliebig* lange Zeit behalten werden können. Nach Craig und Lockhart (1972) ist die Behaltensdauer von der Tiefe der Bearbeitung (levels-of-processing), mithin vom Verstehen, abhängig. Plausibel ist die Auffassung, daß das KZG den momentanen Inhalt des *Bewußtseins* oder so etwas wie Aufmerksamkeit beinhaltet (Mandler, 1980). In eine ähnliche Richtung geht das von Baddeley 1986 vorgestellte Konzept des Systems eines «Arbeitsgedächtnisses» (Baddeley, 1990), das von der Beobachtung ausgeht, daß wir – über die Aufmerksamkeitsspanne hinaus – noch weitere Inhalte gleichzeitig im Bewußtsein verarbeiten können.

Grundmodelle der Arbeitsweise des Gedächtnisses: Die älteste Grundvorstellung des Gedächtnisses ist die eines *assoziativen Netzwerks*, d. h. eines Systems von geistigen Einheiten, die sich gesetzmäßig (z. B. bei Wiederholung) durch *Assoziation* verbinden und dementsprechend wieder aktiviert werden; Beispiele sind das «Human Associative Memory» (Anderson & Bower, 1973), semantische Netze (Collins & Quillian, 1969) sowie seit etwa zehn Jahren neuronale Netze (Rumelhart et al., 1986). Es ist schwer einsehbar, daß das Gedächtnis die ungeheure Fülle von Material als ungeordnete Masse von Einzel-Inhalten verarbeiten kann. Als Alternative bietet sich der Gedanke an, daß das Wissen in zusammenhängenden Komplexen, *Schemata*, gespeichert ist (Selz, 1913). Nach Piaget ist das Gedächtnis von der Intelligenz, d.h. von operatorischen und figurativen Schemata abhängig (Piaget & Inhelder, 1968/1974). Neuere Konzeptionen der schematischen Organisation des Wissens stammen aus der Künstlichen Intelligenz; am bekanntesten wurde das Modell der *Scripts* (Schank & Abelson, 1977), wonach die Grundeinheiten des (semantischen) Gedächtnisses in Schemata nach der Art von Film-Skripts gebildet sind, die für verschiedene Funktionen (Rollen) Normalwerte (defaults) enthalten, die aber bei Bedarf auch flexibel füllbar sind.

Die Gedächtnisspur: Für die Frage nach dem körperlichen Substrat des Gedächtnisses gab es die längste Zeit nur Metaphern, hauptsächlich die (bei der Geburt leere) Wachstafel Platons und später das Bild des Speichers (s. Assmann, 1990). Seit Ende des 19. Jahrhunderts wird konkret das «Engramm» (Semon, 1904/1911) in der Nervensubstanz lokalisiert. Heute geht man u.a. davon aus, daß die Langzeitspeicherung über den Protein-Aufbau mittels RNS-Synthese (Ribonukleinsäure) erfolgt (Bösel, 1987). Im Gegensatz zu einer falsch verstandenen «Speicher»-Metapher, wonach die Inhalte des Gedächtnisses unverändert so abgerufen würden, wie sie eingespeichert wurden, betonen Autoren aus ganz unterschiedlichen Richtungen (Tulving, 1983; Piaget & Inhelder, 1968/1974; Edwards & Potter, 1995), daß die Spur nicht unverändert bleibt.

Alternative Konzepte zur traditionellen Gedächtnispsychologie: Einen Ausweg aus der Bedeutungslosigkeit der traditionellen Gedächtnisforschung sucht Neisser durch einen «ökologischen» Ansatz: Das Gedächtnis müsse in der wirklichen Welt statt im Labor untersucht werden. In einer Studie zur Watergate-Affaire beispielsweise wurden Gedächtnisprozesse des Zeugen Dean im Verhältnis zu den tatsächlichen Ereignissen (veridicality) untersucht. In den letzten Jahren erfuhr die Gedächtnisforschung neue Impulse durch *sozialkonstruktivistische* Ansätze. Bereits in den 20er Jahren wies der Soziologe Halbwachs (1925/1985) die soziale Einbettung (cadres sociaux) des Gedächtnisses auf: Zum Beispiel hängen Inhalt und Lebendigkeit meiner biographischen Erinnerungen u.a. von meinen lebendigen Beziehungen zur Familie ab. Ähnlich betonte Bartlett die kulturelle Spezifität der Gedächtnis-Schemata. Allgemein geht es um die Frage, in welchen Diskursen, durch welche Beziehungen, Interessen u.ä. das Gedächtnis erzeugt wird – wobei offen bleibt, ob die traditionelle Frage nach einer Gedächtnis «treue» überhaupt gestellt werden kann (u.a. Edwards & Potter, 1995). Statt dessen sei das Gedächtnis im Medium des Diskurses und der Narration zu sehen. In diesem Zusammenhang wird seit einigen Jahren verstärkt das autobiographische Gedächtnis untersucht (vgl. Rubin, 1986; Conway et al., 1992). In den letzten Jahren wird zunehmend die *historische Dimension* des Gedächtnisses thematisiert. Das individuelle Gedächtnis steht immer im Kontext «oraler» Traditionen (Rubin, 1995) und ist selbst eine der Quellen der Geschichtsschreibung. Beeinflussung des Gedächtnisses, d. h. dessen, was behalten und was vergessen wird, ist ein Bestandteil gesellschaftlicher Kontrolle und Machtausübung (Beispiel: Umbenennen von Straßennamen; Burke, 1989 / 1993).

Literatur

Anderson, J. R. & Bower, G. (1973). Human associative memory. Washington.

Assmann, A. (1990). Zur Metaphorik der Erinnerung. In: A. Assmann & D. Hardt (Hg.), Mnemosyne (S. 13–35). Frankfurt / M.

Atkinson, R. C. & Shiffrin, R. M. (1968). Human memory – A proposed system and its control processes. In: K. W. Spence & J. T. Spence (Hg.), The psychology of learning and motivation (S. 89–195). New York.

Baddeley, A. (1990). Human memory. Hove.

Bergson, H. (1896 / 1908). Materie und Gedächtnis. Jena.

Bösel, R. (1987). Physiologische Psychologie. Berlin.

Bower, G. H. (1981). Mood and memory. American Psychologist, 36, S. 129–148.

Brown, R. & McNeill, D. (1966). The ‹tip of the tongue› phenomenon. Journal of Verbal Learning and Verbal Behavior, 5, S. 325–337.

Burke, P. (1989 / 1993). Geschichte als soziales Gedächtnis. In: A. Assmann & D. Harth (Hg.), Mnemosyne (S. 289–304). Frankfurt / M.

Christianson, S. A. (Hg.). (1992). Handbook of emotion and memory. Hillsdale.

Collins, A. M. & Quillian, M. R. (1969). Retrieval time from semantic memory. Journal of Verbal Learning and Verbal Behavior, 8, S. 240–247.

Conway, M. A., Rubin, D. C., Spinnler, H. & Wagenaar, W. A. (Hg.). (1992). Theoretical perspectives on autobiographical memory. Dordrecht.

Craig, F. I. & Lockhart, R. S. (1972). Levels of processing: A framework for memory research. Journal of Verbal Learning and Verbal Behavior, 11, S. 671–684.

Ebbinghaus, H. (1885 / 1992). Über das Gedächtnis. Darmstadt.

Edwards, D. & Potter, J. (1995). Remembering. In: R. Harré & P. Stearns, Discursive psychology in practice (S. 9–36). London.

Freud, S. (1898 / 1952). Zum psychischen Mechanismus der Vergeßlichkeit. In: Gesammelte Werke, Bd. 1, S. 517–527.

Freud, S. (1899 / 1952). Über Deckerinnerungen. In: Gesammelte Werke, Bd. 1, S. 531–554.

Halbwachs, M. (1925 / 1985). Das Gedächtnis und seine sozialen Bedingungen. Frankfurt / M.

Hering, E. (1870 / 1969). Über das Gedächtnis als allgemeine Funktion der organisierten Materie. In: E. Hering, Vier Reden (S. 5–31). Amsterdam.

Klimesch, W. (1988). Struktur und Aktivierung des Gedächtnisses. Bern.

Kuiken, D. (Hg.). (1991). Mood and memory. London.
Mandler, G. (1980). Cognitive psychology. Hillsdale.
Metcalfe, J. & Shimamura, A. P. (Hg.). (1994). Metacognition. Knowing about knowing. Cambridge, Mass.
Miller, G. A. (1956). The magical number seven, plus or minus two: Some limits on our capacity for processing information. Psychological Review, 63, S. 81–97.
Nietzsche, F. (1887/1906). Zur Genealogie der Moral. Werke Bd. VIII. Leipzig.
Parkin, A. J. (1993/1996). Gedächtnis. Weinheim.
Piaget, J. & Inhelder, B. (1968/1974). Gedächtnis und Intelligenz. Olten.
Rubin, D. C. (1995). Memory in oral traditions. The cognitive psychology of epic, ballads, and counting-out rhymes. Oxford.
Rubin, D. C. (Hg.). (1986). Autobiographical memory. Cambridge.
Rumelhart, D. E., McClelland, J. L. & the PDP Research Group (1986). Parallel Distributed Processing. Bd. 1: Foundations. Cambridge, Mass.
Schacter, D. L. (1987). Implicit memory: history and current status. Journal of Experimental Psychology: learning, memory, and cognition, 13, S. 501–518.
Schank, R. & Abelson, R. P. (1977). Scripts, plans, goals, and understanding. Hillsdale.
Selz, O. (1913). Über die Gesetze des geordneten Denkverlaufs. Stuttgart.
Semon, R. (1904/1911). Die Mneme. Leipzig.
Sperling, G. (1960). The information available in brief visual presentations. Psychological Monographs: general and applied, 74, S. 1–29.
Tulving, E. (1972). Episodic and semantic Memory. In: E. Tulving & W. Donaldson (Hg.), Organization of memory (S. 381–403). New York.
Tulving, E. (1983). Elements of episodic memory. Oxford.

Reiner Seidel

Gefühl

Aufklärung und industrielle Revolution begünstigten zunehmend jene Kräfte, die das Gefühl immer weiter an den Rand der abendländischen Kultur drängten. Dem entsprach in der Wissenschaft der Versuch, mit wertfreier Methodik und Laboratorium die Theorie der Gefühle voranzutreiben. Aber die Ergebnisse, die mit Statistik und Experimenten gewonnen wurden, waren eher mager. Noch 1960 mußte Rohracher eingestehen: «Recht dürftig sind leider ... die Resultate der experimentellen Gefühlsforschung» (zit. n. Ulich, 1995, S. 58). Die akademische Psychologie hat die Freudsche Psychologie des Unbewußten ignoriert. Erst Mitte der 70er Jahre wurde ein Buch – freilich in den USA – geschrieben, wo «psychoanalytische Theorien der Affekte» (Izard, 1994, S. 40) hinreichend berücksichtigt wurden. Im deutschen Sprachraum vermerkt Ulich dazu: «Die jahrzehntelang ... am experimentellen ... Modell orientierte Emotionsforschung hat von Freud nicht viel Kenntnis genommen. Dabei war Freud sicher der erste in der Psychologie, der auf die Dynamik emotionalen Erlebens ... hingewiesen hat» (1995, S. 109). Dementsprechend wird empfohlen, die Rahmenbedingungen des Forschens zu erweitern, «Gefühle in ihren alltäglichen Erscheinungsformen, ihrer Entstehungsgeschichte und ihrer Bedeutung für die Person selbst und für andere zu untersuchen» (ebd., S. 1). Wie erwähnt, Gefühle sind in unserer Gesellschaft eher ein Randphänomen mit folgender Bewertung: «Emotionalität wird ... häufig als Schwäche ... angesehen» (ebd., S. 12). Und was wird überhaupt als forschenswürdig erachtet? Bezüglich dieser Frage beobachten wir «die nahezu ausschließliche Bevorzugung negativer Emotionen» (ebd., S. 59). Einerseits bevorzugt unsere technische Kultur Gefühlsanalphabeten, andererseits wäre es für Kinder ein wünschenswerter Vorteil, wenn die Humanisierung unserer Welt gefördert werden könnte dadurch, «emotional intelligente Eltern zu haben» (Goleman, 1996, S. 240). Dem steht entgegen, daß angesichts der Globalisierung der Märkte bzw. der Verfeinerung des Renditedenkens die Chancen emotionalen Wachstums in unserer Gesellschaft eher geringer werden. Denn «Scheidung, Armut und Arbeitslosigkeit» (ebd., S. 295) treffen als Defizitpotentiale gerade die junge Generation besonders stark.

Literatur

Goleman, D. (1996). Emotionale Intelligenz. München / Wien.
Izard, C. E. (1994). Die Emotionen des Menschen. Weinheim.
Ulich, D. (1995). Das Gefühl. Weinheim.

Ewald H. Englert

Gemeindepsychologie

Die Gemeindepsychologie stellt einen Versuch dar, die individualistischen Verkürzungen der Subjektperspektive in der vorherrschenden Psychologie zu überwinden. Sie erhebt den Anspruch, das Subjekt in Theorie und Praxis zu «rekommunalisieren»: sein Erleben und Handeln in den realen soziokulturellen und materiellen Lebenskontexten zu situieren. Die Gemeindepsychologie verstand sich weniger als erkenntnistheoretische, sondern als eine praxisverändernde und letztlich als politisch-ideologiekritische Kritik am psychologistischen Reduktionismus. Als sie sich in den 60er Jahren zunächst in den USA und in den 70er Jahren in Europa zu entfalten begann, reagierte sie mit einer radikalen Kritik an einer psychologischen Diagnostik und Praxis, die – Hand in Hand mit der traditionellen Psychiatrie – Menschen und ihre Befindlichkeit von ihren realen Existenzbedingungen abschnitten, psychobiologische

Personfaktoren für psychosoziale Störungen kausal verantwortlich machten und sich professionell an der institutionellen Ausgrenzung dieser Personen beteiligten.

Die Kritik am psychologischen Reduktionismus bezog sich in den 60er und 70er Jahren zunehmend auf den entstehenden Psychoboom, der aus einem expansiven Professionalisierungsschub von Psychologie und Psychotherapie entstand. Auch hier ging es um psychologische Deutungs- und Handlungsmuster, die therapeutische Veränderungsintentionen menschlichen Erlebens und Handelns auf die psychische Innenwelt oder auf eine reine Verhaltensmodifikation reduzierten. Ihre eigenständige Identität bezieht sie aus der Tatsache, daß sie den ökologischen, gesellschaftlichen und kulturellen Bedingungen subjektiver Phänomene besondere Aufmerksamkeit schenkt und daß sie ihr professionelles Aktionsfeld nicht ausschließlich auf der individuellen Ebene sieht, sondern auch Änderungen auf den unterschiedlichen soziokulturellen Kontextebenen anzielt. In dem – von Mehrdeutigkeiten nicht freien – Begriff der «Gemeinde» wird diese Schwerpunktsetzung deutlich. Hierunter ist der soziokulturelle, sozioökonomische und ökologische Lebenskontext in einem umfassenden Sinn gemeint und nicht nur die Gemeinde im Sinne einer lokal-administrativen Bezugsebene oder die Gemeinde im Sinne der Mitgliedschaft in einer Religionsgemeinschaft, obwohl beide Bedeutungsvarianten durchaus integriert sind.

Konzeptuell sieht die Gemeindepsychologie das psychosoziale Wohlbefinden und die verschiedenen Formen psychosozialen Leids als Ergebnis des transaktionalen Zusammenwirkens von subjektiven Wünschen, Bedürfnissen und Ansprüchen eines Subjekts und den durch seine jeweiligen Lebensbedingungen gegebenen psychosozialen, sozialen und materiellen Ressourcen. Interventionsbezogen versucht die Gemeindepsychologie, psychosoziales Wohlbefinden dadurch zu verbessern und psychosoziales Leid dadurch zu mindern, daß sie Subjekte, Gruppen und Netzwerke dabei unterstützt, den Zugang zu Ressourcen zu verbessern, die für eine adäquate Auseinandersetzung mit alltäglichen Widersprüchen und Belastungen und für die Realisierung selbstbestimmter Lebenspläne erforderlich sind. Priorität haben Interventionen, die das Entstehen psychosozialer Belastungen und Leidenszustände verhindern sollen. Bei ihrem konzeptuellen Vermittlungsversuch von subjektiven und objektiv-gesellschaftlichen Prozessen kann die Gemeindepsychologie aus der psychologischen Stammdisziplin nur unzureichende Hilfe erwarten. Wie die verschiedenen anderen kritischen Psychologieansätze bedarf sie einer engen Kooperation mit anderen Sozialwissenschaften. Wichtig sind vor allem die Anregungen der Kritischen Theorie und des Poststrukturalismus (Foucaults Geschichte des Wahnsinns und seine Theorie sozialer Kontrolle) und die institutionskritischen Analysen aus dem Bereich der Soziologie (z. B. Goffmans Untersuchungen zu «totalen Institutionen» oder die labelingtheoretischen Arbeiten von Scheff oder Becker).

Im Projekt Gemeindepsychologie spiegeln sich in charakteristischer Weise soziokulturelle Umbrüche der Nachkriegsperiode, ihre Verarbeitung durch soziale Bewegungen und der Anspruch von Psychologen, sich daran zu beteiligen. Ausgangspunkt für die ersten gemeindepsychologischen Identitätskerne war die Skandalisierung der inhumanen Zustände in den «totalen Institutionen» und der Beteiligung von Psychologen an der Herstellung und Aufrechterhaltung solcher Zustände. Als Alternative entstand eine kompensatorische Kampagne, die von einem anwaltschaftlichen Professionsmodell getragen wurde. Daraus entwickelte sich zunehmend die Haltung einer «Emanzipation des Subjekts», also die Befreiung von Menschen aus kollektiven oder institutionellen Zuschreibungen und Sonderbehandlungen. Obwohl die kompensatorische und emanzipatorische Position nach wie vor existieren und auch notwendig sind, geht es heute zunehmend um die Frage nach Kontexten, Gemeinden, Gemeinschaften, sozialen Netzen, die verhindern sollen, daß einzelne herausfallen und «kontextfrei» werden. War also zunächst die Übermacht der Normalität der Fokus, dem gegenüber das Recht auf Differenz zu erstreiten war, geht es heute um soziale Anerkennungsverhältnisse für die Differenz. In diesem Entwicklungsprozeß sind die basalen Perspektiven der Gemeindepsychologie entwickelt worden, die die weiteren Schwerpunktsetzungen tragen:

1. Bei psychischen Störungen oder Wohlbefinden wird nach den *sozialökologischen Ressourcen* gefragt, die eine Person hat oder die ihr nicht in dem erforderlichen Umfang verfügbar sind, um eigene positive Lebensentwürfe zu verwirklichen. Objektive Lebensbedingungen bedeuten einen unterschiedlichen Zugang zu den gesundheitsförderlichen Ressourcen. Notwendig ist die Einsicht, daß gesellschaftliche Fremdbestimmung, Enteignung von Alltagskompetenzen, die Zerstörung menschlicher Gestaltungsräume und die wachsenden ökologischen Risiken durch individuelle Bewältigungsstrategien nicht überwunden werden können und geeignete gesellschaftliche Strukturreformen erforderlich sind.

2. Die *konkrete Gemeinde* bildet das rekonstruierbare Netzwerk, innerhalb dessen Identitäten verhandelt, konkrete Projekte realisiert werden, emotionale, soziale und materielle Unterstützung gegeben, aber auch soziale Kontrolle ausgeübt wird. Den «sense of community» bildet das, was eine Gemeinde zu einem positiven und förderlichen Lebenszu-

sammenhang macht, in dem Zugehörigkeit, Vertrautheit und Solidarität erlebt werden. Das «Gefühl» und die Erfahrung, in eine schützende, unterstützende oder ermutigende Lebenswelt eingebunden zu sein, ist ein zentraler salutogenetischer Faktor.

3. Wie kann psychosoziale Praxis Lebenswelten im Sinne dieser *salutogenetischen Perspektive* fördern? Diese Frage wird innerhalb des gemeindepsychologischen Diskurses mit großem Gewinn mit dem Zielkonzept *Empowerment* verbunden. Der Empowermentdiskurs orientiert das professionelle Handeln auf die Frage, wie dieses einen Beitrag dazu leisten könnte, daß Individuen, Gruppen oder Institutionen effektiver und mit neuen Ressourcen ihre Situation verändern und mehr Kompetenz zur Selbstgestaltung der eigenen Lebenswelten gewinnen können.

4. Der Empowermentgedanke und das Ziel der professionellen Förderung von Selbstorganisation wäre ohne eine Partizipation der Gemeindepsychologie an den vergangenen und aktuellen sozialen Bewegungen kaum so zentral geworden. Das waren in ihrer Startphase die Psychiatriereformbewegung, in den 60er Jahren kam die Bürgerrechtsbewegung mit ihrem Ziel der Chancengleichheit für alle Bürger, im weiteren die Selbsthilfebewegung und die bis heute wichtigste und folgenreichste soziale Bewegung, die Emanzipationsbewegung der Frauen. Sie hat nicht nur zu den lebendigsten Beispielen von Empowermentprozessen geführt, sondern auch zur Entwicklung frauenspezifischer Psychotherapieangebote, in denen ein zentrales Anliegen der Gemeindepsychologie realisiert wird: die Ausrichtung der professionellen Angebote an den spezifischen Problem- und Bedürfnislagen der jeweiligen Gruppe.

5. Nicht blinder Aktionismus zieht die Gemeindepsychologie zu den neuen sozialen Bewegungen. Es ist vielmehr Ausdruck ihres Grundanliegens, aktiv an der Verbesserung der sozialen Bedingungen individueller Lebensgestaltung zu arbeiten. Die sozialen Bewegungen sind am ehesten die Indikatoren für die gesellschaftlichen Bereiche, in denen von den Betroffenen Veränderungsnotwendigkeiten in den öffentlichen Raum getragen werden.

6. In den vielfältigen sozialen Bewegungen drücken sich tiefgreifende *gesellschaftliche Wandlungsprozesse* aus, die für die Subjekte selber und vor allem auch für die Psychologie die Entwicklung neuer Lebenskonzepte erfordern. Die gegenwärtige soziokulturelle Situation läßt sich als hochambivalente Konfiguration kennzeichnen: Eine radikale Enttraditionalisierung von Lebensformen schafft zwar ein ungeahntes Potential an Selbstorganisation, aber es wachsen auch die Risiken des Scheiterns. Gesicherte Leitfäden der Lebensführung gibt es kaum mehr; Lebenssinn muß aktiv gesucht werden. In der Gemeindepsychologie hat diese Refle-

xion begonnen. Im Zentrum postmoderner Gesellschaftsverhältnisse steht das neue Verhältnis von einzelnen Subjekten zu ihrer jeweiligen «Gemeinde». Der einzelne löst sich zunehmend aus vorgegebenen Vergesellschaftungsmustern und muß sich sozial selbst verorten.

7. Die Gemeindepsychologie leitet ihre Handlungsprinzipien nicht aus Wissensformen ab, die die Forschung erarbeitet und die dann von der Praxis aufgenommen und umgesetzt werden müssen. Gemeindepsychologische Praxis und Forschung setzen einen herrschaftsfreien Dialog zwischen beiden voraus. Erforderlich ist deshalb eine Fachkultur, in der die Bedingungen für diesen Dialog entstehen und gemeinsame Lernprozesse ermöglicht werden.

In der Krise moderner Gesellschaften stehen bisherige Werteprinzipien zur Disposition. Dazu gehört auch der soziale Konsens über Prinzipien sozialer Sicherung angesichts typischer Existenzrisiken. Die Diskussion und Praxis zur Entwicklung von Qualitätsstandards psychosozialer Praxis muß sich mit einer Wertediskussion für «gute Praxis» und mit der Formulierung politischer Optionen verknüpfen. Die Gemeindepsychologie bietet hierfür u. a. folgende Prinzipien an: Förderung und Unterstützung von (a) «aufrechtem Gang» und Selbstbestimmung; (b) gesellschaftlicher Chancengleichheit; (c) Vielfalt von Lebensformen und das Recht auf Differenz; (d) kommunitären Netzwerken in Selbstorganisation; (e) soziale und materielle Grundsicherung; (f) mehr finanziellen Gestaltungsspielräumen in der Praxis; (g) partizipativen Formen der Politikgestaltung.

Die Gemeindepsychologen im deutschsprachigen Raum haben sich zunächst in der Deutschen Gesellschaft für Soziale Psychiatrie (DGSP) und in der Deutschen Gesellschaft für Verhaltenstherapie (DGVT), die die gemeindepsychologische Perspektive in ihre Satzung aufgenommen hat, organisiert. Seit Mitte der 80er Jahre treffen sie sich regelmäßig in einem eigenen Gesprächskreis. 1995 wurde die Gesellschaft für gemeindepsychologische Forschung und Praxis (GgFP) gegründet.

Literatur

Böhm, I., Faltermaier, T., Flick, U. & Krause, J. M. (Hg.). (1992). Gemeindepsychologisches Handeln: ein Werkstattbuch. Freiburg.

Hermer, M. (Hg.). (1995). Die Gesellschaft der Patienten. Gesellschaftliche Bedingungen und psychotherapeutische Praxis. Tübingen.

Keupp, H. (1987). Psychosoziales Handeln im gesellschaftlichen Umbruch. Bonn.

Keupp, H. (1988). Riskante Chancen. Das Subjekt zwischen Psychokultur und Selbstorganisation. Heidelberg.

Keupp, H. (1994). Psychologisches Handeln in der Risikogesellschaft. München.

Keupp, H. (1997). Ermutigung zum aufrechten Gang. Tübingen.

Keupp, H. & Rerrich, D. (Hg.). (1982). Psychosoziale Praxis – gemeindepsychologische Perspektiven. Ein Handbuch in Schlüsselbegriffen. München.
Rappaport, J. (1985). Ein Plädoyer für die Widersprüchlichkeit. Verhaltenstherapie und psychosoziale Praxis, 17, S. 257–278.
Röhrle, B. & Sommer, G. (Hg.). (1995). Gemeindepsychologie: Bestandsaufnahme und Perspektiven. Tübingen.
Stark, W. (Hg.). (1989). Lebensweltbezogene Prävention und Gesundheitsförderung. Konzepte und Strategien für die psychosoziale Praxis. Freiburg.
Stark, W. (1996). Empowerment. Neue Handlungskompetenzen in der psychosozialen Praxis. Freiburg.

Heiner Keupp

Gentechnologie

Gentechnologie (auch: Gentechnik) ist ein wissenschaftliches Teilgebiet der Genetik bzw. der Molekularbiologie. Sie befaßt sich mit Prinzipien der Entwicklung diagnostischer und therapeutischer Verfahren sowie deren Nutzung im Rahmen der klinischen und industriellen Anwendung. Ziele der Gentechnik sind vor allem Veränderungen des Erbguts von Pflanzen, Tieren und Menschen zur optimalen Anpassung an bestimmte Umweltbedingungen, zur Züchtung von Arten nach spezifischen Kriterien (z. B. nach Marktbedürfnissen), zur Diagnose und zur klinischen Behandlung von Gendefekten. Außerdem beschäftigt sie sich mit der Entwicklung erbidentischer Lebewesen (Klone). Die Gentechnik bedient sich methodisch u. a. des Gentransfers, des Einsatzes von Gensonden und der Synthetisierung von Nukleinsäuren. Erbgutveränderungen werden durchgeführt zur Herstellung von Substanzen wie z. B. Humaninsulin, Impfstoffe (Hepatitis-B-Vakzine) und Plasmafaktoren sowie zur Züchtung z. B. schädlingsresistenter Pflanzen. Gendiagnostische Methoden werden heute zur Feststellung genetischer Defekte, erworbener genetischer Störungen (z. B. Immunschwäche AIDS), zur Klärung von Verwandtschaftsverhältnissen oder zur Identifizierung von Personen in der Kriminalistik eingesetzt. Grundlagen für effiziente Gendiagnostik werden durch das seit 1985 laufende internationale «human genome project» erarbeitet, das die vollständige Charakterisierung des menschlichen Genoms zum Ziel hat. Außerdem werden diagnostische Feinstrukturanalysen der DNA durchgeführt zur Abklärung (z. B. Pränatal- und Präimplantationsdiagnostik) und genetischen Beratung bei vermuteten Erbkrankheiten. Einsatzgebiete der Gentherapie sind monogenetische Erbkrankheiten (z. B. Hämophilie A, Sichelzellenanämie),

Krankheiten mit polygenetischer Ursache (z. B. Krebs, Herz-Kreislauf-Erkrankungen) sowie andere erworbene genetische Störungen (z. B. Strahlungsunfälle, Einfluß mutagener Chemikalien) und Infektionskrankheiten (z. B. AIDS, Hepatitis). Gefahren können durch das Freisetzen und Inverkehrbringen von genetisch veränderten Organismen entstehen, wenn sie der experimentellen Kontrolle der Forscher entgleiten, aus Profit- oder Machtgier zur Vernichtung von Menschen eingesetzt oder wenn zumindest die Schädigung von Menschen und ihrer Umwelt in Kauf genommen werden. Beschränkende gesetzliche Regelungen sollen sowohl dem gentechnologischen Forschungsdrang als auch der Anwendung in der Gentechnik Grenzen setzen. Allerdings können diese mit der schnellen Entwicklung der Gentechnik häufig nicht Schritt halten. Außerdem wird allein durch Erlaß von Gesetzen nicht zwangsläufig auch zuverlässig gesetzeskonformes Verhalten aller Beteiligten und eine wirksame Kontrolle von Forschung, Industrie und Politik gewährleistet. In der Bundesrepublik Deutschland überwacht die Zentrale Kommission für die biologische Sicherheit (ZKBS) dieses Forschungsgebiet.

Literatur

Dohmen, K. (Hg). (1988). Gentechnologie. Die andere Schöpfung? Stuttgart.

Gassen, H. G. & Minol, K. (Hg.). (1996). Gentechnik. Einführung in Prinzipien und Methoden. Stuttgart / Jena.

Ritzert, B. (1987). Gene, Zellen, Moleküle. Gentechnik – wie sie funktioniert und was sie leisten kann. Frankfurt / München.

Schmidtke, J. (1997). Vererbung und Ererbtes. Ein humangenetischer Ratgeber. Reinbek.

Berndt Zuschlag / Hans-Günther Kaps

Gerontopsychologie

Gerontopsychologie ist die Wissenschaft, die sich mit den psychischen Problemen im Alter beschäftigt. In der Regel werden Individuen ab dem Rentneralter (65 bzw. 60 Jahre) zur Gruppe der Alten gezählt. In der Gerontopsychologie werden v. a. folgende Theorien behandelt: (1) Die klassische *Defizit-Theorie* behauptet eine linear verlaufende Abnahme von Qualität und Quantität der geistigen Produktivität. Diese Annahme ist in ihrer allgemeinen Form unhaltbar. Psychologische sowie soziologische Faktoren, die für die verbale und kognitive Produktivität sowie Reproduktivität mitbestimmend sind, werden übersehen. Die Theorie basiert auf Querschnittsuntersuchungen, bei denen von unterschiedlichen Ausgangsbedingungen (z. B. Schulbildung) abstrahiert wird. Auch

Störvariablen (z. B. die Verarbeitung der Testsituation) werden selten berücksichtigt. (2) Gemäß der *Disengagement-Theorie* ist der Rückzug alter Menschen aus den Aktivitäten der mittleren Jahre aus biologischen Gründen notwendig. Nach Abschluß dieses Prozesses ergibt sich zwischen den alten Menschen und der Gesellschaft ein neues Gleichgewicht, das durch eine größere Distanz gekennzeichnet ist. Die Disengagement-Theorie verstellt den Blick auf die gesellschaftlich verursachte Randgruppensituation alter Menschen. (3) Die als Antwort auf die Disengagement-Theorie entwickelte *Aktivitäts-Theorie* geht von der Beobachtung aus, daß mit dem Altern Rollen- und Funktionsverluste verbunden sind. Es wird angenommen, daß ‹erfolgreiches Altern› am ehesten dann möglich ist, wenn es gelingt, Verluste durch altersadäquate Aktivitäten zu kompensieren. Es stellt sich die Frage, wie dies in einer Gesellschaft, in der für alte Menschen kaum relevante Aufgaben vorgesehen sind, möglich ist. Die *Compensatory-Engagement-Hypothesis* versucht, Erkenntnisse der Aktivitäts- und der Disengagementtheorie zu vermitteln. (4) Das *informationstheoretische Modell* bezieht sich vor allem auf die Gedächtnisleistungen im Alter. Gemäß der *Kapazitätshypothese* nimmt im Alter der Informationsumfang ab, den eine Person pro Zeiteinheit aufnehmen und kontrollieren kann. Nach der *Verarbeitungshypothese* ist im Alter vorwiegend das über das natürliche Primärgedächtnis hinausweisende Sekundärgedächtnis beeinträchtigt. Demnach organisieren alte Menschen Lernmaterial weniger spontan, sie setzen Mnemotechniken weniger flexibel ein und verbinden neue Informationen weniger mit alten. Folgt man der *Abrufhypothese,* ist im Alter nur jener Prozeß beeinträchtigt, der von der gespeicherten Information zu deren Wiedergabe führt. Bei der Überprüfung dieser Hypothesen ergaben sich vor allem Hinweise für unspezifische Bedingungen wie verstärkte Irritation, erhöhte Ermüdbarkeit und/oder pessimistische Einschätzung der eigenen Leistungsfähigkeit. (5) Die *Minoritätstheorie* geht davon aus, daß alte Menschen eine Minderheit darstellen und sozial wie sprachlich diskriminiert werden. In den letzten Jahren hat die soziale Diskriminierung zugenommen, Diskriminierungen im öffentlichen Diskurs haben eher abgenommen. So erscheinen negative Bewertungen vorwiegend in impliziter Form und werden von positiven Diskriminierungen begleitet. Die realen Probleme im Alter werden tabuisiert oder beschönigt (z. B. durch Ausdrücke wie «Seniorenheim»). (6) Das *Stigma-Konzept* geht davon aus, daß Altersprozesse vor allem auf komplexe soziale Zuschreibungsvorgänge zurückzuführen sind, wobei oft von einem Merkmal auf die gesamte Person geschlossen wird. Durch sozialen Druck übernimmt das Individuum die von ihm erwarteten Rollen. (7) Der *entwicklungspsychologische Ansatz* führt das Erleben und die Verarbeitung des Alterns auf Persönlichkeitsmerkmale zurück. Bei dieser individualistischen Sicht wird die Analyse gesellschaftlicher Bedingungen vernachlässigt. Ein mehr *sozialisationstheoretisch* orientiertes Konzept hebt hervor, daß die Verhaltenssteuerung über das gesamte Leben immer neu gelernt werden muß, dieses Lernen aber mit zunehmendem Alter versagt. (8) Der *sozioökonomische Ansatz* rekurriert auf Widersprüche zwischen Produktionsmittel und Produktionsverhältnissen sowie zwischen Produktions- und Reproduktionsbereich der Gesellschaft. Das Verhältnis von Gebrauchswert und Tauschwert der Tätigkeiten wird analysiert. Dieses Verhältnis ist für die Verarbeitung des Alterns konstitutiv und bildet die Basis für die soziale Stellung, das Ansehen, die Wertschätzung sowie das Selbstverständnis alter Menschen. (9) Der *ökologische Ansatz* geht davon aus, daß die Interaktionen, die alte Menschen mit der sozialen und räumlichen Umgebung unterhalten, maßgebend für deren Erleben und Wohlbefinden sind. Stirbt ein langjähriger Partner und/oder verändert sich plötzlich die Wohnsituation (z. B. nach einer Heimübersiedlung), verlieren alte Menschen mit ihrem bisherigen sozial-räumlichen Kontext auch Kompetenzen und emotionale Bezugspunkte.

Eine weiterführende Perspektive scheint sich durch die Verschränkung des sozioökonomischen und des ökologischen Ansatzes zu ergeben. Die gegenwärtige Forschung ist oft ebenso eklektisch wie empirizistisch. Das Ideal scheint ein möglichst großes Variablenspektrum zu sein. Notwendig ist eine an den Interessen der Betroffenen orientierte Forschung, bei der Theorie und Praxis im Sinne einer kontextuell-biographischen Begleitung verbunden sind. Letztere geht davon aus, daß Menschen bis zu ihrem Tode über sich selber bestimmen können, hierzu aber oft (u. U. professionelle) Bezugspersonen benötigen, um materielle sowie ideelle Aufgaben zu bewältigen.

Literatur

Arnold, B. (1979). Die ökonomische Natur des Alters. Diss. Bremen.

Baltes, P. B. & Mittelstraß, J. (Hg.). (1993). Zukunft des Alterns und gesellschaftliche Entwicklung. Berlin.

Klein, M. & Galliker, M. (Hg.) (1996). Begleitung von alten und verwirrten Menschen. Verhaltenstherapie & psychosoziale Praxis, 28, S. 509–563.

Lehr, U. (1991). Psychologie des Alterns. Heidelberg.

Saup, W. (1993). Alter und Umwelt. Eine Einführung in die Ökologische Gerontologie. Stuttgart.

Tews, H. P. (1995). Altersbilder. Köln: Kuratorium Deutsche Altenhilfe.

Mark Galliker / Margot Klein

Geschlechterverhältnis

«Die Geschlechterdifferenz ist eine Naturgegebenheit, deren mögliche Geschichte man sich zunächst nur schwer vorstellen kann» (Fraisse 1995, S. 33). Mit diesem Satz zielt Fraisse ins Zentrum der derzeitigen Diskussion über das Geschlechterverhältnis: Gibt es tatsächlich *ein* Geschlechterverhältnis, handelt es sich dabei wirklich um eine Naturgegebenheit, und welche historischen Formen sind für die Zukunft denkbar?

Die materielle Basis der Diskussion um das Geschlechterverhältnis liefert die Ungleichheit der Geschlechter im gesellschaftlichen Leben: die Trennung von Produktion und Reproduktion, die – real und symbolisch – jeweils einem Geschlecht zugeordnet werden. So sind Frauen immer noch fast ausschließlich für die familiäre und emotionale Reproduktion zuständig, selbst wenn sie lohnabhängig arbeiten. Darüber hinaus wird mit dem Begriff «Frauen» diese Zuständigkeit für die Reproduktionsarbeit und das Private verbunden. «Männer» werden der Produktionssphäre und dem öffentlichen Raum zugeordnet. Wichtiger als die tatsächliche Aufteilung ist heute, daß die symbolische Zuordnung bestimmter Werte und Normen bestehenbleibt. Das bedeutet, daß Frauen aus dem öffentlichen Leben als aktive, gestaltende Subjekte weitgehend ausgeblendet werden, und zwar faktisch, indem ihnen der Aufstieg in lohnende Berufe durch männerbündisches Verhalten verwehrt wird, und symbolisch, indem alles, was mit Status, Macht und Prestige einhergeht, männlich konnotiert ist.

Es wird deutlich, wie wichtig neben der materiellen Basis das Sprechen über die Geschlechterverhältnisse ist. Auf dieser Ebene des Diskurses wird die symbolische Ordnung fixiert, selbst dann noch, wenn sich die Verhältnisse bereits ändern. Die Frage nach dem Geschlechterverhältnis ist eine, die in dieser expliziten Form erst mit der Postulierung der Gleichheit aller Menschen auftaucht. Zuvor wurde die Differenz oder die Ungleichheit zwischen den Geschlechtern als Naturgegebenheit hingenommen. Erst das Gleichheitspostulat erfordert es, das Verhältnis der Geschlechter theoretisch zu begründen.

Zunächst wurde die Natürlichkeit der Zweiteilung sowie der unterschiedlichen Zugänge zur Macht diskursiv abgesichert. Frauen, so hieß es, gehörten ins Haus und zu den Kindern, das gebiete die sittliche Ordnung. Aufgrund ihrer biologischen Ausstattung seien sie für Taten in der großen Welt und zu intelligentem Denken nicht geschaffen. Die sich gegen diese Diskriminierung formierende Frauenbewegung hat bis heute zwei Ansatzpunkte: einmal wird auf diese scheinbar natürlichen oder sozialisierten Fähigkeiten der Frauen positiv Bezug genommen, Frauen werden als sozialer, menschlicher, wärmer klassifiziert. Die andere Richtung erhebt Anspruch auf die gleichen Rechte, auf Gleichbehandlung, und geht von gleichen Fähigkeiten aus. Zunächst wurde das Geschlechterverhältnis als Gewaltverhältnis entlarvt, die Frage von Macht, Herrschaft und Ausschluß in gesellschaftlichen und kulturellen Orten und Praxen ins Zentrum gerückt. Frauen, so das Fazit, waren Opfer der männlich patriarchalen Unterdrückungsverhältnisse.

Diese Perspektive beinhaltete nicht nur ein kämpferisches, sondern auch ein machtstabilisierendes Moment: waren Frauen die Opfer der Verhältnisse, so beschnitten sie sich ihrer Wirkmächtigkeit in der Gegenwart. Der Kampf drohte schnell zum Appell zu werden und damit die Rollen von Dominanz und Abhängigkeit zu reproduzieren. Es entstand die Frage nach der aktiven Position von Frauen im Verhältnis der Geschlechter, in Gesellschaft und Politik (Haug, 1988; Thürmer-Rohr, 1989). Frauen sind nicht die besseren Menschen, und der Wunsch, etwas bewirken zu wollen, erzwingt, die eigene Handlungsseite, die eigene Aggression, bewußter wahrzunehmen (Musfeld 1997). Die Zentrierung um die Hierarchie im Geschlechterverhältnis wich der Frage nach der Gleichheit und Differenz von Männern und Frauen sowie der Rücknahme personalisierender Zuschreibungen zugunsten des Verständnisses von strukturellen und symbolischen Machtverhältnissen (Hagemann-White, 1988). Die Relativierung der eigenen Vorstellungen von Emanzipation durch die Berücksichtigung (sub)kulturell anderer Bilder, Prozesse und Ziele bewirkte die Ablösung der eindeutigen Perspektive: statt nach *dem* Geschlechterverhältnis wird nun nach Verhältnissen gefragt, statt nach *dem* heterosexuell strukturierten Verhältnis von Männern und Frauen geht es um verschiedene Formen männlicher und weiblicher Orientierungen.

Die derzeitig provozierendste Position bezieht Judith Butler (1991, 1995), *die* amerikanische Vertreterin der queer theory. Nicht nur das soziale Geschlecht «gender» sei kulturell erzeugt, so ihr Fazit, sondern auch unsere Vorstellung eines vorgängigen natürlichen Geschlechtes, des «sex», sei nichts anderes als ein kulturelles Produkt, was uns in die heterosexuelle Ordnung der Reproduktion hineinzwingen solle. Alle Vorstellungen von männlich und weiblich einschließlich der biologischen seien lediglich Konstrukte, die der Absicherung bestehender Machtverhältnisse dienen und andere Orientierungen ausschließen. Diese Sichtweise öffnet den Blick für die vielfältigen unscheinbaren Zuschreibungen, die auf männliche und weibliche Positionen fixieren und die realen Entwicklungs- und Handlungsmöglichkeiten beschneiden, weil sie den Blick von vornherein auf die bestehende symbolische Ordnung verengen, selbst da, wo diese angegriffen wird. Diesem Diskurs wird vorgeworfen, er entmaterialisiere die reale leibliche Erfahrung, das Erleben eines konkreten Körpers. Dies würde einen wichtigen Ort der Subversion unterminieren: das Erfahren von Sinnlichkeit, von Begehren, von Widerständigkeit, die an das Unbewußte, an den immer auch triebhaft bedingten Wunsch gebunden sind.

Literatur

Butler, J. (1991). Das Unbehagen der Geschlechter. Frankfurt/M.
Butler, J. (1995). Körper von Gewicht. Berlin.
Feministische Studien (1993). Kritik der Kategorie Geschlecht. 2/93.
Fraisse, G. (1995). Geschlecht und Moderne. Frankfurt/M.
Hagemann-White, C. & Rerrich, M. S. (1988). FrauenMännerBilder. Bielefeld.
Haug, F. (1988). Frauen – Opfer oder Täter? Argument Studienhefte 46. Berlin.
Musfeld, T. (1997). Im Schatten der Weiblichkeit. Tübingen.
Thürmer-Rohr, C. (1989). Mittäterschaft und Entdeckungslust. Berlin.

Tamara Musfeld

Gesellschaft

Der Begriff Gesellschaft deckt eine Vielzahl logisch kaum zu systematisierender Bedeutungen ab; er bezeichnet wahlweise die gesamte Menschheit, eine bestimmte Kultur oder eine spezielle Gruppe. Die Bandbreite des Begriffs hat eine Reihe von Soziologen dazu veranlaßt, ihn aufzugeben oder durch vermeintlich präzisere Umschreibungen zu ersetzen. Aus zwei Gründen sollte jedoch am Begriff der Gesellschaft festgehalten werden: (1) um den der Gemeinschaft komplementären Typus menschlichen Zusammenlebens und (2) eine spezifische, namentlich die bürgerliche Gesellschaft zu bezeichnen.

Tönnies unterschied 1887 die Gemeinschaft als durch Gefühl, Sitte und Glauben geeinte Gruppe von der durch Kalkül, Konvention und öffentlicher Auseinandersetzung bestimmten Gesellschaft. Gemeinschaft und Gesellschaft sind durch Abstraktion gewonnene Idealtypen menschlichen Zusammenlebens, die als solche weder in Geschichte und Gegenwart vorkommen noch als einander wechselseitig ausschließend gedacht werden dürfen. Ebensowenig wie eine Gemeinschaft Gleichgesinnter auf Mechanismen der Verständigung und des Ausgleichs verzichten kann, vermag eine Gesellschaft auf Dauer ohne ein wie auch immer geartetes Gefühl der Zusammengehörigkeit auszukommen. Daß Tönnies die Ablösung der Gemeinschaft durch die Gesellschaft beklagte, d. h. kalte und anonyme Formen des Zusammenlebens an die Stelle von Eintracht und gegenseitigem Einverständnis treten sah, spiegelt den das 19. Jahrhundert kennzeichnenden Prozeß sozialer Desintegration.

Menschen haben stets in Gesellschaften gelebt; zumindest vier zivilisatorische Niveaus lassen sich unterscheiden: pristine, archaische, historische und moderne Gesellschaften. Pristine oder Ur- und Frühgesellschaften sind weitgehend egalitär organisiert und leben vom Sammeln und der Jagd. Als archaische Gesellschaften werden die frühen Hochkulturen bezeichnet; ein neuer im wesentlichen auf Vorratshaltung und Tierzucht beruhender Reichtum ermöglicht erstmalig den Städtebau und ergänzt die soziale Differenzierung nach Alter und Geschlecht um politische Hierarchien. Historische Gesellschaften kennen und verwenden die Schrift. Die Schrift erleichtert die Verwaltung, unterstützt die Herrschaft und dynamisiert die Reflexion. Trotz des stetigen Wandels historischer Gesellschaften gliedern sie sich zumindest im indogermanischen Bereich mit erstaunlicher Konstanz in Priester, Krieger und Bauern. Dieses trifunktionale Schema gilt bis weit in die Neuzeit hinein; noch im 19. Jahrhundert halten die politischen Eliten an ihm fest. Moderne Gesellschaften schließlich brechen mit diesem Muster sozialer Differenzierung. Im 19. Jahrhundert wird die Selbstverständlichkeit, daß Menschen in Gesellschaft leben, zum Problem.

Aus der Taufe gehoben wurde die moderne bürgerliche Gesellschaft einerseits durch die industrielle Revolution, andererseits durch die politischen Revolutionen des 18. und 19. Jahrhunderts. Politische Emanzipation und industrielle Revolution bedingten einander. Denn die formale Gleichheit und Freiheit der Menschen war die Voraussetzung dafür, daß Arbeiter ihre Arbeitskraft an die Besitzer von Maschinen und Fabriken verkaufen konnten; umgekehrt erzwang der technisch-industrielle Fortschritt die Befreiung der Bauern und die Auflösung der Zünfte. Schematisch teilt sich die bürgerliche Gesellschaft in Lohnarbeiter und Produktionsmittelbesitzer. Soziale Klassen ersetzen die Stände. Nicht mehr die Tradition, sondern das Geld regelt und bestimmt die Mehrzahl der Beziehungen der Individuen zueinander. «Gesellschaft erscheint so als eine Art Nichtgesellschaft oder als Auflösung der Gesellschaft, als gesellschaftliches Chaos, und das ist unheimlich» (Eßbach, 1996, S. 32). Die Frage, was die Gesellschaft in ihrem Innersten zusammenhält und wie sie einzurichten sei, die Annahme also, daß sie – und nicht nur der Staat – bewußt gestaltet werden könne, wird zuerst im 19. Jahrhundert formuliert. Der Begriff der bürgerlichen Gesellschaft ist Ausdruck dieses Bewußtseins.

Seit Ende des 18. Jahrhunderts werden Gesellschaft und Staat begrifflich voneinander geschieden. Gesellschaft gilt als der dem staatlichen Zugriff entzogene Bereich wirtschaftlichen Handelns. Hegel bestimmt die bürgerliche Gesellschaft 1821 als Differenz von Staat und Familie. Die arbeitsteilig organisierte Gesellschaft dient der Bedürfnisbefriedigung. Als Bereich auf ihren Vorteil bedachter Akteure oder als Welt des Verstandes negiert die Gesellschaft die familiäre Welt des Gefühls. Der Staat ist dazu bestimmt, die gesellschaftlichen Interessengegensätze auszugleichen und der Willkür Einhalt zu gebieten. Als Welt der sittlichen Vernunft integriert er Gefühl und Verstand, Liebe und Kalkül.

Lorenz von Stein, vor allem aber Marx und Engels analysierten und denunzierten den in Hegels Begriff der bürgerlichen Gesellschaft verschleierten Klassengegensatz zwischen Arbeit und Kapital, der im Staat nicht aufgehoben, sondern bloß stillgestellt werde. Marx zufolge würde der strukturelle Widerspruch zwischen der industriellen Produktion von Reichtum und dessen ungleicher Verteilung mit historischer Notwendigkeit seiner revolutionären Auflösung, der Aufhebung des Klassengegensatzes und der Abschaffung des Staates, zutreiben. Letztlich gerät Marx' Kritik der bürgerlichen Gesellschaft zur Kritik an Gesellschaft überhaupt, insofern er sich von der Überwindung des ökonomisch bestimmten Klassengegensatzes die Überwindung aller gesellschaftlichen Gegensätze verspricht. Diesen utopischen Impuls teilt Marx mit der romantischen Gesellschaftskritik.

Die faktische Durchsetzung und theoretische Fassung der bürgerlichen Gesellschaft im 19. Jahrhundert, die Problematisierung der Tatsache, daß Menschen immer in Gesellschaften gelebt haben und leben müssen, war die Bedingung für den mit den Namen Durkheim und Weber verknüpften Aufschwung der Soziologie. Während der vergangenen 100 Jahre hat sie zwar ein begrifflich und theoretisch reichhaltiges Instrumentarium zur Beschreibung, Deutung und Erklärung sozialer Phänomene entwikkelt, sich aber nicht darauf einigen können, was moderne Gesellschaften in ihrem Kern ausmacht.

Literatur

Beck, U. (1986). Risikogesellschaft. Auf dem Weg in eine andere Moderne. Frankfurt/M.

Durkheim, E. (1991). Die Regeln der soziologischen Methode (zuerst 1895). Frankfurt/M.

Eßbach, W. (1996). Studium Soziologie. München.

Makropoulos, M. (1997). Modernität und Kontingenz. München.

Tönnies, F. (1979). Gemeinschaft und Gesellschaft. Grundbegriffe der reinen Soziologie. Darmstadt.

Axel T. Paul

Gesellschaftswissenschaft

Unter Gesellschaftswissenschaften werden jene Disziplinen verstanden, die sich mit gesellschaftlichem Zusammenleben beschäftigen. Im engeren Sinn sind dies Soziologie und Politikwissenschaft, aber auch Ökonomie und Sozialpsychologie; im erweiterten Sinn werden sie oftmals mit «Sozialwissenschaften» gleichgesetzt. In marxistischen Ansätzen ist diese Definition erweitert um alle Wissenschaften, die sich mit den gesellschaftlichen Verhältnissen der Menschen befassen bzw. auf diese zurückzuführen sind, also z. B. auch Geschichte, Kunst etc. Historisch gesehen sind die Gesellschaftswissenschaften ein junger Zweig. Vor allem die naturwissenschaftlichen Disziplinen hatten in der zweiten Hälfte des 19. Jahrhunderts zunehmend für die Produktion verwertbaren Wissens zu sorgen, was schließlich zu einer Teilung in Naturwissenschaften mit empirischer Methodik und hermeneutisch bestimmte Geisteswissenschaften führte. Zu Beginn des 20. Jahrhunderts wurden die Gesellschaftswissenschaften als dritte Kraft zwischen diesen beiden Richtungen definiert. Ein Dualismus aus Verstehen und Erklären sollte als adäquate Methode für die Beschäftigung mit gesellschaftlichen Phänomenen dienen. Max Weber versuchte erstmals, die Gesellschaftswissenschaften in den Rang strenger Wissenschaftlichkeit zu heben, indem er ihre Methoden einer strengen Prüfung unterzog. Im Zuge der sich durchsetzenden positivistischen Wissenschaftsauffassung kam es schließlich zum Verlust der hermeneutischen Anteile. Diese Entwicklung gipfelte in den 60er Jahren im «Positivismusstreit» um die Logik der Sozialwissenschaften zwischen Vertretern der kritischen Theorie (Adorno) und des kritischen Rationalismus (Popper). Während letzterer, unter Berufung auf eine wertfreie Herangehensweise, für eine Erklärung auch der sozialen Umwelt durch universelle Gesetze plädierte, hielt die kritische Theorie die Verschiedenheit von Gesellschaft und Natur entgegen, die sich auch methodisch niederschlagen müsse. Ursprünglich wurde auch die Psychologie vielfach zu den Gesellschaftswissenschaften gezählt. Im Zuge des Strebens nach Anerkennung innerhalb der «scientific community» setzte sich schließlich ein Selbstverständnis als «exakte Wissenschaft» durch, in dem die Entwicklung von Methoden, mathematischen Modellen und experimentellen Designs die Frage nach der Gegenstandsbestimmung oder des Begreifens von gesellschaftlichen Zusammenhängen zusehends verdrängte. Dies führte dazu, daß Psychologie nicht mehr als Gesellschaftswissenschaft gesehen, sondern den Naturwissenschaften zugerechnet wurde. Mit der Entstehung kritischer Psychologien in den 70er Jahren wurde die Frage nach einer Neupositionierung der Psychologie innerhalb der Wissenschaften wiederum thematisiert.

Literatur

Adorno, T. W., Dahrendorf, R., Pilot, H., Albert, J., Habermas, J. & Popper, K. R. (1976). Der Positivismusstreit in der deutschen Soziologie. Darmstadt / Neuwied.
Benetka, G., Brandl, G., Fürnkranz, W., Lobnig, H. & Nowak, C. (1992). Gegen-Teile. Gemeinsamkeiten und Differenzen einer kritischen Psychologie. München / Wien.
Habermas, J. (1982). Theorie und Praxis. Sozialphilosophische Studien. Frankfurt / M.
Weber, M. (1988). Gesammelte Aufsätze zur Wissenschaftslehre. Tübingen.

Wolfgang Fürnkranz

Gesprächspsychotherapie

Selbstverständnis der Praxis

Bei der von dem amerikanischen Psychologen Rogers begründeten Gesprächspsychotherapie (auch klientenzentrierte Therapie genannt) handelt es sich um ein psychologisches Therapieverfahren, dessen Selbstverständnis sich durch folgende Merkmale charakterisieren läßt: Der Therapeut läßt dem Klienten völlige Freiheit bei der Auswahl der Gesprächsthemen; er greift nicht lenkend in das Gespräch ein. So gibt er z. B. keine Ratschläge und Deutungen, lobt und kritisiert nicht und vermeidet es, sachbezogene Fragen zu stellen. In der Fachsprache wird diese Haltung als «Nichtdirektivität» bezeichnet. Die Aufgabe besteht darin, eine emotional warme, angstfreie Gesprächsatmosphäre zu schaffen, die dem Klienten die Sicherheit verleiht, die er benötigt, um über alles sprechen zu können, was ihn bewegt. Darüber hinaus versucht der Therapeut, die gefühlsmäßige Bedeutung aufzuspüren, welche die Äußerungen des Klienten für diesen haben. Die auf diese Weise nachempfundenen «emotionalen Erlebnisinhalte» (Tausch, 1973) teilt er dem Klienten in möglichst anschaulicher und genauer, kurzer und direkter Weise mit. So hält er ihm gleichsam einen Spiegel seines Gefühlslebens vor, wodurch der Klient in die Lage versetzt werden soll, neue Aspekte seines Erlebens und seiner Persönlichkeit zu erkennen und aktiv selber die für ihn beste Lösung seiner Probleme zu finden.

Theoretische Grundlagen, Ziele und Indikation

Die Gesprächspsychotherapie gründet auf einem tiefen Vertrauen in die – als angeboren verstandene – Fähigkeit des Individuums, bei Vorliegen geeigneter Bedingungen sich selbst in Richtung auf Reife, Sozialisierung,

Selbstverwirklichung zu entwickeln. Notwendig wird eine Therapie im Sinne von Rogers dann, wenn eine aufgrund ungünstiger Vorerfahrungen entstandene starre Persönlichkeitsstruktur zur Leugnung wichtiger, aber für sie bedrohlicher Körper- und Sinneserfahrungen führt, die entstehenden Spannungen nicht mehr bewältigt werden können und daraus psychische Störungen resultieren. Ziele der Gesprächspsychotherapie sind ein «wachsendes Vertrauen in den eigenen Organismus» und seine Bewertungsprozesse; «zunehmende Offenheit gegenüber der Erfahrung» und «ein Maximum an Anpassungsfähigkeit» (Rogers, 1973 a, S. 187 ff). Gesprächspsychotherapie ist Rogers zufolge auf grundsätzlich alle Menschen und Schwierigkeiten anwendbar bei «Störungen der Beziehung eines Menschen zu sich selbst». Rogers hat darüber hinaus an der Übertragung des personenzentrierten Ansatzes auf die Bereiche der Paartherapie, Gruppentherapie- und Gruppendynamik, der Erziehung, der Schul- und Hochschuldidaktik sowie der Organisationspsychologie gearbeitet.

Entwicklung

Die Entwicklung dieses erstmals 1942 von Rogers vorgestellten Therapieverfahrens ging in jüngerer Zeit dahin, den therapeutischen Prozeß als Prozeß der Selbsterfahrung zu sehen, in den Klient und Therapeut als Personen einbezogen sind und in dem für den Therapeuten eine größere Vielfalt an Aktivitäten offensteht, sofern sie der Beziehung förderlich sind und geeignet, den Klienten sich selbst näherzubringen («Erlebenstherapie»). Seit dem Beginn der 90er Jahre wird im deutschsprachigen Raum verstärkt an der Entwicklung einer gesprächspsychotherapeutischen Krankheitslehre gearbeitet (vgl. Eckert, 1993).

Forschung

In der amerikanischen Gesprächspsychotherapie-Forschung, deren Vorgehen wohl am ehesten der wissenschaftstheoretischen Position des «logischen Empirismus» zuzurechnen ist, wurde von Anfang an systematisch versucht, den therapeutischen Prozeß transparent zu machen und in seiner Effektivität zu überprüfen, indem Hypothesen über Zusammenhänge zwischen Merkmalen des Prozesses, Charakteristika von Therapeut und Klient und dem Therapieerfolg aufgestellt und ihre Stichhaltigkeit empirisch untersucht wurden. Für die seit etwa 1955 bestehende deutsche Gesprächspsychotherapie-Forschung, als deren Initiator Tausch anzusehen ist, war lange Jahre das Ziel maßgeblich, das Therapiegeschehen mit Hilfe einer am Ideal des naturwissenschaftlichen Experiments orientierten Forschungsmethodik exakt meßbar zu machen.

Kritik

Viele der Forschungsaktivitäten kranken daran, daß angesichts einer Vielzahl möglicherweise bedeutsamer Variablen, einer oft zu unspezifischen Erfassung von Persönlichkeitsänderungen und erheblichen methodischen Mängeln und ideologischen Verzerrungen der benutzten Forschungsinstrumente die erhaltenen Ergebnisse nicht eindeutig interpretierbar sind oder sogar auf Effekte hindeuten, die mit den therapeutischen Erwartungen nicht vereinbar sind. Insgesamt kann es dennoch als gesichert gelten, daß es für den Erfolg einer Therapie notwendig ist, daß der Therapeut den Klienten als Person achtet, ihm offen und echt begegnet und bemüht ist, sich in seine «Erlebniswelt» einzufühlen. Die Auffassung, daß die Verwirklichung dieser Haltungen eine hinreichende Bedingung erfolgreicher Therapie darstellt, erweist sich jedoch auch für Gesprächspsychotherapeuten zunehmend als zu optimistisch. Rogers identifiziert den Menschen weitgehend als biologischen Organismus, «der in seinem Wesen sowohl selbsterhaltend als auch sozial ist» (Rogers, 1973a, S. 101) und erst durch schädliche Umwelteinflüsse von seiner «wahren Natur» entfremdet wird. Daß das natürliche Individuum erst durch seinen wirklichen Lebensprozeß innerhalb der Gesellschaft zum menschlichen wird, gerät ihm nur verzerrt und auf den Bereich familialer Erziehung beschränkt in den Blick. Die mystischen und unhistorischen, für Rogers' Theoriebildung zentralen Konzepte von «Selbstaktualisierungstendenz» und «organismischen Bewertungsprozessen» suggerieren, es genüge zur «Selbstverwirklichung», die Kräfte und Tendenzen des Organismus – einer Pflanze gleich – in sich «sprießen» zu lassen. Rogers isoliert das Individuum von der Gesellschaft und nennt dies «Freiheit», er erklärt sein Handeln in subjektiv-idealistischer Weise aus seinem Bewußtsein und reduziert die Wirklichkeit auf ihre je individuelle Wahrnehmung (vgl. Rogers, 1973b). Das zu Anfang dargestellte Postulat der Vermeidung von Lenkung durch den Therapeuten stimmt mit der therapeutischen Praxis bestenfalls vordergründig überein. Wie Therapeuten anderer Schulrichtungen auch, beeinflussen Gesprächspsychotherapeuten Sprachstil, Wertsystem und Realitätssicht ihrer Klienten, zumal eine vom Klienten wahrnehmbare direkte Beeinflussung ausdrücklich vermieden wird. Diese Wirksamkeit dürfte auch den Nährboden abgeben für die sozialintegrative Funktion personenzentrierter Industrieberatung, die zur Abwiegelung betrieblicher Interessenskonflikte auf die «große, verborgene Macht» ihrer Gesprächsführung vertraut. Der konsequente Bezug auf die «Gefühlswelt» des Klienten und die konsequente Ausklammerung sachbezogener Überlegungen sind geeignet, reale gesellschaftliche Widersprüche, mit denen sich der Klient auseinandersetzen muß, in seinem Bewußtsein auf persönliche Probleme zu reduzieren, so als ob ihre Lösung allein in einer Änderung seiner Einstellungen und Gefühle zu finden wäre. Daß Gesprächspsychotherapie zumeist durchaus in der Lage sein dürfte, ihren Klienten zu einem Abbau innerer Spannungen, Unsicherheiten und Ängste zu verhelfen, sollte angesichts des massenhaften psychischen Elends in unserer Gesellschaft bei aller Kritik nicht geringgeschätzt werden.

Literatur

Eckert, J. (Hg.). (1993). Die Entwicklung der Person und ihre Störung, Bd. 1. Köln.
Rogers, C. R. (1973 a). Entwicklung der Persönlichkeit. Stuttgart.
Rogers, C. R. (1973 b). Die klientbezogene Gesprächstherapie. München.
Tausch, R. (1973). Gesprächspsychotherapie. Göttingen.

Walter Rokita

Gestalttherapie

Theoretische Grundlagen

Gestalttherapie und Integrative Therapie sind tiefenpsychologisch fundierte Verfahren der Psycho-, Sozio- und Leibtherapie, in denen sich philosophische, phänomenologische, psychologische und psychoanalytische Grundlagen zu einem Ansatz dialogischer und ganzheitlicher Behandlung verbinden. Bereits die Gründergeneration bestand einerseits auf einer Abgrenzung zu zentralen Konzepten der Freudschen Psychoanalyse, so einer Neurosenentstehung als ausschließlich innerpsychischem Konflikt sowie einer Orientierung am triebtheoretischen Modell. Andererseits wurden Einflüsse von Ferenczi, Horney und Reich von Beginn an in Theorie und Praxis der Gestalttherapie einbezogen, wie auch gegenwärtig von der Integrativen Therapie insbesondere neuere Erkenntnisse der psychoanalytischen Säuglingsforschung (u. a. Stern, 1985) aufgegriffen und mit eigenen empirischen Beobachtungen und Studien verbunden werden (vgl. Petzold, 1993). Eine prägende Wirkung übte gestaltpsychologisches Denken auf die Theoriebildung und praktische Umsetzung aus. Begriffe und Konzepte, die aus diesen Wurzeln stammen, sind u. a. der Gestaltbegriff selbst, das Prinzip der Ganzheitlichkeit, das Figur-Grund-Prinzip und die Tendenz zur Bildung guter Gestalten.

Indikation und Ziele

F. S. Perls repräsentiert den personenzentrierten «Westküstenstil» (Einzelarbeit in der Gruppe), dessen Ziele auf Persönlichkeitswachstum ausgerichtet sind und der sich an «normal» neurotische Personen wendet. Lore Perls und Paul Goodman prägten entscheidend den «Ostküstenstil», der deutlich klinisch orientiert ist und sich als psychotherapeutische Behandlungsmethode versteht. Die in Deutschland durch Petzold weiterentwickelte europäische Richtung der Integrativen Therapie hat sich in der letztgenannten Tradition entfaltet. Verschiedene Formen des psychotherapeutischen Zugangs sind möglich: Einzeltherapie, Gruppentherapie, mittelfristige Therapie, Kurzzeittherapie, Fokaltherapie, Krisenintervention. Innerhalb dieser wiederum kann ein konfliktzentriertes, erlebniszentriertes oder übungszentriertes Vorgehen angemessen sein, es können unterschiedliche Techniken und Kreative Medien eingesetzt werden. Globale Zielsetzung ist es, eine Steigerung der Bewußtheit (awareness) zu erreichen, Blockierungen im Wahrnehmen, Erleben und Handeln aufzulösen und die vorhandenen individuellen Potentiale freizusetzen. Somit geht es nicht ausschließlich um Symptombeseitigung, hingegen um die Bildung von Intersubjektivität als Haltung des inneren Beteiligtseins und des persönlichen Interesses an anderen. Grundsätzlich gilt es, die übergeordneten Globalziele, welche die Förderung der Leibfunktionen, die Integration von abgespaltenen Persönlichkeitsanteilen, die Förderung von Kontakt-, Begegnungs- und Beziehungsfähigkeit einschließen, in der konkreten therapeutischen Situation gemeinsam mit der Klientin bzw. dem Klienten um persönlichkeits- und lebensweltorientierte sowie störungs- bzw. krankheits- und methodenbestimmte Ziele zu ergänzen. Wichtig ist hierbei eine Sichtweise, die davon ausgeht, daß saluto- und pathogene Prozesse über die Lebensspanne hinweg wirksam sein können und neben Vergangenheit und dem «Hier und Jetzt» der Gegenwart auch Zukunftserwartungen und -entwürfe in den therapeutischen Prozeß einbezieht.

Kritik

Anthropologische Kritik am Frauenbild von Perls wurde von feministischer Seite formuliert, wobei von einer analogen Weitergabe impliziter Wertungen im späteren «Meister-Lehrlingsverhältnis» der Ausbildungssituation ausgegangen wird (Grossmass, 1983; Hoppe, 1991). Grossmass weist nach, daß die Frau wesentlich auf den Status (Sexual-)Objekt reduziert wird. Inzwischen haben aus der Integrativen Therapie heraus seit Mitte der 80er Jahre Therapeutinnen Gegenentwürfe feministischer Therapie vorgelegt, die auch außerhalb der eigenen Richtung erhebliche Resonanz erfuhren (Scheffler, 1994). Zwar fordern diese Überlegungen zu Auseinandersetzung mit und Infragestellen von patriarchalen Positionen heraus; dennoch scheinen sie als «schmückende», weil tolerierte Gegenbewegungen im «mainstream» der Gestalttherapie und Integrativen Therapie nach wie vor eher eine Nischenexistenz zu führen. Frühe Erfolge der Gestalttherapie waren in den Vereinigten Staaten eng mit der Persönlichkeit von Perls verbunden; sein therapeutisches Vorgehen entsprach offenbar dem «American way of life» einer «plastic» oder «instant» society: ein kurzes und intensives Eintauchen in therapeutische Prozesse, ohne der Bedingung einer kontinuierlichen Arbeit an sich selbst nachkommen zu müssen (Bünte-Ludwig, 1984). In Deutschland gibt es neben einigen seriösen Ausbildungsinstituten eine Vielzahl von Aus- und Weiterbildungsangeboten in Gestalttherapie, die offenbar hieraus ihre Legitimation beziehen.

Literatur

Bünte-Ludwig, C. (1984). Gestalttherapie – Integrative Therapie. Leben heißt Wachsen. In: H. Petzold (Hg.), Wege zum Menschen, Bd. 1, Paderborn.

Grossmass, R. (1983). Der Widerspenstigen Zähmung – zum Frauenbild von Gestalttherapie und Bioenergetik. Psychologie und Gesellschaftskritik, 7, S. 46–68.

Hoppe, B. (1991). Körper und Geschlecht. Körperbilder in der Psychotherapie. Berlin.

Perls, F. S. (1969). In and Out the Garbage Pail. Lafayette, California.

Perls, F. S. (1973). Gestalt Therapy Verbatim. Moah / Utah.

Perls, F. S. & Baumgardner, P. (1990). Das Vermächtnis der Gestalttherapie. Stuttgart.

Petzold, H. G. (1984). Die Gestalttherapie von Fritz Perls, Lore Perls und Paul Goodman. Integrative Therapie, 1 / 2, S. 5–72.

Petzold, H. G. (1988). Integrative Bewegungs- und Leibtherapie. Ein ganzheitlicher Weg leibbezogener Psychotherapie. Paderborn.

Petzold, H. G. (1993). Integrative Therapie. Modelle, Theorien und Methoden für eine schulenübergreifende Psychotherapie. Paderborn.

Scheffler, S. (1986). Feministische Therapie. beiträge zur feministischen theorie und praxis, 17, S. 25–40.

Scheffler, S. (1994). Konzepte und Vorstellungen vom weiblichen Begehren in Psychologie und Psychotherapie. Integrative Therapie, 1 / 2, S. 123–137.

Stern, D. (1985). The interpersonal world of the infant. New York.

Waltraud Freese

Gesundheitsförderung

Alternativ zur möglichen Überbetonung individueller gesundheitlicher Verantwortung im Rahmen von Erziehungs- und Bildungsprozessen beinhaltet Gesundheitsförderung die in der Ottawa-Charta von 1986 festgeschriebene Absicht, «allen Menschen ein höheres Maß an Selbstbestimmung über ihre Lebensumstände und ihre Umwelt zu ermöglichen und sie damit zur Stärkung ihrer Gesundheit zu befähigen» (Franzkowiak & Sabo, 1993, S. 96). Gesundheitsförderung als eine Strategie zur umfassenden Veränderung sowohl soziostruktureller als auch subjektiver Momente bezieht sich im Unterschied zur Prävention nicht ausschließlich auf Risikogruppierungen (Badura et al., 1995), sondern umfaßt die gesamte Bevölkerung in ihren alltäglichen Lebenszusammenhängen: «Gesundheit wird von Menschen in ihrer alltäglichen Umwelt geschaffen und gelebt: dort wo sie spielen, lernen, arbeiten, lieben» (Franzkowiak & Sabo, 1993, S. 27). Gesundheitsförderung beabsichtigt, «grundlegende Bedingungen und konstituierende Momente von Gesundheit» zu benennen, durch gesundheitsförderliches «anwaltschaftliches» Verhalten positiv zu beeinflussen und im Sinne der Chancengleichheit ein «größtmögliches Gesundheitspotential», eingebunden in gesellschaftliche Entwicklungsprozesse «vermittelt und vernetzt», zu verwirklichen (Göpel, 1994, S. 279 ff). Sie nimmt Abstand von einer «individualisierten Krankheitsvorbeugung» als bloße Verhaltensprävention und versteht Gesundheit als «positives Konzept», das in gleicher Weise die Bedeutung «sozialer und individueller Ressourcen» als auch «körperlicher Fähigkeiten» und protektiver Faktoren für die Gesundheit betont und politisch-ökologische Umweltbedingungen als Einflußfaktoren mitbedenkt und zu ändern bemüht ist (Verhältnisprävention). Vor diesem Hintergrund sind sowohl individuelle als auch kollektive Lebenswelten (Lebens-, Arbeits- und Freizeitbedingungen) kritisch zu analysieren, inwieweit sie Gesundheit ermöglichen bzw. verhindern. «Gesundheit entsteht dadurch, daß man sich um sich selbst und für andere sorgt, daß man in die Lage versetzt ist, selber Entscheidungen zu fällen und Kontrolle über die eigenen Lebensumstände auszuüben sowie dadurch, daß die Gesellschaft, in der man lebt, Bedingungen herstellt, die all ihren Bürgern Gesundheit ermöglichen ...» (Franzkowiak & Sabo, 1993, S. 28), was selbstverständlich die Gleichberechtigung von Frauen und Männern einschließt: «Alle Beteiligten sollen als ein Leitprinzip anerkennen, daß in jeder Phase der Planung, Umsetzung und Auswertung von gesundheitsförderlichen Handlungen Frauen und Männer gleichberechtigte Partner sind» (ebd., S. 100). Als Aktionsfelder und Qualifizierungsbereiche für professionelle Vertreter und Aktivisten benennt die Ottawa-Charta fünf miteinander verwobene Bereiche: (1) Persönliche Kompetenzen entwickeln meint individuumsbezogen die Stärkung und Weiterentwicklung persönlicher, sozialer und lebenspraktischer Fähigkeiten und Kompetenzen, die es Menschen ermöglicht, (verändernden) Einfluß auf die eigene Gesundheit und Lebenswelt auszuüben. (2) Gesundheitsförderliche Lebenswelten schaffen intendiert eine gesundheitsförderliche (Re-)Organisation privater, sozialer, beruflicher und ökologischer Umwelten. (3) Die Gesundheitsdienste neu orientieren bedeutet eine koordinierte, vermehrt gesundheitsbezogene Ausrichtung aller Gesundheitseinrichtungen, verbunden mit dem Ziel, stärker und feinfühliger als bisher den Menschen in seinem individuellen, sozialen und kulturellen Kontext wahrzunehmen. (4) Gesundheitsbezogene Gemeinschaftsaktionen unterstützen bezieht sich auf die Realisierungsmöglichkeiten der Gesundheitsförderung innerhalb vorhandener oder noch zu entwickelnder Netzwerke. Ihr autonomer Umgang mit eigenen Gesundheitsbelangen ist informativ, finanziell und sozial zu unterstützen. (5) Entwicklung gesundheitsfördernder Gesamtpolitik intendiert ein koordiniertes, verbündetes Handeln unterschiedlicher politischer, medizinischer und sozialer Sektoren zur Gestaltung gesundheitszuträglicher Lebensbedingungen.

Unter dem Leitbegriff «Entwicklung persönlicher Kompetenzen» und in Anlehnung an die Handlungsstrategien «Befähigen und ermöglichen», «Interessen vertreten» sowie «Voraussetzung für Gesundheit sichern» gewinnen Aspekte gesundheitsbezogener Information, Beratung, Bildung, aber auch die Förderung sozialer Kompetenzen und politischer Teilhabe (Partizipation) einen neuen Stellenwert. Idealtypisch sollte die Verankerung der Gesundheitsförderung institutionelle Grenzen überwindend (multidisziplinär und intersektoral) auf mehreren Ebenen (Erziehungs- und Bildungsbereich, Sozialarbeit, Ärzte, Gesundheitsdienste, Krankenkassen), über Berufsgruppen hinweg, stattfinden (vgl. die von der WHO propagierten Projekte Gesunde Städte, Gesundheitsfördung in Schule, Krankenhaus und Betrieb). Im Unterschied zu informationslastigen, krankheitsorientierten und individuumsbezogenen Konzepten, wie sie älteren Konzepten von Gesundheitsaufklärung, -erziehung oder -bildung anhafteten, und in Abhebung gegen ein Krankheitsvermeidungs- und -früherkennungsparadigma (Troschke, 1995) versteht sich Gesundheitsförderung als «Vermittlungsstrategie zwischen Mensch und Umwelt zur Synthesefindung zwischen persönlicher Entscheidung und sozialer Verantwortlichkeit mit dem Ziel der aktiven Gestaltung einer gesünderen Zukunft» (Hörmann, 1997, S. 83).

Literatur

Badura, B. u. a. (Hg.). (1995). Zukunftsaufgabe Gesundheitsförderung. Frankfurt/M.
Franzkowiak, P. & Sabo, P. (Hg.). (1993). Dokumente der Gesundheitsförderung. Mainz.
Göpel, E. (1994). Ottawa-Charta zur Gesundheitsförderung. In: E. Göpel & U.

Schneider-Wohlfahrt (Hg.), Provokationen zur Gesundheit (S. 279–283). Frankfurt/M.
Hörmann, G. (1997). Von der Gesundheitsaufklärung zur Gesundheitsförderung. In: H. Seelbach, J. Kugler & W. Neumann (Hg.), Von der Krankheit zur Gesundheit (S. 73–86). Bern.
Troschke, J. v. (1995). Zukunft der Gesundheitsförderung und Prävention. In: P. Kolip, K. Hurrelmann & P. E. Schnabel (Hg.), Jugend und Gesundheit (S. 333–346). Weinheim.
Waller, H. (1995). Gesundheitswissenschaft. Stuttgart.

Sigrid Christeiner/Georg Hörmann

Gesundheitspsychologie

Gesundheitspsychologie als noch «junges Teilgebiet» der Psychologie entwickelte sich in Deutschland in den 80er Jahren und verfügt heute über eine breite thematische Spannweite. Während sich die Psychologie insgesamt mit menschlichem Erleben und Verhalten befaßt, ist die Gesundheitspsychologie nach Schwarzer (1997, S. V) «ein wissenschaftlicher und pädagogischer Beitrag der Psychologie zur (a) Förderung und Erhaltung der Gesundheit, (b) Verhütung und Behandlung von Krankheiten, (c) Bestimmung von Risikoverhaltensweisen, (d) Diagnose und Ursachenbestimmung von gesundheitlichen Störungen, (e) Rehabilitation und (f) Verbesserung des Systems gesundheitlicher Versorgung. Sie befaßt sich vor allem mit der Analyse und Beeinflussung gesundheitsbezogener Verhaltensweisen des Menschen auf individueller und kollektiver Ebene». Während sich Gesundheitspsychologie nach Schwenkmezger & Schmidt (1994) im engeren Sinn mit der Entwicklung, Aktualisierung, Aufrechterhaltung und Veränderung krankheitsverhütender und gesundheitsförderlicher Erlebnis- und Verhaltensweisen auf der Ebene des Individuums und der Gesellschaft unter Einschluß ökologischer Aspekte befaßt, umgreift sie im weiteren Sinn auch Aufgabenbereiche, die traditionell zur Medizinischen Psychologie, Klinischen Psychologie und Verhaltensmedizin zu rechnen sind. Sie greift zum einen integrierend auf Theorien und Erfahrungen anderer psychologischer Teildisziplinen zurück – zum anderen ergeben sich neue Herausforderungen durch soziale Umbruchsituationen (Vogt, 1993) und den sich abzeichnenden Perspektivenwechsel von der biomedizinischen zur bio-psycho-sozio-ökologischen Perspektive in den Gesundheitswissenschaften. Neben der Grundlagenforschung und ausgewählten Themenbereichen wie Gesundheitskognitionen und -verhalten, Streß, Emotionen und Bewältigungsverhalten bei Gesundheit und Krankheit

(Schwarzer, 1997) sowie einer «Vielzahl gesundheitsschädigender Verhaltensweisen» (Haisch & Zeitler, 1991, S. 8), die sich als relevante Problemstellung und Ansatzpunkte gesundheitspsychologischer Prävention bzw. Intervention ergaben, fragt sie salutogenetisch nach den Bedingungen gesunder Lebensführung, bemüht sich um posititive Definitionen seelischer und körperlicher Gesundheit (Dlugosch, 1994) und begreift Laienannahmen über Gesundheit, Krankheit und Vorsorge «als wichtigen Baustein einer umfassenden Theorie des Gesundheitsverhaltens» (Bengel & Belz-Merk, 1997, S. 105). Sie unterstützt die programmatischen Aussagen und Bemühungen der Weltgesundheitsorganisation, bis Ende dieses Jahrhunderts weltweite Maßnahmen zur Gesundheitsförderung und Prävention anzuregen, wobei sie sich primär den gesundheitsförderlichen und krankheitsverhütenden Dimensionen zuwendet, während kurative und rehabilitative Aspekte (noch) in den Hintergrund treten. Die provokante Frage, inwieweit es sich bei der Disziplin Gesundheitspsychologie um einen «alten Wein in neuen Schläuchen» (Schwenkmezger & Schmidt, 1994, S. 6) handelt, läßt sich nicht generell beantworten. Der Rückgriff auf biopsychologische, entwicklungspsychologische, persönlichkeitspsychologische und ökologische Fragestellungen und Erkenntnisse zur Erweitung des Wissens um menschliches Verhalten im Kontext von Gesundheit und Krankheit – neben einer bewußt salutogenetischen Perspektive – stellt zumindest den Versuch dar, «alten Wein gezielt in neue Schläuche zu füllen».

Aus einer *psychobiologischen Perspektive* versucht sie die verhaltenswissenschaftlichen und biomedizinischen Konzepte zusammenzuführen, den Einfluß psychologischer Faktoren auf Entstehung von Gesundheit und Krankheit stärker herauszukristallisieren. So werden beispielsweise bei chronischen Erkrankungen nicht nur anhaltende physiologische und endokrine Fehlanpassungen des Organismus in Erwägung gezogen, sondern stärker die Rolle der psychischen Steuerung des Immunsystems bedacht. Weitere noch zu erforschende Themenbereiche bieten die homöostatische Regulation vitaler Grundbedürfnisse (Essen, Trinken, Aktivation) und das weite Feld von Streßreaktion, Streßerleben und Gesundheit. Nach Ansicht von Tewes & Schedlowski (1994, S. 24) bleibt die Effektivität von Programmen zur Modifikation des Gesundheitsverhaltens eingeschränkt, «solange sie nur auf der Grundlage lernpsychologischer Erkenntnisse ohne ausreichende Berücksichtigung der wichtigsten psychobiologischen Grundlagen entwickelt werden».

Die *entwicklungspsychologische Perspektive* der Gesundheitspsychologie (Seiffge-Krenke, 1994) klagt den Einbezug der Entwicklungsdimension bei der Skizzierung von Gesundheits- und Krankheitsmodellen ein.

Sie fordert, stärker alters-, geschlechts-, schicht- und entwicklungsbedingte Verschiedenheiten in den epidemiologischen Grunddaten und lebenslaufbedingte Unterschiede in gesundheitsbezogenen Einstellungen und Verhaltensweisen zu berücksichtigen, und verweist auf die damit verbundenen Konsequenzen für Prävention und Intervention. Beachtung erfordern neben unterschiedlichem Aktivitätsniveau und Entwicklungsaufgaben mögliche kritische Lebensereignisse und Lebensübergänge, die gepaart mit soziokulturellen Veränderungen unmittelbare Auswirkungen auf die seelische und körperliche Gesundheit zeigen. Neben Belastungsaspekten treten internale Ressourcen von Individuen und soziale Unterstützungsleistungen diverser Netzwerke sowie die Realisierung gesundheitsbezogenen Verhaltens im Familienverbund in den Blickpunkt der Forschung.

Zentrale Fragestellungen unter *persönlichkeitspsychologischer Perspektive* hingegen lauten: «Gibt es interindividuelle Unterschiede zwischen Personen, die in einem nachweisbaren Zusammenhang zur Entstehung und dem Verlauf körperlicher Erkrankungen stehen ... [sowie] Persönlichkeitsmerkmale, die gegen das Auftreten von Krankheiten einen Schutzfaktor darstellen bzw. einen günstigen Verlauf prognostizieren lassen» (Schwenkmezger & Schmidt, 1994, S. 46). Mögliche Zusammenhänge zwischen Persönlichkeitsmerkmalen und Krankheiten, seit langem in der psychosomatischen Forschung kontrovers diskutiert, sind hinsichtlich ihrer «Effektgrößen» (ebd.) und moderierenden Rolle innerhalb der primären, sekundären und tertiären Prävention noch näher zu bestimmen. Bisherige Modelle des Zusammenhangs zwischen Persönlichkeit, Krankheit und Gesundheit thematisieren spezifische Faktoren für die Entstehung bestimmter Krankheiten (z. B. Typ A-Verhalten und Herz-Kreislauf-Erkrankungen) oder verweisen auf persönlichkeitsbedingtes Risiko-, Bewältigungs-, und Gesundheitsverhalten. Persönlichkeitsdispositionen sind unter prospektivem Gesichtspunkt als auslösende Bedingungen (Vulnerabilität) für Krankheiten oder als Schutzfaktoren (Kontrollüberzeugungen, Optimismus, Widerstandsfähigkeit, Kohärenzsinn) im Sinne persönlicher Ressourcen für die Gesunderhaltung zu verstehen. Nach Beginn einer Erkrankung gelten sie als Bezugspunkte, die den Genesungs- oder Krankheitsverlauf positiv oder negativ beeinflussen können. Generell haftet dieser Perspektive die nicht ungefährliche Sichtweise an, Gesundheit mit vorteilhaften Persönlichkeitsmerkmalen zu assoziieren, in «naiver Weise Persönlichkeit und Krankheit zu verbinden» (ebd., S. 46) und dem Individuum die Schuld und Verantwortung für Krankheitsentstehung und -verlauf anzulasten.

Gesundheitspsychologie aus *sozialpsychologischer Perspektive* befaßt sich mit der «Analyse von Wahrnehmungen, Erleben, Denken und Handeln von Individuen im sozialen Kontext» (Hornung & Gutscher, 1994, S. 65), mit Transaktionen zwischen Individuen und den umgebenden Meso- (z. B. Schule, Arbeitsstelle) und Makrosystemen (Erziehungswesen) sowie der Gesamtgesellschaft. Als relevant für gesundheitspsychologische Fragestellungen erweisen sich klassische sozialpsychologische Forschungsdimensionen, z. B. das Konzept der sozialen Repräsentation, mit Fragen nach kollektiven, sozial vermittelten und geteilten Vorstellungen von Gesundheit und Krankheit, «Begriffen, Aussagen und Erklärungen, die ihren Ursprung im alltäglichen Leben, im Verlauf interindividueller Kommunikation haben» (ebd., S. 66). Einen weiteren Zugang zum Alltagswissen von Gesundheit und Krankheit bietet die Analyse subjektiver Theorien, die sich, verglichen mit interpersonal und kulturell geteilten sozialen Repräsentationen, stärker auf subjektive Vorstellungen der Krankheitsentstehung und Krankheitsbewältigung bzw. Aspekte der Gesunderhaltung beziehen. Neben Aussagen zum Orientierungs- und Kausalbedürfnis von Menschen (Attributionstheorien) und kognitionsbezogenen Fragen, nach «welchen Prinzipien organisieren und stabilisieren Menschen Informationen, die sie über sich selbst und ihre Umwelt haben?» (ebd., S. 70), finden sich für eine effektive Gesundheitsförderung höchst pragmatische Anfragen: «Unter welchen Bedingungen setzen sich Einstellungen in Verhalten um?» (ebd., S. 72). Wie reduzieren beispielsweise Raucher ihre Dissonanz zwischen eigenem gesundheitsschädigenden Verhalten und ihrem Wissen um den Wert von Gesundheit? Welche Transaktionen finden zwischen Individuen und der Umwelt statt? Welche individuellen internalen, personalen und subjektiven Handlungsressourcen werden durch objektive, kollektive, externe Umweltressourcen gestützt?

Gesundheitspsychologie aus *ökopsychologischer Sicht* stellt sich die Aufgabe, «die Beziehungen des Menschen zum Gesamt seiner biotischen und abiotischen Lebensbedingungen» (Fischer, 1994, S. 88) vor dem Hintergrund der globalen Bedrohungen des Ökosystems Erde zu erforschen und zur «Optimierung des Mensch-Umwelt-Verhältnisses» (ebd.) beizutragen. Sie thematisiert ‹gesundheitskritische› Bedingungskonstellationen zwischen Individuen und ihrer sozialen sowie räumlich-materiellen Umwelt und bemüht sich um einen erweiterten Begriff des Gesundheitsverhaltens, der über die Konkretisierung eines «umweltbewußten» oder «existenzbewahrenden» Lebensstils auf die Erhaltung und Förderung gesundheitszuträglicher Umweltbedingungen zielt. Neben der offensichtlichen subjektiven Verantwortungsebene für den Erhalt der Gesundheit bzw. der Verhütung von Krankheiten erlauben Themenbereiche wie «Umweltschadstoffe und ihre psychosozialen Auswirkungen», «Lärm und Dichte als Umweltstressoren», «geographische Mobilität und Wohlbefinden» (Fischer, 1992, S. 88) auch die Einbeziehung sozialpolitischer Aspekte. Ansonsten leistet eine umstandslose «Wende zum Lebensstil», welche das Übergewicht von Verhaltensprävention auf Kosten von Verhältnisprävention propagiert, nicht nur einem blinden «Healthismus» als der individualistischen Ideologie der omnipotenten Alleinverantwortlichkeit für Gesundheit und Krankheit Vorschub, sondern unterstützt mit dem Konzept des geringsten Widerstands einen machtbestimmten Reduktionismus und eine «normative Ätiologie» (Kühn, 1993). Demnach ersetzen zwar die (psychologischen) Elemente individuellen Fehlverhaltens (besonders in der Freizeit und Konsumsphäre) die ältere (biologische) Stufe genetischer oder pathogener Mikroereignisse im menschlichen Körper als direkter Krankheitsursachen; Faktoren der physischen Umwelt oder soziale und ökonomische Bedingungen haben demgegenüber auf der Rang- und Stufenfolge ätiologischer Ebenen entsprechend ihrer zunehmenden Nähe zum Zentralbereich sozialer Herrschaft in Industriegesellschaften mit erheblichen Erschwernissen und Behinderungen zu rechnen. Entsprechend dem «Darwinschen Gesetz der Präventionspolitik», dem zufolge durch «Selektion» (Bevorzugung der unteren biologischen und psychologischen Stufen) und «Mutation» (Veränderung von Faktoren der äußeren Umwelt und gesellschaftlicher Bedingungen in die unteren Stufen) die an den gesellschaftlichen Status quo angepaßtesten Konzepte «überleben» (Kühn & Rosenbrock, 1994), steht «die gesundheitspolitische Wertigkeit eines Themas meist im umgekehrten Verhältnis zu den sozialen und politischen Beharrungskräften, die das damit implizit verknüpfte Präventionskonzept zu erwarten hat» (Kühn, 1993, S. 133).

Literatur

Bengel, J. & Belz-Merk, M. (1997). Subjektive Gesundheitskonzepte. In: R. Schwarzer (Hg.), Gesundheitspsychologie (S. 105–115). Göttingen.

Dlugosch, G. E. (1994). Modell in der Gesundheitspsychologie. In: P. Schwenkmezger & L. R. Schmidt, Lehrbuch der Gesundheitspsychologie (S. 101–117). Stuttgart.

Fischer, M. (1992). Umwelt und Gesundheit – Beispiele zur ökologischen Perspektive in der Gesundheitspsychologie. ZfKlinPsychol 21 (1), S. 88–96.

Fischer, M. (1994). Gesundheitspsychologie: Die ökopsychologische Perspektive. In: Haisch, J. & Zeitler, H.-P. (Hg.). (1991). Gesundheitspsychologie. Heidelberg.

Hörmann, G. (1988). Gesundheit – ein Gegenstand der Beratung und Bildung. In: A. Leuteritz & C. R. Weisbach (Hg.), Konkrete Pädagagogik (S. 89–101). Tübingen.

Hörmann, G. (1997). Von der Gesundheitsaufklärung zur Gesundheitsförderung. In: H. Seelbach, J. Kugler & W. Neumann (Hg.), Von der Krankheit zur Gesundheit (S. 73–86). Bern.

Hornung, R. & Gutscher, H. (1994). Gesundheitspsychologie: Die sozialpsychologische Perspektive. In: P. Schwenkmezger & L. R. Schmidt, Lehrbuch der Gesundheitspsychologie (S. 65–87). Stuttgart.
Kühn, H. (1993). Healthismus. Berlin.
Kühn, H. & Rosenbrock, R. (1994). Präventionspolitik und Gesundheitswissenschaften. Eine Problemskizze. In: R. Rosenbrock, H. Kühn & B. M. Köhler (Hg.), Präventionspolitik. Gesellschaftliche Strategien der Gesundheitssicherung (S. 29–53). Berlin.
Schwarzer, R. (1997). Gesundheitspsychologie. Göttingen.
Schwenkmezger, P. & Schmidt, L. R. (1994). Lehrbuch der Gesundheitspsychologie. Stuttgart.
Seiffge-Krenke, I. (1994). Gesundheitspsychologie. Die entwicklungspsychologische Perspektive. In: P. Schwenkmezger & L. R. Schmidt, Lehrbuch der Gesundheitspsychologie (S. 29–45). Stuttgart.
Tewes, U. & Schedlowski, M. (1994). Gesundheitspsychologie: Die psychobiologische Perspektive. In: P. Schwenkmezger & L. R. Schmidt, Lehrbuch der Gesundheitspsychologie (S. 9–28). Stuttgart.
Vogt, I. (1993). Psychologische Grundlagen der Gesundheitswissenschaften. In: K. Hurrelmann & U. Laaser (Hg.), Gesundheitswissenschaften (S. 46–62). Weinheim.

Sigrid Christeiner/Georg Hörmann

Gewalt

Eine große Zahl wissenschaftlicher Arbeiten aus vielen Disziplinen verweist auf die gesellschaftliche Brisanz des Themas Gewalt. Der Gewaltbegriff ist in Politik und Gesellschaft heftig umstritten. Es geht zum Beispiel darum, ob auch jene Gewalt als solche bezeichnet werden soll, die durch einen anerkannten «guten» Zweck gerechtfertigt wird, so die Schläge erziehender Eltern oder schutzversprechende Miltäreinsätze. Ferner geht es darum, ob alles Gewalt genannt werden soll, was Menschen als solche empfinden, sei es die sexuelle Belästigung oder der Vorenthalt lebenswichtiger Nahrung. Strittig ist ebenfalls, welche Gewaltvorgänge breite öffentliche Aufmerksamkeit verdienen: die Herstellung, Verbreitung und Anwendung von Massenvernichtungsmitteln, Bürgerkriege, die Jugendgewalt oder die Verletzungen, die Menschen sich in Schule, Familie und am Arbeitsplatz alltäglich zufügen. Umstritten ist schließlich, welche Bedeutung die Utopie eines gewaltfreien sozialen Zusammenlebens für die Gewaltvermeidung hat. Einerseits gelten die Verinnerlichung der gesellschaftlichen Norm des Gewaltverbots und die Erhöhung kommunikativer Kompetenz sozialwissenschaftlich als die wichtigste Barriere gegen Gewalt. Andererseits werden Pazifisten beschuldigt, deren Ausbreitung zu tolerieren oder gar zu fördern.

Als kritischer Begriff zielt der Terminus darauf, jede Form von Gewalt

– das heißt auch die in scheinbar friedlichen Verhältnissen verborgene – zu erfassen, um sie zu verhindern. Sein Gegenbegriff ist Frieden. Der kritische Gewaltbegriff ist vor allem von Johan Galtung und der Friedens- und Konfliktforschung geprägt worden. Anders als beim Aggressionsbegriff, der Täter, Täterinnen und ihre Motive fixiert, stehen beim Gewaltbegriff das leidende Individuum und die Bewahrung seiner körperlichen, geistigen wie psychischen Integrität im Mittelpunkt. Integrität setzt eine Befriedigung der menschlichen Grundbedürfnisse (human needs) voraus. Sie sind historisch bedingt und umfassen heute universal zumindest das Bedürfnis nach Überleben, Wohlfahrt, Identität, Freiheit und ökologischem Gleichgewicht. Die Entwicklung des internationalen Systems der Menschenrechte zielt darauf ab, die so verstandene Integrität des Individuums politisch zu garantieren. Galtungs menschenzentriertes Konzept ermöglicht es, nicht nur «abweichendes», sondern auch konformes Verhalten als Gewalt aufzudecken, verschiedene Gewaltformen zu unterscheiden, ihr Gemeinsames zu bestimmen, Zusammenhänge zu erkennen und Ansatzpunkte für gewaltminderndes Verhalten zu erarbeiten. Gewalt wird nicht im Rahmen von Zweck-Mittel-Relationen beurteilt. Kriterien sind vielmehr die vermeidbaren Leiden, die Individuen zugefügt werden, wenn Menschen so beeinflußt werden, daß ihre aktuelle somatische und geistige Verwirklichung geringer ist als ihre unter den historisch gegebenen Bedingungen mögliche Verwirklichung. Von *direkter* Gewalt wird gesprochen, wenn ein schädigendes Verhalten und das daraus entstandene Leiden ohne besondere methodische Vorkehrungen – wie der obere Teil eines Eisbergs – erkennbar ist. Gewalt wird dann meist sinnhaft als Mittel zum Zweck eingesetzt, wobei dieser nicht bewußt sein muß: Der Wille eines Kindes wird durch Schläge gebrochen, eine Frau wird durch Vergewaltigung in ihrer Würde getroffen, ein Gefangener stirbt an den Folgen der Folter, ein Verbrecher wird hingerichtet, ein Kinder-Soldat wird von einer Mine zerfetzt, die Menschen einer Stadt werden Ziel eines Bombardements oder Objekt eines nuklearpolitischen Experiments. *Strukturelle* Gewalt beschreibt den Vorenthalt von Lebenschancen aufgrund sozialer Strukturen, die als nahezu unabänderlich gelten. Die Beteiligten erscheinen als Rollenträger wie Rädchen in einer Maschine. Sie können von den Opfern und von sich selbst nur schwer als verantwortliche Täter und Täterinnen erkannt werden, denn die Beeinträchtigung der Lebenschancen ist nicht im Rahmen eines Zweck-Mittel-Verhältnisses beabsichtigt, bewußt oder sinnerfüllt. Häufig werden die Opfer struktureller Gewalt auch für die Verursacher ihres Leidens gehalten. Beispiele sind die Verdummung der Unwissenden, die Verarmung der Armen, die Infantilisierung von Hilflosen oder Abweisung der Geflüchteten, Vertriebenen und Schutzsuchenden. *Kulturelle* Gewalt bezeichnet Ideologien, die eine direkte Gewaltanwendung oder strukturelle Gewaltverhältnisse rechtfertigen, so daß deren Unrechtscharakter nicht erkannt werden kann. So sichert die Tradition sexuelle Verstümmelung, erzeugt religiöser Eifer Feindschaft gegenüber Menschen anderen Glaubens, und die politisch-philosophische Grundannahme «homo homini lupus» ist Grundlage des modernen Staates, der sich gegenüber den Bürgern und Bürgerinnen zu deren vermeintlichem Schutz bewaffnet. Diese drei Dimensionen von Gewalt werden als ein dynamischer Zusammenhang verstanden. So kann ein Krieg bewirken, daß die Überlebenden unfähig werden, Friedensstrukturen aufzubauen und in Abhängigkeit von Geberländern geraten, aus denen gleichzeitig Hilfsgüter wie neue Waffen geliefert werden. Strukturelle Armut kann dazu führen, daß Staaten anderen Staaten die Wasserressourcen abgraben, um die Ernährungsgrundlagen zu verbessern, oder dazu, daß hungernde Menschen einander ermorden. Kulturelle Überlegenheitsannahmen machen dagegen blind für die von der eigenen Gruppe ausgehende Gewalt. Sie wird auf andere Gruppen projiziert, die bekämpft werden und deren Leiden nicht zählt. Galtung nimmt an, daß die Dynamik der Gewalteskalation in jeder Dimension unterbrochen werden kann. Delegitimierung, Bewußtmachung und Verhinderung von Gewalt sind folglich gleichermaßen die Grundlage friedensorientierten Handelns.

Literatur

Albrecht, P.-A. & Backes, O. (Hg.). (1990). Verdeckte Gewalt, Plädoyers für eine «Innere Abrüstung». Frankfurt/M.

Calließ, J. (Hg.). (1983). Gewalt in der Geschichte. Beiträge zur Gewaltaufklärung im Dienste des Friedens. Düsseldorf.

Galtung, J. (1975). Strukturelle Gewalt. Reinbek.

Informationszentrum Sozialwissenschaften (1993). Gewalt in der Gesellschaft. Eine Dokumentation zum Stand der sozialwissenschaftlichen Forschung seit 1985. Bonn.

Krippendorff, E. (1985). Staat und Krieg. Die historische Logik politischer Unvernunft. Frankfurt/M.

Hanne-Margret Birckenbach

Gewaltberatung

Gewaltberatung ist ein Verfahren zur gezielten Beratung gewalttätiger Männer, heranwachsender Männer und Jungen, das in der Beratungsstelle «Männer gegen Männer-Gewalt» in Hamburg entwickelt, erprobt und optimiert wurde. Gewalt ist dabei definiert als die Ausübung körperlicher Beeinträchtigung anderer sowie deren Androhung (vgl. Nini et al., 1994). Legt man diese Definition zugrunde, so gilt als einzig signifikantes Merkmal der Täterpopulation die Zugehörigkeit zum männlichen Geschlecht. Dabei ist Gewalttätigkeit intentionales Handeln, d. h., jeder Gewalttat geht die bewußte Entscheidung zur Gewalt voraus (vgl. Lempert & Oelemann, 1995). Entgegen der landläufigen Vorstellung, daß Gewalttäter von sich aus keine psychotherapeutische Unterstützung aufsuchen und in Anspruch nehmen, konnte die Hamburger Beratungsstelle jährliche Klientenzuwachsraten von 30 bis 50 Prozent vorweisen. Dies wird durch das Angebot von Gewaltberatung und Gewaltpädagogik erreicht.

Gewaltberatung und Gewaltpädagogik sind speziell für die Arbeit mit Tätern entwickelt worden. Ausbildung im psychosozialen Bereich qualifiziert für die Beratung, Therapie, ganz allgemein für die Unterstützung von Menschen in Notlagen. Personen, die aktuelle Schicksalsschläge oder frühe Schädigungen erlitten haben, können durch diese Verfahren Hilfe erhalten. So haben sie die Möglichkeit, daß Schädigungen vernarben oder Defizite ausgeglichen werden können. Dazu werden in verschiedenen psychotherapeutischen Schulen regressionsfördernde Methoden eingesetzt, mit deren Hilfe vermiedene Gefühle wieder erlebbar gemacht werden können. Im weiteren wird an den vor diesen Schädigungen liegenden Seinsweisen angeknüpft, so daß die geschädigte Person eine Brücke zum früheren, gesunderen Leben schlagen kann. Dieses Anknüpfen kann die Heilungschancen fördern. Landläufig werden in der Täterarbeit diese aus der Opfertherapie bewährten Verfahren eingesetzt. Sie basieren auf der unbewiesenen Hypothese, daß aktuelle Gewalttätigkeiten ursächlich in früheren Schädigungen – vorzugsweise aus selbst erlittener Gewalt – begründet sind. Erfolge sind bei diesem Verfahren selten.

Im Gegensatz zu herkömmlicher Psychotherapie benutzt Gewaltberatung und Gewaltpädagogik keine regressiven Methoden. Als Auslöser oder Ursachen eigener Gewalttätigkeit werden nicht Traumata angesehen, sondern die männliche Sozialisation, die Gefühle (die mit der Konnotation von Schwäche einhergehen) als unmännlich und damit als zu vermeiden betrachtet. Die aktuelle Gewalttätigkeit des Täters bildet das zentrale fokussierte Moment der Beratung. Sein Anliegen an die Beratung besteht in der Aufgabe seiner Gewalt, um seinen sekundären Leidensdruck durch die Folgen seiner Tat zu vermindern. Dies ist Thema und Basis der Beratung zugleich. Jeder Gewalttäter versucht, die Verantwortung für sein Handeln zu leugnen. Er delegiert sie an die Umstände, zumeist sogar an das Opfer. Dies hätte ihn nicht provozieren dürfen. Mit der Delegation seiner Verantwortung versucht der Täter, erdrückende Schuldgefühle zu vermeiden. Deshalb beschreibt er Gewalt als plötzlich über ihn kommend, als Ausrasten oder als Folge seines Alkoholkonsums. Gewaltberatung konfrontiert den Täter mit seinem Handeln. Nicht die Umstände oder der Alkohol haben zugeschlagen, sondern er. Er lernt, die Verantwortung für sein Handeln zu übernehmen und dabei auftretende Schuldgefühle nicht mehr zu vermeiden. Statt sich als Marionette zu empfinden, die den Situationen ausgeliefert ist, entwickelt er Autonomie über sein Handeln. Er ist Herr seiner selbst geworden und braucht deshalb nicht mehr Herr über andere zu sein.

Literatur

Lempert, J. & Oelemann, B. (1995). «… dann habe ich zugeschlagen». Hamburg.

Lempert, J. & Oelemann, B. (1996). «Das Leiden mit den Leitbildern – Leitbilder aus der Perspektive der verstehenden Jungenarbeit». In: B. Sturzenhecker (Hg.), Leitbild Männlichkeit (S. 68 – 84). Münster.

Nini, M., Bentheim, A., Firle, M., Nolte I. & Schnebel, A. (1994). Abbau von Beziehungsgewalt als Konfliktlösungsmuster, Forschungsprojekt: Abschlußbericht, Bd. 102 Schriftenreihe des Bundesministeriums für Familie, Senioren, Frauen und Jugend. Stuttgart.

Joachim Lempert / Burkhard Oelemann

Graphologie

Der Begriff wurde von dem französischen Abt Michon (1872) im Titel seines Buchs «System der Graphologie» erstmals erwähnt. Als Lehre vom Ausdrucksgehalt der Handschrift oder als schriftpsychologische Methode stellt die Graphologie einen in der heutigen akademischen Psychologie kaum mehr wissenschaftlich anerkannten Zweig der Psychodiagnostik dar. Der Graphologie liegt der Gedanke zugrunde, daß sich sowohl die Wesensunterschiede zwischen Menschen wie auch die Unterschiede psychischer Eigenschaften bei einem Menschen zu verschiedenen Zeitpunkten seines Lebens in der Handschrift niederschlagen (vgl. Victor, 1964) und folglich aus dieser wesensmäßigen Vergegenständlichung rückwirkend auf die charakterologischen Eigenschaften geschlossen werden kann. Im Laufe seines Lebens nämlich entfernt sich die Handschrift eines Menschen zunehmend von der ursprünglich gelernten Form der Normschriftzüge und nimmt mehr und mehr individuelle Züge an; sie verpersönlicht sich. «Dies ist einer der Gründe, warum die handschriftliche Unterschrift in der ganzen Welt als gesetzliche Identifizierung anerkannt wird» (Lewinson & Zubin, 1973,

S. 13). Darüber, welche Schriftmerkmale am ehesten Hinweischarakter in bezug auf die Person des Schreibers haben, herrschen in Fachkreisen noch immer erhebliche Meinungsverschiedenheiten. Historisch lassen sich zwei Richtungen der psychologischen Schriftanalyse unterscheiden. Zum einen die eher atomistisch-analytische, auf das einzelne Schriftmerkmal gerichtete Betrachtungsweise, die wesentlich auf Michon und Crepieux-Jamin und ihre statische Auffassung von den «signes fixes» (den feststehenden isolierten Zeichen) zurückgeht. Demzufolge werden konkreten Schriftmerkmalen feste Persönlichkeitsmerkmale zugeordnet und von der Analyse und Interpretation der Einzelzeichen her ein additives Persönlichkeitsbild konstruiert (z. B. Launenhaftigkeit + bissiger Spott + Angriffslust = bösartiges Temperament). Zum anderen die eher ganzheitliche Betrachtung einer Handschrift als ästhetisches Formspiel. Inzwischen ist es weitgehend zu einer Synthese zwischen beiden Betrachtungsrichtungen gekommen. Vor dem Hintergrund des Gesamteindrucks einer Handschrift kann einem gegebenen graphologischen Merkmal sehr verschiedene Bedeutung zukommen. Besonders seit Klages (1956) wird dieser Auffassung Vorrang eingeräumt, nämlich «die Gestalt oder den Ganzheitsgehalt einer gegebenen Schriftprobe zu erspüren und gleichzeitig die einzelnen Elemente, die zusammen den spezifischen Gestalteffekt bilden, zu differenzieren» (Lewinson & Zubin 1973, S. 17). In Verbindung mit den Merkmalen «Bindung» und «Lösung» (z. B. ist eine kleine Schrift ein Hinweis auf eine Bindungs-, eine große Schrift auf eine Lösungstendenz) legte Klages den Grundstein zur Erreichung eines gemeinsamen Nenners bei der Bewertung der nicht-meßbaren geometrischen Formqualitäten und der meßbaren Aspekte der Schrift (ebd., S. 18). Daß Handschriften persönliche Zeugnisse sind, ist nach wie vor unbestritten. Streitpunkt – vor allem zwischen den Vertretern einer naturwissenschaftlich orientierten empirisch-experimentellen Psychologie und Verfechtern der graphologischen Methode – bleibt die Frage nach der methodischen Exaktheit der Handschriften-Deutung. So tolerieren Befürworter psychometrischer Tests beispielsweise graphologische Analysen wegen ihrer mangelnden methodischen Präzision gar nicht oder nur bedingt als diagnostisch aussagekräftig.

Literatur

Klages, L. (1956). Handschrift und Charakter. Bonn.
Lewinson, T. & Zubin, J. (1973). Handschriftenanalyse. Frankfurt / M.
Victor, F. (1964). Die Handschrift – eine Projektion der Persönlichkeit. München.

Siegfried Grubitzsch

Gruppenanalyse

Gruppenanalyse bzw. analytische Gruppenpsychotherapie ist die Anwendung von Theorie und Praxis der Psychoanalyse auf Gruppenprozesse (Argelander, 1972; Bion, 1971; König & Lindner, 1991). Die Einrichtung von Therapie- und Selbsterfahrungsgruppen erfolgt dabei nicht nur aus ökonomischen Erwägungen, sondern aus der Einsicht, daß die Gesellschaft dem Individuum konstitutionslogisch vorausgeht, mithin unbewältigte persönliche Konflikte internalisierte Formen unbewältigter sozialer Konflikte sind. Ein Verfahren, das dieser Einsicht gerecht wird, betreibt dann auch nicht Psychoanalyse des einzelnen in der Gruppe, sondern durch die Gruppe. Daß der einzelne von einer Analyse des Gruppenprozesses, an dem er selbst beteiligt ist, therapeutisch profitiert, hat z. B. Foulkes (1986) betont: Ihm zufolge externalisieren die Gruppenteilnehmer unter den Bedingungen einer freien Gruppendiskussion ihre intrapsychischen Konflikte mittels multipler interpersoneller Übertragungen, so daß sie als konflikthafte Gruppendynamik erlebbar werden. Die einzelnen Teilnehmer und die Gruppe als Ganzes sind dabei über ständig wechselnde Figur-Grund-Konstellationen aufeinander bezogen. Im agierenden und deutenden Mitvollzug des Gruppenprozesses hilft der Gruppenanalytiker den Teilnehmern, sich selbst als Teil dieses Geschehens in der Spannung von Verschmelzungs- und Individuationswünschen besser zu verstehen. Hinsichtlich der Wirkfaktoren der Gruppenanalyse (Finger-Drescher, 1991) überwiegen bislang Vermutungen. Überhaupt ist festzustellen, daß eine befriedigende psychoanalytische Konzeptualisierung von Gruppenprozessen, die nicht bloß auf tradierte einzelanalytische Wissensbestände zurückgreift, erst am Anfang steht. Eine Berücksichtigung der – leider eher dürftigen – Ergebnisse der sozialpsychologischen Kleingruppenforschung (Sader, 1991) sowie der Systemtheorie (Durkin, 1981), insbesondere der Selbstorganisationsforschung (Langthaler & Schiepek, 1995), wäre dabei wünschenswert. Dies würde auch einen effektiveren Beitrag der Gruppenanalyse zur Institutionenanalyse (Pühl, 1988) ermöglichen. Alles in allem ist die Gruppenanalyse derzeit aber auf dem besten Weg, sich von ihren einzelanalytischen Vorbildern zu emanzipieren.

Literatur

Argelander, H. (1972). Gruppenprozesse. Reinbek.

Bion, W. R. (1971). Erfahrungen in Gruppen und andere Schriften. Stuttgart.

Durkin, J. E. (Hg.). (1981). Living systems: Group psychotherapy and general system theory. New York.

Finger-Drescher, U. (1991). Wirkfaktoren der Einzel- und Gruppenanalyse. Stuttgart.
Foulkes, S. H. (1986). Gruppenanalytische Psychotherapie. Frankfurt/M.
Haubl, R. & Lamott, F. (1994). Handbuch Gruppenanalyse. München.
König, K. & Lindner, W.-V. (1991). Psychoanalytische Gruppenpsychotherapie. Göttingen.
Langthaler, W. & Schiepek G. (1995). Selbstorganisation und Dynamik in Gruppen. Münster.
Pühl, H. (1988). Angst in Gruppen und Organisationen. Frankfurt/M.
Sader, M. (1991). Anmerkungen zum Stand der Kleingruppenforschung. Gruppendynamik, 22 (3), S. 269–278.

Rolf Haubl

Gruppendynamik

Die Entstehung der Gruppendynamik hat ganzheits- und gestaltpsychologische Wurzeln und ist wesentlich mit dem Namen Kurt Lewin verbunden. Das Gestaltgesetz von der Übersummativität der Teile bedeutete, daß etwa eine Gruppe nicht als eine Ansammlung von Personen zu verstehen ist, sondern als ein Interaktionssystem, bestimmt durch die Beziehungen der Mitglieder untereinander. Da diese Beziehungen nicht konstant bleiben, sondern aus inneren und äußeren Gründen Veränderungen unterliegen, kommt man zur Vorstellung von Gruppen als dynamischen sozialen Gebilden. Lewin war dabei vom Gedanken geleitet, daß auf Individuen vektorhaft Kräfte wirken und sich dadurch «Kraftfelder» aufbauen, welche die Handlungen der Personen beeinflussen («Feldtheorie»).

Zeitgerecht vor dem aufkommenden Nationalsozialismus aus Deutschland emigriert, führte Lewin in den USA erste sozialpsychologische Experimente vor allem im pädagogischen Feld durch (Führungsstile in Jugendgruppen). 1945 gründete er am Massachusetts Institute of Technology das Research Center for Group Dynamics. Hier wurde die folgenreiche Entdeckung gemacht, daß und wie Feedback einen Gruppenprozeß beeinflußt. Damit entstand eine Methode des sozialen Lernens, die zum einen die beteiligten Individuen auf eine äußerst lernträchtige Weise involviert, zum anderen entwickeln sich die solchen Prozessen ausgesetzten Gruppen als Ganze und verbessern ihre Kooperations-, Entscheidungs- und Leistungsfähigkeit. Die Herstellung solcher Effekte wurde als Laboratoriumsmethode bekannt und heißt heute Training. Die Kunst, solche Sozialtechniken praktisch anzuwenden, gilt als spezifisch gruppendynamisches Prozeßsteuerungswissen. Gruppendynamik blieb jedoch nicht nur eine Form praktischer Arbeit mit Gruppen, sondern war bereits in den Anfängen von gesellschaftstheoretischen Gedanken inspiriert. Im deutschen Sprachraum hatte Hofstätter 1957 Gruppendynamik als Begriff ins Spiel gebracht, allerdings in einem eher dem naturwissenschaftlich-experimentellen Forschungsparadigma verpflichteten Sinn, mit Brocher (1967) wird die Gruppendynamik als Methode der Erwachsenenbildung praxisorientiert. Nach der deutschsprachigen Veröffentlichung der amerikanischen, englischen und französischen «Klassiker» (Bion, 1971; Lapassade, 1972; Luft, 1972; Rice, 1973; Slater, 1978) war – stimuliert durch die Studentenbewegung und den Anspruch auf Gesellschaftsveränderung nach der Wiederaufbauzeit nach dem Zweiten Weltkrieg – die wissenschaftliche Diskussion über den Stellenwert der Gruppendynamik bis in die 80er Jahre hinein stark ideologiegeprägt (Horn, 1972; Bauleo, 1988). Danach wird die Gruppendynamik zunehmend pragmatisch interpretiert und mit anderen sozialwissenschaftlichen Begriffen und Praxisformen assoziiert.

Es hatte sich schon bei den ersten Experimenten Lewins gezeigt, daß Führungsstile nicht nur in erziehungspsychologischer Hinsicht relevant waren. Und auf die industriepsychologischen Hawthorne-Studien 1927 bis 1932 von Mayo geht die Erkenntnis zurück, welche Bedeutung informelle Gruppen in einer hierarchisch strukturierten Organisationsumgebung haben können. Dementsprechend verlagerten sich gruppendynamische Praxisformen stärker in Organisationen hinein, unter Begriffen wie Führungspsychologie, Arbeitspsychologie, Organisationspsychologie oder Managementtechniken. Damit wurden die ersten Zugänge der Kleingruppenforschung (Sensitivitygruppen), die sich primär auf das Verhältnis von Individuum und Gruppe konzentrierten, verlassen bzw. therapeutischen Anwendungen überlassen. Die Aufmerksamkeit wendete sich zunehmend Organisationen zu, besonders dem Verhältnis von Gruppe und Organisation. Wenn man daher heute von Gruppendynamik redet, sind zwei Wirklichkeitsbereiche gemeint, einmal die Dynamik von Individuen in Gruppen, zum anderen die Dynamik von bzw. zwischen Gruppen in größeren sozialen Verbänden wie Organisationen. Die instrumentelle Verwendung von Gruppen findet sich in der Industrie im Modell der sog. teilautonomen Arbeitsgruppen (dort auch, um negativen Effekten der Fließbandarbeit entgegenzuwirken) und bei den Qualitätszirkeln. In gleicher Weise kommt heute modernes Management ohne Gruppen (work groups, think tanks, task forces usw.) zur Erreichung besonderer Ziele nicht mehr aus. Allerdings ist das Verhältnis zwischen Gruppen und der sie umgebenden Organisation ein widersprüchliches, was für mancherlei Friktionen sorgt und als eigene Schnittstelle einer besonderen Aufmerksamkeit bedarf. Man sieht dies vor allem bei Projektgruppen (Heintel & Krainz, 1994), die sich von den Organisationszielen partiell abkoppeln müssen, aber organisatorisch einzubinden sind. Organisationen sind allen Netzwerkvorstellungen zum Trotz immer mehr oder weniger hierarchisch strukturiert (Schwarz, 1985), Gruppen dagegen brauchen ein Eigenleben, sonst sind sie keine, sondern nur eine Ansammlung fremdbestimmter Individuen. Das Widerspruchsverhältnis zwischen Gruppe und Organisation zeigt sich dramatisch in allen organisatorischen Veränderungsprozessen (Grossmann et al., 1995) und ist in allen Versuchen, Organisationsentwicklungsprozesse beratend zu begleiten (Wimmer, 1992), ein unumgehbares Problemfeld.

Literatur

Bauleo, A. (1988). Ideologie, Familie und Gruppe. Hamburg.
Bion, W. R. (1971). Erfahrungen in Gruppen und andere Schriften. Stuttgart.
Brocher, T. (1967). Gruppendynamik und Erwachsenenbildung. Braunschweig.
Grossmann, R., Krainz, E. E. & Oswald, M. (Hg.). (1995). Veränderung in Organisationen. Management und Beratung. Wiesbaden.
Heintel, P. & Krainz, E. E. (1994). Projektmanagement. Eine Antwort auf die Hierarchiekrise? Wiesbaden.
Hofstätter, P. R. (1957). Gruppendynamik. Kritik der Massenpsychologie. Reinbek.
Horn, K. (Hg.). (1972). Gruppendynamik und der «subjektive Faktor». Frankfurt/M.
König, O. (Hg.). (1995). Gruppendynamik. Geschichte, Theorien, Methoden, Anwendungen, Ausbildung. München/Wien.
Krainz, E. E. (1995). Steuern von Gruppen. In: B. Voß (Hg.), Kommunikations- und Verhaltenstrainings (S. 206–220). Göttingen.
Lapassade, G. (1972). Gruppen, Organisationen, Institutionen. Stuttgart.
Luft, J. (1972). Einführung in die Gruppendynamik. Stuttgart.
Rice, K. A. (1973). Führung und Gruppe. Stuttgart.
Schwarz, G. (1985). Die «heilige Ordnung» der Männer. Patriarchalische Hierarchie und Gruppendynamik. Opladen.
Schwarz, G., Heintel P., Weyrer, M. & Stattler, H. (Hg.). (1996). Gruppendynamik. Geschichte und Zukunft. Wien.
Slater, P. E. (1978). Mikrokosmos. Eine Studie über Gruppendynamik. Frankfurt/M.
Wimmer, R. (1992). Organisationsberatung. Neue Wege und Konzepte. Wiesbaden.

Ewald E. Krainz

Gutachten

Ein psychologisches Gutachten ist ein auf eigener Datenerhebung (Interview, Verhaltensbeobachtung und gegebenenfalls Testung) beruhender, wissenschaftlich begründeter und zusammengefaßter Befund, der als interpretierte Entscheidungshilfe einem Auftraggeber gemäß seiner Fragestellung zur Lösung eines Problems überlassen wird (vgl. Fisseni, 1992).

Der Gutachter hat somit den Gutachtenauftrag nicht durch alltagspsychologische Plausibilität oder erfahrungsbedingte Evidenz anzugehen, sondern mit fachwissenschaftlichen Methoden zu erfüllen. Mit der Festlegung und Eingrenzung auf eine eigenständige Datenerhebung durch den psychologischen Gutachter wird der Begriff gegen anderweitige Bewertungen von Dokumenten, beispielsweise gutachtliche Stellungnahmen, abgegrenzt (Arndt et al., 1993). Die Begutachtung ist eine Spezialform einer psychologischen Intervention. Aufträge und Erstellung von Gutachten konzentrieren sich vor allem auf die beiden Bereiche Forensischer Psychologie und Verkehrspsychologie. In beiden Fällen werden vom Gutachter Hilfen für eine anstehende juristische Entscheidung erwartet. Der Begutachtungsprozeß als diagnostischer Erkenntnisprozeß ist somit ein zielorientierter, hypothesengeleiteter und einzelfallbezogener Problemlöseprozeß, dessen Endergebnis lediglich durch Wahrscheinlichkeitsaussagen gekennzeichnet ist und bei dem die Problemstellung die Auswahl der diagnostischen Methoden der Datengewinnung und möglicherweise auch die Methoden sowie die Art und Weise der Durchführung einer Intervention bestimmt. Grundsätzlich soll ein Gutachten die Fragestellung, die Untersuchungsverfahren, die relevanten Daten, deren Interpretation und die Schlußfolgerungen des Sachverständigen enthalten. Der Begutachtungsprozeß selbst beinhaltet dabei folgende Schritte: 1. Prüfung der Ausgangslage. 2. Anlegen einer Handakte. 3. Analyse der überlassenen Unterlagen. 4. Reformulierung der juristischen Fragestellung in eine handhabbare (operationalisierbare) psychologische Fragestellung. 5. Bildung der ersten Arbeitshypothesen. 6. Aufstellen des Untersuchungsplans. 7. Durchführen der Untersuchungen (z. B. Interview, Verhaltensbeobachtung, Tests, Vorlage von Arbeitsproben etc.). 8. Darstellung des psychologischen Befundes. 9. Beantwortung der reformulierten psychologischen Fragestellung. 10. Rückübersetzung der psychologischen Fragen und Beantwortung der gerichtlichen Frage.

Literatur

Arndt, J., Oberloskamp, H. & Balloff, R. (1993). Gutachtliche Stellungnahmen in der sozialen Arbeit. Eine Anleitung mit Beispielen für die Mitwirkung in Vormundschafts- und Familiengerichtsverfahren. Neuwied.

Berufsverband Deutscher Psychologinnen und Psychologen e.V. (Hg.). (1994). Richtlinien für die Erstellung psychologischer Gutachten. Bonn.

Boerner, K. (1995). Das psychologische Gutachten. Ein praktischer Leitfaden. Weinheim.

Fisseni, H.-J. (1992). Persönlichkeitsbeurteilung. Zur Theorie und Praxis des psychologischen Gutachtens. Eine Einführung. Göttingen.

Rainer Balloff

Handlungstheorie

Unter Handlungstheorie wird die Vielzahl analytisch-empirischer Aussagensysteme in den Sozialwissenschaften verstanden, die individuelles Handeln beschreiben und zum Ausgangspunkt für die Erklärung sozialer Phänomene nehmen wollen. Dabei schränkt der methodologische Individualismus als mögliches Grundprinzip sozialwissenschaftlicher Erklärung nicht auf die Auffassung ein, daß Institutionen und Kollektivphänomene als bloße Aggregationen zu sehen sind; weder der soziale Charakter individuellen Handelns noch die Existenz eigenständiger kollektiver Phänomene auf der Systemebene wird geleugnet (vgl. Coleman 1991). Die prominenteste unter den in der Handlungstheorie gebildeten dichotomen Typologien differenziert zwischen rational und normativ orientiertem Handeln. Für das erstere steht der «homo oeconomicus» Pate, für das letztere der «homo sociologicus». In der ökonomischen Theorie bestimmen seit Simon (1955) verschiedene Ausarbeitungen des Konzepts der eingeschränkten Rationalität die Diskussion. Das Modell rationalen Verhaltens basiert im Kern auf der Trennung zwischen Präferenzen und Restriktionen und beinhaltet als zentrale Rationalitätsanforderung, daß das Individuum «prinzipiell in der Lage ist, gemäß seinem relativen Vorteil zu handeln, d. h. seinen Handlungsraum abzuschätzen und zu bewerten, um dann entsprechend zu handeln» (Kirchgässner, 1991, S. 17). Das ökonomische Verhaltensmodell wurde auf die unterschiedlichsten Verhaltensweisen (z. B. Konsum, Kriminalität, Heirat) angewendet (vgl. Becker, 1993). Seine Aussagekraft stößt jedoch an Grenzen, wenn es um die Erklärung von kooperativem, altruistischem Verhalten bzw. um die emotional-affektive Dimension menschlichen Handelns geht. Ihre angemessene Berücksichtigung im Rahmen der Modellbildung erfordert über die Konstruktion interdependenter Nutzenfunktionen hinaus Aussagen über die Voraussetzungen einer Stabilität interdependenter Präferenzen – also immer auch über die Stabilität und Dynamik von Machtstrukturen konkreter Handlungssysteme. Das Verhältnis von Präferenzen und Restriktionen ist dann also im Sinne einer wechselseitigen Konstitution zu denken (vgl. March & Olsen, 1975).

Die Begründung der Soziologie als «Wissenschaft vom sozialen Handeln» geht auf Weber (1922) zurück. Zunächst bezeichnet der Begriff «Handeln» ein menschliches Verhalten, mit dem Handelnde subjektiven Sinn verbinden. Ist dieses Handeln seinem gemeinten Sinn nach auf das Verhalten anderer Akteure bezogen und daran in seinem Ablauf orientiert, spricht man von «sozialem» Handeln. Soziales Handeln kann nach Weber zweckrational (als Ergebnis vernünftiger Zweck-Mittel-Abwägungen), wertrational (durch bewußten Glauben an den unbedingten Eigenwert eines bestimmten Verhaltens), affektuell (durch aktuelle Affekte und Gefühlslagen) oder traditional (durch eingelebte Gewohnheit) bestimmt sein. In dieser – wie Schluchter (1979) nahelegt, entlang einer Rationalitätsskala konstruierten – Handlungstypologie erfüllt der Idealtypus Zweckrationalität den Anspruch, Handlung zu sein, am meisten; er allein stellt auf die subjektive Abwägung der Handlungselemente Mittel, Zweck, Wert und Folge ab. Das diesem Typ entsprechende Modell der zielgerichteten Handlung bildet üblicherweise den Ausgangspunkt für sozialwissenschaftliche sowie psychologische empirische Analysen und Deutungen des Handelns.

Parsons (1937) arbeitet in der «voluntaristischen Handlungstheorie» von ihm behauptete Konvergenzen soziologischer Klassiker (Pareto, Marshall, Durkheim und Weber) heraus und betont die normative Dimension des Handelns und jeder stabilen Ordnung. Damit wendet sich Parsons einerseits gegen eine Vorherrschaft des klassischen ökonomischen Verhaltensmodells, andererseits gegen in der soziologischen Theoriebildung angelegte idealistische und kausaldeterministische Einfärbungen des Handlungsbegriffs. Von den in der Parsonsschen Tradition stehenden konstitutionstheoretischen, d. h. rationale und normative Handlungsdimensionen (oft eher formal-analytisch) integrierenden Arbeiten hat vor allem Lindenberg (1990) gezeigt, daß durch eine Verbindung der sozio-kulturellen Dimension des Handelns mit der individuellen Zweckrationalität des ökonomischen Verhaltensmodells ein Deutungs- und Prognosepotential zur Verfügung gestellt werden kann, das einer wünschenswerten empirischen Überprüfung zugänglich ist. In letzter Zeit hat Joas (1992) den Versuch unternommen, die in rationalen und normativen Modellen vernachlässigte «Kreativität des Handelns» in den Mittelpunkt einer anthropologisch fundierten pragmatischen Handlungstheorie zu stellen. Unter Rückgriff auf den amerikanischen Pragmatismus (James, Peirce, Dewey, Mead u. a.) und unter Zusammenführung verschiedener philosophisch-soziologischer Theoriestränge wird auf dem Wege der Rekonstruktion ein erweiterter Begriff rationalen Handelns eingeführt, der auf einer nicht-teleologischen Deutung der Intentionalität des Handelns sowie auf der in jedem Handeln zum Ausdruck kommenden Körperlichkeit und Sozialität aufbaut. Damit wird der Dualität von Struktur (Giddens) Rechnung getragen, und es läßt sich an (Organisations-)Konzepte anknüpfen, die auf Macht als zentrale Dimension sozialen Handelns abstellen (vgl. Küpper & Felsch, 1998). Die von Joas in Konturen dargelegte allgemeine Handlungstheorie bietet wie kaum eine andere im Rahmen der deskriptiven Theoriebildung das Potential, die fundamentalen Probleme der Handlungstheorie, das Kausalitätsproblem und das Problem des Verhältnisses von Freiheit und Determinismus weiterführend zu diskutieren.

Literatur

Becker, G. S. (1993). Der ökonomische Ansatz zur Erklärung menschlichen Verhaltens. Tübingen.
Coleman, J. S. (1991f). Grundlagen der Sozialtheorie. 3 Bde. München.
Giddens, A. (1988). Die Konstitution der Gesellschaft. Grundzüge einer Theorie der Strukturierung. Frankfurt/M.
Joas, H. (1992). Die Kreativität des Handelns. Frankfurt/M.
Kirchgässner, G. (1991). Homo oeconomicus. Tübingen.
Küpper, W. & Felsch, A. (1997). Macht, Handlung und Struktur. Opladen.
Lindenberg, S. (1990). Rationalität und Kultur. Die verhaltenstheoretische Basis des Einflusses von Kultur auf Transaktionen. In: H. Haferkamp (Hg.), Sozialstruktur und Kultur. Frankfurt/M.
March, J. G. & Olsen, J. P. (1975). The Uncertainty of the Past. Organizational Learning under Ambiguity. European Journal of Political Research, 3, S. 147–171.
Parsons, T. (1937). The Structure of Social Action. New York.
Schluchter, W. (1979). Die Entwicklung des okzidentalen Rationalismus. Tübingen.
Simon, H. A. (1955). A Behavioral Model of Rational Choice. Quarterly Journal of Economics, 69, S. 99–118.
Weber, M. (1922). Wirtschaft und Gesellschaft. Tübingen.

Anke Felsch / Willi Küpper

Heimat

Daß Heimat seit Mitte der 90er Jahre zu einem Thema der Politischen, Sozial- und Gemeindepsychologie geworden ist, spiegelt wider, daß es zunächst als subjektives Problem von Menschen relevant wurde. Menschen multikultureller Herkunft, Migranten und von gesellschaftlichen Transformationsprozessen Betroffene haben Heimat als Problem in die Psychologie eingeführt. Dabei verweist die wachsende Sehnsucht nach einer einheitlichen, abgrenzbaren, überschau- und beeinflußbaren Umgebung nicht nur auf quasi anthropologische Grundbedürfnisse (Territorialität), sondern vor allem auf die Auswirkungen von Modernisierungs- und Individualisierungsprozessen, die bisherige soziale Zusammenhänge radikal verändert bzw. aufgelöst haben. Psychologisch geht es dabei in erster Linie um eine subjektive Bestimmung des Verhältnisses zwischen einer Person und ihrer kulturell geprägten Umgebung. Heimat ist nicht nur der materielle Rahmen, in dem und auf den hin die eigene Identität organisiert wird, sondern auch Basis für soziale Vernetzung und politische, religiöse, ethnische usw. Identifikation. Bei der Untersuchung von subjektiven Heimatkonzepten zeigt sich eine Vielfalt und Parallelität von Heimatbedeutungen, die auf eine Realität multilokaler Lebenswelten und multikultureller Orientierungen verweist. Der Kern solcher subjektiver Heimatbestimmungen bleibt aber das *Heimatgefühl*: eine positive Verbundenheit mit Orten, Menschen und Dingen bzw. dahinterliegende *Heimatbedürfnisse* nach sozialer Einbindung, Anerkennung, Einflußnahme und Sinnhaftigkeit. Neben der biographischen Retrospektive (Heimat als Entwicklungskontext der Kindheit) spielen zunehmend aktuelle soziale, regionale, kulturelle und andere lebensweltliche Einbindungen eine Rolle. Eine besondere psychologische Bedeutung scheint die mit Heimat verbundene imaginäre Konstruktion einer «idealen» Übereinstimmung zwischen einer Person und ihrer Umgebung zu haben. Diese wird zum Ausgangspunkt und zur Orientierung für Beheimatung – einem wesentlichen Bestandteil von Identitätsarbeit. *Beheimatung* ist der permanente und prinzipiell unabschließbare subjektive Prozeß, in dem der einzelne sich mit der Welt verbindet, mit für ihn bedeutsamen Orten, Menschen, Dingen und kulturellen Orientierungen. Es ist der Versuch, eine zur eigenen Person «passende» Umgebung zu finden oder herzustellen bzw. die eigenen Vorstellungen von der Welt und dem eigenen Platz darin mit den Möglichkeiten realer Umgebungen abzustimmen. Beheimatung sagt damit etwas über die wechselseitige Abhängigkeit von Personen und ihren Umgebungen und verweist so auf die Grenzen einer vorwiegend individuumszentrierten Sichtweise in der Psychologie und Psychotherapie.

Literatur

Belschner, W., Grubitzsch, S., Leszczynski & Müller-Doohm, S. (Hg.). (1995). Wem gehört die Heimat? Beiträge der politischen Psychologie zu einem umstrittenen Phänomen. Opladen.

Giddens, A. (1991). Konsequenzen der Moderne. Frankfurt/M.

Greverus, I.-M. (1979). Auf der Suche nach Heimat. München.

Mitzscherlich, B. (1997). «Heimat ist etwas, was ich mache ...» Eine psychologische Untersuchung zum individuellen Prozeß von Beheimatung. Pfaffenweiler.

Beate Mitzscherlich

Helfersyndrom

Es gehört zu den Alltagsbeobachtungen im psychosozialen Bereich, daß z. B. Ärzte «schlechte Patienten» sind. Die erschwerte Rollenumkehr in vielen Bereichen der Professionalisierung legt den Gedanken nahe, daß die Position des Helfers unbewußte Strukturen im Sinn einer «Charakterabwehr» enthalten kann, welche den rationalen Umgang z. B. des Mediziners mit einer eigenen Erkrankung, des Psychologen mit einem psychologischen Problem erschweren. «Die Grundproblematik des Menschen mit dem Helfersyndrom ist die an einem hohen, starren Ich-Ideal orientierte soziale Fassade, deren Funktionieren von einem kritischen, bösartigen Über-Ich überwacht wird. Eigene Schwäche und Hilfsbedürftigkeit werden verleugnet, Gegenseitigkeit und Intimität in Beziehungen vermieden. Die orale und narzißtische Bedürftigkeit des Helfers ist groß, doch ganz oder teilweise unbewußt. Da ihre Äußerungsformen nicht entwickelt und differenziert werden konnten, funktioniert sie auf einem urtümlichen Niveau. Das äußert sich etwa in einer wenig ausgebildeten Fähigkeit, erfüllbare Wünsche zu ‹äußern›» (Schmidbauer, 1977, S. 25). Die Anlehnung an einen medizinischen Begriff («Syndrom») hat zu Mißverständnissen Anlaß gegeben. Das Konzept ist eher hermeneutisch orientiert; es wurde aus der Arbeit in Selbsterfahrungsgruppen mit professionellen Helfern im psychosozialen und medizinischen Bereich entwickelt und enthält viele Vorgriffe auf Zusammenhänge, die etwa zeitgleich in dem «Burnout»-Kontext aus den USA diskutiert wurden. Der Helfer soll seinen geheimen Größenwahn durchschauen lernen, er soll in kleinen Gruppen die Kompetenz erwerben, sich mit eigenen Schwächen und Versagensängsten auseinanderzusetzen. Gefährlich wird das Helfersyndrom zunächst dem überarbeiteten Helfer, der im Urlaub an einer unklaren Depression leidet (er ist sozusagen ein Workaholic des Helfens) und psychosomatisch erkranken muß, um sich Ruhe zu gönnen. Aber die Unfähigkeit, eigene Entbehrlichkeit zu konzipieren, erschwert es diesem Helfer, Entwicklungen von Klienten wahrzunehmen, Autonomiebestrebungen zu fördern und gefährliche Regressionen in therapeutischen Settings zu erkennen. Selten, in ihrer Zuspitzung aber besonders tragisch sind jene Fälle, in denen unterprivilegierte und schlecht ausgebildete Helfer beginnen, auf eigene Faust die ihnen Anvertrauten zu «erlösen»: Die Tötung Hilfloser durch Pflegepersonal ist krasser Ausdruck des entgleisten Helfersyndroms.

Literatur

Kemper, J. (1990). Alternde und ihre jüngeren Helfer. Vom Wandel therapeutischer Wirklichkeit. München.

Schmidbauer, W. (1977). Die hilflosen Helfer. Über die seelische Problematik der helfenden Berufe. Reinbek.

Schmidbauer, W. (1992). Helfen als Beruf. Die Ware Nächstenliebe. Reinbek.

Schmidbauer, W. (Hg.). (1993). Pflegenotstand – das Ende der Menschlichkeit. Reinbek.

Wolfgang Schmidbauer

Hermeneutik

Hermeneutik ist die Methode des Deutens, Auslegens und Verstehens. Ursprünglich wurde sie auf schriftliche Texte angewendet (Bibelauslegung), dann auf das gesprochene Wort, schließlich auf alle Symbolsysteme, d. h. auf alles, was einen Sinn hat oder haben könnte. Widersprüchliche Stellen, Unklarheiten und andere «Bruchstellen» sucht man zu verstehen, indem man neue «Lesarten» an den Text heranträgt, «zwischen den Zeilen» liest, Entstehungsbedingungen des Textes und Lebensumstände des Autors berücksichtigt, einen (vordergründigen) Ausdruck und einen (dahinterliegenden) Sinn unterscheidet (Interpretation). Grundlage dieser Methode ist der «hermeneutische Zirkel»: Einzelnes kann nur in seiner Beziehung zum ganzen Text verstanden werden, dieser aber nur durch eine angemessene Auslegung des einzelnen. Dieser Zirkel kann nur aufgrund eines Vorverständnisses durchbrochen werden. Irgend etwas über das behandelte Thema muß man schon wissen. Auf dieser Grundlage versucht man zunächst eine vorläufige Deutung, arbeitet mit ihrer Hilfe den Text erneut durch, ergänzt oder korrigiert die Deutung, bis man nach mehrmaligem Durchlaufen des Zirkels ein befriedigendes Verständnis erreicht hat. In der Psychologie ist die Hermeneutik um die Jahrhundertwende als die «verstehende Psychologie» Diltheys und über die Psychoanalyse Freuds als «Tiefenhermeneutik» wirksam geworden. Zu deutende Symbolsysteme in der Psychoanalyse sind z. B. Berichte der Patienten über ihre Träume, Ängste und sonstigen Symptome. Während in der klassischen Psychoanalyse Therapie und Forschung in eins fielen, wird seit einigen Jahrzehnten in der akademischen Psychologie vereinzelt die Methode des psychoanalytischen Gesprächs als Forschungsinstrument verwendet; insoweit zählt es zu den qualitativen Forschungsmethoden.

Literatur

Leithäuser, T. & Volmerg, B. (1979). Anleitung zur empirischen Hermeneutik. Frankfurt/M.

Mayring, P. (1996). Einführung in die qualitative Sozialforschung. 3. Aufl. München.

Seiffert, H. & Radnitzky, G. (Hg.). (1989). Handlexikon zur Wissenschaftstheorie. Stichwort «Hermeneutik» (S. 127 – 138). München.

Sommer, J. (1987). Dialogische Forschungsmethoden. München/Weinheim.

Jörg Sommer

Homosexualität

Das Stigma Homosexualität scheint zu schwinden, die Zuordnung zum Paradigma abweichenden Verhaltens ist aufgebrochen. Das Kontrolldreieck aus Psychiatrie, Theologie und Kriminologie hat an Einfluß verloren: Der seit 1871 gültige Paragraph 175 ist seit dem 11. Juni 1994 gestrichen (vgl. Zeitschrift für Sexualforschung, 1994). Der Rat der evangelischen Kirche in Deutschland diskutiert das Thema «Homosexualität und Kirche» in einer Orientierungshilfe (Kirchenamt der EKD, 1996). Und mit dem 1973 von der American Psychiatric Association getroffenen Entschluß, Homosexualität zu entpathologisieren und aus dem Diagnostic and Statistical Manual of Mental Disorders, dem auch hierzulande zu Rate gezogenen psychiatrischen Krankheitsregister, zu streichen (vgl. Lewes, 1988), scheinen wesentliche Formen der unmittelbaren und aktiven Ausgrenzung aufgehoben zu sein. Aber auch wenn die direkte Etikettierung «Krankheit», «Sünde» und «Verbrechen» abgebaut zu sein scheint, bleiben beeinträchtigende «Langzeitwirkungen» auf das Selbstwertgefühl und die Selbstakzeptanz bestehen, werden weiterhin stereotype Fremd- und Selbsteinschätzungen vorgenommen, sind immer noch Vorbehalte vorhanden, verschaffen sich Homophobie und Diskriminierungen ihren Platz. Dabei will kaum noch jemand ernsthaft und offen diskriminieren. Die Entwicklung ist ambivalent und spannungsreich. Nicht mehr die manifeste, sondern die latente Benachteiligung zeichnet überwiegend die Lebenssituation von Schwulen und Lesben aus. Diskriminierung ist obendrein nicht nur eine Frage von Gesetzen und Strafen. Sie erfolgt auch wirkungsvoll durch Ignorieren, Verschweigen, Nichternstnehmen, Distanzieren und Aggressionen. Anbindend an die hinlängliche bis subtile Toleranz werden von Schwulen und Lesben auf verschiedenen Feldern Defizite reklamiert. Auf der Agenda stehen Themen und Fragen zur Antidiskriminierungsgesetzgebung, zur gleichgeschlechtlichen Lebensgemeinschaft, zum Coming-out, zur Homosexualität in Schule, Familie, dem Erwerbsleben und dem Alter, zur schwul/lesbischen Elternschaft, zur antihomosexuellen Gewalt, zum Thema AIDS und nicht zuletzt die zentrale Forderung auf Wiedergutmachung, auf Rehabilitation, auf Erinnerung an erlittenes NS-Unrecht. Neben Arbeiten zu diesen Themenfeldern wird in der Homosexuellenforschung immer wieder an den spezifischen Voraussetzungen des Homosexualitätskonstrukts gearbeitet. Deutungsmuster wie das Dritte Geschlecht und die schwule oder lesbische Identität zählen hierzu, aber auch die Debatte zwischen Schwulen und Lesben um die Einheit oder Differenz ihrer sexuellen Orientierung. Verstärkt sind in den letzten

Jahren vor allem Arbeiten über die zwischenmenschlichen Beziehungen der Schwulen und die der Lesben entstanden (vgl. Hoffmann et al., 1993). Eine Ausgrenzungsdomäne ging und geht gegenwärtig von der Psychoanalyse aus. Obwohl Freud in öffentlichen Stellungnahmen betonte, Homosexualität dürfe nicht mit «Krankheit» gleichgesetzt werden (vgl. Freud, 1903; 1930), wurde die offene Haltung Freuds in seiner Nachfolge von den allermeisten Psychoanalytikern und Psychoanalytikerinnen nicht beibehalten und schon gar nicht weiterentwickelt (vgl. Bieber et al., 1962; Socarides, 1971). Autoren, die eine gesunde homosexuelle Entwicklung postulieren, bleiben in der Minderzahl (vgl. Friedman, 1993; Morgenthaler, 1987). Die Diskriminierung der Psychoanalyse äußert sich in Theorie und Praxis, nicht zuletzt auch, wie eine durchgeführte Untersuchung von Rauchfleisch (1994) zeigt, bei Fragen der Zulassung homosexueller Kandidaten zur psychoanalytischen Ausbildung. Als Beweggründe für die Ausgrenzungen werden neben anderen genannt: «Der Wunsch der institutionalisierten Psychoanalyse nach sozialer Konformität und die Abwehr eigener homosexueller Tendenzen durch die Entwertung bei anderen Menschen als ‹Pathologie›» (Rauchfleisch, 1994, S. 217). Mit den 1995 gegründeten SchwulLesbischen Studien (SLS) an der Universität Bremen ist es erstmals auch in der Bundesrepublik möglich geworden, der Erforschung von Fragen der lesbischen und schwulen Lebensformen nicht nur einen emanzipatorischen Impetus, sondern auch einen institutionalisierten Rahmen zu geben. Nicht die Ursachen einer als abweichend etikettierten Sexualvariante stehen zur Diskussion, sondern die aufgrund von Geschlecht und sexueller Präferenz bestehende soziale Ungleichheit sowie die unter diesen Bedingungen entwickelten Lebensformen.

Literatur

Bieber, I. u. a. (1962). Homosexuality: A psychoanalytic study of male homosexuals. New York.

Freud, S. (1903). Interview. Die Zeit (Wien), 27. Oktober.

Freud, S. (1930). Appell an den Strafrechtsausschuß des Österreichischen Nationalrats. Arbeiter-Zeitung (Wien), 16. Mai.

Friedman, R. C. (1993). Männliche Homosexualität. Berlin.

Hoffmann, R., Lautmann, R. & Pagenstecher, L. (1993). Unter Frauen – unter Männern: homosexuelle Liebesbeziehungen. In: A. E. Auhagen & M. von Salisch (Hg.), Zwischenmenschliche Beziehungen (S. 195–211). Göttingen.

Kirchenamt der Evangelischen Kirche in Deutschland (Hg.). (1996). EKD-Texte Nr. 57. Mit Spannungen leben. Eine Orientierungshilfe des Rates der Evangelischen Kirche in Deutschland zum Thema «Homosexualität und Kirche».

Lautmann, R. (Hg.). (1993). Homosexualität. Handbuch der Theorie- und Forschungsgeschichte. Frankfurt / New York.

Lewes, K. (1988). The psychoanalytic theory of male homosexuality. New York.
Morgenthaler, F. (1987). Homosexualität. Heterosexualität. Perversion. Frankfurt / M.
Socarides, C. W. (1971). Der offen Homosexuelle. Frankfurt / M.
Rauchfleisch, U. (1994). Die Diskriminierung homosexueller Menschen durch die Psychoanalyse. Zeitschrift für Sexualforschung, 3, S. 217–230.
Zeitschrift für Sexualforschung (1994). Dokumentation. Das Verschwinden des § 175, 3, S. 240–241.

Rainer Hoffmann

Hospitalismus

Der Begriff Hospitalismus bezeichnet körperliche und psychische Folgeerscheinungen eines längeren Klinik- oder Heimaufenthaltes aufgrund mangelnder affektiver Zuwendung. Insbesondere in der frühen Kindheit treten Hospitalisierungsschäden nach einer Trennung von den primären Bezugspersonen auf. Hospitalisierungserscheinungen sind auch bei Langzeitpatienten in Krankenhäusern und in Heimen zu beobachten. Maßgeblich geprägt wurde der Hospitalismusbegriff durch die von René Spitz (1945) durchgeführten Beobachtungen. Spitz beobachtete bei Kleinkindern im Findelheim nach der Trennung von der Mutter sich ähnelnde Verhaltensabläufe, die sich zunächst in Gegenwehr, dann in Quengeln, Weinen und schließlich bis zur Apathie hin auswirken können. Besondere Aufmerksamkeit erfuhren Spitz' Untersuchungen aufgrund der hohen Sterblichkeitsrate bei Heimkindern ohne Mutterbetreuung. Bei den überlebenden Kindern beschrieb Spitz kognitive Beeinträchtigungen im Ausmaß von geistigen Behinderungen, entsprechende soziale Beeinträchtigungen, eine somatische Retardierung sowie eine allgemein erhöhte Infektanfälligkeit. Spitz sah seine Studien als Beweis für die Notwendigkeit der Erziehung durch die leibliche Mutter (vgl. Spitz 1976). Eine Heimunterbringung von Kindern muß jedoch nicht zwangsläufig zu Entwicklungsstörungen führen (vgl. Oerter, 1995). Die Störungen wirken sich in erster Linie auf psychosozialer und emotionaler Ebene aus. In der frühen Kindheit kann der Mangel an Kontakt zu einer festen Bezugsperson zu einer ungünstigen bis pathologischen Persönlichkeitsentwicklung führen, insbesondere zur Unfähigkeit der Aufnahme intensiver Gefühlsbeziehungen, zu geringer sozialer Kompetenz und in der späten Kindheit zu distanzlosen Bindungssuchen oder zu anderen Verhaltensauffälligkeiten. Eine Heimunterbringung in den ersten eineinhalb Jahren erhöht allerdings das Ausmaß der sozialen Schwierigkeiten im späteren Alter. Die Unterscheidung zwischen sensorischer Verarmung und sozialer Vereinsamung ist bei der Betrachtung und insbesondere der Vermeidung von Hospitalisierungsschäden erforderlich. Weiter zu berücksichtigende Faktoren sind das Alter des Kindes, die Qualität der Beziehung zur primären Bezugsperson vor der Trennung, die Art der Betreuung und Pflege nach der Trennung, die Möglichkeiten der Aufrechterhaltung zu den primären Bezugspersonen während der Trennung, die Dauer der Trennung, die Qualität der Erfahrungen nach der Trennung sowie konstitutionelle Faktoren des Kindes (vgl. Weinert, 1974). Ziel dieser Erkenntnisse kann nur die Prävention von Hospitalisierungsfolgen sein.

Literatur

Oerter, R. (1995). Kultur, Ökologie und Entwicklung. Entwicklungsfördernde und -gefährdende Faktoren in unserer Kultur. In: R. Oerter & L. Montada (Hg.), Entwicklungspsychologie. Ein Lehrbuch (S. 109–120). Weinheim.
Spitz, R. (1976). Vom Säugling zum Kleinkind. Stuttgart.
Weinert, F. E. (1974). Die Familie als Sozialisationsbedingung. In: F. E. Weinert, C. F. Graumann, H. Heckhausen & M. Hofer (Hg.), Funk-Kolleg. Pädagogische Psychologie 1 (S. 355–386). Frankfurt / M.

Peter Petereit

Humanistische Psychologie

Die Humanistische Psychologie bildete sich seit den frühen 60er Jahren insbesondere in den USA als Gegenströmung bzw. als «dritte Kraft» zwischen Psychoanalyse und Behaviorismus, sowie der naturwissenschaftlich-positivistisch orientierten, «praxis- und lebensfremden» akademischen Psychologie heraus. Sie stellt sich gegen die Übertragung des naturwissenschaftlichen Paradigmas auf die Psychologie und greift die Argumente der früheren geisteswissenschaftlichen Psychologie wieder auf: «Die Natur erklären wir, das Seelenleben verstehen wir» (Dilthey). Ihr Versuch, die Kluft zwischen Theorie und Praxis zu überbrücken, findet insbesondere in der Psychotherapie (vgl. Gesprächspsychotherapie, Gestalttherapie, Psychodrama, Themenzentrierte Interaktion) ihren Ausdruck. Für manche ist sie «Lebensform» und eine neue «Heilslehre» (die «transpersonale ‹Para›-Psychologie», die sich aus der Humanistischen Psychologie herausentwickelte und sich selbst als «vierte Kraft» begreift, überschreitet die Grenzen zur Theologie und Esoterik und neigt zur Sektenbildung). Die Humanistische Psychologie versteht sich auch als Impuls gegen Entfremdung (Marx), Anomie (Durkheim), gegen den «eindimensionalen, manipulierten» (Marcuse), den «außengesteuerten»

(Riesman) Menschen und versucht, sein «existentielles Vakuum» (Frankl) auszufüllen. Die philosophischen Wurzeln der Humanistischen Psychologie finden sich beim Humanismus und Existentialismus, aber auch beim Taoismus und Zen-Buddhismus. Die psychologischen Väter der Humanistischen Psychologie kommen aus psychoanalytischen, individualpsychologischen und daseinsanalytischen Schulen. Entscheidende Vorarbeiten leisteten Goldstein durch die «organismische Theorie», Lewin durch die «Feldtheorie», Moreno durch das Psycho- und Soziodrama, Perls durch die Gestalttherapie, Bach durch seine Form des Encounter (Aggressions-Lab), Cohn durch die «themenzentrierte Interaktion», Berne durch die «transaktionelle Analyse», vor allem Rogers und Tausch durch die nondirektive klientenzentrierte Gesprächspsychotherapie, aber auch Rattner durch die «Berliner Großgruppentherapie». Gegenüber der Kritik seitens des universitären Establishments und einem scheinradikalen Aktionismus vertreten gesellschaftskritisch orientierte Humanistische Psychologen eine zweifache emanzipatorische Intention: Die Wiederentdeckung des Individuums und das Prinzip der Selbstverwirklichung sollen Hand in Hand mit der Erlangung der Mündigkeit, dem Entlarven krank machender gesellschaftlicher Bedingungen und deren Veränderung gehen.

Literatur

Bühler, C. & Allen, M. (1973). Einführung in die humanistische Psychologie. Stuttgart.
Kollbrunner, J. (1989). Humanistische Psychologie. Eschborn.
Quitmann, H. (1991). Humanistische Psychologie. Göttingen.
Zeitschrift für Sozialpsychologie und Gruppendynamik, 1, 1, S. 13–25.
Zucha, R. O. (1976). Humanistische Psychologie – engagierte Psychologie.

Rudolf O. Zucha

Humor

Der Witz steht im Dienst des Es, so der Kern der psychoanalytischen Deutung Freuds (vgl. 1970). Er ist als soziofunktionale Auflehnung gegen bereits verinnerlichte oder noch an äußere Machtinstanzen gebundene Über-Ich-Forderungen zu verstehen. Freud beschreibt die Funktion des Lachens, durch den Witz stimuliert, individualpsychologisch als Entlastungsreaktion und sozialpsychologisch als Form der Affiliation. Unter anthropologischer Perspektive werden Witz, Humor als Reaktion auf eine spezifische Grenzsituation des Handelns bezogen, die im Lachen körperlichen Ausdruck findet. Diese Situation wird als polyvalent und tendenziell anomisch gekennzeichnet. Sie impliziert eine Orientierungsunsicherheit, ermöglicht aber so eine angstreduzierende Verantwortungsdiffusion. Das Charakteristische dieses Prozesses ist Inklusion durch Exklusion, die Konflikt- und Kontrollfunktionen erfüllen kann. Im Fall der Selbstironie, die einen interpersonellen Konfliktfall signalisieren kann, zeigt sich Distanzierung gegenüber zentralen Selbst- und antizipierten Fremderwartungen; als Fähigkeit der Rollendistanzierung ist sie sozial hoch bewertet. In interpersonellen Konflikten geht die Distanzierung bis zur Degradierung des Kontrahenten (Spott, Lächerlichkeit, Auslachen). Sie zielt auf ‹sozialen Tod›. Hier liegt eine Kontrollfunktion vor, die, nach innen gewendet, auf Selbstvergewisserung zielt. Die Alternative zu dieser Variante wäre Unterordnung, Situationsvermeidung, Aggressivität. Hier argumentieren Horkheimer und Adorno (1947, S. 167f): «In der falschen Gesellschaft läßt Lachen als Krankheit das Glück befallen und zieht es in ihre nichtswürdige Totalität hinein. Das Lachen über etwas ist allemal das Verlachen, ... das Teuflische des falschen Lachens liegt eben darin, daß es selbst das Beste, Versöhnung, zwingend parodiert.» Diese Funktion läßt sich jedoch umkehren: Sie kann in Aufklärung illegitimer Herrschaftsansprüche wie probehandelnder Subversion über psychische Bearbeitung von Erwartungsverletzungen bestehen und bis zur Überspielung und Bagatellisierung sozialstrukturell erfahrener Gewalt führen. In negativer Wendung kann Humor in der Funktion habitualisierter kontraphobischer Abwehr stehen. Der Humor ist in der bürgerlichen Gesellschaft in der Regel charakterisiert durch eine indirekt aggressiv-externalisierende psychische Entlastung und Affiliation. Die spezifischen Identitätszwänge aus dem seiner Struktur nach alle gesellschaftlichen Bereiche durchdringenden Lohnarbeitsverhältnis bedürfen damit auch ihrer Kanalisation – einer Umleitung von Aggressionsneigungen mit dem Ziel der Verminderung von Reaktanz. So entsteht das Bedürfnis nach komischen Spektakeln (auch nach Sensationslüsternheit) – Grundlage für eine serielle Produktion von Humor, dem dann seine aufklärerischen Potenzen endgültig entzogen sind.

Literatur

Freud, S. (1970). Psychologische Schriften. Studienausgabe Bd. IV. Conditio humana. Frankfurt/M.

Horkheimer, M. & Adorno, T. W. (1947). Dialektik der Aufklärung. Philosophische Fragmente. Amsterdam.

Sabine Collmann

Hyperaktivität

Hyperaktivität bezeichnet ein Verhalten bei Kindern, das Heinrich Hoffmann im «Zappelphilipp» beschrieben hat. Der Begriff beschreibt eine desorganisierte und überschießende Aktivität und hat sich zu einer diagnostischen Kategorie in der Kinder- und Jugendpsychiatrie entwickelt. Dabei wird die Hyperaktivität mit einer Aufmerksamkeitsstörung sowie einem Mangel an Ausdauer zu dem sog. Hyperkinetischen Syndrom zusammengefaßt (vgl. ICD-10, 1993; Steinhausen, 1988). Die Definition der Hyperaktivität ist stark normativ geprägt und unscharf. So soll dieses Syndrom vor dem 6. Lebensjahr auftreten. Die Kinder seien oft achtlos und impulsiv, könnten sich nicht auf eine Aufgabe konzentrieren, hätten eine höhere Unfallneigung, verhielten sich zappelig und zu Erwachsenen distanzlos und seien bei anderen Kindern unbeliebt usw. Dieses Verhalten tritt bei Jungen drei- bis neunmal häufiger auf als bei Mädchen, ist also auch geschlechtsspezifisch beeinflußt. Als Beurteilungsmaßstab sollen gleichaltrige Kinder mit vergleichbarer Intelligenz herangezogen werden. Nur wenn das Verhalten über Situationen hinweg stabil ist, soll die «Störungskategorie» des Hyperkinetischen Syndroms angewendet werden. Kritisch an einer derart formulierten Klassifikation ist nicht nur das Einbringen eines ebenfalls unklaren Konstrukts – das der Intelligenz –, sondern die geringe Präzision, die dieser Kategorie zugrunde liegt. Dies betrifft sowohl die oben erwähnten Bestimmungsstücke als auch die Art, wie eine solche Diagnose zustande kommt. Eltern und Lehrer gehören zu denjenigen, die unter den oben beschriebenen Verhaltensweisen leiden. Aber gerade ihre Einschätzungen über das Verhalten der «hyperaktiven Störenfriede» sollen die Grundlage einer solchen Diagnose bilden. Gänzlich unberücksichtigt bleibt, daß die Eltern und Lehrer bei der Entstehung des hyperaktiven Verhaltens mitwirken und sie selber auch stark daran interessiert sind, die störenden Verhaltensweisen zu beenden. Diese derart diagnostizierte Störung ist dann mit «Stimulanzien als Maßnahme erster Wahl» (Steinhausen, 1988, S. 102) medikamentös zu behandeln. Damit wäre die Psychiatrisierung perfekt (vgl. Voß, 1983). Über die Genese der Hyperaktivität existieren eine Reihe biologistischer Ansätze, die u. a. Hirnfunktionsstörungen, minimale zerebrale Dysfunktionen o. ä. propagieren (vgl. Hartmann, 1988). Die getroffenen Generalisierungen entsprechen dem Wunsch, bei der Suche nach einem nachweisbaren Substrat zur Erklärung der störenden Verhaltensweisen fündig zu werden, die sowohl eine mögliche «Mitverursachung» ausschließt als auch eine erfolgreiche Therapie des identifizierten Kranken impliziert. Wie gut hatte es der Zappelphilipp des letzten Jahrhunderts, für den die gesellschaftlichen Rahmenbedingungen günstiger standen (vgl. Lempp, 1988). «Es sind die ganz anders gearteten Anforderungen, die wir Erwachsenen – als die Gesellschaft – an Kinder und Jugendliche stellen, die den Zappelphilipp zum Problemkind machen. Besser wäre die umgekehrte Formulierung: Die von den Erwachsenen gestaltete Umwelt wird zum Problem für den Zappelphilipp» (Lempp, 1988, S. 101).

Literatur

ICD-10 (1993). Weltgesundheitsorganisation. Internationale Klassifikation psychischer Störungen. Kapitel V (F), Klinisch-diagnostische Leitlinien. Bern / Göttingen / Toronto / Seattle.

Hartmann, J. (1988). Zappelphilipp, Störenfried. Hyperaktive Kinder und ihre Therapie. München.

Lempp, R. (1988). Nachwort. In: J. Hartmann, Zappelphilipp, Störenfried. Hyperaktive Kinder und ihre Therapie (S. 97–115). München.

Steinhausen, H.-C. (1988). Psychische Störungen bei Kindern und Jugendlichen. Lehrbuch der Kinder- und Jugendpsychiatrie. München / Wien / Baltimore.

Voß, R. (Hg.). (1983). Pillen für den Störenfried? Absage an eine medikamentöse Behandlung abweichender Verhaltensweisen bei Kindern und Jugendlichen. München.

Peter Petereit

Hypnose

In der Hypnose lassen sich z. B. Erinnerungen oder Synästhesien (Farben hören o. ä.) ebenso aktivieren wie die Fähigkeit, die eigene Schmerzschwelle zu variieren. Problematisch ist im Bereich der hypnotischen Regression die Unklarheit über den jeweiligen Rekonstruktionsgrad des scheinbar erinnerten Materials. Unter den Hypnosetheorien steht die klassische autoritär-suggestive Hypnose mit ihren monotonen Induktionsritualen neben dem ressourcenmobilisierenden Ericksonschen Ansatz der Hypnose als Utilisation (dem Nutzbarmachen) von Symptomen. Diese Art der Hypnose arbeitet vor allem mit Verhaltens- und Sprachspiegelungen (vgl. Erickson et al., 1994). Hypnose ist ebenso als besonderer Zustand wie als Alltagsphänomen zu interpretieren (vgl. Kossak, 1993). Neuere Ansätze der ökosystemischen Theorie sehen die Hypnose dagegen als Attributionsereignis im Kontext der jeweiligen subjektiven Lebenswirklichkeit (vgl. Fourie, 1994). Die Vorstellung, der zu Hypnotisierende müsse passiv erdulden, ist durch die Ergebnisse der modernen Kommunikationsforschung revidierbar geworden. Innerhalb einer Beziehungsdynamik entwickelt der Hypnotisierte aktive Strategien, die auf den Hypnotiseur und den situativen Kontext abgestimmt sind. Hypnotische Phänomene sind aber auch ohne Beziehungsdynamik vorstellbar. Das Autogene Training z. B. leitet zur Selbsthypnose an. Rhythmische Bewegung, Tanz, Singen oder Musik sind Variationen der selbstinduzierten Trance als ein mögliches hypnotisches Phänomen. Bis heute gibt es keine hinreichenden medizinischen Erklärungen des Hypnosephänomens, wodurch die Sozialpsychologie und die Klinische Psychologie verstärkt aufgerufen sind, Wirkvariablen hypnotischer Beziehungen zu klären. Dennoch trägt gerade die Verklärung der Hypnose bzw. des Hypnotiseurs oft zur Erleichterung der hypnotischen Arbeit bei (Placebo-Effekt). In der gegenwärtigen gesellschaftlichen Entwicklung erleben die manipulativen Psychotechniken wie Neurolinguistisches Programmieren oder Hypnose einen Boom, der von den jeweiligen Anbietern mit unglaublichen Wirksamkeitsversprechen angeheizt wird. Die Beschäftigung mit den Wirkweisen hypnotischer Kommunikation aber kann einen aufklärenden Effekt innerhalb einer immer manipulativeren Umwelt haben und so Strategien zu einer besseren Abgrenzung entwickeln helfen. Die Anwendungsgebiete der Hypnose sind vor allem die Klinische Hypnose bei der Behandlung von Patienten, die Experimentelle Hypnose in der Forschung, die Forensische Hypnose bei der Begutachtung (in den USA auch vor Gericht) sowie die allgemeine Hypnose (z. B. Mentaltraining).

Literatur

Erickson, M. H., Rossi, E. L. & Rossi, S. L. (1994). Hypnose. München.
Fourie, D. P. (1994). Hypnose – ein ökosystemischer Ansatz. München.
Kossak, H.-C. (1993). Hypnose. Weinheim.

Matthias Probandt

Ich

In der Psychoanalyse ist das Ich die zentrale Instanz der Persönlichkeit. Dieses Zentrum wird von zwei weiteren Instanzen diskret unter Druck gesetzt: vom Es (wo die triebhaften Grundbedürfnisse des Menschen deponiert sind) und dem Über-Ich (von wo aus gesellschaftliche Normen und das sog. Gewissen wirksam werden). S. Freud hat sich eher sporadisch zum Ich geäußert. Erst Anna Freud hat dem Thema ein heute noch beachtenswertes Buch gewidmet; sie untersuchte die «abwehrenden Aktionen des Ichs gegen das Es» (A. Freud, 1964, S. 10). Die Theorieproduktion der nachfolgenden Jahrzehnte hat kaum Spuren hinterlassen.

Erst Eagle versucht in einer neueren Schrift, die Theorie zum Ich produktiv zu erweitern. In seinem «Ich in neuer Sicht» (1994) gibt er plausible Hinweise, Überlegungen der Selbstpsychologie als Erweiterung der klassischen Psychoanalyse anzusehen. Bisher galt unsere Aufmerksamkeit der klinischen Theorie des Ich. Darüber hinaus stellt sich die Frage: Was hat es mit dem Ich, eingebettet in unsere Kultur, auf sich? Schon Freud setzte nicht auf den Widerstand des Ich. Er traute den Ichkräften nicht und sprach von der «Verarmung des Ichs durch den großen Verdrängungsaufwand, den die Kultur von jedem Individuum fordert» (Freud, 1911, S. 109). Inzwischen scheint es ausgemacht, daß die gegenwärtige Gesellschaft keinen gesteigerten Wert auf Menschen mit entwickeltem Ich legt. Die Kritiker der Massengesellschaft sind sich darin einig, daß das, was als Autonomie oder Ichstärke des Menschen zu bezeichnen wäre, aus dem gesellschaftlichen Leben beinahe verschwunden ist. Der einzelne mit ausgeprägten Bedürfnissen fällt kaum mehr ins Gewicht; denn zunehmend drückt Fremdbestimmung dem menschlichen Leben seinen Stempel auf, wird Selbstbestimmung lästig, ja überflüssig: «Das ohnmächtige Ich klammert sich um so mehr an die abstrakte Fiktion seiner Autonomie, je mehr es durch die Außenlenkung … tatsächlich fremdgesteuert wird» (Kilian, 1971, S. 191).

Literatur

Eagle, M. N. (1994). Neuere Entwicklungen in der Psychoanalyse. Eine kritische Würdigung. Stuttgart.

Freud, A. (1964). Das Ich und die Abwehrmechanismen. München.

Freud, S. (1911/43). Die zukünftigen Chancen der psychoanalytischen Therapie. In: GW Bd. VIII (S. 103–115). London.

Kilian, H. (1971). Das enteignete Bewußtsein. Neuwied/Berlin.

Ewald H. Englert

Identität

Der Identitätsbegriff hat eine lange philosophische und eine eher kurze sozialwissenschaftliche Tradition. Seit einigen Jahren hat er allerdings die Fachdiskurse verlassen, und inzwischen bestimmt er den medialen und politischen Diskurs. Im religiösen Feld tummeln sich «Identity-Churches», im politischen Raum ist von «Identity-Politics» die Rede, die Imagepflege von Warenproduzenten kommt als «Corporate Identity» daher, und die Ratgeberliteratur verspricht uns «Identity Styling» oder «Identity Shaping» bzw. hält «Identity Cancelling» für erforderlich. Der

Identitätsbegriff ist zu einem alltagskulturellen Begriff mit weiter Verbreitung geworden. Er ist der «Inflationsbegriff Nr. 1» (Brunner, 1987, S. 63). Wie kam es dazu? Detlev Claussen stellt fest, daß das Konstrukt in der Hegelschen Philosophie einen differenzierten Ort hatte und fragt weiter: «Wie konnte Identität aus den Repräsentationsräumen des Hegelhauses in Stuttgart ausbrechen, die psychologischen Fachtagungen zur Entwicklung des Kindes verlassen und Karriere machen in den Seminaren von Universitäten und in den Workshops zur Selbstfindung, in den Bierkneipen der Multi-Kulti-Viertel und in den Weinstuben des von einer Asylantenschwemme sich bedroht fühlenden Mittelstandes? In Deutschland gilt nur verschärft, was auf alle westlichen Gesellschaften zutrifft. Die Ressource Tradition ist ebenso erschöpft wie die Legitimationskraft, die aus ihr kam» (1994, S. 60). Dieser Teil des Identitätsdiskurses ist als Beleg dafür zu nehmen, daß die Suche nach sozialer Verortung zu einem brisanten Thema geworden ist. Indirekt läßt sich daraus eine erste Bedeutungsvariante von Identität ableiten. Dieses Konstrukt verweist auf das menschliche Grundbedürfnis nach Anerkennung und Zugehörigkeit. Es soll dem anthropologisch als «Mängelwesen» bestimmbaren Subjekt eine Selbstverortung ermöglichen, liefert eine individuelle Sinnbestimmung, soll den individuellen Bedürfnissen sozial akzeptable Formen der Befriedigung eröffnen. Identität bildet ein selbstreflexives Scharnier zwischen der inneren und der äußeren Welt. Genau in dieser Funktion wird der Doppelcharakter von Identität sichtbar: Sie soll einerseits das unverwechselbar Individuelle, aber auch das sozial Akzeptable darstellbar machen. Insofern stellt sie immer eine Kompromißbildung zwischen «Eigensinn» und Anpassung dar.

Identität im psychologischen Sinn ist die Frage nach den Bedingungen der Möglichkeit für eine lebensgeschichtliche und situationsübergreifende Gleichheit in der Wahrnehmung der eigenen Person und für eine innere Einheitlichkeit trotz äußerer Wandlungen. Das Problem der Gleichheit in der Verschiedenheit beherrscht die aktuellen Identitätstheorien. Für Erik Erikson, der den durchsetzungsfähigsten Versuch zu einer psychologischen Identitätstheorie unternommen hat, besteht «das Kernproblem der Identität in der Fähigkeit des Ichs, angesichts des wechselnden Schicksals Gleichheit und Kontinuität aufrechtzuerhalten» (1964, S. 87). An anderer Stelle definiert er Identität als ein Grundgefühl: «Das Gefühl der Ich-Identität ist ... das angesammelte Vertrauen darauf, daß der Einheitlichkeit und Kontinuität, die man in den Augen anderer hat, eine Fähigkeit entspricht, eine innere Einheitlichkeit und Kontinuität (also das Ich im Sinne der Psychologie) aufrechtzuerhalten» (1966, S. 107). Identität wird von Erikson also als ein Konstrukt entworfen, mit dem das subjektive Vertrauen in die eigene Kompetenz zur Wahrung von Kontinuität und Kohärenz formuliert wird. Dieses «Identitätsgefühl» (vgl. Bohleber, 1997) oder dieser «sense of identity» (Greenwood, 1994) ist die Basis für die Beantwortung der Frage: «Wer bin ich?», die in einfachster Form das Identitätsthema formuliert. So einfach diese Frage klingen mag, sie eröffnet komplexe Fragen der inneren Strukturbildung der Person. Diese Komplexität wird in der Zusammenfassung des Forschungsprogramms von Erikson deutlich, wie sie Blasi (1988) vorgelegt hat:

(1) Identität ist eine Antwort auf die Frage «Wer bin ich?». (2) Im allgemeinen führt die Antwort auf diese Frage zur Herausbildung einer neuen Ganzheit, in der die Elemente des ‹Alten› mit den Erwartungen an die Zukunft integriert sind. (3) Diese Integration vermittelt die fundamentale Erfahrung von Kontinuität und Selbstsein. (4) Die Antwort auf die ‹Identitätsfrage› wird durch eine realistische Einschätzung der eigenen Person und der eigenen Vergangenheit sowie (5) der eigenen Kultur, insbesondere ihrer Ideologien und den Erwartungen der Gesellschaft an die eigene Person, erreicht. (6) Gleichzeitig werden die kulturellen Erwartungen ‹kritisch hinterfragt› und auch die Berechtigung der sozialen Erwartungen überprüft (Krise). (7) Der Prozeß des Hinterfragens und der Integration kristallisiert sich um fundamentale Probleme wie die berufliche Zukunft, die Partnerbeziehungen und um religiöse und politische Standpunkte. (8) Er führt zu persönlichen Verpflichtungen in diesen Bereichen und (9) ermöglicht – von einem objektiven Standpunkt aus gesehen – die produktive Integration in die Gesellschaft. (10) Subjektiv vermittelt diese Integration ein Gefühl von Loyalität und ‹Treue› sowie (11) ein tiefes Gefühl der Verwurzelung und des Wohlbefindens, der Selbstachtung und Zielstrebigkeit. (12) Die sensible Phase für die Entwicklung der Identität ist die Adoleszenz.

Die Konzeption von Erikson ist in den 80er Jahren heftig kritisiert worden. Die Kritik bezog sich vor allem auf seine Vorstellung eines kontinuierlichen Stufenmodells, dessen adäquates Durchlaufen bis zur Adoleszenz eine Identitätsplattform für das weitere Erwachsenenleben sichern würde. Das Subjekt hätte dann einen stabilen Kern ausgebildet, ein «inneres Kapital» (Erikson, 1966, S. 107) akkumuliert, das ihm eine erfolgreiche Lebensbewältigung sichern würde. Thematisiert wurde auch die Eriksonsche Unterstellung, als würde eine problemlose Synchronisation von innerer und äußerer Welt gelingen. Die Leiden, der Schmerz und die Unterwerfung, die mit diesem Einpassungsprozeß gerade auch dann, wenn er gesellschaftlich als gelungen gilt, verbunden sind, werden nicht aufgezeigt. Das Konzept von Erikson ist unauflöslich mit dem Projekt der

Moderne verbunden. Es überträgt auf die Identitätsthematik ein modernes Ordnungsmodell regelhaft-linearer Entwicklungsverläufe. Es unterstellt eine gesellschaftliche Kontinuität und Berechenbarkeit, in die sich die subjektive Selbstfindung verläßlich einbinden kann. Gesellschaftliche Prozesse, die mit Begriffen wie Individualisierung, Pluralisierung, Globalisierung angesprochen sind, haben das Selbstverständnis der klassischen Moderne grundlegend in Frage gestellt. Der dafür stehende Diskurs der Postmoderne hat auch die Identitätstheorie erreicht (vgl. Kraus, 1996). In ihm wird ein radikaler Bruch mit allen Vorstellungen von der Möglichkeit einer stabilen und gesicherten Identität vollzogen. Es wird unterstellt, «daß jede gesicherte oder essentialistische Konzeption der Identität, die seit der Aufklärung den Kern oder das Wesen unseres Seins zu definieren und zu begründen hatte, der Vergangenheit angehört» (Hall, 1994, S. 181).

In der Dekonstruktion grundlegender Koordinaten modernen Selbstverständnisses sind vor allem Vorstellungen von Einheit, Kontinuität, Kohärenz, Entwicklungslogik oder Fortschritt zertrümmert worden. Begriffe wie Kontingenz, Diskontinuität, Fragmentierung, Bruch, Zerstreuung, Reflexivität oder Übergänge sollen zentrale Merkmale der Welterfahrung thematisieren. Identitätsbildung unter diesen gesellschaftlichen Signaturen wird von ihnen durch und durch bestimmt. Identität wird deshalb auch nicht mehr als Entstehung eines inneren Kerns thematisiert, sondern als ein Prozeßgeschehen beständiger «all-täglicher Identitätsarbeit» (Keupp & Höfer, 1997). Die Vorstellung von Identität als einer fortschreitenden und abschließbaren Kapitalbildung wird zunehmend abgelöst durch die Idee, daß es bei Identität um einen «‹Projektentwurf› des eigenen Lebens» (Fend, 1991, S. 21) geht oder um die Abfolge von Projekten, wahrscheinlich sogar um die gleichzeitige Verfolgung unterschiedlicher und teilweise widersprüchlicher Projekte.

Bei seinem Versuch, das Wesen der Psychose zu erfassen, hat Manfred Bleuler eine passende Formulierung für die Passungsaufgaben von Identitätsarbeit gefunden: «Es geht im Leben darum, daß wir die verschiedenen, oft sich widersprechenden inneren Strebungen harmonisieren, so daß wir ihrer Widersprüchlichkeit zum Trotz ein Ich, eine ganze Persönlichkeit werden und bleiben. Gleichzeitig haben wir uns damit auseinanderzusetzen, daß unsere äußeren Lebensverhältnisse nie den inneren Bedürfnissen voll entsprechen, daß wir uns an Umwelt und Realität anzupassen haben» (1987, S. 18). Die Psychose ist für Bleuler ein Zeichen dafür, daß ein Subjekt vor der Anforderung kapituliert hat, «die Harmonisierung seiner inneren Welt und ... seine Anpassung an die äußere Welt zu schaffen» (ebd.).

Aus soziologischer Sicht hat Anthony Giddens (1991, S. 74 ff) zusammengefaßt, was Selbst- oder Identitätskonstruktion heute kennzeichnet: (1) Das Selbst wird zum reflexiven Projekt: «Wir sind nicht, was wir sind, sondern was wir aus uns machen». (2) Das Selbst bildet eine entwicklungsmäßige Verlaufskurve. Im Entwicklungsgeschehen zwischen Kindheit und Zukunft wird deren innere Kohärenz durch die jeweilige Lebensspanne erzeugt. (3) Die Reflexivität des Selbst ist kontinuierlich und alles durchdringend: «Was geschieht gerade mit mir? Was denke ich? Was tue ich? Was fühle ich?» (4) Identität entsteht in einem narrativen Prozeß: «Ich erzähle mich selbst.» (5) Selbstverwirklichung bedeutet die Schaffung persönlicher Zeitzonen, die bewußt gegen die äußere Zeit gesetzt werden. (6) Die Selbstreflexivität bezieht den Körper ein. (7) Selbstverwirklichung wird im Spannungsfeld von Chancen und Risiken verstanden. (8) Authentizität wird zum Leitfaden der Selbstverwirklichung. (9) Identität vollzieht sich in «Übergängen», die ohne gesellschaftliche Stützrituale gelebt und gestaltet werden. (10) Die Verlaufskurve der Identitätsentwicklung ist unheilbar selbstreferentiell: Ich muß meine Lebenserzählung in sich stimmig präsentieren.

Die aktuelle Identitätsforschung versucht, ein Verständnis von Identitätsentwicklung zu formulieren, das den gesellschaftlichen Strukturveränderungen Rechnung tragen kann. Identität wird hier verstanden als konzeptioneller Rahmen, innerhalb dessen eine Person ihre Erfahrungen interpretiert und der jeweils die Basis bildet für aktuelle Identitätsprojekte. Die alltägliche Identitätsarbeit sucht in spezifischen Identitätsprojekten situativ stimmige Passungen im Verhältnis von inneren und äußeren Erfahrungen zu entwickeln. Durch diese Passungen will sich das Subjekt seine gesellschaftliche Handlungsfähigkeit sichern. Dazu werden Identitätsstrategien eingesetzt. Identität ist also ein Projekt, das zum Ziel hat, ein individuell gewünschtes oder notwendiges «Gefühl von Identität» zu erzeugen. Voraussetzungen für dieses Gefühl sind soziale Anerkennung und Zugehörigkeit. Auf dem Hintergrund von Pluralisierungs-, Individualisierungs- und Entstandardisierungsprozessen ist das Inventar übernehmbarer Identitätsmuster ausgezehrt. Alltägliche Identitätsarbeit hat die Aufgabe, die Passungen, die Verknüpfungen unterschiedlicher Teilidentitäten vorzunehmen. Qualität und Ergebnis dieser Arbeit findet in einem machtbestimmten Raum statt, der schon immer aus dem Potential möglicher Identitätsentwürfe spezifische erschwert bzw. andere favorisiert, nahelegt oder gar aufzwingt. Qualität und Ergebnis der Identitätsarbeit hängen von den Ressourcen (durchaus ein auch verharmlosender Ersatzbegriff für die Machtthematik) einer Person ab, von individuell-biographisch grundgelegten Kompetenzen, über die kommunikativ vermittelten Netzwerkressourcen bis hin zu gesellschaftlich-institutionell vermittelten Ideologien und Strukturvorgaben. Die Suche nach Kohärenz in den individuellen Identitätsprojekten orientiert sich an subjektiver Stimmigkeit und Authentizität, und sie wird zugleich durch gesellschaftlich vorherrschende Narrationen geprägt, über die soziale Zugehörigkeit vermittelt wird. Die Konstruktion des individuellen Identitätskonstrukts wird von Bedürfnissen geleitet, die aus der persönlichen und gesellschaftlichen Lebenssituation gespeist sind. Insofern konstruieren sich Subjekte ihre Identität nicht in beliebiger und jederzeit revidierbarer Weise, sondern versuchen sich in dem, was hier Gefühl von Identität genannt worden ist, in ein «imaginäres Verhältnis zu ihren wirklichen Lebensbedingungen» zu setzen (Althusser). Beim Herstellen dieser Identitätskonstruktionen werden zumindest «Normalformtypisierungen» benötigt (Identifikationen), Normalitätshülsen oder Symbolisierungen von alternativen Optionen, Möglichkeitsräumen oder Utopien.

Der Identitätsbegriff vermittelt in spezifischen Verwendungsweisen – zumindest unausgesprochen – den normativen Sollzustand «gelungenen Lebens». Gerade diese Konnotation hat ihn zugleich zum Gegenstand heftiger Kritik gemacht. Er wird von kritischen Sozialwissenschaftlern wie Adorno oder Foucault als Begriff einer ideologischen Versöhnung zwischen Subjekt und Gesellschaft gesehen, als gäbe es gelingendes Leben in einer Gesellschaft, die subjektive Lebenswünsche systematisch zerstört, entfremdet und beschädigt. Auch in der feministischen Kritik wird Identität als patriarchal bestimmte Zwangsfiguration für weibliche Subjektivität kritisiert (Bilden, 1997). In diesen Kritikformen wird die oft «vergessene» Anpassungs- und Unterwerfungsdimension in der Passungsarbeit zwischen Innen und Außen zum Thema, und in dem Maß, wie sie unausgesprochen bleibt, gibt sie dem Identitätsdiskurs eine ideologische Aufladung. Bei der Rekonstruktion der alltäglichen Identitätsarbeit müssen diese «Identitätszwänge», die aus ihnen folgenden subjektiven Verbiegungen und Beschädigungen ebenso aufgezeigt werden wie die zu gewinnende Handlungsfähigkeit.

Literatur

Ahbe, T. (1997). Ressourcen – Transformation – Identität. In: H. Keupp & R. Höfer (Hg.), Identitätsarbeit heute (S. 207–226). Frankfurt/M.

Bilden, H. (1997). Das Individuum – ein dynamisches System vielfältiger Teil-Selbste. Zur Pluralität in Individuum und Gesellschaft. In: H. Keupp & R. Höfer (Hg.), Identitätsarbeit heute (S. 227–250). Frankfurt/M.

Blasi, A. (1988). Identity and the development of the self. In: D. K. Lapsley & F. C. Power (Hg.), Self, ego, and identity (S. 226–242). New York.

Bleuler, M. (1987). Schizophrenie als besondere Entwicklung. In: K. Dörner (Hg.),

Neue Praxis braucht neue Theorie. Ökologische und andere Denkansätze für gemeindepsychiatrisches Handeln (S. 18–25). Gütersloh.
Bohleber, W. (1997). Zur Bedeutung der neueren Säuglingsforschung für die psychoanalytische Theorie der Identität. In: H. Keupp & R. Höfer (Hg.), Identitätsarbeit heute (S. 93–119). Frankfurt / M.
Brunner, K. M. (1987). Zweisprachigkeit und Identität. Psychologie & Gesellschaftskritik, 44, S. 57–75.
Claussen, D. (1994). Jargon der Einigkeit. Über die Möglichkeit, den Mißbrauch des Wortes «Identität» scharf einzuschränken. Freibeuter, 54, S. 57–63.
Erikson, E. H. (1964). Einsicht und Verantwortung. Stuttgart.
Erikson, E. H. (1966). Identität und Lebenszyklus. Frankfurt / M.
Giddens, A. (1991). Modernity and self-identity. Cambridge.
Greenwood, J. D. (1994). Realism, identity and emotion. Reclaiming *social* psychology. London.
Hall, S. (1994). Rassismus und kulturelle Identität. Hamburg.
Haußer, K. (1995). Identitätspsychologie. Berlin.
Krappmann, L. (1997). Die Identitätsproblematik nach Erikson aus einer interaktionistischen Perspektive. In: H. Keupp & R. Höfer (Hg.), Identitätsarbeit heute (S. 66–92). Frankfurt / M.
Kraus, W. (1996). Das erzählte Selbst. Die narrative Konstruktion von Identität in der Spätmoderne. Pfaffenweiler:
Kraus, W. & Mitzscherlich, B. (1997). Abschied vom Großprojekt. Normative Grundlagen der empirischen Identitätsforschung in der Tradition von James E. Marcia und die Notwendigkeit ihrer Reformulierung. In: H. Keupp & R. Höfer (Hg.), Identitätsarbeit heute (S. 149–173). Frankfurt / M.
Straus, F. & Höfer, R. (1997). Entwicklungslinien alltäglicher Identitätsarbeit. In: H. Keupp & R. Höfer (Hg.), Identitätsarbeit heute (S. 270–307). Frankfurt / M.

Heiner Keupp

Ideologie

Der Begriff «Ideologie» ist nicht eindeutig zu definieren. Er trägt eine Unzahl an Bedeutungen mit sich, «die sich zum Teil gegenseitig ausschließen» (Eagleton, 1993, S. 7). Eagleton zählt alleine 16 Ideologiedefinitionen auf, die sich vom umgangssprachlichen Bereich bis in den der Philosophie erstrecken. Entscheidend ist jedoch sein Hinweis, daß der Begriff sich nicht nur auf Wertsysteme oder Überzeugungen beziehen kann, sondern auf «Machtfragen verweist» (ebd., S. 12). Marx und Engels analysierten erstmals diesen Zusammenhang, indem sie den Staat als «die erste ideologische Macht über den Menschen» (1962, S. 302) bezeichneten: «Ihre Analysen sind zentriert um den Zusammenhang von Staat und Ideologie» (PIT, 1986, S. 19). Einen für psychologische Fragestellungen bedeutenden Stellenwert nimmt die Frage danach ein, wie die einzelnen Menschen sich als Subjekte in einem staatlichen Zusammenhang vergesellschaften (lassen) und welche Rolle dabei das Ideologische spielt. W. F. Haug nennt das «Ideologische ... den Wirkungszusammenhang ideeller Vergesellschaftung-von-oben» (1993, S. 50). Er fragt danach, wie Menschen dazu gebracht werden, den entfremdenden und ungerechten gesellschaftlichen Verhältnissen zuzustimmen oder sie gar zu unterstützen. Mit Rückgriff auf Antonio Gramsci wird die subjektive Zustimmung zu den Verhältnissen nicht alleine als «nackte Unterdrückung» (ebd., S. 18), sondern als Zusammenspiel der diversen, hegemonial wirkenden, *ideologischen Mächte* (Schule, Justiz, Familie, etc.) und den (zum Teil verinnerlichten) staatlichen Zwangsapparaturen analysiert (vgl. Gramsci, 1992). Die selbsttätige Unterwerfung und Unterstellung der Subjekte unter die entfremdeten Verhältnisse, das «Do-it-yourself der Ideologie» (Haug, 1993, S. 18) ist sowohl sozialpsychologisch als auch psychologiegeschichtlich eine kaum theoretisierte Fragestellung. Um diese Frage zu stellen, müßte sich Psychologie selbst als ideologische Macht reflektieren und ihren ideologischen Beitrag zur Stützung der jeweiligen Unterdrükkungsverhältnisse (vgl. Weber, 1998) kritisch überprüfen.

Literatur

Eagleton, T. (1993). Ideologie. Eine Einführung. Stuttgart / Weimar.
Gramsci, A. (1992). Gefängnishefte. Bd. 4. Hamburg / Berlin.
Haug, W. F. (1993). Elemente einer Theorie des Ideologischen. Hamburg.
Laugstien, T. (1995). Diskursanalyse. In: Haug, W. F. (Hg.), Historisch-Kritisches Wörterbuch des Marxismus. Bd. 2 (S. 727–743). Hamburg.
Projekt Ideologie-Theorie = PIT (Hg.). (1986). Theorien über Ideologie. Berlin.
Weber, K. (Hg.). (1998). Unterstellte Subjekte. Der Beitrag der deutschen Psychologie zur Faschisierung des Subjekts. Hamburg / Berlin.

Klaus Weber

Individualität

In der Psychologie wird der Begriff des Individuums zur Bezeichnung einer Person oder Persönlichkeit gebraucht, die als eine nicht bloß zusammengesetzte, sondern ganzheitliche und einzigartige leib-seelische Einheit begriffen wird, welche von anderen Individuen aufgrund unverwechselbarer, idiosynkratischer Merkmale eindeutig abgegrenzt werden kann. Dabei ist unbestritten, daß zahlreiche Aspekte menschlicher Subjektivität soziokulturell konstituiert sind, eine einzelne Person also nicht nur von allen anderen aufgrund ihrer Individualität unterscheidbar ist, sondern wegen der soziokulturellen Grundlage ihrer Identitätsbildung auch Gemeinsamkeiten mit ihren Mitmenschen aufweist. Das im radikalen Sinn Einzigartige jedes Individuums kann jedoch gerade nicht auf Sozialisations- oder Enkulturationsvorgänge oder gar auf eine anthropologische Ausstattung zurückgeführt werden. Die Ausdrücke Individuum / Individualität fungieren auch als Gegenbegriffe gegen die nomologische Konzeption einer Psychologie, die auf die Konstruktion gesetzesmäßiger Aussagen abzielt und wegen dieses leitenden Interesses am Allgemeinen von allen individuellen Besonderheiten menschlichen Lebens abstrahiert und absieht. Diese kritische Stoßrichtung gegen die nomologische Wissenschaftsauffassung kann als spezielle Variante einer im Namen des Individuums und der Individualität geführten Kritik am exklusiven Gültigkeitsanspruch einer mit Allgemeinbegriffen operierenden Vernunft verstanden werden. Neuere vernunftkritische Positionen – von Adorno über Foucault bis hin zu poststrukturalistischen und postmodernen Ansätzen – greifen das Motiv, Anwalt des Individuums zu sein, wieder auf. Im Hintergrund steht dabei die bis heute aktuelle Diagnose einer Auflösung des Individuums und der Individualität in den durch Anonymität gekennzeichneten Industrie- und Massengesellschaften des 20. Jahrhunderts. Die These vom Schwinden des Individuums und der Individualität bezieht sich dabei auf das radikal Einzigartige und Idiosynkratische der Person, auf die im Individuellen begründete Differenz, Heterogenität und Alterität menschlicher Existenzen. Auch die für das Thema Individualität relevanten psychologischen Ansätze betonen die Einzigartigkeit, Kreativität und den dynamischen Wandel, die prinzipielle Unabgeschlossenheit und bisweilen auch die «Unaussprechlichkeit» des Individuums: dieses wird als ständiges Werden und unberechenbare Spontaneität gedacht, als etwas, das keinem allgemeinen Begriff unterzuordnen ist. Einflußreiche Psychologien, die dem Thema Individuum / Individualität Bedeutung zumessen, stellen etwa die von Freud begründete Psychoanalyse sowie G. H. Meads Theorie des Selbst und verwandte Ansätze dar, weiterhin Sterns Persönlichkeitspsychologie, Allports und Murrays Theorien, Kellys Psychologie persönlicher Konstrukte, Levys und Runyans Ansätze, Sartres existenzphilosophisch inspirierte Psychologie, Rothackers oder Lerschs Arbeiten sowie Thomaes Persönlichkeitslehre und psychologische Biographik.

Literatur

Rudolph, E. (1991). Odyssee des Individuums. Zur Geschichte eines vergessenen Problems. Stuttgart.

Thomae, H. (1996). Psychologie der Individualität. In: K. Pawlik (Hg.), Enzyklopädie der Psychologie. Differentielle Psychologie und Persönlichkeitsforschung. Bd. 1: Grundlagen und Methoden der Differentiellen Psychologie (S. 301–321). Göttingen / Bern / Toronto / Seattle.

Jürgen Straub

Individualpsychologie

Alfred Adler (1870–1937) hat das Denken in Medizin, Psychologie und Pädagogik mit der durch seine theoretische und praktische Arbeit entstandenen Individualpsychologie maßgeblich beeinflußt. Von 1898 bis 1927 war er als Augenarzt, praktischer Arzt und Nervenarzt in Wien tätig. Die Aussagen Adlers in Hinblick auf die Verortung des einzelnen in der Gemeinschaft waren breit gestreut, entsprechend weit gefaßt sind moderne Definitionen zu seiner Individualpsychologie wie etwa bei Hellgardt: «Die Individualpsychologie betont einerseits die Einmaligkeit der Individualität ... andererseits ... die Bedeutung der überindividuellen Zusammenhänge, in denen der Mensch lebt» (1989, S. 62). Zentral bei Adler steht der Begriff der Minderwertigkeit. Das Gefühl der Minderwertigkeit zieht ein Bedürfnis nach Kompensation nach sich, und daraus resultiert Machtstreben. Dem setzt Adler die Idee der Gemeinschaft entgegen. Der Mensch soll seinen Machtdrang überwinden, seine Kräfte in der Gemeinschaft aufgehen lassen. Unschwer läßt sich erkennen: Ein soziales Postulat dominiert das Theoretisieren Adlers. Und dementsprechend interessiert er sich vorrangig für die sozialen Aspekte minderwertiger Gefühle und Neurosen. Für ihn ist Neurose sozial verursacht und wirkt sich sozial aus. Die Therapie nach Adler hat daraus Konsequenzen gezogen: Der neurotische Mensch soll dadurch sich ändern, daß er am Therapeuten ein Vorbild hat. Bekanntlich gab es zwischen Adler und Freud eine Phase der Zusammenarbeit (1902–1911). Daher die Frage: Wie konnte sich Adler dem Einfluß der Psychoanalyse entziehen? Handlbauer legt folgende Antwort nahe: Adler «entwickelte ... sein eigenes System im Widerstreit und in der schrittweisen Abgrenzung zu den Auffassungen Freuds» (1990, S. 189). Allerdings blieb Adler nicht erspart, daß man seine Überlegungen gelegentlich als «Allerweltsweisheiten» bzw. «Oberflächenpsychologie» abtat. Dazu Jacoby: «Die innere Dynamik von Individuum und Gesellschaft wird zerrissen und durch ein mechanistisches Modell der individuellen Anpassung oder Fehlanpassung an Werte, Normen, Ziele usw. ersetzt. Diese ‹Werte› und ‹Normen› werden nicht als Eckpfeiler einer repressiven Gesellschaft untersucht, sondern für bare Münze gehandelt und getauscht» (1978, S. 46).

Literatur

Handlbauer, B. (1990). Die Adler-Freud-Kontroverse. Frankfurt/M.

Hellgardt, H. (1989). Grundbegriffe des individualpsychologischen Menschenbildes. In: R. Schmidt (Hg.), Die Individualpsychologie Alfred Adlers. Ein Lehrbuch (S. 59–110). Frankfurt/M.

Jacoby, R. (1978). Soziale Amnesie. Eine Kritik der konformistischen Psychologie von Adler bis Laing. Frankfurt / M.

Ewald H. Englert

Individuum

Unter dem Begriff des Individuums ist in der Philosophie und den Sozialwissenschaften eine Definition des Menschen als einmaliges, unverwechselbares und unteilbares Wesen zuammengefaßt, das eine konstante und über die Zeit hinweg unteilbare Identität besitzt. Die Konzeption der Individualität ist in diesem Sinn ein Produkt der Aufklärung, die den Menschen in seiner Einzigartigkeit beschreibt, ihn in seinem Tun der Verfolgung seiner Einzelinteressen unterworfen sieht und damit gleichzeitig radikal der Gesellschaft als Antithese gegenüberstellt. Im Gegensatz zum Subjekt bedeutet der Begriff des Individuums in der Psychologie die Sichtweise eines in sich geschlossenen und gegenüber seiner Umwelt abgrenzbaren Wesens. Dieses Bild eines in seiner Selbstheit gefangenen Menschen kennzeichnet gleichzeitig auch das Dilemma der traditionellen Psychologie: Indem sie sich in ihrer Betrachtungsweise mit Individuen auseinandersetzt und diese als solche zu erfassen trachtet, ist es ihr nicht mehr möglich, diese in Relation zu ihrer nicht physikalischen Umwelt zu setzen. Der einzelne Mensch wird nicht mehr in Sinnzusammenhängen begreifbar, sondern nur noch in scheinbar bedeutungslos nebeneinanderstehende Einzelfunktionen zerlegt. In der humanistischen Psychologie mit ihrer «ganzheitlichen» Sicht des Individuums erfährt das Individualitätskonzept eine besondere Ausprägung: hier wird der einzelne radikal auf sich selbst zurückgeworfen. Im Zentrum steht ein als gegeben angenommenes Selbst, das es durch Introspektion zu erfahren gilt. Der methodologische Individualismus bildet die Grundlage des Psychologismus, dessen Paradigma darin besteht, Psychisches ausschließlich durch Psychologie als autonome Wissenschaft zu erklären. Marx und Freud haben das bürgerliche Individualitätskonzept radikal kritisiert: Sie beschreiben die Überformung des Individuums durch gesellschaftliche bzw. kulturelle Variablen und begründen damit die Uneinlösbarkeit des Selbst. Während jedoch bei Marx das Subjekt in ständiger dialektischer Wechselwirkung mit seiner Umwelt steht, bleibt bei Freud der Mensch deterministisch der von ihm selbst geschaffenen Kultur unterworfen. Leontjew unterscheidet zwischen Individuum und Persönlichkeit, wobei er ersteres als genotypisch bedingt und mit charakteristischen Merkmalen ausgestattet sieht. In der Individualität der Subjekte drückt sich für ihn deren Unteilbarkeit aus, während Persönlichkeit, als zusätzliche und erst im Verlauf des Lebens erworbene Dimension, zugleich Tätigkeitsmoment als auch Tätigkeitsprodukt ist und so den dialektischen Bezug zwischen Individuum und Gesellschaft ausdrückt. In der Kritischen Psychologie Holzkamps werden die Begriffe ähnlich verwendet. Persönlichkeit ist für ihn eine gesellschaftliche Kategorie, die sich an den Individuen vollzieht.

Literatur

Elias, N. (1987). Die Gesellschaft der Individuen. Frankfurt/M.
Frank, M. (1986). Die Unhintergehbarkeit von Individualität. Reflexionen über Subjekt, Person und Individuum aus Anlaß ihrer «postmodernen» Toterklärung. Frankfurt/M.
Leontjew, A. (1987). Tätigkeit, Bewußtsein, Persönlichkeit. Berlin.
Weede, E. (1992). Mensch und Gesellschaft. Soziologie aus der Perspektive des methodologischen Individualismus. Tübingen.

Wolfgang Fürnkranz

Ingenieurpsychologie

Unter Ingenieurpsychologie versteht man jenen Teilbereich der Arbeits- und Betriebspsychologie, der sich mit der Gestaltung von Arbeitsmitteln im Hinblick auf die Besonderheiten des menschlichen Wahrnehmens, Erkennens und Handelns befaßt, also insbesondere mit Anzeigegeräten und Bedien- oder Eingabeelementen. Im Englischen findet sich neben «Engineering Psychology» häufiger der Ausdruck «Human Factors Engineering». Einen Überblick über die Forschungsergebnisse gibt der Band «Ingenieurpsychologie» der «Enzyklopädie der Psychologie» (Hoyos & Zimolong, 1990), eine aktuelle Darstellung vieler Konzepte und Einzelthemen liefern die einschlägigen Stichworte des «Handbuchs Arbeitswissenschaft» (Luczak & Volpert, 1997). Historisch gesehen ist die Ingenieurpsychologie eine Nachfolgerin der Objektspsychotechnik. Ihre Bedeutung nahm zu, als – vor allem während des Zweiten Weltkriegs und danach – Menschen komplexe Prozesse zu überwachen und zu steuern hatten und dabei kaum mehr unmittelbar in den Prozeß eingreifen konnten. Die Ingenieurpsychologie hat u. a. die Aufgabe, Meßgeräte und Reaktionsmöglichkeiten optimal zu gestalten und die Aufgabenverteilung zwischen Mensch und Maschine so vorzunehmen, daß der Mensch nicht mit Unwesentlichem belastet wird, jedoch alle relevanten Informationen schnell und korrekt erkennen und bearbeiten kann. Ein zentrales Thema ist die Frage nach Handlungsfehlern des Menschen bzw. nach der Zuverlässigkeit des Gesamtsystems (s. hierzu den einschlägigen Beitrag in dem genannten Band der Enzyklopädie). Das Gesamtsystem selbst wird in technisch geprägten Theoriezusammenhängen meist als «Mensch-Maschine-System» oder «Arbeitssystem» bezeichnet. Die Aufgabenstellung der Ingenieurpsychologie ist beim gegebenen technologischen Entwicklungsstand einsichtig. Kritik ist vorzubringen, wenn die notwendig begrenzte Vorgehensweise der Ingenieurpsychologie zur einzig «wissenschaftlichen» erklärt wird und damit weitergehende und oft wichtigere Fragen, etwa der Arbeitsorganisation, ausgeklammert bleiben. Ähnliches gilt für die Zuverlässigkeitsforschung, wenn die grundsätzlichen Fragen nach der Gefährlichkeit und Verantwortbarkeit großtechnischer Systeme, wie sie etwa Perrow (1987) erörtert, unreflektiert bleiben.

Literatur

Hoyos, D. Graf & Zimolong, B. (Hg.). (1990). Ingenieurpsychologie (Enzyklopädie der Psychologie, D, III, Bd. 2). Göttingen.
Luczak, H. & Volpert, W. (Hg.). (1997). Handbuch Arbeitswissenschaft. Stuttgart.
Perrow, C. (1987). Normale Katastrophen. Frankfurt / M.

Walter Volpert

Institution

Unter Institution werden hier (psychosoziale) Versorgungseinrichtungen verstanden, deren Spektrum von gering formalisierten Institutionen wie der psychologischen Praxis bis zu hochgradig formalisierten Institutionen wie psychiatrischen Kliniken reicht. Die Bedeutung von Einrichtungen als Arbeitsorte für psychosoziale Fachkräfte liegt u.a. darin, daß ihre Rahmenbedingungen (Versorgungsauftrag, rechtliche Grundlagen, Finanzierung, Trägerstrukturen), ihre aufgaben- (Vorsorge, Beratung, Therapie, Nachsorge) und systembezogene (Vernetzung, Kooperation, Versorgungslandschaft) Stellung in der Versorgungskette, ihre Struktur und ihre geregelten Abläufe Art und Weise wie auch Umfang und Möglichkeiten therapeutischen Handelns wesentlich beeinflussen. Diese strukturierenden, begrenzenden und oft innovationshemmenden Merkmale von Einrichtungen tragen dazu bei, daß sich ihre «Eigenlogik» und die daraus folgenden Formen der Leistungserbringung gegenüber den Bedürfnissen und Notwendigkeiten der Nutzer einerseits, den fachlichen Konzepten der Mitarbeiter andererseits zu verselbständigen drohen. Unter organisationssoziologischen Gesichtspunkten lassen sich Institutionen durch ihren Organisationsaufbau und ihre Ablauforganisation beschreiben. Die institutions- und organisationsbedingten Auswirkungen auf die Klienten (z. B. Zugangsschwellen) und auf die Fachkräfte (Arbeitsklima, Teamarbeit usw.) müssen fortlaufend mit Hilfe von Dokumentation, Selbstevaluation und Supervision analysiert und reflektiert werden, damit die Einrichtung auf veränderte Erwartungen, Ansprüche und Problemlagen reagieren kann, also lernfähig bleibt; darüber hinaus sind unbeabsichtigte und unerwünschte Nebenfolgen zu berücksichtigen, die sich aus dem Aufbau und dem Ablauf der Arbeit ergeben (z. B. Nichterreichen der Adressaten, Festhalten an «betriebsblinden» Routinen usw.). Hierzu und bei geplanten Veränderungen, gegen die sich oft emotionsgesteuerte Widerstände der Mitarbeiter artikulieren, können u. a. externe Organisationsberatung und interne Qualitätszirkel hilfreich sein. Historische (vgl. Foucault, 1973; 1976), soziologische (z. B. Goffman, 1972) und organisationspsychologische Institutionenanalysen haben gezeigt, daß sich im Organisationsaufbau und in den strukturierten Abläufen neben und «hinter» den offiziell deklarierten Organisationszielen (Versorgung, Behandlung, Rehabilitation usw.) «heimliche Lehrpläne» durchsetzen (etwa Disziplinierung, Überwachung), die auf bestimmte Paradigmen (vgl. v. Kardorff, 1978) und professionelle Ideologien zurückgehen. Eine kritische Auseinandersetzung mit den Institutionen und ihrer «Logik» ist für psychosoziale Fachkräfte auch bedeutsam, weil sich dort die entscheidende Sozialisation beruflicher Routinen vollzieht, in der zentrale Sichtweisen, Haltungen und Arbeitsformen vermittelt werden, die die berufliche Identität, die Identifikation mit der Einrichtung und das Verhältnis zu den Nutzern entscheidend prägen. Schließlich beeinflussen Institutionen und ihre Abläufe das Erleben, Verhalten, Behandlungsmotivation und Rehabilitationschancen von Klienten. In seinen Analysen «totaler Institutionen» hat Goffman (1972) die strukturell unvermeidlichen depersonalisierenden und hospitalisierenden Wirkungen geschlossener Einrichtungen auf Insassen und Personal untersucht. Foucaults und Goffmans Arbeiten lieferten u. a. die theoretische Begründung für die Anfang der 70er Jahre zunächst in den USA und mit Verspätung auch in der Bundesrepublik einsetzenden Bemühungen um Deinstitutionalisierung und Enthospitalisierung in der Psychiatrie (Scull, 1980; Weik, 1987; Dörner, 1991), im Bereich stationärer Versorgung behinderter Menschen und in der Altenhilfe.

Literatur

Basaglia, F. (Hg.). (1973). Die negierte Institution. Frankfurt / M.
Bobzien, M., Stark, W. & Straus, F. (1996). Qualitätsmanagement. München.
Dörner, K. (Hg.). (1991). Aufbruch der Heime. Gütersloh.

Foucault, M. (1976). Überwachen und Strafen. Frankfurt/M.
Foucault, M. (1973). Die Geburt der Klinik. München.
Goffman, E. (1972). Asyle. Zur sozialen Situation psychiatrischer Patienten und anderer Insassen. Frankfurt/M.
Scull, A. (1980): Die Anstalten öffnen? München.
Weik, T. (1987). Umschichtungen. Erfolge und Mißerfolge der Gemeindepsychiatirie. München.

Ernst v. Kardorff

Intelligenz

Die westliche Kultur sieht den Menschen in der Lage, mit seinem Verstand die Welt vernünftig zu gestalten. Nach dieser Überzeugung verfährt auch die Psychologie, wenn sie Struktur und Genese der Intelligenz untersucht und Intelligenzdiagnosen gesellschaftlichen Institutionen andient. Dabei ist es nicht gelungen, Intelligenz befriedigend zu definieren. So wird sie etwa als Fähigkeit zum schlußfolgernden Denken begriffen. Zirkulär bis polemisch klingt der Vorschlag Borings (1923), als Intelligenz das zu bezeichnen, was Intelligenztests messen. Dieser Vorschlag verweist auf den Schwerpunkt der damaligen Intelligenzforschung, Tests zu entwickeln und einzusetzen. Daß diese Tests womöglich etwas anderes als Intelligenz erfaßten, wurde übersehen. So fußen noch immer geläufige Verfahren wie Wechslers Intelligenztest oder Cattells Grundintelligenztest auf Galtons schlichter Vermutung, die Intelligenz sei wie biologische Eigenschaften vererbt und normalverteilt, d. h., mittlere Ausprägungen der Intelligenz kämen am häufigsten, Genialität und Dummheit dagegen selten vor. Diese fragwürdige Annahme ist mitverantwortlich dafür, das Testergebnis im ominösen IQ, im Intelligenzquotienten, zusammenzufassen (vgl. Kubinger, 1988). Bereits 1938 widerspricht Thurstone der Vorstellung einer allgemeinen intellektuellen Fähigkeit und postuliert sieben eigenständige «Primärfähigkeiten», darunter Wortflüssigkeit und logisches Denken. Guilford (1965) unterscheidet gar 120 Intelligenzen. In jüngerer Zeit hat Gardner (1983) mit seiner Idee «multipler Intelligenzen» intuitiv-künstlerische Dimensionen betont. Neue Wege beschreitet Sternbergs «triarchische Theorie» (1984), die die kulturelle Relativität der Intelligenz und Prozesse der Informationsverarbeitung berücksichtigt. Immer wieder dient die Intelligenz als Projektionsfläche für wissenschaftlich verbrämten Ethnozentrismus und Rassismus: Wenn Tests gesellschaftliche und kulturelle Minoritäten benachteiligen, wird das deren «Erbgut», nicht den Tests angelastet (vgl. Rhyn, 1995).

Literatur

Kail, R. & Pellegrino, J. W. (1989). Menschliche Intelligenz. Heidelberg.
Kubinger, K. D. (1988). Testtheorie: Probabilistische Modelle. In: R. S. Jäger (Hg.), Psychologische Diagnostik (S. 264–276). München.
Liungman, C. G. (1973). Der Intelligenzkult. Reinbek.
Rhyn, H. (1995). Psychometrie und Bildung. Zeitschrift für Pädagogik, 41, S. 765–779.
Schmid, R. (1977). Intelligenz- und Leistungsmessung. Frankfurt/M.
Sternberg, R. J. (1984). Toward a triarchic theory of human intelligence. Beh. & Brain Sciencest, S. 267 – 287.

Christel Walter/Paul Walter

Interaktionismus

In den Begriff Interaktionismus fließen unterschiedliche Grundströmungen wissenschaftlicher Disziplinen ein. Bekannt geworden im sozialwissenschaftlichen Diskurs ist er durch die von Mead entwickelten theoretischen Grundmuster menschlicher Entwicklung. Mead führte den Begriff der sozialen Geste ein, als beliebigen Aspekt oder Abschnitt im leiblichen Handeln eines Subjekts, der einem anderen Subjekt Hinweise für die Funktion der gesamten Handlung gibt. So ist die Geste des einen die Interpretationsgrundlage für das Handeln des anderen Subjekts. Die Identität eines Subjekts entwickelt sich ebenso wie das Bewußtsein seiner selbst im sozialen Prozeß, im realen Feld sozialer Interaktionen. In diesem intersubjektiven Prozeß werden über signifikante Symbole Bedeutungen generiert und vermittelt. Das Subjekt lernt in symbolisch vermittelten Interaktionen mit anderen, sich selbst die Bedeutung dieser Symbole in einem Interpretationsprozeß anzuzeigen, um auf der Grundlage dieser Bedeutungen sein Handeln zu orientieren. In diesem Prozeß nimmt das Subjekt die Perspektive des anderen interpretativ zur Grundlage seines eigenen Handelns (taking the role of the other). Diese Konzepte eignen sich als Leitkonzepte, um Ergebnisse sozialkommunikativer Entwicklungsforschung zu integrieren. Dies geschieht in unterschiedlichen Theorie- und Forschungssträngen.

1. Der «symbolische Interaktionismus»: In direktem Bezug zu Mead beleuchtete H. Blumer unter den Meadschen Prämissen den Definitions- und Interpretationsprozeß der interagierenden Subjekte. Indem nun dieser sich vor allem sprachlich artikuliert, konzentriert sich das Forschungsinteresse auf die Konstitution von Bedeutungen im Kontext sozialer Lebenswelten (qualitative Feldforschung). Das interaktionale Moment muß aber über Sprache hinaus weiter gefaßt werden, um die

Komplexität von Interaktionen unter Einbeziehung auch vorsprachlicher Ebenen zu erfassen.

2. Interaktionale Rollentheorie: Bedeutungen sind im Konzept des symbolischen Interaktionismus soziale Produkte, entstanden in rollenhaft strukturierten Interaktionen. Diese Perspektive öffnet den Blick auf einen «interaktionalen Raum», der rollentheoretisch strukturiert werden kann, unter Berücksichtigung dramaturgischer Aspekte (Goffman), der Inszenierungsleistungen der Individuen und ihrer Ich-Identität, die in das interaktionale Rollenspiel eingeht. Darüber hinaus hat die Rollentheorie eine tiefenpsychologische Dimension. So verweist Joas auf die soziale Genese der Fähigkeiten zur Rollenübernahme unter Einbeziehung frühester, synästhetischer, vorsprachlicher Wahrnehmungs- und Definitionsprozesse. Lorenzer betont die frühen Beziehungsfiguren, durch die Interaktionen strukturiert sind, eingebettet in kulturelle Muster und Szenen. Die neuere klinische Entwicklungspsychologie versteht diese frühesten Interaktionsräume als «Individuationsfelder», als «offene Systeme» und «komplexe Vernetzungen». Die interaktionale Rollentheorie bekommt in dieser Sicht eine sowohl (tiefen-)psychologisch als auch sozialwissenschaftlich orientierte Dimension in der Schnittstelle von psychischer Entwicklung und sozialem Kontext. Dies fordert die Erarbeitung einer mehrperspektivischen klinischen Entwicklungspsychologie, die die Entwicklung zwischenmenschlicher Beziehungen im gesellschaftlichen Kontext zu ihrem Gegenstand macht.

3. Interaktion im Kontext: Menschen entwickeln sich in «sozialen Feldern», «sozialen Welten», in gesunden oder destruktiven «Netzwerken», in «wahrgenommener Umwelt». Die interaktionale Perspektive gestattet es, auf Mikro-, Meso- wie Makroebene die interaktiv wirksamen Bedingungen menschlichen Wohlbefindens und menschlicher Entfremdung in den Blick zu nehmen. Sie bezieht sich auf die Bedeutungen, den geteilten Sinn von Interaktionen in alltäglichen, gesamtgesellschaftlich geprägten Lebenswirklichkeiten. Der interaktionale Ansatz sensibilisiert für die interaktive, prozessuale Einsteuerung, Synchronisierung von Interaktionspartnern in unterschiedlichen Kontexten, auf leiblicher bis in die Physiologie hinreichender Ebene, in frühesten Interaktionsmustern zwischen Erwachsenen und Babys, in soziotherapeutischen Zusammenhängen von Stigmatisierungs- und Devianzprozessen und in therapeutischen Settings.

4. Interaktion und Kommunikation: Neben dem symbolischen Interaktionismus hat eine eher sozial kommunikative Ausrichtung des Interaktionismus deutlichen Einfluß auf die Entwicklung pädagogisch/therapeutischer Konzepte gewonnen: der kommunikationstheoretische

Ansatz der Palo-Alto-Schule. In der Weiterentwicklung sprachanalytischer Überlegungen Batesons zur Entstehung von Schizophrenien entwickelten Watzlawick u.a. fünf pragmatische Axiome zur Kommunikation, die sie synonym zur Interaktion setzen. Mittels dieser Axiome haben sie den Blick geschärft für pathogene Interaktionen. In neuerer Therapietheorie wird die Dimension analoger Kommunikation erweitert um qualitative Momente (Qualitäten, Klimata, Atmosphären) in ihren interaktions- und entwicklungsfördernden/-hemmenden Wirkungen. In dieser Hinsicht geht ein integrativ zu verstehendes mehrperspektivisches Interaktionskonzept weit über das einer kognitivistisch verengten Sozialpsychologie hinaus.

Literatur

Arbeitsgruppe Bielefelder Soziologen (Hg.). (1973). Alltagswissen, Interaktion und soziale Wirklichkeit. Reinbek.

Goffman, E. (1967). Stigma. Über Techniken zur Bewältigung beschädigter Identitäten. Frankfurt/M.

Mead, H. (1969). Sozialpsychologie. Neuwied/Berlin.

Petzold, H. G. (1992). Integrative Therapie. Modelle, Theorien und Methoden für eine schulübergreifende Psychotherapie. Bd. 1–3. Paderborn.

Stern, D. N. (1995). Die Repräsentation von Beziehungsmustern. Entwicklungspsychologische Betrachtungen. In: H. G. Petzold (Hg.), Die Kraft liebevoller Blicke. Psychotherapie & Babyforschung (S. 193–218). Paderborn.

Watzlawick, P., Beavin, J. H. & Jackson, D. D. (1969). Menschliche Kommunikation. Bern/Stuttgart

Werner Schreiber

Interdisziplinarität

Unter Interdisziplinarität wird die Zusammenarbeit unterschiedlicher Wissenschaftsdisziplinen zur Lösung eines bestimmten Problembereichs verstanden. Er wurde bereits in den 1920er Jahren von Max Horkheimer geprägt und gilt als eine der wesentlichen Grundlagen der Frankfurter Schule. Neben der materialistischen Erkenntnistheorie und dem historischen Materialismus definierte Horkheimer den «interdisziplinären Materialismus» zum dritten Postulat für die Begründung einer kritischen Theorie. Er meinte damit, daß es gesellschaftlich relevante Fragen gibt, die mit der traditionellen Arbeitsteilung innerhalb der einzelnen Wissenschaften nicht geklärt werden können, und plädierte daher für eine Zusammenarbeit aller Disziplinen (womit vor allem die sozialwissenschaftlichen gemeint waren). So seien beispielsweise Ökonomie und Sozialpsychologie komplementär in dem Sinn, daß die Ökonomie Entwicklungstendenzen der Gesellschaft in Hinblick auf die ökonomische Basis erforscht, während die Sozialpsychologie die Mechanismen zu ihrem Gegenstand macht, durch die die Individuen an die Verhaltensanforderungen angepaßt werden. Bühler betonte bereits 1927 die Notwendigkeit eines Verständnisses von Psychologie als interdisziplinärer Wissenschaft. Er begründet dies damit, daß nach seiner Definition jeder Untersuchungsgegenstand der Psychologie unter drei Aspekten betrachtet werden kann: als beobachtbares Phänomen, als subjektiv erfahrbares Erlebnis und als geistiges Gebilde. Um einen psychologischen Gegenstand also in seiner Ganzheit erfassen zu können, müssen alle drei Aspekte im Forschungsprozeß berücksichtigt werden, was wiederum Interdisziplinarität voraussetzt. Die Forderung nach Interdisziplinarität ist eine der wesentlichen Paradigmen jener Strömungen, die eine gesellschaftswissenschaftliche Ausrichtung der Psychologie propagieren, wie der kritischen Psychologie oder der Gemeindepsychologie. Dabei darf jedoch nicht übersehen werden, daß sich die «Mainstream-Psychologie» vielfach in interdisziplinären Ansätzen bewegt. So ist in der Wahrnehmungspsychologie oder der Neuropsychologie ein Zusammenspiel mit anderen Disziplinen wie Biologie oder Physik selbstverständlich. Tatsächlich geht es bei der Forderung nach Interdisziplinarität immer auch darum, in welche Richtung eine Öffnung erfolgen soll. Gerade der erst entwickelte Zweig der Gesundheitswissenschaften, zu dem die Psychologie einen wichtigen Beitrag liefern könnte, erfordert eine Problemsicht über disziplinäre Grenzen hinweg und damit die Aneignung neuer Kompetenzen der beteiligten Professionen. Gefordert ist in diesem Zusammenhang auch eine Interdisziplinarität in der Ausbildung, um es den Studierenden zu ermöglichen, das Gelernte in einem gesamtwissenschaftlichen oder gesamtgesellschaftlichen Kontext zu begreifen und so das Berufsbild den aktuellen Gefordertheiten anzupassen.

Literatur

Brandl, M. T. (1996). Interdisziplinarität: eine ausgewählte Bibliographie zu Interdisziplinarität, Studium Generale, Einheit der Wissenschaften und Allgemeinbildung. Mainz.

Bühler, K. (1927). Die Krise der Psychologie. Jena.

Hentig, H. v. (1974). Magier oder Magister? Über die Einheit der Wissenschaften im Verständigungsprozeß. Frankfurt / M.

Horkheimer, M. (1988). Gesammelte Schriften. Bde 2–4. Frankfurt / M.

Wolfgang Fürnkranz

Intervention

Der Begriff Intervention taucht zu Beginn der 80er Jahre in den Lehrbüchern der Klinischen Psychologie auf. Fehlt er noch bei Davison/Neale (1979), so tritt er bei Bastine (1984) in Erscheinung, um bei Perrez & Baumann (1991) als Bezeichnung eines ganzen Bandes zu dienen. Die Sprachregelung der Rahmenprüfungsordnung für Psychologie korrespondiert mit dieser Entwicklung in der Einführung eines neuen Methodenfachs «Diagnostik und Intervention». Unversehens ist damit ein Begriff übernommen worden, der ursprünglich im Militärischen, Diplomatischen und Politischen zu Hause war: Intervention – der mehr oder weniger deutlich als Gewaltakt erkennbare Eingriff, ein «Dazwischentreten» mit klarer Zielsetzung aus eigenen Interessen. Eine erste Ordnung gewinnen wir, wenn Intervention als Anwendung psychologischer Methoden bei Individuen oder im Rahmen gesellschaftlicher Institutionen und Organisationen aufgefaßt wird. Es gibt dann pädagogisch-psychologische Intervention, Intervention im Bereich der Arbeits-, Betriebs- und Organisationspsychologie und klinisch-psychologische Intervention, ohne daß damit das Spektrum der Möglichkeiten zur Intervention auf der Basis psychologischer Methoden ausgeschöpft wäre (vgl. Belschner & Koch, 1989). In der Klinischen Psychologie wird von der These ausgegangen, daß psychologische Intervention dem Wohlbefinden der Menschen dienen will (vgl. Perrez & Baumann, 1991). Hinsichtlich der *Methoden* der Intervention gilt allgemein, daß es sich um psychologische handelt, die sich in spezifischer Weise aus psychologischen Theorien des Erlebens und Verhaltens ableiten lassen und die sich in einer sozialen Interaktion realisieren. Dabei ist die asymmetrische Beziehung durch die Begriffe «Helfer» und «Hilfesuchende» bestimmt. Ziel ist die Aufhebung dieser Asymmetrie im Prozeß der Verbesserung der konkreten Lage oder Befindlichkeit der hilfesuchenden Person. Die Gratifikation für den Helfer liegt (neben dem Lebensunterhalt) in der wachsenden professionellen Kompetenz, welche seine Wirksamkeit erhält oder verbessert.

Eine Gliederung nach *Funktionen* unterscheidet nach Entfaltung, Prävention, Therapie und Rehabilitation. Die Organisation von Methoden und Funktionen zu einer Einheit kann nach dem Prinzip eines adaptiven Lernsystems verstanden werden. So wie aus theoretisch fundierten Problemdefinitionen konkrete Ziele erwachsen, für welche angemessene Mittel bereitgestellt werden müssen, ehe an die Durchführung eines Programms herangegangen werden kann, läßt sich professionelles Handeln generell bestimmen. Interventionsexperten verpflichten sich dieser

Grundhaltung ebenso wie weiteren Richtlinien und Normen, die besonders den Schutz ihrer Klienten vor Mißbrauch begründen sollen. Interventionsprogramme zur *Gesundheitsförderung*, die der *Prävention* dienen, können an Personen, Gruppen, Institutionen (Schulen, Hochschulen, Krankenhäuser) und ganzen Städten ansetzen. Dabei gibt es zwei Paradigmen: ein biopsychosoziales, welches biologische, psychische und soziale Störfaktoren integrativ betrachtet und diese dann zu minimieren unternimmt, und ein salutogenetisches (vgl. Antonovsky, 1979), welches von einem Gesundheit-Krankheit-Kontinuum ausgeht und auf, «heilsame Ressourcen» einzuwirken sucht, welche ein allgemeines Kohärenzgefühl für Verständlichkeit, Bedeutsamkeit und «Griffigkeit» in sozialen Situationen bestärken und damit Gesundheit fördern. *Krisenintervention* wird meist nach dem biopsychosozialen Paradigma durchgeführt und dem Kreis der Prävention zugeordnet, da störungsspezifisch interveniert wird, wodurch weitere oder schwerere Schädigungen vermieden werden können. Entsprechende Einrichtungen, in denen Helfer rund um die Uhr im Einsatz sind, finden sich heute in vielen Städten.

Beratung kann als professionelle Begleitung eines Mit-sich-zu-Rate-Gehens aufgefaßt werden oder als Ratschlag, der aufgrund der eigenen Kenntnis von Sachlagen dem Berater gelingt. Die Psychodynamik dieser verschiedenartigen Prozesse will mitbedacht sein, damit Widerstände, Verweigerungen oder Beziehungsabbrüche nicht zu Eskalationen und zum Schaden der Ratsuchenden führen. *Therapie* hat je nach «Schule» eine unterschiedliche Auffassung von dieser Psychodynamik. *Rehabilitation* strebt die Wiedereingliederung von Menschen ins Sozial- und Arbeitsleben an, welche sich bereits einer Therapie gegen körperliche oder seelische Störungen unterzogen haben. Durch jeweils spezifische Interventionen sollen chronische Schäden verhindert und Behinderungen vorgebeugt werden. Unter dem Begriff der *psychosozialen Tätigkeit* werden Interventionen zusammengefaßt, die in einer Mischung der bisher genannten vor allem in Institutionen und deren Teams, d. h. in psychiatrischen Kliniken und den diese «flankierenden» Einrichtungen wie Tag- und Nachtkliniken, Ambulatorien, Heimen, Beratungs- und Clearingstellen, ausgeübt werden (vgl. Cramer, 1982). Gegenwärtig entwickeln sich neue Interventionskonzepte wie das der *Gemeindepsychologie* und des eng damit verbundenen Konzepts des *Empowerment*. Dabei wird einerseits Hilfe als Unterstützung des Kampfes um berechtigte Interessen, als Parteilichkeit, aufgefaßt, andererseits als Kooperationsangebot für die Gestaltung einer gemeinsamen Lebenssituation, in der die scharfe Trennung zwischen professionellen Helfern und Hilfesuchenden hinfällig wird.

Literatur

Antonovsky, A. (1979). Help, Stress, And Coping. San Francisco.
Bastine, R. (1984). Klinische Psychologie, Bd. 1. Stuttgart.
Beck, N., Brückner, G. & Thiel, H. U. (Hg.). (1991). Psychosoziale Beratung. Tübingen.
Belschner, W. & Koch, J. (1989). Wohnwerkstatt. Gesundheit braucht Gelegenheit. Karlsruhe.
Cramer, M. (1982). Psychosoziale Arbeit. Stuttgart.
Davison, G. C. & Neale, J. M. (1979). Klinische Psychologie. München.
Gottwald, P. (1993). In der Vorschule einer freien Psychologie. Oldenburg.
Grawe, K., Donati, R. & Bernauer, F. (1994). Psychotherapie im Wandel. Von der Konfession zur Profession. Göttingen.
Perrez, N. & Baumann, U. (1991). Klinische Psychologie, Bd. 2: Intervention. Bern.

Peter Gottwald

Jugend

Mit dem Begriff «Jugend» wird sowohl eine biographische Phase als auch eine gesellschaftliche Altersgruppe bezeichnet. Wenn wir nach den sozialen Merkmalen fragen, die diesen Lebensabschnitt zwischen Kindheit und Erwachsenenstatus charakterisieren, so rückt in historischer Perspektive die Entwicklung der «bürgerlichen», individualisierten Gesellschaft der Neuzeit in den Blickpunkt. Die Individualisierungsschübe der Moderne stehen am Beginn der neuzeitlichen sozialen Konstitution des Jugendalters. Hierzu gehört einerseits die moderne, auf privaten Gefühlsbeziehungen gründende Familie, auf der anderen Seite hat erst die Trennung von Ausbildung und Arbeit sowie die Institutionalisierung eines Bildungssystems zur Folge, daß die Jugendphase als gesellschaftliche Station im Lebenslauf sozial verbindlich und abgrenzbar wird. Die theoretischen Zugänge zur Jugendphase umfassen ein breites Spektrum an psychologischen, gesellschafts- und kulturtheoretischen Ansätzen. Hier sind zunächst tiefenpsychologische und identitätstheoretische Ansätze zu nennen, die in der Nachfolge von Freud grundlegende Problemlagen der Adoleszenz zu klären suchen (Erdheim, 1988). Demgegenüber sehen soziologische Konzepte die Verhaltensmuster Jugendlicher als Produkt spezifischer Statusprobleme im Übergang von der Familie zur Erwachsenenwelt, die zu Verhaltensunsicherheiten und Rollenkonflikten führen (Schäfers, 1994). Heute werden biographie- und kulturtheoretische Ansätze bevorzugt, die in der Ausdifferenzierung eigenständiger Kulturmuster, Normen und entsprechender Verhaltensweisen die Eigenart des Jugendalters sehen und damit einen für empirische Forschungen fruchtbaren Bezugsrahmen formulieren (Jugend '92). Daneben liegen historische Analysen vor, die die besondere Stellung dieser Altersgruppe im dynamischen Entwicklungsprozeß verschiedener Gesellschaftsformen und ihrer spezifischen Sozialisationsbedingungen zu beschreiben suchen (Mitterauer, 1986). Relativ übereinstimmend über alle theoretischen Differenzen hinweg wird das Jugendalter durch zwei wesentliche Merkmale charakterisiert: Zum einen gilt es in diesem Lebensabschnitt, Partnerbeziehungen aufzunehmen und die Ablösung von der Herkunftsfamilie zu vollziehen. Ferner muß mit dem Übergang aus dem Bildungs- in das Erwerbssystem die entscheidende «Statuspassage» absolviert werden, die die Voraussetzung dafür darstellt, ein ökonomisch selbständiges Leben führen und eine Familie gründen zu können. Beide Aufgabenbereiche liefern einen Hinweis darauf, daß sich auch in der Jugendphase die herrschenden Muster geschlechtsspezifischer Arbeitsteilung wiederfinden. Eine Besonderheit des Jugendstatus in der gegenwärtigen Gesellschaft liegt in den großen Diskrepanzen zwischen den verschiedenen «Statusmerkmalen», die den Jugendlichen von der Gesellschaft zugeschrieben und zugestanden werden. Während sie im privaten Bereich selbständige Partnerschaften eingehen und im wirtschaftlichen Leben als anerkannte Konsumenten und wichtige Zielgruppe fungieren, leben sie hinsichtlich ihrer ökonomischen Situation oft noch in abhängiger Existenz – ein Zustand, der durch die gegenwärtige Beschäftigungskrise noch verschärft wird. Symbolischer Protest und stilbetonte Abgrenzung kennzeichnen deshalb immer wieder das Verhältnis zu einer Erwachsenenwelt, die zwar Räume für Selbständigkeit schafft, aber die Mittel hierfür noch vorenthält.

Literatur

Erdheim, M. (1988). Die Psychoanalyse und das Unbewußte in der Kultur. Frankfurt/M.

Jugend '92 (1992). Lebenslagen, Orientierungen und Entwicklungsperspektiven im vereinigten Deutschland. Hg. vom Jugendwerk der Deutschen Shell. 4 Bde. Opladen.

Mitterauer, M. (1986). Sozialgeschichte der Jugend. Frankfurt/M.

Schäfers, B. (1994). Soziologie des Jugendalters. Opladen.

Peter Wahler

Jugendhilfe

Die Jugendhilfe hat ihre historischen Wurzeln in der Fürsorge- und Zwangserziehung des 19. Jahrhunderts und begründet sich einerseits auf der Fürsorgepflicht des Sozialstaates, andererseits auf dem im Reichsjugendwohlfahrtsgesetz (1922) proklamierten Recht von Kindern auf Erziehung (vgl. Peukert et al., 1990). Der Begriff «Jugendhilfe» wird erst seit den 50er Jahren benutzt und löste den Begriff der Jugendfürsorge ab. In der Begrifflichkeit, aber auch in den gesetzlichen Grundlagen zeigt sich die langsame inhaltliche Umorientierung: Boten frühere Gesetze vor allem Legitimationen für den staatlichen Eingriff in Familien und waren damit vorrangig eingriffsorientiert ausgerichtet, versteht sich das Kinder- und Jugendhilfe-Gesetz von 1990 mehr als Hilfsangebot für Jugendliche. Das KJHG geht dabei von dem Leitsatz der «Lebensweltorientierung» aus: Die Angebote der Jugendhilfe sollen auf die spezifischen Lebenslagen von Mädchen und Jungen ausgerichtet sein (Thiersch, 1995). Beachtet werden sollen dabei neben klassischen Ungleichheitskriterien (Herkunft, Bildung der Eltern) Faktoren wie die Chancen und Grenzen Jugendlicher in der Teilhabe an gesellschaftlichen Entwicklungen: welche Erfahrungsmöglichkeiten vorhanden sind, die Zugehörigkeit zu ethnischen Gruppen oder die Geschlechtszugehörigkeit; aber auch strukturelle Fragen wie z. B. das regionale Ausmaß an Jugendarbeitslosigkeit, Wohnraumversorgung oder die Höhe der Sozial- und Jugendhilfeleistungen; unterschiedliche soziale und kulturelle Ausdifferenzierung ländlicher und städtischer Wohngebiete. Die grundsätzliche Paradoxie der Jugendhilfe in Form eines Doppelmandats von Hilfe und Kontrolle besteht weiterhin, denn der Jugendhilfe wird traditionellerweise und vor allem in ökonomischen Krisenzeiten eine Art Reparaturfunktion zugeschrieben. Gerade im wiedervereinigten Deutschland lassen sich diese Tendenzen erkennen. Das heute bestehende System Jugendhilfe in Deutschland beinhaltet ein äußerst ausdifferenziertes und heterogenes Angebot von Institutionen mit den verschiedensten Dienstleistungen im Bereich der öffentlichen Erziehung, ob ambulant oder stationär (vgl. Jordan et al., 1994). Jugendhilfeanbieter sind neben staatlichen Einrichtungen traditionellerweise freie und konfessionelle Träger. Jugendhilfeeinrichtungen verstehen sich als Dienstleistungsanbieter und streben hohe Professionalisierung an, um sich auf dem enger werdenden Markt der Anbieter zu erhalten und zu etablieren. Betriebswirtschaftliche Begrifflichkeiten und Ansätze (z. B. «Qualitätsmanagement» und «Neue Steuerungsmodelle») haben mittlerweile das Jugendhilfesystem erreicht, wobei pädagogische Ziele häufig mit betriebswirtschaftlichen Erfordernissen kollidieren.

Literatur

Jordan, E. & Sengling, D. (1994). Jugendhilfe. Weinheim / München.

Peukert, D. & Münchmeier, R. (1990). Historische Entwicklungstrukturen und Grundprobleme der deutschen Jugendhilfe. In: Sachverständigenkommission 8. Jugendbericht (Hg.), Materialien zum 8. Jugendbericht. Bd. 1 (S. 1–49). München.

Thiersch, H. (1995). Lebensweltorientierte Soziale Arbeit. Weinheim / München.

Sabine Pankofer

Jungenarbeit

Jungenarbeit ist die geschlechtsspezifische Arbeit mit Jungen. In ihr werden Jungen in ihrer geschlechtsspezifischen Situation von Sozialisationsbedingungen und Identitätsentwicklungen betrachtet sowie die geschlechtliche Identität als Junge in allen Ausprägungen und dem biographischen Werdegang zum Thema gemacht. Von der allgemeinen Jugendarbeit setzt sie sich dadurch ab, daß sie das «Junge-Sein» und «Mann-Werden» im Blick hat und in die pädagogischen Interventionen einbezieht.

Die ersten Ansätze entstanden Mitte der 80er Jahre. Vorausgegangen waren etwa zehn Jahre parteiliche Mädchenarbeit, die entwickelt wurde, nachdem die gesellschaftlichen Analysen der Frauenbewegung aufzeigten, daß herkömmliche Jugendarbeit nicht geschlechtsneutral ist und Mädchen benachteiligt, u.a. durch die Orientierung des Angebotes an den Interessen der Jungen und durch die Tolerierung von Diskriminierung und Gewalt gegen Mädchen. Mit der Aussage «Jugendarbeit ist Jungenarbeit» wurde die Anerkennung von Geschlecht als sozialer Strukturkategorie gefordert und die parteiliche Mädchenarbeit entwickelt und umgesetzt, zu der auch die Forderung nach einer ergänzenden Jungenarbeit gehörte (vgl. Wegner, 1996). Etwa zeitgleich entstanden erste Männergruppen in Deutschland; Männern und auch Jungen wurden zunehmend Defizite traditioneller männlicher Sozialisation deutlich, die Geschlechterverhältnisse wurden erstmals von Männern politisch diskutiert. Der dabei auftretende Konflikt zwischen der Forderung von Frauen nach einer Veränderung der Jungen- und Männerrolle einerseits, der prozeßhaften Veränderung des männlichen Selbstverständnisses andererseits durchzieht die Geschichte der Männerbewegung und spiegelt sich auch in zahlreichen Jungenarbeitskonzepten wider (vgl. Munding, 1995). Anfang der 80er Jahre wurden erstmals in pädagogischen Zeitschriften Artikel zur geschlechtsspezifischen Arbeit mit Jungen veröffentlicht. Dabei stand hauptsächlich das auffällige, störende und belästigende Verhalten der Jungen im Zentrum der Betrachtung. Eine Jungen-Forschung gab es nicht, und Erkenntnisse über Jungen wurden als Nebenprodukt der Frauenforschung gewonnen. Gleichwohl wurde deutlich, daß eine Benachteiligung der Mädchen in der allgemeinen Jugendarbeit nicht automatisch eine Bevorzugung der Jungen bedeutete, da deren spezifische Probleme nicht aufgegriffen wurden.

1988 legte die Heimvolkshochschule «Alte Molkerei Frille» mit dem Abschlußbericht ihres Modellprojekts «Was Hänschen nicht lernt ... verändert Clara nimmermehr!» erstmals Inhalte, Ziele und Methoden einer antisexistischen Arbeit mit Jungen vor, die eingebettet war in ein Gesamtkonzept «Geschlechtsbezogene Arbeit mit Mädchen und Jungen». Die Zahl der Publikationen zur Sozialisation von Jungen stieg Ende der 80er Jahre sprunghaft an, es wurden weitere Ansätze und Konzepte für die Arbeit mit Jungen entwickelt, z. B. die reflektierte Jungenarbeit (Sielert, 1989), die emanzipatorische (Schenk, 1991), die identitätsorientierte (Winter, 1991) und, für die Arbeit mit gewalttätigen Jungen, die Gewaltpädagogik / verstehende Jungenarbeit (Lempert & Oelemann, 1994). Die Ansätze unterscheiden sich in ihren Zielen und Inhalten sowie hinsichtlich dessen, was Jungenarbeit ausmacht und welchen Stellenwert sie in der Auseinandersetzung der Geschlechterfrage hat. Gemeinsam ist fast allen, daß sie Jungenarbeit nicht als eine neue Methode betrachten, sondern als eine neue Sichtweise auf Jungen. Sie sehen Männlichkeit als etwas, was sozial erworben, erhalten und bewiesen werden muß und jederzeit angezweifelt werden kann; sie erachten es als notwendig, daß Männer mit Jungen arbeiten, um ihnen konkret erlebbare männliche Vorbilder zu bieten.

Trotz der Vielzahl an Ansätzen ist die Verbreitung von Jungenarbeit gering. In Therapie und Beratung arbeiten hauptsächlich Stellen aus dem Bereich Gewalt geschlechtsspezifisch mit Jungen (z. B. Männer gegen Männer-Gewalt Hamburg; Zartbitter Köln), in der Jugendarbeit eher die großen Verbände; die offene Jugendarbeit hinkt hinterher, ebenso die Schulen. Der Hauptgrund dafür scheint der fehlende geschlechtsspezifische Blick vieler Männer und die damit verbundene geringe Motivation zu sein, mit Jungen zu arbeiten. Zudem stellen die Träger der Jugendarbeit wenig finanzielle, organisatorische und personelle Kapazitäten bereit, so daß Jungenarbeit hauptsächlich vom Engagement von Einzelpersonen getragen wird.

Literatur

Heimvolkshochschule «Alte Molkerei Frille» (1988). Parteiliche Mädchenarbeit und antisexistische Jungenarbeit. Frille.
Lempert, J. & Oelemann, B. (1994). Lieber gewalttätig als unmännlich ... Der lange Irrweg auf der Suche nach Männlichkeit. Hamburg.
Munding, R. (1995). Sexualpädagogische Jungenarbeit. Hg.: Bundeszentrale für gesundheitliche Aufklärung. Köln.
Schenk, M. (1991). Emanzipatorische Jungenarbeit im Freizeitheim. In: R. Winter & H. Willems (Hg.), Was fehlt, sind Männer! Schwäbisch Gmünd.
Sielert, U. (1989). Jungenarbeit. Praxishandbuch für die Jugendarbeit. Teil 2. Weinheim / Basel.
Wegner, L. (1996). Wer sagt, Jungenarbeit sei einfach? Widersprüche, 56/57, S. 161–179.
Winter, R. (1991). Identitätskrücken oder Jungenarbeit? Zur Begründung eigenständiger Ansätze kritischer Jungenarbeit. In: R. Winter & H. Willems (Hg.), Was fehlt, sind Männer! Schwäbisch Gmünd.

Matthias Müller

Kindheit

Unter Kindheit versteht man einen gesellschaftlichen, sozialen und emotionalen Zustand, der für den Zeitraum der ersten Lebensjahre kennzeichnend ist. In unserer Kultur ist Kindheit ein der Erwachsenenwelt gegenübergestellter besonderer Bereich mit eigener Kleidung, eigenen Spielen, eigenen Institutionen, kurz, einem eigenen Lebensraum, der vor allem von der Familie gebildet wird. Kindheit ist in erster Linie für die Sozialisation des Kindes verantwortlich, gesellschaftliche Einrichtungen für Kinder sind nur als Ergänzung zur familialen Sorge um das Kind gedacht. Im emotionalen Bereich ist Kindheit von einer totalen Abhängigkeit von Eltern oder stellvertretenden Bezugspersonen geprägt. Die Gefühlsbeziehungen zwischen Eltern und Kind haben bestimmten Normen und Intensitäten zu genügen. Äußeres und typische Eigenschaften (unschuldig, schwach, sozialisationsbedürftig etc.) sind zu bekannten Klischees geworden. Diese für uns charakteristischen Merkmale von Kindheit werden meist als naturwüchsig und anthropologisch begründet aufgefaßt. Man stellt sie als notwendige Folge des Kindesalters dar. Kindheit muß jedoch als historischer und gesellschaftlich bedingter Begriff angesehen werden. Die Entdeckung der Kindheit als geschichtliche Thematik wurde durch Untersuchungen von Philippe Ariès eingeleitet. Seine provokant formulierte These lautet, daß Kindheit nicht immer existierte, sondern erst in der Moderne (zwischen dem 16. und 18. Jahrhundert) entdeckt wurde. Vorher, im Mittelalter und zu Beginn der

Neuzeit, waren Kinder, sobald man ihnen zutraute, ohne Hilfe der Mutter auszukommen, vollständig in die Welt der Erwachsenen integriert. Sie lebten mit den Erwachsenen in einem natürlichen informellen «Lehrlingsverhältnis», das alle Bereiche des Lebens betraf (Welterkenntnis, Religion, Sprache, Sitte, Sexualität und Arbeit). Ariès' Forschungen basieren auf der Analyse kunsthistorischer Quellen (zeitgenössische Gemälde und Abbildungen verschiedener Art). Die Entdeckung der Kindheit wird bei ihm negativ bewertet: Die Kinder wurden von der Gesellschaft ausgegrenzt, man nahm ihnen die Freiheiten, deren sie sich unter den Erwachsenen erfreut hatten, und sie kamen unter das Regime von Familie und Obrigkeit.

In krassem Gegensatz zu Ariès bewertet die in den 70er Jahren in den USA entstandene «Psychohistory-Schule» die Geschichte der Kindheit als positiv fortschreitende Entwicklung. Die aus dieser Schule vor allem in Anschluß an Lloyd de Mause hervorgegangenen Arbeiten stützen sich bewußt auf Quellen des Alltagslebens und gehen auf viele Aspekte des Kinderlebens ein (Kinderopfer, Beschneidung, Kindesmord, Aussetzung, Säuglingsernährung, Reinlichkeitserziehung, Disziplinierungspraktiken, sexueller Mißbrauch von Kindern). Gleichzeitig mit der Neudefinition der Stellung des Kindes in der bürgerlichen Gesellschaft und Familie wurde das Kind wissenschaftliches Forschungsobjekt. Die kindliche «Natur», die Gesetzmäßigkeiten des körperlichen und geistigen Wachstums, die pathologischen Fehlentwicklungen, die Kinderpflege und Erziehung wurden Gegenstand wissenschaftlicher Untersuchungen, im Lauf der Zeit sogar von eigens dafür gegründeten wissenschaftlichen Disziplinen wie der Kinderheilkunde und der Pädagogik. Die damals von den Wissenschaften entwickelten Normvorstellungen fanden oft in extremen Erziehungsmethoden Ausdruck, z. B. in den von Daniel Gottlieb Moritz Schreber entwickelten technischen Geräten, mit denen das Kind in bestimmte Körperhaltungen gezwungen wurde. Die zahlreichen Bemühungen der Wissenschaften des 19. Jahrhunderts, die kindliche Sexualität zu tabuisieren oder zu pathologisieren, wurden von der Psychoanalyse radikal in Frage gestellt. Freud entdeckte und beschrieb die Ausdrucksformen der infantilen Sexualität und die Gesetzmäßigkeiten des kindlichen Trieblebens und machte die Wichtigkeit der Kindheitserlebnisse als zentrale Momente für die menschliche Entwicklung deutlich. In der Psychoanalyse wird die Kindheit zur prägendsten Lebensphase, in der die Ursachen für alle späteren Verhaltensweisen und Störungen angelegt sind. Diese Auffassung beeinflußt bis heute nachhaltig die Kinder- und Entwicklungspsychologie sowie die Sozialisationsforschung. Nach dem Ersten Weltkrieg erreichte die psychologische Kinderforschung einen Höhepunkt. Bedeutende Anteile daran haben psychoanalytische, individualpsychologische, entwicklungspsychologische und sozialwissenschaftliche Untersuchungen. Nach dem Nationalsozialismus, der einen totalen Niedergang für die Kinderforschung bedeutete, wurde für den deutschsprachigen Raum die Rezeption angloamerikanischer psychoanalytischer (z. B. René Spitz' Studien zum ersten Lebensjahr des Kindes) und psychologischer Ergebnisse der Kinderforschung (z. B. Piaget mit seiner Untersuchung der kognitiven Struktur des Kindes) maßgeblich. Eigenständige Entwicklungen werden erst in den 70er Jahren erkennbar (antiautoritäre Erziehung, Kinderladenbewegung, Antipädagogik, Geschichte der Kindheit).

Der sozialgeschichtliche Forschungsansatz wurde seit den 80er Jahren ergänzt durch Versuche, die gegenwärtige Situation und Lage der Kinder aus sozialwissenschaftlicher und ethnologischer Perspektive zu untersuchen und zu interpretieren.

Literatur

Ariès, P. (1975). Geschichte der Kindheit. Frankfurt/M.

de Mause, L. (1978). Hört ihr die Kinder weinen? Eine psychogenetische Geschichte der Kindheit. Frankfurt/M.

Nyssen, F. & Janus, L. (Hg.). (1997). Geschichte der Kindheit. Gießen.

Stiftung für Kinder (Hg.). (1995). Children – War and Persecution. Osnabück.

Rutschky, K. (Hg.). (1977). Schwarze Pädagogik. Frankfurt/M.

van de Lo, M.-J. & Reinhart, M. (1993). Kinder. Ethnologische Forschungen in fünf Kontinenten. München.

Wiesbauer, E. (1982). Das Kind als Objekt der Wissenschaft. Wien/München.

Johannes Reichmayr/Elisabeth Menasse-Wiesbauer

Klassifikation psychischer Störungen

Als Klassifikation psychischer Störungen gilt deren systematische Anordnung und Beschreibung in der entsprechenden Fachterminologie etwa durch psychiatrische Lehrbücher oder diagnostische Manuale. Ebenso wie in der Organmedizin sind die Einteilungskriterien in der Psychopathologie nicht einheitlich. Historisch hat sich eine Unterteilung herausgebildet, die durch Organkrankheiten bedingte («exogene») psychische Störungen gemäß ihrer Ursache (Ätiologie) darstellt, denen gegenüber die nicht organisch erklärbaren («endogenen») Störungen gemäß ihrer Symptomatik angeordnet wurden. Als dritte Gruppe wurden die je nach Lehrmeinung unterschiedlich konzeptualisierten, psychischen Ursachen zugeschriebenen «neurotischen» bzw. «funktionellen»

Störungen abgegrenzt, wiederum in symptomatologischer Darstellung. Schließlich wurde die Gruppe der «Psychopathien» bzw. «Persönlichkeitsstörungen» gebildet, die nach einer Typologie von Normwidrigkeit bzw. Lästigkeit eingeteilt wurde. Geistige Behinderungen bzw. Entwicklungsverzögerungen bildeten in der Regel eine weitere Gruppe, bei entsprechendem wissenschaftlichem Kenntnisstand in ätiologischer Anordnung, sonst nach Symptomatik bzw. Auffälligkeit zusammengefaßt. Dieses Schema geht im wesentlichen auf den deutschen Psychiater Kraepelin (1856–1926) zurück, der erstmals den seit 1913 gesicherten Zusammenhang von Syphilis und Paralyse in die psychiatrische Systematik einbaute und so die Gruppe der «endogenen» Psychosen in der bis heute weitgehend gültigen Form abgrenzte. In Kraepelins theoretischer Sichtweise war diese Einteilung insofern ätiologisch, als er mit der Metapher «endogen» eine topologisch verfaßte Ursachenlehre andeutete, die fiktiv geblieben ist. Kraepelin hatte seine Systematik insgesamt als aufsteigende Reihe nach einem unterstellten Anteil von «Entartung» an den einzelnen Störungen geordnet. Störungen bei Vergiftungen und Verletzungen galten ihm als am wenigsten entartungsbedingt, den «Psychopathen» und «Gesellschaftsfeinden» schrieb er den höchsten Anteil an Entartung zu. Insofern war bereits die Konstellation der Krankheitsbeschreibungen implizit wertend und verurteilend.

Die beschriebene Systematik läßt sich bis heute in den meisten psychopathologischen Darstellungen wiederfinden, wenn auch die Anordnung bisweilen in Einzelheiten schwankt. Trotz ihrer Dauerhaftigkeit hat die «klassische» Einteilung und Nomenklatur viel Kritik auf sich gezogen. Es wurde in Frage gestellt, ob insbesondere die Darstellung der endogenen Psychosen wirkliche Zusammenhänge und nicht Scheinkorrelationen schildert, die durch die Krankheitsbezeichnungen erst organisiert werden, und ob hier wirklich biologisch darzustellende Zusammenhänge vorliegen (Validitätsfrage). Ferner wurde an der Darstellungsweise der Psychopathologie insgesamt kritisiert, daß sich Verhaltensbeobachtungen mit nicht hinterfragten Konstrukten («Willen», «Persönlichkeit») und moralisch wertenden Unterstellungen mischten. Die auf internationale Verwendbarkeit hin angelegten modernen Klassifikationssysteme der Weltgesundheitsorganisation (WHO) und der American Psychiatric Association (APA) haben bedeutsame Schritte zur Verwissenschaftlichung der Systematik und ihrer Darstellungsweise gemacht. Beide Systeme fassen in fortwährenden Kompilationsprozessen den aktuellen Sprachgebrauch und den Forschungsstand des Fachs in immer neuen Revisionen zusammen. Derzeit gilt die zehnte Fassung der Klassifikation der Weltgesundheitsorganisation (ICD-10, 1993) bzw. die 4.

Auflage des APA-Manuals (DSM-IV, 1996), die sich aufeinander beziehen und eine einheitliche Kodierung der Krankheitsbezeichnungen verwenden. Insbesondere DSM bemüht sich um «operationale» Darstellung der Störungen durch Angabe von präzisierten Beobachtungskriterien und um umfassende «multiaxiale» Schilderungen ohne biologische oder psycho-soziale Präferenzen. In der Krankheitslehre wurde die traditionelle Unterscheidung von «Neurose» und «Psychose» aufgegeben; lediglich als Adjektive tauchen beide Begriffe ohne Verknüpfung mit psychodynamischen Hypothesen noch auf. Bei den «affektiven Störungen» (Kraepelins «manisch-depressivem Irresein») wird neben den manischen und bipolaren Formen eine «major depression» als eigenständige Krankheitseinheit von hoher epidemiologischer Gewichtigkeit abgegrenzt. Auch sonst bilden sich gewandelte epidemiologische Verhältnisse bzw. Veränderungen in der öffentlichen Aufmerksamkeit vielfach in der Krankheitslehre ab, etwa durch Akzentuierungen in der Darstellung der Eßstörungen, der multiplen Persönlichkeitsstörung und der Geschlechtsidentitätsstörungen. Aus der Nomenklatur wurden manche impliziten Urteile getilgt. So wird das Wort «Krankheit» wegen seiner biologischen Konnotationen zugunsten des Worts «Störung» vermieden; damit Krankheitsbezeichnungen nicht zu Gattungsnamen für Menschen werden («Schizophrene»), bevorzugt DSM-IV Formulierungen wie «Menschen mit Schizophrenie» u. v. a. m. Die Entwicklung von DSM und ICD hat allerdings gegenüber den herkömmlichen Darstellungen keinen entscheidenden Gewinn an Validität erbracht.

Literatur

DSM-IV (1996). Diagnostisches und Statistisches Manual Psychischer Störungen DSM-IV. Göttingen.

ICD-10 (1993). Weltgesundheitsorganisation, Internationale Klassifikation psychischer Störungen. ICD-10. Kapitel V (F). Bern.

Kraepelin, E. (1909–15). Psychiatrie. Ein Lehrbuch für Studierende und Ärzte. 4 Bde. Leipzig.

Gunter Herzog

Klinik / Krankenhaus

Das moderne Krankenhaus mit seiner zwei Jahrhunderte währenden Politik der Patientenversorgung ist in die öffentliche Kritik geraten. Im Zusammenhang mit der Problematisierung ärztlicher Privilegien und Verordnungen, die auch in der gegenwärtigen Reform des Gesundheitswesens zum Ausdruck kommt, verliert die Klinik ihre als unantastbar geltende Souveränität, über Leben und Tod entscheiden zu können. Allen am Gesundheitswesen Beteiligten ist bewußt, daß die Krankenhäuser selbst Verursacher von Krankheiten sind (vgl. Illich, 1977). Infektionskrankheiten bei älteren und abwehrschwachen Menschen führen häufig zum Tod, pharmakologische Mixturen ziehen unbekannte Nebenwirkungen und Neuerkrankungen nach sich, und Dauerpatienten leiden früher oder später unter Hospitalisierung. Zudem hat die Klinische Medizin bislang keine Mittel zur Heilung chronischer Erkrankungen gefunden. Sie beschränkt sich, insbesondere bei Krankheiten des Immunsystems, auf die Linderung von Symptomen. Heute sieht sich die Klinik verstärkt dem Vorwurf von Politikern und Verbänden ausgesetzt, bisher wenig zur Kostendämpfung und Qualitätssicherung im Gesundheitswesen beigetragen zu haben. Allerdings setzen immer mehr Krankenhäuser betriebswirtschaftliches Denken und Kundenbewußtsein um. Am Deutschen Herzzentrum in München spricht man von einer «Kunden-Lieferanten-Beziehung», die in moderne Technologien und Überlegungen der Wirtschaftlichkeit eingebettet sei (vgl. Reisch, 1997). Ob jedoch der Spagat zwischen Patientenorientierung und der Umsetzung betriebswirtschaftlicher Konzepte gelingt, muß bezweifelt werden (vgl. Feuerstein, 1996). Auch die Einführung von Patientensprechern läßt folgende Tatbestände außer acht: die Infantilisierung des Patienten im Krankenhaus und die institutionelle Vereinnahmung durch die Klinik als «totaler Institution» (vgl. Goffman, 1973). Lange Wartezeiten, der kollektive Tagesablauf und vor allem eingeschränkte Informationen über Diagnose, Therapie und Prognose erzeugen große Abhängigkeiten des Patienten von Ärzten und Pflegepersonal. Um sich nicht eingestehen zu müssen, daß die Ärzte – besonders bei der Visite – die in sie gesetzten Erwartungen bezüglich Aufklärung und Information nicht erfüllen, wenden viele Patienten einen Psycho-Trick an: Sie überbewerten den Kontakt zu ihren Ärzten, in zeitlicher und informativer Hinsicht (vgl. Erzberger et al., 1989). In sozialhistorischer Perspektive hat sich das Krankenhaus aus der Klinischen Medizin entwickelt. Mit dem Beginn der Aufklärung setzte sie ein medizinisches Denken und Handeln durch, das Erkrankungen vom Erleben des Patienten und seiner Sprache abkoppelte. Ein ganzes System von Krankheiten, ihren Unterschieden, Verläufen, Überträgern und Komplikationen folgte (vgl. Foucault, 1973). Damit erhält die Klinik, betrachtet man sie als ein Labor für klinische Experimente und Expertisen, den Charakter einer hochspezialisierten und hochtechnologischen Menschenfabrik. Obgleich die Klinikleitungen für einen patientenorientierten Verlauf des Krankenhausaufenthalts werben, wird mehr denn je die Realität der Entmenschlichung und Enteignung des Körperlichen deutlich. Medizinische Routine, Personalmangel, Finanznot und berufliche Überforderung erlauben allein Fließbandgeburten und -tode (vgl. Paul, 1996). Gegen solche entwürdigenden Bedingungen regt sich indes Widerstand. Es entstehen Hospize, die es sich zur Aufgabe machen, todkranken Menschen ein humanes Sterben zu ermöglichen. Auch entschließen sich viele Frauen zur Hausgeburt, die keinesfalls ein höheres Risiko als die «programmierte Geburt» (Borgers, 1986) im Krankenhaus darstellt.

Literatur

Borgers, D. (1986). Für eine ganzheitlichere Perspektive in der Anwendung medizinischer Technologien. Medizin und Technologie, 141, S. 49–68.

Erzberger, M. et al. (1989). Der zufriedene Patient? Die auffallend positive Bewertung von Krankenhausleistungen durch die Patienten. Ein Erklärungsversuch aus sozialpsychologischer Sicht. Medizin Mensch Gesellschaft, 14, S. 140–145.

Feuerstein, G. (1996). Industrialisierung des Krankenhauses? Vortrag auf dem 28. Kongreß der Deutschen Gesellschaft für Soziologie vom 7. – 11. 10. 1996 in Dresden.

Foucault, M. (1973). Die Geburt der Klinik. Eine Archäologie des ärztlichen Blicks. Frankfurt / M.

Goffman, E. (1973). Asyle. Über die soziale Situation psychiatrischer Patienten und anderer Insassen. Frankfurt / M.

Illich, I. (1977). Die Nemesis der Medizin. Reinbek.

Paul, S. (1996). Die sanfte Tortur. «Na, rein war wohl schöner als raus!» – Über die ganz persönliche Erfahrung, ein Kind zur Welt zu bringen, DIE ZEIT vom 8. März, S. 96.

Reisch, U. (1997). Klinik mit Herz: Patient als Kunde. Götter in Weiß steigen vom Sockel, werden menschliche Dienstleister, Münchner Abendzeitung vom 26. / 27. April, S. 13.

Stefan Raab

Klinische Psychologie

Nach Auffassung von Pongratz unterscheidet sich die Klinische Psychologie von anderen psychologischen Disziplinen am ehesten durch ihren Gegenstand. Er definiert sie daher als jenen «Zweig der Psychologie, der die Diagnostik, Modifikation und Prävention von sozialbedingten und sozialrelevanten Störungen des Erlebens und Verhaltens in Forschung, Lehre und Praxis zum Gegenstand hat» (Pongratz & Wewetzer, 1977, S. 44). Schmidt (1978) kritisiert daran die willkürliche Ausklammerung vor allem der psychosomatischen Störungen. Einig sind sich die meisten Autoren aber darin, daß die praktischen Aufgaben der Klinischen Psychologie in Prävention, Diagnostik und Psychotherapie einschließlich Beratung und Rehabilitation bestehen. Arbeitsfelder Klinischer Psychologen sind eine Vielzahl stationärer und ambulanter Einrichtungen, außer Kliniken für Medizin und Psychiatrie Beratungsstellen (z. B. für Erziehungsberatung), Heime, Schulen, Privatpraxen u. v. m.

Das Aufkommen der Psychoanalyse in der ersten Hälfte dieses Jahrhunderts bedeutete einen krassen Bruch mit der bisher vornehmlich an Psychophysik und Denkpsychologie orientierten Klinischen Psychologie. In den letzten Jahrzehnten wird in der Klinischen Psychologie in Zusammenarbeit mit der Organisationspsychologie versucht, sozialtechnische Angebote zu erarbeiten, um die wachsenden Kosten zu senken, die durch Arbeitszeitausfälle infolge psychischer Störungen und psychosomatischer Erkrankungen entstehen. Seit Ende der 60er Jahre erscheint eine Flut von neuen Therapieverfahren und Angeboten zur Selbsterfahrung auf dem «Psychomarkt». Auf staatlicher Seite gab es Tendenzen, der katastrophalen Lage der psychosozialen Versorgung der Bevölkerung durch vermehrte Schaffung von Beratungsstellen und gemeindenahen psychiatrischen Diensten (Gemeindepsychologie) unter Leitung bzw. Mitarbeit Klinischer Psychologen Herr zu werden. Diese auf dem Hintergrund der bestehenden gesellschaftlichen Bedingungen einerseits sinnvollen Maßnahmen bergen andererseits die Gefahr in sich, zu einer «Psychiatrisierung» der Gesellschaft, einer Ausweitung staatlicher Kontrolle auf alle Formen sog. abweichenden Verhaltens zu führen. Die krisenhafte Wirtschaftsentwicklung in der BRD hat im letzten Jahrzehnt allerdings zu einem massiven Abbau im Bereich von Beratung und Klinik geführt.

Als ebenso theoretisch wie praktisch und gesundheitspolitisch bedeutsames Problem klinisch-psychologischer Theoriebildung kann die Frage gelten, ob es psychische Krankheiten gibt, oder ob es sich dabei lediglich um normabweichendes Verhalten handelt, das erst durch Prozesse sozialer Stigmatisierung als krankhaft erscheint. Mit Blick auf die therapeutische Praxis wird dafür plädiert, genauer zu erforschen, welche Therapieform für welche Art von Problemen bei welchen Patienten am besten geeignet ist (Indikationsfrage). In jüngerer Zeit setzten materialistische und kritische Psychologie den Einseitigkeiten der Erklärungsmodelle psychischer Störung, wie sie von der sog. bürgerlichen Psychologie entworfen werden, eigene Modellvorstellungen entgegen, die auf der Marxschen Kritik der politischen Ökonomie basieren (vgl. z. B. Holzkamp-Osterkamp, 1976; Gleiss, 1979). Für die metatheoretische Diskussion der Psychoanalyse ist die von Lorenzer begründete Theorie der Interaktionsform bedeutsam geworden. Wichtige Impulse zum klinischen

Verständnis historisch-gesellschaftlicher Veränderungen im Entstehungsprozeß menschlicher Subjektivität gehen von neueren psychoanalytisch orientierten Beiträgen zum Narzismus aus. Seit den 70er Jahren gewinnen Therapiekonzepte zunehmend praktische Relevanz, die sich auf Kybernetik und Systemtheorie berufen (vgl. Watzlawick et al., 1974; Ziegler, 1974; Hörmann, 1993).

Klinisch-psychologische Praxis kann auf das als gestört definierte Individuum bezogen sein und auf seine soziale Umwelt. Ergebnis individuumzentrierter Arbeit können sozialtechnische Maßnahmen sein, eine Beratung der Betroffenen oder die Durchführung einer Psychotherapie. Die Entscheidung über die Art der Maßnahme wird in der Praxis oft nicht zuletzt vom sozialen Status der Betroffenen abhängen. Als umweltzentrierte Praxis, der der größere Stellenwert für die psychosoziale Versorgung der Bevölkerung eingeräumt wird, haben Maßnahmen der Prävention zu gelten sowie die Gemeindepsychologie und die Sozialpsychiatrie. Für die Praxis des Klinischen Psychologen sind neben den unmittelbar fachlichen Fragen die institutionellen und allgemein-gesellschaftlichen Bedingungen seiner Arbeit sowie seine rechtliche Stellung im Gesundheitssystem (z. B. in Hinblick auf Schweigepflicht und Berechtigung zu psychotherapeutischer Tätigkeit) von größter Bedeutung. Die gesundheitspolitische Diskussion seiner Tätigkeit läßt sich auf drei Positionen zuspitzen: (1) Klinische Psychologie hilft leidenden Menschen. Die Legitimation ihrer Praxis ergibt sich aus dem weit verbreiteten psychischen Elend in unserer Gesellschaft. (2) Klinische Psychologie beansprucht, dem einzelnen zu helfen, paßt ihn aber wieder an die krank machenden Strukturen der Gesellschaft an und trägt so dazu bei, gerade diese Strukturen aufrechtzuerhalten. Eine fortschrittliche Arbeit auf psychosozialem Gebiet kann daher nur im Einsatz für eine Abschaffung der gesellschaftlichen Ursachen psychischer Störungen selbst bestehen. (3) Die Fähigkeit, sich in der bestehenden Gesellschaft am Leben erhalten und orientieren zu können, ist eine Grundvoraussetzung für die Teilnahme an politischen Kämpfen zu ihrer Umgestaltung. Sofern Klinische Psychologie dazu beiträgt, leidende Menschen diese Fähigkeit wiedergewinnen zu lassen, ohne sie mit den gegebenen Verhältnissen auszusöhnen, widerspricht ihre Praxis nicht gesellschaftskritischen Zielsetzungen. Konzeptionelle Vorüberlegungen der Psychologenverbände, in Zusammenarbeit mit den Gewerkschaften und anderen sozial engagierten Verbänden den Aufbau eines an den Bedürfnissen der Bevölkerung ausgerichteten nicht-profitorientierten Gesundheitswesens voranzutreiben, haben spätestens seit Beginn der krisenhaften Wirtschaftsentwicklung in den 80er Jahren nur noch geschichtlichen Charakter.

Literatur

Gleiss, I. (1979). Psychische Störungen als Bewegungsform des Subjekts im gesellschaftlichen Alltag – ein handlungstheoretischer Entwurf. In: H. Keupp (Hg.), Normalität und Abweichung. München / Berlin / Basel.
Hörmann, G. (1993). Im System gefangen. Münster.
Holzkamp-Osterkamp, U. (1976). Motivationsforschung 2. Frankfurt / M.
Pongratz, L. J. & Wewetzer, K. H. (Hg.). (1977). Handbuch der Psychologie. Klinische Psychologie, 1. Halbbd. Göttingen.
Schmidt, L. R. (Hg.). (1978). Lehrbuch der Klinischen Psychologie. Stuttgart.
Watzlawick, P., Beavin, J. & Jackson, D. (1974). Menschliche Kommunikation. Formen, Störungen, Paradoxien. Bern / Stuttgart / Wien.

Walter Rokita

Kognitionswissenschaft

Kognitionswissenschaft befaßt sich mit dem Erwerb von Wissen und dem Einsatz von Wissen bei der Verhaltenssteuerung (intelligentes Verhalten). Gegenstandsbereiche der Allgemeinen Psychologie finden sich in der Kognitionswissenschaft wieder: Wahrnehmung, Aufmerksamkeit, Gedächtnis, Sprache, Denken und Problemlösen. In letzter Zeit werden auch Gegenstandsbereiche einbezogen, die in den Anfangsjahren ausgeschlossen waren: Emotion und Bewegungskontrolle. Die Kognitionswissenschaft war von Anbeginn eine interdisziplinäre Wissenschaft: Psychologen, Philosophen, Informatiker, Linguisten und Neurobiologen arbeiten in diesem Bereich. Wissenschaftsgeschichtlich ist die Kognitionswissenschaft durch die Einführung des Informationsverarbeitungsbegriffs in die Behandlung der genannten Themen gekennzeichnet. Wahrnehmungs-, Gedächtnis- und Denkprozessse werden in eine Abfolge von Informationsverarbeitungsschritten gegliedert. Daher spielte die Frage nach dem Informationsgehalt von Umgebungsreizen oder internen Zuständen eine große Rolle. Das von Shannon und Weaver für technische Systeme entwickelte Informationsmaß bit (binary digit) erwies sich jedoch als wenig brauchbar für biologische Systeme und kognitive Prozesse. Die notwendige exakte Definition elementarer Zeichen sowie ihre wahrscheinlichkeitstheoretische Charakterisierung sind oft nicht zu erreichen. Dennoch spielt der Computer bei der Modellierung geistiger Prozesse eine bedeutende Rolle. So versuchte man, den Ablauf von Denk- und Problemlösungsprozessen als eine Verknüpfung von einer kleinen Zahl unterscheidbarer Grundoperationen darzustellen. Touring legte die theoretische Grundlage für eine Maschine, die mit zwei Symbolen und vier Operationen nachweislich jede Berechnung ausführen könnte (Touring-Maschine). Dies war der Beginn der künstlichen Intelligenz. Newell und Simon haben versucht, ein allgemeines Schema für Problemlösungsprozesse zu entwickeln, welches auf einen Computer übertragbar ist und diesen in die Lage versetzt, eine Vielzahl konkreter Probleme zu lösen. Am Anfang steht ein Vergleich zwischen dem derzeitigen Zustand des Systems und dem angestrebten Zielzustand. Durch festgestellte Unterschiede werden Operationen aufgerufen, die das System dem Zielzustand näherbringen sollen. Denkaufgaben wie der «Turm von Hanoi» oder Schachprobleme lassen sich damit lösen. In komplexen Situationen, die von vielen wechselwirkenden Faktoren bestimmt werden, ergeben sich jedoch erhebliche Schwierigkeiten.

Denkprozesse sind Operationen mit Wissen, und die Frage nach der Repräsentation von Wissen ist eine zentrale Frage der Kognitionswissenschaft. Anderson unterscheidet zwischen wahrnehmungsbasierter und bedeutungsbezogener Wissensrepräsentation. Die Aktivierung wahrnehmungsbezogenen Wissens erfolgt über Vorstellungen. Erkenntnis kann über Operationen mit Vorstellungsbildern gewonnen werden (z. B. mentale Rotation). Bedeutungsbezogenes Wissen ist weniger detailliert als wahrnehmungsbasiertes Wissen. Es ist in Propositionen gespeichert, also elementaren Wissenseinheiten, die als «wahr» oder «falsch» klassifiziert werden können. Wissen ist demnach in Symbolsystemen repräsentiert, und Denken bezeichnet Operationen in diesen Systemen. Auch Sprache stellt ein solches Symbolsystem dar. Die Struktur der Sprache und ihre Operationen waren für Kognitionswissenschaftler immer von großer Bedeutung, da Denken häufig als interne Operation mit sprachlichen Symbolen aufgefaßt wird.

Man kann Überlegungen zur Repräsentation von Wissen anstellen, ohne nach den neurobiologischen Grundlagen zu fragen. In den letzten Jahren hat man allerdings versucht, diese Grundlagen in die Theoriebildung einzubeziehen. Der Symbolverarbeitungsansatz bereitet in diesem Zusammenhang allerdings große Schwierigkeiten. Die einzelne Nervenzelle kann nicht Symbolträger sein. Die oft angeführte neuronale Gruppe oder das neuronale Modul – also ein größerer Verband aus einzelnen Neuronen – ist als Repräsentant einer Information ein theoretisches Konstrukt und neurobiologisch als Einheit kaum zu identifizieren. Daher hat eine theoretische Alternative zum Symbolverarbeitungsansatz an Bedeutung gewonnen: der Konnektionismus. Er basiert auf den Neuronalen Netzwerkmodellen. Sie sind aus logischen Schaltelementen entstanden, die zwei binäre Eingangssignale zu einem binären Ausgangssignal verknüpfen, also zweistellige logische Relationen repräsentieren (McCulloch-Pitts-Neurone). Diese sind zu Input-output-Einheiten weiterentwickelt worden, die eine größere Zahl gewichteter Eingangssignale integrieren und an eine Aktivierungsfunktion übergeben, die dann ein Ausgangssignal erzeugt. Sie können zu größeren Neuronalen Netzen zusammengeschaltet werden. So entstehen lernfähige dynamische Systeme, die zu komplexen Eingangssignalen komplexe Ausgangssignale assoziieren. Die Information ist in den Gewichten der Eingangssignale einzelner Elemente gespeichert, die über mehrere Durchläufe nach bestimmten Regeln verändert werden können, so daß neue Eingangs-Ausgangsverknüpfungen gelernt werden können. Klassifizierung visueller oder auditiver Muster ist in diesen Systemen möglich. Gesichter- und Spracherkennung sind Beispiele aus dem weiten Anwendungsbereich dieser Modelle. Obwohl die einzelnen Elemente dieser Modelle, die «künstlichen Neurone», mit Nervenzellen kaum etwas gemeinsam haben, besitzen konnektionistische Netzwerkmodelle einige Eigenschaften, durch die sie für eine Erklärung neuronaler Prozesse besonders geeignet erscheinen: ein hohes Maß an Parallelität, Unempfindlichkeit gegenüber dem Ausfall einzelner Verarbeitungselemente und die Fähigkeit, zu unvollständigen Eingangssignalen das richtige Ausgangssignal zu assoziieren. Methoden und Denkmodelle der Kognitionswissenschaft haben in den letzten Jahrzehnten Eingang in alle Teilbereiche der Psychologie gefunden und ältere Methoden und Denkweisen abgelöst.

Literatur

Anderson, J. R. (1996). Kognitive Psychologie. Heidelberg.
Freeman, J. & Skapura, D. (1991). Neural Networks. Reading.
Gardner, H. (1989). Dem Denken auf der Spur. Stuttgart.
Wessells, M. G. (1994). Kognitive Psychologie. München.

Wolfgang Möckel

Kognitive Therapie

Im Bereich psychologischer Therapieformen haben kognitive Therapieformen sowohl in der theoretischen Diskussion als auch in der therapeutischen Praxis eine zentrale Bedeutung erlangt. Kognitive Therapieformen lassen sich entsprechend ihrer historischen Entwicklung in drei Gruppen einteilen: einmal jene Therapieformen, die das Ergebnis der Abkehr von der Psychoanalyse darstellen (Frankls Logotherapie, Ellis' rational-emotive Therapie, Becks kognitive Therapie speziell bei Depression); zum anderen jene Verfahren neueren Datums, die einen kognitiven Trend in der Verhaltensmodifikation bzw. die «Tendenzwende in der Verhaltenstherapie» (Mahoney, 1977; Beck et al., 1994; Kanfer, 1996) repräsentieren; einen weiteren Strang bilden jene Modelle, die sich an kognitive Lern-, Motivations-, Emotions- und Handlungstheorien sowie Attributions- und Problemlösungstrainings-Konzepte anlehnen. Gemeinsam ist allen kognitiven Therapien, daß sie – gestützt auf Ergebnisse psychologischer Grundlagenforschung – über die Rolle kognitiver Faktoren bei der Regulation des Verhaltens allgemein und bei der Entstehung und Aufrechterhaltung von Verhaltensstörungen speziell Verhaltensmodelle favorisieren und inneren, verdeckten Zuständen und Prozessen wie Wahrnehmung, Denken, Gedächtnis, Bewertung, Vorstellung, Erwartung, Bedeutung, kognitiven Schemata und Strukturen etc. besondere Aufmerksamkeit widmen. Die kognitive Gegenreaktion auf die enge Perspektive eines rigorosen Behaviorismus, dem «private» Ereignisse wie Gedanken, Gefühle, Erinnerungen als mentalistische Phänomene aus einer überholten Introspektions-Ära verpönt waren, wehrt sich gegen eine Übernahme psychoanalytischer Doktrinen. Ferner unterscheidet sie sich von der eher auf das Emotionale zielenden Gegenreaktion humanistisch-phänomenologischer Ganzheitsbetrachtungen von Psychologierichtungen wie der klientenzentrierten Therapie. Wenn auch individualistisch-idealistische Konturen und introspektive Rückzugstendenzen bei verschiedenen Schattierungen kognitiver Therapien ausgeprägt zutage treten, führt eine Schwarzweißmalerei nicht weiter. Statt dessen ist das wechselseitige Verhältnis von kognitivem Verhalten und Umwelt nicht in oberflächlicher Weise als reziproker Determinismus, wie das zentrale Theorem kognitiver Therapie lautet (Bandura, 1977), zu beschreiben. Vielmehr ist die Beziehung von Denken und gesellschaftlicher Wirklichkeit in Anlehnung an die Basis-Überbau-Dialektik als ein wechselseitiges Verhältnis *ungleicher* Kräfte bei klarer Anerkennung der in letzter Instanz entscheidenden materiellen Verhältnisse zu begreifen, um kognitive Therapie nicht notwendigerweise zu kognitivistischem Konstruktivismus und idealistischem Subjektivismus verkommen zu lassen. Nur so mag es gelingen, gesellschaftliche Einbettung und Präformierung kognitiver Schemata oder irrationaler Annahmen genauer zu analysieren, deren dem deformierten Individuum nur indirekt anlastbare Funktionalität als verzerrt-konsequente Widerspiegelung und Folie gesellschaftlicher Ideologie zu untersuchen und zum Anlaß individueller wie kollektiver Änderung zu nehmen.

Literatur

Bandura, A. (1977). Self-Efficacy: Toward to Unifying Theory of Behavioral Change. Psychological Review, 84, S. 191–215.
Beck, A. T., Rush, A. J., Shaw, B. F. & Emery, G. (1994). Kognitive Therapie der Depression. Weinheim.
Ellis, A. & Grieger, R. (Hg.). (1979). Praxis der rational-emotiven Therapie. München.
Hörmann, G. (1994). Postsystemische Konsequenzen sozialwissenschaftlichen «Fortschritts». Vom Behaviorismus über die kognitive Wende zum radikalen Konstruktivismus. In: G. Hörmann (Hg.), Im System gefangen. Zur Kritik systemischer Konzepte in den Sozialwissenschaften (S. 225–239). Münster.
Kanfer, F. H. & Goldstein A. P. (1979). Möglichkeiten der Verhaltensänderung. München.
Mahoney, M. J. (1977). Kognitive Verhaltenstherapie. München.
Reinecker, H. & Schmelzer, D. (Hg.). (1996). Verhaltenstherapie, Selbstregulation, Selbstmanagement. Göttingen.
Seligman, M. E. P. (1979). Erlernte Hilflosigkeit. München.
Zygowski, H. (1991). Psychotherapeutische Methoden. In: G. Hörmann & W. Körner (Hg.), Klinische Psychologie (S. 192–212). Reinbek.

Georg Hörmann

Kommunitarismus

Der Kommunitarismus ist eine sozialphilosophische Antwort auf den Siegeszug neoliberalen Denkens, der nach dem Zusammenbruch der «realsozialistischen» Staaten anhob. Es geht im kommunitaristischen Diskurs wesentlich um die Frage, wie sich in individualisierenden Gesellschaften jener «soziale Kitt» entwickeln kann, der die Basis für Solidarität abgibt, also darum, wie eine Gesellschaft, die sich immer stärker an Werten wie Selbstverwirklichung oder Emanzipation des Individuums orientiere, überhaupt noch einen Zusammenhalt als solidarische Gemeinschaft realisieren kann.

Häufig werden in den besorgten Kommentaren umstandslos Individualisierungsprozesse mit wachsendem «Egoismus» oder «Narzißmus» gleichgesetzt. Es wird von einer «Kultur des Narzißmus» (Lasch, 1980), einem «Ich-Wahn» (Keller, 1986) oder von der «Egoismus-Falle» (Nuber, 1993) gesprochen. Viele dieser Diskurse sind sehr stark von Annahmen geprägt, von denen man sich eine empirische Fundierung wünschen würde (z. B. sprechen die Befunde der Netzwerkforschung eine ganz andere Sprache; vgl. Keupp, 1995). Eine ernsthafte Auseinandersetzung mit dem Zusammenhang von Individualisierung und Solidarität hat sich in der «Kommunitarismus»-Debatte entfaltet, die vor allem in der Philosophie und Soziologie geführt wird. Die amerikanischen Kommunitaristen gehen von der These aus, daß «uneingeschränkte individuelle Freiheitsentfaltung auf Dauer die Fundamente der Demokratie» untergraben würde (Albers, 1992, S. 35). Im «kommunitaristischen Manifest» (Etzioni, 1995) wird dies in pathetischer Form zum Ausdruck gebracht und ein Aktionsplan für die Schaffung kommunitärer Initiativen vorgelegt.

Die Kommunitarier ziehen in Zweifel, ob das liberalistische Menschenbild, das den bürgerlich-kapitalistischen Gesellschaftsordnungen die philosophisch-ideologische Basis liefert, ausreicht, um den notwendigen inneren Zusammenhalt, den «Gemeinsinn», und die erforderlichen Solidaritätspotentiale zu stiften. Es könne für unverzichtbare Bürgertugenden in einer Zivilgesellschaft wie Zivilcourage und Gemeinsinn keine überzeugenden Begründungen mehr liefern. Im Grunde ist es der klassische Zweifel an einer simplen Marktgläubigkeit, daß nämlich «der pure Eigennutz sich hinter dem Rücken der Handelnden durch den Mechanismus des Marktes zum Gemeinwohl aggregiere, daß – wie es Mandeville ausdrückte – ‹private Laster› sich durch die ‹unsichtbare Hand› des Marktes zu ‹öffentlichen Wohltaten› summierten» (Strasser, 1994, S. 119).

Der Kommunitarismus ist der philosophische Ausdruck einer affektiven Reaktion auf den Verlust stabiler Heimatbezüge und Verwurzelungen. Michael Walzer, einer der führenden Kommunitaristen, formuliert es so: «Was in ihm Ausdruck findet, ist ein Verlustgefühl, und der empfundene Verlust ist real» (1993, S. 166). Als Verlust wird vor allem die teilweise schon eingetretene und weiter drohende Auflösung gemeinschaftlicher Wertbindungen empfunden, und den Kommunitarismus kann man als eine Antwort darauf ansehen, als eine «rettende Hermeneutik der Gemeinschaftsidee» (Honneth, 1993, S. 20).

Für sozialistisch geprägte Intellektuelle wie Charles Taylor oder Michael Walzer kann es nicht um die Regeneration regressiver Gemeinschaftsideologien gehen. Für sie geht es um die Bestimmung des «ethischen Minimums» für eine humane Gesellschaft (so Walzer) und um Grundprinzipien demokratischer Gesellschaften, zu denen Taylor rechnet: (1) Solidarität als unteilbarer und insofern einheitsstiftender Wert; (2) Partizipation als aktive Einmischung der Bürger in das politische Geschehen und (3) Sinn für gegenseitigen Respekt, wie er in den Sicherungssystemen einer demokratischen Wohlstandsgesellschaft zum Ausdruck kommt.

Literatur

Albers, I. (1992). «Kunst und Freiheit». Kommunitaristische Anleihen bei Tocqueville. In: C. Zahlmann (Hg.), Kommunitarismus in der Diskussion (S. 35–41). Hamburg.
Bellah, R. N., Madsen, R. & Sullivan, W. M. (1987). Gewohnheiten des Herzens. Individualismus und Gemeinsinn in der amerikanischen Gesellschaft. Köln.
Etzioni, A. (1995). Die Entdeckung des Gemeinwesens. Ansprüche, Verantwortlichkeiten und das Programm des Kommunitarismus. Stuttgart.
Honneth, A. (Hg.). (1993). Kommunitarismus. Eine Debatte über die moralischen Grundlagen moderner Gesellschaften. Frankfurt / M.
Keller, C. (1986). Der Ich-Wahn. Abkehr von einem lebensfeindlichen Ideal. Stuttgart.
Keupp, H. (1995). Zerstört Individualisierung die Solidarität? In: M. Fechter (Hg.), Mut zur Politik. Gemeinsinn und politische Verantwortung (S. 9–45). Frankfurt / M.
Lasch, C. (1980). Das Zeitalter des Narzißmus. München.
Nuber, U. (1993). Die Egoismus-Falle. Warum Selbstverwirklichung oft so einsam macht. Stuttgart.
Strasser, J. (1994). ‹Individualisierung› – eine Gefährdung der Solidarität? Die Neue Gesellschaft / Frankfurter Hefte, 41, S. 118–123.
Taylor, C. (1993). Wieviel Gemeinschaft braucht die Demokratie? Transit, 5, S. 5–20.
Walzer, M. (1993). Kritik und Gemeinsinn. Frankfurt / M.

Heiner Keupp

Konflikt

Ein Konflikt ist das Aufeinandertreffen von mindestens zwei unvereinbaren Handlungstendenzen innerhalb einer Person (innerer Konflikt) oder von unvereinbaren Handlungen oder Interessen zwischen Menschen(-gruppen) und innerhalb einer Gesellschaft (sozialer Konflikt) bzw. zwischen Gesellschaften. Handlungsorientierte Konfliktkonzeptionen gehen davon aus, daß Konflikte nur dann bestehen, wenn im Handeln der Konfliktparteien gegensätzliche Handlungstendenzen sichtbar werden. Subjektivistische Konfliktdefinitionen beziehen auch die subjektive Wahrnehmung gegensätzlicher Handlungstendenzen innerhalb einer Person in die Konfliktdefinition ein. Demgegenüber verorten strukturelle Konfliktdefinitionen die den Konflikt ausmachende Unvereinbarkeit in der Struktur der Konfliktsituation. Dann kann ein Konflikt unabhängig von der Wahrnehmung der Konfliktparteien bestehen (z. B. zwischen Kapitaleignern und Lohnabhängigen) und latent bleiben. Das psychoanalytische Konfliktverständnis unterscheidet ebenfalls latente und manifeste innere Konflikte, wobei latente Konflikte in entstellter Form manifest werden und / oder sich in neurotischen Symptombildungen und anderen Pathologien äußern. Das Konflikthandeln, der Konfliktverlauf, seine Eskalation und / oder Bearbeitung sind vom Konflikt selbst und den Konfliktursachen zu unterscheiden. Gesellschaftliche Konflikte können, vermittelt über die Sozialisation, zu inneren Konflikten werden, so daß die Bearbeitung innerer Konflikte stets deren gesellschaftliche Gewordenheit einbeziehen sollte. Insbesondere in gesellschaftlichen Verhältnissen, die Menschen der Verfügungsgewalt über die Bedingungen, unter denen sie leben, berauben, kann Konfliktlösungsverhalten, das die unterdrückenden Bedingungen befestigt (restriktive Handlungsfähigkeit), von solchem unterschieden werden, das die Bedingungen, die Konflikte ausweglos erscheinen lassen, verändert (verallgemeinerte Handlungsfähigkeit). Obwohl Konflikte fast immer psychisches Unbehagen und nicht selten extreme Zerstörungen verursachen, ist die Bewertung von Konflikten sehr unterschiedlich: Konfliktoptimisten sehen Konflikte und ihre Austragung als notwendige Quelle sozialen Wandels. Konflikte können Lernen, Veränderungen und neuartige Lösungen stimulieren. Unerwünscht sind lediglich destruktive Austragungsformen. Konfliktpessimisten betonen die destabilisierende Wirkung von Konflikten und möchten sie vermeiden. Je nach Konfliktdefinition liegen unterschiedliche Ansätze der Konfliktbearbeitung nahe: Latente Konflikte müssen erst manifest werden, bevor sie bearbeitet werden können. Bei latenten gesellschaftlichen Konflikten ebenso wie verfestigten inneren Konflikten gehört die Bewußtmachung des Konflikts zur Konfliktlösungsstrategie, wenngleich sie auf der Mikro- und Makroebene mit deutlich verschiedenen Methoden erfolgt. Gerade soziale Konflikte werden häufig als Nullsummenspiel konstruiert: Was die eine Partei gewinnt, geht zwangsläufig der anderen Partei verloren. In diesem Fall muß an den (Macht-) Strukturen, die den Konflikt verursachen, etwas verändert werden. Die meisten Konflikte lassen sich jedoch nicht ausschließlich auf Nullsummensituationen reduzieren. Manche Ziele (z. B. Sicherheit, Anerkennung) können nur in Kooperation erreicht werden. An anderen liegt eventuell nur einer Seite etwas. Neuere Konfliktlösungsverfahren, z. B. Mediation, bemühen sich daher verstärkt darum, jene Ziele zu konkretisieren, die die Konfliktparteien in Kooperation erreichen können, und den Prozeß der Konfliktaustragung so zu gestalten, daß Kooperation möglich wird.

Literatur

Bonacker, T. (1996). Konflikttheorien. Eine sozialwissenschaftliche Einführung mit Quellen. Opladen.

Bühl, W. L. (Hg.). (1972). Konflikt und Konfliktstrategie. Ansätze zu einer soziologischen Konflikttheorie. München.

Deutsch, M. (1976). Konfliktregelung. Konstruktive und destruktive Prozesse. München.

Glasl, F. (1997). Konfliktmanagement. Ein Handbuch für Führungskräfte, Beraterinnen und Berater. Bern.

Anja Weiß

Konstruktivismus

Konstruktivistische Ansätze beruhen auf der erkenntnistheoretischen Annahme, daß die individuell erlebte Wirklichkeit keine Widerspiegelung einer subjektunabhängigen externen Realität ist, sondern eine Konstruktion. Konstruktivistische Ideen haben in der Psychologie eine lange Tradition (z. B. Piagets entwicklungspsychologischer Konstruktivismus oder Kellys konstruktiver Alternativismus). Auf dem Nährboden des postmodernen Diskurses, der Kritik an den großen Entwürfen der Moderne und der zunehmenden Bereitschaft, prinzipiell unterschiedliche Perspektiven zu akzeptieren, konnte sich seit den 80er Jahren ein interdisziplinärer konstruktivistischer Diskurs etablieren, der eine starke Rezeption in der Psychologie erfahren hat. Es lassen sich grob zwei Strömungen dieses Diskurses unterscheiden, der «Radikale» und der «Soziale» Konstruktivismus.

Der *Radikale Konstruktivismus* (vgl. Schmidt, 1987; Maturana & Varela, 1987) fokussiert auf Mechanismen der individuellen Wirklichkeitskonstruktion, die auf neurologische und biologische Voraussetzungen zurückgeführt werden. Eine zentrale Rolle spielen Maturanas Konzepte der *Autopoiese* und der *Strukturspezifität.* Ein autopoietisches System reagiert auf Störungen von außen mit Zustandsveränderungen. Jedoch spezifiziert nicht die Störung diese Veränderung, sondern die aktuelle Struktur des Systems selbst. Die Interaktion lebender Systeme mit ihrer Umwelt, d. h. Kognitionsprozesse, ist somit nicht determiniert und nicht aus externen Reizbedingungen vorhersagbar. Das Individuum konstruiert – innerhalb gewisser Grenzen – seine Wirklichkeit autonom. Aus dieser Annahme resultiert eine Reihe bedeutsamer Konsequenzen: So erscheinen Phänomene der Intersubjektivität oder der fehlerfreien Kommunikation plötzlich erklärungsbedürftig, und der Anspruch, Individuen oder Gruppen durch Interventionen gezielt instruieren zu können, muß aufgegeben werden.

Während im *Radikalen Konstruktivismus* intrapsychische Prozesse (Kognitionen im weitesten Sinn) als Ursprung von Wirklichkeitskonstruktionen angesehen werden, konzentrieren sich Vertreterinnen des *Sozialen Konstruktivismus* auf interpsychische Prozesse, d. h. auf Formen und Inhalte des Diskurses zwischen den Individuen. Damit steht die gesellschaftliche Konstruktion von Wirklichkeit im Mittelpunkt: Durch Institutionalisierung, Objektivierung und Legitimation (Berger & Luckmann, 1969) werden soziales Wissen und soziale Ordnung kollektiv produziert und treten der Person als objektiv erfahrene Wirklichkeit gegenüber. Individuelle Beschreibungen des Erlebens ergeben sich nicht aus der eigenen einzigartigen Erfahrung, sondern aus kulturell definierten Konventionen der Verständigung und des Verstehbaren (vgl. Gergen, 1996). Durch die Teilnahme des Individuums am Diskurs trägt dieses selbst wiederum zur Aufrechterhaltung und Veränderung sozialer Konstruktionen bei. Soziale Konstruktivistinnen analysieren neben den Mechanismen der Diskursproduktion Inhalte und Geschichte gesellschaftlicher Konstruktionen (etwa zu den Themen Liebe, Emotionen, Gesundheit, Drogen, Umwelt etc.). Durch eine Reflexion ihrer sozialen Gewordenheit und die Herausarbeitung der Implikationen (Wertungen, Menschenbilder) wird Kritik und Veränderung dieser Wirklichkeiten möglich: Selbst wenn es einen Zugang zur Realität gäbe, müßte doch die Versprachlichung jeglicher Realitätserfahrung den Regeln des sozialen Diskurses folgen.

Da sich insbesondere in der Postmoderne Diskursgemeinschaften (oder kommunale Subsysteme) ausdifferenzieren, ist von bereichsspezifischen, kontext- und situativ gebundenen Konstruktionen auszugehen, die recht unterschiedliche und konkurrierende Wirklichkeiten zum gleichen Thema vorstellen (vgl. Gergen, 1996). Indem die Person an verschiedenen sozialen Subsystemen teilhat, wird sie zur «Personenperson» (Baecker, Borg-Laufs, Duda & Mathies 1992, S. 131) mit facettenreicher Identität: Ihr Selbst ist «übersättigt» (Gergen, 1996) von den vielen angebotenen Lebensentwürfen. Intensiv rezipiert wurden konstruktivistische Annahmen von systemischen Therapeutinnen, die u.a. spezielle Frage- und Interventionstechniken entwickelt haben, um ungünstige Wirklichkeitskonstruktionen in Frage zu stellen und so Raum für lebbarere Modelle zu schaffen (vgl. Wiesner & Willutzki, 1992). Eine Integration radikal- und sozialkonstruktivistischer Ansätze stellen Frindte (1995) und Baecker et al. (1992) vor. Durch ihre Betonung der Perspektivität von Welterkenntnis fordern konstruktivistische Ansätze permanent zur Reflexion auf. Dies gilt auch für die Psychologie: Reifizierte Konzepte wie «Intelligenz», «Schizophrenie», «Hoffnung» etc. werden nicht als Repräsentation realer Entitäten akzeptiert, sondern es wird hinterfragt, welche Wirklichkeiten durch die Verwendung solcher Begriffe geschaffen und aufrechterhalten werden. Mit dem Thema, *wessen* Konstruktionen sich aufgrund *welcher* Mechanismen durchsetzen, stellen sich zugleich Fragen nach Macht und Ethik.

Literatur

Baecker, J., Borg-Laufs, M., Duda, L. & Matthies, E. (1992). Sozialer Konstruktivismus – Eine neue Perspektive in der Psychologie. In: S. J. Schmidt (Hg.), Kognition und Gesellschaft (S. 116–145). Frankfurt / M.

Berger, P. & Luckmann, T. (1969). Die gesellschaftliche Konstruktion der Wirklichkeit. Frankfurt / M.

Fischer (Hg.), Die Wirklichkeit des Konstruktivismus (S. 103–129). Heidelberg.

Frindte, W. (1995). Radikaler Konstruktivismus und Social Constructionism. In: H. R.

Gergen, K. J. (1996). Das übersättigte Selbst. Heidelberg.

Maturana, H. & Varela, F. (1987). Der Baum der Erkenntnis: Die biologischen Wurzeln des Erkennens. München.

Schmidt, S. J. (Hg.). (1987). Der Diskurs des Radikalen Konstruktivismus. Frankfurt / M.

Wiesner, M. & Willutzki, U. (1992). Sozial-konstruktivistische Wege in der Psychotherapie. In: S. J. Schmidt (Hg.), Kognition und Gesellschaft (S. 337–379). Frankfurt / M.

Ellen Matthies / Ulrike Willutzki

Körper

Der Körper erscheint uns oftmals als angeblich naturhafte Grundlage menschlicher Subjektivität und Identität. Ein kritischer Blick zeigt jedoch, daß der Körper als diskursives Produkt von genetischen Informationen, ökologischen Wachstumsbedingungen, unterschiedlichsten gesellschaftlichen Faktoren und der Verflechtung von psychischen, physischen und emotionalen Erfahrungen zu verstehen ist. Im Laufe unserer Entwicklung sammeln wir unendlich viele körperliche Erfahrungen: Wir erleben Hunger oder Sättigung, Schmerzen, sinnliche Berührungen, körperliche Einschränkungen oder Erkrankungen, sexuelle Erregung, die Bewertung unseres Körpers, körperliche Machtgefühle, aber auch die Übertretung unserer körperlichen Grenzen oder Gewalt gegen unseren Körper. Alle diese Erfahrungen bilden unser Körper-Ich. Diese Körpererfahrungen wirken sich auf die psychosexuelle Entwicklung und damit auch auf die Gestaltung des Körper-Ich aus. Aus bestimmten körperlichen Befindlichkeiten entwickeln sich die individuellen Ausprägungen der Stimmungen, Affekte oder Gefühle eines Menschen wie Scham, Vertrauen oder Ekel. So beeinflußt die Qualität der emotionalen und körperlichen Beziehung zwischen Säugling und bedeutsamen Bezugspersonen ganz erheblich die Bindungsfähigkeit und damit die gesamte psychische Entwicklung des Kindes. Kommt es in der kindlichen Entwicklung zu einschneidenden, andauernden Versagungen der körperlichen Bedürfnisse, wird dies schwerwiegende psychische Auswirkungen für das Kind haben.

In der klinischen Psychologie gibt es unterschiedliche Modelle, welche die Wechselwirkungen von Körper und seelischer Entwicklung beschreiben. Diese Wechselwirkungen können wir beispielsweise bei Männern und Frauen beobachten, die auf bestimmte, schwerwiegende, lebensgeschichtliche Erfahrungen mit einer sogenannten Borderline-Erkrankung reagieren. Hier dienen Selbstverletzungen (Schnitte in die Haut, Manipulation der Narben) betroffenen Menschen unter anderem dazu, unaushaltbare Spannungszustände zu regulieren oder sich durch das Schneiden und das damit verbundene Fließen des warmen Bluts sich ihrer Lebendigkeit zu versichern. Bei psychosomatischen Erkrankungen ist die körperliche Krankheit eine Möglichkeit, einen unaufgelösten seelischen Konflikt zu kompensieren. Das Zusammenwirken einer angeborenen oder erworbenen Anfälligkeit eines bestimmten Organs und eines seelischen Grundkonflikts drücken sich dann in einer körperlichen Krankheit aus; beispielsweise verweisen psychoanalytische Theorieansätze auf den Zusammenhang einer präödipalen Abhängigkeitsproblematik mit dem Auftreten von Magengeschwüren. Auch bei anderen psychosomatischen Krankheiten wie Asthma, Hauterkrankungen oder Migräne finden wir in der Krankheitsgenese ähnliche biographische Konstellationen vor. In der psychotherapeutischen Arbeit ist es wichtig, die Körpersymptome nicht nur beseitigen zu wollen, sondern sie als kreativen Ausdruck der Psyche zu verstehen, einen unaushaltbaren seelischen Konflikt erträglich zu machen. So ist etwa das Schneiden in die Haut nicht nur der Ausdruck einer tiefen Destruktivität, sondern versichert der schneidenden Frau symbolisch ihre Existenz. Auch eine sadomasochistisch dominierte Sexualität ist nicht ausschließlich die Abbildung einer Störung, sondern möglicherweise die einzige Form für bestimmte Männer und Frauen, an der reichhaltigen Welt von Lust, Sinnlichkeit und sexueller Befriedigung teilzuhaben.

Ein wichtiger Faktor menschlicher Identität ist die gesellschaftliche Einordnung des Körpers. Hier wird der Körper nicht mehr nur in seiner (angeblichen) Naturhaftigkeit belassen, sondern wir entdecken den Körper als gesellschaftlich konstruierte, soziale Kategorie. Er wird durch unterschiedliche Diskurse bestimmt und ist damit das Objekt gesellschaftlicher Machtverhältnisse. Die Frauenforschung zeigt durch eine Vielzahl von Ergebnissen, wie der weibliche Körper durch geschlechterhierarchische, patriarchal überformte gesellschaftliche Verhältnisse bestimmt wird. Wegen ihres weiblichen Geschlechtskörpers werden Frauen bestimmte Attribute zugeordnet, und wegen dieser Attribute werden der weibliche Körper und die Frau bestimmten Machtverhältnissen unterstellt. Auch innerhalb der Frauenforschung gibt es verschiedenste Thematisierungen des weiblichen Körpers; das Diskussionsspektrum reicht von der Mythisierung weiblicher Natur über feministische Körperarbeit bis hin zum Versuch, nicht nur die Kategorie «gender», also das soziale Geschlecht, sondern selbst die Kategorie «sex», also den anatomischen Geschlechtskörper, als Ort kultureller Einschreibungen zu dekonstruieren (vgl. Butler, 1995).

Ein weiterer spannender Aspekt ist die Thematisierung des Körpers als Gegenstand und Gedächtnis historischer Einschreibungen (vgl. Wulf & Kamper, 1988). Je nach historischem und gesellschaftlichem Umfeld wird ein bestimmtes Bild entworfen, das den Körper in verschiedenen Erlebnisfeldern wie Arbeit, Intimität oder im sozialen Netzwerk definiert. So verweist Laqueur darauf, daß das Denken über Körper lange Zeit dadurch geprägt war, den männlichen und weiblichen Körper mit einem Ein-Geschlecht-Modell zu erfassen, also den weiblichen Körper als geringere Version des männlichen Körpers zu verstehen. Die Etablierung des Zwei-Geschlechter-Modells führte zu einer weitreichenden Veränderung und Differenzierung der Gestaltung und Interpretation männlicher und weiblicher Körperlichkeit und der damit verbundenen Zuschreibungen. Die Idee, den Körper als historisches Gedächtnis zu verstehen, verlangt, nach den Spuren zu forschen, die (post-)industrielle Produktionsverhältnisse, ökologische Umbrüche, die Erfahrungen kollektiver Traumata oder das Umgehen mit neuen Technologien hinterlassen und wie sich das Körpererleben und der gesellschaftliche Umgang mit dem Körper dadurch modifizieren.

Literatur

Butler, J. (1995). Körper von Gewicht. Berlin.
Haug, F. (Hg.). (1991). Sexualisierung der Körper. Hamburg.
Hirsch, M. (Hg.). (1989). Der eigene Körper als Objekt. Berlin / Heidelberg.
Laqueur, T. (1992). Auf den Leib geschrieben. Frankfurt / M.
Wulf, C. & Kamper, D. (Hg). (1988). Transfigurationen des Körpers. Berlin.

Rita Seitz

Körperpsychotherapie

Das Spektrum der Körperpsychotherapie faßt diejenigen psychotherapeutischen Richtungen zusammen, die Körper und Psyche als dialektisch miteinander verbunden betrachten. Diese Ansicht geht zurück auf den

Pionier der Körperpsychotherapie Reich (1897–1957). Eine andere Quelle der Körperpsychotherapie ist die Schule um die Gymnastiklehrerin Gindler, die in den 20er Jahren Einfluß auf Reich hatte; auf sie berufen sich Richtungen wie die Konzentrative Bewegungstherapie (vgl. Geuter, 1996). Die beiden Psychoanalytiker Groddeck und Ferenczi arbeiteten bereits vor Reich mit Körperkontakt und Berührung (vgl. Downing, 1996). In der Tradition Ferenczis stehen Richtungen wie Mosers (1992) analytische Körperpsychotherapie und Petzolds Integrative Leibtherapie.

Gemeinsam ist allen erwähnten Richtungen ein psychodynamisches Konzept, damit grenzen sie sich von reinen Körpertherapien wie Feldenkrais u. a. ab. Die Bezeichnung Körperpsychotherapie mit der Betonung auf Psychotherapie bringt diesen qualitativen Unterschied auch begrifflich zum Ausdruck. Die neoreichianischen Pioniere Lowen (Bioenergetik), Pierrakos (Core-Energetik), Boyesen (Biodynamik) und Boadella (Biosynthese) betrachten das energetische Konzept im Gegensatz zu Moser u. a. als Basis ihrer Arbeit. Diese vier Richtungen sind gegenwärtig die verbreitetsten innerhalb der Körperpsychotherapie.

Reich ging von der funktionellen Identität von physischer und psychischer Störung aus. Er erkannte, daß sich verdrängte Gefühle auch muskulär und vegetativ niederschlagen. Wird z. B. der Impuls zu weinen chronisch zurückgehalten, dann sind Mund-, Kiefer- und Halsmuskulatur verkrampft. Um diese muskuläre «Panzerung» zu mindern und die verdrängten Gefühle dem Patienten zugänglich zu machen, entwickelte er zwischen 1933 und 1948 die Vegetotherapie (vgl. Reich, 1987). Er begann, die Patienten auch körperlich zu berühren, massierte, übte Druck auf ihre verspannten Muskeln aus und imitierte ihre charakteristischen Körperhaltungen. Er entwickelte Techniken, um ihre Atmung zu vertiefen und verdrängte Gefühle auszudrücken. Denn als Psychoanalytiker, der bis Anfang der 30er Jahre als einer der engsten und genialsten Schüler Freuds galt, hatte er die Erfahrung gemacht, daß viele Patienten mit der rein verbalen Assoziationsmethode Freuds emotional nur begrenzt erreichbar waren. Reich betrachtete zeitlebens die Sexualstauung als Energiequelle der Neurose. Seiner klinischen Erfahrung nach verbesserte sich die neurotische Symptomatik nur, wenn ihr die Energiequelle entzogen wird. Dazu war es notwendig, dem Patienten zu einer befriedigenden Sexualität und genitalen Gesundheit zu verhelfen. In den 40er Jahren erweiterte Reich die zunächst von Freud übernommene Libidotheorie zur Orgontheorie. Das Orgon als universale Energieform existierte für ihn sowohl in der Atmosphäre als auch innerhalb des Organismus. Körperpsychotherapie bedeutete für den späten Reich deshalb Freisetzung der Lebensenergie.

In der Verbindung zwischen Beziehungs- und Körperarbeit besteht die eigentliche Kunst der modernen Körperpsychotherapie. Insbesondere im Bereich der Frühstörungen, auch bekannt als narzißtische und Borderline-Störungen, stoßen die rein verbalen Psychotherapien seit Jahren an ihre Grenzen. Traumatische Erinnerungsspuren sind auf der bewußten, verbalen Ebene häufig gar nicht zugänglich, doch körperlich nachzuspüren. Im Körper hat die Geschichte des Leids seine Spuren hinterlassen. Es gilt, den Sinn der körperlichen Symptome, zumeist Verspannungen und vegetative Störungen, psychisch zu verstehen, die Signale zu deuten. Mit Hilfe von körperpsychotherapeutischen Interventionen wie bioenergetischen Streßpositionen, biodynamischen Massagen, Containment, Atemvertiefung, Bewegungs- und emotionaler Ausdrucksarbeit, freier Improvisation und körperbezogenem Rollenspiel können diese verschlüsselten Botschaften verstanden und emotional zugänglich gemacht werden.

Während beim späten Reich und auch bei den neoreichianischen Pionieren wie Lowen, Boyesen, Pierrakos der Fokus auf der organismischen, energetischen und spirituellen Seite des Menschen liegt, wird von den Nachfolgegenerationen verstärkt seine Sozialität betont. Zur empirischen Untermauerung wird auf die moderne Säuglingsforschung (Stern, 1992) verwiesen. Für die psychotherapeutische Praxis folgt daraus, mehr Gewicht auf die therapeutische Beziehung zu legen (vgl. Thielen, 1994; 1997). Jenseits von jeder Technik geht es deshalb zuerst um den Aufbau einer vertrauensvollen, therapeutischen Beziehung, in der authentischer Kontakt, Empathie, emotionale und somatische Resonanz des Therapeuten eine zentrale Rolle spielen. Die Körperarbeit ist immer integraler Bestandteil der Beziehungsdynamik, die auch Übertragungs- und Gegenübertragungsphänomene einschließt. Jede körperliche Intervention beeinflußt die Beziehung, genauso wie jede treffende, verbale Intervention auf den Körper zurückwirkt.

Die moderne Körperpsychotherapie bewegt sich an der Schnittstelle von Psychoanalyse und Humanistischer Psychologie, mit der sie die Auffassung von Wachstum, Selbstverwirklichung und Selbstregulierung des Menschen teilt. Sie wird mittlerweile in den meisten psychosomatischen Kliniken Deutschlands und in der ambulanten Praxis praktiziert.

Literatur

Boadella, D. (1983). Wilhelm Reich. Frankfurt/M.
Boyesen, G. (1987). Über den Körper die Seele heilen. Biodynamische Psychologie und Psychotherapie. Eine Einführung. München.
Downing, G. (1996). Körper und Wort in der Psychotherapie. München.
Geuter, U. (1996). Körperbilder und Körpertechniken in der Psychotherapie. Psychotherapeut, 41, S. 99–106.
Lowen, A. (1985). Körperausdruck und Persönlichkeit. München.
Moser, T. (1992). Stundenbuch. Protokolle aus der Körperpsychotherapie. Frankfurt/M.
Reich, W. (1989). Charakteranalyse. Köln.
Reich, W. (1987). Die Entdeckung des Orgons. Die Funktion des Orgasmus. Köln.
Stern, D. (1992). Die Lebenserfahrung des Säuglings. Stuttgart.
Thielen, M. (1994). Zwischen Röhrentierchen und Bewußtseinswesen – das Menschenbild in der Körperpsychotherapie. In: Verein für Integrative Biodynamik (Hg.), Körperpsychotherapie zwischen Lust- und Realitätsprinzip (S. 10–27). Oldenburg.
Thielen, M. (1997). Narzißmus – Körperpsychotherapie zwischen Beziehungs- und Energiearbeit. In: Verein für Integrative Biodynamik (Hg.), Narzißmus. Körper-Psychotherapie zwischen Energie und Beziehung (S. 7–26). Berlin.

Manfred Thielen

Kriminalität

Unter Kriminalität bzw. unter den weitgehend synonym benutzten Begriffen Delinquenz, kriminelle Handlung, Straftat, Vergehen oder Verbrechen wird jede Form abweichenden Verhaltens verstanden, das gegen kodifizierte Normen des Strafrechts verstößt. Kriminalität meint Verbrechen als soziale Erscheinung. Sie stellt die Summe aller strafrechtlich mißbilligten Handlungen dar, die nach Raum und Zeit (z. B. die Verteilung nach nationalen, regionalen und lokalen Gesichtspunkten innerhalb eines bestimmten Zeitraums), Umfang (z. B. die Summe aller Rechtsbrüche), Struktur (z. B. die Differenzierung nach dem Schweregrad oder nach Deliktstypen und Deliktsgruppen) und Bewegung (z. B. Erfassung der Entwicklung der Gesamtkriminalität oder der Teilmengen innerhalb bestimmter Zeiträume) klassifiziert und kategorialisiert werden.

Was als Straftat angesehen wird, variiert je nach Gesellschaft und historischer Periode. Neben einer in vielen Gesellschaften außerhalb kriegerischer Auseinandersetzungen oder anderer gesellschaftlicher Krisen weitgehend gemeinsam erachteten Grundmenge ist die Unterschiedlichkeit in der Festlegung von Kriminalität beträchtlich. Zu denken ist beispielsweise an die Liberalisierung im deutschen Sexualstrafrecht oder an die Bemühungen, das Umweltstrafrecht und die Computerkriminalität schärfer zu sanktionieren. Die vorherrschende juristische Definition des strafrechtlich relevanten Normbruchs vernachlässigt somit den Aspekt des gesellschaftlichen Wandels, der dazu führen kann, daß gleiche Verhaltensweisen zu verschiedenen Zeiten als kriminell oder nichtkriminell gelten können, wobei mit dieser Aussage nicht verkannt wird, daß Strafrechtsnormen – wahrscheinlich nach wie vor für einen großen Teil der Bevölkerung trotz steigender Kriminalität – integrative und vor allem für den Staat und die jeweilige Gesellschaft erhebliche stabilisierende Funktionen haben.

Nach vorherrschender juristischer Sicht ist Kriminalität nicht aus vorrechtlichen oder ungeschriebenen Kriterien abzuleiten, sondern sie ist ein Produkt und Ergebnis konkreter, d.h. positiver Rechtssetzung, dem das Prinzip der gesetzlichen Beschreibung allen strafrechtlich relevanten Verhaltens zugrunde liegt, das seinem Wesen nach sowohl eine Rechtsgutbeeinträchtigung Dritter als auch die Mißachtung der in der Norm liegenden Pflichtverletzung ist. Dabei beinhaltet der Begriff der Rechtsgutbeeinträchtigung die Verletzung oder Gefährdung eines als sozial wertvoll erkannten und deshalb vom Recht durch entsprechende Verhaltensnormen geschützten Lebensgutes (vgl. Schönke & Schröder, 1991). Zum Umgang mit dem Phänomen Kriminalität gehören mehrere Zielsetzungen, die als Vorbeugung, Durchsetzung des Strafanspruchs des Staates (z. B. Strafverfolgung, Sanktionen) und als Resozialisierung thematisiert werden.

Historisch betrachtet schufen vor allem die Industrialisierung sowie die Etablierung der kapitalistischen Gesellschafts- und Wertordnung und die daraus resultierenden Desintegrationsprozesse (z. B. Aufkommen von neuer Armut, Anwachsen der Städte, grundlegende Veränderungen der Familienstrukturen und Entstehen neuer sozialpolitischer Konflikte) ein Bewußtsein dafür, daß angesichts damaliger vielfältiger, bisher in dieser Art, Weise und Ausprägung augenscheinlich nicht bekannter Störungen der öffentlichen Sicherheit und Ordnung mit staatlichen Sanktionsmitteln unter Zuhilfenahme der im Aufblühen befindlichen Sozial- und Naturwissenschaften, der Medizin und vor allem der Psychiatrie, Psychologie, Pädagogik und Psychoanalyse begegnet werden mußte. Diesen Prozeß der Ausdifferenzierung der sozialen Kontrolle und der Anwendung «wissenschaftlich ausgewiesener» Verfolgungs-, Selektions- und Sanktionsmittel förderten die ersten Ergebnisse der Kriminalstatistiken, die als eine spezifische Quelle gesellschaftlicher Wirklichkeit bereits vor der Jahrhundertwende in das 20. Jahrhundert ein rasantes Ansteigen der Kriminalität dokumentierten. Um das Phänomen von Kriminalität zu klären, hat es vor allem in der Vergangenheit nicht an Versuchen gefehlt, in der biologischen Anlage bzw. im Charakter oder in der Persönlichkeit des Individuums, aber auch in den Umweltbedingungen, in den ökonomischen und gesellschaftlichen Bedingungen die Ursachen für abweichendes Verhalten zu suchen (vgl. Kürzinger, 1996). Dabei untersucht beispielsweise die traditionelle Kriminologie unter der Fragestellung der Kriminalätiologie beim Täter die Ursachen und Entstehungsbedingungen für Straftaten, während die Kriminalbiologie die erbliche Belastung hervorhebt und die klassischen Kriminalitätstheorien das Wechselspiel von Anlage und Umwelt thematisieren, wohingegen die Kriminalsoziologie meist die Umweltbedingungen als kriminogenen Faktor identifiziert.

Zusammenfassend läßt sich festhalten, daß es nach dem derzeitigen kriminologischen Kenntnisstand nicht möglich sein wird, Kriminalitätstheorien zu entwickeln, die umfassend, vollständig und wahr zugleich sind. Vielmehr wird es wegen der Komplexität des Phänomens Kriminalität allenfalls möglich sein, Kriminalitätstheorien «mittlerer Reichweite» zu entwickeln (vgl. Kürzinger, 1996).

Literatur

Bussmann, K.-D. & Kreissl, R. (Hg.). (1996). Kritische Kriminologie in der Diskussion. Theorien, Analysen, Positionen. Opladen.
Eisenberg, U. (1991). Kriminologie, Jugendstrafrecht, Strafvollzug. Fälle und Lösungen zu Grundproblemen. Köln.
Eisenberg, U. (1995). Kriminologie. Köln.
Göppinger, H. (1997). Kriminologie. München.
Kammeier, H. (Hg.). (1995). Maßregelvollzugsrecht. Berlin.
Kette, G. (1987). Rechtspsychologie. Wien.
Kürzinger, J. (1996). Kriminologie. Eine Einführung in die Lehre des Verbrechens. Stuttgart.
Kunz, K.-L. (1994). Kriminologie: eine Grundlegung. Bern.
Northoff, R. (1996). Rechtspsychologie. Anwendungsorientierte Grundlagen der Arbeits- und Konfliktbewältigung für Rechtswesen, Sozialwesen, Polizeiwesen. Bonn.
Peters, H. (1995). Devianz und soziale Kontrolle. Eine Einführung in die Soziologie abweichenden Verhaltens. Weinheim.
Sack, F. (1990). Das Elend der Kriminologie und Überlegungen zu seiner Überwindung, ein erweitertes Vorwort. In: P. Robert (Hg.), Strafe, Strafrecht, Kriminologie. Eine soziologische Kritik (S. 15–55). Frankfurt/M.
Sack, F. (1995). Einige Notizen über das Verhältnis der Kriminologie zu Foucault. Ein Vorwort. In: M. Althoff & M. Leppel (Hg.), «Kriminalität» – eine diskursive Praxis. Foucaults Anstöße für eine Kritische Kriminologie (S. 4–11). Münster.
Schönke, A. & Schröder, H. (1991). Strafgesetzbuch: Kommentar. München.

Rainer Balloff

Kritische Psychologie

Kritische Psychologie hat ihre Wurzeln in der westdeutschen Studentenbewegung. Den aufbegehrenden Studenten Ende der 60er Jahre bot die etablierte Psychologie, zumal in ihrem positivistischen Methoden- und Gegenstandsverständnis, provozierende Angriffsflächen: Allzu deutlich waren ihre verkehrte Abstraktheit, ihre Intentionen auf Kalkulierbarkeit und Manipulation funktionalisierbarer Parameter, ihr Bemühen um Isolierung machbaren Verhaltens, das Ganze aufrechterhalten durch rigide Ausbildungs- und Forschungsrituale einer sich gemäß jeweiligem Selbstverständnis selbst rekrutierenden Hochschullehrerschaft. Die antiautoritären Studenten konnten, anknüpfend an eher wissenschaftsimmanenten Gegenpositionen (Kritische Theorie, sozialwissenschaftlich orientierte Psychoanalytiker, Konstruktivisten), in der Psychologie Wissenschaftskritik und Gesellschaftskritik formulieren. «Wir müssen immer wieder gezielte Ideologiekritik leisten, aufweisen, welche gesellschaftlichen Implikationen in den scheinbar neutral gebotenen Theorien und Modellen stecken, ... die Arbeitsrituale in unseren Instituten durchbrechen, indem wir uns einige gesellschaftlich relevante Probleme herausgreifen und problemorientierte Projektgruppen einrichten» (Staeuble, o. J., S. 123). In selbständig und gegen den herrschenden Lehr- und Forschungsbetrieb organisierten Arbeitsgruppen, die nur vereinzelt arrivierte Wissenschaftler einschlossen, begann verbreitet die Rezeption der Marxschen Theorie der Gesellschaft und der Versuch, mit ihren Kategorien Konstitutionsprozesse und Funktion der bürgerlichen Psychologie zu entschlüsseln. Einigend war das Bedürfnis, die Bewegungsgesetze unserer Gesellschaft zu begreifen und von daher Leitlinien des Handelns auch als Psychologe für Theorie, Praxis und Ausbildung zu gewinnen. Noch vor den in der Phase der Dominanz der politischen Organisation aufbrechenden Schismen über das richtige Marx-Verständnis kristallisierten sich zwei Fragen heraus, die in Folge die Arbeit von sich als kritisch verstehenden Psychologen bestimmten: (a) Insoweit sich zeigen läßt, daß die Verkehrung sozialer Widersprüche in Probleme individuellen Verhaltens der ideologische Gehalt, die Verkleidung von institutionellen Zwecken in psychologische Interventionstechniken die Praxis der Psychologie und Psychologisierung eine Form von Verschleierung und Aufrechterhaltung schlechter Verhältnisse ist, was haben wir dann – außer dem Aufweis dieser Sachverhalte – mit Psychologie zu tun? Soll sich unsere Arbeit nicht unmittelbar an den sozialen und institutionellen Widersprüchen ausrichten, in Parteinahme für die Leidenden, Unterdrückten und Ausgebeuteten? (b) Oder aber gilt es, der Verkehrt- und

Borniertheit bürgerlicher Psychologie neue, richtige Erkenntnisse über Probleme individueller Entwicklung und deren Hemmnisse gegenüberzustellen? Sich für die Interessen der leidenden Menschen als Psychologe einzusetzen hieße dann, eine andere Psychologie zu entwickeln und anzuwenden.

Der erste (und in dieser Form einmalige) «Kongreß kritischer und oppositioneller Psychologen» 1969 in Hannover spaltete sich in Mehrheit und Minderheit, noch bevor Bestandsaufnahmen und Diskussion vorliegender Arbeitsergebnisse möglich waren. «Alle psychologischen Ansätze erweisen sich als unpolitisches Gewurstel. Wo Psychologen politische Praxis betreiben, agitieren sie nicht als Psychologen ... Zerschlagt die Psychologie!» – so die einen. Und die anderen: «Wir sehen in kritischer Psychologie nicht einen bloßen Reflex auf die vorherrschende, am logischen Empirismus ausgerichtete Psychologie, sondern einen Teil der Sozialwissenschaften, der seine Rechtfertigung aus dem emanzipatorischen Anspruch der kritischen Theorie erhält und der schlechten Wirklichkeit die Möglichkeit eines befreiten Daseins entgegenhält und dies vorbereitet» (kritische psychologie, 1970, S. 168/171). Die beiden Lager begannen sich zunächst zu bekämpfen – eine geplante gemeinsame Zeitschrift «Organ der Basisgruppe Psychologie» ging nach dreimaligem Erscheinen wieder ein – und fanden sich politisch wieder in den Organisationen der Neuen Linken (Primat der unmittelbaren, sich als politisch verstehenden Praxis) einerseits, denen im Umkreis der DKP und SEW (für eine alternative, demokratische Wissenschaft) andererseits. Teils vermittelnd und weitertreibend entstanden seit 1971 eine Reihe von Arbeiten von meist jungen Wissenschaftlern, die programmatisch die Basis für eine kritische Psychologie entwickeln wollten. Gemeinsam ist ihnen eine weitgehende Überwindung der immanenten Kritiken zugunsten eines marxistischen, historisch-materialistischen Ansatzes, gemeinsam jedoch auch die Analyse vom Schreibtisch aus. Es dominiert eine theoretische Kritik der bürgerlichen Psychologie in ihren Inhalten und Methoden und die Denunziation ihrer allgemeinen Funktionalität für die kapitalistische Klassengesellschaft (u. a. Psychologie als historische Wissenschaft, 1972; Holzkamp, 1972; Bruder, 1973; Wilhelmer, 1973; Dick, 1974; Maikowski et al., 1976; Jaeger & Staeuble, 1978). Kritische Psychologie war Ideologiekritik der vorgefundenen Psychologie, war Auseinandersetzung mit der pragmatischen und politischen Relevanz der Psychologie. Die Allgemeinheit und Abgehobenheit dieser Phase einer kritischen Bewegung unter den Psychologen ist sicher den institutionellen Verhältnissen geschuldet, denen ihre Autoren unterworfen waren. Diese hatten ihre Praxis in der Hochschularbeit, wo ihnen – gerade unter repressiven und restriktiven Bedingungen, denen Marxisten ausgesetzt waren – die Identität als Wissenschaftler gegen die herrschende Psychologie aufgezwungen wurde. Die Erfahrungen, die auch von Psychologen in der praktischen Kritik der Verhältnisse seit etwa 1970 gemacht wurden, etwa in der Kinder-, Schüler-, Randgruppenarbeit und in den psychiatrischen Einrichtungen, erreichten sie nicht oder wurden überlagert von einer den Verhältnissen der Institution Hochschule entsprungenen Berufsperspektivediskussion, die zumal in der Zeit der allgemeinen Politisierung der Studenten in den Gegensatzpaaren «revolutionär gegen bürgerlich» bzw. «fortschrittlich gegen reaktionär» eine konkrete Bestimmung jenseits bloßer Wissenschaftskritik verfehlte.

Ausdruck findet die institutionalisierte Abgehobenheit des Wissenschaftlers von der alltäglichen Praxis, der seine Gesellschaftlichkeit nur als Produzent von neuer Wissenschaft begreifen kann, zunächst in der Schule um Holzkamp (1928–1995). Er besteht auf der Möglichkeit der Erkenntnis von Wirklichkeit in der Psychologie und wendet sie zu einer positiv bestimmten «Kritischen Psychologie» (welchen Namen er für sich und seine Gruppe monopolisieren will): «Eine Wissenschaftskritik, die die Frage der Wissenschaftlichkeit, des potentiellen Erkenntnisgehaltes der analysierten Wissenschaftsdisziplin vernachlässigt, verfehlt jedoch in relativistisch-agnostizistischer Weise die zentrale Bestimmung wissenschaftlicher Forschung. (Es ist) die Gewinnung eines neuen wissenschaftlichen Standortes anzustreben ..., von dem aus der gleiche Wirklichkeitsbereich in umfassenderer, weniger verzerrter, ‹richtigeren› Weise erkannt werden kann. Eine angemessene Kritik der bestehenden Psychologie wäre demnach gleichbedeutend mit ihrer Weiterentwicklung als Wissenschaft» (Holzkamp, 1973, S. 14f). Ausgehend von der Kulturhistorischen Schule der sowjetischen Psychologie, westliche und östliche Arbeiten zur Entwicklungsgeschichte und Allgemeinen Psychologie durchforstend, beginnen Holzkamp und seine Schüler ab 1973 eine Theorie der Subjektivität zu entwickeln. Sie interpretieren zunächst Teilbereiche menschlicher Tätigkeit (Wahrnehmung, Motivation, Denken) in ihrer Phylogenese als Ergebnis der Bewältigung tierischer Umwelt und der aktiven Gestaltung der menschlichen Gesellschaft, bestimmen sie als individuelle Leistung wie als gesellschaftliches Produkt und sehen schließlich in ihrer «produktiven» Entfaltung über die Restriktionen der bürgerlichen Gesellschaft hinaus die Möglichkeit zur befreiten, kollektiven Existenz in der sozialistischen Gesellschaft. 1983 erscheint Holzkamps Hauptwerk «Grundlegung der Psychologie», die Begründung einer marxistischen Subjektwissenschaft. In ihm werden in logisch-historischer Methode Kategorien entwickelt, die individuelles

Handeln begreifbar und untersuchbar machen sollen. Subjektivität wird begriffen als die sich philo-, onto- und aktualgenetisch entwickelnde Möglichkeit der Erweiterung der Verfügungsmöglichkeiten über die Bedingungen der menschlichen Existenz. Menschen existieren als Teilhaber am gesamtgesellschaftlichen Prozeß. Sie erhalten und verändern diese Totalität. Die psychischen Aktivitäten des einzelnen, mit denen er seine individuelle Existenz erhält und entwickelt, damit aber gleichzeitig in gesamtgesellschaftliche Zusammenhänge einbezogen ist, bezeichnet Holzkamp als Handlungen. Die gesellschaftlichen Lebensbedingungen von Menschen «bedingen» jedoch nicht vollständig die Handlungen der einzelnen; sie haben die Alternative, sich je spezifisch zu verhalten, ihr Handeln subjektiv zu «begründen». Das ist Holzkamps Konstruktion der «Möglichkeitsbeziehung» von Individuen zu den gesamtgesellschaftlichen Verhältnissen (Holzkamp, 1983, S. 234 ff). Die Subjekte haben die Möglichkeit, sich in der Unmittelbarkeit ihres spezifischen Raums zu bewegen, ebenso wie ihnen die Möglichkeit eigen ist, diese Beschränkung zu durchbrechen und in allgemeinere Verhältnisse einzugreifen. Holzkamp faßt das in die Kategorien der restriktiven und der verallgemeinerten Handlungsfähigkeit der Subjekte. Handlungsfähigkeit ist bei ihm Verfügung des Individuums über seine eigenen Lebensbedingungen – in der Teilhabe an der Verfügung über den gesamtgesellschaftlichen Prozeß. Dementsprechend konstruiert Holzkamp weiter eine «allgemeine» Bedürfnisgrundlage von Menschen: nach Erweiterung ihrer Handlungsfähigkeit – entwicklungsgeschichtlich und funktional herausgebildet in der gesellschaftlichen Natur des Menschen. Wird diese Handlungsfähigkeit als eingeschränkt erfahren, erleben Menschen Angst, die abzuwehren sie Strategien entwickeln, über die Voraussetzungen ihrer Handlungsfähigkeit wieder Verfügung zu erlangen, im typischen Fall über die in ihrem Nahraum erfahrenen Einschränkungen und Möglichkeiten. Soweit hier (nur) abgewehrt und gesichert wird, wäre das unter der Kategorie der «restriktiven Handlungsmöglichkeit» zu fassen. Holzkamp betont, damit seien keine normativen Präskriptionen gesetzt, sondern «analytische Kategorien»: Die Subjekte können ihre «Unmittelbarkeitsverhaftung» überschreiten, indem sie bewußt ihre «kurzschlüssig-unmittelbaren Erfahrungsweisen» auf ihre gesamtgesellschaftliche Vermitteltheit hin durchdringen – die kritisch-psychologische Bewegung von Unbewußtheit zu mehr Bewußtsein. «Die Tatsache der Möglichkeit der Verfügungserweiterung … ist eine genuine (aus der gesellschaftlichen Natur in gesellschaftlicher Vermitteltheit entspringende) Spezifik der menschlichen Existenz und nur mit dieser auslöschbar. Somit ist der Mensch auf dieser Ebene als solcher Subjekt» (Holzkamp 1983, S. 355).

Holzkamps Subjektwissenschaft ist als hochelaboriertes, geschlossenes epistemologisches System verfaßt. Gleichwohl ergeben sich unmittelbar daraus Kriterien des kommunikativen Handelns, die im Alltag, im Bereich professioneller Arbeit und in der wissenschaftlichen Praxis gelten. Im Zentrum steht die Unhintergehbarkeit der «subjektiven Begründungsmuster»: Sie sind stets anzuerkennen und allenfalls in gemeinsamer Bewegung, im Durcharbeiten der Bedeutungsverweisungen zu erweitern – eine demokratische Option auf Veränderung einschränkender Lebensbedingungen. Über damit konzipierte Möglichkeiten der praktisch-professionellen Arbeit gibt u. a. das seit 1978 erscheinende *Forum Kritische Psychologie* Auskunft, umfassend für den Bereich pädagogischer Arbeit Holzkamps letztes Werk «Lernen».

Ein anderer Strang kritischer Psychologie bildete sich um die seit 1977 erscheinende Zeitschrift «Psychologie und Gesellschaftskritik». Hier wurde bewußt keine zusammenhaltende Theorie entwickelt. Anfangs ein Sammelbecken unterschiedlicher, nicht-orthodoxer Beiträge zu einer sozialwissenschaftlich fundierten Psychologiekritik, begünstigte die redaktionelle Arbeitsweise der Zeitschrift eine zunehmende Vielfalt und Offenheit und entzog sich damit der Festlegung auf eine vereinheitlichende Lehrmeinung. Es wurde aus den Lebens- und Arbeitswelten von Psychologen innen- und außerhalb der Wissenschaftsinstitutionen veröffentlicht. Allgemeineres Ziel war, «entunterwerfende» (Foucault) Diskursarten zu pflegen. «Psychologie und Gesellschaftskritik» wurde zu einem die kritische Psychologie diversifizierenden Organ, in dem Verhältnisse kritisch zur Sprache gebracht und Diskurse bewegt werden konnten. Besser als durch theoretische Bestimmungen läßt sich die Zeitschrift durch Themenschwerpunkte, die Knoten kritisch-psychologischer Auseinandersetzungen bildeten, charakterisieren. Einige Themencluster (nach Erscheinungszeiträumen): Psychiatrie, Therapie, Psychosoziale Praxis (1978–80); Psychologie und Politik, Psychologie im Nationalsozialismus (1979/80); Ästhetisches Handeln, Massenkommunikation und Medien (1981); Vermessenheiten, Industrialisierte Psyche (1982); Therapeutische Arbeit, Institutionelle Praxis, Soziale Kontrolle (1983/84); Frauen und Psychologie (ab 1983); Identität, Subjektivität, Subjekt und Politik (1987/89); NS-Zeit, Euthanasie und Modernisierung (1991); Postmoderne Herausforderungen, Konstruktionen, Selbst-Sein (1992/93). In den letzten Jahrgängen macht sich zunehmend der Einfluß poststrukturalistischer und diskursanalytischer Konzepte bemerkbar, weiterhin eine Orientierung an Postmoderne und Reflexiver Sozialpsychologie. Kritik versteht sich hier als wissenschaftliche Dekonstruktion von Macht. Im Gegensatz zu Holzkamps Kritischer Psychologie verlor dabei die marxistische Gesellschaftstheorie ihre fundamentale Bedeutung.

Im weiteren Sinn als kritische Psychologie zu werten sind psychologiebezogene Beiträge feministischer Kritik und Praxis, ebenso die aus der psychiatriekritischen und gemeindepsychologischen Arbeit hervorgegangene Reflexive Sozialpsychologie (Keupp, 1994). Gegenüber psychoanalytischen Konzepten, auch der psychoanalytischen Kulturkritik, verhält sich die Mehrzahl kritischer Psychologen merkwürdig distanziert.

Literatur

Bruder, K.-J. (Hg.). (1973). Kritik der bürgerlichen Psychologie. Zur Theorie des Individuums in der kapitalistischen Gesellschaft. Frankfurt/M.

Dick, F. (1974). Kritik der bürgerlichen Sozialwissenschaften. Heidelberg.

Forum Kritische Psychologie (ab 1978). Berlin.

Foucault, M. (1992). Was ist Kritik? Berlin.

Holzkamp, K. (1972). Kritische Psychologie. Vorbereitende Arbeiten. Frankfurt/M.

Holzkamp, K. (1973). Sinnliche Erkenntnis – Historischer Ursprung und gesellschaftliche Funktion der Wahrnehmung. Frankfurt/M.

Holzkamp, K. (1983). Grundlegung der Psychologie. Frankfurt/M.

Holzkamp, K. (1993). Lernen. Eine subjektwissenschaftliche Grundlegung. Frankfurt/M.

Jaeger, S. & Staeuble, I. (1978). Die gesellschaftliche Genese der Psychologie. Frankfurt/M.

Keupp, H. (Hg.). (1994). Zugänge zum Subjekt. Perspektiven einer reflexiven Sozialpsychologie. Frankfurt/M.

kritische psychologie o.O., o.J. (Bochum 1970).

Maikowski, R., Mattes, P. & Rott, G. (1976). Psychologie und ihre Praxis. Materialien zur Geschichte und Funktion einer Einzelwissenschaft in der BRD. Frankfurt/M.

Mattes, P. (1985). Die Psychologiekritik der Studentenbewegung. In: Ash, M. & Geuter, U. (Hg.), Geschichte der deutschen Psychologie im 20. Jahrhundert (S. 286–313). Opladen.

Organ der Basisgruppen Psychologie in der BRD. Nr. 1 (Bochum 1970) – Nr. 3 (1972. Marburg.)

Psychologie als historische Wissenschaft. FU-Pressedienst Nr. 8. Berlin 1972.

Psychologie und Gesellschaftskritik (ab 1977). Frankfurt/M.

Rexilius, G. (Hg.). (1988). Psychologie als Gesellschaftswissenschaft. Geschichte, Theorie und Praxis kritischer Psychologie. Opladen.

Staeuble, I. (o.J.). Kritische Psychologie und Gesellschaft. kritische psychologie, S. 115–125. (o.O.)

Wilhelmer, B. (1973). Zur konkreten Negation der herrschenden Psychologie. In: J. Klüver & F.-O. Wolf (Hg.), Wissenschaftskritik und sozialistische Praxis. Frankfurt/M.

Zur Kritik der kritischen Psychologie (1979). Berlin.

Peter Mattes

Kritische Theorie

Hinter dem Begriff der Kritischen Theorie der Frankfurter Schule stand seit je eine Vielgestaltigkeit, die nichts von einem abgeschlossenen Theoriegebäude oder einem einheitlichen Paradigma hatte. Das 1924 gegründete «Institut für Sozialforschung» ging auf eine Stiftung von Felix Weil zurück und wurde ab 1931 von Max Horkheimer geleitet. Von Horkheimer stammt auch der namengebende programmatische Aufsatz «Traditionelle und kritische Theorie» (1937). Nach der Vertreibung des Instituts durch die Nazis fanden sich seine Vertreter nach und nach im amerikanischen Exil zusammen, wo das Institut seine Arbeit wieder aufnahm und die «Zeitschrift für Sozialforschung» wieder herausgegeben wurde. Den kritischen Theoretikern (in der ersten Generation: Horkheimer, Adorno, Löwenthal, Pollock, zeitweise Marcuse, Benjamin, Fromm u. a.) ging es zunächst um eine gegenseitige Durchdringung von philosophischer Reflexion und empirischen Sozialwissenschaften, um die zwangsläufige Beschränktheit traditioneller, einzelwissenschaftlicher Theoriebildung zu überwinden. Das Ziel: eine materialistische bzw. kritische Theorie und Analyse kapitalistischer Vergesellschaftung, die die Verschmelzung von Waren-, Wert- und Denkform und deren komplexe Wirkung auf Psyche und Interaktion nachweisen konnte.

Für eine theoretisch reflektierte, zeitgenössische Psychologie zeigen sich in den letzten Jahren vielversprechende Übergänge vor allem zu jenen Texten Adornos, in denen er sich mit zentralen Begriffen der Philosophie und der Psychologie auseinandersetzt: Identität und Subjekt. Wichtige theoriegeschichtliche und methodische Wurzeln der Kritischen Theorie sind Hegel und Marx' Kritik der politischen Ökonomie – bei Adorno vor allem die Werttheorie (in gleichzeitiger Abgrenzung zum orthodoxen Marxismus), die Psychoanalyse (inklusive der Auseinandersetzung mit dem «psychoanalytischen Revisionismus») sowie bestimmte vernunft- und metaphysikkritische Denkmotive Schopenhauers und Nietzsches.

Schwerpunkte der empirischen Forschung des Instituts in den 30er und 40er Jahren bildeten die Themenkomplexe «Autorität und Familie» und «Der autoritäre Charakter» (Adorno et al., 1968/1969), die ausgehend von Faschismus und Antisemitismus die Genese sozialen Konformismus untersuchten, sowie frühe Studien zu Massenkultur und -medien. Methodologisch entspricht diese Form interdisziplinärer Sozialforschung einem Prozeß, in dem Erfahrung, die nicht vorschnell durch vorhandene Theoreme eingeengt werden soll, einer die Ebene der bloßen Erscheinung durchdringenden Deutung unterzogen wird, die schließlich über begriffliche Reflexion zur Theoriebildung führt. Sozialforschung hingegen, die nur die Oberfläche gesellschaftlicher Faktizität abbildet und die Realität verdoppelt, anstatt ihren Strukturzusammenhang transparent zu machen, wird als reflexions- und theorielose Datensammlung betrachtet. An die Tiefenstruktur gesellschaftlicher Phänomene gelange nicht, wer sich von dieser Faktizität des Gegebenen vorschnell blenden läßt, sondern wer die Gesellschaft als Faktum, als in einem historisch-sozialen Prozeß von Menschen Produziertes und folglich als Veränderbares begreift. Das ist die Intention der Kritischen Theorie: Emanzipation des Individuums vom Objekt zum Subjekt der Geschichte.

Das Attribut «kritisch» ist daher einerseits in Abgrenzung zum traditionellen Theorieverständnis, das durch Wertfreiheit, Praxisabstinenz und die Trennung von (Erkenntnis-)Subjekt und (Forschungs-)Objekt charakterisiert ist, zu verstehen. Zugleich steht es für die Reflexion des Denkens auf sich selbst und damit für eine unverzichtbare Selbstkritik der Vernunft. Das ist auch Thema der «Dialektik der Aufklärung» (1947/69), die den Scheinwiderspruch von Mythos und Aufklärung und die inneren Widersprüche einer sich als Herrschaft vollziehenden Vernunft untersucht. So wie Mythen bereits Aufklärung sind, indem beispielsweise der Naturzwang durch ein Opfer gebannt werden soll, enthielt noch alle Aufklärung Mythisches; denn «jeder Versuch, den Naturzwang zu brechen, indem Natur gebrochen wird, gerät nur um so tiefer in den Naturzwang hinein. So ist die Bahn der europäischen Zivilisation verlaufen» (Horkheimer & Adorno, 1947/69, S. 15). Um den Preis der selbstauferlegten Versagung und Verhärtung trotzt das Subjekt dem Mythischen. Der Kampf mit der äußeren Natur wird zum Kampf mit der inneren des Menschen. Das Opfer wird nun in Form von Selbstbeherrschung und Selbstkontrolle des aufgeklärten Subjekts an sich selbst vollzogen. Im Zuge der Aufklärung wird Vernunft – stets schon Mittel der Selbsterhaltung und Naturbeherrschung – zum Herrschaftsmittel, zur szientifisch verkürzten, starren Rationalität, unter die alles ungeachtet seiner sinnlichen Qualität subsumiert wird. Sublimer Tenor der «Dialektik der Aufklärung» ist aber auch: Alle bisherige Aufklärung war keine wahre Aufklärung, weil sich Herrschaft damit verbunden hat – oder: Rettung der Vernunft durch Vernunftkritik.

Das Reflexionspotential der Kritischen Theorie wurde von der Psychologie nie wirklich genutzt. Dazu hätte sie sich als wissenschaftliche Einzeldisziplin selbst in Frage stellen müssen. Von der verdinglichenden Psychologie spricht Adorno in seinem Aufsatz «Zum Verhältnis von Soziologie und Psychologie» (1955): Das Substrat der Psychologie, das Individuum, das vorgebliche Konkretum der Gesellschaft findet seine Bestimmung in abstrakten Tauschakten und verkörpert so – reduziert auf seine Funktion als Produktions- und Tauschagent – selbst etwas Dinghaftes. Doch die gesellschaftlichen Konflikte und Widersprüche reproduzieren sich nicht einfach innerpsychisch als reaktive Abbilder der äußeren Bedingungen, sondern entfalten qua Vereinzelung und Abdichtung des Individuums von der Gesellschaft noch einmal eine individuelle Pathogenese. Die Undurchsichtigkeit der gesellschaftlichen Totalität wirft die Subjekte auf ihr beschränktes monadologisches Selbst zurück, das durch den Kultus der Psychologie zum Wesentlichen stilisiert wird. Die auch heute noch zwiespältige Einschätzung der Psychologie ist Ausdruck einer Selbsttäuschung der Gesellschaft: Der Psychologie wird unterstellt, sie könne über die individuelle Psyche der Subjekte deren Handlungsmotive zureichend erschließen, und gleichzeitig wird ihr mißtraut, denn der *homo psychologicus* – um Selbsterhaltung bemüht – verspürt die Ohnmacht angesichts der gesellschaftlichen Totalität, die der *homo oeconomicus* ihm auszureden versucht.

Eine antagonistische Gesellschaft, deren immanente Widersprüchlichkeit durch jeden einzelnen hindurchgeht, bedient sich der Therapie als Anpassungsmaschinerie, die dem a priori beschädigten Individuum suggeriert, integrierte Persönlichkeit sein zu müssen. Doch in dieser Form der Integration sieht Adorno «die falsche Versöhnung mit der unversöhnten Welt» (Adorno, 1955, S. 29). Seit dieser Diagnose Mitte der 50er Jahre ist der Gebrauch des Begriffs Integration in der Psychotherapie immer beliebter geworden. Ähnlich verhält es sich mit dem in der Psychologie kaum hinterfragten Begriff der Identität und den zahlreichen Identitätskonzeptionen. In der «Negativen Dialektik» (1966) verweist Adorno auf den logischen Zwangscharakter des Identitätsprinzips, analog dem abstrakten Äquivalenzprinzip des Tausches. Ungleiches, Individuelles, Besonderes wird in das Korsett von Gleichem, Identischem und Allgemeinem gepreßt. Denken heißt immer schon identifizieren – aber die Gegenstände gehen in ihrem Begriff nicht auf. Denken in identitätslogischen Kategorien negiert das Nichtidentische und die Vielheit des Verschiedenen und verhindert das, was Adorno «ohne Angst verschieden sein» nennt (1951, S. 131). Durch die Anpassung an die verhärteten Verhältnisse und indem es sich diesem Identitätszwang unterwirft, verhärtet das Subjekt in sich; es «zerlegt sich in die nach innen hin fortgesetzte Maschinerie der gesellschaftlichen Produktion und einen unaufgelösten Rest, der als ohnmächtige Reservatsphäre gegenüber der wuchernden ‹rationalen› Komponente zur Kuriosität verkommt» (Adorno, 1955, S. 25). An dieser Stelle wird deutlich, daß für die kritische Theorie die Totalität vornehmlich im Totalwerden der objektiven Sphäre besteht. Der äußere Verdinglichungszusammenhang wird absolut, dringt in die Subjekte ein, bemächtigt sich ihrer. Adorno erkennt, daß die abstrakte Subjekt-Form konstituierend zur Wertvergesellschaftung gehört, doch bleibt für ihn in Subjektivität ein letzter unverdinglichter Rest als Ort von möglicher Widerständigkeit. Darin besteht die Subjektillusion der Kritischen Theorie.

Die zweite Generation der Kritischen Theorie vertritt weniger denn je eine kohärente oder einheitliche Gesellschaftstheorie. Habermas, der 1964 Horkheimers Lehrstuhl in Frankfurt übernahm, versucht mit seiner sprach- und handlungstheoretisch ausgerichteten «Konsensus-Theorie» und der «Theorie des kommunikativen Handelns» (1981), eine Konzeption idealer Sprechhandlungsformen – als einem quasi gesellschaftlichen Regulativ – bereitzustellen, mit dem in einem Gemeinwesen mittels eines Konsenses über Geltungsansprüche, Wahrheitskriterien und Normen diskursive Einigung hergestellt werden soll. Dabei geht es um die Erklärung der normativen Basis praktisch-ethischer Regeln sowohl für den «Funktionskreis zweckrationalen Handelns» (Habermas, 1981, S. 82), wozu Wirtschaft, Staat, Wissenschaft zählen, als auch den der soziokulturellen Lebenswelt, die gemäß der «kommunikativen Rationalität» funktioniert, dabei aber Gefahr läuft, von der ersten verdrängt zu werden («Kolonialisierung der Lebenswelt»). Habermas betrachtet zwar Reibungen und Friktionen dieser Subsysteme, nicht aber die tragenden Strukturen, immanenten Widersprüche und Funktionsprinzipien der kapitalistischen Gesellschaftsformation. Doch «kritische Gesellschaftstheorie ohne einen Begriff von gesellschaftlicher Gesamtheit: ist so etwas möglich? So wenig gesellschaftliche Totalität durchschaubar ist, so wenig läßt sich gesellschaftliche Wirklichkeit ohne Totalitätsbegriff aufschlüsseln» (Türcke, 1994, S. 93).

Neben Habermas, dem zweifellos Exponiertesten in der Nachfolge der Kritischen Theorie, sind A. Wellmer, A. Honneth, H. Dubiel und H. Brunkhorst zu nennen. Für eine Fortführung Kritischer Theorie zu einer Gegenwartsdiagnostik, ohne sich an Habermas' Lebensweltkonzept zu orientieren, stehen H. Schweppenhäuser, R. Tiedemann, A. Schmidt, D. Claussen oder M. Postone, deren Entwürfe für eine sich selbst reflektierende und enge disziplinäre Grenzen überwindende Psychologie vielversprechend sind. Im Sinne einer Kritischen Theorie der Gesellschaft sind jene zaghaften Ansätze, die das Konstrukt Identität hinterfragen und sich von tradierten, aber untauglich gewordenen starren Identitätskonzepten (Identität als in der Person zentriert, sich selbst gleich, über die Zeit konsistent, homogen, als ein zu bewahrender Besitzstand) verabschieden (vgl. Keupp, 1994; Gergen, 1990; Holzkamp, 1993).

Literatur

Adorno, T. W. (1951). Minima Moralia. Reflexionen aus dem beschädigten Leben. Frankfurt/M.

Adorno, T. W. (1955). Zum Verhältnis von Soziologie und Psychologie. In: T. W. Adorno & W. Dirks (Hg.), Frankfurter Beiträge zur Soziologie. Bd. 1: Sociologica I, S. 11–45. Frankfurt/M.

Adorno, T. W. (1966). Negative Dialektik. Frankfurt/M.

Adorno, T. W. u. a. (1968/'69). Der autoritäre Charakter. Amsterdam.

Gergen, K. J. (1990). Die Konstruktion des Selbst im Zeitalter der Postmoderne. Psychologische Rundschau, 41, S. 190–199.

Habermas, J. (1981). Theorie des kommunikativen Handelns. Frankfurt/M.

Holzkamp, K. (1993). Was heißt «Psychologie vom Subjektstandpunkt»? – Überlegungen zu subjektwissenschaftlicher Theoriebildung. Journal für Psychologie, 1 (2), S. 66–75.

Horkheimer, M. (1937). Traditionelle und kritische Theorie. Zeitschrift für Sozialforschung, Jg. VI, Heft 2. Frankfurt/M.

Horkheimer, M. & Adorno, T. W. (1947/69). Dialektik der Aufklärung. Frankfurt/M.

Jay, M. (1981). Dialektische Phantasie. Die Geschichte der Frankfurter Schule und des Instituts für Sozialforschung 1923–1950. Frankfurt/M.

Keupp, H. (1994). Zugänge zum Subjekt. Perspektiven einer reflexiven Sozialpsychologie. Frankfurt/M.

Türcke, C. (1994). Einführung in die kritische Theorie. Darmstadt.

Wiggershaus, R. (1988). Die Frankfurter Schule. Geschichte. Theoretische Entwicklung. Politische Bedeutung. München/Wien.

Jutta A. Metzger

Kulturhistorische Schule

Die Kulturhistorische Schule war ab Mitte der 50er bis Ende der 70er Jahre die dominierende theoretische Strömung der sowjetischen Psychologie, die noch in den späten 90er Jahren Relevanz in der akademischen russischen Psychologie hat (vgl. Journal of Russian and East European Psychology, 1995). Sie wurde von L. S. Wygotski (1896–1934), der als «Mozart der sowjetischen Psychologie» gilt, begründet und von seinen engsten Mitarbeitern Luria (1902–1977) und Leontjew (1903–1979) weiterentwickelt. In Deutschland hat vor allem Holzkamp (1928–1995) die historische Methode Leontjews und sein Aneignungs- und Tätigkeitskonzept als Basis seiner Kritischen Psychologie betrachtet (vgl. Holzkamp, 1983; 1993). Wygotski kritisierte bereits Mitte der 20er Jahre den in der sowjetischen Psychologie vorherrschenden Reflexbegriff. Er plädierte für die Untersuchung des Bewußtseins als Gegenstand der sowjetischen Psychologie und betonte den qualitativen Unterschied von Mensch und Tier. Bei dieser Unterscheidung stützte er sich auf Marxens

Bienenbeispiel aus dem ersten Band des «Kapital» (vgl. Marx, 1970), nach dem der schlechteste menschliche Baumeister der besten Biene die Fähigkeit zur ideellen Antizipation seines Bauwerks voraushat (vgl. Wygotski, 1979). Die Menschen hätten sich im Laufe ihrer gesellschaftlichen Entwicklung, vor allem durch ihre Arbeitstätigkeit, Zeichen wie Wörter, Zahlen, Schriftzeichen, Kunstwerke, Karten usw. geschaffen. Sie dienten primär der zwischenmenschlichen Kommunikation und bestimmten ihr soziales Verhalten. Mit Hilfe dieses Zeichensystems seien die Reaktionen des Menschen relativ unabhängig von unmittelbaren, äußeren Reizeinwirkungen, denn sein Bewußtsein vermag steuernd einzugreifen. Auf seiner Zeichentheorie aufbauend entwickelte Wygotski das Interiorisierungskonzept, das für die kulturhistorische Schule zentrale Bedeutung hat. Die gesellschaftlich produzierten Zeichen existierten außerhalb und unabhängig vom einzelnen Individuum und müßten von ihm in seiner Ontogenese verinnerlicht (interiorisiert) werden. Die psychischen Funktionen entstehen demnach zuerst in den zwischenmenschlichen Beziehungen (interpsychisch), durchlaufen zunächst ein äußeres, da soziales Stadium, bevor sie vom Individuum interiorisiert (intrapsychisch) werden können. Deshalb interpretierte er das von Piaget benannte Stadium der egozentrischen Sprache (Selbstgespräch) in der kindlichen Sprachentwicklung nicht als ungenügende Sozialisierung einer ursprünglich individuellen Sprache, wie Piaget glaubte, sondern als ungenügende Individualisierung einer ursprünglich sozialen Sprache (vgl. Wygotski, 1977). Der zweite wesentliche Beitrag Wygotskis zur Kulturhistorischen Schule bestand in der Begründung der historischen Methode für die Psychologie. Um das Wesen eines Dinges begreifen zu können, müsse man es in seiner historischen Gewordenheit studieren, den Entwicklungsprozeß in seiner Veränderung erfassen (vgl. Wygotski, 1978). Für ihn war das der Kern der dialektischen Methode von Marx und Engels, die er auf den Gegenstand der Psychologie anwenden wollte (vgl. Wygotski, 1977).

Luria, Anfang der 20er Jahre noch ein führender Vertreter der Freudschen Psychoanalyse, betrieb in den 20er Jahren zusammen mit Leontjew experimentelle Gedächtnisforschung. Über Forschungen zu den kulturellen Unterschieden und ihre Rückwirkung auf die Denkleistungen, Zwillings-, Gehirn-, Sprachforschung kam er schließlich zur Neuropsychologie und gilt als deren Begründer. Er blieb im Unterschied zu Leontjew dem Ansatz Wygotskis eng verbunden und konkretisierte ihn auf entsprechende Gegenstandsbereiche (vgl. Luria, 1993). Leontjew entwickelte bzw. veränderte Wygotskis Ansatz an zwei wesentlichen Punkten, und zwar hinsichtlich der historischen Methode und des Interiorisierungskonzepts. In seinem Hauptwerk «Probleme der Entwicklung des Psychischen» hat er exemplarisch seine historische Methode angewendet, indem er die naturgeschichtliche Gewordenheit des Psychischen in Form der Sensibilität und die spezifische Besonderheit der psychischen Tätigkeit des Menschen herausgearbeitet hat (vgl. Leontjew, 1973).

Das Interiorisierungskonzept Wygotskis veränderte er in sein Aneignungs- und später Tätigkeitskonzept. Nach Leontjew eignet sich der Mensch im Unterschied zum Tier die spezifisch menschliche, gesellschaftlich-historische Erfahrung aktiv an (ebd.). Anders als Wygotski, der in seinem Interiorisierungskonzept die Rolle der symbolischen Interaktion und der sozialen Beziehungen hervorhob, legte Leontjew den Schwerpunkt auf den materiellen Charakter der Aneignung (vgl. Kozulin, 1984). Er formulierte die These, daß jeder inneren, psychischen Tätigkeit eine äußere, materielle vorausgehe. Beim Aneignungsprozeß reproduziere das Individuum die historisch entstandenen Fähigkeiten und Fertigkeiten, indem es sie sich durch den praktischen Umgang mit den Gegenständen aneignet. Beispielsweise eigne sich das Kind den Begriff Hammer am adäquatesten durch die praktische Erprobung seiner Funktionen an. Das Aneignungskonzept entwickelte er in seiner letzten umfassenderen Publikation «Tätigkeit, Bewußtsein, Persönlichkeit» (Leontjew, 1977) zu einem Tätigkeitskonzept weiter.

Während Wygotskis Werk wegen seiner Verwicklung in die Pädologie (Kinderpsychologie) 1936 Stalins Kahlschlagpolitik in den Wissenschaften zum Opfer fiel und unterdrückt wurde (vgl. Thielen, 1984), paßte sich Leontjew an. Anfang der 60er Jahre wurde er bis zu seinem Tod zum führenden Theoretiker der sowjetischen Psychologie. Leontjews Aneignungs- und Tätigkeitskonzept wurde von der herrschenden Parteibürokratie der 60er und 70er Jahre als psychologisches Legitimationskonzept benutzt, um die Unterordnung der Menschen unter die Sachrationalität der Produktion und der Maschine und die Anpassung an die politischen Verhältnisse «wissenschaftlich» zu untermauern. Aus Leontjews Aneignungs- / Tätigkeitskonzept leitet sich ein Persönlichkeitsmodell ab, das die Bedeutung der produktiven Tätigkeit, die Fähigkeit zur kognitiv-rationalen Tätigkeit einseitig verabsolutiert und im Unterschied zu Wygotski die Bedeutung der interaktiven Kommunikation für die psychische Entwicklung sowie die inneren Entwicklungsbedingungen der Persönlichkeit – sinnlich-körperliche Bedürfnisse, Triebe u. a. – negiert (vgl. Thielen, 1988). Sein Persönlichkeitsbild ist analog zur damals in der Sowjetunion vorherrschenden Theorie des Primats der Produktivkräfte, produktionstechnisch verengt und grenzt den Bereich der Lust und der Kreativität weitgehend aus.

Literatur

Holzkamp, K. (1983). Grundlegung der Psychologie. Frankfurt / New York.
Holzkamp, K. (1993). Lernen. Subjektwissenschaftliche Grundlegung. Frankfurt / New York.
Journal of Russian and East European Studie (1995). Bd. 33, 4.
Kozulin, A. (1984). Psychology in Utopia. Toward a Social History of Soviet Psychology. Cambridge / London.
Leontjew, A. N. (1973). Probleme der Entwicklung des Psychischen. Frankfurt / M.
Leontjew, A. N. (1977). Tätigkeit, Bewußtsein, Persönlichkeit. Stuttgart.
Luria, A. R. (1993). Romantische Wissenschaft. Forschungen im Grenzbereich von Seele und Gehirn.
Marx, K. (1970). Das Kapital. Bd. 1. MEW Bd. 23. Berlin (DDR).
Thielen, M. (1984). Sowjetische Psychologie und Marxismus. Geschichte und Kritik. Frankfurt / New York.
Thielen, M. (1988). Kritisches zu Leontjew auf dem Hintergrund der Geschichte der sowjetischen Psychologie. In: M. Hildebrand-Nilshon & G. Rückriem (Hg.), Kongreßbericht des 1. Internationalen Kongresses zur Tätigkeitstheorie. Bd. 2 (S. 167–173). Berlin.
Wygotski, L. S. (1977). Denken und Sprechen. Frankfurt / M.
Wygotski, L. S. (1978). Mind in Society. The Development of Higher Psychological Processes. Cambridge / London.
Wygotski, L. S. (1979). Consciousness as a Problem in the Psychology of Behavior. Soviet Psychology, XVII, S. 5–35.

Manfred Thielen

Kunstpsychologie / Kunsttherapie

Kunstpsychologie versucht als Wissenschaft, das ästhetisch-psychologische Konstitutionsmoment des bürgerlichen Subjekts ab ca. 1800 zu umschreiben. Sobald sich im kunstherstellenden und -rezipierenden Vorgang von beispielsweise Malerei und musealer Bildbetrachtung der Erfahrungshorizont des Subjekts verändert, werden aufklärerisch die menschlichen Sinn- und Zwecksetzungen als vorläufig und offen erkannt. Kant geht in seiner, die Ästhetik als Disziplin begründenden «Kritik der Urteilskraft» davon aus, daß es eine erfahrungstranszendierende, bildmächtige Phantasie gibt. In den kunstpsychologischen Entwürfen seiner Nachfolger zeigt sich diese als subjektiv die Innenverhältnisse oder objektiv die Außenverhältnisse des Subjekts abbildend bzw. neu konstituierend. Die Ansätze der Kunstpsychologien des 19. Jahrhunderts grenzen infolge der politisch-restriktiven Situation immer mehr die außenorientierten, antizipativ neukonstituierenden Aufgaben des künstlerischen Vorgangs aus und betonen mehr die innenorientierten, rezeptiv-widerspiegelnden Momente des Erinnerns,

Nacherlebens, Gestimmt-Seins, des Gefühls. Kunstpsychologie wird zur bloß sinneshaft-sensualistisch (Groos), einfühlsam (Lipps), assoziationsfreisetzend (Külpe), experimentalästhetisch (Meumann), ästhetisch-anschaulich und damit erzieherisch (Herbart), insbesondere gestaltästhetisch (Wertheimer) orientierten Praxis, die der psychoanalytisch-symbolischen Bedeutungsgebung (Freud, Kris, Jung, Jacobi, Lacan) harrt, um seit Beginn des 20. Jahrhunderts therapeutisch verwendet zu werden. Die aus der Kunstpsychologie sich entwickelnden Kunsttherapien unserer Tage werden parallel zum Entstehen des kunstpsychologischen Denkens seit 1800 in den psychiatrischen Anstalten, in den rehabilitativen Einrichtungen, in den gestaltungspädagogischen Unterrichtsformen, in den psychoanalytischen Praxen, in den psychosomatischen Kliniken und anders als zum Beginn der Bewegung wieder in den psychiatrischen Abteilungen unserer Tage eingesetzt, um mit Mitteln der Kunst und vielleicht kritischer als vormals die Binnen- und Außen-, die Lebensverhältnisse von Menschen abzubilden. Kunsttherapie will in der Tradition von Kunstpsychologie mit den bildnerischen Mitteln der Kunst verlorengegangene oder blockierte Muster der Psyche und/oder des Verhaltens erinnern, widerspiegeln und bearbeitbar machen.

Literatur

Kreitler, H. u. S. (1980). Psychologie der Kunst. Mainz.
Menzen, K.-H. (1981). Zum Verhältnis von ästhetischer Theorie und ästhetischer Psychologie. Berichte zur Wissenschaftsgeschichte, 4 , S. 143–148.
Menzen, K.-H. (1990). Vom Umgang mit Bildern: Wie ästhetische Erfahrung pädagogisch und therapeutisch nutzbar wurde. Köln.
Menzen, K.-H. (1992). Kunsttherapie: Zur Geschichte der Therapie mit Bildern. Frankfurt/M.
Menzen, K.-H. (1994). Einführung in die Kunsttherapie. In: G. Schottenloher (Hg.), Wenn Worte fehlen, sprechen Bilder (S. 39–50). München.
Schuster, M. (1992). Wodurch Bilder wirken. Psychologie der Kunst. Köln.

Karl-Heinz Menzen

Labeling Approach

Unter der Bezeichnung Labeling Approach versteht man einen neueren Ansatz in der Soziologie des abweichenden Verhaltens, der maßgeblich auf der Grundlage der Theorie des Symbolischen Interaktionismus entwickelt wurde (vgl. Becker, 1973; Sack, 1968). In ihm wird abweichendes Verhalten im wesentlichen als Folge von Wahrnehmungs- und Zuschreibungsprozessen interpretiert. Mehrere Ebenen werden als am Zuschreibungsprozeß beteiligt erkannt (gesellschaftliche Normsetzung, interpersonelle Reaktion, Vorgehen von Instanzen). Damit befindet sich der Labeling Approach im Widerspruch zu Ansätzen, die wesensmäßige Eigenschaften (physische und psychische Strukturen) der Betroffenen für die Konstituierung von Abweichung verantwortlich machen. Es wird die ätiologische Orientierung im Sinne von Ursache-Wirkungsrelationen verlassen, und gesellschaftliche Reaktionen werden zum Gegenstand der Analyse gemacht. Nicht das physische Verhalten selbst, sondern dessen negative Bewertung, die Etikettierung (label) in einem sozialen Prozeß (Stigmatisierung) läßt Abweichung entstehen. Die Stigmatisierung hat sowohl in der Kriminologie aber auch im Bereich des psychisch abweichenden Verhaltens (vgl. Scheff, 1973) eine Schlüsselfunktion erhalten. Der Labeling Approach geht davon aus, daß primäre Abweichung ein weit verbreitetes Verhalten darstellt, das vor allem in der Jugendphase verstärkt auftritt, grundsätzlich episodenhaften Charakter hat und somit kein soziales Problem darstellen muß. Erst das Eingreifen von informellen, vor allem aber formellen Kontrollinstanzen wie Polizei und Justiz löst sekundäre Devianz (vgl. Lemert, 1975) aus. Neben den Folgen eher objektiver Benachteiligungen durch Etikettierung, die legale Chancenstrukturen reduzieren oder Einschränkungen des Rollenrepertoires nach sich ziehen können, betonen Vertreter des Labeling Approach die Gefahr von subjektiven Identitätstransformationen. Beides zusammen, die Reduktion der konformen Handlungsmöglichkeiten und die Übernahme des abweichenden Selbstbildes, begünstigt die Entstehung einer abweichenden Karriere. Der Labeling Approach läßt sich mit Hilfe der sozialpsychologischen Attributionstheorie in einigen Punkten präzisieren. Verhaltensänderungen des Akteurs erfolgen keinesfalls automatisch nach Stigmatisierungen. Es gilt, den subjektiven Faktor, die Wahrnehmung der attribuierten Etikettierung, zu berücksichtigen. Der Labeling Approach geht davon aus, daß perzipierte negative Zuschreibungen die Selbstdefinition in Richtung auf das Fremdbild (z. B. der Kriminelle, die Wahnsinnige) modifizieren. Die Wahrscheinlichkeit der Übernahme des negativen Selbstkonzepts und der Orientierung daran steigt, wenn mangelnde Unterstützung durch das soziale Umfeld vorliegt, wenn der Etikettierte der negativen Zuschreibung nichts oder wenig entgegenzusetzen hat.

Literatur

Becker, H. S. (1973). Außenseiter. Frankfurt/M.

Lemert, E. M. (1975). Das Konzept der sekundären Abweichung. In: F. W. Stallberg (Hg.), Abweichung und Kriminalität (S. 33–46). Hamburg.

Sack, F. (1968). Neue Perspektiven in der Kriminologie. In: F. Sack & R. König (Hg.), Kriminalsoziologie (S. 431–475). Frankfurt/M.

Scheff, T. J. (1973). Das Etikett «Geisteskrankheit». Soziale Interaktion und Psychische Störung. Frankfurt/M.

Lydia Seus

Lebensführung

Lebensführung bezieht sich auf das soziologische Konzept der «alltäglichen Lebensführung», das die Alltagsgestaltung als konstitutive Leistung einer Person hervorhebt und mit dem die Auswirkungen aktueller gesellschaftlicher Entwicklungen auf die Alltagsgestaltung der Personen erfaßt werden sollen (vgl. Voß, 1991; Projektgruppe, 1995). Anknüpfungspunkt für dieses Konzept ist der Begriff der «methodischen Lebensführung», den Max Weber (1986) zu Beginn dieses Jahrhunderts im Rahmen seiner Studien zur protestantischen Ethik geprägt hat. Damit bezeichnet er eine Rationalisierung der Lebensführung durch bewußtes und planendes Gestalten des eigenen Lebens in Richtung Erfolg und Effektivität. Unter dem Einfluß calvinistischer Ideen traten strategisches Handeln, Zweckrationalität und Selbstverantwortlichkeit als Kern der methodischen Lebensführung an die Stelle einer traditionalen Lebensführung, für die ein «Eingelebtsein» von Verhaltensweisen auf der Grundlage frageloser Gewohnheiten, Sitten und Gebräuche typisch ist. Was Max Weber an einer relativ schmalen bürgerlichen Elite entdeckt und als historischen Typus benannt hat, zeigt sich allerdings heute erst auf breiterer empirischer Ebene. Erst die aktuelle gesellschaftliche Situation, die u. a. gekennzeichnet ist durch Individualisierung, verstanden als Freisetzung aus Traditionen und Pluralisierung von Werten und Normen, ermöglicht und mutet es auch nahezu allen Mitgliedern einer Gesellschaft zu, ihr Leben selbst in die Hand zu nehmen und zu gestalten. Zugleich zeigt sich aber, daß unter Bedingungen von Individualisierung und Pluralisierung eine streng methodische Planung der Lebensführung nicht immer angemessen ist, da die Stationen des Lebensverlaufs ebensowenig bis ins Detail planbar sind wie der Alltag. Im Gegenteil, vieles muß bewußt offengehalten werden, um im entscheidenden Augenblick die richtigen Entscheidungen und Weichenstellungen treffen zu können. Damit setzt sich als dritte Form eine situativ-reflexive Lebensführung durch, die zwar durchaus rational gesteuert wird, aber nicht im Sinne einer zweckrationalen Planung aller Aktivitäten, sondern einer Rahmenplanung, die im Alltag Offenheit und situatives Handeln gewährleistet. Diese idealtypischen Formen von Lebensführung – traditional, zweckrational-strategisch und situativ-reflexiv – können zwar als historische Antworten auf bestimmte gesellschaftliche Bedingungen verstanden werden, empirisch finden sich jedoch in Abhängigkeit von konkreten Lebensverhältnissen, Generationszugehörigkeit und regionalem Kontext alle drei Formen von Lebensführung nebeneinander vor (vgl. Behringer u. a., 1990; Dunkel, 1994).

Im Vordergrund des Konzepts Lebensführung steht die Gestaltung des Alltags, die Alltagspraxis, die gleichwohl immer mit biographischen Entwürfen und Perspektiven verschränkt ist (vgl. Kudera, 1995). Die jeweilige Form ist abhängig von individuellen Ansprüchen, Orientierungen und Wertigkeiten sowie verfügbaren materiellen, sozialen und personalen Ressourcen auf der einen Seite, von gesellschaftlichen Normen und Leitbildern eines richtigen oder guten Lebens auf der anderen Seite. Die Funktion alltäglicher Lebensführung besteht darin, vielfältige und widersprüchliche Anforderungen mit individuellen Interessen auszubalancieren und damit eine individuelle Ordnung des Alltagslebens herzustellen. Sie erweist sich somit als wichtiges Instrument personaler Lebensbewältigung (vgl. Bolte, 1993). Diese individuelle Leistung der Person findet immer im sozialen Kontext statt. Die widersprüchlichen Anforderungen resultieren aus den Bezogenheiten auf die relevanten Kontexte Beruf, Familie, Freunde, Vereine usw., die nach unterschiedlichen Logiken strukturiert sind. Indem relativ stabile und doch flexible Arrangements mit den einzelnen Lebenskontexten getroffen und zu einem Gesamtarrangement, einem «Arrangement der Arrangements» zusammengefügt werden, wirkt alltägliche Lebensführung einerseits als Integrationsinstanz zwischen verschiedenen widersprüchlichen gesellschaftlichen Teilbereichen, andererseits als Vermittlungsinstanz zwischen Individuum und Gesellschaft. Durch die interaktive Verflechtung mit anderen Personen und Institutionen in den jeweiligen Teilbereichen wirken die Individuen auch auf gesellschaftliche Strukturen ein und tragen zu deren Stabilisierung oder Veränderung bei. In hochindividualisierten Gesellschaften müssen die Individuen in Auseinandersetzung mit gesellschaftlichen Zwängen und Möglichkeiten vermehrt solche Strukturen erst herstellen. Lebensführung wird dadurch zu einer komplexen Leistung, zu einer Arbeit eigener Art, zu einem akrobatischen Balanceakt, dessen Gelingen entscheidend von den verfügbaren Ressourcen abhängig ist. Die psychologische Relevanz des Konzepts «alltägliche Lebensführung» zeigt sich in seiner Bedeutung für die Identitätsforschung (vgl. Behringer, 1998) sowie noch grundlegender in Klaus Holzkamps (1995) subjektwissenschaftlichem Ansatz, psychologische Erkenntnisgewinnung im alltäglichen Handeln zu verankern.

Literatur

Behringer, L. (1998). Lebensführung als Identitätsarbeit. Der Mensch im Chaos des modernen Alltags. Frankfurt / New York.

Behringer, L., Bolte, K. M., Dunkel, W., Jurczyk, K., Kudera, W., Rerrich, M. S. & Voß, G. G. (1990). Auf dem Weg zu einer neuen Art der Lebensführung? Mitteilungen 1 des Sonderforschungsbereichs 333 der Universität München, Sonderdruck.

Bolte, K. M. (1993). Wertewandel, Lebensführung, Arbeitswelt. Otto-von-Freising-Vorlesungen der Katholischen Universität Eichstätt, Bd. 8. München.

Dunkel, W. (1994). Pflegearbeit – Alltagsarbeit. Eine Untersuchung der Lebensführung von AltenpflegerInnen. Freiburg.

Holzkamp, K. (1995). Alltägliche Lebensführung als subjektwissenschaftliches Grundkonzept. Das Argument 212, S. 817–846.

Jurczyk, K. & Rerrich, M. S. (Hg.). (1993). Die Arbeit des Alltags. Beiträge zu einer Soziologie der alltäglichen Lebensführung. Freiburg.

Projektgruppe «Alltägliche Lebensführung» (Hg.). (1995). Alltägliche Lebensführung. Arrangements zwischen Traditionalität und Modernisierung. Opladen.

Voß, G. G. (1991). Lebensführung als Arbeit. Über die Autonomie der Person im Alltag der Gesellschaft. Stuttgart.

Weber, M. (1986): Gesammelte Aufsätze zur Religionssoziologie I. Tübingen.

Luise Behringer

Lebenslauf / Biographieforschung

Ende des 18. Jahrhunderts hat Herbart die Lebensbeschreibung als Stoff für die Seelenkunde bezeichnet. Aber erst mit der Psychoanalyse wird im 20. Jahrhundert durch die Frage nach der Wirkung der Kindheitserfahrungen auf die Persönlichkeitsentwicklung ein Biographieansatz sichtbar. Auch die Verbindung zwischen Jugendpsychologie und menschlichem Lebenslauf, die C. Bühler (vgl. Bühler & Masarik, 1969) in den 30er Jahren hergestellt hat, ist hervorzuheben. Seit den 80er Jahren deutet sich eine Wiederbelebung der Biographiethematik auch in der Psychologie an (vgl. Jüttemann & Thomae 1987), in der Absicht, durch die Analyse der Lebensentwicklung im Längsschnitt die Dimension «Zeit» in die Psychologie einzubringen.

Der Lebenslauf wird heute in den Sozialwissenschaften als Institution betrachtet, die die zeitliche Abfolge von Lebensereignissen und -übergängen, geordnet nach Lebensphasen, sozialen Rollen bzw. institutionellen Mitgliedschaften (Familie, Schule, Arbeitsorganisationen etc.) definiert (vgl. Kohli, 1991). In der Psychologie steht die Kompetenz- und Persönlichkeitsentwicklung über die gesamte Lebensspanne hinweg (Baltes & Baltes, 1989) im Mittelpunkt, während in der Soziologie die Abfolge sozialer Rollen und die Bedeutung kultureller Leitbilder bei verschiedenen Generationen untersucht werden (Mayer, 1990). Während sich die soziologische Blickrichtung auf die sozialstrukturellen und historischen Determinanten von Lebenslaufmustern (Kohortenansatz) bezieht, konzentriert sich die Psychologie auf die individuellen Entwürfe, Handlungen und Bewertungen. Zur Wiederbelebung der Lebenslauf- und Biographieforschung hat in Deutschland auch die Diskussion um die moderne «Risikogesellschaft» (Beck, 1986) beigetragen, die mit einer Individualisierung der Lebensführung einhergeht. In den USA hat vor allem die Längsschnittforschung durch die Auswertung von historischen Datensätzen die interdisziplinäre Lebenslaufforschung gefördert (vgl. Elder, 1974). Analytisch läßt sich der Lebenslauf als gesellschaftlich strukturiertes Muster (weibliche und männliche «Normalbiographie») von der individuellen Lebensgeschichte trennen (vgl. Heinz, 1991). So richtet die Biographieforschung (Fuchs, 1984) den Blick auf die erzählte Lebensgeschichte, aus der Lebensentwürfe, die subjektive Verarbeitung und Bewältigung von Übergängen, normativen Lebensereignissen und Lebenskrisen rekonstruiert werden können. Da jedoch Lebensgeschichten nicht in einem gesellschaftlichen Vakuum ablaufen, ist es notwendig, die Biographieanalyse auf Lebensbedingungen und Prozesse des sozialen Wandels zu beziehen. Wie vor allem Jugendbiographien (vgl. Jugendwerk, 1992; Modell, 1989) und Frauenbiographien (vgl. Born et al., 1996) dokumentieren, hat sich die Alters- und Geschlechtsnormierung von Lebensübergängen abgeschwächt; dies ist mit einem erhöhten Handlungsdruck auf die Individuen verknüpft, die Lebensbereiche zu koordinieren. Die Einbeziehung sozialer Strukturen und sozialen Wandels ist für die psychologische Biographieforschung eher ungewöhnlich, da sich diese primär auf intra- und interindividuelle Differenzen beziehen. Dies ist jedoch unerläßlich, um die Möglichkeiten und Grenzen der aktiven Gestaltung der Biographie als den Entwicklungskontext für individuelle Kompetenzen und die Persönlichkeitsstruktur angemessen zu berücksichtigen: «Lebenslauftheorie nimmt an, daß Menschen als Agenten ihres eigenen Lebenslaufs und ihrer Entwicklung handeln. In neuen Situationen treffen sie ihre Entscheidungen im Rahmen sozialer Zwänge und Optionen und tragen dadurch zur Gestaltung ihres eigenen Lebenslaufs bei» (Elder & O'Rand, 1995, S. 465).

Dementsprechend geht die Biographieforschung davon aus, daß die

Person ihre Lebensgeschichte mit den Übergängen im Lebenslauf verbindet, indem sie neue Anforderungen und Chancen im Lichte ihrer Biographie interpretiert. Die Wirkungen von Lebensereignissen hängen von der jeweiligen Lebensgeschichte ab; soziale Übergänge, etwa zwischen Schule und Arbeit, von der Herkunftsfamilie zur eigenen Partnerschaft bekommen für die Menschen mit unterschiedlichen Biographien und sozialen Ressourcen verschiedene Bedeutungen. Für die Biographieforschung sind alltagsnahe Methoden wie die erzählte Lebensgeschichte besonders geeignet. So hat neuerdings z. B. der Entwicklungspsychologe Bruner (1990) auf die Bedeutung der narrativen Konstruktion von sozialem Wissen bei Kindern und Erwachsenen hingewiesen. Wenn auch unter dem Dach der biographischen Methode verschiedene Verfahrensweisen versammelt sind, werden qualitative Methoden und interpretativ-hermeneutische Auswertungsstrategien vor allem in der Entwicklungs-, Persönlichkeits- und Sozialpsychologie, in der Sozialisationsforschung und der klinischen Psychologie zunehmend eingesetzt.

Literatur

Baltes, P. B. & Baltes, M. M. (1989). Optimierung durch Selektion und Kompensation. Ein psychologisches Modell erfolgreichen Alterns. Zeitschrift für Pädagogik, 35, S. 85–105.

Beck, M. (1986). Risikogesellschaft. Frankfurt/M.

Born, C., Krüger, H. & Lorenz-Meyer, D. (1996). Der unentdeckte Wandel. Berlin.

Bruner, J. (1990). Acts of meaning. Cambridge (MA).

Bühler, D. & Masarik, F. (Hg.). (1969). Lebenslauf und Lebensziele. Stuttgart.

Elder, G. H. Jr. (1974). Children of the great depression. Chicago.

Elder, G. H. Jr. & O'Rand, A. (1995). Adult lives in a changing society. In: K. S. Cook, G. A. Fine & J. S. House (Hg.), Sociological perspectives on social psychology. Needham Heights (MA).

Fuchs, W. (1984). Biographische Forschung. Opladen.

Heinz, W. R. (Hg.). (1991). Theoretical advances in life course research. Weinheim.

Jugendwerk der Deutschen Shell (Hg.). (1992). Jugend '92, 4 Bde. Opladen.

Jüttemann, G. & Thomae, H. (Hg.). (1987). Biographie und Psychologie. Berlin.

Kohli, M. (1991). Lebenslauftheoretische Ansätze in der Sozialisationsforschung. In: K. Hurrelmann & D. Ulich (Hg.), Neues Handbuch der Sozialisationsforschung. Weinheim.

Mayer, K. U. (Hg.). (1990). Lebensverläufe und sozialer Wandel (Sonderheft 31 der Kölner Zeitschrift für Soziologie und Sozialpsychologie).

Modell, J. (1989). Into one's own: From youth to adulthood in the USA 1920–1975. Berkeley.

Walter R. Heinz

Lebenswelt

Subjektperspektive

Eine zentrale systematische Stellung gewann der Begriff zuerst bei Husserl, der die Reflexionslosigkeit und das übertriebene Streben nach Objektivität in der Wissenschaft kritisierte, die sich dadurch weit von der Realität menschlicher Lebenserfahrung entfernte. Er setzte dem den phänomenologischen Lebensweltbegriff entgegen: Aus den jeweils individuellen und egologischen Bedeutungszuweisungen an die Dinge kann eine allgemeine Relevanzstruktur, die Lebenswelt, rekonstruiert werden. Aus Husserls Krisis (vgl. 1954) sind drei Nuancen des Lebensweltbegriffs ableitbar: Zum einen konstruiert er die Lebenswelt als das Transzendentale, den Urgrund des Seins und damit die Grundstrukturen jedes einzelnen. Zum zweiten als die Struktur der erfahrenen Welt, die in ihrer Bedeutung vom Individuum aufgenommen wird. Schließlich als soziale und kulturelle Grundstrukturen einer Gesellschaft in einer bestimmten historischen Situation. In derselben Tradition beziehen Alfred Schütz und Thomas Luckmann ihren Lebensweltbegriff schwerpunktmäßig auf die Invarianten der Erfahrung, mithin nicht auf den ersten Aspekt der Husserlschen Begriffsverwendung. Damit machen sie ihn für die Sozialwissenschaften fruchtbar. Die Lebenswelt ist hier «der fraglose Rahmen, in dem sich mir die Probleme stellen, die ich bewältigen muß» (Schütz & Luckmann, 1975, S. 23). Der Alltag ist ihr vornehmlicher, weil zugänglichster Teilbereich, jedoch sind auch die Welt der Träume oder der Wissenschaft eigene lebensweltliche Bereiche. Über die Ontologie der Lebenswelt hinaus wollen Schütz und Luckmann eine universale lebensweltliche Struktur hinter den individuellen Problemlösungsrahmen aufdecken, die erst eine gegenseitige Verständigung ermöglicht.

Lebenswelt und menschliche Gemeinschaft

Habermas entwickelt den phänomenologischen Lebensweltbegriff von Schütz und Luckmann fort, vor allem als «ein Reservoir von Selbstverständlichkeiten oder unerschütterten Überzeugungen» (1981, S. 189), das kommunikatives Handeln erst ermöglicht. Lebenswelt wird in kommunikativen Prozessen immer wieder reproduziert, aber auch weiterentwickelt. Ihre Verstörungen sind folgerichtig nicht rein individuell, sondern müssen (und können nur) gemeinschaftlich verantwortet und bearbeitet werden. Weiter will Habermas die «kulturalistische Verkürzung» (ebd., S. 210) der Phänomenologie teilweise überwinden, indem er dem Lebensweltbegriff das «System» gegenüberstellt. Wenn Systeme wie Staat und Wirtschaft die Lebenswelt übermäßig durchdringen, können Anomien und Psychopathologien entstehen.

Lebenswelt in der modernen Gesellschaft

Auf dem Weg in die Moderne wurden religiöse oder traditionelle Integrationsfaktoren durch formale Systeme, z. B. universelle Menschenrechte abgelöst. Dies dient Habermas als Beispiel für die Bewußtmachung und Rationalisierung bisher unhinterfragter Aspekte der Lebenswelt. Erst dadurch konnte die eigene Biographie zum entworfenen Projekt innerhalb pluralisierter sozialer Lebenswelten werden – doch besteht andererseits die Gefahr der Entwurzelung: «Der moderne Mensch litt und leidet an einem sich dauernd vertiefenden Zustand der ‹Heimatlosigkeit›» (Berger et al., 1987, S. 74). Das Individuum kann zahlreiche Optionen wahrnehmen, ist jedoch gleichzeitig vermehrten Risiken ausgesetzt und mit der zunehmenden Komplexität und Diversifizierung der gesellschaftlichen Wissensvorräte konfrontiert. Die postmoderne Behauptung vom Ende der großen Erzählungen, von Ideologien und rationalen Weltdeutungen – demzufolge des Bedeutungsgewinns von symbolischer Politik, des Verbildlichten, des Emotionalen, des Kontinuitätsfreien – postuliert eine lebensweltliche Neugewichtung dieser Wissensvorräte. Innerhalb der individuellen Zeitabläufe wird ebenfalls eine Segmentierung in isolierte Teil-Lebenswelten (Büro, Fitneßclub, Weiterbildung, Gesprächstherapie) angesprochen, die im Idealfall als Gesamtkonzeption sinnstiftend sind (vgl. Hitzler, 1988), aber auch die Kompensation fehlender sozialer Integration durch Hyperaktivität oder Bezugsgruppenopportunismus möglich erscheinen lassen. Lebensweltkonzepte wurden bisher operationalisiert eingesetzt in Projekten zur Gesundheitsforschung (vgl. Belschner & Müller-Doohm, 1993), aber auch zur Erforschung menschlichen Verhaltens in komplexen Organisationen und Berufsverläufen. Die lebensweltlichen Veränderungen im Zusammenhang mit der deutschen Vereinigung waren disziplinübergreifend von besonderem Interesse.

Ausblick

Forschung auf Grundlage lebensweltlicher Konzepte ermöglicht, menschliches Verhalten im Kontext der Verhältnisse zu beschreiben, ohne von Anfang an auf eine sozialstrukturelle Datengrundlage zu rekurrieren. Vor dem Hintergrund der schwindenden Bedeutung universalistischer und deterministischer Muster in der Soziologie und der Orientierung am interpretativen Paradigma dürften lebensweltliche Ansätze eher noch an Bedeutung gewinnen. Die diffus positive Konnotation des Begriffs kann die «offene Diskussion unterschiedlicher theoretischer Paradigmen» (Muckel & Grubitzsch, 1993, S. 132) erschweren. Deshalb sollte seiner entstehungsgeschichtlich zu erklärenden Unschärfe mit anwendungsspezifischen, klaren Definitionen begegnet werden. Der Lebensweltbegriff bietet die Chance, die Entfaltungsmöglichkeiten, Handlungen und Wahrnehmungen des Individuums nachzuvollziehen und sie nicht vorschnell als durch gesellschaftliche Makrostrukturen determiniert zu betrachten. Eine verkürzte Sichtweise wäre jedoch eine, die solche Makrostrukturen (Institutionen, soziale Gebilde, aber auch Phänomene wie Macht, Herrschaft und Zwang) ausblendet. Schließlich ist jedes Individuum ein vergesellschaftetes, seine Lebenswelt ist soziokulturellen und ökonomischen Rahmenbedingungen ausgesetzt.

Literatur

Belschner, W. & Müller-Doohm, S. (1993). Junge Generationen zwischen Liebe und Bedrohung: Paradoxien der AIDS-Aufklärung. Berlin.

Berger, P. L., Berger, B. & Kellner, H. (1987). Das Unbehagen in der Modernität. Frankfurt / New York.

Habermas, J. (1981). Theorie des kommunikativen Handelns. Bd. 2. Frankfurt / M.

Hitzler, R. (1988). Sinnwelten. Opladen.

Husserl, E. (1954). Die Krisis der modernen Wissenschaften und die transzendentale Phänomenologie. Den Haag.

Muckel, P. & Grubitzsch, S. (1993). Untersuchungen zum Begriff der «Lebenswelt». Psychologie und Gesellschaftskritik, Heft 3–4, S. 119–140.

Schütz, A. & Luckmann, T. (1975). Strukturen der Lebenswelt. Frankfurt / M.

Karsten Gerlof / Torsten Gieselmann / Gerrit Krull

Leib-Seele-Problem

Daß wir ein Problem mit unserem Leib haben, verdanken wir Platons konstruierter Dualität von «guter Seele», die nach der «Wahrheit» strebt, und «schlechtem Körper», der die gute Seele in den irdischen Schmutz zieht. Die christliche Tradition packt diese Sichtweise Platons dann in die griffige Formel «Soma / sema». Der Körper ist also das Grab der Seele. Zu Beginn des neuzeitlichen Rationalismus bringt Descartes in seinen 1641 veröffentlichten «Meditationes de Prima Philosophia» dieses Problem in seine endgültige Fassung: Das «Seelische» als «res cogitans» steht der Welt der Körperlichkeit, der «res extensa» gegenüber, die – weil begrenzt und determiniert – mit den Methoden der Mathematik und der analytischen Geometrie erfaßbar ist. «So kann ich auch den menschlichen Körper als eine Art Maschine ansehen, die aus Knochen,

Nerven, Muskeln, Adern, Blut und Haut zusammengepaßt ist und auch geistlos all die Bewegungen ausführt, wie sie jetzt unwillkürlich, also ohne den Geist, ablaufen» (Descartes, 1986, S. 201). Erst im Zuge der wiederentdeckten «Ganzheitlichkeit» von Mensch und Welt (vgl. Bateson, 1980; 1982) scheint sich der dualistisch verstellte Blick allmählich zu öffnen. Eine Orientierungshilfe kann dabei die «Prophetissa teutonica» Hildegard von Bingen (1098–1179) geben. Im Gegensatz zu allen männlichen Philosophen vor und nach ihr betont sie die leiblich-seelische Einheit des Menschen. Der Mensch kann gar nicht anders, als «Leib» zu sein, und zwar «de capite ad calcem», vom Scheitel bis zur Sohle. Seele und Leib zusammen ergeben erst die eine menschliche Wirklichkeit, von seinem Uranfang ist der Mensch oben wie unten, außen wie innen, ganz und gar Leib. 800 Jahre später wagt es ein Philosoph, die Frage nach dem Leib aufzugreifen und noch einmal ganz neu zu stellen, nämlich Friedrich Nietzsche in seiner «Fröhlichen Wissenschaft»: «... oft genug habe ich mich gefragt, ob nicht, im großen gerechnet, Philosophie bisher überhaupt nur eine Auslegung des Leibes und ein Mißverständnis des Leibes gewesen ist. Ich erwarte immer noch, daß ein philosophischer Arzt im ausnahmsweisen Sinne des Wortes ... einmal den Mut haben wird, meinen Verdacht auf die Spitze zu bringen und den Satz zu wagen: bei allem Philosophieren handelt es sich bisher gar nicht um ‹Wahrheit›, sondern um etwas anderes, sagen wir um Gesundheit, Zukunft, Wachstum, Macht Leben ...» (Nietzsche, 1986, S. 6/7). Die Antwort darauf steht noch aus.

Literatur

Bateson, G. (1980). Ökologie des Geistes. Frankfurt/M.
Bateson, G. (1982). Geist und Natur. Frankfurt/M.
Descartes, R. (1986). Meditationes de Prima Philosophia. Stuttgart.
Hildegard von Bingen (1982). Liber Divinorum Operum. Basel.
Nietzsche, F. (1986). Die fröhliche Wissenschaft. Stuttgart.

Wolfgang Deubelius

Lernen/Lerntheorie

«Lernen» rückte mit dem Funktionalismus/Behaviorismus in den Mittelpunkt psychologischen Forschungsinteresses und dient seither als Zentralbegriff zur Erklärung relativ überdauernder Veränderungen von Verhaltens- und Erlebnisweisen, soweit sie aus Aktivitäten des Organismus in Anpassung an eine Umweltsituation und nicht aus angeborenen

Reaktionstendenzen, Reifungsvorgängen oder psychophysischen Zuständen wie Ermüdung resultieren. Mit der «kognitiven Wende» verlor das Lernkonzept seine Vorrangstellung an andere Leitthemen und -begriffe. Der Schluß, daß sowohl in «thematischer» Hinsicht die gesellschaftlichen wie subjektiven Erscheinungsformen und Bedingungen des Lernens als auch in «operativer» Hinsicht seine Funktionsmechanismen differenziert bestimmt seien, wäre indessen übereilt.

Das mit der funktionalistisch-behavioristischen Wendung von der Selbstbeobachtungsmethode der Bewußtseinspsychologie zur Verhaltensbeobachtung anderer Menschen vom Außenstandpunkt (vgl. Watson, 1919) verbundene abstrakte Schlüsselkonzept des «Lernens» sieht nicht nur von den Bedeutungsbezügen menschlich-gesellschaftlicher Lebenstätigkeit ab: Es nivelliert auch alle biologischen Bestimmungen von Artspezifika individueller Umweltanpassung in der «physikalistischen» Konstruktion eines «gleichartigen Norm-Organismus», dessen Verhalten / -Verhaltensänderungen (abhängige Variable) als Funktion variierender Reizbedingungen (unabhängige Variable) studiert werden. Die methodisch-theoretischen Grundansätze der S(timulus)-R(esponse)-Psychologie des Lernens gehen auf Modelle von I. P. Pawlow (1955) und E. L. Thorndike (1913; 1932) zurück: (1) Beim Lernen gemäß «klassischer Konditionierung» wird der «unbedingte Stimulus» als Auslöser eines «unbedingten Reflexes» durch einen damit wiederholt gepaarten – ursprünglich neutralen – «bedingten» Stimulus ersetzt, man spricht daher auch von einem Prozeß der «Reizsubstitution». Augenscheinlich hat es in seiner «normalen» Umwelt für einen Organismus einen Anpassungswert, bereits auf einen den «unbedingten Stimulus» «ankündigenden» Reiz zu reagieren. Insofern läßt sich beim «klassischen» Konditionieren von «Signallernen» reden. Allerdings ist damit eine (so gebräuchliche wie selten reflektierte) Ausweitung des ursprünglichen behavioristischen Konzepts vollzogen, indem der «bedingte Stimulus» nicht mehr lediglich mechanisch «autonome» Reflexe auslöste, sondern dem Organismus auf «kognitiver» Vermittlungsebene als «Hinweis» auf lebenswichtige Ereignisse diente, die er in antizipatorischer Umweltorientierung mit Aktivitäten der «quergestreiften» Skelettmuskulatur (wie Flucht / Vermeiden durch Weglaufen) als «unbedingter» bzw. «bedingter Reaktion» beantworten könnte. (2) Bei der «instrumentellen Konditionierung» interessiert primär Lernen aus den Folgen des Verhaltens: Laut Thorndikes «Effektgesetz» tritt eine Verhaltensweise um so häufiger, länger etc. auf, je öfter das Tier hierdurch einen «befriedigenden» Endzustand erreichen konnte. Die in der «klassischen» Standardanordnung unterbundene Eigenaktivität ist beim «Lernen am Erfolg» gerade die Voraussetzung für die «Verstärkung» und damit den Lerneffekt. In beiden Fällen hängt die Lernleistung aber von der Ausprägung des Miteinander-Vorkommens (mindestens) zweier Elemente – der «Kontiguität» zwischen neutralem und «unbedingtem Stimulus» bzw. der «Kontingenz» von Verhalten und Verhaltenskonsequenz – als «Verstärkungsbedingungen» ab. Im Interesse inhaltlich-psychologischer Relevanz wurden in der klassisch-behavioristischen Lernforschung die experimentellen Geltungsbedingungen der (behaupteten) linearen S-R-Kausalität theoriesprachlich immer wieder stillschweigend in Richtung auf komplex vermittelte Wechselbeziehungen des Organismus mit seiner Umwelt überschritten. Die Kritik solcher Uneindeutigkeit mündete in ausgefeilte Entwürfe systematischer «molarer» Verhaltenstheorien (vgl. Tolman, 1932; Hull, 1943), die – wissenschaftstheoretisch durch den «logischen Positivismus» gedeckt – verschiedenartige Konstruktionen «intervenierender» kognitiver oder motivationaler Prozesse enthielten. Als folgenreich sollte sich Tolmans Unterscheidung zwischen «Verhaltenserwerb» und «-ausführung» erweisen: Nur letztere sei verstärkungsabhängig, die Lernaktivitäten selbst regulierten sich durch das «Testen» von aufgrund vorgängiger Erfahrung herausgebildeten kognitiven Erwartungen bezüglich eines gegebenen Orientierungsfeldes: sog. «Zeichengestalten». Gegenüber beiden «neobehavioristischen» Ansätzen behauptete Skinner (1938) die Entbehrlichkeit von nicht-beobachtbaren Vermittlungsvariablen für die Verhaltenserklärung und -vorhersage. In seiner «Minimaltheorie» unterscheidet er nach dem «klassischen» Schema konditionierbare «Respondenten» und «spontan», ohne erkennbare Auslöser, abgegebene «Operanten», deren Stärke sich erhöhe bzw. vermindere, je nachdem, ob ihrem Auftreten «kontingent» ein verstärkender Stimulus folgt oder nicht. In Abwesenheit unabhängiger, inhaltlicher Verstärkerhypothesen definiert Skinner zirkulär alle Reize, die zu einem Anstieg der Auftretenswahrscheinlichkeit führen, indem sie zu einer Situation hinzukommen bzw. aus ihr eliminiert werden, als «positive» bzw. «negative Verstärker» (1953, S. 73). Abgeleitete Konzepte wie «sekundäre» bzw. «generalisierte Verstärker» sollen die Verstärkungstheorie des Verhaltens auch da plausibel machen, wo, wie beim menschlichen Spracherwerb, «primäre Verstärker» nicht ausmachbar sind. Skinners Ansatz einer «funktionalen» Verhaltensanalyse und seine experimentell gewonnenen «Verstärkungspläne» – «kontinuierliche» vs. «intermittierende Verstärkung», diese weiter aufgeteilt in «fixierte» oder «variable» Formen einer «Quoten-» vs. «Intervallverstärkung» (vgl. Ferster & Skinner, 1957) – zogen eine beispiellose Entwicklung von Technologien für verschiedene praktisch-psychologische Anwendungskontexte nach sich: als programmierter Unterricht und insbesondere als klinisch-psychologische Verhaltenstherapie bzw. Verhaltensmodifikation in der Schule (vgl. etwa Kanfer & Philipps, 1970).

Die behavioristische Doktrin der theoretischen Interpretierbarkeit humaner Lernprozesse in Termini universeller, in exakten Tierexperimenten fundierter, organismischer Lernmechanismen ist durch eine Fülle empirischer Befunde über s-r-psychologisch nicht einzuordnende «Verhaltensirregularitäten» (vgl. Breland & Breland, 1966) und prinzipielle theoretische Einwände (vgl. Lorenz, 1978) nachhaltig erschüttert. Sie verkennt, daß «Lernfähigkeit» ein Resultat der naturgeschichtlichen Entwicklung ist, in der je nach der inhaltlich-biologischen Eigenart der jeweiligen Verhaltensdimensionen unterschiedliche artspezifische Organismus-Umwelt-Beziehungen die Ausbildung von Lernmechanismen vorantreiben. Dementsprechend läßt sich historisch-empirisch rekonstruieren, wie sich im Zuge der Anthropogenese die Überlagerung und schließliche Dominanz der gesellschaftlich-ökonomischen Lebensgewinnungsform über den evolutionsgesetzlich bestimmten Arterhaltungsprozeß in der Herausbildung einer genuin «gesellschaftlichen Natur» des rezenten Menschen funktional widerspiegelt. Diese biologische Potenz zur individuellen Vergesellschaftung unter konkret-historischen Verhältnissen ist psychologisch als spezifisch menschliche Lern- und Entwicklungsfähigkeit in ihren relevanten Dimensionen und Funktionsaspekten bestimmt worden (vgl. Holzkamp, 1983; Osterkamp, 1975; 1976).

Aus der historischen Kategorialanalyse der Reflexivität des menschlichen Welt- und Selbstzugangs folgt auch, daß menschliches Handeln – entgegen dem psychologischen Usus, es aus äußeren Bedingungen zu erklären und vorherzusagen, und in wissenschaftlicher Aufhebung unseres lebensweltlichen Vorverständnisses – als unter den Prämissen gegebener Umstände und Bedürfnis- und Interessenlagen vom Standpunkt des Subjekts «begründet» und dementsprechend intersubjektiv «verständlich» zu entschlüsseln ist (vgl. Maiers, 1996). Bei der empirischen Analyse der – kritisch-psychologisch als «restriktive» vs. «verallgemeinerte Handlungsfähigkeit» (vgl. Holzkamp, 1983) kategorisierten – grundsätzlichen Alternative, sich dadurch handlungsfähig zu machen, daß man sich entweder mit den Beschränkungen der gesellschaftlich nahegelegten Praxis- und Gedankenformen arrangiert oder deren Unmittelbarkeit und scheinhafte Selbstverständlichkeit durchbricht, gilt es, insbesondere die emotionalen Wertungen aufzudecken, aus denen es subjektiv «vernünftig» scheint, sich «defensiv» zu verhalten. Dabei spielt die Abwehrfigur der motivationsförmigen Verinnerlichung von Fremdbestimmtheit eine entscheidende Rolle.

Bezogen auf Lernen geht es demgemäß darum, Lernhandlungen in ihrem gesellschaftlichen Situations- wie subjektiven Interessenbezug zu begreifen. Folgt man der sog. «awareness»-Forschung (vgl. Brewer 1974), so tritt «Konditionierung» beim Menschen bis auf ausgezeichnete Fälle nicht außendeterminiert-«bewußtlos», sondern nur dann ein, wenn das Versuchssubjekt der Tatsache und der Art der Verstärkung «gewahr» wird. In den «klassischen» und «instrumentellen» Konzeptualisierungen automatischer Konditionierungseffekte wird also mystifiziert, daß das in den verstärkungstheoretischen Lerngesetzen angesprochene menschliche Verhalten ein «Verhalten zu» Bedingungen relativen Orientierungs- und Kontrollverlusts ist: Konstellationen äußeren Zwangs, in welchen dem Individuum in Ansehung seiner Interessen begründetermaßen nichts anderes übrigbleibt, als «nach Anordnung» zu «reagieren» – oder Intransparenz- und Unsicherheitssituationen, in denen es mangels eindeutiger Information nur auf Regelhaftigkeiten in den Bedingungs-Ereignis-Abfolgen achten bzw. über Prämissen sozialer Interaktionen spèkulieren kann und hieraus eigene Handlungsvorsätze extrapolieren muß. Holzkamp bezeichnet diese Residualform des Lernens als «induktives Lernen» (1993, S. 58f). In den S-R-Theorien, deren Begrifflichkeit subjektiv erfahrbare bedeutungsvolle Weltzusammenhänge lediglich als bestimmte Verknüpfungen isolierter – vom Standpunkt des Subjekts zufälliger – Gegebenheiten vorsieht, kann der Fall, solche «assoziative» Orientierung «normalerweise» durch einsichtige Restrukturierung der sachlichen bzw. sozialen Zusammenhänge zu überwinden, nicht einmal gedacht werden, und es wird hingegen die Sondersituation entfremdeten Handelns reifiziert. (Auch die modernen kognitivistischen «Erwartungstheorien des Lernens» von Rotter, Seligman oder Bandura bleiben letztlich in den Beschränkungen «induktiven Lernens» befangen; vgl. Holzkamp, 1993, S. 94ff).

Der alltagspraktisch offensichtliche Umstand, daß man von Erfahrungen anderer Individuen lernen kann, fand im Rahmen s-r-psychologischer Theoriebildung erst mit deren kognitiver Erweiterung gezielt Beachtung. Bandura (1976) erklärt die Übernahme der Verhaltensweisen eines Modells durch einen verstärkungsunabhängigen, verborgenen Prozeß des «Beobachtungslernens». Ob die Folgen der Modellaktivitäten in positiven oder negativen Sanktionen Dritter oder in objektiven Aus- und Nebenwirkungen auf von den Intentionen der Akteure unabhängigen Sachzusammenhängen bestehen, bleibt unthematisiert. Für den lernenden Beobachter macht dies aber einen erheblichen Unterschied aus: Kann er hier über das Modell verallgemeinerte Einsichten darüber gewinnen, «was wohin führt» bzw. «wie man etwas macht», so ist dort ja nur, wenn er durchschaut, aus welchen Gründen ein Außenstehender das Modell «belohnt» oder «bestraft», entscheidbar, ob und inwiefern er «vernünftigerweise» sich dem Modellverhalten angleicht. Insoweit bei Bandura der Beobachter, in passiver Außensicht auf das Modell, nur «still für sich» Rückschlüsse aus den beobachtbaren Verhaltens-Verhaltensfolge-Kontingenzen auf Handlungs- und Lerngründe des anderen ziehen kann, anstatt das Modell im Zuge intersubjektiver Verständigung – etwa durch Rückfragen – in die eigenen Lernbemühungen einzubeziehen, ist er systematisch an der Erweiterung des für seine «lernende» Urteilsbildung relevanten praktischen Realitätsaufschlusses gehindert. So wird auch in den theoretischen Grundbegriffen des «Beobachtungs-» bzw. «Modell-Lernens» eine durch mangelnde Prämissen-Einsicht bestimmte defizitäre Situation des Lernens universalisiert.

Zur Klärung der subjektiven Voraussetzungen motivierten Lernens vermag die – orthodoxe wie kognitiv erweiterte – S-R-Theorie, selbst wenn man sie «begründungstheoretisch» reformuliert, nichts beizutragen: Gründe zu lernen erwachsen danach dem Individuum aus der Antizipation heteronomer, dem subjektiven Vollzug und inhaltlichen Resultat des Lernpozesses gegenüber äußerlicher Effekte des Lernens. Der objektivistischen Gleichsetzung von «Lernen» mit Verhaltens-/Urteilsänderungen unter Kontrolle äußerer Bedingungen und Instanzen in der Allgemeinen Psychologie korrespondiert die in der Praxis gesellschaftlicher Bildungs- und Erziehungsprozesse und in zugehörigen pädagogisch-psychologischen Theorien verbreitete Tendenz, Lernen und Belehrtwerden in eins zu setzen («Lehr-Lern-Kurzschluß»). Demgegenüber gilt es, eine Theorie zu entwickeln, die nicht länger die Subjektivität der Lernenden verleugnet und ihnen ihre Lernakte «enteignet». Diese sind so zu fassen, daß nicht fremdgesetzte Lernanforderungen bzw. deren subjektive Übernahme unhinterfragt vorausgesetzt, vielmehr die jeweiligen «typischen Prämissenlagen» aufgeklärt werden, unter denen Menschen begründetermaßen entweder ein starkes Lerninteresse entwickeln und dieses womöglich mit großer Ausdauer verfolgen oder aber Lernaufgaben und -angeboten ausweichend begegnen. Es bildet hierzu keinen Widerspruch, wenn eine Konzeption vom verallgemeinerten Standpunkt der Lernsubjekte eingedenk der «Weltlosigkeit» traditioneller Psychologie von den unabhängigen materiellen und symbolischen Weltgegebenheiten ausgeht: Es sind ja die in den gegenständlichen Bedeutungsstrukturen sich bietenden objektiven Handlungsmöglichkeiten, die das Individuum lernend als seine subjektiven Möglichkeiten aneignet und die letztlich die je spezifischen Prinzipien bestimmen, nach denen die subjektive Ausgliederung aktueller aus der natürlich-gesellschaftlichen Totalität potentieller Lerngegenstände vollzogen wird. Dabei ist der aktiven Einwirkung auf die subjektiv relevanten sachlich-sozialen Lebenszusammenhänge – also der Handlungsausführung – als dem zentralen Motor lernender Erfahrungsbildung theoretisch Rechnung zu tragen.

Von den systematischen Fragestellungen einer subjektwissenschaftlichen Konzeption des Lernens (vgl. Holzkamp, 1993) sei hier nur die nach der emotional-motivationalen Qualität solcher Lernhandlungen aufgegriffen, die im Falle einer vom Individuum aufgrund gewisser Diskrepanzen zwischen seinen Verfügungsinteressen und personalen Handlungskompetenzen selbst erlebten «subjektiven Lernproblematik» «vernünftigerweise» intendiert werden – und insofern von Prozessen beiläufigen «Mitlernens» zu unterscheiden sind. (Die kategoriale Differenzierung von Lernbegründungen zielt nicht auf «Lerntypen», sondern soll der Analyse der Prämissen-/Intentionsstruktur empirisch je konkreter Lernproblematiken dienen.)

«Motiviert» sind Lernhandlungen mitsamt den zu erwartenden Anstrengungen und Risiken vom Subjektstandpunkt nur dann realisierbar, wenn als Folge eine Erweiterung individuellen Wissens und Könnens und damit Erhöhung von Lebensqualität erfahr- oder zumindest antizipierbar ist. Solch «expansiv» begründetes Lernen bedeutet mitnichten «intrinsisch motiviertes» Lernen um «seiner selbst» willen (vgl. Holzkamp, 1993, S. 72 ff). Angesichts einer gegebenen Lernproblematik kann man indessen auch dann Gründe für Lernhandlungen haben, wenn zwar die Voraussetzungen fehlen, um sie motiviert zu verfolgen, aber bei ihrer Unterlassung oder Verweigerung eine Beeinträchtigung der gegebenen Handlungsfähigkeit droht. Derart «defensiv» begründetes Lernen zielt primär auf äußerliche Situationsanpassung und, zumal in machtförmigen Konstellationen, auf Abwendung negativer Sanktionen. Es wird also in dem Maße überflüssig, wie die Lernnötigung anders umgangen werden kann, und ist insofern von Beginn an zersetzt. Der von Holzkamp (vgl. 1987 und 1993) als «widerständiges Lernen» beschriebene selbstschädigende «Kompromiß» zwischen lernender Aufgabenerfüllung und Versuchen, sich ihr zu entziehen, entsteht insbesondere dann, wenn man sich den äußeren Lernzwang nicht bewußtmacht, sondern in realitätsabwehrender Weise sich der «Dynamik» defensiven Lernens überläßt. Man verstellt sich damit jegliche Perspektiven, entweder fremdbestimmtes Lernen zu verweigern oder, unter veränderten Umständen, einen fundamental neuen Zugang zum Lerngegenstand zu gewinnen. Expansiv-engagiertes Lernen – soweit es in einem «qualitativen Lernsprung» defensiv-bewältigungsorientierten Lernstrategien als neues Aneignungsniveau abgerungen wird, auf dem die «Unmittelbarkeitsverhaftetheit» der Erfahrung in Richtung auf die Erfassung «vermittelter» gesellschaftlicher Bedeutungsstrukturen / Handlungsmöglichkeiten sich durchdringen läßt – erfordert also eine bewußte (mindestens gedankliche, wo nicht offene) Auseinandersetzung mit jenen Disziplinaranordnungen und Machtinstanzen, die (wie gebrochen auch immer) Lernen als produktiven Welt- und Selbstaufschluß entmutigen und in einer verwahrlosten Lernkultur Lernwiderstände «normalisieren».

Literatur

Bandura, A. (1976). Lernen am Modell. Ansätze zu einer sozial-kognitiven Lerntheorie. Stuttgart.
Breland, K. & Breland, M. (1966). Animal behavior. New York.
Brewer, W. F. C. (1974). There is no convincing evidence for operant or classical conditioning in humans. In: W. B. Weimer & D. S. Palermo (Hg.), Cognition and the symbolic process (S. 1–42). Hillsdale, N. J.
Ferster, C. S. & Skinner, B. F. (1957). Schedules of Reinforcement. New York.
Hilgard, E. R. & Bower, G. H. (1971). Theorien des Lernens. Stuttgart.
Holzkamp, K. (1983). Grundlegung der Psychologie. Frankfurt / M.
Holzkamp, K. (1987). Lernen und Lernwiderstand. Skizzen zu einer subjektwissenschaftlichen Lerntheorie. Forum Kritische Psychologie, 20, S. 5–36.
Holzkamp, K. (1993). Lernen. Subjektwissenschaftliche Grundlegung. Frankfurt / M.
Hull, C. L. (1943). Principles of behavior. New York.
Kanfer, F. H. & Philipps, J. S. (1970). Learning foundations of behaviour therapy. New York.
Lorenz, K. (1978). Vergleichende Verhaltensforschung. Wien.
Maiers, W. (1996). Der Subjektbegriff der Kritischen Psychologie. In: M. Heinze & S. Priebe (Hg.), Störenfried «Subjektivität». Subjektivität und Objektivität als Begriffe psychiatrischen Denkens (S. 167–221). Würzburg.
Osterkamp, U. (1975). Grundlagen der psychologischen Motivationsforschung 1. Frankfurt / M.
Osterkamp, U. (1976). Grundlagen der psychologischen Motivationsforschung 2. Die Besonderheit menschlicher Bedürfnisse – Problematik und Erkenntnisgehalt der Psychoanalyse. Frankfurt / M.
Pawlow, I. P. (1955). Ausgewählte Werke. Berlin (DDR).
Skinner, B. F. (1938). The behavior of organisms: An experimental analysis. Englewood Cliffs, N. J.
Skinner, B. F. (1953). Science and human behavior. New York.
Thorndike, E. L. (1913). Educational psychology: The psychology of learning. New York.
Thorndike, E. L. (1932). The fundamentals of learning. New York.
Tolman, E. C. (1932). Purposive behavior in animals and men. New York.
Watson, J. B. (1919). Psychology from the standpoint of a behaviorist. Philadelphia.

Wolfgang Maiers

Life-Event-Forschung

Die aktuelle Life-Event-Forschung ist eng mit der Bewältigungs- oder Coping-Forschung verknüpft, ohne daß kritische Lebensereignisse ausnahmslos psychosoziale Probleme darstellen müßten und die Live-Event-Forschung ausschließlich die damit verbundenen Anpassungsvorgänge thematisieren würde. Generell läßt sich sagen, daß ein kritisches Lebensereignis (aus der Perspektive des betroffenen Subjekts) sowohl negativ als auch positiv sein kann, Handlungsmöglichkeiten einzuschränken oder zu erweitern vermag. Kritische Lebensereignisse können normativ sein oder nicht, sie können in einer Gesellschaft allgemein erwartete und normale Vorgänge, Veränderungen, Transitionen oder Statuspassagen markieren oder aber unerwartete Ereignisse darstellen. Neben den punktuellen kritischen Lebensereignissen kann man von Lebensereigniskomplexen sprechen, womit längerfristige Widerfahrniskaskaden gemeint sind. Manche Autoren gehen davon aus, daß kritische Lebensereignisse eher als Prozesse oder Geschichten denn als isolierbare Momente zu begreifen sind. Entstanden ist die empirische Lebensereignisforschung in den 60er Jahren in den USA. Im Rahmen des neuen Forschungsprogramms, dem eine zunehmende Konvergenz der klassischen Streßforschung und Sozialepidemiologie zugrunde lag, sollte vor allem die These der psychosozialen Verursachung seelischer und körperlicher Krankheiten geprüft werden, wobei die zentrale Ausgangshypothese in der Behauptung eines erhöhten Gesundheitsrisikos im Falle quantitativ gehäufter oder besonders intensiver kritischer Lebensereignisse bestand. In dieser Sichtweise stimmten Disziplinen wie die Klinische Psychologie, Medizinsoziologie, Sozialepidemiologie, Psychiatrie und Psychosomatik überein. Längere Zeit dominierten in der Live-Event-Forschung «Listen-Ansätze» (vgl. Dohrenwend & Dohrenwend, 1981). Kritische Lebensereignisse wurden dabei als objektivierbare und in ihrem Belastungsgrad quantifizierbare, molare Stressoren konzeptualisiert, die nach mechanischen Prinzipien auf Organismen einwirken und diese im Falle einer Kapazitätsüberforderung physisch, psychisch oder psychosomatisch erkranken lassen. Listenansätze wurden längst einer eingehenden Kritik unterzogen. Bemängelt wurde etwa die häufige Vernachlässigung lebensgeschichtlicher und entwicklungspsychologischer Aspekte von kritischen Lebensereignissen sowie die fehlende Berücksichtigung der subjektiven Bedeutungszuschreibungen der jeweils betroffenen Subjekte und anderer personaler Faktoren. Eine den pathologischen Rahmen überschreitende Sichtweise wurde vor allem in der Entwicklungspsychologie formuliert. Positive und negative kritische Lebensereignisse werden in dieser Teildisziplin in ihrer Bedeutung für die ontogenetische Entwicklung über die gesamte Lebensspanne hinweg thematisiert. Das Konzept der kritischen Lebensereignisse dient hier als organisierendes Erklärungsprinzip für ontogenetischen Wandel. Neuere «gesundheits-» und entwicklungspsychologische Arbeiten begreifen ein kritisches Lebensereignis konsequent als etwas subjektiv Vermitteltes, das in seiner Qualität an psychische Leistungen der betroffenen Person gebunden ist. Methodisch wird auch versucht, insbesondere dem subjektiv-konstruktiven Charakter von kritischen Lebensereignissen durch den Einsatz subjektorientierter, qualitativer Verfahren gerecht zu werden, womit der paradigmatische und metatheoretische Rahmen der klassischen Live-Event-Forschung verlassen wird.

Literatur

Brüderl, L. (Hg.). (1988). Belastende Lebenssituationen. Untersuchungen zur Bewältigungs- und Entwicklungsforschung. Weinheim / München.

Dohrenwend, B. S. & Dohrenwend, B. P. (Hg.). (1981). Stressfull life events and their contexts. New York.

Faltermaier, T. (1984). «Lebensereignisse» – Eine neue Perspektive für die Entwicklungspsychologie und Sozialisationsforschung? Zeitschrift für Sozialisationsforschung und Erziehungssoziologie, 4, S. 344–355.

Filipp, S.-H. (Hg.). (1981). Kritische Lebensereignisse. München.

Jürgen Straub

Macht

Es ist kennzeichnend für die Moderne, daß der existentielle Aspekt der Macht als Können, Machen und Gestalten vom politisch-juristischen Diskurs der Macht verdrängt wurde. Dabei geht es um die Machtverhältnisse der Über- und Unterordnung, um hierarchische Machtstrukturen und um die Verteilung der Macht. Diese Form der Macht «über» spiegelt sich in aller Deutlichkeit wider in der Definition Max Webers, daß sie «jede Chance» innerhalb einer sozialen Beziehung beinhaltet, «den eigenen Willen auch gegen Widerstreben durchzusetzen, gleichviel worauf diese Chance beruht» (Weber, 1976, S. 28). Für die Marxisten bleibt die Macht über den anderen beschränkt auf die Klassengesellschaften. Mit der Aufhebung der durch Ausbeutung, Unterdrückung und Entfremdung gekennzeichneten kapitalistischen Klassengesellschaften kann sich eine auf die Bedürfnisse, Fähigkeiten und das Vermögen der Menschen aufbauende Assoziation freier Produzenten und Konsumenten ergeben. Der Kommunismus ist die «wahrhafte Auflösung des Widerstreits zwischen den Menschen ... mit den Menschen» (Marx, 1968, S. 75 f). Viele von den Ökologen bis zu den Feministinnen und Poststrukturalisten reichende Kritiker der Macht setzen sich mit den gegenwärtigen Machtstrukturen auseinander. Ökologisch gesehen wird Macht zwar immer noch als Beziehung oder Verhältnis gesehen, die hierarchische Macht weicht jedoch der auf Gleichheit beruhenden synergischen und funktionalen (Bateson, 1985). Auch die feministischen Diskurse der Macht, die jenseits der patriarchalischen Macht anzusiedeln sind, sind im Sozialen verankert; die harte Macht der Männer soll durch eine sanfte Macht der Frauen (Cohen, 1990), die «böse» durch «gute», d.h. Wachstum und Entwicklung fördernde Macht (Lips, 1991), hierarchische Verhältnisse sollen durch solidarische, menschliche Zusammenhänge ersetzt werden. Foucault zeigt in seinen sozialkritischen Analysen, daß Macht, obwohl sie gute und sanfte Formen annehmen kann, nichtsdestotrotz Macht über andere ist. Insbesondere die Transformation der Macht von der Repression hin zur produktiven Macht, einer Macht, die auf Bereitschaft und Begehren des Menschen beruht sowie über das Wissen der Betreffenden hergestellt wird, läßt ihn die Kontrollvehikel der Macht nur schwerlich durchschauen. Insbesondere in Bereichen des Alltags, die mit Lustgefühlen verbunden sind, werden die Macht-Wissenssysteme von ihm kaum erkannt. Die postmodernen Autoren versuchen, die auf das Politisch-Juristische beschränkte Macht zu hinterfragen, sie aufzubrechen und neue Sichtweisen zu eröffnen. Nietzsche sprach bereits von Macht als Kulturmachen, von ihr als einem «schöpferischen Trieb» (1979, S. 455). Cixous bezieht sich auf Macht als der «großen Macht der Möglichkeit» (1980, S. 20). Macht wird zur Kunst des Gestaltens. Hier wird die ursprüngliche abendländische Bedeutung des Wortfeldes Macht rekonstruiert. Die Menschen werden nunmehr in ihren Potentialen und nicht länger in ihren Defiziten betrachtet.

Literatur

Bateson, G. (1985). Ökologie des Geistes. Frankfurt/M.
Cixous, H. (1980). Weiblichkeit der Schrift. Berlin.
Cohen, S. (1990). Sanfte Macht. Hamburg.
Foucault, M. (1977). Der Wille zum Wissen. Sexualität und Wahrheit 1. Frankfurt/M.
Foucault, M. (1976). Mikrophysik der Macht. Berlin.
Lips, H. M. (1991). Women, Men and Power. London.
Luhmann, N. (1975). Macht. Stuttgart.
Marx, K. (1968). Pariser Manuskripte 1844. Reinbek.
Nietzsche, F. (1979). Werke. Bde I-IV. Stuttgart.
Weber, M. (1976). Wirtschaft und Gesellschaft. Tübingen.

Gert Hellerich

Mädchenarbeit

Mädchenarbeit wird ambulant oder stationär im Rahmen offener Jugendarbeit, in traditionellen Institutionen und feministisch-parteilichen Projekten durchgeführt. Am Aspekt der Geschlechtertrennung wird der Spannungsbogen der professionellen Arbeit mit Mädchen deutlich. Gründe für die getrennte Betreuung lagen in der Sorge um die Sittlichkeit von Mädchen und ihrer Bewahrung in Form von Verwahrung und Reglementierung (vgl. Meinhof, 1987). Zu Beginn der 70er Jahre wurde die Koedukation im Bereich der Heime und der offenen Jugendarbeit eingeführt. Dabei ging man vom formalen Grundsatz der prinzipiellen Gleichheit aus. Im Gleichbehandlungsgebot der Geschlechter wurde der wesentliche pädagogische Fortschritt gesehen. Seit mehreren Jahren wird die koedukative Praxis jedoch in Frage gestellt (vgl. Faulstich-Wieland et al., 1995). Interessant ist, daß sich in der Forderung nach geschlechtshomogenen Gruppen die Interessen und Forderungen von zwei Gruppen – Feministinnen und Mitarbeiterinnen konfessioneller Träger – treffen, jeweils mit deutlich anderen Motivationen und Zielsetzungen. Traditionelle Institutionen argumentieren mit dem (moralischen) Schutz von Mädchen, auch wenn dort eine Sensibilisierung hinsichtlich der Geschlechtsspezifik der Lebenslagen von Mädchen und Jungen zu erkennen ist. Hauptkritikpunkt von feministischen Fachfrauen an der Koedukation ist, daß diese offen oder verdeckt androzentristisch ist und sich für Mädchen kontraproduktiv auswirkt. Bestätigt wurde dies durch den 6. Jugendbericht von 1984, der die strukturellen Benachteiligungen von Mädchen und jungen Frauen konsequent aufgezeigt hat. In den 80er Jahren wurden daher geschlechtshomogene und parteiliche Mädchenprojekte initiiert, die eine möglichst hohe Selbstbestimmung der Mädchen und unterdrückungsfreie Räume zum Ziel haben (vgl. Brückner, 1996). Kritisch einzuwenden ist, daß die Bedeutung der Geschlechtszugehörigkeit bei der Entstehung von Problemen von jungen Frauen einseitig überschätzt und den Mädchen Deutungen und Lebenskonzepte von gelungenem Leben übergestülpt werden können (vgl. Heinrich, 1983). Die schichtspezifische, wirtschaftliche, kulturabhängige und soziale Situation der Mädchen muß immer be- und geachtet werden, um der Marginalisierung und Abwertung von Mädchen offensiv entgegenzutreten. Geschlechtsspezifische Beziehungs- und Raumangebote, Unterstützung im Sinne von Empowerment und verstärkte Erlebnisorientierung in der Mädchenarbeit (vgl. Klees et al., 1989) bringen Entlastungsmöglichkeiten, aber auch Spaß für Mädchen – Angebote, die sie dringend brauchen.

Literatur

Brückner, M. (1996). Frauen- und Mädchenprojekte. Opladen.
Faulstich-Wieland, H. & Horstkemper, M. (1995). «Trennt uns bitte nicht!» Opladen.
Heinrich, K. (1983). Feminismus und Mädchenarbeit. Neue Praxis 2/83, S. 137–151.
Klees, R., Marburger, H. & Schumacher, M. (1989). Mädchenarbeit. Weinheim/München.
Meinhof, U. (1987). Bambule. Berlin.

Sabine Pankofer

Männerbewegung

Der Ausdruck «Bewegung» positioniert «Männerbewegung» im Kontext der Neuen Sozialen Bewegungen (Frauen-, Schwulen-, Anti-Atombewegung etc.), was zwar sozialhistorisch eine zeitlich richtige Einordnung darstellt, die gesellschaftliche Relevanz der sog. Männerbewegung aber sowohl in quantitativer als auch in qualitativer Hinsicht eindeutig überschätzt. Darüber hinaus suggeriert «Männerbewegung» eine Emanzipation von Unterdrückungsverhältnissen, was paradox anmutet angesichts patriarchaler Machtverhältnisse, in denen Männer von ebenden Strukturen profitieren, die Zielscheibe emanzipatorischen Veränderungsbestrebens sind. Von daher erscheint es sinnvoll, den Begriff eher als «Männer in Bewegung» zu lesen und als Suchrichtung zu verstehen, Antworten auf von feministischer Theorie und Lebenspraxis gestellte Fragen zu entwickeln. In Deutschland bildeten sich – etwas später als in den USA und einigen anderen europäischen Ländern – 1973/74 die ersten Männergruppen, zum Teil motiviert durch die Kritik feministisch engagierter Frauen an männlicher Kommunikationsunfähigkeit gegenüber ihren Partnerinnen, aber auch im Kontakt zu anderen Männern. Dieser Sachverhalt erklärt auch die vorwiegend heterosexuelle Orientierung «männerbewegter» Männer. Berührungspunkte mit der gleichzeitig sich formierenden zweiten deutschen Schwulenbewegung blieben selten und gestalteten sich zumeist schwierig, obwohl beide ihren Ursprung innerhalb der linksradikalen Spontiszene hatten. Aufgrund des Kernproblems der Angst vor Nähe zu anderen Männern (Homophobie) und der vielfach fremdmotivierten Entstehungsbedingungen hatten viele Männergruppen gegen ihre eigenen Auflösungstendenzen zu kämpfen, vor allem dann, wenn es neben gemeinsamer politischer Aktivität auch um eine stärker selbsterfahrungsorientierte Auseinandersetzung mit sich selbst und den anderen Männern ging.

Seit Ende der 80er Jahre sind verschiedene Entwicklungslinien innerhalb der Männerszene zu beobachten. War die Grundhaltung «bewegter» Männer bis dahin relativ einheitlich patriarchatskritisch, anti-sexistisch und pro-feministisch, also von einem Streben nicht nur nach individueller, sondern auch nach gesellschaftlicher Veränderung getragen, so haben in den letzten Jahren Tendenzen an Zulauf gewonnen, die eher auf eine Modernisierung von Männlichkeit im Sinne einer besseren Anpassung an gesellschaftliche Veränderungsprozesse abzielen. In Reaktion auf die wachsende Verunsicherung vieler Männer, fußend auf der Erosion tradierter männlicher Selbstverständnisse, hat eine zunehmende Professionalisierung und damit auch Kommerzialisierung der Männerszene eingesetzt. Wurde zuvor Männlichkeit als solche problematisiert, so richtete sich der Fokus nun zunehmend auf Probleme mit der eigenen Form des Mannseins. Diese Entwicklung ist vor allem dort kritisch zu betrachten, wo sie mit dem Rückgriff auf Maskulinismen an der jeweils individuellen männlichen Orientierungskrise ansetzt und somit alte, quasi-ontologische männliche Wesenszuschreibungen wie in C. G. Jungs Archetypenlehre in naturalistischer Form als Identitätsangebote in modernisiertem Gewand verkauft. Auf diese Weise werden gesellschaftliche Individualisierungsprozesse forciert, in denen die eigene Befindlichkeit zum Maß aller Dinge erhoben wird. Die patriarchalen Verhältnisse, die diese Befindlichkeit wesentlich beeinflussen, bleiben ausgeblendet. Professionalisierung und Kommerzialisierung, verbunden mit einer stärkeren Verbreitung von sog. Männerliteratur, haben zu einer Ausdifferenzierung in eine eher bürgerliche und eine eher autonome Männerszene geführt. Wo erstere in Männerbüros und -projekten eine fortschreitende Institutionalisierung von Männerarbeit, -beratung und -therapie vorantreibt, legt letztere ihren Schwerpunkt auf politische Aktionen und eher informelle Zusammenkünfte in Männercafés, die in der Regel aber auch für Frauen zugänglich sind. Als Verbindungslinie zwischen beiden Szenen kann das 1994 gegründete Männernetzwerk «Pfefferprinz» gesehen werden, innerhalb dessen in einem Arbeitskreis die zunehmende wissenschaftliche Beschäftigung mit Männlichkeit in der «Kritischen Männerforschung», die Geschlecht als soziale Konstruktion begreift und dessen Einwirkung auf den Forschungsprozeß zum Gegenstand einer kritischen Selbstreflexion macht, ihren Platz hat.

Literatur

BauSteineMänner (Hg.). (1996). Kritische Männerforschung. Berlin / Hamburg.

Stefan Bales

Mediation

Mediation unterscheidet sich von anderen beratenden und therapeutischen Verfahren durch einen spezifischen Umgang mit den Ratsuchenden, der lediglich eine Vermittlung zwischen den Streitenden anstrebt. Vermittlung umfaßt die Sammlung von Informationen, das Sortieren und Ordnen dieser Informationen, die Definition der Problemfelder und das Erarbeiten und Ausprobieren von Alternativen. Mediation ist eine Methode, die auf Freiwilligkeit, Selbstbestimmung, Flexibilität, Chancengleichheit und Achtung unterschiedlicher Interessen und Verantwortlichkeiten beruht. Sie umfaßt gleichermaßen eine zielorientierte und zeitlich begrenzte Intervention bei Konflikten aller Art und bezieht nach Möglichkeit jeden vom Konflikt Betroffenen mit ein. Bei der Vermittlung handelt es sich somit um eine strukturierte, zukunftsbezogene und zielorientierte außergerichtliche Intervention, die beispielsweise im Trennungs- und Scheidungsfall, bei Konflikten zwischen Arbeitgebern und Arbeitnehmern, aber auch bei Streitereien zwischen Vermieter und Mieter eine professionelle Hilfe und Unterstützung für die Konfliktparteien darstellt. Dabei sollen die Konfliktparteien einvernehmliche und eigenverantwortliche Absprachen treffen und Lösungen finden. Mediation dient somit der Förderung und Verbesserung der Kommunikations- und Kooperationsfähigkeit der Streitparteien und stärkt deren Selbständigkeit, Selbstbewußtsein und Selbstvertrauen, wobei bestehende gemeinsame Interessenlagen für eine einvernehmliche Lösung genutzt werden, ohne jedoch ein bestimmtes Regelungsergebnis vorzugeben. Vermittlung ist eine nach Phasen oder Stufen streng strukturierte Kurzzeitintervention von circa sechs bis zehn Sitzungen, die jeweils einen Zeitrahmen von ungefähr eineinhalb Stunden umfassen kann. Einzelne Phasen oder Stufen einer Mediation beinhalten folgende Schritte (vgl. Diez & Krabbe, 1996): (1) Einführung und Orientierung, Abschluß eines Mediationskontrakts; (2) Herausarbeiten der zur Verhandlung anstehenden Fakten, Streit- und Regelungspunkte; (3) Definition der Streitfragen; (4) Herausarbeiten, Verhandeln und Entwicklung neuer Möglichkeiten und Alternativen; (5) Herstellen eines Kompromisses und Abschluß eines Übereinkommens; (6) Überprüfen der erreichten Ergebnisse und fortlaufende Vermittlung; (7) Abschluß, Durchführung und Überprüfung der Vereinbarungen.

Literatur

Balloff, R. (1996). Beratung, Therapie und Mediation bei Konflikten in familialen Übergängen. In: H. Schilling (Hg.), Wege aus dem Konflikt. Von der Therapie bis Mediation (S. 30–58). Mainz.

Breidenbach, S. (1995). Mediation. Struktur, Chancen und Risiken von Vermittlung im Konflikt. Köln.

Bundeskonferenz für Erziehungsberatung e.V. (Hg.). (1995). Scheidungs-Mediation. Möglichkeiten und Grenzen. Münster.

Diez, H. & Krabbe, H. (1996). Mediation. Ein Überblick über die neue Form der Konfliktlösung durch Vermittlung. Report Psychologie, 21, 16–29.

Rainer Balloff

Medienpsychologie

Als eigenständige Disziplin gibt es Medienpsychologie erst seit Erscheinen der gleichnamigen Zeitschrift (1989 ff). Um für eine transdisziplinäre Medienwissenschaft anschlußfähig zu sein, muß sie sich ihres Gegenstandes umfassend vergewissern. Bereits der Medienbegriff wird je nach Theorie (Faulstich, 1991a) anders akzentuiert. Generell sind Medien Kommunikationsformen, deren Formgebung unterschiedlich – z. B. semiotisch (Sprache vs. Bild) oder technologisch-institutionell (Kino vs. Fernsehen) – konzipiert werden kann. Sie differenzieren Kommunikationsmöglichkeiten, indem sie Kommunikationsabsichten spezifischen Regeln unterwerfen: Das Medium bestimmt die Botschaft. In historischer Perspektive hat es die Medienpsychologie mit Medien-Evolution zu tun (Bobrowsky et al., 1987): von den Graphemen frühmenschlicher Höhlenmaler zur virtuellen Realität des Cyberspace (Mantovani, 1996). Jedes Medium durchläuft die Phasen der Innovation, Selektion und Institutionalisierung. Für die Bewältigung drängender Vergesellschaftungsprobleme erfunden, wird es von interessierten sozialen Gruppen verbreitet, um letztlich in den Alltag der Allgemeinheit einzugehen. Indem es sich durchsetzt, zieht es Grenzen zwischen Kundigen und Unkundigen, die über Lebenschancen entscheiden. So wird aus dem Schriftkundigen von gestern der Computeranalphabet von heute. Im Zuge der Modernisierung nimmt die Mediatisierung zu. Es entsteht eine Vervielfältigung der Medien, vor allem derjenigen, die eine apparative gesellschaftliche Infrastruktur voraussetzen. Ob dadurch die zwischenmenschliche Entfremdung tatsächlich wächst, bleibt eine offene Frage. Auf jeden Fall wird Kommunikation differenzierter: So ist die persönliche Begegnung im Gespräch nicht durch den Brief und dieser nicht durch das Telefon abgeschafft worden; statt dessen findet eine kontextspezifische Medienwahl statt.

Für Medienanalysen gibt es mindestens drei irreduzible Perspektiven: Produktionsanalysen – am Beispiel Werbeanzeige – untersuchen, welche Aussage ein Akteur mit welchen medienspezifischen Mitteln kommunizieren will. Die materialisierte Anzeige übersteigt aber seine Absichten. Stets kann sie – im Spiegel ihrer Rezeption – etwas anderes kommunizieren, als intendiert gewesen ist. Deshalb untersuchen Produktanalysen die formalen und inhaltlichen Elemente – z. B. Ideologeme –, aus denen sich eine Anzeige tatsächlich aufbaut, wodurch Vergleiche zwischen intendierter, strategisch verdeckter und nicht-intendierter, aber hinterrücks realisierter Aussage möglich werden (Hartmann & Haubl, 1992). Rezeptionsanalysen schließlich untersuchen, wie eine Anzeige auf spezifizierte Rezipienten(gruppen) «wirkt». Lange ist von der Medienwirkungsforschung unterstellt worden, man könne die Reaktionen der Rezipienten anhand der Reizkonfiguration des Medienprodukts vorhersagen. In dieser Perspektive erscheint der Rezipient passiv, was den Ängsten vor einer Manipulation durch die Massenmedien entspricht, die diese Forschung mit motiviert haben. Der Rezipient ist aber eigensinniger und damit auch widerständiger als befürchtet (z. B. Eckert et al., 1991). Stimulus-Response-Modelle sollten deshalb endgültig verabschiedet werden. Rezeption erweist sich als eine bewußte, zum Teil aber auch unbewußte (Haubl, 1994) parasoziale Aneignung eines Medienproduktes. Der Rezipient trifft in dem Produkt auf ein polysemisches, in seiner Bedeutung nicht eindeutig festgelegtes Rezeptionsangebot, auf das er subjektiv – nach Maßgabe von Erwartungen, Wissen, Werten oder Stimmungen – eingeht, um sich ein Verständnis zu erarbeiten: Nicht jeder Zuschauer sieht in derselben Vorführung auch denselben Film. Das Medienprodukt greift regulierend in diesen Prozeß ein, determiniert ihn aber nicht.

Die Notwendigkeit einer solchen Konzeption belegt z. B. die Forschung zu (fiktionaler) Gewalt in den Medien (Kunczik, 1987). In mehreren tausend Untersuchungen sind verschiedene Thesen geprüft worden. Sie reichen von der Behauptung eines kathartischen Effekts – medial konsumierte Gewalt senke die alltägliche Gewaltbereitschaft – bis hin zu einem Nachahmungseffekt – Lernen am Modell steigere die alltägliche Gewaltbereitschaft. Alle Thesen haben sich bislang als mehr oder weniger prognostisch invalide erwiesen. Zwar kommen die postulierten Effekte vor; sie lassen sich aber nie derart verallgemeinern, wie das eine naturwissenschaftlich orientierte Psychologie anstrebt. Dafür sind die zu berücksichtigenden Situationen lebensweltlicher Mediennutzung viel zu komplex. Unter medienethischen Gesichtspunkten ist dies freilich prekär, besteht doch die verbreitete Meinung, eine Einschränkung von Gewaltdarstellungen setze den empirisch-nomothetischen Nachweis schädlicher Effekte voraus. Dieser ist aufgrund der angeführten Komplexität aber nicht zu erbringen. So werden unzulässigerweise empirische und normative Argumente kurzgeschlossen: Welche Medienkultur (Faulstich, 1991 b) eine Gesellschaft für erwünscht hält, läßt sich nicht (allein) über Medienwirkungen begründen. Dennoch kann die Medienpsychologie einen relevanten Beitrag zur Gestaltung der Mediengesellschaft leisten. Vor allem die Untersuchung der Sozialisationsbedingungen (Charlton & Neumann, 1988) für eine – nach Einzelmedien differenzierte – Medienkompetenz mag zukunftsweisend sein.

Literatur

Bobrowsky, M. et al. (Hg.). (1987). Medien- und Kommunikationsgeschichte. Wien.
Charlton, M. & Neumann, K. (1988). Mediensozialisation. Publizistik, 33, S. 297–315.
Eckert, R. et al. (1991). Grauen und Lust – Die Inszenierung der Affekte. Eine Studie zum abweichenden Videokonsum. Pfaffenweiler.
Faulstich, W. (1991 a). Medientheorien. Einführung und Überblick. Göttingen.
Faulstich, W. (Hg.). (1991 b). Medien und Kultur. Beiträge zu einem interdisziplinären Symposium der Universität Lüneburg. Göttingen.
Hartmann, H. A. & Haubl, R. (Hg.). (1992). Bilderflut und Sprachmagie. Fallstudien zur Kultur der Werbung. Opladen.
Haubl, R. (1994). Psychoanalytische Medientheorie. medien praktisch, 18 (1), S. 4–11.
Kunczik, M. (1987). Gewalt und Medien. Köln / Wien.
Mantovani, G. (1996). New communication environments. From everyday to virtual. London.
Medienpsychologie. Zeitschrift für Individual- und Massenkommunikation (1989 ff). Wiesbaden / Opladen.

Rolf Haubl

Mensch-Computer-Interaktion

Interaktion ist ein sozialwissenschaftlicher Grundbegriff. Im «Symbolischen Interaktionismus» nach G. H. Mead ist das Verhalten der Individuen überhaupt nur über seine Bezüge zu begreifen, wobei die symbolische Bedeutung, die Personen, Institutionen und Objekte besitzen, im Zentrum stehen. Wenn es um Interaktivität im Zusammenhang mit Computer geht, lassen sich drei Bedeutungsräume unterscheiden: (1) der technische Aspekt der Rückkopplung. Die Entwicklung der Medien entspricht einem Zuwachs an Interaktivität im Sinne von Rückkopplung (Beispiele: Zwischenschaltung von Telefon, zwischen Computern per Modem, Rückkanal bei digitalem Fernsehsignal). (2) Interaktivität als Indikator der fortgeschrittenen Computerentwicklung. Die Computernutzung wird vereinfacht, indem die «Schnittstelle Mensch-Maschine» nicht mehr allein auf der Benutzung formaler Befehlsoperationen basiert. In diesem Sinn erleichtern multimediale Anwendungen, interaktive Computerbildschirme und Benutzeroberflächen den Umgang mit dem Computer. (3) Agieren in Kontexten. Computer gestatten es, sich mit einem technischen Mittel örtlich und zeitlich ungebunden in neue soziale und sachliche Kontexte einzuklinken. Die sachliche Grundlage des Agierens in Kontexten sind technisch herstellbare ‹links› (Bezüge). Damit werden die sequentiellen, alphabetischen und numerischen Ordnungs- und Suchformen abgelöst. Kontextnahe Suche in elektronischen Nachschlagewerken erlaubt es, per installierter ‹hyperlinks›, unterschiedliche Bedeutungsräume einer Sache zu erschließen (Beispiel: Wald – Ökosystem – Holz – Wirtschaft – Möbel). Die psychologische und soziale Bedeutung liegt jedoch in der Funktion der modernen Computertechnik, einen Cyberspace zu konstruieren, einen neuartigen Ort menschlicher Interaktionen und Transaktionen. Da nunmehr aber nicht nur Ort und Raum sozial entbettet werden, sondern auch die Akteure in dieser Interaktion möglicherweise mit «geliehenen», fiktiven Identitäten interagieren, verändern sich notwendig Kognition, Wahrnehmung und Handeln, und es entstehen neue psycho-soziale Bezüge. Fortschreitend werden Identitäten über Computeraktivitäten erzeugt, z. B. über die Erfahrungen mit der jeweils fortgeschrittenen Software. Zum Ende des Jahrhunderts erweist sich alles, was mit Netzen zusammenhängt, als attraktiv und modern (vom Hackern bis Netzsurfing). Insofern werden per Internet, E-Mail, Intranet u. ä. nicht nur zusätzliche kommunikative Bezüge und Wechselbeziehungen zwischen den Individuen, Gruppen und Institutionen etabliert, sondern Computertechnik wird zum Vehikel, mit dem lebensalltäglich symbolische Bedeutungen im raumüberschreitenden Sinn erzeugt werden.

Literatur

Metzger, J. A. (1996). Fraktale Subjekte, telematische Maschinen und andere Gespenster. Aufstieg der Medien und Fall der Subjekte bei Jean Baudrillard. Psychologie & Gesellschaftskritik, 79, S. 109–138.

Rötzer, F. (1996). Von der Lust, vernetzt zu sein. Psychologie & Gesellschaftskritik, 79, S. 7–28.

Claus J. Tully

Menschenbild

Menschenbilder stellen einen Versuch der Selbstthematisierung des Menschen dar. Als subjektiv begründete Vorannahmen gehen sie über jede Empirie hinaus und sind somit zunächst unmittelbar der Philosophie zuzuordnen. In der Literatur wird die Beschäftigung mit Menschenbildern oftmals mit Anthropologie gleichgesetzt (vgl. Hagehülsmann, 1985; Czuma, 1988). Dies stellt insofern eine unscharfe Definition dar, als die philosophische Anthropologie, die damit zumeist gemeint ist, Vorannahmen über «Eigenart», «Natur», Wesen» oder «Ziel» des Menschen anstellt, die sich auf eine scheinbar unveränderbare Erscheinung, einen «Menschen an sich» beziehen. Zumeist ist damit ein Idealbild, zumindest jedoch ein Soll-Zustand verbunden. Der Mensch erscheint in diesem Licht als abstraktes und ahistorisches Wesen. Als Vorläufer der philosophischen Anthropologie gelten Kierkegaard und Nietzsche, ihre programmatische Ausprägung erfuhr sie in den Schriften von Scheler und Jaspers. Menschenbilder existieren jedoch auch außerhalb der philosophischen Anthropologie. Sie sind Produkt jeder Auseinandersetzung des Menschen mit dem Menschen und können dabei durchaus auch auf historische oder gesellschaftliche Variablen reflektieren. In jeder Wissenschaftsdisziplin vermischen sie sich mit empirischen Erkenntnissen und prägen die gesamte Wissenschaftsgeschichte in Form von Schulenkämpfen. «Sie bilden die Basis, auf der Theorien entwickelt werden, und haben in diesem Sinne regulative Funktionen» (Herzog, 1984, S. 81).

Menschenbilder, die geeignet sind, einer Psychologie als Gegenstand der Beschäftigung zugrunde zu liegen, bedürfen der Auseinandersetzung mit «Ich-Identität» im weitesten Sinn. Eine solche impliziert immer auch eine Reflexion des Verhältnisses des Menschen zu einer – wie auch immer definierten – Umwelt. Zentrales Thema hierbei ist zumeist die Frage nach der Möglichkeit der Erkenntnis von «äußeren» Phänomenen. Mithin ist die Erkenntnistheorie jener Ansatz, der die Beschäftigung mit Menschenbildern am explizitesten zu seinem Inhalt gemacht hat.

In den Mythologien der Antike wurde eine Mensch-Umwelt-Unterscheidung zunächst nicht getroffen. Das Ineinandergreifen von Götterwelt, Kosmos, Natur und Gesellschaft wurde erstmals bei Archilochos (ca. 7. Jahrhundert v. u. Z.) durchbrochen und der Mensch seiner Außenwelt radikal gegenübergestellt. Von nun an war vor allem die Besonderheit des Menschen gegenüber dem Tier als reinem Naturwesen Hauptthema der griechischen Philosophie. Sokrates definiert das Verhältnis des Menschen zur Natur als dualistisches – er ist über seine Physis ihr zuzurechnen und durch seine Vernunft (Logos) über sie erhaben – und spricht damit erstmals auch das Leib-Seele-Problem an. Aristoteles nennt in diesem Zusammenhang die Kategorien der Vernunft, der Sprache und der Politik als zentrale Wesensmerkmale. Mit der Durchsetzung des Christentums und der Ausbreitung der Augustinischen Heilslehre herrschte in Europa vom 4. bis zum 13. Jahrhundert ein durch die Theologie geprägtes Menschenbild vor, in dem die Lehre von der Prädestination (der Mensch sei in seinem Tun von Gott vorausbestimmt) das zentrale Paradigma darstellt. In bezug auf die Möglichkeit der Erkenntnis wurde von der Antike bis in die Spätscholastik ein im Erkenntnisgegenstand vermutetes «Wesen» dafür verantwortlich gemacht, daß dieser überhaupt erkannt werden konnte. Die Reflexion der Stellung des Menschen gegenüber seiner Umwelt wird in diesem Gedankengebäude sekundär und fällt vor allem in der Hochscholastik historisch gesehen hinter die sokratischen und aristotelischen Ansätze zurück. Diese werden erst in der Spätscholastik (v.a. bei Albertus Magnus und Thomas von Aquin) wieder in die christliche Philosophie integriert.

In der Sicht der Aufklärung ist der Mensch als Subjekt radikal aus der Natur herausgerissen und diese ihm als Objekt der Erkenntnis gegenübergestellt. Erst hier wird in der neueren Geschichte der Mensch als selbständiges und erkenntnisfähiges Wesen begriffen, das in der Lage ist, eigenverantwortlich auf sich selbst und seine Umwelt Einfluß zu nehmen. Dabei gab es von Beginn an eine Spaltung in Empiristen (z. B. Locke, Hume), die jede Erkenntnis der sinnlichen Erfahrung zuschrieben, und Rationalisten (z. B. Descartes, Leibniz), die das Denken bzw. die Vernunft als wesentliche Eigenschaft des Menschen sahen («cogito ergo sum» bei Descartes, Monaden als eingeborene kleinste Einheiten von Erkenntnis bei Leibniz). Mit der Betonung der Kulturbedingtheit von Ungleichheit unter den Menschen und der Entwicklung eines Bewußtseins für die Armen, Geisteskranken und Kriminellen leitete Rousseau die romantische Kritik an der Aufklärung ein. Deren Überwindung fand in den bürgerlich-idealistischen Strömungen statt, die jedem Menschen ein autonomes «unteilbares» und von Natur aus gutes Wesen zugrunde legten, welches durch Anleitung zum besseren Verbrauch seiner Vernunft seine «Versittlichung» erfahren sollte (z. B. Kant, Fichte, Schelling). Dieses Menschenbild fand über die von Wilhelm von Humboldt zu Beginn des 19. Jahrhunderts durchgeführte preußische Universitätsreform wesentlichen Eingang in die Konzepte von Wissenschaft und Lehre und ist als Ideologie auch heute noch vorhanden – wenngleich nicht real einlösbar. Das Menschenbild der humanistisch-psychologischen Strömungen ist den idealistischen Modellen am nächsten verwandt.

Die starre Dualität zwischen Mensch und Umwelt wurde in der Dialektik Hegels erstmals durchbrochen. Als Bindeglied fungierte bei ihm die tätige Veränderung der Welt. In den dadurch geschaffenen Werken erkenne sich der menschliche Geist (der allerdings metaphysisch begründet ist) wieder. Das bürgerliche Menschenbild wurde vor allem durch die Ansätze von Marx und Freud heftig in Frage gestellt. Beide kritisierten, daß der in der Gesellschaft lebende Mensch kein autonomes Naturwesen sei bzw. sein könne, sondern gesellschaftlichen, also ökonomischen bzw. kulturellen Zwängen unterworfen wäre. Marx bezeichnet diese als «zweite Natur», innerhalb deren das Subjekt in «Charaktermasken» agiere. Er sieht den Menschen als Teil der Natur und ihr zugleich auch entgegengestellt. Zentrales Moment des Menschseins ist bei ihm die Vergegenständlichung der Subjekte durch die Arbeit, mittels deren sie die Bedingungen schaffen, unter denen sie zugleich leben. Diese Bedingungen sind nach Marx daher nicht metaphysisch, sondern materialistisch begründet und somit veränderbar.

Freud formulierte die gesellschaftlichen und kulturellen Bedingungen als «Realitätsprinzip», welches sich im «Über-Ich» manifestiert, während sich die Naturzugehörigkeit des Menschen als «Lustprinzip» im «Es» ausdrücke. Dem «Ich» als Zwischeninstanz kommt dabei die Aufgabe der Integration dieser beiden antagonistischen Kräfte zu. Die Menschenmodelle von Freud und Marx wurden wiederholt miteinander verbunden, unter anderem in den freudo-marxistischen Ansätzen von Bernfeld bis Brückner oder in der kritischen Theorie der Frankfurter Schule (Adorno, Horkheimer, Fromm), deren Vertreter ebenfalls zu radikalen Kritikern des bürgerlichen Menschenmodells zählten. In der «Dialektik der Aufklärung» (Horkheimer & Adorno, 1988) wird der Ideologie des selbstbestimmten Subjekts dessen gesellschaftliche Instrumentalisierung gegenübergestellt und die Aufhebung der Subjekt-Objekt-Trennung auch in der Wissenschaft gefordert (Adorno, 1966).

Jede (psychologische) Theorie ist durch Menschenbilder begründet und stellt somit letztlich den Versuch dar, eine Antwort auf die Frage zu finden, «was ist der Mensch». Da Menschenbilder immer auch Aussagen zu jeweiligen Vorstellungen in bezug auf Verantwortlichkeit, Freiheit, Entscheidungsfähigkeit etc. beinhalten, sind sie letztlich Wertaussagen und eignen somit auch einer politischen Dimension. Dies bedeutet, «daß ein Begriff vom Menschen ohne ein Vorverständnis von Gesellschaft nicht gedacht werden kann» (Geulen, 1977, S. 17). Menschenbilder stellen also Vorannahmen über das «Sosein» des Menschen in der Welt dar. Als solche entziehen sie sich jeglicher empirischen Faßbarkeit und sind daher je subjektiv begründet. An ihrem Zustandekommen ist eine Reihe von Faktoren beteiligt, z. B. Geschlecht, Klassenzugehörigkeit, Kultur, Epoche, Religion, soziales Umfeld, wissenschaftliche Sozialisation etc. Das heißt, daß Menschenbilder einer Variabilität unterworfen sind, die sich intersubjektiv, interkulturell, intrasozietär und temporär darstellt. So zeigt sich am Beispiel der Arbeitspsychologie recht deutlich, wie die Veränderung gängiger Menschenbilder über die Zeit hinweg (vom «homo oeconomicus» bis zum «self-actualizing man») mit den jeweilig gegebenen äußeren gesellschaftlichen und wirtschaftlichen Bedingungen und Anforderungen korrespondierte und also keineswegs unabhängig von diesen «in der Natur» zu finden war.

Da wissenschaftliche Theorien nicht «vom Himmel fallen», sondern von Menschen gemacht werden, gehen deren jeweilige Menschenbilder nicht nur in deren Denkansätze ein, sondern sind auch wesentlich an deren Begründung beteiligt; denn sie haben «repräsentierende und selegierende Funktion» (Herzog, 1984, S. 295). Damit ist gemeint, daß sie unsere Aufmerksamkeit auf bestimmte Ausschnitte der Wirklichkeit lenken, während andere Bereiche weniger bzw. nicht beachtet werden. In weiterer Folge bedeutet dies, daß die Frage, was als Problem erkannt wird, innerhalb welchen Rahmens nach einer Lösung gesucht wird und was letztlich als Lösung akzeptiert wird, in hohem Maß von dem jeweils zugrunde gelegten Menschenbild abhängig ist. Dies gilt vor allem für die Sozialwissenschaften, wodurch hier die Möglichkeit des Aufstellens objektiver und paradigmatischer Wissenssätze höchst problematisch erscheint – eine Frage, die in den 60er Jahren in die als «Positivismusstreit» um die Logik der Sozialwissenschaften bekannt gewordene Debatte zwischen den Vertretern der kritischen Theorie und jenen des kritischen Rationalismus mündete (vgl. Adorno, 1976). Schülein (1986) spricht in diesem Zusammenhang von der Intrasubjektivität der Sozialwissenschaften, womit jene Problematik gemeint ist, die durch die Verschränkung entsteht, in der das Subjekt der Erkenntnis zugleich von deren Objekt nicht zu trennen ist. Für die Psychologie ist diese Frage in besonderer Weise bedeutsam, werden doch hier Subjekt und Objekt miteinander identisch. Für Herzog kommt den Menschenbildern im Fall der Psychologie somit eine weitere, spezifische Wirkungsfunktion hinzu, die er als *konstituierende* bezeichnet. «Die Menschenmodelle in der Psychologie sind weniger Abstraktionen oder Selektionen von Wirklichkeit; vielmehr schaffen sie Wirklichkeit, indem sie eine Sichtweise freilegen, unter der das Psychische für Theorie und Forschung griffig wird» (Herzog, 1982, S. 13). Anders ausgedrückt stellt sich die Frage, ob die Psychologie nicht letztlich den Gegenstand konstruiert, den zu erkennen sie vorgibt, daß also wissenschaftliche Aussagen der Psychologie vor allem unter einem heuristischen Aspekt zu verstehen sein müßten. Dazu kommt, daß ebendieser Gegenstand der Psychologie vor einem Raster von Faktoren gesehen und beschrieben wird, welche ebenfalls wieder zumindest mittelbar durch subjektive Menschenbilder begründet sind. Darunter fallen beispielsweise Dimensionen wie gesund – krank, normal – abnormal etc., die keine invarianten Größen an sich darstellen, sondern kulturellen, epochalen oder gesellschaftspolitischen Schwankungen unterworfen sind. Jeweils veränderbare Menschenbilder fließen so beispielsweise in die Klassifizierungen eines DSM-Schlüssels ein, und konsequenterweise werden diese letztlich auch durch Abstimmung festgelegt. Der Bruch zwischen Theorie und Praxis der Psychologie zeigt sich dann, wenn naturwissenschaftlich begründete Testverfahren, die allen mathematischen Kriterien standhalten, Dimensionen messen sollen, die das Produkt je subjektiver Menschenbilder darstellen. Diese Sichtweise steht allerdings in krassem Widerspruch zu dem naturwissenschaftlichen Selbstverständnis der Mainstream-Psychologie. Durch die Herauslösung der Psychologie aus ihren geisteswissenschaftlichen, später auch aus ihren sozialwissenschaftlichen Wurzeln und der damit verbundenen Entkoppelung von der Philosophie geriet auch die Beschäftigung mit den ihren verschiedenen Ansätzen zugrundeliegenden Menschenbildern mehr und mehr in den Hintergrund. Dabei stellte sich die Frage, ob es einer Wissenschaft, deren Aufgabe per definitionem die Beschäftigung mit dem «Wesen» des Menschen in seinen unterschiedlichen Ausprägungen ist, möglich sein kann, auf die Reflexion bezüglich ihres ureigenen «Forschungsgegenstandes» zu verzichten. Selbst Wilhelm Wundt, dem zumeist die Begründung der «wissenschaftlichen Psychologie» zugeschrieben wird, zählte diese vorrangig zu den Geisteswissenschaften und warnte 1913 davor, daß die Psychologen durch den Mangel an philosophischer Ausbildung mehr und mehr zu Handwerkern würden. Bereits 1900 hatte William Stern eine anstehende Entscheidung zwischen einer «subjektlosen Psychologie» und einer «Subjektpsychologie» definiert, und Karl Bühler meinte noch 1927, daß selbst der Behaviorismus auf Dauer nicht umhin könne, menschliches Verhalten in Sinnzusammenhänge zu stellen (vgl. Staeuble, 1984, S. 16). Mit der Dominanz eines naturwissenschaftlichen Selbstverständnisses der Psychologie wurde ihr Gegenstand schließlich nur noch methodologisch begründet, womit sich die Frage stellt, was in einer so definierten Wissenschaft vom Menschen eigentlich noch Gegenstand der Betrachtung sein kann; denn nach naturgesetzlichen Prinzipien lassen sich wohl bestimmte, auf physiologische Korrelate basierende Teilfunktionen erfassen, es lassen sich jedoch keine Sinnaussagen über die Stellung des Menschen in seiner sozialen, gesellschaftlichen und kulturellen Umwelt daraus ableiten.

Die erkenntnistheoretische Durchdringung des Gegenstandes der Psychologie muß unweigerlich ein naturwissenschaftliches bzw. empirisches Selbstverständnis dieser Wissenschaft in Frage stellen. Tatsächlich bildet ja Psychologie keinen in sich geschlossenen Ansatz, wie dies die Mainstream-Psychologie häufig vermitteln will, sondern zeichnet sich durch enorme Heterogenität hinsichtlich der Theoriebildung aus, welche wiederum als das Produkt unterschiedlicher Menschenbilder erklärt werden kann. Einige Autoren fordern daher, daß das jeweilige Menschenmodell von Wissenschaftlern bzw. wissenschaftlichen Ansätzen deren Publikationen vorangestellt werden müßte. Umgekehrt seien Personen, die sich mit wissenschaftlichen Theorien beschäftigen oder aus ihnen begründeten Methoden arbeiten, gefordert, sich mit den zugrunde liegenden Menschenbildern auseinanderzusetzen. Pongratz (1977) schlägt dazu als Methode den «regressiven Fortschritt» zu den Quellen einer Theorie vor. Dies bedeutet unter anderem die Betrachtung der Biographie des Begründers, einschließlich der sozialen, epochalen, kulturellen und gesellschaftlichen Bedingungen, durch die diese geprägt war bzw. ist. Als weitere Quellen können Publikationen, die sich innerhalb der Tradition eines bestimmten Ansatzes verstehen, mündliche Mitteilungen des Begründers, aus der Theorie abgeleitete Praxeologien oder Literaturverzeichnisse und Querverweise in den jeweiligen Veröffentlichungen herangezogen werden (Hagehülsmann, 1985). Ein solches Vorgehen soll weniger einer vorschnellen Bewertung oder «Schubladisierung» bestimmter Theorien dienen, sondern eine subjektiv begründete Reflexion darüber ermöglichen, wie weit eine Theorie mit je meinen eigenen Modellen korrespondiert, ob sie zur Bearbeitung je meiner Fragestellungen tauglich ist und ob daraus Lösungen abgeleitet werden können, die relevante Antworten auf meine Fragen geben. Vor allem in der Ausbildung sollte dies einen angemessenen Platz einnehmen.

Gleichzeitig bedeutet die Forderung, der heuristischen Begründung der Psychologie Rechnung zu tragen, nicht, ihr den wissenschaftlichen Status abzusprechen. Unter den gegebenen Umständen erscheint es jedoch wesentlich sinnvoller, die intradisziplinären Kontroversen weniger in Form von Methoden, sondern vielmehr als Modelldiskussionen auszutragen. Als richtungweisender Ansatz erscheint in diesem Zusammenhang auch die Forderung von Parker (1997) nach der Etablierung einer diskursiven Psychologie.

Literatur

Adorno, T. W. (1966). Negative Dialektik. Frankfurt/M.
Adorno, T. W., Dahrendorf, R., Pilot, H., Albert, J., Habermas, J. & Popper, K. R. (1976). Der Positivismusstreit in der deutschen Soziologie. Darmstadt/Neuwied.
Czuma, H. (1988). Menschenbilder. Wien.
Geulen, D. (1977). Das vergesellschaftete Subjekt. Zur Grundlegung der Sozialisationstheorie. Frankfurt/M.
Hagehülsmann, H. (1985). Begriff und Funktion von Menschenbildern in der Psychologie und Psychotherapie: Wissenschaftstheoretische Überlegungen am Beispiel der humanistischen Psychologie. In: H. Petzold (Hg.), Wege zum Menschen. Methoden und Persönlichkeiten moderner Therapien. Ein Handbuch. Bd. 1 (S. 9–44). Paderborn.
Herzog, L. (1982). Die wissenschaftstheoretische Problematik der Integration psychotherapeutischer Methoden. In: H. Petzold (Hg.), Methodenintegration in der Psychotherapie (S. 9–29). Paderborn.
Herzog, L. (1984). Modell und Theorie in der Psychologie. Göttingen/Toronto/Zürich.
Horkheimer, M. & Adorno, T. W. (1988). Dialektik der Aufklärung. Frankfurt/M.
Parker, I. (1997). Discursive Psychology. In: D. Fox & I. Prilleltensky (Hg.), Critical Psychology. An Introduction. London/Thousand Oaks/New Delhi.
Pongratz, L. J. (1977). Geschichte, Gegenstand und Grundlagen der Klinischen Psychologie. In: L. J. Pongratz (Hg.), Handbuch der Klinischen Psychologie. Bd. 8: Klinische Psychologie, 1. Halbband (S. 1–37). Göttingen/Toronto/Zürich.
Schmidt, N. D. (1995). Philosophie und Psychologie. Trennungsgeschichte, Dogmen und Perspektiven. Reinbek.
Schülein, J. A. (1986). Selbstbetroffenheit. Über Aneignung und Vermittlung sozialwissenschaftlicher Kompetenz. Gießen.
Staeuble, I. (1984). Entstehen der Psychologie als Wissenschaft. In: H. E. Lück, R. Miller & W. Rechtien (Hg.), Geschichte der Psychologie. Ein Handbuch in Schlüsselbegriffen (S. 10–16). München/Wien/Baltimore.

Wolfgang Fürnkranz

Menschenkenntnis

Im volkstümlichen Sprachgebrauch versteht man unter Menschenkenntnis die Fähigkeit, Leistungs- und Charaktereigenschaften von Menschen zu erkennen und ihr Verhalten zu erklären bzw. vorauszusagen. Die – von der persönlichen Lebenserfahrung getragenen Urteile – sind oft stark vom «ersten Eindruck» abhängig, der vor allem durch die – meist intuitive – Deutung des Ausdrucksverhaltens (Mimik, Sprechweise) gewonnen wird. Die moderne wissenschaftliche Psychologie kann weitgehend als Versuch angesehen werden, an die Stelle dieses ihres Erachtens zu subjektiven, fehleranfälligen Beurteilungsvorganges wissenschaftlich gewonnene Erkenntnisse und Methoden zu setzen, die eher ihrer Forderung nach «Objektivität», «Zuverlässigkeit» und «Gültigkeit» genügen. So untersucht z. B. die Sozialpsychologie die Abhängigkeit der Personenwahrnehmung und -beurteilung u. a. von persönlichen Merkmalen und Eigenarten des Beurteilers (Alter, Geschlecht, Vorurteile, Menschenbild u. v. m.) und den äußeren Bedingungen der Wahrnehmung. Die Diagnostik versucht, als mathematisch-statistisch fundierte Testpsychologie den methodischen Idealen wissenschaftlich betriebener Menschenkenntnis gerecht zu werden, opfert ihnen aber zumeist Inhaltsreichtum, Praxisnähe und Tiefe der Beobachtung. Sie steht damit im Gegensatz zur Hermeneutik, die bewußt die Subjektivität des Beobachters als Instrument der Erkenntnis einsetzt. Das Psychologiestudium bietet meist nur wenig Möglichkeiten zur Aneignung von Menschenkenntnis, da inhaltliches Wissen über Erleben und Verhalten von Menschen und praktische psychologische Arbeit nur spärlich einbezogen werden. Von psychotherapeutischen Schulen wird Menschenkenntnis meist als unverzichtbares Qualifikationsmerkmal erachtet und im Rahmen der Ausbildung durch Eigentherapie und mehr oder weniger systematisches Training zu fördern gesucht (vgl. Orlik & Schneider, 1978). Für interessierte Laien werden in jüngerer Zeit zunehmend «Selbsterfahrungsgruppen» angeboten, um ihrem Bedürfnis entgegenzukommen, die Fassadenhaftigkeit ihres eigenen Verhaltens und die Entfremdung ihrer sozialen Beziehungen unter spätkapitalistischen Lebensbedingungen zu erkennen und, soweit möglich, zu überwinden. In den Bereichen von Arbeit, Organisation und Politik soll ein besseres Durchschauen der rollenhaften Tarnung der Konkurrenten auf dem Arbeits-, Waren- und «Wählermarkt» sowie eine effektivere Beeinflussung der jeweiligen Adressaten durch Methoden des Management-Trainings ermöglicht werden (vgl. Ottomeyer, 1977).

Literatur

Orlik, P. & Schneider, J. (1978). Interaktionsdiagnostik. Ein Rahmenkonzept zum Training der diagnostischen Kompetenz von Beobachtern sozialer Interaktionen. In: L. R. Schmidt (Hg.), Lehrbuch der Klinischen Psychologie. Stuttgart.
Ottomeyer, K. (1977). Ökonomische Zwänge und menschliche Beziehungen. Reinbek.
Vinnai, G. (1977). Das Elend der Männlichkeit. Reinbek.

Walter Rokita

Messen

Beim Messen werden empirisch beobachtbaren Phänomenen (Eigenschaften, Ereignissen, deren Ausprägungen und/oder Häufigkeiten) nach definierten Regeln Zahlen(werte) zugeordnet. Messen beruht auf Vergleichen und impliziert immer die isolierte Betrachtung einzelner Aspekte; darum ist es mit einer Suspendierung von Wissen und Wirklichkeit verbunden. Kulturgeschichtlich betrachtet hat das Messen zwei Wurzeln: die Alltagspraxis (Handel, Ernährung), in welcher Maße und Messungen zunächst häufig in Verbindung mit Gewichtsbestimmungen gebraucht werden, und Ordnungs- und Abstraktionsprozesse, in welchen Maße und Messungen im Zusammenhang mit Zahlen Erwähnung finden (vgl. Mausfeld, 1994). Diese beiden Wurzeln markieren die Grundspannung jeglichen Messens als kompliziertem Vermittlungs- und Übersetzungsversuch zwischen theoretisch-abstrahierenden Annahmen und empirischen, wahrnehmbaren Phänomenen: «Die Messung ist die Nahtstelle, an der die Möglichkeiten der Theorie Wirklichkeit werden» (Ritter, 1980, S. 1166). Langfristig sollen Messungen zur Entwicklung von einheitlichen Maßen dienen; dies setzt eine Standardisierung des Meßprozesses und der Meßinstrumente voraus. Die Möglichkeit, Messungen zu standardisieren, eröffnet dann ihrerseits die Möglichkeit, Meßergebnisse zu überprüfen. Psychologische Meßanstrengungen orientieren sich an Leitbildern aus der Physik und sind Ausdruck eines Strebens nach Exaktheit und Gewißheit; diese Orientierung soll dazu dienen, die Psychologie als Wissenschaft zu begründen. Jeder, der mißt, wird Fehler machen. Weil das Messen an der «Nahtstelle» zwischen theoretischen Größen und empirischen Phänomenen angesiedelt ist, werden Inkongruenzen zwischen beiden Ebenen auftreten, die in der Regel unter das Konzept des Fehlers subsumiert werden. Solche Beobachtungs- oder Meßfehler können in Abhängigkeit von ihren jeweiligen Ursachen klassifiziert werden (vgl. Greve & Wentura, 1991). Da Messungen im Unterschied zu objektiven und exakten Zahlen immer durch Subjekte vermittelt sind, kommt es zu mannigfaltigen Problemen bei der Übersetzung von psychologischen Phänomenen in Zahlen und deren Verständnis. Die Bewertung dieser Übersetzungsprobleme («Meßfehler», «Störung») ist in der Psychologie uneinheitlich und könnte als Spiegel unterschiedlicher Auffassungen von Psychologie betrachtet werden. Probleme des Messens werden in der Psychologie u. a. unter dem Begriff der Meßtheorie diskutiert. Dabei werden die Bedingungen für die Meßbarkeit von Eigenschaften eines empirischen Relativs zu problematisieren und zu definieren versucht, indem z. B. Fragen der Repräsentierbarkeit psychologischer Phänomene in Zahlen und deren Bedeutung oder Unsinnigkeit erörtert werden. Kritisch reflektiert werden müssen ethische Dimensionen des Messens selbst, der Meßsituation und der Instrumentalisierung von Meßergebnissen. Jede Messung impliziert (die Möglichkeiten für) die Schaffung einer Ordnung im Sinne einer Herrschaft (vgl. Foucault, 1977). Interessant wäre auch eine psychologische Analyse der Motive und Funktionen des Messens.

Literatur

Devereux, G. (1984). Angst und Methode in den Verhaltenswissenschaften. Frankfurt/M.

Foucault, M. (1977). Überwachen und Strafen. Die Geburt des Gefängnisses. Frankfurt/M.

Gould, S. J. (1988). Der falsch vermessene Mensch. Frankfurt/M.

Mausfeld, R. (1994). Von Zahlzeichen zu Skalen. In: T. Herrmann & H. Tack (Hg.), Enzyklopädie der Psychologie. Themenbereich B: Methodologie und Methoden (S. 556–603). Göttingen/Bern/Toronto/Seattle.

Ritter, J. (Hg.). (1980). Historisches Wörterbuch der Philosophie. Bd. 5. Darmstadt.

Petra Muckel

Metapher

Der Begriff wird vor allem in den linguistischen Wissenschaften verwendet und bezeichnet eine Übertragung, durch die von der eigentlichen Bedeutung abstrahiert und an ihrer Stelle eine uneigentliche oder übertragene Bezeichnung verwendet wird. Durch diese Substitution entsteht ein Sinneffekt, indem zwischen dem verdrängten Signifikanten und seinem Substitut eine Beziehung hergestellt, durch deren Differenz eine Triangulierung von Wort, Vorstellung und Sache erzeugt wird. Dabei existiert keine einheitliche Theorie oder Wissenschaft der Metaphernforschung; vielmehr ist die Metapher vom gelegentlichen Gegenstand sprachtheoretischer Arbeiten zum Objekt konkurrierender Untersuchungen sprachanalytischer, strukturalistischer und hermeneutischer Wissenschaften geworden. Die früheren, formallogischen Sprachwissenschaften reduzierten Sprachsysteme auf deren grammatikalisch-lexikalische Regeln. Dieser puristischen Verengung stellten insbesondere philosophisch und psychoanalytisch beeinflußte Wissenschaftler ein Sprachdenken, eine wissenschaftliche Metaphorik und metaphorische Wissenschaftlichkeit gegenüber: Der dialektische Fortschritt des Vermittlungsprozesses von Sprachbild und Begriff ist – so Adorno – «stets auch Rückgriff auf das, was dem ... Begriff zum Opfer fiel: dessen fortschreitende Konkretion seine Selbstkorrektur». Das gängige linguistische Modell von Lakoff & Johnson macht folgende Grundannahmen: (a) Metaphern verweisen auf kognitive Modelle, mit denen Erfahrungswelt strukturiert wird; (b) im Rahmen dieser metaphorischen Modelle reflektieren, handeln und interagieren Subjekte; (c) metaphorische Modelle strukturieren komplexe oder abstrakte Erfahrungsräume (Liebe, Therapie usw.) durch Rekurs auf ganzheitliche Erlebnisqualitäten, die sowohl sinnlich als auch kulturell geprägt sind; (d) weniger auffällig-originelle denn alltäglich-konventionelle Metaphern fungieren in diesem Sinn als konzeptuelle Modellbildungen des Subjekts. Unter klinischen Gesichtspunkten ist die Fähigkeit zur Metaphorisierung eine Funktion des Sekundärprozesses und Zeichen psychischer Gesundheit. Das Wörtlichnehmen und u. U. primärprozeßhafte Agieren metaphorischer Redewendungen deutet in der konkretistischen Ab-Trennung des Inhalts- und Bedeutungsaspekts vom lexikalischen Sprachaspekt auf eine manifeste, z. B. psychotische Störung der Symbolisierungsfähigkeit hin (Psychose) und verdeutlicht zugleich die Verbindung von Sprache – Handlung – Unbewußtem. Die neuere Praxis der Metaphernanalysen zeigt Verwandtschaft zu Konzepten der Alltagstheorien, des sozialen Konstruktivismus und der qualitativen Subjektforschung und erweist sich als fruchtbarer Ansatz im klinisch-therapeutischen Arbeiten.

Literatur

Buchholz, M. B. (Hg.). (1995). Psychotherapeutische Interaktion. Qualitative Studien zu Konversation und Metapher, Geste und Plan. Opladen.
Fischer, H. R. (1991). Sprache und Lebensform. Wittgenstein und Freud über die Geisteskrankheit. Heidelberg.
Haverkamp, A. (Hg.). (1996). Theorie der Metapher. Darmstadt.

Ulrich Kobbé

Methodenkritik

Es geht hier um die Kritik der herrschenden Psychologie an den Universitäten der Industrienationen, die sich in ihrer Methodologie (Messen, Zählen, Experimentieren usw.) überwiegend an den klassischen Naturwissenschaften orientiert. Diese Kritik soll sowohl systemimmanent wie auch systemtranszendent erfolgen, das heißt, wir messen diese Psychologie zuerst an ihren eigenen Ansprüchen, dann aber stellen wir diese Ansprüche selbst in Frage bzw. tragen Ansprüche von außen an sie heran, die wir für gerechtfertigt halten.

Systemimmanente Kritik

Wichtige Wissenschaftskriterien der herrschenden Psychologie sind die Objektivität, Zuverlässigkeit und Gültigkeit ihrer Daten – also der Beobachtungsergebnisse bei Tests, Befragungen und Experimenten. Unter Objektivität versteht man die Unabhängigkeit der Daten vom Beobachter, das heißt, verschiedene Forscher müssen bei der Beobachtung des gleichen Vorgangs auch zu gleichen Ergebnissen kommen. Mit Zuverlässigkeit ist meist die Reproduzierbarkeit der Daten gemeint, das heißt, bei der Wiederholung einer empirischen Untersuchung mit den gleichen Versuchspersonen sollten (wenn schon nicht exakt die gleichen, dann doch zumindest) ähnliche Ergebnisse herauskommen. Die Gültigkeit bezieht sich auf den Inhalt der Daten: Wird wirklich das beobachtet bzw. gemessen, was beobachtet und gemessen werden soll? Mißt also z. B. ein Intelligenztest wirklich die Intelligenz und nicht etwa das gute Gedächtnis einer Versuchsperson oder ihre Fähigkeit, vom Nachbarn abzuschreiben? Nun gibt es seit einigen Jahrzehnten einen methodenkritischen Forschungszweig, der unter der Bezeichnung «Sozialpsychologie des Experiments» eine große Fülle von Ergebnissen produziert hat. Sie führen zu deutlichen Hinweisen darauf, daß die Wissenschaftskriterien nicht oder nicht in ausreichendem Maß erfüllt werden können. Man geht dabei davon aus, daß die Forschungssituation mit Versuchsleiter(n) und Versuchsperson(en) eine soziale Situation darstellt. Wie in anderen sozialen Situationen auch übernehmen die beteiligten Personen bestimmte Rollen bzw. weisen sie sich gegenseitig zu und bringen bestimmte Erwartungen bzw. Motive mit, die erheblich vom Idealfall abweichen. In manchen Fällen entwickeln die Versuchspersonen Widerstand gegen die Zumutung, die Anweisungen des Versuchsleiters befolgen zu müssen («Reaktanz»). Daraus kann sich das Motiv entwickeln, die Untersuchung zu sabotieren und die vermuteten Ziele des Forschers zu durchkreuzen. Das Problem verschärft sich noch dadurch, daß viele der beschriebenen sozialpsychologischen Phänomene den beteiligten Personen kaum oder gar nicht bewußt sind und auch durch eine nachträgliche Befragung kaum ermittelt werden können. Im Fall der Reaktanz müßte man zudem bezweifeln, ob eine Versuchsperson wahrheitsgemäß antworten würde. Die Abhängigkeit der Gültigkeit von der Objektivität und Zuverlässigkeit erklärt, daß die tatsächlich in der Psychologie vorgefundenen Gültigkeiten bemerkenswert niedrig sind und selten den Wert von 0,5 überschreiten. Um die Brauchbarkeit derartiger Werte beurteilen zu können, bedient man sich des Konzepts der «Varianzaufklärung». Dabei berechnet man zunächst die «Gesamtvarianz» der Daten einer Untersuchung, das heißt, man drückt zahlenmäßig aus, wie stark diese untereinander variieren. Dann berechnet man, inwieweit Anteile der Gesamtvarianz auf bestimmte «Faktoren» zurückzuführen sind. Diese Anteile zusammengenommen sind die «aufgeklärte Varianz», der Rest ist die «Fehlervarianz». Weisen z. B. die Intelligenzquotienten einer getesteten Stichprobe eine bestimmte Gesamtvarianz auf, kann man versuchen, einen Teil davon auf vererbte Faktoren zurückzuführen, einen anderen Teil auf Umweltfaktoren. Allerdings müssen alle diese «Faktoren» in der Untersuchung auch erfaßt worden sein – Erbfaktoren z. B. durch das Testen von eineiigen Zwillingen, die nicht in der gleichen Familie aufgewachsen sind. Nun läßt sich mathematisch zeigen, daß das Quadrat des Gültigkeitskoeffizienten gleich dem Prozentsatz der aufgeklärten Varianz ist; im obigen Beispiel einer Gültigkeit von 0,5 wären also 25 Prozent der Gesamtvarianz «aufgeklärt», 75 Prozent der Gesamtvarianz ist «Fehlervarianz». Solche Ergebnisse sind für eine Wissenschaft, die sich an den klassischen Naturwissenschaften orientiert, geradezu jämmerlich. Dort bewegen sich die Fehlervarianzen in Gößenordnungen, die nur Bruchteile eines Prozents ausmachen.

Systemtranszendente Kritik

Man kann nicht behaupten, die herrschende Psychologie sei «wirklichkeitsfremd», «ihrem Gegenstand nicht angemessen» usw. Im Gegenteil: Sie verdoppelt einen gewichtigen Teil der gesellschaftlichen Realität und verleiht ihm darüber hinaus eine wissenschaftliche Weihe. Die Berechenbarkeit und Verfügbarkeit des Menschen wird nur beschworen, nicht auch technisch in der Alltagspraxis realisiert. Letzteres wäre nur mit hohen Gültigkeiten und damit erst möglichen eindrucksvollen Prognosen möglich, was die Überzeugungskraft der wissenschaftlichen Inszenierungen sicher noch erhöhen würde. So verbleibt die herrschende Psychologie in weiten Bereichen auf der Ebene pseudotechnischer Rituale; bei ihrer Forschungs- und Therapiepraxis handelt es sich also eigentlich um Rituale, die als Techniken verkleidet werden. Insbesondere durch einen aufgeblähten mathematisch-statistischen Apparat, den Einsatz des Computers, technisches Vokabular usw. wird der Eindruck erweckt, als ginge es in der Psychologie zu wie in anderen Naturwissenschaften. Die meisten Protagonisten der herrschenden Psychologie sind selbst von dem technischen (nicht-rituellen) Charakter ihres Tuns überzeugt und übertragen dies auf ihre Studenten. Eine Gelegenheit, das eigene Tun distanziert zu reflektieren, wären wissenschaftstheoretische Lehrveranstaltungen, die formal im Curriculum des deutschen Psychologiestudiums vorgesehen sind, faktisch aber ein Kümmerdasein fristen.

Literatur

Cranach, M. v. & Foppa, K. (Hg.). (1996). Freiheit des Entscheidens und Handelns. Heidelberg.

Kvale, S. (1977). Lernpsychologie als Ideologie und Technologie. Psychologie & Gesellschaft, 3/4, S. 143–175.

Smith, J. A., Harré, R. & Van Langenhove, L. (Hg.). (1995). Rethinking Psychology. London.

Zygowski, H. (Hg.). (1993). Kritik der Mainstream-Psychologie. Münster.

Jörg Sommer

Mikropolitik

Nicht nur in Staat und Gesellschaft, sondern auch in und zwischen Gruppen und Organisationen sind Prozesse, an denen Menschen beteiligt sind, immer auch politische Prozesse. Der Begriff Mikropolitik wird unterschiedlich ausgelegt. In der von Bosetzky in die deutschsprachige Literatur eingeführten Interpretation steht der Begriff für einen spezifischen Typ organisationalen Handelns: Systemeigene personelle und materielle Ressourcen werden zur Verfolgung persönlicher Interessen eingesetzt. Neuberger spricht dann von mikropolitischem Handeln, wenn dabei auf ein Arsenal von «Machtvermehrungstechniken» zurückgegriffen wird (z. B. Informationen filtern, Sachzwänge forcieren, Seilschaften bilden etc.). Das Ausmaß des Einsatzes und das Geschick im Umgang mit diesen «Techniken» wird als organisations- und personenspezifisch unterschiedlich ausgeprägt angesehen. Bosetzky hält hierfür einen bestimmten Persönlichkeitstyp, den «Mikropolitiker», für prädestiniert. Dieser zeichnet sich durch ein individual-psychologisch geprägtes und sozialisationsbedingtes Macht- und Dominanzstreben aus. Der Mikropolitiker weist «machiavellistische» Züge auf (vgl. Bosetzky, 1992; Neuberger, 1995).

In einer umfassenderen Deutung markiert der Begriff Mikropolitik nicht einen mehr oder weniger konspirativen und informalen Aspekt des Organisationsgeschehens, sondern ein organisationstheoretisches Konzept (vgl. Küpper & Ortmann, 1986; Brüggemeier & Felsch, 1992). Es handelt sich insofern um ein handlungstheoretisches Konzept, als es konsequent von der Perspektive interessenverfolgender Akteure ausgeht. Das Organisationsgeschehen wird als Gesamtheit von Handlung und Strukturen (Regelsysteme) verknüpfender Prozesse rekonstruiert. In diesen Prozessen nutzen die Akteure organisationale Ungewißheitsbereiche als Machtquellen, um ihre Autonomiezonen aufrechtzuerhalten bzw. zu erweitern. Macht wird dabei ohne moralische Einfärbung als ein Beziehungsphänomen betrachtet. Die relative organisationale Macht eines

Akteurs wird von dem Ausmaß bestimmt, indem zum einen sein Handlungspotential für andere Akteure nicht nur relevant, sondern auch überraschungsträchtig ist, er also Ressourcen, Informationen und andere Problemlösungsbeiträge verweigern bzw. dosieren kann. Zum anderen wird die relative Macht eines Akteurs davon abhängen, inwieweit er bei der Verfolgung seiner Interessen auf die Handlungspotentiale anderer Akteure angewiesen ist. Es geht also im Kern um sog. strategische Interdependenzen, die aus der Knappheit menschlicher und sachlicher Potentiale resultieren. Organisationale Handlungssysteme sind insofern immer auch «unfreiwillige Kooperationsgebilde», als die Wahrnehmung von Eigeninteressen der Akteure auch vice versa die Voraussetzung für die Realisierung organisationaler Ziele ist. Die Spielmetapher steht beim Konzept der Mikropolitik für die machtregulierte Integration der Strategien der beteiligten Akteure. Dieses Konzept kann auf fruchtbare Weise persönlichkeits- und lerntheoretisch unterfüttert werden (vgl. Felsch, 1996).

Es ist naheliegend, aber nicht ganz unproblematisch, den Begriff Mikropolitik für sich sprechen zu lassen: «Politik im kleinen». «Mikro» steht hier lediglich für eine organisationswissenschaftliche Referenzebene. In organisationalen («Mikro»-)Strukturen spiegeln sich natürlich immer auch gesellschaftliche («Makro»-)Herrschaftsverhältnisse wider (vgl. Küpper & Felsch, 1997). Mikropolitik ist somit dort keineswegs «unpolitisch» (Türk, 1989), wo der Begriff nicht nur einen innerorganisatorischen Kleinkrieg von Machiavellisten bezeichnet, sondern die machtregulierte wechselseitige Konstitution von Handlung und Struktur fokussiert (vgl. Ortmann, 1995).

Literatur

Bosetzky, H. (1992). Mikropolitik, Machiavellismus und Machtkumulation. In: W. Küpper & G. Ortmann (Hg.), Mikropolitik (S. 27–37). Opladen.

Brüggemeier, M. & Felsch, A. (1992). Mikropolitik. Die Betriebswirtschaft, 52, S. 133–136.

Crozier, M. & Friedberg, E. (1993). Macht und Organisation. Frankfurt/M.

Felsch, A. (1996). Personalentwicklung und Organisationales Lernen. Hamburg.

Friedberg, E. (1995). Ordnung und Macht. Frankfurt/New York.

Küpper, W. & Felsch, A. (1998). Macht, Handlung und Struktur. Opladen.

Küpper, W. & Ortmann, G. (1986). Mikropolitik in Organisationen. Die Betriebswirtschaft, 46, S. 590–602.

Neuberger, O. (1995). Mikropolitik. Stuttgart.

Ortmann, G. (1995). Formen der Produktion. Opladen.

Türk, K. (1989). Neuere Entwicklungen in der Organisationsforschung. Stuttgart.

Anke Felsch / Martin Brüggemeier

Militärpsychologie

Gegenstand der Militärpsychologie sind die psychologischen Anforderungen der Aufstellung, der Organisation und des Einsatzes von Streitkräften sowie psychologische Auswirkungen von Militär und Krieg. Als Teil der Militär- und Kriegstechnik befaßt sie sich mit der psychologischen Kriegführung (z. B. bei der Bekämpfung von Guerillaeinheiten), mit der Beeinflussung der zivilen Bevölkerung (z. B. zur Sicherung von Unterstützungsbereitschaft oder Panikvorsorge), mit der Untersuchung von psychologischen Folgen des Einsatzes bestimmter Waffen (z. B. atomarer Bestrahlung) sowie mit der Auswahl, Zurichtung und Verhaltenskontrolle von Soldaten, damit diese den Zielen der Organisation nützlich sind und nicht zum menschlichen Störfaktor werden. Personalpsychologische Eignungsdiagnostik, wehrtechnische Psychologie und Ergonomie, Streßfaktoren wie Lärm und Unterforderung, die Behandlung «abweichenden Verhaltens» , verschiedene Angst- und Fluchtreaktionen (Kriegsneurosen, Fahnenflucht oder Selbstverstümmelung) sowie die Rehabilitation bei körperlichen und psychischen Verletzungen gehören zum Kern angewandter militärpsychologischer Forschung. Ein vergleichsweise neues Forschungsfeld sind die spezifisch psychologischen Bedingungen, denen Soldaten im Rahmen von Peace-keeping-Einsätzen ausgesetzt sind.

Die wissenschaftliche Seite der Militärpsychologie unterliegt insbesondere im Bereich der empirischen Forschung aufgrund von Geheimhaltungsvorschriften und der Absonderung des Militärs auch in «offenen Gesellschaften» starken Einschränkungen. So spielt die Militärpsychologie in der akademischen Welt heute nur eine geringe Rolle. Hier hat allerdings seit den 70er Jahren ein kritisches Nachdenken über die Geschichte des Bündnisses von Militär und Psychologie und die Verantwortung der Psychologen für ihr Fach begonnen. Dies geschah in der Auseinandersetzung mit dem Militarismus in Deutschland und Japan, der nuklearen Kriegsoption und dem Vietnamkrieg. Generell wird angenommen, daß der Aufschwung der Psychologie in Deutschland und in den USA wesentlich auf ihre Tauglichkeit für den Krieg zurückzuführen ist. Während das Militär gegenüber der wissenschaftlichen Analyse eher skeptisch war, dienten sich Psychologen dem Militär geradezu an. Viele taten dies, weil sie von der Legitimität der Institution überzeugt waren. Andere schätzten am Militär die Möglichkeiten zur fachlichen Entwicklung ihrer teils direkt gewalttätigen Methoden. Sie ließen sich an den in ihren bürgerlichen Rechten eingeschränkten, gehorsamspflichtigen oder gefangenen Soldaten und unter dem Schutz von Geheimhaltung und im staatlichen Auftrag vergleichsweise gut erproben. Zwangshypnose, Isolierung, Nahrungsentzug, Röntgenbestrahlung, Scheinoperationen und Elektroschocks im Militär wurden erst im Zuge der Human-relations-Bewegung von verfeinerten Methoden abgelöst. Nukleare Strahlenexperimente sind bis in die 70er Jahre nachgewiesen. Eine große Rolle für das psychologische Interesse am Militär spielte jedoch das Motiv, der jungen Disziplin Zugang zu finanziellen Ressourcen zu verschaffen und politisches Prestige zu gewinnen. So wurden nach dem Ende nationalsozialistischer Herrschaft auch in Deutschland Lehrstühle mit Wehrmachtspsychologen besetzt, die beanspruchten, breite empirische Kenntnisse vorweisen zu können.

Die Frage, wie Menschen zu Soldaten gemacht und dazu gebracht werden zu töten, wurde jedoch nicht nur im Sinne der Effizienzsteigerung, sondern auch in kritischer Absicht untersucht. Immer hat es daher auch Psychologen gegeben, die versucht haben, sich der Vereinnahmung ihrer Arbeit zu widersetzen und die Gesellschaft vor der psychologischen Militarisierung zu warnen. Ansätze zu einer kritischen Militärpsychiatrie entstanden während und nach dem Vietnamkrieg. So wurde z. B. danach gefragt, welche Probleme für die auf den Gewalteinsatz zugerichteten und kriegserfahrenen Soldaten entstehen, wenn sie mit den Bedingungen von Frieden konfrontiert werden. Ihre Schuldgefühle, Depressionen, Gewaltausbrüche, Brutalität, die Unfähigkeit, Mitleid zu empfinden und mit anderen Beziehungen aufzunehmen, sind als «Posttraumatic Stress Disorder» (PTSD) in die wissenschaftliche Literatur eingegangen. Die Beschäftigung mit den Folgen des Kriegs begann, als US-Veteranen des Vietnamkriegs sich freiwillig in psychiatrische Behandlung bei zivilen Ärzten begaben. Die hier gewonnenen Einsichten wurden später mit den sowjetischen Veteranen des Afghanistankriegs fortgesetzt. Dieser militärpsychologische Ansatz hat dazu beigetragen, daß – gegen Heroisierungs- und Verachtungstendenzen – die Leiden der Soldaten anerkannt und zur Sprache gebracht wurden. Dies hat die Aufklärung der am Krieg beteiligten Gesellschaften gefördert und dazu geführt, daß Probleme der Reintegration ehemaliger Kämpfer bei verschiedenen UN-Friedensmissionen zur Beendigung von Bürgerkriegen heute eher beachtet werden. Die Kritik des Nuklearismus untersucht die Bedrohung des Gefühls für historische Kontinuität durch die Existenz von Atomwaffen sowie daraus folgende «Verhaltensweisen psychischer Fühllosigkeit und der Verehrung der nuklearen Gottheiten» (Lifton, 1986, S. 17). Gegenstand der feministischen Psychologie des Kriegs sind die Psychodynamik der Kriegsvergewaltigung und Standortprostitution, die Militarisierung der Sexualität im militärstrategischen Diskurs und die Mittäterschaft von Frauen am Entstehen und beim Einsatz militarisierter Männlichkeit.

Literatur

Lifton, R. J. (1986). Der Verlust des Todes. München.
Passett, P. & Modena, E. (Hg.). (1983). Krieg und Frieden aus psychoanalytischer Sicht. Frankfurt/M.
Riedesser, P. & Verderber, A. (1995). Aufrüstung der Seelen. Militärpsychiatrie und Militärpsychologie in Deutschland und Amerika. Freiburg.
Watson, P. (1982). Möglichkeiten, Macht und Mißbrauch der Militärpsychologie. Düsseldorf.

Hanne-Margret Birckenbach

Motivation

Motivation ist ein Schlüsselbegriff der Psychologie. Unspezifisch und allgemein kann unter Motivation zunächst verstanden werden die Aktivität und Stärke, die Richtungsorientierung und Beharrlichkeit bestimmter bewußter oder unbewußter Verhaltenstendenzen des Organismus in Relation zu bestimmten Umweltfaktoren. Im Unterschied zum Ausdruck Motiv, der sich auf die inneren Beweggründe des Verhaltens bezieht, impliziert der Motivationsbegriff, daß in ihm sowohl subjektiv-endogene wie auch äußere, das Verhalten bestimmende Faktoren mitgemeint sind. Je nach psychologischer Schule ergeben sich in Hinsicht auf die Bestimmung des Motivationsbegriffs entweder eine Überbetonung subjektiv-endogener oder äußerer, das Verhalten bestimmender Faktoren oder aber der Versuch einer historisch-genetischen Ableitung der Motivationsentwicklung.

Es lassen sich für die heutige Diskussion des Motivationsbegriffs, dessen philosophische Tradition bis auf die Antike zurückreicht (vgl. Thomae, 1965), im wesentlichen fünf Richtungen ausmachen: (a) Theorien, die von einem Begriff der *Defizit-Motivation* ausgehen und am homöostatischen Prinzip orientiert sind; (b) *aktivitätstheoretische Motivationskonzeptionen*; (c) Theorien, in denen Motivation als *Richtungsdeterminante* des Verhaltens begriffen wird; (d) Theorien, in denen ein Begriff der *Wachstums-Motivation* diskutiert wird; (e) *dialektisch-materialistisch* orientierte Motivationskonzepte.

Zu a: Hierunter wird die von dem Lerntheoretiker Hull ausgehende Richtung verstanden, wonach der Organismus, an sich selbst träge und passiv, durch physiologisch bedingte Bedürfnisdispositionen, die als Deprivationen begriffen werden, in einem unspezifischen Sinn aktiviert wird. Hull nennt diese Aktivierung «Drive», der verstanden wird als unspezifische Energie für mögliche Zielorientierungen. Die Gerichtetheit des Verhaltens selbst ist dagegen ausschließlich Lernprodukt. In der Endhandlung, dem consummatory act, erstirbt die Aktivität, geht der Organismus wieder in seine Ruhelage zurück, obwohl auch im Fall der Sättigung bestimmter physiologischer Bedürfnisse noch «mit residuellem ‹irrelevantem› Drive gerechnet werden muß» (Graumann, 1977, S. 40). Nach McClelland (in Thomae, 1975, S. 176) müssen die Motivationen, z. B. Hunger, erlernt werden. Das Nahrungsbedürfnis ist nach ihm «ein zusammengesetztes Motiv, insofern es auf zwei Typen einer affektiven Veränderung beruht: Das eine ist das angeborene Lustempfinden, das vom Saugen und Schmecken ausgeht, das andere beruht auf der Reduktion der inneren Reizung, welche durch den Nahrungsmangel entstand. Das erste wird manchmal Appetit, das letzte Hunger genannt». Lernen wird hier aufgefaßt als «eine Folge der Triebreduktion» (Thomae, 1965, S. 26), und Handlung wird begriffen aus der Relation zwischen der Stärke des als Reiz verstandenen Triebes, d. h. seiner unspezifisch antreibenden Kraft, und der durch Lernschritte vermittelten richtungsorientierten Verhaltenstendenz, die zum Abbau des Reizes führt. Im Unterschied zur Interpretation der Theorie spezieller Instinkte (McDougall) als auch der Instinkttheorie von Lorenz und Tinbergen (vgl. Holzkamp-Osterkamp, 1975), aber auch zu vielen Interpretationen der Theorie Freuds, wonach alle diese Theorien «entscheidend dazu beigetragen» haben, «die vom frühen Behaviorismus unter Watson vertretene Auffassung zu revidieren, daß ‹motiviertes› Verhalten nichts anderes sei als die komplexe Reaktion eines Organismus auf externe Reize» (Schmidtke, in Thomae, 1965, S. 705), wird doch, unter Anerkennung dieses Tatbestandes, speziell die Freudsche Theorie in einigen Interpretationen in die Nähe neobehavioristischer, von homöostatischen Modellen ausgehenden Theorien gerückt. Solche Tendenzen lassen sich auch aus einigen Interpretationen, die Freud in Hinsicht auf das Triebgeschehen vornahm, selbst ablesen. So wird von Freud (1975) der Trieb als «Reiz für das Psychische» definiert. Befriedigung erfährt danach der Organismus nur durch Beseitigung solcher als Störung begriffenen Triebreizung. Die Freudsche Theorie ist hier aber nicht eindeutig. Homöostatische Prozesse sind zu übersetzen in kybernetische Modelle. Hier verläuft eine Richtung, die sich bis zur Konstruktion von Maschinen erstreckt, die sich bewegen und «Ziele ‹aufsuchen›» sowie «zwischen verschiedenen Zielen ‹wählen›, Hindernisse ‹vermeiden›» und «aus Fehlern ‹lernen›» können (Graumann, 1977, S. 52). Hier ist die Konsequenz aus dem behavioristischen Begriff des motivationalen Geschehens gezogen, wonach objektiv nur das gegeben ist, was man als eine Sequenz von durch Stimuli und Responses vermittelten Bewegungen beobachten kann. Auch die gestalttheoretisch orientierte Feldtheorie Lewins arbeitet mit einem Begriff des Gleichgewichts. Die Störung des Gleichgewichts erfolgt hier durch eine Spannungsmehrung «innerhalb *eines* Systems der Persönlichkeit bzw. des Lebensraumes» (Thomae, 1965, S. 29). Dadurch wird psychische Energie frei. Die Ursache für eine solche Spannungsmehrung ist nach Lewin in der Entstehung eines Bedürfnisses zu suchen, wobei der Begriff des Bedürfnisses synonym mit Motiv verstanden ist. «Beseitigung der spannungsauslösenden Bedürfnisse, Wiederherstellung des Gleichgewichts ist auch hier das Ziel» (ebd., S. 30).

Zu b: Gegenüber dem in Analogie zu physikalischen Prozessen verstandenen Prinzip der Homöostase wurde durch physiologische Studien die Eigenaktivität des Organismus nachgewiesen. So betont Hebb (in Thomae 1975, S. 440 f), daß man von zwei verschiedenen Wirkungen des sensorischen Systems auszugehen habe: «Die eine ist die ‹Schlüsselreiz-Funktion›, die das Verhalten lenkt, die andere … ist die Erregungs- oder Wachfunktion.» Diese Konzeption geht nun, im Gegensatz zu der Vorstellung, daß der Trieb als Reiz zu begreifen sei, davon aus, daß der Trieb einen «generellen», das Verhalten aktivierenden «Antriebszustand» darstellt. Und aus dieser Prämisse erfolgt entsprechend die Vorstellung, daß z. B. das «Aufsichnehmen eines Wagnisses oder das Lösen von Problemen» nicht, wie in behavioristischen Ansätzen, «immer eine Sache äußerer Belohnung ist», sondern «in sich selbst anregend sein» kann. Solche Vorstellung über den Organismus findet sich dann in radikalisierter Form wieder bei Kelly (in ebd., S. 499), der den Motivationsbegriff ganz fallenläßt und davon ausgeht, daß die «Aktivität eine wesensmäßige Eigenschaft» des Menschen ist.

Zu c: In anderen, zum Teil phänomenologisch orientierten Theorien (Lersch; Allport; Thomae) wird auf das Phänomen der ursprünglichen, spontanen Gerichtetheit des Organismus selbst verwiesen. Allports Begriff der *«funktionelle(n) Autonomie der Motive»* (ebd., S. 489), den er auf die erwachsene, reife Persönlichkeit bezieht, geht aus von der «Einzigartigkeit der Persönlichkeit» (ebd., S. 491). Das mit der funktionellen Autonomie verbundene Problem der Wert- und Normbezogenheit des Verhaltens wird dahin gehend bestimmt, daß Werte «‹der Kern der Dynamik des Verhaltens›» seien, da sie «‹eine sehr große Rolle in dem Prozeß zur Vereinheitlichung der Persönlichkeit›» (ebd., S. 289) spielten. Bei Lersch, der die Motivationstheorien in «*monothematische, … polythematische* und … *athematische*» zu unterscheiden versucht und seine eigene als athematische versteht (ebd., S. 170), heißt es zu diesem Problem: «Ist jedes Antriebserlebnis ein Suchen und Fragen, so ist das Erfragte und Gesuchte das Ziel ... Sofern ein Gegenstand oder ein Zustand ein solches Ziel darstellt, seine Erreichung also die Erfüllung eines Bedürfnisses ist, repräsentiert er einen *Wert*» (ebd., S. 60). Eine dritte Möglichkeit, das Werte- und Normproblem innerhalb eines motivationspsychologischen Ansatzes zu diskutieren, ist gegeben in dem gestalttheoretische Aspekte mitverarbeitenden «teleologischen Neobehaviorismus» Tolmans (Rubinstein, 1977, S. 87). Das Verhalten der Individuen wird hier unter dem Gesichtspunkt seiner Bedingtheit durch «a) das Bedürfnissystem; b) die Überzeugungs-Wert-Matrix oder die Überzeugungs-Wert-Matrizes» und «c) den unmittelbaren, konkreten Verhaltensraum» zu begreifen versucht (Tolman in Thomae, 1975, S. 448). Die Gerichtetheit des menschlichen Verhaltens, die sowohl mit Momenten der Erwartung als auch der Antizipation von Handlungszielen in einem engen Zusammenhang steht, bezieht sich primär auf gegenständliches Verhalten. Dieser Aspekt ist in den Theorien, die von der Gerichtetheit des Verhaltens ausgehen, nur unzulänglich diskutiert. Auch der von Thomae im Hinblick auf solche Zusammenhänge diskutierte Begriff des Lageschemas gibt hier keine präzise Auskunft.

Zu d: In einer gewissen Nähe zu dem sich gegen das Homöostaseprinzip richtenden Konzept der funktionellen Autonomie der Motive bei Allport sowie in einem gewissen Bezug zu den Konzepten Sterns und C. Bühlers, in denen motivationales Geschehen gebunden bleibt an einen Begriff des Selbst respektive Ich, befindet sich der Ansatz von Maslow. Er geht aus von einer Bedürfnishierarchie und sieht den Begriff des Menschlichen zuallererst in einem Prozeß realisiert, den er «Selbstverwirklichung» (Maslow, 1978, S. 89) nennt. Von «Motivationen der Defizit-Bedürfnisse» nach dem Homöostase-Prinzip unterscheidet er «Motivationen des Wachstums» (Maslow, 1981, S. 84), wobei zur Entwicklung der letzteren die Befriedigung der Primärbedürfnisse vorausgesetzt bleibt.

Zu e: Im Gegensatz zu den bisher dargestellten motivationstheoretischen Ansätzen ist nach den an der Marxschen Theorie orientierten Konzeptionen Motivation eingelagert in einen Begriff menschlicher Aktivität, wonach, über evolutionäre Stufen hinweg, für die Ebene der gesellschaftlichen Entwicklung sowohl in ontogenetischer wie in phylogenetischer Hinsicht von einer «dialektische(n) Einheit von gegenständlicher Tätigkeit, Herausbildung von Fähigkeiten und Herausbildung von Bedürfnissen» (Holzkamp, 1973, S. 186) ausgegangen wird. Das Homöostasemodell wird hier sowohl mit dem Hinweis auf die Eigenart der evolutionären Schwellen der Naturgeschichte als auch unter dem Gesichtspunkt der Eigenart der Individualentwicklung kritisiert und abgelehnt.

An Marx orientierte psychologische Konzepte gehen überdies davon aus, daß Natur- und menschliche Geschichte sich nicht in einem einfachen Verhältnis der Kontinuität zueinander befinden. Es ist danach zwar «eine Kontinuität» zwischen Natur und Kultur vorhanden, aber doch noch mehr «eine *Umkehrung* der Verhältnisse» der beiden zueinander. Die Theorie könne entsprechend «nur dann das Kulturelle aus dem Natürlichen, also auch das Psychologische aus dem Biologischen, herleiten ..., wenn sie einer extrem optischen Täuschung folgt» (Sève, 1973, S. 34). Mit Bezug auf die bürgerliche Arbeitsverfassung ist dagegen das Homöostasemodell weitgehend funktional: Die Unterstellung der Aktivitätsarmut und weitgehender Motivationslosigkeit rechtfertigt das Ansinnen von Handlungsmotiven, die gegen die Interessen der Handelnden selbstbestimmte, vorausgesetzte Produktionsinteressen befördern sollen. Wenn die «größte Prosperität für beide» (Taylor, 1919) als identisches Interesse und Handlungsmotiv für Arbeitgeber und Arbeitnehmer proklamiert wird, so läuft darin die individuelle Interessenorientierung, wie sie allen im Kapitalismus Handelnden vermittels der allgemeinen Konkurrenz aufgezwungen wird, in einem liberalen Gemeinsinn zusammen. Zum Zweck der Motivegalisierung werden potentiell widerstreitende Interessen harmonisiert, klassen-, schichten- oder gruppenspezifische Interessen werden entthematisiert.

Die Hawthorne-Studie, eine der ersten großen Motivationsanalysen, macht die Verzahnung mit späterem arbeitswissenschaftlichem Erkenntnisinteresse deutlich, das Hilf ohne ideologische Kosmetik freimütig bekannte: «Letzten Endes kommt es darauf an, daß die Arbeitswissenschaft die Unterlagen liefert für eine Steigerung der Arbeitsleistung» (1957, S. 26). Mayo und seine Mitarbeiter leisteten mit ihren Untersuchungen in den Hawthorne-Werken einen ersten systematischen Beitrag. Motivationsanalytisch wurde u. a. das Geltungsbedürfnis der Arbeiter entdeckt, dem die gegebene Produktionsorganisation und der betriebliche Führungsstil nicht Rechnung trugen, was sich nachteilig auf die Arbeitszufriedenheit und Leistungsbereitschaft auswirkte. Die Kontrollfunktion mittels gelenkter Partizipation wurde erkannt: Betriebliche Änderungen mußten durch Einsicht in ihre vorgebliche Sachnotwendigkeit von den Arbeitsgruppen selbst eingebracht werden, um das Selbstwert- und Zugehörigkeitsgefühl der Arbeiter zu befriedigen; mit Hilfe einer Technik des «personal counceling» wurde nicht das «Ziel» der Arbeiter verändert, nämlich anerkannt zu werden, sondern das «Handeln» und der «Weg»: divergierende Interessen wurden zugunsten der Unternehmensinteressen im «emphatischen ‹Wir›» (Brückner) eingeebnet, Geltungsbedürfnis als Handlungsmotiv ging produktivitätssteigernd in der Identifikation mit dem Betrieb auf. Die Untersuchung zielte nur auf affektive Motive der Arbeiter. Symptomatisch für den Verwertungszusammenhang dieser Untersuchung war, daß kognitive Gehalte, in denen die kollektiven Interessen der Arbeiter hätten zum Ausdruck kommen können, unberücksichtigt blieben und daß neu gewonnene Erkenntnisse sofort in Handlungsanweisungen für das Management umgesetzt wurden (vgl. Holzkamp-Osterkamp, 1975).

Die Domäne der Motivationsforschung liegt in den Bereichen der Marktforschung und der Pädagogischen Psychologie. Mit der motivanalytischen Marktforschung werden die realen, immer schon vermittelten Bedürfnisse erkundet und für Zwecke erhöhten Absatzes fruchtbar gemacht. Nach dem Scheitern der Taylorisierung des Unterrichts wurden von der Pädagogischen Psychologie die bereits überholten sekundären «Rohrstock»-Motivationen durch subtile Motivationstechniken in intrinsische Motivationen übersetzt, die im Schüler den Gedanken an die Zwanghaftigkeit des Lernens und die Reflexion auf Sinn oder Unsinn des Gelernten gar nicht erst aufkommen lassen sollen; darin kann «Dressur statt Erziehung» (Horn) zur verinnerlichten Kontrolle werden: «Je selbstverständlicher unser Gehorsam, um so gesicherter unsere Illusion der Freiheit» (Anders, 1981, S. 145).

Literatur

Anders, G. (1981). Die Antiquiertheit des Menschen. Bd. 2. München.
Freud, S. (1975). Psychologie des Unbewußten. Studienausgabe, Bd. 3. Frankfurt / M.
Graumann, C. F. (1977). Motivation. In: Einführung in die Psychologie, Bd. 1. Wiesbaden.
Hilf, H. H. (1957). Arbeitswissenschaft. München.
Holzkamp, K. (1973). Sinnliche Erkenntnis. Frankfurt / M.
Holzkamp-Osterkamp, U. (1975). Grundlagen der psychologischen Motivationsforschung. Frankfurt / New York.
Maslow, A. H. (1973). Psychologie des Seins. München.
Maslow, A. H. (1978). Motivation und Persönlichkeit. Olten.
Rubinstein, S. L. (1977). Grundlagen der allgemeinen Psychologie. Berlin.
Sève, L. (1973). Marxismus und Theorie der Persönlichkeit. Berlin.
Taylor, F. W. (1919). Die Grundsätze wissenschaftlicher Betriebsführung. München.
Thomae, H. (Hg.). (1975). Die Motivation menschlichen Handelns. Köln.
Thomae, H. (Hg.). (1965). Handbuch der Psychologie. Allgemeine Psychologie II: Motivation. Göttingen.

Harald Kerber / Arnold Schmieder

Musikpsychologie

Musikpsychologie ist eine seit Gründung der Musikwissenschaft durch Guido Adler 1885 der Systematischen Musikwissenschaft zugerechnete Disziplin mit, historisch gesehen, sehr heterogenen Intentionen. Sie bewegen sich zwischen den Polen von objektbezogener Musikpsychologie als vorwiegend naturwissenschaftlicher Erforschung des Phänomens Musik und als Dechiffrierung des musikalischen Gehalts und von intra- und interindividuell ausgerichteter Musikpsychologie als Lehre von der Wirkung von Musik und ihren Funktionen beim einzelnen, in der Gruppe und Gesellschaft. In diesem interdisziplinären Spektrum, das heute nach der in der Psychologie üblichen Systematik von allgemeiner, Differential-, Sozial- und Umweltpsychologie gegliedert wird, ranken sich die unterschiedlichen Begriffe von Musik je nach zugrundeliegendem wahrnehmungs- und kommunikationstheoretischem, physikalisch-akustischem, physiologischem, sprachstrukturalistischem, musiksoziologischem und -ethnologischem Standpunkt ebenso wie die verschiedenen musik- und instrumentalpädagogischen Zielsetzungen und reichhaltigen Verwendungen von Musik zu verschiedenartigsten Zwecken wie Film- und Werbemusik, Musik am Arbeitsplatz, im Auto und im Kaufhaus bis hin zur Musik in der Therapie. Zum heutigen Verständnis von Musikpsychologie zählen Themen wie Musik als Sprache, musikalischer Ausdruck, Musikpräferenzen und musikalische Einstellung und Werturteile, Musik im Alltag unterschiedlicher Altersgruppen und Gesellschaftsschichten, Musik im Hintergrund, musikalische Begabungs- und Kreativitätsforschung, Musikalitätstests, musikalische Assoziationen und Synästhesien, musikalische Motivations- und Entwicklungsformen u. v. a. m. Entsprechend vielfältig ist die Forschungsmethodik; sie wird von der geisteswissenschaftlich-philologisch-hermeneutischen ebenso wie von der sozialwissenschaftlich-empirisch-statistischen und inzwischen auch von den multimedialen Technologien des Computerzeitalters bestimmt, indem sie sowohl historische Konzepte wie z. B. der Lebensphilosophen im biographischen Ansatz wieder aufnimmt als auch psychophysikalische und -physiologische Experimente mit qualitativen Aussagen zu emotionalen Vorgängen beim Umgang mit Musik verbindet oder auf gestaltpsychologisch-phänomenologische Forschungen zur Wahrnehmung musikalischen Materials und musikalischer Syntax zurückgreift und in Anlehnung an Erkenntnisse aus der Ganzheits- und Gestaltpsychologie ihre kognitionspsychologische Weiterentwicklung betreibt. Diese wendet sich wieder der Erklärung ästhetischer Sachverhalte zu, d. h. der Musik selbst und den «auseinanderdriftenden Vorstellungen von Musik als Alltagswirklichkeit einerseits und als Sprache des Inneren andererseits ... zur Erklärung des Musikverstehens, das das emotionale Ergriffensein wie das analytisch sezierende Begreifen und auch das ‹Sich-Verstehen auf Musik› meint» (de la Motte-Haber, 1985).

Literatur

Bruhn, H., Oerter, R. & Rösing, H. (Hg.). (1993). Musikpsychologie. Ein Handbuch. Reinbek.

de la Motte-Haber, H. (1985). Handbuch der Musikpsychologie. Laaber.

Karl Hörmann

Musiktherapie

Mit Singen, Tanzen und Musizieren wurden seit jeher Gefühle ausgedrückt und Stimmungen beeinflußt. Musik belebt und beruhigt, muntert auf und tröstet, lenkt ab und übertönt, macht nachdenklich und kann verwirren, abstoßen und läutern. Ihr therapeutischer Wert wird bereits in der Bibel erwähnt, wenn David mit seiner Zither dem schwermütigen Saul aufspielt. Heute wird der psychotherapeutische und förderpädagogische Nutzen von Musik gezielt im Singen, Tanzen und Improvisieren mit einfachen Instrumenten sowie beim Musikhören zur Beeinflussung der Befindlichkeit und Gedanken verwendet. Hierbei wird von prinzipiell zwei Ansätzen ausgegangen: (a) Musiktherapie als klinischer Zweig wie Musikpsychotherapie oder musikalisches Gestalten in der Ergotherapie oder musikalische Abwechslung im Krankenhaus oder assoziatives Musikhören in der ärztlichen Psychotherapie oder auch nur zur Ablenkung und Angstverminderung im Wartezimmer und vor der Operation. (b) Musiktherapie als Angewandte Musikpsychologie in der doppelten Bedeutung von Musikpsychologie als Analyse des psychischen Gehalts des Musikwerks bzw. des musikalischen Geschehens und als gezielte Verwendung einer solcherart analysierten Musik auf der Grundlage der drei Prinzipien Diagnostik (des Zustands und der Befindlichkeit), Erlebnisvertiefung (in beruhigender, antriebsfördernder und konfliktbearbeitender Absicht) und Handlungsaktivierung (zur Befähigung zum eigenständigen Umgang mit Musik außerhalb und nach der Therapie). Musiktherapie wird z. B. bei psychischen Störungen wie Depression eingesetzt, bei psychosomatischen Beschwerden wie Schlafstörungen, zur Kontaktaufnahme etwa bei autistischen Kindern, zur Ablenkung und Erheiterung Leidender wie z. B. krebskranker Kinder, zur Aktivierung von Erinnerungen und zum gemeinsamen Singen und Begleiten vertrauter Lieder in der Geriatrie, zur Erlebnisvertiefung in der Gesprächstherapie und Psychoanalyse, zur Einübung sozialer Verhaltensweisen und zur Regulierung nichtsprachlicher Kommunikation in der instrumentalen und tänzerischen Gruppenimprovisation, zum Zusammenschluß Behinderter zu einem Orchester oder einer Band, zur Trauerverarbeitung und Weckung von Kreativität, Geselligkeit und Lebensfreude, zur Reflexion von möglichen Vorbildern in Lied- und Operngestalten etc. In der Einzelmusiktherapie wird zum Singen und Musizieren angeregt oder problembezogen Musik zum Hören und Ingangsetzen emotionaler Prozesse ausgesucht. In der Gruppenmusiktherapie wird gemeinsam gesungen und getanzt sowie auf einfachen Instrumenten musiziert, um Gefühlsreaktionen und Beziehungsaspekte zu verstärken, die tieferliegenden Ursachen von Störungen bzw. Beschwerden zu analysieren und mit musiktherapeutischen Methoden ein neues Verhalten, Erträglichwerden des Leidens und ein optimistischeres Denken und Fühlen anzustreben. Musiktherapeuten arbeiten in Kliniken.

Literatur

Bruhn, H., Oerter, R. & Rösing, H. (1993). Musikpsychologie. Ein Handbuch. Reinbek.
Hörmann, G. (1988). Handlungsaktivierende Musiktherapie. Münster.
Hörmann, G. (Hg.). (1988). Musiktherapie aus klinischer Sicht. Münster.

Karl Hörmann

Narrative Psychologie

Die Narrative Psychologie beschäftigt sich mit dem Zusammenhang von Narrationen (= Erzählungen, Geschichten) und Prozessen des meaning making (Bruner, 1990), d. h. der subjektiven Konstruktion von Sinn im Hinblick auf die eigene Person wie auch auf deren Eingebundenheit in den sozialen Kontext (Sarbin, 1986). Ihre Entwicklung ist eng verbunden mit Prozessen der gesellschaftlichen Individualisierung und der sozialen Entbettung im Rahmen einer krisenhaften Spätmoderne (Wagner, 1995). Im Gefolge dieser Entwicklung rückt zunehmend die Frage nach individuellen Prozessen der Subjektkonstruktion und ihrer gesellschaftlichen Verknüpfung in den Blickpunkt. Die Narrative Psychologie geht davon aus, daß diese individuelle wie soziale Sinnproduktion über die Konstruktion von Erzählungen geschieht. Als Erzählung wird eine Diskursform verstanden, die bestimmten gesellschaftlich definierten und relativ stabilen Formgesetzen unterliegt und so das Subjekt bei der Konstruktion von Kohärenz unterstützt.

Der Idealtypus einer wohlgeformten Narration (Gergen & Gergen, 1988) ist im wesentlichen durch folgende Kennzeichen charakterisiert: (1) Sinn: Selbst-Erzählungen müssen eine Antwort geben auf die Frage: Warum lebe ich so, warum tue ich dies und nicht jenes? (2) Temporale Verknüpfung: Sie verknüpfen Ereignisse auf der Zeitachse und tun dies – entsprechend unserer kulturellen Norm – in der Regel sequentiell. (3) Kausalbegründungen: Selbst-Narrationen konstruieren – auch kontrafaktisch – biographische Zusammenhänge. Deshalb wirken Biographien, rückblickend erzählt, oft so schlüssig. (4) Wahl: Die Kriterien Sinn und Kausalität bedingen eine Ereigniswahl: nicht alles, was passiert, ist dann noch erzählenswert. Denn wir müssen die Unmenge von Wahrgenommenem ordnen und erzählend in eine für andere verstehbare Form bringen.

Die Erzählhandlung kann theoretisch – entsprechend individueller Erfahrung – unendlich variieren. In der Praxis ist das nicht so. Um verstanden zu werden, muß das Subjekt sich formal wie inhaltlich auf Handlungstypisierungen beziehen, die von seinem sozialen Umfeld (z. B. Partner, Freunde) verstanden und validiert werden. Lebensverhältnisse, für deren Darstellung es weder narrative Formen noch konventionalisierte Erzählmuster gibt, tauchen dann nicht auf. Insofern sind Narrationen geprägt von sozialer Macht und den damit verbundenen Rollenzuweisungen. Veränderungen von Narrationen müssen daher oft im sozialen Umfeld (z. B. in der Familie) oder im gesellschaftlichen Raum (z. B. als Angehöriger einer gesellschaftlichen Gruppe) erkämpft werden.

Die formale Typisierung von Selbst-Narrationen ist bislang wenig entwickelt. Sie geht aus von Schematisierungen, die in den Literaturwissenschaften entwickelt worden sind – z. B. Unterscheidungen von Drama, Romanze, Aufstiegs- oder Abstiegsnarration –, und versucht ihre Weiterentwicklung im Rahmen sozialpsychologischer Fragestellungen (Kraus, 1996).

Aktuelle Fragen der Narrativen Psychologie sind: *Narrative Psychologie und psychosoziale Praxis:* Viele Psychotherapieschulen, z. B. Psychoanalyse und Familientherapie, versuchen die Reformulierung von Theorieannahmen und die Entwicklung praktischer Vorgehensweisen auf der Grundlage einer Narrativen Psychologie (vgl. McAdams, 1996; Schafer, 1995). *Narrative Psychologie und subjektive Erinnerung:* Die Kognitionsforschung hat gezeigt, daß die subjektiven Erinnerungen fehler- und lückenhaft sind, die Selbst-Narration also auf einem kreativen Auswahl- und Erfindungsprozeß basiert.

Narrative Psychologie als erkenntnistheoretisches Programm: Auf einer grundsätzlichen Ebene wird unter dem Begriff der narrativen Identität diskutiert, inwiefern Narrationen so grundlegend für die Erfahrungsorganisation von Subjekten sind, daß sie menschliche Erkenntnisprozesse fundamental bestimmen (Ricœur, 1996).

Literatur

Bruner, J. (1990). Acts of meaning. Cambridge.
Gergen, K. J. & Gergen, M. M. (1988). Narrative and the self as relationship. In: L. Berkowitz (Hg.), Advances in experimental social psychology (S. 17–56). New York.
Kraus, W. (1996). Das erzählte Selbst. Die narrative Konstruktion von Identität in der Spätmoderne. Pfaffenweiler.
McAdams, D. (1996). Das bin ich. Wie persönliche Mythen unser Selbstbild formen. Hamburg.
Ricœur, P. (1996). Das Selbst als ein Anderer. München.
Rosenthal, G. (1995). Erlebte und erzählte Lebensgeschichte. Gestalt und Struktur biographischer Selbstbeschreibungen. Frankfurt/M.
Sarbin, T. R. (1986). Narrative psychology. The storied nature of human conduct. New York.
Schafer, R. (1995). Erzähltes Leben. Narration und Dialog in der Psychoanalyse. München.
Wagner, P. (1995). Soziologie der Moderne. Frankfurt/M.

Wolfgang Kraus

Narzißmus

Im Zentrum einer narzißtischen Persönlichkeitsentwicklung stehen Krisen des Körperselbst- und Selbstwertgefühls. Narzißtische Menschen leiden unter einem Grundgefühl des Nichtgeliebtseins, des Nichtangenommenseins; sie kämpfen gegen ein Gefühl der Wertlosigkeit an, welches immer wieder glaubhaft widerlegt sein will. Wie der schöne Jüngling Narziß sich in sein Spiegelbild verliebte und dadurch zu Tode kam, so kann die Entwicklung einer Person Einbußen erfahren und scheitern, wenn sich der eigene Lebensvollug auf der Grundlage eines Mangels an Selbstwertgefühl, an der Realisierung und Aufrechterhaltung eines idealisierten Selbstbildes (Kohut, 1976) orientiert. Menschen im narzißtischen Lebensstil schwanken zwischen Ichbezogenheit, Selbsteingenommenheit und Selbstüberschätzung auf der einen, zwischen Selbstzweifeln, Versagensängsten und Depression auf der anderen Seite. Sie fühlen sich schnell gekränkt, sind verletzend und entwertend, beherrschen bisweilen die Kunst subtiler Verführung und Vereinnahmung.

Dem Mangel und der Störung des Körper-, Selbst- und Selbstwertgefühls liegt eine inadäquate empathische Zuwendung sowie eine Frustration der kleinkindlichen Bedürfnisse nach Zuwendung im elterlichen

Gegenüber zugrunde. Kinder, die mit ihren Bedürfnissen und ihren eigenen aktiven Potentialen zu wenig gespiegelt, gesehen und beachtet werden, beginnen, das Bedürfnis nach Zuwendung und den Wunsch des Anerkanntwerdens abzuspalten: sie beginnen, sich zurückzuziehen – von der Welt, von Personen und vom eigenen Selbst (Johnson, 1988). Als Erwachsene folgen sie den Spuren ihrer frühen Kränkungen auf unterschiedliche Weise (Miller, 1976). Anstatt in der Verbundenheit mit der eigenen und äußeren Gegenwärtigkeit dem Leben einen Sinn zu geben, bleiben sie eher unverbunden, ersehnen das zukünftige Glück und die ideale Liebe, um in der Realität narzißtischen Teufelskreisen von Idealisierung, Kränkung, Enttäuschung, Rückzug, Entwertung, erneuter Idealisierung, Enttäuschung, Rückzug und Kränkung zu verfallen (Busch, 1997).

In der mythischen Erzählung wird die Liebe der Nymphe Echo zu Narziß nicht erwidert; sie vermag den Schönen nicht zu rühren. Narziß muß sich abwenden, um sich im Spiegel des Wassers in sein eigenes Bild zu verlieben. Aus der absurden Verstrickung mit diesem Bild kann nur der Tod die Wandlung und Erlösung bringen. Anders die Entwicklung und Entfaltung der menschlichen Leibseele: das erste Schauen des Säuglings unmittelbar nach der Geburt, Körperkontakt, Berührung und Blickkontakt mit dem und über das Gegenüber; der leibhafte und affektive Austausch von Gefühlen, die Sättigung und Differenzierung primärer Bedürfnisse (Stern, 1977). Danach: Beachtung, Spiegelung, Resonanz und Differenzierung im Spannungsbogen von Verbundenheit und sich entwickelnder Autonomie. Später: Identifikation und Ablösung, der Aufbruch im Kindes- und später im Jugendalter. Schließlich: der Dialog von Ich und Du im sinnstiftenden Sein des Erwachsenenalters.

Psychologiehistorisch ist der Begriff des Narzißmus vielfach erweitert und modifiziert worden. Neuere Annahmen der narzißtischen Thematik basieren auf unterschiedlichen Konzepten des Selbst. Freud unterschied zwischen narzißtischer Ich-Libido und Objektliebe sowie zwischen primärem und sekundärem Narzißmus (1914), später zwischen gesundem und pathogenem Narzißmus (1923). Reich (1989) interessierten die narzißtischen Schutzmechanismen sowie deren Lösungen im analytischen und körpertherapeutischen Prozeß. Jung (1951) streifte die narzißtische Problematik indirekt, indem er aus der Ichbezogenheit die Bedeutung der Rückkehr des einzelnen zum eigentlicheren Sein, zum Grunde seines Wesens hervorhob (vgl. Jacoby, 1985). Adler (1920) erörterte die narzißtischen Attribute des Geltungsdranges und Machtstrebens sowie die Rolle der Kompensation und Minderwertigkeit. Reichhaltiges klinisches Material findet sich bei Kohut (1976; 1993), bei Kernberg (1978), bei

Grunberger (1977) und bei Jacobson (1978). Mahler (1978) beschrieb das primär-narzißtische Erleben des Säuglings in der Symbiose mit der Mutter, und Miller (1976) gewährt einen Blick in die Vielfalt der kindlichen Verletzungen und Kränkungen.

Einblicke in das Verhältnis von psychosomatischer Krankheit und Narzißmusproblematik geben unter anderem Wardetzky (1995), Beck (1981) und Moser (1993). Inwieweit der Narzißmus Zeitgeist und Teil gesellschaftlicher Strukturen ist, beantwortet Lasch (1980). Johnson (1988) betont den Stellenwert eines integrativen psychotherapeutischen Konzepts, bestehend aus Grundlagen der Tiefenpsychologie, der Gestalttherapie und der Körperpsychotherapie.

Literatur

Adler, A. (1920). Praxis und Theorie der Individualpsychologie. Wien.
Beck, D. (1981). Krankheit als Selbstheilung. Frankfurt/M.
Busch, T. (1997). Narzißmus. Selbstentfremdung und leibseelische Wiederbelebung des Selbst. In: Verein für Integrative Biodynamik (Hg.), Narzißmus. Körper-Psychotherapie zwischen Energie und Beziehung (S. 27–49). Berlin.
Freud, S. (1975). Zur Einführung des Narzißmus. Studienausgabe Bd. 3. Frankfurt/M.
Freud, S. (1969). Die Libidotheorie des Narzißmus (Vorlesungen zur Einführung in die Psychoanalyse). Studienausgabe Bd. 1. Frankfurt/M.
Grunberger, B. (1977). Vom Narzißmus zum Objekt. Frankfurt/M.
Jacobson, E. (1978). Das Selbst und die Welt der Objekte. Frankfurt/M.
Jacoby, M. (1985). Individuation und Narzißmus. München.
Johnson, S. (1988). Der narzißtische Persönlichkeitsstil. Köln.
Jung, C. G. (1951). Grundfragen der Psychotherapie. GW. Bd. 16. Olten.
Kernberg, O. F. (1978). Borderline-Störungen und pathologischer Narzißmus. Frankfurt/M.
Kohut, H. (1976). Narzißmus. Frankfurt/M.
Kohut, H. (1993). Auf der Suche nach dem Selbst. München.
Lasch, C. (1980). Das Zeitalter des Narzißmus. München.
Mahler, M. S., Pine, F. & Bergman, A. (1978). Die psychische Geburt des Menschen. Frankfurt/M.
Miller, A. (1976). Das Drama des begabten Kindes und die Suche nach dem wahren Selbst. München.
Moser, T. (1993). Der Erlöser der Mutter auf dem Weg zu sich selbst. Eine Körperpsychotherapie. Frankfurt/M.
Reich, W. (1989). Charakteranalyse. Köln.
Stern, D. (1977). Mutter und Kind. Die erste Beziehung. Stuttgart.
Wardetzky, B. (1995). Weiblicher Narzißmus. Der Hunger nach Anerkennung. München.
Ziehe, T. (1975). Pubertät und Narzißmus. Köln.

Thomas Busch

Natur

Natur ist das, was aus sich entsteht und in sich vergeht. Charakteristisch für sie ist die Abwesenheit des typisch menschlichen Eingriffs. Das erste Objekt des Menschen ist die Natur. Er kommt zu ihr, bevor er zu sich kommt. Indem er gestaltend in sie (äußere Natur) wie in sich (innere Natur) eingreift, erkennt er sich als ein anderes, ein Besonderes, als ein Ich. Gleichzeitig transformiert er Natur, das Grundlegende, in etwas Höheres, Kultur, Gesellschaft oder auch oft zweite Natur genannt. Natur ist ursprünglich jene Sphäre, aus der die fortschreitende Vergesellschaftung den Menschen heraushebt. Natur ist für den Menschen nur in Bezugnahme zu seiner Kultur von Sinn, mit der sie gemeinsam die Totalität der Welt begründet. Heute ist der Terminus Natur problematisch geworden, da er inflationär und meist unkritisch, geradezu als Beschwörungsformel gebraucht wird. «Die Natur ist, wie sie ist, und ihre Veränderungen sind deswegen nur Wiederholungen, ihre Bewegung nur ein Kreislauf» (Hegel, 1986, S. 51). Sie bleibt bei sich. Sie hat kein Ziel, das nicht auch Anfang ist. Das Hegelsche Diktum kennt freilich ebenfalls seine zeitlichen Beschränkungen, legen wir ihm Erdenzeitalter oder kosmische Dimensionen zugrunde. Hier mag aber genügen, daß der Kreislauf der Natur ein Aus-sich-zu-sich-Bewegen, somit ein In-sich-Bewegen ist. Mensch sein heißt Natur bearbeiten, sich nicht bedingungslos ihrem Kreislauf anzupassen und auszuliefern. Der menschliche Weltbezug ist kein organischer wie im Tierreich, sondern bestimmt von sozialem Tun und Lassen, das spezifische Auswirkungen auf die natürlichen Existenzbedingungen zeitigt, somit erst soziale Zivilisationsbedingungen erschafft. Durch Denken und Handeln kann der Mensch die natürlichen Potenzen lenken und für sich entfalten. Relative Befreiung von der Natur ist das spezifische Kennzeichen des Menschen, sein allgemeines Merkmal ist, daß er Teil der Natur ist, wie alles, das ist. Der Mensch ist so Teil und Gegenteil der Natur. Das gilt insbesondere für das Denken: «Daß Vernunft ein anderes als Natur und doch ein Moment von dieser sei, ist ihre zu ihrer immanenten Bestimmung gewordene Vorgeschichte. Naturhaft ist sie als Zweck der Selbsterhaltung abgezweigte psychische Kraft; einmal aber abgespalten und der Natur kontrastiert, wird sie auch zu deren Anderem. Dieser ephemer entragend, ist Vernunft mit Natur identisch und nichtidentisch, dialektisch ihrem eigenen Begriff nach» (Adorno, 1967, S. 285).

Literatur

Adorno, T. W. (1967). Negative Dialektik. Frankfurt/M.
Engels, F. (1978). Dialektik der Natur. Marx-Engels-Werke, Bd. 20. Berlin (Ost).
Hegel, G. W. F. (1986). Vorlesungen über die Geschichte der Philosophie I. Werke Bd. 18. Frankfurt/M.
Kant, I. (1988). Prolegomena zu einer jeden künftigen Metaphysik, die als Wissenschaft wird auftreten können. Werkausgabe Bd. V. Frankfurt/M.
Moscovici, S. (1984). Versuch über die menschliche Geschichte der Natur. Frankfurt/M.
Schandl, F. & Schattauer, G. (1996). Die Grünen in Österreich. Entwicklung und Konsolidierung einer politischen Kraft. Wien.

Franz Schandl

Naturgeschichte des Psychischen

Die erstmalige Entstehung psychischer Prozesse bei tierischen Organismen fällt zusammen mit der *phylogenetischen* Herausbildung des Gegenstandes der Psychologie und ist die empirische Grundlage einer materialistischen Wissenschaftskonzeption. In der Naturgeschichte des Psychischen werden die Ergebnisse und Theorien verschiedener Einzelwissenschaften wie der physiologischen Psychologie, Neurobiologie, vergleichenden Verhaltensforschung, Soziobiologie, Ethologie und Tierpsychologie in einem interdisziplinären Konzept zusammengefaßt. Die methodologische Grundlage bildet das evolutionstheoretische Verständnis des psycho-physischen Kausalzusammenhangs und die Begründung der Psychophylogenese aus sinnes- und neurophysiologischen sowie ethologischen und tierpsychologischen Sachverhalten. Im Unterschied zu der *spekulativen*, hypothetisch-deduktiv argumentierenden evolutionären Erkenntnistheorie ist die Naturgeschichte des Psychischen ein *empirisch-induktives* Wissenschaftskonzept. Über die Aufstellung von Analogien und Homologien in *Tier-Tier-Vergleichen* wird die Psychogenese in der Evolution der verschiedenen Tierstämme rekonstruiert und Kriterien der psychischen Höherentwicklung begründet. Während der Tier-Mensch-Vergleich, der tierische Verhaltensanpassungen immer mit menschlichen Verhaltensleistungen in Beziehung setzt, der Gefahr einer latenten Anthropomorphisierung ausgesetzt ist, wird in der Naturgeschichte des Psychischen mosaikartig aus empirisch gesicherten Daten die Psychophylogenese Schritt für Schritt von «unten nach oben» rekonstruiert. Die klassische Gegenüberstellung von Tier- und Humanpsychologie wird damit aufgehoben und psychische Prozesse bei Tieren als eine naturhistorische Vorform des Bewußtseins verstanden.

In der Naturgeschichte des Psychischen muß die besondere Qualität psychischer Prozesse in zweifacher Hinsicht abgegrenzt werden. Biologische Systeme besitzen gegenüber dem Psychischen bereits elementarere Formen der Informationsverarbeitung wie Reizbarkeit und Empfindungsfähigkeit. Biogenese und Psychogenese fallen also nicht zusammen, sondern die Evolution psychischer Qualitäten der Informationsverarbeitung setzt erst auf einem bestimmten Komplexitätsgrad ein. Einzellige Organismen orientieren sich in der Umwelt durch Trial-and-error-Strategien, aber auch mehrzellige Organismen (z. B. Pflanzen) besitzen eine hochentwickelte Reizbarkeit mit schneller Erregungsfortleitung ohne psychische Qualitäten, deren materielle Grundlage spezielle Sinnesorgane und Nervensysteme sind. Ein Indikator der psychophysischen Höherentwicklung ist sowohl die Steigerung der Zahl der Nervenzellen als auch der Zentralisierungsgrad des Nervensystems. Materielle Grundlage psychischer Funktionen sind verschiedene Biopotentiale (Rezeptorpotentiale, Aktionspotentiale), in denen die Informationen der Reize organismusspezifisch codiert und schließlich zu besonderen psychischen Qualitäten verdichtet werden. Bewußtsein als eine besondere, *gesellschaftlich-historisch* bedingte Erscheinungsform des Psychischen kann nicht mehr mit den Kategorien der Naturgeschichte des Psychischen beschrieben werden, sondern diese erfaßt immer nur die phylogenetischen Vorformen des Bewußtseins bei den verschiedenen Tierstämmen. Die Naturgeschichte des Psychischen endet «nach oben» mit der Entstehung menschlichen Bewußtseins als Spezialfall der Evolution des Psychischen und ideeller Ausdrucksform der gesellschaftlich-ökonomischen Geschichte des Menschen. Bewußtsein ist damit die höchstentwickelte Form des Psychischen mit speziellen Eigenschaften wie Reflexivität, Sprachvermögen und Subjektivität. Die naturgeschichtliche Grundlage des menschlichen Bewußtseins bilden einerseits ein komplexes, zentralisiertes und hierachisch-funktionell organisiertes ZNS, aber auch zahlreiche elementare Verhaltensweisen ohne Bewußtseinseigenschaften wie unbedingte Reflexe und Erbkoordinationen. Empirisch und methodologisch ist die Naturgeschichte psychischer Prozesse bei Tieren damit nach zwei Seiten begrenzt: durch ihre Unterscheidung von elementareren Formen organismischer Reizbarkeit bei Einzellern und Pflanzen «nach unten» einerseits, den Bewußtseinsfunktionen des Menschen «nach oben» andererseits. Der allgemeine psycho-physische Funktionszusammenhang zwischen Umwelt und ZNS führt in der Evolution einzelner Tiergruppen auch zu spezifischen Sinnesleistungen, die dem Menschen fehlen können (z. B. Ultraschallortung), und spezialisierten, ganz unterschiedlich konstruierten Nervensystemen. Für jede Tierart entstehen durch die Selektionswirkung besondere Verhaltensanpassungen, die auf die nachfolgende Generation vererbt werden, wenn sie *arterhaltenden* Wert besitzen. Durch die psychische Informationsverarbeitung entsteht im ZNS ein *inneres Modell* der Außenwelt, das diese nicht nur einfach abbildet, sondern auch mit besonderen, für die Arterhaltung wichtigen emotionalen Tönungen versieht.

Ein Schwerpunkt der Naturgeschichte des Psychischen bildet die Klassifikation der evolutionären Höherentwicklung tierischen Verhaltens, in der Instinkte und Lernverhalten die wichtigsten Formen sind. Die Entstehung angeborener Verhaltensmechanismen (Taxien, Reflexe, Instinkthandlungen) ist hier eine erste Funktionsebene in der aktiven Auseinandersetzung Organismus – Umwelt. Instinktive Verhaltensanpassungen (z. B. Komfortverhalten, Territorialverhalten, Brutpflege, Nahrungssuche) und andere Funktionskreise ermöglichen eine Einnischung der verschiedensten Tierarten in unterschiedliche ökologische Lebensräume, ohne daß die komplexen Verhaltensanpassungen individuell erst gelernt werden müssen. Instinkthandlungen sind deshalb artspezifisch, da sie für alle Individuen einer Tierart gelten und diese Tierart deshalb auch an diesen artspezifischen Verhaltensmustern von anderen Arten unterschieden werden kann. Instinkte sind damit ein generalisiertes Abbild der *phylogenetisch* entstandenen Umweltanpassungen, *individuell* erworbene Anpassungen sind dagegen *Verhaltensmodifikationen,* die *nicht* vererbt werden. Ein Grundproblem der Naturgeschichte des Psychischen ist deshalb das Verhältnis von Angeborenem und Erworbenem in der Verhaltensevolution, wobei generell gilt, daß die individuelle Modifikation angeborener Reaktionsmuster in der Höherentwicklung zunimmt und in Abhängigkeit davon auch die psychische Dimension der Verhaltensevolution. Ein weiterer Problembereich der Psychophylogenese ist die Klassifikation tierischer Lernformen. Primitive Lernmechanismen wie die Habituation und Lernen durch Versuch und Irrtum beruhen auf Reizvermeidung, während bei der Ausbildung von bedingten Reflexen Reizsignale miteinander verkoppelt werden und schließlich Signale von Signalen entstehen. Das Prägungslernen ist insofern eine Sonderform, da die Lernphase als sensible Periode zeitlich begrenzt bleibt und das Lernergebnis irreversibel ist. Primaten besitzen bereits Möglichkeiten einsichtigen Problemlösungsverhaltens und sind in der Lage, tierexperimentell auch verschiedene Arten des Werkzeuggebrauchs und der Symbolbildung zu lernen. Bei der Traditionsbildung handelt es sich um *soziales* Lernen, dessen Erfahrungen in der Gruppe gespeichert und dann an die Nachkommen weitergegeben werden. Die Evolution des tierischen Lernverhaltens ist von der Ausbildung immer größerer Speicherkapazitäten begleitet. Die psychische Höherentwicklung zeigt sich auch in der Fähigkeit verschiedener Molluskenarten, Insekten und Säugetiere zur Reizgeneralisation, logischen Klassenbildung von Merkmalsgruppen und verschiedenen Abstraktionsformen. Mehrere Tierarten wie Papageien und Raben können nicht nur averbale Zahlbegriffe bilden und auf entsprechende Lernleistungen dressiert werden, sondern entwickeln auch averbale Wertvorstellungen. Primaten sind z. B. in der Lage, verschiedenfarbige Futterchips untereinander als Wertäquivalente für bestimmte Futtersorten auszutauschen. Beim Diskriminationslernen kommt es zu einer isolierenden Abstraktion, indem besondere Merkmale ausgesondert und zu logischen Klassen zusammengefaßt werden. Bei generalisierenden Abstraktionsleistungen entstehen logische Klassen als Abbild gleichartiger Objektmerkmale.

Eine weitere wichtige Fragestellung der Naturgeschichte des Psychischen ist die Entstehung erster Bewußtseinsformen aus psychischen Vorstufen im Tier-Mensch-Übergangsfeld (TMÜ) vor ca. fünf bis zehn Millionen Jahren. Während dieses Übergangszeitraumes haben sich aus hochentwickelten psychischen Strukturen tierischer Primaten erste bewußtseinsähnliche Funktionsleistungen des ZNS herausgebildet, so daß die Bewußtseinsentwicklung eng mit der Evolution verschiedener Menschenarten nach dem Durchlaufen des TMÜ zusammenhängt. Tierpsychologische Lern- und Abstraktionsexperimente über averbale Zählfähigkeiten und averbales Sprachlernen sowie ethologische Freilandbeobachtungen verschiedener Primatenarten sind Möglichkeiten, den Übergang von psychischen ZNS-Funktionen zur menschlichen Bewußtseinsbildung empirisch-experimentell in Analogvergleichen zu rekonstruieren. Eine Unterscheidung des Psychischen als tierischer Form und Bewußtsein fällt damit empirisch mit der Unterscheidung von Tier und Mensch zusammen, wobei die Übergänge fließend sind. So gibt es Versuche zur Selbsterkennung im Spiegel bei Gorillas und eine sprachliche Kommunikation zwischen Schimpanse und Experimentator, die keinen Zweifel daran lassen, daß verschiedene Primatenarten unter besonderen experimentellen Bedingungen auch Bewußtseinsformen besitzen. Dabei sind aber mehrere Einschränkungen zu beachten. So sind alle diese tierischen Bewußtseinsformen *künstlich* in komplexen Versuchsanordnungen erzeugt worden, und selbst unter diesen Bedingungen sind nicht alle Individuen der jeweiligen Primatenart zu derartigen Bewußtseinsleistungen fähig. Erst mit dem erlernten Gebrauch verschiedener Werkzeugtypen im TMÜ und der Entstehung der menschlichen Arbeit wird endgültig von den Hominiden der Bereich der Naturgeschichte verlassen, und sie treten in die spezifisch menschliche Geschichte ein, die mit der Aneignung der Natur beginnt und möglicherweise mit der Naturzerstörung der eigenen Lebensgrundlagen endet.

Die entscheidenden evolutionstheoretischen Voraussetzungen der erstmaligen Bewußtseinsentstehung aus tierischen Vorformen besteht in einer Änderung der ökologischen Lebensbedingungen. Wichtige Körperbauänderungen wurden bei dem Frühmenschen die Aufrichtung des Körpers, der Erwerb der Bipedie und damit die Freisetzung der Vorderextremitäten von Lokomotionsaufgaben, so daß sie nun für neue Funkionen wie den Werkzeuggebrauch frei wurden. Neuroanatomisch kommt es zu einer Reduktion des Visceralcraniums und der Vergrößerung des Cortex als eines Zentrums von Bewußtseins- und Willensfunktionen. Da zwischen dem funktionellen Spezialisationsgrad des äffischen und des menschlichen Gehirnaufbaus keine qualitativen Unterschiede bestehen, kommt es im TMÜ zu einer Verdichtung der psychischen Informationsverarbeitung, die nun Bewußtseinsqualitäten besitzt. Die Entstehung komplexer Sozialstrukturen mit Rangordnungen und wechselnden Rangpositionen führt zu einer differenzierten innerartlichen Kommunikation, die als Sprache einen der deutlichsten Tier-Menschunterschiede bildet. Der intensive Austausch verschiedener Nah- und Distanzlaute und die Sprachbildung führen zu einer Benennung von Umweltgegenständen, zu einer logischen Strukturierung des Denkens in Begriffsklassen, der Entstehung elementarer Formen von Ich-Bewußtsein sowie einer Herausbildung von symbolischen Repräsentationen der Außenwelt als abstraktes Denken. Traditionsbildung in den komplexen Sozialverbänden ermöglicht eine *nichtgenetische* Informationsspeicherung und damit eine erheblich schnellere Weitergabe der erworbenen Erfahrung an die nachfolgende Generation. Die entscheidende Verhaltensänderung ist jedoch der Beginn einer *aktiven* und bewußten Veränderung der Naturbedingungen durch Werkzeuggebrauch, so daß schließlich in der biologischen Umwelt eine umfangreiche *künstliche* Geräteumwelt als Spezifikum des Menschen entsteht, in deren Konstruktion sich die Bewußtseinsfunktion materialisiert. Der Begriff des Psychischen in seinen verschiedenen tierischen Erscheinungsformen und der Bewußtseinsbegriff können dadurch unterschieden werden, daß Bewußtseinsfunktionen immer auch an die Naturaneignung durch Arbeit sowie die Vergegenständlichung von Ideen etwa als Herstellung von Werkzeugen gebunden sind. In der Naturgeschichte des Psychischen kommt es dagegen auch bei den höchstentwickelten Säugetieren lediglich zu einer Abbildung der äußeren Reize im ZNS, wobei allerdings bereits komplexe innere Modelle der Außenwelt existieren und die Reizinformationen kognitiv über verschiedene Abstraktionsleistungen (z. B.

einsichtiges Lernen und Problemlösungsverhalten) weiterverarbeitet werden können. Die Entstehung des Bewußtseins basiert zwar ebenfalls auf dieser Abbildfunktion von Sinnesorgan und Nervensystem, besitzt darüber hinaus aber die Fähigkeit, diese Außenweltabbildung nicht nur ständig intern weiterzuverarbeiten, sondern diese Verarbeitungen auch wieder sekundär in die Konstruktion neuer Objekte umzusetzen, die als «künstlich», d. h. über Bewußtseinsleistungen geprägt, von der natürlichen Umwelt unterschieden werden.

Der Begriff des TMÜ schreibt fest, daß in der Primatenevolution unter den definierten ökologischen Bedingungen eines Wechsels in die Savannen zur Arterhaltung besondere Anpassungen notwendig wurden, die über Körperanpassungen hinaus in der Evolution des Psychischen einen einmaligen Schub als Bewußtseinsentstehung verursachten. Weder die Höherentwicklung psychischer Leistungen bei einzelnen Tierarten noch die Entstehung des Bewußtseins im TMÜ sind allerdings ein Kriterium der Arterhaltung. Ein warnenden Beispiel in der Hominidenevolution nach dem Durchlaufen des TMÜ ist das Aussterben des Neandertalers, eines Zeitgenossen der Vorläufer des modernen Homo sapiens, von diesem aber durch eine deutliche größere Gehirnkapazität von durchschnittlich 1500 cm^3 unterschieden. Warum der Neandertaler und zahlreiche andere fossile Hominidenarten trotz großer Gehirnkapazität, Werkzeuggebrauch und Bewußtseinsleistungen wieder ausgestorben sind, bleibt rätselhaft.

Literatur

Alcock, J. (1996). Das Verhalten der Tiere aus evolutionsbiologischer Sicht. Stuttgart / Jena / New York.
Crews, D. (1987). Psychobiology of Reproductive Behaviour. New Jersey.
Krebs, J. R. & Davies, N. B. (1993). An Introduction to Behavioural Ecology. London / Boston / Edinburgh.
Lorenz, K. (1978). Vergleichende Verhaltensforschung. Wien / New York.
Premack, D. (1976). Intelligence in Ape and Man. New York / Toronto / Sydney.
Schurig, V. (1976). Naturgeschichte des Psychischen. Bd. I / II. Frankfurt / M.
Schurig, V. (1977). Die Entstehung des Bewußtseins. Frankfurt / M.
Tembrock, G. (1983). Spezielle Verhaltensbiologie der Tiere. Bd. I / II. Stuttgart.

Volker Schurig

Naturwissenschaftliche Psychologie

Als «naturwissenschaftlich» wird die Richtung bzw. Forschungstradition der Psychologie bezeichnet, welche die klassischen Naturwissenschaften (Makrophysik, Chemie) zum Vorbild nimmt. Entscheidende Schritte dazu wurden in der zweiten Hälfte des 19. Jahrhunderts durch W. Wundt unternommen, als er in Heidelberg das erste (private) psychologische Laboratorium einrichtete und sich bei der dort praktizierten experimentellen Methodik an dem orientierte, was er bei dem Chemiker Bunsen lernte. Später gründete Wundt in Leipzig das erste «offizielle» psychologische Laboratorium, das weltweit Aufsehen erregte und überall zum Vorbild der psychologischen Institute wurde. Neue Impulse und eine weitere Festigung erhielt die naturwissenschaftliche Orientierung durch den Anfang des 20. Jahrhunderts in den USA aufkommenden Behaviorismus, der die Psychologie als Verhaltenswissenschaft definierte; Verhalten konnte ja – im Unterschied zu psychischen Vorgängen – objektiv beobachtet und gemessen werden. Nach dem Zweiten Weltkrieg verschwanden in Deutschland die letzten Reste einer geisteswissenschaftlichen Psychologie, deren Vertreter sich zum Teil mit dem Nationalsozialismus arrangiert hatten. Seitdem ist die naturwissenschaftliche Psychologie weltweit zur herrschenden Orientierung geworden. Die «Versuchsperson» wird als Forschungsobjekt behandelt, das (im Idealfall) nur auf die vom Forscher realisierten Reize bzw. Versuchsbedingungen zu reagieren hat. Eigenmächtiges Handeln der Versuchsperson und ihr aktives Mitwirken bei der Erkenntnisgewinnung erhöht die «Fehlervarianz» oder macht die Ergebnisse unbrauchbar und muß deshalb möglichst unterbunden werden. Psychische Phänomene, z. B. «Motivation», gelten nur als «hypothetische Konstrukte», die postuliert, aber nicht als solche beobachtet werden können – wie eben das Verhalten. Mit Blick auf die Chaostheorie/-forschung könnte eine andere Art von naturwissenschaftlicher Psychologie entstehen, die der Versuchsperson die Fähigkeit zur Selbstorganisation nicht nur zugesteht, sondern diese systematisch fördert.

Literatur

Bruder, K.-J. (1982). Psychologie ohne Bewußtsein: Die Geburt der behavioralen Sozialtechnologie. Frankfurt/M.

Bungard, W. (Hg.). (1980). Die «gute» Versuchsperson denkt nicht. München.

Lewin, M. (1986). Psychologische Forschung im Umriß. Berlin.

Jörg Sommer

Nervensystem

Obwohl alle Organismengruppen auf Umweltreize reagieren, besitzen nur die Tiere (Ausnahme: Schwämme) mit dem Nervensystem ein für die Reizleitung spezifisches Organsystem, das über Sinnesorgane Reize der Außenwelt und aus dem Körperinneren aufnimmt. Im einfachsten Fall (z. B. bei der Schmerzwahrnehmung) handelt es sich um freie Nervenendigungen, von denen aus Informationen in zentrale Schaltstellen (Ganglion, Gehirn) übertragen und dort bis zur Qualität psychischer Prozesse verdichtet werden. Die nervalen Informationen werden dann zu den Erfolgsorganen, vor allem Drüsen und das Muskelsystem, weitergeleitet und lösen dort Körperreaktionen aus. Das Nervensystem setzt sich aus hochdifferenzierten Nervenzellen (Neuronen) zusammen, die sich in der Evolution auf die Aufnahme, Weiterleitung, Übertragung und Verarbeitung von Informationen spezialisiert haben und als neurosekretorische Zellen auch Neurohormone absondern können, die vegetative Verhaltensreaktionen beeinflussen. Nach der Neuronentheorie sind die Nervenzellen morphologisch und funktionell selbständige Einheiten, die als Nervensystem zu erregungsleitenden Ketten verknüpft werden, ohne daß sie untereinander mit dem Rezeptor oder dem Erfolgsorgan in einem direkten Zusammenhang stehen. Im einfachsten Fall wie dem monosynaptischen Reflexbogen besteht eine derartige Neuronenkette nur aus einem afferenten und einem efferenten Neuron. In der Biokybernetik wird die Verschaltung von Neuronenverbänden in Nervennetzen z. B. in der «kybernetischen Maus» künstlich simuliert, deren Erregungsschaltkreise bereits so kompliziert sind, daß Input-output-Reaktionen mit ultrastabilen Verhaltenseigenschaften modelliert werden können. Die für Neurone typischen Zellfortsätze (Dendriten und das Axon) ermöglichen eine Erregungsweiterleitung bis zur synaptischen Endigung, die das Neuron mit anderen Nervenzellen oder dem Erfolgsorgan verbindet. Die Informationsübertragung zwischen der prä- und der postsynaptischen Membran erfolgt durch biochemische Überträgersubstanzen (z. B. Azetylcholin, Noradrenalin, Dopamin), deren Blockade durch verschiedene Nervengifte ausgelöst werden kann (z. B. Atropin, Curare). Der Nervenimpuls auf dem Axon («Aktionspotential») ist eine im Millisekundenbereich liegende Potentialänderung von 0,1 mV an der Plasmamembran, die digital entsprechend dem Alles-oder-nichts-Prinzip übertragen wird. Während die neurophysiologische Grundlage von Nervenübertragungen universell gleich ist, haben die einzelnen Tiergruppen in der Evolution völlig unterschiedlich organisierte Nervensysteme entwickelt. Bei Korallen findet man schon einfache Nervennetze und Nervenringe, während es bei den Strudelwürmern zu einer ersten Zentralisation des Nervensystems kommt und Insekten ein spezielles Strickleiternervensystem ausbilden. Die Evolution des Nervensystems ist eine wichtige materielle Grundlage für die Naturgeschichte des Psychischen, dessen Höherentwicklung ohne eine ständige Um- und Neuorganisation der Neuronenverbände und -schaltungen in immer komplexeren und zentralisierteren Nervensystemen nicht denkbar wäre. Die wachsende Reaktionsgeschwindigkeit und der Aufbau eines hierarchischen Kontroll- und Steuerorgans ist eine Körperanpassung, die in der Evolution den einzelnen Arten erhebliche Selektionsvorteile brachte und schließlich zu einer Verdichtung psychischer Prozesse führte, die seit dem Tier-Mensch-Übergangsfeld Bewußtseinsqualitäten besitzen.

Das menschliche Nervensystem kann untergliedert werden in das Zentralnervensystem (ZNS), das sich aus dem Gehirn, dem Rückenmark und dem peripheren Nervensystem mit den Hirn- und Rückenmarksnerven zusammensetzt, sowie dem vegetativen Nervensystem, dessen Funktion nicht dem Willen unterworfen ist. Die wichtigsten Gehirnteile sind der Neocortex mit der Organisation von Bewußtseinsprozessen wie Willensbildung und Planhandlungen, das Kleinhirn, Zwischenhirn, Mittelhirn und das verlängerte Mark. Pawlow hat versucht, den hierarchischen Aufbau des Nervensystems in eine Verhaltenstheorie umzusetzen und diese entsprechend der Unterscheidung von unbedingten (unwillentlichen) und bedingten Reflexen dann als Theorie der niederen und der höheren Nerventätigkeit bezeichnet. Die außerordentliche, in der tierischen Evolution entstandene Leistungsfähigkeit des Nervensystems wird daraus ersichtlich, daß der Leser dieses Handbuchs alle Informationen in den oben erwähnten Aktionspotentialen codiert, diese entschlüsselt, zu «Bewußtsein» verarbeitet, die Informationen im Gedächtnis abspeichert und bei entsprechenden Gelegenheiten wieder abrufen kann. Die morphologischen Elemente der elektrophysiologischen und biochemischen Informationsverarbeitung im ZNS als Grundlage von Bewußtsein sind nichts anderes als Neurone, Synapsen und ihre Transmitter, die im Gehirn als komplexem Systemverband zusammengefaßt sind.

Literatur

Schurig, V. (1976). Die Entstehung des Bewußtseins. Frankfurt / M.

Volker Schurig

Neugier

Wird ein Mensch im Alltag neugierig genannt, beinhaltet dies in der Regel eine ablehnende, mindestens aber ambivalente Wertung, obwohl Neugier die Basis für Entwicklung, Erkenntnis und Intelligenz ist. Als Basis für Neugierverhalten wird üblicherweise die sog. Orientierungsreaktion angesehen, in der mit gesteigerter Aufmerksamkeit sowie der physiologischen Vorbereitung auf Flucht- oder Abwehrreaktionen auf neue Umweltreize reagiert wird. Bei den vielen Versuchen, Neugier zu erklären, können drei Ansätze unterschieden werden: (a) Neugier dient der Reduzierung eines genuinen «Neugiertriebes»; (b) ist ein Verhalten, das auf die Darbietung neuer Reize erfolgt; (c) entsteht aus dem Willen zum Wissen, also aus der Inkongruenz von neuer Information und Erkenntnismöglichkeit (Keller & Voss, 1976). Neugier ist eine treibende Kraft in der menschlichen Entwicklung und Grundlage für ein allgemeines Explorationsverhalten. Es geht dabei um die Befriedigung einer Lust oder einem Interesse an Neuem. So konnte durch direkte Beobachtung festgestellt werden, daß selbst Säuglinge aktiv nach neuen Reizen suchen (Stern, 1985). Nach Piaget werden mit Hilfe der Neugier in einer Art dialektischer Pendelbewegung von Assimilation der neuen Umweltreize und Akkomodation der bereits vorhandenen Wahrnehmungs- und Denkschemata kognitive Strukturen aufgebaut. Diese wiederum erzeugen neues Neugierverhalten: «Je mehr Gegenstände ein Kind sieht, um so mehr neue wünscht es zu sehen» (Piaget, 1969, S. 280). Auf dieser Basis kann ein enger Zusammenhang zwischen Neugier und Intelligenzentwicklung festgestellt werden, denn beide steigern sich wechselseitig. Herkunft und Geschlecht bilden dabei wichtige Einflußgrößen. Mädchen wird es weit weniger zugestanden, in einem erkenntniserweiternden Sinn neugierig zu sein, da dies Verhalten auch etwas mit aggressivem In-Besitz-Nehmen zu tun hat. Berlynes Unterscheidung (1974) in Wahrnehmungs- und epistemische Neugier ist besonders bezogen auf gesellschaftliche Anforderungen interessant: Wahrnehmungsneugier ist auf unmittelbare Triebbefriedigung gerichtet und findet an konkreten Objekten statt. Diese diversive Neugier wird heute z. B. mit den vielfältigen Print- und elektronischen Medien bedient sowie mit neuen Moden und Trends. Die Neugier wird quasi «entschärft» und ihrer kritischen Potenz beraubt, indem sie auf eine passive Aufnahme sensationeller Bilder und Reize reduziert wird, ohne daß es zu einer wirklichen Vertiefung von Wissen kommt und damit einhergehend zu einer Infragestellung bestehender Gewißheiten. Letzteres geschieht eher mit Hilfe epistemischer Neugier, die neben der Beobachtung auch das gerichtete Denken beinhaltet und das Erforschen spezifischer Gegenstände mit Hilfe symbolischer Muster und Prozesse verfolgt.

Literatur

Berlyne, D. E. (1974). Konflikt, Erregung, Neugier. Stuttgart.
Keller, H. & Voss, H.-G. (1976). Neugier und Exploration. Stuttgart.
Piaget, J. (1969). Das Erwachen der Intelligenz beim Kinde. Stuttgart.
Stern, D. (1992). Die Lebenserfahrung des Säuglings. Stuttgart.

Tamara Musfeld

Neuronale Netzwerke

Als Neuronales Netzwerk werden Systeme verstanden, die aus einer bestimmten oder unbestimmten Anzahl unabhängiger Prozessoren, den Neuronen, bestehen und die über unterschiedlich gewichtige Verflechtungen, den synaptischen Verbindungen, einen komplexen Nachrichtenfluß gewährleisten. Die kleinste Einheit, das Neuron, welches in einer Anzahl von 10^{10} im menschlichen Gehirn existiert, steht jeweils in tausendfacher Verbindung zu anderen Neuronen und weist dadurch einen hohen Grad an potentieller Parallelität auf. Diese komplexe Parallelität scheint einen Teil der Leistungsfähigkeit der menschlichen Gehirntätigkeit auszumachen und zudem den Aspekt einer allgemeinen Lernfähigkeit zu gewährleisten. Neuronale Netzwerke werden im wissenschaftlichen Diskurs deshalb auch als wissensverarbeitende Systeme betrachtet. In der Forschung wird in biologische und künstliche Netzwerke unterteilt, und der Umstand, daß sowohl in biologischen als auch künstlichen Neuronalen Netzwerken zeit- und ereignisgesteuerte Lernprozesse stattfinden, eröffnet unterschiedliche Perspektiven. Das Ziel der in den letzten Jahren stark an Bedeutung gewonnenen künstlichen und biologischen Forschung ist nicht der Versuch, eine Kopie der komplizierten Strukturen des Gehirns zu erarbeiten, sondern sich ausschließlich dem Verständnis der Funktionsweisen zu nähern und von diesen für zukünftige Modelle zu lernen. Waren die ersten theoretischen Auseinandersetzungen ausschließlich biologisch gerichtet, die nach Regeln der Kognition, des systematischen Lernens und anderer umweltorientierter Assimilierungsprozesse fragten, so hat sich, seitdem F. Rosenblatt (1959) das erste künstliche Neuronale Netzwerk (Perceptron) vorstellte, der Schwerpunkt des Interesses auf die Untersuchung künstlicher Simulation verlagert. Das Perceptron zeichnete sich durch Informationsverarbeitung und -speicherung aus, wobei die Eingaben als lineare Klassifikationseinheiten und scharfe Mengen vorliegen mußten, da sie sonst nicht verarbeitet werden konnten. Erst im Jahre 1982 ist mit dem theoretischen Ansatz von Kohonen (Clusteranalyse), dem eine Erzeugung von künstlichen Neuronen zugrunde liegt, die nicht einem überwachten, vorhersehbaren und linearen Lernalgorithmus unterliegt, das schwerfällige Theorem des Linearen überschritten worden, und eine Vielzahl unterschiedlichster Theorien ist seitdem entstanden. Der Begriff der Künstlichen Intelligenz ist ins Zentrum moderner Wissenschaft getreten und hat der Topologie neuronal-komplexer Systeme eine eigenständige topologische Systematik entgegengesetzt, die sich mit unscharfen Wissensmengen beschäftigt (Fuzzy-Systeme). Die Hoffnung der Forschung auf Neuronale Netzwerke scheint zur Zeit jedoch mehr in der interdisziplinären Anwendung und Beschäftigung mit dem Thema zu liegen als in der speziellen Verwendbarkeit und Umsetzbarkeit.

Literatur

Hertz, Krogh & Palmer (1991). Introduction to the theory of neural computation. Redwood City.
Nauck, Klawonn & Kruse (Hg.). (1996). Neuronale Netzwerke. Braunschweig.

Samuel Sieber

Neuropsychologie

Neuropsychologie beschäftigt sich mit psychischen Prozessen, soweit diese in einer eindeutigen Abhängigkeit von Hirnprozessen stehen. Die philosophische Grundhaltung der Neuropsychologie ist damit materialistisch, die konkrete Ausfüllung dieser Hirn-Geist-Beziehung aber offen. Als kleinste Gemeinsamkeit ist die mehr oder strikte Modularität psychischer Funktionen zu bezeichnen. Dieser empirisch vielfach belegten Annahme zufolge lassen sich geistige Prozesse zu einem nicht unerheblichen Teil in basale Verarbeitungsvorgänge zergliedern, die wiederum durch fokale Verletzungen des Gehirns isoliert ausfallen können. Forschungspraktisches Ziel der Neuropsychologie ist die Analyse basaler psychischer Prozesse, soweit diese auf Hirnfunktionen zurückzuführen sind, und ihre gezielte rehabilitative Beeinflussung.

Die Methoden der Neuropsychologie lassen sich in die Untersuchung von Organismen mit gesunden oder verletzten Gehirnen untergliedern. Aus dem Vergleich zwischen den Leistungen von Organismen mit und ohne Hirnverletzung versucht die Neuropsychologie Informationen über die Feinstruktur und Lokalisation psychischer Leistungen zu gewinnen. Die explosive Weiterentwicklung von technischen Verfahren zur Darstellung von Hirnprozessen hat in den letzten Jahren zu einem deutlichen Aufschwung der Neuropsychologie geführt. Insgesamt hat sich aber gezeigt, daß technische Verbesserungen ohne entsprechende theoretische Fortschritte zu keinen wirklich neuen Erkenntnissen führen. Die Tradition der Einzelfallanalysen der klassischen Neurologie von Broca, Wernicke und Luria bildet in Kombination mit gezielten Gruppenstudien die Methodik der klinischen Neuropsychologie (vgl. Luria, 1970). Die Forschungslogik basiert hier auf der Suche nach doppelten Dissoziationen von psychischen Funktionen infolge von Hirnverletzungen. Unter Dissoziation ist zu verstehen, daß ein Patient mit der Läsion A eine bestimmte Leistung nicht vollbringen kann, die einem Patienten mit der Läsion B keine Schwierigkeiten bereitet, während letzterer in einer anderen Leistung wesentlich beeinträchtigt ist, die wiederum dem Patienten A problemlos gelingt. Ein Standardbeispiel ist die Dissoziation zwischen bestimmten räumlichen Aufmerksamkeitsleistungen und Sprachkompetenz je nach links- oder rechtshirniger Ausrichtung.

Die Schwerpunkte neuropsychologischer Forschung liegen traditionell im Bereich der Aufmerksamkeit, der visuellen Informationsaufnahme und des Gedächtnisses. In neuerer Zeit sind Handlungsplanung, Handlungskontrolle und Problemlösen hinzugekommen. Im englischen Sprachraum bildet die Untersuchung der Sprachfunktion einen wesentlichen Gegenstand, während dieses Gebiet in Deutschland stärker von Logopädie und Neurologie dominiert wird (vgl. Shallice, 1988). Bei der Aufmerksamkeitsforschung stellt speziell die Analyse der Daueraufmerksamkeit und der räumlichen Aufmerksamkeit (als Störung des Neglekts) einen Forschungsfokus dar. Im Gedächtnisbereich ist die Betonung prozeßorientierter Modelle an die Seite der klassischen Modalitätsunterscheidungen (verbales, motorisches, visuo-räumliches Gedächtnis) getreten.

Schwerpunkt der Anwendung neuropsychologischer Forschung sind die neuropsychologische Diagnostik und Rehabilitation bei Patienten mit Erkrankungen des Gehirns (vgl. v. Cramon et al., 1993). Außerdem bildet die Analyse kognitiver Nebenwirkungen von Psychopharmaka ein wichtiges Betätigungsfeld. In neuester Zeit werden auch Bezüge zur Neuropsychiatrie erkennbar, und zwar immer dann, wenn das Ziel eine symptomorientierte Abgrenzung psychotischer Zustände ist (vgl. David et al., 1994). Wie in anderen Anwendungsbereichen der psychologischen Diagnostik bildet die Analyse des Status praesens, die Begutachtung und die therapiebegleitende Diagnostik drei aufeinander bezogene, teilweise aber auch unabhängige Fragen der neuropsychologischen Praxis. In der Analyse des Status praesens und in Fragen der Begutachtung bilden Arbeitsfähigkeit und Fahreignung die Schwerpunkte. In der therapiebegleitenden Diagnostik ist dagegen die mehrfache Messung der Effektivität eines konzipierten Therapieprogramms, z. B. eines kompensatorischen Gedächtnistrainings, Standardfrage. Zudem konzentriert sich die therapiebegleitende Diagnostik auf die Analyse von Bedingungen, unter denen trotz offensichtlichem Defizit kritische Reaktionen gebahnt werden können. Status praesens der geistigen Leistungsfähigkeit zusammen mit dem Therapieverlauf bilden auch den Hintergrund für die Wahl der Therapie. Im wesentlichen stehen drei Alternativen zur Wahl: Implementierung externer Hilfen bei schweren Störungen, Training kompensatorischer Strategien bei hinreichend vorhandenen geistigen Ressourcen, wenn möglich Restitution der betroffenen Leistung.

In ihrer gesellschaftlichen Praxis stößt die Neuropsychologie auf die sozialen Grenzen, die ihr durch wirtschaftliche Entwicklung und strukturelle Rahmenbedingungen bei der Verteilung des gesellschaftlichen Reichtums gesetzt sind. So besteht ein direkter Zusammenhang zwischen der Intensität rehabilitativer Anstrengungen, dem Bedarf an Arbeitskräften oder dem Einsparvolumen durch neuropsychologische Therapie gegenüber einfacher Langzeitpflege. Im Zuge der ökonomischen Krise und des Abbaus sozialstaatlicher Leistungen geraten auch neuropsychologische Leistungen unter Druck. Inwieweit andere gesellschaftliche Umstände der letzten 20 Jahre umgekehrt zu dem beobachtbaren Aufschwung der Neuropsychologie geführt haben, wurde bis heute noch nicht fundiert sozialgeschichtlich untersucht. Es ist aber zu vermerken, daß z. B. der Wechsel von hierarchischen zu heterarchischen Hirnmodellen, wie er in der grundlagenorientierten Neuropsychologie in jüngerer Vergangenheit stattgefunden hat, teilweise auch eine Reaktion auf gesellschaftliche Veränderungsprozesse gewesen sein dürfte und sich zeitgeschichtlich parallel zur Dezentralisierung und Demokratisierung von Entscheidungsprozessen, aber auch zu wachsendem Marktradikalismus vollzieht (vgl. Hildebrandt, 1991).

Literatur

Cramon, D. Y. von, Mai, N. & Ziegler, W. (Hg.). (1993). Neuropsychologische Diagnostik. Weinheim.

David, A. S. & Cutting, J. C. (Ed.). The Neuropsychology of Schizophrenia. Hillsdale.

Hildebrandt, H. (1991). Luhmanns Theorie sozialer Systeme und die Entwicklung des bundesrepublikanischen Gesundheitswesens: eine Kritik. Psychologie & Gesellschaftskritik, 58, S. 95–116.

Lurija, A. R. (1970). Die höheren kortikalen Funktionen beim Menschen und ihre Störungen bei örtlichen Hirnschädigungen. Berlin.
Shallice, T. (1988). From Neuropsychology to Mental Structure. Cambridge.

Helmut Hildebrandt

Neuropsychologische Rehabilitation

Schädigungen des Zentralen Nervensystems (ZNS) haben Veränderungen in den Funktionen der psychischen Lebensäußerung zur Folge: Veränderungen von Bewegung, Wahrnehmung, Denken, Planen, Handeln, von Emotion und Motivation, von innerem Erleben und äußerem Verhalten. Die Veränderungen können eingrenzbare Funktionen betreffen (z. B. zielgenaue Bewegungen; Gesichtsfeld) und die Integration von Funktionen (z. B. veränderte Körperhaltung und verändertes Bewegungsmuster nach Halbseiten-Lähmung). Sie können schließlich die «Persönlichkeit» als Inbegriff der Integration psychischer Funktionen betreffen. Vom Standpunkt optimal intakter und angepaßter Funktionen sind diese Veränderungen «Störungen», welche auf der Ebene des Individuums als Defizite wahrgenommen werden. Ihre Auswirkungen (Behinderungen, «Handicaps») betreffen das Individuum in seiner sozialen Umgebung, in der Familie, im Beruf. Eine durch Defizite geschwächte soziale Position kann eine veränderte soziale Rolle zur Folge haben, im ungünstigen Fall eine verringerte soziale Selbständigkeit.

Neuropsychologische Rehabilitation ist eng verbunden mit anderen Zweigen der Rehabilitation (medizinische Rehabilitation: Physiotherapie, Sprachtherapie usw.) nach oder bei Erkrankungen / Verletzungen des ZNS. Sie richtet sich insbesondere auf die kognitiven und emotional-motivationalen Faktoren des Individuums. Sie umfaßt sowohl die Verbesserung der Einzelfunktionen als auch die bessere Integration der gestörten Funktionen und der ungestörten Funktionen (Ressourcen). Zu ihr gehört auch die Veränderung der sozialen Umgebung in der Weise, daß diese den bestehenden Handicaps besser entgegenkommt. Ihr Ziel ist, ein neues Gleichgewicht zwischen Individuum und (sachlicher und sozialer) Umwelt zu erreichen, zwischen dem Verhaltensspielraum des Individuums und den sozialen Erwartungen an das Individuum. Neuropsychologische Rehabilitation umfaßt Diagnostik und Therapie. Die Diagnostik geht aus von den medizinischen Gegebenheiten und von den sozialen Hintergrunddaten. Sie bezieht sich auf die verschiedenen psychischen Funktionen und auf gestörte wie auf ungestörte Funktionen. Letztere werden in der Therapie und im alltäglichen Leben als Ressourcen eingesetzt. Neuropsychologische Diagnostik verwendet erprobte und standardisierte methodische Verfahren (Tests, Fragebogen), wandelt diese entsprechend gegebenen Voraussetzungen in Anwendung und Interpretation ab. Spezielle Störungsbilder und individuelle Besonderheiten erfordern häufig auch – hypothesengeleitet – die Konstruktion besonderer Untersuchungsmethodik (experimentelle Diagnostik). Neuropsychologische Therapie zielt zunächst auf die Restitution gestörter Funktionen und – in Verschränkung damit – auf deren habituelle Kompensation durch weniger gestörte Funktionen. Ihr Ziel ist – auf der Ebene von Funktionen – eine Neuintegration der psychischen Funktionen. Das umfaßt den Aufbau eines realistischen Selbstbildes und neuer Verhaltensgewohnheiten, angepaßt an die veränderte Situation. Neuropsychologische Therapie beginnt mit einfachen Funktionsübungen (z. B. Gedächtnistraining), geht weiter zur Erarbeitung von kompensierenden Verhaltensstrategien und verwendet Techniken aus den verschiedene psychotherapeutischen «Schulen» zur Überwindung emotionaler Blokkaden («Krankheitsverarbeitung»).

Neuropsychologische Rehabilitation wurde in Deutschland in ersten Ansätzen nach dem Ersten Weltkrieg praktiziert. Ihre Bedeutung wurde mit dem Ausbau der Rehabilitation in den 70er und 80er Jahren mehr und mehr erkannt. Sie ergibt sich auf dem Hintergrund der Verbreitung von Läsionen des ZNS aus dem Umstand, daß psychische Behinderungen häufiger die berufliche und soziale Integration gefährden als körperliche Behinderungen. Neuropsychologische Rehabilitation hat sich in enger Verbindung mit dem Ausbau der medizinischen Rehabilitation entwickelt. Entsprechend wurde sie zunächst vor allem stationär (in Rehabilitationskliniken) betrieben. Ihre Weiterentwicklung im ambulanten Bereich (Psychologische Praxen, Therapiezentren) ergibt sich aus ökonomischer Notwendigkeit (Kostendruck) und vor allem daraus, daß sie ihr Ziel, das neue Gleichgewicht, in den alltäglichen beruflichen und sozialen Bedingungen verwirklichen muß.

Literatur

Cramon, D.v. & Zihl, J. (Hg.). (1988). Neuropsychologische Rehabilitation. Grundlagen, Diagnostik, Behandlungsverfahren. Berlin.

Dick, F., Gauggel, S., Hättig, H. & Wittlieb-Verpoort, E. (1996). Klinische Neuropsychologie – Gegenstand, Grundlagen, Aufgaben. Bonn.

Kolb, B. & Whislaw, I. Q. (1993). Neuropsychologie. Heidelberg.

Lurija, A. R. (1970). Die höheren kortikalen Funktionen des Menschen und ihre Störungen bei örtlichen Hirnschädigungen. Berlin.

Poeck, K. (1990). Klinische Neuropsychologie. Stuttgart.

Franz Dick

Neurose

Der Begriff Neurose stammt von dem schottischen Arzt W. Cullen (1776) und bezeichnet eine Nervenkrankheit ohne anatomisch-pathologischen Befund. Nach Freud entstehen Neurosen (Aktualneurose, Psychoneurose, traumatische Neurose) als Resultat der unvollständigen Verdrängung von Impulsen aus dem Es durch das Ich. Aus der Perspektive der Psychoanalyse definiert Rohde-Dachser (1987) die Neurose: «In psychodynamischer Sicht läßt sich die Neurose demnach als eine psychische Erkrankung definieren, bei der eine im Zusammenhang von anlagebedingten Faktoren und pathogenen Umwelteinflüssen in der Kindheit (etwa bis zum 6. Lebensjahr) erworbene *Disposition* bei Hinzutreten weiterer Bedingungen im Erwachsenenalter *(*konfliktspezifische Versuchungs- und Versagungssituation*)*, unter denen der zur neurotischen Erkrankung disponierende, verdrängte infantile Konflikt sich aktualisiert, zur neurotischen Symptombildung als neuem Kompromiß zwischen den aktualisierten infantilen Triebwünschen und ihrer Abwehr führt, wobei die Aufrechterhaltung dieser neurotischen Anpassung durch sekundäre innerpsychische, häufig aber auch soziale Gratifikationen für das neurotische, subjektiv leidvolle Verhalten gestützt wird.» Behavioristisch wird die Neurose als eine aus unterschiedlichen Ursachen gelernte Fehlanpassung verstanden und dementsprechend verhaltenstherapeutisch behandelt. Die ICD-9 definiert folgende Neurosen: Angst-Neurose, Hysterische Neurose, Phobie, Zwangs-Neurose, Neurotische Depression, Neurasthenie, Neurotisches Depersonalisationssyndrom, Hypochondrische Neurose, andere Neurosen. «Neurosen sind psychische Störungen ohne jede nachweisbare organische Grundlage, in denen der Patient beträchtliche Einsicht und ungestörte Realitätswahrnehmung haben kann und im allgemeinen seine krankhaften subjektiven Erfahrungen und Phantasien nicht mit der äußeren Realität verwechselt. Das Verhalten kann beeinträchtigt sein, obwohl es im allgemeinen innerhalb sozial akzeptierter Grenzen bleibt, aber die Persönlichkeit bleibt erhalten.» In der ICD-10 wurde die Unterscheidung zwischen Neurose und Psychose aufgegeben und im DSM-IV durch den umfassenden Begriff Störung ersetzt. Eine einheitliche, wissenschaftlich überzeugende Theorie existiert bis heute nicht. Werden schädliche soziale Entwicklungsbedingungen als Ursachen von Verhaltensauffälligkeiten und Gesundheitsstörungen übersehen, dann werden mit geringen Erfolgsaussichten nur die Symptome des Patienten medikamentös oder psychotherapeutisch behandelt, ohne die gesellschaftlichen Krankheitsursachen zu beseitigen.

Literatur

DSM-IV (1996). Diagnostisches und Statistisches Manual Psychischer Störungen. Göttingen.
ICD-9 (1979). Diagnoseschlüssel und Glossar psychischer Krankheiten. Berlin.
ICD-10 (1991). Internationale Klassifikation psychischer Störungen. ICD-10 Kapitel V (F). Klinisch-diagnostische Leitlinien. Bern.
Rohde-Dachser, C. (1987). Psychodynamik der Neurosen und Persönlichkeitsstörungen. In: K. P. Kisker, H. Freyberger, H.-K. Rose & E. Wulff (Hg.), Psychiatrie, Psychosomatik, Psychotherapie (S. 79–89). Stuttgart/New York.

Berndt Zuschlag

Nonverbale Kommunikation

Nonverbale Kommunikation nennt man in der Psychologie das Gebiet, das Elemente untersucht, die auf nichtsprachlicher Ebene Botschaften und Bedeutungen übermitteln. Es handelt sich dabei um Signale, die eine oder mehrere Personen (Sender) entweder unbeabsichtigt oder willentlich ausdrücken und die von einer anderen Person oder Gruppe empfangen und verstanden werden, dabei unter Umständen auch anders als vom Sender beabsichtigt. Dieser Interaktionsprozeß von Signalaussendung, Übertragung und Empfang ist methodisch aufwendig zu untersuchen. Vor allem die Zuverlässigkeit und Genauigkeit der Übertragung ist komplex und von vielen Variablen abhängig. Die Kanäle der Übertragung sind sämtliche Sinne. Alle Signale, die nicht als gesprochener Sprachinhalt gelten, sind das untersuchte Material. Unterschieden wird nicht nur zwischen Signalen, die in nonverbalen Handlungen ausgedrückt werden, sondern zwischen unveränderlichen Merkmalen einer Person. Unveränderlich sind Aspekte wie Körpergröße, Haar- und Augenfarbe, aber auch Handschrift, die zur Eindrucksbildung über die Persönlichkeit einer Person benutzt werden. Veränderbar sind Frisur, Kleidung und andere Attribute, die von der momentanen Kommunikation abgegrenzt werden. Die Elemente der Nonverbale Kommunikation, zwischen denen unterschieden wird, sind Mimik (Bewegung der Gesichtsmuskulatur, Augenkontakt), Gestik (Bewegung der Arme und Hände, Zeichensprache) und Bewegungen des gesamten Körpers (Haltung, Distanz, Nähe, «persönlicher Raum»). Besonders die Mimik drückt Emotionen aus, die als universell gelten und als angeboren gedacht werden. Andere Elemente sind erworben und entsprechen familiären und kulturellen Voraussetzungen, beispielsweise die Berührungshäufigkeit von Menschen während eines Gespräches. Bei der Interpretation von Bedeutungen dieser Elemente sind wir auf den Kontext der Handlungen angewiesen. Bei manchen Elementen besteht eine direkte Verbindung zur Sprache. Sprachliche Informationen werden akzentuiert und systematisch von sprachbegleitenden nonverbalen Akten begleitet, etwa bei einer Rede. Ebenso gehört der gesamte Bereich der paralinguistischen Signale zur Nonverbalen Kommunikation. Dabei handelt es sich um die Komponenten der Sprache, die keinen sprachlichen Inhalt vermitteln, aber dessen Bedeutung durch Variationen der Stimme und des Sprechens (Pausen, Lautstärke, Tonhöhe, Flexion, Rhythmus usw.) beeinflussen. Sozialpsychologische Untersuchungsfelder der Nonverbalen Kommunikation sind beispielsweise die interkulturelle Kommunikation, Verhaltensregeln und Normen, Geschlechtsunterschiede, Täuschung und Diskrepanz zwischen verbalen und nonverbalen Signalen und die Frage nach den im Ausdruck zu erkennenden Grundemotionen.

Literatur

Argyle, M. (1988). Bodily Communication. London.
Taylor, S. E., Peplau, L. A. & Sears, D. O. (1997). Social Psychology. Upper Saddle River.

Stefan Göhring

Normalisierung

Seitdem die Experten für Gesundheit und Krankheit, vor allem die Psychologen, Pädagogen, Ärzte und Politiker, ihre Normalisierungsnetze auswerfen, entwickelt sich Normalität zum zentralen Ordnungsprinzip der bürgerlichen Gesellschaft. Die gesamtgesellschaftliche Durchdringung ihrer Normalitätsvorstellungen stellt die für den modernen Produktionsprozeß notwendige Regelmäßigkeit, Gleichförmigkeit und Wiederholbarkeit sicher. Obwohl die Gesellschaft als pluralistisch gilt, existiert in jeder kleinen Lebenswelt ein spezifischer Verhaltenskodex. Diese Normalisierungsprozesse gehen auf die organisierte Aufdeckung der Anormalität durch die Experten für Gesundheit und Krankheit zurück. Im Zuge der Industrialisierung werden Randgruppen wie Kriminelle, Irre, Arme und Arbeiter als gesellschaftliche «Störer» identifiziert und dazu angehalten, sich zu bessern und sich in die Gesellschaft zu integrieren (vgl. Labisch, 1992). Sie gelten als Musterbeispiele für die Normalisierung der Arbeitskräfte, die Laienkompetenzen über Körper, Zeit, Leistung und den Reproduktionsprozeß an Arbeitgeber, Gesetzgeber und Wissenschaftler delegieren (vgl. Foucault, 1989). In den letzten beiden Jahrzehnten nehmen die Normalisierungsbestrebungen erneut zu.

Auf dem Gebiet der Verhaltensprävention versuchen Experten, potentielle Gesundheitsstörungen aufzuspüren und ihre Normalitätsmuster gegenüber den Betroffenen durchzusetzen. Dazu bedienen sie sich eines selbstentwickelten Gesundheitskanons. Abweichungen werden mit individuellen Schuldgefühlen und -zuweisungen sanktioniert (vgl. Fülgraff, 1994, S. 599).

Indes tragen auch die Subjekte zur Normalisierung bei. Deren Beichten über eigenes abnormales Gesundheitsverhalten, vorgetragen in der Arztpraxis oder im Fernsehstudio, liefern jenen Normalisierungsexperten zusätzliches Wissen und lassen den normierenden Diskurs der Moderne weiter blühen.

Literatur

Castel, R. (1983). Die psychiatrische Ordnung. Das goldene Zeitalter des Irrenwesens. Frankfurt / M.

Foucault, M. (1989). Überwachen und Strafen. Die Geburt des Gefängnisses. Frankfurt / M.

Fülgraff, G. (1994). Gesundheit als individuelle moralische Verpflichtung? In: Leviathan, 22, S. 593–604.

Labisch, A. (1992): Homo hygienicus. Gesundheit und Medizin in der Neuzeit. Frankfurt / M.

Stefan Raab

Normalität

Aus einer Perspektive rasant beschleunigter Modernisierungs- und Differenzierungsprozesse moderner Gesellschaften wird die Rede von Normalität problematisch; eher ließe sich von ungleichzeitigen und parallelen Normalitäten in verschiedenen gesellschaftlichen Bereichen (Subsystemen und Subkulturen) sprechen, deren Zumutungen und Bewältigungsprobleme vom einzelnen als bedrohliche Normalitätsbrüche und Verunsicherungen oder als «riskante Chancen» (Keupp, 1988) wahrgenommen werden; sie können sich aber auch in der Verstärkung abweichenden Verhaltens, in Lebenskrisen und Krankheit niederschlagen. Als Reaktion auf diese kollektiven und individuellen Orientierungskrisen des gesellschaftlich Gewohnten nehmen normative Diskurse über Normalität und die Normalisierung des Neuen und Ungewohnten gegenwärtig deutlich zu. Dies bedeutet jedoch weder ein Verschwinden von «Normalität» noch eine Bedrohung der regelhaften Geordnetheit des gesellschaftlichen Alltags (Wolff, 1976). Vielmehr handelt es sich um Verschiebungen von Normalitätsdispositiven.

«Normalität» verweist auf die in einer konkreten Gesellschaft mehrheitlich gewohnheitsmäßig, nach Situationen / Kontexten und sozialen Milieus differenziert erwarteten, in Traditionen eingelebten und gefühlsmäßig relativ stabil verankerten Verhaltensweisen und auf die Befolgung von Regeln der alltäglichen Interaktion. Normalitätserwartungen beschränken sich aber nicht auf Verhalten, sondern richten sich ebenso auf vertraute Zugehörigkeitssymbole, auf Eigenschaften und Merkmale von Personen, auf die «zeitgerechte» Bewältigung von Statuspassagen (z. B. Adoleszenz, Schulabschlüsse, Berufseintritt), auf erkennbare biographische Konsistenz und milieugerecht normale Lebensstile und -formen. Kurz: Es gibt viele Möglichkeiten der Abweichung von der Normalität. Als Ergebnis kognitiver und emotionaler Erziehungs- und Sozialisationsprozesse und aufgrund der Erfahrungen bei der alltäglichen Interaktion, die zugleich als soziale Herstellung / Konstruktion und Bekräftigung der Normalität wirkt, verfügen die Gesellschaftsmitglieder über ein intuitives Alltagswissen über Normen und Regeln der sozialen Ordnung. Aus diesem gemeinsam geteilten Wissen und der überwiegenden Akzeptanz der darin ausgedrückten Werte, Normen und Anforderungen resultiert ein strukturkonservatives Festhalten der Mehrheit der Gesellschaftsmitglieder an der als «zweite Natur» erlebten Normalität, die Tendenz zur Bekämpfung und Diskriminierung von Abweichung und Andersheit und der Wunsch, selbst nicht aus der Normalität zu fallen und damit soziale Einbindung zu gefährden. Zugleich leiden viele eigensinnige, abweichende, kranke und behinderte Menschen in vielfacher Weise an der als Zwang erlebten Normalität. Die sozialen Normen, die die historisch jeweils geltenden Standards von Normalität konstituieren, sind Relationsbegriffe, die in bezug auf religiös oder säkular begründete Wertordnungen sozial folgenreiche Unterscheidungen zwischen «gut» und «böse», in bezug auf politsch durchgesetzte Rechtsbegriffe zwischen «legal» und «illegal», in bezug auf alltägliche Regeln der Interaktion zwischen «angemessen» / «angepaßt» und «unangemessen» / «abweichend», in bezug auf wissenschaftliche und technische Standards zwischen «wahr» / «richtig» und «falsch» / «unwahr», in bezug auf die Beurteilung individueller Verhaltensweisen und Persönlichkeitseigenschaften zwischen «gesund» / «normal» und «krank» / «gestört» treffen. Dem einzelnen begegnen diese Unterscheidungen, besonders in lebensgeschichtlichen Übergangsphasen und bei lebensgeschichtlichen Krisen, in Form ambivalenten Erlebens von sichernder Orientierung einerseits und freiheitsbeschränkenden Konformitäts- und Leistungszwängen andererseits.

In einer zunehmend von verwissenschaftlichten Diskursen bestimmten Gesellschaft erlangen die Humanwissenschaften und die in ihrem Umfeld entstandenen Professionen und Institutionen Definitionsmacht zur Bestimmung von geistiger und seelischer Gesundheit (vgl. Foucault, 1968; Jervis, 1978; Cooper, 1978). Mit ihren wissenschaftlichen Bildern vom Menschen, von Gesundheit und Krankheit, Normalität und Abweichung tragen Medizin, Psychologie und Pädagogik zur Ausbildung neuer Normalitätsstandards bei. In ihrer diskursiven Praxis vervielfältigen und differenzieren sie Normalitätsstandards, häufig mit der Konsequenz der Einengung von Verhaltensspielräumen und der Erweiterung kontrollierter Verhaltensweisen und Eigenschaften, gelegentlich aber auch mit Angeboten für gesellschaftlich akzeptierte Alternativrollen in stationären und ambulanten Gettos oder durch Umdeutung sichtbarer Normalitätsabweichung etwa durch gezielte Öffentlichkeitsarbeit («Es ist normal, verschieden zu sein»).

In der Psychologie zeigt sich die Normierung der Normalität z. B. an entwicklungspsychologischen Modellen einer «normalen», «gesunden» Entwicklung, in der Psychotherapie an Leitbildern von «gesunden» Persönlichkeiten und gelungener Lebensführung, in der Psychodiagnostik an über Testverfahren normierten Konzepte intellektueller Leistungsfähigkeit und sozialer Kompetenzen / Defizite oder an psychopathologischen Klassifikationsmodellen, die dem «medizinischen Modell» folgen (vgl. v. Kardorff, 1978; Keupp, 1979). Gesellschaftskritisch betrachtet arbeiten die psychosozialen Professionen im Sinne einer «weichen» sozialen Kontrolle an der Formierung, Lenkung und Anpassung der Subjekte, an der Versöhnung ihres Eigensinns mit den Zumutungen der «Normalität» (vgl. Wambach, 1983).

Literatur

Cooper, D. (1978). Die Sprache der Verrücktheit. Berlin.
Jervis, G. (1978). Kritisches Handbuch der Psychiatrie. Frankfurt / M.
Foucault, M. (1968). Psychologie und Geisteskrankheit. Frankfurt / M.
Kardorff, E. v. (1978). Modellvorstellungen über psychische Störungen: gesellschaftliche Entstehung, Auswirkungen, Probleme. In: H. Keupp & M. Zaumseil (Hg.), Die gesellschaftliche Organisierung psychischen Leidens (S. 539–589). Frankfurt / M.
Keupp, H. (1986). Normalität und Abweichung. In: G. Rexilius & S. Grubitzsch (Hg.), Psychologie. Theorien, Methoden, Arbeitsfelder – ein Grundkurs (S. 424–452). Reinbek.
Keupp, H. (1988). Riskante Chancen. Das Subjekt zwischen Psychokultur und Selbstorganisation. Heidelberg.
Wambach, M. M. (Hg.). (1983). Der Mensch als Risiko. Frankfurt / M.
Wolff, S. (1976). Der rhetorische Charakter sozialer Ordnung. Berlin.

Ernst v. Kardorff

Nutzerkontrolle

Unter dem Begriff Nutzerkontrolle faßt man die unterschiedlichen Initiativen und Bestrebungen der Nutzer medizinischer und psychosozialer Dienste zusammen, die darauf gerichtet sind, Freiheits- und Schutzrechte, Ansprüche auf vollständige Information, Aufklärung und Transparenz sowie Selbstbestimmung und Mitwirkung bei der Planung, Durchführung und Qualitätsbeurteilung von Interventionen gegenüber der «Logik» der Institutionen und dem professionellen Behandlungs- und Definitionsmonopol durchzusetzen. Darüber hinaus zielt Nutzerkontrolle auf die Anerkennung der Nutzer als gleichberechtigte und souveräne Partner, eine umfassende Berücksichtigung ihrer Subjektivität und Eigenkompetenz und den Schutz vor Ausnutzung krankheitsbedingter Abhängigkeit. In der Bundesrepublik wurde der Begriff Nutzerkontrolle Anfang der 80er Jahre im Zusammenhang mit den aus der Gesundheits-, Frauen- und Behindertenbewegung sowie aus Anti- und Sozialpsychiatrie entstandenen gegeninstitutionellen, experten- und wissenschaftskritischen Selbsthilfeinitiativen, Gesundheitsläden und Beschwerdezentren geprägt (Rerrich, 1982; Stöckle, 1983; Wehde, 1991). Nutzerkontrolle zielt auf die Bildung von Gegenmacht gegenüber dem Versorgungs- und Behandlungssystem. Nutzerinitiativen verstehen sich als kritisches Korrektiv gegenüber Tendenzen von Medikalisierung, Therapeutisierung, Institutionalisierung und artikulieren ihren Widerstand gegenüber sozial- und gesundheitspolitischen Leistungseinschränkungen. Nutzerkontrolle wehrt sich gegen wohlmeinend vereinnahmende, gleichwohl patriarchal geprägte fürsorgliche Belagerung durch die «guten» Helfer und gegen vordergründige Harmonisierung und Scheinintegration. Damit waren und sind für Fachkräfte oft schmerzhafte (kränkende) Konflikte im Aushandlungsprozeß mit den Nutzern vorprogrammiert. Diese Auseinandersetzungen tragen in produktiver Weise zu einer Stärkung der Nutzerposition bei, wie sich aus der Entwicklung des Selbsthilfe- und Initiativenbereichs und aus ansatzweisen Veränderungen im institutionellen und professionellen Umgang mit Patienten und Klienten ablesen läßt. Seit Beginn der 80er Jahre haben sich Patienten- und Angehörigenorganisationen gebildet, die eine selbstbewußte, kompetente und wirkungsvolle öffentliche Interessenvertretung betreiben. Nutzerorganisationen nehmen oft mit der Unterstützung engagierter Fachleute Einfluß auf institutionelle Vorkehrungen zur Sicherung von Freiheits- und Schutzrechten (z. B. Betreuungsrecht, Patientenverfügung, Heimbeiräte, Patientenfürsprecher). Betrachtet man ärztliches und psychologisches Handeln als nachfrageorientiert und auf den souveränen Konsumenten abgestellt geht es einerseits um die paßgenaue Abstimmung von Hilfen auf die Erfordernisse und Bedürfnisse der Nutzer etwa im Sinne eines lebensweltorientierten individuellen «case-management», andererseits um eine nur in verständigungsorientierter Kooperation mit den Nutzern erreichbare Akzeptanz und Qualitätsverbesserung fachlicher Hilfen.

Literatur

Damkowski, W., Görres, S. & Luckey, K. (Hg.). (1995). Patienten im Gesundheitswesen – Patientenunterstützung und Beratung. Göttingen.

Degener, T. (1992). Stichworte «Krüppelgruppen» und «Krüppeltribunal». In: R. Bauer (Hg.), Lexikon des Sozial- und Gesundheitswesens (S. 1257–1258). München.

Rerrich, D. (1982). Nutzerkontrolle. In: H. Keupp & D. Rerrich (Hg.), Psychosoziale Praxis. Ein Handbuch in Schlüsselbegriffen (S. 229–237). München/Wien/Baltimore.

Stöckle, T. (1983). Die Irren-Offensive. Erfahrungen einer Selbsthilfe-Organisation von Psychiatrie-Opfern. Frankfurt/M.

Wehde, U. (1991). Das Weglaufhaus. Zufluchtsort für Psychiatrie-Betroffene. Berlin.

Ernst v. Kardorff

Objektivität

Objektivität und Subjektivität liegen als gegensätzliche Pole auf einer Dimension und sind in ihrer Gegensätzlichkeit verbunden. Objektivität verweist zwar auf außersubjektive Gegebenheiten, aber eben auch auf ein Subjekt, das diesen Sachverhalten, um Erkenntnis sich bemühend, gegenübersteht. Auf besondere Weise prekär wird das Verhältnis von Objektivität und Subjektivität, wenn Subjektivität bzw. subjektives Fühlen, Denken und Handeln Gegenstand von Erkenntnisbemühungen sind, «objektiviert» werden sollen. Die Psychologie kennt u. a. folgende gegensätzliche Umgangsweisen mit diesem Problem: (a) unter kontrollierten Bedingungen mit positivistischem «Tatsachenblick» erfolgende Beobachtung und Messung individuellen Verhaltens und dessen *Erklärung* als unmittelbare Reaktion auf fremdgesetzte Bedingungen. Die Objektivität der so produzierten Daten erweist sich als reduktiv und pseudokonkret, weil sie erkauft ist durch die Reduktion von subjektiv sinnhaftem und begründetem Handeln auf «Verhalten» und durch die Abstraktion von der Doppelseitigkeit des Vermittlungszusammenhangs menschlicher Existenz, der dadurch charakterisiert ist, daß Menschen nicht nur unter Bedingungen leben, sondern diese auch schaffen. (b) Negation des Objektivitätsanspruchs einer derart subjektlosen Psychologie mit dem Ziel, das Subjekt in seiner eigensinnigen Intentionalität zur Geltung zu bringen und zu *verstehen*, verbunden mit der Gefahr der Beschränkung psychologischer Forschung auf die Rekonstruktion bloß subjektiv-intersubjektiver Sinnstiftungen, deren Verhältnis zu objektiven gesellschaftlichen Verhältnissen ungeklärt bleibt, so daß Subjektivität quasi freischwebend konstruiert wird – jenseits einer individuellen wie kollektiven Praxis, in der subjektive Sinnstiftungen mit deutungstranszendenten Gegebenheiten konfrontiert werden. Die methodische Fassung und Lösung des Objektivitätsproblems in der Psychologie hängt also von der inhaltlichen Auffassung von Subjektivität ab. Ein weiterer Zugang ergibt sich, wenn inhaltlich die Vermittlung individuell-*subjektiver* Lebensgewinnung mit *objektiv*-gesellschaftlichen Lebensverhältnissen so gefaßt wird, daß der als bloße «Innerlichkeit» erscheinende Standpunkt des Subjekts als subjektive – kognitive, emotionale und konative – und potentiell problematische Realisierung der Bedeutung von objektiven Gegebenheiten zu rekonstruieren ist. Methodisch bedeutet dies, daß Subjekte nicht *Gegenstand* der Forschung sind, sondern sich *auf der Forschungsseite* über Gründe und Konsequenzen ihres Handelns in subjektiv problematischen Situationen verständigen. Entgegen experimentell-statistischen Herangehensweisen ist geltend zu machen, daß Subjekte zwar im Plural, aber nicht im Durchschnitt existieren. Es sind die individuellen Spezifikationen, die interessieren. Die Möglichkeit zur Verallgemeinerung liegt nicht in der Bestimmung einer zentralen Tendenz, sondern in der Herausarbeitung von Handlungsmöglichkeiten: Objektivität als historisch-praktisches Problem.

Literatur

Breuer, F. (Hg.). (1996). Qualitative Psychologie. Grundlagen, Methoden und Anwendungen eines Forschungsstils. Opladen.

Groeben, N. (1986). Handeln, Tun, Verhalten als Einheiten einer verstehend-erklärenden Psychologie.

Kleining, G. (1994). Qualitativ-heuristische Sozialforschung. Schriften zur Theorie und Praxis. Hamburg.

Markard, M. (1993). Methodik subjektwissenschaftlicher Forschung. Jenseits des Streits um quantitative und qualitative Methoden. Hamburg.

Morus Markard

Ökologische Psychologie

Die ökologische Psychologie gilt als neue Disziplin innerhalb der Psychologie – durchaus zu Unrecht. Bereits 1911 werden Hellpachs «Geopsychische Erscheinungen» (vgl. 1928) publiziert – die erste psychologische Betrachtung der Umwelt. Nach einer Psychologie, die sich Ende des 19. Jahrhunderts fast ausschließlich als Bewußtseinswissenschaft verstanden hatte (Wilhelm Wundt), erfolgt damit eine Orientierung auf die Umgebung, in der Menschen leben (Humanökologie) – eine Entwicklung, die Haeckel in der Biologie bereits 1866 eingeleitet hatte. Rund hundert Jahre später findet sich in einem Antrag an die Deutsche Forschungsgemeinschaft folgende Definition: «Als Forschungsrichtung innerhalb der psychologischen Wissenschaften untersucht die psychologische Ökologie das Erleben und Verhalten von Individuen und Gruppen in ihren jeweiligen sozialen, technischen, kulturellen und geographischen Lebensbedingungen. Ihr Ziel ist die Beschreibung, Erklärung und Optimierung der erlebnis- und verhaltenswirksamen Bedingungen» (zit. n. Miller, 1986, S. 19). Damit ist die Psychologie der Umwelt als angewandte Wissenschaft auf ein Ziel verpflichtet (Optimierung der Lebensbedingungen), und gleichzeitig sind die gegenwärtigen Strömungen innerhalb der ökologischen Psychologie benannt. Diese Vielgestaltigkeit, die von der Sozialpsychologie bis zur Kulturpsychologie reicht, resultierte in einer Reihe unterschiedlicher Fachbezeichnungen; seit 1994 hat sich jedoch der Begriff *Umweltpsychologie* als Sammelbezeichnung durchgesetzt (Gründung der Fachgruppe Umweltpsychologie der Deutschen Gesellschaft für Psychologie). Wurde früher mit ökologischer Psychologie die grundlagenwissenschaftliche und mit Umweltpsychologie die angewandte Seite der Erforschung von Mensch-Umwelt-Beziehungen thematisiert, so tritt diese Differenzierung zunehmend in den Hintergrund.

In den 40er Jahren hat der Begriff *Ökologie* in die Soziologie Einzug gehalten, seit den 70er Jahren auch in die anderen Geistes- und Naturwissenschaften (Graumann, 1978). Die Ökologie ist also in allen Wissenschaften verbreitet, aber es gibt keine eigenständige Wissenschaftsdisziplin, die sich Ökologie nennt. Innerhalb der Psychologie hat es nach Hellpach Jahrzehnte gedauert, bis der Begriff von Lewin wieder aufgegriffen worden ist (vgl. das Konzept des Lebensraumes innerhalb seiner Feldtheorie) und schließlich Thema in den Untersuchungen von Barker wird (1968). Zu diesen Entwürfen der Umweltpsychologie treten später noch die Wahrnehmungstheorien von Brunswik (vgl. Wolf, 1995) und Gibson (1982). Ende der 60er und Anfang der 70er Jahre wird das Gebiet in den USA «entdeckt». Seither gehört die *Environmental*

Psychology zum festen Bestandteil der amerikanischen Psychologie. Der erste Artikel im Annual Review of Psychology wird 1973 von Craik verfaßt (280 Literaturangaben). Fünf Jahre später erscheint der zweite Überblicksartikel (Stokols, 1978), in dem bereits 497 empirische Arbeiten aufgezählt werden. Mittlerweile ist es nicht mehr möglich, alle Forschungsarbeiten auf diesem Gebiet zu übersehen (Gifford, 1987, nennt bereits 1300 Literaturangaben).

Die Beziehung des Menschen zu seiner alltäglichen Umwelt (z. B. Wohnung, Städte, Schall, Klima, Sozialgefüge, Institutionen usw.) läßt sich in drei verschiedene Betrachtungsebenen untergliedern: (a) die Abhängigkeit des Menschen von seiner physikalischen, sozialen, kulturellen Umwelt (Umweltdeterminismus); (b) das Einwirken des Menschen auf die physikalische, soziale, kulturelle etc. Umwelt (handlungstheoretischer Ansatz) und (c) die wechselseitige Beeinflussung des Menschen durch die Umwelt sowie der Umwelt durch den Menschen (Transaktionalismus). Sämtliche der genannten Ansätze finden sich in der gegenwärtigen Forschungspraxis der Umweltpsychologie.

Versteht man in einem solchen Rahmen umweltpsychologische Forschungen als breit angelegte Untersuchungen aller Wirkfaktoren und aller Einflußfaktoren, denen Menschen durch die Umwelt ausgesetzt sind und auf die sie einwirken (z. B. Kruse, 1995), dann wird deutlich, daß dies von einer einzelnen wissenschaftlichen Disziplin kaum geleistet werden kann. So ist z. B. im Bereich der Forschungen zur bebauten Umwelt eine Zusammenarbeit mit Architekten unerläßlich, die Lärmforschung kommt nicht ohne die Kooperation mit Physikern und Ingenieuren aus usw.

Da die Umweltpsychologie nur mit großen Problemen eine Isolierung von Variablen, die auf Verhalten und Erleben einwirken, betreiben kann (z. B. bei der Untersuchung von Witterungseinflüssen), ergibt sich die Notwendigkeit, vom Ideal der monokausalen Wirkungsanalyse Abstand zu nehmen – mit weitreichenden Konsequenzen. So fordert Kaminski (1976), daß sich die Umweltpsychologie vom Laborexperiment entferne und wissenschaftlich praxisorientierte Arbeiten in natürlichen Lebenssituationen zum Thema nehme. Die Umweltpsychologie mit ihrer Behandlung vernetzter Variablen (sozial, kulturell, physikalisch etc.) hat ihrerseits Rückwirkungen auf das Gesamtgebiet der Psychologie. Graumann (1978) spricht daher von einer ökologischen Perspektive in der Psychologie. Das bedeutet, daß mittlerweile nicht nur im Bereich der Gütekriterien psychologischer Forschung ökologisches Denken Platz gefunden hat (ökologische Validität), sondern auch in der inhaltlichen Diskussion psychischer Phänomene (z. B. Oerter, 1987).

Literatur

Barker, R. G. (1968). Ecological psychology. Stanford.
Craik, K. H. (1970). Environmental Psychology. In: K. H. Craik (Hg.), New Directions in Psychology IV (S. 1–121). New York.
Craik, K. H. (1973). Environmental Psychology. Annual Review of Psychology, 24, S. 403–422.
Gibson, J. J. (1982). Wahrnehmung und Umwelt. Der ökologische Ansatz in der visuellen Wahrnehmung. München.
Gifford, R. (1987). Environmental psychology. Principles and practice. Boston.
Graumann, C. F. (1978). Ökologische Perspektiven in der Psychologie. Bern.
Hellpach, W. H. (1911). Die geopsychischen Erscheinungen (1950 erschienen unter dem Titel: Geopsyche. Die Menschenseele unter dem Einfluß von Wetter und Klima, Boden und Landschaft.) Stuttgart.
Hellpach, W. H. (1928). Psychologie der Umwelt. In: E. Abderhalden (Hg.), Handbuch der biologischen Arbeitsmethoden. Abteilung VI: Methoden der experimentellen Psychologie. Teil C, I. Methoden der angewandten Psychologie. Bd. 1 (S. 109–218). Berlin.
Kaminski, G. (Hg.). (1976). Umweltpsychologie. Perspektiven – Probleme – Praxis. Stuttgart.
Kruse, L. (1995). Globale Umweltveränderungen: Eine Herausforderung für die Psychologie. Psychologische Rundschau, 46, S. 81–92.
Miller, R. (1986). Einführung in die ökologische Psychologie. Opladen.
Oerter, R. (1987). Der ökologische Ansatz. In: R. Oerter & L. Montada (Hg.), Entwicklungspsychologie (S. 87–126). München.
Stokols, D. (1978). Environmental Psychology. Annual Review of Psychology, 29, S. 253–295.
Wolf, B. (1995). Brunswik und ökologische Perspektiven in der Psychologie. Weinheim.

Holger Höge

Organisationsentwicklung

Organisationsentwicklung geht von der Annahme aus, daß Organisationen lern- und entwicklungsfähige Gebilde sind, die sich geänderten Umfeldbedingungen anpassen können oder die veränderungsfähig sind in bezug auf Zwecke und Ziele. Organisationsentwicklung kann als Prozeß oder Verfahren verstanden werden, in dem Impulse gesetzt, Schritte formuliert, Mittel und Methoden bereitgestellt werden, die einer Organisation helfen, einen bestimmten Zustand zu erreichen. Begleitet oder gesteuert wird Organisationsentwicklung in der Regel durch organisationsexterne Personen bzw. Experten. Ziele von Organisationsentwicklung können eher allgemeiner (z. B. «Verbesserung der Kooperation» zwischen allen Teileinheiten einer Organisation) oder eher spezifischer Natur (z. B. «verstärkte Kundenorientierung» in einer Teileinheit) sein.

Die Absicht von Organisationsentwicklung ist weit gespannt: Sie versteht sich als Befähigung von Organisationen und ihrer Mitglieder, neue Entwicklungsstufen in der Bewältigung von Aufgaben zu erreichen. Ihr Ansatz ist folglich «partizipativ», das heißt, die Beteiligung der einer Organisation zugehörenden Individuen am Prozeß der Organisationsentwicklung ist für diesen konstitutiv. Ebenso sind die Berücksichtigung von Einstellungen, Fähigkeiten, Motiven und Werthaltungen sowie der selbstreflexive Vergleich individueller Ziele mit den Normen und Zielen einer Organisation wesentliche Bestandteile von Organisationsentwicklung. Sie steht damit im Schnittfeld von angewandter Sozialpsychologie, Soziologie und Organisationswissenschaft.

Organisationsentwicklung wird Mitte der 50er Jahre in den Vereinigten Staaten zum Fachbegriff («Organization Development»). Für die weitere Entwicklung war die erfolgreiche Anwendung von Konzepten und Verfahren ausschlaggebend, die vor allem auf die Arbeiten von Kurt Lewin zur Dynamik in sozialen Gruppen in den 40er Jahren zurückgehen (vgl. French & Bell, 1994): (a) Laboratoriumsmethode: unstrukturierte Kleingruppen bearbeiten gemeinsam die Interaktion und Dynamik zwischen den Gruppenmitgliedern, (b) Survey-Feedback-Methode: in Institutionen gewonnene Befragungsergebnisse werden an diese bzw. an ihre Mitglieder rückgekoppelt und in ihrer Bedeutung für die Organisation untersucht. Akzente werden auf die Erarbeitung von Lösungsvorschlägen für gemeinsam erkannte Problemstellungen in der Organisation gelegt; (c) Aktionsforschung: Erkenntnisse werden in Handlungen, Entscheidungen und «Aktionen» umgesetzt und hinsichtlich ihres Veränderungspotentials für Organisationen mit den Beteiligten bewertet. Diesen Entwicklungssträngen ist gemeinsam, daß die Gruppe als «Produktivitätsfaktor» erkannt und bezogen auf bestimmte Organisationsziele durch geeignete Verfahren gefördert wird. Organisationsentwicklung fußt folglich wesentlich auf der Arbeit mit Gruppen.

Begünstigt durch den Bedeutungsgewinn sozialwissenschaftlicher und team-orientierter Denkweisen erfährt Organisationsentwicklung Mitte der 70er Jahre in der Bundesrepublik ihren Aufschwung. Programme wie «Humanisierung der Arbeitswelt» und die Übertragung gruppendynamischer und organisationspsychologischer Konzepte auf betriebliche Führungs- und Produktionsprozesse flankieren diese Entwicklung. Breite Aufnahme findet Organisationsentwicklung in der Folgezeit und bis in die Gegenwart in den Einrichtungen des Bildungs-, Gesundheits- und Sozialwesens sowie in Verwaltung und Behörden. Da zeitlich-kausale Zusammenhänge des Einsatzes von Organisationsentwicklung mit der Verknappung finanzieller und öffentlicher Mittel verschiedentlich bestehen, wird kritisch diskutiert, inwiefern Organisationsentwicklung nicht nur bloßes Resultat einer sozialtechnologischen Programmatik zur kostensparenden Restrukturierung von Betrieben und Institutionen sei (vgl. z. B. Pieper, 1988). Da die Funktionalität von Organisationen häufig durch offene und verdeckte Konflikte, unausgesprochene Gruppennormen, Defizite in Motivation und Einstellung u. ä. beeinträchtigt ist, hat sich für Organisationsentwicklung die Heranziehung psychoanalytischer, motivations- und konflikttheoretischer Ansätze als produktiv erwiesen, um die Dynamik in Organisationen zu analysieren («Institutionsanalyse»). Organisationsentwicklung verfügt heute über ein breites Spektrum von Methoden, Maßnahmen und Interventionstechniken und -arten. French & Bell verweisen darauf, daß jeweils der Kontext und das Ziel einer Maßnahme geklärt sein sollten; an «Arten» von Interventionstätigkeiten wird beispielsweise unterschieden zwischen diagnostischen Aktivitäten, Teamentwicklung, edukativen und Trainingsaktivitäten, Prozeßberatung, auf einzelne Individuen gerichtete Tätigkeiten, Interventionen zur Lebens- und Karriereplanung, Planungs- und Zielsetzungsaktivitäten u. a. m.

Die Fülle der heute verfügbaren Verfahren und Techniken kann suggerieren, daß mit ihrer Anwendung und mit Organisationsentwicklung Lösungen wohlfeil werden. Dem ist entgegenzustellen, daß Organisationsentwicklungs-Prozesse in der Regel nur mittelfristig bis langfristig zu tragfähigen und die Organisation insgesamt für gegenwärtige und zukünftige Aufgaben befähigenden Ergebnissen führen. Nicht (mehr) sachangemessen ist es zudem, Organisationen im Sinne einfachen Input-output-Denkens als beeinfluß- oder wandelbar anzusehen. Organisationsentwicklung ist somit nicht «kalkulierbar». Die Einnahme einer systemischen Sichtweise ist folglich für die Aufschlüsselung der Komplexität von Organisationen geboten (vgl. Wimmer, 1992). Dem nur scheinbaren Versagen simpler Ursache-Wirkungs-Muster in Organisationen steht dann der durch Organisationsentwicklung konkret erreichbare Gewinn gegenüber, der in der «Entdeckung» von mehr (selbstbestimmbaren) Freiheitsgraden in der Bewältigung von Problemstellungen für die Organisation besteht.

Literatur

Comelli, G. (1985). Training als Beitrag zur Organisationsentwicklung. München / Wien.

French, W. L. & Bell, C. H. jr. (1994). Organisationsentwicklung. Bern / Stuttgart.

Pieper, R. (1988). Diskursive Organisationsentwicklung. Berlin / New York.

Wimmer, R. (Hg.). (1992). Organisationsberatung. Neue Wege und Konzepte. Wiesbaden.

Rudolf Schmid

Organisationspsychologie

Gegenstand und Abgrenzung

Die Organisationspsychologie gehört zu den wesentlichen Teildisziplinen der Psychologie. Sie beschäftigt sich mit dem Verhalten der Menschen in Organisationen, wobei der implizite oder explizite Schwerpunkt auf erwerbswirtschaftlichen Organisationen und dem Verhalten der abhängig Beschäftigten liegt. Enge Beziehungen bzw. Überlappungen gibt es fachimmanent mit der Arbeitspsychologie (vgl. Ulich, 1994) sowie mit der programmatisch noch stärker auf erwerbswirtschaftliche Unternehmen festgelegten Betriebspsychologie. In fachübergreifender Perspektive ergeben sich Affinitäten mit den betriebswirtschaftlichen Teildisziplinen Personalwesen und Organisation, soweit sie dort unter einem verhaltenswissenschaftlichen Selbstverständnis betrieben werden. Organisationspsychologie und -soziologie sind kaum auseinanderzuhalten, berufen sich häufig auf analoge wissenschaftshistorische Wurzeln wie die Hawthorne-Untersuchungen der Mayo-Gruppe.

Organisationsbilder

Die Organisationspsychologie beschäftigt sich mit menschlichem Verhalten in einem bewußt von Menschen geschaffenen Kontext, eben Organisationen (Rosenstiel et al., 1995, S. 19f). Die dabei benutzten Organisationskonzepte variieren durchaus. Teile des organisationspsychologischen Spektrums operieren mit dem klassischen funktionalen Organisationsbegriff, wie er etwa in der folgenden Definition eines Lehrbuchs zum Ausdruck kommt: Organisationen sind «soziale Gebilde, die (a) dauerhaft ein Ziel verfolgen und (b) eine formale Struktur aufweisen, mit deren Hilfe Aktivitäten der Mitglieder auf das verfolgte Ziel ausgerichtet werden sollen» (Kieser & Kubicek, 1983, S. 1). Neuere Richtungen arbeiten demgegenüber mit einem interpretativen Organisationsbild. Organisationen konstituieren sich demnach erst durch ein spezifisches Gepräge von Verhaltensweisen, Werten und Normen ihrer Mitglieder, wobei das konventionelle Zweckmodell in den Hintergrund rückt oder ganz verlassen wird (Türk, 1989).

Typische Gegenstände der Organisationspsychologie

Ausgehend von einem Input-Throughput-Output-Modell kann man die folgenden häufigen Betätigungsfelder der Organisationspsychologen abstecken: Inputbezogen stehen Fragen der Anwerbung, Rekrutierung und Auswahl von Organisationsmitgliedern, vorzugsweise von abhängig Beschäftigten, im Mittelpunkt der Betrachtung. Die Suche nach Gesetzmäßigkeiten und Empfehlungen im Hinblick auf die «Auslese» von Personal stand bereits in der «industriellen Psychotechnik» (Münsterberg, 1914) als einem Vorläuferzweig der Organisationspsychologie auf der Tagesordnung. Die Beurteilung von Menschen im Hinblick auf Leistungs-, Verhaltens-, Persönlichkeits- und Potentialmerkmale ist Gegenstand der «Eignungsdiagnostik».

Throughputbezogen beschäftigt sich die Organisationspsychologie mit den Bedingungen und Möglichkeiten der Leistungserstellung. Ein wesentliches und mit der Arbeitspsychologie deckungsgleiches Betätigungsfeld sind die Bereiche Arbeit und Arbeitsgestaltung. Die Taylorschen Lehren der «wissenschaftlichen Betriebsführung» werden trotz seiner beruflichen Ausrichtung als Ingenieur den Wurzeln der Teildisziplinen einverleibt. Neben Fragen der psychologischen Arbeitsanalyse geht es heute verstärkt um «posttayloristische» Formen der Arbeitsgestaltung, vorzugsweise um die diversen Formen des Arbeitens und Wirkens in formellen und informellen Gruppen. Weitere klassische Themenfelder sind Fragen des Personaleinsatzes und hier insbesondere der Leistungsmotivation und der Arbeitszufriedenheit, des Auftretens von Konflikten in Organisationen und der Analyse psychologischer Dimensionen von Entscheidungsproblemen. Aufgrund der häufig vorzufindenden hierarchischen Strukturierung von Organisationen beschäftigt sich die Organisationspsychologie ferner mit Fragen der Menschen- bzw. Personalführung im weitesten Sinn. Aufgrund veränderter sozio-ökonomischer Bedingungen hat sich die Organisationspsychologie in letzter Zeit auch verstärkt dem Gebiet der Organisations- bzw. Personalentwicklung unter Einbeziehung (Partizipation) der Mitglieder und der Betonung von Möglichkeiten und Formen des individuellen, gruppenbezogenen und organisationalen Lernens zugewandt.

Outputbezogene Perspektiven beschäftigen sich mit den Wirkungen organisationaler Leistungen auf andere gesellschaftliche Bereiche sowie – gezwungenermaßen – mit Fragen der «Entsorgung» von Mitgliedern. Diese Aspekte sind aber gegenüber den anderen deutlich unterentwickelt.

Rosenstiel u. a. (1995, S. 51 f) haben nach einem anderen Modell anhand einer Matrix mit den Dimensionen «Ziel» und «Aspekte» den Gegenstandsbereich der Organisationspsychologie wie folgt umrissen:

Ziel \ Aspekt	Organisation	Gruppe	Aufgabe	Individuum
Feststellen und Erfassen des Ist-Zustands (Diagnose)	z. B. Messung des Organisationsklimas	z. B. Analyse «informeller» Gruppenstrukturen	z. B. Psychologische Arbeitsanalyse	z. B. Eignungsdiagnostik
Verändern und Einwirken zur Erreichung des Soll-Zustands (Therapie)	z. B. Organisationsentwicklung	z. B. Bildung «teilautonomer» Arbeitsgruppen	z. B. Psychologische Arbeitsgestaltung	z. B. Selektion, Plazierung, Ausbildung

Arbeitsfelder der Organisationspsychologie (nach Rosenstiel u. a.)

Wem nützt die Organisationspsychologie?

Organisationen sind bekanntlich zum überwiegenden Teil Herrschaftsverbände. Aufgrund ihres spezifischen Betätigungsfeldes ist die Organisationspsychologie der Gefahr ausgesetzt, daß durch sie selbst oder durch andere ihre Erkenntnisse in sozialtechnisches Beeinflussungswissen bzw. in ein entsprechendes Instrumentarium umgesetzt werden und sie damit zum «servant of power» (Baritz, 1960) wird. Dieses Problem wird um so größer, wenn sich Organisationspsychologen auf eine vermeintliche Wertfreiheit der Wissenschaft berufen, jedwede Ziel- und Wertdiskussion als vorwissenschaftlich-politisch ablehnen und den Verwendungszusammenhang ihrer Erkenntnisse nicht reflektieren bzw. allein den «Praktikern» überantworten. Gleichwohl ist nicht zu verkennen, daß eine Reihe von Organisations- und Arbeitspsychologen dieses Wissenschaftsverständnis ablehnen und explizit Gestaltungsempfehlungen für die Ziele anderer Gruppen wie der der Arbeitnehmer entwickeln. Das hat sich in der Debatte um neue Formen der Arbeitsorganisation unter dem Paradigma der «Humanisierung» des Arbeitslebens gezeigt.

Literatur

Baritz, L. (1960). The servants of power. Middletown.
Kieser, A. & Kubicek, H. (1983). Organisation. Berlin / New York.
Münsterberg, H. (1914). Grundzüge der Psychotechnik. Leipzig.
Rosenstiel, L. v., Molt, W. & Rüttinger, B. (1995). Organisationspsychologie. Stuttgart.
Schuler, H. (Hg.). (1983). Lehrbuch Organisationspsychologie. Bern.
Türk, K. (1989). Neuere Entwicklungen in der Organisationsforschung.
Ulich, E. (1994). Arbeitspsychologie. Stuttgart.
Weinert, A. B. (1987). Lehrbuch der Organisationspsychologie. München.

Thomas Breisig

Organismus

Der Begriff «Organismus» besitzt in der Biologie und Psychologie mehrere Bedeutungen. (1) In der Morphologie bezeichnet Organismus eine strukturell-räumliche Ganzheit von Geweben, Organen und Organsystemen, die in ihrer Einheit einen Organismus bilden. Im einfachsten Fall besteht ein Organismus nur aus einer Zelle, so daß Einzeller (z. B. Bakterien) und mehrzellige Organismen (z. B. Tiere und Pflanzen) unterschieden werden können. Über Zellen, Zellverbände und Organe ist der Organismus nach dem Prinzip einer enkaptischen Hierarchie aufgebaut, indem umfassendere Struktureinheiten (Organe) elementarere Formen (Zellen) einschließen und insgesamt eine raum-zeitliche Ganzheit bilden. (2) Im funktionellen Sinn bezeichnet Organismus in der Biologie und Psychologie alle Lebewesen, wenn sie eine räumlich und funktionell gegenüber der Umwelt abgrenzbare *individualisierte* Einheit bilden. Der Organismus als einheitlicher Komplex einer Mannigfaltigkeit von Organen ist das eindringlichste Beispiel einer dynamischen, durch Lebensprozesse geordneten biologischen Ganzheit. Die wichtigsten Funktionseigenschaften sind: Stoffwechsel, Regenerationsfähigkeit, Wachstum, Reizbarkeit und Entwicklung. Jeder Organismus ist ein zur Selbstreproduktion fähiges individualisiertes System, dessen verschiedene Funktionseigenschaften durch den Selektionsprozeß ständig verbessert werden. Die Fähigkeit zur Selbstreproduktion, durch die sich Organismen von nichtorganischen Systemen unterscheiden, beruht auf der Existenz von Erbanlagen, deren stofflich-materielle Grundlage Nukleinsäuren (DNA, RNA) bilden. Durch die Selektionswirkung der Umwelt sind in der Evolution immer komplexere einzellige und schließlich mehrzellige Organismuen entstanden. Mit der besseren Anpassung an die äußere Umwelt geht eine funktionelle Spezialisierung der einzelnen Teile im Systeminneren einher, so daß in komplexen mehrzelligen Organismen jeder Teil als Organ auf besondere Funktionsleistungen des Gesamtsystems spezialisiert ist. Die Begriffe Organ und Organismus entstanden etymologisch Mitte des 18. Jahrhunderts, um diese enkaptische Funktionshierarchie zu erklären. Während der Mechanizismus den Organismus als eine Maschine ansah, stimmte die vitalistische Lebenserklärung dieser Auffassung im Prinzip zu, hielt aber zusätzlich ein *immaterielles* Prinzip quasi als Mechaniker der Maschine für notwendig. Gegenwärtig sind drei Modellvorstellungen für die Erforschung des Organismus von Bedeutung: (1) verschiedene strukturgesetzliche Organismusmodelle der Morphologie; (2) das thermodynamische Modell des Organismus als offenes System, das ständig aus der Umwelt Energie absorbieren muß, um sich zu erhalten und (3) das kybernetische Modell des Organismus als ein sich selbst regulierendes System. In der Psychologie besitzt der Organismus-Begriff methodologisch eine spezielle «organismische» Bedeutung und dient als Metapher für eine quasi-naturwissenschaftliche Beschreibung psychischer Prozesse. Derartige «organismische» Funktionsbestimmungen sind eine spezielle Form der unhistorischen, abstrakten Betrachtung, da Organismus gerade umgekehrt das Produkt evolutionärer Anpassung ist. In der Psychologie, Soziologie und Politik wird der Begriff Organismus häufig dann angewendet, wenn man besondere Ganzheiten (soziale Verbände, Lebenstile, Staaten) als letzte unauflösbare Einheiten beschreiben will. Es handelt sich um teilweise fruchtbare *Analogie*vergleiche, die bei Nichtbeachtung der Abstraktionsvoraussetzungen schnell biologistische Züge annehmen können.

Volker Schurig

Pädagogische Psychologie

Die widersprüchliche Gegenstandsbestimmung und Theorie-Praxis-Problematik

An der Wiege der Entstehung der Pädagogischen Psychologie standen die Abnehmer und deren praktische Bedürfnisse und Erwartungen. Das Desinteresse oder die Lernhemmung eines Schülers, die Lüge, Aggression oder Stummheit eines Kindes, die Hilf- und Ratlosigkeit von Erziehern/Eltern bei Lern- und Erziehungswiderständen, die Unangepaßtheit und mangelnde Verfügbarkeit über Menschen aus ökonomisch-politischer Sicht zeigten pädagogische Tatbestände auf, die eindringlich auf eine psychologische Problematik hinweisen, deren Begründungen und Zusammenhänge aber erst noch erhellt werden mußten. Die Erzieher wünschten theoretische Einsichten aus dem praktischen Umgang mit Kindern und Erwachsenen und forderten zunehmend ein psychologisches Verstehen für menschliche Äußerungsformen im Umgang mit Erziehenden, mit Prozessen der Bildung, des Lernens und Arbeitens, mit Schwierigkeiten im sozialen Interaktions- und Kooperationsbereich. In diesem Sinn sei jede «erzieherische Praxis» von einer psychologischen Konzeption geleitet. Um die Jahrhundertwende und auch noch später stritten sich geisteswissenschaftlich orientierte Pädagogen (vgl. Bollnow, 1959; März, 1965) mit Fragestellungen zur «Bildsamkeit» und Entwicklung des «Zöglings» mit Wissenschaftlern, die nach exakten empirischen

Befunden fragten (vgl. Fischer, 1917). Roth (1959) forderte vehement, daß die Pädagogische Psychologie «im Auftrag der Pädagogik» psychologische Forschung betreibe. Letztlich setzte sich die Pädagogische Psychologie als empirische Wissenschaft durch (vgl. Weinert, 1988). Insbesondere die Erforschung des schulischen Lehrens und Lernens stand im Mittelpunkt der Forschungsbemühungen. Damit schlug sie die gleiche Richtung ein, die im anglo-amerikanischen Raum schon wesentlich früher vollzogen wurde. Dort hatte sich «educational psychology» – gestützt auf das behavioristische Verhaltensformungsparadigma – mit lern-, sozialpsychologischen und psychodiagnostischen Themen sehr früh etabliert. Allerdings wurde das bedingungsanalytische empirische Vorgehen vorwiegend in Laboratoriumsversuchen durchgeführt. Die Befunde dieser methodischen Bemühungen haben bezüglich der Übertragung und Anwendung pädagogisch-psychologischer Ergebnisse in der Praxis wenig Erhellendes gebracht. Berg (1985, S. 318) formuliert dies im folgenden sogar noch relativ wohlwollend: «Die Pädagogische Psychologie hält weder für den konkreten Einzelfall Problemlösungen parat noch für konkrete Einzelprobleme, sondern sie ist lediglich eine Sammlung von Wissen, das durch systematisch gesammelte Erfahrungen, die auch gezielt durch Experimente herbeigeführt wurden, entstanden ist.» Die Kritik von Ewert fällt bezüglich der «theoretischen Analysen und übergreifenden wissenschaftlichen Bezugssysteme» (1979, S. 26) negativer aus. Die Psychologie brachte wissenschaftsimmanent ihr Wissen, ihre Methodik, ihre individualpsychologischen Zuschreibungen für Ursachenerklärungen und besonders ihre methodologischen und wissenschaftstheoretischen Unzulänglichkeiten in die Erziehungswirklichkeit ein. So beantwortete die entwicklungspsychologische «Tradition» die Frage nach dem Wann des Erziehens und Unterrichtens mit der Folge einer oft unreflektierten Normsetzung von Entwicklungsprozessen (Meschnig, 1993). Die lernpsychologische «Tradition» verwies auf den Erwerb von Kenntnissen und Fertigkeiten, aber auch auf erfahrungsbedingte Veränderungen von Motiven und Einstellungen, wobei diese «Tradition» selbstkritisch die geringste Praxisrelevanz aufzuweisen hat (vgl. Holzkamp, 1993). Die sozialpsychologische «Tradition» verwies auf das Lernen in Gruppen, auf die Rolle des Lehrers, auf die Bedeutung institutioneller Rahmenbedingungen, auf die Einflüsse der Familie, der sozialen Schicht und der Freundesgruppen auf (schulische) Erfolge und Mißerfolge in der Persönlichkeitsentwicklung. Studien zum pädagogischen Führungsstil fanden von hier ausgehend eine wichtige Ergänzung und Schwerpunktsetzung in der Pädagogischen Psychologie (Lewin et al., 1939). Sie lösten komplexe Untersuchungsdesigns aus, die aber wenig für die pädagogische Praxis erbrachten. Hatte die testpsychologische «Tradition», ausgehend von den Binetschen Intelligenztests im Rahmen der Psychodiagnostik, schon eine Eigendynamik entwickelt, so vertiefte sich im Rahmen der Pädagogischen Psychologie dies zu vielfältigen Reife-, Schulleistungs- und Eignungstests, mit der bedenklichen Funktion, auf der einen Seite junge Menschen Schultypen und damit Bildungskarrieren unwiderruflich zuzuweisen. Auf der anderen Seite allerdings auch Hinweise zur Beratung und Betreuung von Kindern und Jugendlichen zu geben, die sich im Rahmen der klinischen «Tradition» zu einem besonderen Arbeitsgebiet der Lern- und Erziehungsschwierigkeiten entwickelte und auch zahlreiche kompensatorische fördernde Maßnahmen einleitete. Diese blieben oftmals im Zusammenhang mit individualpsychologischen Zuschreibungen der Ursachen für Lern- und Erziehungsprobleme im Rahmen der Schulpsychologie auf ihren begrenzten Erklärungswert beschränkt. Die unterrichtspsychologische «Tradition» stellte demgegenüber eher systematisch die optimale Organisation von Lernprozessen im Hinblick auf bestimmte Lernziele für umschriebene Gruppen von Lernenden und unter Berücksichtigung von institutionellen und damit auch hemmenden «Systemfaktoren» der Schule heraus. Gagne (1969) hatte noch Anfang der 70er Jahre gefordert, das Schwergewicht der Forschung auf das Unterrichtsgeschehen zu legen. Mittlerweile ist die Zielsetzung, die individuellen, sozialen und materiellen Voraussetzungen von Erziehungsprozessen, die Erziehungsprozesse selbst und die Rückwirkungen von Erziehungsprozessen auf Erziehende als Gegenstand der Pädagogischen Psychologie zu verstehen, akzeptiert (vgl. Weinert, 1988; Berg, 1985).

Gegenwärtige Entwicklung und Perspektiven

Die prinzipielle Außengeleitetheit aller lern- und erziehungstheoretischen Konzeptionen auf behavioristischer Basis hat den Standpunkt des Subjekts systematisch ausgeblendet. Die Verstärkungstheorien ließen nur das «fremde» Interesse an der Verhaltensänderung von Individuen zu. Dies änderte sich auch dann nicht, als kognitive Elemente zur Verhaltenstheorie hinzukamen. Die Verhaltensmodifikation dachte nicht daran, Herrschaftsverhältnisse zu reflektieren und aufzuheben. Demgegenüber trugen psychoanalytische, strukturalistisch-phänomenologische / handlungsregulierende und kritisch-psychologische Interaktionsansätze eine Orientierung am Subjekt in die Pädagogische Psychologie. So orientieren sich psychoanalytische Erziehungsansätze an der Ausgangslage der Entwicklung des Menschen, die dadurch bestimmt ist, daß eine unbegrenzte Entfaltungsmöglichkeit angenommen wird. Das Psychische und die Realität befinden sich noch nicht in einer Entgegensetzung. Diese Tendenzen sind in Begriffen wie «Symbiose», «Narzißmus», «frühkindliche Allmacht» formuliert. Allerdings wird die von Freud angenommene seelische Gesundheit, verstanden als Arbeits-, Liebes- und Genußfähigkeit in der Entwicklung zum Erwachsenen, vielfältig deformiert. Die ursprüngliche Zielsetzung, vollkommenes Glück anzustreben, wird durch die Kultur – hier begriffen als das Vorhandensein von Institutionen, die Ordnung und Kalkulierbarkeit sichern – geformt und umgewertet. Gerade Erziehung wird unter dem Blickwinkel betrachtet, wie groß die Beschränkung des Spielraums der Bedürfnisse und wie stark die Umwertung sein darf, damit keine zukünftigen «Störungen» angelegt werden. Entsprechend psychoanalytischer Auffassung arbeitet die Kultur prinzipiell mit Strenge und Bedürfnisse unterbindenden Verboten. Dadurch entstehen Individuen, die Formen der Angst, der Vermeidung, des Fluchtverhaltens, des Sich-Zurückziehens usw. verinnerlicht haben. So bilden sich für den Erziehungsprozeß die unterschiedlichsten unbewußten Übertragungsprobleme, die aufgearbeitet werden müssen. Hier zeigt sich, daß die Wirklichkeit entsprechend vorgeschriebener Kategorien gedeutet wird und damit die Gefahr besteht, die Erziehungswirklichkeit zu reduzieren, zu verzerren bzw. zu vereinseitigen (vgl. Osterkamp, 1976). Handlungsregulierende und strukturalistische Konzeptionen der Interaktion von Menschen sind gespeist von humanistisch-psychologischen Vorstellungen des Menschen als sinnfähige und sinngestaltende Person. Die Interaktionen erschöpfen sich nicht im Reagieren und Interagieren, sondern beinhalten Anteilnahme und Herstellung von realen und symbolischen Bedeutungen. Verschiedene Haltungen, Rollen, Erwartungen der beteiligten Personen können sich gegenseitig herauskristallisieren und zu einem Bild vom anderen gerieren. Beziehungen gibt es in den Vorstellungen der betroffenen Partner und in symbolischen Interaktionen. Der Erziehende als Person ist gleichsam gesellschaftlich vermittelt und beauftragt, den Bedeutungsgehalt von Erziehungsinhalten zu verlebendigen. Sein Ziel und die Aufgabe bestehen darin, Lernenden zu einer selbständigen Aneignung von Bedeutungen zu verhelfen und herauszufordern. Im Zusammenhang mit Konflikten können die Probleme unter der Voraussetzung eines Verstehens und Akzeptierens unter den beteiligten Personen prinzipiell sanktionsarm gelöst werden. Die Orientierung am Subjekt äußert sich hier in Begriffen und Konzeptionen wie «epistemologisches Subjektmodell» (Treiber & Groeben, 1981) oder Hurrelmanns (1985) «Modell des produktiv realitätsverarbeitenden Subjekts» bzw. «reflexiv-interaktiven Subjektmodells». Die Persönlichkeitsentwicklung wird übereinstimmend verstanden als ein reflexiv-bewußter Prozeß, der sich in der sozialen Interaktion als Austausch mit sich selbst und anderen Menschen vollzieht, wie auch in der Aneignung von materiellen Gegenständen. «Hier wird ein Subjektmodell aufgenommen, das die wechselseitige Abhängigkeit und die darin angelegten Wechselwirkungs- und Vermittlungsprozesse zwischen gesellschaftlicher Sozial- und Wertstruktur, den Strukturen der organisierten Einrichtungen sowie der unmittelbaren sozialisationsrelevanten Gruppen einerseits und psychophysischen individuellen Entwicklungen des Menschen andererseits in den Mittelpunkt aller Überlegungen stellt» (Mürmann & Wissinger, 1986, S. 9). Abweichende Verhaltensweisen oder die Arbeit des Erziehers beeinträchtigende Äußerungsformen führen aber immer wieder zu Formen der Auseinandersetzung mit Handlungsanforderungen der Umwelt und dem Problem der Individualisierung von Erziehungs- und Schulschwierigkeiten in Diagnose, Analyse und den angewendeten Behandlungsmaßnahmen (vgl. Tennstädt, 1988). Kritisch zu sehen ist ferner, daß Individuen als eine psychologische Form sozialer Beziehungen begriffen werden. Da die Gesellschaft als interaktiv verwirklichte Realität gesehen wird, kann Psychisches als Erklärung von gesellschaftlichen Verhältnissen eingeführt werden. Dadurch kann die Schule z. B. als ein konkreter gesellschaftlicher und geschichtlicher Prozeß aus den Augen verloren gehen. Holzkamp (1982; 1987; 1991) weist darauf hin, daß in der Geschichte der Pädagogischen Psychologie die Erziehungsförmigkeit niemals in Frage gestellt wurde. Es wird unbedenklich «gelenkt», «geleitet», «geführt», «erzogen» und «gebildet». Häufig sind es aber gerade jene von den Erwachsenen vorgegebenen und durchgesetzten «Erziehungsziele», die eine Entwicklung der Kinder in Richtung auf die Realisierung solcher Ziele behindern oder unmöglich machen. Eine so gefaßte Erziehung wäre demnach zu weiten Teilen eine «systematische Entwicklungsbehinderung». Die prinzipielle Fremdgesetztheit von Erziehungs- und Bildungszielen kann dann nur gegen den Widerstand des Menschen durchgesetzt werden. Eine wirkliche Subjektorientierung der Pädagogischen Psychologie wird sich also um die Frage kümmern müssen, warum der Erziehungsprozeß nicht ein planbares und jederzeit kalkulierbares Geschehen sein kann. Solange dies nicht geschieht und der Erzieher aus pädagogisch-psychologischen und didaktischen Intentionen heraus handelt, wird es Erziehungs- und Unterrichtsprobleme geben. Die Tendenzen der Pädagogischen Psychologie sind daher widersprüchlich. Einerseits ergeben sich durch gesellschaftlich-strukturelle Anforderungen neue Arbeitsgebiete, z. B. Freizeitforschung, Lernen im Erwachsenenalter, Umschulung etc. Andererseits stellen sich noch viele traditionelle

Fragen. Aus diesem Grund boomt das Geschäft der Beratung, Therapie und Supervision mit Trainingsseminaren für Eltern, Lehrer und Erzieher. Gleichwohl kann die mögliche Subjektorientierung, die sich in der pädagogisch-psychologischen Bildungs- und Erziehungspraxis publizistisch zunehmend zeigt (vgl. Arnold, 1996), eine Wende einleiten, in der über die Subjekte nicht mehr verfügt wird, sondern diese über sich verfügen lernen.

Literatur

Arnold, R. (1996). Lebendiges Lernen. Hohengehren.

Berg, D. (1985). Pädagogische Psychologie. In: D. Dörner & H. Selg (Hg.), Psychologie. Eine Einführung in ihre Grundlagen und Anwendungsfelder (S. 313–326). Stuttgart.

Bollnow, O. F. (1959). Existenzphilosophie und Pädagogik. Stuttgart.

Ewert, O. (1979). Zum Selbstverständnis der Pädagogischen Psychologie im Wandel ihrer Geschichte. In: J. Brandtstädter, G. Reinert & K. A. Schneewind (Hg.), Pädagogische Psychologie: Probleme und Perspektiven (S. 15–28). Stuttgart.

Fichtner, B. (1979). Subjektivität ohne Subjekt. Demokratische Erziehung 2, S. 212–222.

Fischer, A. (1917). Über Begriff und Aufgabe der pädagogischen Psychologie. In: Zeitschrift für pädagogische Psychologie und experimentelle Pädagogik, 18. Jg., S. 5–13 u. 109–118.

Gagne, R. M. (1969). Die Bedingungen des menschlichen Lernens. Hannover.

Holzkamp, K. (1982). «We don't need no education ...» Forum Kritische Psychologie 11, S. 113–125.

Holzkamp, K. (1987). Lernen und Lernwiderstand. Forum Kritische Psychologie 20, S. 5–36.

Holzkamp, K. (1991). Lehren als Lernbehinderung? Forum Kritische Psychologie 27, S. 5–22.

Holzkamp, K. (1993). Lernen. Subjektwissenschaftliche Grundlegung. Frankfurt / M.

Hurrelmann, K. & Jaumann, O. (1985). Sozialisations- und interaktionstheoretische Konzepte in der Behindertenpädagogik. In: U. Bleidick (Hg.), Handbuch der Sonderpädagogik (S. 295–321). Berlin.

Lewin, K., Lippitt, R. & White, R. K. (1939). Patterns of aggressive behavior in experimentally created «social climates». Journal of Social Psychology, 10, S. 271–299.

März, B. (1965). Einführung in die Pädagogik. München.

Meschnig, A. (1993). Die Seele: Gefängnis des Körpers. Pfaffenweiler.

Mürmann, M. & Wissinger, J. (1986). Person-Umwelt-Interaktion: Eine theoretisch noch einzulösende Programmatik der neueren Sozialisationsforschung und Entwicklungspsychologie. In: M. Beck & G. Mannhaupt (Hg.), Prävention und Intervention bei Schulschwierigkeiten (S. 6–16). Tübingen.

Osterkamp, U. (1976). Grundlagen der psychologischen Motivationsforschung, Bd. 2. Frankfurt / M.

Roth, H. (1959). Psychologie und Pädagogik und das Problem einer Pädagogischen Psychologie. In: J. Derbolav & H. Roth (Hg.), Psychologie und Pädagogik (S. 77–138). Heidelberg.

Schüler, U. (1994). Lehren lieben lernen. Hamburg.

Tennstädt, K. (1988). Das Konstanzer Trainingsmodell (KTM) – ein Selbsthilfepro-

gramm zur Verbesserung des Umgangs mit Unterrichtsstörungen für LehrerInnen. Die Deutsche Schule, S. 313–322.
Treiber, B. & Groeben, N. (1981). Handlungsforschung und epistemologisches Subjektmodell. Zs. für Sozialisationsforschung und Erziehungssoziologie, 1.
Weinert, F. (Hg.). (1988). Pädagogische Psychologie. Köln.

Hans Hermsen

Paradigmawechsel

Paradigma heißt wörtlich übersetzt Beispiel. In der Wissenschaftstheorie bedeutet das Wort soviel wie «die Menge aller beispielhaften, vorbildlichen Forschungen einer Fachdisziplin, an der sich alle Wissenschaftler orientieren können und sollen». «Paradigmawechsel» ist somit eine grundlegende Umorientierung, eine wissenschaftliche Revolution. Sie erfaßt grundsätzlich drei Ebenen. (1) Die Gegenstandssetzung: Was soll erforscht werden? (2) Die Methodik und deren innere Logik (Methodologie): Wie soll geforscht werden? Wie kann die Methodik begründet werden? (3) Die Ziele der Forschung: Wozu soll geforscht werden? In der Psychologie bedeutet ein Paradigmawechsel die Abwendung von der naturwissenschaftlichen Auffassung, die seit etwa einem halben Jahrhundert weltweit vorherrschend ist – es sei denn, man orientiert sich an der Chaostheorie / -forschung, die auch innerhalb der Naturwissenschaften einen Paradigmawechsel darstellt.

1. Paradigmawechsel hinsichtlich der Gegenstandssetzung: Gegenstand der Forschung in der herrschenden Psychologie ist der Mensch und sein Verhalten. Der Mensch wird dabei als triviale Maschine betrachtet mit einem Input über die Sinnesorgane, einer Verarbeitung im Organismus und einem Output in Form des Verhaltens. Dieses Modell kann beliebig komplex sein und auch Rückmeldeschleifen enthalten – «trivial» ist diese Maschine deshalb, weil sie nur auf den Input reagiert und diesen verarbeitet. In einem Paradigmawechsel könnte der Mensch mit einer «nicht-trivialen» Maschine verglichen werden, die «aus sich heraus» (und nicht nur anhand eines Inputs) lernen kann, die kreativ ist und die Fähigkeit zur Selbstorganisation besitzt. Das Verhalten als Gegenstand der Forschung könnte in einem Paradigmawechsel abgelöst werden durch psychische Vorgänge und Zustände, die in der herrschenden Psychologie nur als «hypothetische Konstrukte» postuliert, aber nicht als solche beobachtet werden.

2. Paradigmawechsel hinsichtlich der Methodik / Methodologie: In der herrschenden Psychologie soll die Versuchsperson im Idealfall nur auf

die vom Versuchsleiter gesetzten Reize bzw. auf die von ihm gestaltete Versuchsanordnung reagieren. Dieser «Objektstatus» könnte überwunden werden, wenn die Versuchsperson zum «Versuchspartner» würde, d. h. aktiv an dem Erkenntnisprozeß beteiligt wird. Während sie bisher nur die Leerstellen in der vom Versuchsleiter strukturierten Ergebnismatrix mit ihren Verhaltensdaten füllte, müßte es ihr erlaubt sein, auch die Struktur der Daten mitzubestimmen. Weil diese Strukturierung Zeit beansprucht und prinzipiell unabgeschlossen ist, müßte in einem Paradigmawechsel der Prozeßcharakter der Datenerhebung stärker betont werden.

3. Paradigmawechsel hinsichtlich der Forschungsziele: Geht es in der herrschenden Psychologie um die Kontrollierbarkeit und Vorhersagbarkeit menschlichen Verhaltens, könnte das Ziel der Forschung nach einem Paradigmawechsel die Optimierung der Selbstorganisation sein. Weil diese prinzipiell nicht vorhersagbar ist und eine Eigenaktivität der «Versuchsperson» voraussetzt, wäre der Fortschritt der Wissenschaft «Psychologie» – in genauer Umkehrung der bisherigen Zielsetzungen – an dem Ausmaß zu erkennen, in dem die Kontrolle vermindert werden kann und die Voraussagbarkeit der Ergebnisse abnimmt.

Versuche eines Paradigmawechsels wurden seit der Etablierung der klassisch-naturwissenschaftlichen Orientierung immer wieder versucht – bis heute ohne durchschlagenden Erfolg. In der humanistischen Psychologie wurden die «Selbstfindung» und «Selbstverwirklichung» des Menschen besonders betont, was als Vorstufe der Selbstorganisation gesehen werden kann. Aus der Psychoanalyse wurde ebenfalls ein Forschungskonzept für die Psychologie abgeleitet und vereinzelt mit Erfolg erprobt, aber auch dies hatte keinen Paradigmawechsel zur Folge. Die «Neue Gesellschaft für Psychologie» versucht seit den 90er Jahren, einem Paradigmawechsel auch eine institutionelle Basis zu geben.

Literatur

Groeben, N. & Scheele, B. (1977). Argumente für eine Psychologie des reflexiven Subjekts. Darmstadt.

Harré, R. & Gillet, G. (1994). The discursive mind. London.

Lieb, H. (1995). Verhaltenstherapie und Systemtheorie: Ein Beitrag zur Paradigmadiskussion in der Psychotherapie. Regensburg.

Sommer, J. (1987). Dialogische Forschungsmethoden. München.

Jörg Sommer

Personalbeurteilung

Die betriebliche Personalbeurteilung gehört zu den bereits betagten personalpolitischen Instrumenten. Systematische Beurteilungsverfahren sind aus den Verwaltungsbürokratien des alten chinesischen Reiches oder den kirchlichen Orden des Mittelalters seit langem bekannt (Lattmann, 1975). Gleichwohl ist das Instrument erst im kapitalistischen Großbetrieb bzw. in der modernen Verwaltung zu einer weit verbreiteten Erscheinung geworden. Nahezu alle Mittel- und Großunternehmen und -organisationen verfügen heute über ein oder mehrere Verfahren der Personalbeurteilung.

Begriff und Form

Personalbeurteilungsverfahren weisen üblicherweise die folgenden Merkmale auf: (1) Es finden regelmäßig in gewissen Abständen Beurteilungen statt; (2) es gibt ein standardisiertes Verfahren (z. B. Ausfüllen eines Beurteilungsbogens); (3) es wird die Leistung und/oder das Verhalten und/oder die Persönlichkeit der Beschäftigten bewertet; (4) die Beurteilung wird von dem/der nächsthöheren Vorgesetzten durchgeführt. In der Fachliteratur werden mehrere Verfahrensvarianten dargestellt und diskutiert (z. B. Rangordnungsverfahren, Kennzeichnungs- und Auswahlverfahren, freie Beurteilung). Praktische Bedeutung haben in deutschen Unternehmen jedoch (bislang) nur die sog. Einstufungsverfahren erlangt, auf die daher das Augenmerk gerichtet werden soll (Neuberger, 1980). Einstufungsverfahren sind stark formalisiert und weisen eine quantifizierende, «datenorientierte» und eine personenbezogenen Vergleich ermöglichende Ausrichtung auf. Beurteilungskriterien werden vorgegeben wie Urteilskraft, Verantwortungsbewußtsein, Initiative, Arbeitsmenge, Arbeitsgüte, Führungsverhalten usw. Jedes dieser Kriterien wird gemäß einer den Schulnoten ähnlichen Skala in der Regel durch Ankreuzen bewertet. In einigen Systemen werden sogar die einzelnen Bewertungen zu einem Gesamturteil zusammengerechnet. Hinter diesem klassischen Verfahrenszuschnitt steht ein spezifisches Leitbild von Beurteilung: Sie soll den Anspruch auf (annähernde) Objektivität, Vergleichbarkeit und Prognosefähigkeit aufweisen, um Planungsdaten zu erbringen und personalwirtschaftliche Entscheidungen fundieren zu können. Dazu sind möglichst weit ausdifferenzierte Kriterienlisten und mathematisch ermittelte Gesamturteile erforderlich. Die Personalbeurteilung soll den Charakter eines weitgehend wertfreien Meßvorgangs bekommen; störende Beurteilungsfehler und -taktiken der Vorgesetzten sollen ihnen in Beurteilerschulungen abtrainiert werden.

Methodische Probleme

In letzter Zeit mehren sich Zweifel am Sinn der Einstufungsverfahren, die vor allem aus gravierenden methodischen Problemen erwachsen. Noch nie haben die meß- und datenorientierten Verfahren so funktioniert, wie es ihre Konstrukteure gerne wollten. Die «menschlichen Einflüsse» wie Beobachtungs- und Beurteilungsfehler (Halo-Effekt, Ankerreize usw.), Beurteilungsstrategien usw. lassen sich ebensowenig verhindern oder zurückdrängen wie Uneindeutigkeiten und Unzulänglichkeiten in der Verfahrensgestaltung (z. B. bei der Merkmalsauswahl und -definition, den Skalen, den Gesamtwert-Ermittlungen) (vgl. Neuberger, 1980). Der von alters her hochgehaltene Objektivierungsanspruch ist eine Farce, ein niemals auch nur annähernd zu erreichendes Ideal, was in jüngster Zeit zu auffallend häufigen Modifikationen in Zuschnitt und äußerem Erscheinungsbild der Personalbeurteilung geführt hat.

Neuere Entwicklungen

Dabei wird das Gespräch zwischen Beurteilenden und Beurteilten stärker in den Vordergrund gestellt. Das Beurteilungs-, Mitarbeiter- oder Förderungsgespräch soll den teilweise mathematisierten Beurteilungsvorgang wieder zurückführen in die «weiche» zwischenmenschliche Sphäre zum Zweck der Information, Motivation und Pflege des sozialen Klimas. Die Personalbeurteilung wird also direkt durch das Gespräch und indirekt durch verhaltensbezogene Kriterien und die Erfassung der Sozialkompetenz der Führungskräfte zur Führungstechnik, die der individuellen Beratung und Förderung der Beschäftigten und der Steigerung ihrer Motivation verschrieben ist. Sie soll auch dazu beitragen, die häufig problembeladene Vorgesetzten-Untergebenen-Beziehung zu entspannen, miteinander ins Gespräch zu kommen, beiderseitig Wünsche und Erwartungen zu artikulieren und Weiterbildungsbedarf zu ermitteln. Das Beurteilungsgespräch wird ferner in vielen Unternehmen dazu genutzt, die in der Führungskonzeption des «Management by objectives» enthaltene Idee der Verhaltenssteuerung durch Ziele und Zielvereinbarungen umzusetzen. Vorgesetzte und Mitarbeiter sollen gemeinsam möglichst konkrete Ziele für die anstehende Periode entwickeln, die dann bei der kommenden Beurteilung als Maßstab im Sinne eines Soll-Ist-Vergleichs fungieren. Dadurch werden die Mitarbeiter nicht nur an der Festlegung der für sie maßgeblichen Vorgaben beteiligt (was i. d. R. zu einem höheren Einsatz und Verpflichtungsgefühl führt), diese Standards entsprechen auch viel eher den spezifischen Anforderungen des jeweiligen Arbeitsplatzes als die generalisierten und rasterartig über alle Beschäftigten ohne Ansehen der konkreten Stelle angewandten Kriterienlisten der klassischen Einstufungsverfahren. Avantgardistische Konzepte gehen völlig vom Einstufungsverfahren weg und verlangen den beiden Beteiligten statt dessen ab, daß sie in einem offenen Prozeß «nur» die Ziele für die anstehende Periode festlegen und nach Ablauf von in der Regel einem Jahr den Zielerreichungsgrad anhand von vorher festgelegten (z. T. quantitativen) Maßstäben und/oder in freier Form bewerten und diskutieren.

Personalbeurteilung aus Sicht der Beschäftigten

Die neueren, stärker gesprächs- und förderungsorientierten Verfahren entsprechen eher den Interessen der Beschäftigten als die klassischen Einstufungsverfahren, die häufig als Kontroll- und Disziplinierungsinstrument mißbraucht wurden. Gleichwohl fordern sie ihnen ein couragiertes und selbstbewußtes Auftreten gegenüber den Vorgesetzten ab, zu denen sie in einem hierarchischen Abhängigkeitsverhältnis stehen. Insofern erwachsen aus dieser Handlungskonstellation ebenfalls Risiken, die für den einzelnen schwer zu kalkulieren sind. Es ist zu wesentlichen Teilen Aufgabe der Betriebsräte, ihr Mitbestimmungsrecht bei der Aufstellung von Beurteilungsgrundsätzen nach § 94 Abs. 2 Betriebsverfassungsgesetz in die Waagschale zu werfen, um diese Gefahren durch eine entsprechende Verfahrensgestaltung zu minimieren und zu einer Stärkung der Handlungs- und Sozialkompetenzen der Arbeitnehmer beizutragen.

Literatur

Breisig, T. (1989). Personalbeurteilung als Führungsinstrument. Berlin.
Lattmann, C. (1975). Leistungsbeurteilung als Führungsmittel. Bern / Stuttgart.
Neuberger, O. (1980). Rituelle (Selbst-)Täuschung. Kritik der irrationalen Praxis der Personalbeurteilung. Die Betriebswirtschaft, 1, S. 27–43.
Schuler, H. (Hg.). (1991). Beurteilung und Förderung beruflicher Leistung. Stuttgart.
Selbach, R. & Pullig, K.-K. (Hg.). (1992). Handbuch Mitarbeiterbeurteilung. Wiesbaden.

Thomas Breisig

Personalentwicklung

In den 80er Jahren erfuhr die bis dahin vorrangig angebotsorientierte betriebliche Weiterbildung unter der veränderten Bezeichnung «Personalentwicklung» eine Aufwertung. Begründet wurde diese Neuorientierung mit der raschen Entwicklung technologischer und wirtschaftlicher Kontextfaktoren, die eine dynamische Anpassung von Mitarbeiterqualifikationen erforderlich mache, aber auch mit veränderten Bedürfnissen insbesondere der jüngeren Mitarbeiter, die in Unternehmen Karriereplanungen und Nachwuchsfördermaßnahmen einzuklagen begannen. In der Folge verbreiteten sich in der Praxis bedarfsorientierte Konzepte der Personalentwicklung, die in strukturfunktionalistischer Wissenschaftstradition am Ablaufschema Planung – Durchführung – Kontrolle orientiert waren (Berthel, 1989; Neuberger, 1991). Investiert wurde vor allem in die Planung des Personalentwicklungsbedarfs. Mit Hilfe arbeitsanalytischer Methoden sollten gegenwärtige und (möglichst auch) zukünftige Arbeitsplatzanforderungen erfaßt werden, denen unter Rückgriff auf verschiedene eignungsdiagnostische Verfahren (z. B. Assessment-Center, Beurteilungssysteme) ermittelte Mitarbeiterqualifikationen und -potentiale gegenüberzustellen waren. Auf Grundlage dieses Profilvergleichs ergaben sich Qualifizierungs- und Anforderungslücken, aus denen ein Qualifizierungsbedarf abzuleiten war, oder bei positiven Abweichungen der Mitarbeiterqualifikationen von den Arbeitsplatzanforderungen die Forderung nach qualitativ höherwertigen Tätigkeiten.

An die Erhebung des Bildungsbedarfs schloß sich die Organisation und Durchführung von Qualifizierungsmaßnahmen an. Dieser Teilbereich der Personalentwicklung geht über die traditionelle Weiterbildung insofern hinaus, als es sich hier nicht mehr um ein offenes Angebot handelt, sondern Qualifikationsmaßnahmen bedarfsorientiert ausgerichtet sind. Konkret bedeutet dies, Teilnehmern eines Nachwuchsförder-Assessment-Centers im Anschluß an ihr jeweils spezifisches Stärken-Schwächen-Profil ein darauf zugeschnittenes Trainingsprogramm zu erstellen; ein Anspruch, der in der Praxis nur selten erfüllt wird. Nachwuchsförderprogramme gelten als weitgehend standardisiert, für die eine vorausgehende und oftmals recht aufwendige Erstellung von Qualifikationsprofilen nicht erforderlich ist. Neben Nachwuchsförderprogrammen stellen extern organisierte Weiterbildungsveranstaltungen den Schwerpunkt der betrieblichen Qualifizierungsmaßnahmen. Letztere sind aufgrund des unzureichenden Transfers des Gelernten vom Lernfeld ins Funktionsfeld zunehmend in die Kritik geraten. Inzwischen gehen Unternehmen dazu über, traditionelle Seminarveranstaltungen zugunsten arbeitsprozeßbezogener Lernkonzepte aufzugeben. Die Lerntransferproblematik spiegelt sich auch in den Methoden zur Messung des Qualifizierungserfolgs wieder, die als dritte Stufe des Phasenschemas dazu beitragen sollen, die erfolgreiche Arbeit von Personalentwicklungsbereichen zu dokumentieren. Das Spektrum der Evaluation reicht inzwischen von eher traditionellen seminarorientierten Referentenbewertungen bis hin zu neueren transfer- und prozeßorientierten Ansätzen.

Gemessen an arbeitsanalytischen und eignungsdiagnostischen Anforderungen bleibt die betriebliche Personalentwicklung in ihrer bedarfsorientierten Variante hinter den wissenschaftlich definierten Standards zurück. Dies gilt insbesondere für Methoden der Qualifizierungsbedarfserhebung. Während die Psychodiagnostik zur Verbesserung der Ergebnisse auf eine weitere Diffferenzierung des eignungsdiagnostischen Instrumentariums drängt, geraten Praktiker beim Einsatz dieser Verfahren unter zunehmenden Legitimationsdruck, da das Verhältnis von Aufwand und Nutzen vom Management in steigendem Maß angezweifelt wird (Hanft, 1995). Zwar versuchen Protagonisten der bedarfsorientierten Personalentwicklung die Notwendigkeit und den Nutzen weiterer Investionen mit Hilfe von Bildungscontrolling nachzuweisen, die dabei eingesetzten Indikatoren zur Messung des Bildungserfolgs gelten allerdings als sehr umstritten. Aufgrund des wachsenden Drucks, aber auch als Reaktion auf theoretische Neuorientierungen zeichnet sich in der Praxis mittlerweile eine Abkehr vom kausaldeterministischen Phasenschema der bedarfsorientierten Personalentwicklung ab. Damit wird eine Entwicklung nachvollzogen, die in der wissenschaftlichen Diskussion bereits seit einigen Jahren angelegt ist (Felsch, 1996). Eingebettet in systemische, interaktionistische und strukturationstheoretische Bezugsrahmen wird inzwischen für einen Paradigmenwechsel in der Personalentwicklung plädiert, der mit dem Schlagwort Organisationslernen verknüpft ist. Auf der Basis eines solchen Grundverständnisses muß die Entwicklung von Mitarbeitern mit der Entwicklung von Strukturen einhergehen, ein rekursiver Prozeß, der auf eine Veränderung des Gesamtsystems fokussiert ist. In der Praxis bedeutet dies, Personal- und Organisationsentwicklung miteinander zu verknüpfen und den Blick auf Veränderungsprozesse zu richten, die nicht nur systemimmanente Verbesserungen betreffen, sondern auch normative Grundeinstellungen sowie Macht- und Einflußsysteme berühren (Geißler, 1994; Probst & Büchel 1994). Der Gedanke der deterministischen Plan- und Steuerbarkeit unternehmerischer Prozesse, wie er im Phasenschema der bedarfsorientierten Personalentwicklung noch zum Ausdruck kommt, wird in einem am Paradigma des Organisationslernens orientierten Human Ressource Management aufgegeben.

Literatur

Berthel, J. (1989). Personalmanagement. Grundzüge für Konzeptionen betrieblicher Personalarbeit. Stuttgart.

Felsch, A. (1996). Personalentwicklung und Organisationales Lernen. Mikropolitische Perspektiven zur theoretischen Grundlegung. Hamburg.

Geißler, H. (1994). Grundlagen des Organisationslernens. Weinheim.
Hanft, A. (1995). Personalentwicklung zwischen Weiterbildung und «organisationalem Lernen». München / Mering.
Neuberger, O. (1991). Personalentwicklung. Stuttgart.
Probst, G. & Büchel, B. (1994). Organisationales Lernen. Wettbewerbsvorteil der Zukunft. Wiesbaden.

Anke Hanft

Personalwissenschaft

Gegenstand der Personalwissenschaft ist das Personal. Dieses ist die Gesamtheit der mittels eines Arbeitsvertrags in einer Organisation beschäftigten Menschen. Da Organisationen nicht am Menschen, sondern nur an der zielgerichteten Nutzung seiner Arbeitsleistung interessiert sind, abstrahiert der Begriff «Personal» vom konkreten Individuum. Menschen werden auf diese Weise instrumentalisiert und als Kollektiv disponibel gemacht (vgl. Neuberger, 1990; Türk, 1978). So betont im Gegensatz zur Arbeits- und Betriebspsychologie eine im engeren Sinn betriebswirtschaftliche Sichtweise nicht die individuellen Aspekte des arbeitenden Menschen, sondern das Personal als Produktionsfaktor. Wie andere Produktionsfaktoren (Betriebsmittel und Werkstoffe) auch, wird Personal beschafft, geplant, eingesetzt, angepaßt und freigesetzt. Personal besteht jedoch immer aus konkreten Menschen, die sich durch für die Organisation problematische, aber auch chancenreiche Handlungsspielräume und Einsatzflexibilität von anderen Produktionsfaktoren unterscheiden. Diese Tatsache hat schon früh zu einer Entlehnung verhaltenswissenschaftlicher Erkenntnisse durch die Betriebswirtschaftslehre (vgl. Deters, 1992) und in den 60er Jahren zur Etablierung der Personalwirtschaftslehre als eigenständiger und im wesentlichen verhaltenswissenschaftlich ausgerichteter betriebswirtschaftlicher Teildisziplin (vgl. Gaugler, 1982) geführt. In jüngerer Zeit ist innerhalb der Personalwirtschaftslehre zudem die Diskussion um eine an der Differentiellen Psychologie orientierte «Individualisierung der Personalwirtschaft» zu beobachten (vgl. die Beiträge in Drumm, 1989). Daneben finden sich gegenwärtig jedoch auch Tendenzen einer am Verhaltensmodell des Homo oeconomicus (vgl. z. B. Alewell, 1996) sowie einer am Mikropolitik-Ansatz (vgl. Metz, 1995) ausgerichteten theoretischen Fundierung der Personalwirtschaftslehre.

Literatur

Alewell, D. (1996). Zum Verhältnis von Arbeitsökonomik und Verhaltenswissenschaften. Die Betriebswirtschaft, 56, S. 667–683.
Deters, J. (1992). Verhaltenswissenschaftliche Ursprünge in der Betriebswirtschaftslehre. In: W. H. Staehle & P. Conrad (Hg.), Managementforschung 2 (S. 39–110). Berlin / New York.
Drumm, H. J. (Hg.). (1989). Individualisierung der Personalwirtschaft. Grundlagen, Lösungsansätze und Grenzen. Bern / Stuttgart.
Gaugler, E. (1982). Gegenstandsbereich und Erkenntnisstand des Personal-Management. Betriebswirtschaftliche Forschung und Praxis, 34, S. 285–301.
Metz, T. (1995). Status, Funktion und Organisation der Personalabteilung. Ansätze zu einer institutionellen Theorie des Personalwesens. München / Mering.
Neuberger, O. (1990). Der Mensch ist Mittelpunkt. Der Mensch ist Mittel. Punkt. Acht Thesen zum Personalwesen. Personalführung, Heft 1, S. 3–10.
Türk, K. (1978). Objektbereich und Problemfeld einer Personalwissenschaft. Zeitschrift für Arbeitswissenschaft, 32 (4 NF), S. 218–221.

Axel Haunschild

Persönlichkeit / Persönlichkeitstheorien

Geschichte und Geschichtsschreibung

Die ideengeschichtliche Darstellung der traditionellen psychologischen Geschichtsschreibung beginnt mit dem Begriff «Person». «Persona war der römische Ausdruck für die Maske des antiken Theaters. Bei Cicero sublimiert er sich dann zur Bedeutung der Charaktermaske, in der jemand anderen erscheint; der Rolle, die einer, etwa der Philosoph, im Leben spielt; des Trägers der Rolle; und der besonderen Würde, die man – als Spieler etwa – zur Schau trägt. Aus der letzten Bedeutung überträgt sich der Begriff dann auf den freigeborenen Bürger als die Rechtsperson im Unterschied zum Sklaven. Von substantieller Individualität, ‹Persönlichkeit›, ist in ihm während der Antike noch nichts enthalten; sie klingt erst bei Boethius im sechsten nachchristlichen Jahrhundert an» (Adorno, 1972, S. 42). Der Begriff «Persönlichkeit» wurde geprägt im Mittelalter von scholastischen Philosophen in Abgrenzung vom ‹naiven› antiken Verständnis, wurzelt also im christlichen Glauben. Sein Gegenstand ist die Seele des einzelnen, sein «Wesen», das vor dem personalen Gott zu seiner individuellen Verantwortlichkeit stehen muß. Darüber hinaus hat der Begriff des persönlichen einzelnen die Bedeutung der biologischen Individualität, des natürlichen Individuums, das kraft seiner biologischen Ausstattung sich von jedem anderen Individuum unterscheidet.

Eine politische und ökonomische Bedeutung erhält der Begriff der Persönlichkeit – mit dem bürgerlichen Aufstand gegen den Adel. Die politische Selbstbestimmung als Widerstand gegen die monarchistische Zentralgewalt und die wirtschaftliche Emanzipation als Widerstand gegen feudale, Handel und Produktion einschränkende Strukturen setzten einen Begriff vom Individuum voraus bzw. schufen einen, dem revolutionäre Kraft innewohnte. Mit der restaurativen Veränderung des bürgerlichen Selbstverständnisses wandelte auch das «Individuum» seine Bedeutung: «Nur wer von den Interessen und Bestrebungen anderer sich differenziert, sich selbst zur Substanz wird, seine Selbsterhaltung und Entwicklung als Norm etabliert, ist Individuum» (ebd., S. 46). Als Wirtschaftsbürger konkurriert jeder mit den vielen anderen, ob als Produzent um Arbeitsplätze oder als Produktionsmittelbesitzer um den Warenmarkt und den Extraprofit. Der emanzipative Individuumsbegriff des frühen Bürgertums «verwandelte sich im Wirtschaftsgefüge zu jener Ideologie, deren es zur Aufrechterhaltung der Ordnung und zur Steigerung der Leistung bedurfte» (ebd., S. 49). Konkurrenz und Leistung als Grundlage der kapitalistischen Produktionsweise meinen immer den einzelnen Menschen, sie vervielfältigen sich im politischen Konkurrenzkampf wie in der Vereinzelung der Individuen als Rechtssubjekte. Der Begriff des Individuums wird damit zu einem wesentlichen ideologischen Fundament kapitalistischer Wirtschafts- und politischer Ordnung, unabhängig von ihrer politischen Deklaration als Monarchie, Nationalsozialismus oder pluralistische Demokratie.

Im psychologischen Persönlichkeitsbegriff verdoppelt sich diese moderne Vorstellung vom einzelnen, isolierten, konkurrierenden und konsumierenden Individuum wissenschaftlich. Weder Philosophie noch Soziologie haben jemals so konsequent wie die Psychologie den Gegenstand «einzelner Mensch» aus all seinen sozialen, gesellschaftlichen, historischen Bezügen herausgelöst und damit konsequent auf den Begriff gebracht, was faktisch die Substanz menschlichen Lebens in einer kapitalistischen Gesellschaft ist.

Traditionelle Persönlichkeitstheorien

Da es den isolierten einzelnen Menschen in dieser Abstraktheit nicht wirklich gibt, ist Persönlichkeitstheorie überwiegend der Versuch, ihn auf die eine oder andere Weise zu konstituieren. Theoretische Ansätze und Definitionsversuche unterscheiden sich trotz dieses gemeinsamen Ausgangspunktes nicht nur in Nuancen voneinander; zum Teil divergieren sie inhaltlich so stark, daß nur noch das Wort «Persönlichkeit» sie verbindet. Gemeinsam ist ihnen, daß sie einerseits die Besonderheit jedes einzelnen Individuums bzw. seine Verschiedenheit von allen anderen Individuen (Differentielle Psychologie) beschreiben und erklären, andererseits das in allen Individuen Vergleichbare, das schlechthin Menschliche, den Menschen an sich umschreiben, ja festschreiben wollen (Persönlichkeitspsychologie).

Der Anspruch, den Persönlichkeitspsychologie lange Zeit hatte, nämlich der integrative Teil der wissenschaftlichen Psychologie zu sein, der Erkenntnisse aus allen psychologischen Teilgebieten zu einer umfassenden Vorstellung vom menschlichen Individuum zusammenfaßt, konnte sie nicht einlösen. Statt dessen ist sie selbst eine Einzeldisziplin, psychologische Teilwissenschaft geworden, die die anderen Teilgebiete weder befruchtet noch von ihnen profitiert. Die Methoden, mit denen Persönlichkeit erfaßt, erforscht, in Einzelheiten und als ganze untersucht werden soll, sind in bestimmten Grenzen theorieabhängig; philosophische und tiefenpsychologische Theorien arbeiten überwiegend mit qualitativen Methoden, behavioristische Theorien mit quantitativen, tiefenpsychologische, phänomenologische und kulturanthropologische Theorien sowohl mit qualitativen als auch mit quantitativen Methoden. Zu den qualitativen Methoden zählen die Beschreibung von Personen und Situationen, Beobachtungsverfahren, phänomenologische Analysen, Textanalysen, Gespräche und Interviews, aber auch Fallstudien und biographische Analysen. Dieses Vorgehen wird oft, vor allem seitens experimentell arbeitender und empirisch forschender Psychologen, als vor- oder unwissenschaftlich disqualifiziert, hat aber gerade in den letzten Jahren zunehmend Bedeutung für die Suche nach Erkenntnissen über psychische und soziale Prozesse gewonnen. Zu den quantitativen Methoden der Persönlichkeitsforschung gehören vor allem experimentelle Verfahren, darüber hinaus systematische Beobachtungsstrategien, standardisierte Tests, Fragebogen und Skalierungsmethoden. Die Daten werden in der Regel statistisch ausgewertet, am häufigsten werden Korrelationen zwischen empirisch erhobenen Daten errechnet. Auf der Basis dieser korrelationsstatistischen Berechnungen lassen sich dann auch kompliziertere statistische Verfahren, die nicht nur eindimensionale Abhängigkeiten zwischen Variablen, sondern auch Wechselwirkungsprozesse erfassen können, anwenden. Ergebnis solcher statistischen Analysen sind Faktoren- oder Eigenschaftsmodelle der Persönlichkeit (Cattell, 1950). Die qualitativen wie die quantitativen Methoden sind in aller Regel zugeschnitten auf die Untersuchung des einzelnen Individuums, auf sein Verhalten, sein Innenleben, sein «Wesen», seine Gedanken und Gefühle. Da das verwendete Methodeninventar einem theoretischen Modell gewissermaßen «zuarbeitet», kann das mit ihnen zusammengetragene Wissen nur solches über abstrakte, isolierte, einzelne Menschen sein. Die quantitativen Methoden reduzieren die Persönlichkeit darüber hinaus auf eine Fülle von Einzelfunktionen oder Eigenschaften, die «Persönlichkeit» von einer Bedeutung in einem umfassenderen Sinn, vom Menschen als lebendiger Einheit seiner Lebensfunktionen und -verhältnisse, die mehr ist als die Summe seiner einzelnen Bestandteile, durch methodischen Eingriff noch weiter entfernt, als es die Theorie ohnehin schon tut.

Persönlichkeit wurde ursprünglich verstanden als begrifflicher Ausdruck für die gesamte Person: ihr Verhalten, Denken, Fühlen, ihr Auftreten, ihre Fähigkeiten. Als begriffliche Umschreibung des Bürgers, der als Kaufmann oder als Produzent seine Person in den Dienst seiner Sache stellte, meinte «Persönlichkeit» die Totalität seiner Lebensäußerungen, ihn als Subjekt seiner Lebensverhältnisse. Diese Bedeutung findet sich in den eher philosophisch orientierten psychologischen Persönlichkeitstheorien wieder, wird aber in der psychologischen Theoriebildung immer stärker abgelöst von einem Verständnis, das den Menschen nur mehr unter der Form des Objekts betrachtet – für die gesellschaftlichen Institutionen und Entwicklungsgesetze und dann, folgerichtig, auch für die wissenschaftliche Forschung. Die theoretischen Konstrukte können sich zu *dispositionellen Theorien* verdichten, die davon ausgehen, daß im Menschen relativ stabile, zeitüberdauernde, individuumspezifische Merkmale vorhanden sind, die das «Gerüst» der Persönlichkeit darstellen. Ziel der Persönlichkeitsforschung wird es, diese stabilen Merkmale herauszufinden und interindividuell vergleichbar zu machen. Eine Weiterentwicklung der Theorie individueller Dispositionen sind die *Faktorentheorien* der Persönlichkeit. Die dispositionellen Akzente setzt die Methode selbst: Aus einer unbestimmt großen Zahl von Fragen, Skalierungen oder Testdaten werden mit Hilfe der Faktorenanalyse Gruppen von Daten gebildet, die bestimmte statistische (und vermutete inhaltliche) Ähnlichkeiten aufweisen; die theoretische Arbeit besteht im Prinzip darin, diesen Ähnlichkeiten überzeugende begriffliche Etiketten zu verleihen. Die Unzufriedenheit mit dieser begrenzten S-R-Perspektive der behavioristischen Theorien, auch in ihrer entwickelteren Form, die eine organismische zwischen die abhängige und die unabhängige Variable einschaltet, hat die *kognitive Theorie* der Persönlichkeit entstehen lassen (Mischel, 1973). Sie betont, was das Individuum selbst tut: Welche Bedeutung es bestimmten Reizsituationen und der eigenen Reaktion zuschreibt, entscheidet demnach über seine individuelle Eigenart, seine Persönlichkeit. Statt begrenzter Reizmuster werden situative Zusammenhänge untersucht und die Interaktion der Person mit ihnen. Allerdings führt die kognitive Theorie über die subjektive Bedeutungszuschreibung durch die Hintertür die überdauernden Dispositionen wieder ein. Damit macht sie aus dem menschlichen Individuum einen psychisch, intellektuell, emotional fixierten unbeweglichen, in einem einmal erreichten Zustand verharrenden Organismus. Die Möglichkeit und Wirklichkeit lebenslanger – auch fundamentaler, die existentiellen Grundlagen in Frage stellender – Lernprozesse wird, wie von der Persönlichkeitspsychologie insgesamt, so auch von der kognitiven Theorie, weitgehend ausgeklammert. Diese fragwürdige Seite psychologischer Persönlichkeitsmodelle spiegelt die Wirklichkeit des Lebens in einer kapitalistischen Gesellschaft unmittelbar wider: Ob als Arbeiter in der Warenproduktion oder als Angestellter in der Verwaltung, ob als gewerbetreibender Kleinbürger oder als Hochschullehrer – der Sozialisationsprozeß richtet den einzelnen in seinen Fähigkeiten, Anschauungen, Meinungen, Verhaltensweisen usw. so zu, daß er in den gegebenen Lebensverhältnissen möglichst reibungslos funktioniert.

Persönlichkeitstheorie als Subjektwissenschaft

Neben der traditionellen hat sich in den letzten Jahrzehnten eine Theorie der Persönlichkeit etabliert, die den engen psychologieimmanenten Rahmen der Theoriebildung sprengen mußte, weil sie ihren Blick über das isolierte einzelne Individuum hinaus auf das menschliche Subjekt in seinen objektiven Lebenszusammenhängen geworfen hat. Historische Vorläufer dieser Entwicklung sind etwa Politzer (1929) mit seiner Vorstellung vom «Drama des Lebens», die frühe Diskussion um «Marxismus und Psychoanalyse» (vgl. Reich, 1929; Fenichel, 1931), die Arbeiten der Kritischen Theorie (vgl. Adorno & Horkheimer, 1944), aber auch Rubinstein (1971). Diese Persönlichkeitstheorie versteht sich als materialistisch, d. h., für sie wurzelt jede Überlegung zum Problem der Persönlichkeit in den materiellen Lebensverhältnissen, in denen Menschen arbeiten müssen, um zu leben, und diese Arbeit nicht als isolierte einzelne, sondern gemeinsam mit anderen, in gesellschaftlichen Verhältnissen tun, zudem sich selbst wie die Lebensverhältnisse in ihrer praktischen – und natürlich auch ihrer theoretischen – Tätigkeit verändern und weiterentwickeln. Diese allgemeinen Voraussetzungen sind so etwas wie «anthropologische Grundlagen», die sich historisch, mit den jeweiligen Produktionsverhältnissen und dem Stand der Produktivkräfte, d. h. der gesamten Fähigkeiten und Fertigkeiten der Menschen, zwar verändern, aber menschliches Leben überhaupt kennzeichnen. In ihrer praktisch-theoretischen Tätigkeit eignen sich die Menschen die Natur, die Gesellschaft, die Geschichte – das soziale Erbe – an und werden in diesem Prozeß sie selbst. Zugleich aber, und insofern ist materialistische Persönlichkeitspsychologie dialektisch, ist der Prozeß der Aneignung ein

Veränderungsprozeß – er verändert das Angeeignete wie den Aneignenden. Die Grundlage materialistischer Persönlichkeitstheorie ist am dichtesten auf den Begriff gebracht in der sechsten Feuerbachthese von Marx: «Aber das menschliche Wesen ist kein dem einzelnen Individuum innewohnendes Abstraktum. In seiner Wirklichkeit ist es das Ensemble der gesellschaftlichen Verhältnisse» (MEW, 1969, S. 6). In dieser Formulierung ist die Dialektik von Subjekt und Objekt, von Individuum und Gesellschaft, nicht aufgehoben: Beide vermitteln sich durch die Tätigkeit des Individuums, das als Subjekt Geschichte, Verhältnisse und sich selbst macht, aber dabei in seinen wesentlichen Strukturen immer gesellschaftlich bleibt, seiner Gesellschaftlichkeit und seiner Geschichtlichkeit nicht entfliehen kann. Der aneignende, tätige Mensch ist auch biologisches Wesen, bringt bestimmte körperliche Voraussetzungen mit, die einerseits den Aneignungsprozeß mitformen, andererseits praktisch vom ersten Lebenstag an – und früher – sozial überformt, gewissermaßen zur zweiten Natur des Menschen werden. Diese biologisch-soziale Dialektik, die psychodynamische Seite der biologischen körperlichen Grundlagen, ist von der materialistischen Persönlichkeitstheorie bislang zugunsten gesellschaftlicher Determination vernachlässigt worden. Auch die «menschliche Natur» ist *wesentlich gesellschaftlich*, ist nichts Passives, sondern psychische Tätigkeit, aktive Auseinandersetzung mit der natürlichen und gesellschaftlichen Umwelt. Die Betonung dieses aktiven Prozesses und seines Subjekts, des einzelnen sozialen Menschen, hat zur Entwicklung einer subjektwissenschaftlichen Persönlichkeitsforschung geführt, deren Ergebnisse noch vorläufig und nicht fertig sind, die aber die fruchtbarsten, weil von beengtem Erkenntnisinteresse gelösten Ansätze vorzuweisen hat. Wichtige Beiträge stammen von Brückner (1972; 1982; 1983), Holzkamp (1973; 1983), Leontjew (1973), Rexilius (1977) und Sève (1972). Eine Stagnation dieser vielversprechenden Entwicklung ist unverkennbar, nicht zuletzt als Ergebnis einer politischen und wissenschaftlichen Ausgrenzung der meisten ihrer Vertreter.

Neue Impulse

Ein «Paradigmenwechsel» in der traditionellen Persönlichkeitsforschung bahnt sich zur Zeit im europäischen Ausland an. Auf der Grundlage einer Neuformulierung systemtheoretischer Grundlagen zu einem «neuen systemischen Paradigma» (Morin, 1991) werden der Persönlichkeit «antagonistische Kräfte» zugesprochen, es wird die Integration sozialwissenschaftlicher Theorien und Forschungsergebnisse in die Psychologie gefordert, und es wird betont, daß das Individuum nur in seinem Zusammenhang, in seiner widersprüchlichen Interaktion mit seiner – natürlichen und gesellschaftlichen – Umwelt richtig verstanden werden kann (Caprara & van Heck, 1992). Persönlichkeitstheorie wird als *integrative* Wissenschaft verstanden, die von anderen psychologischen Teildisziplinen profitiert wie diese von ihr. *Verstehen* wird wichtiger als Erklären, Individuum und Umwelt werden als offene Systeme betrachtet, die *dynamisch interagieren* (ebd., S. 465). «Persönlichkeitspsychologie ist die Brücke zwischen Mikro- und Makro-Phänomenen, zwischen Basisprozessen und dem Funktionieren des Gesamtzusammenhanges» (ebd., S. 469). Diese Entwicklung kann aus subjektwissenschaftlicher bzw. kritisch-psychologischer Sicht nur begrüßt werden, weil sie bedeutet, daß der Blick wieder mehr auf den Menschen in seinem Zusammenhang mit seinen Lebensverhältnissen gerichtet wird. Diesem neuen Paradigma fehlt aber weiterhin ein Begriff von Gesellschaft, der ihre kapitalistische Wirklichkeit erfaßt, wie ein Begriff des Menschen als Subjekt seiner Lebensverhältnisse. Zudem werden hier Überlegungen als neue Erkenntnisse ausgegeben, die in der kritischen Psychologie seit Jahrzehnten selbstverständlich sind, ohne daß auf sie Bezug genommen wird, was innerhalb der scientific community mehr als einen Stilbruch darstellt. Schließlich fällt dieses neue Denken in seiner analytischen und konkreten Konsequenz weit hinter die materialistischen Theorieansätze zurück, könnte aber eine Grundlage für einen Fortschritt in der Persönlichkeitspsychologie sein, zu dem beide Ansätze gemeinsam beitragen. In die deutsche traditionelle Psychologie haben diese Impulse bislang keinen Eingang gefunden. Sie ist – wie die traditionelle Psychologie überwiegend – entweder in methodisch-nomothetischer Enge erstarrt oder postmodern zerfasert.

Literatur

Adorno, T. W. (1972). Soziologische Exkurse. Frankfurt/M.
Adorno, T. W. & Horkheimer, M. (1944). Dialektik der Aufklärung. Amsterdam.
Bernfeld, S. (1926). Sozialismus und Psychoanalyse. Der Kampf. Sozialdemokratische Monatsschrift, 19, S. 385–389.
Brückner, P. (1972). Zur Sozialpsychologie des Faschismus. Frankfurt/M.
Brückner, P. (1982). Psychologie und Geschichte. Frankfurt/M.
Brückner, P. (1983). Zerstörung des Gehorsams. Frankfurt/M.
Caprara, G.-V. & van Heck, G. L. (1992). Modern Personality Psychology. London.
Cattell, R. B. (1950). Personality: A Systematic, Theoretical, and Factual Study. New York.
Fenichel, O. (1931). Rezension: Wilhelm Reich, Dialektischer Materialismus und Psychoanalyse. Unter dem Banner des Marxismus, XVII, S. 132–137.
Holzkamp, K. (1973). Sinnliche Erkenntnis. Frankfurt/M.
Holzkamp, K. (1983). Grundlegung der Psychologie. Frankfurt/M.
Leontjew, A. N. (1973). Probleme der Entwicklung des Psychischen. Frankfurt/M.

Marx, K. (1969). Thesen über Feuerbach. MEW Bd. 3. Berlin (DDR).
Mischel, W. (1973). Toward a Cognitive Social Learning Reconceptualization of Personality. Psychological Review, 80, S. 252–283.
Morin, E. (1991). La méthode. Bd. IV. Les idées. Leur habitat, leur vie, leur mœurs, leur organisation. Paris.
Politzer, G. (1929). Kritik der Grundlagen der Psychologie. Frankfurt / M.
Reich, W. (1929). Dialektischer Materialismus und Psychoanalyse. Unter dem Banner des Marxismus, 3, S. 736–771.
Rexilius, G. (1977). Grundzüge einer kritischen Psychologie. Gießen.
Rubinstein, S. L. (1971). Sein und Bewußtsein. 's-Gravenhage.
Sève, L. (1972). Marxismus und Theorie der Persönlichkeit. Frankfurt / M.

Günter Rexilius

Phänomenologie

Der von J. H. Lambert gebildete erkenntnistheoretische Begriff macht nach uneinheitlichem Gebrauch per Neudefinition zu Beginn des 20. Jahrhunderts Karriere als Titel der von Edmund Husserl begründeten philosophischen Bewegung. Vorleistungen erbringt Franz Brentanos Deskriptive Psychologie, die im Bewußtsein als Grundzug dessen intentionale Struktur freilegt. So präfiguriert sie den für die Phänomenologie erkenntnistheoretischen Zentralbegriff Intentionalität, wonach Bewußtsein immer Bewußtsein-von-etwas ist. Was in der Welt erscheint, ist nur in bezug auf das es im Wie seines Gegebenseins erfahrende Bewußtsein (vgl. Husserl, 1992 a). Für dessen Thematisierung ist die natürliche Einstellung, in der sich außerphilosophische Vorstellungen über Ich und Welt halten, in ihrer Geltung erkenntniskritisch einzuklammern. So zeigt sich als Sache der Phänomenologie das durch seine intentionale Struktur bestimmte Bewußtsein, sofern es in seinen sinnkonstituierenden Leistungen die Welt und alle Gegenstände in den vertrauten Sinnverweisungszusammenhängen universal begründet als intentionales Korrelat der phänomenologisch auszuweisenden Auffassungsmodi. Die konstituierenden Bewußtseinsleistungen in ihrem Strukturreichtum in Evidenz deskriptiv zu erfassen, ist Aufgabe und Ziel der Phänomenologie. Später bildet Husserl sie im Sinne einer Letztbegründung der Subjektivität zur Transzendental-Phänomenologie um (vgl. 1992 b) und bewirkt so die Aufspaltung der Phänomenologie. Für die Psychologie wichtig ist die Wende zur hermeneutischen Phänomenologie durch Martin Heidegger. Die phänomenologische Deskription wird zur Auslegung der menschlichen Existenz, die sich auf Möglichkeiten hin entwirft, deren Spielraum in der Bestimmtheit ihrer Faktizität immer schon verendlicht ist (vgl. Heidegger, 1979). Im Aufweis existentialer Strukturen wie Verstehen, Befindlichkeit, Furcht/Angst wird das menschliche Sein in der Welt Ausgang und Thema für die in kritischer Auseinandersetzung mit der Psychoanalyse ausgebildete Daseinsanalyse (vgl. Binswanger, 1993; Boss, 1975). Einen für die Psychologie produktiven Ansatz bietet auch Merleau-Pontys vom Leiblichen aus entfaltete Phänomenologie der Wahrnehmung (vgl. 1966).

Literatur

Binswanger, L. (1993). Grundformen und Erkenntnis menschlichen Daseins. Heidelberg.
Boss, M. (1975). Grundriß der Medizin und Psychologie. Stuttgart.
Heidegger, M. (1979). Sein und Zeit. Tübingen.
Herzog, M. (1992). Phänomenologische Psychologie. Grundlagen und Entwicklungen. Heidelberg.
Husserl, E. (1992 a). Logische Untersuchungen. 3 Bde. Hamburg.
Husserl, E. (1992 b). Ideen zu einer reinen Phänomenologie und phänomenologischen Philosophie. Erstes Buch. Hamburg.
Lembeck, K.-H. (1994). Einführung in die phänomenologische Philosophie. Darmstadt.
Merleau-Ponty, M. (1966). Phänomenologie der Wahrnehmung. Berlin.

Hans-Helmuth Gander / Maria Borcsa

Phantasie

Mit Kant findet sich eine erste moderne Definition einer aus Erfahrung abgeleiteten sog. reproduktiven Phantasie, die Anschauung (Sinnlichkeit) und Verstand (Begrifflichkeit) verbinde. Dieses Grundvermögen der Imagination liege aller Erkenntnis – auch der naturwissenschaftlichen – zugrunde. Schopenhauer ordnet die Phantasie dem Nacht- und Tagtraum sowie dem Unbewußten zu; Fichte konzipiert den Zusammenhang von Vorbewußtem und Imagination und legt damit Grundlagen für die Kategorie des Noch-nicht-Bewußten bei Bloch. Die gestaltpsychologischen Theorien beziehen Phantasien in die verhaltensbestimmenden Wahrnehmungen eines Individuums ein: Phantasien gehören dort neben Sehnsüchten, Plänen usw. zu den Repräsentationen von Zukunft und nehmen in diesen Aspekt die aus anderer, materialistischer Sicht getroffene Aussage Oskar Negts vorweg, Phantasie sei nicht nur Ausdruck von Erfahrung, sondern lege sich dysfunktional «quer» zur verwerteten Zeit und schaffe hierüber individuelle Freiräume. In den psychoanalytischen Theorien verweist Phantasie auf den Gegensatz von Imagination und Realitätswahrnehmung bzw. -prüfung, auf die Differenz von Imaginärem und Realem. In der Topik des psychischen Apparats von *Es – Ich – Überich* sowie *bewußt – vorbewußt – unbewußt* lassen sich Phantasien nicht eindeutig zuordnen. So sind sie als Tagträume vom Subjekt im Wachzustand ersonnene Szenen, Episoden, Fiktionen, z. B. im «Familienroman» des Neurotikers. In dem Maße, in dem die Phantasie mit einem Wunsch verwoben ist, wird sie auch Ort der Abwehroperation und ist eine Wunschinszenierung, die bereits das Verbot des – unbewußten – Wunsches enthält. Als «unbewußte Phantasie» verweist Freud auf die postulierte Existenz überindividuell-präexistierender unbewußter Schemata, wie sie von Laplanche & Pontalis als «Urphantasie» ausgearbeitet wurden. In den individualpsychologischen Theorien werden Phantasien als Ausdruck subjektivierter Bedürfnisse begriffen, die in «stellvertretenden Handlungen» latent ausgedrückt werden und sowohl bewußt als auch unbewußt sein können. Problematisch ist an den Modellvorstellungen, daß Phantasie(n) nicht als aktive Leistung des Individuums begriffen, sondern auf eine sich aufdrängende, verdichtende, imitative Reproduktion von Wahrnehmungs- und Erinnerungsinhalten reduziert werden. Lediglich einige psychotherapeutische Methoden greifen die imaginativen Fähigkeiten zur Erzeugung und Durcharbeitung von gezielt (eigen-)induziertem Tagtraummaterial als aktives Moment auf. Entsprechend wenig wird die Phantasietätigkeit als Chance zur Schaffung individueller Entlastung und Freiräume wahrgenommen. Phantasie wird von autoritären Charakteren und Ideologien als egozentrische Rückzugsmöglichkeit, als Fluchtversuch vor Leistungsansprüchen verkannt und disqualifiziert, anstatt ihre sinnlich-kompensatorischen Widerstands- und Lösungsmöglichkeiten in zweckrational bestimmten Lebenszusammenhängen anzuerkennen.

Literatur

Kamper, D. (Hg.). (1986). Macht und Ohnmacht der Phantasie. Darmstadt/Neuwied.
Laplanche, J. & Pontalis, J.-B. (1992). Urphantasie. Phantasien über den Ursprung, Ursprünge der Phantasie. Frankfurt/M.

Ulrich Kobbé

Physiologische Psychologie

Der Wissenschaftsbegriff physiologische Psychologie besitzt gegenwärtig vier unterschiedliche Bedeutungen. (1) *Historisch* wurde die Bezeichnung erstmals von Wundt 1874 als Titel für ein psychologisches Lehrbuch verwendet. Ausgangspunkt dieser Entwicklung war das 1833 bis

1840 erschienene «Handbuch der Physiologie» von J. Müller, weitere wichtige Vertreter der physiologischen Psychologie waren Helmholtz und Ziehen. Da im 19. Jahrhundert Physiologie häufig auch in der allgemeineren Bedeutung von Biologie verwendet wurde, entspricht dieser historische Begriff physiologische Psychologie etwa dem einer naturwissenschaftlichen Psychologie. (2) Im engeren Sinn bezeichnet die physiologische Psychologie ein *Teilgebiet der Psychologie*, das sich mit dem Zusammenhang von Gehirn und Verhalten befaßt. Die physiologische Psychologie ist eine hochentwickelte, forschungsintensive Teilwissenschaft, die in Deutschland etwa von 150 Spezialisten betrieben wird. Zu ihren Forschungsmethoden gehören verschiedene Arten von Tierversuchen. (3) Gegenwärtig erfolgt eine Erweiterung der physiologischen Psychologie zu einer *Biologischen Psychologie*, die sich nicht mehr auf die Beziehung Zentralnervensystem (ZNS) – Verhalten beschränkt, sondern die Auswirkungen aller organismischen Reaktionen auf Verhaltensreaktionen einschließt (vgl. Birbaumer & Schmidt, 1996). Die Bezeichnung «biologisch» ist mißverständlich, da dieser Begriff auch andere Wissenschaften wie die Ethologie und Evolutionsforschung einschließt, die in der Biologischen Psychologie bisher kaum berücksichtigt werden (vgl. Schurig, 1985). Von Entwicklungskonzeptionen psycho-physischer Zusammenhänge wie der Naturgeschichte des Psychischen ist die Biologische Psychologie noch weit entfernt und bleibt der traditionellen organismischen Denkweise verhaftet. (4) Physiologische Psychologie wird auch als Sammelbezeichnung für verschiedene Spezialwissenschaften verwendet, die jeweils besondere Kausalbeziehungen im Verhältnis von Gehirn und Verhalten untersuchen. Wichtige derartige Teilwissenschaften sind die Neuropsychologie, Biopsychologie, Psychophysiologie, Psychopharmakologie u. a. In der Psychophysiologie wird vor allem der Einfluß des vegetativen Nervensystems auf das menschliche Verhalten zu einem zentralen Untersuchungsgegenstand. In der klinischen Neuropsychologie wird speziell eine diagnostische Zuordnung psychischer Verhaltensänderungen bei Gehirnverletzungen und deren Lokalisation vorgenommen. In der physiologischen Psychologie in der allgemeinsten Bedeutungsvariante werden vor allem drei methodologisch-experimentelle Verfahren zur Untersuchung des Kausalzusammenhangs zwischen nervösem Erregungsgeschehen und dem subjektiven und bewußten Erleben herangezogen:

1. *Registrierung spezieller physiologischer Parameter von ZNS und peripherem Nervensystem:* Zu diesen an Tier und Menschen ableitbaren Biosignalen gehören das Elektromyogramm, Messungen des elektrischen Hautwiderstandes, Schweißsekretion, Messungen des Blutdrucks

und der Atmungsfrequenz, deren Amplituden- und Frequenzkriterien die Datenbasis der physiologischen Psychologie bilden. Durch die polygraphische Ableitung wichtiger Funktionsgrößen des peripheren Nervensystems und die Korrelation der verschiedenen Meßwerte, die jeweils aber auch eine spezielle Eigendynamik besitzen, ergibt sich ein globales Abbild der psycho-physischen Reaktionslage, die außerdem von Persönlichkeitsfaktoren abhängig ist. Psycho-physiologische Meßverfahren sind eine wichtige Datengrundlage in der Aktivierungs- und Orientierungsforschung, wie sie von Lindsay und Duffy begründet wurde, der von Selye initiierten Streßforschung und der Persönlichkeitsforschung. Die Auswertung kurzfristiger psycho-physischer Reaktionen auf emotionale Belastungen, bestimmte Bilder oder Fragestellungen ist schon deshalb fragwürdig, da z. B. auch eine reizunabhängige Biorhythmik des parasympathischen und des sympathischen Teils des vegetativen Nervensystems existiert. Die ergotrophen und trophotrophen Reaktionslagen können situationsbedingte Reiz-Reaktionsbeziehungen erheblich beeinflussen. Inwieweit von der psycho-physischen Reaktionslage vegetativ beeinflußter Organsysteme auch Rückschlüsse auf kognitive Prozesse möglich sind, muß schon deshalb unscharf bleiben, weil vegetativ emotionale Zustandsgrößen wie Muskelbewegungen oder Blutdruck immer nur globale Indikatoren bleiben. Zunehmend werden auch biochemische Kennwerte wie freie Fettsäuren etc. registriert. Das wichtigste Meßverfahren auf der Methodenebene ist das Elektroenzephalogramm (EEG) zur Registrierung der spontanen oder ausgelösten elektrischen Aktivitäten des ZNS, insbesondere der Großhirnrinde.

2. *Läsion als Ausschaltung bestimmter Zellareale des ZNS:* Gehirnläsionen können bei Gehirnverletzungen bzw. auch als Folgen chirurgischer Eingriffe auftreten oder sie werden tierexperimentell erzeugt. Da Nervenzellen sich nicht regenerieren, führen Läsionen zu einer irreversiblen Veränderung des ZNS. Obwohl die Läsionsmethode sehr häufig experimentell eingesetzt wird, sind ihre Aussagen schwer zu interpretieren, da das Gehirn auf solche extremen Eingriffe als Ganzes reagiert und der Ausfall eines Hirnareals zu nicht vorhersagbaren Funktionsänderungen intakter Hirnteile führt.

3. *Stimulation definierter kortikaler und subkortikaler Hirnareale durch mechanische, thermische oder chemische Reizung:* Meist werden Elektroden eingestochen und die bei einer elektrophysiologischen Reizung auftretenden Verhaltensänderungen registriert. Dazu werden stereotaktische Geräte verwendet, die den Elektrodenzielpunkt anhand von Hirnkarten in einem Koordinatensystem bestimmen. Historisch gewann das Stimulationsverfahren 1952 durch die Tierexperimente von Olds

und Milner an Bedeutung, da in der Formatio reticularis «pleasure centers» nachgewiesen werden konnten, die in weiteren Versuchen durch die positive Bekräftigung zu einer permanenten Selbstreizung der Versuchstiere führten. Zu den wichtigsten Fragestellungen, die mit den verschiedenen Methoden der physiologischen Psychologie analysiert werden, gehören die Schlaf- und Traumforschung, das Aktivierungskonzept und Habituationsprozesse, homöostatische und nichthomöostatische Motivationsprozesse (Vermeidung, Flucht, Aggression) sowie die Streßforschung.

Literatur

Birbaumer, N. & Schmidt, R. F. (1996). Biologische Psychologie. Berlin / Heidelberg / New York.
Dudel, J., Menzel, R. & Schmidt, R. F. (1996). Neurowissenschaften. Berlin / Heidelberg.
Hülshoff, T. (1996). Das Gehirn. Bern / Göttingen / Toronto / Seattle.
Schandry, R. (1996). Lehrbuch der Psychophysiologie. Weinheim.
Schurig, V. (1985). Das biologische Defizit der psychologischen Psychologie. Forum Kritische Psychologie, 17, S. 25–40.
Wundt, W. (1874). Physiologische Psychologie Bd. I u. II. Leipzig.

Volker Schurig

Politische Psychologie

Die Geschichte des Fachs spiegelt mit großer Genauigkeit Aufstieg und Fall wissenschaftlicher Hoffnungen und Verblendungen und ist daher vor allem die seiner Schulen. Wesentliche historische Ausgangspunkte bildeten Analysen der Massenseele und ihrer Irrationalität (LeBon, Freud), die Vermittlung von Subjektivität und Herrschaft in den Analysen der Frankfurter Schule (Fromm, Adorno u. a.), die Triebtheorie des Faschismus (Reich) und die Forschungen über Politische Kulturen, Systemloyalität, Parteiidentifikation und politische Problemwahrnehmung der amerikanischen Comparative Politics (vgl. Moser 1988; Preiser, 1993).

In Deutschland wurde Politik nach dem Nationalsozialismus für die Psychologie zu einem Tabu in jeder Hinsicht – sowohl als Gegenstand, der per se das Objektivitätspostulat problematisierte, wie auch hinsichtlich der eigenen fachlichen Verstrickungen in das Regime. 1958 gründete eine kleine Gruppe um Walter Jacobsen die Sektion Politische Psychologie im Berufsverband Dt. Psychologen (BDP). Der Kreis dieser Traditionalisten war einem positivistischen Wissenschaftsverständnis verpflichtet und betonte einerseits die methodisch begründete Objektivität von

Politischer Psychologie, andererseits ihre Nützlichkeit für eine demokratische Fundierung politischer Bildung und Sozialisation. Erst mit der Studentenbewegung fanden ihre Konzepte und Probleme, besonders durch Herbert Marcuse, ein breites akademisches Publikum. Die Verbindung von Psychoanalyse und politisch-ökonomischer Analyse in der Tradition der Frankfurter Schule und Marcuses wurde vor allem in der «Kritischen Theorie des Subjekts», namentlich Klaus Horn, entfaltet. Gleichzeitig entwickelte sich um Klaus Holzkamp die «Kritische Psychologie», die auf einem historischen Materialismus realsozialistischer Lesart aufbaute. Sie hat sich einer Zuordnung zur Politischen Psychologie verweigert, da sie mit der Etablierung einer Subdisziplin eine Entpolitisierung des Gesamtfachs befürchtete.

Einen Integrationsversuch der verschiedenen Richtungen unternahmen die Kongresse der Sektion Politische Psychologie (BDP) ab 1978 (Moser, 1979; 1981). Heute ist zu konstatieren, daß die Integrationshoffnungen gescheitert sind. An politisch-psychologischen Themen arbeiten mehrere, selten kooperierende Gruppierungen mit unterschiedlichen Wissenschafts- und Gesellschaftstheorien: ein Arbeitskreis in der Deutschen Vereinigung für Politische Wissenschaft mit jährlichen Symposien am Sigmund-Freud-Institut (Frankfurt); die um die Zeitschrift «Forum Kritische Psychologie» (Morus Markard, Ute Osterkamp, W. Maiers) gruppierte Kritische Psychologie; sporadisch mit Einzelthemen die Deutsche Gesellschaft für Psychologie, ähnlich die Neue Gesellschaft für Psychologie; feministische Sozialwissenschaft und Frauenforschung (Regina Becker-Schmidt, Frigga Haug); soziologische und psychologische Assimilationen psychoanalytischer Konzepte und Theorie, namentlich die Tiefenhermeneutik (Thomas Leithäuser, Birgit Volmerg, Klaus Ottomeyer, Hans-Dieter König). Dazu sind eine Reihe weiterer programmatischer Kristallisationspunkte vorhanden wie die Zeitschrift «Psychologie und Gesellschaftskritik». Die zahlenmäßig größte Fachgruppierung Politischer Psychologie ist die Sektion des BDP mit jährlichen Workshop-Kongressen (ca. 120–350 Teilnehmende). Sie trägt wesentlich die «Zeitschrift für Politische Psychologie» (ZfPP), einen der wenigen Veröffentlichungsorte, wo die verschiedenen Ansätze gleichermaßen zur Diskussion kommen.

Da die Hauptdisziplinen über karriererelevante Ressourcen (Stellen, Projektmittel, Berufungen) entscheiden, saß Politische Psychologie immer zwischen den Stühlen: Politologie, Soziologie und Psychologie empfanden sie mit ihren Forderungen nach Methodenvielfalt, sozialer Relevanz und problemorientierter Interdisziplinarität als lästige Mahnerin oder gar potentielle Konkurrenz.

International ist die Zusammenarbeit der Politischen Psychologie lebhafter und offener. Die International Society of Political Psychology (mehrheitlich kommen die Mitglieder aus den USA) gibt die Zeitschrift «Political Psychology» heraus; eher europazentriert ist die Zeitschrift «Politics, Groups and the Individual». Politische Psychologie hat also viele Foren, aber keinen Einheitsrahmen. Auch die Themenvielfalt ist enorm: von Terrorismus über Politische Bildung und Sozialisation, Wertewandel, Umweltbewußtsein, Wahlverhalten, Gewaltbereitschaft, Führung, Identitäten, politischer Traumatisierung, interkulturellen Konflikten, Organisationsentwicklung und Verwaltungsreform, Mediation, Propaganda, soziale Repräsentationen und Konstruktionen oder Medienwirkungen bis hin zu politischer Psychopathologie (vgl. Hermann, 1986; Knutson, 1973; ZfPP ab 1993).

Politische Psychologie ist infolge ihres Strebens nach sozialer Relevanz anfällig für Modethemen, aber sie dient dadurch auch als innovativer Durchlauferhitzer: Sie darf spannende neue Felder erschließen, bis sie für breitere Teile der Hauptfächer interessant sind, die sich dann mit viel Aufwand darauf stürzen (so jüngst bei den Auswirkungen der Computertechnologie auf Identität, Kommunikation und Sozialisation). Diese «Trüffelschwein-Funktion» mag ein Grund für die zunehmende Akzeptanz von Politischer Psychologie als informellem kleinen Anwendungsfach in der Psychologie sein. Denn damit trägt sie zu Berufsfelderschließung, Methodeninnovation und Perspektivenweiterung bei. Aber auch innerhalb der ‹Mainstream›-Psychologie wird differenzierte Kritik an Verfahren, Konzepten und ihrer mangelnden Integration und Relevanz deutlich.

Die potentiellen Beiträge der Politischen Psychologie zur Professionalisierung des Gesamtfachs sind noch nicht ausgeschöpft. Ein Dilemma wird jedoch deutlich, je weiter Politische Psychologie sich auf politisch relevante, anwendungsbezogene Arbeit einläßt: Für das große Ziel einer selbstkritischen Reflexion eigener Methoden und Begriffe am Erkenntnisinteresse bleibt oft nicht viel Raum im psychologischen Handeln. Genau diese Reflexion ist es aber, die der Politischen Psychologie ihre innovative Spannung verleiht. Vollmundige gesellschafts- und wissenschaftstheoretische Anweisungen verfehlen hingegen die Spielräume der Professionalisierung im konkreten sozialen Feld.

Literatur

Hermann, M. G. (Hg.). (1986). Political Psychology. Contemporary Problems and Issues. San Francisco / London.

Knutson, J. N. (Hg.). (1973). Handbook of Political Psychology. San Francisco.

Moser, H. (1979). Ansätze und inhaltliche Struktur einer Politischen Psychologie. In: H. Moser (Hg.), Politische Psychologie (S. 19–52). Weinheim.
Moser, H. (Hg.). (1981). Fortschritte der Politischen Psychologie. Bd. I. Weinheim / Basel.
Moser, H. (1988). Politische Psychologie. In: R. Asanger & G. Wenninger (Hg.), Handwörterbuch der Psychologie (S. 556–562). München.
Preiser, S. (1993). Politische Psychologie. In: A. Schorr (Hg.), Handwörterbuch der Angewandten Psychologie (S. 522–529). Bonn.

Helmut Moser

Postmoderne Psychologie

Als philosophischer Diskurs, als Thematisierung aktueller Lebenswelten sowie als Ästhetisierung stellt postmodernes Denken Grundannahmen der Psychologie in Frage. Eben damit eröffnet es jedoch auch neue Möglichkeiten für psychologisches Wissen und Handeln. «Postmoderne» steht für eine Reihe von auch anders lautenden Kennzeichnungen der in der abendländischen Kultur gegenwärtigen «Moderne» (u. a.: «reflexive Moderne», «unerkannte Moderne», «andere Moderne»), wobei eine Radikalisierung ebenso wie ein Aufbrechen des szientistischen Programms dieses Zeitalters gemeint ist. Gemeinsam ist ihnen der Verweis auf die weder eingelösten noch einlösbaren Totalentwürfe von rationaler Ordnung und Beherrschung einer Welt, als deren Zentrum das denkende und schaffende Subjekt angenommen wird. Postmodernes Denken, als Skepsis gegenüber jenen Großentwürfen schon früh aufgetaucht (u. v. a.: Montaigne, die Romantiker, Nietzsche, die Literatur und Kunst des Fin de siècle), verbreitete sich seit den 70er Jahren vor dem Hintergrund des drastischen Scheiterns von Totalitarismen in Weltanschauung und Politik, von wissenschaftlich-technischen und ökonomischen Großentwürfen. Es wird mit ihm das Besondere, Lokale, Zeitgebundene gegenüber dem Allgemeinen, Ort- und Zeitlosen thematisiert (Toulmin, 1991), die Vielfalt in gegenwärtigen Rationalitätskonzepten, Lebensformen und Gestaltungsmöglichkeiten ins Gespräch gebracht. In Übereinstimmung mit physikalisch-mathematischen Theoremen aus diesem Jahrhundert (Relativitätstheorie, Unschärferelation, Theorie der Fraktale, Konnektionistisches Paradigma der Informatik) werden Bezugssysteme eines präsumptiv geordneten Ganzen verabschiedet, wird diskreten Strukturen in mannigfachen Relationen Beachtung geschenkt. Es enden – wie Lyotard es für die Möglichkeiten zeitgenössischen Wissens benennt – die «großen Erzählungen» zugunsten von «Paralogien» und des «Widerstreits der Diskursarten» (Lyotard, 1993).

Die Wissenschaft Psychologie ist ein vergleichsweise spätes Produkt der Moderne. Koch (1959) kritisiert ihr erstes Jahrhundert als eine Phase abgehobenen, inhaltsleeren und selbstreferentiellen Bemühens um eine einheitliche theoretische Fassung. Die meisten ihrer Paradigmenstifter lehnten sich an die klassischen Naturwissenschaften an, die jedoch häufig in schon überholter Form rezipiert wurden. In der naturwissenschaftlich orientierten Psychologie entwickelten sich demonstrative Methodenzentriertheit, Streben nach Universalität, formale Rationalität (u. a. des hypothetico-deduktiven Verfahrens und der Variablenkonstruktion). Trotz der in ihrer Geschichte immer präsenten gegenläufigen Intentionen (schon zu Beginn: W. James, partiell Wundt, Freud) hält sich die «moderne» Option bis in die Gegenwart: «Experimentelle Psychologen sind Seefahrer auf der Suche nach Inseln der Ordnung ... Daß es solche Inseln der Ordnung gibt, davon sind sie überzeugt» (Westmeyer, 1994, S. 50). Der postmoderne Einwand wäre schon mit Wittgenstein zu formulieren. Er kritisiert das «Streben nach Allgemeinheit», «unsere Voreingenommenheit für die naturwissenschaftliche Methode», die versucht, «die Erklärung von Naturerscheinungen auf die kleinstmögliche Anzahl primitiver Naturgesetze zurückzuführen ... Diese Tendenz ist die eigentliche Quelle der Metaphysik» (1984, 5:38, 5:39). Postmoderne Psychologiekritik greift im weiteren auch die Universalentwürfe humanistischer, hermeneutisch arbeitender und Kritischer Psychologen an (vgl. Kvale, 1992; Sichler, 1994; Mattes, 1994). Hier wird die Unhaltbarkeit der den «großen Erzählungen» entstammenden Konzepte des sich entfaltenden Subjekts, des sich entbergenden Sinns und der dialektisch sich entwickelnden Gesellschaft in Frage gestellt. Solche Gesamtzusammenhänge sind nicht (mehr) einholbar. Kognitiv und sozial verhandelbar sind dagegen Disparates, Kontingentes und Fraktioniertes.

Schließlich will postmoderne Kritik weg vom paradigmatischen, wissenschaftlich verpflichtenden Denken und hin zur «ent-unterwerfenden» Bewegung in Diskursen. Im Anschluß an Foucaults philosophisch-historische Analysen werden Unterwerfungs- und Ausschlußdispositive untersucht, die nicht nur in den Konzepten der naturwissenschaftlich orientierten Psychologie zu finden, sondern auch in die Grundannahmen der qualitativ arbeitenden Psychologie (Individualität, Persönlichkeit, Subjektivität) sowie deren Methoden (Gesprächsführung, Interpretation, Psychoanalyse) eingeschrieben sind. Statt dessen werden vielstimmige, anarchische Diskursformen favorisiert, die Konzept- und Methodenbildung pluralisieren und dezentrieren (Feyerabend, 1980). «Die Vielheit hat weder Subjekt noch Objekt» (Deleuze & Guattari, 1977, S. 13), was den generalisierten Beobachter ebenso wie einen generalisierten Untersuchungsgegenstand zugunsten rhizomartig sich bildender Konstellationen auflöst.

Postmodern orientierte Persönlichkeits- und Sozialpsychologen verweisen auf die alltäglich gewordenen Lebensformen des «proteischen» (Keupp, 1996) oder des in der Vielfalt der sozialen Beziehungen konstruierten «sozial gesättigten» (Gergen, 1991) Selbst. In diesen Szenarien erscheint die Suche nach und das Denken eines Selbst als Identität, als – allerdings verbreitete – reaktive Abwehr. Die dort tendenziell noch beibehaltenen Substanzannahmen vom gesellschaftlichen Subjekt werden von Narrativen (auch: Diskursiven) Psychologen (u. a. Shotter & Gergen, 1989; Edwards & Potter, 1992; Vaassen, 1996) aufgelöst. Sie analysieren, «dekonstruieren» Texte, in denen Verweisungen, Brüche, Ungleichzeitigkeiten aufgespürt, Differentes und Nicht-Präsentes zur Sprache gebracht werden können. Subjektivität wird als narrativ konstruiert, als rhetorisch performativ und als intertextuell relationiert angesehen. Hier trifft sich postmoderne Psychologie mit dem «linguistic turn» in den Geistes- und Kulturwissenschaften sowie in der Kognitiven Psychologie (Harré & Gillett, 1994). Einen Mittelweg zwischen Lebenswelt- und Textanalyse sucht dagegen die Reflexive Sozialpsychologie. In der Untersuchung lebensweltlicher Zusammenhänge stellt sie die Frage: «Wer erzählt mir, wer ich bin?» (Keupp, 1996).

Literatur

Deleuze, G. & Guattari, F. (1977). Rhizom. Berlin.

Edwards, D. & Potter, J. (1992). Discursive Psychology. London.

Feyerabend, P. (1980). Erkenntnis für freie Menschen. Frankfurt/M.

Gergen, K. J. (1991). The saturated self. Dilemmas of identity in contemporary life. New York.

Harré, R. & Gillett, G. (1994). The discursive mind. Thousand Oaks.

Keupp, H. (1996). Wer erzählt mir, wer ich bin? Identitätsofferten auf dem Markt der Narrationen. Psychologie & Gesellschaftskritik, 20, H. 4, S. 39–64.

Koch, S. (1959). Epilogue. In: Koch, S. (Hg.), Psychology: a study of a science (S. 729–788). New York.

Kvale, S. (Hg.). (1992). Psychology and postmodernism. London.

Lyotard, J.-F. (1993). Das postmoderne Wissen. Ein Bericht. Wien.

Mattes, P. (1994). Kritische Psychologie am Grabmal des Intellektuellen – «Handlungsfähigkeit» in postmoderner Sicht. Journal für Psychologie 2, H. 2, S. 29–36.

Shotter, J. & Gergen, K. J. (Hg.). (1989). Texts of identity. London.

Sichler, R. (1994). Pluralisierung und Perspektivität. Überlegungen zu einer postmodernen Version interpretativer Forschung. Journal für Psychologie 2, H. 2, S. 5–15.

Toulmin, S. (1991). Kosmopolis. Die unerkannten Aufgaben der Moderne. Frankfurt/M.

Vaassen, B. (1996). Die narrative Gestalt(ung) der Wirklichkeit. Grundlinien einer postmodern orientierten Epistemologie der Sozialwissenschaften. Braunschweig.

Westmeyer, H. (1994). Psychologie – eine Wissenschaft in der Krise? In: A. Schorr (Hg.), Die Psychologie und die Methodenfrage. Reflexionen zu einem zeitlosen Thema (S. 37–53). Göttingen.
Wittgenstein, L. (1984). Das Blaue Buch. Frankfurt/M.

Peter Mattes

Prävention

Prävention gehört in der Fachdiskussion zu jenen Forderungen, die unbestritten scheinen und überall vertreten werden. Der Begriff signalisiert per se Innnovation und Fortschritt und droht damit gleichzeitig zum Schlag- und Modewort zu verkommen. So spricht Trojan von der «Unübersichtlichkeit» der Präventionslandschaft (1992), in der bruchlos «konservative Zugangsweisen» neben neuen Konzepten im fortschrittlichen Licht (der Prävention) erscheinen. Es gibt viele Bemühungen der begrifflichen Abklärung (vgl. Röhrle, 1992). Meist wird aber auf die klassische Einteilung von Caplan (1964) in primäre, sekundäre und tertiäre Prävention zurückgegriffen, wobei sekundäre und tertiäre Prävention sich in der Praxis auf Beratung und Rehabilitation beziehen lassen. Andere begriffliche Einteilungen beziehen sich stärker auf die Zielrichtung der Prävention. Sie unterscheiden zwischen System- versus Personorientierung oder Verhältnis- versus Verhaltensprävention. In der Praxis wurden vor allem Maßnahmen zur individuellen Verhaltensänderung durchgeführt (mit den klassischen Methoden des «Screening», der Aufklärung, über Beratungs- und Trainingsmaßnahmen u.a.). Systemorientierte Ansätze verblieben meist auf der Ebene von Appellen bzw. wurden in Teilen auf einer administrativen Ebene umgesetzt. Den verschiedenen Strategien liegen biomedizinische versus sozialwissenschaftliche Erkenntnismodelle zugrunde, die Zugangsweisen und Konsequenzen für die Praxis der Prävention bedingen. So verlagert ersteres Paradigma die Krankheitsursachen in die Person. Adressaten von Verhaltensprävention sind vor allem Menschen, die sich «gesundheitsschädigend» verhalten. Kriterien und Standards werden von den Experten normativ vorgegeben, was die Gefahr indirekter und direkter sozialer Kontrolle beinhaltet. Sozialwissenschaftliche Modelle betonen dagegen den Aspekt der Verhältnisprävention und damit den sozialen und gesellschaftspolitischen Aspekt von Gesundheit. Die Weltgesundheitsorganisation entwickelte das alternative Modell einer Gesundheitsförderung, ausgehend von einem positiven Begriff von Gesundheit. Es bezieht stärker salutogene, soziale, kulturelle, ökonomische und sozialpolitische Faktoren ein. Gemeindepsychologische Perspektiven setzen an dem Gedanken der Gesundheitsförderung als Erweiterung von Lebenssouveränität an und fokussieren es mit dem Konzept von Empowerment (vgl. Keupp, 1993; Stark, 1996). Sie rücken vom «Ziel der Verhinderung» ab und weisen in Richtung Förderung, Gestaltung und Partizipation. Standards werden nicht von den Experten vorgegeben, sondern der Blick richtet sich auf die Lebenswelt der Betroffenen, deren soziale Netzwerke, Selbsthilfepotentiale und sozialökologische Ressourcen.

Literatur

Caplan, G. (1964). Principles of preventive psychiatry. Taristock. London.

Keupp, H. (1993). Die (Wieder-)gewinnung von Handlungskompetenz: Empowerment in der psychosozialen Praxis. Verhaltenstherapie und psychosoziale Praxis, Jg. 25, S. 194–208.

Röhrle, B. (1992). Prävention. Marburg.

Stark, W. (1996). Empowerment. Neue Handlungskompetenzen in der psychosozialen Praxis. Freiburg.

Trojan, A. (1992). Gesundheit fördern oder kontrollieren? In: A. Trojan & B. Stumm (Hg.), Gesundheit fördern statt kontrollieren (S. 9–35). Frankfurt/M.

Renate Höfer

Psychiatrie

Die Psychiatrie ist «dabei, sich einer revolutionären Wende zu unterziehen und sich hauptsächlich an der biologischen Tradition der Medizin neu auszurichten» (Andreasen, 1990, S. 12). Die Psychiatrie ist mehr denn je ein Spezialfach der Medizin, und die biologische Psychiatrie (heute ein Teilgebiet der Psychiatrie), die sich die Aufklärung der biologischen Ursachen, die Verbesserung der Diagnose und die biologische Behandlung der Geisteskrankheiten zum Ziel gesetzt hat (vgl. Müller, 1986), wird langsam zur eigentlichen Psychiatrie. «Die biologische Psychiatrie ist, gerade in ihrem zentralen Interessengebiet, der Aufklärung der endogenen Psychosen, noch kaum über Hypothesen bzw. bloße Arbeitshypothesen herausgekommen», schreibt Feer (1985, S. 24). Ähnliches ist zur Erklärung der postulierten therapeutischen Wirkung der wichtigsten heute eingesetzten biologischen Behandlungsmethoden – Psychopharmaka und Elektroschock – zu sagen.

In den 70er Jahren gab es Anzeichen dafür, daß antipsychiatrische Ideen psychiatrisches Denken nachhaltig zu beeinflussen vermögen. Sozialpsychiater schürten die Hoffnung, daß psychische Störungen vermehrt als psychosoziales Geschehen verstanden und dementsprechend behandelt würden; es sah so aus, als ob – auch innerhalb der Anstalten und sogar bei den endogenen Psychosen – zunehmend psychotherapeutische Behandlungsmethoden eingesetzt würden. Eine erneute Überprüfung ergibt jedoch: Die Scheu vor hohen Dosierungen der umstrittenen Neuroleptika hat abgenommen. «Es gibt Hinweise dafür, daß in manchen Kliniken 30 mg Haloperidol pro Tag gegeben werden, wenn in den frühen sechziger Jahren 3 mg noch ausreichend erschienen» (Finzen, 1995, S. 185). Bisweilen würden sogar Megadosen von mehr als 1000 mg verabreicht. Gleichzeitig muß festgehalten werden, daß Zwangseinweisungen und Zwangsbehandlungen nach wie vor zum Alltag der psychiatrischen Klinik gehören. Vielerorts wurden sozialpsychiatrische Dienste in den Gemeinden eingerichtet, die ambulante psychiatrische Versorgung wurde dichter. Damit verbunden war eine Zunahme der Zwangseinweisungen. Dies wurde u. a. für die Städte Bremen und Hamburg gezeigt (vgl. Bruns, 1986; 1993). Eine Zunahme von «Krankheitsepisoden» und Aufnahmeraten in der Folge einer Ausweitung der psychiatrischen Dienste wurde in verschiedenen Ländern beobachtet. Dies lasse «keinen direkten Rückschluß auf wirkliche Veränderungen der Krankheitshäufigkeiten zu» (Häfner, 1991, S. 26). «Die in einer Gesellschaft gültige Auffassung der Krankheit bestimmt die Arzt-Patient-Relation, welche ihrerseits die Krankheitsvorstellungen bestätigt» (Erdheim, 1988, S. 68). Seine Macht ermöglicht dem Psychiater die Produktion der Realität der Geisteskrankheit (vgl. Foucault, 1980). Der Psychiater trägt damit zur Entstehung der Symptome bei, die er behandelt (vgl. Rufer, 1991).

Die durchschnittliche Aufenthaltszeit in psychiatrischen Kliniken hat sich verkürzt. Doch wird Wert darauf gelegt, daß die entlassenen Schizophrenen und Manisch-Depressiven jahrelang Neuroleptika bzw. Lithium zu sich nehmen. Funktionieren, ohne zu stören, das ist das Ziel dieser Behandlungen. Daß diese Menschen niemals mehr ihr intellektuelles, emotionales und kreatives Potential zu leben vermögen, scheint die Psychiater nicht zu kümmern.

Zudem ist ein weiteres Phänomen zu beobachten. Die Psychiatrie ist zunehmend mit Kritik konfrontiert. Ehemalige Insassen verschaffen sich in den Massenmedien Gehör, sie beanstanden Zwang und Gewalt wie auch die Wirkungen der Neuroleptika, die sie als chemischen Knebel bezeichnen (vgl. Lehmann, 1990). Verschiedene Strategien, auf diese Angriffe zu reagieren, werden ausprobiert: «Während die Euphorie über die Wohltaten und Erfolge der Psychopharmakatherapie in der fachinternen Auseinandersetzung schon in den späten sechziger Jahren der Ernüchterung weicht, werden die unerwünschten Wirkungen der Neuroleptika nach außen heruntergespielt und die positiven Wirkungen hervorgekehrt und nicht selten übertrieben» (Finzen u. a., 1993, S. 34). Führende Psychiater reagieren entrüstet auf Kritik und versuchen mit aller Kraft, nach außen (insbesondere in den Massenmedien) ein möglichst gutes und vertrauenerweckendes Bild ihres Fachs zu zeichnen. Dies verschleiert die Tatsache, daß die Hauptfunktion der Psychiatrie nach wie vor in der Ausübung von sozialer Kontrolle und Überwachung besteht. Der störende Mensch kann jederzeit, insofern er kein Delikt begangen hat, psychiatrisiert werden. Alle Menschen sind psychiatrisierbar geworden, wobei es die unteren gesellschaftlichen Schichten vermehrt trifft. Die Furcht vor der Einweisung, die Angst, nicht normal oder wahnsinnig zu sein, ist allgegenwärtig.

Die Psychiatrie müßte sich ernsthaft der Frage stellen, die Foucault aufgeworfen hat: «Liegt nicht in der Krankheit ein ganzer Knoten von Bedeutungen, der aus dem Umkreis, in dem sie aufgetreten ist, herstammt – und zuvörderst die einfache Tatsache, daß sie in diesem Umkreis als Krankheit abgegrenzt wird?» (1968, S. 90).

Literatur

Andreasen, N. C. (1990). Das funktionsgestörte Gehirn. Weinheim / Basel.
Bruns, G. (1993). Ordnungsmacht Psychiatrie? Opladen.
Bruns, G. (1986). Zwangseinweisungen und ambulante Dienste. Nervenarzt, 57, S. 119–122.
Erdheim, M. (1988). Die Psychoanalyse und das Unbewußte in der Kultur. Frankfurt / M.
Feer, H. (1985). Biologische Psychiatrie. Stuttgart.
Finzen, A. (1995). Medikamentenbehandlung bei psychischen Störungen. Bonn.
Finzen, A., Haug, H.-J., Beck, A. & Lüthy, D. (1993). Hilfe wider Willen. Bonn.
Foucault, M. (1969). Wahnsinn und Gesellschaft. Frankfurt / M.
Foucault, M. (1980). Macht-Wissen. In: F. Basaglia & F. Basaglia-Ongaro. Befriedigungsverbrechen. Frankfurt / M.
Foucault, M. (1968). Psychologie und Geisteskrankheit. Frankfurt / M.
Häfner, H. (1991). Psychiatrie, ein Lesebuch für Fortgeschrittene. Stuttgart / Jena.
Keupp, H. & Zaumseil, M. (Hg). (1978). Die gesellschaftliche Organisierung psychischen Leidens. Frankfurt / M.
Lehmann, P. (1990). Der chemische Knebel. Berlin.
Müller, C. (Hg.). (1986). Lexikon der Psychiatrie. Berlin / Heidelberg / New York.
Rufer, M. (1991). Wer ist irr? Bern.
Rufer, M. (1997). Irrsinn Psychiatrie. Bern.
Wambach, M. M. (Hg). (1980). Die Museen des Wahnsinns. Frankfurt / M.

Marc Rufer

Psychische Krankheit

Mit dem Begriff «psychische Krankheit» werden psychiatrische Krankheiten bzw. Störungen zusammengefaßt. «Störung» und «Krankheit» werden hier bedeutungsgleich verwendet. Die moderne Psychopathologie bevorzugt bisweilen «Störung» (vgl. Weltgesundheitsorganisation, 1993). Die Zulässigkeit des Begriffs «psychisch» im Zusammenhang mit «Krankheit» wird bisweilen angezweifelt, weil psychische Krankheiten ebenso in körperliches Geschehen eingebettet sind wie körperliche Krankheiten in psychische Zusammenhänge (vgl. DSM-IV, 1996). Ebenso wie in der Organmedizin werden in der Psychopathologie die Begriffe «Gesundheit» und «Krankheit» in der Regel nicht definiert. Ferner ist umstritten, ob die Bildung eines abstrakten Oberbegriffs als Zusammenfassung der einzelnen Krankheiten zulässig ist und mehr darstellt als ein sprachliches Artefakt.

Jaspers stellt Krankheit und Gesundheit als «Wertbegriffe» den einzelnen Krankheiten als «Seins- und Geschehensbegriffen» gegenüber. Allerdings seien die Werte, die dem organmedizinischen Gesundheitsbegriff zugrunde liegen (Langlebigkeit, Schmerzfreiheit etc.), intersubjektiv, interkulturell und historisch so allgemein akzeptiert, daß dieser Begriff weitgehend konstant sei, ebenso wie Krankheit als «allgemeiner Unwertbegriff» (Jaspers, 1973, S. 652). Demgegenüber beziehen sich die psychischen Krankheiten auf historisch, interkulturell und intersubjektiv schwankende soziale Normen, und zwar auch dort, wo ihnen nachweislich körperliche Erkrankungen zugrunde liegen. Historisch ist das Irrenhauswesen und später die Psychiatrie entstanden, um lästige oder unheimliche Menschen zusammenzufassen und zu isolieren. Trotz früher Vermutungen, körperliche Krankheiten seien für manche Erscheinungen des Irreseins verantwortlich, leitete die Zuschreibung von sozialem Unwert die Wahrnehmung und Einstufung der psychisch Kranken an. Auch spätere Entdeckungen – Syphilis als Grundkrankheit der Paralyse 1913, hypersynchrone zentralnervöse Potentiale als physiologische Auslöser des epileptischen Anfalls 1928 – haben nichts daran geändert, daß sich im Begriff der psychischen Krankheit «Wertbegriffe und Seinsbegriffe immer miteinander verschlingen» (ebd., 655). Die wechselseitige Durchdringung von negativem Werturteil und Diagnose hat der Tötung von psychisch Kranken im Herrschaftsbereich des Nationalsozialismus vorgearbeitet. Die «Persönlichkeitsstörungen» werden bis heute allein wegen ihrer sozialen Lästigkeit als psychische Störungen aufgefaßt. Die phänomenologische Schule der Psychiatrie hat die Normenfrage bei der Bestimmung von psychischer Krankheit dadurch gegenstandslos zu machen versucht, daß sie eine «qualitative Abnormität» konstruierte, die den Beobachter das Krankhafte als «Wesen» der Auffälligkeit mit unmittelbarer Evidenz wahrnehmen lasse. Damit wurde die feindselig getönte Gleichsetzung von Auffälligkeit und Krankhaftigkeit aus der historischen Psychiatrie wiederholt (vgl. Müller-Suur, 1950). Die semantischen Probleme, das Verhältnis von körperlichen und psychischen Störungen, das Normenproblem und die politische Dimension der psychiatrischen Krankheitslehre sind Gegenstand vielfältiger Kritik (vgl. Szasz, 1972).

Psychische Krankheit ist u. a. ein Rechtsumstand. Weil die Willensfreiheit der Kranken oft eingeschränkt ist und sie gelegentlich Ordnungswidrigkeiten begehen, ist psychische Krankheit Gegenstand des Ordnungs- bzw. Polizeirechts, mit entsprechenden Ländergesetzen, die vor allem die Modalitäten von zwangsweisen Unterbringungen der Kranken regeln («PsychKGs»). Psychische Krankheit schließt Leiden und Einschränkung ein. Das macht sie zum Gegenstand des Sozialrechts. Die Behandlungen der Krankheiten als Leidenszustände werden von den Krankenversicherungen finanziert, die sozialen und beruflichen Einschränkungen betreffen u. a. die Kostenträger von Rehabilitationsmaßnahmen. Im Strafrecht treten die Gesichtspunkte von fraglicher Steuerungsfähigkeit und Einsichtsfähigkeit der Kranken in den Vordergrund, im Bürgerlichen Recht die Aspekte der freien Willensbestimmung und Geschäftsfähigkeit. «Psychische Krankheit» hat in der psychiatrischen Terminologie das ältere «Geisteskrankheit» fast völlig ersetzt. Umgangssprachlich taucht «Geisteskrankheit» noch gelegentlich mit dem gleichen Begriffsumfang wie «psychische Krankheit» auf oder beschränkt auf die Bedeutung «Psychose».

Literatur

DSM-IV (1996). Diagnostisches und Statistisches Manual Psychischer Störungen. DSM-IV. Göttingen / Bern.
Jaspers, K. (1973). Allgemeine Psychopathologie. Berlin / Heidelberg / New York.
Müller-Suur, H. (1950). Das Psychisch Abnorme. Berlin / Göttingen / Heidelberg.
Szasz, T. (1972). Geisteskrankheit – ein moderner Mythos? Olten / Freiburg.
Weltgesundheitsorganisation (1993). Internationale Klassifikation psychischer Störungen ICD-10. Kapitel V (F). Berlin / Göttingen.

Gunter Herzog

Psychoanalyse

Sigmund Freud hat die Psychoanalyse als die «Wissenschaft von den unbewußten seelischen Vorgängen» (1926f, S. 300) bezeichnet und folgende Bedeutungen hervorgehoben: «Psychoanalyse ist der Name (1) eines Verfahrens zur Untersuchung seelischer Vorgänge, welche sonst kaum zugänglich sind; (2) einer Behandlungsmethode neurotischer Störungen, die sich auf diese Untersuchung gründet; (3) einer Reihe von psychologischen, auf solchem Wege gewonnenen Einsichten, die allmählich zu einer neuen wissenschaftlichen Disziplin zusammenwachsen» (1923a, S. 211). Freud war als Naturwissenschaftler ausgebildet und mit der Verwendung empirischer Methoden vertraut. Er begründete die Psychoanalyse als eine auf Beobachtung und Erfahrung aufgebaute Wissenschaft. Als Grundpfeiler der psychoanalytischen Theorie galten für Freud die «Lehren vom Widerstand und von der Verdrängung, vom Unbewußten, von der ätiologischen Bedeutung des Sexuallebens und der Wichtigkeit der Kindheitserlebnisse» (1925d, S. 65).

Für seinen Werdegang und die damit verbundene Entwicklung der Psychoanalyse war die persönliche, berufliche und wissenschaftliche Unterstützung des angesehenen Wiener Arztes Josef Breuer wichtig. Für beide Mediziner waren das zeitgenössische psychiatrische und neurologische Standardrepertoire der Behandlung nervöser Erkrankungen (Elektrotherapie, Hydrotherapie, Medikamente u.a.) und die gängigen theoretischen Konzepte, welche die Ursachen der Krankheitsbilder ausschließlich auf organisch-somatische Ursachen zurückzuführen trachteten, unbefriedigend. Josef Breuer hatte 1881 mit seiner Patientin Berta Pappenheim («Anna O.») ein «kathartisches Verfahren» entwickelt, eine Technik, bei der unter Hypnose dem Bewußtsein verborgene Affekte zugänglich gemacht und anschließend «kathartisch» abreagiert wurden, worauf die Symptome schwanden. Die Affekte waren in einer bestimmten (traumatischen) Situation aufgetreten und wegen anderer Motive unterdrückt worden, worauf anschließend an ihrer Stelle die Symptome auftraten. Freud übernahm das Verfahren von Breuer, unterließ jedoch die Hypnose und ersetzte diese durch die Technik der freien Assoziation. Die «analytische Grundregel» veranlaßte den Patienten, seine freien Einfälle gegen seine inneren Widerstände und Hemmungen preiszugeben. Das so gewonnene Material von Einfällen «brachte zwar nicht das Vergessene selbst, aber so deutliche und reichliche Andeutungen desselben, daß der Arzt mit gewissen Ergänzungen und Deutungen das Vergessene daraus erraten (rekonstruieren) konnte. Freie Assoziation und Deutungskunst leisteten also nun das Gleiche wie früher die Versetzung in Hypnose» (1924f, S. 411). Alle Symptome konnten auf eine bestimmte Situation zurückgeführt werden und hatten sich als «sinnvoll» herausgestellt. «Somit wurde man für die Ätiologie der hysterischen Symptome auf das Gefühlsleben (die Affektivität) und auf das Spiel der seelischen Kräfte (den Dynamismus) verwiesen, und diese beiden Gesichtspunkte sind seither niemals wieder fallengelassen worden» (ebd., S. 408). In den von Sigmund Freud und Josef Breuer gemeinsam veröffentlichten «Studien über Hysterie» (1895) wurde dieses Verfahren vorgestellt, das gleichzeitig der Erforschung und der Beseitigung der Symptome diente und den Patienten als Mitarbeiter in ein neues Verhältnis zum Arzt rückte (vgl. Lorenzer, 1984). 1896 hat Freud zum ersten Mal das Wort Psychoanalyse verwendet und bezeichnete damit die von ihm entwickelte Methode der freien Assoziation. Die bei den Behandlungen beobachteten Phänomene und die dabei gewonnenen praktischen Erfahrungen wurden zu einer psychologischen Theorie der Neurosen verarbeitet. Das Konzept des Unbewußten wurde eingeführt, und davon abgeleitet wurden Vorgänge beschrieben, die regelmäßig auftreten, wenn unbewußte psychische Inhalte dem Bewußtsein zugänglich gemacht werden. Diese wurden als Begriffe gefaßt wie «Verdrängung», «Abwehr», «Widerstand», «Regression», «Übertragung». Die Entstehung der Psychoanalyse und ihrer grundlegenden Erkenntnisse kann mit dem Erscheinen zweier Arbeiten Freuds, den «Studien über Hysterie» und «Die Traumdeutung» (1900a), angesetzt werden. Darin wird von der psychologischen Auffassung der Entstehung und Behandlung der Neurosen die Entdeckung abgeleitet, «dass die Träume und die Fehlleistungen normaler Menschen denselben Mechanismus haben wie die neurotischen Symptome» (Freud, 1926f, S. 303), womit die Grundlage für die Ausarbeitung einer allgemeinen psychologischen Theorie gelegt wurde.

Ab Sommer 1897 studierte Freud sein eigenes Seelenleben und analysierte seine Träume und Fehlleistungen. Er überzeugte sich von ihrer unbewußten Determinierung und der Rolle, die den sexuellen Triebwünschen und dem infantilen Sexualleben dabei zukommen. Der Psychoanalyse gelang der «Nachweis ihrer Brauchbarkeit zur Aufklärung anderer als krankhafter Seelentätigkeit ... an zweierlei Phänomenen, bei den so häufigen alltäglichen Fehlleistungen, Vergessen, Versprechen, Verlegen usw., und bei den Träumen gesunder und psychisch normaler Menschen» (1924f, S. 414). Die «Via regia zur Kenntnis des Unbewußten im Seelenleben» (1900a, S. 613) eröffnete sich Freud mit der psychologischen Deutung des Traumes, der wie ein Symptom aufgebaut und verstehbar ist. Die weiteren Beobachtungen erwiesen, daß in den meisten Fällen sexuelle Wunschregungen von der Verdrängung betroffen waren und die

Symptome der Neurosen «entstellte Ersatzbefriedigungen von sexuellen Triebkräften, denen eine direkte Befriedigung durch innere Widerstände versagt worden ist», sind (1925e, S. 105). Die Erfahrung der Wirksamkeit verdrängter infantiler Triebwünsche im Seelenleben des Erwachsenen führte zur Erforschung der Bedeutung der infantilen Sexualität, welche in den «Drei Abhandlungen zur Sexualtheorie» (1905d) dargestellt wurde. Freud erweiterte den Begriff des Sexuellen auf alles, was Lust verschafft, und löste ihn von der genital-sexuellen Fortpflanzungsfunktion ab. Die Elemente, aus denen sich schließlich die psychoanalytische Neurosenlehre und Psychologie zusammensetzte, waren

> «die Betonung des Trieblebens (Affektivität), der seelischen Dynamik, der durchgehenden Sinnhaftigkeit und Determiniertheit auch der anscheinend dunkelsten und willkürlichsten seelischen Phänomene, die Lehre vom psychischen Konflikt und von der pathogenen Natur der Verdrängung, die Auffassung der Krankheitssymptome als Ersatzbefriedigungen, die Erkenntnis von der ätiologischen Bedeutung des Sexuallebens, insbesondere der Ansätze zur kindlichen Sexualität. In philosophischer Hinsicht mußte diese Theorie den Standpunkt einnehmen, daß das Seelische nicht mit dem Bewußten zusammenfalle, daß die seelischen Vorgänge an sich unbewußt seien und nur durch die Leistung besonderer Organe (Instanzen, Systeme) bewußt gemacht würden. Ich füge als ergänzend zu dieser Aufzählung hinzu, daß sich unter den affektiven Einstellungen der Kindheit die komplizierte Gefühlsbeziehung zu den Eltern, der sogenannte Ödipus-Komplex, hervorhob, in welchem man immer deutlicher den Kern eines jeden Falles von Neurose erkannte, und daß im Benehmen des Analysierten gegen den Arzt gewisse Erscheinungen der Gefühlsübertragung auffielen, welche eine für die Theorie wie die Technik gleich große Bedeutung gewannen» (1924f, S. 413).

Freud hat die beobachteten psychologischen Phänomene und seine Einsichten in das Funktionieren seelischer Vorgänge theoretisch in einem hypothetischen Konstrukt, dem «Psychischen Apparat», zusammengefaßt. Bereits 1895 entwickelte er eine Differenzierung, die er die «topische» nannte, indem er im psychischen Apparat drei Systeme, «Bewußt», «Vorbewußt» und «Unbewußt», unterschied. Ab 1920 erweiterte er das topische Modell zum «Strukturmodell», das drei «Instanzen», Es, Ich und Überich, unterscheidet. Die aus dem Somatischen stammenden Triebbedürfnisse werden als allgemeine biologisch-physiologische Grundausstattung des Menschen verstanden und finden im Unbewußten (im «Es») als Triebrepräsentanzen ihren psychischen Ausdruck. In ihrem Drängen nach Triebbefriedigung schaffen sie stets psychische Konflikte, sie sind mannigfachen Triebschicksalen unterworfen, die von den äußeren Bedingungen geformt werden. Die Triebregungen als Grundeinheiten des Unbewußten sind für die Psychoanalyse die Ursache aller psychischen Vorgänge, sie sind ständig wirksam und nehmen auf das psychische Geschehen andauernd Einfluß. Mit der Betonung der Bedeutung der unbewußten Prozesse und der motivierenden Wirkung von sexuellen Triebkräften und Triebwünschen für das psychische Leben wurde die Psychoanalyse als eine Trieb- und Konfliktpsychologie konzipiert.

Obwohl die Psychoanalyse in praktischer und theoretischer Hinsicht eine neue wissenschaftliche Grundlage für Psychotherapie und Psychiatrie schuf, erlangte sie ihre Bedeutung jedoch als neue psychologische Wissenschaft. Als solche hatte sie «die Aufmerksamkeit der intellektuellen Welt auf sich gezogen» (ebd., S. 422). Die Psychoanalyse war außerhalb des universitär-akademischen Betriebs entstanden, und diesem Umstand Rechnung tragend bemühte sich Freud, der «Wissenschaft des Unbewußten» Legitimität und Anerkennung zu verschaffen und sie institutionell abzusichern. Dies gelang mit dem Aufbau der internationalen «psychoanalytischen Bewegung», der professionellen Etablierung und schließlich auch der akademischen Anerkennung als eigenständiger Wissenschaft, wobei ein ständiges Spannungsverhältnis zwischen dem psychoanalytischen Wissen und den Formen seines institutionellen und öffentlichen Eingebundenseins aufrechterhalten blieb. Ein Grund besteht darin, daß die von Freud genannten Hauptergebnisse der Psychoanalyse und im besonderen seine Entdeckung der Bedeutung der infantilen Sexualität und der inzestuösen Wunschphantasien einem ständigen Verdrängungsprozeß unterliegen, der sich auch innerhalb der psychoanalytic community auswirkt und zu einer spezifischen Dynamik ihrer Theorieentwicklung beiträgt. Diese Tatsache wurde von Sigmund Freud konstatiert und am Beispiel der Theorien von Carl Gustav Jung, Alfred Adler und Wilhelm Stekel, die sich von der psychoanalytischen Bewegung mit eigenen Schulen abspalteten, analysiert (vgl. Freud, 1914d). Otto Fenichel hat ähnliche Beobachtungen für die theoretischen Entwicklungen innerhalb der psychoanalytischen Bewegung der 30er und 40er Jahre gemacht (Klein, Horney, Fromm, Kardiner) (vgl. Fenichel, 1998), und auch in neueren Konzepten der psychoanalytischen Theorie (Lacan, Kohut, Kernberg) (vgl. Eagle, 1988) kann diese «Verflüchtigung des Sexuellen in der Psychoanalyse» (vgl. Parin, 1988) bemerkt werden.

Für die «äußeren Schicksale der Psychoanalyse» (Freud) sind die jeweiligen gesellschaftlichen, sozio-ökonomischen, kulturellen und lokalen Gegebenheiten bestimmend. Sie nehmen Einfluß auf ihre innere Entwicklung, auf Fortschritte oder Rückschritte in ihrer theoretischen Produktion, auf die Ausbildung von Forschungsinteressen und auf neue Anwendungsgebiete und Organisationsformen. Zum Beispiel fand die Psychoanalyse im Berlin der Weimarer Republik günstige Entfaltungsmöglichkeiten, da nichtärztliche Psychoanalytiker zur Ausbildung und zur praktischen Tätigkeit zugelassen waren, während die Ablehnung der «Laienanalyse» innerhalb der American Psychoanalytic Association sich für die Psychoanalyse hemmend auswirkte und zum Syndrom ihrer «Medizinalisierung» beitrug (vgl. Eissler, 1965; Parin & Parin-Matthéy, 1988). Freud war sich der wissenschaftlichen Bedeutung der Psychoanalyse bewußt. Die Anwendung der Psychoanalyse auf verschiedenen Gebieten der Humanwissenschaften schien ihm wichtiger als ihre Verwendung als Psychotherapie und in der Psychiatrie. Auch die Aufgabe, das Zusammenspiel psychischer Vorgänge und gesellschaftlicher Prozesse mit den Mitteln der Psychoanalyse zu erfassen, hat in der psychoanalytischen Bewegung Tradition. Sigmund Freud versuchte in seiner «Massenpsychologie und Ich-Analyse» (1921) eine Antwort auf diese Fragestellung zu finden und legte damit den Grundstein für eine psychoanalytische Sozialpsychologie. Die Psychoanalyse hat mit ihren Entdekkungen wie keine andere psychologische Wissenschaft in den Zentren der europäischen, angloamerikanischen und lateinamerikanischen Moderne als human- und geisteswissenschaftliches Phänomen im 20. Jahrhundert Epoche gemacht. Die Eröffnung eines wissenschaftlichen Zugangs zu einem dem Bewußtsein verborgenen und einen das menschliche Denken, Fühlen und Handeln determinierenden Bereich des Seelenlebens, des Unbewußten, hat in verschiedensten praktischen Bereichen, in kulturellen und wissenschaftlichen Gebieten Anwendung und Eingang gefunden. Der psychoanalytische Weg der Entdeckung des Unbewußten offenbarte, daß «das Ich nicht Herr sei in seinem eigenen Haus» (Freud, 1917a, S. 11). Die Psychoanalyse hatte im Gegensatz zu den bereits vorhandenen Vorstellungen eines Unbewußten voraus, daß sie den Nachweis «von der psychischen Bedeutung der Sexualität und von der Unbewußtheit des Seelenlebens nicht abstrakt behauptet, sondern an einem Material erweist, welches jeden einzelnen persönlich angeht und seine Stellungnahme zu diesen Problemen erzwingt» (ebd., S. 12). Die Widerstände gegen diese psychologische Kränkung haben sich immer wieder auch gegen die Psychoanalyse selbst und ihren aufklärerischen Impetus gerichtet. Freuds Entdeckungen beruhen auf dem Geist der Aufklärung, der mit einer vorurteilslosen Erforschung der Wirklichkeit verbunden ist. Es gehört zu den Grundannahmen der Psychoanalyse, daß alles seelische Geschehen determiniert ist, für Mystik, Transzendenz, Ideale und höhere Mächte läßt sie keinen Raum, sie erkennt diese wie Illusionen, Vorurteile und Glaubensdogmen als psychische Realitäten an und meint, daß sie grundsätzlich auf Verstehbares zurückgeführt werden können.

Literatur

Eagle, M. N. (1988). Neuere Entwicklungen in der Psychoanalyse. München / Wien.
Eissler, K. (1965). Medical Orthodoxy and the Future of Psychoanalysis. New York.
Fenichel, O. (1998). Otto Fenichel: 119 Rundbriefe (1934–1945). Frankfurt / Basel.
Freud, S. (1900 a). Die Traumdeutung. In: Gesammelte Werke, Bd. 2 / 3. Frankfurt / M.
Freud, S. (1905 d). Drei Abhandlungen zur Sexualtheorie. In: Gesammelte Werke, Bd. 5 (S. 27–145). Frankfurt / M.
Freud, S. (1914 d). Zur Geschichte der psychoanalytischen Bewegung. In: Gesammelte Werke, Bd. 10 (S. 43–113). Frankfurt / M.
Freud, S. (1917 a). Eine Schwierigkeit der Psychoanalyse. In: Gesammelte Werke, Bd. 12 (S. 3–12). Frankfurt / M.
Freud, S. (1923 a). «Libidotheorie», «Psychoanalyse». In: Gesammelte Werke, Bd. 13 (S. 211–233). Frankfurt / M.
Freud, S. (1924 f). Kurzer Abriß der Psychoanalyse. In: Gesammelte Werke, Bd. 13 (S. 405–427). Frankfurt / M.
Freud, S. (1925 d). «Selbstdarstellung». In: Gesammelte Werke, Bd. 14 (S. 31–96). Frankfurt / M.
Freud, S. (1925e). Die Widerstände gegen die Psychoanalyse. In: Gesammelte Werke, Bd. 14 (S. 99–110). Frankfurt / M.
Freud, S. (1926e). Die Frage der Laienanalyse. In: Gesammelte Werke, Bd. 14 (S. 207–296). Frankfurt / M.
Freud, S. (1926 f). «Psycho-Analysis». In: Gesammelte Werke, Bd. 14 (S. 299–307). Frankfurt / M.
Laplanche, J. & J.-B. Pontalis (1972). Das Vokabular der Psychoanalyse. Frankfurt / M.
Lohmann, H.-M. (1997). Sigmund Freud. Reinbek.
Lorenzer, A. (1984). Intimität und soziales Leid. Frankfurt / M.
Mertens, W. (1993). Schlüsselbegriffe der Psychoanalyse. Stuttgart.
Parin, P. (1988). Die Verflüchtigung des Sexuellen. In: P. Parin & G. Parin-Matthéy, Subjekt im Widerspruch (S. 81–89). Frankfurt / M.
Parin, P. & Parin-Matthéy, G. (1988). Medicozentrismus. In: P. Parin & G. Parin-Matthèy (1988), Subjekt im Widerspruch (S. 61–80). Frankfurt / M.
Reichmayr, J. (1994). Spurensuche in der Geschichte der Psychoanalyse. Frankfurt / M.

Johannes Reichmayr / Elke Mühlleitner

Psychochirurgie

Bei der Psychochirurgie handelt es sich um chirurgische Eingriffe am gesunden menschlichen Gehirn, die zum Zweck einer Veränderung und Steuerung des Verhaltens oder der Emotionen durchgeführt werden. Der Schweizer Psychiater Burckhardt versuchte 1888 als erster, das Verhalten psychisch kranker Menschen operativ zu verändern. Er entfernte fünf Gramm der postzentralen Hirnrinde. 1935, am internationalen Neurologenkongreß in London, berichtet der Neurophysiologe Fulton mit dem Psychologen Jacobsen von den Verhaltensänderungen, die bei

Schimpansen, denen das Frontalhirn entfernt wurde, zu beobachten sind. Unter Extremsituationen wurden die Tiere nicht mehr aggressiv, sondern blieben folgsam und zutraulich. Zusammen mit dem Neurochirurgen Lima versuchte der portugiesische Neurologe Moniz im selben Jahr, Teile des Präfrontallappens von Patienten mit Verfolgungswahn, ängstlicher Erregung, Depression und Manie durch Injektionen von Alkohol zu zerstören. Da dies mit dem Messer besser ging, führte Lima unter der Anweisung von Moniz 1935 die erste präfrontale Leukotomie (auch Lobotomie genannt) durch. 1949 erhält Moniz den Nobelpreis. 1947 wurde erstmals eine stereotaktische Operation durchgeführt; dabei wird eine Sonde ins Gehirn geschoben, an deren Spitze Hirngewebe elektrokoaguliert, radioaktiv oder mit Kälte zerstört wird. Die Zielpunkte, befinden sich im sog. limbischen System. Bei der stereotaktischen, limbischen Leukotomie werden Verbindungen zwischen dem Stirnhirn und dem limbischen System zerstört. Vorwiegend wurden folgende «Störungen» bzw. Patientengruppen psychochirurgisch angegangen: Aggressivität, hyperaktive bzw. erethisch-aggressive Kinder, Abhängigkeit von Alkohol und illegalen Drogen, abweichendes Sexualverhalten und Kriminalität. Die Behandlung von Gewaltverbrechern blieb ein wichtiges Ziel der Psychochirurgie (vgl. Mark & Ervin, 1970). Der unbewiesene Zusammenhang zwischen gewalttätigem Verhalten und pathologischen, neurophysiologischen Abläufen im Gehirn bildete die Rechtfertigung für diese Eingriffe. Gesellschaftliche Probleme (Gewalt, Kriminalität) sollten biologisch gelöst werden. Folgen der Eingriffe: Tod durch Hirnblutung ist die schwerwiegendste Komplikation psychochirurgischer Eingriffe. Die Leukotomie führt u. a. zu weitgehender Einschränkung der intellektuellen Leistungsfähigkeit, zu Verlangsamung, Hilflosigkeit, emotionaler Indifferenz und Inkontinenz, sehr oft zu Gewichtszunahme und als Spätkomplikation häufig zu traumatischer Epilepsie. Auch die Stereotaxie führt u.a. zu «Persönlichkeitsverflachung», Abfall der intellektuellen Leistungsfähigkeit, Gedächtnisstörungen, Antriebsmangel, Gewichtszunahme, bisweilen zu Lähmungen. Bis heute werden stereotaktische Operationen durchgeführt. Als Indikationen gelten Depression, Angst- und Zwangskrankheiten sowie schizoaffektive Zustände.

Literatur

Adler, M. & Saupe, R. (1979). Psychochirurgie. Stuttgart.

Mark, V. & Ervin, F. (1970). Violence and the Brain. New York.

Radi, M. (1993). Stereotaktische Hirnoperationen bei therapieresistenten psychischen Störungen. Köln.

Sigusch, V. (1977). Medizinische Experimente am Menschen. Das Beispiel Psychochirurgie. Berlin.

Marc Rufer

Psychodiagnostik

Der aus dem Griechischen stammende Begriff *dia* (= hindurch) *gnosis* (= Erkenntnis, Lehre) heißt soviel wie unterscheidende Beurteilung. Diagnostizieren meint jemanden erkennen, beurteilen oder durchschauen. Geläufiger ist der Begriff aus der Medizin. «Erscheinungen, die dem Patienten zugänglich sind – subjektive Beschwerden (z.B. Schmerz) und objektive Befunde (z.B. Hautrötung) –, werden von Medizinern durchschaut und als Symptom kausal auf einen zugrundeliegenden Krankheitsprozeß zurückgeführt, was das dem Patienten unzugängliche berufliche Wissensmonopol der Mediziner begründet» (Dörner, 1975, S. 138). Begreift man die Person als komplexes Ganzes mit ihrem Verhalten, ihrer persönlichen Art und Weise zu sprechen oder ihrem augenblicklichen Befinden, dann zielt Diagnostik letztlich darauf ab, unser Gegenüber in seiner subjektiven Einmaligkeit erkennen zu wollen. Die andere Person soll «entziffert» werden; ihr Innenleben soll «übersetzt» und in Sprache gefaßt, für Dritte verstehbar werden. Diagnostizieren ist ein alltäglicher Prozeß. Jeder Mensch wird ständig durch seine Mitmenschen diagnostiziert und diagnostiziert diese, indem er versucht, je nach Interesse an ihnen etwas über sie zu erfahren, sie kennenzulernen. Das, worauf er achtet, um den Mitmenschen besser einschätzen und kennenlernen zu können, wird bestimmt durch die Fragestellung, die Ursache seines Interesses und die gegebenen Möglichkeiten der Informationssammlung (vgl. Grubitzsch, 1978). Dieses alltägliche Diagnostizieren vollzieht sich vornehmlich im Rahmen mehr oder weniger unsystematischer Beobachtung von Äußerungen, Handlungen etc. im direkten Umgang mit anderen Menschen oder in der Betrachtung der von diesen hinterlassenen Spuren wie etwa eine Handschrift oder ein Tatort. Die resultierende Diagnose ist das abschließende Urteil aus dem komplexen Mosaik der unterschiedlichen, oft zufälligen Eindrücke und Erkenntnisse.

Das wissenschaftliche Diagnostizieren unterscheidet sich hiervon, weil es geplant erfolgt und sich dabei erprobter Methoden und ausgewiesener Theorien bedient. Hierzu gehört auch eine gezielte Ausrichtung auf spezifische (isolierte) Aspekte einer Person, eine Diagnosesituation (z.B. Untersuchung in der Klinik) frei von äußeren Störmomenten sowie möglichst eindeutige Regeln der Informationssammlung und -verarbeitung. Zusätzlich ist es gekennzeichnet durch die Tatsache, daß angesichts von Undurchschaubarkeit, Spezialistengläubigkeit und unterstellter Wissenschaftlichkeit die Gültigkeit der Diagnose von den Betroffenen selten angezweifelt wird, was nicht zuletzt durch eine qua institutionellem und gesellschaftlichem Arbeitsauftrag festgelegte Rollenteilung von Diagnosesteller und Diagnostiziertem bewirkt wird.

Jäger (1985) definiert die wissenschaftliche Psychodiagnostik als eine Disziplin, «deren Aufgabe darin besteht, eine Methode (Regeln, Tests, Beobachtungsmethoden etc.) zu entwickeln, mit deren Hilfe Aussagen über psychologisch-relevante Charakteristika von Beurteilungssachverhalten, von Personen, Gegenständen oder Institutionen getroffen werden können. Werden Personen untersucht, so dient die Verbindung zwischen Diagnostik und Persönlichkeitstheorie dazu, Theorien der Verursachung und Wirkung individueller Unterschiede im Erleben und Verhalten sowie von Behandlungen zu etablieren bzw. diese als Grundlage für Diagnosen oder Prognosen heranzuziehen» (S. 225). Gleichwohl erschöpft sich diagnostische Tätigkeit nicht in der punktuellen Anwendung von Methoden durch einen Experten an einer Person und der anschließenden Interpretation der so gewonnenen Datensätze. Bereits im ersten Kontakt zwischen beiden und weiter im fortlaufenden Geschehen kommen interaktionsbedingte Faktoren wie Antipathie, Ängste, Zurückhaltung oder Aggressionen zum Tragen, die das Ergebnis einer diagnostischen Begutachtung nachhaltig beeinflussen. Weshalb sich zunehmend die Auffassung durchgesetzt hat, daß psychodiagnostisches Handeln ein sozialkommunikativer oder eben ein diagnostischer Prozeß sei, der die Suche und das Erkennen, das Beschreiben und Interpretieren, die Beurteilung und Vorhersage von persönlichen Merkmalen und Handlungen, psychischen Sachverhalten, Zuständen und Vorgängen beinhaltet (vgl. Durchholz, 1981; Jäger, 1983; Jäger & Petermann 1992).

Folgende Teilschritte lassen sich im diagnostischen Prozeß unterscheiden: (1) Ein Dritter (Gericht, Arzt) oder die betreffende Person selbst erteilen einen Auftrag an die Psychologin, die ihrerseits eine psychologische Fragestellung daraus formuliert, wenn sie diese nicht bereits vorgelegt bekommt. Zum Beispiel wird nach der Schuldfähigkeit eines Straftäters gefragt oder danach, ob nach einer Scheidung der Eltern dem Kindeswohl mehr gedient sei, wenn es beim Vater oder der Mutter lebt. Nach dieser Auftragserteilung und Formulierung einer (psychologischen) Fragestellung erstellt die Psychologin einen (2) Untersuchungsplan. Sie muß abklären, welcher Methoden sie sich bedienen will, um – im Beispiel geblieben – die entsprechenden sachdienlichen Informationen über das Scheidungskind und seine beiden Elternteile, deren Persönlichkeiten und Lebensumstände zu erhalten. Dafür stehen ihr eine Vielzahl diagnostischer Verfahren zur Verfügung, aus denen sie auswählen kann (Exploration und Anamnese, Verhaltensbeobachtung, Testverfahren, psychophysiologische Methoden). Worauf sie zugreift, ist von vielerlei Faktoren abhängig: beispielsweise von ihrer Einstellung zu psychologischen Tests, von ihrer Arbeitsstelle und den dort üblichen Methodenanwendungen, von ihrer Ausbildung, vom Auftraggeber und seinen Erwartungen oder von der Methodenqualität. Nicht nur psychologische Tests, auch ein psychodiagnostisches Gespräch (Exploration, Anamnese) oder ein Fragebogen, schließlich auch die Verhaltensbeobachtung sollen Informationen hervorbringen, die «wahr» sind. Sie müssen folglich unabhängig von ihrer Anwenderin genaue und zutreffende Daten zum interessierenden Sachverhalt ermöglichen. Ist dies weitgehend sichergestellt, kann die (3) Durchführung der Untersuchung beginnen. Fragen an den Diagnostikanden werden gestellt, schriftlich oder mündlich, die Antworten werden notiert und später ausgewertet und interpretiert. Daß es in dieser sozialen Interaktion zu Mißverständnissen oder Fehldeutungen kommen kann, wird mit dem Begriff der Fehler- oder Verzerrungstendenzen (vgl. Fisseni, 1990) gefaßt. So werden bestimmte Persönlichkeitseigenschaften einer Person angenommen aufgrund ihrer äußerlichen Erscheinung, oder es wird «aus der Präsenz *einer* Eigenschaft die Ko-Präsenz einer anderen Eigenschaft erschlossen … gemäß dem Schema: ‹Wer lügt, der stiehlt›» (Fisseni, 1990, S. 156). Fehlermöglichkeiten anderer Art weist Hartmann (1973) unter den Stichworten «Selektion» und «Akzentuierung» von diagnostischen Informationen aus; mehr noch in einer Auflistung bei Schmidt (1982). Solche Unwägbarkeiten können in jedem einzelnen Schritt diagnostisches Handeln beeinflussen. So auch die (4) Urteilsbildung, die die Auswertung und Interpretation aller erhobenen Daten umschließt und in die eigentliche Diagnose einmündet. «Urteile sind bewertende Aussagen über eine Person …» (Grubitzsch, 1991, S. 180). Eingangsdaten werden einer gedanklichen Analyse unterzogen und in diagnostische Ausgangsdaten transformiert. Die Art der Datenverarbeitung wird zumeist danach unterschieden, ob sie «statistisch» oder «klinisch» erfolgt. Damit ist eine so in der Praxis nicht immer klar erkennbare Unterscheidung vorgenommen zwischen einer Urteilsbildung, die sich fester «Verrechnungsregeln» – sog. Algorithmen – bedient, mittels derer die erhobenen (Test-)Daten zu- und miteinander ins Verhältnis gesetzt werden, und einer erfahrungsgeleiteten Vorgehensweise. Beispiel: Die Empfehlung zum gymnasialen Schulbesuch erfolge auf der Grundlage von Intelligenzpunkten, Testdaten zur Sprachkompetenz, der gemessenen Arbeitsmotivation und erfragten Einstellung zur Schule. Die jeweils erhaltenen Punkte werden gewichtet, dann – je nach Algorithmus – miteinander kombiniert und zu einem Gesamtwert verrechnet, der schließlich einem Durchschnittswert gegenübergestellt und dadurch bewertbar wird (z. B. durchschnittliche oder unterdurchschnittliche Schulleistung). Ganz anders bei der klinischen Urteilsbildung, die sich zumeist auf Einzelfalluntersuchungen bezieht. Vor dem Hintergrund der jeweiligen Erfahrungen eines Psychologen und eingedenk seines sonstigen wissenschaftlichen und alltagsbezogenen Wert- und Normsystems werden komplexe Datensätze, die aus Testuntersuchungen, Aktenstudium, Verhaltensbeobachtungen oder Elternbefragungen stammen und zur Beantwortung der Frage beispielsweise dienen sollen, bei wem ein Kind nach der Scheidung der Eltern leben soll, schlüssig miteinander in Beziehung gesetzt und zu einem Gesamturteil integriert. Nicht immer liegen dafür geeignete und in sich geschlossene, die gesamte Komplexität eines Falles berücksichtigende Theorien vor, weshalb Praktiker zumeist «aus den vorhandenen theoretischen Orientierungen und empirischen Befunden jeweils das auswählen, … was ihnen für die Bearbeitung eines konkreten Einzelfalles gerade ‹passend› erscheint» (Plaum, 1992, S. 13). Gelegentlich und je nach Praxisfeld liegen für solche Urteilsbildungsprozesse auch schon systematische Zusammenstellungen, Leitlinien oder Klassifikationssysteme vor, die der Psychologin Hilfen geben (sollen). So beispielsweise für die Klassifikation psychischer Störungen die ICD-10 oder das DSM-IV (vgl. Herzog, 1991). «Die diagnostischen Leitlinien geben … die Anzahl und die Gewichtung der Symptome an, die zur Stellung einer sicheren Diagnose erforderlich sind» (ICD-10, S. 19). Nunmehr ist die Voraussetzung für den letzten Schritt der (5) Beantwortung der diagnostischen Fragestellung gegeben. Die Psychologin gibt eine Stellungnahme zum eruierten Sachverhalt ab: Empfohlen wird dem Auftraggeber beispielsweise eine Therapie, im anderen Fall eine Aufenthaltsregelung für das Kind beim Vater oder eine Inrechnungstellung der eingeschränkten Schuldfähigkeit zum Zeitpunkt der begangenen Straftat. Natürlich ist auch möglich, daß die Psychologin feststellt, noch nicht über ausreichende Daten zu verfügen, dann müßte sie zum Zweck der Nacherhebung an den Ausgangspunkt ihrer diagnostischen Tätigkeit zurück und zusätzliche Informationen erheben.

Das *Ziel* diagnostischer Praxis ist die Erleichterung, Absicherung, Kontrolle oder auch die Legitimation nachfolgender Entscheidungen (z. B. Selektionsentscheidungen in der Schule oder Klassifikationen in der Psychiatrie) oder beraterischer und therapeutischer Interventionen. Diagnostik ist in manchen ihrer Anwendungsbereiche auch nur Selbstzweck (z. B. im Sinne eingefahrener Routine oder in Fällen, wo diagnostiziert wird, um überhaupt etwas zu unternehmen).

Während die Psychodiagnostik noch bis in die 70er Jahre für die punktuelle Beantwortung praxisbezogener Fragestellungen im eingangs erwähnten Sinn einer Methodenlehre begriffen wurde und folglich Diagnose und nachfolgende verändernde Intervention relativ beziehungslos nebeneinanderstanden, ist man seither dazu übergegangen, beides enger miteinander zu verzahnen bzw. als geschlossene Handlungsfigur zu begreifen. Im Ergebnis wurde die Notwendigkeit und Möglichkeit einer therapiebegleitenden und therapiekorrigierenden Diagnostik hervorgehoben (vgl. Rutishauser, 1992; Plaum, 1992). Im verhaltensorientierten Interventionskonzept wurde die Unbrauchbarkeit traditioneller Diagnostik bei der Suche nach relevanten Informationen für die Planung und Durchführung von Psychotherapie früh erkannt und durch eigene diagnostische Methoden der Verhaltensanalyse ersetzt. Gleiches gilt für andere Therapien auch. Das Konzept einer systemischen Diagnostik (Schiepek, 1987) wurde ebenso entwickelt wie jene in der direktiven und nicht-direktiven Gesprächsführung. Bei allen diesen Ansätzen wird die Orientierung an der statistischen Norm einer Bezugspopulation abgelöst durch die Orientierung an einem zu lösenden Problem, einer therapeutischen Aufgabe. Die Qualität der Diagnose ergibt sich aus der Qualität (im Sinn von Wirksamkeit) einer darauf aufbauenden Interventionsentscheidung und nicht aus den zum Teil formalen Kriterien etwa der klassischen Testtheorie. Auch die Vorgehensweise der Diagnostikerin ändert sich mit diesen veränderten Ansprüchen. So wird z. B. in der Verhaltenstherapie vornehmlich versucht, das als Problem oder problembegleitend definierte Handeln direkt zu beobachten und zu erheben, ohne inhaltlich Rückschlüsse aus Testresultaten zu benötigen. Das diagnostische Interesse liegt im Rahmen der Modifikationsstrategie in erster Linie bei den Fragen: Was tut ein Mensch in bestimmten Situationen, was soll daran verändert werden, welche Bedingungen verursachen sein Tun und erhalten es aufrecht, wie ist es am günstigsten zu beeinflussen etc.? Diese auf Verhaltensänderung zielende Diagnostik birgt vor allem im Zusammenhang mit therapeutisch-psychologischen Fragen einige Vorteile gegenüber der klassischen (Test-)Diagnostik und liefert verwertbare Daten für eine Intervention. Mit der Abkehr vom früher noch vorherrschenden Testeinsatz geht einher eine Verlagerung der diagnostischen Methodik auf die Erhebungsverfahren Verhaltensbeobachtung und Exploration (bzw. anamnestisches Gespräch). Beide Diagnoseinstrumente sind relativ flexibel und vielseitig einsetzbare Verfahren, die es erlauben, ein breites Spektrum der Persönlichkeit, des menschlichen Bewußtseins und

Handelns in ihrer Veränderung und Entwicklung zu erfassen. Insoweit gelten sie einerseits als besonders geeignet für Einzelfallanalysen, andererseits als besonders anfällig für subjektive Willkürakte von Diagnostikern. Damit ist auch die Machtfrage diagnostischen Handelns aufgeworfen. Sind die angewendeten Methoden zweifelsfrei und exakt, dann ist der Diagnostikand den daraus zu folgernden Interpretationen gänzlich ausgeliefert, und die Diagnostikerin hat keinen Freiraum, persönliche Sichtweisen einfließen zu lassen. Sind die Instrumente ungenau, ist der Untersuchte der Ausnutzung des Ermessensspielraums durch die Diagnostikerin ausgeliefert, die dann ihre Definitionsmacht ausübt – ein Dilemma zwischen zwei Dilemmata (Lang, 1978), aus dem die Experten nicht entweichen können. Anders sieht das Priebe (1989). Er fordert auf der Grundlage konstruktivistischen Denkens (vgl. Foerster, 1981) ausdrücklich die Einbeziehung subjektiver Urteilsanteile in die Diagnosestellung. «In Diagnosen und ihnen folgender Therapie sind Rückbezüglichkeiten enthalten, die sich aus der subjektiven Bewertung der Rahmenbedingungen herleiten, in denen diagnostiziert wird» (Grubitzsch, 1997, S. 25). Gerade darin liege ihre besondere einzelfallbezogene Qualität und nicht ihr Störmoment, welches eliminiert werden müsse (Priebe, 1989). Ob Diagnostik einer Ausübung von Macht eines Experten gegenüber dem Diagnostikanden gleichkommt, weshalb es eines besonderen Verantwortungsbewußtseins bedarf, ist seit geraumer Zeit Gegenstand ethischer Reflexionen psychologischer Diagnostik (vgl. Rauchfleisch, 1992; Hartmann & Haubl, 1984).

Literatur

Dörner, K. (1975). Diagnosen der Psychiatrie. Frankfurt / M.

DSM-IV (1996). Diagnostisches und Statistisches Manual Psychischer Störungen. Weinheim.

Durchholz, E. (1981). Der diagnostische Prozeß. In: E. G. Wehner (Hg.), Psychodiagnostik in Theorie und Praxis (S. 260–307). Frankfurt / M.

Fischer, P. (Hg.). (1985). Therapiebezogene Diagnostik. Tübingen.

Foerster, H. von (1981). Das Konstruieren einer Wirklichkeit. In: P. Watzlawik (Hg.), Die erfundene Wirklichkeit (S. 39–60). München.

Grubitzsch, S. (1978). Was ist Psychodiagnostik? Psychologie & Gesellschaftskritik 6 / 7, S. 249–266.

Grubitzsch, S. (Hg.). (1989). Kinder und Jugendliche im Schnittpunkt psychosozialer Beurteilungsprozesse. Oldenburg.

Grubitzsch, S. (1991). Testtheorie – Testpraxis. Reinbek.

Grubitzsch, S. (1991). Klinische Diagnostik und Urteilsbildung. In: G. Hörmann & W. Körner (Hg.), Klinische Psychologie (S. 167–191). Reinbek.

Grubitzsch, S. (1997). «Persönlichkeitsstörung» – Fluch oder Segen einer (verhaltens-)diagnostischen Kategorie. Psychologie & Gesellschaftstheorie 1, S. 23–42.

Hartmann, H. A. (1973). Psychologische Diagnostik. Stuttgart.

Hartmann, H. A. & Haubl, R. (Hg.). (1984). Psychologische Begutachtung. München.
Hoffmann, M. (1987). Der diagnostische Prozeß in den Ansätzen von Ellis und Beck. In: F. Caspar (Hg.), Problemanalyse in der Psychotherapie (S. 1–19). Tübingen.
ICD-10 (1993). Internationale Klassifikation psychischer Störungen. Bern / Göttingen.
Jäger, R. S. (1983). Der diagnostische Prozeß. Göttingen.
Jäger, R. S. (1985). Diagnostik. In: T. Herrmann & E. D. Lantermann (Hg.), Persönlichkeitspsychologie. Ein Handbuch in Schlüsselbegriffen (S. 225–232). München.
Lang, A. (1978). Diagnostik und Autonomie der Person. In: U. Pulver, A. Lang & F. W. Schmid (Hg.), Ist Psychodiagnostik verantwortbar? (S. 17–29). Bern.
Plaum, E. (1992). Psychologische Einzelfallarbeit. Stuttgart.
Priebe, S. (1989). Über die Subjektivität der psychiatrischen Diagnose. Psychiatrische Praxis, 16, S. 86–89.
Rauchfleisch, U. (1992). Diagnostik, Ethik, Macht und Verantwortung. In: U. Imoberdorf, R. Käser & R. Zihlmann (Hg.), Psychodiagnostik heute (S. 19–26). Stuttgart.
Rutishauser, B. (1992). Diagnostik in der direktiven und nicht-direktiven Gesprächsführung. In: U. Imoberdorf, R. Käser & R. Zihlmann (Hg.), Psychodiagnostik heute (S. 124–136). Stuttgart.
Schiepek, G. (Hg.). (1987). Systeme erkennen Systeme. München.
Schmidt, L. R. (1982). Diagnostische Begutachtung. In: K. J. Groffmann & L. Michel (Hg.), Enzyklopädie der Psychologie, Themenbereich B: Methodologie und Methoden, Serie II: Psychologische Diagnostik, Bd. 1: Grundlagen psychologischer Diagnostik (S. 467–536). Göttingen.

Siegfried Grubitzsch

Psychodrama

Nach einer nun fast 80jährigen Entwicklungsgeschichte des Psychodramas, nach der Entdeckung der therapeutischen Wirksamkeit von Rollenspielen im Stegreiftheater 1921 in Wien durch Jakob Levy Moreno, haben psychodramatische Methoden weltweit Eingang in vielfältige therapeutische, pädagogische und beratende Arbeitsfelder gefunden. Aber auch das Psychodrama selbst – als älteste Gruppentherapie – wird inzwischen durch verschiedene therapeutische Schulen repräsentiert, die sich in ihren Ansätzen, Arbeitsweisen und Theoriebildungen unterscheiden, z. B. das Klassische Psychodrama, das Behaviordrama (vgl. Petzold, 1985), das tiefenpsychologisch fundierte Psychodrama und das Humanistische Psychodrama (vgl. Geßmann, 1994). Die klassische therapeutische Methode (vgl. Moreno, 1989) ist als triadisches System konzipiert: Gruppenpsychotherapie, Soziometrie und Psychodrama. Das Ziel der Aktionsmethode ist die Wiedererlangung von Spontaneität und Kreativität, um den Menschen aus erstarrten Lebensstrukturen zu lösen. Die Soziometrie hilft bei einer produktiveren Integration, indem sie das Individuum in seiner sozialen Umgebung erforscht. Das Psychodrama behandelt die biographisch-individuellen Problemstellungen mit Hilfe der Gruppenmitglieder. Das Humanistische Psychodrama sieht die Sozialität des Individuums als eigenen aktiven Faktor, der gemeinsam mit den biographisch-individuellen Anteilen die interaktionelle Wirklichkeit schafft. Auf ihr baut die Psychodrama-Therapie auf und ermöglicht eine therapeutisch geleitete Arbeit an der Ausdruckslage, die sich jeweils einstellt, wenn Menschen zusammenkommen, und in die der gesellschaftliche und kulturelle Kontext, die räumlichen und zeitlichen Gegebenheiten und vor allem die biographisch-individuellen Anteile der Beteiligten eingehen. In dieser interaktionellen Situation als einer prozeßhaften Integration von aktuell-sozialen und individuell-biographischen Anteilen setzt das Humanistische Psychodrama mit einem aktiven Begegnungsprozeß von Menschen an. Ein umfangreiches methodisches Repertoire ermöglicht eine Gruppenbildung, in der eine offene Ausdruckslage entsteht, in die mehr biographische Anteile eingehen, als dies für jeden der Anwesenden in seinen normalen Lebensumständen möglich ist. Durch die leitende Begleitung des Therapeuten schaffen die Gruppenmitglieder eine Therapiesituation, in der dem einzelnen in der sozialen Eingebundenheit ein erweiterter Erfahrungs- und Handlungsraum zur Verfügung steht. Aus der erstrebten Balance zwischen personaler und sozialer Identität entsteht ein Zuwachs an gewünschter Spontaneität, ein «In-der-Welt-Zu-Hause-Sein» des Menschen.

Literatur

Buer, F. (1991–1996). Jahrbuch für Psychodrama, psychosoziale Praxis & Gesellschaftspolitik. Opladen.
Geßmann, H.-W. (1994 – 1997). Humanistisches Psychodrama. Bd. 1–4. Duisburg.
Moreno, J. L. (1989). Gruppenpsychotherapie und Psychodrama. Köln.
Petzold, H. (1985). Psychodrama-Therapie. Paderborn.

Hans-Werner Geßmann

Psychohygiene

Die Elementarziele der Psychohygiene sind die Herstellung der seelischen und geistigen Gesundheit sowie die Verhütung von Krankheiten. Psychohygienische Pläne konzentrieren sich erstmals im Rahmen der öffentlichen Gesundheitspflege am Ende des 19. Jahrhunderts und bestimmen fortan die individuelle Gesundheitsgestaltung. Die Protagonisten, im wesentlichen Psychiater, folgen zwar emanzipatorischen Idealen, weil sie Randgruppen wie Arme, Kriminelle und Kranke zu reintegrieren versuchen; jedoch entwickeln sie sich zur moralischen Kontrollinstanz über die öffentliche Gesundheit (vgl. Castel, 1983). Um so erstaunlicher ist es, daß das autobiographische Buch des ehemaligen psychiatrischen Patienten Clifford Beers (1908), das die skandalösen Zustände in einer amerikanischen Klinik beschreibt, ein weltweites Echo hervorruft und im selben Jahr die Gründung der Gesellschaft für «Mental-Hygiene» ermöglicht. In den 20er Jahren erfaßt die Mental-Health-Bewegung auch Europa, viele Gesellschaften werden gegründet, und die kurative Psychohygiene erreicht eine Verbesserung der Behandlungsmethoden und Öffnung der psychiatrischen Kliniken. Die Prävention kann sich in der Praxis dagegen nicht behaupten. Sie wird absorbiert von der Gesundheitspsychologie und der Gemeindepsychiatrie. Psychohygienische Absichten spielen im institutionellen Bereich, insbesondere in Kliniken, immer noch eine wichtige Rolle. Experten versuchen, psychische Störfaktoren über Aufklärung und Intervention zu beseitigen (vgl. Brown & Reimer, 1995). Die Prophylaxe macht sich auch beim Individuum bemerkbar. Es soll zum Zweck der dynamischen Anpassung über effektive Psychotechniken verfügen und Vorschriften für ein gesundes Leben befolgen. Durch die Veralltäglichung psychologischer Kenntnisse entsteht die neueste Form der Psychohygiene. Medizinische Ratgeber und Ratschläge in den Medien sowie die elektronische Vorsorge und Therapie, z. B. bei der Schwangerenbegleitung und Geburtsvorbereitung, genießen eine hohe Akzeptanz (vgl. Schwarz, 1983; Lenzen, 1991).

Literatur

Beers, C. (1908). A Mind that Found Itself. New York.

Brown, C. & Reimer, C. (Hg.). (1995). Psychohygiene im Krankenhaus – Belastungen der Pflegenden und Mediziner. Gießen.

Castel, R. (1983). Die psychiatrische Ordnung. Das goldene Zeitalter des Irrenwesens. Frankfurt/M.

Lenzen, D. (1991). Krankheit als Erfindung. Medizinische Eingriffe in die Kultur. Frankfurt/M.

Schwarz, M. (1983). Psychohygienische Verhaltensgebote für schwangere Frauen in medizinischen Ratgeberbüchern. Frankfurt/M.

Stefan Raab

Psycholinguistik

Die Psycholinguistik entstand 1953 im Rahmen eines Sommerseminars in den USA, das Psychologen, Linguisten und Informationstheoretiker zusammenbrachte. Grundidee war ein interdisziplinärer Ansatz, der die

Polaritäten Linguistik – Psychologie, Sprache – Sprechen überwinden und deren *Zusammenhang* differenzieren sollte. Die Psycholinguistik war damit von vornherein in einer Zwischenstellung, die für sie nicht nur prägend bleiben sollte, sondern sowohl ihre Grundproblematik – Abhängigkeit von anderen Disziplinen – als auch die damit verbundene Chance zu einem weiteren Blick bestimmt. Aus dem interdisziplinären Zugang ergeben sich zahlreiche Themenbereiche. Zu nennen sind u. a. Spracherwerb, der Zusammenhang von Sprache und Denken, von sprachlichen und kognitiven Leistungen, die Repräsentation und Kommunikation von Bedeutungen sowie Fragen des Sprachverlusts. Die wichtigsten Phasen der Psycholinguistik spiegeln die wechselnden Einflüsse wider, denen sie unterworfen wurde. In der ersten, zur Gründungszeit gehörenden Phase ist der Behaviorismus bestimmend, es geht um Sprach*verhalten*, Untersuchungseinheit ist das Wort. Mit der Transformationsgrammatik von Chomsky gerät dann die Syntax in den Vordergrund; gegen das Verhalten (außen) setzt Chomsky die mentalen Strukturen (innen), scheidet die Kompetenz von der Performanz. Die Psycholinguistik ist in dieser Zeit mit dem Nachweis der psychologischen Realität der Strukturen beschäftigt. Ende der 60er Jahre löst sich die Psycholinguistik allmählich von der linguistischen Vorgabe, sie wendet sich semantischen Problemen zu, die sie kognitionspsychologisch weitgehend an Texten bearbeitet; Fragen der Sprachverarbeitung und des Verstehens tragen dazu bei, den Blick erneut zu erweitern, so daß schließlich – im Zuge der pragmatischen Wende – die Situationsgebundenheit und der Handlungscharakter der Sprache (der Äußerung) thematisiert werden (Hörmann, 1976; Searle, 1983). Die von der skizzierten Entwicklung unabhängige sowjetische Psycholinguistik geht aus von einer dialektisch-marxistischen Psychologie und stellt daher den Begriff der Tätigkeit in den Vordergrund. Die Redetätigkeit ist eine besondere Praxis, die in einem gesellschaftlich-historischen Kontext stattfindet (Wygotski, 1981). Aktuell ist eine Betonung kognitiver Ansätze zu beobachten, die u. a. auf die mit der Technologie des Computers verbundenen Modellierungsmöglichkeiten zurückzuführen ist. Diese Veränderungen, sichtbar an der jeweiligen Untersuchungseinheit, zeigen, daß der Gegenstand Sprache für die Psycholinguistik kein eindeutig gegebener ist. Die mitgegebene Interdisziplinarität kann zu einer fruchtbaren theoretischen Reflexion führen. Darin und in der konsequenten Sicht auf das *Sprechen*, der Vorrangigkeit der Mündlichkeit und der Handlung, besteht der wichtigste Beitrag der Psycholinguistik.

Literatur

Hörmann, H. (1976). Meinen und Verstehen. Grundzüge einer psychologischen Semantik. Frankfurt / M.
Searle, J. R. (1983). Sprechakte. Ein sprachphilosophischer Essay. Frankfurt / M.
Wygotski, L. S. (1981). Denken und Sprechen. Frankfurt / M.

Marie-Cécile Bertau

Psychologenverbände

Die Verbandslandschaft für Diplom-Psychologen in Deutschland gestaltet sich sehr vielfältig und für einzelne Interessierte sehr unüberschaubar. Es kann unterschieden werden zwischen *Berufsverbänden* und *Fachverbänden*, die der Mitgliedschaft von Psychologen offenstehen. Die weitaus größte Zahl der Verbände bieten Organisationsmöglichkeiten im Bereich der Klinischen Psychologie und Psychotherapie an. Bei den Fachverbänden wiederum ist zu unterscheiden zwischen offenen Fachverbänden, die sich in erster Linie die Verbesserung der psychotherapeutischen und psychosozialen Versorgung zum Ziel gesetzt haben und interdisziplinär sind, und geschlossenen Verbänden, die zwar eine bestimmte therapeutische Richtung und Orientierung vertreten, aber lediglich Psychologen und Ärzten, zum Teil mit abgeschlossenen Therapieausbildungen, die Mitgliedschaft anbieten.

Berufsverbände

Der größte Berufsverband ist der Berufsverband Deutscher Psychologinnen und Psychologen e.V. (BDP): Er versteht sich als berufsständische Vereinigung der angestellten, beamteten und selbständigen Diplom-Psychologen. Mit 22000 Mitgliedern hat er nach eigenen Angaben 2/3 der berufstätigen Diplom-Psychologen organisiert. Der BDP unterhält 16 Landesgruppen und zwölf Fachsektionen, die die Interessen der in den jeweiligen Tätigkeitsfeldern arbeitenden Diplom-Psychologen vertreten. Eine Untergliederung des BDP ist der Verband Psychologischer Psychotherapeutinnen und Psychotherapeuten. Die vom BDP herausgegebene Zeitschrift heißt «Report Psychologie» (BDP, Heilsbachstr. 22–24, 53123 Bonn).

Der Deutsche Psychotherapeutenverband e.V. (DPTV) versteht sich als Interessenvertretung der Psychologischen Psychotherapeuten in Deutschland. Der DPTV vereinigt 1800 Mitglieder, die als Diplom-Psychologen eine psychotherapeutische Qualifikation nach den Kriterien des geplanten Psychotherapeutengesetzes besitzen sollen und psychotherapeutisch tätig sind. Der Großteil der Mitglieder hat eine tiefenpsychologisch fundierte oder verhaltenstherapeutische Ausbildung. Die Fachzeitschrift heißt «Psychotherapie-Forum» (DPTV, Bundesallee 213–214, 10719 Berlin).

Ein weiterer Berufsverband Psychologischer Psychotherapeutinnen und Psychotherapeuten ist die Vereinigung der Kassenpsychotherapeuten e.V.

Die 1200 Mitglieder sind Diplom-Psychologen, die freiberuflich ambulante psychotherapeutische Leistungen im Rahmen der Psychotherapierichtlinien zu Lasten der Krankenkassen durchführen. Die Vereinigung ist in Landesgruppen unterteilt (Riedsaumstr. 4 a, 67063 Ludwigshafen).

Hochschulverbände

Die Deutsche Gesellschaft für Psychologie e.V. (DGPs) fördert die Wissenschaftliche Psychologie in Forschung und Ausbildung. Sie ist gleichzeitig Interessenverband für Diplom-Psychologen mit wissenschaftlicher Qualifikation, die in der Regel in psychologischen Hochschulinstituten oder Forschungseinrichtungen beschäftigt sind. Die DGPs hat ca. 1700 Mitglieder, die sich innerhalb der DGPs in Fachgruppen zusammengeschlossen haben. Die Fachzeitschrift der DGPs ist die «Psychologische Rundschau» (DGPs, Hollandstr. 61, 48161 Münster).

Die Neue Gesellschaft für Psychologie e.V. (NGP) hat sich als Alternativverband zur DGPs gegründet. Sie fordert und fördert ein Umdenken in der wissenschaftlichen Psychologie mit Berücksichtigung eines ganzheitlichen Menschenbildes und alternativer Forschungsansätze. Hervorgehoben wird die Bedeutung einer Psychologie, die für die Menschen verständlich und bei der Anwendung von psychologischen Methoden in der Praxis von Bedeutung ist. Die Zeitschrift heißt «Journal für Psychologie» (NGP, c/o Institut für Psychologie der TU Berlin, Dovestr. 1–5, 10587 Berlin).

Psychotherapeutische Fachverbände

Die psychotherapeutischen Fachverbände orientieren sich in der Regel an den unterschiedlichen Therapieschulen.

Die Deutsche Gesellschaft für Verhaltenstherapie e.V. (DGVT) verfolgt als erste Zielsetzung die Verbesserung der psychosozialen und psychotherapeutischen Versorgung, vor allem durch die Förderung der Verhaltenstherapie. Die DGVT vertritt 6000 Mitglieder aus unterschiedlichen psychosozialen und psychotherapeutischen Berufsgruppen in ihren beruflichen und fachlichen Belangen. 80 Prozent sind Diplom-

Psychologen aus verschiedenen Tätigkeitsfeldern. Ein Konsens beider Ziele ist ein breitgefächertes Aus- und Fortbildungsangebot, u. a. in Psychotherapie / Verhaltenstherapie und Beratung. Des weiteren unterhält die DGVT einen eigenen Verlag mit der Fachzeitschrift der DGVT «Verhaltenstherapie und psychosoziale Praxis» (DGVT, Postfach 1343, 72003 Tübingen).

Der Deutsche Fachverband für Verhaltenstherapie e.V. (DVT) vertritt Ausbildungsinstitute für Verhaltenstherapie, die von der Kassenärztlichen Bundesvereinigung zur Ausbildung nach den Psychotherapierichtlinien anerkannt sind. Weiterhin gibt es im DVT 284 Einzelmitglieder, etwa zur Hälfte Diplom-Psychologen, ca. ein Drittel Ärzte, jeweils mit abgeschlossener Verhaltenstherapieausbildung entsprechend den Psychotherapierichtlinien, den Rest stellen Ausbildungskandidaten (DVT c/o APV, Salzstr. 52, 48153 Münster).

Die Gesprächspsychotherapie wird in Deutschland vor allem vertreten von der Gesellschaft für Wissenschaftliche Gesprächspsychotherapie e.V. (GwG), ein Fachverband für Psychotherapie und Beratung (GWG). Die GWG vereinigt etwa 7000 Mitglieder mit unterschiedlicher psychosozialer und psychotherapeutischer Berufsausbildung. Größtenteils kommen sie aus den Berufsfeldern Klinische Psychologie, Medizin, Sozialarbeit, Sozialpädagogik und Pädagogik. Satzungsgemäß fördert die GWG die Anwendung personzentrierter Konzepte, insbesondere im Bereich Psychotherapie und Beratung mit dem Ziel, die allgemeine seelische Gesundheit in unterschiedlichen Lebens- und Arbeitsbereichen zu verbessern. Die GWG bemüht sich intensiv darum, die Gesprächspsychotherapie neben der Verhaltenstherapie und der Tiefenpsychologie als dritten Psychotherapieansatz von den Krankenkassen anerkennen zu lassen. Die GWG gibt eine eigene Fachzeitschrift heraus: «Gesprächspsychotherapie und personzentrierte Beratung» (GWG, Richard-Wagner-Str. 12, 50674 Köln).

Ein Dachverband zahlreicher psychotherapeutischer Fachverbände, vor allem humanistischer und systemischer Orientierung, ist die Arbeitsgemeinschaft Psychotherapeutischer Fachverbände e.V. (AGPF). Sie vertritt u. a. Verbände der Gestalttherapie, der Bewegungstherapie, des Psychodramas, der Familientherapie, künstlerischer Therapieformen und der Transaktionsanalyse. Die AGPF vertritt die in ihr zusammengefaßten psychotherapeutischen Verfahren und setzt sich für ihre Anerkennung sowie deren Anwendung durch qualifiziert ausgebildete Therapeuten und Berater ein. Dabei läßt sich der Dachverband von dem Grundsatz leiten, daß wissenschaftlich ausgewiesene und klinisch bewährte psychotherapeutische Verfahren gleichberechtigt ihre fachlichen

Positionen sowie ihre gesellschaftspolitischen Initiativen koordinieren (AGPF, Richard-Wagner-Str. 44, 53115 Bonn).

Die Deutsche Gesellschaft für Psychoanalyse, Psychotherapie, Psychosomatik und Tiefenpsychologie e.V. (DGPT) ist wohl der älteste Psychotherapieverband in Deutschland. Sie vertritt die an Sigmund Freud ausgerichtete Psychoanalyse, gilt aber schwerpunktmäßig als berufspolitisches Dach der Psychoanalytiker, deren Fachgesellschaften und Ausbildungsinstituten. Die Mitgliedschaft in der DGPT setzt eine abgeschlossene Weiterbildung in Psychoanalyse oder Tiefenpsychologie voraus. Wenngleich die DGPT als ihre Hauptaufgabe die Wahrnehmung und Vertretung der gemeinsamen Interessen der Psychoanalytiker, unabhängig von ihrem Grundberuf, ansieht, sind die Mitglieder überwiegend Ärzte und Psychologen. Die DGPT hat ca. 2200 Mitglieder (DGPT e.V., Johannisbollwerk 20, 20459 Hamburg).

Fachverbände für Beratung

Diplompsychologen, die in psychologischen beziehungsweise psychosozialen Beratungsstellen arbeiten (z. B. Erziehungsberatung, Familienberatung, Beratung für Kinder, Jugendliche und Erwachsene, Sexualberatung), werden in ihrer beruflichen Tätigkeit durch mehrere Fachverbände für Beratung vertreten, in denen sie Mitglieder werden können. Die Verbände sind konfessionell und/oder tätigkeitsspezifisch ausgerichtet: ProFamilia – Deutsche Gesellschaft für Familienplanung, Sexualpädagogik und Sexualberatung e.V., Stresemannstr. 3, 60596 Frankfurt; Bundeskonferenz für Erziehungsberatung (BUKO), Herrnstr. 53, 90763 Fürth; Deutsche Arbeitsgemeinschaft für Jugend- und Eheberatung e.V. (DAJEB), Neumarkter Str. 84 c, 81673 München; Evangelische Konferenz für Familien- und Eheberatung (Ekful), Kurfürstenstr. 49, 12105 Berlin; Katholische Bundesarbeitsgemeinschaft für Beratung: (a) Ehe-, Familien- und Lebensberatung, Kaiserstr. 163, 53113 Bonn; (b) Erziehungsberatung: Karlstr. 40, 79104 Freiburg.

Weitere Verbände

Durch ihre Mitgliedschaft können Diplom-Psychologen Verbände unterstützen, die ihre Aufgabe schwerpunktmäßig in der Verbesserung der Gesundheitsversorgung, in der Unterstützung psychisch kranker Menschen und in der Unterstützung der mit diesen Aufgaben betrauten Berufsgruppen sehen. Zur Verfolgung dieser Ziele werden fortschrittliche Versorgungskonzeptionen gefördert und auch auf politischer Ebene durchzusetzen versucht.

Zu diesen Verbänden gehören: (a) Deutsche Gesellschaft für Soziale

Psychiatrie e.V. (DGSP), Stuppstr. 14, 50823 Köln; (b) Gesellschaft für gemeindepsychologische Forschung und Praxis, Gerhart-Hauptmann-Ring 26, 81737 München.

Psychologenverbände in Österreich

In Österreich gibt es aufgrund der spezifischen rechtlichen Situation insgesamt drei staatlich anerkannte Berufsverbände im psychologischen und psychotherapeutischen Bereich. Sie besitzen kein Öffentlichkeitsrecht, sondern lediglich Vereinsstatus. Die Mitgliedschaft in den jeweiligen Verbänden ist daher freiwillig. Zusammenarbeit zwischen den einzelnen Vereinen gibt es selten und dann vor allem themenspezifisch. Der Berufsverband Österreichischer Psychologen (BÖP) wurde 1953 gegründet und ist damit der älteste österreichische Verband in dieser Sparte. Mitglieder sind Psychologen mit einschlägigem Abschluß. Der BÖP unterhält Landesgruppen in acht Bundesländern. Die interne Gliederung erfolgt in acht Sektionen, zu den Themen: forensische Psychologie; Kinder-, Jugend- und Familienpsychologie; klinische und Gesundheitspsychologie; Organisations-, Wirtschafts- und Arbeitspsychologie; Psychotherapie; pädagogische Psychologie; Verkehrspsychologie; Umweltpsychologie. Er ist im Psychologenbeirat des Gesundheitsministeriums mit fünf Sitzen vertreten. Publikationsorgan ist die Zeitschrift «Psychologie in Österreich» (A-1090 Wien, Garnisongasse 1). Der zweite psychologische Berufsverband ist die Gesellschaft kritischer Psychologen und Psychologinnen. Sie wurde 1985 gegründet, unter anderem, um Bestrebungen des BÖP in bezug auf die Schaffung einer «Psychologenkammer» entgegenzuwirken, was letztlich auch gelang. Mitglieder sind Psychologen mit einschlägigem Abschluß und Studierende der Psychologie. Die GkPP unterhält Sektionen in Wien, Graz und Salzburg und ist inhaltlich in folgende Arbeitsgruppen gegliedert: Redaktionsgruppe (verantwortlich für alle Publikationen); Arbeitskreis Berufspolitik; Arbeitskreis kritisch-emanzipatorische Wissenschaft; Arbeitskreis «Fabrik» (verantwortlich für Fort- und Weiterbildung) und Sektion Supervision. Sie ist mit zwei Mandaten im Psychologenbeirat vertreten. Publikationsorgan sind die Zeitschrift «Störfaktor» und der «Rundbrief» (A-1090 Wien, Kolingasse 9/4). Die Schaffung des Österreichischen Berufsverbandes für Psychotherapie als jüngste der drei berufspolitischen Vereinigungen ist eine Folge der Herauslösung der Psychotherapie aus der Psychologie in Österreich durch zwei getrennte Gesetzgebungen und damit der Schaffung eines eigenen Berufsstandes der Psychotherapeuten. Mit über 2500 Mitgliedern ist der ÖBVP der zahlenmäßig stärkste Berufsverband in diesem Feld. Mitglieder sind Psychotherapeuten und solche in

Ausbildung, Ausbildungsvereine, Propädeutikumsanbieter, Fort-, Weiterbildungs- und Forschungseinrichtungen. Der ÖBVP unterhält Landesverbände in allen österreichischen Bundesländern und ist in zahlreiche inhaltliche Arbeitskreise zu verschiedenen gesellschaftlich relevanten Themenstellungen gegliedert. Publikationsorgan ist die Zeitschrift «Psychotherapieforum» (A-1010 Wien, Rosenbursenstraße 8/3/7).

Steffen Fliegel / Wolfgang Fürnkranz

Psychologie der Folter

Unter Folter versteht man den planmäßigen Versuch der Zerstörung der bewußten Persönlichkeit sowie der psychischen und sozialen Integrität und Identität eines Menschen durch systematische Anwendung physischer und psychischer Gewalt. Folter wird meist im Rahmen eines staatlichen Terrorsystems verübt. Die Folter «ist die totale Herrschaft des Menschen über den Menschen» (Reemtsma, 1991, S. 13). Ihr Ziel ist es, einen Gefangenen so weit zu depersonalisieren und zu «brechen», daß dieser «erstens nicht wieder politisch tätig werden kann und zweitens anderen Menschen, die sich gegen das Terrorsystem auflehnen könnten, als abschreckendes, angsteinflößendes Beispiel vor Augen steht» (Rauchfleisch, 1990, S. 83). Das Erzwingen von Geständnissen und das Gewinnen von Informationen spielt gegenüber diesen allgemeinen Zielen der Folter eine untergeordnete Rolle. Die der Folter innewohnende globale Aggression richtet sich gegen das Opfer, seine Familie, seine Angehörigen und die Gruppe seiner politischen und beruflichen Zugehörigkeit und betrifft nach den Maßstäben der Menschenrechte alle Aspekte menschlicher Integrität und Identität. Die seelischen Folgen der Folter sind gravierender als die körperlichen, die Kinder von Folteropfern leiden in der zweiten Generation mit. Wenn man versucht, durch therapeutische Bemühungen die Zerstörung der Persönlichkeit wieder aufzuheben, die sich in mannigfaltigen psychischen und psychosomatischen Symptomen manifestiert, können Ausmaß, Folgen und Wirkungen der Folter am deutlichsten sichtbar gemacht werden. Die Rekonstruktion und das psychoanalytische Verstehen zeigt die Folter in ihrer Wirklichkeit als individuelle und soziale Extremtraumatisierung, die sich als effektives Mittel des Staatsterrorismus zur Einschüchterung eines ganzen Volks und als menschenverachtende Herrschaftstechnik erweist (vgl. Amigorena & Viñar, 1979). Die erlittenen Traumen, die sich in resistenten Symptomen äußern, können durch den gesellschaftlich-politischen

Kontext (durch Amnestiegesetze für die Täter und Schergen oder durch ein restriktives Asylrecht und seine Praxis in der Exilsituation) zusätzlich massive Reaktivierungen erfahren und kumulativ als neue Traumata wirken. Die Reintegration oder Restitution erfordert, daß der geschädigte bzw. «zerstörte» Mensch in seine zugehörige Gruppe (Familie, politische Gruppe) zurückkehren kann. Trennung (geographisch oder von den Menschen bzw. Objekten) der anderen Verfolgten bzw. Betroffenen kann eine Restitution geradezu verhindern.

Die individuell wirksamen Mechanismen der Verleugung der Realität der Folter und der Existenz ihrer Opfer (im Phänomen der «Einfühlungsverweigerung») wirken sich politisch aus (Simulationsvorwurf bei Asylbewerbern) und umgeben das Phänomen Folter und die mit ihr verbundenen Affekte der Angst, des Entsetzens, der Ohnmacht, der Abscheu, der Scham, der Schuld und der Trauer mit einem «Mantel des Schweigens» (vgl. Eissler, 1963; Grubrich-Simitis, 1979). Silvia Amati schildert die durch die Folter beabsichtigten Ziele aufgrund der Behandlung einer gefolterten Studentin aus Uruguay. Mit der Folter wird versucht, den Gefangenen in eine physische und affektive Regression zu treiben, in der er sich

> «(a) infolge großer Erschöpfung, Qual, Spannung und Streß im Hinblick auf seinen eigenen Körper nicht mehr zurechtfindet; er sich (b) nicht mehr auf die objektive Realität beziehen kann: Zeit, Raum und andere Bezugssysteme werden durch die Isolation fast ganz ausgeschaltet; jeder natürliche Rhythmus wird unterbrochen; (c) kann er sich nicht mehr auf andere beziehen, weil jede menschliche, verläßliche und wechselseitige Beziehung aufgehört hat. Nichts, was von dem Gefangenen ausgeht, wird registriert oder akzeptiert, nicht einmal seine Schreie, mit Ausnahme der Informationen, die man von ihm haben will. Das einzige, was dem Gefangenen bleibt, ist die Möglichkeit, sein Ich-Ideal, sein Selbst, seine internalisierten Objekte zu verteidigen, was äußerst schwierig ist, da der Folternde diese angreift, indem er den Gefangenen beschuldigt, ihn verachtet und erniedrigt. Durch Regression errreicht der Gefangene ein Stadium, in dem er nicht mehr weiß, wer er ist» (Amati, 1977, S. 239f).

Für den Gefangenen geht es darum, zwischen äußerer und innerer Realität unterscheiden zu können, «um zu verhindern, daß das ganze zu einem schrecklichen Alptraum wird. Hier entscheidet es sich, ob man als Person überlebt oder in einen Zustand totaler Verwirrung fällt. Der Gefangene muß den Wert jeder selbständigen Regung, jedes selbständigen, rebellischen und mutigen Gedankens, so geringfügig sie auch sein mögen, erkennen» (ebd., S. 236). Im Vorwort zu David Beckers Buch «Ohne Haß keine Versöhnung» schreibt Paul Parin: «Wer die Berichte und Analysen lesend verfolgt, dem wird das unheilvolle und unheimliche Wirken institutioneller Gewalt einsichtig. Der Weg zurück, aus Ohnmacht und

Zerstörung, über psychische Emanzipation bis zum Wiederbeginn eines lebbaren Lebens führt direkt heran an das grauenvolle Wirken der Machthaber und ihrer Diener» (1992, 15).

Nachdem sich im Zeitalter der Aufklärung und mit der Proklamation der Menschenrechte eine Ächtung der Folter ergab und sie im 19. Jahrhundert in Europa offiziell abgeschafft wurde, nahm die Anwendung der Folter im 20. Jahrhundert stark zu. Ihre Wiedereinführung war mit der Machtergreifung der Nationalsozialisten 1933 verbunden. Ihr weiterer Aufschwung nach dem Zweiten Weltkrieg war weltweit, und sie hat sich trotz internationaler Menschenrechts- und Kriegskonventionen in einem bisher noch nie dagewesenen Ausmaß ausgebreitet. Die Folter wird heute nicht allein in Kriegszeiten und Zeiten sozialer Kämpfe eingesetzt, sondern sie findet in steigendem Ausmaß als Mittel des Regierens, als Instrument politischer Herrschaftssicherung Anwendung. Die Methoden und Techniken der Folter wurden in unserem Jahrhundert technisch modernisiert und verwissenschaftlicht, sie sind darauf ausgerichtet, daß sie auf «saubere», d. h. möglichst nicht nachweisbare Art und Weise angewendet werden können. Bei der Ausarbeitung und Durchführung der Folterprogramme spielen medizinische, pharmakologische und psychologische Experten eine wesentliche Rolle (vgl. Roth, 1987); Soldaten, Polizisten, Juristen, Wissenschaftler, Beamte und Politiker sind in Folterungen involviert. Wie im Falle der südamerikanischen Diktaturen in der Zeit nach dem Zweiten Weltkrieg führt der Staatsterror mit militärischen und zivilen Machtapparaten einen «inneren Krieg» gegen die Bevölkerung oder bestimmte Gruppen mit dem Ziel, alle bestehenden und potentiellen Formen der Opposition im Namen der «Staatssicherheit» zu unterdrücken und zu eliminieren. Auch in den imperialen Zentren der westlichen und östlichen Welt wurden und werden einzelne Foltertechniken und Maßnahmen gegen Gefangene, wie sensorische Deprivation und Isolationshaft, eingesetzt. Vor allem die Gefangenenhilfsorganisation Amnesty International hat auf die Politik und Praxis der Folter aufmerksam gemacht und öffentliche Aufklärung betrieben (vgl. Amnesty International, 1985). Es waren insbesondere Überlebende von Konzentrationslagern, Opfer des Staatsterrors und deren mitbetroffene Angehörige sowie im speziellen durch Verfolgung, Flucht und Exil betroffene Ärzte, Psychoanalytiker und Psychiater, von denen Initiativen ausgingen, den Extremtraumatisierten zu helfen und die Folgen der Konzentrationslagerhaft und Folter zu erforschen (wie Bruno Bettelheim, Ernst Federn, Judith Kestenberg, Marie Langer u. a.). In der psychologischen Literatur zum Thema überwiegen psychoanalytische Untersuchungen und Erklärungsansätze, bei denen Forschungs- und Heilungsprozesse identisch sind. Durch die Errichtung von speziellen Behandlungszentren für Folteropfer und Extremtraumatisierte in den letzten zwei Dezennien, durch einzelne Schwerpunktbildungen in universitären Einrichtungen und durch private Initiativen konnte die Basis für wissenschaftliche Arbeiten erweitert werden, was sich auch auf dem Gebiet der empirischen Erforschung der psychischen Folterwirkungen bemerkbar machte. Aktivitäten von Non Government Organisations, Zeitschriften sowie internationale Tagungen, Vernetzungen und politische Initiativen bemühen sich, dem weltweiten durch Folter erzeugten Terror politisch, therapeutisch und wissenschaftlich entgegenzutreten und diesen einzudämmen. Bei ihrem Überblick zu «Themen internationaler Folterforschung» konstatieren Fischer und Keller-Kreifelts im Bereich der psychologischen Forschung ein generelles Defizit im Hinblick auf empirische Arbeiten und die Anwendung verschiedener psychologischer Methoden. Bei einer Gliederung nach (1) dem Phänomen Folter, (2) dem Täter und (3) dem Opfer fallen in den ersten Themenbereich Arbeiten, welche die Folter als Herrschaftsinstrument, ihren Funktionswandel und ihren Zusammenhang mit dem Asylrecht thematisieren, sowie solche, die historische und juristische Aspekte berücksichtigen. Der zweite Punkt umfaßt Studien, welche Ausbildung, Sozialisation, Persönlichkeit und Motive von Folterern zum Thema haben und bekannte empirische Untersuchungen wie die von Milgram (vgl. Boppel, 1996; Kraak, 1996). Beim dritten Punkt geht es um die Diskussion der Klassifizierung und Problematik eines Foltersyndroms und der Untersuchung der Folterfolgen; eine verstärkte Diskussion von Therapieformen und deren Evaluation reflektiert die Arbeit verschiedener Behandlungszentren, die in den letzten Jahren gegründet wurden. Eine Zusammenfassung und statistische Bestandsaufnahme von Untersuchungen im Bereich der psychischen Folterwirkungen wurde von Peltzer (vgl. Peltzer, 1996) vorgenommen.

Literatur

Amati, S. (1977). Reflexionen über die Folter. Zur Einleitung einer psychoanalytischen Diskussion. Psyche, 31, S. 228–245.

Amigorena, H. & Viñar, M. (1979). Zwischen Außen und Innen: die tyrannische Instanz. Psyche, 33, S. 610–619.

Amnesty International (Hg.). (1985). «Wer der Folter erlag ...» Ein Bericht über die Anwendung der Folter in den 80er Jahren. Frankfurt/M.

Becker, D. (1992). Ohne Haß keine Versöhnung. Das Trauma der Verfolgten. Freiburg.

Boppel, P. (1996). Ausbildung, Sozialisation und Persönlichkeit von Folterern. In: V. Fischer & B. Keller-Kreifelts (Hg.), Psychologie und Folter. Zeitschrift für Politische Psychologie, 2, S. 121–134.

Eissler, K. R. (1963). Die Ermordung von wie vielen seiner Kinder muß ein Mensch symptomfrei ertragen können, um eine normale Konstitution zu haben? Psyche, 17, S. 241–291.
Graessner, S., Gurris, N. & Pross, C. (Hg.). (1996). Folter. An der Seite der Überlebenden. Unterstützung und Therapien. München.
Grubrich-Simitis, I. (1979). Extremtraumatisierung als kumulatives Trauma. Psyche, 33, S. 991–1023.
Kraak, B. (1996). Was motiviert Folterer? Eine handlungstheoretische Analyse. In: V. Fischer & B. Keller-Kreifelts (Hg.), Psychologie und Folter. Zeitschrift für Politische Psychologie, 2, S. 155–162.
Parin, P. (1992). Vorwort. In: D. Becker. Ohne Haß keine Versöhnung. Das Trauma der Verfolgten. Freiburg.
Peltzer, K. (1996). Psychische Folterwirkungen. In: V. Fischer & B. Keller-Kreifelts (Hg.), Psychologie und Folter. Zeitschrift für Politische Psychologie, 4, S. 135–154.
Peltzer, K., Aycha, A. & Bittenbinder, E. (Hg.). (1995). Gewalt und Trauma. Psychopathologie und Behandlung im Kontext von Flüchtlingen und Opfern organisierter Gewalt. Frankfurt/M.
Rauchfleisch, U. (Hg.). (1990). Folter. Gewalt gegen Menschen. Freiburg.
Reemtsma, J. P. (Hg.). (1991). Folter. Zur Analyse eines Herrschaftsmittels. Hamburg.
Riquelme, H. (Hg.). (1990). Zeitlandschaft im Nebel. Menschenrechte, Staatsterrorismus und psychosoziale Gesundheit in Südamerika. Frankfurt/M.
Roth, K. H. (1987). Die Modernisierung der Folter in den beiden Weltkriegen: Der Konflikt der Psychotherapeuten und Schulpsychiater um die deutschen «Kriegsneurotiker» 1915–1945. 1999. Zeitschrift für Sozialgeschichte des 20. und 21. Jahrhunderts, 2, S. 8–75.
Stoffels, H. (Hg.). (1991). Schicksale der Verfolgten. Berlin.

Johannes Reichmayr

Psychologie der Migration

Migration ist auf unterschiedlichen Ebenen mit einschneidenden Veränderungen verbunden. Diese können zunächst den Migranten selbst, seine Orientierungen, Verhaltensweisen und sozialen Bezüge betreffen (Treibel, 1990, S. 13). Aber auch die Gruppe, der die Migrantin vor der Emigration zugehörte, der sie sich aktuell zugehörig fühlt oder auf die sie bei der Ankunft stößt, ist durch Migration mit Veränderungen konfrontiert. Weiterhin ist Migration mit Einschnitten für die sozialen und ökonomischen Strukturen der betroffenen Gesellschaften verknüpft. Von diesen drei Ebenen sind für eine Psychologie der Migration insbesondere die ersten beiden, die Ebene des Individuums und die der Gruppe und Gruppenbeziehungen, bedeutsam. In der deutschsprachigen Psychologie wird der Gegenstand Migration nicht systematisch untersucht. Zwar gibt es punktuelle Studien z. B. zu Akkulturationsphänomenen, Erziehungskonzepten von Migranten, zu Belastungsreaktionen von Migrantinnen, psychosomatischen Symptomen oder etwa zu Selbstkonzepten von Migranten, doch eine systematische Beschreibung und Auseinandersetzung mit dem Thema Migration steht so weit aus, daß wir von dem *Fehlen einer deutschsprachigen Psychologie der Migration* sprechen können. Eine systematische Analyse von Migrationsphänomenen aus psychologischer Perspektive hätte zunächst die oben benannten Analyseebenen Individuum und Gruppe zu thematisieren. Bezogen auf Gruppenphänomene könnte gefragt werden, welche psychologischen Konsequenzen die Emigration von Mitgliedern bestimmter Personensysteme für diese Konstellationen (etwa Familie, Institutionen, Gesellschaft) haben und wie durch kommunikativen und materialen Austausch mit den Emigrierten auf der Seite der Nicht-Emigrierten Veränderungen, aber auch Intensivierungen bestehender Kultur- und Identitätsmuster stattfinden. Weiterhin könnte nach den Effekten der Anwesenheit von Immigrierten im sog. Aufnahmeland gefragt werden. Die Funktionalität von Migranten für die nationale Identität der Aufnahmegesellschaft, die Instrumentalisierung der konstruierten Fremdheit der Migrantinnen für die Bewahrung der erst durch die Präsenz der «Anderen» und «Fremden» (erneut) plausibel werdenden Erzählung nationaler Einheit bezeichnen Aspekte von Selbst- und Fremdethnifizierung, deren psychologische Untersuchung im deutschsprachigen Raum noch aussteht. Aber auch psychologische Aspekte der kulturellen, lingualen und religiösen Pluralisierung einer Gesellschaft durch Migration müssen hier mit Blick auf reale Widerstände bei Mehrheitsangehörigen und bezogen auf institutionelle und strukturelle Barrieren sowie im Hinblick auf ein psychologisch ausgelotetes Konzept von sozialer und gesellschaftlicher Pluralität untersucht werden. Psychologische Theorien der Gruppenzugehörigkeit und -dynamik, des Vorurteils und der Stereotypisierung, der Ingroup-Outgroup-Differenzierung, aber auch empirische und theoretische Ansätze einer Psychologie des Fremden und nicht zuletzt einer Psychologie der Diskriminierung und des Rassismus wären hier zu diskutieren.

Auf der Ebene des Individuums kann eine Psychologie der Migration sich allgemein am Ablauf des Migrationsprozesses orientieren und nach Merkmalen der Phase vor der eigentlichen Immigration, nach Kennzeichen des eigentlichen Immigrations- und Emigrationszustandes und Postimmigrationsphänomenen fragen. Eine Psychologie der Migration hat diesen individuellen Handlungs- und Erlebensweisen in Abhängigkeit von gesellschaftlichen Bedingungen sowohl in den Herkunfts- wie in den Ankunftsregionen internationaler Migrationsprozesse nachzugehen. Es kann hier analytisch unterscheidend gefragt werden: (1) Was veranlaßt Menschen zur Migration? (2) Welche Erfahrungen und Handlungen prägen den Akt der Migration? (3) Welche Erfahrungen machen Menschen im sog. Aufnahmeland?

1. In der Migrationssoziologie liegen Modelle vor, die die Ursachen von Migration bestimmen wollen. Das bekannte Push-Pull-Modell sucht in den Abwanderungsregionen Abstoßungsfaktoren (etwa fehlende Arbeitsplätze) und in den Aufnahmeregionen Anziehungsfaktoren (etwa vorhandene Arbeitsplätze) als Ursachefaktoren von Migration zu identifizieren. Welche Aspekte nun aber individuelle Push- und Pullfaktoren darstellen, ist aus einer auf Generalität zielenden, überindividuellen Perspektive nicht ohne weiteres festzustellen (Wenning, 1995, S. 338). Eine genuin (individual-)psychologische These für die Ursachen von Migration ist die der Autoselektion (vgl. Nestmann & Niepel, 1993). Sie geht davon aus, daß Migration Resultat bestimmter individueller Dispositionen sei. In der Variante der sog. Negativselektion wird angenommen, daß «prämorbide» Persönlichkeiten zu Migration neigten (vermeintlich kann dadurch die erhöhte Rate psychischer Störungen bei Migranten erklärt werden). In der Variante der Positivselektion hingegen schreibt der Selektionsansatz den Aus- und Einwanderungsbereiten eine höhere psychische Robustheit zu. Traditionellerweise wird zwischen freiwilliger und erzwungener Migration unterschieden. Hunger und Armut, Krieg und Verwüstung, ethnische und religiöse Konflikte und Verfolgung als traditionelle Migrationszwänge werden in den letzten Jahren durch die Zerstörung der Umwelt als viertem Faktor ergänzt (Hettlage-Varjas & Hettlage, 1995). Ob nun aber eine Migration als freiwillig oder erzwungen anzusehen ist, ist immer von den benutzten «Freiwilligkeits»-Kriterien, somit von dem zugrundeliegenden Subjektverständnis und nicht zuletzt von politischen und ökonomischen Interessen abhängig.

2. Migration ist ein Prozeß, der mit subjektiv signifikanten Erfahrungen verbunden ist. Arbeitsmigranten, schreiben Hettlage-Varjas und Hettlage (1995, S. 15), «wandern nicht nur zwischen Orten, sondern zwischen verschiedenen *Existenzweisen* und verändern damit auch ihre Stellung zu sich selbst und zu ihrer Welt.» Migration ist mit einschneidenden Veränderungen verbunden. Eine in diesem Zusammenhang häufig diskutierte These ist die des Kulturschocks, welcher «die Summe von Reaktionen eines Fremden, der die Sicherheit des ihm Vertrauten verloren hat» (Bracht, 1994, S. 91), bezeichnet und unter anderem zu einer «Verunsicherung in der eigenen Rolle und den Rollenerwartungen sowie in den eigenen Werten und dem Gefühl der Selbstidentität» (ebd., S. 92) führen kann. Auch aus psychoanalytischer Sicht ist das Phänomen des Migrationsaktes sorgfältig untersucht worden. Migration wird in diesem

Rahmen als Trauma (etwa Grinberg & Grinberg, 1991) und Trauerprozeß oder als kontinuierlicher psychischer Streß verstanden, «da die Einbuße des Gewohnten in allen zwischenmenschlichen Beziehungen und das Erlernen von neuen Rollen und Verhaltensstandards unter der Angst, Fehler zu machen, aufzufallen und Verachtung zu erfahren, ein Gefühl der permanenten Überforderung erzeugt» (Kürsat-Ahlers, 1995, S. 160). Sowohl die These vom Kulturschock als auch psychoanalytische Ansätze tendieren zu Vereinseitigungen. Die Kulturschockthese suggeriert, daß die inhaltliche («kulturelle») Differenz der Aus- und Einwanderungskontexte vorrangig verantwortlich für Belastungsreaktionen auf seiten der Migrantinnen sei. Psychoanalytische Erklärungen bevorzugen den Blick auf gekappte und fehlende Bindungen. Kritisch ist anzuführen, daß diese Ansätze Gefahr laufen, einen Beitrag zu dem Diskurs zu leisten, der Interkulturalität einseitig im Hinblick auf Risiken und Belastungen konstruiert und in einem grundsätzlichen Konsens, der soziale und politische Benachteiligung und Dominanzverhältnisse ausblendet, von selbstverständlich auf semantische Reibungen rückführbaren, gefahrvollen Folgen des Kontaktes zwischen unterschiedlichen Kulturen ausgeht (vgl. Castelnuovo 1990, S. 299). Diese Art der wissenschaftlichen Übereinkunft bezogen auf Migration und Interkulturalität ist ein Beitrag zur Pathologisierung und zum ausschließenden, paternalistischen und ausgrenzenden Umgang mit den pathologisierten Phänomenen. Eine angemessene Psychologie der Migration hingegen muß einen Beitrag zur Identifikation potentiell belastender Merkmale der Lebenssituation von Migranten leisten, ohne damit ihre Erfahrungen und Umgangsweisen psychologistisch stigmatisierend festzuschreiben. Dabei hat Migrationsforschung zunächst ihren eigenen Beitrag zur Kulturalisierung und Ethnifizierung der Lebenssituation von Migranten zu reflektieren und zu überwinden.

3. Zu der Frage, welche Erfahrungen Migrantinnen im Aufnahmeland machen, liegen in der Literatur Antworten vor. Die psychologisch relevanten Untersuchungen heben in der Regel auf Belastungen, Defizite und Probleme ab. Die Kritik von Attia (1997, S. 262) an der häufig zitierten tiefenpsychologischen Untersuchung von Leyer (1991) zum Verhältnis von Migration und Krankheit bei türkischen Einwanderern macht grundlegende methodologische Schwächen der Migrationsforschung deutlich. Durch vernachlässigte Explikation und Reflexion des eigenen Interesses an der Thematisierung des anderen «bleibt der Blick auf die ‹fremde Kultur› im Eigenen verhaftet und ein Blick von außen, der eigene Probleme nicht als solche erkennt, sondern im Fremden verortet». Auf einer stärker sozialwissenschaftlichen Ebene sind nach wie vor «Akkulturation», «As-

similation», «Eingliederung» und «Integration» die dominanten Konzepte, die als Kriterien der Betrachtung, Bewertung und Vorhersage der Erfahrungen und Handlungsweisen von Migrantinnen dienen. Die «Integration» von Migranten wird in der bundesdeutschen Migrationsforschung in erster Linie auf der sozialstrukturellen Ebene definiert (Berger, 1990, S. 127). «Integriert» sind Einwanderinnen dann, wenn ihnen Statuslinien zugänglich sind und sie sich kulturell angeglichen haben. «Akkulturation» wird aufgefaßt als Prozeß der Veränderung (zumeist der Migranten) im Kontext von Kulturkontakten, welcher sich auf Werte, Normen, Einstellungen sowie auf Identitäten bezieht.

Ansätze der Migrationsforschung tendieren dazu, Erfahrungs- und Identitätsprozesse von Migranten aus der Perspektive der Mehrheitsgesellschaft zu modellieren. So kommen Phänomene wie Mehrfachloyalitäten, Mehrfachselbstverständnisse oder transnationale Identitäten (Pries, 1997) bei sogenannten Migrationsfolgegenerationen kaum in den Blick. Auch Stigmatisierungs- und Rassismuserfahrungen sind in den einschlägigen Auflistungen von Erfahrungen enthalten, aber sie sind wenig untersucht. Ebenso ist lange Zeit im Wissenschaftskontext und auf der psychosozialen Versorgungsebene versäumt worden (vgl. Dietzel-Papakyriakou, 1993), über die Situation von älteren Migrantinnen nachzudenken.

Eine Psychologie der Migration ist gehalten, einen Beitrag zur Ermöglichung und Achtung von «kulturellen» Differenzen auf der Basis von Gleichheit zu leisten. Eine angemessene Migrationsforschung ist Forschung, die (auch) Partei für Migranten ergreift. Ziel, Aufgabe und Legitimation psychologischer Migrationsforschung ist es damit, zur Ermöglichung der Selbstachtung von Migranten und damit zur Ermöglichung von *Anerkennung* beizutragen. Denn Individuen haben nur unter der Voraussetzung dessen, daß sie in Strukturen der Anerkennung als Subjekte geachtet werden, die Chance, sich selbst zu achten. Genau diese Chance bleibt Migrantinnen häufig vorenthalten. Eine angemessene Psychologie der Migration (deren Realisierung eine akademisch-universitäre Institutionalisierung voraussetzt, vgl. Mecheril, Appel & Teo, 1995) hat sich insofern zentral mit der Frage zu beschäftigen, wie z. B. Selbstwertgefühle, Selbstkonzepte und soziale Handlungsbereitschaften durch psychologische Forschung so gestärkt und sozial-strukturelle Aspekte so verändert werden können, daß für Migrantinnen ein würdevolles Leben möglich ist. Drei Ebenen der Anerkennung können hierbei unterschieden werden: *1. Anerkennung als politisches Subjekt* (Untersuchungsaspekte: psychologische Diskussion der Frage der Anerkennung von Individuen als politische Subjekte bezogen auf unterschiedliche Migrantengruppen; Untersuchung des Einflusses der Verweigerung der Anerkennung als politisches Subjekt auf die Entwicklung von Selbstachtung und Selbstwirksamkeit; Untersuchung und Förderung der Verbesserung von Möglichkeiten der gesellschaftlichen und kommunalen Partizipation von Migranten etc.), 2. *Anerkennung als soziales Subjekt* (Aspekte: Beitrag zur Reflexion und Dekonstruktion von sozialer Differenz und Gemeinsamkeit; Untersuchung traditioneller und «neuer» Ethnizitäten [Hall, 1994] als Ressource und als Gefahr; Untersuchung und Förderung von kultureller Autonomie, von ethnischen und kulturellen Selbstorganisationen und von Empowermentprozessen bei ethnischen Minderheiten; Förderung von Multilingualität und Entwicklung von Konzepten interkultureller Beratung und Psychotherapie; Verbesserung der psychosozialen Versorgung von Migranten etc.) und 3. *Anerkennung als individuelles Subjekt* (Aspekte: Analyse von Diskriminierungs-, Stigmatisierungs- und Rassismuserfahrungen mit dem Ziel der Identifikation von Möglichkeiten des Umgangs mit diesen Degradierungserfahrungen wie auch des Engagements für ein Antidiskriminierungsgesetz, das das individuelle Recht auf körperliche Unversehrtheit zum Ausdruck bringt und Möglichkeiten der Einklagbarkeit dieses Rechtes markiert; Förderung gleichberechtigter Zugangsmöglichkeiten zur gesundheitlichen, psycho-sozialen Regelversorgung; Untersuchung von identitären Hybridisierungen, Mehrfachzugehörigkeit, Multistabilitäten (Mecheril, in Druck) im Kontext kulturell-ethnischer Pluralität und Einsatz für die auch rechtlichen Bedingungen der Möglichkeit der individuellen Praxis dieser Identitätsformen etc.).

Literatur

Attia, I. (1997). Antirassistisch oder interkulturell? Sozialwissenschaftliche Handlungskonzepte im Kontext von Migration, Kultur und Rassismus. In: P. Mecheril & T. Teo (Hg.), Psychologie und Rassismus (S. 259–285). Reinbek.

Berger, H. (1990). Vom Klassenkampf zum Kulturkonflikt. Wandlungen und Wendungen der westdeutschen Migrationsforschung. In: E. Dittrich & F.-O. Radtke (Hg.), Ethnizität. Wissenschaft und Minderheiten (S. 119–138). Opladen.

Bracht, E. (1994). Multikulturell leben lernen. Psychologische Bedingungen universalen Denkens und Handelns. Heidelberg.

Castelnuovo, D. F. (1990). Das Konzept Kulturkonflikt. Vom biologischen Denken zum Kulturdeterminismus. In: E. Dittrich & F.-O. Radtke (Hg.), Ethnizität. Wissenschaft und Minderheiten (S. 299–309) Opladen.

Dietzel-Papakyriakou, M. (1993). Altern in der Migration. Stuttgart.

Grinberg, L. & Grinberg, R. (1990). Psychoanalyse der Migration und des Exils. Stuttgart.

Hall, S. (1994). Rassismus und kulturelle Identität. Ausgewählte Schriften Bd. 2. Hamburg.

Hettlage-Varjas, A. & Hettlage, R. (1995). Übergangsidentitäten im Migrationsprozeß. Zeitschrift für Frauenforschung, 13/3, S. 13–26.
Kürsat-Ahlers, E. (1995). Migration als psychischer Prozeß. In: I. Attia et al. (Hg.), Multikulturelle Gesellschaft – monokulturelle Psychologie? Antisemitismus und Rassismus in der psychosozialen Arbeit (S. 157–171). Tübingen.
Leyer, E. M. (1991). Migration, Kulturkonflikt und Krankheit. Zur Praxis der transkulturellen Psychotherapie. Opladen.
Mecheril, P. (in Druck). Zugehörigkeitserfahrungen von Anderen Deutschen. Eine empirische Modellierung. Soziale Welt, Heft: International migration and world society.
Mecheril, P., Appel, S. & Teo, T. (1995). «Ethnische Quotierung» in der deutschsprachigen Psychologie? Dokumentation und Kommentierung einer Initiative. Journal für Psychologie, 3, S. 53–62.
Nestmann, F. & Niepel, T. (Hg.). (1993). Beratung von Migranten. Neue Wege der psychosozialen Versorgung. Berlin.
Pries, L. (1997). Transnationale Soziale Räume. Theoretisch-empirische Skizze am Beispiel der Arbeitswanderungen Mexico-USA. Zeitschrift für Soziologie, Jg. 25, 6, S. 456–472.
Treibel, A. (1990). Migration in modernen Gesellschaften. Soziale Folgen von Einwanderung und Gastarbeit. Weinheim.
Wenning, N. (1995). Migration. In: C. Schmalz-Jacobsen & G. Hansen. Ethnische Minderheiten in der BRD (S. 331–340). München.

Paul Mecheril

Psychologie des Faschismus

Eine psychologische Erklärung des Faschismus, insbesondere seiner deutschen Ausprägung, kann es nicht geben: Zum einen würde damit eine Herrschaftsform psychologisiert, deren Analyse gerade den Zusammenhang ökonomischer, sozialer und subjektiver Faktoren nötig macht; zum anderen wäre der Blick auf die Subjekte der faschistischen Staats- und Gesellschaftsordnung vorschnell zugunsten einer politisch-moralisierenden und individualisierenden Sichtweise verstellt. Die frühe Psychologiekritik machte es sich zur Aufgabe, ein faschistisches «Syndrom» (P & G, 1979, S. 103) bzw. einen faschistoiden «Charakter» als Grundlage des Faschismus zu finden bzw. zu beschreiben. Als Vorbilder dienten die sozialpsychologischen Studien von Wilhelm Reich «Massenpsychologie des Faschismus» (1971) und Theodor W. Adorno zum «autoritären Charakter» (1982). Adorno zieht zur Kennzeichnung einer faschistisch-autoritären Persönlichkeit Merkmale heran, die er in der Zusammenschau als einheitliches Syndrom, als «mehr oder weniger dauerhafte Strukturen im Individuum» (ebd., S. 46) denkt. Dazu gehören beispielsweise die autoritäre Unterwürfigkeit, die autoritäre Aggression (Tendenz, Außenseiter zu verurteilen, abzulehnen oder zu bestrafen), eine übertriebene

Beschäftigung mit sexuellen Vorgängen, Aberglaube und Stereotypie etc. (vgl. Daniel, 1981). Eine bahnbrechende Arbeit zum Zusammenhang von (männlicher) Sozialisation und der körperlichen und psychischen Präformierung für den Faschismus legte Klaus Theweleit mit seinen «Männerphantasien» vor (1977; 1978). Seine Analyse faschistischer Männer ist «eingebettet in die Theorie von den massenhaften Nicht-zu-Ende-Geborenen, die ihre (ergänzende) Muttergestalt mit Begehren und Haß verfolgen und sich einen Körperpanzer als Uniform und einen Zusammenhalt als Organisation geben müssen» (Haug, 1986, S. 204). Auch wenn kein Weg an dem Material Theweleits vorbeiführt, so ist doch darauf hinzuweisen, daß für ihn ein Individuum nur geglückt ist, wenn es «in der Privat-Selbständigkeit funktioniert» (ebd.).

Eine für die Psychologie entscheidende – und in Ansätzen noch nicht beantwortete oder gar thematisierte – Fragestellung betrifft den Zusammenhang zwischen den staatlich geforderten Einstellungen und Handlungsweisen im Faschismus und der «Auftreffstruktur» (Althusser) in den Subjekten: Wie müssen Subjekte «hergerichtet» sein, damit sie theoretisch und praktisch, in Denkformen und Handlungsweisen ihre Fremdbestimmung bejahen? Der Versuch, diesem Zusammenhang analytisch und damit interdisziplinär orientiert nachzugehen, wurde im Berliner «Projekt Ideologie-Theorie» unternommen (vgl. PIT, 1980; Haug, 1986; Weber, 1998). Hier werden die faschistischen Ideologien nicht als Hirngespinste begriffen, denen die Menschen verfallen und deswegen nachgelaufen sind. Vielmehr wird die «massenbewegende Mächtigkeit» (Haug, 1986, S. 8) der Kampagnen ideologischer Mächte (Schule, Justiz, Psychiatrie, Sport, Kunst etc.) im deutschen Faschismus untersucht. Dabei soll «verstanden werden, wie es kam, daß die ideologischen Strategien nicht als abstrus von den Beherrschten abgewiesen wurden, sondern offenkundig ‹griffen›, von diesen mitgetragen wurden. Erst wenn man die informellen und vielfältigen Normalisierungspraxen im Alltag der kleinen Leute selbst einbezog, erklärte sich die gewaltige Resonanz der Normalisierungsstrategien der verfaßten ideologischen Mächte. Das *Do it yourself* der Ideologie im Alltag bildete den Resonanzboden, die geeignete ‹Auftreffstruktur›» (ebd.). Aus einer subjektwissenschaftlichen Perspektive ist die Herangehensweise des PIT deswegen von besonderem Interesse, weil sie nach den Begründungen und Begründungsstrukturen der Subjekte in gesellschaftlichen Zusammenhängen fragt und diese hinterfragt. Insofern hat der Ansatz einen Bezug zur Gegenwart: «Einen zukünftigen Faschismus zu verhindern, ist nicht im wesentlichen Sache der Trauerarbeit der älteren Generation, sondern primär Aufgabe der jetzt Aktiven. Dazu gehört, daß wir den Zusammenhang von beruflichem und politischem Handeln nicht ... verdrängen, sondern diesen sowie die verschiedenen Mechanismen der Einschüchterung und der Vereinnahmung für eine unmenschliche Politik so deutlich wie möglich auf den Begriff bringen, um entsprechende Gegenstrategien entwickeln zu können» (Osterkamp, 1990, S. 112).

Der Anteil von Frauen am Gelingen des deutschen faschistischen Staates wird seit Mitte der 70er Jahre kontrovers diskutiert (vgl. Sachse, 1997): «Eine Erkenntnis stand am Anfang der Untersuchungen: Es gab keine einheitliche Frauenpolitik für alle Frauen. Jedes Gesetz, jeder Erlaß zugunsten von Frauen, Müttern oder Familien regelte zugleich den Ausschluß von Frauen: von jüdischen Frauen, ‹fremdvölkischen›, ‹erbkranken›, ‹minderwertigen› oder ‹asozialen› Frauen. Die Analyse der Frauenpolitik kam ... an der Analyse der Rassenpolitik nicht vorbei» (ebd., S. 26). Subjektwissenschaftliche Ansätze in der NS-Frauenforschung sind selten. Innerhalb der akademischen Psychologie stellen sie Außenseiterpositionen dar und sind nicht zuletzt deswegen von besonderem Interesse (vgl. Brockhaus, 1993; Gravenhorst, 1997).

Literatur

Adorno, T. W. (1982). Studien zum autoritären Charakter. Frankfurt/M.

Brockhaus, G. (1993). Männerbilder und weibliche Sehnsüchte. Die Philosophin, 4, S. 8–23.

Daniel, C. (1981). Theorien der Subjektivität. Einführung in die Soziologie des Individuums. Frankfurt/M.

Gravenhorst, L. (1997). Moral und Geschlecht. Die Aneignung der NS-Herrschaft. Freiburg.

Haug, W. F. (1986). Die Faschisierung des bürgerlichen Subjekts. Die Ideologie der gesunden Normalität und die Ausrottungspolitiken des deutschen Faschismus. Hamburg.

Osterkamp, U. (1990). Über den Umgang mit der Erfahrung «Faschismus» in der Psychologie. Forum Kritische Psychologie, 25, S. 106–113.

PIT (= Projekt Ideologie-Theorie) (1980). Faschismus und Ideologie. Bd. 1 und 2. Berlin.

Psychologie & Gesellschaftskritik (1979). Psychologie und Faschismus 1. Gießen.

Reich, W. (1971). Die Massenpsychologie des Faschismus. Köln.

Sachse, C. (1997). Frauenforschung zum Nationalsozialismus. Mittelweg 36, 4/5, S. 24–42.

Theweleit, K. (1977). Männerphantasien. Frauen, Fluten, Körper, Geschichte. Frankfurt/M.

Theweleit, K. (1978). Männerphantasien. Männerkörper. Zur Psychoanalyse des weißen Mannes. Frankfurt/M.

Weber, K. (1998). Unterstellte Subjekte. Der Beitrag der deutschen Psychologie zur Faschisierung des Subjekts. Hamburg/Berlin.

Klaus Weber

Psychologiegeschichte

Ulfried Geuters (1984) Nachweis des Hineinarbeitens deutscher Psychologie in die ideologischen und militärischen Praktiken des deutschen Faschismus stellt einen Wendepunkt der Psychologiegeschichte dar. In der bis dahin üblichen, traditionellen Historiographie der Psychologie herrschten vor allem Konzepte vor, die soziale und ökonomische Zusammenhänge wissenschaftlicher Produktion außer acht ließen. Mit dem *Entfaltungskonzept* (Theorien und Ideen kommen, entfalten sich und werden abgelöst), dem *Great-Man-Konzept* (Leistungen bedeutender Männer der Psychologie sind Grundlage der Entwicklung des Fachs) und dem *Zeitgeistkonzept* (das Klima einer bestimmten Zeit hat psychologische Konstrukte geradezu hervorbringen müssen) werden gesellschaftliche Bedingungen und Zusammenhänge entnannt, in denen Psychologie sich als Wissenschaft mit je spezifischen Konstrukten verortet (vgl. Lück et al., 1987). So verbreitete die akademische Psychologie nach 1945 verschiedene Versionen über ihre Beteiligung an der Vertreibung der jüdischen Kollegen aus den Universitäten und über ihren Beitrag zum Aufbau der faschistischen Wehrmacht: (a) «Es konnte im NS keine Psychologie geben, denn die Psychologie ist eine Wissenschaft, die dem Menschen dient» (ebd., S. 61); (b) die Psychologie sei vom deutschen Faschismus abgeschafft bzw. klein gehalten worden, weil sie nicht geduldet werden konnte; (c) die Psychologie hat sich wertfrei verhalten und in die «innere Emigration» begeben, um nach 1945 beim Aufbau eines demokratischen Staates zu helfen. Geuter konnte belegen, daß keine dieser Behauptungen zutrifft. Vielmehr wies er nach, daß die NSDAP keiner Berufung in der Psychologie widersprochen habe und daß die NS-Herrschaft «die Professionalisierung der Psychologie beschleunigte» (Geuter, 1984, S. 464).

Geuters Ansatz blieb jedoch der Analyse der *institutionellen* Zusammenhänge zwischen den Apparaten des faschistischen Staates und den Organen der deutschen Psychologie verhaftet. «Die Analyse der *ideologischen Tätigkeit* deutscher Psychologen als notwendige Ergänzung zur institutionengeschichtlichen Aufarbeitung hat innerhalb der akademischen Psychologie kaum begonnen» (Weber, 1993, S. 117/18). Wird sie dennoch versucht, paart sich der Diskurs der moralischen Überlegenheit mit der Unfähigkeit zur komplexen Analyse. So versucht beispielsweise Wolfgang Prinz (1985) die Entwicklung der «Ganzheits- und Gestaltpsychologie» im NS zu bearbeiten. Dazu stellt er die psychologischen Theorien und eine «faschistische Ideologie» als je eigene Ideengebäude dar, die sich gegenseitig ausschließen oder überschneiden könnten. Diese

Darstellung verhindert zum einen die Analyse der Verschiebungen innerhalb wie auch zwischen den beiden Bereichen, zum anderen geht sie davon aus, es habe eine homogene Ideologie im Nationalsozialismus gegeben. Letztlich geht es ihm darum, seine eigene Art von Psychologie grundsätzlich als inkompatibel mit totalitären Ideologien darzustellen. Als Vertreter einer objektiven, naturwissenschaftlichen Psychologie sieht er sich in der Position des moralisch Besseren, da nur subjektivistische Psychologien einer totalitären Ideologie verfallen könnten. Daß solche Art psychologiehistorischer Erkenntnis selbst vermittelte Spiegelung der aktuellen gesellschaftlichen Wirklichkeit ist und nicht den höchsten Stand der Forschung darstellt, bleibt Prinz und der akademischen Psychologie verborgen.

Eine historische Analyse von Psychologie, ihrer Theorien und Theoretiker auch als ideologische Praxis könnte zeigen, wie Reden, Texte und historisch-spezifische Ausarbeitung von Subjektmodellen innerhalb der Psychologie als Eingriffe in vorhandene Strukturen und Verhältnisse zu verstehen sind, die diese stützen, stärken oder dekonstruieren helfen. Aktuelle psychologiegeschichtliche Standardwerke (Wehner, 1990; Lück, 1991) verfehlen eine solche Möglichkeit durch ihr Verhaftetsein mit innerpsychologischen Theoremen und Institutionen. Die Wortwahl macht deutlich, daß Psychologiegeschichte weiterhin blind für die Konstitutions- und Praxisbedingungen der Wissenschaft Psychologie bleibt. So schreibt Wehner über den historischen Entstehungszusammenhang, daß «Psychologie anhebt mit dem Bemühen, Psychisches auf den ihm eigenen Begriff zu bringen» (1990, S. 1), während theoretische Schulen der Psychologie für Wehner «entstehen», «aufkommen» oder «einsetzen». Lück dagegen schreibt eine antiideologische Psychologiegeschichte, die jedoch nur ansatzweise die gesellschaftlichen Bedingungen psychologischer Theorie und Praxis reflektiert. Lediglich einige psychoanalytisch orientierte Forscherinnen (z. B. Brockhaus, 1989) und historisch-spezifische Funktionalität von Psychologie darstellende Wissenschaftler (z. B. Sonntag, 1993) oder kritische Psychologen (z. B. Mattes, 1989; Weber, 1997) außerhalb der akademischen Psychologie arbeiten an gesellschaftstheoretisch fundierten Darstellungen zur Geschichte der Psychologie, insbesondere im deutschen Faschismus.

Literatur

Brockhaus, G. (1989). «Seelenführung, aus den Mächten des Blutes gespeist ...» – Psychotherapie und Nationalsozialismus. In: H. Keupp & H. Bilden (Hg.), Verunsicherungen. Das Subjekt im gesellschaftlichen Wandel (S. 153–183). Göttingen/Toronto/Zürich.

Geuter, U. (1984). Die Professionalisierung der deutschen Psychologie im Nationalsozialismus. Frankfurt/M.
Lück, H. E. (1991). Geschichte der Psychologie. Strömungen, Schulen, Entwicklungen. Stuttgart/Berlin/Köln.
Lück, H. E., Grünwald, H., Geuter, U., Miller, R. & Rechtien, W. (1987). Sozialgeschichte der Psychologie. Eine Einführung. Opladen.
Mattes, P. (1989). Die Abwehr des Unpassenden – Zur Selbstbehauptung akademischer Psychologie. In: K. Fallend, B. Handlbauer & W. Kienreich (Hg.), Der Einmarsch in die Psyche (S. 169–176). Wien.
Prinz, W. (1985). Ganzheits- und Gestaltpsychologie im Nationalsozialismus. In: C. F. Graumann (Hg.), Psychologie im Nationalsozialismus (S. 89–111). Berlin/Heidelberg/New York/Tokio.
Sonntag, M. (1993). Maßlos normal. Zur gesellschaftlichen Genese und Funktion von Psychologie. In: H. Zygowski (Hg.), Kritik der Mainstream-Psychologie (S. 13–29). Münster.
Weber, K. (1993). Vom Aufbau des Herrenmenschen. Philipp Lersch – Eine Karriere als Militärpsychologe und Charakterologe. Pfaffenweiler.
Weber, K. (Hg.). (1998). Unterstellte Subjekte. Der Beitrag der deutschen Psychologie zur Faschisierung des Subjekts. Hamburg.
Wehner, E. (1990). Geschichte der Psychologie. Darmstadt.

Klaus Weber

Psychologiekritik

Psychologiekritik bezieht sich auf zwei Gegenstände: Erstens kritisiert sie die Mainstream-Psychologie und ihre «Weltlosigkeit» (Holzkamp, 1996), damit das Verfehlen einer den Subjekten und ihren Erfahrungen und Handlungsweisen adäquaten Theorie; zweitens kritisiert sie die gesellschaftliche Funktion von Psychologie als Legitimations- und Akzeptanzwissenschaft im Sinne der herrschenden Ordnung. Historisch betrachtet spaltete sich die bundesrepublikanische Psychologiekritik in zwei kritische Psychologien. Die «Kritische Psychologie» um Klaus Holzkamp versucht, «Psychologie als Erkenntnissystem und Gesellschaft als Ensemble widerstreitender Interessen» (Markard, 1995, S. 887) in ein produktives Verhältnis zu bringen, was auf das Programm hinauslief, die Subjekte in ihrem Verhältnis zu Gesellschaft und letztlich zur Welt beschreibend zu erkunden. Damit war das Projekt einer Psychologie, die sich subjektwissenschaftliche Kategorien erarbeitet und insofern überhaupt erst den Anspruch erlangt, Psychologie zu sein, gegründet (vgl. Holzkamp, 1983; 1993).

Psychologiekritik im Sinne einer historischen und aktuellen Funktionskritik wendet sich nicht nur der akademischen Mainstreampsychologie zu, sondern auch den in gesellschaftlichen Institutionen praktisch tätigen Psychologen und Therapeuten. Sie analysiert die Kontroll-, Ordnungs- und Sozialtechnologien, mit denen die Subjekte im Rahmen der herrschenden Ordnung gehalten werden, und beschreibt den Anteil der «Psy-Agenten und Psy-Agenturen» (Kardorff, 1984) daran: «An Universitäten und Forschungsinstituten gibt sich [Psychologie] als Grundlagenwissenschaft mit beschränkter Haftung für den Gegenstand aus, und von den gesellschaftlichen Instanzen werden ihr Ausbildungskompetenzen über ganze Heerscharen nachwachsender Psychologen eingeräumt, die wiederum an allen möglichen gesellschaftlichen Orten – Kliniken, Beratungsstellen, sozialpolitischen Einrichtungen, Schulen, Gefängnissen und Gerichten, Arbeitsplätzen usw. – über die konkreten Schicksale von Menschen zumindest mitentschieden» (Sonntag, 1993, S. 14). Psychologiekritik in diesem Sinn versteht sich zudem als Kritik an der umfassenden Tendenz zur Psychologisierung ökonomischer, sozialer und politischer Zusammenhänge, die bei gleichzeitiger Verschiebung des Ursachenzusammenhangs in die Subjekte hinein entnannt werden. Obwohl sich Psychologiekritik und Kritische Psychologie historisch wie auch inhaltlich als gegenseitig ausschließende Psychologien verstanden und verstehen, sind ihre Gemeinsamkeiten im Gegensatz zur akademischen Mainstreampsychologie deutlich zu erkennen. Die funktions- und psychologiekritischen Ansätze beschränken sich auf die deterministisch gedachte Vermittlung gesellschaftlicher und subjektiver Prozesse von einem scheinbar außerhalb dieses Zusammenhangs liegenden Standpunkt. Die Fragen, wie sich die objektiven gesellschaftlichen Prozesse «im Subjektiven vermitteln, was dies für das je konkrete Handeln im Sinn einer Verfügbarkeit über diese Verhältnisse bedeutet und wie bestehende Handlungsfreiheiten sinnvoll unterstützt werden können» (Fürnkranz, 1994, S. 102), werden dabei nicht gestellt. Denkbare gesellschaftliche Veränderungen bleiben in der Psychologiekritik auf die Ebene des Politischen, Ökonomischen und Sozialen beschränkt, ohne daß eine Vermittlung zu denjenigen hergestellt wird, die diese Veränderungen bewirken könnten: den Subjekten. Die Kritische Psychologie nimmt sich der aus dieser Position unbeantwortbaren Fragen an und konzipiert eine Subjektwissenschaft, die die Handlungsmöglichkeiten und -fähigkeiten von Subjekten in fremdbestimmten gesellschaftlichen und institutionellen Verhältnissen zum Gegenstand macht mit der Perspektive einer gemeinsamen, selbstbestimmten Befreiung aus diesen Verhältnissen. Dabei zeigt sie gleichzeitig auf, daß die Mainstream-Psychologie durch ihre naturwissenschaftliche Standardanordnung (der Mensch und sein Verhalten als durch Variablen bedingtes Lebewesen) keine Begrifflichkeit und somit keine kategoriale Grundlage zur Beschreibung und Erforschung ihres Gegenstandes hat: die historisch gewordenen und gesellschaftlichen Subjekte.

Literatur

Fürnkranz, W. (1994). Kritische Psychologie oder Psychologiekritik. Antwort auf eine Frage, die sich so nicht stellt. Störfaktor, 26, S. 97–104.
Holzkamp, K. (1996). Manuskripte zum Arbeitsprojekt «Lebensführung». Forum Kritische Psychologie, 36, S. 7–112.
Kardorff, E. v. (1984). Soziale Kontrolle durch Psychologie und Psychologen. Psychologie und Gesellschaftskritik, 31, S. 87–105.
Markard, M. (1995). Theorie und Erfahrung. Klaus Holzkamps Impulse für eine subjektwissenschaftliche Praxis(forschung). Das Argument, 212, S. 887–892.
Sonntag, M. (1993). Maßlos normal. Zur gesellschaftlichen Genese und Funktion von Psychologie. In: H. Zygowski (Hg.), Kritik der Mainstream-Psychologie (S. 13–29). Münster.
Weber, K. (1995). Aus dem «Armenhaus der Wissenschaften». Das Argument, 209, S. 353–358.

Klaus Weber

Psychologische Friedensforschung

Friede wird als Prozeß der Reduzierung von Gewalt auf allen Ebenen betrachtet. Aufgabe der Friedensforschung ist zu untersuchen, wie dies mit friedlichen Mitteln möglich ist. Die Möglichkeit des Gewaltabbaus mit nicht-friedlichen Mitteln (z. B. militärischen Interventionen) wird dadurch zwar nicht grundsätzlich ausgeschlossen, jedoch geht Galtung (1993) davon aus, daß Friedensforschung ohne die Konzentration auf den Einsatz friedlicher Mittel aus ihrem Begründungszusammenhang herausfällt. Da dieser Begründungszusammenhang quer zu den herkömmlichen Disziplinengrenzen verläuft, ist Friedensforschung grundsätzlich transdisziplinär angelegt. Auch Friedenspsychologie ist daher nicht als Teildisziplin der Psychologie zu verstehen, sondern als Friedenswissenschaft aus psychologischer Perspektive.

In methodologischer Hinsicht impliziert die Aufgabe der Gewaltreduktion eine Vorentscheidung zugunsten eines subjektwissenschaftlichen Psychologieverständnisses (Holzkamp, 1991), das nach den je subjektiven Handlungsgründen fragt, welche zu einem gegebenen Verhalten führen. Gewaltfreie Konfliktbearbeitung durch Verhandlung oder Vermittlung (Mediation) ist ohne die Argumentationszugänglichkeit menschlichen Handelns nicht denkbar (Kempf, 1978). Damit wird in Rechnung gestellt, daß der Mensch sich aktiv als Subjekt zu veränderten Lebensbedingungen verhalten kann. Andererseits hat menschliches

Handeln jedoch nicht nur die intendierten Wirkungen, sondern oft eine Vielzahl an Nebenfolgen, die weder gewollt noch vorhergesehen sind und vom Standpunkt des Subjekts aus oft nicht einmal erkannt werden (können). Der dialektische Gegensatz zwischen Individuum und Gesellschaft bewirkt, daß die subjektive Logik des Handelns der Individuen mit ihrer objektiven (gesellschaftlichen) Logik nicht deckungsgleich ist. Schon die einfachsten zwischenmenschlichen Interaktionen haben daher nicht nur aufgrund der Perspektivendivergenz der Akteure voneinander abweichende, je subjektive Bedeutungen für die daran beteiligten Interaktionspartner, sondern zugleich eine – vom Willen der an dem Konflikt beteiligten Subjekte unabhängige – objektive Bedeutung für das System, die vom Standpunkt eigener Verwicklung in den Konflikt kaum richtig erkannt werden kann. Dies kann zur Verselbständigung von Konflikten zu autonomen Prozessen führen, wobei die Nebenwirkungen der Handlungen die handlungsauslösende Konstellation immer wieder neu reproduzieren (Kempf, 1993). So ist z. B. davon auszugehen, daß die allgemeine Bedrohtheit innerhalb sich gegenüberstehender Kriegsparteien die Bereitschaft der Bevölkerung fördert, sich am Krieg aktiv zu beteiligen. In dem Maße, wie die Sichtweise der Bedrohtheit darin mündet, die eigene Beteiligung am Krieg durch die Notwendigkeit zu begründen, die eigenen berechtigten Lebensinteressen zu verteidigen, stehen sich früher oder später lauter Bedrohte gegenüber. «Jede Forderung, ‹strafend› eine Bedrohung abzuschaffen, verursacht eine neue Drohung. Die wiederum bedrohten Drohenden sehen nun vielleicht die einzige Möglichkeit, ihre Situation zu retten, in dem Versuch, ihre eigene Drohung aufrechtzuerhalten» (Vandré, 1992, S. 98).

Wie vielfältige Erfahrungen im Bereich der internationalen Mediation zeigen (u. a. Curle, 1990), kann die Auflösung einer solchen Konfliktdynamik durch Vermittlung einer dritten Partei maßgeblich gefördert werden, deren Erfolgschancen jedoch wesentlich davon abhängen, ob die Konfliktparteien immer noch daran glauben, den Kampf gewinnen zu können, oder ob sie mit der Gefahr des Kontrollverlustes rechnen müssen.

Wenngleich das Erkenntnisinteresse der Friedenswissenschaften eine Vorentscheidung für eine subjektwissenschaftliche Herangehensweise impliziert, wäre es dennoch verfehlt, die biologisch-objektwissenschaftliche Perspektive einfach auszublenden. Denn noch so gut gemeinte humane, ethische und gesellschaftspolitische Forderungen können sich in ihrer Wirkung ins Gegenteil verkehren, wenn sie die menschliche Natur nicht so voraussetzen, wie sie in Wirklichkeit ist (Hassenstein, 1982). Dazu gehört aber auch, daß man in Rechnung stellt, daß der Mensch vielfach die Freiheit hat, biologisch bedingten Verhaltensbereitschaften zu folgen oder nicht. Der Mensch muß keineswegs seinen genetischen Programmen gehorchen, es fällt ihm aber unendlich viel schwerer, gegen seine angeborenen Neigungen als in deren Sinn zu handeln (Franck, 1985).

Daß sein biologisches Erbe den Menschen zur Aggression – bis hin zu planmäßiger, kriegerischer Gruppenaggression (Lawick-Goodall, 1971) – prädisponiert, ist nicht zu leugnen, aber es gibt auch jene Seite seines biologischen Erbes, die den Menschen zu Versöhnung und friedlicher Konfliktbeilegung befähigt (de Waal, 1993). Daher stehen auch die kulturell entwickelten Fähigkeiten zur Friedensstiftung nicht der menschlichen Natur entgegen, sondern sie setzen lediglich einen anderen Aspekt der biologischen Evolution fort.

Aus evolutionsbiologischer Sicht wird Aggression als eine Form des Konkurrenzverhaltens um fitneßbegrenzende Ressourcen verstanden und nach Markl (1982) als ein Verhalten definiert, das geeignet und darauf gerichtet ist, die Fitneß eines Konkurrenten zu mindern, indem ihm ein fitneßbegrenzendes Gut weggenommen oder vorenthalten wird, das dadurch der Steigerung der Fitneß des Aggressors zugute kommt. Dieser zentrale Aspekt der Aggression als Durchsetzung in Konkurrenzsituationen findet sich auch im subjektwissenschaftlichen Aggressionsbegriff wieder, wonach eine Handlung dann als aggressiv gilt, wenn der Akteur meint, damit gegen den Willen anderer zu verstoßen (Kempf, 1978; Werbik, 1982). Ohne die Fähigkeit zur Aggression, ohne die Kompetenz, Ziele auch gegen den Widerstand anderer weiterzuverfolgen, wären nicht nur die Kulturleistungen der Menschheit undenkbar, sondern auch das einzelne menschliche Subjekt schlicht nicht lebensfähig. Zum Problem wird die Aggression erst dort, wo sie in Gewalt umschlägt. Aggression ist zunächst nur zielstrebiges und tatkräftiges Handeln – auch gegen den Willen eines anderen –, das noch lange nicht dessen körperliche oder seelische Unversehrtheit verletzen muß. Gewalt dagegen besteht in ebendieser Verletzung und muß keineswegs das Ergebnis einer Aggression sein, sondern kann auch strukturell bedingt sein (Kempf, 1996). Der auf Galtung (1975) zurückgehende Begriff der strukturellen Gewalt wird u. a. wegen des Diskreditierungs- und Diffamierungspotentials des Gewaltbegriffs zur Zeit in der Friedenspsychologie kontrovers diskutiert (vgl. Fuchs, 1993). Die brisante Mischung von Perspektivendivergenz der Gewaltzuschreibung und Orientierung am Reziprozitätsprinzip droht eine destruktive Eskalationsdynamik nahezu zwangsläufig voranzutreiben. Die Akteure neigen dazu, die Gewaltförmigkeit eigenen Handelns systematisch zu unterschätzen und die des gegnerischen Handelns ebenso systematisch zu überschätzen, was unter der o. g. Vergeltungsmoral eine Gewalteskalation nahezu unvermeidlich macht.

Um dem Umschlagen von Aggression in Gewalt entgegensteuern zu können, ist es zweckmäßig, die Dynamik von Konflikten zu untersuchen. Zwischenmenschliche Beziehungen sind nie statisch, sondern ständigen Veränderungen unterworfen, bei denen Reibungen unvermeidbar sind. Daher stellen Konflikte – verstanden als Unverträglichkeit der Handlungen oder Ziele zweier oder mehrerer Akteure (Personen, Gruppen oder Institutionen) – prinzipiell eine alltägliche und normale Erscheinung dar.

Welchen Verlauf ein Konflikt nimmt, hängt nach Deutsch (1976) jedoch wesentlich davon ab, ob der Konflikt von den Konfliktparteien als Konkurrenzsituation aufgefaßt wird, in der nur eine Partei gewinnen kann (Win-loose-Modell), oder als Kooperationssituation, die zum beiderseitigen Nutzen zu bewältigen ist (Win-win-Modell).

Destruktive Konflikte haben die Tendenz, sich auszubreiten und hochzuschrauben. Sie verselbständigen sich und dauern auch dann noch an, wenn die ursprünglichen Streitfragen belanglos geworden oder vergessen sind. Parallel zur Ausweitung des Konflikts vollzieht sich eine zunehmende Fixierung auf Machtstrategien, auf die Taktiken der Drohung, des Zwangs und der Täuschung. Die Konkurrenz bewirkt eine Verarmung der Kommunikation zwischen den Konfliktparteien. Fehleinschätzungen von Informationen im Sinne bereits existierender Vorbehalte werden dadurch begünstigt. Dies führt zu einer argwöhnischen und feindseligen Haltung gegenüber dem Gegner, welche die Wahrnehmung von Gegensätzen zwischen den Konfliktparteien verschärft und die Wahrnehmung von Gemeinsamkeiten vermindert. Durch die soziale Verpflichtung auf den Sieg wird die Konfliktlösungskompetenz noch weiter eingeschränkt: Gruppenmitglieder, die sich im Kampf hervortun, gewinnen an Einfluß; Kompromißbereitschaft und Vermittlungsversuche werden als Verrat abgewehrt, und die andauernde Verstrickung in den Konflikt bindet die Gruppenmitglieder an die Konfliktstrategie, indem sie ihre bisherige Beteiligung rechtfertigt. In einer kooperativen Umgebung kann ein Konflikt dagegen als gemeinsames Problem angesehen werden, an dem die Konfliktparteien das gemeinsame Interesse an einer allseits zufriedenstellenden Lösung haben. Dies begünstigt einen konstruktiven Verlauf des Konflikts: Die Kooperation verhilft zu offener und ehrlicher Kommunikation. Die Freiheit, Informationen untereinander auszutauschen, ermöglicht es den Konfliktparteien, über die offenliegenden Streitfragen zu den dahinterliegenden Interessen vorzudringen und dadurch erst eine angemessene Definition des Problems zu erarbeiten. Zugleich wird jede Partei in die Lage versetzt, vom Wissen ihres Partners zu profitieren, so daß ihre Beiträge zur Lösung des Konflikts optimiert werden. Nicht zuletzt verringert eine offene Kommunikation die Gefahr von Mißverständnissen, die zu Verwirrung und Argwohn führen können.

Mit der Eskalation von Konflikten geht aufgrund der beschriebenen Mechanismen regelmäßig eine naturwüchsige Entstehung und Verschärfung von Feindbildern einher, die den Konflikt weiter anheizen und zu deren Abbau besondere Anstrengungen erforderlich sind: vertrauensbildende Maßnahmen und oft die Vermittlung einer dritten Partei, welche das Vertrauen beider Seiten genießt und beiden Konfliktparteien als Bezugspunkt sozialer Vergleichsprozesse dienen kann.

Kollektive Feindbilder werden oft als Vorurteile gesellschaftlich kultiviert. Auch dies ist zunächst ein ungesteuerter Prozeß, in den historische Gegebenheiten, ideologische Elemente und funktionale Bedürfnisse der Gesellschaft eingehen (Nicklas, 1987). In politischen Konflikten werden Vorurteile und Feindbilder zudem durch systematische Propaganda hergestellt oder verstärkt (Jowett & O'Donnell, 1992). Dabei kann die Feindbildpropaganda entweder der Herrschaftssicherung nach innen dienen, wobei dem Feind eine Sündenbockfunktion zukommt, ohne daß er (ursprünglich) überhaupt Konfliktpartei zu sein braucht. Oder sie kann der Vorbereitung und Legitimierung eines gewaltförmigen Konfliktaustrags dienen. Sie ist dann Teil der psychologischen Kriegsführung und dient der Mobilisierung der Bevölkerung für den Krieg. Neben staatlich gelenkter Propaganda (Lasswell, 1951) und den Aktivitäten von Public-Relations-Agenturen (MacArthur, 1993) gerät dabei zunehmend auch die Funktionsweise der Medien selbst ins Blickfeld der Friedensforschung.

Literatur

Curle, A. (1990). Tools for transformation: a personal study. Stroud.
Deutsch, M. (1976). Konfliktregelung. München.
Franck, D. (1985). Verhaltensbiologie. Stuttgart.
Fuchs, A. (1993). Gewaltbegriff und Funktion von Gewalt. In: W. Kempf, W. Frindte, G. Sommer & M. Spreiter (Hg.), Gewaltfreie Konfliktlösungen (S. 35–52). Heidelberg.
Galtung, J. (1975). Strukturelle Gewalt. Reinbek.
Galtung, J. (1993). Friedensforschung als universitäres Studienfach: wie geht es weiter? In: M. Alfs, T. Dominikowski, M. Hiegemann, D. Kinkelbur, D. Nabers & N. Westphal (Hg.), Arbeit am verlorenen Frieden (S. ?). Münster.
Hassenstein, B. (1982). Menschliche Aggressivität – insbesondere des Kindes und des Jugendlichen – in der Sicht der Verhaltensbiologie. In: R. Hilke & W. Kempf (Hg.), Aggression (S. 65–85). Bern.

Holzkamp, K. (1991). Was heißt «Psychologie vom Subjektstandpunkt»? Überlegungen zu subjektwissenschaftlicher Theorienbildung. Forum Kritische Psychologie, 28, S. 5–19.
Jowett, G. S. & O'Donnell, V. (1992). Propaganda and Persuasion. London.
Kempf, W. (1978). Konfliktlösung und Aggression. Zu den Grundlagen einer psychologischen Friedensforschung. Bern.
Kempf, W. (1993). Konflikteskalation durch autonome Prozesse. In: W. Kempf, W. Frindte, G. Sommer & M. Spreiter (Hg.), Gewaltfreie Konfliktlösungen (S. 53–70). Heidelberg.
Kempf, W. (1996). Begriff und Probleme des Friedens. Beiträge der Sozialpsychologie. Kurseinheit 1: Aggression, Gewalt und Gewaltfreiheit. Hagen.
Lasswell, H. D. (1951). Political and Psychological Warfare. In: D. Lerner (Hg.), Propaganda in War and Crisis. New York.
Lawick-Goodall, J. v. (1971). Wilde Schimpansen. Reinbek.
MacArthur, J. R. (1993). Die Schlacht der Lügen. München.
Markl, H. (1982). Evolutionsbiologie des Aggressionsverhaltens. In: R. Hilke & W. Kempf (Hg.). Aggression (S. 21–43). Bern.
Nicklas, H. (1987). Die politische Funktion von Feindbildern. In: G. Sommer, J. M. Becker, K. Rehbein & R. Zimmermann (Hg.), Feindbilder im Dienste der Aufrüstung (S. 32–37). Marburg.
Vandré, J. (1992). Der Streit um den zweiten Krieg am Persischen Golf. ‹Historische Personalisierung› als Grundlage für die Annahme von Geschichtsanalogien. In: Präsidentin der Humboldt-Universität zu Berlin (Hg.), Friedenspsychologie im Spannungsfeld zwischen Psychologie und Politischer Wissenschaft (S. 97–104). Berlin.
Waal, F. de (1993). Wilde Diplomaten. Versöhnung und Entspannungspolitik bei Affen und Menschen. München.
Werbik, H. (1982). Zur terminologischen Bestimmung von Aggression und Gewalt. In: R. Hilke & W. Kempf (Hg.), Aggression (S. 334–350). Bern.

Wilhelm Kempf

Psychologismus

Wie bei jeder Wissenschaft gibt es auch in der Psychologie die Falle, die Bedeutung ihres Gegenstandes für den Lauf der Dinge überzubewerten. Psychologische Theorie, die in diese Falle gegangen ist, nennt man Psychologismus. Er stellt eine spezielle Spielart des Reduktionismus dar. Das heißt, eine psychologistische Theorie reduziert einen komplexen Gegenstand auf ausschließlich psychologische Ursachen. Allgemein wird der Psychologismus in der Philosophie kritisiert, weil er die Psychologie als Grundlage jeder Philosophie darstellt. Seine Absurdität ist zu erkennen, da er strenggenommen den Akt der Konstruktion psychologischer Modelle aus denselben Modellen heraus erklären müßte. So, als würde man vergleichsweise aus dem Schliff einer Brille die Erfindung von Brillen erklären müssen. Theoretisch bereitet jeder Psychologismus in den Sozialwissenschaften das Problem, daß das Verhältnis zwischen Individuum und Gesellschaft aus den Augen gerät. Die Psyche erscheint im Prinzip vom gesellschaftlichen Kontext unabhängig. Das heißt, die gesellschaftliche Verfaßtheit der Psyche wird negiert. Soziale Zusammenhänge werden dabei als ein Resultat von Faktoren begriffen, die innerhalb des Individuums vermutet werden. In diesem Fall spricht man kritisch von einer sog. Individualisierung oder Psychologisierung gesellschaftlicher Phänomene. Praktisch findet man psychologistische Vorstellungen von gesellschaftlichen Zusammenhängen häufig in psychologischen Erklärungen von politischen Prozessen. Jene erscheinen als naturbedingt, weil deren Ursachen in der Psyche des Individuums angelegt seien. Veränderungen gesellschaftlicher Mißstände sollen so gesehen dann durch die psychische Veränderung der Individuuen erreicht werden, und die angewandte Psychologie erhält den Status eines politischen Heilmittels. Übersehen wird hierbei, daß psychologistische Theorien eine ideologische Funktion zur Verschleierung gesellschaftlicher Herrschaftsverhältnisse erfüllen. Das Problem des Psychologismus ist eng mit dem Problem der adäquaten psychologischen Theoretisierung von sozialen Phänomenen verbunden. Das Verhältnis von Individuum und Gesellschaft psychologisch zu erfassen, ohne es dabei zur Seite des Individuums hin aufzulösen, ist eine Kunst, die sehr viel Offenheit zur Interdisziplinarität und Reflexion der eigenen Erkenntnismittel erfordert.

Literatur

Foucault, M. (1971). Die Ordnung der Dinge. Frankfurt/M.
Husserl, E. (1982). Die Krisis der europäischen Wissenschaften und die transzendentale Phänomenologie. Hamburg.
Keupp, H. (Hg.). (1993). Zugänge zum Subjekt. Frankfurt/M.
Montaigne, M. d. (1969). Die Essais. Stuttgart.

Markus Fellner

Psychopathologie

Psychopathologie ist die Wissenschaft von den krankhaften Veränderungen des Seelenlebens, d. h. den psychischen Erkrankungen. Sie umfaßt die Diagnostik, Beschreibung und nosologische Zuordnung psychischer Funktionsstörungen durch die Beurteilung von Bewußtsein, Denken, Wahrnehmung und Orientierung, Affektivität, Ich-Erleben, Antrieb, Persönlichkeit und Verhalten unter Berücksichtigung des somatischen Befundes sowie interaktioneller, sozialer und kultureller Rahmenbedingungen (Richartz, 1987). Erforscht werden Ätiologie, Symptomatologie und Verlauf der psychischen Störungen.

Das setzt Normvorstellungen vom normalen, gesunden, ungestörten Seelenleben sowie von normabweichendem «krankem Seelenleben» voraus. Solche Normen für die Beurteilung des Seelenlebens (z. B. Neurosen, Psychosen, Psychopathien) sind in der Psychiatrie entwickelt und zum Teil unreflektiert von der Psychologie übernommen worden. Sie unterliegen in hohem Maß dem jeweils zeitgebundenen wissenschaftlichen Erkenntnisstand, kulturellen und subjektiven Beurteilereinflüssen. Was normal, gesund und ungestört ist, wird nicht nur nach fachwissenschaftlichen Kriterien von der Psychiatrie und Psychologie definiert, sondern auch zeitbedingt durch rechtspolitische (z. B. geistige Unzurechnungsfähigkeit, Schuldunfähigkeit), politisch-weltanschauliche (unwertes Leben) und religiöse (z. B. Besessenheit) Ideologien und deren Veränderungen beeinflußt. Infolge der unzureichenden Reliabilität und Validität psychopathologischer Untersuchungsergebnisse und Beurteilungen vertreten Gutachter in Gerichtsverfahren oft einander widersprechende Positionen. Die grundsätzliche Bewertungsproblematik läßt sich an spektakulären Beispielen verdeutlichen, z. B. Homosexualität und Alkoholismus: Homosexualität wird in der ICD-9 (1979) unter Persönlichkeitsstörungen (Psychopathien) aufgeführt (neben Sodomie, Pädophilie, Transvestismus, Exhibitionismus, Transsexualität, Frigidität und Impotenz etc.). Demgegenüber stellt die ICD-10 ausdrücklich fest: «Die frühere diskriminierende Diagnose Homosexualität gibt es als nosologische Entität nicht mehr» (1991, S. 18). Langer formuliert die veränderte Zielrichtung: «Die ‹normale› Homosexualität sollte nicht mehr Gegenstand der Psychiatrie sein. Psychopathologisch und für den Arzt wichtiger als die Homosexuellen selbst ist die Heftigkeit der Reaktionen auf sie und ihre Diskriminierung – auch und immer noch in der Medizin» (1987, S. 184). Alkoholismus wurde demgegenüber zunächst nur als unmoralisches und verwerfliches Verhalten bewertet. Erst durch die Weltgesundheitsorganisation wurde Alkoholabhängigkeit als Krankheit anerkannt. Das Krankheitsbild wird daher z. B. in der ICD-10 (1991) eingeordnet unter «Psychische und Verhaltensstörungen durch psychotrope Substanzen».

Durch die internationale Klassifizierung psychischer Störungen nach den Vorgaben der ICD-10 und insbesondere durch Verwendung des im Diagnostischen und Statistischen Manual Psychischer Störungen (DSM-IV, 1996) zu jedem Krankheitsbild aufgeführten Kataloges «Diagnostischer Kriterien» kann längerfristig ein einheitlicheres Vorgehen der Diagnostiker und Behandler erreicht und demzufolge die Reliabilität und Validität ihrer psychotherapeutischen Arbeit zumindest in dieser Hinsicht verbessert werden. Ursachen für Diskrepanzen zwischen Bewertungen verschiedener Personen bezüglich der «psychischen Gesundheit bzw. Krankheit» liegen u. a. darin, daß der psychopathologische Krankheitsbegriff aus sehr unterschiedlichen Blickwinkeln definiert werden kann:

a) *somatisch:* psychische «Krankheit» als morphologische oder physiologische Abweichung mit einem einheitlichen, in sich geschlossenen klinischen Bild, insbesondere als Funktion von Körperkrankheiten.

b) *soziologisch*: Krankheitsbewußtsein ist soziokulturell determiniert bei Patienten und Psychotherapeuten aufgrund entsprechender gesellschaftlicher Normvorstellungen.

c) *psychologisch:* psychische Krankheit als Folge individueller Lebenserfahrungen und Entwicklungseinflüsse in Gestalt von Neurosen und Psychosen; psychische Krankheit als Folge von «Ich-Konflikten»; aufgrund krankhaften Verhaltens als Lerneffekt; infolge gestörter Kommunikation, z. B. bei pathologischen Familienbeziehungen.

d) *kosmologisch:* psychische Krankheit aufgrund schamanistischer Deutung einer gestörten Einordnung des Menschen in seine kosmischen Bezüge; aufgrund magischer Einwirkungen; durch Vorstellungen von Seelenwanderung; durch Kausalkonstrukte der menschlichen Befindlichkeit zu Konstellationen der Sterne; infolge moralischer Schuld und Sünde (u. a. aus früheren Inkarnationen).

e) *ethologisch:* sich durch ungesunde Lebensweise (z. B. Suchtverhalten, Überforderung) in eine psychische Krankheit hineinmanövrieren.

f) *forensisch:* Definition einer psychischen Störung im Hinblick auf die Beurteilung der sozialen Kompetenz, der Berufsfähigkeit, Mündigkeit, Geschäftsfähigkeit, Schuldfähigkeit, Verantwortlichkeit, des Grades der Schwerbehinderung hinsichtlich Invalidität und Rentenanspruch etc.

g) *kybernetisch:* psychische Krankheit als regelhafte Abweichung von komplex gesteuerten Organismen, die auf Störungen selbst wieder regelhaft reagieren.

Wissenschaftstheoretisch fehlt bisher die Integration der verschiedenen Psychopathologie-Modellvorstellungen zu einer in sich konsistenten Psychopathologie. Allerdings ist nicht jede psychische Störung und Normabweichung krankhaft. Der tatsächliche Krankheitswert hängt vielmehr davon ab, ob bzw. in welchem Maß die Betroffenen selbst oder die Bezugspersonen in ihrer Umwelt (Familie, Freizeit, Beruf bzw. Legislative und Exekutive) sich gestört fühlen und eine Notwendigkeit für Gegenmaßnahmen, z. B. psychotherapeutische Interventionen, sehen. Eine besondere Gefahr liegt in der «Psychiatrisierung» von Personen, die als «gefährlich» für das Herrschaftssystem empfunden und stigmatisiert werden. Ohne objektiven psychopathologischen Krankheitsbefund werden psychisch gesunde, tatsächliche oder vermeintliche Gegner eines solchen Machtapparats für «psychisch krank und in einer geschlossenen Anstalt auf unbestimmte Zeit behandlungsbedürftig» erklärt, ohne daß diese sich wirksam mit Rechtsmitteln dagegen zur Wehr setzen könnten.

Literatur

DSM-IV (1996). Diagnostisches und Statistisches Manual Psychischer Störungen. Göttingen.

ICD-10 (1991). Internationale Klassifikation psychischer Störungen. ICD-10 Kapitel V (F). Klinisch-diagnostische Leitlinien. Bern.

Psychologie & Gesellschaftskritik (1997). Psychopathologie. Heft 81. Frankfurt/M.

Richartz, M. (1987). Sozialgeschichte der Psychiatrie. In: K. P. Kisker, H. Freyberger, H.-K. Rose & E. Wulff (Hg.), Psychiatrie, Psychosomatik, Psychotherapie (S. 1–11). Stuttgart/New York.

Scharfetter, C. (1996). Allgemeine Psychopathologie. Stuttgart.

Berndt Zuschlag

Psychopharmakologie

Psychopharmaka und illegale Drogen sind psychotrope Substanzen. Folgende Psychopharmakagruppen werden heute eingesetzt: (a) das erste *Neuroleptikum* Chlorpromazin (Largactil, Megaphen) wurde 1952 eingeführt: Neuroleptika werden zur Behandlung der Schizophrenie, Manie und jeder Form von psychischer Erregung eingesetzt. Als chemischer Knebel bezeichnet, werden sie seit vielen Jahren vor allem von Psychiatrie-Betroffenen massiv kritisiert; (b) die ersten *Antidepressiva* wurden 1957 (Iproniazid) und 1958 (Imipramin) eingeführt: Imipramin gehört zur Gruppe der bis heute in großem Ausmaß verwendeten trizyklischen Antidepressiva. Diese dienen zur Behandlung der Depression und vieler weiterer psychischer «Störungen» wie Bulimie, Zwangskrankheiten, Agoraphobie, Abhängigkeit von psychoaktiven Substanzen und psychosomatischen Beschwerden; (c) mit wenigen Ausnahmen werden heute ausschließlich *Tranquilizer* und *Schlafmittel* aus der Gruppe der Benzodiazepine (1960 eingeführt) verschrieben. Aufgrund der ersten modernen Marketingkampagne der Pharmaindustrie wurde das Benzodiazepin Diazepam (Valium) bis 1970 zum meistgekauften und gewinnträchtigsten Medikament aller Zeiten; (d) *Lithium* wurde 1949 als Psychopharmakon entdeckt. Es wird seit Mitte der 60er Jahre zur Behandlung der Manie und vor allem zur jahrelangen prophylaktischen Behandlung affektiver Psychosen verwendet; (e) *Carbamazepin* (Tegretal) wurde 1963 als Antiepileptikum eingeführt; seit Mitte der 80er Jahre wird es als Mittel bei Manie und Depression sowie zur prophylaktischen Behandlung der affektiven Psychosen eingesetzt. Sämtliche heute verwendeten Psychopharmakagruppen waren Zufallsentdeckungen. In der Psychopharmakotherapie von therapeutischer Wirkung zu sprechen ist inhaltlich unbefriedigend (vgl. Langer, 1983). Bestenfalls dürfte von symptomatischer Wirkung die Rede sein. Der Beweis, daß die beobachteten Effekte denjenigen von Placebos überlegen sind, wurde bis jetzt nicht erbracht (vgl. Fisher & Greenberg, 1993). Klar gesichert sind dagegen die unerwünschten, gefährlichen, gelegentlich tödlichen Wirkungen dieser Psychopharmaka. Dazu gehören unter anderem intellektuelle und emotionale Defizite, erhöhte Selbstmordneigung, Beeinträchtigung der Sexualität, Bewegungsstörungen und schwere Blutbildungsstörungen. Abhängigkeit und Toleranz verbunden mit schwersten Entzugserscheinungen sind bei den Konsumenten der Benzodiazepine zu beobachten. Das Bild des heutigen Psychiatriepatienten ist geprägt von Bewegungsstörungen – Auswirkung ihres Psychopharmakakonsums. Je schwächer das Einkommen der betreffenden Menschen, desto größer ist die Wahrscheinlichkeit, daß psychische Störungen mit Psychopharmaka behandelt werden.

Literatur

Fisher, S. & Greenberg, R. P. (1993). How Sound Is the Double-Blind Design for Evaluating Psychotropic Drugs? J Nerv Ment Dis 181, S. 345–350.

Langer, G. (1983). Therapie mit Neuroleptika und Antidepressiva: Eine grundsätzliche und kritische Erörterung aus biologischer Sicht. Wiener klinische Wochenschrift, 95, S. 474–478.

Rufer, M. (1995). Glückspillen – Ecstasy, Prozac und das Comeback der Psychopharmaka. München.

Marc Rufer

Psychose

Psychiatrische Diagnosen, so auch die «Psychose» (Seelenkrankheit, Geisteskrankheit), sind Definitionen (bzw. Konstrukte) und in keiner Weise vergleichbar mit Diagnosen in der körperlichen Medizin: «Der Begriff *psychotisch* hat historisch eine Vielzahl unterschiedlicher Definitionen erfahren, von denen keine übereinstimmend anerkannt wurde» (vgl. Sass et al., 1996). Die Psychiater halten sich heute an die

Auslegungen des Begriffs, wie er in den einschlägigen Klassifikationssystemen, demjenigen der Weltgesundheitsorganisation und demjenigen der American Psychiatric Association, verwendet wird. Beim Vorliegen der folgenden Symptome wird eine «psychotische» Störung diagnostiziert: (a) Halluzinationen, Wahnphänomene ohne Einsicht in deren pathologischen Charakter; (b) schwere Erregungszustände, Überaktivität, schwerer anhaltender sozialer Rückzug nicht infolge von Depression oder Angst; (c) ausgeprägte psychomotorische Hemmung und katatone Störungen (vgl. Dilling et al., 1991; Sass et al., 1996). Weit verbreitet ist in der Psychiatrie die Ansicht, daß es sich dann um eine «Psychose» handelt, wenn sich der Untersucher nicht in den Patienten einzufühlen vermag. So wurde im bekannten «Lehrbuch der Psychiatrie» von Bleuler derjenige als «geisteskrank» oder «psychotisch» bezeichnet, den man «nicht mehr begreifen, nicht mehr nachfühlen, nicht mehr dem eigenen Wesen verwandt empfinden könne» (Bleuler, 1979; Rufer, 1997). Neben diesen symptomorientierten Beschreibungen wird dann eine Psychose diagnostiziert, wenn es sich um eine schwerwiegende psychische Störung handelt, die die Bewältigung der gewöhnlichen Lebensaufgaben weitgehend unmöglich macht. Im Anschluß an den deutschen Psychiater Moebius wird seit 1893 zwischen «endogenen» und «exogenen Psychosen» unterschieden. Die Schizophrenie und die manisch-depressive Krankheit (bzw. die affektiven Psychosen) werden als endogene Psychosen bezeichnet. «Endogen» will besagen, daß die Ursache der Krankheit im Innern des Individuums liege. Gleichzeitig ist damit die Idee verbunden, daß die Störung auf der Grundlage einer mitgebrachten, vererbten Anlage ausbreche. Moebius stützte sich auf die Degenerationshypothese des französischen Psychiaters Morel (1809–1873): «Die Degenerationen sind krankhafte Abweichungen vom normalen menschlichen Typ, sind erblich übertragbar und entwikkeln sich progressiv bis zum Untergang» (Ackerknecht, 1967). Nach wie vor wird der Begriff «endogen» dann verwendet, wenn die Ursache psychischer Störungen nicht verstanden wird (vgl. Bleuler, 1983). Exogene Psychosen sind körperlich ausgelöst – infektiös, traumatisch, toxisch, vaskulär u. a.

Literatur

Ackerknecht, E. H. (1967). Kurze Geschichte der Psychiatrie. Stuttgart.
Bleuler, M. (1979/83). Lehrbuch der Psychiatrie. Berlin/Heidelberg/New York.
Dilling, H., Mombour, W. & Schmidt, M. H. (Hg.). (1991). Internationale Klassifikation psychischer Störungen: ICD-10. Bern.
Rufer, M. (1991). Wer ist irr? Bern.
Rufer, M. (1997). Irrsinn Psychiatrie. Bern.

Sass, H., Wittchen, H.-U. & Zaudig, M. (1996). Diagnostisches und Statistisches Manual Psychischer Störungen DSM-IV. Göttingen.

Marc Rufer

Psychosomatik

Bislang gibt es keine einheitlich anerkannte psychosomatische Theorie, sondern allenfalls eine Vielzahl von Schulen mit unterschiedlicher Integrationskraft. Neben älteren Modellen unterschiedlicher Qualität und Provenienz (vgl. Bräutigam u. a., 1992) teilt etwa Köhler (1995) Ansätze zur Erklärung psychosomatischer Störungen ein in Konzepte im Rahmen psychoanalytischer Theorien (Konversionsmodell), die Theorie krankheitsspezifischer Konflikte von Alexander, das Konzept Alexithymie bzw. operatives Denken, weitere Spezifitätskonzepte (Persönlichkeits-, Haltungsspezifität), lerntheoretische, psychophysiologische Konzepte und das Streßkonzept. Mit Waller (1991) wären neben psychodynamischen, lerntheoretischen, neurohumoralen, Streß-Coping- und Risikofaktoren-Modellen auch sozialätiologische Theorien (Devianzansatz und sozioökonomisches Modell) zu nennen. Mit Deter (1997) kann man in Anlehnung an Alexander (1971) vier unterschiedliche psychosomatische Störungsgruppen unterscheiden: (1) eine überwiegend psychisch verursachte Entwicklung von körperlichen Beschwerden, bei denen keine Störung der vegetativen Funktionen und keine morphologische Schädigung von Organen besteht; (2) häufig psychisch mitbedingte Entwicklung körperlicher Symptome durch eine gestörte vegetative Funktion; (3) psychisch mitbeeinflußte Entwicklung von Körpersymptomen, die zu einer morphologischen Schädigung von Organen geführt hat; (4) Entwicklung seelischer Symptome bei körperlicher Grunderkrankung (somatopsychische Krankheit). Hierbei werden Krankheitsbilder, bei denen psychische Symptome aufgrund psychischer Mechanismen entstanden sind, solchen körperlichen Erkrankungen gegenübergestellt, die über zentrale Veränderungen zu einer Störung des Befindens, des affektiven Erlebens, der mnestischen Funktionen oder einer Änderung der gesamten Persönlichkeit führen. Im ICD-10 werden weder die Begriffe «psychogen» noch «psychosomatisch» wegen ihrer unterschiedlichen Bedeutung in verschiedenen Sprachen und psychiatrischen Schulen verwendet ([ICD, 1993], 23). Auch im DSM-IV erfolgt die Erfassung von 395 Störungen anhand von etwa 1000 Kriterien im Rahmen eines multiaxialen Systems. Achse 1 (klinische Syndrome) und 2 (Persönlichkeitsstörungen, Geistige Behinderung) beinhalten alle psychischen Störungen und geistigen Behinderungen, auf Achse 3 werden medizinische Krankheitsfaktoren erfaßt, Achse 4 umfaßt psychosoziale und umgebungsbedingte Probleme, und mit Achse 5 erfolgt die globale Beurteilung des Funktionsniveaus. Abgesehen von verhaltenstherapeutischen Ansätzen, welche im Unterschied zu vornehmlich psychoanalytisch orientierten Psychosomatik-Konzeptionen als Verhaltensmedizin sich weniger der Genese als der Krankheitsverarbeitung und -bewältigung widmen, sind Überlegungen zur Soziosomatik und zur Funktion eines Psychosomatik-Booms unverzichtbar (Hörmann & Langer, 1991).

Literatur

Alexander, F. (1971). Psychosomatische Medizin. Berlin.
Bräutigam, W., Christian, P. & Rad., M. v. (1992). Psychosomatische Medizin. Stuttgart.
Deter, H. C. (1997). Angewandte Psychosomatik. Stuttgart.
DSM (1996): Diagnostisches und Statistisches Manual psychischer Störungen DSM-IV. Göttingen.
Hörmann, G. & Langer, K. (1991). Psychosomatische Störungen. In: G. Hörmann & W. Körner (Hg.), Klinische Psychologie (S. 302–330). Reinbek.
Köhler, T. (1995). Psychosomatische Krankheiten. Stuttgart.
Uexküll, T. v. (Hg.). (1995). Psychosomatische Medizin. München.
Waller, H. (1991). Sozialmedizin. Stuttgart.

Georg Hörmann

Psychosoziale Versorgung

Mit «psychosozialer Versorgung» können bezeichnet werden (a) die Absicht und das Ziel, bei der Behandlung, Betreuung, Rehabilitation, Beratung etc. von kranken, behinderten und hilfebedürftigen Personen neben der somatischen zugleich die psychische und soziale Situation der Person einzubeziehen und die diagnostischen, therapeutischen, beratenden etc. Interventionen darauf auszurichten (konzeptioneller Aspekt); (b) Einrichtungen und Bereiche des Gesundheits- und Sozialwesens, deren Ziel ist und die in der Lage sind, Auswirkungen einer Krankheit, Behinderung oder Gesundheitsstörung im körperlichen, geistig-seelischen und sozialen Bereich bzw. Umfeld gleichermaßen Rechnung zu tragen (strukturell-funktionaler Aspekt). Beide Aspekte fanden in Deutschland zuerst im Rahmen der Psychiatriereform Beachtung bzw. wurden durch sie wesentlich ausgeformt. Die Psychiatrie-Enquete unterstrich mehrfach die Bedeutung der sozialen Dimension für das Verständnis und die Versorgung psychischer Krankheiten. Nach Jahrzehnten naturwissenschaftlich orientierter Aufdeckung der organischen Krankheitsbedingungen wurde vor allem der Beziehung des psychisch Kranken zu seiner sozialen Umwelt Beachtung zuteil. Auf diesem Hintergrund wird die «psychosoziale Gesundheit» durch ein System von interdisziplinär besetzten Fachdiensten erhalten und gefördert; diese werden in ihren Funktionen für psychisch Kranke z. B. durch eine «Psychosoziale Arbeitsgemeinschaft» auf kommunaler Ebene abgestimmt und koordiniert (strukturell-funktionaler Aspekt). Psychosoziale Versorgung geriet ausgehend von dieser Entwicklung zum Fachterminus. Das Konzept einer psychosozialen Versorgung wurde sukzessive auf weitere Bereiche übertragen, z. B. auf die Altenhilfe, Suchtkrankenhilfe, auf die Versorgung HIV-infizierter und AIDS-kranker Personen, es findet heute in Gesetzes- und Verordnungstexten seinen Widerhall (z. B. Schwerbehindertengesetz; Richtlinien zur Methadon-Substitution einschl. psychosozialer Begleitung für Drogenabhängige). Auch spezialisierte Gebiete der Medizin öffnen sich hierfür, etwa im Rahmen der psychosozialen Versorgung Krebskranker: So setzt beispielsweise die Anwendung der Strahlen- und Chemotherapie häufig ein psychisch-emotional und sozial-stützendes Setting voraus, da physiologische Wirkungen und Nebenwirkungen nicht mehr allein pharmakotherapeutisch aufgefangen werden können. Der aktuelle Bedeutungszuwachs ist auch einem sich verändernden Krankheitsverständnis geschuldet in Verbindung mit einem (langfristigen) Wandel im Krankheitsspektrum: Als säkularer Trend zeigt sich (zumindest in den westlichen Ländern) ein Rückgang der «klassischen», infektiös bedingten Krankheiten bei gleichzeitigem Anstieg verhaltenskorrelierter und durch individuelles Verhalten bedingter Krankheiten. Psychischen und sozialen Komponenten des Krankheitsgeschehens wird für die Ätiologie von Beschwerden, Störungen und Krankheiten und für ihre Therapie folglich zunehmend Gewicht beigemessen. Gesundheit ist nicht nur die «Abwesenheit von Krankheit», sondern Gesundheit wird als solche zum herstell- und förderbaren Wert (vgl. z. B. Schwarzer, 1997). Psychosoziale Versorgung sollte an den Kontext der Bewältigung von Krankheit, Krankheitsfolgen und Behinderung gebunden bleiben.

Literatur

Empfehlungen der Expertenkommission der Bundesregierung zur Reform der psychiatrischen, psychotherapeutischen und psychosomatischen Versorgung. Bonn: Bundesministerium für Gesundheit, 1988.

Helmich, P., Hesse, E., Köhle, K., Mattern, H. J., Pauli, H., Uexküll, T. v. & Wesiack, W.

(1991). Psychosoziale Kompetenz in der ärztlichen Primärversorgung. Berlin / Heidelberg / New York.
Schwarzer, R. (Hg.). (1997). Psychologie des Gesundheitsverhaltens. Göttingen.

Rudolf Schmid

Psychotechnik

Der Begriff Psychotechnik wird umgangssprachlich abwertend benutzt, um den Einsatz psychologischer Methoden als technizistisch zu charakterisieren. Historisch kennzeichnet der Begriff jedoch eine erste Phase der Professionalisierung der Psychologie, besonders im deutschsprachigen Raum. Münsterberg definierte 1914 die Psychotechnik als eine psychologische Disziplin zur Gestaltung des praktischen Lebens im Dienste der Kulturaufgaben. Trotz dieses Anspruchs beschränkte sich eine Realisierung auf den Anwendungsbereich in der industriellen Arbeitswelt. Nachdem Münsterberg um 1910 erstmals Tests zur Auslese von Straßenbahnern eingesetzt hatte, nahm die Psychotechnik in Deutschland mit der Eignungsauslese im militärischen Kontext ihren Aufschwung (u. a. Kraftfahrer, Funker). Ziel war es, den richtigen Mann an den richtigen Platz zu setzen, um die menschlichen Ressourcen optimal nutzen zu können. Eignungsuntersuchungen wurden im Rahmen der Berufsberatungen ebenso wie in den Großbetrieben durchgeführt, um die Belastbarkeit und motorische, intellektuelle und Wahrnehmungsfähigkeiten zu bewerten. Die Subjektpsychotechnik (Giese, 1927) umfaßte darüber hinaus Bewegungs- und Ermüdungsstudien. Für Eignungsuntersuchungen wurden Meßapparate entwickelt (Reaktionsmeßgeräte, Prüfstände), Fragebögen, Beobachtungsverfahren und Arbeitsproben (Arbeitsversuch von Pauli) eingesetzt. Weiterhin wurden Fragen der arbeitsplatzbezogenen Ausbildung wie der Menschenbehandlung bearbeitet. Die Objektpsychotechnik umfaßte nach Giese Fragestellungen der Anpassung der Arbeitsumgebung an den Menschen, aber auch die «Werbekunde». Nach Dorsch (1963) stellte die industrielle Psychologie erstmals in größerem Umfang psychologische Tätigkeitsfelder außerhalb der Universitäten. Psychotechnik verlor mit der Wirtschaftskrise ihre Bedeutung. Gefragt waren jetzt nicht mehr Steigerungen des Nutzeffekts der Arbeiter, sondern deren Arbeitsbereitschaft und Einbindung in betriebliche Zusammenhänge. Die psychotechnischen Ansätze werden bis heute in der Arbeits-, Betriebs- und Organisationspsychologie, Militärpsychologie bzw. Verkehrspsychologie angewendet.

Literatur

Dorsch, F. (1963). Geschichte und Probleme der angewandten Psychologie. Bern.
Geuter, U. (1985). Die Professionalisierung der deutschen Psychologie im Nationalsozialismus. Frankfurt / M.
Giese, F. (1927). Methoden der Wirtschaftspsychologie. Berlin / Wien.
Münsterberg, H. (1914). Grundzüge der Psychotechnik. Leipzig.

Paul Brieler

Psychotherapie

Psychotherapie umfaßt psychologische Methoden, die dazu dienen, Menschen mit psychischen Störungen zu behandeln. Die Merkmale wissenschaftlicher Psychotherapie lassen sich differenzieren (vgl. Strotzka 1978). Sie ist (a) ein bewußter und geplanter interaktioneller Prozeß; (b) dient zur Beeinflussung von Verhaltensstörungen und Leidenszuständen; (c) diese werden in einem Konsensus (möglichst zwischen Patient, Therapeut und Bezugsgruppe) für behandlungsbedürftig gehalten; (d) mit Hilfe psychologischer Mittel, meist verbal, aber auch averbal; (e) Behandlung in Richtung auf ein definiertes, nach Möglichkeit gemeinsam erarbeitetes Ziel (Symptomminimalisierung und / oder Strukturveränderung der Persönlichkeit); (f) mittels lehrbarer Techniken; (g) auf der Basis einer Theorie des normalen und pathologischen Verhaltens; (h) in der Regel in einer als notwendig erachteten tragfähigen emotionalen Bindung zwischen Therapeut und Patient. Indikationen können Lebenskrisen, Selbstwertprobleme, Partner- und Sexualprobleme, Lernstörungen etc. sein. Bei psychotischen, schizophrenen Störungen und Suchtkranken sind der Wirkung psychotherapeutischer Interventionen allerdings enge Grenzen gesteckt. Im Sinne einer von den Krankenkassen bezahlten Krankenbehandlung sind die Indikationen für eine Psychotherapie Neurosen (Phobien, Zwänge, Depressionen), psychosomatische Krankheiten und Persönlichkeitsstörungen.

Im Zuge der eher naturwissenschaftlichen Sichtweise des 19. Jahrhunderts wurden Geisteskrankheiten zunehmend als Gehirnkrankheiten aufgefaßt; man reduzierte damit die Möglichkeiten der Idee der natürlichen Ursachen auf allein physische. Mit der Theorie und dem Behandlungskonzept «Psychoanalyse» des Neurologen Sigmund Freud (1856–1939), der damit als erster eine systematische und selbständige Psychotherapie begründete, wurden dagegen psychische Krankheiten und ihre körperlichen Symptome meist auf psychische Störungen (unverarbeitete, unbewußte frühkindliche Konflikte) zurückgeführt.

Heute können die im Sinne der erwähnten Merkmale erprobtesten Psychotherapieverfahren wie folgt systematisiert werden: 1. *Tiefenpsychologische Richtungen* (Psychoanalyse, Analytische Psychologie; Individualpsychologie); 2. *Verhaltenstherapie*; 3. *Humanistische Verfahren* (Gesprächspsychotherapie; Gestalttherapie, Transaktionsanalyse, Psychodrama, körperorientierte Verfahren); 4. *Systemische Familientherapie*.

Die verschiedenen Psychotherapierichtungen unterscheiden sich nicht nur hinsichtlich der Methoden deutlich voneinander, sondern auch hinsichtlich ihres Menschenbildes und bezüglich der Definitionen, was als gesund, krank oder gestört und auffällig gilt. In der Regel werden von den Krankenkassen nur Kosten einer verhaltenstherapeutischen oder tiefenpsychologischen Behandlung übernommen. Die zugrundeliegenden Effektivitätsuntersuchungen sind umstritten. Regelungsbedarf besteht seit langem hinsichtlich des Zusammenwirkens von ärztlichen und psychologischen Psychotherapeuten. Kernpunkt dabei ist, inwieweit Diplom-Psychologen selbständig Psychotherapie mit den Krankenkassen abrechnen dürfen. 1994 wurden über 250000 ambulante Psychotherapien von den ca. 20000 Psychotherapeuten erbracht. Der Bedarf an Psychotherapie wird jedoch noch wesentlich höher geschätzt; ca. zehn bis 20 Prozent der Bevölkerung in der BRD seien behandlungsbedürftig (vgl. Bastine, 1990).

Es ist offenkundig, daß die Psychotherapie von ihren gesellschaftlichen Funktionen nicht zu trennen ist. Hinsichtlich ihrer Aufgabe, psychisch gestörte Menschen wieder funktionstüchtig für den Arbeitsprozeß zu machen, sie dies aber auch durch die Problematisierung von Lebensbedingungen tut, besitzt Psychotherapie stets die «Doppelrolle von Systemstabilisierung und emanzipatorischer Aufklärung» (Jaeggi, 1982, S. 130). Dabei kann die Therapierbarkeit des Individuums zur einseitigen Konzentration auf das Subjekt führen, und für psychische Störungen relevante Faktoren, die in der gesellschaftlichen Situation liegen, können übersehen oder psychologisiert werden. Gemeindepsychologische und sozialpsychiatrische Konzepte versuchen, dem seit ca. 20 Jahren entgegenzuwirken und die Aufgabe der Prävention zu betonen. Auch bei solchen Konzepten der regionalisierten psychiatrischen Versorgung besteht wiederum die Gefahr, durch Psychotherapie soziale Kontrolle auszuüben. Anhand in der Psychotherapie behandelter existentieller Themen wie Beziehungs- und Selbstwertproblemen besteht die spezifische Möglichkeit zur Gesellschaftskritik, indem das Zusammenwirken von gesellschaftlichen Zwängen und individuellen Bedürfnissen professionell thematisiert werden kann (vgl. Jaeggi, 1982). Dabei sollen der subjektive Sinn der Patienten und ihre entprofessionalisierten Handlungsräume (z. B. Selbsthilfegruppen) anerkannt werden.

Literatur

Bastine, R. (1990). Klinische Psychologie, Bd. 1. Stuttgart.
Federspiel, K. & Laichinger-Karger, J. (1996). Kursbuch Seele. Köln.
Jaeggi, E. (1982). Gesellschaftliche Funktionen der Psychotherapie. In: Bastine, R. u. a. (Hg.). Grundbegriffe der Psychotherapie (S. 130–133). Weinheim.
Jaeggi, E. (1997). Zu heilen die zerstoßenen Herzen: die Hauptrichtungen der Psychotherapie und ihre Menschenbilder. Reinbek.
Kanfer, F. H. (1996). Selbstmanagement-Therapie. Berlin.
Senf, W. & Broda, M. (Hg.) (1996). Praxis der Psychotherapie. Stuttgart.
Strotzka, H. (1978). Psychotherapie: Grundlagen, Verfahren, Indikationen. München.

Heiko Baumbach

Qualitative Methoden

Interviewverfahren

Historisches

Die historischen Ursprünge des Interviews als wissenschaftlicher Erhebungsmethode liegen in der Soziologie, Ethnologie und Volkskunde. Aufgrund ihres Selbstverständnisses als experimentell arbeitende (Natur-)Wissenschaft hatte die akademische Psychologie kaum Verwendung für das Interview als Forschungsmethode. In eher anwendungsorientierten Bereichen der Psychologie wie der Klinischen oder der Arbeits- und Organisationspsychologie dagegen haben Interviewverfahren immer schon einen festen Platz. Die Domäne des Interviews ist jedoch die empirische Sozialforschung; hier ist das Interview das bei weitem am häufigsten eingesetzte Einzelverfahren (vgl. Scheuch, 1973, S. 66). Die Gründe für die Beliebtheit des Interviews sind v. a. ökonomischer Art: Interviews lassen sich vergleichsweise leicht planen, schnell durchführen und – zumindest, was das quantitative Interview angeht – zügig auswerten; damit lassen sich in derselben Zeit eine weitaus größere Zahl von Probanden erreichen als mit anderen Methoden, etwa dem Experiment oder der teilnehmenden Beobachtung.

Formen des Interviews

Grundsätzlich lassen sich zwei Grundtypen von Interviews unterscheiden: das «quantitative» und das «qualitative» Interview. Das quantitative

Interview ist stark strukturiert, es besteht aus einem Satz vorgegebener, standardisierter Fragen und läßt sich im Idealfall mittels statistischer Verfahren quantitativ auswerten. Typisch sind etwa Alternativ-Fragen, bei denen zwei oder mehr Möglichkeiten zur Entscheidung vorgegeben werden, oder sog. Skala-Fragen, bei denen sich der Befragte für eine Häufigkeit («nie – selten – manchmal – häufig») oder einen Ausprägungsgrad («wenig – mittel – viel») entscheiden soll. Die Fragen sind hinsichtlich ihrer Formulierung und ihrer Reihenfolge ebenso standardisiert wie das Verhalten des Interviewers: Abweichungen vom festgelegten, normierten Verhalten in der Interviewsituation werden als Störvariablen betrachtet, die die Objektivität der Ergebnisse in Frage stellen. Das quantitative Interview dient der Überprüfung vorab festgelegter Hypothesen, es steht in der Tradition eines nomothetischen Wissenschaftsideals; diesem gilt Objektivität – verstanden als Subjekt-Unabhängigkeit – als höchste Norm, subjektive Einflüsse auf die Ergebnisse stellen dementsprechend Fehlerquellen dar, die es durch methodische Maßnahmen zu eliminieren gilt. Qualitative Interviewverfahren dagegen basieren auf einem hermeneutischen Wissenschaftsverständnis; dieses betrachtet den Menschen als sinnkonstituierendes Wesen, das seine Situationsdeutungen und seine Lebensentwürfe in sozialen Beziehungen hervorbringt und in fortwährenden sozialen Aushandlungsprozessen verändert. Bedeutungen variieren in Abhängigkeit vom sozialen Kontext und von Person zu Person: Keineswegs bedeuten «Freiheit» oder «Liebe» für jedermann dasselbe. Deswegen darf auch im Interview nicht einfach vorausgesetzt werden, daß Interviewer und Befragter dassselbe meinen, nur weil sie dieselben Begriffe verwenden – dies muß vielmehr im Interview selbst erst noch überprüft werden. Eine im strengen Sinn hypothesenfreie Forschung ist zwar aus erkenntnistheoretischen Gründen nicht möglich: Zumindest Vermutungen – und seien sie noch so vage – müssen wir über unseren Gegenstand immer schon haben, sonst könnten wir keine Fragen stellen. Hinsichtlich des Stellenwerts der vorgängigen erkenntnisleitenden Hypothesen unterscheidet sich jedoch das qualitative vom quantitativen Vorgehen: Das Ziel der qualitativen Interviewverfahren besteht nicht darin, lediglich vorab festgelegte Hypothesen zu überprüfen, sondern darin, zu möglichst neuen, substantiellen Erkentnissen über den Gegenstand zu gelangen. Deswegen werden hier offen formulierte Fragen verwendet; diese sollen den Befragten zur Selbstexploration anregen, um so eine möglichst gehaltvolle, umfassende Darstellung seiner Gefühle, Einstellungen, Deutungsmuster etc. zu bekommen. Mit Christel Hopf läßt sich das qualitative Interview folgendermaßen charakterisieren: Es ist ein «wenig strukturiertes Interview, das, von lockeren Hypothesen angeleitet, der Exploration eines bestimmten, wissenschaftlich wenig erschlossenen Forschungsfeldes dienen soll, und das – zumindest der Intention nach – den Befragten einen breiten Spielraum der Strukturierung und Äußerung subjektiver Deutungen einräumt» (1978, S. 99).

Wie läßt sich nun das Verhältnis der beiden Interviewarten im Forschungsprozeß bestimmen? Die gängige methodologische Antwort hierauf besteht darin, beide Formen unterschiedlichen Stadien des Forschungsprozesses zuzuordnen: Qualitativen Interviews wird hier eine lediglich heuristische Funktion zugesprochen; ihre Aufgabe sei es, quasi im Vorfeld der «eigentlichen» Forschung, Hypothesen über den Gegenstand zunächt einmal zu generieren. Die Überprüfung der so gewonnenen Hypothesen sei dann jedoch mit «harten» quantifizierenden Methoden wie dem quantitativen Interview vorzunehmen. Diese Auffassung greift zu kurz. Sinnvoller erscheint eine Abgrenzung anhand der jeweiligen Forschungsgegenstände bzw. -fragestellungen: Die Stärken des standardisierten Verfahrens kommen dann zum Tragen, wenn es darum geht, quantitative Aussagen zu treffen, eine große Zahl von Befragten zu erfassen, wenn eine relativ klare, einfache Fragestellung vorliegt und / oder wenn es um einen relativ wenig komplexen Gegenstand geht. Die Vorteile des qualitativen Interviews kommen dann zur Geltung, wenn es sich nicht um Häufigkeiten, sondern um inhaltliche Phänomenanalyse handelt – insbesondere dann, wenn es um die Aufdeckung komplexer Strukturen in bezug auf hochgradig subjektive, emotional stark besetzte Gegenstandsbereiche geht, bei denen womöglich widersprüchliche bzw. ambivalente Aussagen zu erwarten sind.

Generelle Probleme des Interviews als Forschungsmethode

Unabhängig von der Zuordnung eines Interviews zum quantitativen oder zum qualitativen Typ sieht sich jedes Interviewverfahren mit einigen grundsätzlichen Problemen konfrontiert: (a) Die Situation des Interviewers ist durch einen prinzipiell unaufhebbaren Rollenkonflikt gekennzeichnet: Er soll einerseits möglichst neutral Daten erheben, muß andererseits um die Herstellung und Aufrechterhaltung einer motivierenden sozialen Beziehung zum Befragten bemüht sein. Jeder Versuch, dieses Dilemma in Richtung auf einen der beiden Pole hin aufzulösen, gefährdet die Datenerhebung. Daraus folgt die Notwendigkeit einer fundierten Interviewerausbildung. (b) Jedes Interview stellt eine soziale Situation dar, deren Charakter als dyadische Interaktion zweier Akteure prinzipiell nicht aufhebbar ist; deswegen sind Daten, die in einer solchen Situation erhoben werden, nie nur Produkt des Befragten, sondern Produkt der Trias aus Befragtem, Befrager und Situation. Die beiden unterschiedlichen Formen des Interviews stellen lediglich unterschiedliche Versuche dar, mit dieser unaufhebbaren Qualität der Erhebungssituation umzugehen. (c) Interviews liefern grundsätzlich nur verbale Daten, d. h. Aussagen über die subjektiven Sichtweisen bzw. die innere Realität der Befragten. Aussagen über die «objektive» Realität, also z. B. über das reale Verhalten des Befragten, sind damit per definitionem nicht möglich. Wo solche Schlüsse dennoch gezogen werden, müssen sie durch zusätzliche Daten – z. B. aus Verhaltensbeobachtungen – abgesichert werden.

Literatur

Flick, U. (1995). Qualitative Forschung. Theorie, Methoden, Anwendung in Psychologie und Sozialwissenschaften. Reinbek.

Hopf, C. (1978). Die Pseudo-Exploration – Überlegungen zur Technik qualitativer Interviews in der Sozialforschung. Zeitschrift für Soziologie, 2/78, S. 97–115.

Lamnek, S. (1988). Qualitative Sozialforschung. Bd. 1: Methodologie. München.

Lamnek, S. (1989). Qualitative Sozialforschung. Bd. 2: Methoden und Techniken. München.

Scheuch, E. (1973). Das Interview in der Sozialforschung. In: R. König (Hg.), Handbuch der empirischen Sozialforschung. Bd. 2: Grundlegende Methoden und Techniken. 1. Teil (S. 66–190). Stuttgart.

Joachim Hohl

Textauswertung

Unter einem Text wird entweder ein vornehmlich in alltagsweltlichen Handlungszusammenhängen entstandenes Schriftstück (z. B. ein Brief, ein Tagebucheintrag, eine Kontaktanzeige, ein Dokument) oder ein in wissenschaftlichen Zusammenhängen eigens angefertigtes Protokoll verstanden. Als solche Protokolle kommen insbesondere wortgetreue Transkriptionen elektroakustisch aufgezeichneter Gespräche in Betracht (Interviews, Gruppendiskussionen etc.). Diese Abschriften können je nach der mit der Textauswertung verbundenen Zielsetzung einen unterschiedlichen Genauigkeitsgrad aufweisen und auch identifizierbare pragmatische Aspekte des aufgezeichneten Gesprächs (Ereignisse und außersprachliche Handlungen in der Gesprächssituation) sowie parasprachliche Phänomene und andere Begleiterscheinungen des Sprechens verzeichnen (wie Redepausen, Weinen, Lachen oder ein Räuspern, im Falle einer verschrifteten Videoaufzeichnung auch mimische, gestische sowie sonstige leibliche Ausdrucksformen).

In der Psychologie interessieren Texte in erster Linie unter dem semantischen Aspekt der in ihnen artikulierten Erfahrungen und Erwartungen, Orientierungen, Intentionen, Motive, Gefühle und Handlungen sowie umfassender Subjektivitäts- und Lebensformen. Methoden der Textauswertung lassen sich einteilen in solche, die sich weitestgehend vorab vorhandener Begriffe oder Kategoriensysteme bedienen, indem sie das zu analysierende Material unter diese subsumieren, und in solche, die den Akzent auf die empirisch fundierte, gegenstandssensitive Entwicklung und Differenzierung von deskriptiven und explanativen Begriffen und Begriffsstrukturen legen. Als Beispiel für den ersten Typ kann die systematische, qualitative Inhaltsanalyse dienen. Auswertungsverfahren des zweiten Typs gehen in der Regel sequenzanalytisch vor und orientieren sich an der Logik des abduktiven Schlusses (vgl. Reichertz, 1993). Solche wesentlich zeitaufwendigeren Verfahren folgen Wort für Wort, Satz für Satz der temporalen Logik und interaktiven Dynamik der sprachlichen Sinn- und Bedeutungskonstitution. Sie verwenden und entfalten ihre beschreibenden, analytischen und erklärenden Begriffe im Zuge einer detaillierten Textinterpretation. Ganz unterschiedliche Beispiele für Ansätze und Verfahren, die auf derartig intensive Auseinandersetzungen mit dem Material und eine darauf aufbauende Begriffs- und Theoriebildung abzielen, stellen folgende Konzeptionen dar: Zunächst sei die empirisch fundierte Theoriebildung im Zuge komparativer Analysen im Sinne von Glaser und Strauss genannt, wobei in jüngerer Zeit insbesondere Strauss und Corbin (z. B. Strauss, 1991) eine Vielzahl methodischer Regeln und Hilfen für die interpretative Textauswertung bereitgestellt haben. Weitere Beispiele bieten erzähl- und speziell biographieanalytische Verfahren (z. B. Schütze, 1983), die dokumentarische Methode der Interpretation (z. B. Bohnsack, 1991), psychoanalytische Verfahren der Textauswertung (z. B. Lorenzer, 1988; Leithäuser & Volmerg, 1988) oder die objektive Hermeneutik (z. B. Oevermann, 1979). «Komparative» Analysen bilden den Kern aller dieser Verfahren, machen sie doch ausdrückliche oder implizite Vergleiche zum Dreh- und Angelpunkt interpretativer Erkenntnisbildung.

Prinzipiell können Texte in sehr unterschiedlichen Perspektiven ausgewertet werden (vgl. Straub, 1998). Zum einen können Theorien, Methodologien und Methoden der Textauswertung um eine Rekonstruktion der *intentio autoris* bemüht sein. In diesem Fall geht es um die Erfassung des vom Sprecher / Autor subjektiv gemeinten Sinns – um das, was der Sprecher / Autor hat sagen wollen. Zum zweiten kann die Textauswertung an der *intentio operis* orientiert sein, was heißt, daß die analytischen Bemühungen auf einen unabhängig von der subjektiven Intentionalität des Sprechers / Autors gedachten, diesem vielleicht sogar verborgenen Sinn- und Bedeutungsgehalt des Textes abzielen. Als Spezialfall dieses Typs mag die objektive Hermeneutik gelten, die solche Regeln als objektive latente Sinnstrukturen begreift. Zum dritten kann sich die Textauswertung auf die *intentio lectoris* richten, womit gemeint ist, daß sich der Gegenstand der Textanalyse in einer Art Interaktion zwischen Text und Leser / Interpret erst bildet. Texte haben in dieser Sicht keinen vom Leser / Interpreten bzw. dem handlungstheoretisch konzipierten Leseakt unabhängigen Sinn- und Bedeutungsgehalt. Semantische Gehalte eines Textes erscheinen nun vielmehr als Produkte von Text-Leser-Interaktionen und deren analytischer Interpretation und Reflexion.

So gut wie alle Ansätze und Verfahren der Textauswertung können sich für die Textbearbeitung eigens entwickelte Computerprogramme zunutze machen. Was den wesentlichen Schritt der interpretativen Analyse angeht, durch den Sinn- und Bedeutungsstrukturen eines Textes freigelegt werden, sind dem Computer allerdings enge Grenzen gesetzt.

Literatur

Bohnsack (1991). Rekonstruktive Sozialforschung. Einführung in Methodologie und Praxis qualitativer Forschung. Opladen.

Buchholz, Michael B. (1996). Metaphern der «Kur». Eine qualitative Studie zum psychotherapeutischen Prozeß. Opladen.

Flick, U., Kardorff, E. v., Keupp, H., Rosenstiel, L. v. & Wolff, S. (Hg.). (1995). Handbuch Qualitative Sozialforschung. Grundlagen, Konzepte, Methoden und Anwendungen. München.

Leithäuser, T. & Volmerg, B. (1988). Psychoanalyse in der Sozialforschung. Eine Einführung am Beispiel einer Sozialpsychologie der Arbeit. Opladen.

Lorenzer, A. (Hg.). (1988). Kultur-Analysen. Psychoanalytische Studien zur Kultur. Frankfurt / M.

Oevermann, U. (1979). Die Methodologie einer «objektiven Hermeneutik» und ihre allgemeine forschungslogische Bedeutung in den Sozialwissenschaften. In: H.-G. Soeffner (Hg.), Interpretative Verfahren in den Sozial- und Textwissenschaften (S. 352 – 434). Stuttgart.

Reichertz, J. (1993). Abduktives Schlußfolgern und Typen(re)konstruktion. In: T. Jung & S. Müller-Doohm (Hg.), Wirklichkeit im Deutungsprozeß. Verstehen und Methoden in den Kultur- und Sozialwissenschaften (S. 258–282). Frankfurt / M.

Schütze, F. (1983). Biographieforschung und narratives Interview. Neue Praxis, 13, S. 283–293.

Straub, J. (1998). Handlung, Interpretation, Kritik. Grundzüge einer textwissenschaftlichen Handlungs- und Kulturpsychologie. Berlin / New York.

Strauss, A. (1991). Grundlagen qualitativer Sozialforschung. Datenanalyse und Theoriebildung in der empirischen soziologischen Forschung. München.

Jürgen Straub / Heide Appelsmeyer

Bildanalyse

Unterschiedliche sozialwissenschaftliche Ansätze zur Bildanalyse bestehen nebeneinander. Sie beginnen mit einer intuitiven Bestimmung und Zerlegung des Bildes in aufbau- und bedeutungstragende Bestandteile: Figuren, Akteure, Objekte, Vorder- und Hintergrund, Linie, Perspektive, Farbe, Form, Größe, Gliederung, Gruppierung, Ikonographie, Entstehungs- und Verwertungskontext u. a. traditionelle Begriffe der kunstgeschichtlichen Hermeneutik (Bätschmann, 1992). Dieser erste Schritt erfolgt meist wenig reflektiert und regellos; sein Zweck ist, das verfügbare kulturelle Wissen abzurufen. Damit enden die Gemeinsamkeiten. Die Ansätze zielen nämlich schon in der Beschreibung auf unterschiedliche Daten ab, da sie je eigene Analysekonzepte anlegen. So stellen einige das Bildmaterial in den Vordergrund (Semiotik, Diskurs-, Metaphernanalyse), andere dessen subjektive Bearbeitung (Psychoanalyse, Morphologische Psychologie). Wichtige Ansätze sind:

1. Die *Semiotik* (Eco, 1994) untersucht die Entstehung von Zeichenbedeutungen. Sie unterscheidet dabei drei Dimensionen: *syntaktisch* sind Zeichen untereinander regelhaft verknüpft; *semantisch* sind Beziehungen zwischen Zeichen («Signifikant») und gemeintem Gegenstand («Signifikat») bestimmt; *pragmatisch* ist die soziale Verwendung von Zeichen organisiert. Soziale und kulturelle Gruppen unterscheiden sich durch die Konventionalisierung von Zeichen, z. B. die Rhetorik der Reklame. Sie benutzen dabei drei kulturelle Codes: Der Erkennungscode fragt, welche Signifikate überhaupt als erkennbar gelten; der graphische Code regiert die Fassung von Signifikaten in Abbildungen; der ikonische Code umfaßt kulturelle Konventionen zur Übersetzung von Abbildungen in Signifikate.

2. Die *Psychoanalyse* (Jones, 1916; König, 1995; Theweleit, 1980) betrachtet Symbole als unbewußt determiniert und unterscheidet daher zwischen manifestem und latentem Sinn. Letzterer kann über die (introspektive) Beobachtung von Irritationen, in Gruppenarbeit oder durch Sammlung kulturellen Vergleichsmaterials – Mythen, Märchen, Bilder, Symbole – erschlossen werden. Nicht (allein) objektivierende Beschreibungen, sondern Assoziationen, Emotionen und Erinnerungen bilden das Datenmaterial.

3. Die *Objektive Hermeneutik* (Ackermann, 1994; Reichertz, 1995) rekonstruiert Verstehensregeln von Mitteilungsakten und damit deren objektiven Bedeutungsraum für eine Gruppe. Als Verfahrenskern gilt die Sequenzanalyse: Alle denkbaren Lesarten eines Interakts werden gesammelt (oft in Gruppenarbeit), danach unrichtige Bedeutungen schrittweise anhand von Alltagswissen, Konsistenz und Kontext ausgeschlossen.

4. Die *Morphologische Psychologie* (Fitzek & Salber, 1996) entwickelt

Betrachtungsweisen der älteren Gestaltpsychologie weiter, indem sie Metamorphosen der Gestalten verfolgt, dadurch auch Inhalt und Sinn als «Verwandlungs-Wirklichkeit» auffaßt und deren je eigene Dynamik begrifflich charakterisiert.

5. Die *Diskursanalyse* (Jäger, 1993; Link, 1996) untersucht implizite kulturelle und symbolische Regeln für die Verknüpfung von legitimem Wissen, sozialer Praxis und Machtgefällen. Ihre Methoden entstammen Textlinguistik und Literaturwissenschaft, ihre Epistemologie gründet auf Foucaults Wissenschaftskritik. Bei Bildanalysen macht sie keinen Unterschied zwischen bildlichem u. a. Material, sondern unterstellt, daß beide vom «System kollektiver Symbolik» einer Gesellschaft geleitet sind.

6. *Gegenstandsbezogene Ansätze* (Kleining, 1994; Strauss, 1994) zielen auf die Entwicklung lebenswelt- und materialnaher Analysebegriffe während der Untersuchung selbst ab. Diese sichern sie durch systematische Vergleiche auf Gemeinsamkeiten und Unterschiede (im Material bzw. zu anderen Phänomenen).

7. *Konzeptzentrierte Ansätze* stellen ein Analysekonzept in den Vordergrund, namentlich Mythos (Barthes, 1964), Stereotyp (Handl, 1991; Schmerl, 1992) und Metapher (Schmitt, 1996).

Die Kategorien, die diese Ansätze liefern, lassen sich durch Operationalisierung und selektive Codierung auch quantitativ prüfen; das geschieht aber fast nie. Insgesamt weisen alle Ansätze unterschiedliche Probleme der Validität, Reliabilität und Repräsentativität auf, die jedoch im Rahmen der verfügbaren qualitativen Methodologie kontrollierbar sind (vgl. Flick, 1995). Wenigstens für alle anwendungsbezogenen Fragestellungen ist derzeit die Triangulation der Ansätze dringend zu empfehlen.

Literatur

Ackermann, F. (1994). Die Modellierung des Grauens. In: D. Garz & K. Kraimer (Hg.), Die Welt als Text (S. 195–225). Frankfurt/M.

Barthes, R. (1964). Mythen des Alltags. Frankfurt/M.

Bätschmann, O. (1992). Einführung in die kunstgeschichtliche Hermeneutik. Die Auslegung von Bildern. Darmstadt.

Eco, U. (1994). Einführung in die Semiotik. München.

Fitzek, H. & Salber, W. (1996). Gestaltpsychologie. Geschichte und Praxis. Darmstadt.

Flick, U. (1995). Qualitative Forschung. Theorie, Methoden, Anwendung in Psychologie und Sozialwissenschaften. Reinbek.

Handl, H. L. (1991). Stereotypie in der Massenkommunikation am Beispiel von Karikaturen. In: H. Kreutz (Hg.), Pragmatische Analyse von Texten, Bildern und Ereignissen (S. 101–108). Opladen.

Jäger, S. (1993). Kritische Diskursanalyse. Eine Einführung. Duisburg.

Jones, E. (1916/1987). Die Theorie der Symbolik u. a. Aufsätze. Frankfurt/M.

Kleining, G. (1994). Qualitativ-heuristische Sozialforschung. Hamburg.

König, H.-D. (1995). Auschwitz als Amusement. Tiefenhermeneutische Rekonstruktion der umstrittensten Szenensequenz des Bonengel-Films ‹Beruf Neonazi›. Zeitschrift für Politische Psychologie, 3, S. 87–118.
Link, J. (1996). Versuch über den Normalismus. Opladen.
Reichertz, J. (1995). Objektive Hermeneutik. In: U. Flick u. a. (Hg.), Handbuch Qualitative Sozialforschung (S. 223–228). Weinheim.
Schmerl, C. (Hg.). (1992). Frauenzoo der Werbung. München.
Schmitt, R.(1996). Metaphernanalyse und die Repräsentation biographischer Konstrukte. Journal für Psychologie, 5 (1), S. 47–61.
Strauss, A. L. (1994). Grundlagen qualitativer Sozialforschung. München.
Theweleit, K. (1980). Männerphantasien. Bd. I, II. Reinbek.

Thomas Kliche

Qualitätssicherung

Qualitätssicherung wird mit Beginn der 90er Jahre zunehmend als Nachweis eines hohen professionellen Standards auch für psychologische Anwendungsfelder verwendet. Qualitätssicherung bzw. Qualitätsmanagement (QM) leitet sich historisch aus industriellen Fertigungsprozessen ab, in denen die Fehlerfreiheit von Produkten sichergestellt werden muß, um ein hohes Maß an Kundenzufriedenheit bei geringer Reklamationsrate zu erreichen. Qualitätssicherung umfaßt «alle geplanten und systematischen Tätigkeiten, die notwendig sind, um ein angemessenes Vertrauen in die Erfüllung der Qualitätsforderungen zu schaffen. Qualitätssicherung umfaßt in Gesamtheit die Tätigkeiten des QMs, der Qualitätsplanung, der Qualitätslenkung und der Qualitätsprüfung» (DIN 55350). Im industriellen Bereich werden als weitere Argumente für die systematische Qualitätssicherung die Produkthaftung, Qualitätskosten sowie Regelungen innerhalb der EG genannt.

Beim Aufbau eines QM-Systems stellen die DIN-ISO-Normen der 9000er-Reihe den Leitfaden zur Auswahl und Anwendung der Normen bezüglich des QMs, den Elementen eines QM-Systems und zu den möglichen Nachweisstufen für QM-Systeme dar. Die Maßnahmen für Qualitätssicherung sind von vielfältigen Bedingungen und Einflußfaktoren abhängig, so daß es kein genormtes QM-System gibt. Dieses wird vielmehr je nach den konkreten Erfordernissen aufgebaut.

Wesentliche QM-Elemente sind: (a) *Qualitätskreis* als Begriffsmodell für die Beeinflussung der Qualität einer Dienstleistung in allen Phasen der Planung, der Realisierung und der Nutzung; (b) *Struktur des QM-Systems*: Beschreibung von Zuständigkeiten, organisatorischer Gliederung, sachlicher und personeller Gliederung sowie der einzelnen QM-Verfahren; (c) *Dokumentation* des QM-Systems: sie erfolgt im QM-

Handbuch sowie nachgeordneten Verfahrens- und Arbeitsanweisungen. Diese Festschreibungen sind Grundlage für (d) interne Qualitätsaudits; (e) *Qualitätskosten* (Fehlerverhütungskosten, Prüfkosten, Fehlerkosten); (f) *Behandlung* fehlerhafter Einheiten, das Erkennen und weitere Verfahren mit Fehlern, Verhütung des Wiederauftretens der Fehler); (g) *Korrekturmaßnahmen*: Erkennen eines Qualitätsproblems, Ermittlung der Ursachen für ein Qualitätsproblem, Analyse des Qualitätsproblems, bleibende Änderungen; (h) *Qualitätsaufzeichnungen*: Dokumente und Berichte, welche ausgewertet und aufbereitet werden; (i) *Mitarbeiterschulung* und -qualifizierung, Motivation zur Qualität.

Diese Entwicklung in der industriellen Fertigung der letzten Jahrzehnte hat Auswirkungen auf die Dienstleistung Psychologie. Psychologen sind als Zielgruppe neben Ärzten bereits in der Norm für QM im Dienstleistungsbereich aufgeführt (DIN ISO 9004-2), ebenso wie Qualitätssicherung seit 1989 im Sozialgesetzbuch für das Gesundheitswesen vorgeschrieben ist. Fachintern wird der Begriff «Qualitätssicherung» als Argument für eine laufende Sicherstellung eines hohen professionellen Standards in die Diskussion eingeführt, z. B. im Forschungsgutachten zur Psychotherapie, ebenso im Bereich der medizinisch-psychologischen Eignungsuntersuchung (Nickel & Schell, 1992) oder in der Gesundheitspsychologie (Meyer-Gramcko, 1997). Ein entsprechend etablierter Standard wird dann für alle anderen Dienstleistungserbringer als zu erbringende Vorleistung gefordert. Insofern wirkt QM innerhalb des Fachs konkurrenzabweisend.

Die Materie erscheint kryptisch und vermag ihre technischen Wurzeln nicht zu verleugnen. QM könnte jedoch zu allgemein verbindlichen, konkret definierten Kriterien für eine fachlich angemessene fallbezogene Tätigkeit beitragen. Für psychologische Tätigkeitsfelder können die Bereiche der Dokumentation, der persönlichen Anforderungen, der Güte der eingesetzten Verfahren und Methoden usw. eindeutig und transparent geregelt werden. In diesen formalen überprüfbaren Aspekten könnte der eigentliche Gebrauchswert für Nutzer und Nutzerinnen liegen. Grundsätzlich muß die Diskussion, wie in den unterschiedlichen psychologischen Tätigkeitsfeldern Qualität inhaltlich definiert ist, jedoch noch geführt werden. Nachfrager entscheiden im Einzelfall selbst, ob für sie eine psychologische Dienstleistung Qualität darstellt. Wie kann ein Klient erkennen, welche Forderungen er an die Therapie haben müßte, wie die Therapie beschaffen ist? Zudem ist der Klient selbst einerseits Kunde, gleichzeitig aber ein Teil des Prozesses der Dienstleistungserbringung und damit wesentlich an dem Ergebnis beteiligt. Ohne inhaltlich verbindliche Standards wird QM ein bürokratischer Formalismus bleiben.

Literatur

DIN ISO 9004, Teil 2 (1992). Qualitätsmanagement und Elemente eines Qualitätssicherungssystems. Leitfaden für Dienstleistungen. Berlin.

DIN 55350 (1987). Begriffe der Qualitätssicherung und Statistik, Grundbegriffe der Qualitätssicherung, Teil 11. Berlin.

Meyer-Gramcko, F. (1997). Qualitätssicherung in der Gesundheitsförderung. In: Innovation und Erfahrung: Analysen, Planungen und Erfahrungsberichte zu psychologischen Arbeitsfeldern. Bonn.

Nickel, W. R. & Schell, A. (1993). Qualitätssicherung in der medizinisch-psychologischen Eignungsbeurteilung und bei der Rehabilitation auffälliger Kraftfahrer. Zeitschrift für Verkehrssicherheit, 39, S. 156–160.

Pfeifer, T. (1996). Praxishandbuch Qualitätsmanagement. München.

Vogel, H. (1993). Was heißt Qualitätssicherung in der Psychotherapie? Verhaltenstherapie & psychosoziale Praxis, 25, S. 93–100.

Paul Brieler

Qualitätszirkel

In den letzten Jahrzehnten haben sich bemerkenswerte Veränderungen in der ehemals unumschränkt tayloristischen Arbeitsgestaltung zugetragen. Neben Formen der individuellen Arbeitsanreicherung sind vor allem vielfältige Kleingruppenkonzepte eingeführt worden, um die Dysfunktionen der zu starken Arbeitsteilung zurückzudrängen und die Flexibilität zu erhöhen. Eine der erfolgreichsten und verbreitetsten Typen ist dabei der Qualitätszirkel. Qualitätszirkel sind auf Dauer angelegte Gesprächsgruppen, in denen sich eine begrenzte Zahl an Mitarbeitern eines Arbeitsbereichs der unteren Hierarchieebene in regelmäßigen Abständen auf freiwilliger Basis treffen, um selbstgewählte Probleme des eigenen Arbeitsbereichs zu diskutieren und unter Anleitung eines geschulten Moderators mit Hilfe spezieller Problemlösungstechniken Lösungsvorschläge zu erarbeiten und die Umsetzung der Verbesserungsvorschläge zu initiieren und zu kontrollieren (Deppe, 1986). Im Unterschied zur festen («teilautonomen») Arbeitsgruppe verändern die Qualitätszirkel die klassische Arbeitsorganisation und Organisationsstruktur nicht. Sie stellen lediglich eine ergänzende Einrichtung dar, die nicht zwingend mit tayloristischen Prinzipien bricht, gleichwohl auf ganz anderen Wirkungsmechanismen beruht. Ihren «geistigen» Ursprung haben die Qualitätszirkel in den Vereinigten Staaten; praktische Umsetzung in großem Stil haben sie jedoch erst ab 1962 in Japan erfahren (Breisig, 1990). Insofern sind sie im Zuge der Japan-Debatte in der zweiten Hälfte der 70er Jahre als eine wesentliche Komponente des japanischen «Produktionswunders» in Europa und den USA rezipiert worden. Entsprechend ist seit dieser Zeit eine zunehmende Verbreitung dieser Einrichtung in «westlichen» Unternehmen zu beobachten. Die veränderte Wettbewerbssituation auf den Weltmärkten mit der zunehmenden Bedeutung der Produktqualität, der generelle gesellschaftliche Wertewandel mit steigenden Bedürfnissen der Beschäftigten nach Mitgestaltungschancen, die motivationalen Konsequenzen bei Nicht-Erfüllung dieser Erwartung und die sich ständig verkürzenden Intervalle technologischer Innovationen bedeuten einen starken Handlungsdruck für das Management. Mit Hilfe der Qualitätszirkel sollen Defizite der traditionellen hierarchischen, bürokratischen und tayloristischen Arbeitsorganisation ausgeglichen werden. Die wichtigsten Ziele sind die Verbesserung der Produktqualität und der Produktions- und Verfahrensabläufe, die Steigerung der Motivation, Verbesserungen der Kommunikation und des Arbeitsklimas, die Senkung der Fluktuations- und Absentismusraten, die Stärkung der Identifikation der Mitarbeiter mit «ihrem» Unternehmen sowie ihre arbeitsplatznahe Weiterqualifizierung. Teile der Arbeitnehmerschaft sahen bereits zu Beginn in den Qualitätszirkeln die Chance, Mitbestimmung und Mitentscheidung über die eigene Arbeit zu erhalten. Während die meisten deutschen Betriebsräte den Zirkeln anfangs eher passiv, abwartend oder sogar ablehnend gegenüberstanden, sind sie mittlerweile sensibilisiert für die Problematik. Auch die Gewerkschaften lehnten zu Beginn die Qualitätszirkel ab, weil sie keine echte Mitbestimmung, sondern Ausbeutung der intellektuellen Fähigkeiten der Arbeitnehmer zugunsten unternehmerischer Rationalisierungsambitionen mit sich bringe und die Position der Betriebsräte unterminiere (IG Metall, 1984). Die Sichtweise der Gewerkschaften hat sich mit der Zeit zugunsten der Qualitätszirkel gewandelt. Die meisten Gewerkschaftsvertreter sehen überwiegend Chancen in diesem Instrument, streben jedoch eine Mitbestimmung der Betriebsräte und eine rechtliche Absicherung der gefundenen Gestaltungslösungen in Form einer Betriebsvereinbarung an (Breisig, 1991).

Literatur

Breisig, T. (1990). It's Team Time. Kleingruppenkonzepte in Unternehmen. Köln.

Breisig, T. (1991). Betriebsvereinbarungen zu Qualitätszirkel – Eine Inhaltsanalyse. Die Betriebswirtschaft, 1, S. 65–77.

Bungard, W. & Wiendieck, G. (Hg.). (1986). Qualitätszirkel als Instrument zeitgemäßer Betriebsführung. Landsberg/L.

Deppe, J. (1986). Qualitätszirkel – Ideenmanagement durch Gruppenarbeit. Bern/Frankfurt.

IG Metall (1984). Neue Formen der Gruppenarbeit: Qualitätszirkel. Frankfurt/M.

Thomas Breisig

Rassismus

Das vielschichtige Verhältnis von Psychologie und Rassismus kann in bezug auf vier zentrale Momente untersucht werden (vgl. Mecheril & Teo, 1997): (a) Psychologischer Rassismus; (b) Beiträge der Psychologie zur Analyse des Rassismus; (c) psychologische Analysen von Rassismuserfahrungen und Rassismusfolgen und (d) Beiträge der Psychologie zur Überwindung des Rassismus.

Definition

Rassismus ist die Verbindung von pauschalen Bewertungen mit als unveränderlich konstruierten Unterschieden zwischen Menschen, wenn der Bewertung ein ungleicher Zugang zu Machtressourcen in einer Gesellschaft entspricht. Vorurteile sind nur dann Rassismen, wenn sie die kollektive Macht einer privilegierten Gruppe nutzen können. Handlungen, die rassistische Diskriminierung aufrechterhalten, sind rassistisch, auch wenn die Handelnden Vorurteile ablehnen. Von Rassismus sprechen wir, wenn drei Merkmale gleichzeitig vorliegen: (a) Rassismen sind Diskurse und Praxen, durch die Menschengruppen als verschieden konstruiert werden. Das äußere Erscheinungsbild wird zum Merkmal der *Differenz*, die mit unterstellten psychischen und kulturellen Eigenschaften untrennbar so verknüpft wird, daß statisch und naturalisiert gedachte «Mentalitäten» entstehen; (b) die konstruierten Differenzen sind untrennbar mit *Werthierarchien* verbunden, die pauschal und erfahrungsunabhängig auf die bewertete Gruppe angewendet werden. Häufig mischen sich Abwertungen mit Idealisierungen (z. B. Philosemitismus, Exotismus); (c) Rassismus setzt die *Macht* und die Ressourcen (z. B. Prestige, Geld, Gesetzgebungsgewalt, Polizeiapparat, Mehrheit) zur gesellschaftlichen Durchsetzung der Minderwertigkeitskonstruktion voraus.

Der «wissenschaftliche Rassismus» im 19./20. Jahrhundert, der «Menschenrassen» anhand von erblich und unveränderlich gedachten körperlichen Merkmalen konstruierte, ist mittlerweile weitgehend diskreditiert – wenn auch nicht verschwunden. Da unter Menschen die interindividuelle genetische Varianz deutlich höher ist als die Varianz zwischen Gruppen, gibt es aus biologischer Sicht keine Menschenrassen. So kommt es heute zu einem «Rassismus ohne Rasse» (Balibar) oder «kulturellen Rassismus» (Hall), bei dem kulturelle Merkmale, die statisch und quasi-erblich gedacht werden, an die Stelle körperlicher Merkmale treten. Sie werden häufig im äußeren Erscheinungsbild fixiert (z. B. Kopftuch). Insbesondere in der englischsprachigen Literatur wird der Begriff «Schwarz» zunehmend unabhängig von der Hautfarbe eingesetzt, um alle Menschen zu bezeichnen, die rassistisch ausgegrenzt werden.

Es ist sinnvoll, von «Rassismen» zu sprechen, da unterschiedliche Personengruppen vor einer Vielfalt von historischen und sozialen Hintergründen verschiedene Rassismen erleben bzw. praktizieren. Rassistische Intelligenztests und rassistische Medienberichterstattung unterscheiden sich von rassistischen Brandanschlägen. Schwarze Deutsche machen andere Rassismuserfahrungen als Jüdinnen oder türkische Migranten. Die meisten, aber nicht alle rassistischen Praxen sind ähnlich auch bei anderen Ausgrenzungsverhältnissen, wie z. B. Sexismus, vorfindbar. Dennoch sollten verschiedene Ausgrenzungsverhältnisse weder praktisch noch theoretisch gleichgesetzt werden. So ist eine weiße deutsche Frau nicht durch Sexismuserfahrungen davor geschützt, Rassismus zu reproduzieren (vgl. Fuchs / Habinger, 1996). Auch können verschiedene Ausgrenzungsverhältnisse nicht einfach summiert oder nach dem Muster «weiße Frauen sind so (ohn-)mächtig wie schwarze Männer» aufgerechnet werden. Anthias / Yuval-Davis (1992) plädieren für eine Analyse von Rassenkonstruktionsprozessen im Kontext von Ethnie, Nation, Klasse, Geschlecht und Hautfarbe und deren spezifischer Verflochtenheit bei den Beteiligten, am jeweiligen Ort mit seiner Geschichte. Für die wissenschaftliche Analyse ist der Begriff des «Rassismus» gegenüber den in Deutschland weit verbreiteten Begriffen «Ausländerfeindlichkeit» oder «Fremdenangst» vorzuziehen. Zum einen reduzieren diese Begriffe das zu untersuchende Phänomen auf individuelle und emotionale «Reaktionen». Zum anderen gehen die historischen Bezüge des modernen Rassismus zum Nationalsozialismus verloren. Schließlich erlaubt der Rassismusbegriff ein Anknüpfen an die internationale Forschungsliteratur und die bisher ungenügende Differenzierung des Rassismus von benachbarten, aber deutlich verschiedenen Forschungsfeldern. So läßt die Koppelung von «Fremdenfeindlichkeit» mit Rechtsextremismus und Gewalt den Rassismus in der Mitte der Gesellschaft und subtilere Formen des Rassismus aus dem Blick geraten. Das Gleichsetzen von Rassismus und interkulturellen Konflikten negiert die Rassismuserfahrungen von schwarzen und jüdischen Deutschen.

Beiträge der Psychologie zur Analyse des Rassismus

Rassismus äußert sich als gesamtgesellschaftliche Unterprivilegierung einer «Rasse» wie auch als Herabwürdigung konkreter Menschen in Interaktionen. Beide Phänomene gehen nicht zwangsläufig auseinander hervor. Wenn soziale und ökonomische Strukturen unterschiedlich privilegierte Positionen hervorbringen (z. B. Kapitaleigner und Lohnabhängige), so existieren diese Positionen unabhängig davon, ob sie von den Individuen als solche wahrgenommen und absichtlich hergestellt werden. Rassismus kann ein Mechanismus sein, mit dem Individuen solchen unterschiedlich privilegierten Positionen zugeordnet werden (Bader, 1995). Die Kritische Psychologie hält die gesellschaftliche Ausgrenzung, den «institutionellen Rassismus» für das primär zu analysierende Phänomen und fragt danach, wie sich Individuen und Gruppen an institutionalisierte Diskriminierungen und Privilegien anpassen und diese reproduzieren (Osterkamp, 1996). Nicht die Suche nach Rassisten ist Aufgabe der Psychologie, sondern die Analyse von rassistischem Handeln. Dieses wird nicht auf abweichendes, extremes Verhalten (z. B. physische Gewalt) begrenzt gesehen, sondern als Denken und Handeln, das rassistische «Normalität» – unabhängig von den Vorurteilen der einzelnen (Ridley, 1995) – reproduziert.

Fast alle anderen psychologischen Ansätze zum Rassismus implizieren das genaue Gegenteil und reduzieren Rassismus in mehrfacher Hinsicht: (a) auf Einstellungen ohne Berücksichtigung von Handlungen; (b) auf Individuen oder Face-to-face-Gruppen ohne Berücksichtigung sozialstruktureller Ausgrenzung und extrem asymmetrischer Machtverhältnisse; (c) auf «allgemein Menschliches», ohne Bezug zur Historie und auf der Grundlage eurozentristischer Untersuchungen. Fragestellungen, die für die dominante Gruppe entlastend (z. B. Probleme von Migranten) bzw. nur für sie relevant sind, werden bevorzugt untersucht. Trotz dieser erheblichen Einschränkungen können Teilaspekte des Rassismus mit Hilfe dieser empirisch meist gut fundierten Ansätze erhellt werden.

So sind Vorurteile, ihre empirische Verteilung und ihre Wechselwirkung mit einer Vielzahl von Variablen ausgesprochen gut untersucht (G. W. Allport). Vorurteilsinhalte sind nicht beliebig, sondern können aus den Interessen oder Bedürfnissen der Vorurteilsbeladenen heraus erklärt werden: von der Kritischen Psychologie als Rechtfertigung von sozialer Ungleichheit (z. B. Faulheit) und von der Psychoanalyse als Projektion eigener unerwünschter Anteile (z. B. sexuelle Freizügigkeit). Beide Deutungen machen die Änderungsresistenz und Emotionsgeladenheit rassistischer Vorurteile nachvollziehbar. Dient das Vorurteil der Rechtfertigung von Privilegien, wird eine einfache Aufklärung nicht dazu führen, daß das Privileg aufgegeben wird. Beruht ein positives Selbstwertgefühl auf Spaltung und Projektion, muß die Stabilisierung des Selbst gegenüber einer Realität, die nicht der Projektion entspricht, mit großem Aufwand verteidigt werden.

Das Konzept der autoritären Persönlichkeit (Adorno) hebt die Individuumszentriertheit der Vorurteilsforschung nicht auf, verankert Vorurteile aber in ihrem gesellschaftlichen Entstehungszusammenhang: Vorurteile werden aus einer einseitigen Persönlichkeitsentwicklung und diese wiederum vom Vorherrschen autoritärer Sozialisationsstile in einer Gesellschaft abgeleitet. Die Kognitionspsychologie hält dieser psychoanalytischen Pathologisierung des Vorurteils entgegen, daß soziale Kategorisierungen einschließlich der in ihnen enthaltenden Präferenzen in der Vielfalt der Umweltreize lebensnotwendig sind (Turner). Soziale Kategorisierungen sind dynamisch und werden kontextabhängig gewählt. Diese Wahl erfolgt in Abhängigkeit von der Verfügbarkeit einer Kategorie und deren Passung mit der Situation. Unter Umständen kann die spontane Verfügbarkeit einer Kategorie die mangelnde Passung der Kategorie an die jeweilige Situation kompensieren. Diese Forschung bewertet die Inhalte sozialer Kategorisierungen nicht und kann daher schlecht fassen, warum bestimmte soziale Kategorisierungen erfahrungsunabhängig und stabil gegenüber bestimmten Gruppen zu bestimmten Zeiten zu ausgrenzendem Verhalten führen.

Die sozialpsychologische Forschung zu Gruppen (Sherif, Tajfel) untersucht neben Einstellungen auch das Verhalten in Face-to-face-Gruppen. Bei Experimenten in westlichen Gesellschaften zeigte sich, daß schon die Zuordnung von Individuen zu Zufallsgruppen dazu führt, daß die eigene Gruppe bei der Verteilung von Belohnungen gegenüber der Außengruppe bevorzugt wird. Dieses Untersuchungsergebnis wurde dazu mißbraucht, rassistische Ausgrenzung als unvermeidbaren Nebeneffekt von Gruppenbildungsprozessen zu rechtfertigen, obwohl ethnologische Studien im Kulturvergleich zeigen, daß die Bevorzugung der eigenen Gruppe von der Abwertung der anderen Gruppe relativ unabhängig ist (Duckitt). Wenn nicht über den Bezugsrahmen der Theorie hinaus verallgemeinert wird, bietet die gruppenpsychologische Forschung jedoch interessante Ansatzpunkte. Zum Beispiel wurde experimentell erforscht, was zur Verringerung von Intergruppendiskriminierung beiträgt: überlappende Kategorisierungen, Individualisierung und Angebote zur positiven Bewertung der eigenen Gruppe unabhängig von der Abwertung anderer (Überblick bei Bader, 1995). Sowohl individual- als auch gruppenpsychologische Ansätze geben also über allgemeine psychische und mikrosoziale Prozesse in den untersuchten Gesellschaften Aufschluß, die für die Reproduktion von Rassismus relevant sein können. Auf die Frage nach rassismusspezifischen Besonderheiten, z. B. der Verbindung von Differenz mit Werthierarchien und Macht und den historischen und situationsspezifischen Ausprägungen rassistischer Diskurse, bleibt die psychologische Forschung eine Antwort schuldig. Wie

Subjekte gesellschaftliche Ausgrenzungsverhältnisse situations- und individuumsspezifisch reproduzieren und verändern bzw. Rassismuserfahrungen verarbeiten, ist kaum untersucht.

Auswirkungen auf die psychosoziale Arbeit

Da Rassismen auch ohne die Anwesenheit von Migranten reproduziert werden, ist die Auseinandersetzung mit Rassismus für die psychosoziale Arbeit von weißen deutschen Beraterinnen mit weißen deutschen Klienten relevant. Da rassistische Strukturen trotz individuellen Engagements gegen Rassismus zunächst fortbestehen, sind auch Beratende, die sich gegen Rassismus engagieren, mit den Auswirkungen von Rassismus auf sich und ihre Klienten konfrontiert. Da Handlungen und Institutionen unabhängig von einer rassistischen Absicht ausgrenzend wirken können, sind psychosozial Tätige gehalten, sich und ihre Institutionen in bezug auf Rassismus zu reflektieren und weiterzuentwickeln. Solange eine solche Auseinandersetzung mit Rassismus kaum stattgefunden hat, bleibt die psychosoziale Arbeit nach Ridley u. a. durch die folgenden Abwehrmuster beeinträchtigt: (1) *«Farbenblindheit»:* Wenn psychosozial Tätige die unterschiedlichen Vorerfahrungen von Minderheitenklienten und Mehrheitsangehörigen ignorieren, besteht die Gefahr, daß Unterschiede als Normabweichung und damit fälschlich als Pathologie interpretiert werden; (2) *Kulturalismus:* Wenn psychosozial Tätige jede Äußerung von Minderheitenklientinnen als kulturell verursacht wahrnehmen, verschleiert das u. U. die persönlichen Anteile der Klientin am Problem; (3) *Kulturelle (Gegen-)Übertragung:* Erfahrungen mit «allen Deutschen» oder «allen Aussiedlern» werden in den Therapieprozeß übertragen; (4) *Pseudoübertragung:* Wenn Minderheitenklienten Rassismus bei psychosozial Tätigen wahrnehmen und angemessen, also z. B. mit Rückzug reagieren, kann das fälschlicherweise als pathologisches Verhalten interpretiert werden.

Die Überwindung von Rassismus ist für Teile der interkulturellen Arbeit und für Klienten und psychosozial Tätige, die selbst Rassismus ausgesetzt sind, zentral. Aufgrund der Verbindung der deutschen kollektiven Identität mit rassistischer Dominanz ist die Auseinandersetzung mit Rassismus jedoch auch für weiße Deutsche bedeutsam, die ein positives und geklärtes Verhältnis zu ihrer kulturellen Zugehörigkeit entwickeln möchten.

Literatur

d'Ardenne, P. & Mahtani, A. (1989). Transcultural Counselling in Action. London/Thousand Oaks/New Delhi.

Attia, I. et al. (Hg.). (1995). Multikulturelle Gesellschaft – monokulturelle Psychologie? Antisemitismus und Rassismus in der psychosozialen Arbeit. Tübingen.
Bader, V.-M. (1995). Rassismus, Ethnizität, Bürgerschaft. Soziologische und philosophische Überlegungen. Münster.
Fuchs, B. & Habinger, G. (Hg.). (1996). Rassismen & Feminismen. Differenzen, Machtverhältnisse und Solidarität zwischen Frauen. Wien.
Hall, S. (1994). Rassismus und kulturelle Identität. Hamburg / Berlin.
Howitt, O. & Owusu-Bempah, J. (1994). The Racism of Psychology. Time for change. New York.
Mecheril, P. & Teo, T. (Hg.). (1997). Psychologie und Rassismus. Reinbek.
Osterkamp, U. (1996). Rassismus als Selbstentmächtigung. Hamburg / Berlin.
Ridley, C. R. (1995). Overcoming Unintentional Racism in Counseling and Therapy: A Practitioner's Guide to intentional intervention. London / Thousand Oaks / New Delhi.
Rommelspacher, B. (1995). Dominanzkultur. Texte zu Fremdheit und Macht. Berlin.
Wetherell, M. & Potter, J. (1992). Mapping the language of racism. Discourse and the legitimation of exploitation. New York.

Anja Weiß

Rassismuserfahrungen

Über die Täter des Rassismus ist ein Vielfaches mehr geschrieben worden als über die Opfer. Dies gilt für die Auseinandersetzung mit den Auswirkungen von aktuellen Diskriminierungserfahrungen von in der Bundesrepublik Deutschland lebenden Migranten und Migrantinnen, aber auch für die Auseinandersetzung mit den Erfahrungen von gesellschaftlich weiter deklassierten Gruppen wie Sinti und Roma oder Flüchtlingen (Beckmann, 1997). Insbesondere in der deutschsprachigen Psychologie besteht ein durchgängiges Defizit bezogen auf die Analyse von Rassismuserfahrungen und deren subjektiven Konsequenzen. Die Täter rassistischer und rechtsextremer Handlungen erfreuen sich der medialen und wissenschaftlichen Aufmerksamkeit und Inszenierung. Psychogrammatische Aufsätze, ganze Bücher erscheinen über sie, psychologische Trainingsprogramme und Pflegemaßnahmen werden ersonnen, Fürsorglichkeiten bereitgestellt. Die potentiellen und faktischen Opfer des Rassismus aber sind schnell vergessen.

Rassismuserfahrung ist eine sozial vermittelte Erfahrung, in der gesellschaftliche Realitäten erkennbar werden, die zugleich den Rahmen der Möglichkeiten des Umgangs mit diesen Erfahrungen abstecken. Rassismuserfahrungen sind sozial kontextualisierte, subjektive Zustände. Sie bestehen in einer bestimmten Sorte der Erfahrung von Angriff und / oder von Geringschätzung der eigenen Person oder nahestehender

Personen. Thematisch fokussiert diese Erfahrungssorte den Umstand, daß körperliche Merkmale (wie Haarfarbe, Hautfarbe) oder soziale Merkmale (wie Kleidung, Sprache) vor dem Hintergrund von Abstammungs- oder Herkunftskonstruktionen anderen als Hinweise auf rechtliche, moralische oder intellektuelle Unterschiede dienen, welche in einer selbstverständlich oder «natürlich» verstandenen Art und Weise zuungunsten der von Rassismus negativ Betroffenen laufen. Vier Typen von Rassismuserfahrung können unterschieden werden: (a) persönliche Rassismuserfahrung (das Individuum selbst wird rassistisch verletzt, beschimpft, gekränkt, erniedrigt etc.); (b) identifikative Rassismuserfahrung (rassistische Erfahrungen von nahestehenden Personen betreffen auch das Individuum in Form von Angst oder Wut); (c) vikarielle Rassismuserfahrung (die rassistische Herabsetzung konkreter anderer wird von dem Individuum als stellvertretende Degradierung seiner selbst erlebt); (d) kategoriale Rassismuserfahrung (die rassistische Herabwürdigung einer Gruppe – z. B. «die Ausländer», «die Kanaken» – erlebt das Individuum als Beschimpfung der eigenen Person). Persönliche, identifikative, vikarielle und kategoriale Rassismuserfahrungen können massiver (z. B. körperliche Gewalt gegen nahestehende Personen), subtiler (z. B. abfällige Blicke in der U-Bahn) oder antizipierter (z. B. Alpträume) Art sein. Sie können zudem in von strukturell-institutionellen Aspekten geprägten Kontexten, die vom Verhalten von Gruppen oder Handlungsweisen einzelner Personen bestimmt sind, vermittelt werden. Rassismuserfahrungen sind – dieser «3x3x4-Matrix der Klassifikation von Rassismuserfahrungen» zufolge – nicht ausschließlich auf Akte erkennbarer Feindseligkeit beschränkt. Rassismus ist für Menschen, die dieser Art von Erfahrung ausgesetzt sind, alltäglich und dadurch allgegenwärtig, weil die rassistische Konstruktion der und des Anderen auf allen Ebenen der hiesigen Gesellschaft als Symbol von Minderwertigkeit gehandelt wird (Kalpaka, 1992).

Rassismuserfahrung kann mit einer Vielzahl von subjektiven Bedeutungen einhergehen: so etwa der Bedeutung, von einer dominant positiven Normalität abzuweichen, der Bedeutung, daß Zugehörigkeit nicht nur verwehrt wird, sondern offen-sichtlich nie möglich sein wird und die Ruhe des «Integriert»- oder Zu-Hause-Seins insofern eine trügerische ist, der Bedeutung, existentiell bedroht zu sein, und der Bedeutung, daß einem oder einer in beschämender Weise Unrecht angetan wird. Folge dessen können kontextspezifische Ängstlichkeiten und soziale Präferenzen, Entscheidungen und Wahlen sein, die auf ethnischen Merkmalen beruhen, wobei Ethnizität als Ressource wie auch als Risiko betrachtet werden muß (Hamburger, 1995). Sie können zu Depressionen, zu übersituativen negativen Selbstverständnissen beitragen (Kampmann, 1994) und auch zu anderen personalen Konsequenzen, die im Rahmen von Stigmatisierungsphänomenen bereits beschrieben sind, wie dem sekundären Stigmagewinn. Auch um einer Pathologisierungsgefahr vorzubeugen, ist auf Entwicklungsmöglichkeiten hinzuweisen, die für Menschen potentiell vorhanden sein können, welche in einem Klima von Rassismus leben und aufgewachsen sind (vgl. Mecheril, 1994). Individuelle Konsequenzen von Rassismuserfahrungen sind Funktion der subjektiven Aneignung von und des subjektiven Umgangs mit Rassismuserfahrungen. Subjekte werden von Erfahrungen nicht schlicht geformt, sondern nehmen Einfluß auf diese, indem sie interpretativ in ein gestaltendes Verhältnis zu den Erfahrungen treten. Doch wird der Interpretationsspielraum von politisch-diskursiv-kulturellen Vorgaben geprägt. Diese sind in der Regel nicht übergehbar: Erst wenn beispielsweise gesetzliche Grundlagen – etwa durch ein Antidiskriminierungsgesetz – vorhanden sind und rassistische Benachteiligungen, Herabwürdigungen und Gewalt anklagbar und damit Rechte einklagbar werden, können sich bei den von Rassismus negativ Betroffenen Bewältigungsformen entfalten, die nicht in der rassistischen Logik verbleiben und diese in Frage stellen.

Literatur

Beckmann, H. (1997). Rassismuserfahrungen von Asylsuchenden. In: P. Mecheril & T. Teo (Hg.), Psychologie und Rassismus (S. 202–221). Reinbek.

Hamburger, F. (1995). Wider die Ethnisierung des Alltags. Neue Praxis 25/3, S. 246–248.

Kalpaka, A. (1992). Rassismus und Antirassismus. In: G. Pommerin-Götze, B. Jehle-Santose & E. Bozikake-Leisch (Hg.), Es geht auch anders! Leben und Lernen in der multikulturellen Gesellschaft (S. 93–101). Frankfurt/M.

Kampmann, B. (1994). Schwarze Deutsche. Lebensrealität und Probleme einer wenig beachteten Minderheit. In: P. Mecheril & T. Teo (Hg.), Andere Deutsche. Zur Lebenssituation von Menschen multiethnischer und multikultureller Herkunft (S. 125–143). Berlin.

Mecheril, P. (1994). «Erfahrung Hautfarbe». Einige Gedanken im Anschluß an die Ausführungen von S. Bonadie-Arning und F. Dalal. Arbeitshefte Gruppenanalyse, 9, 1, S. 10–16.

Paul Mecheril

Rechtliche Rahmenbedingungen psychologischen Handelns

Geschichte

Erst mit Gründung des psychologischen Laboratoriums durch Wilhelm Wundt im Jahre 1879 konnte die Psychologie den Weg zu einer eigenständigen akademischen Disziplin beschreiten. Durch diese Entwicklung wurde für die Psychologie die Voraussetzung geschaffen, ihre Tauglichkeit in beruflichen Anwendungsfeldern mit ihren vielschichtigen rechtlichen Fragestellungen unter Beweis zu stellen. Mittlerweile arbeiten Psychologen in verschiedensten beruflichen Anwendungsbereichen, so im Gesundheitswesen, jeder Art von Betrieben, Behörden, in Schulen und Hochschulen, beim Militär, für Gerichte und im Strafvollzug. Ebenso vielfältig wie die beruflichen Einsatzfelder gestalten sich die rechtlichen Rahmenbedingungen, in denen Psychologen zu arbeiten haben.

Zentrale Rechtsnormen

Bisher gibt es kein eigenständiges allgemeines Berufsrecht für Psychologen. Die vom Berufsverband Deutscher Psychologen (BDP) 1985 vorgelegte ständisch fundierte «Berufsordnung für Psychologen» erwies sich bisher innerhalb der Psychologenschaft als nicht konsensfähig. Auch der deutsche Gesetzgeber wurde in dieser Hinsicht bisher nicht tätig (vgl. Pulverich, 1991; Kühne, 1987). Alle abhängig beschäftigten Psychologen unterliegen den Grundsätzen des allgemeinen Arbeitsrechts. In ihm sind alle Rechtsnormen geregelt, die abhängige Beschäftigung rechtlich konstituieren, z. B. das Tarifrecht, das Arbeitskampfrecht, das Recht der betrieblichen Interessenvertretung, den Arbeitsschutz sowie das Kündigungsschutzrecht u. v. a. m. (vgl. Däubler, 1995).

1. Zeugnisverweigerungsrecht: Psychologen wird nach wie vor ein originäres strafprozessuales Zeugnisverweigerungsrecht vorenthalten, obwohl sie nach § 203 I StGB ebenso zu den schweigepflichtigen Personen gehören wie Ärzte und Geistliche (vgl. Kühne, 1987): «Daß dieser Zustand reformbedürftig ist, liegt auf der Hand, jedenfalls für den Bereich der psychodiagnostischen, beratenden und psychotherapeutischen Tätigkeit als Psychologe erscheint die Einführung eines strafprozessualen Zeugnisverweigerungsrechts zum Schutz des Berufsgeheimnisses unerläßlich» (ebd., S. 45).

2. Dienstaufsicht und Fachaufsicht im öffentlich-rechtlichen Bereich: Hierbei handelt es sich um einen Teil des Direktionsrechts des Vorgesetzten, der nicht Psychologe sein muß. Er ist berechtigt zu bestimmen, wann und ob eines Psychologe arbeitet (Rechtsaufsicht gegenüber einer Person). Sinn dieser Aufsicht ist es, rechtlich zu beurteilen, ob das dienstliche Verhalten des Psychologen in Einklang steht mit den gesetzlichen Vorschriften (vgl. Pulverich, 1991). Im Bereich der Fachaufsicht findet man eine komplizierte und verwirrende Rechtssituation vor: «Fachaufsicht ist zwar nach dem augenblicklichen Stand von Gesetzgebung und Verwaltungslehre auch ohne Fachkompetenz rechtlich ausübbar, ordnungsgemäß kann sie jedoch nicht genannt werden» (Kühne, 1987, S. 246). So fordert Kühne, was für den Arzt selbstverständliche Rechtsrealität ist: «Also muß auch dem ausgebildeten Psychologen ein von Weisungen der Fachaufsicht freier Tätigkeitsbereich bei der Erstellung von Diagnose und therapeutischem Plan zuerkannt werden» (ebd., S. 248).

Heilkunderelevante Rechtsnormen: In Deutschland gibt es nur zwei legale Möglichkeiten zur Ausübung der Heilkunde: Die ärztliche Heilkunde ist durch die Approbationsordnung, die nichtärztliche durch das Heilpraktikergesetz (HPG) geregelt. Somit fällt der psychotherapeutisch-heilkundlich tätige Psychologe unter die Regelungen des HPG: «Einer Erlaubnis nach § 1 Abs. 1 HeilprG bedürfen danach auch nichtärztliche Psychotherapeuten, die selbständig, also in eigener Verantwortung und ohne den Weisungen eines Arztes unterworfen zu sein, Kranke behandeln» (Kühne, 1991, S. 485). Für den Psychologen in freier Praxis ist eine Umgehung des HPG nicht möglich, will er sich nicht strafbar machen. Es gibt allerdings doch zwei Möglichkeiten, die Anwendung nach HPG zu umgehen. Die eine besteht darin, Therapie als Beratung zu definieren (so geschehen in allen psychologischen Beratungsstellen) oder, wie es Träger psychiatrischer Kliniken tun, alle dort auch von Psychologen behandelten Erkrankungen als Erkrankungen zu definieren, die nur in Zusammenarbeit mit einem Arzt behandelt werden dürfen, wobei also der Arzt gegenüber dem behandelnden Psychologen weisungspflichtig und berechtigt ist (vgl. Wollschläger, 1996).

Die vergleichsweise junge Professionalisierungsgeschichte der Psychologie rechtfertigt in keiner Weise ihren durchweg unzureichenden rechtlichen Status. In fast jedem Anwendungsbereich geht der Psychologe mit sensibelsten personenbezogenen Informationen um, die bisher keinen ausreichenden gesetzlichen Schutz erfahren (Zeugnisverweigerungsrecht). Ebenso unbefriedigend stellt sich die Rechtssituation bezüglich der Fachaufsicht dar: Hier kann sich ein Psychologe erst Weisungen eines in der Regel nicht fachkundigen Vorgesetzten widersetzen, wenn diese in ihrer Umsetzung Ordnungswidrigkeiten oder gar Straftatbestände zur Folge hätten. Heilkunderechtlich (HPG) ist der Psychologe einem Berufsstand (Heilpraktiker) zugerechnet, dem er einfach nicht angehört. Entsprechend unpassend sind die abgeleiteten Rechtsnormen. Überfällig ist die Schaffung einer der gewachsenen Rechtsrealität angemessenen Rechtsnorm in allen hier angesprochenen Bereichen. Der Gesetzgeber ist in die Pflicht zu nehmen, ein allgemeines Berufsrecht zu formulieren und dessen Umsetzung und Einhaltung im öffentlichen Interesse zu gewährleisten. In diesem Sinn besteht enormer Nachholbedarf, psychologisches Handeln im Rahmen zutreffender bürgerlichrechtlicher Normen abzusichern (Angleichung der Rechtsnorm an die Rechtsrealität).

Rechtliche Rahmenbedingungen in Österreich

Psychologische Berufe im Bereich des Gesundheitswesens und Psychotherapie sind in Österreich von der Ausbildung und von der Ausübung her seit 1991 in zwei Bundesgesetzen geregelt. Seitdem ist die Führung des Titels «Psychologe» bzw. «Psychologin» an ein abgeschlossenes Psychologiestudium gebunden. Durch das «Psychotherapiegesetz» wurde der Zugang zur Psychotherapie von der Studienrichtung Psychologie an den Universitäten entkoppelt. Die Ausbildung gliedert sich in zwei Teile. Das «Propädeutikum» im Ausmaß von 765 Stunden Theorie und 550 Stunden Praxis stellt dabei das Grundstudium dar. Es wird von Universitäten und anerkannten privaten Ausbildungsträgern angeboten und beinhaltet die Möglichkeit der Anrechnung von Lehrveranstaltungen aus anderen Studienrichtungen. Im «Fachspezifikum» erfolgt die Ausbildung vor dem Hintergrund einer bestimmten, gesetzlich anerkannten psychotherapeutischen Schule. Es umfaßt 300 Stunden Theorie und 1600 Stunden Praxis, wobei letztere aus Lehrtherapie, dem Erwerb praktischer Erfahrungen in einer psychosozialen Einrichtung, eigener psychotherapeutischer Tätigkeit und Supervision besteht. Im sog. Psychologengesetz wurden zudem zwei neue Berufe, die «Klinische Psychologie» und die «Gesundheitspsychologie», definiert und vom Titel her geschützt. Die Erlangung der jeweiligen Berufsbezeichnung ist an eine postgraduelle Weiterbildung gebunden, die einen theoretischen Teil im Umfang von 160 Stunden umfaßt. Diese Lehrgänge werden von den Berufsverbänden und von den Universitäten angeboten. Zudem muß eine praktische Weiterbildung im Ausmaß von 1480 Stunden in dafür anerkannten Einrichtungen erfolgen. Hinzu kommen 120 Stunden verpflichtende Supervision. Für die Exekutierung der beiden Gesetze wurden im Gesundheitsministerium Beiräte eingerichtet (Psychologenbeirat und

Psychotherapiebeirat), die sich aus Vertretern der Berufs- und Ausbildungsverbände, der Universitäten und der sozialpartnerschaftlichen Körperschaften zusammensetzen. Ihre Aufgabe ist u.a. die Führung der Berufslisten oder das Erarbeiten ethischer Richtlinien; sie haben jedoch keine berufsständische Vertretungsbefugnis. Neben den positiven Aspekten der Reglementierung, vor allem der Schaffung von mehr Klarheit für die Konsumenten, bleibt auch einiges kritisch anzumerken: In der Ausbildung wurden «Flaschenhälse» geschaffen. Vor allem für das Fachspezifikum und den praktischen Teil der Weiterbildung in Klinischer bzw. Gesundheitspsychologie (der zudem meist unbezahlt abgeleistet werden muß) übertrifft die Nachfrage das Angebot. Durch das «Psychologengesetz» wurde das Psychologiestudium teilweise entwertet, indem wichtige Studieninhalte in eine postgraduelle Weiterbildung verlagert wurden. Die durch die Reglementierung geschaffene Entkoppelung von Psychotherapie und Klinischer Psychologie ist eine künstliche und in der Praxis ohnehin kaum aufrechtzuerhalten. Anstatt sich als eigenständiger Bereich zu etablieren, fristet die Gesundheitspsychologie nun ein Schattendasein als «Schmalspurvariante» der Klinischen Psychologie.

Literatur

Däubler, W. (1995). Das Arbeitsrecht. 2 Bde. Reinbek.
Kierein, M., Pritz, A. & Sonneck, G. (1991). Psychologengesetz. Psychotherapiegesetz. Kurzkommentar. Wien.
Kühne, H. H. (Hg.). (1987). Berufsrecht für Psychologen. Baden-Baden.
Pulverich, G. (1991). Recht für Psychologen. Bonn.
Schorr, A. (1991). Psychologen im Beruf. Bonn.
Wollschläger, M. (1996). Das Berufsbild des Psychologen in der psychiatrischen Klinik. Tübingen.

Martin Wollschläger / Wolfgang Fürnkranz

Rechtspsychologie

Rechtspsychologie ist ein Gebiet der angewandten Sozialpsychologie und teilt sich in die Bereiche «Psychologie des Rechts», Forensische Psychologie mit dem Schwerpunkt der psychologischen Begutachtung bei Gericht (Kühne, 1990) und Kriminalpsychologie (Schwindt & Blau, 1988). Rechtspsychologie im engeren Sinn beinhaltet Forschungsfragen und -methodik, z.B. die Reform und Evaluation von Gesetzen, psychologische Theorien des Strafverfahrens, richterliche Urteilsbildung,

Kommunikation in der Gerichtsverhandlung und Verfahrensgerechtigkeit und Fairneß in der Justizpraxis (Seitz, 1983).

Die kriminalpsychologischen Aspekte rechtspsychologischer Forschung umfassen die Ursachen der Kriminalität, die Prognose kriminellen und nicht mehr kriminellen Verhaltens und die Wirkung von Strafe und Behandlung. Ihre Bedeutung für Theorie und Praxis liegt in dem Verständnis für Kriminalität und der Weiterentwicklung von Präventionen und Behandlung kriminellen Verhaltens.

Psychologische Begutachtung bei Gericht befaßt sich mit dem Menschen als Subjekt, dessen Individualität es zu erfassen und zu beschreiben gilt. Sie steht im Schnittpunkt zwischen Jurisprudenz und Psychologie und bewegt sich bei einigen Fragen im Grenzbereich zur Medizin, speziell zur Psychosomatik und Psychiatrie. Bei der Begutachtung wird unterschieden zwischen Fragestellungen im Strafverfahren, im Zivilrechtsverfahren und im Sozial-, Arbeits- und Verwaltungsgerichtsverfahren. Den größten Anteil der Begutachtung im Strafverfahren nimmt die Begutachtung des Realitätsgehalts der kindlichen und jugendlichen Zeugenaussage ein. Die Begutachtung der Kriminalprognose vor der (bedingten) Entlassung ist eine Maßnahme der Strafvollstreckung, auf die jeder lebenslang Inhaftierte nach Ablauf von 15 Jahren Haft Anspruch hat. Bei der Begutachtung steht die Spezial-Prävention im Vordergrund, d. h. die Frage danach, inwieweit durch die bisherige Verbüßung der Strafe der Strafzweck bereits erreicht ist und inwieweit verantwortet werden kann zu erproben, ob ein Rückfall auszuschließen ist. Gefragt ist eine psychologische Individualprognose, die aus der klinischen und statistischen Täterprognose kombiniert wird. Bei der Begutachtung im Zivilrechtsverfahren sollen psychologische Gutachten Entscheidungshilfen geben über (1) die Zuteilung der elterlichen Sorge, das Umgangsrecht für den nicht sorgeberechtigten Elternteil, (2) Adoption und Pflegschaft, (3) die zivilrechtliche Verantwortlichkeit, (4) die Geschäftsfähigkeit, (5) die Notwendigkeit der Betreuung, (6) die Testierfähigkeit und (7) die Eidesfähigkeit. Geregelt wird die Zuteilung der elterlichen Sorge nach dem Entscheidungsgrundsatz des «Kindeswohls», der ein zentraler Begriff der familienrechtlichen Dogmatik ist, allerdings keine Legaldefinition erfuhr.

Die Begutachtung im Sozial-, Arbeits- und Verwaltungsgerichtsverfahren bezieht sich auf die Fragestellungen der Fahreignung, der Schullaufbahn, Beratung und der Arbeitsfähigkeit. Zu Beginn des 20. Jahrhunderts gewann die Rechtspsychologie großen Einfluß auf die Begutachtung der kindlichen und jugendlichen Zeugenaussage und nahm Einfluß auf die aktuelle Debatte der Reform der Strafprozeßordnung und die Organisation der Polizei (s. Kühne, 1995). Diese Tradition wurde in der Zeit des Nationalsozialismus unterbrochen. Erst nach dem Zweiten Weltkrieg lebte die Diskussion um die Rolle und den Einfluß der Psychologie wieder auf (Undeutsch, 1967). Heute hat rechtspsychologische Forschung und Praxis in nahezu alle Bereiche des Rechts Eingang gefunden, dennoch besteht ein großer Bedarf an Forschung z. B. in bezug auf die Kriminalprognose von Sexualstraf- und Gewalttätern, die Evaluation von psychologischen Therapien im Maßregelvollzug, verbesserte Darstellung psychologischer Fachkompetenz in Abgrenzung und Ergänzung zu psychiatrischer Tätigkeit und Weiterbildung zur Qualifizierung von psychologischen Sachverständigen.

Literatur

Breidenbach, S. (1993). Mediation – Struktur, Chancen und Risiken und Vermittlung im Konflikt. Köln.
Kühne, A. (1988). Psychologie im Rechtswesen. Psychologische und psychodiagnostische Fragen bei Gericht. Weinheim.
Kühne, A. (1990). Psychologische Begutachtung bei Gericht – Fragestellungen und neuere Aspekte. psychomed, 2. Jg., S. 260–264.
Kühne, A. (1995). William Stern und die Folgen – Konsequenzen und Auswirkungen seiner Forschungen auf die Rechtspolitik. In: K. Pawlik (Hg.), Bericht über den 39. Kongreß der Deutschen Gesellschaft für Psychologie in Hamburg 1994 (S. 662–667). Göttingen.
Schwindt, H.-D. & Blau, G. (1988). Praxis des Strafvollzugs. Berlin.
Seitz, W. (1983). Kriminal- und Rechtspsychologie – ein Handbuch in Schlüsselbegriffen. München.
Undeutsch, U. (1967). Beurteilung der Glaubhaftigkeit der Zeugenaussage. In: Ders. (Hg.), Forensische Psychologie. Handbuch der Psychologie Bd. 11 (S. 26–184). Göttingen.

Adelheid Kühne / Berndt Zuschlag

Reflexpsychologie

Die Begründer der sog. Reflexpsychologie waren die drei russischen Physiologen Setschenow (1829–1905), Bechterew (1857–1927) und Pawlow (1849–1936). Sie hatte einen gewichtigen Einfluß auf die Entwicklung der materialistischen Psychologie sowjetischer Prägung und die Herausbildung des amerikanischen Behaviorismus. Bechterew wollte die gegen Ende des 19. Jahrhunderts vorherrschende strukturalistische Psychologie Wundtscher Prägung durch seine Reflexologie ersetzen. Er nahm die Polemik des Begründers des Behaviorismus Watson (1878–1958) gegen das Bewußtsein als Gegenstand der Psychologie vorweg. Der Gegenstandsbereich seiner Reflexologie beschränkte sich auf den Zusammenhang von äußerer Reizeinwirkung und äußerlich sichtbaren Reaktionen. Er betrachtete die psychischen Prozesse als Epiphänomene physiologischer Prozesse und reduzierte das menschliche Verhalten auf Reflextätigkeit. Bechterew bestritt die eigenständige Qualität psychischer Prozesse und damit die Eigenständigkeit der Psychologie als Wissenschaft. Pawlow unterschied zwischen zwei Arten von Reflexen, den angeborenen unbedingten und den erworbenen bedingten Reflexen. Ihm gelang es, den bedingten Reflex unter experimentellen Bedingungen zu reproduzieren, der die Basis des klassischen Konditionierens bildet. Für Pawlow war der bedingte Reflex nicht nur ein physiologischer, sondern auch ein psychischer Prozeß. Er ermögliche Tier und Mensch, real vorhandene und wechselnde Beziehungen in der Außenwelt widerzuspiegeln und mit entsprechenden Reaktionen darauf zu antworten. Pawlow erweiterte den klassischen Reflexbegriff, indem er die Gehirntätigkeit als vermittelndes Glied zwischen Reiz (S) und Reaktion (R) hervorhob. Demnach reagieren vor allem die Menschen nicht passiv und automatenhaft auf Reize, sondern mit Hilfe ihrer Gehirntätigkeit aktiv. Diese Erweiterung des Reflexbegriffs unterschied ihn vom amerikanischen Behaviorismus (Watson, Skinner u. a.), der den Menschen der äußeren Reizeinwirkung passiv ausgeliefert sah. Der bekannteste sowjetische Psychologe der 50er Jahre, Rubinstein, machte den umstrittenen Versuch, Pawlows Theorie zu integrieren. Er wollte ihre mechanistische Auffassung vom äußeren Anstoß der Reflextätigkeit überwinden und eine dialektisch-materialistische Widerspiegelungstheorie begründen (Rubinstein, 1973). Der russische Psychologe und Begründer der Kulturhistorischen Schule Wygotski (1896–1934) kritisierte bereits 1925 die durch die Reflexologie verursachte Ignoranz gegenüber dem Bewußtsein als eigentlichem Gegenstand der Psychologie. Seine richtige Kritik galt dem Reiz-Reaktions-Schema, da es die neue Qualität menschlichen Verhaltens in Form historischer, sozialer Erfahrungen und der Fähigkeit zur Antizipation nicht fassen konnte (vgl. Wygotski, 1979).

Literatur

Bechterew, W. (1926). Allgemeine Grundlagen der Reflexologie des Menschen. Leipzig/Wien.

Pawlow, I. P. (1954). Sämtliche Werke. Bde I-VI. Berlin (DDR).

Rubinstein, S. L. (1973). Sein und Bewußtsein. Darmstadt.

Setschenow, J. (1863). Physiologische Studien über die Hemmungsmechanismen für die Reflexthätigkeit des Rückenmarks im Gehirne des Frosches. Berlin.

Thielen, M. (1984). Sowjetische Psychologie und Marxismus. Geschichte und Kritik. Frankfurt/New York.

Wygotski, L. S. (1979). Consciousness as a Problem in the Psychology of Behavior. Soviet Psychology, XVII, S. 5–35.

Manfred Thielen

Rehabilitation

Unter dem Begriff Rehabilitation werden alle Maßnahmen zusammengefaßt, die darauf gerichtet sind, Menschen mit körperlichen, seelischen oder geistigen Behinderungen mit Hilfe medizinischer, berufsfördernder und ergänzender Leistungen «möglichst auf Dauer in Arbeit, Beruf und Gesellschaft einzugliedern. Den Behinderten stehen ... diejenigen gleich, denen eine Behinderung droht» (§ 1 Rehabilitationsangleichungsgesetz). Sozialrechtlich wird Behinderung definiert als «die Auswirkung einer nicht nur vorübergehenden Funktionsbeeinträchtigung, die auf einem regelwidrigen körperlichen oder geistigen Zustand beruht. Regelwidrig ist der Zustand, der von dem für das Lebensalter typischen abweicht. Als nicht nur vorübergehend gilt ein Zeitraum von 6 Monaten» (§ 3, Abs. 1 Schwerbehindertengesetz). Aus dieser gesetzlichen Definition begründen sich unabhängig von der Ursache der Behinderung (Finalitätsprinzip) Rechtsansprüche auf unterschiedliche Maßnahmen zur Rehabilitation und zur Prävention drohender Behinderung in jedem Lebensalter. Das System der Rehabilitation in Deutschland ist durch zwei Entwicklungslinien gekennzeichnet. Hier ist zunächst die (Sonder-)Pädagogik zu nennen. Sie konzentriert sich auf die Entwicklungsförderung von Kindern und Jugendlichen mit überwiegend angeborenen körperlichen, geistigen, seelischen, Sinnes- und Mehrfachbehinderungen. Berührungspunkte mit der medizinischen und der psychologischen Rehabilitation ergeben sich hier vor allem im Bereich der Frühförderung (Sozialpädiatrische Zentren und Frühförderstellen; vgl. Speck, 1988). Im Bereich der Kindergarten-, vorschulischen und schulischen Erziehung wurde in Deutschland der umstrittene Weg einer aussondernden Förderung mit dem Argument gezielter und spezialisierter Fördermöglichkeiten in beschützender Umgebung beschritten, der heute durch Integrationsbemühungen ansatzweise korrigiert und praktisch in Frage gestellt wird. Die zweite Entwicklungslinie geht historisch auf die Kriegsopferversorgung nach dem Ersten und Zweiten Weltkrieg zurück und hat ihren Schwerpunkt in der medizinischen und beruflichen Rehabilitation. Hauptsächliche Leistungsträger der Rehabilitation sind die Rentenversicherung und die Bundesanstalt für Arbeit, die Unfallversicherung, die Krankenkassen und die Hauptfürsorgestellen. Berufliche Rehabilitation wird in Berufsbildungswerken und in Berufsförderungswerken sowie in Werkstätten für Behinderte angeboten. Für die Integration am Arbeitsplatz stehen über die Hauptfürsorgestellen vermittelte Fördermöglichkeiten zur Verfügung, die aus der Ausgleichsabgabe von Betrieben finanziert werden, welche die gesetzlich vorgeschriebene Beschäftigungspflicht für Schwerbehinderte nicht erfüllen.

In der Rehabilitation Erwachsener gilt das ökonomisch begründete Prinzip «Rehabilitation vor Rente», das am traditionellen Modell der männlichen Vollzeiterwerbstätigkeit orientiert ist. Daraus erklären sich auch systembedingte Benachteiligungen für dauerhaft auf Assistenz angewiesene schwerst- und mehrfachbehinderte Menschen sowie die Probleme bei der Umsetzung geriatrischer Rehabilitation. Trotz des insgesamt differenzierten Systems der Rehabilitation in Deutschland sind Menschen mit Behinderungen vielfältigen Benachteiligungen in Bildung und Beruf (vgl. Ellger-Rüttgardt, 1990; Niehaus & Montada, 1997) sowie Diskriminierung und Ausgrenzung in der Gesellschaft ausgesetzt (vgl. Heiden, 1996). Die sozialen Benachteiligungen infolge einer Behinderung werden durch Maßnahmen zur Berufsbildung und -förderung und zur sozialen Eingliederung (Wohnen, Freizeit) zu kompensieren versucht. In dieser Perspektive gewinnen psychologische Kompetenzmodelle (vgl. Koch et al., 1988), ganzheitlich und alltagsweltlich orientierte pädagogische Konzeptionen sowie Bemühungen zur Sicherung von Lebensqualität von Menschen mit Behinderungen an Bedeutung, die den behinderten Menschen nicht über seine Behinderung definieren, sondern ihn in seinem gesamten Lebenszusammenhang wahrnehmen. Rehabilitation wird entsprechend zunehmend unter Aspekten lebenslaufbezogener Bewältigung (vgl. Bengel & Wunsch, 1997) im Sinne eines möglichst normalen, möglichst selbständigen und selbstbestimmten Lebens mit der Behinderung bzw. chronischen Krankheit betrachtet. Diese Sichtweise verweist nachdrücklich auf das sog. Normalisierungsprinzip (Thimm, 1984), das sich gegen mentale, professionelle und institutionelle Ausgrenzung und Sonderbehandlung von Menschen mit Behinderungen wendet und demgegenüber für Strategien sozialer Integration unter Beibehaltung der behinderungsbedingten Differenz und Andersheit plädiert (vgl. Zwierlein, 1996). Konzeptionell unterscheidet sich dieser Ansatz («es ist normal, verschieden zu sein», wie es die LEBENSHILFE e.V. formuliert) von normativen Anpassungsstrategien, die vor allem wirtschaftlich verwertbare Leistungen und Kompetenzen nichtbehinderter Menschen als Beurteilungsmaßstab nehmen; institutionell wendet sich das Normalisierungsprizip gegen Besonderung und Hospitalisierung. Besondere Aufgabenfelder für Psychologen in der Rehabilitation liegen neben den traditionellen Aufgaben von Diagnostik und Beratung in der Unterstützung von Bewältigungs- und Anpassungsprozessen, in der Unterstützung von Angehörigen, im interdisziplinären, berufs- und institutionenübergreifenden Rehabilitationsmanagement («Case-management» und Organisation von Assistenz für Menschen mit Behinderung), in der Gesundheitsförderung sowie in den Bereichen Evaluation und Qualitätssicherung in der Rehabilitation.

Literatur

Bengel, J. & Wunsch, A. (1997). Psychologische Behandlung und Hilfen für Behinderte. In: L. v. Rosenstiel, M. Hockel & H. Molt (Hg.), Handbuch der angewandten Psychologie. Landsberg.

Ellger-Rüttgardt, S. (Hg.). (1990). Bildungs- und Sozialpolitik für Behinderte. München / Basel.

Fuchs, M. & Stähler, T. (1994). Schwerbehindertengesetz. München.

Heiden, H.-G. (Hg.). (1996). «Niemand darf wegen seiner Behinderung benachteiligt werden». Grundrecht und Alltag – eine Bestandsaufnahme. Reinbek.

Koch, U. (1981). Aufgaben einer Rehabilitationspsychologie in Lehre, Forschung und Versorgung. Die Rehabilitation, 20, S. 107–113.

Koch, U., Lucius-Hoene, G. & Stegie, R. (Hg.). (1988). Handbuch der Rehabilitationspsychologie. Berlin.

Mühlum & Oppl, H. (Hg.). (1992). Handbuch der Rehabilitation. Neuwied.

Niehaus, M. & Montada, L. (Hg.). Behinderte auf dem Arbeitsmarkt. Frankfurt / M.

Speck, O. (1988). System Heilpädagogik. München / Basel.

Thimm, W. (1984). Das Normalisierungsprinzip. Eine Einführung. Marburg.

Wiedl, K. H. (Hg.). (1986). Rehabilitationspsychologie. Stuttgart.

Zwierlein, E. (Hg.). (1996). Handbuch Ausgrenzung und Integration. Neuwied.

Ernst v. Kardorff

Religionspsychologie

Religionspsychologie beschäftigt sich mit den psychologischen Gesetzmäßigkeiten religiöser Vorstellungen, Empfindungen und Verhaltensweisen. Sie ist ein Teilgebiet der Psychologie bzw. der Religionswissenschaft. Soweit sie sich als empirische Psychologie versteht, hält sie sich an die methodischen Grundsätze der positiven Wissenschaften. Religionspsychologie ist Ende des 19. Jahrhunderts entstanden: in den USA auf empirischer Grundlage Untersuchungen über exzentrische Erscheinungen religiöser Erfahrung (Erleuchtung, Entrückung, Konversion), in Deutschland die Würzburger Schule (Külpe, Bühler, Marbe). Die Theologie entwickelt eine transzendentale religionspsychologische Methode auf dem Hintergrund philosophisch-introspektionistischer Beschreibung religiöser «Erfahrung» (Schleiermacher). Genesis und Struktur kollektiven religiösen Verhaltens untersucht W. Wundt mit völkerpsychologischen Methoden. Die vergleichende Religionswissenschaft deutet phänomenologisch religiöse Erfahrung als universale Ausdrucksform des Menschen (R. Otto, M. Eliade). Die Tiefenpsychologie (Freud, Jung) setzt den Akzent auf die Reflexion unbewußter Prozesse, die sich in religiösen Symbolen krank machend oder stabilisierend ausdrücken. Die Wechselbeziehung von Religionspsychologie und Entwicklungspsychologie tritt in den Arbeiten von Piaget hervor. Religionsbezogene Forschungsthemen sind in der neueren deutschsprachigen Psychologie deutlich weniger vertreten als z. B. in den USA. Gegenwärtig diskutierte Ansätze sind u. a. das ursprünglich von Allport und Ross entwickelte funktional-motivationale religionspsychologische Konzept der intrinsischen und extrinsischen religiösen Orientierung und die daran anschließenden Forschungen. Psychologische Techniken wie Attitüden- und semantische Skalen, Interviews, projektive Tests versuchen, das komplexe psychologische Konstrukt «Religiosität» näher zu bestimmen, z. B. im Zusammenhang entwicklungs- und sozialpsychologischer Untersuchungen der religiösen Einstellungen von Jugendlichen und jungen Erwachsenen. Bekannt geworden sind die Forschungen des Löwener Instituts für Religionspsychologie sowie die Arbeiten des Psychologischen Instituts Frankfurt. Dem gegenüber stehen die Untersuchungen psychopathologischer Formen religiösen Verhaltens (Schuldbewußtsein, zwangsneurotische Religiosität, ekklesiogene Neurosen, psychotische Formen von Mystik). Die psychoanalytische Deutung aberranten Verhaltens spielt in diesem Zusammenhang eine bedeutende Rolle und führt zu einem konstruktiv-kritischen Dialog mit der Pastoralpsychologie. Die Frage, ob und inwieweit religionspsychologische Deutung alter religiöser Texte möglich ist, wird ebenfalls diskutiert (Drewermann).

Literatur

Fraas, H.-J. (1993). Die Religiosität des Menschen. Göttingen.
Holm, N. G. (1990). Einführung in die Religionspsychologie. München / Basel.
Mann, U. (1973). Einführung in die Religionspsychologie. Darmstadt.
Vergote, A. (1970). Religionspsychologie. Freiburg.

Helmut Langel

Resozialisation

Der Begriff Resozialisation als Ziel des Strafzwecks und des Strafvollzugs ist Synonym für ein Programm, das als «Sozialisierung zu Rechtsbewußtsein» (Cornel, 1995, S. 14) umrissen werden kann. Resozialisation deutet somit auf ein Spannungsfeld zwischen Gesellschaft und gesellschaftlichen Anforderungen sowie dem zu re-sozialisierenden Individuum. Die Bezeichnung Resozialisation hat mit Inkrafttreten des Strafvollzugsgesetzes (StVollzG) am 1. 1. 1977 einen zentralen Stellenwert bekommen. Damals hatte der Resozialisierungsgedanke im Strafvollzugsgesetz Vorrang vor allen anderen Überlegungen, wobei unter Resozialisation «die Wiedereingliederung in die Gesellschaft» verstanden wird. Mit dieser Definition ist das Erreichen oder Wiederherstellen eines «durchschnittlichen» gesellschaftlichen Status gemeint, der auch eine Anpassung an informelle und formelle gesellschaftliche Normen beinhaltet. Kriminalität ist nach dieser Sicht z. B. ein Mangel an Sozialisation (vgl. Kette, 1987). Diesen Vorstellungen einer «Re-Sozialisation» begegnen insofern Bedenken, als auch Gefangene in Strafanstalten soziale Normen und Wertvorstellungen bezüglich tragender Rechtsgüter wie Eigentum, Freiheit oder persönliche Unversehrtheit verinnerlicht haben. Ferner ist aus der kriminologischen Forschung bekannt, daß Personen aus den Bereichen der Wirtschaftskriminalität oder des organisierten Verbrechens nicht prinzipiell mit Mängeln der Sozialisation behaftet sind (vgl. Eisenberg, 1991). Von Resozialisation wird immer dann gesprochen, wenn bestimmte Berufsgruppen wie Sozialarbeiter, Psychologen, Pädagogen, Juristen oder das Personal in Polizei, Justiz, Strafvollzug und Bewährungshilfe sich professionell mit sozial auffälligen Menschen befassen. Eine «Re-Sozialisation» gilt als gelungen, wenn der Gefangene im Vollzug der Freiheitsstrafe fähig geworden ist, künftig in sozialer Verantwortung ein Leben ohne Straftaten zu führen. Insbesondere amerikanische Sekundäranalysen von Resozialisierungsprojekten führten zu einer scharfen Kritik der Behandlungsmodelle mit der Folge einer tiefgreifenden Ernüchterung und Umbewertung des Resozialisierungsgedankens (vgl. Winchenbach, 1996). In Deutschland wird seit den 80er Jahren von einer Renaissance der Strafe und einem Niedergang des Resozialisierungsgedankens gesprochen (Kaiser, 1993). Demzufolge wird derzeit erneut die generalpräventive Wirkung der Strafe, die Vergeltung und Sühne oder die resozialisierende Wirkung von Strafe betont (vgl. Northoff, 1996). Im Vollzugsbereich sollen allerdings Resozialisationsangebote möglichst nach dem Prinzip der Selbsthilfe auf der Grundlage strikter Freiwilligkeit ausreichen (vgl. Kunz, 1994).

Literatur

Cornel, H. (1995). Resozialisierung – Klärung des Begriffs, seines Inhalts und seiner Verwendung. In: H. Cornel, B. Maelicke & B. R. Sonnen (Hg.), Handbuch der Resozialisierung (S. 13–53). Baden-Baden.

Eisenberg, U. (1991). Kriminologie, Jugendstrafrecht, Strafvollzug. Fälle und Lösungen zu Grundproblemen. Köln.

Kaiser, G. (1993). Kriminologie. Eine Einführung in die Grundlagen. Heidelberg.

Kette, G. (1987). Rechtspsychologie. Wien.

Kunz, K.-L. (1994). Kriminologie: eine Grundlegung. Bern.

Northoff, R. (1996). Rechtspsychologie. Anwendungsorientierte Grundlagen der Arbeits- und Konfliktbewältigung für Rechtswesen, Sozialwesen, Polizeiwesen. Bonn.

Schneider, H.-J. (1991). Behandlung des Rechtsbrechers in der Strafanstalt und in Freiheit. In: Ders. (Hg.), Die Psychologie des 20. Jahrhunderts. Bd. XIV. Auswirkungen auf die Kriminologie (S. 899–935). Zürich.

Winchenbach, K. (1996). Das Strafvollzugsgesetz – Anspruch und Wirklichkeit. Ein Resümee nach 20 Jahren. psychosozial, 19, Heft 3, S. 7–20.

Rainer Balloff

Ressourcen

Ressourcen sind jene Potentiale, die Subjekte zur Aufrechterhaltung und Entwicklung ihrer Handlungsfähigkeit und der Arbeit an ihrer Identität nutzen können. Tendenziell wird zwischen individuellen und sozialen Ressourcen unterschieden. Unter individuellen Ressourcen können emotionale und kognitive Qualitäten wie Charakter, Temperament, Charisma, Charme, Intellekt, Ambiguitätstoleranz, Autonomie, Lebenserfahrung, Selbstachtung usw. oder Gegebenheiten wie leibliche Verfassung, Aussehen und Sexus gefaßt werden. Sie bewirken die individuelle Varianz der gesellschaftlichen Invarianten, beispielsweise der sozialepidemiologisch beschriebenen Korrelationen zwischen sozialer Schichtzugehörigkeit und psychischer Störung bzw. Belastung. Mit Beginn der 80er Jahre wurde im sozialtherapeutischen Diskurs verstärkt der Fokus von den krisenverursachenden oder -begleitenden Defiziten von Subjekten hin zu ihren möglichen «Bewältigungsressourcen» (Keupp, 1982 a, S. 25) gerichtet. Ziel sozialtherapeutischer Intervention müsse danach vor allem sein, Prozesse zu initiieren, in denen die Betroffenen die Wahrnehmung der Situation sowie eigener Stärken entwickeln und darüber hinaus fähig werden, brachliegende soziale Ressourcen nutzbar zu machen. Die Struktur eines solchen «Empowerments» (vgl. Stark, 1996) offenbart die Wechselwirkung von individuellen und sozialen Ressourcen, die nur in der theoretischen Abstraktion getrennt werden können. Die vermittelnde Struktur zwischen individuellen Ressourcen und sozialen

Ressourcen im weiteren, soziologischem Sinn sind «soziale Netzwerke» (Keupp, 1982b).

Soziale Ressourcen hat am systematischsten der französische Soziologe Pierre Bourdieu konzeptualisiert. Er schreibt Subjekten ökonomisches, kulturelles, soziales und symbolisches Kapital zu. Ökonomisches Kapital ist direkt in Geld «konvertierbar und institutionalisiert über das Eigentumsrecht» (1992, S. 52). Sozialkapital sind «Ressourcen, die auf der Zugehörigkeit zu einer Gruppe beruhen, ... die mit dem Besitz eines dauerhaften Netzes von mehr oder weniger institutionalisierten Beziehungen gegenseitigen Kennens oder Anerkennens verbunden sind ...» Für den Eigner hängt die Ressourcensumme «sowohl von der Ausdehnung des Netzes von Beziehungen ab, die er tatsächlich mobilisieren kann, als auch von dem Umfang des ökonomischen, kulturellen oder symbolischen Kapitals, das diejenigen benutzen, mit denen er in Beziehung steht.» Zur (Re-)Produktion von Sozialkapital ist «unaufhörliche Beziehungsarbeit in Form von ständigen Austauschakten erforderlich, durch die sich gegenseitige Anerkennung immer wieder neu bestätigt» (ebd., S. 67). Netzwerke bündeln die Ressourcen, die die Gruppenmitglieder besitzen, der einzelne kann mit der symbolischen Macht seiner Gruppe, Familie, Clique, seines Clubs usw. auftreten. Kulturelles Kapital wird in drei Formen beschrieben. Zur Akkumulation von *inkorporiertem* Kulturkapital, also zur Verinnerlichung von Fertigkeiten und Haltungen, ist Zeit und Energie vonnöten, die von dessen Träger «persönlich investiert werden» muß (ebd., S. 55). *Objektiviertes* Kulturkapital (Bücher, Tonträger, Kunst) ist zwar schneller transferierbar, es erfordert aber zur Aneignung den gleichen Aufwand wie inkorporiertes Kulturkapital bzw. letzteres selbst. *Institutionalisiertes* Kulturkapital schließlich sind Abschlüsse und Titel, die, einmal erworben, auch ohne Kompetenznachweis des Trägers ihren Effekt erzielen. Symbolisches Kapital bezieht sich auf ökonomisches, soziales und kulturelles Kapital und bildet das Maß ihrer symbolischen Eigenwirkung ab, den aktuellen Kurswert, die als selbstverständlich geltende Anerkennung der Kapitalien (vgl. Schwingel, 1993). Der tatsächliche Wert von Kontakten und Gruppenzugehörigkeit, von Wissen, Bildung, Überzeugungen, Bekenntnissen usw. hängt von den politischen, ideologischen und sozialökonomischen Verhältnissen einer Gesellschaft und ihrem kulturellen Diskurs ab.

Identitätsarbeit von Subjekten, Krisenmanagement und Aufrechterhaltung der Handlungsfähigkeit sind also immer Akte von Ressourcen-Akkumulation, -Verausgabung und von Ressourcen-Transformation der verschiedenen Arten ineinander. Die Komplexität solcher Ressourcen-Transfers ist beobachtbar, wenn Gesellschaften in kurzer Zeit tiefgreifend umstrukturiert werden, wie es beispielsweise in Ostdeutschland nach dem Beitritt zur Bundesrepublik geschah (vgl. Ahbe, 1996).

Die Einwanderung des Ressourcen-Begriffs aus der Ökonomie in die Soziologie (70er Jahre) und die Sozialpsychologie (80er Jahre) und dessen Eignung bei der Rekonstruktion von Identitätsarbeit illustriert die Durchkapitalisierung individueller Entwicklung in der Moderne – das Leben als «marktwirtschaftliche Veranstaltung». Der ressourcenorientierte Blick auf Subjektentwicklung zeigt aber nicht nur von vornherein gesetzte Ungleichheiten, sondern auch Chancen, über Ressourcen-Akkumulation und -Transfers, in eigensinnigen sozialen Netzwerken Kontrolle und Handlungsspielräume für das Leben zurückzugewinnen.

Literatur

Ahbe, T. (1996). Transformation – Identität – Ressourcen. Comparativ – Leipziger Beiträge zu Universalgeschichte und vergleichender Gesellschaftsforschung, 1/96, S. 89–104.

Bourdieu, P. (1992). Die verborgenen Mechanismen der Macht. Schriften zu Politik & Kultur 1. Hamburg.

Keupp, H. (1982 a). Sozialepidemiologie. In: H. Keupp & D. Rerrich (Hg.), Psychosoziale Praxis (S. 23–32). München / Wien / Baltimore.

Keupp, H. (1982 b). Soziale Netzwerke. In: H. Keupp & D. Rerrich (Hg.), Psychosoziale Praxis (S. 43–53). München / Wien / Baltimore.

Schwingel, M. (1993). Analytik der Kämpfe. Hamburg.

Stark, W. (1996). Empowerment. Neue Handlungskompetenzen in der psychosozialen Praxis. Freiburg.

Thomas Ahbe

Rolle / Rollentheorie

Mit dem Begriff der Rolle wird in der sozialwissenschaftlichen Theoriebildung der Versuch unternommen, das reale Spannungsverhältnis zwischen Individuum und Gesellschaft begrifflich darzustellen. Die klassische Ausprägung hat das Rollenkonzept durch T. Parsons (1937; 1968) erhalten. Im strukturfunktionalen Modell ist die Rolle der Schnittpunkt zwischen den Handlungsorientierungen der Akteure, den Erwartungen der anderen und den funktionalen Erfordernissen der Gesellschaft. Insofern die institutionalisierten und normativen Handlungserwartungen einerseits, die Bedürfnisdispositionen der Individuen andererseits modellhaft zusammenfallen, ist normenkonformes Handeln in sozialen Rollen gewährleistet. Das in der Theoriekonstruktion sichtbare Interesse an der gesellschaftlichen Stabilität zeigt sich auf der subjektiven Seite im

Konstrukt eines «übersozialisierten» Individuums (vgl. Habermas, 1973). Nach Dahrendorf (1974) bezeichnet soziale Rolle ein Bündel von normativen Verhaltenserwartungen an den Inhaber einer Position. Dem rollenkonformen Homo sociologicus wird allerdings das mit moralischem und politischem Anspruch auf Freiheit ausgestattete Individuum gegenübergestellt. Mit der Rezeption des symbolischen Interaktionismus (vgl. Mead, 1968) ist eine Handlungstheorie möglich geworden, innerhalb deren die subjektiven Leistungen des Interaktionspartners und dessen Identitätsbildung betont werden. Ausgehend vom Meadschen Grundtheorem der Rollenübernahme (‹role taking› und ‹role making›) werden als Grundfähigkeiten sozialen Handelns Empathie, Ambiguitätstoleranz, Normenflexibilität und Rollendistanz benannt. In bezug auf die interaktiv gebildete Identität steht das Subjekt vor der Aufgabe, das «Aufgehen» in der interaktiv zugeschriebenen Identität mit der Behauptung der persönlichen und unverwechselbaren Identität zu vermitteln und so eine «Identitätsbalance» (Krappmann, 1972) zu entwickeln. Das Rollenkonzept ist in seiner Reichweite insofern beschränkt, als es einerseits der Ergänzung durch psychologische und biographietheoretische Konzepte bedarf. Andererseits bleiben die «langfristigen gesamtgesellschaftlichen Determinanten des Handelns außerhalb der Reichweite des Rollenkonzepts» (Furth, 1991, S. 249).

Literatur

Dahrendorf, R. (1974). Homo Sociologicus. Köln / Opladen.
Furth, P. (1991). Soziale Rolle, Institution und Freiheit. In: H. Kerber & A. Schmieder (Hg.), Soziologie. Ein Grundkurs. Reinbek.
Habermas, J. (1973). Stichworte zur Theorie der Sozialisation. In: J. Habermas, Kultur und Kritik. Frankfurt / M.
Krappmann, L. (1972). Soziologische Dimensionen der Identität. Stuttgart.
Mead, G. H. (1968). Geist, Identität und Gesellschaft aus der Sicht des Sozialbehaviorismus. Frankfurt / M.
Parsons, T. (1937). The structure of Social Action. New York.
Parsons, T. (1968). Sozialstruktur und Persönlichkeit. Frankfurt / M.

Klaus-Dieter Scheer

Schizophrenie

Schizophrenie ist die Umbenennung eines Krankheitskonstrukts. 1899 ordnete der deutsche Psychiater Kraepelin (1856–1926) den Symptomen eines Teils seiner Patienten den diagnostischen Begriff «Dementia praecox» zu. Der Schweizer Eugen Bleuler (1857–1939) verdrängte ab

1911 mit dem Namen «Schizophrenie» – den er im wesentlichen für dasselbe «Patientengut» prägte – die «Dementia praecox». Die beiden Begriffe entstanden durch Beobachtungen in psychiatrischen Anstalten. Heute ist es unbestritten, daß der Aufenthalt in diesen Anstalten schwerwiegende Auswirkungen auf den psychischen Zustand der Betroffenen hat. Kraepelin und Bleuler haben somit in erster Linie den Hospitalismus ihrer Patienten beschrieben (vgl. Rufer, 1991). Die Ansichten darüber, welche Symptomatik als schizophren zu diagnostizieren ist, hat sich seit den 60er Jahren – insbesondere in den USA – wesentlich verändert. Aufschlußreich – doch ohne Folgen – war das bekannte Experiment von David L. Rosenhan, das 1973 publiziert wurde (vgl. Rosenhan, 1981). Die Psychiater von 13 US-amerikanischen psychiatrischen Anstalten waren nicht in der Lage, «Scheinpatienten» von «echten Schizophrenen» zu unterscheiden. Trotz dieser Unklarheiten hat die Psychiatrie die Idee der Vererbung der Schizophrenie nicht aufgegeben, obwohl Zwillings- und Adoptionsstudien, die die Vererbung der Schizophrenie beweisen sollten, wissenschaftlich nicht haltbar sind (vgl. Lewontin et al., 1988). Seit einiger Zeit wird versucht, gentechnologisch die Vererbung der Schizophrenie und der Manie nachzuweisen. Vermeintliche Erfolge dieser Forschungsrichtung erwiesen sich als Fehlschläge. Dennoch wird hektisch weitergeforscht (vgl. Rufer, 1993). Um die Idee der schwer zu beweisenden Vererbung der Schizophrenie zu retten, wurde auf den alten Begriff «Vulnerabilität» (Verletzbarkeit, Verwundbarkeit) zurückgegriffen. Nur unter ungünstigen Lebensumständen würde die vererbte Vulnerabilität zur manifesten Krankheit (vgl. Zubin, 1977). Doch auch Vulnerabilität ist ein hypothetisches Konstrukt. Dazu kommt, daß der Begriff in der Fachliteratur uneinheitlich definiert wird (vgl. Rufer, 1993, S. 151 f).

Die Diagnose Schizophrenie wird heute dann gestellt, wenn eine psychische Störung mindestens sechs Monate andauert und mindestens während eines Monats zwei der folgenden Symptome zu beobachten sind: Wahnphänomene, Halluzinationen, desorganisierte, katatone Symptome wie Erregung, Haltungsstereotypien und negative Symptome, d. h. flacher Affekt, Mutismus oder Willensschwäche (vgl. Sass et al., 1996; Dilling et al., 1991). Zum Verständnis von Wahn, Halluzinationen, katatonem Verhalten usw. braucht es den unklaren psychiatrischen Begriff der Schizophrenie nicht. In der Regression sind, wie im Traum, Kontrollmechanismen außer Kraft gesetzt, was zu einer Wiederbelebung frühkindlicher Erlebnisweisen, Affekte und Erinnerungen führt. Regressionserscheinungen sind immer mit mehr oder weniger deutlichem Realitätsverlust, Orientierungslosigkeit, Wahrnehmungsverzerrung und oft auch mit Angst verbunden. Beispielsweise werden in der Konfrontation mit einem überlegenen Gegner die eigenen Aggressionen mit aller Macht verdrängt, was zunehmende Regression und den Verlust der Realitätskontrolle nach sich zeht. Ichgrenzen werden aufgelöst, innen und außen nicht klar unterschieden, eigene und fremde Gefühle nicht mehr getrennt wahrgenommen (vgl. Erdheim, 1982). Hinweise dafür sind u. a. die Übernahme einer fremden Identität oder das Auftreten von Halluzinationen. Mit anderen Worten ist die Entstehung der Symptome, die der Diagnose Schizophrenie zugeordnet werden, verständlich und nachvollziehbar.

Zudem ist bekannt, daß außergewöhnliche Bewußtseinszustände bzw. veränderte Wachbewußtseinszustände – klinisch nicht zu unterscheiden von der akuten paranoiden Schizophrenie – bei jedem Menschen u. a. durch Reizentzug (sensorische Deprivation), Fasten, Schlafentzug und Hyperventilation auszulösen sind (vgl. Dittrich & Scharfetter, 1987; Simoes, 1994). Die akute Schizophrenie entspricht demnach einer durch die verschiedensten psychischen Belastungen ausgelösten Regression mit ausgefallener Realitätsprüfung bzw. einem außergewöhnlichen Bewußtseinszustand. Die Chronifizierung der Schizophrenie wird wesentlich durch die Zukunftserwartungen der Familie, der Betreuer und des Betroffenen selbst verursacht. Es kommt zur Identifikation mit der sozialen Rolle der Geisteskrankheit (bzw. der Schizophrenie). Zur Chronifizierung trägt auch die Langzeitverordnung der Neuroleptika bei. Mit gutem Grund kann die chronische Schizophrenie als Artefakt bezeichnet werden (vgl. Ciompi, 1980).

Literatur

Ciompi, L. (1980). Ist die chronische Schizophrenie ein Artefakt? – Argumente und Gegenargumente. Fortschr. Neurol. Psychiat., 48, S. 237–248.

Dilling, H., Mombour, W. & Schmidt, M. H. (Hg.). (1991). Internationale Klassifikation psychischer Störungen: ICD-10. Bern.

Dittrich, A. & Scharfetter, C. (Hg.). (1987). Ethnopsychotherapie. Stuttgart.

Erdheim, M. (1982). Die gesellschaftliche Produktion von Unbewußtheit. Frankfurt / M.

Kernberg, O. F. (1978). Borderline-Störungen und pathologischer Narzißmus. Frankfurt / M.

Lewontin, R. C., Rose, S. & Kamin, L. J. (1988). Die Gene sind es nicht ... München / Weinheim.

Rosenhan, D. L. (1981). Gesund in kranker Umgebung. In: P. Watzlawick (Hg.), Die erfundene Wirklichkeit (S. 91–137). München.

Rufer, M. (1993). Verrückte Gene. Psychiatrie im Zeitalter der Gentechnologie. In: K. Kempker & P. Lehmann (Hg.), Statt Psychiatrie (S. 137- 155). Berlin.

Rufer, M. (1991). Wer ist irr? Bern.

Rufer, M. (1998). Psychiatrie – Täter, Opfer, Methoden.
Sass, H., Wittchen, H.-U. & Zaudig, M. (1996). Diagnostisches und Statistisches Manual Psychischer Störungen DSM-IV. Göttingen.
Simoes, M. (1994). Das akute paranoide schizophrene Syndrom und veränderte Wachbewußtseinszustände (VWB): Ein Beitrag zur VWB-Hypothese. In: A. Dittrich, A. Hofmann & H. Leuner (Hg.), Welten des Bewußtseins. Bd. 3. Berlin.
Zubin, J. & Spring, B. (1977). Vulnerability – A new view of schizophrenia. Journal of Abnormal Psychology, 86, S. 103–126.

Marc Rufer

Schmerz

Meist definiert als komplexe Sinneswahrnehmung unterschiedlicher Qualität, durch Störung des Wohlbefindens als lebenswichtiges Frühwarnsystem von Bedeutung, ist Schmerz die sprachliche Negation von Erleidensqualitäten und -formen individueller und gesellschaftlicher Provenienz. Schmerz als gesundheitlich auffälliges Phänomen, gesondert in körperliche und psychische Aspekte, liegt vorrangig in Händen der etablierten Medizin, d. h., eine naturwissenschaftlich, technologisch-pharmakologische Ausrichtung dominiert bei Ursachensuche, Symptomdeutung und therapeutischen Maßnahmen. Bei chronischen Schmerzzuständen soll das Behandlungskonzept idealerweise verschiedene Therapieansätze kombinieren. Medizinische Diagnostik und Therapie zielen international auf Vereinheitlichung und Standardisierung: Schmerzsyndrome werden nach IASP beschrieben und erfaßt – Behandlungsbasis für chronifizierten Schmerz ist die WHO-Stufenleiter (vgl. Strian, 1996). Schmerzen werden durch analogskalierte Fremd- und Selbstbeurteilungsbögen, schmerztopographische Hirnrindenuntersuchungen, neurophysiologische Schmerzmessungen meß- und nachweisbar. Das schmerzensreiche Individuum läuft Gefahr, entmündigt aus der Perspektive wissenschaftlich gestützter Verfahren zu verschwinden. Objektivität suggerierend, bestimmt etwas abstraktes Fremdes von außen über das Ob und Wie des ausnahmslos subjektiv Erleidbaren, den erlebens- und empfindungseigenen inneren Schmerzzustand. Aus psychologischer Sicht ist jede Trennung in psychogenen und organischen Schmerz künstlich (vgl. Uexküll, 1990). Jedoch scheint sondierende Gewichtung der zum Schmerz beitragenden sozialen, psychischen und somatischen Faktoren aus diagnostischen und therapeutischen Gründen unerläßlich. So wird auch hier das Individuum uniform im computergestützten Test, ICD-10-klassifiziert, abrechenbar. Der individuelle psychosoziale Faktor geriert zum (verhaltens-)therapeutisch geleiteten Passungsversuch, verschleiert so die Beziehung von persönlichem Schmerzerleben zu gesellschaftlich normbildenden Mustern, Zwängen und (latenter) Gewalt, verortet in einem spezifisch kulturhistorischen Kontext (Morris, 1996). Trotz Anwendung der umfangreichen Erkenntnisse biochemischer und neurophysiologischer Forschung in Kombination mit psychotherapeutischen Verfahren resistiert der Schmerz und durchsetzt die Gesellschaft. Chronische Schmerzerkrankungen nehmen epidemische Ausmaße an: ca. fünf Millionen Deutsche leiden dauernd oder rezidivierend: «Iatrogenesis» nennt dies Illich (1995). Ein Problem, das enorme soziale und finanzielle Auswirkungen zeitigt und damit auch von volkswirtschaftlichem und wissenschaftlichem Interesse ist.

Literatur

Illich, I. (1995). Die Nemesis der Medizin. München.
Morris, D. B. (1996). Geschichte des Schmerzes. Frankfurt/M.
Strian, F. (1996). Schmerz: Ursachen – Symptome – Therapien. München.
Uexküll, T. v. (Hg.). (1990). Psychosomatische Medizin. Wien/Baltimore.

Ingeborg Behr

Schmerzerleben

«Schmerz ist ein unangenehmes Sinnes- und Gefühlserlebnis, das mit aktueller oder potentieller Gewebsschädigung verknüpft ist oder mit Begriffen einer solchen Schädigung beschrieben wird» (Basler et al., 1993, S. 1). Demnach hat Schmerz einen motivational-emotionalen Aspekt im Sinne von Vermeidung (vgl. Birbaumer & Schmidt, 1996). Schmerzwahrnehmung geht über reine Reizwahrnehmung hinaus und bedarf nicht der organischen Auslösung. Die Definition beschränkt sich auf das Schmerzerleben unter Vernachlässigung des Schmerzverhaltens; sie unterscheidet nicht zwischen akutem und chronischem Schmerz. Dem Akutschmerz wird eine Warnfunktion zur Sicherstellung der körperlichen Unversehrtheit des Organismus zugeschrieben. Seine Dauer erstreckt sich über Sekunden bis Wochen. In der Regel ist er an erkennbare Auslösebedingungen gekoppelt. Für den chronischen Schmerz wird eine Dauer von mindestens sechs Monaten angenommen. Ihn kennzeichnen folgende Merkmale: mehrere erfolglose, insbesondere kausale Behandlungsversuche; Verselbständigung als eigenständiges Krankheitssyndrom; deutliche Beeinträchtigung auf den drei schmerzrelevanten Ebenen: subjektiv-psychologisch, motorisches Verhalten, physiologisch-biologisch. Eine Unterscheidung zwischen organischem und psychogenem Schmerz ist obsolet. Schmerz wird am besten durch die Spezifitätstheorie erklärt. Danach handelt es sich beim Schmerzerleben um die Erregung spezieller hochschwelliger Nozizeptoren, deren Signale über spezialisierte Leitungsbahnen an das Zentralnervensystem weitergeleitet und dort verarbeitet werden. Im Schmerzgedächtnis erfolgt eine Speicherung sowohl von Schmerzreizen als auch von deren kognitiv-emotionalen Aspekten. Der Zugang zu den Inhalten des Schmerzgedächtnisses erfolgt über Kontext- sowie semantische Bedingungen (Sprache) und wird durch zustandsabhängiges Lernen erleichtert. Lernprozesse sind auf allen Ebenen des Schmerzgeschehens beteiligt. Konditionierungen sind an der Steuerung der Schmerzhemmung (endogene Opiate) beteiligt sowie an der Chronifizierung von Schmerzen und an der Entwicklung einer Schmerzmittelabhängigkeit. Die psychologische Bewältigung chronischer Schmerzen zielt u. a. auf die Gewinnung von Kompetenz- und Kontrollüberzeugung mit Methoden der Muskelentspannung, Biofeedback sowie lernpsychologischen Verfahren.

Literatur

Basler, H. D. et al. (Hg.). (1993). Psychologische Schmerztherapie. Berlin.
Birbaumer, N. & Schmidt, R. F. (1996). Biologische Psychologie. Berlin.

J.-W. Schmereim

Schulpsychologie

Die Themen der Bundeskonferenzen der Sektion Schulpsychologie des Berufsverbandes Deutscher Psychologen – «Probleme der Leistungsmessung» (1974), «Erziehung in der Schule – eine Herausforderung für die Schulpsychologie» (1985) und «Schulentwicklungspsychologie» (1996) – zeigen den Rahmen an, in dem Schulpsychologie steht bzw. sich entwickelt. Sie ringt heute innerhalb der rasanten gesellschaftlichen Veränderungen, die sich in Analysen zur Schulreform und Schulentwicklungsplänen, -entwürfen und Projekten unter den Stichworten «Schule anders denken» (Hentig, 1993), «Schule neu gestalten», «Schule von morgen» (Struck, 1997), «Öffnung von Schule» in vielfältigen Differenzierungen niederschlagen, um neue Aufgabenfelder. Tat sich die Schulpsychologie noch in den 70er und 80er Jahren schwer, von der eindimensionalen Etikettierung durch die Einzelfallhilfe zu einer systemischen Betrachtungsweise von Schule, Lern- und Verhaltensschwierigkeiten zu gelangen, so sieht sie sich in den 90er Jahren vor vielfältige neue Probleme und Auseinandersetzungen gestellt. Zu den traditionellen und keineswegs gelösten Aufgaben und Problemfeldern («Beratung in der Schule», Lehrer-Schüler-Interaktionen, «Beratung» bei partieller Minderleistung wie Lese-Rechtschreibschwäche, Schwankungen in der Konzentrationsfähigkeit, Sozialkonflikten oder Schulstreß, «Bildungslaufbahnberatung»; vgl. Hensel, 1993) kommen neue hinzu: Schulbegleitforschung (vgl. Eberwein & Mand, 1995), Methoden zur Bereitstellung von Schul- und Organisationsentwicklung (Dalin et al., 1996), Supervisionsaufgaben für Lehrer, Gewaltprävention (Büttner & Meyer, 1991), neue Wege der Leistungsbeurteilung und des Lernens (vgl. Klippert, 1995; Arnold, 1996), Computerisierung des Unterrichts durch Lernsoftware und Entwicklung von Medienkompetenz, Hochbegabtenförderung usw. Die gesellschaftliche Funktion der Schulpsychologie schwankt zwischen der Selektion als Optimierung schulischer Zuweisungsprozesse für höhere Schultypen, Sonderschulen und Leistungsgruppen und den Angeboten zur Förderung von Chancengleichheit sozial benachteiligter Gruppen. Ferner bietet sie sich an, in Notfällen Konflikte zu reduzieren und Schule reibungsloser zu machen, aber auch Lernwiderstände fruchtbar zu machen, die Subjekte zu stärken und der Entsubjektivierung von Individuen in der Schule entgegenzuwirken (Mietz, 1997). Insofern ist es nicht verwunderlich, daß staatliche Stellen die Schulpsychologie auf die traditionellen Aufgabenfelder zur Effektivierung von Steuerung des Schulablaufs reduzieren möchten. In der Praxis sind Grenzüberschreitungen aber schon durchgeführt, z. B. in der Kooperation verschiedener Berufsgruppen; in Form von Supervisionen und Institutionsanalysen; in der Mitarbeit in Schulprojekten usw. Die notwendigen Auseinandersetzungen und auch der keineswegs gefestigte Stellenwert der Funktion von Schulpsychologie in unserer Gesellschaft werden sich dort zeigen, wo die Schulpsychologie gegen Tendenzen auftritt, Organisationsberatung und Veränderung aus rein zweckrationalen Begründungen heraus zu interpretieren und die subjektive Seite der Entwicklungsprozesse zu übersehen. Die Subjekte (Schüler, Lehrer, Eltern) werden nicht mehr für die Organisation «bearbeitet» und verfügbar gemacht, sondern sollen zunehmend über sie verfügen können.

Literatur

Arnold, R. (Hg.). (1996). Lebendiges Lernen. Hohengehren.
Büttner, C. & Meyer, E. W. (1991). Rambo im Klassenzimmer. Wie Lehrer sich der Video-Faszination ihrer Schüler annähern können. Weinheim.

Dalin, P., Rolff, H.-G. & Buchen, H. (1996). Institutioneller Schulentwicklungsprozeß. Bönen.
Eberwein, H. & Mand, J. (Hg.). (1995). Forschen für die Schulpraxis. Was Lehrer über Erkenntnisse qualitativer Sozialforschung wissen sollten. Weinheim.
Hensel, H. (1993). Die Neuen Kinder und die Erosion der Alten Schule. Eine pädagogische Streitschrift. Bönen.
Hentig, H. (1993). Die Schule neu denken. München.
Klippert, H. (1995). Methoden-Training. Übungsbausteine für den Unterricht. Weinheim.
Köck, P. (1991). Praxis der Unterrichtsgestaltung und des Schullebens. Donauwörth.
Mietz, J. (1997). Schulentwicklung light? Schulpsychologische Beiträge zur Schulentwicklung. Neue Deutsche Schule, 49. Jg., S. 14–15.
Struck, P. (1997). Erziehung von gestern – Schüler von heute – Schule von morgen. München.

Hans Hermsen

Schulreife

Das Konstrukt Schulreife hat seit etwa 1990 nur noch museale Bedeutung. Es wurde ab etwa 1950 operational definiert durch eine Reihe von Handlungen und Fähigkeiten, die ein später erfolgreiches Kind bei Schuleintritt zu erbringen habe. Das waren besonders: Bereitschaft zur sozialen Ein- oder Unterordnung, Fähigkeit, mehrteilige Anweisungen auszuführen, Farb- und Formdiskriminierung in der visuellen Wahrnehmung, spontane Mengenauffassung (Mengenbilder bis etwa 8; Relationen wie mehr und weniger etc.) sowie feinmotorische Fertigkeiten. Die der Schulreife-Diagnostik folgende Entscheidungsstrategie war rein selektiv, das heißt, Kinder wurden ins erste Schuljahr aufgenommen oder abgewiesen. Die Behandlung fehlender Schulreife kann man nur als unspezifische Breitbandmaßnahme bewerten, auch wenn – regional unterschiedlich – Zurückgewiesene in Schulkindergärten aufgenommen wurden. In den 70er Jahren wurden standardisierte Testverfahren veröffentlicht, die prognostische Validitäten beanspruchten. Diese konnten in Hinblick auf den gesamten Jahrgang als noch hinreichend bewertet werden. Jedoch übertraf eine Zurückweisung selten die prognostische Qualität einer Zufallsentscheidung: Viele Kinder besuchten erfolgreich die Schule, obwohl sie das diagnostische Einschulungskriterium verfehlt hatten. Als Vater der Schulreife-Diagnostik gilt Artur Kern (1951), der glaubte, das Sitzenbleiber-Elend in den Schulen lösen zu können durch einjährige Zurückstellung vom Schuleintritt (Abwarten der «notwendigen Reifelage», «einjährige Nachreifung»). Der entscheidende Denkfehler der Befürworter von Schulreife-Diagnostik war die Annahme, der Erwerb von Schulreife sei lern- oder erfahrungsunabhängig und die Schuleingangsforderungen seien objektiv von allgemeinen und natürlichen Reifeprozessen abzuleiten. Die Diagnostik hatte die Aufgabe zu prüfen, ob die aktuelle Entwicklungsstufe eines konkreten Kindes ausreiche, so daß es die angeblich objektiv existierenden Klippen des Schuleingangs überwinden könne. Die vergebliche Suche nach den Elementen oder Atomen des Lernens, d.h. nach differentiell diagnostizier- und behandelbaren Lernvoraussetzungen, erschütterten das Konstrukt Schulreife von der Lerntheorie her. Schulpolitische Entscheidungen, den gesamten Jahrgang – auch unter Einschluß behinderter Kinder – gemeinsam, wenngleich differenziert zu beschulen, machten den Bedarf an Schulreife-Diagnostik praktisch überflüssig. So ist das Konstrukt Schulreife ein klassisches Beispiel dafür, wie ein gesellschaftlich organisierter Sachverhalt (d.h. die damalige Schulorganisation) zur Definition eines scheinbar naturgegebenen psychologischen Konstruktes führte.

Literatur

Kern, A. (1951). Sitzenbleiberelend und Schulreife. Freiburg.
Krapp, A. & Mandl, H. (1971). Schulreifetests und Schulerfolg. München.
Krapp, A. & Mandl, H. (1977). Einschulungsdiagnostik. Weinheim / Basel.
Mandl, H. & Krapp, A. (Hg.). (1978). Schuleingangsdiagnose. Neue Modelle, Annahmen und Befunde. Göttingen.
Schwarzer, C. (1980). Gestörte Lernprozesse. München.

Ulrich U. Hermann

Seele

Der sprachliche Zusammenhang von «Seele» und «See» ist laut Kluge (1975) darauf zurückzuführen, daß bestimmte Seen den Germanen «als Aufenthaltsorte der Seelen vor der Geburt und nach dem Tode» (ebd., S. 697) galten. Wir können der Seele zwei Bedeutungsqualitäten zuordnen: einmal das Unbegrenzte und Unruhige, das ständig in Bewegung ist (wie die See, das Meer); zum anderen etwas Eingegrenztes, Feststehendes, das in sich ruht und unbewegt ist (wie der See). Verwiesen sei hier auf Goethes Gedicht «Gesang der Geister über den Wassern», das zu seinen bekanntesten zählt, in dem es heißt: «Seele des Menschen – Wie gleichst du dem Wasser!» Wie sich im Wasser der Himmel spiegelt, spiegelt sich der Leib in seiner Seele und umgekehrt – so auf die ursprüngliche Wesenseinheit von Leib und Seele verweisend. Im Gegensatz dazu herrscht im Mittelmeerraum bis zur Zeit der Christianisierung die Vorstellung von der Seele als einem beschwingten Wesen vor, das unstete und flatterhafte Züge aufweist, weshalb sie oft als Schmetterling dargestellt wird. Das Luftige, der Atem, der Hauch ist eine der Hauptbedeutungen des griechischen Wortes «psyche». Diese Bedeutung fächert sich in die beiden lateinischen Wörter «anima» und «spiritus» auf. Hat bei Homer «psyche» noch die Bedeutung von «Seele» und «Leben» im allgemeinen, so findet bei den ersten griechischen Denkern eine Umwertung statt. Parmenides und Anaxagoras weisen dem «nus», dem menschlichen Verstand / Geist, den entscheidenden Stellenwert zu. Heraklit setzt den «logos, der das All verwaltet», als oberstes Lebensprinzip. Endgültig auf den Begriff bringt Platon die Seele: Sie ist das Eine, Ungeteilte, Unsterbliche, weil sie sich selbst bewegt. Alles Sich-selber-Bewegende aber ist unsterblich. Anders der Körper, dem die Bewegung von außen (der Seele) zukommt und der deshalb vergänglich ist (vgl. Platon, 1979, S. 42). Damit beginnt der lange Weg des abendländischen Denkens, das die leiblich-seelische Einheit der Welt aufspaltet in den konstruierten Gegensatz von Geist und Materie. Daß die Wirklichkeit der Seele eine ganz andere ist, wird uns Ende des 20. Jahrhunderts an Nietzsches «Jenseits von Gut und Böse» (Nietzsche, 1976) zunehmend bewußt (vgl. Gebser, 1973).

Literatur

Gebser, J. (1973). Ursprung und Gegenwart. München.

Kluge, F. (1975). Etymologisches Wörterbuch der deutschen Sprache. Berlin / New York.

Nietzsche, F. (1976). Jenseits von Gut und Böse. Stuttgart.

Platon (1979). Phaidros. Stuttgart.

Wolfgang Deubelius

Selbsthilfe

Selbsthilfe hat sich als neue Form und als Gegenbewegung zum stationären Ansatz im Rahmen der Sozialen Arbeit in den 70er Jahren entwickelt. Problematisch scheint, daß Selbsthilfe und sein «Laienpotential» zu Beginn aufgrund der sog. Finanzierungskrise bei gesundheitlichen und sozialen Dienstleitungen als neue, preisgünstige Ressource bewertet wurde. Eine fachliche Anerkennung von Selbsthilfe erfolgte erst Anfang der 80er Jahre (vgl. Thiel, 1993, S. 202 ff).

Heute hat die Selbsthilfebewegung in Deutschland eine weite Verbreitung gefunden, egal, ob auf dem Land oder in der Stadt. So gibt es beispielsweise im Jahr 1997 in München ca. 1300 Selbsthilfegruppen. Sie haben sich in nahezu allen denkbaren medizinischen und psychosozialen Versorgungsbereichen herausgebildet und helfen bei der Bewältigung psychischer (z. B. Lebenskrisen, Partnerprobleme) und physischer Probleme (z. B. chronische Krankheiten oder Bewältigung von Folgen medizinischer Eingriffe) sowie sozialen Problemlagen (z. B. Frauengruppen, Angehörigengruppen). Koordinierung und Vermittlung von Initiativen erfolgt durch Brückeninstanzen wie Selbsthilfe-Kontaktstellen und Selbsthilfezentren.

Selbsthilfegruppen sind damit mittlerweile in Deutschland neben den Angeboten der öffentlichen und der freien Träger drittes Standbein und fester Bestandteil der Versorgung im Sozial- und Gesundheitsbereich. Sie stehen immer weniger in Konkurrenz – wie das in den 80er Jahren der Fall war – zu den anderen Angeboten, sondern stellen eine gleichberechtigte Hilfeform dar. Dabei haben sie ihre eigene Qualität entwickelt und sich der durchaus bestehenden Gefahr entzogen, als billiger Ersatz für staatliche Lücken der Versorgung zu fungieren.

Selbsthilfe ist ein Sammelbegriff, mit dem unterschiedliche Formen zusammengefaßt werden (vgl. Runge et al., 1993, S. 41 ff): (1) direkte, gegenseitige Hilfe und Unterstützung (z. B. in Form von Nachbarschaftshilfe); (2) sozialtherapeutische, themenbezogene Gesprächsgruppen (Selbsthilfegruppen). Selbsthilfegruppen sind an sich meist wenig politisch und verstehen sich als Ergänzung zu den Angeboten der medizinischen Versorgung. Sie kritisieren zwar das ärztliche Versorgungssystem, stellen aber zumeist das professionelle System nicht grundsätzlich in Frage. Sie wirkten sich dennoch politisch aus, da durch Selbsthilfegruppen Herrschaftswissen (z. B. medizinisches Wissen der Ärzte) den Betroffenen zur Unterstützung eigener Entscheidungen verfügbar wird. Aus Selbsthilfegruppen (v. a. im Bereich chronischer Krankheiten, z. B. Tinnitus- oder Rheuma-Liga) haben sich in den letzten Jahren Interessenverbände zu bestimmten Themen entwickelt, die sich durch eine verstärkte Öffentlichkeitsarbeit erfolgreich um (gesundheits-)politischen Einfluß bemühen und dazu Gesundheitsthemen in den öffentlichen Diskurs einbringen. Ein gutes Beispiel dafür ist, wie sich die Öffentlichkeit für das Gesundheitsproblem Osteoporose in den letzten Jahren interessierte; (3) Soziale Selbsthilfe, die Aktivitäten von Gruppen entspricht, welche einem größeren Kreis von Betroffenen (zu dem sie meist selbst gehören) helfen wollen (z. B. Bürgerinitiativen). Explizites Ziel ist, sich nicht auf das Handeln des Staates zu verlassen, sondern selbst Abhilfe zu schaffen oder sozio-kulturelle Alternativen für sich und andere zu realisieren. Diese Gruppen vertreten einen explizit politischen Anspruch mit Veränderungspraxis.

Gemeinsame Eigenschaften der verschiedenen Formen von Selbsthilfe sind Autonomie, Solidarität (Sozialengagement), Betroffenheit, Freiwilligkeit und das Prinzip der Selbstorganisation. Selbsthilfe dient der Erhöhung und Stärkung der Eigeninitiative von Personen und Gruppen, was ein Potential gegenseitiger Unterstützung und konkreter Hilfe hervorbringt. Die Kraft und das Empowerment entwickeln sich durch Verknüpfung von Eigennutz und Gruppenfortschritt. Selbstorganisierte Gruppen sind damit Lernfeld und Unterstützungszusammenhang zugleich und bilden damit politische und soziale Netzwerke. Als aktuelle Tendenz zeigt sich eine verstärkte Kooperation von Profis und Selbsthilfegruppen – durchaus aus unterschiedlichen Motivationen. Kooperation mit Selbsthilfegruppen ist für Profis in Zeiten des Abbaus sozialer Leistungen eine Möglichkeit, die eigene professionelle Position zu stärken. Dies verlangt von den Professionellen, sich vom bestehenden Defizit-Blickwinkel (d. h. vom medizinischen Modell) zu verabschieden und stärker an den Kompetenzen, Ressourcen und Stärken der Nutzer anzusetzen.

Literatur

Engelhardt, H. D., Simeth, A. & Stark, W. (1995). Was Selbsthilfe leistet. Ökonomische Wirkungen und sozialpolitische Bewertung. Freiburg.

Runge, B. & Vilmar, F. (1993). Was Soziale Selbsthilfe ist. Vielgestalt und wachsende Bedeutung. In: C. W. Müller (Hg.), SelbstHilfe (S. 41–62). Weinheim / Basel.

Thiel, W. (1993). Erfahrungen beim Aufbau und der Entwicklung lokaler Selbsthilfegruppen-Kontaktstellen. In: C. W. Müller (Hg.), SelbstHilfe (S. 202–218). Weinheim / Basel.

Sabine Pankofer

Selbstmanagement

Die Konzeption der Selbstregulation menschlichen Verhaltens wurde aus dem Stimulus-Organismus-Reaktions-Konsequenzen-Modell entwickelt. In diesem Modell wurde insbesondere der Komplex der Organismus-Variablen um psychologische Dimensionen (kognitive Funktionen) ergänzt, so daß das biopsychische System sich zumindest teilweise von Umwelteinflüssen unabhängig machen konnte. Eine umfassende Darstellung des Selbstregulations-Modells findet sich in Kanfer et al. (1996), die mit diesem Ansatz auch eine umfassende Therapiekonzeption verbinden.

Das Selbstregulationssystem tritt an die Stelle der Organismus-Variablen und umfaßt die Schritte der Selbstbeobachtung, der Selbstbewertung und der Selbstverstärkung. Zentral ist im Bereich der Selbstbewertung der Vergleich zwischen «Leistung» und «Leistungsstandards», womit eine leistungsorientierte Begrifflichkeit und implizit ein entsprechend nahe an einer calvinistischen Ethik liegendes Menschenbild eingeführt wird (Aktivität, Erfolg, Willensstärke). *Selbstregulation* meint «die Tatsache, daß eine Person ihr eigenes Verhalten im Hinblick auf selbstgesetzte Ziele steuert, (wobei) die Regulation ... durch eine Modifikation des Verhaltens selbst oder durch eine Einflußnahme auf die Bedingungen des Verhaltens» erfolgt (ebd., 1996, S. 33), und setzt ein, wenn ein gewohnter Verhaltensfluß unterbrochen wird. Handlungsroutinen sollten dann überprüft werden, mit anderen Worten: automatisierte sollte in kontrollierte Informationsverarbeitung übergehen, wobei insbesondere die sog. β-Variablen (kognitive Prozesse, z. B. Denken, Erinnern, Bewerten, Planen) eine große Rolle spielen. Neben β-Variablen enthält das System-Modell noch α-Variablen (beobachtbares Verhalten, externe Umgebungsbedingungen) und γ-Variablen (biologische Prozesse und darauf wirkende Substanzen). Verhalten und Verhaltenskonsequenzen lassen sich auf diesen drei Ebenen beschreiben. *Selbstkontrolle* wird als Spezialfall von Selbstregulation eingeführt und tritt (eventuell) dann ein, wenn die Verhaltensalternativen für die Person konflikthaft sind (z. B. wenn es gilt, einer Versuchung zu widerstehen oder eine aversive Situation zu ertragen). Weder der Begriff der Autonomie noch der Begriff der Selbstregulation werden bei Kanfer et al. als genuine Systemqualitäten eingeführt, was sie in lebenden, also selbstherstellenden und selbsterhaltenden Systemen eigentlich sein müßten. Autonomie wird vielmehr als Ziel der Selbstmanagement-Therapie vorgestellt, d. h. in einem psychologischen Sinn und nicht als grundlegendes Merkmal lebender Systeme verstanden. So ist denn «Selbstregulation» keine Funktion rekursiver Systemstrukturen, sondern steht eher für eine innere kognitive Instanz, für eine Art «Steuerungszentrale». Die Frage nach dem «Selbst» der Selbstregulation bleibt ungeklärt und der Mechanismus (nach dem Vorbild der TOTE-Einheiten von Miller et al., 1973) einem kybernetischen Ist-Soll-Abgleich verhaftet. Solange die Frage der Sollwertentwicklung bzw. der Entwicklung von Leistungsstandards nicht aus der Systemdynamik selbst heraus eine Antwort finden kann (Haken, 1993), ist eine Nähe zu Homunkulus-Theorien nicht von der Hand zu weisen: Normen, Werte, Ziele bleiben extern eingeführte «Ordner» des Verhaltens. Die von Kanfer et al. beschriebene Selbstmanagement-Therapie umfaßt eine

Vielzahl von Einzelschritten und Techniken (z. B. der Verhaltensanalyse, der Zielklärung, der Interventionsplanung). Therapie wird dabei als interaktives Problemlösen verstanden. Wesentlich sind die aktive Beteiligung, die wahrgenommene Kontrolle und die Selbstverantwortung des Klienten sowie die Ziel- und Zukunftsorientierung im therapeutischen Prozeß.

Literatur

Haken, H. (1992). Synergetics in Psychology. In: W. Tschacher, G. Schiepek & E. J. Brunner (Hg.), Self-Organization and Clinical Psychology (S. 32–54). Berlin.
Haken, H. (1993). Synergetik – oder: Wer steuert den Steuermann? In: G. Schiepek & H. Spörkel (Hg.), Verhaltensmedizin als angewandte Systemwissenschaft (S. 21–35). Bergheim bei Salzburg.
Kanfer, F. H. (1970). Self-Regulation: Research, Issues, and Speculations. In: C. Neuringer & J. L. Michael (Hg.), Behavior Modification in Clinical Psychology (S. 178–220). New York.
Kanfer, F. H. (1975). Self-Management Methods. In: F. H. Kanfer & A. P. Goldstein (Hg.), Helping People Change. A Textbook of Methods (S. 309–356). New York.
Kanfer, F. H. (1987). Selbstregulation und Verhalten. In: H. Heckhausen, P. M. Gollwitzer & F. E. Weinert (Hg.), Jenseits des Rubikon: Der Wille in den Humanwissenschaften (S. 286–299). Berlin.
Kanfer, F. H., Reinecker, H. & Schmelzer, D. (1996). Selbstmanagement-Therapie. Berlin.
Kanfer, F. H. & Saslow, G. (1965). Behavior Analysis: An Alternative to Diagnostic Classification. Archives of General Psychiatry, 12, S. 529–538.
Miller, G. A., Galanter, E. & Pribram, K. H. (1973). Strategien des Handelns. Stuttgart.
Miller, J. G. (1978). Living Systems. New York.

Günter Schiepek

Selbstorganisation

Die psychologische Forschung hat in den letzten Jahren deutlich gemacht, welch zentrale Bedeutung selbstorganisierten Prozessen für physiologische und psychologische Funktionen zukommt (z. B. Tschacher, Schiepek & Brunner, 1992; Schiepek & Tschacher, 1997). Die motorische Koordination etwa wurde als spontane Ordnungsbildung in hochkomplexen Zellsystemen (bestehend aus Nerven-, Muskel- und anderen Zelltypen) beschrieben und empirisch untersucht (Kelso, 1995; Haken, 1996). Im Bereich der visuellen Wahrnehmung belegen zahlreiche Experimente (z. B. mit mehrdeutigem Stimulusmaterial), wie ausgeprägt die strukturbildenden Aktivitäten des kognitiv-affektiven Systems im Wahrnehmungsprozeß sind – und setzen damit die Tradition der Gestaltpsychologie fort (Stadler, Kruse & Strüber, 1997). Auch im Bereich der Psychotherapie eröffnen Modelle des selbstorganisierten Ordnungswandels affektiv-kognitiver und interaktioneller Strukturen neue praktische wie wissenschaftliche Möglichkeiten (Schiepek et al., 1997; Kowalik et al., 1997).

Die zentrale Idee des Prinzips «Selbstorganisation» besteht darin, daß die Wechselwirkungen zwischen den Elementen eines Systems zu einem kohärenten Verhaltensmuster bzw. einer Ordnungsstruktur führen, die ihrerseits die Verhaltensmöglichkeiten der Elemente im Sinne des sich herausbildenden Musters einschränkt. Es besteht also ein kreiskausales Zusammenspiel nicht nur zwischen den Elementen eines Systems, sondern auch zwischen Bottom-up- und Top-down-Prozessen: Das System erzeugt seine eigenen Verhaltensvorgaben. Wissenschaftlich bedeutsam ist an diesem Prinzip, daß es Antwort gibt auf eine wichtige Frage: «Wer steuert den Steuermann?» Diese Frage ist deshalb so wichtig, weil die Psychologie ohne eine vernünftige Antwort darauf im Stadium von Homunkulus-Theorien steckenbleiben würde. In klassischen Regelkreismodellen (z. B. dem TOTE- oder dem Selbstregulationskonzept) muß irgend jemand die Sollwerte oder die Leistungsnormen setzen, an denen sich Bewertungs- und Steuerungsprozesse dann orientieren. Daß dies leicht zu infiniten Regressen, zu «Homunkuli» oder zu diffusen Konstrukten wie «letzte Bedürfnisse» oder «die Erziehung» führt, ist leicht einzusehen, aber für eine naturwissenschaftliche Theoriebildung höchst unbefriedigend. Der entscheidende Schritt ist getan, wenn die Funktionsweise eines Systems auch seine eigene Sollwert-Setzung, seine eigenen Ordnungsvorgabens erklärt. Dieser entscheidende Schritt wurde von dem theoretischen Physiker Haken getan, und zwar mit seinem Konzept der Synergetik, der «Lehre vom Zusammenwirken». Es handelt sich dabei nicht um eine physikalische Theorie im engeren Sinn, sondern um eine allgemeine *Theorie der Strukturbildung*, die für unterschiedliche Phänomenbereiche und Disziplinen spezifiziert werden kann und muß. Gemeint ist das Zusammenwirken von Elementen eines Systems, welches unter bestimmten angebbaren Bedingungen zu kohärenten Verhaltensmustern führt. Eine dieser Bedingungen besteht darin, daß das System über eine große Zahl von solchen Elementen verfügt, wie etwa die Moleküle in einer Flüssigkeit oder die Neuronen in einem Areal des Gehirns. Natürlich kann man sich auch vorstellen, daß psychische Elementarereignisse (z. B. Gedanken, Gefühle, also Kognitions-Emotions-Einheiten) oder kommunikative Beiträge in einem Arbeitsprozeß sich zu umfassenden Mustern oder Prozeßgestalten (z. B. dominierende Erlebniszustände, Gruppenklima) formieren. Eine andere Bedingung bezieht sich auf das Verhältnis von System und Umwelt. Selbstorganisierende Systeme müssen thermodynamisch bzw. energetisch offen sein, um durch Energiezufuhr hinreichend weit vom (thermodynamischen) Gleichgewicht ausgelenkt zu werden. Systeme, die Energie von außen aufnehmen und verbrauchen, werden als dissipativ bezeichnet. Die Gleichgewichtsferne psychischer Systeme läßt sich außer durch externe Anregung auch durch interne Energetisierungen – im Fall psychischer Systeme etwa durch motivationale Prozesse – erreichen. Im Fall psychischer und sozialer Systeme bezieht sich die Umweltoffenheit nicht nur auf die biologisch-energetische Basis, sondern auch auf den sensorischen Input.

Eine dritte Bedingung besteht in der Nichtlinearität der Wechselwirkungen zwischen Systemelementen und in der Folge auch zwischen Mikroebene (Verhalten der Elemente) und Makroebene (kohärentes Systemverhalten). Diese Nichtlinearität der Wirkungen ist ein wesentlicher Grund dafür, daß neue Ordnungszustände in einem System oft spontan und sprunghaft auftreten oder wechseln, obwohl sich externe Einflüsse auf das System nur linear, kontinuierlich verändern.

Im Bereich der Psychologie und des Managements haben wir es nicht nur mit der Entstehung von Ordnung aus Unordnung, sondern vor allem mit Übergängen zwischen Ordnungszuständen zu tun. Bestehende und vielleicht – wie im Fall der Psychotherapie oder der Unternehmensberatung – restriktive, dysfunktional gewordene, nicht selten aber sehr stabile Ordnungszustände müssen destabilisiert werden, um neue Ordnungszustände zu ermöglichen. Die Diagnose von und der Umgang mit Stabilität und Instabilität bei der Anregung selbstorganisierender Prozesse gehören daher zu den wesentlichen professionellen Kompetenzen in diesen Bereichen.

Literatur

Haken, H. (1990). Erfolgsgeheimnisse der Natur. Frankfurt/M.

Haken, H. (1996). Principles of Brain Functioning. Berlin.

Haken, H. & Haken-Krell, M. (1992). Erfolgsgeheimnisse der Wahrnehmung. Synergetik als Schlüssel zum Gehirn. Stuttgart.

Kelso, J. A. S. (1995). Dynamic Patterns. Self-Organization of Brain and Behavior. London.

Kowalik, Z. J., Schiepek, G., Kumpf, K., Roberts, L. E. & Elbert, T. (1997). Psychotherapy as a Chaotic Process II: The Application of Nonlinear Analysis Methods on Quasi Time Series of the Client-Therapist-Interaction: A Nonstationary Approach. Psychotherapy Research, 7 (3), S. 197–218.

Schiepek, G., Kowalik, Z. J., Schütz, A., Köhler, M., Richter, K., Strunk, G., Mühlnikkel, W. & Elbert, T. (1997). Psychotherapy as a Chaotic Process I. Coding the Client-

Therapist-Interaction by Means of Sequential Plan Analysis and the Search for Chaos: A Stationary Approach. Psychotherapy Research, 7 (2), S. 173–194.
Schiepek, G. & Tschacher, W. (Hg.). (1997). Selbstorganisation in Psychologie und Psychiatrie. Braunschweig.
Stadler, W., Kruse, P. & Strüber, D. (1997). Struktur und Bedeutung in kognitiven Systemen. In: G. Schiepek & W. Tschacher (Hg.), Selbstorganisation in Psychologie und Psychiatrie. Braunschweig.
Tschacher, W., Schiepek, G. & Brunner, E. J. (Hg.). (1992). Self-Organization and Clinical Psychology. Empirical Approaches to Synergetics in Psychology. Berlin.

Günter Schiepek

Selbstreflexion

Menschliches Handeln ist strukturell selbstreflexiv. Die fehlende Instinktregulation, durch die Situationen in ihrer Bedeutung festgelegt und Reaktionen vorprogrammiert werden, muß durch die Interpretation von Wirklichkeit und die Entwicklung von Zielen, Normen und Regeln kompensiert werden. Innere und äußere Wirklichkeit wird daher zu einem handlungskonstitutiven Bild verarbeitet, und das ständig aufs neue, weil im historischen Prozeß unsere Wirklichkeitsbilder dauernd «veralten». Einerseits ist Selbstreflexion ein aufwendiger Prozeß, der nicht permanent betrieben werden kann, andererseits wird sie durch innere und äußere Bedingungen beeinträchtigt. Sie operiert daher nicht immer auf die gleiche Weise. Abstrakt müssen (mindestens) zwei Formen unterschieden werden: *Funktionale Selbstreflexion* steht im Dienst der subjektiven und sozialen Reproduktion und teilt daher über weite Strecken die Routine und Blindheit von Instinkthandlungen. Dieser reduzierte Modus dient der Handlungsökonomie und entlastet von unnötigen Problematisierungen. Unter widersprüchlichen Bedingungen verfestigen sich verzerrte Mechanismen der funktionalen Selbstreflexion zu undurchschauten und verdinglichten Formen «falschen» Bewußtseins, die dann als Kitt fungieren und widersprüchliche Subjektivität wie Objektivität zusammenhalten. Sie dient deren Stabilisierung, indem sie Handlungssicherheit auf defizientem Niveau festschreibt. Die dabei zwangsläufig auftretenden Ungereimtheiten werden entsprechend nicht nach Wahrheitskriterien bearbeitet, sondern applaniert. Wirklichkeit ist jedoch nicht vollständig abgedichtet. Manche intrapsychischen und sozialen Widersprüche provozieren ebenso wie manche Integrationstechniken psychischer und sozialer Art eine Selbstreflexion, die über die bloße Funktionalität hinausgeht. Während funktionale Selbstreflexion sich darauf beschränkt, meist vorbewußt Situationen/Personen nach Bedarf des eigenen psychosozialen Gleichgewichts zu klassifizieren und die jeweils unhinterfragt zugeordneten Reaktionen abzurufen, beginnt *kritische Selbstreflexion* damit, Kriterien, nach denen klassifiziert wird, und Zusammenhänge, in denen Handlungen stehen, zu hinterfragen. In ihr vollzieht sich eine Entwicklung von der bloß praktischen Assimilation von Wirklichkeit im Sinne einer blinden Handlungsfähigkeit zur symbolischen Reproduktion mit hoher subjektiver Beteiligung, aber (idealiter) ohne subjektive Verzerrungen. Statt Wirklichkeit auf präsymbolischem Niveau oder in verdinglichter Form zu be- und verwerten, zielt kritische Selbstreflexion auf vollständiges Begreifen von Handlungen und Interaktionssystemen. Damit ändern sich subjektive wie soziale Wirklichkeit qualitativ: Der höhere Erkenntnisgehalt des Bewußtseins läßt die Möglichkeiten und Grenzen von Handeln deutlicher werden, Handeln wird kompetenter, wenn der Handelnde sich der subjektiven und objektiven Bedingungen bewußt ist, Interaktionssysteme werden transparenter (und weiten sich aus), wenn Regeln bekannt und aktiv beeinflußbar sind. Kritische Selbstreflexion als subjektiver Prozeß ist in Formen sozialer Institutionalisierung eingebunden. Die Institutionalisierung von Selbstreflexion ist jedoch auf allen Ebenen der sozialen Realität problematisch: Gruppen, Organisationen, (Sub-)Kulturen und (Sub-)Systeme haben sowohl mit der Implementierung selbstreflexiver Modalitäten als auch mit der Stabilisierung selbstreflexiver Praxis als Thema der Institution erhebliche Schwierigkeiten. Dies liegt daran, daß kritische Selbstreflexion den Status quo bedroht, weil sie manifeste wie latente Konflikte / Widersprüche thematisiert. Ein weiteres Problem ergibt sich aus den spezifischen Institutionalisierungseffekten von Selbstreflexion: Sie belastet den erforderlichen Eigenbedarf von Institutionen und bleibt dauerhaft instabil (Schülein, 1987).

Literatur

Schülein, J. A. (1977). Selbstbetroffenheit. Über Aneignung und Vermittlung sozialwissenschaftlicher Kompetenz. Frankfurt / M.

Schülein, J. A. (1987). Theorie der Institution. Opladen.

Johann A. Schülein

Selbstverletzung

Als Selbstverletzungsphänomene werden Verhaltensweisen verstanden, bei denen sich die betreffenden Personen mehr oder weniger bewußt selbst schädigen. Derart autoaggressive Verhaltensweisen können Haare ausreißen, extremes Fingernägelbeißen, Körperteile mit Säure verunstalten, einschnüren oder abbinden und vor allem Beschädigungen der Haut sein. Dabei handelt es sich in aller Regel um das Ritzen, bei dem die Haut mit spitzen oder scharfen Gegenständen oberflächlich oder auch tief aufgeschnitten oder verbrannt wird, indem Zigaretten darauf ausgedrückt werden. In der medizinischen Terminologie werden Selbstverletzungen zu den artifiziellen, künstlich herbeigeführten Störungen gezählt. Selbstverletzungen der Haut gelten als dermatologische Artefakte und werden dem Bereich der Psychosomatik zugeordnet. In der klinischen Diagnostik wird selbstverletzendes Verhalten zu den Symptomen einer Borderline-Persönlichkeitsstörung gezählt. Die Selbstverletzungssymptomatik steht in aller Regel nicht isoliert, sondern wird von anderem selbstdestruktiven Verhalten wie Drogen- und Alkoholabusus begleitet. Beobachtungen zur Geschlechterverteilung von Selbstverletzungen der Haut zeigen, daß sich vor allem Mädchen und Frauen selber schneiden; das Verhältnis von Frauen und Männern wird in der Literatur mit 3:1 bis 5:1 angegeben (vgl. Sachsse, 1994). Gesicherte epidemiologische Daten liegen nicht vor, Erfahrungen aus psychologischer, pädagogischer und psychiatrischer Praxis deuten aber durchgängig auf eine steigende Tendenz. Mädchen und Frauen, die ritzen, haben häufig in ihrem Leben massive körperliche, sexuelle oder psychische Gewalt erlebt. Die Tatsache, daß Mädchen etwa dreimal so häufig sexuellen Mißbrauch erleben wie Jungen, erklärt u.a. die Häufung der selbst zugefügten Hautverletzungen beim weiblichen Geschlecht. Oftmals führen Adoleszenzkrisen dazu, daß ein Mädchen zum ersten Mal ritzt. Aus psychodynamischer Sicht läßt sich selbstverletzendes Verhalten wie folgt erklären: Vor dem Schneiden befinden sich die Mädchen in einem extrem bedrohlichen Zustand der Selbstauflösung und Dissoziation, sie erleben sich nicht als zur Realität gehörig, das Persönlichkeitsbewußtsein ist erheblich herabgesetzt. Über die Selbstverletzung holen sich die Mädchen in die Realität zurück, nach dem Schneiden der Haut spüren sie sich selbst, das herausrinnende Blut und der langsam einsetzende Schmerz lancieren ein deutliches Ich-Gefühl. Insofern ist das Ritzen eine vorübergehende Form der Selbstfürsorge, mit der Depersonalisationszustände erfolgreich abgewehrt werden können. Um ritzende Mädchen und Frauen in ihrem Tun umfassend verstehen zu können, ist eine sozialpsychologische Sichtweise erforderlich, die das Verhalten in seinem gesellschaftlichen Kontext versteht: Für Frauen stehen nur begrenzt lebbare Ausdrucksformen für Aggressionen zur Verfügung, so daß sie dazu neigen, Aggressionen gegen sich selbst zu richten. Die Selbstverletzung verweist somit auf Lebensbedingungegen, in denen Mädchen und Frauen eingeschränkt, eingeengt, abgewertet, unterdrückt und mißhandelt werden. Insofern beinhaltet das selbstverletzende Verhalten Widerstandspotentiale (vgl. Teuber, 1997; 1998).

Literatur

Eckhardt, A. (1994). Im Krieg mit dem Körper. Autoaggression als Krankheit. Reinbek.
Sachsse, U. (1994). Selbstverletzendes Verhalten. Psychodynamik – Psychotherapie. Göttingen / Zürich.
Teuber, K. (1997). Aspekte aggressiven Hautritzens bei Mädchen und jungen Frauen. Psychologie & Gesellschaftskritik, 82, S. 2–28.
Teuber, K. (1998). «Ich blute, also bin ich». Selbstverletzung der Haut von Mädchen und jungen Frauen. Pfaffenweiler.

Kristin Teuber

Sexismus

Mit Sexismus umschreibt man theoretisch alle Formen der Diskriminierung von Menschen wegen ihres Geschlechts. Der Begriff hat seine Wurzeln im Feminismus; in Anlehnung an den Begriff Rassismus wurde er eingeführt als Ausdruck für die spezifische Unterdrückung und Diskriminierung des weiblichen Geschlechts durch das männliche. Tatsächlich meint man diesen engeren Inhalt, wenn man von Sexismus spricht, was eine Reihe von Vorteilen, aber auch Nachteile hat, etwa dann, wenn es um die Einforderung von political correctness geht. Solange jedoch die Diskriminierung des weiblichen Geschlechts zum Alltag gehört, lassen sich Überreaktionen und Übertreibungen nicht ganz vermeiden.

Simone de Beauvoir hat die Geschichte der Unterdrückung, Beherrschung und schließlich der Unterwerfung des weiblichen Geschlechts unter das männliche als erste in aller Breite analysiert und auf den Begriff gebracht: «... ja, die Frauen in ihrer Gesamtheit sind heute den Männern unterlegen, das heißt, daß ihre Situation ihnen geringere Möglichkeiten eröffnet: die Frage ist nun, ob dieser Stand der Dinge immer der gleiche bleiben soll» (1968, 17). Sie selbst beantwortet diese Frage mit einem klaren Nein. Allerdings sind es aus ihrer Sicht die Frauen, die «neu zu schaffen» sind, damit die wirkungsmächtigen Unterdrückungs- und Herrschaftsmechanismen, die die Männer bisher so erfolgreich gegen Frauen eingesetzt haben, überwunden werden können. Das sieht man heute anders; auch das männliche Geschlecht ist «neu zu schaffen», wenn sich das Geschlechterverhältnis ändern soll.

Zur Geschichte der Unterdrückung des weiblichen Geschlechts gehört zentral die Ausübung männlicher Gewalt gegenüber Mädchen und Frauen. Über Jahrhunderte hin war das Gewaltmonopol des Mannes gegenüber der Frau in Europa auch juristisch festgeschrieben; Männer hatten ein verbrieftes Recht, Frauen zu züchtigen oder, anders gesagt: zu verprügeln und zu vergewaltigen. Unbeschadet des Grundgesetzartikels 3, der die Gleichberechtigung von Männern und Frauen festschreibt, hielt man in der Bundesrepublik Deutschland bis in die 70er Jahre an der – juristisch fixierten – männlichen Vorherrschaft fest; Männer konnten ihren Ehefrauen vorschreiben, welchen Handlungsspielraum sie außerhalb des Haushalts und im Berufsleben hatten. Sie konnten von ihnen die Einhaltung der «ehelichen Pflichten» einfordern, also den Beischlaf sowie andere sexuelle Dienstleistungen. Die Verweigerung der Botmäßigkeit galt in beiden Fällen als legitimer Scheidungsgrund. Die Diskussion über Gewalt in der Familie, sexuellen Mißbrauch von Kindern sowie über die Strafbarkeit von sexueller Gewalt in der Ehe zeigt, daß Männer im Alltag weiterhin Gewalt gegen Mädchen und Frauen ausüben, die gesellschaftlich kaum geahndet oder zu einer Art Kavaliersdelikt heruntergeredet wird, das einer geringeren Bestrafung bedarf als Eigentumsdelikte (bei sexuellem Mißbrauch von Mädchen). Mädchen und Frauen, die Opfer von gewalttätigen Männern sind, können nicht damit rechnen, daß sie Gerechtigkeit finden oder Hilfe und Mitleid ihrer Mitmenschen. Oft wird ihnen die Gewalttat als eigenes Versagen, als eigene Schuld zugerechnet.

Die Psychologie trägt u. a. mit ihren Theorien zur geschlechtsspezifischen Entwicklung, zur Geschlechtsdifferenz und zum weiblichen Masochismus erheblich dazu bei, sexistische Vorurteile aufrechtzuerhalten. Dazu gehören Annahmen über geschlechtsspezifische Defizite, die auf Kosten von Mädchen und Frauen gehen. Ihnen sagt man nach, daß sie im Vergleich mit Jungen und Männern eine andere (mindere) kognitive Ausstattung hätten, und darum seien sie in der Regel nicht in der Lage, wie diese ihre Kapazitäten zum abstrakten Denken voll auszuschöpfen. Dazu passen wiederum psychoanalytische Annahmen über die Unfähigkeit von Mädchen / Frauen, Triebwünsche ebenso zu sublimieren wie Jungen / Männer, mit der Folge, daß sie dem Alltag mit seinen Kleinlichkeiten, Widrigkeiten und mit dem dazugehörenden Neid weit mehr verhaftet seien als diese. Mädchen / Frauen schneiden in fast allen psychologischen Theorien weit schlechter ab als Jungen / Männer, und selbst in den Verhaltensbereichen, in denen sie besser dastehen als diese, wird ihnen dies zu ihrem Nachteil ausgelegt. Exemplarisch dafür sind die Einlassungen der Psychologie zur Erklärung der geschlechtsspezifischen Differenzen von aggressivem Verhalten. Bekanntlich sind Mädchen/Frauen statistisch gesehen weit weniger aggressiv als Jungen/Männer, sie greifen Sachen und Personen viel seltener an als diese, und sie verletzen und zerstören andere Menschen sehr viel seltener. Zur Erklärung dieser Differenzen verweist man in der Psychologie gewöhnlich auf angeborene geschlechtsspezifische Unterschiede des Aggressionsniveaus und auf die unterschiedliche Hormonausstattung von Mädchen/Frauen und Jungen/Männern. Implizit enthält diese Erklärung eine Rechtfertigung für die Aggressionsausbrüche von Jungen/Männern, eben deren physische Verfaßtheit. Folglich haben Gewalttäter und Gewalttaten auch keinen festen Ort in der Diagnostik psychischer Störungen; man kann sie allenfalls unter die Persönlichkeitsstörungen subsumieren.

Die Bereitschaft, Sexismus zu akzeptieren, hat Pate gestanden bei den Ausführungen von Baumann (1994) zur Lage der deutschsprachigen Psychologie. Er führt aus, daß der Frauenanteil unter den Studierenden der Psychologie ständig steigt, was aus seiner Sicht zu einer Reihe von Problemen führt: einem im Zuge der Feminisierung der Psychologie zu erwartenden Prestige- und Einkommensverlust der Psychologie, einem Absinken des wissenschaftlichen Standards und Profils, weil die «Möglichkeiten und Bereitschaft zur wissenschaftlichen Karriere ... bei Frauen vielfach nur eingeschränkt vorhanden» sind. So schreibt man Diskriminierung von Frauen und im engeren Sinn Sexismus fort.

Literatur

Baumann, U. (1994). Bericht zur Lage der deutschsprachigen Psychologie 1994 – Fakten und Perspektiven. Psychologische Rundschau, 46, S. 3–17.

de Beauvoir, S. (1968). Das andere Geschlecht. Sitte und Sexus der Frau. Reinbek.

Fawcett, B., Featherstone, B., Hearn, J. & Toft, C. (Hg.). (1996). Violence and Gender Relations. London.

Peters, V. R. De, McMahon, R. L. & Quinsey, V. L. (Hg.). (1992). Aggression and Violence Throughout the Life Span. London.

Schmerl, C. (Hg.) (1992). Frauenzoo der Werbung. Aufklärung über Fabeltiere. München.

Irmgard Vogt

Sexualität

Geschichtlich gesehen hat sich der Gebrauch des Sexualitätsbegriffs im Bereich der menschlichen Erotik erst mit dem 19. Jahrhundert entwickelt (vgl. Sigusch, 1996). «Was vor dem 19. Jahrhundert Liebe, Minne, Wollust, Leidenschaft, Liebesvergnügen hieß, wurde bald mit dem Begriff der Sexualität – die ursprünglich nur die Geschlechtlichkeit ... von Pflanzen kennzeichnen sollte – belegt» (Görgens, 1992, S. 249). Sicher ist, daß die Sexualität einen wichtigen Bestandteil im Leben eines(r) jeden darstellt, auch wenn die Tabuisierung der eigenen Sexualität allerorten praktiziert wird. Der Mensch ist von Beginn an ein sexuelles Wesen. In seiner Geschlechtszugehörigkeit wie auch in seinen sexuellen Handlungen. Bei den Definitionsversuchen werden häufig biologisch-physiologische Aspekte überbetont. Die Körperlichkeit ist sicher ein wichtiger Bestandteil der menschlichen Sexualität; aber sie ausschließlich auf die Physis zu beziehen, greift definitorisch zu kurz. Sexualität beinhaltet mehr als den geschlechtlichen Akt.

In seiner psychoanalytischen Theorie hat Freud ein triebtheoretisches Modell der Sexualität vorgelegt. Rein energetischer Natur, dem «Dampfkesselprinzip» folgend und der «Entladung» entgegenstrebend: so sah Freud die Sexualität. Abgesehen davon, daß Freuds Sicht der Sexualität sich fast auschließlich auf die männliche begrenzt, kann dieses Verständnis als reine Triebreduktion nicht aufrechterhalten werden (vgl. Koch, 1985). Sexualität dient nicht nur der Spannungsabfuhr. Gerade der Spannungsaufbau kann als sehr lustvoll erlebt werden. In einem pragmatischen Definitionsansatz wird Sexualität als Verhalten, das zu einer sexuellen Reaktion führt, umschrieben. Objektivistische Definitionen dieser Art haben zu vielen Versuchen einer Operationalisierung von Sexualität und zu einer Reihe von Forschungsarbeiten im Sinne von «Meßstudien» oder zu Fragebogenerhebungen des sexuellen Verhaltens breiter Bevölkerungsschichten geführt. Dieser Sexualitätsbegriff der «Objektivisten» wurde als «Meßfetischismus» und reduktionistisch, lediglich die körperlichen Phänomene erfassend, kritisiert. «Besonders das medizinische Modell nimmt auf merkwürdige Weise in Anspruch, über Sexualität Bescheid zu wissen – als wäre der Ohren-Arzt schon Spezialist für Gesangskunst» (Görgens, 1992, S. 251). Daneben existieren definitorische Ansätze, die auf die Funktion bzw. das Ziel der menschlichen Sexualität abheben. Dabei werden in der Regel zumindest drei Funktionen oder Ziele unterschieden: die Fortpflanzung, die Lustfunktion und die soziale Funktion (vgl. Selg, 1979). Zudem sind noch die Vielfalt der sexuellen Verhaltensweisen (Handlungen) und Ausdrucksformen, die soziale Kontrolle, die Normen, Wertmaßstäbe und Werte als Bestimmungsstücke einzubeziehen (vgl. Kluge, 1992).

Wir haben es bei der Definition von Sexualität mit mehreren Problemen zu tun. Das erste ist das «Eingrenzungsproblem»: «Eine von Geschichts- und Gesellschaftstheorie getrennte Sexualität des Menschen ist keine. Wer über Sexualität ernsthaft nachdenkt, hat die ganze Gattungsgeschichte des Menschen und mehr am Hals» (Sigusch, 1980, S. 122). Das zweite Problem: Der Begriff Sexualität unterliegt einem ständigen kulturellen Wandel, und dieser Tatsache muß eine Definition von Sexualität gerecht werden. «Im Augenblick zum Beispiel können wir jeden Tag beobachten, wie jener König Sex vom Thron gestoßen wird, der im Westen um 1970 herum installiert worden ist» (Sigusch, 1996, S. 16). Der Inthronisation des Königs Sex ist die Studenten-, Frauen- und Homosexuellenbewegung in den 60er Jahren vorausgegangen. «Heute ist Sexualität nicht mehr die Lust- und Glücksmöglichkeit schlechthin. Sie wird nicht mehr positiv mystifiziert als Rausch, Ekstase und Transgression, sondern negativ als Quelle und Tatort von Unfreiheit, Ungleichheit, Gewalt, Mißbrauch und tödlicher Infektion» (ebd., S. 17). Insbesondere das Auftreten von AIDS hat die Sexualität mit einem neuen Tabu belegt, die eigene Lust wird zur tödlichen Gefahr, und dies nicht nur für die vermeintlichen sexuellen Randgruppen. Im Zeitalter von Cyber- und Telefonsex haben wir es mit neuen sexuellen Verhaltensweisen zu tun, die einerseits einer sozialen Entfremdung, andererseits der unverfänglichen Verfügbarkeit und der Sexkonsumwelle Vorschub leisten. Diese kulturellen Entwicklungen, ganz abgesehen von interkulturellen Unterschieden, müssen definitorisch Berücksichtigung finden (vgl. Schmidt, 1996).

Es sei «unumstritten, daß es eine Sexualtheorie außerhalb einer umfassenden Persönlichkeitstheorie nicht geben kann. Die aus der gesellschaftlichen Dialektik … herausgelöste Psyche (samt Sexualität) ist aber entsubjektiviert – und sei die psychologische Theorie in sich noch so ‹stimmig› und begeistere sie einen noch so sehr. Sexualität als autonomes Feld bearbeiten, heißt sie zu einem Objekt des Forschens und Behandelns machen nach der gesellschaftlichen Manier des Abstrahierens, des Trennens und des Bruches. So … paßt Sexualforschung vorzüglich ins allgemeine Geschäft» (Sigusch, 1980, S. 122 f).

Sexualität ist sinnvoll nur als soziales Handeln zu verstehen. «Eine solche Sexualtheorie muß sich daher auf persönlichkeits-, interaktions- und gesellschaftstheoretische Konstrukte beziehen und diese integrieren, um die Komplexität – die unterschiedlichen Weltbezüge (objektive, soziale und subjektive Welt), Geltungsansprüche (Wissen, Solidarität und Identität) und Sinnstiftungen zuzulassen. Sie wird dann nicht mehr die bloße Vielfalt sexuellen Verhaltens feststellen, sondern die Individuierung, die Intersubjektivität und soziale Integration im sexuellen Handeln, aber auch deren Mißlingen, Schwierigkeiten und Barrieren» (Görgens, 1992, S. 252).

Literatur

Dunde, S. R. (Hg.). (1992). Handbuch Sexualität. Weinheim.
Foucault, M. (1977). Sexualität und Wahrheit. Bd. 1. Der Wille zum Wissen. Frankfurt / M.
Görgens, K. (1992). Sexualität und Sexualtheorien. In: S. R. Dunde (Hg.), Handbuch Sexualität (S. 249–253). Weinheim.
Haeberle, E. J. (1985). Die Sexualität des Menschen. Berlin.
Kluge, N. (1992). Entwicklung der Sexualität, lebenszyklisch. In: S. R. Dunde (Hg.), Handbuch Sexualität (S. 50–56). Weinheim.
Koch, F. (1985). Sexualität. In: F. Koch & K. Lutzmann (Hg.), Stichwörter zur Sexualerziehung (S. 180–182). Weinheim / Basel.
Schmidt, G. (1996). Das Verschwinden der Sexualmoral. Über sexuelle Verhältnisse. Hamburg.
Selg, H. (1979). Psychologie des Sexualverhaltens. Stuttgart.
Sigusch, V. (Hg.). (1996). Sexuelle Störungen und ihre Behandlung. Stuttgart / New York.
Sigusch, V. (1980). Thesen über Natur und Sexualität. In: Sexualität Konkret, Bd. 1 (S. 118–123). Frankfurt / M.

Peter Petereit

Sexueller Mißbrauch

Unter dem Titel «sexueller Mißbrauch» werden im Strafgesetzbuch Tatbestände sexueller Gewalt gegen Kinder bzw. Minderjährige, Schutzbefohlene, Gefangene, behördlich Verwahrte oder Kranke in Anstalten und gegen Widerstandsunfähige definiert. In der psychologischen Diskussion dominiert die sexuelle Gewalt gegen bzw. die sexuelle Ausbeutung von Kinder(n) durch Erwachsene, insbesondere die quantitativ weit überwiegende sexuelle Ausbeutung von Mädchen durch Männer, wobei sich im Zuge feministisch inspirierter Aufklärungsarbeit die Aufmerksamkeit von «Fremden» auf Personen aus dem familialen oder personalen Nahraum verschob (Kavemann & Lohstöter, 1984). Sexueller Mißbrauch wird so als Form patriarchaler Verfügungsgewalt faßbar, deren Beziehung zur Reproduktion kapitalistischer Verwertungstotalität unterschiedlich diskutiert wird (Forum Kritische Psychologie, 1994; 1997). Die Perfidie sexueller Ausbeutung von Kindern durch ihnen nahestehende Erwachsene ergibt sich aus der damit entstehenden bzw. verschärften Ambivalenz der Beziehung bzw. der damit potentiell einhergehenden existentiellen Verunsicherung des Kindes, das gleichzeitig mit Versprechungen und Drohungen zum Schweigen verpflichtet wird. Die weltweite Debatte zur Ächtung und Eindämmung von Kinderprostitution (Stockholmer Kongreß 1996) und die in den Medien ausführlich – z. T. voyeuristisch – dargestellten Fälle organisierter kommerzieller pornographischer Ausnutzung bis hin zur Ermordung von Mädchen zeigen die Probleme der öffentlichen Behandlung des Themas sexueller Gewalt zwischen dem ganz Andersartigen und der Normalität der Familie als «bevorzugte(r) Brutstätte» von Sexualität (Foucault, 1977, S. 131). So, wie nach den Analysen von Foucault Diskussionen über das Sexuelle immer wieder intentionswidrig ordnungspolitisch vereinnahmt werden können, changieren auch Debatten über sexuellen Mißbrauch zwischen Aufklärung und sexualpolitischem Roll-back. So unstreitig also die Beurteilung sexuellen Mißbrauchs als kriminell und menschenverachtend ist, so strittig ist der gesellschaftliche und psychologische Umgang damit (vgl. Rutschky & Wolff, 1994; Hentschel, 1996). Spätestens seit Rutschkys Problematisierung der feministischen «Kampagne» zum sexuellen Mißbrauch (1992) sind die Fronten verhärtet und Analysen der Auseinandersetzungen durch Unterstellungen bzw. griffige Gegensatzformeln wie Skandalisierung versus Bagatellisierung erschwert – auch dadurch, daß sexueller Mißbrauch psychologisch nicht eindeutig definiert ist: Je nach Definition umfaßt er schwere Körperverletzung ebenso wie anzügliche Blicke und Bemerkungen. Entsprechend schwanken die (auch unterschiedliche Dunkelziffern benutzenden) Zahlenangaben über die Verbreitung sexuellen Mißbrauchs (von wenigen bis zu 50 % betroffener Mädchen).

Im engeren Sinn psychologische Auseinandersetzungen werden um die personal-biographische Bedeutung der Erfahrung sexuellen Mißbrauchs und um die Diagnostik bei Kindern bzw. während therapeutischer Behandlungen Erwachsener geführt. Sexuelle Gewalterfahrungen kann zwar nur das betroffene Individuum machen; inwieweit es diese Erfahrung später zum Angelpunkt der Klärung akuter Lebensprobleme macht bzw. inwieweit dies Professionelle tun, ist eine theoretische Frage, die im Medium gesellschaftlicher Sprach- und Denkformen und damit auch konkurrierender psychologischer Ansätze und Theorien beantwortet wird. Die Vorstellung des biographisch determinierenden Charakters sexueller Gewalterfahrung (Zerstörung eines Persönlichkeitskerns) wird etwa von «Wildwasser» (1992) vertreten. Die Debatte um sexuellen Mißbrauch hat einerseits therapeutisch Arbeitende für sexuelle Gewalterfahrung sensibilisiert, andererseits laufen Professionelle Gefahr, einem diagnostischen «Joker» aufzusitzen und andere Begründungszusammenhänge zu vernachlässigen (Wulff, 1997). Spezifisch methodisch-diagnostische Probleme der Rekonstruktion sexueller Gewalterfahrung stellen sich mit der Psychodynamik des menschlichen Gedächtnisses (Loftus & Ketcham, 1995). Die «Aufdeckung» sexuellen Mißbrauchs bei schweigenden Kindern steht vor dem Problem, daß einerseits Erwachsene (andere Familienmitglieder, Professionelle) gesellschaftlich naheliegende Gründe haben, einen (eigenen) Verdacht zu leugnen, andererseits als Signale für sexuellen Mißbrauch gewertete kindliche Verhaltensweisen ursachen-unspezifisch sind; hinzu kommt, daß klassische projektive Verfahren (wie «Familie in Tieren», Deutung von Zeichnungen) – unbeschadet ihrer wissenschaftlichen Dignität – zur Ermittlung deutungstranszendenter empirischer Sachverhalte grundsätzlich ungeeignet sind. Strittig ist dabei auch, inwieweit diagnostische Hilfsmittel wie anatomisch korrekte Puppen Erlebnisse insinuieren statt diagnostizieren. Die Überkreuzung juristischer (Unschuldsvermutung, Beweispflicht) und psychologischer (Hilfe für das mutmaßlich betroffene Kind) Diskurse schließlich belastet nicht nur den Umgang mit sexuellem Mißbrauch. Die genannten Probleme führen auch zu Verunsicherungen im körperlichen Umgang mit Kindern (Schmauch, 1996). Die beschriebene Frontenverhärtung hat bislang verhindert, die psychologischen Probleme jenseits des Kampfes um politisches Terrain anzugehen. Unstreitig aber dürfte sein, daß ein wichtiger Faktor im Kampf gegen (nicht nur sexuelle) Gewalt gegen Kinder die Stärkung der Rechte von Kindern ist.

Literatur

Forum Kritische Psychologie, Heft 33, Sexueller Mißbrauch: Widersprüche eines öffentlichen Skandals (1994), und Heft 37, Sexueller Mißbrauch II (1997). Hamburg.

Foucault, M. (1977). Der Wille zum Wissen. Sexualität und Wahrheit I. Frankfurt/M.

Hentschel, G. (Hg.). (1996). Skandal und Alltag: Sexueller Mißbrauch und Gegenstrategien. Berlin.

Kavemann, B. & Lohstöter, I. (1984). Väter als Täter. Reinbek.

Loftus, E. & Ketcham, K. (1995). Die therapierte Erinnerung. Hamburg.

Rutschky, K. (1992). Erregte Aufklärung. Kindesmißbrauch: Fakten und Fiktionen. Hamburg.

Rutschky, K. & Wolff, R. (Hg.). (1994). Handbuch Sexueller Mißbrauch. Hamburg.

Schmauch, U. (1996). Körperberührung unter Generalverdacht? Zur Skandalisierung und Tabuisierung von sexuellem Kindesmißbrauch. Zeitschrift für Sozialisationsforschung und Erziehungssoziologie, 16, S. 284–298.

Wildwasser Marburg (1992). Aus anderer Sicht. Sexuelle Gewalt gegen Mädchen und Frauen. Marburg.

Wulff, E. (1997). Sind wir alle Kinderschänder? Forum Kritische Psychologie 37, S. 136–148.

Morus Markard

Sinnesorgan

Bei mehrzelligen Organismen werden als Reize wirkende Energieformen in spezifische Erregungszustände umgesetzt. Eine Reizaufnahme ist nicht auf Tiere beschränkt, sondern findet sich auch bei Pflanzen. Tiere besitzen primäre und sekundäre Sinneszellen sowie Sinnesnervenzellen, durch deren Zusammenlagerung verschiedene Sinnesknospen, Sinnesepithelien und schließlich Sinnesorgane entstehen. Nach der Lokalisation der Sinnesorgane im Körper werden Intero- und Exterorezeptoren unterschieden, nach der Art des Reizes Geruchs- und Geschmacksorgane für chemische Reize, Temperatursinnesorgane, Lichtsinnesorgane (optische Reize) sowie verschiedene Sinnesorgane für mechanische Reize (z. B. Tastsinnesorgane, Strömungssinnesorgane, Gleichgewichtsorgane etc.). Die physiologische Grundlage aller Sinnesleistungen ist die Ausbildung eines Rezeptorpotentials als lokal begrenzte langsame Potentialschwankung, dessen Amplitude von der Reizintensität abhängig ist. Mit zunehmender Reizdauer kommt es zu einer Adaption an den Reiz. In der Naturgeschichte des Psychischen haben sich Sinnesorgane jeweils auf einen speziellen adäquaten Reiz spezialisiert und werden vor inadäquaten Reizen abgeschirmt. Der Umsetzung verschiedener Umweltreize in das Rezeptorpotential folgt eine Umsetzung des Informationsgehalts des Reizes in eine Sequenz von Aktionspotentialen, die in das Zentrale Nervensystem (ZNS) geleitet werden. In der Evolution hat nicht nur jedes Sinnesorgan ganz verschiedene Formentypen entwickelt, sondere mehrere Tiergruppen haben auch Sinnesorgane ausgebildet, die dem Menschen fehlen. So besitzen Fische mit dem Seitenlinienorgan ein Sinnesorgan zur Reizwahrnehmung von Strömungsrichtungen des Wassers, und Fledermäuse haben z. B. das Prinzip der Echoortung als Sinnessystem ausgebaut, um sich in ihrer Umwelt zu orientieren. Die Höherentwicklung der einzelnen Sinnesorgane verbessert zwar ständig die Auswertung von Umweltinformationen, die aber nicht in jedem Fall auch in eine Evolution psychischer Leistungen umgesetzt wird. So sind die Facetten- und Komplexaugen bei Spinnen und Insekten die am höchsten entwickelten und komplexesten Lichtsinnesorgane. Mit der Reaktion auf polarisiertes Licht vollbringt das Insektenauge Sehleistungen, die dem menschlichen Auge fehlen. Auch im Bereich der chemischen Kommunikation (z. B. der Geruchswahrnehmung) existieren bei verschiedenen Tierarten erheblich genauere Reizwahrnehmungen. So können etwa Männchen des Seidenspinners bereits durch ein Molekül des Sexuallockstoffs des Weibchens aus einem Kilometer Entfernung angelockt werden. Generell haben mit der Höherentwicklung auch psychischer Leistungen wie Umweltorientierung und Lernen die Fernsinne Hören und Sehen gegenüber den Nahsinnen (z. B. der taktilen Reizwahrnehmung) an funktioneller Bedeutung gewonnen. In der Säugetierevolution ist es nochmals zu einer bemerkenswerten Spezialisierung der verschiedenen Sinnesleistungen gekommen. Die Mehrzahl der verschiedenen Säugetierordnungen (z. B. Nagetiere, Paarhufer, Raubtiere) werden als Makrosmaten bezeichnet, da bei ihnen die Geruchswahrnehmung für das Sozialverhalten und den Nahrungserwerb die wichtigste Sinnesleistung ist. Ebenso wie die äffischen Primaten gehört der Mensch zu den Mikrosmaten, dessen Riechleistungen erheblich reduziert sind, dafür besitzt er ein gutes Seh- und Hörvermögen und kann Farben wahrnehmen. Das Vogelauge ist dem menschlichen Auge funktionell zwar überlegen, aber nur der Mensch ist in der Lage, die verschiedenen optischen Reize bewußt wahrzunehmen.

Volker Schurig

Sozialcharakter

Die Kategorie «Sozialcharakter» ist Teil einer Konzeption, der analytischen Sozialpsychologie von Erich Fromm, der eine aktuelle Bedeutung abgesprochen wird. Ob dieses Urteil auf einem Fehlschluß beruht, kann hier nicht geklärt werden, soll aber als Fragestellung über den folgenden Hinweisen stehen (Funk, 1978). Fromm entwickelt seine sozialpsychologischen Überlegungen im Rahmen des Wissenschaftsprogramms, mit dem Max Horkheimer eine Synthese aus Sozialphilosophie, Sozialforschung und Theorie des historischen Verlaufs herstellen will. Aus Horkheimers Programm ergibt sich daher für Fromm, daß Sozialpsychologie in allen drei Dimensionen anzusiedeln ist: (a) in der Sozialphilosophie, in der einerseits die normative Begründung sozialpsychologischen Theoretisierens und Forschens zu leisten, andererseits die Integration der sozialpsychologisch zu thematisierenden «sozialen Tatsachen» in den gesamtgesellschaftlichen (Sinn-)Zusammenhang zu vollziehen ist; (b) in der Sozialforschung, in der es um die strikt erfahrungswissenschaftliche Realisierung der sozialpsychologischen Theoriebildung, Methodendiskussion und Empirieanalyse geht und (c) schließlich in der Theorie des historischen Verlaufs, in deren Rahmen die sozialpsychologisch ermittelten Ergebnisse interpretativ einzuordnen und auf den sozialphilosophischen Begründungszusammenhang bestätigend, erweiternd oder korrigierend rückzubeziehen sind. Nur dann vermag die Sozialpsychologie darüber aufzuklären, «wie strukturelle Veränderungen des wirtschaftlichen Lebens durch die psychische Verfassung, die bei den Mitgliedern der verschiedenen sozialen Gruppen in einem gegebenen Augenblick vorhanden sind, sich in Veränderungen ihrer gesamten Lebensäußerung umsetzen» (Horkheimer, 1968, S. 9).

Fromm entwirft eine solche Sozialpsychologie, indem er an die Freudsche Psychoanalyse anschließt. Allerdings steht für ihn nicht der Individualcharakter eines Klienten im Zentrum, sondern der Sozialcharakter gesellschaftlicher Gruppen, in diesem Fall also der Sozialcharakter der proletarischen und der bürgerlichen Klasse (Funk, 1978). Mit dem Konzept «Sozialcharakter» soll erklärt werden, «wie psychische Energie überhaupt transformiert wird in eine spezifische Form von psychischer Energie, die jede Gesellschaft zu ihrem eigenen Bestand (functioning) braucht» (Fromm & Maccoby, 1970, S. 17). Insofern deutet Fromm die Freudsche These, daß individuelle Charakterzüge als Reaktionen auf Triebregungen zu erklären sind, so um, daß sich die These auch auf das Verhältnis des Sozialcharakters gesellschaftlicher Klassen zu den (unbewußten) Triebregungen der Klassenangehörigen bezieht. Fromms Vermutung ist, daß die Entwicklung und die Ausformung des Sozialcharakters von der sozioökonomischen Situation der jeweiligen Klasse abhängen und demzufolge zu begreifen sind als Anpassungen der Triebpotentiale an die klassenmäßig zugelassenen Befriedigungsmöglichkeiten: «Die sozialpsychologischen Erscheinungen sind aufzufassen als Prozesse der aktiven und passiven Anpassung des Triebapparates an die sozialökonomische Situation. ... Die Familie ist das wesentliche Medium, durch das die ökonomische Situation ihren formenden Einfluß auf die Psyche ausübt. Die Sozialpsychologie hat die gemeinsamen – sozial relevanten – seelischen Haltungen und Ideologien – und insbesondere deren unbewußte Wurzeln – aus der Einwirkung der ökonomischen Bedingungen auf die libidinösen Strebungen zu erklären» (Fromm, 1970, S. 9).

Fromm interpretiert den bürgerlichen Charakter als eine Verstärkung der analen Libidoposition. Dem proletarischen Charakter ordnet Fromm dagegen ein genitales Charaktersyndrom zu – mit der Begründung, die Stellung der Arbeiterschaft im gesellschaftlichen Produktionsprozeß würde eher auf ein solidarisches, nicht konkurrentes, liebendes Ich verweisen. Daß sich die erstgenannte Hypothese nicht nur auf den bürgerlich-unternehmerischen, sondern auch auf den kleinbürgerlichen und proletarischen Sozialcharakter bezieht und sich die zweitgenannte Hypothese aus den gleichen Gründen ebenfalls nicht aufrechterhalten läßt, muß Fromm schnell anerkennen: Die Resultate der von ihm geleiteten Studie «Arbeiter und Angestellte in der Weimarer Republik (bzw. am

Vorabend des 3. Reiches)» falsifizieren die Hypothesen eindeutig (Fromm, 1980). Das hat jedoch nicht zur Folge, daß Fromm von seiner Art, Kritik der politischen Ökonomie und Psychoanalyse zu verbinden, abrückt. Der von ihm verfaßte und 1936 publizierte «Sozialpsychologische Teil» der «Studien über Autorität und Familie» läßt das klar erkennen. Offenkundig wird jedoch, daß Fromm nicht mehr die Konfrontation von proletarischem und bürgerlichem Sozialcharakter zum Thema hat, sondern sein Interesse einerseits auf die machtlosen «unteren» und andererseits auf jene Bevölkerungsschichten richtet, «welche über die gesellschaftlichen Machtmittel verfügen» (ebd.). Da für Fromm die «soziale Hilflosigkeit» (ebd., S. 100), die Notwendigkeit der Triebunterdrükkung und die Angst auf seiten der macht- und privilegienlosen Schichten «naturgemäß» weit größer sind als auf seiten der herrschenden Kreise, vermutet er, daß «unten» auch nur geringe Chancen bestehen, in der familialen Sozialisation Ich-Stärke und Selbstvertrauen zu erwerben. Statt dessen scheinen ihm diese Schichten mit massenhaft verbreiteten Ohnmachtsgefühlen vollgestopft zu sein und dadurch provoziert zu werden, «nach unten» zu treten und «nach oben» zu buckeln – also «sado-masochistisch» oder «autoritär» zu reagieren. Damit ist für Fromm die Basis für ein Zusammenspiel gelegt, in dem sado-masochistische, autoritäre Charakterstruktur und autoritäre, weil auf einem System von Abhängigkeiten beruhende Gesellschaftsform ineinanderklinken. Fromm richtet jetzt das Konzept des sado-masochistischen Charakters auf die bürgerliche *und* die proletarische Klasse gleichermaßen, d. h. im wesentlichen auf die große, links und rechts der Klassengrenze zu findende Bevölkerungsmehrheit, die einer gemeinsam geteilten Bedingung unterworfen ist: nämlich der Abhängigkeit von jenen Macht- und Gewaltverhältnissen, die das ökonomisch und politisch dominierende Industrie- und Finanzkapital setzt.

Das massenhafte Expandieren des sado-masochistischen, autoritären Charakters macht laut Fromm sichtbar, daß in der spätbürgerlichen, prinzipiell autoritären Gesellschaftsstruktur das Sozialisations «gesetz» der klassischen bürgerlichen Gesellschaft nicht mehr gilt. Das Gesetz gründet sich darauf, daß die Mitglieder der bürgerlichen Klasse die Bedingungen haben, in der familialen Sozialisation eine starke Ich-Identität, eine individuelle Autonomie, eine mündige Individualität auszubilden, die sich in der souveränen Handhabe der gesellschaftlichen Normen und in der Akzeptanz allein solcher Autoritäten und Beschränkungen ausdrückt, denen kraft eigener Vernunft zugestimmt werden kann. In der autoritären Gesellschaft ist dieses Gesetz außer Kraft, da der Individuationsprozeß in der spätbürgerlichen Ära nicht nur für die proletarischen Schichten, sondern auch für die große Mehrheit der bürgerlichen Individuen durch eine blinde und irrationale Hinnahme gesellschaftlichen Zwangs gekennzeichnet ist.

Für Horkheimer und Adorno markieren dieser Tatbestand und seine terroristische Pervertierung im Faschismus das Ende einer Vorstellung, nach der die Konstruktion der Theorie durch eine utopisch vorweggenommene Möglichkeit der Befreiung bestimmt ist. Dieser Umwidmung der kritischen zu einer negativistischen Theorie total-totalitärer Herrschaft (vgl. Dubiel, 1988) widerspricht Fromm und versucht, der Resignation von Horkheimer / Adorno mit Hilfe einer Neueinschätzung der Psychoanalyse zu begegnen. Dem vaterzentrierten, patriarchalischen Menschenbild stellt sich Fromm nicht nur entgegen, weil er es als Widerspiegelung des – Freud zugänglichen – Wiener Bürgertums ansieht und dessen Implikation ablehnt, daß «die Befreiung von Autorität letztlich nur durch ihre vorherige Anerkennung erfolgen» (Benjamin, 1982, S. 426) könne. Fromm opponiert gegen die Ödipus-These vor allem deswegen, weil er aus den Forschungen über matriarchalisch organisierte Gesellschaftsformen (Bachofen, Briffault) entnehmen zu können glaubt, daß Möglichkeiten der Entwicklung von Gesellschaft auch jenseits patriarchalischer Strukturen empirisch zu belegen sind. Fromm zieht daraus den Schluß, daß nicht die Mechanik von Triebregung und Triebunterdrückung die Charakterbildung bedingt, sondern die Art und Weise der Entfaltung eines (unspezifisch bleibenden) «Sozialtriebs», den Fromm an die Stelle des Sexualtriebs setzt. In seinem Ende der 30er Jahre geschriebenen Buch «Escape from Freedom» (1941) unternimmt es Fromm, auf dieser Basis die autoritäre Gesellschaft und den sie tragenden Sozialcharakter als ein sado-masochistisches Syndrom zu erklären, das nicht als Resultat einer spezifischen Triebunterdrückung zu verstehen ist, sondern als pervertierter Ausdruck einer nicht gelungenen Entfaltung zwischenmenschlicher Beziehungen, an der aber, da ihre Möglichkeit im «Sozialtrieb» verankert ist, immer wieder von neuem gearbeitet werden kann.

Literatur

Benjamin, J. (1982). Die Antinomien des patriarchalischen Denkens. In: W. Bonss & A. Honneth (Hg.), Sozialforschung als Kritik (S. 426 ff). Frankfurt / M.

Dubiel, H. (1988). Kritische Theorie der Gesellschaft. München.

Fromm, E. (1936). Sozialpsychologischer Teil. In: M. Horkheimer (Hg.), Studien über Autorität und Familie (S. 77 ff). Paris.

Fromm, E. (1941). Escape from Freedom. New York.

Fromm, E. (1970). Analytische Sozialpsychologie und Gesellschaftstheorie. Frankfurt / M.

Fromm, E. (1980). Arbeiter und Angestellte am Vorabend des Dritten Reiches: Eine sozialpsychologische Untersuchung. Stuttgart.
Fromm, E. & Maccoby, M. (1970). Social Character in a Mexican Village. Englewood Cliffs.
Funk, R. (1978). Mut zum Menschen – Erich Fromms Denken und Werk, humanistische Religion und Ethik. Stuttgart.
Horkheimer, M. (1968). Geschichte und Psychologie. Frankfurt / M.

Horst Holzer

Soziale Kontrolle

Unter sozialer Kontrolle versteht man alle gesellschaftlichen Strategien zur Aufrechterhaltung der jeweils historisch durchgesetzten, durch Politik und Rechtssystem gestützten und in kulturellen Traditionsmustern verankerten sozialen Ordnung. Gegenstand sozialwissenschaftlicher Forschung zur sozialen Kontrolle sind demnach alle Wissenssysteme, Diskurse, Instanzen, Professionen und Prozesse, die der Aufrechterhaltung sozialer Ordnung und ihrer Normalität(sfiktionen) mittels unterschiedlicher Formen der Vermeidung und Vorbeugung, der Überwachung, Erfassung und Diagnose, der Verfolgung und Bestrafung, der Therapie und Resozialisierung abweichenden Verhaltens von Individuen und Gruppen dienen. Analysen zur Gesellschaftsgeschichte der sozialen Kontrolle von Delinquenz, Krankheit, Wahnsinn, Armut und Sexualität zeigen, wie sich seit Beginn der Moderne ein zunehmend feiner gesponnenes Netz sozialer Kontrollen über die Gesellschaft legt. Kennzeichen dieser auf Überwachung, Normierung und Korrektion angelegten Formen sozialer Kontrolle ist die enge Verschränkung wissenschaftlicher (pädagogischer, medizinischer, psychologischer, juridischer) Diskurse mit den politisch-administrativen Interessen und Praktiken zur Sicherung sozialer Ordnung und zur Bewältigung von Aufgaben der Bildung und Erziehung, der Versorgung, Verwaltung und Behandlung von Krankheit und Abweichung. Als Bindeglied für die praktische Umsetzung dieser Kontrollaufgaben fungieren die modernen wissenschaftlich ausgebildeten Professionen, besonders Ärzte, Psychologen und Pädagogen, die mit ihren immer weiter verfeinerten Praktiken von Diagnostik und Behandlung sowohl beständig neue behandlungsbedürftige Abweichungen erzeugen als auch auf neu entstehende Abweichungen mit der Entwicklung von Behandlungskonzepten reagieren. Sie sind damit Träger der von sozialkritischen Forschern konstatierten Tendenzen von Therapeutisierung (vgl. Castel et al., 1982), Medikalisierung (vgl. Labisch, 1992) und Pädagogisierung (Brunkhorst, 1988). Zugleich verweist ihr zunehmender Einfluß auf Veränderungen und Akzentverschiebungen in den gesellschaftlichen Kontrolldispositiven von «harten», repressiven zu «weichen», psychologischen und pädagogischen Formen der sozialen Kontrolle. Beispiele hierfür sind im Bereich des Strafvollzugs Formen des Täter-Opfer-Ausgleichs oder der Diversion (vgl. Lamnek, 1994), im Bereich des Gesundheitswesens Strategien der Prävention (vgl. v. Kardorff, 1984; 1997). Auf der Seite der Individuen finden diese Kontroll- und Diszplinierungsstrategien ihre Entsprechung zivilisationsgeschichtlich in einer Entwicklung vom «Fremdzwang» zum «Selbstzwang» (vgl. Elias, 1980) und zur Selbstkontrolle. Mit den modernen Informationstechnologien (z. B. Gesundheitschip) tritt, verstärkt in der Krise des Sozialstaats, die informationelle Überwachung (Monitoring) potentiell abweichender Personen(merkmale) oder bestimmter Bevölkerungsgruppen (z. B. Kernkraftgegner) als zusätzlicher Kontrolltypus hinzu (Wambach, 1983). Während die formellen Instanzen sozialer Kontrolle (Polizei, Gerichte, Gefängnisse) kriminelle und politisch dissidente Gesetzesübertretungen ahnden, Psychiatrie, Psychologie und Sozialarbeit individuelle Abweichungen behandeln und das Bildungssystem Leistungs- und Verhaltensnormen kontrolliert, vollzieht sich die die alltägliche Normalität sichernde soziale Kontrolle in den Netzwerken des unmittelbaren Lebensfeldes der Individuen (persönliche und informelle soziale Kontrolle). Dort werden abweichende und den Alltag störende Verhaltensweisen zunächst entdeckt («primäre Abweichung») und sanktioniert. Die Kenntnis der Abweichungsdynamik ist für psychosoziale Fachkräfte, an die die Diagnose und Behandlung abweichender Personen delegiert wird, von großer Bedeutung, um stigmatisierende Festschreibungen (vgl. Goffman, 1967) bei Diagnose und Gutachtenerstellung sowie bei Behandlung und Wiedereingliederung weitestgehend zu vermeiden.

Literatur

Brunkhorst, H. (1988). Pädagogisierung der Normalisierungsarbeit. Neue Praxis, 18, 4, S. 290–300.

Castel, R., Castel, M. & Lovell, A. (1982). Psychiatrisierung des Alltags. Frankfurt/M.

Elias, N. (1980). Über den Prozeß der Zivilisation. 2 Bde. Frankfurt/M.

Foucault, M. (1969). Wahnsinn und Gesellschaft. Frankfurt/M.

Foucault, M. (1973). Die Geburt der Klinik. Eine Archäologie des klinischen Blicks. München.

Foucault, M. (1976). Überwachen und Strafen. Die Geburt des Gefängnisses. Frankfurt/M.

Foucault, M. (1977). Sexualität und Wahrheit. Der Wille zum Wissen. Frankfurt/M.

Foucault, M. (1986). Der Gebrauch der Lüste. Frankfurt/M.

Goffman, E. (1967). Stigma. Über Techniken der Bewältigung beschädigter Identität. Frankfurt/M.

Kardorff, E. v. (1984). Soziale Kontrolle durch Psychologie und Psychologen. Psychologie und Gesellschaftskritik, 31, Heft 8, S. 87–105.
Kardorff, E. v. (1997). Die Prävention der Gesellschaft: zu einigen Aspekten sozial- und gesundheitspolitischer Präventionsdiskurse. In: C. Klotter (Hg.), Gesundheitsförderung und Prävention. Bern.
Keupp, H. (1976). Abweichung und Alltagsroutine. Die Labeling-Perspektive in Theorie und Praxis. Hamburg.
Köhler, E. (1977). Arme und Irre. Die liberale Fürsorgepolitik des Bürgertums. Berlin.
Labisch, A. (1992). Homo hygienicus. Gesundheit und Medizin in der Neuzeit. Frankfurt / M.
Lamnek, S. (1994). Neue Theorien abweichenden Verhaltens. München.
Mutz, G. (1983). Sozialpolitik als soziale Kontrolle. München.
Raab, S. (1996). Gesundheit im Griff. Eine Rekonstruktion des biographischen Gesundheits-, Krankheits- und Patientenhandelns im Zivilisationsprozeß. München.
Wambach, M. M. (Hg.). (1983). Der Mensch als Risiko. Frankfurt / M.

Ernst v. Kardorff

Soziale Netzwerke / Soziale Unterstützung

Soziale Netzwerke sind Geflechte sozialer Beziehungen zwischen einer bestimmten Anzahl von Menschen. Im Bild des sozialen Netzwerks sind wie in einem Fischernetz die Knotenpunkte – die einzelnen Personen oder Netzwerkmitglieder – durch das Garn mit anderen Knotenpunkten – anderen Personen – verbunden. Die Psychologie interessiert sich wie andere Sozialwissenschaften insbesondere für die sozialen Charakteristika dieser Knoten, Verbindungen und Verknüpfungen entweder eines gesamten Netzes – z. B. das Netzwerk einer kleinen Gemeinde, eines Stadtteils – oder eines bestimmten Netzwerkausschnitts – z. B. das persönliche soziale Netzwerk einer Person. Das Konzept ‹Soziales Netzwerk› war und ist zunächst ein Analyseinstrumentarium zur Erhebung und Durchdringung sozialer Strukturen. Es bietet darüber hinaus eine geeignete theoretische Orientierung dort, wo es darum geht, die Kluft der Mikroebene zwischenmenschlicher Beziehungen und Interaktionen zur Makroebene sozialer Strukturen und Prozesse zu überbrücken. Soziale Netzwerke sind intermediäre Strukturen, die es ermöglichen, Einflüsse engerer und weiterer sozialer Bezüge auf persönliche Entwicklungen und individuelles Erleben und Verhalten zu begreifen wie andererseits die persönlichen Einflüsse auf die engen und weiten sozialen Beziehungen zu identifizieren.

Die Funktion der *sozialen Unterstützung* und des sozialen Rückhalts hat das Konzept des sozialen Netzwerks für viele sozialwissenschaftliche Disziplinen, insbesondere auch die Psychologie, attraktiv gemacht. Soziale Unterstützung wird definiert als «Fremdhilfen, die dem einzelnen durch Beziehungen und Kontakte zu seiner sozialen Umwelt zugänglich sind und die dazu beitragen, daß die Gesundheit erhalten bzw. Krankheit vermieden, psychische oder somatische Belastungen ohne Schäden für die Gesundheit überstanden und die Folgen von Krankheit bewältigt werden» (Badura, 1981, S. 157). Im Rahmen eines wachsenden Interesses an zwischenmenschlichen Bezügen aus der Perspektive des Bewahrens und des Schutzes vor möglichen pathogenen Effekten von belastenden Lebensereignissen und der Hilfe bei anstehenden und überstandenen Anforderungen und Problemen steht soziale Unterstützung für die Mechanismen, durch die Individuen von ihrer sozialen Umwelt gegen bedrohliche und beeinträchtigende Erlebnisse und Erfahrungen abgeschirmt und bei deren Eintreten und Verlauf sie in ihren Bewältigungsanstrengungen gefördert werden können. Die soziale Netzwerk-, vor allem die soziale Unterstützungsforschung haben seit ihrer Entstehung einen dezidierten Schwerpunkt auf die positiven Aspekte sozialer Beziehungen und sozialer Einbindungen, auf die gesundheitsförderlichen Folgen sozialen Rückhalts und alltäglicher sozialer Hilfe gelegt und damit gerade traditionelle, klinisch-psychologische Perspektiven auf die schädigenden, belastenden und krank machenden Anteile sozialer Beziehungen bewußt konterkariert.

Es gibt wohl nur wenige sozialwissenschaftliche Forschungsrichtungen, die in den letzten beiden Jahrzehnten auf größere empirische «Zuwachsraten» verweisen können als die soziale Netzwerk-(Social Network-) und die soziale Unterstützungs-(Social Support-)Forschung.

Die Theorie sozialer Netzwerke und die Theorie sozialer Unterstützung hingegen bleiben bis heute unausgereift. Die Theoriebildung hinkt einer überbordenden Empirie hinterher (Röhrle, 1994). Theoretische Modelle und konzeptionelle Reflexionen sehen sich in großen Schwierigkeiten beim Versuch einer Integration der vielfältigsten Ergebnisse und Erkenntnisse einer diffusen Forschungslandschaft, die auf der Basis unterschiedlichster Definitionen, Operationalisierungen, Untersuchungsanlagen und Erhebungsverfahren, Fragestellungen und Populationen gewonnen wurden. Trotzdem läßt die Vielzahl internationaler Studien heute keinen Zweifel mehr an den präventiven, heilsamen und rehabilitativen Wirkungen von sozialer Unterstützung. Daten aus unterschiedlichsten empirischen Zugängen sprechen dafür, daß soziale Unterstützung aus sozialen Netzwerken Risiken vermeiden hilft, daß sie Gesundheit fördert, Streß abpuffert, Belastungen bewältigen hilft und zur Wiedererlangung von Wohlbefinden beiträgt (House, 1987).

Die Erkenntnis der Bedeutung informeller, alltäglicher Hilfeleistungen im Vergleich zu professioneller Hilfe schafft Interesse an den gegenseitigen Unterstützungsstrukturen und -formen – sei es aus einer Richtung, die soziale Selbsthilfe und gemeinschaftliches bürgerliches Engagement als Gegengewicht und Widerstand gegen Expertokratie, Professionalismus und Institutionalismus, Lebensweltferne und Betroffenenentmündigung, kurative Ideologie etc. betrachtet, sei es aus einer Warte, die im Zuge der Mittelverknappung in der sozialen und medizinischen Versorgung Chancen einer kostensparenden Laisierung, einer Rückverlagerung von Risiken und Belastungen, von Zuständigkeiten für Problembewältigung ins Private, eines Abbaus öffentlicher professioneller Dienstleistungen erblickt (vgl. Nestmann, 1988; Keupp & Röhrle, 1987).

Mitchell und Trickett führen 1980 eine Differenzierung von Merkmalen sozialer Netzwerke in strukturelle, qualitative, normative und funktionale Dimensionen ein. Um die Bedeutung der Konstrukte soziale Unterstützung und soziales Netzwerk auch für die empirische Forschung zu klären, schlagen House, Umberson & Landis (1988) vor, als einen Schirmbegriff «Soziale Beziehungen» zu wählen, der sich wiederum in strukturelle und prozessuale Dimensionen gliedert. Soziale Netzwerke sind hier der Strukturdimension zugeordnet. Soziale Unterstützung hingegen wird als prozeßhaft definiert und neben der sozialen Regulation und der sozialen Kontrolle sowie neben den Anforderungen und Konflikten, die aus sozialen Beziehungen resultieren können, verortet.

Soziale Unterstützung selbst wird häufig hinsichtlich unterschiedlicher Formen differenziert. Aus einer Vielzahl entsprechender Kategoriensysteme kommt das von House (1981) relativ breit zur Anwendung. Soziale Unterstützung wird als eine zwischenmenschliche Interaktion betrachtet, in der (a) emotionale Umsorgung (Empathie, Liebe, Zuneigung), (b) instrumentell-praktische sowie materielle Hilfe, (c) Information (Rat, Tip, Problemdiskussion) sowie (d) eine bewertende Rückmeldung zu sich selbst, zum Problem und zu dessen Bewältigbarkeit entweder einzeln oder im Zusammenspiel wirksam werden. Außer *Formen* sozialer Unterstützung werden auch potentielle *Quellen* differenziert. Standen im Mittelpunkt der Aufmerksamkeit lange die «primären» und eher engen persönlichen Bezugspersonen und Netzwerksektoren wie Partner, Kinder oder Eltern, Familie, Verwandtschaft und engste Vertraute z. B. im Freundeskreis, so führen veränderte Lebens-, Wohn- und Arbeitsverhältnisse zu einer notwendigen Erweiterung des Blicks auf faktische und potentielle Unterstützungsbezüge der eher peripheren Netzwerkzonen. Neben engen Beziehungen scheinen auch lockere Kontakte zu Kollegen oder zu Unbekannten ‹alltäglichen› Helferinnen einer Gemeinde hilfreich.

Trotz Überwindung einer euphorischen Netzwerk- und Unterstützungsrezeption der 70er und frühen 80er Jahre, die Netzwerkintegration und Unterstützungserhalt quasi als universelle Allheil- und Präventionsmittel erscheinen ließ, von möglichen negativen Begleiterscheinungen sozialer Beziehungen oder kontraproduktiven Hilfeeffekten absah und die zum Teil schwache empirische Basis und sich widersprechende Forschungsresultate negierte, gilt heute als gesichert, daß das Eingebundensein in Netzwerke und in Austauschprozesse sozialer Unterstützungsleistungen positive Effekte auf Wohlbefinden und Gesundheit haben kann. Nachgewiesen wurden diese Wirkungen für unterschiedlichste Bevölkerungs- und Risikogruppen, für verschiedene Altersgruppen und Ethnien, bei allen möglichen körperlichen und psychischen Krankheiten, materiellen, sozialen und zwischenmenschlichen Streßkonstellationen, bei verschiedensten Anforderungen des Alltags und der Lebensbewältigung (Cohen & Syme, 1985; Röhrle, 1994).

Ungeklärt ist bis heute die Frage, wie man sich die Funktionsweisen und Wirkungswege sozialer Unterstützung vorzustellen hat. Beruht die positive Wirkung auf faktischen, «objektiven» Netzwerkstrukturen wie auf deren Größe, Dichte, Beziehungsdauer und -häufigkeiten? Sind es die subjektiven Interpretationen der Betroffenen, ihre Deutungen, Erwartungen und Zufriedenheiten mit Netzwerkqualitäten wie sozialer Unterstützung, also wahrgenommene soziale Unterstützung? Oder ist es erhaltene soziale Unterstützung, also die konkret ablaufenden Hilfeprozesse, die letztendlich für die erwiesenen positiven Effekte verantwortlich sind? Zahlreiche Studien deuten darauf hin, daß es vornehmlich die Wahrnehmungen und Deutungen sind, von anderen unterstützt zu werden, die verschiedene psychologische und physiologische Effekte vorhersagen lassen (Sarason, Sarason & Pierce, 1990). Ebenfalls uneinheitlich beurteilt wird die Frage, ob soziale Unterstützung als «interaktiver» Effekt aufzufassen ist, als sog. Puffer, der wirksam wird, wenn Streß auftritt. Die dem entgegengesetzte These von «Haupt»- oder «direkten» Effekten geht davon aus, Gesundheit und Wohlbefinden werde entscheidend beeinflußt durch die sozialunterstützenden Aspekte allgemeiner Rollenbeziehungen und zwischenmenschlicher Interaktionen, durch das Eingebettetsein des einzelnen in eine Gemeinschaft und die eher unbeabsichtigten Neben- und Begleiterscheinungen alltäglichen Zusammenlebens, die das Wohlbefinden fördern, ohne daß eine Belastung und eine Streßreaktion gegeben sein und abgepuffert werden muß. Die neuere soziale Unterstützungsforschung geht von beiden gesundheitsförderlichen Funktionen aus (Heller, Swindle & Dusenbury, 1986). Als generell für Wohlbefinden mitverantwortlicher Faktor wirkt soziale Unterstützung quasi ‹psychologisch› und nicht über spezifische Hilfeinteraktionen. Als Faktor der Copingförderung hingegen sind es konkrete Hilfen im sozialen Unterstützungsprozeß, die stützen und stützende Ressourcen bereitstellen.

Auch die konträren Auffassungen, soziale Unterstützung sei eine quasi personenunabhängige Umgebungsvariable (Gottlieb, 1981; 1983) oder soziale Unterstützung sei quasi ein über die Zeit relativ stabiler Persönlichkeitszug, verschieben sich in der Theorieentwicklung vermehrt hin zu interaktionalen Modellen (Shinn, Lehmann & Wong, 1984). Die Helferperspektiven bleiben in der sozialen Unterstützungsforschung allerdings weitgehend ausgespart (Shumaker & Brownell, 1984). Wie Unterstützer und Unterstützungsempfänger Unterstützung definieren (hilfreich oder nicht hilfreich), bestimmt aber den Unterstützungsprozeß und seine langfristigen Folgen. Die Zufriedenheit mit erhaltener Unterstützung gilt als eine der wichtigsten Prozeßvariablen. Ob und wie Unterstützung gewünscht wird und ob erhaltene Unterstützung auch die gewünschte Unterstützung ist, wird in sog. Paßformkonzepten von sozialer Unterstützung zentral. Cohen und McKay (1984) oder Shinn, Lehmann und Wong (1984) machen deutlich, daß erfolgreiche Unterstützungstransaktionen darauf angewiesen sind, daß Form und Funktion der Unterstützung zum jeweiligen Unterstützungsbedürfnis passen.

Neuere Modelle verweisen darauf, daß in der bisherigen Forschung die Betrachtung von Netzwerken und Unterstützung als *unabhängige* Variablen überwiegt. Netzwerke wie Unterstützung müssen aber auch als *abhängige* Variablen betrachtet werden. So wirken viele Belastungsereignisse (Umzug, Tod des Partners etc.) einschneidend auf Netzwerkeinbindung und Unterstützungserhalt zurück. Auch Streßreaktionen von Individuen können Netzwerkbindungen und die Bereitschaft von Netzwerkmitgliedern, zu helfen, positiv oder negativ beeinflussen. Überlastungen von Unterstützern durch die kontinuierliche Bereitstellung intensiver Unterstützung (z. B. in der Pflege chronisch Kranker) kann Hilfebereitschaft und Hilfepotentiale des Netzwerks beeinträchtigen (Heller, 1979; Gore, 1981). Zudem ist aus empirischen Studien bekannt, daß z. B. gerade schwere Krankheiten und unheilbare, hoffnungslose Endzustände potentielle Helfer eher von Unterstützungsleistungen abhalten (Wortman & Lehman, 1985).

Erst relativ spät wurde eine Lebenslaufperspektive sozialer Netzwerke und sozialer Unterstützung entwickelt, die davon abgeht, die beiden Konstrukte quasi geschichtslos zu fassen (Vaux, 1988). Antonucci (1985) und Antonucci und Akiyama (1994) verdeutlichen Kontinuität und Veränderungen sozialer Netzwerke im Lebenslauf im Bild eines Konvois.

Menschen sind in ihrem Leben von der Geburt bis zum Tod von einer teils recht beständigen, teils fluktuierenden Gruppe von Personen umgeben, die sie wie eine Karawane begleiten. Einzelne sind relativ lange dabei und begleiten dicht die Entwicklungen in längeren Lebensphasen – schützen die problematischen und oft krisenhaften Übergänge in neue Lebensbereiche und Rollen, sind gerade in Kindheit und Jugend so etwas wie ein ‹Begleitschutz›. Andere scheiden aus der Karawane aus, verlieren an Bedeutung oder ziehen entfernter mit. Neue Begleiter kommen im Lebenslauf hinzu.

Die Arbeiten feministischer Netzwerk- und Unterstützungsforscherinnen (Belle, 1990) haben auch die Geschlechterdimension ins Blickfeld gerückt. Frauen scheinen deutlich stärker und aktiver in engere soziale Unterstützungsinteraktionen eingebunden als Männer. Sie haben größere unterstützende Netzwerke und erhalten mehr (emotionale) Unterstützung, vor allem aus außerfamilialen Quellen (Nestmann & Schmerl, 1990). Frauen sind andererseits weit stärker in Anspruch genommene Unterstützerinnen in Familienbeziehungen, aber ebenso in weiteren und entfernteren Netzwerkbereichen als Männer. Trotz besserer Netzwerkintegration und besserem Unterstützungserhalt ergeben sich für Frauen angesichts unausgewogener Reziprozität häufig Unterstützungs-‹Lükken›, die zu höheren Belastungen und zu stärkeren Beeinträchtigungen von Gesundheit und Wohlbefinden führen. Geschlechtsunterschiede in Netzwerken und Unterstützungsbeziehungen durchziehen die gesamte Lebensspanne (Hobfoll, 1986).

Integration und Rückhalt in sozialen Netzwerken und soziale Unterstützungsleistungen scheinen psychische und physische Gesundheit auf verschiedenen Wegen zu fördern und zu sichern. In einem biopsychosozialen Modell wird davon ausgegangen, daß miteinander verwobene physiologische, psychologische und soziale Prozesse die vielfältigen Unterstützungswirkungen erklären lassen.

Obwohl die soziale Netzwerk- und die soziale Unterstützungsforschung vielfältige Optionen einer praktischen Anwendung und Prävention-Interventionsrelevanz aufzeigen, sind (in Deutschland) Modelle und Strategien der Netzwerkintervention und der Unterstützungsförderung noch wenig verbreitet (Röhrle, Sommer & Nestmann, 1997).

Literatur

Antonucci, T. C. (1985). Social support: Theoretical advances, recent findings and pressing issues. In: I. G. Sarason & B. R. Sarason (Hg.), Social support: Theory, research and application. Dordrecht.

Antonucci, T. C. & Akiyama, H. (1994). Convoys of Attachment and Social Relations in Children, Adolescents, and Adults. In: F. Nestmann & K. Hurrelmann (Hg.), Social Networks and Social Support in Childhood and Adolescence (S. 37–52). Berlin.

Badura, B. (Hg.). (1981). Soziale Unterstützung und chronische Krankheit. Frankfurt/M.

Belle, D. (1990). Der Streß des Versorgens: Frauen als Spenderinnen sozialer Unterstützung. In: C. Schmerl & F. Nestmann (Hg.), Ist Geben seliger als Nehmen? Frauen und Social Support (S. 36–52). Frankfurt/M.

Cohen, S. & McKay, G. (1984). Social support, stress, and the buffering hypothesis: A theoretical analysis. In: A. Baum, S. E. Taylor & J. E. Singer (Hg.), Handbook of psychology and health. Bd. 4: Social psychological aspects of health (S. 253–268). Hillsdale, NJ.

Cohen, S. & Syme, S. L. (Hg.). (1985). Social Support and Health. Orlando.

Gore, S. (1981). Stress buffering functions of social supports: An appraisal and clarification of research models. In: B. P. Dohrenwend & B. S. Dohrenwend (Hg.), Stressful life events and their contexts (S. 202–222). New Brunswick, NJ.

Gottlieb, B. H. (1981). Social networks and social support. Beverly Hills.

Gottlieb, B. H. (1983). Social support strategies: Guidelines for mental health practice. Beverly Hills.

Heller, K. (1979). The effects of social support: Prevention and treatment implications. In: A. P. Goldstein & F. H. Kanfer (Hg.), Maximizing treatment gains. Transfer enhancement in psychotherapy (S. 353–383). New York.

Heller, K., Swindle, R. W. jr. & Dusenbury, L. (1986). Component social support processes: Comments and integration. Journal of Consulting and Clinical Psychology, 54 (4), S. 466–470.

Hobfoll, S. E. (Hg.). (1986). Stress, social support and women. Washington DC.

House, J. S. (1981). Work stress and social support. Reading.

House, J. S. (1987). Social support and social structure. Sociological Forum, 2 (1), S. 135–146.

House, J. S., Umberson, D. & Landis, K. R. (1988). Structures and processes of social support. Annual Review of Sociology, 14, S. 293–318.

Keupp, H. & Röhrle, B. (Hg.). (1987). Soziale Netzwerke. Frankfurt/M.

Mitchell, R. E. & Trickett, E. J. (1980). Task force report: Social networks as mediators of social support: An analysis of the effects and determinants of social networks. Community Mental Health Journal, 16, S. 27–44.

Nestmann, F. (1988). Die alltäglichen Helfer. Berlin.

Nestmann, F. (1989). Förderung sozialer Netzwerke – eine Perspektive pädagogischer Handlungskompetenz. Neue Praxis 19, S. 107–123.

Nestmann, F. (1991). Soziale Unterstützung, Alltagshilfe und Selbsthilfe bei der Bewältigung. In: U. Flick, E. v. Kardorff, H. Keupp, L. v. Rosenstiel & S. Wolff (Hg.), Handbuch qualitative Sozialforschung (S. 308–312). München.

Nestmann, F. & Schmerl, C. (1990). Das Geschlechterparadox in der Social Support-Forschung. In: C. Schmerl & F. Nestmann (Hg.), Ist Geben seliger als Nehmen? Frauen und Social Support (S. 7–35). Frankfurt/M.

Pearson, R. E. (1997). Beratung und soziale Netzwerke. Eine Lern- und Praxisanleitung zur Förderung sozialer Unterstützung. Weinheim.

Röhrle, B. (1994). Soziale Netzwerke und soziale Unterstützung. Weinheim.

Röhrle, B., Sommer, G. & Nestmann, F. (Hg.). (1997). Netzwerkintervention. Tübingen.

Röhrle, B. & Stark, W. (Hg.). (1985). Soziale Netzwerke und Stützsysteme. Tübingen.

Sarason, I. G., Sarason, B. R. & Pierce, G. R. (Hg.). (1990). Social Support – an Interactional View. New York.
Shinn, M., Lehmann, S. & Wong, N. W. (1984). Social interaction and social support. Journal of Social Issues, 40 (4), S. 55–76.
Shumaker, S. A., Brownell, A. (1984). Toward a theory of social support: Closing conceptual gaps. Journal of Social Issues, 40 (4), S. 11–36.
Vaux, A. (1988). Social support – theory, research and intervention. New York.
Wortman, C. B. & Lehman, D. R. (1985). Reactions to victims of life crisis: Support attempts that fail. In: I. G. Sarason & B. R. Sarason (Hg.), Social support: Theory, research and application. Dordrecht.

Frank Nestmann

Sozialgeschichte

Der Begriff Sozialgeschichte findet sich im Sprachgebrauch von Psychologen in zweierlei Bedeutungszusammenhängen: zum einen im Kontext der Psychologiegeschichte; zum anderen im Rahmen einer «Historischen Psychologie», die als programmatischer Gegenentwurf zu einer «nomologischen» Psychologie propagiert und zuweilen auch als «Sozialgeschichte des Psychischen» bezeichnet wurde (vgl. Jüttemann, 1986). Steht das Wort «Sozialgeschichte» das eine Mal zumeist für die Kennzeichnung eines besonderen, durch eine Einbeziehung gesellschaftlicher, d. h. ökonomischer, sozialer und gesellschafts-, wissenschafts-, hochschul- bzw. fachpolitischer Aspekte charakterisierten Zugangs zur Wissenschaftsgeschichte, so signalisiert sie das andere Mal eher den Anschluß an jene Traditionen geschichtswissenschaftlicher Forschung, die man gemeinhin als «Geschichte der Mentalitäten» zu bezeichnen pflegt.

In dem Maß, in dem sich die deutsche Geschichtsforschung in den Jahren vor und nach 1933 zur «Apotheose der eigenen Nationalgeschichte» verengte (Mommsen, 1981), isolierte sie sich von Entwicklungen, die sich zur gleichen Zeit im internationalen Fachzusammenhang abzuzeichnen begannen. 1929 erschien das erste Heft der von Marc Bloch und Lucien Febvre begründeten Zeitschrift «Annales d'histoire économique et sociale», die in der Folgezeit zur institutionellen Basis einer «anderen Art von Geschichte» werden sollte: einer Geschichte, die sich von der überkommenen Fixierung auf den oberflächlichlichen Schein der «großen» Ereignisse lösen und die zugrundeliegenden Rahmenbedingungen menschlichen Lebens thematisieren wollte (vgl. Burke, 1991; Erbe, 1979; Middell & Sammler, 1994; Raphael, 1994). An die Stelle der Ereignisgeschichte trat eine Geschichte der «Strukturen», die den Horizont historischen Denkens gleich in mehrerer Hinsicht zu erweitern vermochte.

In den Auseinandersetzungen in der bundesdeutschen Geschichtswissenschaft der 60er und 70er Jahre spielten diese im Rahmen der Annales-Gruppe entstandenen Neuansätze eine nur untergeordnete Rolle. Dasselbe gilt für die angelsächsische Tradition einer Sozialgeschichte, wie sie vor allem von marxistischen Historikern in Beschäftigung mit der Industriellen Revolution und der Herausbildung der Arbeiterklasse (Eric J. Hobsbawm, Edward P. Thompson) hervorgebracht wurde. Versucht man die in der deutschen Geschichtswissenschaft im Zuge und als Folge der Debatten um den Begriff der Sozialgeschichte vollzogene Neuorientierung in methodischer Hinsicht zu skizzieren, so ergibt sich das folgende Bild: Sozialgeschichtliche Forschung beschäftigt sich – im bewußten Gegensatz zur historistisch geprägten Tradition, in der Ereignisse, Handlungen und einzelne Personen in den Vordergrund gerückt wurden – primär mit Strukturen und Prozessen. Sie beruht mithin auf einem Geschichtsverständnis, das die entscheidende Qualität der historischen Abläufe «nicht in handlungsanleitenden Absichten und Selbstverständigungen der Akteure, sondern in den handlungsbestimmenden Umständen und Verhältnissen sucht, die sich durchaus den Verstehensmöglichkeiten und den Absichten der Betroffenen entziehen können» (Rüsen & Jaeger, 1992, S. 20). «Verstehen» als methodischer Leitbegriff historistischer Hermeneutik verliert in dieser Programmatik an Bedeutung. Die sozialgeschichtliche Forschungsstrategie ist analytisch.

Die Analyse komplexer Bedingungszusammenhänge historischer Abläufe ist sowohl bei der Umschreibung ihres Untersuchungsgegenstandes als auch bei der Prüfung und Interpretation der relevanten Quellenbestände auf den Gebrauch von Theorien angewiesen. Für die sozialgeschichtliche Forschung kennzeichnend ist die Übernahme einschlägiger Begriffe und Modellvorstellungen aus dem Wissensbestand der systematischen Sozialwissenschaften. In den 60er und 70er Jahren bezog man vorwiegend aus der Soziologie, Politikwissenschaft und Ökonomie Anleihen, in jüngerer Zeit zunehmend auch auch aus der Kulturanthropologie oder der Linguistik. Mit dieser Öffnung hin zu den Nachbarwissenschaften ist auch die Aufnahme von statistischen Verfahren in das Inventar geschichtswissenschaftlicher Methoden verbunden, durch die die Aufbereitung verschiedener Arten von Massendaten ermöglicht wird (Kocka, 1990, S. 135).

Fernand Braudel, der nach dem Tod Lucien Febvres die Gruppe um die «Annales» und damit die gesamte westeuropäische Geschichtsschreibung über lange Jahre hinweg maßgeblich beeinflußte, mußte sich von seinen Kritikern vorwerfen lassen, daß die von ihm gezeichnete Welt sich jeder «menschlichen Kontrolle» entziehe (vgl. Burke, 1991, S. 45):

«So bin ich», schrieb Braudel beispielsweise in seinem Mittelmeerbuch, «bei der Betrachtung eines Individuums immer wieder versucht, es eingebunden in ein Geschick zu sehen, das es kaum selber gestalten kann» (1949, Bd. III, S. 460). Man darf nicht vergessen, daß die «Geschichte der Strukturen» in Frankreich ebenso wie die deutsche «Historische Sozialwissenschaft» gegen den Psychologismus der traditionellen Geschichtsforschung entwickelt wurde. Indem in sozialgeschichtlichen Ansätzen die Individuen und ihre Handlungsmotive zugunsten gesellschaftlich-politischer Antriebskräfte und Zwänge aus dem Zentrum des Interesses gerückt wurden, verloren psychologische Erklärungsmodelle generell für die Geschichtsforschung an Wert und Bedeutung.

In den 80er Jahren begann sich ein Wechsel der Perspektive abzuzeichnen. Gegen die «Geschichte ohne Menschen» ist in programmatischen Ansätzen zu einer «Alltagsgeschichte» die subjektive Seite des historischen Prozesses neu zu thematisieren versucht worden. Die Verfechter des neuen Paradigmas interessierten sich nun nicht mehr so sehr für «Strukturen», sondern für deren subjektive Verarbeitung in Form von alltäglichen Gewohnheiten und Sozialbeziehungen. Wichtige Impulse für diese auf die Aufklärung des Zusammenhangs von sozial bedingten, objektiven Handlungsanforderungen einerseits und «kulturell» bedingten, subjektiven Handlungspotentialen andererseits abzielende Reorientierung der Geschichtsforschung gingen zum einen von der angelsächsischen Tradition einer Sozial- und Kulturanthropologie, zum anderen aber auch von den Schriften von Ethnologen, Soziologen und Philosophen wie Marcel Mauss, Roland Barthes, Michel Foucault und Pierre Bourdieu aus. In forschungsstrategischer Hinsicht wurde der neue Zugang als «ethnologisch» zu kennzeichnen versucht: Wie in der Ethnologie gerieten nun auch in der Geschichtswissenschaft die durch die Begegnung mit «anderen», «fremden» Lebenswelten ausgelösten Irritationen des eigenen kulturellen Selbstverständnisses in den Blickpunkt der Forschung. Bei der theoretischen Auseinandersetzung mit dieser neuen Art von Erfahrungen konnte unter anderem auch auf «Altbewährtes» aus der Psychologie zurückgegriffen werden: Georges Devereux' Konzept der Ethnopsychoanalyse (1967) fand in Historikerkreisen vor allem im Kontext der sog. Oral History Beachtung.

Literatur

Braudel, F. (1949). Das Mittelmeer und die mediterrane Welt in der Epoche Philipps II. 3 Bde. Frankfurt / M.

Burke, P. (1991). Offene Geschichte. Die Schule der «Annales». Berlin.

Devereux, G. (1967). Angst und Methode in den Verhaltenswissenschaften. München.

Erbe, M. (1979). Zur neueren französischen Sozialgeschichtsforschung. Die Gruppe um die «Annales». Darmstadt.
Febvre, L. (1990). Das Gewissen des Historikers. Frankfurt/M.
Jüttemann, G. (Hg.). (1986). Die Geschichtlichkeit des Seelischen. Der historische Zugang zum Gegenstand der Psychologie. Weinheim.
Kocka, J. (1990). Veränderungen in der Geschichtswissenschaft. Eine «Geisteswissenschaft»? In: W. Prinz & P. Weingart (Hg.), Die sog. Geisteswissenschaften: Innenansichten (S. 134–137). Frankfurt/M.
Middell, M. & Sammler, S. (Hg.). (1994). Alles Gewordene hat Geschichte. Die Schule der «Annales» in ihren Texten 1929–1992. Leipzig.
Mommsen, W. J. (1981). Gegenwärtige Tendenzen in der Geschichtsschreibung der Bundesrepublik. Geschichte und Gesellschaft, 7, S. 149–188.
Raphael, L. (1994). Die Erben von Bloch und Febvre. «Annales»-Geschichtsschreibung und «nouvelle histoire» in Frankreich 1945–1980. Stuttgart.
Rüsen, J. & Jaeger, F. (1992). Historische Methode. In: R. van Dülmen (Hg.), Fischer Lexikon Geschichte (S. 13–32). Frankfurt/M.

Gerhard Benetka

Sozialisation

Gegenstand der Sozialisationstheorie

Sozialisation ist ein interdisziplinäres Generalthema der Sozialwissenschaften Psychologie, Soziologie und Pädagogik. In Psychologie und Pädagogik werden die Begriffe Entwicklung und Erziehung zunehmend durch den Begriff Sozialisation ergänzt bzw. ersetzt. Dadurch kommen die jeweils vernachlässigten gesellschaftlichen bzw. subjektiven Dimensionen zur Geltung. Sozialisation thematisiert den Entwicklungscharakter des Individuums, bezogen auf das Verhältnis zwischen Persönlichkeit und Gesellschaft. Damit ist der Transformationsprozeß des biologischen in ein soziales Wesen mit spezifischen kulturellen Maßstäben für Denken und Handeln angesprochen. Sozialisation bezeichnet das Hineinwachsen des Individuums in gesellschaftliche Interaktions- und Strukturzusammenhänge, in die Familie, Freundesgruppe, Schule und Arbeitsorganisation. Dieser Prozeß ist in das System der sozialen Klassen und Schichten eingebettet. In der Psychologie wird von Sozialisation gesprochen, wenn es um die gesellschaftlichen Bedingungen und psychosozialen Mechanismen der Persönlichkeitsentwicklung geht. In der Soziologie wird Sozialisation auf den Prozeß der Kulturweitergabe von einer Generation zur anderen durch Sozialisationsinstanzen oder -agenturen bezogen. Hier steht die Kontinuität des gesellschaftlichen Systems im Mittelpunkt, die durch die Vermittlung der Ideale, Werte und Normen der Gesellschaft an den Nachwuchs hergestellt werden soll. In den

Erziehungswissenschaften wird Sozialisation mit Bildungs- und Lernprozessen in Verbindung gebracht, womit die organisierte, bewußte Sozialisationstätigkeit von Erziehern hervorgehoben wird. Dem Sozialisationsbegriff liegt ein komplexer Sachverhalt zugrunde. Einmal wird mit ihm die Aneignung gesellschaftlicher Verhaltensstandards durch Kinder und Jugendliche erfaßt, zum anderen deren Entwicklung zu selbständigen, gesellschaftlich handlungsfähigen Individuen. Dies berührt eine grundsätzliche Vermittlungsproblematik in den Sozialwissenschaften: Die «gesellschaftliche Konstruktion der Wirklichkeit» (Berger & Luckmann, 1969) setzt sowohl die praktische und symbolische Aneignung der sozialen Wirklichkeit im und durch den Entwicklungsprozeß des Individuums als auch die vorgängige Symbolwelt und die Kommunikations-, Arbeits- und Herrschaftsstrukturen der Gesellschaft voraus. Mit der subjektiven Aneignung der gesellschaftlichen Wirklichkeit ist auch das Potential für deren Veränderung verknüpft. In traditionellen Sozialisationsdefinitionen (vgl. Clausen, 1968) wird unterstellt, daß Sozialisation der funktionalen Integration des Individuums in schon vorhandene Sozialbeziehungen, Rollenmuster und Interaktionsstrukturen dient. Demgemäß stehen die Beziehungen und Interaktionen in der Familie, die auf Entwicklungs- und Lernprozesse von Intelligenz, Fertigkeiten, Selbstkonzept, Normen und Werte einwirken, im Mittelpunkt der traditionellen Konzeption. Solche Gegenstandsbestimmungen reduzieren jedoch Sozialisation entweder auf einzelne Persönlichkeitsmerkmale oder auf die Milieuabhängigkeit der Persönlichkeitsentwicklung. Sie liefern schematische Analysen erfolgreicher oder mißlungener (Devianz) Integration von Kindern und Jugendlichen in die Gesellschaft, ohne die Entwicklungsprozesse des Individuums in ein systematisches Verhältnis zu den gesellschaftlich unterschiedlichen Lern- und Handlungsbedingungen zu setzen (vgl. Geulen, 1977). Dem gegenwärtigen Stand der Theorieentwicklung entspricht es eher, Sozialisation als aktiven Bildungsprozeß des Subjekts zu definieren, das durch Tätigkeit und Kommunikation in bestimmten gesellschaftlich-historischen Bedingungen seine Kompetenzen und Identität entwickelt. Die gesellschaftlich-historischen Umstände verweisen auf den sozialen Wandel und betreffen die allgemeinen sowie spezifischen Lebensverhältnisse, die den Bildungsprozeß der Individuen anregen bzw. begrenzen. Dazu zählen der Entwicklungsstand der Technik, Wissenschaft und Bildung, die Wirtschaftsverhältnisse und die Struktur der sozialen Klassen und Schichten. Identitätsentwicklung hebt auf den ganzheitlichen Charakter des Sozialisationsprozesses ab. Nicht isolierte Rollen, Normen, Kenntnisse und Fertigkeiten werden angeeignet, sondern es bildet sich eine Persönlichkeitsstruktur heraus, in die einzelne Lernerfahrungen zu einer unverwechselbaren Identität und spezifischen Handlungsorientierung integriert werden.

Geschichte der Sozialisationsforschung

Der Begriff Sozialisation, Anfang des 20. Jahrhunderts in der amerikanischen Soziologie geprägt, wird seit den 40er Jahren in der Forschung verwendet. Er hat in den 60er Jahren auch in der Bundesrepublik zunächst im Bereich der Familien-, Jugend- und Bildungssoziologie, dann auch in der Entwicklungspsychologie und der pädagogischen Psychologie im Zusammenhang mit der Rezeption von Forschungsergebnissen über schichtspezifische Sprachbarrieren Anklang gefunden. Im Mittelpunkt standen Untersuchungen zum Verhältnis von Elternhaus und Schule, insbesondere die Analyse der Bedingungen und Folgen der schichtspezifischen Sozialisation (vgl. Bernstein, 1972). Die Entwicklung der Sozialisationsthematik in den Sozialwissenschaften baut auf unterschiedlichen Theorietraditionen und gesellschaftlichen Problemstellungen auf, die sich aus den ökonomischen und politischen Konflikten im Gange der Ausgestaltung gesellschaftlicher Modernisierungsprozesse ergeben haben (vgl. Danziger, 1974). Das Sozialisationskonzept wurde an der Nahtstelle zwischen Psychologie und Soziologie weiterentwickelt und im Hinblick auf Subjektivität, Reflexivität und den Zusammenhang zwischen Sozialstruktur, Geschlecht und soziale Ungleichheit differenziert (vgl. Hurrelmann & Ulich, 1991). Folgende Etappen dieser Entwicklung können unterschieden werden:

1. «Ideologie des Schmelztiegels»: Die in den ersten Jahrzehnten dieses Jahrhunderts anschwellende Einwanderung besonders aus Südeuropa in die USA hat den Akkulturationsprozeß zu einem sozialen Problem ersten Ranges in den amerikanischen Großstädten werden lassen. Die Anpassung der Immigranten an den «american way of life», insbesondere das Problem der sozialen Kontrolle abweichenden Verhaltens (Kriminalität, Alkoholismus), wird zu einer politisch und ökonomisch relevanten Sozialisationsthematik. In diesem Kontext wird die für die spätere Sozialisationsforschung relevante Theorie der Subkultur entwickelt, die Konflikte zwischen ethnischen und rassischen Minoritäten und dem dominanten Kultursystem erklären soll.

2. «Kultur- und Persönlichkeitsansatz»: Mit der Akzentuierung des kulturanthropologischen Ansatzes in Richtung auf die vergleichende Analyse kulturtypischer Persönlichkeitsstrukturen wird der Einfluß von Erziehungsmustern der verschiedenen Kulturen auf die Persönlichkeitsentwicklung zum Forschungsgegenstand. In Verbindung mit psychoana-

lytischen Überlegungen werden vorwiegend frühkindliche Sozialisationspraktiken in ihrer Auswirkung auf die Persönlichkeitsstruktur erwachsener Gesellschaftsmitglieder untersucht. Dieser Ansatz wurde aufgrund seiner zirkulären Argumentation und der Übertragung ethnologischer Befunde auf komplexere Gesellschaften kritisiert, kann aber als erstes Beispiel für die Verknüpfung psychischer und kultureller Dimensionen in der Sozialisationsforschung gelten.

3. «Sozialpsychologie und Lernen»: Mit der Anwendung von Ergebnissen der experimentellen Lernforschung auf soziale Lernprozesse entsteht in den 30er und 40er Jahren ein behavioristischer Begriffsrahmen für die empirische Sozialisationsforschung, der den Erwerb von Reaktionsmustern auf soziale Verstärkungsereignisse reduziert. Verschiedene Lernmodelle werden nun herangezogen, um einzelne Aspekte des Erwerbs sozial normierter und individuell nützlicher Verhaltensweisen unter kontrollierten Lernbedingungen zu erforschen.

4. «Sozialstruktur und Kompensation von Defiziten»: Die bis in die 1960er Jahre weitgehend wissenschaftsinterne Diskussion über den Zusammenhang zwischen Lernen, Sozialstruktur und Persönlichkeitsentwicklung wird durch die Erklärung unterschiedlicher schulischer Leistungen von Kindern aus der Schichtzugehörigkeit der Eltern in die Öffentlichkeit der bildungspolitischen Kontroverse gezogen. Die Analyse der Sozialisationsfunktion von Familie, Schule und Wohngemeinde wird nun vor allem in den USA und England zu einem finanziell geförderten Forschungsschwerpunkt. Diese Phase dauert bis in die 80er Jahre und hat auch in der BRD zu theoretischen und empirischen Arbeiten geführt (vgl. Walter, 1973–1975; Oevermann, 1972), die die Bildungsreform beeinflußten.

5. Die «Wiederbelebung der Theoriediskussion»: Durch die in der schichtspezifischen Sozialisationsforschung aufgedeckten Auswirkungen der Lebensbedingungen auf die kognitiv-sprachliche Entwicklung von Kindern hat sich die umfassende Frage nach den Folgen historisch-gesellschaftlicher Strukturveränderungen auf die Persönlichkeitsentwicklung neu gestellt. Wie wirken sich die Sozialstruktur und deren Wandel (Makro-Ebene) auf die Sozialisationsagenturen (Meso-Ebene) aus, und welche Auswirkungen und Rückwirkungen hat dies auf die Persönlichkeitsentwicklung und soziale Integrationsprozesse (Mikro-Ebene)? Themen wie die Geschichte von Kindheit und Jugend oder das Studium von Sozialbiographien spiegeln diese neue Blickrichtung. Im Laufe dieser Entwicklung wurde der Forschungsgegenstand auf begrifflichem und empirischem Niveau präzisiert und gleichzeitig erweitert (vgl. Tillmann, 1989). Einerseits ist Sozialisation in mehrere For-

schungsschwerpunkte zergliedert: geschlechtsspezifische, schichtspezifische, kognitiv-sprachliche, politische und berufliche Sozialisation, die wiederum auf die Sozialisationsinstanzen Familie, Schule, Hochschule, Medien und Betrieb bezogen werden (vgl. Hurrelmann & Ulich, 1991).

6. Die «Modernisierung des Lebenslaufs» hat die Konzentration von Sozialisationstheorien auf die Kindheit im Kontext von sozialer Schicht, Familie («primäre Sozialisation») und Schule in Richtung auf eine biographische Perspektive relativiert (vgl. Beck & Beck-Gernsheim, 1994; Elder & O'Rand, 1995). Diese Sichtweise betont die Individualisierung und betrachtet Sozialisation als einen lebenslangen Prozeß, der aus der dynamischen Interaktion zwischen Lebensereignissen und -übergängen einerseits, der individuellen Gestaltung bzw. Bewältigung veränderter Rollenerwartungen andererseits besteht. Damit treten als Forschungsfelder Übergänge zwischen Lebensphasen und das Erwachsenenalter in den Vordergrund (vgl. Faltermaier et al., 1992; Heinz, 1995).

Sozialisationstheorien

Der Prozeß der Internalisierung sozialer Normen und Werte, also die Transformation äußerer sozialer Kontrolle und Anforderungen in individuelle Orientierungsmuster und Handlungsziele ist Kern des Sozialisationskonzepts. Wie diese Übersetzung stattfindet, wird von Theorien des sozialen Lernens, der sozial-kognitiven Entwicklung, der Psychoanalyse und der Sozialpsychologie bearbeitet. Diese theoretische Arbeitsteilung erschwert es, die verschiedenen und vielfältigen Ergebnisse der empirischen Sozialisationsforschung in einen gemeinsamen Erklärungsrahmen zu integrieren.

1. Die Theorien des sozialen Lernens haben sich von ihrer ursprünglichen behavioristischen Ausrichtung auf kognitive Konzeptionen umgestellt. Dieser Wandel der theoretischen Orientierung hat sich aus dem wachsenden Interesse an Informationsverarbeitung, Wissenserwerb und -anwendung ergeben. Von besonderer Bedeutung ist hier das Modell des Beobachtungslernens von A. Bandura (1979); dessen sozial-kognitive Lerntheorie rekonstruiert Sozialisation als einen aktiven Prozeß, als zielgerichtete Auswahl von Verhaltensmodellen und deren kreative Einbindung in das Verhaltensrepertoire des lernenden Individuums.

2. Die sozialpsychologisch orientierte Sozialisationstheorie erklärt Persönlichkeitsentwicklung durch soziale Beziehungen und Interaktionsprozesse zwischen dem Individuum, Bezugspersonen und sozialen Gruppen. Die strukturelle Version dieses Ansatzes betont die Konformität mit Rollenerwartungen, die die Umwelt an das Kind heranträgt. Besonders einflußreich ist hier die struktur-funktionale Theorie sozialer

Systeme von T. Parsons (1968), die die Rollentheorie mit psychoanalytischen Konzepten (Internalisierung sozialer Normen) verbindet.

3. Das psychosoziale Modell der Identitätsentwicklung von E. H. Erikson (1988) stellt eine Weiterentwicklung der psychoanalytischen Theorie der psychosexuellen Entwicklungsphasen dar. Dieses Modell integriert soziale Erwartungen und erweitert Sozialisation auf den gesamten Lebenszyklus als Abfolge von acht psychosozialen Entwicklungskrisen.

4. Die Theorie des symbolischen Interaktionismus von G. H. Mead, einem der Gründer der Chicago-Schule der Soziologie, bezieht Sozialisation auf soziale Interaktionsabläufe, die vom Individuum verlangen, das Handeln der anderen durch die Übernahme ihrer Rolle zu antizipieren. Zum Beispiel lernen Kinder ihre Rollen als Sohn oder Tochter, Bruder oder Schwester, indem sie sich in die Rolle der Mutter, des Vaters oder der Geschwister «hineinversetzen». Sie erwerben eine Vorstellung über ihre Rollen durch die Interpretation der Erwartungen von Bezugspersonen, die mit ihnen in wechselseitigen Interaktionsbeziehungen stehen. Soziales Lernen und Persönlichkeitsentwicklung werden als Ergebnis kommunikativer Handlungen gesehen, und das Verhältnis zwischen personaler und sozialer Identität ist dadurch zu einem zentralen Thema der Sozialisationstheorie geworden (vgl. Habermas, 1973; 1976; Garz, 1989).

5. Die Theorie der sozial-kognitiven Entwicklung hat durch die Arbeiten von L. Kohlberg (1981, 1984), der auf der Entwicklungspsychologie von J. Piaget und der Theorie von G. H. Mead aufbaut, Eingang in die Sozialisationsforschung gefunden. Kohlberg erweitert die klassischen Untersuchungen von Piaget über den Zusammenhang zwischen intellektueller und moralischer Entwicklung zu einem Stufenmodell des moralischen Denkens vom vorkonventionellen über das konventionelle zum postkonventionellen Niveau.

6. Ausgehend von den Feuerbach-Thesen, in denen Karl Marx das Individuum als Ensemble gesellschaftlicher Verhältnisse bezeichnet, strebt die kritische Gesellschaftstheorie in der Tradition der Frankfurter Schule an, die Entwicklung von Subjektivität aus der Perspektive von gesellschaftlichen Produktionsverhältnissen zu analysieren. Sozialisation wird als dialektischer Prozeß gesehen, der die Psychodynamik der Persönlichkeitsentwicklung mit den konkreten gesellschaftlichen Lebens- und Arbeitsumständen verbindet. Während die ökonomistischen klassentheoretischen Ansätze Sozialisation als einseitigen Prozeß der Persönlichkeitsentwicklung unter entfremdeten Strukturbedingungen sehen, versuchen Theoretiker wie Lorenzer (1972) oder Oevermann (1979) eine kritisch-hermeneutische Analyse sozialer und individueller Strukturen. Den Zusammenhang zwischen Arbeitsbedingungen und Persönlich-

keitsentwicklung hat vor allem die Forschung von M. Kohn (1981) erhellt. Seine kulturvergleichenden Untersuchungen bestätigen, daß die Position des Individuums in der sozialen Schichtungsstruktur eng mit der Berufsstruktur verknüpft ist und daß die Arbeitsbedingungen eine wesentliche Determinante der Persönlichkeitsentwicklung darstellen. So beeinflussen Restriktionen bzw. Selbstbestimmung am Arbeitsplatz die Werte und die sozialen Orientierungen von Eltern, die diese an ihre Kinder im Sozialisationsprozeß weitergeben.

Literatur

Bandura, A. (1979). Sozial-kognitive Lerntheorie. Stuttgart.
Beck, M. & Beck-Gernsheim, E. (Hg.). (1994). Riskante Freiheiten. Frankfurt/M.
Berger, P. & Luckmann, T. (1969). Die gesellschaftliche Konstruktion der Wirklichkeit. Frankfurt/M.
Bernstein, B. (1972). Studien zur sprachlichen Sozialisation. Düsseldorf.
Clausen, J. A. (Hg.). (1968). Socialization and Society. Boston.
Danziger, K. (1974). Sozialisation. Düsseldorf.
Elder, G. H. Jr. & O'Rand, A. (1995). Adult lives in a changing society. In: K. S. Cook, G. A. Fine & J. S. House (Hg.), Sociological perspectives on social psychology. Needham Heights (MA).
Erikson, E. H. (1988). Der vollständige Lebenszyklus. Frankfurt/M.
Faltermaier, T. et al. (1992). Entwicklungspsychologie des Erwachsenenalters. Stuttgart.
Garz, D. (1989). Sozialpsychologische Entwicklungstheorien. Opladen.
Geulen, D. (1977). Das vergesellschaftete Subjekt. Zur Grundlegung der Sozialisationstheorie. Frankfurt/M.
Habermas, J. (1973). Kultur und Kritik. Frankfurt/M.
Habermas, J. (1976). Zur Rekonstruktion des Historischen Materialismus. Frankfurt/M.
Habermas, J. (1983). Moralbewußtsein und kommunikatives Handeln. Frankfurt/M.
Heinz, W. R. (1995). Arbeit, Beruf und Lebenslauf. München/Weinheim.
Hurrelmann, K. & Ulich, D. (Hg.). (1991). Neues Handbuch der Sozialisationsforschung. Weinheim.
Kohlberg, L. (1981/1984). Essays on moral development. Bde 1 u. 2. San Francisco.
Kohn, M. L. (1981). Persönlichkeit, Beruf und soziale Schichtung. Stuttgart.
Lorenzer, A. (1972). Zur Begründung einer materialistischen Sozialisationstheorie. Frankfurt/M.
Oevermann, M. (1972). Sprache und soziale Herkunft. Frankfurt/M.
Oevermann, U. (1979). Sozialisationstheorie. Ansätze einer soziologischen Sozialisationstheorie und ihre Konsequenzen für die allgemeine soziologische Analyse. Kölner Zeitschrift für Soziologie und Sozialpsychologie, 21, S. 143–168.
Parsons, T. (1968). Sozialstruktur und Persönlichkeit. Frankfurt/M.
Tillmann, K.-J. (1989). Sozialisationstheorien. Reinbek.
Walter, H. (Hg.). (1973–1975). Sozialisationsforschung. Bd. 1–3. Stuttgart.

Walter R. Heinz

Sozialpsychiatrie

Zu Beginn der 70er Jahre hat Klaus Dörner als Repräsentant der Reformbewegung in der Psychiatrie das Credo einer reformorientierten und sozialwissenschaftlich reflektierten Psychiatrie formuliert: «Psychiatrie ist soziale Psychiatrie oder sie ist keine Psychiatrie» (1972, S. 8). Sozialpsychiatrie ist der Oberbegriff einer normativ orientierten psychosozialen Praxis, die Menschen mit schweren psychischen Problemen in den gesellschaftlichen Alltag zu integrieren versucht. Sie reagiert vor allem auf eine psychiatrische Internierungspraxis, die Menschen aus ihrer alltagsweltlichen Verortung herauslöst und sie in einer Sonderinstitution verwahrt. Einer dominanten biomedizinischen Sicht psychischer Störungen wird eine alternative Sicht entgegengesetzt, die in den alltäglichen Lebensbedingungen der Subjekte die Gründe für ihre Verstörungen und Verrücktheiten sieht. Die Sozialpsychiatrie hat sich als ein interdisziplinäres Projekt entwickelt. Auf der praktischen wie auf der fachwissenschaftlichen Ebene ergeben sich Kooperationsformen von Medizin, Psychologie, Sozialpädagogik und anderen Sozialwissenschaften.

Die klassischen gesellschaftlichen Umgangsformen mit psychischer Devianz waren zu Beginn der Herausbildung von Industriegesellschaften asylärer Art. Es wurden Irrenhäuser außerhalb der urbanen Zentren gebaut, in die die Kommunen ihre psychisch Kranken einweisen konnten. Von der kommunalen Verpflichtung, auch für die psychisch kranken Bürger zuständig zu sein, entband eine Steuerabgabe an die überörtlichen Träger. Bis in die ersten Nachkriegsjahrzehnte war dies der vorherrschende Typus psychiatrischer Versorgung auch in Deutschland. Die Zentralisierung der Unterbringung führte zwangsläufig zu der Problematik, daß die Menschen, die für eine längere Zeit in einem Irrenhaus untergebracht wurden, den Kontakt zu ihrer normalen Alltagswelt verloren haben und die Einlieferung in die Anstalt zu einer Einbahnstraße wurde. Der Anteil der Langzeitpatienten oder «chronisch Kranken» wurde immer größer. Die Menschen, die über einen längeren Zeitraum in solchen Anstalten zu leben hatten, entwickelten einen Hospitalismus, der die soziale Distanz zu Angehörigen der eigenen Herkunftsfamilie und des sozialen Netzwerks weiter vergrößerte. Aus dieser Distanz wurden die Bilder von «psychisch Kranken» in der Gesellschaft immer stärker von den Hospitalismusfolgen her geprägt (Finzen, 1974). Psychisch Kranke erschienen als qualitativ andere Menschen, vor denen man mit guten Gründen Angst haben konnte. Die Tatsache, daß sie von Fachleuten aus dem hochangesehenen Ärztestand in ausgegrenzten Sonderbezirken, hinter Mauern in geschlossenen Abteilungen «behandelt» wurden, gab diesen Haltungen eine legitime Bestätigung. Dieses institutionelle Arrangement und seine Folgen für die Insassen wurde in seiner sozialen Produziertheit durch die professionell erzeugten Theorien unterschlagen. Die Vorstellungen einer inneren Krankheitslogik, die die Chronizität oder Unheilbarkeit einer «Geistes-» oder «psychischen Krankheit» naturnotwendig zur Folge hat, konnten erst überzeugend dekonstruiert werden, als im Zuge der Psychiatriereformen der 60er und 70er Jahre Deinstitutionalisierungsmaßnahmen eingeleitet wurden, die als eine Rekommunalisierung der psychosozialen Versorgung zu verstehen sind (Scull, 1980).

Die gesellschaftliche Logik dieses sozialpsychiatrischen Transformationsprozesses wird in der sozialwissenschaftlichen Literatur sehr unterschiedlich gedeutet. Einigkeit besteht in der Annahme, daß im Zuge der wohlfahrtsstaatlichen Umgestaltung der spätkapitalistischen Gesellschaften die ausgrenzenden rigiden Formen sozialer Kontrolle dysfunktional wurden. Sie erwiesen sich außerdem als unerschwinglich. Die Transformation der Versorgung und der darin enthaltenen Kontrolldispositive vollzog sich weltweit von zentralisierten stationären Institutionen zu dezentralen gemeindenahen ambulanten, teilstationären und stationären Einheiten. Mit dieser Entwicklung sind unterschiedliche Vorstellungen einer künftigen psychosozialen Versorgung verbunden. Sie reichen von einer antipsychiatrischen Befreiungsperspektive, die auf eine Überwindung der Psychiatrie insgesamt setzt, über eine gemeindepsychiatrische Vorstellung, die psychosoziale Hilfen und Dienstleistungen vollständig in die Lebenswelt integriert, bis zu einer modernisierten Psychiatrie, die nach wie vor von einer klinisch-stationären Zentrierung ausgeht, die aber das ganze Spektrum präventiver, therapeutischer und rehabilitativer sozialpsychiatrischer Ansätze in ihr institutionelles Spektrum integriert.

Die sozialpsychiatrische Transformation geht von folgenden Prinzipien aus:

(1) *Normalisierungsprinzip:* Auch für Menschen mit psychischen und körperlichen Einschränkungen gelten die menschlichen Grundbedürfnisse nach einer eigenständigen Wohnung, einer materiellen Absicherung der gewünschten Lebensform, nach sozialem Kontakt und Kommunikation, nach einer intakten ökologischen Umwelt. Alle sozialpolitisch und professionell bereitgestellten Formen von Hilfe und Unterstützung sollten von diesem Normalisierungsprinzip her gedacht werden. (2) Der wichtigste Faktor für die psychische Gesundheit ist ein *verläßliches Netz sozialer Beziehungen,* auf das wir in Krisen- und Krankheitssituationen zurückgreifen können, das aber auch in alltäglichen Lebenssituationen

unsere Handlungsfähigkeit garantiert. (3) Professionelle Hilfe muß *bürgernah und gemeindebezogen* aufgebaut werden. Sie muß die vorhandenen alltäglichen Hilfssysteme unterstützen und sich nicht an ihre Stelle setzen. *Netzwerkförderung* ist für den gesamten Gesundheitsbereich eine vordringliche Zielsetzung. (4) Psychosoziale Hilfen müssen von der alltäglichen Lebenswelt der Betroffenen her gedacht werden und sollten immer vorrangig danach fragen, wie Menschen auch in besonderen Problemsituationen ihr vertrauter Lebenszusammenhang erhalten werden kann. Das ist für alt werdende Bürger von besonderer Bedeutung. Alle stationären Spezialeinrichtungen können, trotz hochtechnisierter Hilfsangebote, die heimatliche Vertrautheit als gesundheitsförderlichen Faktor nicht ersetzen. Daraus folgt das Prinzip, daß alle ambulanten Hilfsmöglichkeiten ausgeschöpft werden müssen, ehe stationäre Lösungen in Betracht gezogen werden dürfen.

Literatur

Bock, T. & Weigand, H. (Hg.). (1991). Handwerksbuch Psychiatrie. Bonn.
Dörner, K. (1972). Einleitung. In: K. Dörner & U. Plog (Hg.), Sozialpsychiatrie (S. 7–20). Neuwied.
Finzen, A. (Hg.). (1974). Hospitalisierungsschäden in psychiatrischen Krankenhäusern. München.
Keupp, H. (1987). Psychosoziale Praxis im gesellschaftlichen Umbruch. Bonn.
Scull, A. T. (1980). Die Anstalten öffnen? Decarceration der Irren und Häftlinge. Frankfurt/M.
Thom, A. & Wulff, E. (Hg.). (1990). Psychiatrie im Wandel. Bonn.
Weik, T. (1987). Umschichtungen. Erfolge und Mißerfolge der Gemeindepsychiatrie. München.

Heiner Keupp

Sozialpsychologie

Als Grenzwissenschaft zwischen Soziologie und Psychologie wendet sich die Sozialpsychologie der Erforschung des wechselseitigen Bedingungszusammenhangs von psychischen und sozialen Sachverhalten zu, erkundet die Entwicklung und Modifikation von individuellem Verhalten in sozialen Interaktionen und untersucht, in welcher Weise und mit welchem Resultat dies auf das soziale Feld zurückwirkt. Je nach disziplinärer Anbindung steht die Sozialpsychologie in der Gefahr, sich im Extremfalle auf sozial-deterministischen Soziologismus oder psychologischen Reduktionismus zu verengen. Obwohl nach theoretischen Modellen und in der Bestimmung des eigentlichen Gegenstandes facettenreich, hat sich in stillschweigendem Konsens als Selbstverständnis der herrschenden Sozialpsychologie die empirische Erforschung sozialer Mikrophänomene herausgeschält.

Im herrschenden Selbstverständnis der Sozialpsychologie ist tendenziell jener psychologische Begriff von Wissenschaftlichkeit ererbt, welcher die Reflexion sozialer Bezüge aufgrund einer Orientierung an den exakten Naturwissenschaften und infolge methodologischer Zweckmäßigkeitserwägungen ausspart. Wesentlich gründet die Sozialpsychologie in der pragmatischen (funktionalistischen) Sozialspychologie des späten 19. Jahrhunderts (in den USA); sie entwickelte sich zu einer Integrations- und Kontrollwissenschaft und wahrte die Funktion, die aus der Industrialisierung resultierenden gesellschaftlichen Konflikte zu entschärfen. Ross, der 1899 die erste Vorlesung über Sozialpsychologie hielt und 1908 das erste Lehrbuch mit dem Titel «Social Psychology» veröffentlichte, formulierte systematisch das Problem sozialer Kontrolle im Rahmen öffentlicher Ordnung. Individuelle Prädispositionen und gesellschaftliche Intervention zur Aufrechterhaltung des sozialen Friedens waren sein Thema: Nicht Veränderungen der Verhältnisse, sondern Änderung der Verhaltensweisen für die Verhältnisse war der Sozialpsychologie als Aufgabe gestellt. Wenn auch im theoretischen Begriff des Menschen noch das Gesellschaftliche mitgedacht war, so war der soziale Bezug doch nur als Konfliktdimension überhaupt, nicht aber zur Seite der Konfliktinhalte von Belang.

Der Pragmatiker James erkannte die Bedeutung sozialer Lernprozesse und deren verhaltenssteuernde Verdichtung in «habits» (Gewohnheiten), was Dewey sozialtechnologisch in eine Pädagogik zur Herstellung industriell-demokratischer Gesinnung ummünzte. Dabei war Theorie auf Problemlösungsmethoden reduziert und an bestehende Wirklichkeit gebunden; die Frage, wem die konkrete Problemlösung diente, blieb außer acht. Entscheidender als die Motivations- und Instinkttheorie (McDougall), wie sie von psychologischer Seite auf dem Hintergrund eines neodarwinistischen Biologismus eingebracht wurde, war für die Sozialpsychologie der Entwicklungsstrang aus soziologischer Richtung, der bedeutsame Schlüsselbegriff «attitude» (Einstellung – als subjektives Pendant des sozialen Werts) und die Hinwendung zu systematischer Empirie.

Über mehrere Jahrzehnte dominierte in der Sozialpsychologie eine Einstellungs- und Kleingruppenforschung, die sich empirisch und experimentell den Problemen um Gruppendruck und Urteilskonformität, der Rolle von Meinungsführern, Führungsstilen und dem Einfluß der Gruppe auf die Entwicklung veränderter Handlungsstrukturen zuwandte. Zumal im industriellen Bereich wurden zum Zweck reibungsloser Produktion Techniken der Konfliktbegleichung erkundet und angewendet. Die Hawthorne-Experimente (1924–1932) bestätigten den Zusammenhang zwischen Produktivität, sozialen Beziehungen der Arbeitsgruppenmitglieder untereinander und zu ihrer Umwelt. Produktionsbeeinträchtigende Unzufriedenheit wurde nicht als Resultat objektiver Arbeitsbedingungen interpretiert, sondern als emotionale Fehlanpassung und falsche Einstellung der Arbeiter, die durch geeignete Führungsmaßnahmen und ideologische Integration zu korrigieren waren. Der soziale Bezug der Sozialpsychologie war damit auf außerindividuelle Faktoren als Störvariablen systemkonformer Einstellungen reduziert.

Eine heutige Variante dieser traditionellen Gruppenforschung stellen neuere Therapieformen dar, die auf positive Effekte durch angeleitete oder eigenständige Gruppenerfahrungen bauen (vgl. Horn, 1972 a).

Die Theorieansätze der Sozialpsychologie sind im Hinblick auf die Erklärung des Beziehungsgefüges zwischen Individuum und sozialem Umfeld weit verzweigt. Ihnen sind unterschiedliche Grundannahmen über Konstanten des Menschseins unterlegt, die in der Regel ebensowenig wie der entsprechende wissenschaftstheoretische und politische Hintergrund ausgeführt werden. Sie beeinflussen jedoch die Entscheidung des sozialpsychologischen Forschers für Gegenstand und Methode. Die Feldtheorie von Lewin wird häufig als Vorläufer *kognitiv orientierter Ansätze (*kognitive Theorie) genannt. In dieser Tradition steht die Theorie des kognitiven Gleichgewichts (Heider), vor allem die für die Sozialpsychologie relevante Theorie der kognitiven Dissonanz des Lewin-Schülers Festinger (1978). Diese Theorie geht davon aus, daß kognitive Elemente (Meinungen, Überzeugungen, Wissen, Selbst- und Fremdbeurteilungen), sofern sie in einer Beziehung zueinander stehen und unvereinbar sind, kognitive Dissonanzen schaffen und ein Bestreben des Individuums wachrufen, den dissonanten Zustand zu verändern. Als Dissonanzreduzierung eröffnet sich die Einführung neuer kognitiver Elemente oder ein Einstellungswandel. Die verhaltensorientierten Ansätze gehen davon aus, daß menschliches Verhalten in Erfahrung, Nachahmung und im Lernen gründet und von den Individuen vornehmlich in zwischenmenschlichen Interaktionsprozessen gewonnen wird. Das individuelle Verhalten erscheint immer als extern stimuliert und determiniert, das Individuum bleibt passiv. Eigeninitiative oder spontane Aktivität kommen nicht vor. Modifiziert wurde dieser Entwurf durch Austauschtheorien, die den Konditionierungsansatz Skinners um entscheidungstheoretische Überlegungen erweiterten oder menschliches Verhalten reduktionistisch in Analogie zum ökonomischen Kosten-Nutzen-Kalkül zu verstehen versuchten. Insgesamt hat die Lerntheorie – auch in der Verbindung mit kognitiven Ansätzen und theoretischer Erweiterung um Beobachtungslernen (Bandura) – einen beschränkten Einfluß auf die Sozialisationsforschung. Im Zusammenhang mit pädagogischer Praxis ist sie jedoch als «Erziehungstechnologie legitimierende Ideologie» (Kvale) nicht zu unterschätzen.

Mit der interaktionistischen Sozialpsychologie ist der Name Mead und die sog. Chicagoer Schule des Symbolischen Interaktionismus verbunden. Gesellschaft reicht hier vermöge sprachlicher Symbole in die Identitätsentwicklung des Individuums hinein. Die Argumentation hat ihren Ausgangspunkt in dem Grundgedanken Meads (1968), daß das handlungsanleitende Selbstverständnis («self») auf der Interaktion basiert. Das «self» ist nach Mead aus «I» und «me» zusammengesetzt: Im «me» sind die vom Individuum interpretierten Verhaltenserwartungen anderer vergegenwärtigt, das «I» ist dem Individuum eigen und steht jenseits der Verhaltenserwartungen anderer. Mit dem Begriff «mind» hält Mead die Möglichkeit reflexiver Auseinandersetzung zwischen «me» und «I» fest. Bis in die gegenwärtige Sozialpsychologie hat sich – obwohl der Symbolische Interaktionismus lange vom Strukturfunktionalismus (Parsons) überlagert wurde – die theoretische Tradition erhalten, Identitätsentwicklung aus der individuellen Verarbeitung sozialer Erfahrungen zu bestimmen; in sozialer Interaktion wird jeweils die Perspektive der Interaktionspartner übernommen, wobei die Rollennormen nicht rigide und über äußere, normative Kontrollmechanismen definiert sind, sondern ein Spielraum für kreative Innovationen hinsichtlich der Rollenausgestaltung bleibt. Methodisch verbietet sich für den symbolisch interaktionistischen Ansatz das Vorgehen experimenteller Laborforschung: Biographische Analysen, teilnehmende Beobachtung und Fallstudien traten in den Vordergrund. Allerdings ist der Theoriekonzeption vorzuhalten, daß sich der Nachweis subjektiver Leistungen der Individuen in ihren sozialen Interaktionen vor die Analyse der gesellschaftlichen Verhältnisse schiebt, welche den Interaktionsprozessen und -leistungen vorausgesetzt sind und deren Bandbreite abstecken; überdies vermag die symbolisch interaktionistische Deutung den von der Psychoanalyse thematisierten «verpönten Interaktionsformen» (Lorenzer) nicht gerecht zu werden, die im Bereich sprachlich begriffener Handlungsnormen nicht repräsentiert sind (vgl. Ottomeyer & Scheer, 1976).

Auch die Ethnomethodologie, die keine begriffliche Geschlossenheit aufweist, sieht die Menschen zuallererst als rationale, kreative und spontane Schöpfer ihrer sozialen Umwelt, deren Handlungen nicht auf der Folie bestimmter gesellschaftlicher Verhältnisse von übergreifenden

Normen strukturiert sind. Als eine Forschungsrichtung, die sich programmatisch erst in ihrer konkreten Durchführung erschließen soll und sich gegenüber einer Definition oder Abgrenzung zu anderen soziologischen Ansätzen als sperrig erweise (vgl. Weingarten et al., 1976), steht sie in einer losen Verbindung zum Symbolischen Interaktionismus sowie zur Phänomenologie (Husserl) und phänomenologischen Soziologie (Schütz). Ihr Gegenstand ist die methodische, permanente Erzeugung, Umkonstruktion und Anwendung von Alltagswissensbeständen in den Interaktionsprozessen der Gesellschaftsmitglieder. Die Ethnomethodologie interessiert der Durchführungsaspekt des Handelns («accounts»), die Methode der sprachlichen wie nichtsprachlichen Sinnerzeugung und Konstruktion gesellschaftlicher Realität im Vollzug alltäglicher Handlungen (vgl. Garfinkel, 1967).

Der psychoanalytisch orientierten oder analytischen Sozialpsychologie ist ein gesellschaftskritischer Duktus nicht abzusprechen; sie will zu einem realistischen Verständnis der Bedingungen des Handelns und hierdurch zu «Interventionschancen» vordringen, um «die Auflösung gesellschaftlich nicht mehr notwendigen falschen Bewußtseins» zu beschleunigen (Dahmer, 1980, S. 664). Die jüngere analytische Sozialpsychologie begreift das Subjekt in seiner Gesellschaftlichkeit und zugleich als eigenständig, die Subjektivität in historischer und gesellschaftlicher Vermitteltheit, ohne sie darin zur Gänze aufgehen zu lassen (vgl. Horn, 1972b). Bereits in der frühen Mutter-Kind-Beziehung, so Lorenzer (1972), reproduzieren sich die Widersprüche der Produktionsverhältnisse in den Interaktionsformen und beeinflussen die Subjektivitätsentwicklung; «gesellschaftlich gültige Formen des Interaktions- und Sprachspiels» (Lorenzer) werden schon in der frühkindlichen Sozialisation eingebracht. Der Theorieansatz der analytischen Sozialpsychologie findet in der herrschenden sozialpsychologischen Diskussion wenig Beachtung. Sie konnte jedoch auf die Sozialisationsforschung nicht unerheblichen Einfluß gewinnen und fand Eingang in die sogenannte Narzißmus-Diskussion.

Ebenso unbeachtet blieb der Ansatz der reflexiven Sozialpsychologie, die an die verschiedenen kritischen Ansätze anschließt und sie zu integrieren versucht: «Es geht in der Sozialpsychologie, wie in allen Sozialwissenschaften, um die Frage: Wie entsteht gesellschaftliche Ordnung und wie verankert sie sich in den Subjekten? ... Wie bilden sich jene alltäglichen Selbstverständlichkeiten heraus, auf deren Grundlage sich Menschen sicher fühlen können bzw. ein Vertrauen in die Voraussehbarkeit von Abläufen und Erwartungen entstehen kann? ... Wie wird ein Subjekt im jeweiligen gesellschaftlichen Lebenszusammenhang handlungsfähig?» (Keupp, 1993, S. 13). Die Forschung zu diesen Fragen findet in praxisbezogenen Institutionen und in Zusammenarbeit mit ihnen statt und spiegelt damit auch die Praxisferne der akademischen Sozialpsychologie wider.

Ein Teil der sozialpsychologischen Diskussion hat die innere Krise dieses Wissenschaftszweiges zum Thema (vgl. Mertens & Fuchs, 1978). Zudem ist die innerdisziplinäre Kritik der Sozialpsychologie recht umfänglich: Im Hinblick auf praktische Umsetzung und Verwertung warnte Berkowitz (1976) vor der Verallgemeinerung sozialpsychologischer Ergebnisse, weil sie auf unvollständigen oder fehlerhaften theoretischen Konzeptionen beruhen könnten. Am Beispiel der Aggressionsforschung zeigt er auf, daß die Annahme, aggressive Neigungen könnten in aggressivem Spiel abreagiert werden, in falsche sozialtechnische Praxis einmünden muß, weil neuere Ergebnisse ausweisen, daß gerade umgekehrt aggressives Spiel die Wahrscheinlichkeit realistisch-aggressiven Verhaltens erhöht. Diese Skepsis kann natürlich fortgeschrieben werden und verweist die Ergebnisverwertung in die Warteposition. Über dieses Problem verfrühter Anwendung hinaus besteht eine generellere Skepsis gegenüber der Alltagsrelevanz sozialpsychologischer Ergebnisse. Vermittels des wissenschaftlichen Konkurrenzdrucks und Publikationszwangs – «to publish or to perish» (Lowe) – bleibe der Sozialpsychologe an solche jeweils aktuellen Themen der scientific community gefesselt, die an den realen Problemen der Alltagshandelnden vorbeizielten; demgegenüber könne die Sozialpsychologie aber auch über die Popularisierung ihrer Menschenbildkonstruktionen die öffentliche Meinung beeinflussen und restringierte, alltägliche Handlungstheorien stabilisieren (vgl. Argyris, 1976).

Überdies betone die sozialpsychologische Forschung die Quantität auf Kosten der Qualität, methodische Strenge sei kreativen Entwürfen vorrangig, was die gesamte Sozialpsychologie in den Zustand widersprüchlicher und einander ausschließender Forschungsergebnisse versetze (vgl. Sherif, 1970); unterschiedliche Theoriebruchstücke würden zur Erklärung verschiedener Aspekte uneindeutiger Befunde herangezogen, Theorie-Eklektizismus würde letztendlich zum Programm (vgl. Holzkamp, 1977).

Die naturwissenschaftliche und laboratoriumsexperimentelle Ausrichtung der Sozialpsychologie versperre ihr die Bezugnahme auf einen historischen und normativen Kontext, ihrem theoretischen Selbstverständnis ermangele es der Einsicht in die soziohistorische Vermitteltheit sowie Relativität sozialen Verhaltens, zwangsläufig müsse die Suche der Sozialpsychologie nach zeitlich und kulturell invarianten Gesetzmäßigkeiten scheitern (vgl. Gergen, 1973). Entgegen dem Trugschluß, die theoretische Begründung des Sozialverhaltens sei in den Individuen zu finden, müßten überdies Wertmuster und Glaubensüberzeugungen als konzeptuelle Determinanten normativen Verhaltens innerhalb soziokultureller Einheiten (ethnischer Gruppen etwa) einbezogen werden, und zwar unter Berücksichtigung sozialer und politischer, ökonomischer und geographischer, auch individualpsychologischer, biologischer und ethnologischer Begründungszusammenhänge; dies habe die Sozialpsychologie infolge ihrer Abhängigkeit von der Allgemeinen Psychologie mit individualistischer Orientierung gerade in ihren Forschungsbereichen um Einstellung und Einstellungsänderung versäumt (vgl. Pepitone, 1976).

Im Hinblick auf ein durchgehendes Defizit in nahezu allen Theorieansätzen der Sozialpsychologie scheint die Forderung Graumanns (1975) gerechtfertigt, nicht nur mit Hilfe der Sozialpsychologie Abhängigkeiten aufzuweisen, sondern auch die Analyse der Möglichkeiten mit in das wissenschaftliche Programm der Sozialpsychologie aufzunehmen, wie diese Abhängigkeiten im Sinne einer Veränderung von Individuum und Gesellschaft zu überwinden sind. Eine solche Sozialpsychologie müßte allerdings ihren wissenschaftstheoretischen und politischen Hintergrund zu erkennen geben.

Literatur

Argyris, C. (1976). Gefahren bei der Anwendung von Ergebnissen aus der experimentellen Sozialpsychologie. Sonderheft I/1976 der Mitteilungen der GVT e.V. München.

Berkowitz, L. (1976). Grundriß der Sozialpsychologie. München.

Dahmer, H. (Hg.). (1980). Analytische Sozialpsychologie. Bd. 1 u. 2. Frankfurt/M.

Festinger, L. (1978). Die Theorie der kognitiven Dissonanz. Bern.

Fromm, E. (1970). Analytische Sozialpsychologie und Gesellschaftstheorie. Frankfurt/M.

Garfinkel, H. (1967). Studies in Ethnomethodology. Englewood Cliffs (NJ).

Gergen, K. J. (1973). Social Psychology as History. Journal of Personality and Social Psychology, 26, S. 309 ff.

Graumann, C. F. (1975). Sozialpsychologie: Ort, Gegenstand und Aufgabe. In: C. F. Graumann (Hg.), Sozialpsychologie. Handbuch der Psychologie, Bd. 7. Göttingen.

Hellpach, W. (1951). Sozialpsychologie. Stuttgart.

Herbart, J. F. (1968). Psychologie als Wissenschaft, neu gegründet auf Erfahrung, Metaphysik und Mathematik. Teil II. Amsterdam.

Holzkamp, K. (1977). Die Überwindung der wissenschaftlichen Beliebigkeit psychologischer Theorien durch die Kritische Psychologie. Zeitschrift für Sozialpsychologie, 8, S. 1–22/78–97.

Horn, K. (Hg.). (1972 a). Gruppendynamik und der «subjektive» Faktor. Frankfurt/M.

Horn, K. (1972 b). Entwicklungen einer psychoanalytischen Sozialpsychologie. In: H.-U. Wehler (Hg.), Soziologie und Psychoanalyse. Stuttgart.

Keupp, H. (Hg.). (1993). Zugänge zum Subjekt. Perspektiven einer reflexiven Sozialpsychologie. Frankfurt/M.
Lewin, K. (1953). Die Lösung sozialer Konflikte. Bad Nauheim.
Lorenzer, A. (1972). Zur Begründung einer materialistischen Sozialisationstheorie. Frankfurt/M.
Mead, G. H. (1968). Geist, Identität und Gesellschaft. Frankfurt/M.
Mertens, W. & Fuchs, G. (1978). Krise der Sozialpsychologie? München.
Ottomeyer, K. & Scheer, K.-D. (1976). Rollendistanz und Emanzipation. In: K.-J. Bruder u. a. (Hg.), Kritik der pädagogischen Psychologie. Reinbek.
Parin, R., Morgenthaler, F. & Parin-Matthèy, G. (1971). Fürchte deinen Nächsten wie dich selbst. Frankfurt/M.
Pepitone, A. (1976). Toward a Normative and Comparative Biocultural Social Psychology. Journal of Personality and Social Psychology, 34, S. 641 ff.
Sherif, M. (1970). On the Relevance of Social Psychology. American Psychologist, 25, S. 144 ff.
Weingarten, E., Sack, F. & Schenkein, J. (1976). Ethnomethodologie. Beiträge zu einer Soziologie des Alltagshandelns. Frankfurt/M.

Arnold Schmieder

Sozialtherapie

Der sozialtherapeutische Ansatz, der in den 70er Jahren entwickelt worden ist, akzentuiert die soziale Lage und das soziale Wohlbefinden von Ratsuchenden in ihren jeweiligen komplexen Lebenswelten. Er setzt an den sozioökonomischen und ökologischen Lebensbedingungen an, konkret an den Geschlechter-, Einkommens-, Arbeits- und Wohnverhältnissen, an den Teilnahmechancen am Alltagsleben einschließlich der damit einhergehenden Karrieren, an den Zukunftsentwürfen und -visionen usw. Er grenzt sich ab von den individualtherapeutischen Ansätzen mit ihrer Betonung individueller Problemlagen und von den medizinischen Ansätzen, die biologische Prozesse in den Mittelpunkt ihres Interesses stellen. Er setzt heute auf Empowerment, auf die Stärkung und Förderung von Selbsthilfekräften zur Bewältigung akuter Krisen oder chronischer Belastungen und Benachteiligungen, auf den Auf- und Ausbau von sozialen Netzwerken und nicht zuletzt auf die Schubkraft von sozialen Bewegungen mit ihren eigenen Strukturen und Durchsetzungsstrategien. Die Sozialtherapie hat sich von Anfang an besonders um die Betreuung und Beratung von Randgruppen bemüht, also um die Vor- und Nachsorge von benachteiligten Kindern und Jugendlichen, von psychiatrisch Kranken, von Behinderten usw. Ebenso um Hilfen für und Rehabilitation von Suchtkranken oder die Resozialisierung von Straffälligen. Die Sozialtherapie gilt als originäres Arbeitsfeld der Sozialarbeit, die in den 70er Jahren mit der Etablierung einschlägiger Fachbereiche an den neu entstandenen Fachhochschulen einen Professionalisierungsschub durchlaufen hat. Im «Bericht über die Lage der Psychiatrie in der Bundesrepublik Deutschland» von 1975 wird ausdrücklich darauf hingewiesen, daß die Sozialarbeiter / innen ihren Platz in einem multidisziplinären Team, z. B. in psychiatrischen Krankenhäusern oder in der Suchtkrankenhilfe, haben, in dem sie zuständig sind für soziotherapeutische Angebote, insbesondere in der Arbeit mit Gruppen, sowie für institutionen- und gemeinwesenbezogene Hilfestellung und *Beratung*. In groben Umrissen sind damit die Arbeitsfelder der Sozialtherapie abgesteckt, allerdings ist damit noch nichts ausgesagt über deren theoretische Verankerung. In der Praxis ist die Sozialtherapie heute etwas in Vergessenheit geraten. Das liegt u. a. daran, daß es nicht gelungen ist, die theoretischen Grundlagen der Sozialtherapie etwa in Abhebung von anderen therapeutischen Richtungen klar herauszuarbeiten und einen Kanon von Methoden zu erarbeiten, die für sie typisch sind. Das hängt damit zusammen, daß die Sozialarbeitswissenschaft als eigenständige Richtung gerade erst im Begriff ist, sich gegen die etablierten Nachbarwissenschaften von Psychologie, Soziologie, Pädagogik usw. ab- und durchzusetzen, ein Vorgang, der angesichts der Tatsache, daß es eine eigenständige Praxis der Sozialarbeit gibt, dringend notwendig ist.

Literatur

Bericht über die Lage der Psychiatrie in der Bundesrepublik Deutschland (Drucksache 7 / 4200). (1975). Bonn.

Wendt, W. R. (Hg.). (1994). Sozial und wissenschaftlich arbeiten. Status und Positionen der Sozialarbeitswissenschaft. Freiburg.

Irmgard Vogt

Sozialwissenschaft

Sozialwissenschaft bezeichnet alle mit dem «Sozialen» befaßten Wissenschaften. Was das «Soziale» ist, darüber besteht keine Einigkeit in den Sozialwissenschaften: somit kann man das «Soziale» als umkämpften Begriff mit zentraler strategischer Bedeutung für die Positionierung der Subjekte innerhalb gesellschaftlicher Orte und Institutionen verstehen. Innerhalb der Psychologie übernimmt der Begriff des Sozialen die Funktion, zur Gesellschaftlichkeit des Subjekts eine Brücke zu schlagen: so ist die Sozialpsychologie als Teilwissenschaft der Psychologie kategorisiert, die ihren «Schwerpunkt bei der Erforschung des Verhaltens und Erlebens des Einzelnen in Interaktionen mit anderen» (Dorsch, 1987, S. 630) hat. Als Austragungsorte sozialer Konflikte gelten der herrschenden Psychologie dabei in erster Linie die interpersonalen Beziehungen zwischen Personen und/oder in Gruppen, alles darüber Hinausgehende wird der Soziologie zugewiesen. Subjekt und Gesellschaft (als Ort des Sozialen) werden dabei als völlig unzusammenhängende Größen gedacht. Psychologie erklärt sich damit selbst zuständig für den einzelnen, sein Erleben und Verhalten; das Zusammendenken gesellschaftlicher Ordnung und subjektiver Lebensweisen und eine damit verbundene Veränderung menschlicher Lebensweisen über den theoretischen Zugriff auf Vergesellschaftungsrituale und -muster bleiben in der akademischen Psychologie eine Leerstelle. Heiner Keupp formuliert für eine zukunftsweisende Sozialpsychologie die Fragen, die den Zugriff auf das Gesellschaftliche und Soziale beinhalten: «Es geht in der Sozialpsychologie, wie in allen Sozialwissenschaften, um die Frage: Wie entsteht gesellschaftliche Ordnung und wie verankert sie sich in den Subjekten? ... Wie bilden sich jene alltäglichen Selbstverständlichkeiten heraus, auf deren Grundlage sich Menschen sicher fühlen können bzw. ein Vertrauen in die Voraussehbarkeit von Abläufen und Erwartungen entstehen kann. Die Sozialpsychologie fragt aus der Sicht des Subjekts: Wie wird ein Subjekt im jeweiligen gesellschaftlichen Lebenszusammenhang handlungsfähig? Aber auch: Welche kultur- und gesellschaftsspezifischen Zurichtungen des Subjektes sind unter spezifischen historischen Bedingungen jeweils erforderlich?» (1993, S. 13). Die herrschende Psychologie mit ihrer Orientierung an der Methodik der Naturwissenschaften und der damit verbundenen Unfähigkeit, subjektive Handlungen auch nur annähernd zu erklären, hat sich des «Sozialen» und Gesellschaftlichen entledigt, indem sie es einer Teildisziplin übertragen hat, die ihrerseits versucht, diese Gesellschaftlichkeit erneut aus dem Blickwinkel naturwissenschaftlicher Methodik zu erklären. Alternative Ansätze zu dieser Art, Psychologie zu betreiben, stellen die humanistisch orientierten Psychologien wie auch die Psychoanalyse dar. Beide sehen das Subjekt sehr wohl in einem gesellschaftlichen Zusammenhang, reduzieren jedoch in ihrem jeweiligen Menschenbild die Person auf das «Subjektive» in dieser Subjekt/Objekt-Konstellation. Die humanistischen Psychologien setzen dabei auf die Echtheit (Authentizität) unmittelbarer Erfahrungen, die sie als tragende Elemente einer Selbstverwirklichung bzw. Selbstfindung in entfremdeten Zuständen betrachten; die Psychoanalyse stellt zwar die gesellschaftlichen Unterdrückungsverhältnisse als «Wesensbestimmungen des Leidens und der Verstrickung individueller Subjekte» (Holzkamp, 1997, S. 25) heraus, «die Möglichkeit der Individuen, über die eigene Beteiligung an der Veränderung dieser Verhältnisse die Bedingungen ihres Leidens zu überwinden» (ebd.), kann sie begrifflich jedoch nicht abbilden. Holzkamp sieht den Grund für diese jeweilige Einseitigkeit in einer «unhinterfragten kategorialen Reproduktion der ... ausschließenden Gegenüberstellung der ‹Natur› und der ‹Gesellschaftlichkeit› des Menschen»: «Sofern man aber ... die Individuen als solche nur in ihrer ‹Natürlichkeit› konzeptualisieren kann, muß es notwendigerweise unbegreiflich bleiben, wie solche ‹Naturwesen› die Fähigkeiten und das Bedürfnis haben sollen, sich an der Schaffung und Veränderung gesellschaftlicher Lebensbedingungen zu beteiligen» (ebd., S. 26). Die Konzeption einer Subjektwissenschaft, wie sie Klaus Holzkamp vorantrieb, ist somit Psychologie, Sozialpsychologie und Sozialwissenschaft in einem: Mit den Konstrukten einer gesellschaftlichen Natur des Menschen und seiner individuellen Gesellschaftlichkeit, die er beispielhaft im Bereich des Lehr-Lern-Verhältnisses explizierte (vgl. Holzkamp, 1993), ist der Beweis für die Möglichkeit einer subjektwissenschaftlichen Theorie erbracht, die sowohl den scheinbaren Gegensatz von Theorie und Praxis als auch die Subjekt / Objekt-Dichotomie überwindet. Neuere Ansätze in der Psychologie machen Anleihen in systemischen Ansätzen aus den Naturwissenschaften (Maturana) bzw. der Soziologie (Luhmann). Die scheinbar den gesellschaftlichen Menschen in den Mittelpunkt rükkenden Theorien lassen diesen jedoch – hinter autopoietischen Systemen und chaostheoretischen Unwägbarkeiten – in seiner Funktion fürs System verschwinden: «Wenn in der Theorie selbstreferentieller Systeme im Kontext sozialer Systeme von Menschen gesprochen wird, so firmieren sie nur unter dem Vorzeichen der Identifikation von Erwartungszusammenhängen, sie sind ein Konstrukt der Kommunikation» (Mühlfeld, 1994, S. 127). Das «Soziale» steht in diesen Theorien für eine reibungslose Eingliederung der Subjekte in feststehende Handlungsabläufe; der Sinn der Handlungen selbst wird nicht mehr hinterfragt.

Literatur

Dorsch, F. (Hg.). (1987). Psychologisches Wörterbuch. Bern / Stuttgart / Toronto.

Hörmann, G. (Hg.). (1994). Im System gefangen. Zur Kritik systemischer Konzepte in den Sozialwissenschaften. Münster.

Holzkamp, K. Lernen. Subjektwissenschaftliche Grundlegung. Frankfurt / New York.

Holzkamp, K. (1997). Schriften I. Hamburg.

Keupp, H. (Hg.). (1993). Zugänge zum Subjekt. Perspektiven einer reflexiven Sozialpsychologie. Frankfurt / M.

Mühlfeld, C. (1994). Der Mensch als ärgerliche Tatsache. Der erkenntnistheoretische Stellenwert des Individuums in der selbstreferentiellen Systemtheorie. In: G. Hörmann (Hg.), Im System gefangen (S. 113–138). Münster.

Rexilius, G. (Hg.). (1988). Psychologie als Gesellschaftswissenschaft. Geschichte, Theorie und Praxis kritischer Psychologie. Opladen.

Klaus Weber

Sprachbehinderung

Der Begriff Behinderung soll – über die allgemeine Definition der WHO als «handicap» hinausgehend – als spezifisches (problematisches) Verhältnis zwischen Anforderungen bzw. Erwartungen an ein Individuum und sein Leistungsvermögen betrachtet werden, hier speziell im Bereich Sprache. Unter Sprache sollen die unterschiedlichen Zeichensysteme (v. a. Laut-, Schrift-, Gebärdensprache) gefaßt werden, die als Mittel dienen für die zwischenmenschliche Kommunikation und die Verarbeitung, Entwicklung und Vermittlung von Wissen und Befindlichkeit. «Sprachbehinderung» wird deshalb verstanden als gravierendes, längerfristiges «handicap» in der Bewältigung sprachspezifischer Erwartungen und Anforderungen. Diese liegen (a) in den Zeichensystemen selbst begründet aufgrund ihrer Komplexität; (b) in bestimmten Formen zwischenmenschlicher Kommunikation und (c) in gesellschaftlichen / ökonomischen Lebensbedingungen. Begriffe wie «Auffälligkeit», «Störung», «Schädigung», «Entwicklungsverzögerung» werden zumeist benutzt zur Klassifikation unterschiedlicher Schweregrade bzw. Entstehungsbedingungen.

Eine ätiologische Grobeinteilung hat Homburg (1994) vorgenommen: (a) «Sprachstörungen als Folge gestörter Grundlagen» (Wahrnehmung, Motorik, Emotion, Kognition, Handeln, Interaktion, Kommunikation); (b) «Sprachstörungen als Ausdruck von Persönlichkeitsstörungen»; (c) «Störungen des Sprachsystems» und (d) «sprachbedingte Persönlichkeitsstörungen». Häufig finden zwischen diesen Störungsformen dynamische Wechselwirkungen statt, auch zirkuläre oder sich spiralförmig aufschaukelnde Prozesse.

Die Termini «Sprachbehinderten-» und «Sprachheilpädagogik» werden gegenwärtig oft synonym verwendet, zuweilen auch zur Hervorhebung unterschiedlicher Schwerpunkte: d. h. «Sprachbehindertenpädagogik» eher im Hinblick auf die Benachteiligung der Betroffenen, «Sprachheilpädagogik» zur Hervorhebung der diagnostisch-therapeutischen Aufgaben. Gegenstand der Sprachbehindertenpädagogik ist die Theorie und Praxis der Bildung, Erziehung und Rehabilitation von Menschen (aller Altersgruppen) mit sprachlichen Beeinträchtigungen. Als Aufgabenbereiche und -felder gehören dazu: (a) die Diagnostik von Sprachstörungen zur Feststellung des spezifischen Bedarfs an Förderung bzw. Therapie; (b) die Frühförderung sprachentwicklungsgefährdeter Kinder, um sie vor Sprachbehinderung zu bewahren; (c) bei sprachbehinderten Schulkindern eine adäquate Didaktik und Methodik; (d) die systematische Therapie zum Abbau der Sprachstörung bzw. der Kommunikationsbehinderung zwischen den Betroffenen und ihren Bezugspersonen; (e) die Mitwirkung bei der (Um-)Gestaltung institutioneller Rahmenbedingungen. Dazu gehören besondere Einrichtungen und Organisationsformen wie Sprachheilschulen und Beratungsstellen, außerdem in den letzten Jahren in zunehmendem Maße auch integrative Einrichtungen (z. B. «Integrationsklassen»).

Die Vielschichtigkeit der Problematik bei den Betroffenen bzw. in der Kommunikation mit anderen spiegelt sich wider in der Vielfalt unterschiedlicher, zum Teil gegensätzlicher Theorien und Konzepte. Viele aktuelle Sicht- und Vorgehensweisen bezeichnen sich als mehrdimensional oder ganzheitlich, personbezogen und/oder systemisch bzw. idiographisch (einzelfallorientiert). Ihren historischen Ursprung hat die Sprachheilpädagogik in der «Sprachheilkunde» als Spezialgebiet der Medizin im 19. Jahrhundert. Seitdem sind immer mehr wissenschaftliche Disziplinen an der Entwicklung diverser Denkmodelle und Praxiskonzepte beteiligt – oft in Konkurrenz (v. a. in Übergangsphasen). Sprachstörungen werden nicht mehr allein aus medizinischer Sicht (als «Symptome») betrachtet, sondern in ihrer individuellen Komplexität. Darüber hinaus werden sie als Beeinträchtigungen der Kommunikation zwischen Individuum und Umgebung gesehen (v. a. in Familie, Kindergarten, Schule, Beruf). Sprachbehinderung ist nur durch ein Mehrebenen-Modell adäquat zu begreifen, d. h. unter Einbeziehung von (a) neuropsychologischen Aspekten vor dem Hintergrund einer integrativen Theorie zur Entwicklung und Pathogenese der Persönlichkeit (vgl. Jantzen, 1990), (b) Theorieelementen über die emotionale, kognitiv-linguistische Verarbeitung (Sprachverstehen, -produktion) und (c) Ergebnissen der Kommunikations- und Sozialisationstheorie. Dies erfordert eine differenzierte und interdisziplinäre Herangehensweise, einerseits im theoretischen Verständnis der unterschiedlichen Sprachstörungen im allgemeinen, andererseits in der Analyse der persönlichen Lebenssituation der Betroffenen und ihrer Bezugspersonen zwecks gezielter Förderung bzw. Therapie.

Für die Praxisfelder sind entsprechende mehrdimensionale Konzepte zum Teil bereits entwickelt oder in der Erprobung (vgl. Deuse, 1996). Eine empirische Überprüfung steht jedoch zumeist noch aus. Dagegen weist die englischsprachige Fachliteratur eine Vielzahl empirischer Untersuchungsergebnisse über einzelne Verfahren auf, insbesondere im Bereich neurologisch und neuropsychologisch bedingter Sprachstörungen (vgl. Stachowiak, 1993).

Literatur

Deuse, A. (1996). Zentrale Hör- und Sprachverarbeitung (T. 1). Die Sprachheilarbeit, 41, S. 163–172.
Grohnfeldt, M. (Hg.). (1989 / 1995). Handbuch der Sprachtherapie, Bde 1–8. Berlin.
Jantzen, W. (1990). Allgemeine Behindertenpädagogik. Bd. 2: Neurowissenschaftliche Grundlagen. Weinheim / Basel.
Homburg, G. (1994). Sprache und Kommunikation aus sprachheilpädagogischer Sicht. In: I. Frühwirth & F. Meixner (Hg.), Sprache und Kommunikation. Wien.
Stachowiak, F.-J. (Hg.). (1993). Developments in the Assessment and Rehabilitation of Brain-Damaged Patients. Perspectives from a European Concerted Action. Tübingen.

Arno Deuse

Sprache / Sprachpsychologie

Linguistik, Philosophie, Psychologie und Soziologie analysieren Sprache als Zeichensystem und Kommunikationsinstrument unter spezifischen Fragestellungen. Während die Linguistik Strukturen der sprachlichen Mitteilung und Regeln ihrer Organisation untersucht, konzentriert sich die Sprachpsychologie auf den Prozeßcharakter des Sprachgebrauchs. Die Philosophie des 20. Jahrhunderts betrachtet Sprache nicht nur als Gegenstand, sondern als Bedingung philosophischer Erkenntnis. Die Soziolinguistik erforscht Sprachverhalten und Sprachwandel als gruppen-, schicht- und kulturspezifisch in Abhängigkeit vom Gesellschaftssystem.

Lerntheoretische Ansätze der Sprachpsychologie: Die Lerntheorie betrachtet Sprache als Reiz-Reaktions-Prozeß, der Wahrscheinlichkeitsgesetzen unterliegt. Das Konzept der Assoziation erfaßt die Entstehung von Bedeutung als raum-zeitliche Kontiguität von Sprachzeichen und Sachverhalt. Analog wird Spracherwerb als Lernen der bedingten Auftretenswahrscheinlichkeiten der Wörter in Sprachsequenzen verstanden. Einzuwenden ist, daß die Theorie sprachliche Kreativität nicht zu erklären vermag, da nur gelernt werden kann, was zuvor gehört wurde. Skinner interpretiert Sprache ausschließlich als verbales Verhalten und überträgt die in Tierexperimenten erforschten Verhaltensgesetze der Konditionierung und selektiven Verstärkung auf menschliches Sprachverhalten. Kritisiert wird, daß er dabei lerntheoretische Konzepte wie Reaktionsstärke und Verstärkung aus dem Zusammenhang experimenteller Objektivität löst und sie tautologisch definiert.

Der nativistische Ansatz: Chomskys Gegenentwurf ist das Modell der generativen Transformationsgrammatik. Es beschreibt eine Menge von Kombinationsregeln für sprachliche Einheiten, die die Ableitung aller Sätze einer Sprache erlauben. Das Modell soll das intuitive Wissen eines idealen Sprechers als Sprachkompetenz erfassen. Aus einem Basisteil wird die Tiefenstruktur des Satzes, seine inhaltliche Bedeutung, generiert. Anschließend setzt eine Transformation diese Tiefenstruktur in verschiedene Oberflächenstrukturen um, z. B. in Aktiv-, Passiv- oder Fragesätze. Das Kind entwickelt Sprache mit Hilfe einer angeborenen Sprachdisposition (Language Acquisition Device, LAD). Damit kann es der sprachlichen Umwelt die Regeln für die Generierung von Sätzen entnehmen. Da dieser Ansatz auf eine syntaktische Analyse fixiert ist, erklärt er semantische Phänomene wie Mehrdeutigkeit nicht. Er vernachlässigt zudem die oft fehlerhafte Sprachperformanz.

Entwicklungspsychologische Theorie der Mutter-Kind-Interaktion: Die Performanz im sozialen Kontext zieht Brown zur Erklärung des Grammatikerwerbs heran, indem er die Mutter-Kind-Interaktion analysiert. Zwischen Mutter und Kind findet beim Nachsprechen von Sätzen ein Wechselspiel der Erweiterung und Reduzierung statt. Das Kind imitiert in telegrafischem Stil die Sätze der Mutter, läßt dabei Wörter mit vorwiegend syntaktischer Funktion weg und wiederholt nur inhaltlich wichtige, betonte. Die Mutter erweitert die Sätze des Kindes. Durch dieses Feedback lernt das Kind die grammatikalischen Regeln der Sprache.

Sprache, Denken, Welt: Wygotski sieht in der sozialen Sprache der Kommunikation eine Voraussetzung für die Entwicklung des individuellen Denkens. Sprache und Denken werden erst nach einer Phase vorintellektuellen Sprechens und vorsprachlichen Denkens verknüpft. Das Kind entwickelt aus der Sprache der interindividuellen Kommunikation eine individuelle innere Sprache. Es setzt diese als Werkzeug des Denkens ein, um bei Mißerfolg einer Handlung bisherige Erfahrungen gemäß der neuen Situation umzustrukturieren. Damit berührt Wygotski den Fragenkomplex um den Zusammenhang zwischen Sprache, Denken und Weltsicht. Zwei Erklärungskonzepte stehen hier einander gegenüber. Der logische Positivismus Carnaps und Wittgensteins frühe Philosophie reduzieren Sprache auf die Logik ihrer Syntax. Daß die logische Struktur der Sprache die Struktur der Welt abbildet, wird als Voraussetzung für den Wahrheitsgehalt von Aussagen gesehen. Auf Humboldt geht die zweite Auffassung zurück, daß jede Sprache eine ihr eigene Weltsicht zur Folge habe. Whorf entwickelt daraus die These von der linguistischen Relativität. Da Sprache das Denken bestimmt (linguistische Determination), eignen sich die Sprecher verschiedener Sprachen auch verschiedene Weltanschauungen an (linguistische Relativität). Der interkulturelle Vergleich des Wortschatzes verschiedener Sprachen für einen Sachverhalt zeigt, daß Umfang und Art der verbalen Klassifikation oft die kulturelle Bedeutung des Sachverhalts und soziale Normen widerspiegeln (z. B. bei Verwandtschaftsbezeichnungen).

Literatur

Hörmann, H. (1977). Psychologie der Sprache. Berlin.
Grimm, H. & Engelkamp, J. (1981). Sprachpsychologie. Berlin.
Whorf, B. L. (1963). Sprache, Denken, Wirklichkeit. Reinbek.
Wittgenstein, L. (1960). Tractatus logico-philosophicus. Werke Bd. 1. Frankfurt/M.

Ulrike Landersdorfer

Statistik

Unter dem Begriff Statistik faßt man eine Reihe von Verfahren zur Auswertung und Beurteilung empirischer Ergebnisse zusammen, die unter dem Einfluß nicht kontrollierbarer Störeinflüsse, «Fehlerschwankungen» oder Zufallswirkungen zustande gekommen sind. Diese Verfahren haben die Voraussetzung gemeinsam, daß die beobachteten Phänomene gemessen wurden, d. h. in Form von Zahlen vorliegen, und die Ziele, die Ergebnisse zu beschreiben – deskriptive Statistik – oder zu beurteilen – beurteilende oder Inferenzstatistik. Der weitaus häufigste Anwendungsfall in der Psychologie ist die Inferenzstatistik – die deskriptive Statistik dient meist nur zu deren Vorbereitung: Nehmen wir an, es ginge um die Erforschung eines Gedächtnistrainings für ältere Menschen. Eine geeignete Stichprobe (die durchaus nicht repräsentativ sein muß) wird nach dem Zufall in zwei Gruppen aufgeteilt. Die eine absolviert ein Gedächtnistraining, während die andere die gleiche Zeit lang in Illustrierten blättern darf (Kontrollgruppe). Danach werden alle Versuchspersonen einem Gedächtnistest unterzogen (der andere Inhalte verwendet als die Trainingsaufgaben). Von beiden Gruppen wird die durchschnittliche Gedächtnisleistung berechnet. Diese beiden Mittelwerte wären die deskriptive Statistik. Es geht um die Differenz der Mittelwerte, die auch im Fall der völligen Unwirksamkeit des Gedächtnistrainings (= «Nullhypothese») kaum jemals exakt gleich Null sein dürfte. Vielmehr wird diese Differenz aufgrund von Zufallseffekten bei der Aufteilung der beiden Gruppen auch unter der Nullhypothese mehr oder weniger stark von Null abweichen. Die Inferenzstatistik sucht nun die Frage zu beantworten, wie groß die genannte Differenz noch sein darf, um mit einer gewissen Berechtigung (sagen wir: mit einer Fehlerwahrscheinlichkeit von 5 Prozent – das «Signifikanzniveau») die Nullhypothese beibehalten zu können.

Die Statistik ist zentraler Bestandteil der Methodologie der in den Industrienationen vorherrschenden naturwissenschaftlichen Psychologie. Dies läßt sich auf mehreren Ebenen aufzeigen: (1) ist die statistische Bearbeitung empirischer Untersuchungen ein wichtiges Wissenschaftskriterium; die Chance, daß eine empirische Arbeit als Prüfungsleistung bzw. als fachwissenschaftliche Publikation anerkannt wird, sinkt gewaltig, wenn eine statistische Bearbeitung fehlt – auch dann, wenn das bei bestimmten Arten empirischer Forschungsarbeiten (z. B. bei Einzelfallanalysen) durchaus begründet werden kann. (2) Damit wird Statistik ein Instrument der Auslese von Studenten und Wissenschaftlern. Die meisten Studenten scheitern nicht etwa deshalb im Psychologiestudium, weil sie nicht gut genug mit Menschen umgehen können, sondern aufgrund schlechter mathematischer Fähigkeiten oder innerer Widerstände gegen den Statistikunterricht. (3) In den 60er Jahren haben mehrere amerikanische Psychologen und Fachleute der Statistik auf gewisse logische Fehler hingewiesen, die traditionellerweise bei der Argumentation mit statistischen Ergebnissen gemacht werden und die in jedem Lehrbuch vertreten werden. 1972 hat Bredenkamp diesen Mangel auch im deutschsprachigen Raum bekannt gemacht. Obwohl diese Argumente bis heute nicht widerlegt sind, wird die Statistik immer noch in der althergebrachten Weise gehandhabt. Statistik stellt somit keine rationale Forschungstechnik dar, sondern ein Wissenschaftsritual, das psychologischen Forschungen einen wissenschaftlichen Anstrich geben soll.

Literatur

Bortz, J. (1989). Statistik für Sozialwissenschaftler. Berlin.

Bredenkamp, I. (1972). Der Signifikanztest in der psychologischen Forschung. Frankfurt/M.

Menges, G. (1972). Grundriß der Statistik. Teil 1: Theorie. Opladen.

Jörg Sommer

Stigma

Der griechische Begriff Stigma (= Stich / Brandmal) bedeutet ursprünglich ein in den Körper einer Person geschnittenes oder gebranntes Zeichen, durch das jemand – für alle sichtbar – als Sklave, Aussätziger oder Verbrecher erkennbar war und öffentlich gemieden wurde (vgl. Goffman, 1967). Der amerikanische Ethnomethodologe Erving Goffman hat Stigmatisierungsvorgänge auch auf nicht sichtbare diskreditierende Etikettierungen bezogen (labeling-approach) und mit seinem Buch «Stigma. Über Techniken der Bewältigung beschädigter Identität» im Jahre 1963 die sozialpsychologisch-soziologische und (behinderten-)pädagogische Diskussion vor allem in den 70er Jahren wesentlich beeinflußt (vgl. Brusten & Hohmeier, 1975; Homfeldt, 1974). Unter einem Stigma ist im Anschluß an Goffman ein Merkmal zu verstehen, das seinen Träger zutiefst diskreditiert. Es (das Individuum) «hat ein Stigma, das heißt, es ist in unerwünschter Weise anders, als wir es antizipiert hatten» (1967, S. 13). Eine massiv enttäuschende soziale Situation – eine Diskrepanz zwischen «virtualer und aktualer sozialer Identität», wie Goffman (1967, S. 13) es ausdrückt – stellt also die Basis für Stigmatisierungsprozesse dar, die zur Folge haben, daß die stigmatisierende Person den Kontakt zu der stigmatisierten so schnell wie möglich beendet oder gar deren psycho-physische Vernichtung einleitet, falls sie über Macht verfügt, ihrer Definition soziale Geltung zu verleihen. Die «Lebenschancen» eines Stigmatisierten werden so durch «eine Vielzahl von Diskriminationen wirksam, wenn auch oft gedankenlos» reduziert (Goffman, 1967, S. 13/14). In der Regel versuchen stigmatisierte Personen, mit allen ihnen zur Verfügung stehenden Mitteln der drohenden Identitätsgefährdung oder gar dem drohenden Identitätsverlust entgegenzuwirken. Als Stigmamanagementstrategien lassen sich z. B. die Versuche einer Prostituierten verstehen, den Ort, die Zeit bzw. die Art ihrer Tätigkeit bei vielen Gelegenheiten nicht preiszugeben und normale soziale Beziehungen vorzutäuschen (= «Informationskontrolle»), oder die Bemühungen eines sichtbar behinderten Menschen, Interaktionsspannungen durch Heiterkeit zu überspielen (= «Spannungsmanagement») (vgl. Ammann & Peters, 1981; Uhlemann, 1990). Bemühungen zur «Entstigmatisierung» haben die Umkehr von Selbststigmatisierungen zum Ziel (z. B. «black is beautiful») sowie die Kritik an Instanzen sozialer Kontrolle und herrschenden Normen (vgl. Peters, 1989).

Literatur

Ammann, W. & Peters, H. (1981). Stigma Dummheit. Bewältigungsargumentationen von Sonderschülern. Rheinstetten.

Brusten, M. & Hohmeier, J. (Hg.). (1975). Stigmatisierung 1/2. Zur Produktion gesellschaftlicher Randgruppen. Neuwied/Darmstadt.

Goffman, E. (1967). Stigma. Über Techniken der Bewältigung beschädigter Identität. Frankfurt/M.

Homfeldt, H. G. (1974). Stigma und Schule. Abweichendes Verhalten bei Lehrern und Schülern. Düsseldorf.

Peters, H. (1989). Devianz und soziale Kontrolle. Eine Einführung in die Soziologie abweichenden Verhaltens. Weinheim / München.
Uhlemann, T. (1990). Stigma und Normalität. Kinder und Jugendliche mit Lippen-Kiefer-Gaumenspalte. Göttingen.

Wiebke Ammann

Stigmatisierung

Stigma als Phänomen weist eine 8000jährige weltweite Praxis des Tätowierens auf, ist Instrument sozialer Interaktion sowie inter- und intrapersoneller Kommunikation, Symbol für Stammeszugehörigkeit, Initiation, Eigentum, Magie etc., aber auch Straf- und Zwangsmarkierung. Der Einsatz von Tätowierung als Politikum im Machtdiskurs zwischen Individuum und Staatsmacht reicht vom klassischen Altertum über nationalsozialistische Praktiken bis zu heutigen Deserteur-Tätowierungen im Irak (vgl. Finke, 1996). Stigmatisierung, psychiatrisch assoziiert mit hypersensiblem Vegetativum, Entartungen u. a., bedeutet allgemein Anprangern von Personen oder Gruppen unter stereotypisierender Zuweisung gesellschaftlich negativ bewerteter Merkmale und Andersartigkeit. Alltägliche Diskriminierung bis hin zur Kriminalisierung und Pogrom erfolgt über (Schuld-)Zuweisung, Stigmasymbole und -termini sowie Ausgrenzung. Körpermängel, «Charakterfehler» und soziogenetische Merkmale sind bevorzugte Quelle für Stigmatisierungen. In den 60er Jahren erfuhr der traditionsbelastete Terminus sozial-psychologische Aktualisierung durch Arbeiten des auf dem Symbolischen Interaktionismus fußenden «labeling-approach» zur Problematik von Normalität und Abweichung im Verhältnis zu Stigmatisierung als Selbst- und Fremdzuweisung. Strukturelle Vorbedingungen ergeben sich auf der Basis janusköpfiger Normalität aus Diskrepanzen zwischen virtualer und aktualer Identität (vgl. Goffman, 1996), einer Pathologie des Rollenverhaltens (Dreitzel, 1972), der sozialen Kontrolle totaler Institutionen (Foucault, 1995) und dem zivilisatorischen Problem der Verinnerlichung von Fremd- in Selbstzwänge (Elias, 1992), was notwendig Abwehrstrategien wie Kuvrieren, Projizieren etc. als Selbsterhalt des fragmentierten, affektgestauten Individuums erzwingt: Nährboden für Intoleranz und Stigmatisierung. Ausgehend von sozialen Reaktions- und Interaktionsmustern muß die Identität jeder Person als interaktiv vermitteltes Vielfältiges aufgefaßt werden, als kulturell und subkulturell Geschiedenes, und ist so höchst unzulänglich und anfällig. Erst im Prozeß gesellschaftlicher Sinnsetzungen werden (Selbst-)Abweichungen, verzahnt mit individueller Biographie, durch Bewertungen, Definitionen und Zuweisungen charakterisiert, gewinnen ihren Grund für Stigmatisierungen (vgl. Schmieder, 1992). Aus Dichte und Dynamik des zum großen Teil unbewußt verankerten Problemfeldes bei Stigmatisierung wird die Schwierigkeit von Prävention z. B. über Erziehung und von Therapie mit Betroffenen deutlich.

Literatur

Dreitzel, H. P. (1972). Die gesellschaftlichen Leiden und die Leiden an der Gesellschaft. Stuttgart.
Elias, N. (1992). Über den Prozeß der Zivilisation. Frankfurt / M.
Finke, F. P. (1996). Tätowierungen in modernen Gesellschaften. Osnabrück.
Foucault, M. (1995). Überwachen und Strafen. Frankfurt / M.
Goffman, E. (1996). Stigma. Über Techniken der Bewältigung beschädigter Identität. Frankfurt / M.
Schmieder, A. (1992). Sucht: Normalität der Abwehr. Freiburg.
Usarski, F. (1988). Die Stigmatisierung Neuer Spiritueller Bewegungen in der Bundesrepublik Deutschland. Köln / Wien.

Ingeborg Behr

Strafvollzug

Strafvollzug bezeichnet in der deutschen Auffassung die Vollziehung freiheitsentziehender strafrechtlicher Sanktionen. Der Zweck von Strafe ist repressiv (Vergeltung / Sühne), generalpräventiv (Abschreckung), spezialpräventiv (Absonderung / Resozialisierung). Die Zahl der Justizvollzugsanstalten entwickelte sich in der BRD von 355 (1963) über 172 (1991) auf 219 (1994), die Inhaftiertenzahl von 48413 (1963) über 45892 (1991) auf 60289 und die Zahl der Gefangenen pro 100000 strafmündiger Bürger von 106,7 (1963) über 77,1 (1989) auf 83,0 (1994). Von den 60289 Inhaftierten (31. 12. 1994) befanden sich 20203 in Untersuchungshaft, 4265 in einer Jugendstrafe, 2312 in einer Ersatzfreiheitsstrafe, 180 in Sicherungsverwahrung. Im europäischen Vergleich nimmt Deutschland damit einen Mittelplatz ein. 2323 Menschen befanden sich am 31. 12. 1994 in Abschiebehaft. 67545 zu Strafhaft verurteilte Gefangene wurden 1994 entlassen, 49031 wegen Strafzeitende und 18514 auf Bewährung. Von den 1993 Verurteilten waren 16,7 Prozent Frauen. Am 31. 5. 1996 betrug der Anteil der Frauen unter den Freiheitsstrafe verbüßenden Personen 9,5 Prozent (= 2896).

Gefangene kommen hauptsächlich aus den unteren sozialen Schichten. Sie leben häufig am Rande des Existenzminimums, ihre Familien haben einen geringen ökonomischen Status und zeigen häufig eine gestörte Eltern-Kind-Beziehung. Heimunterbringung/Aufenthalt bei anderen Erziehungspersonen und Verhaltensauffälligkeiten sind häufig die Folge. Circa zehn Prozent der Gefangenen berichten von sexuellen Mißbrauchserfahrungen während ihrer Kindheit.

Freiheitsentziehende Maßnahmen sind zur Aufrechterhaltung staatlicher Ordnung von zentraler Bedeutung und Ultima ratio zur Beherrschbarkeit sozialer Konflikte in unserer Gesellschaft. Geschichtlich leitet sich der heutige Strafvollzug aus den früheren Leibes- und Todesstrafen ab. Der Wandlungsprozeß hat im 16. Jahrhundert begonnen. Mit der Einrichtung von Arbeits-, Zucht- oder Korrektionshäusern sollte benötigte Arbeitskraft genutzt statt zerstört werden. In ihnen wurden neben Kriminellen auch Arme, Bettler, Vagabunden und Kranke untergebracht. Die erste dieser Anstalten war vermutlich Bridewell in London (1555), welche zum Zweck der Befreiung der Stadt von Landstreichern geschaffen wurde. Weitere Zucht- und Arbeitshäuser folgten: Bremen (1604), Lübeck (1605), Hamburg (1616). Im 19. Jahrhundert mit der Übernahme der Kosten durch den Staat für die Zucht- und Arbeitshäuser kam es zur Ausdifferenzierung des Devianzbegriffs. Kriminelle, Arme und Kranke wurden in eigenen Anstalten separiert. Der Resozialisierungsgedanke setzte sich im 20. Jahrhundert endgültig durch. Das heutige Strafvollzugsgesetz (StVollzG) von 1977 hat zum Ziel (§ 2), die Gefangenen zu befähigen, künftig ein Leben ohne weitere Straftaten zu führen und den Schutz der Allgemeinheit sicherzustellen. Völlig verschleiert wird ein Ziel des Strafrechts: das Strafübel (vgl. Schwind & Böhm, 1991). Der Strafvollzug ist eine totale Institution mit schädlichen Folgen für die Insassen. Gemäß des § 3 (StVollzG) soll diesen Folgen des Freiheitsentzugs (Deprivation und Prisionierung) entgegengewirkt werden. Schädliche Auswirkungen können u.a. sein: Reduzierung des Selbstwirksamkeits- und des Selbstwertgefühls, Hilflosigkeits- und Ohnmachtsgefühle, Verlust von Eigenständigkeit und Verantwortlichkeit, die Beeinträchtigung kognitiver Funktionen, emotionale Irritationen, Depressionen, Angstzustände und psychotische Symptome. Motive wie ‹Autonomie›, ‹Macht› und ‹Vergeltung› sind bei Gefangenen stark ausgeprägt, jedoch nicht zu befriedigen (Kette, 1991). Im Strafvollzug gibt es Resozialisierungsversuche durch regelmäßige Arbeit (Arbeitspflicht), schulische und berufliche Weiterbildung, soziales Training, spezielle Wohngruppen, sozialtherapeutische Abteilungen/Anstalten, Drogen- und Alkoholberatung sowie Sport- und Freizeitangebote.

Im Strafvollzug sind verschiedene Berufsgruppen tätig. Der Personalschlüssel sah 1990 wie folgt aus: höherer Vollzugs- und Verwaltungsdienst 1:146, gehobener Vollzugs- und Verwaltungsdienst 1:50, mittlerer Verwaltungsdienst, 1:23, allgemeiner Vollzugsdienst 1:2,5, Werkdienst 1:29, Ärzte 1:237, Lehrer 1:145, Psychologen, Soziologen, Diplompädagogen 1:145, Seelsorger 1:314, Sozialarbeiter 1:56. Auf 1,8 Gefangene kommt ein Bediensteter. Psychologen sind im Strafvollzug als Diagnostiker, Prognostiker, Psychotherapeuten, Kriseninterventionisten und in Leitungsfunktionen tätig. Die Resozialisierungserfolge des Strafvollzugs sind umstritten. In der wissenschaftlichen Diskussion zeichnet sich aber eine Trendwende von dem ‹Nothing works› gegen Ende der 70er Jahre zu einem ‹What-works› ab. Egg (1990) fand eine erneute Inhaftierung von 49,3 Prozent der Gefangenen innerhalb von zehn Jahren. Lösel (1996) errechnete in einer Meta-Analyse einen zusätzlichen Effekt der Sozialtherapie von fünf bis zehn Prozent.

Bei allen Überlegungen im Bereich der Resozialisierung darf nicht vernachlässigt werden, daß Veränderung der Gefangenen nur freiwillig und nicht als staatliche Zwangsmaßnahme erfolgen kann. Das heutige primäre Ziel vieler Strafvollzugsanstalten angesichts ihrer Probleme, wie Drogensucht, HIV- und Hepatitis-C-Infektionen, ausländische Gefangenengruppen (Anstalten mit mehr als 30 Nationalitäten und 30 bis 50 Prozent ausländischer Gefangener sind keine Seltenheit), Abschiebegefangene, steigende Gefangenenzahlen und rückläufige sachliche und personelle Mittel, ist, vor allem die Ordnung und Sicherheit in der Strafanstalt aufrechtzuerhalten und nicht die Resozialisierung. Zudem kommt der öffentliche Druck der Medien auf den Strafvollzug nach jedem spektakulären Rückfall oder der Entweichung von Gefangenen. Haftplatzkosten von ca. 160 DM pro Gefangener/Tag sollten die staatliche Administration dazu bringen, den Aufenthalt von Menschen im Strafvollzug so kurz wie nötig zu gestalten und den die Verweildauer im Strafvollzug reduzierenden Behandlungsvollzug auszubauen. Kostensparende Reaktionen auf Straftaten wie Diversion (sozialpädagogische Maßnahmen zur Vermeidung von Haft nach Straftaten) oder Konfliktschlichtungsverfahren (Täter-Opfer-Ausgleich) wären in vielen Fällen eine kostengünstige und effektivere Alternative zum Strafvollzug.

Literatur

Council of Europe (1995). Penological Information Bulletin. Straßburg.

Egg, R. (1990). Sozialtherapeutische Behandlung und Rückfälligkeit. Monatsschrift für Kriminologie und Strafrechtsreform, 6/1990, S. 358–368.

Kette, G. (1991). Haft. Eine sozialpsychologische Analyse. Göttingen.

Lösel, F. (1996). Ist der Behandlungsvollzug gescheitert? Zeitschrift für Strafvollzug und Straffälligenhilfe, 5/1996, S. 259–267.

Möller, H. (1997). Das Gefängnis als «psychische Krücke». Psychologie & Gesellschaftskritik, 82, S. 69–102.
Schwind, H.-D. & Böhm, A. (1991). Strafvollzugsgesetz. Berlin.

Rainer Karsten

Streß

Die Bezeichnung Streß ist zu einem beliebig eingesetzten Modewort geworden. Auch in der wissenschaftlichen Auseinandersetzung lassen sich verschiedene, einander oft widersprechende, theoretische Ansätze unterscheiden und anhand einer Vielzahl empirischer Befunde diskutieren. Mal wird Streß als auslösende Bedingung (Stimulus), mal als Belastungsreaktion (Response), mal als Resultat der Interaktion zwischen bewertendem Mensch und der Situation verstanden. Selye (1974) faßt Streß als unspezifische, konstant auftretende Anpassungsreaktion des Organismus auf beliebige intensive Umweltreize auf, die aus Alarmreaktion, Widerstandsphase und Erschöpfungsphase besteht, und unterscheidet zwischen der lebensnotwendigen Aktivation (Eustreß) und der schädlichen Überforderung (Distreß). David Fontana (1991) definiert Streß als «Anforderungen an die adaptiven Fähigkeiten von Körper und Geist». Kognitiv-transaktionale Modelle wie das von Lazarus und Launier (1981) erklären Streß als Ergebnis komplexer psychologischer Wahrnehmungs-, Bewertungs- und Rückkopplungsprozesse auf der Grundlage der angenommenen Handlungskontrolle (Coping-Ressourcen), der sich sowohl auf Individuen als auch auf soziale Systeme beziehen kann. Problematisch an diesem Ansatz ist die begriffliche Unbestimmtheit und die methodische Unzugänglichkeit der angenommenen Prozesse und Effekte (vgl. Reicherts, 1988). Auslösende Reizsituationen (Stressoren) können alltägliche Belastungen oder kritische Lebensereignisse sein. Vom vegetativen Nervensystem gesteuerte und damit unwillkürlich ausgelöste körperliche Streßreaktionen wie Ausschüttung von Adrenalin und Noradrenalin, Cholesterin, Kortison und verschiedener Schilddrüsenhormone erhöhen u. a. Atemfrequenz, Herzfrequenz, Energieniveau, Reaktionsgeschwindigkeit und damit kurzfristig die Kampf- bzw. Fluchtfähigkeit des Organismus. Diese, aus entwicklungsgeschichtlicher Perspektive gesehen ehemals sinnvolle Steigerung der physischen Kampffähigkeit ist allerdings nur selten geeignet, heutige Streßsituationen zu bewältigen. Hält diese autonom gesteuerte körperliche Aktivitätssteigerung zu lange an, ohne in entsprechende Handlungen umgesetzt zu werden bzw. in eine Entspannungsphase überzugehen, können physische und psychische Folgeschäden auftreten. In zahlreichen Studien wurden unter Berücksichtigung verschiedener Moderatorvariablen (z. B. Persönlichkeitsmerkmale, soziale Unterstützung u. v. m.) Zusammenhänge zwischen Streßerleben und psychischen oder somatischen Erkrankungen belegt. Bei verschiedenen Streßreduzierungskonzeptionen läßt sich grob zwischen situationszentrierten und personenzentrierten Ansätzen differenzieren, wobei erstere den Mensch als relativ passives Opfer von Umwelteinflüssen ansehen und Maßnahmen sich auf die Diagnose der Wirkungszusammenhänge und die Gestaltung der Umweltbedingungen beziehen. Letztere heben die menschliche Reflektiertheit, Aktivität und Selbstregulationsfähigkeit hervor und zielen auf eine Stärkung der Selbstdiagnose- und Bewältigungskompetenzen. Dabei läßt sich zwischen problemlöseorientiertem und emotionsorientiertem Coping (Bewältigungsstrategie) unterscheiden, womit bei letzterem die Umstrukturierung der Erlebnisqualitäten gemeint ist. Streß ist insbesondere mit Emotionen wie «erlebtem Kontrollverlust, sowie mit Gefühlen der Bedrohung, des Ausgeliefertseins, der Hilflosigkeit und Abhängigkeit verbunden» (Ulich, 1994, S. 400).

Literatur

Fontana, D. (1991). Mit dem Streß leben. Bern.
Lazarus, R. & Launier, R. (1981). Streßbezogene Transaktionen zwischen Person und Umwelt. In: J. Nitsch (Hg.), Streß. Bern.
Reicherts, M. (1988). Diagnostik der Belastungsverarbeitung. Bern.
Selye, H. (1974). Streß. München.
Ulich, E. (1994). Arbeitspsychologie. Stuttgart 1994.

Markus Wild

Strukturalismus

Der Strukturalismus ist eine der Linguistik entlehnte, in den 50er und 60er Jahren unseres Jahrhunderts in erster Linie von dem Ethnologen Claude Lévi-Strauss für die Sozialwissenschaften fruchtbar gemachte Methode, die den sozialen Prozessen zugrundeliegende Zwänge, genauer, den gesellschaftlichen Akteuren in der Regel nicht bewußte, ihr Verhalten jedoch determinierende Strukturen zu dechiffrieren versucht. Die Strukturalisten richten sich gegen die Behauptung eines allmächtigen oder sich im Laufe der Geschichte als allmächtig behauptenden Subjekts; klammerten sie das Subjekt zunächst aus rein methodischen Gründen ein, so entwickelten sie in der Auseinandersetzung mit dem

Existentialismus eine Philosophie des Unbewußten. Bedeutendster Vertreter des auch philosophisch ambitionierten Strukturalismus ist der Psychoanalytiker Jacques Lacan (1901–1981).

Grundlegend für die Entwicklung des Strukturalismus sind die zwischen 1906 und 1911 von dem Genfer Linguisten Ferdinand de Saussure über «Grundfragen der allgemeinen Sprachwissenschaft» gehaltenen Vorlesungen. Saussure bricht mit der seinerzeit sprachgeschichtlichen Orientierung der Linguistik und rückt statt dessen synchrone oder systematische Aspekte der Sprache ins Zentrum des Interesses. Er unterscheidet zwischen der gesprochenen, einem permanenten Wandel unterliegenden Sprache und der Sprache als einem nicht kalkulierten, wohl aber präzisen Regeln unterliegendem System. Nur letztere sei Gegenstand der Linguistik. Saussure konnte nachweisen, daß, gerade weil zwischen den Elementen der Sprache oder den Zeichen und der außersprachlichen Wirklichkeit kein logischer Zusammenhang besteht, dieser zwischen den Zeichen gegeben sein muß, damit Kommunikation überhaupt möglich ist. Im Anschluß an Saussure zeigten Nikolai Trubetzkoy und Roman Jakobson, daß die Funktion der Sprache, etwas auszudrücken oder zu bezeichnen, von ihrem lautlichen Substrat vollkommen unabhängig ist. Damit war die Möglichkeit gegeben, nicht-sprachliche Phänomene als Zeichen oder Teil eines der Sprache analog systematisch gegliederten Ganzen zu interpretieren.

Diesen Schritt vollzog Lévi-Strauss, indem er die auf den ersten Blick widersprüchlichen Heiratsregeln primitiver, in der Regel schriftloser Gesellschaften als aus dem Inzestverbot abzuleitende Sprache entschlüsselte. Funktion des Inzestverbots sei es, den Tausch oder vielmehr die permanente Zirkulation von Heiratspartnern zu erzwingen und auf diese Weise eine im Prinzip nicht beschränkte Anzahl von familialen Gruppen aneinander zu binden. Lévi-Strauss vermochte die verwirrende Vielfalt der Heiratsregeln primitiver Gesellschaften auf drei elementare Verwandtschaftsstrukturen zurückzuführen. Er konnte zeigen, daß das Heiratsverhalten einander völlig unbekannter Gesellschaften formal identischen Prinzipien gehorcht. Dieser erstaunliche Befund veranlaßte ihn, auf den Heiratsregeln zugrunde liegende unbewußte Strukturen des menschlichen Geistes zu schließen. Lévi-Strauss' Projekt, die bloße Deskription von Verwandtschaftsstrukturen zugunsten einer theoretischen Deutung zu überwinden, führt also zu kognitiven und letztlich erkenntnistheoretischen Fragen.

Während Lévi-Strauss die Grammatik der Familie als der Sprachkompetenz analogen Ausdruck unbewußter, jedoch wissenschaftlich zu beschreibender Strukturen des menschlichen Geistes interpretiert, identifiziert Lacan das von Sigmund Freud entdeckte Unbewußte als sprachlichen und deshalb sprachlich nicht zu unterlaufenden Effekt. Aus der Tatsache, daß, wie schon Saussure gezeigt hat, das Verhältnis von Bezeichnetem und Bezeichnendem arbiträr ist, zieht Lacan die epistemologische Konsequenz, daß kein sprachlicher Ausdruck der außersprachlichen Wirklichkeit jemals gerecht wird und gerade dieser Mangel einen «Willen zum Wissen» instituiert. Die Realität sprachlich bezeichnen zu können hat den Preis, sie zugleich auf den sprachlichen Ausdruck zu reduzieren. Nach Lacan ist das Unbewußte nichts anderes als diese Differenz, die aufheben zu wollen sie nur aufs neue kreiert.

Für Lévi-Strauss ist die Sprache also Ausdruck kognitiver Strukturen, für Lacan hingegen strukturiert die Sprache die menschliche Kognition. Sowohl Lévi-Strauss als auch Lacan vernachlässigen allerdings die Frage nach dem Aufbau oder der ontogenetischen Entwicklung von Strukturen. Schließlich ist nicht zu leugnen, daß es vorsprachliche Lernprozesse wie auch Unterschiede in der kognitiven Kompetenz von Kindern und Erwachsenen gibt. Mit diesen Problemen, das heißt mit dem Erwerb und dem Aufbau kognitiver Strukturen, hat sich der Psychologe Jean Piaget (1896–1980) befaßt, dessen Theorie gelegentlich als genetischer Strukturalismus firmiert, in deutlicher Abgrenzung zum eigentlichen Strukturalismus aber besser als genetische Erkenntnistheorie bezeichnet werden sollte.

Piaget beschreibt die Entwicklung der Intelligenz mit Hilfe eines vierstufigen Modells, das den Aufbau kognitiver Kompetenz als eine Anpassung an Umweltwiderstände einerseits, die Einstellung auf diese Widerstände andererseits konzipiert. Wie für die Strukturalisten ist das Subjekt für Piaget nicht immer schon gegeben, sondern ein psychosoziales Konstrukt, dessen Genese er, anders als die Strukturalisten, zu denken vermag. Woran es der genetischen Erkenntnistheorie gleichwohl mangelt, ist ein der Einsicht in das Wesen der Sprache geschuldetes Verständnis der Ambivalenz.

Literatur

Deleuze, G. (1992). Woran erkennt man den Strukturalismus? Berlin.
Kursbuch 5 (1966). Strukturalismus. Berlin.
Paul, A. T. (1996). FremdWorte. Etappen der strukturalen Anthropologie. Frankfurt/New York.
Piaget, J. (1973). Einführung in die genetische Erkenntnistheorie. Frankfurt/M.

Axel T. Paul

Subjekt

Philosophiegeschichtlich taucht der Begriff in der frühbürgerlichen Gesellschaft als Aneignung von Welt auf. Für den nach wissenschaftlicher Wahrheit suchenden Philosophen Descartes war das Subjekt das in seinem Fürwahrhalten übriggebliebene Unzweifelhafte. Die Wahrheit einer den Erkenntnisprozessen zugrundeliegenden Entität eines Subjekts («Ich denke, also bin ich») war für Descartes so eindeutig, daß auch «die überspanntesten Annahmen der Skeptiker sie nicht zu erschüttern vermochten», er konnte sie seinem «Dafürhalten nach als das erste Prinzip der Philosophie, die ich suchte, annehmen» (1969, S. 31). Bei Kant wird das denkende Subjekt als das alle Erkenntnisprozesse bestimmende Subjekt erschlossen (1965, III). Nicht nur erkenntnistheoretisch, auch moralisch wird dem Alltagshandeln des Menschen dieses freie Subjektsein zugrunde gelegt, das durch seine Handlungen zur Gemeinschaft freier Subjekte beitragen soll. An Descartes' frühbürgerlichem Denken und Kants aufklärerischen Vorstellungen wird deutlich, wie die der bürgerlichen Gesellschaft zugrundeliegende Idee des Subjekts eine aus den gesellschaftlichen Bedingungen herausgelöste Denkfigur war, die frei auf die Welt einwirken und sie bestimmen konnte. Für die Mehrheit der Bevölkerung entsprachen die kapitalistischen Produktions- und Reproduktionsverhältnisse nicht der bürgerlichen Denkfigur des freien, autonomen Bürgers. Differenziert ausgearbeitet ist sie in der phänomenologischen Philosophie, wo der Mensch nicht durch gesellschaftliche Verhältnisse konstituiert wird, sondern eine durch Intentionalität gekennzeichnete konstitutive Rolle einnimmt (Husserl, II, 1950). Auch Sartres Existentialismus ist im Denken Descartes verwurzelt. Es kann für ihn keine andere Wahrheit geben als diese: «Ich denke, also bin ich. Es ist dies die absolute Wahrheit des Bewußtseins, das zu sich selbst kommt» (Sartre, 1986, S. 25). Über Descartes hinausgehend konzipiert Sartre das menschliche Subjekt nicht nur als «sich selbst absolut wahr erkennend, sondern auch alle anderen» (ebd., S. 26).

Viele subjektzentrierte Psychologien sind auf diese Art von Subjektivität bedacht, daß der gesellschaftliche und geschichtliche Kontext verlorengeht. Hier setzt die marxistische Kritik des bürgerlichen Subjektbegriffs an: Eine gesellschaftlich verwurzelte Subjekttheorie muß von den «wirklichen Voraussetzungen» ausgehen. «Sie verläßt sie keinen Augenblick. Ihre Voraussetzungen sind die Menschen, nicht in irgendeiner phantastischen Abgeschlossenheit und Fixierung, sondern in ihrem wirklichen, empirisch anschaulichen Entwicklungsprozeß unter bestimmten Bedingungen» (Marx & Engels, 1969, S. 27). Für die Marxisten entwickeln sich unter den kapitalistischen Bedingungen die Ausgebeuteten dieses Systems zum Träger revolutionärer gesellschaftlicher Umgestaltungen. In den Konzeptionen der kritischen Theorie schwindet die Chance des Proletariats, sich zum revolutionären Subjekt herauszubilden, da die neuen Formen sozialer Kontrolle Befreiung immer unwahrscheinlicher machen (Marcuse, 1978).

Mit dem Positivismus und dem Poststrukturalismus wird der «Tod der Subjekte» heraufbeschworen. Den Positivisten zufolge kann der Begriff Subjekt nicht verifiziert oder falsifiziert werden, so daß die Aussage über eine der Erkenntnis und dem Handeln zugrundeliegende beharrliche und substantielle Instanz «sinnlos» ist. Aber ist nicht «leiden, ändern und entwerfen ohne Subjekt ein Unding?» (Czapiewski, 1975, S. 188). Der Poststrukturalismus konstruiert einen kontextualisierten Subjektbegriff. Der dabei ins Spiel gebrachte Nietzsche kritisiert bereits im 19. Jahrhundert das in sich identische Subjekt als «Fiktion». Will man am Begriff Subjekt festhalten, dann ist dies nur möglich, wenn das Subjekt als «Vielheit» konzipiert wird (Nietzsche, 1979, IV, S. 63). Auf der Vielheit des Subjekts beruht die Schaffenskraft, die jeder Mensch braucht, um sich selbst zu überschreiten bzw. zu überwinden. Vielheit geht bei Derrida Hand in Hand mit Differenz: «Es gibt kein Subjekt, das Agent, Autor oder Herr der différance wäre und dem sie sich möglicherweise empirisch aufdrängen würde. Die Subjektivität ist – ebenso wie die Objektivität – eine Wirkung der différance, eine in das System der différance eingeschriebene Wirkung» (1986, S. 70). Im Denken der gestreuten Vielfalt können nach Foucault (1986) neue Formen der Subjektivität mit dem Recht auf Differenz und Variation entstehen, indem die Subjekte nicht länger Untertanen der Macht- und Wissenssysteme bleiben, sondern die sozialen, politischen und ökonomischen Strukturen aufbrechen. Auch im Postfeminismus werden solche Widerstandsmomente offensichtlich, denn das Subjekt, das weder Ursprung noch Produkt ist, ist «die stets vorhandene Möglichkeit eines bestimmten Prozesses der Umdeutung» (Butler, 1993, S. 47). Lebensweltforschung, qualitative Sozialforschung, narrative Interviews und Biographieforschung sind in der Lage, die Vielheit und Differenz des Subjekts unterstützend zu begleiten. Selbsthilfeprojekte könnten im Widerstreit gegen Macht-, Wissens- und Ordnungssysteme Wissensarten auferstehen lassen, die in formalen Systematisierungen untergingen. Neue kontextualisierte Formen von Subjektivität könnten sich so entwickeln (Foucault, 1978). Die Vorstellung eines ungesellschaftlichen Subjekts wird obsolet, es setzt sich das Bild eines in Macht- und Wissensordungen eingebetteten Subjekts durch.

Literatur

Butler, J. (1993). Kontingente Grundlagen: Der Feminismus und die Frage der Postmoderne. In: S. Benhabib (Hg.), Der Streit um die Differenz. Feminismus und Postmoderne in der Gegenwart. Frankfurt / M.
Czapiewski, W. (1975). Verlust des Subjekts. Kevelaer.
Derrida, J. (1986). Semiologie und Grammatologie. In: P. Engelmann (Hg.), Positionen. Wien / Köln / Graz.
Descartes, R. (1969). Abhandlung über die Methode des richtigen Vernunftgebrauchs. Stuttgart.
Foucault, M. (1978). Dispositive der Macht. Berlin.
Foucault, M. (1986). Der Gebrauch der Lüste. Frankfurt / M.
Husserl, E. (1950). Ideen zu einer Phänomenologie und phänomenologischen Philosophie. Den Haag.
Kant, I. (1965). Werke. Darmstadt.
Marcuse, H. (1978). Der eindimensionale Mensch. Neuwied.
Marx, K. & Engels, F. (1969). Werke. Bd. 3. Berlin.
Nietzsche, F. (1979). Werke. Bde I-IV. Stuttgart.
Psychologie & Gesellschaftskritik (1996). Subjektkonstruktionen. Heft 80. Frankfurt / M.
Sartre, J.-P. (1986). Drei Essays. Frankfurt / M.
Weber, K. (1996). Die Veränderung der Welt hat kein Subjekt – Im Gedenken an Klaus Holzkamp, Psychologie & Gesellschaftskritik, 80, S. 5–20.

Gert Hellerich

Subjektive Theorien

Mit der Renaissance des Subjekts entstand zu Beginn der 80er Jahre das Forschungsfeld «Subjektive Theorien» in den Sozialwissenschaften. Als Protagonisten gelten N. Groeben und B. Scheele, die die Erforschung subjektiver Theorien zum Gegenstand der Psychologie machten. Ihre Definition, subjektive Theorien als ein Aggregat von Kognitionen der Selbst- und Weltsicht aufzufassen, das wissenschaftlichen Theorien gleicht und im Dialog mit anderen Personen rekonstruierbar ist (1988), bleibt indes bis heute umstritten und wirft etliche Fragen auf (vgl. Flick, 1991). Trotz vieler theoretischer Probleme gelang es dieser Forschungsrichtung, die vor allem in der pädagogischen und klinischen Psychologie sowie in den Gesundheitswissenschaften zu Hause ist, die Funktionen subjektiver Theorien näher zu bestimmen. Der Alltagstheoretiker setzt subjektive Theorien ein, um eingetretene Ereignisse zu erklären und künftige Ereignisse vorherzusagen. Zudem benutzt der Mensch sie dazu, Handlungen zu entwerfen und durchzuführen. Folglich basieren diese auf persönlichen Erfahrungen, und daher werden subjektive Krankheitstheorien häufig erst nach Beginn einer Erkrankung entwickelt, die sich im weiteren Krankheitsverlauf verändern. Dieses prozessuale Geschehen ist zugleich von der Krankheitswahrnehmung abhängig. Je stärker die Subjekte emotional betroffen sind, desto eher rekurrieren sie auf angstvermeidende Krankheitstheorien (vgl. Faller, 1990). Die Inhalte subjektiver Gesundheits- und Krankheitstheorien sind äußerst vielschichtig. Neben psychosozialen Krankheitsursachen dominieren religiöse und biologisch-medizinische Theorien. Ferner entwickeln die Menschen mehrere Krankheitserklärungen. Für das therapeutische Handeln hat das erhebliche Bedeutung: Arzt und Patient sollten über anschlußfähige Theorien verfügen. Jedoch gewinnen professionelle Theoriemodelle bei der Zusammensetzung subjektiver Theorien zunehmend an Bedeutung (vgl. Raab, 1996).

Literatur

Faller, H. (1990). Subjektive Krankheitstheorie. In: F. A. Muthny (Hg.), Krankheitsverarbeitung (S. 131–142). Berlin.

Flick, U. (1991). Alltagswissen über Gesundheit und Krankheit. In: U. Flick (Hg.), Alltagswissen über Gesundheit und Krankheit. Subjektive Theorien und soziale Repräsentationen (S. 9–27). Heidelberg.

Groeben, N. & Scheele, B. (1988). Forschungsprogramm Subjektive Theorien. Tübingen.

Raab, S. (1996). Gesundheit im Griff. München.

Stefan Raab

Subjektivität

Subjektivität meint einerseits die empirischen Subjekte einer Gesellschaft, andererseits deren kognitive Reproduktion im Begriff, der dieses empirische Verhältnis reflexiv spiegelt und normativ evaluiert. Realer Zustand, praktische Alternativen, Ideal und strukturelle Aspekte von Subjektivität sind im historischen Prozeß vermittelt. Subjektivität im Sinne von autonomer, selbstbewußter Identität fußt auf einem bürgerlichen Konzept. Dessen Entstehung hängt zusammen mit der grundlegenden Umstrukturierung, die der Übergang zur bürgerlichen Gesellschaft mit sich brachte. Die kapitalistische Produktionsweise und die Technisierung der Produktion führten ebenso wie die Veränderungen der materiellen und sozialen Lebensbedingungen zu völlig neuen interaktiven Anforderungen, aber auch Möglichkeiten. Da sich der Interaktionsspielraum durch den Abbau hemmender Traditionen intellektuell wie praktisch immens ausweitete, bedurfte es der Entwicklung jeweils problemspezifischer Interaktionsstrategien: Der einzelne mußte persönliche Kompetenzen entwickeln, um nicht mehr vollständig konventionell geregelte Situationen bewältigen zu können. Handeln wurde in der bürgerlichen Lebenswelt relativ verfügbar und dadurch subjektiviert. Das schlug sich im Denken nieder: Mit Descartes und seiner Unterscheidung von res cogitans (dem Ich-Bewußtsein des Subjekts) und res extensa (der materiellen Welt) wurde Subjektivität zum ichbezogenen Begriff. Medien der sich entwickelnden bürgerlichen Subjektivität waren, neben der Freiheit der Ökonomie, vor allem die Produktion und der Austausch von Wissen sowie die Herausbildung einer Privatsphäre, in deren öffentlichkeitsfreiem Raum individualisierte Beziehungen möglich wurden. Ihre Emanzipation war allerdings keine kurzfristige Angelegenheit, sondern dauerte, immer wieder von restaurativen Tendenzen verzögert, Jahrhunderte. Ziel war eine Gemeinschaft freier Subjekte, deren individuelles Handeln eine kollektive Solidarität und Gerechtigkeit konstituiert, die wiederum die volle (sittliche) Entfaltung der Subjektivität garantieren sollte. Dies ist auch das Leitmotiv der klassischen bürgerlichen Philosophie / Theorie. In der Tat blieb die bürgerliche Idee Utopie; Realität waren dagegen die «Betriebskosten» von Subjektivität: Es zeigte sich, daß die Emanzipation des Subjekts aus traditioneller Herrschaft in Form von «rationalisierter» Subjektivität, die ihrerseits auf wenig reflektierter «Innerlichkeit» basierte, wohl einen Fortschritt bedeutete, aber massive Folgeprobleme mit sich brachte (vgl. Fromm, 1966). Entsprechend kritisiert wurde die Subjekttheorie. Marx' historisch-materialistische Analyse der bürgerlich-kapitalistischen Gesellschaft zeigte, daß die sich als autonom verstehenden Handelnden in Wirklichkeit Marionetten eines Systems sind. Freud zerstörte die Illusion der inneren Autonomie des bürgerlichen Subjekts, indem er nachwies, in welchem Ausmaß unbewußte (bzw. durch unbewältigte Konflikte unbewußt gewordene) psychische Imperative Denken und Handeln bestimmen. Der Übergang zum organisierten Kapitalismus hat die Ambivalenz der Entwicklung noch verstärkt. Die Eigendynamik der industriellen Revolution führte zu einem radikalen Strukturwandel der Arbeitsprozesse: Die Ausdifferenzierung komplexer Produktionsprozesse verkehrte das Verhältnis Mensch – Maschine immer mehr in Richtung auf größere Abhängigkeit der Arbeitenden von der Produktionslogik. Zugleich werden immer spezifischere subjektive Kompetenzen erforderlich: Die Indienstnahme von Subjektivität im Produktionsprozeß verschiebt sich von der körperlichen zur psychischen Verausgabung. Auch der gesellschaftliche Reproduktionsprozeß wird abstrakter. Das führt tendenziell zur Entsubjektivierung von Praxis: Subjekte werden zu Exekutivorganen, zu Elementen eines Systemkalküls. Auf der anderen Seite eröffnete die potenzierte Technik völlig neue Dimensionen subjektiven Handelns, sie veränderte die Lebensbedingungen grundlegend. Technisierung und Rationalisierung der Gesellschaft führten zu einer erheblichen Ausweitung von Handlungsspielräumen: Einerseits reduzierten sich die Klassenunterschiede, und immer mehr soziale Gruppen konnten an den verfügbaren Ressourcen teilhaben – nicht zuletzt, weil der Übergang zum «Konsumkapitalismus» eine entsprechende Zahl von Konsumenten voraussetzt –, andererseits expandierten die Handlungschancen, weil die Technik Kommunikation, Interaktion und Lebensweltstruktur revolutionierte und die Herauslösung aus primären sozialen Bindungen den einzelnen mehr Möglichkeiten der subjektiven Lebensgestaltung erlaubte (vgl. Beck, 1986).

Damit änderten sich die Konstitutions- und Reproduktionsbedingungen von Subjektivität erheblich. Die Herauslösung der Primärbeziehungen aus externen Zwängen führte zu einem Strukturwandel der Sozialisation, durch den ein wesentlich höheres Maß an Anerkennung kindlicher Bedürfnisse und Zentrierung auf die kindliche Entwicklung gekennzeichnet ist. Dadurch nehmen die klassischen «Repressionsschäden» der Sozialisation tendenziell ab. Auf der anderen Seite führt das Risiko der unzureichenden Balance des dadurch wesentlich aufwendiger gewordenen Sozialisationsmilieus zu einer Zunahme an strukturellen Defiziten der Selbstwert- und Objektbeziehungssteuerung (vgl. Horn, 1990).

Diese Veränderungen der Bedingungen und Struktur von Subjektivität sind doppeldeutig. Traditionelle Unterdrückung löst sich weitgehend auf, dafür entstehen neue Anpassungszwänge an abstrakte Systemimperative (die nun von einzelnen individuell zu bewältigen sind). Die Konstruktion einer normativen Vorstellung von Subjektivität wird erheblich erschwert. Der Zerfall starrer, abgegrenzter Identitätsstrukturen hat auch einen intensiveren Austausch mit der Innen- und Außenwelt der Subjekte ermöglicht: Bedürfnisse können besser wahrgenommen, Realitäten besser auf ihre Legitimität hin befragt werden. Insofern liegen hier Chancen für eine Emanzipation von den sekundären sozialen Zwängen, den Imperativen der abstrakt technisierten Lebenswelt (vgl. Schulze, 1992). Der Begriff «Subjektivität» ist aus dem Sprachgebrauch der akademischen Psychologie, der Rational-Choice-Theorie, der Systemtheorie usw. verschwunden. Zugleich entwickeln sich jedoch eigene Diskurse, die selbstbewußt subjektbezogene Themen zum Ausdruck bringen. Die Bilanz ist daher zwiespältig: Noch nie gab es so viel Ausdrucks- und Emanzipationsmöglichkeiten für Subjekte wie in modernen Industriegesellschaften, aber zugleich haben die Probleme der Entwicklung und Balance subjektiver Identität und, damit verbunden, angemessener Selbst- und Weltbilder erheblich zugenommen (vgl. Brown, 1963).

Literatur

Beck, U. (1986). Risikogesellschaft. Frankfurt/M.
Brown, N. O. (1963). Zukunft im Zeichen des Eros. Pfullingen.
Fromm, E. (1966). Die Furcht vor der Freiheit. Frankfurt/M.
Horn, K. (1990). Subjektivität, Demokratie und Gesellschaft. Frankfurt/M.
Mitscherlich, A. (1968). Auf dem Weg zur vaterlosen Gesellschaft. München.
Schulze, G. (1992). Die Erlebnisgesellschaft. Frankfurt/M.

Johann A. Schülein

Sucht

Sucht (engl. addiction) wird als das Ende einer Entwicklung beschrieben, die über den Gebrauch, Genuß und den Mißbrauch von Substanzen oder von Verhaltensweisen zur Abhängigkeit und zur Sucht geführt hat. Sucht ist gekennzeichnet durch das «unabweisbare Verlangen nach einem bestimmten Gefühls-, Erlebnis- und Bewußtseinszustand» (Gross, 1995, S. 13). Dieser soll durch die Zufuhr psychotroper Substanzen (von z. B. Alkohol, Medikamenten, Drogen) oder durch bestimmte Verhaltensweisen erreicht werden. Unterschieden werden die stoffgebundenen Suchtformen von den stoffungebundenen Suchtformen, z. B. der Magersucht (Anorexie), Eß- und Brechsucht (Bulimie) und der Spielsucht (vgl. Gross, 1990). Kriterien für Sucht sind der Kontrollverlust, die Dominanz des süchtigen Verhaltens über andere Lebenstätigkeiten, die sich einstellenden körperlichen und/oder psychischen Entzugserscheinungen nach Absetzen der Substanz oder Beendigung des süchtigen Verhaltens und das Fortführen des Substanzmißbrauchs/des süchtigen Verhaltens, trotz auftretender körperlicher, psychischer und sozialer Beeinträchtigungen. In der Definition des ICD-10 wird nicht nicht mehr von Sucht gesprochen, sondern es werden «psychische und Verhaltensstörungen durch psychotrope Substanzen» diagnostiziert (Dilling,1994, S. 28). Diese Definitionen reduzieren Sucht auf das Individuum als dessen Krankheit oder «Störungen». Das ist zwar hinsichtlich der versicherungsrechtlichen Kostenregelungen für die Suchtkrankenhilfe recht bedeutsam, läßt aber den Beitrag der sozialen, gesellschaftlichen und umweltbedingten Faktoren zur Entstehung der Sucht außer acht. Die ressourcenorientierte Perspektive macht die positiven Funktionen der Sucht im gesamten Lebenszusammenhang eines Individuums sichtbar: Das Suchtverhalten ist ein Versuch, für (problematische) Lebensumstände oder Krisen Lösungen zu finden. Das süchtige Verhalten wäre in diesem Sinn Ausdruck der menschlichen Fähigkeit zur Adaptation an bestimmte

Lebensumstände. Zu fragen ist, was Menschen befähigt, trotz Suchtmittelkonsums unter möglicherweise suchtfördernden Bedingungen, gar nicht erst süchtig zu werden (vgl. Schiffer, 1995). Üblicherweise werden die Entstehungsfaktoren von Sucht im sog. Suchtdreieck veranschaulicht (vgl. Gross, 1995):

Mensch
- genetische Faktoren
- körperliche Konstitution
- psychische und persönliche Entwicklung, Zufriedenheit, Frustrationstoleranz, persönliche Ziele, Sinnfragen
- sozialer Kontext: Familie, Freunde, Arbeitsplatz

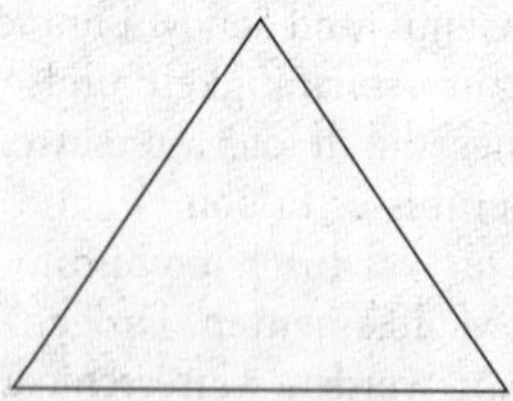

Suchtmittel / süchtiges Verhalten
- Wirkung und psychopharmakologische Eigenschaften
- Risiko
- Dosis
- Griffnähe, Angebot

Gesellschaft / Umwelt
- Akzeptanz der Suchtmittel / des süchtigen Verhaltens
- Angebotsdruck und Werbung,
- strukturelle Bedingungen in der Gesellschaft: z. B. soziale Schichtung, Arbeitslosigkeit, ökonomische Situation

Die Suche nach dem «Sucht-Gen» und der «Suchtpersönlichkeit» ist in den Hintergrund der Fachdiskussion getreten. Sucht entsteht im komplexen Zusammenwirken der Beziehungen zwischen biologischen / biochemischen, individuellen, sozialen und gesellschaftlichen Faktoren. Suchtbegünstigende Bedingungen können sein: psychisch traumatisierende Ereignisse und Erfahrungen, (früher) Verlust von wichtigen Menschen durch Trennung / Scheidung und Tod, psychische Erkrankungen. Sozial bedeutsam sind der «peer-group»-Effekt, die Vereinsamung sowie der «Gruppen-Druck», z. B. zu geselligen Anlässen Alkohol trinken zu müssen. Gesellschaftliche Faktoren sind z. B. Armut, Arbeitslosigkeit sowie der hohe Konsumdruck durch Werbung für Suchtmittel. Die wissenschaftliche Untersuchung des multifaktoriellen Beziehungsgeflechts in der Suchtforschung und die Umsetzung in die Praxis der Suchtkrankenhilfe und Prävention erfordern einen integrierten interdisziplinären Ansatz (vgl. Tretter, 1997).

Auf den Suchtmittelkonsum des einzelnen wird in unserer Gesellschaft über soziale und gesetzliche Regelungen Einfluß genommen. Einige Suchtformen (Arbeitssucht) werden honoriert, andere werden sanktioniert. So reichen die Umgangsregelungen vom Alkoholverkaufsverbot an Minderjährige bis zu prohibitiven und strafrechtlichen Bestimmungen des Betäubungsmittelgesetzes für den Umgang mit Opiaten. Für die Konsumenten führt dies zu unterschiedlichen Konsequenzen: Während sich die einen legal berauschen können, riskieren die anderen strafrechtliche Folgen (vgl. Renggli & Tanner, 1994). Beträchtlich viele Menschen gehen mit ihrem Konsumverhalten das Risiko der Sucht ein. Ihr Motiv mag in der Suche nach Genuß, nach unbeschwerter sozialer Gemeinsamkeit, nach Rausch und ekstatischem Erleben, nach Entspannung oder auch nach Vergessen durch Betäubung liegen. Aus den vielen Konsumenten – nur fünf Prozent der erwachsenen Bevölkerung Deutschlands haben derzeit z. B. noch nie Alkohol getrunken – rekrutieren sich die Süchtigen. Mit ca. 2,5 Mio. Alkoholkranken, ca. 1,5 Mio. Tablettenabhängigen, ca. 120000 Opiatabhängigen und etwa 100000 Spielsüchtigen (DHS, 1996) ist Sucht erkennbar kein Einzelschicksal, sondern ein kollektives. Sucht abzuschaffen kann nicht gelingen. Einmal stellt sie eine grundsätzliche menschliche Verhaltensmöglichkeit dar, zum andern sind ganze Volkswirtschaften vom Anbau und der Herstellung von Suchtmitteln abhängig, und der internationale Drogenhandel macht immerhin acht bis neun Prozent des gesamten Welthandels aus. Es bleibt die komplexe Aufgabe, mit Sucht umzugehen und weiterhin nach human gestalteten Wegen zu suchen, die Suchtrisiken für den einzelnen zu reduzieren.

Literatur

Deutsche Hauptstelle für Suchtgefahren (1996). Jahrbuch Sucht 97. Geesthacht.

Dilling, H. (Hg.). (1994). Internationale Klassifikation psychischer Störungen. ICD-10 Kapitel V(F). Bern.

Gross, W. (1995). Was ist das Süchtige an der Sucht? Geesthacht.

Gross, W. (1990). Sucht ohne Drogen. Frankfurt/M.

Psychologie & Gesellschaftskritik (1995). Bier. Heft 74/75. Frankfurt/M.

Renggli, R. & Tanner, J. (1994). Das Drogenproblem. Berlin/Heidelberg.

Schiffer, E. (1995). Warum Huckleberry Finn nicht süchtig wurde. Weinheim.

Schneider, W. (1995). Zur Notwendigkeit einer akzeptanzorientierten Drogenhilfe und menschenwürdigen Drogenpolitik. Psychologie & Gesellschaftskritik, 74/75, S. 91–112.

Tretter, F. (1997). Ökologie der Sucht. Göttingen.

Gert Sonntag

Suizid / Selbsttötung

Suizid und Suizidversuch sind nur dem Menschen gegebene Handlungsmöglichkeiten, die unabhängig von Zeitepoche und Gesellschaftstyp in allen Kulturen zu finden sind. Die Begriffe «Selbstmord» (als Vergehen) bzw. «Freitod» stehen für ablehnende oder akzeptierende Wertung. Der neutrale Begriff Selbsttötung bzw. Suizid kommt vom lateinischen *sui caedere* (sich töten). Seit dem 19. Jahrhundert wird Suizid im Zusammenhang mit psychischer Erkrankung als abweichendes Verhalten gesehen und der Psychiatrie zugeordnet. Soziale Einflüsse, die Orientierung an Lebensgeschichtlichem und Beziehungsprobleme haben dort wenig Gewicht gegenüber dem dominierenden Diskurs einer psychopathologisch-biologisch gedachten Auseinandersetzung mit sog. psychischen Krankheiten. Kontroverse Diskussionen löste 1976 das Werk «Hand an sich legen – Diskurs über den Freitod» des Philosophen Jean Améry aus, der die Position vertritt, im Suizid verwirkliche sich die höchste Form menschlicher Freiheit, die dem Menschen Humanität und Würde bewahre. Bedenkt man Amérys Biographie, so stellt sich die Frage, ob sein späterer Suizid ein Sieg der Freiheit oder ein Sieg der Umstände ist: der Jude Jean Améry empfand sich als ein von der Gesellschaft Ausgestoßener: «Jude sein, das hieß für mich, von diesem Anfang an ein Toter auf Urlaub zu sein, ein zu Ermordender, der nur durch Zufall noch nicht war, wohin er rechtens gehörte.» Und: «Unser einziges Recht, unsere einzige Pflicht war, uns aus der Welt zu schaffen» (Améry, 1980). Das Nachdenken über den Freitod wirft Fragen über Sterbehilfe und Euthanasie auf. Geschichtlich betrachtet ist es problematisch, vom Recht des selbstbestimmten Bürgers auf Suizid auszugehen, da die Nazis daraus das Recht des Staates zur Vernichtung «lebensunwerten Lebens» ableiteten (vgl. Dörner, 1993).

Theoretische Modelle zur Suizidalität

Psychodynamischen Erklärungsmodellen ist gemeinsam, daß sie Störungen in frühen Entwicklungsphasen eine wichtige Bedeutung in der Genese der Suizidalität beimessen. Sie gehen von einem unbewußten Konflikt aus, der entweder triebdynamisch durch einen Aggressionskonflikt (Freud, 1917), durch eine narzißtische Krise (Henseler, 1974) oder über Objektbeziehungserfahrungen (Kind, 1992) begründet wird. Die Medizin erklärt die suizidale Handlung zum Krankheitsfall, der als Abschluß einer pathologischen Entwicklung («präsuizidales Syndrom»; Ringel, 1953), im Zusammenhang mit einer psychiatrischen Erkrankung (Depression, Schizophrenie) oder als Folge eines neurobiochemischen

Ungleichgewichts gesehen wird. Gegenwärtig dominiert in der Suizidologie eine epidemiologische und biologistische Ausrichtung, die mit objektivierender Methodik ihre Voraussetzungen durch die eigene Theoriegebundenheit nicht reflektiert. Aber auch ein umfassendes Verständnis der Suizidalität als multifaktoriell bedingtes Phänomen stößt dort an seine Grenzen, wo es zu respektieren gilt, daß der frei gewählte Tod eine Entscheidung ist, die sich nicht restlos erklären läßt. Suizid gefährdet die Verdrängung des Todes aus unserem Leben, die gesellschaftlich erwünscht ist: Gerade in Zeiten des ungebremsten Machbarkeitswahns einerseits, einer zunehmenden existentiellen Verunsicherung andererseits zeigt die eifrige Suche nach Ursachen und Motiven von Selbsttötung Erschrecken über das Undurchschaubare, das nicht kontrolliert werden kann, und verweist schließlich auf die Präsenz des Todes im eigenen Leben.

Geschlechtsspezifische Betrachtungen

Im Suizidverhalten sind Geschlechterunterschiede länderübergreifend empirisch belegt: Frauen weisen eine wesentlich höhere Suizid*versuchs*rate auf, während der vollendete Suizid bei Männern häufiger ist. Ein umfassenderes Verständnis der Suizidalität wird erst möglich sein, wenn eine geschlechterdifferente Betrachtung von männlicher und weiblicher Suizidalität vorgenommen wird (vgl. Gerisch, 1996), bei der es individuell-identitätskonstituierende Fragen ebenso zu berücksichtigen gilt wie die Dimension der unterschiedlichen gesellschaftlichen Realität von Frauen und Männern.

Eine Enttabuisierung des Themas Selbsttötung fordert jenseits klinischer Erklärungsansätze eine Reflexion gesellschaftlicher Lebens- und Arbeitsbedingungen. Die erlebte Ausweglosigkeit einzelner ist nicht nur intrapsychisch bedingt, sondern verweist auf soziale Problemlagen (Bronisch, 1995), wird als extremes Mittel des politischen Protests gewählt, kann für Orientierungslosigkeit stehen oder für einen letzten Ausdruck von Autonomie (z. B. in Situationen politischer Verfolgung) und zeigt Versäumnisse, wo kulturelle und gesellschaftliche Zwänge keine andere Form der Lebensäußerung mehr erlauben. «Hätten wir die Lebensbedingungen eines Menschen nach seinen Bedürfnissen geändert, hätte er sich nicht suizidiert» (Dörner, 1993, S. 8). Die Aufgaben der Suizidprävention erschöpfen sich nicht in der Einrichtung von Kriseninterventionszentren, sondern «hier geht es um den Kampf gegen die gewaltfördernden Bedingungen im weitesten Sinne, also um den Kampf gegen alles, was die Beziehungen der Menschen zu sich selbst und Anderen und was ihre Tätigkeiten entwertet» (Dörner & Plog, 1996, S. 339).

Literatur

Améry, J. (1976). Hand an sich legen – Diskurs über den Freitod. Stuttgart.
Améry, J. (1980). Jenseits von Schuld und Sühne. Bewältigungsversuche eines Überwältigten. Stuttgart.
Bronisch, T. (1995). Der Suizid. München.
Dörner, K. (1993). Suizid-Schnittpunkt des Rechts zu leben und des Rechts zu sterben. In: T. Giernalczyk & E. Frick (Hg.), Suizidalität. Deutungsmuster und Praxisansätze (S. 1–10). Regensburg.
Dörner, K. & Plog, U. (1996). Irren ist menschlich. Bonn.
Freud, S. (1917/94). Trauer und Melancholie. Studienausgabe Bd. 3. Frankfurt/M.
Gerisch, B. (1996). Suizidalität bei Frauen. Diss. Hamburg 1996.
Giernalczyk, T. (Hg.) (1997). Suizidgefahr – Verständnis und Hilfe. Tübingen.
Henseler, H. (1974). Narzißtische Krisen. Zur Psychodynamik des Selbstmordes. Opladen.
Kind, J. (1992). Suizidal. Die Psychoökonomie einer Suche. Göttingen.
Ringel, E. (1953/89). Der Selbstmord. Appell an die anderen. München.

Christiane Caspary

Supervision

Supervision wird oft fälschlicherweise als Teilgebiet der Psychologie oder der Psychotherapie angesehen. Doch obwohl auch Personen mit psychologischer oder psychotherapeutischer Basisqualifikation Supervision ausüben, hat sich diese mittlerweile zu einer eigenständigen Beratungsform entwickelt, mit eigenen Zugängen in Theoriebildung und Praxeologie sowie einer Vielzahl von Aus- und Weiterbildungslehrgängen. Insgesamt wird unter Supervision die aufgabenorientierte und arbeitsfeldbezogene Beratung von Personen, Gruppen oder Teams verstanden mit dem Ziel, berufliche Konflikte zu bearbeiten, die eigene professionelle Rolle zu reflektieren, Handlungsspielräume realistisch einzuschätzen, die Kooperation und Kommunikation in Teams zu verbessern, Arbeitsziele zu definieren, den Aufgabenbezug zu fördern sowie die Auseinandersetzung mit den Anforderungen der Organisation voranzutreiben. Supervision stellt so unmittelbar auch ein Instrument der Qualitätssicherung dar. Ursprünglich diente Supervision als Kontroll- und Ausbildungsinstrument in der Sozialarbeit. Die Kommunikation fand in der Dyade zwischen Leiter und Mitarbeiter statt. Michael Balint erweiterte in den 50er Jahren dieses Setting. In den aus der Psychoanalyse abgeleiteten «training cum research groups» wurden Fallbeispiele aus der Arbeit von praktischen Ärzten unter Mitwirkung der gesamten Gruppe besprochen. Parallel dazu wurde Supervision, ausgehend von der Kontrollanalyse der Psychoanalyse, von den sich rasch ausdifferenzierenden psychotherapeutischen Schulen als Instrument zur Ausbildung und Praxisreflexion eingesetzt. Heute kommt Supervision in beinahe allen professionellen Feldern zur Anwendung, wobei vom Setting her folgende wesentliche Unterscheidungen getroffen werden: Einzelsupervision sowie Coaching von Führungskräften als Spezialfall hiervon, Gruppensupervision (die Supervisanden arbeiten im professionellen Alltag nicht zusammen) und Teamsupervision (die Supervisanden arbeiten auch im professionellen Alltag zusammen). Während in (psychotherapeutischer) Fallsupervision in erster Linie die Arbeit der Supervisanden mit ihren Klienten fokussiert wird, stellen vor allem Teamsupervision und Coaching eher organisationsbezogene Beratungsformen dar, deren Grenzen zu Organisations- und Personalentwicklung sowie zum Projektmanagement immer offener werden. Theoretische Ansätze der Supervision kommen u. a. aus der Gestalttheorie, der Psychoanalyse und der Systemtheorie, ergänzt durch unterschiedliche gruppendynamische und organisationstheoretische Zugänge. Integrative Ansätze versuchen neuerdings, hier eine aufgabenadäquate Synthese herzustellen.

Literatur

Belardi, N. (1994). Supervision. Von der Praxisberatung zur Organisationsentwicklung. Paderborn.
Fatzer, G. (Hg.). 1991. Supervision und Beratung. Köln.
Pühl, H. (Hg.). (1990). Handbuch der Supervision. Beratung und Reflexion in Ausbildung, Beruf und Organisation. Berlin.
Schreyögg, A. (1991). Supervision. Ein integratives Modell. Lehrbuch zu Theorie und Praxis. Paderborn.

Wolfgang Fürnkranz

Symboltheorie

Würde der Symbolbegriff nicht so unterschiedlich gefaßt, könnte er ein integratives Basiskonzept der Sozial- und Kulturwissenschaften sein. Der vielleicht wichtigste Zweig in der Symboltheorie erwächst aus einer Kritik an der anthropologischen Bestimmung des Menschen als «animal rationale», die Rationalität mit diskursiver Sprache kurzschließt und dadurch alle anderen Formen bedeutungsstiftender Repräsentation und Präsentation diskreditiert. Dagegen setzt sie dessen Bestimmung als «animal symbolicum» (Cassirer, 1990, S. 51), in deren Perspektive sich die abendländische Logik aus einer vorlogischen – sinnlich-ästhetischen – Sphäre entwickelt hat. Dieser Weg vom Mythos zum Logos erfolgt über eine zunehmende Rationalisierung, verstanden als die permanente Anstrengung, Erkenntnis- und Kommunikationsprozesse zu versachlichen und zu vereindeutigen. Ein Gipfelpunkt dieser Entwicklung ist die moderne Wissenschaft mit ihrem Ideal einer Wissenschaftssprache, die aus unmißverständlich definierten Termini besteht.

Einer gebräuchlichen Unterscheidung zufolge handelt es sich in solchen Fällen um Zeichen, deren Bedeutung – wie bereits bei jedem Wort – arbiträr ist, mithin nur auf einer Konvention beruht. Symbole dagegen, so etwa de Saussure, sind «niemals ganz beliebig», vielmehr «besteht bis zu einem gewissen Grade eine natürliche Beziehung zwischen Bezeichnung und Bezeichnetem. Das Symbol der Gerechtigkeit, die Waage, könnte nicht durch irgend etwas anderes, z. B. einen Wagen ersetzt werden» (1967, S. 80). Eine Waage kann als Gerechtigkeitssymbol gebraucht werden, weil es Merkmale der Waage gibt, denen innerhalb eines bestimmten kulturellen Selbstverständnisses – und nur insofern «natürlich» – Merkmale der Gerechtigkeitsvorstellung entsprechen. Um diese schwierige Opposition von Zeichen und Symbol zu vermeiden, lassen sich Symbole auch als zweite Bedeutung eines Zeichens konzipieren: So bedeutet die (stilisierte) Abbildung einer weißen Taube (ikonisches Zeichen) – kontextspezifisch – die Hoffnung auf Frieden (symbolische Bedeutung). In seiner durch die bio-evolutionäre Instinktentbindung vorbereiteten Symbolisierungsfähigkeit besitzt der Mensch die Kreativität, die sinnlichen Gegebenheiten seiner Lebenswelt zu transzendieren, indem er ihnen nach der berühmten scholastischen Formel «aliquid stat pro aliquo (etwas steht für etwas anderes)» Bedeutung verleiht. Die Modellierung und empirische Untersuchung der ontogenetischen Entwicklung dieser Fähigkeit gehört zu den vorrangigen Anliegen einer Entwicklungspsychologie, die sich um eine Integration der Grundpositionen von Piaget und Freud bemüht (Lincke, 1981; Furth, 1990). Gerade die Psychoanalyse ist in wesentlichen Stücken eine Symboltheorie, deren Anschlußfähigkeit aber nicht selten daran scheitert, daß sie Symbole vorwiegend als Abwehr unbewältiger lebensgeschichtlicher Konflikte und damit als defizitäre Erkenntnis- und Kommunikationsleistungen begreift. Diese Situation hat sich erst im Zuge der ich-psychologischen Kritik von Lorenzer verbessert, indem er Überlegungen von Langer (1965, Kap. 4) – vor allem deren Konzept der «präsentativen symbolischen Formen» – in die psychoanalytische Theorie und tiefenhermeneutische Praxis einbringt. Über die Individualsymbolik hinaus thematisiert er in der Perspektive einer analytischen Sozialpsychologie «Kultur als Symbolsystem» (Lorenzer, 1981). Kollektive Symbole verdienen das Forschungsinteresse, weil sie zu den wirksamsten, affektstärksten Mitteln der Identitätsstiftung aller Arten menschlicher Gemeinschaft gehören. Folglich wird sozialer Wandel in der Regel von Bedeutungsverschiebungen in den Leitsymbolen – am Beispiel des Spiegels (Haubl, 1991) – flankiert. Aufgrund dieser regulativen Funktion gehört die politisch-strategische Bildung von Symbolen zu den Herrschaftsstrategien, mit denen versucht wird, Ideologien psychosozial zu verankern. Eine kritisch-hermeneutische Symboltheorie muß deshalb in der Tradition von Barthes (1964) die «Mythen des Alltags» entschlüsseln, die vor allem die Massenmedien verbreiten (Müller-Doohm, 1990). Dann zeigt sich z. B., daß in einem ZDF-Nachrichtenfilm der Somalia-Einsatz von Bundeswehrsoldaten latent als Wiedergeburt des vereinigten Deutschland als Militärmacht symbolisiert wird (Haubl, 1995).

Literatur

Barthes, R. (1964). Mythen des Alltags. Frankfurt / M.

Cassirer, E. (1990). Versuch über den Menschen. Einführung in eine Philosophie der Kultur. Frankfurt / M.

Furth, H. G. (1990). Wissen als Leidenschaft. Eine Untersuchung über Freud und Piaget. Frankfurt / M.

Haubl, R. (1991). «Unter lauter Spiegelbildern ...» Zur Kulturgeschichte des Spiegels. 2 Bde. Frankfurt / Basel.

Haubl, R. (1995). Happy Birthday, Germany! Nachrichten, Irritationen und Phantasien. In: S. Müller-Doohm & K. Neumann-Braun (Hg.), Kulturinszenierungen (S. 27–59). Frankfurt / M.

Langer, S. K. (1965). Philosophie auf neuem Wege. Das Symbol im Denken, im Ritus und in der Kunst. Frankfurt / M.

Lincke, H. (1981). Instinktverlust und Symbolbildung. Berlin.

Lorenzer, A. (1970). Kritik des psychoanalytischen Symbolbegriffs. Frankfurt / M.

Lorenzer, A. (1981). Das Konzil der Buchhalter. Die Zerstörung der Sinnlichkeit. Frankfurt / M.

Müller-Doohm, S. (1990). Medienforschung als Symbolforschung. In: M. Charlton (Hg.), Medienkommunikation im Alltag (S. 76–102). München / New York.

Saussure, F. de (1967). Grundfragen der allgemeinen Sprachwissenschaft. Berlin.

Rolf Haubl

Systemische Therapie

Die Wurzeln der Systemischen Therapie liegen in verschiedenen familientherapeutischen Ansätzen, z. B. im strukturellen Ansatz nach Minuchin, für den zu starre oder zu diffuse Grenzen zwischen familiären Subsystemen (z. B. Eltern und Kinder) oder zwischen der Familie und ihrer Umgebung den Hintergrund für die Probleme eines Familienmitglieds darstellten. In der Geschichte der Systemischen Therapie entfernte man sich Anfang der 80er Jahre aus mehreren Gründen von dieser funktionalen Zuordnung zwischen «Symptom» und familiärer Kommunikationsstruktur:

(1) war damit die Gefahr einer Pathologisierung der gesamten Familie verbunden, (2) konnte eine differentialätiologische Zuordnung zwischen Beziehungsstrukturen und Störungsbildern nicht belegt werden, (3) wurden kommunikative Systeme überhaupt weniger am «Substrat» der beteiligten Personen festgemacht (vgl. Luhmanns Theorie sozialer Systeme), (4) schien es als Widerspruch, Familienmitgliedern einerseits «Schuld» am Problem zuzuweisen, sie andererseits der als kooperative Ressourcenpersonen im Therapieprozeß gewinnen zu wollen, und (5) erweist sich die Familie nur noch als eine von vielen möglichen Formen des Zusammenlebens. Die Systemische Therapie wurde zu einer umfassenden Therapieform, die Einzel-, Paar- und Mehrpersonentherapie einschließt und deren Grundlagen auch in andere Anwendungsfelder wie Teamsupervision und Organisationsentwicklung Eingang gefunden haben. Sie versuchte, sich konsequent von einer Pathologie- zu einer Ressourcenperspektive zu bewegen und orientiert sich strikt an den Anliegen und Zielen der Klienten. Technisch hat sich das Vorgehen unter dem Einfluß der lösungsorientierten Kurzzeittherapie von den komplizierten Strategien der «Gegenparadoxien», des umfassenden Hypothetisierens und der taktischen Verschreibungen zu klaren, einfachen Kommunikations- und Frageformen gewandelt. Das Vorgehen ist partnerschaftlich, respektierend und ernsthaft an den persönlichen Bezugssystemen und Lebensstilen der Klienten interessiert. Bewährt hat sich die Arbeit mit einem Team hinter der Einwegscheibe, das den Klienten entweder über den Therapeuten oder in direkter Form («reflecting team») Anregungen und Ideen vermittelt. Konzeptuell läßt sich die Systemische Therapie durch folgende Punkte charakterisieren: Berücksichtigung der Autonomie und Eigendynamik der Klienten; Berücksichtigung der Systemumwelt, d.h. der Behandlungskontexte sowie der persönlichen und materiellen Lebenswelten der Klienten; Veränderung konstruierter Wirklichkeiten; wechselseitiger Bezug zwischen Problem und interpersoneller Kommunikation. Im Sinne moderner Systemtheorien kann Systemische Therapie als ein Schaffen von Bedingungen für selbstorganisierte Ordnungsübergänge in komplexen bio-psycho-sozialen Systemen unter professionellen Bedingungen verstanden werden.

Literatur

Ludewig, K. (1992). Systemische Therapie. Stuttgart.

Reiter, L., Brunner, E. J. & Reiter-Theil, S. (Hg.). (1997). Von der Familientherapie zur systemischen Perspektive. Berlin.

Schiepek, G. (1991). Systemtheorie der Klinischen Psychologie. Braunschweig.

Schlippe, A. von & Schweitzer, J. (1996). Lehrbuch der Systemischen Therapie und Beratung. Göttingen.

Günter Schiepek

Systemtheorie

Es gibt nicht eine, sondern mehrere Systemtheorien, die sich nach der verwendeten Begrifflichkeit, dem Formalisierungsgrad und der jeweiligen disziplinären Herkunft unterscheiden. Meist handelt es sich um relativ formale bzw. abstrakte Modelle, die je nach Anwendungsbereich mit unterschiedlichen Inhalten gefüllt werden können und müssen. Gemeinsam ist ihnen die Beschäftigung mit «Systemen», d. h. mit Elementen, die sich in Wechselwirkungen (einschließlich Rückwirkungen auf sich selbst) befinden oder sich gegenseitig konstituieren (erzeugen), so daß sie ein strukturiertes, von der jeweiligen Umwelt unterscheidbares Gesamt bilden. Systemtheorien befassen sich nicht nur mit dem Aufbau von Systemen, sondern auch mit ihrer Dynamik, d. h. mit ihrem Verhalten in der Zeit. Insbesondere interessieren Fragen der Strukturentwicklung und des Strukturwandels, der Stabilität und Instabilität, der Steuerbarkeit, Intervenierbarkeit und Vorhersagbarkeit (bzw. der Grenzen entsprechender Bemühungen).

Im Sinne eines modellistischen Systembegriffs «ist» nichts a priori ein System, aber verschiedene Entitäten und Phänomene lassen sich als komplexe, dynamische Systeme beschreiben, modellieren und analysieren: Zellen, Gehirne und andere Organe, Tierpopulationen in ihrer Umwelt, fast alle physikalischen und chemischen Phänomene mit erkennbarer zeitlicher Struktur, das Wetter bzw. Klima, Prozesse der motorischen Koordination, des Wahrnehmens, des Denkens und Lernens, Gruppen, Organisationen, Familien, Gesellschaften etc. Der prozeßorientierte Blick auf Phänomene der organisierten Komplexität sowie die Entwicklung von Methoden der dynamischen Modellierung und Datenanalyse macht die Systemtheorien gerade für die Psychologie attraktiv.

Kant war der erste, der den Begriff der Selbstorganisation, d. h. der autonomen Strukturbildung in komplexen Systemen einführte – heute ein zentrales Thema moderner Systemtheorien. Die moderne Chaostheorie stellt ein wichtiges Arbeitsfeld der Theorie nichtlinearer dynamischer Systeme dar. In den 20er Jahren dieses Jahrhunderts entwickelten Ökologen bereits Systemmodelle der Populationsdynamik (z. B. Räuber-Beute-Modelle). Der Wiener Biologe von Bertalanffy propagierte seit den 40er Jahren eine Allgemeine Systemtheorie mit Anwendungen auch im Bereich von Psychologie und Psychiatrie. Von ihm stammt der Begriff des «Fließgleichgewichts», d. h. relativer struktureller Stabilität eines offenen Systems bei einem bestimmten Energiedurchsatz – eine Vorstellung, die in modernen Selbstorganisationstheorien insofern eine Rolle spielt, als es auch hier um die Entstehung relativ stabiler Strukturen in energetisch offenen Systemen geht. Die Kybernetik profilierte sich als technisch anwendbare, über Rückkopplungsschleifen funktionierende Steuerungslehre. Sie spielt bis heute in den sog. TOTE-Modellen von Miller, Galanter und Pribram oder im Selbstregulationsmodell von Kanfer eine Rolle.

Für die Psychologie von anhaltender Bedeutung waren die Arbeiten von J. Ruesch, G. Bateson und anderer Mitarbeiter der sog. Palo-Alto-Gruppe zur Struktur tierischer und menschlicher Kommunikation (in den 50er und 60er Jahren). Sie legten damit einen Grundstein für die spätere Systemische Therapie. Auch die gesamte Tradition der Gestaltpsychologie sowie die Feldtheorie K. Lewins kann als systemtheoretische Tradition bezeichnet werden, weil es hier um Prozesse der (autonomen) Strukturbildung in Wahrnehmung und Kommunikation ging. Seit Anfang der 80er Jahre findet in der Psychologie die Theorie autopoietischer Systeme große, aber auch kontroverse Beachtung. Das Konzept der Autopoiese wurde 1973 von Maturana und Varela zur Beschreibung von Selbstherstellungs- und Selbsterhaltungsprozessen in Zellen eingeführt (Maturana & Varela, 1987). Über den zellbiologischen Anwendungskontext hinaus wurde das Konzept der Autopoiese von Luhmann (1984) auch auf nichtmaterielle, insbesondere soziale und psychische Systeme übertragen. Als konstituierende Komponenten wurden dabei Kommunikationen oder Kognitionen (bzw. Kognitions-Emotions-Einheiten) vorgeschlagen, die in selbstreferentiellen Prozessen aneinander anschließen bzw. sich (re-)produzieren. Spezifische Selektionsprozesse geben dem System Struktur, die sich – z. B. im Bereich des Sozialen – in Erwartungen oder Rollen manifestiert.

Besondere Formen dynamischer Prozesse werden als «chaotisch» bezeichnet. Es handelt sich dabei um Prozesse, die von nichtlinearen Systemen in deterministischer Weise erzeugt werden und dennoch mittel- und langfristig nicht vorhersehbar sind. Sie reagieren hochsensibel auf minimale Einflüsse auf das Systemverhalten («Schmetterlingseffekt»), sehen irregulär aus, wiederholen sich nie in gleicher Weise und realisieren dennoch ein hohes Maß an globaler Ordnung. Die Gestalt dieser dynamischen Ordnung («Attraktoren») wirkt oft sehr ästhetisch. Zahlreiche lebende Systeme realisieren in ihrem Verhalten solche mehr oder weniger langfristig stabilen Muster, die aber im Detail hochgradig flexibel, adaptiv und unvorhersehbar sind. Die (nichtlinearen) Wechselwirkungen zwischen den Elementen eines komplexen Systems können unter bestimmten Bedingungen (vor allem der Bedingung der «Gleichgewichtsferne») zu neuen, «emergenten» Eigenschaften und Verhaltensweisen (Attraktoren) führen. Diese haben wiederum ordnenden

Einfluß auf das Verhalten der Einzelelemente. Die dabei auftretende Kreiskausalität zwischen der Mikroebene eines Systems und der makroskopischen Ordnung bezeichnet man als *Selbstorganisation*. Pionierarbeit wurde in diesem Bereich von dem theoretischen Chemiker Prigogine geleistet. Die elaborierteste Selbstorganisationstheorie wurde von Haken entwickelt und wird als *Synergetik* bezeichnet. Die psychologischen Anwendungen der Synergetik liegen z. B. in den Bereichen der Modellbildung von Wahrnehmungsprozessen, der motorischen Koordination, dem Verständnis von Entscheidungsprozessen, in der Psychotherapie- und Gruppenforschung.

Literatur

Ashby, W. R. (1985). Einführung in die Kybernetik. Frankfurt / M.
Bateson, G. (1988). Ökologie des Geistes. Frankfurt / M.
Haken, H. (1990). Erfolgsgeheimnisse der Natur. Frankfurt / M.
Haken, H. & Haken-Krell, M. (1992). Erfolgsgeheimnisse der Wahrnehmung. Synergetik als Schlüssel zum Gehirn. Stuttgart.
Kriz, J. (1997). Systemtheorie. Eine Einführung für Psychotherapeuten, Psychologen und Mediziner. Wien.
Küppers, G. (Hg.). (1996). Chaos und Ordnung. Formen der Selbstorganisation in Natur und Gesellschaft. Stuttgart.
Luhmann, N. (1984). Soziale Systeme. Frankfurt / M.
Maturana, H. R. & Varela, F. (1987). Der Baum der Erkenntnis. Bern.
Schiepek, G. (1991). Systemtheorie der Klinischen Psychologie. Braunschweig.
Schiepek, G. & Strunk, G. (1994). Dynamische Systeme. Heidelberg.

Günter Schiepek

Tanztherapie

Unter Tanztherapie wird eine 1966 in New York etablierte Zusammenfassung von tänzerischen, bewegungs- und zum Teil körpertherapeutischen Richtungen verstanden, die der physischen und psychischen Integration des einzelnen und seiner Beziehungsfähigkeit dienen sollen. Während die kalifornische Bewegungstherapie vorwiegend auf die authentische Bewegung abzielt, ohne Musik, in Einzeltherapie und in einer Privatpraxis stattfindet, spielt sich die von der Westküste der USA ausgehende Tanztherapie hauptsächlich in der Gruppe und mit Folklore-, Pop- und klassischer Musik in der Halle einer Klinik ab, betont den spielerisch-kreativen Aspekt und ein künstlerisches Lebensgefühl. Wissenschaftlich angegangen, wird Tanztherapie als Angewandte Tanzpsychologie verstanden, wobei zum einen aus der Art der Konfiguration des verwendeten Bewegungsmaterials auf den Bedeutungsgehalt eines Tanzes oder einer Bewegungsimprovisation geschlossen, zum anderen Tänze oder Substanzen daraus diagnosespezifisch für therapeutische Ziele verwendet werden. Hierzu werden die vier Merkmale eines Bewegungsgeschehens Körper, Raum, Energie und äußere Form und Struktur im Sinne der Erweiterung des Bewegungsrepertoires und zur bewußten Choreographie der Lebensmelodie diagnostiziert und trainiert. In der Phase der Erlebnisvertiefung wird auf das Verhalten im Raum als fiktiver Welt geachtet, die innere Energie unter den Aspekten der Vertikale (Kraft und Selbstrepräsentanz), Horizontale (Kinesphäre, Raum- und Beziehungsebene), Sagittale (Zeit- und Entscheidungsfindung) und des Bewegungs- und Muskelspannungsflusses (Fluß eines Geschehens als emotionale Ebene) untersucht und geübt und mit den zugehörigen bedeutungstragenden Formen in Gestik und Körperhaltung in Beziehung gesetzt. Aus einem so bewußtgemachten Verhalten wird auf den Rhythmus (R) der Energie (E) und ihrer Struktur (S) in der Körperbewegung geachtet und zur Auswertung des Therapieerfolgs in ein RES-Profil eingetragen. Im nonverbalen Kommunikationstraining werden die RES-Anteile in der Expressivität von Selbstkundgabe, Hörer-/Zuschauerbezug und Effektivität und Effizienz verfolgt und mit erfahrungsvertiefenden und -modifizierenden Methoden variiert. Anhand von kausalattribuierenden Techniken wird versucht, zum Umgang mit eigenen und fremden Persönlichkeitsstilen zu befähigen, die Sinnprinzipien von Leidenstypen zu verstehen und mit symbolhaltigen Ausdrucksstudien und choreographischen Gebilden geeignete psychische Abwehrmechanismen zu stabilisieren sowie in Energiehaushalt und Gestaltung seiner Lebensform eine optimistischere Sichtweise aufzubauen. Im Gegensatz zu den USA zeigt sich in Deutschland eine Zunahme des Interesses an Tanztherapie. Die ausschließlich privaten Ausbildungsangebote hängen noch großenteils der narzißtischen und lebensverneinenden Ideologie des Ausdrucks- oder freien Tanzes ihrer nationalsozialistisch motivierten frühen Vertreter an. Das sechssemestrige berufsbegleitende Fernstudium der Karls-Universität Prag mit Praxiszeiten in Deutschland ermöglicht jedoch einen Universitätsabschluß in Tanztherapie oder in Musik- und Tanztherapie.

Literatur

Hörmann, K. (1991). Durch Tanzen zum eigenen Selbst. Eine Einführung in die Tanztherapie. München.

Hörmann, K. (Hg.). (1993). Tanztherapie. Göttingen.

Karl Hörmann

Taylorismus

Ziel der von Frederick Winslow Taylor (1856–1915) aufgestellten «Prinzipien wissenschaftlicher Betriebsführung» (1911) ist die Steigerung menschlicher Produktivität. Die «Verwissenschaftlichung» bezieht sich dabei vor allem auf eine systematische Zerlegung der Arbeitsabläufe, ihre Normierung und Optimierung durch Zeit- und Bewegungsstudien, technische Verbesserungen und rationelle Produktionsprozesse. Ergebnis dieser Maßnahmen sollte die Gestaltung eines – objektiv-wissenschaftlichen – «one-best-way» des Arbeitsprozesses sein, der sowohl auf der Normierung von Werkzeugen und Maschinen als auch auf der systematischen Auswahl und Schulung geeigneter Arbeitskräfte basiert. Die angestrebte Differenzierung von Kopfarbeit (Leitungs- und Planungsaufgaben) und ausführender Handarbeit ist als Keimzelle des Managements anzusehen und steht für einen wesentlichen Teil der Probleme, mit denen sich die Arbeitspsychologie seither auseinanderzusetzen hat. In der Betriebswirtschaftslehre findet sie sich heute als Unterscheidung von dispositiver und objektbezogener Arbeit wieder. Die «Befreiung» der objektbezogenen Arbeit von Zufällen, Spielräumen und «überflüssiger» Qualifikation wurde hinsichtlich der Entmenschlichung der Arbeit bereits in den 20er Jahren dieses Jahrhunderts kritisiert. Dennoch spiegeln sich Gedanken Taylors auch heute noch z. B. in den Bewegungs- und Zeitstudien des REFA-Verbandes, aber auch in Elementen des Lean Management wider. Auch die Auffassung Taylors, Normierung müsse als Leitmotiv der Organisationsentwicklung dienen, scheint aktueller den je, wie die breite Akzeptanz der ISO-9000-Normen zeigt (vgl. Battmann, 1995). Neben der unzureichenden theoretischen und empirischen Fundierung der «wissenschaftlichen Betriebsführung» (vgl. Staehle, 1994; Bungard, 1995) ist Taylor die Gleichsetzung von Rationalität, Wissenschaftlichkeit und Normierung vorzuwerfen. So werden durch die Annahme, eine Unternehmung könne von Rationalität durchdrungen werden, die Grenzen menschlicher Rationalität mißachtet und Maschinen mit Menschen gleichgesetzt (vgl. Todesco, 1994). Die tayloristische Optimierung der Produktionsabläufe normiert Denken und Handeln, beschränkt Handlungsspielräume und führt letztlich zu starren Strukturen. «Rationale» Betriebsführung kann – sowohl aus humanistischer als auch aus ökonomischer Sicht – jedoch nur darin bestehen, durch die (Wieder-)Zusammenführung von Kopf und Hand das zur Verfügung stehende menschliche Innovations- und Flexibilitätspotential zu nutzen und zu fördern.

Literatur

Battmann, W. (1995). F. W. Taylor und die ISO 9000: Normierung als pseudorationale Maxime. Zeitschrift für Arbeits- und Organisationspsychologie, 39 (N.F. 13), S. 182–187.
Bungard, W. (Hg.). (1995). F. W. Taylor: Die Grundsätze wissenschaftlicher Betriebsführung. Weinheim.
Staehle, W. (1994). Management – Eine verhaltenswissenschaftliche Perspektive. München.
Todesco, R. (1994). Der rationale Kern im Taylorismus. Zeitschrift für Arbeits- und Organisationspsychologie, 38 (N.F. 12), S. 123–125.

Björn Hackert

Technik

Den Eindruck, daß Technik und Technisches unser Leben immer tiefgreifender verändern, teilen wir mit fast allen Generationen der letzten 200 Jahre. Dennoch scheint die neue Qualität der Technisierung seit dem Zweiten Weltkrieg eine radikale Neudefinition der menschlichen Lebensstrukturen in Gang zu setzen. Für eine Psychologie, die sich als Mittel zur Selbstverständigung versteht und Fragen zur Lebensführung und zur Konstitution menschlicher Subjektivität zum Thema hat, bildet daher die Reflexion des Verhältnisses von Mensch und Technik einen wesentlichen Bestandteil ihrer Theorie und Praxis.

Obwohl zumindest seit der industriellen Revolution Technik als Einflußgröße von den meisten Gesellschafts- und Kulturtheorien mitgedacht worden ist (z. B. Marx, Weber, Simmel, Freud) und obwohl während des gesamten 20. Jahrhunderts die formende Rolle von Technik nicht nur im Produktions-, sondern auch im Reproduktionsbereich immer wieder reflektiert worden ist (Heidegger, Frankfurter Schule, ökologiebewegungen), ist die Auseinandersetzung mit Wissenschaft und Technik in den Geistes- und Sozialwissenschaften bis vor kurzem sporadisch und unsystematisch geblieben. Erst in jüngerer Vergangenheit ist die zentrale Bedeutung von Technik für fast alle gesellschaftlichen und kulturellen Bereiche anerkannt worden und hat auch in Teildisziplinen und multidisziplinären Neugründungen ihren institutionellen Niederschlag gefunden (Technikgeschichte, Techniksoziologie, Technikanthropologie, Technikphilosophie – noch kaum aber Technikpsychologie; *Science & Technology Studies*). Wie das Verhältnis von Mensch, Technik und Gesellschaft gefaßt wird, wie die gegenseitigen Einflüsse dargestellt werden und welche Einflußräume Menschen in der Technikentwicklung und im Umgang mit technischen Produkten und Realitäten zugestanden werden, sind zentrale Fragen jeglicher Konzeptionalisierung und Diskussion von Technik. Ansätze lassen sich danach unterscheiden, wie sie diese Fragen beantworten.

Die Tendenz, Technik als autonomen, aber gesellschaftlich bestimmenden Einflußfaktor aufzufassen, der sich nach eigenen internen Gesetzen entwickelt, aber die Entwicklung aller anderen gesellschaftlichen Bereiche lenkt, ist charakteristisch für manche ökonomischen Theorien und frühen technikhistorischen Arbeiten. Dieser *Technikdeterminismus* ist ausgeprägt ebenso in technikutopischen Arbeiten zu finden, die sich von den jeweils gerade neuesten Technologien die Lösung aller gesellschaftlichen Probleme erhoffen, in abgeschwächter Form aber auch in manchen technikkritischen Ansätzen. Die kritischen Arbeiten von Martin Heidegger, Herbert Marcuse, Lewis Mumford oder Jacques Ellul betonen nicht die Autonomie, sondern den Systemcharakter technischer Mittel, technisierter Praxisformen und technisch-rationaler Denkformen und versuchen so, die vordergründig determinierende Macht von Technik durchschaubar und überwindbar zu machen. Der *Sozialkonstruktivismus* ist in den letzten zwei Jahrzehnten zum lautstärksten Kritiker technologisch-deterministischer Ansätze geworden und hat gezeigt, daß Technik wie auch Wissenschaft durch soziale Prozesse bestimmt werden. Sozialkonstruktivisten zufolge ist Technik nicht das Resultat einer inhärenten Entwicklungslogik der Technik selbst, sondern das Ergebnis von Auseinandersetzungen sozialer Gruppierungen und ihrer Werte (Bijker). Der Technikhistoriker Thomas Hughes fordert deshalb, technische Systeme (wie etwa Elektrizität, Eisenbahn, Telefon) als Phänomene aufzufassen, die auf nahtlose Weise materielle, institutionelle, finanzielle und soziale Aspekte miteinander verweben. Während Sozialkonstruktivisten üblicherweise bei Fragen der Technikgenese verharren und selten analysieren, wie solche sozial konstruierten technischen Systeme auf soziale und gesellschaftliche Realitäten zurückwirken, haben andere dieses kritische Potential weitergedacht. Wenn, so argumentiert der amerikanische Technikphilosoph Langdon Winner, technische Produkte und Systeme aus sozialen Entscheidungs- und Konfliktprozessen hervorgehen, dann verkörpert Technik vorwiegend die Vorstellungen, Werte und Ideologien derjenigen, die an diesem Prozeß maßgeblich beteiligt sind. Technik ist damit immer auch politisch – «artifacts have politics» –, und eine wesentliche Aufgabe kritischer Ansätze wäre daher, die besondere Eigenart und Bedeutung der Dinge selbst zu untersuchen. Feministische Technikkritik teilt die Einsicht in die politisch-ideologische Natur von Technik und kann darüber hinaus zeigen, wie sehr Technik maskuliner Ästhetik, Epistemologie und Politik entspricht und damit patriarchale Strukturen sowohl ausdrückt als auch weiterführt. *Marxistische Herangehensweisen* sehen Technik als gesellschaftliche «Mittel», in denen menschliche Erfahrungen, Vorstellungen und Bedürfnisse vergegenständlicht sind und mit Hilfe deren sich Menschen die Welt aneignen. Die bedeutsame Erkenntnis des Marxschen Mittelkonzepts liegt in der Einsicht, daß das Mensch-Welt-Verhältnis kein unmittelbares ist, sondern über gesellschaftlich produzierte Mittel – von einfachen Werkzeugen über Maschinen bis zur modernen Technik – vermittelt ist. Die Widersprüchlichkeit technischer Mittel aber – etwa daß sie als *Mittel* gedacht und gemacht sind, aber leicht zum Selbst-*Zweck* werden – blieb lange unterbelichtet. Demgegenüber analysiert der in marxistischer Denktradition stehende Technikphilosoph Günther Anders gerade die Dialektik der Technik. Er erkennt ein *prometheisches Gefälle* zwischen der menschlichen Herstellungs- und Vorstellungsfähigkeit: als produzierende Wesen seien wir Menschen in der heutigen hochtechnisierten Welt über uns selbst hinausgewachsen, und im Verhältnis zu dem enormen Leistungsvermögen, welches die geschaffenen Produkte verkörpern, würden unsere anderen menschlichen Vermögen schlicht auf der Strecke bleiben. So entsteht eine zwar gesellschaftlich geschaffene, aber nicht in praktische Begriffe gefaßte und aufgefaßte, eine aus dem menschlich-gesellschaftlichen Handlungs- und Verfügungszusammenhang sich herauslösende, monströse Technik. Die entscheidende Aufgabe sieht Anders daher darin, das Hergestellte vorstellbar zu machen, die innere Logik technischer Produkte und Strukturen zu durchschauen und deren soziale Bedeutung zur Sprache zu bringen.

Ein einflußreicher Zugang stammt von der amerikanischen marxistischen Feministin Donna Haraway. In ihrem *Cyborg-Manifest* behauptet sie, daß Menschen längst verschränkte natürlich-technische Systeme, also Cyborgs, geworden seien. Als Technowesen – und nicht mehr Naturwesen – ist Technik ein Teil von uns, und wir sind ein Teil von Technik. Haraway bedauert das keineswegs, im Gegenteil, sie sieht darin sogar eine Chance. Besonders für Frauen stelle die Figur des Cyborg die Möglichkeit einer machtvollen neuen Identität dar, die nicht in der traditionell weiblichen Verneinung und Ausgrenzung technischer Realitäten verhaftet bleibt, sondern aus schöpferischer (und ironischer) Verbindung bisher gegensätzlicher Aspekte, z. B. Natur und Technik, neue Handlungs- und Seinsmöglichkeiten ziehen kann. Von ihrer Herkunft her Mischlinge, könnten Cyborgs das produktive Potential von Technologie in einer Weise nutzen, um die traditionellen Machtkonstellationen zu unterlaufen. Mit Haraways Ansatz hat der Technikdiskurs gegenwärtige, oft als postmodern bezeichnete Denkströmungen eingeholt, die klare Abgrenzungen verneinen und gewohnte Unterscheidungen in

Frage stellen. Eine zentrale Herausforderung kritischer Techniktheorie besteht also darin, einerseits den Entscheidungsspielraum von Menschen in der Technikentwicklung und deren bedeutungsgebende Fähigkeiten im Umgang mit Technik anzuerkennen, andererseits die technologische Basis heutiger Gesellschaftsformen und die quasi-verselbständigende Dynamik technischer Systeme einzusehen. Unzulänglich wäre, Menschen gegenüber Technik zu rein passiven, einflußlosen (und damit verantwortungslosen) Wesen zu reduzieren. Eine Überbewertung der Macht von Menschen, sich den technischen Gegebenheiten zu entziehen («man kann das Gerät doch abschalten»), würde aber ebenso die hegemonialen Qualitäten heutiger Techno-Kulturen verharmlosen und die weltschaffende und bedeutungsformende Kraft von Technik unterschätzen. Nimmt man Haraways Cyborg-These ernst, müßten Begrifflichkeiten, die von einer Trennlinie zwischen Mensch und Technik ausgehen, korrigiert und menschliche Subjektivität als Cyborg-Subjektivität reformuliert werden.

In der Geschichte der akademischen Psychologie nimmt Technik eine bedeutende Rolle ein. Einerseits entstanden in der angewandten Psychologie Zulieferansätze wie Psychotechnik, Human Engineering oder Akzeptanzforschung, anderseits bildeten von der Elementen- über die Gestaltpsychologie, vom Behaviorismus bis zur Kognitiven Psychologie technische Begriffe und Methoden die theoretischen Grundlagen zur Interpretation psychischer Phänomene. Eine Interpretation der Technik selbst aber, die Frage nach der Angemessenheit einer aus Naturwissenschaft und Technik entliehenen Grundbegrifflichkeit, aber auch eine Erkundung der Veränderungen des Menschen in einer Welt der Technik lagen außerhalb des Fragehorizonts. Dieser Mangel wurde innerhalb der Disziplin erkannt, die Forderung nach einer umfassenden psychologischen Auseinandersetzung mit Technik fiel aber bislang zumindest innerhalb der traditionellen Psychologie nicht auf fruchtbaren Boden. An den Rändern des psychologischen Mainstreams, in den subjekt-orientierten Ansätzen, findet zunehmend eine Auseinandersetzung mit Technik statt. Klaus Holzkamps Entwurf einer psychologischen Grundbegrifflichkeit reflektiert systematisch den inneren Zusammenhang von Mensch und Welt und bildet daher eine wichtige Grundlage für technikpsychologische Analysen. In Weiterentwicklung des Marxschen Mittelkonzepts analysiert Holzkamp die erfahrungs- und erkenntnisvermittelnden Qualitäten gesellschaftlicher Mittel. Er zeigt, daß diese für Menschen grundsätzlich keine Handlungs*bedingungen*, sondern Handlungs*möglichkeiten* darstellen, und entwickelt neben einem Bedeutungskonzept das Konzept der subjektiven Handlungsgründe als die zentralen Vermittlungsebenen zum Verständnis des Verhältnisses von subjektiver Bestimmung und objektiver Bestimmtheit des individuellen Subjekts in gegenständlicher Realität. Thema subjektpsychologischer Technikstudien ist bislang einerseits die subjektive Seite des Verhältnisses, wobei vor allem Prozesse der Bedeutungszuschreibung erkundet werden, anderseits das Wechselverhältnis von Mensch und Technik und die Frage, wie sich im Umgang der Menschen mit Maschinen psychisches Erleben, Fühlen, Denken und Handeln verändern. Aus phänomenologischer Perspektive werden Selbstverständlichkeiten in alltäglichen Beziehungen zu den Dingen als Ausgangspunkt genommen und gegen den Strich gelesen. Es wird nach den Irritationen, nach dem Nicht-Selbstverständlichen und nach dem anderen der Dinge gefragt, um auf diesem Weg zu einem umfassenderen und tieferen Verständnis der Bedeutung der Technik zu gelangen (Schönhammer). Andere Zugänge beleuchten etwa vor psychoanalytischem Hintergrund, wie psychodynamische Aspekte in die Bedeutungskonstruktionen technischer Artefakte einfließen (Löchel, Leithäuser), oder es werden die sozialen Repräsentationen des technischen Wandels im Alltag analysiert (Flick).

Neben der Frage nach der Bedeutungskonstruktion haben sich auch Ansätze entwickelt, die nach den Veränderungen menschlicher Subjektivität in technischer Realität fragen (Schachtner). Die US-Amerikanerin Sherry Turkle untersucht, wie Computer als Mittel zur Selbstverständigung und zur Reflektion über Identität benutzt werden. Im Zusammenhang mit dem Internet zeigt sie, welche Auswirkungen die Erfahrungen mit digitalen virtuellen Welten auf das Ich-Erleben haben und inwieweit *Cyberspace* zum Experimentierfeld für neue, weniger restriktive Identitätsformen werden kann.

Neben den Ansätzen, die die Chancen und Möglichkeiten neuer Technologien hervorheben, haben sich Zugänge herausgebildet, die die psychischen Schattenseiten übermächtiger Apparate und Maschinen beleuchten. Im Zusammenhang mit der Universalmaschine Computer werden hier etwa mögliche Verbiegungen und Verkümmerungen des psychischen Erlebens und Normierungen menschlichen Handelns in einer globalen Maschinenwelt untersucht (Volpert). Subjektpsychologische Arbeiten leisten wichtige Beiträge zur psychologischen Auseinandersetzung mit Technik. Dennoch sind sowohl theoretisch-konzeptionelle als auch empirische Beiträge bisher zu vereinzelt und die Diskussion um Technik zu diskontinuierlich, um von einem systematischen Technikdiskurs in der Psychologie sprechen zu können. Die Aufgabe einer kritischen Technikreflexion im Rahmen einer Psychologie der sozialen Selbstverständigung des Menschen ist es, in Anknüpfung an geistes- und sozialwissenschaftliche Analysen, analytische Begrifflichkeiten und empirische Zugänge zu entwickeln, die die Widersprüchlichkeit menschlicher Subjektivität in technologischer Realität erfassen. Dazu gehört, an den Problemen von Menschen ansetzend, die Verselbständigungstendenzen technischer Systeme und deren Mißbrauch als Machtinstrument durchschaubar zu machen und Möglichkeiten kritischer Umgangsweisen mit Technik aufzuzeigen. Dazu gehört aber auch, kreative und emanzipatorische Potentiale von Technik zu erkunden und eventuell neuartige Wahrnehmungs-, Sprach- und Handlungsmöglichkeiten im Verhältnis zu Technik herauszuarbeiten.

Literatur

Anders, G. (1987). Die Antiquiertheit des Menschen. Über die Zerstörung des Lebens im Zeitalter der dritten industriellen Revolution. München.

Bijker, W. E., Hughes, T. P. & Pinch, T. J. (Hg.). (1994). The Social Construction of Technological Systems. New Directions in the Sociology and History of Technology. Cambridge.

Flick, U. (1996). Psychologie des technisierten Alltags. Soziale Konstruktion und Repräsentation technischen Wandels. Opladen.

Haraway, D. (1995). Die Neuerfindung der Natur. Primaten, Cyborgs und Frauen. Frankfurt / M.

Holzkamp, K. (1983). Grundlegung der Psychologie. Frankfurt / M.

Holzkamp, K. (1996). Psychologie: Verständigung über Handlungsbegründungen alltäglicher Lebensführung. Forum Kritische Psychologie, 36, S. 7–112.

Leithäuser, T., Löchel, E., Schött, K., Senghaas-Knoblauch, E., Tietel, E. & Volmerg, B. (1991). Lust und Unbehagen an der Technik. Frankfurt / M.

Löchel, E. (1997). Inszenierung einer Technik. Psychodynamik und Geschlechterdifferenz in der Beziehung zum Computer. Frankfurt / M.

Mumford, L. (1980). Mythos der Maschine. Kultur, Technik und Macht. Frankfurt / M.

Schachtner, C. (Hg.). (1997). Technik und Subjektivität. Frankfurt / M.

Schönhammer, R. (1991). In Bewegung. Zur Psychologie der Fortbewegung. München.

Turkle, S. (1984). Die Wunschmaschine. Vom Entstehen der Computerkultur. Reinbek.

Turkle, S. (1995). Life on the Screen. Identity in the Age of the Internet. New York.

Volpert, W. (1988). Zauberlehrlinge. Die gefährliche Liebe zum Computer. München.

Winner, L. (1989). The Whale and the Reactor. A Search for Limits in an Age of High Technology. Chicago.

Ernst Schraube / Heinrich Schwarz

Testpsychologie

Mit dem Begriff Testpsychologie werden hier alle theoretischen und praktischen Bemühungen gefaßt, die die Konstruktion und Anwendung psychologischer Tests einschließlich ihrer testtheoretischen und meßmethodischen sowie persönlichkeitstheoretischen Voraussetzungen betreffen. Die Anwendung von Tests und die auf die Konzeption einer stichhaltigen Theorie des Testens gerichtete Grundlagenforschung haben sich in den letzten Jahren rapide auseinanderentwickelt. Basieren die in der Praxis angewendeten psychologischen Tests in der Mehrzahl noch auf der klassischen Testtheorie, so werden von der Grundlagenforschung die mit viel wissenschaftlichem Optimismus in Angriff genommenen Versuche der kritischen Überwindung der klassischen Testtheorie in Form der probabilistischen Testmodelle theoretisch bereits wieder in Frage gestellt, ohne daß es zu breiter praktischer Anwendung kam. Die seit einigen Jahren genutzte computerunterstützte Vorgabe, Auswertung und Interpretation von Testergebnissen macht sich bislang lediglich das technische Instrumentarium zunutze, ohne die Testverfahren selbst wesentlich verändert zu haben. Psychologische Tests sind Verfahren, die unter standardisierten Bedingungen der Entnahme repräsentativer Stichproben aus dem Verhaltensrepertoire, dem Denken oder dem Erleben einer (mehrerer) Person(en) dienen sollen. Auf der Grundlage dieser Verhaltensstichproben wird anschließend auf Leistungsfähigkeiten, Bedürfnisse oder Einstellungen geschlossen. In der akademischen Psychologie gelten Tests als das Herzstück der Psychodiagnostik. Psychologische Tests sind auf dem jeweiligen Stand der Wissenschaft basierende instrumentelle Resultate gesellschaftlich hervorgetriebener allgemeiner Prüf-, Bewertungs- und Beurteilungssituationen, die in wissenschaftlich abgesicherter Form Informationen über Personen oder Personengruppen, deren Fähigkeiten, intellektuelle Möglichkeiten, Arbeitsauffassungen, individuelle Qualifikationen oder emotionale Verarbeitungsformen zum Zwecke der Entscheidungsfindung erbringen sollen. Die Anzahl psychologischer Tests steigt nach wie vor (1968: ca. 8000; 1975 ca. 10000). Allerdings ist die Häufigkeit ihrer Anwendung zurückgegangen und ihr Stellenwert in diagnostischen Untersuchungen zugunsten anderer Methoden geringer geworden (vgl. Plaum, 1992). «Im Test ist die gesellschaftlich zweckbestimmte Prüf- und Bewertungssituation geronnen und aus ihrer bloßen Zufälligkeit in eine gezielt wiederholbare, beliebig aufs neue herstellbare Befragungs- und Beurteilungssituation überführt» (Grubitzsch, 1991, S. 54). Somit drückt ein Test in der Sprache der Wissenschaft nach Form und Inhalt das aus, was gesellschaftlich längst selbstverständlich ist. Tests dienen insoweit der nachträglichen Rechtfertigung von gesellschaftlichen Auswahl- und Entscheidungsmustern. Die Geschichte der Testpsychologie weist solche Beispiele in großer Zahl auf. So wurde die Auswahl geeigneter Medizinstudenten bereits praktiziert, bevor die Entscheidung für eine gleichgerichtete Testanwendung fiel. Die hierfür konstruierten Tests sind Folge der ständigen Konflikte, die mit der Vergabe von Studienplätzen aufkamen. Die seit vielen Jahren vorgetragene Kritik an psychologischen Testverfahren richtet sich vor allem darauf, daß diese nicht primär der präzisen Abbildung wirklicher Unterschiede zwischen den Menschen dienen, sondern unter dem Deckmantel der Wissenschaftlichkeit scheinbar rationale Argumente liefern für eine Befriedung gesellschaftlicher Lebens- und Arbeitszusammenhänge, durch die (a) soziale Antagonismen handhabbar werden (vgl. Probst, 1973) und (b) Anwender der Tests moralische Entlastung erfahren insofern, als Tests die Fragwürdigkeit eigener – oft unter dem Zwang der Institution entstandener – Entscheidungen legitimieren helfen.

Literatur

Grubitzsch, S. (1991). Testtheorie – Testpraxis. Reinbek.
Lienert, G. (1969). Testaufbau und Testanalyse. Weinheim.
Plaum, E. (1992). Psychologische Einzelfallarbeit. Stuttgart.
Probst, H. (1973). Die scheinbare und wirkliche Funktion des Intelligenztests im Sonderschulüberprüfungsverfahren. In: I. Abé & H. Probst (Hg.), Kritik der Sonderpädagogik (S. 107–183). Gießen.
Sieber, G. (1971). Achtung Test. Reinbek.

Siegfried Grubitzsch

Theorie und Praxis in der Psychologie

Theorie-Praxis-Widerspruch

Die akademische Psychologie versteht sich in erster Linie als Wissenschaft, die «Gesetzmäßigkeiten menschlichen Erlebens und Verhaltens zu finden sucht» (Rosenstiel, 1994, S. 2). Die gefundenen Gesetzmäßigkeiten werden in einer theoretischen Sprache formuliert, um «ein durch das Denken gewonnenes System der Verbindung von Tatsachen zu einem widerspruchslosen Zusammenhang von Gründen und Folgen» (Dorsch, 1987, S. 686) zu erhalten: Dieses System wird als Theorie betrachtet (vgl. ebd.). Psychologische Praxis und Praxis allgemein sind aus dieser Position der Mainstream-Psychologie lediglich als «Gegensatz zur Theorie» (ebd.) zu verstehen. Selbst in der Teildisziplin der Allgemeinen

Psychologie, die sich als Schnittstelle zwischen gesellschaftlicher Praxis und wissenschaftlicher Forschung versteht, der Angewandten Psychologie, sind diese beiden Bereiche noch getrennt: «Angewandte Psychologie betreibt also Forschung; sie wendet die Forschungsergebnisse selbst nicht an ... Das Wissen, das auf diese Weise angesammelt wird, könnte grundsätzlich jeder nutzen, der entsprechende Erlebens- und Verhaltensprobleme hat. Vielen fehlt allerdings die Zeit, sich dieses veröffentlichte Wissen anzueignen; sie haben auch nicht die Fachkompetenz, die Forschungsbefunde richtig einzuordnen und auf das eigene Problem anzuwenden» (Rosenstiel, 1994, S. 3). Um die Trennung zwischen Grundlagenforschung und ihrer Anwendung zu überwinden, werden als Experten Psychologen empfohlen, die den «einfachen Bürgern» dabei helfen sollen, die Forschungsergebnisse auf ihr Leben anzuwenden (vgl. ebd.). Hier wird eine allen Menschen gemeinsame Fähigkeit, die Anwendung von Denkprozessen auf ihre konkreten Lebensprobleme, «transponiert in eine besondere Institution und konstituiert zu einer Spezialistenkompetenz, der die Inkompetenz der ... Laien entgegengesetzt wird» (Haug, 1990, S. 513). Was W. F. Haug an der herrschenden Philosophie kritisiert, ist auch auf die Psychologie in bezug auf das Theorie-Praxis-Verhältnis anzuwenden: «Nicht, daß sie die Welt *denkt* oder daß sie *vernünftig* denkt, war der Einwand, sondern erstens, daß die Philosophie sich eine *zweite* Welt ausdenkt, statt die vorhandne, ‹unvernünftige› Welt zu analysieren, und zweitens, daß sie den gesellschaftlichen Boden ihres Tuns nicht mitdenkt, schließlich, daß sie sich von der Praxis abtrennt» (ebd., S. 515). Der von der Institution Psychologie (mit ihren Lehrstühlen, materiellen und personellen Ausstattungen an den Hochschulen, den Fachgesellschaften etc.) propagierte Widerspruch zwischen Theorie und Praxis entsteht also zum einen daraus, daß sie ihre eigene theoretisch-praktische Geschichte als Wissenschaft nicht kennt bzw. diese nur als Personen- oder Theoriegeschichte in zeitlicher Linearität darstellen kann, zum anderen aus der Tatsache, daß sie wissenschaftliches Tun als Theorie und alltägliches (psychologisches) Handeln als Empirie / Praxis konstruiert. Dieser Denkhaltung entspricht dann konsequent die von Holzkamp so genannte «Standardanordnung» der Mainstream-Psychologie: In ihr kommen «die wirklichen Handlungen und Erfahrungen der Subjekte nicht mehr vor» (1996, S. 27), und die Bewältigung einer leidvollen Situation kann nicht als «aktive Integrations- und Konstruktionsleistung des Subjekts» (1995, S. 828) begriffen werden. Es findet also Forschung *über* Menschen statt und nicht Erkenntnisgewinnung *für* oder gar *mit* diesen. Aus diesem Grund stellt H. Keupp fest, daß «das Interesse an psychologischen Fragestellungen ...

in einem krassen Mißverhältnis zu den Antworten der Disziplin, wie sie sich in ihrem Hauptstrom versteht» (1996, S. 452), steht: «Sie hat zu den anstehenden psychosozialen Problemkomplexen entweder keine oder höchst abstrakt-allgemeine Aussagen anzubieten. Weil es so häufig ist, entsteht eine Fülle von selbstgestrickten Psychologien oder Antworten auf dem Niveau psychologischer Stammtischdiskurse» (ebd.). Die Verknöcherung der etablierten Psychologie in bezug auf das methodische Selbstverständnis und den Blick auf das Verhältnis der Subjekte in gesellschaftlichen Zusammenhängen läßt es nicht zu, daß sie auf aktuelle, praxisbezogene Fragen Antworten geben kann. Gedanken über gesellschaftliche Veränderungen und Neupositionierungen der Subjekte in diesen Verhältnissen werden von ihr erst gar nicht aufgegriffen. «Wenn die Psychologie wieder als Subjektwissenschaft, als professionelles Handlungssystem und als Ort reflexiver Selbstverständigung der Subjekte im soziokulturellen Raum Kompetenz gewinnen will, wird sie als Disziplin ihre hermetische Abwehr solcher Gedanken überwinden müssen» (ebd., S. 453). Die Kritik an der «Alltagsferne von Psychologie» (Sonntag, 1993, S. 14), wie sie von der reflexiven Sozialpsychologie um Keupp geäußert wird, kann nicht darüber hinwegtäuschen, daß Psychologie mit all ihren Teilgebieten eine gesellschaftliche Präsenz wie nie zuvor aufweist: «An Universitäten und Forschungsinstituten gibt sie sich als Grundlagenwissenschaft mit beschränkter Haftung für den Gegenstand aus, und von den gesellschaftlichen Instanzen werden ihr Ausbildungskompetenzen über ganze Heerscharen nachwachsender Psychologen eingeräumt, die wiederum an allen möglichen Orten – Kliniken, Beratungsstellen, sozialpolitischen Einrichtungen, Schulen, Gefängnissen und Gerichten, Arbeitsplätzen usw. – über die konkreten Schicksale von Menschen zumindest mitentscheiden» (ebd.). Für eine funktionalistische Kritik an der Psychologie, wie sie M. Sonntag betreibt, beinhaltet die geforderte Alltagsnähe einer reflexiven Psychologie die Gefahr eines noch subtileren und die Privatheit des Individuums durchdringenden Zugriffs auf dessen Leben: «Denn charakteristisch ist gerade die restlose Durchdringung von Intimität durch gesellschaftliche Mechanismen von der Sozialpolitik über die Massenmedien und den öffentlichen Diskurs bis zur Professionalisierung durch eine Psychologie und die sie begleitenden sozialen Berufe und Gewerbe, die sich als umfassende Seelen-Dienste etablieren (was … die wörtliche Übersetzung von Psycho-Therapie darstellt)» (ebd.).

Wissenschaft und Praxistheorie

Da die moderne Mainstream-Psychologie weiterhin mit einem naturwissenschaftlich orientierten Instrumentarium (Prüfstatistik, Psychometrik, Skalentheorie, Laborexperimenten etc.) an psychologische Problemstellungen herangeht, ohne je eine «eigenständige begriffs- und forschungsmethodische Grundlage» (Holzkamp, 1997, S. 362) entwikkelt zu haben, verfehlt sie als Grundlagenwissenschaft systematisch eine Theoretisierung psychologischer Praxis: «So lag es von ‹grundwissenschaftlicher› Seite nahe, mit Hinweis auf die geschilderten Differenzen zwischen Labor und jeweilig zu untersuchender Lebenssituation ‹Abstriche› im Hinblick auf die ‹Wissenschaftlichkeit› der Praxis als unvermeidlich erscheinen zu lassen, und so den eigenen brüchigen Wissenschaftlichkeitsanspruch vor den Problemen der Praxis zu schützen» (ebd., S. 365). So werden die Praktiker von ihrer Wissenschaft doppelt allein gelassen: «Einmal durch deren Unwilligkeit und Unfähigkeit, angemessene Denkmittel und Verfahren zur Verwissenschaftlichung der Praxis bereitzustellen, und zum anderen durch die Degradierung der Praxis zu wissenschaftlicher Zweitrangigkeit» (ebd.). Durch den Gegensatz, daß die Praktiker quasi an «der Front gesellschaftlicher Widersprüche und Repressionsverhältnisse» (ebd., S. 370) arbeiten, während die Theoretiker davon so weit wie nur denkbar entfernt sind, ergibt sich für jene die Notwendigkeit, ihre Praxis theoretisch selbst zu definieren. Aus dieser Notlage entspringt die Selbstthematisierung psychologischer Tätigkeit als Experten- und Spezialwissen mit dazugehörigen Techniken (Testdiagnostik; Therapietechniken) in bezug auf das Funktionieren von Individuen. Diese Selbstdefinition wird unterstützt durch die Konkurrenzsituation im Bereich psychosozialer Arbeit, die den Psychologen die Erfindung einer beruflichen Identität aufzwingt. Gleichzeitig deckt sie sich mit den Wünschen der Klientel: «Auch aus der Sicht der Klienten impliziert deren Hoffnung auf psychologische ‹Erlösung› unter Überspringung ihrer belastenden Lebensbedingungen und der Verantwortung für deren Veränderung die Hypostasierung eines ‹Sonderwissens› und ‹-könnens› von Psychologen, das diese befähigt, das für andere Leute Unmögliche dennoch zu bewerkstelligen» (ebd., S. 371). Mit dieser Selbstdefinition von praktisch tätigen Psychologen als Experten für das Funktionieren von Individuen gehen folgende Phänomene einher: (a) die Erfolge bzw. Mißerfolge der eigenen Arbeit werden als nicht theoretisierbar oder begründungsfähig dargestellt; (b) der «öffentliche diskursive Umgang mit den Problematiken psychologischer Berufstätigkeit [wird] durch [den] Hinweis auf die *Vorbildfunktion* ‹erfahrener› Praktiker» (ebd.,

S. 375) ersetzt; (c) theoretische Lösungsmodelle werden zugunsten personenorientierter bzw. technikzentrierter Lösungen vernachlässigt.

Perspektiven

Der scheinbare Widerspruch zwischen psychologischer Praxis und Theorie verdeckt die Tatsache, daß es psychologische Praxis ohne Theorie nicht geben kann und Theoretisieren eine Praxis wissenschaftlicher Arbeit ist. Die Behauptung, Theorie und Praxis stünden in Gegensatz zueinander, verschweigt, daß sich lediglich zwei Theorien gegenüberstehen: «Die implizite, privatisierte und personalisierte Theorie der Praxis» (ebd., S. 382) existiert neben einer «offiziellen und expliziten Theorie der psychologischen Grundwissenschaft. Damit erhellt schlagartig die Verfehltheit der wechselseitigen Immunisierung von Praxis und Theorie, da hier faktisch das Verhältnis zweier Theorien zur Frage steht, nämlich der ‹Praxistheorie› und der grundwissenschaftlichen ‹Theorie›» (ebd.). Nur durch die gegenseitige Anerkennung als Theorien über menschlich-gesellschaftliche Praxis können sich Praxistheorie und Grundwissenschaft Psychologie zu ihrem Gegenstand adäquat verhalten. Diese Anerkennung beinhaltet aber auch ein Streiten um die richtige Theoretisierung psychologischer Praxis und menschlicher Tätigkeit allgemein – im Rahmen einer Subjektwissenschaft, die diesen Namen verdient.

Literatur

Dorsch, F. (1987). Psychologisches Wörterbuch. Bern / Stuttgart / Toronto.

Haug, W. F. (1990). Fragen zur Frage «Was ist Philosophie?». Argument. Zeitschrift für Philosophie und Sozialwissenschaften, 182, S. 507–517.

Holzkamp, K. (1995). Alltägliche Lebensführung als subjektwissenschaftliches Grundkonzept. Argument. Zeitschrift für Philosophie und Sozialwissenschaften, 212, S. 817–846.

Holzkamp, K. (1996). Manuskripte zum Arbeitsprojekt «Lebensführung». Forum Kritische Psychologie, 36, S. 7–112.

Holzkamp, K. (1997). Schriften 1. Normierung. Ausgrenzung. Widerstand. Hamburg / Berlin.

Keupp, H. (1996). Psychologie. In: D. Kreft & I. Mielenz (Hg.), Wörterbuch Soziale Arbeit (S. 452–457). Weinheim / Basel.

Psychologie & Gesellschaftskritik (1997). Theorie oder Praxis. Heft 82. Frankfurt / M.

Rosenstiel, L. v. (1994). Begriff der Angewandten Psychologie. In: L. v. Rosenstiel, C. M. Hockel & W. Molt (Hg.), Handbuch der Angewandten Psychologie (S. I-1; 1–13). Landsberg / Lech.

Sonntag, M. (1993). Maßlos normal. Zur gesellschaftlichen Genese und Funktion von Psychologie. In: H. Zygowski (Hg.), Kritik der Mainstream-Psychologie (S. 13–29). Münster.

Klaus Weber

Therapie

Therapie ist das Abstraktum für eine Vielzahl therapeutischer Richtungen, Verfahren und Methoden mit präventiven, palliativen und rehabilitativen Aufgaben, die besonders im Gesundheits- und Fürsorgesektor sowohl klinisch wie institutionell als auch privat Anwendung finden. Repräsentiert und gestützt werden therapeutische Richtungen durch Fachverbände und Interessenvertretungen sowie durch unterschiedlich stark durchsetzbare politische und ökonomische Partialinteressen, die eine wesentliche Rolle bei der Festlegung von Effektivitäts- und Effizienzkriterien eines therapeutischen Einsatzes spielen: wichtige mitzudenkende Kategorie bei der zunehmend schmaler werdenden Budgetierung der Versorgungs-, Kranken- und Rentenkassen infolge der in der BRD am 1. 1. 1993 gesetzlich verabschiedeten dreistufigen Gesundheitsreform und in Koppelung an schrumpfende Beiträge aufgrund steigender Arbeitslosenzahlen. In den nächsten Jahren sind ernstzunehmende Macht- und Verteilungskämpfe um Anteile auf dem Gesundheitsmarkt zu erwarten, die auf den Einsatz personalintensiver Therapieformen rückwirken könnten, und in deren Gefolge möglicherweise unerträgliche Konkurrenzsituationen, Schuldzuweisungen, Stigmatisierungen und eine zunehmende Pauperisierung mit den damit verbundenen physischen und psychischen Belastungen und den entsprechenden Folgeproblemen (nicht nur) des bereits auf dem Arbeitsmarkt tätigen und in ihn hineindrängenden therapeutischen Personals. Therapie, Heilbehandlung oder Behandlung von Krankheiten, abgeleitet von *therapeuein* (= heilen), setzt voraus, sich mit dem jeweiligen menschlichen «Zustand» als derzeitiger Gesamtkonstellation der verschiedenen «Humana» (vgl. Böhme, 1985) zu befassen, der in unserer Gesellschaft medizinisch / psychologisch als Disposition an die Begriffe von Gesundheit und Krankheit gebunden ist. Gesundheit und Krankheit als sich Bedingendes sind in dieser Bipolarität als kategoriale Erfindungen der Moderne zu bewerten und somit Produkt einer spezifischen kulturell-historischen Entwicklung (vgl. Lenzen, 1997). Zu allen Zeiten sind Menschen existentiell an Leben und Tod gebunden und damit an freud- und leidvoll erfahrene Leiblichkeit. Wie diese nun konnotiert, Schmerzen gehandhabt und bedrohliche Beschwerden therapiert werden (vgl. Morris, 1996), ist unmittelbar verwoben mit der lebensweltlichen Gestaltung der einer Kultur angehörigen Menschen, ihrer Produktionsform, ihrem Verhältnis zu Kosmos und Natur, ihren Ideen und Vorstellungen und damit der Konstruktion ihres Menschen- und Weltbildes (vgl. Schipperges, 1978).

Die früheste Mythologie der Menschheit muß nach Göttner-Abendroth als ‹matriarchal› bezeichnet werden. Sie basierte auf einer umfassenden Kosmologie, in deren Zentrum als Agens der unendlich komplexe (Jahreszeiten-)Zyklus mit den Stadien Wachstum, Tod, Wiederkehr stand. Matriarchale Kulturen und Hochkulturen, dialogisch der Natur verhaftet, begriffen den menschlichen Mikrokosmos in Wechselwirkung zu den Regeln des Makrokosmos. «Sie stellten sich absichtlich und bewußt mitten hinein. So war auch der Tod notwendig einbezogen, denn aus dem Tod und seiner Leere ging neue Fülle, neues Leben hervor» (Göttner-Abendroth, 1988, S. 30). Damit kam der Natur das heilende und damit heilig Umfassende zu. Geboten war, die prekäre, immer gefährdete kosmische Harmonie durch praktisch-ökonomisches, soziales und spirituelles Verhalten zu bewahren. Durch gewaltsame Überformung von patriarchalen Kulturen kam es zu Transformationen der matriarchalen Religionen, welche aber partiell in Brauchtum (z. B. Demeter-Kult), Geheimkulten, Subkulturen weiterlebten. Rudimentär lassen sich noch Spuren in den griechischen Heilmaßnahmen der Diätetik und der *physis*-Vorstellung entdecken: Natur ist das, was von selbst geschieht, das Aufgehende, das sich Zeigende. In der Tradition naturbezogener ganzheitlicher Mythologien und dem damit verbundenen Heilungswissen standen offenbar die (heidnischen) Ärztinnen, Weisen Frauen und Hebammen des Mittelalters. Exemplarisch für den medizinischen Geist des frühen Mittelalters gilt Schipperges (1978) Hildegard von Bingen (1098–1179). Das weitgehend an subjektive Erfahrung gebundene, in lebensweltlichen Zusammenhängen erlangte sinnenzugewandte Wissen wurde in einer Jahrhunderte dauernden Verfolgung von ‹Hexen›, deren Höhepunkt in der Neuzeit zwischen 1560 und 1630 lag, unter Schuldzuweisung von Syphilis und Pestilenz, Tod und Teufelspakt (‹Fruchtbarkeitskult›) gewaltsam ausgerottet. Hauptinitiator der Verfolgung und Ausrottung war die Katholische Kirche, die mit der Inquisition ihre machtpolitischen (außer- und innerkirchliche Gegenbewegungen) und ökonomischen (Landwirtschaft) Interessen (vgl. Heinsohn & Steiger, 1989) zu verschleiern wußte.

In der nach Naturbeherrschung strebenden, leibfeindlichen christlichen Kultur war für die Formierung eines neuen gesellschaftlichen Naturverständnisses und Bewußtseins die von Decartes (17. Jahrhundert), in Radikalisierung des antiken dichotomen Denkens, formulierte Differenz von einer denkenden und einer ausgedehnten Substanz richtungweisend. Die Reduktion des Leibes auf den (unbeseelten) Körper als ‹Gliedermaschine› in Polarität zum Geist, als die vernunftbegabte Seele mit Hauptsitz im Gehirn, ebnete den Weg für das Paradigma der neuzeitlichen Medizin in langsamer Verdrängung der alten Säftelehre. Die am Leichnam detailliert erforschte Anatomie und Physiologie wurden wissenschaftlich objektiviert und als Abstraktion entpersönlicht, moralischer Qualität enthoben, in Wort und Schrift mitteilbar. Das so erworbene Wissen ist von individuellen Seinsweisen gesondert und konnte mechanistisch von einer in diesem Sinn naturwissenschaftlich sich verstehenden Medizin angewendet werden: wahrnehmungsleitend für den ärztlichen Blick. Krankheit wurde als Defekt einer Körper-Maschine betrachtet, den es sachkundig zu reparieren galt.

Die mit der Spaltung in Körper und Geist vollzogene Entfremdung vom eigenen Leib führte den Menschen soziologisch gesehen zu Abhängigkeitsverhältnissen und praktisch zur instrumentellen Manipulation des Körpers (vgl. Böhme, 1985). Der Natur entwurzelt, dem eigenen sinnlichen Empfinden und Heilungspotential entfremdet, tritt der verdinglichte eigene Körper dem Menschen als eine fremde Faktizität entgegen. Der Mensch ist nun dem diagnostischen Blick von außen verhaftet und angewiesen auf das therapeutische Tun des anderen, auf den sich herausbildenden Experten. Der an katholischen Universitäten (für Frauen unzugänglich) am Leichnam geschulte Arzt und Chirurg wurde zum Leitbild im Professionalisierungs- und Profilierungsprozeß der Medizin. In diesem Prozeß verlor die letzte den Frauen noch zugestandene gesundheitliche Domäne, das Hebammenwesen, geschuldet noch dem subjektiven Erfahrungswissen, an rechtlicher Relevanz und durch Abhängigkeit von dem Wissenskanon einer sich neu konstituierenden Gynäkologie an Gewicht und Eigenständigkeit (vgl. Böhme, 1980).

In Anlehnung an die Wissenschaftlichkeitskriterien der dominierenden klassischen Naturwissenschaften Physik und Chemie (experimentelle Verfahren) wurden alle Äußerungen des Organismus von Iatrophysikern auf mathematisch-physikalische, von Iatrochemikern auf chemische Prinzipien hin ausgerichtet. Auf dieser Basis wurde im weiteren nach einer Systematik der Grundkräfte des Lebendigen gefahndet, deren Versagen für Krankheit verantwortlich zeichnet. Wichtigster Schritt hierbei war die Vereinigung von Anatomie und klinischer Beobachtung. Diese ergab sich aus der Errichtung eines Anstaltsystems (Irrenhäuser, Heil- und Verwahranstalten) zur Konzentration dessen, «was die kapitalistische Gesellschaft einer bestimmten Entwicklungsstufe an menschlicher Ausschußware abstößt und ihm zuschleudert» (Köhler, 1977, S. 153), als ein Disziplinierungsinstrument in Händen der sozialen Fürsorgepolitik des Bürgertums im 19. Jahrhundert. Mit den Ärmsten als Klientel und mit technisch verbesserten Untersuchungsmöglichkeiten als Instrumentarium gelangten Medizin, Pharmakologie, Psychiatrie, Forensische Psychologie und Sozialpädagogik zu ihren Erkenntnissen, neuen richtungweisenden Theorien und Pathologien (z. B. Organpathologie, Zellularpathologie, Neuropathologie, Bakteriologie) sowie analogen Therapien. So war «mit der Erforschung des Sitzes der Krankheit im materiellen Substrat (...) gleichzeitig auch die Suche nach den letzten Elementen der Kausalität im Kranksein eingeleitet» (Seidler, 1978, S. 323 f). Obschon weder notwendig noch selbstverständlich, wird mit dem Argument wissenschaftlicher Objektivität das Experiment einziges wissenschaftlich zulässiges Erfahrungsmittel werden. Preis war die Auflösung des menschlichen Körpers zum parzellierten Objekt, zum zu behandelnden Einzelorgan, zum Zellverband, zum Blut-, Lymph- und Nervensystem. Diese Entfremdungssteigerung barg den Keim der ‹Mensch-Ent-Achtung›, die bewußtseinsmäßige Bahnung zum experimentellen Versuch am menschlichen Lebendobjekt. Gesundheit wird ab dato analog zur Leichnamsforschung negativ bestimmt, als Ausbleiben körperlich pathologischer Veränderungen und Störungen. Krankheit wird beherrschbar gedacht und damit in letzter Konsequenz der Tod.

Das ausgehende 18. und das 19. Jahrhundert, in dessen Klima sich dieser Prozeß abspielte, waren die Zeit der Herausbildung der bürgerlichen Gesellschaft, der Industriellen Revolution, des gewaltigen technischen Fortschritts. Die auf Weltmarkt zielende kapitalistische Industrialisierung führte zu starken sozialstrukturellen Veränderungen: Polarisierung von Arm und Reich; massenhafte Arbeitslosigkeit, Verelendung, Verwahrlosung, Verrückung. Die von Nationalstaaten geschaffene Bürokratie mit ihren Institutionen, die staatliche Sozialpolitik, Sozial- und Gesundheitsfürsorge, in Kombination mit stürmischen Entwicklungen der Wissenschaften, bewußtseinsmäßig getragen von Rationalisierung, Pragmatismus, Positivismus, von Fortschrittsgläubigkeit, Nützlichkeitsdenken und Materialismus, gaben Form und Legitimation auch für eine letztendlich konsequent am industriellen Maßstab orientierte Medizin, (Psychiatrische) Psychologie, Pharmakologie und Therapeutik.

Damit ist die Transformation gelungen: Der Boden des neuen naturwissenschaftlich, industriell orientierten, leibfeindlichen Konstrukts von Mensch, von Krankheit und Gesundheit, vom beherrschbaren Körper und damit ausgeschlossenem Tod ist zementiert, auf dem die wegweisende Form der neuen Therapeutik aufbaut – chemisch-pharmakologisch, mechanistisch-organbezogen, antimikrobisch. Der reduzierte Kausalbezug suggeriert die Möglichkeit totaler Gesundheit und damit Glück, denunziert so Mißempfindungen und Schmerzen, kurz weitgehend alles Leiden und Kranksein als persönliches Versagen: Unglück und Leiden individuell verursacht durch Verhaltens-Schuld.

In Fortführung und pervertierter Zuspitzung dieser Tradition, legitimiert durch das nationalsozialistische Regime, gestützt durch industrielle Interessen und mit sozialdarwinistischem Gedankengut verknüpft, erhielten in Deutschland eine Reihe von Wissenschaftlern, vor allem aus Bereichen der Medizin, Psychiatrie, Psychologie, Biologie, Pharmakologie, die Gelegenheit, ihre Forschungen in die Konzentrations- und Arbeitslager, Krankenhäuser und Psychiatrien zu verlagern, mit einem breiten «Versuchsgut» an «Menschenmaterial», das sie gewissenhaft und in perverser, menschenschänderischer Manier diagnostisch und therapeutisch ausschlachteten. Als Radikalisierung des menschlichen Entfremdungs- und Verdinglichungsprozesses der voranschreitenden ‹Industrialisierung› und ‹Instrumentalisierung› des Menschen selbst ist heute die noch nicht ausdiskutierte/ausgereizte Transplantationstechnologie sowie Gen- und Keimbahntechnologie zu bewerten. Ein qualitativ Neues: das Leben als Substantiviertes (Duden, 1994), als Abstraktion bar jeglicher Moral – Grundlage eines zukünftigen Paradigmas auch der Therapeutik? In dem momentan weltweiten krisenhaften Geschehen scheinen wesentliche Ebenen im Umbruch zu sein, und das auf äußerst hohem Niveau internationaler Kapitalkonzentration, Konzernbildung und technologischer Machbarkeiten. Das kann heißen: Gefährdung durch machtpolitische Gewaltkonflikte und Disziplinierungsmaßnahmen, die jedweden staatspolitischen Umstrukturierungen inhärent sind; Gefahr von Arbeitslosigkeit, Verelendung, Verwahrlosung, hervorgerufen durch weltweit aggressiv geführte Verteilungskämpfe um Marktanteile durch und mit Einsatz neuer Technologien; damit in Zusammenhang weltweite Bedrohung durch Epidemien, Seuchen, ökologische Katastrophen. Wie sich die Krise in der BRD entwickeln wird, bleibt abzuwarten. Sie birgt allemal hochgradige Brisanz. Mit Blick auf Krise und eine dem Menschen in seiner Leiblichkeit würdige Therapie ist es wichtig, neben tiefenpsychologischer und humanistischer Tradition die unmittelbare Herkunft der heutigen Psychologie nicht zu vergessen: als der Kasernierungspolitik einer Krise eingebundenes und entwachsenes Disziplinierungsinstrument für die armen Irren; aus der Tradition einer taktgebenden naturwissenschaftlich-technologisch ausgerichteten Medizin; aus einem Wahrnehmung und Sichtweise aller Menschen prägenden multiplen Entfremdungs- und Verdinglichungsprozeß, der den Leib des Menschen zum fragmentierten Körper herabwürdigte.

Literatur

Böhme, G. (1980). Alternativen der Wissenschaft. Frankfurt/M.
Böhme, G. (1985). Anthropologie in pragmatischer Hinsicht. Frankfurt/M.

Duden, B. (1994). Der Frauenleib als öffentlicher Ort. München.
Foucault, M. (1988). Die Geburt der Klinik. Eine Archäologie des ärztlichen Blicks. Frankfurt / M.
Göttner-Abendroth, H. (1988). Für die Musen. Frankfurt / M.
Heinsohn, G. & Steiger, O. (1989). Die Vernichtung der Weisen Frauen. München.
Kimbrell, A. (1994). Ersatzteillager Mensch. Die Vermarktung des Körpers. Frankfurt / New York.
Köhler, E. (1977). Arme und Irre. Die liberale Fürsorgepolitik des Bürgertums. Berlin.
Lenzen, D. (1997). Die priesterliche Funktion des medizinischen Gewerbes. Dr. med. Mabuse, 105, S. 45–51.
Morris, D. B. (1996). Geschichte des Schmerzes. Frankfurt / M.
Schipperges, H. (1978). Antike und Mittelalter. In: Schipperges, H. et al. (Hg.), Krankheit, Heilkunst, Heilung. Freiburg / München.
Seidler, E. (1978). Abendländische Neuzeit. In: Schipperges, H. et al. (Hg.), Krankheit, Heilkunst, Heilung. Freiburg / München.
Zygowski, H. (Hg.). (1987). Psychotherapie und Gesellschaft. Therapeutische Schulen in der Kritik. Reinbek.

Ingeborg Behr

Therapieinflation

Neben dem Bereich der psychotherapeutischen Behandlung definierter sog. krankheitswertiger psychischer Konflikte und Störungen durch mehr oder weniger wissenschaftlich etablierte und anerkannte psychotherapeutische Methoden existiert ein unüberschaubares Angebot an Psycho-, Kommunikations- und Sozialtechnologien. Es handelt sich hierbei um ein heterogenes Sammelsurium verschiedenster Methoden, eklektizistischer Kreationen und Versatzstücke, wobei die Grenzen zwischen herkömmlichen sozialwissenschaftlichen und esoterischen Einflüssen fließend sind. Entsprechend reicht das Angebot von der Entfaltung der eigenen Persönlichkeit (Selbstbewußtsein, Durchsetzungsfähigkeit, erotische Erlebnisfähigkeit, Kreativität, Bewältigung von Einsamkeit und sozialer Isolation etc.), der Bearbeitung von Alltagsproblemen (Beziehung, Familie, Beruf, Freizeit) bis zur Suche nach Lebenssinn und Befriedigung spiritueller, religiöser Bedürfnisse sowie exquisiter, nicht alltäglicher Freizeitgestaltung. Charakteristisch für die Angebote des Psycho-Markts scheint die Tendenz zu sein, die durch die beschleunigten Veränderungsprozesse der Gesellschaft erzeugten Widersprüche und Anpassungsprobleme als bloß individuelle Schwierigkeiten des einzelnen zu verstehen und zu behandeln. Der soziale Hintergrund der Zunahme psychischer Erkrankungen und der Suche nach psychischer Hilfe, Beratung und Entwicklung der einzelnen besteht in den gravierenden ökonomischen und sozialen Veränderungsprozessen der letzten Dekaden. Zusätzlich erzeugen die sozialen Erosionen, die Krisen der Demokratien und Auflösungserscheinungen internationaler Ordnungen und nicht zuletzt die ökologische Zerstörung der Lebensgrundlagen ständig neue Bedrohungen und Unsicherheiten. Diese Veränderungen der Gesellschaft bedingen eine sich beschleunigende Auflösung bisher verbindlicher sozialer Normen, Traditionen und religiöser Bindungen sowie sozialer Beziehungs- und Verhaltensmuster. Zwar wird dem einzelnen hierdurch ein hohes Maß an persönlichen Freiheiten und Befriedigung subjektiver Bedürfnisse ermöglicht, doch zugleich erfordert die Auflösung sozial verbindlicher Orientierungsmöglichkeiten, alle wichtigen Entscheidungen des Lebens als rein individuelle Probleme zu erleben und zu bewältigen. Die Kehrseite der Freiheit des auf sich selbst verwiesenen Subjekts, seine Vereinzelung, erzeugt nicht nur immer neue Phänomene und Ausdrucksgestalten des Narzißmus, sondern fördert auch die weitere Entsolidarisierung und Entpolitisierung der Gesellschaft. Die Beschädigung subjektiver Strukturen, ihre sinnliche und emotionale Verarmung und der Verlust an kommunikativer Kompetenz schaffen massenhaft das Bedürfnis, mit Hilfe psychologischer, therapeutischer Methoden verlorenes Lebensglück wiederzufinden.

Literatur

Adorno, Th. W. (1972). Zum Verhältnis von Soziologie und Psychologie. Gesammelte Schriften, Bd. 8. Frankfurt / M.

Nagel, H. & Seifert, M. (Hg.). (1979). Inflation der Therapieformen. Gruppen- und Einzeltherapien in der sozialpädagogischen und klinischen Praxis. Reinbek.

Axel Krefting

Tiefenpsychologie

Der Begriff geht auf den Psychiater Eugen Bleuler zurück, der ihn zunächst als Synonym für die Psychoanalyse Sigmund Freuds verwendete. Heute dient er noch gelegentlich als Sammelbegriff für die verschiedenen, auf die Psychoanalyse zurückgehenden psychotherapeutischen Schulen. In seiner Auseinandersetzung mit dem Werk Freuds bescheinigte Bleuler (1914) der Psychoanalyse, daß sie als eine «Tiefenpsychologie» erstmalig in der Geschichte psychologischer Wissenschaften Grundlagen geschaffen habe, bisher unbekannte Zusammenhänge zwischen Lebensgeschichte und psychischen Krankheiten aufdecken zu können, die der unmittelbaren Beobachtung nicht zugänglich sind.

Freud selbst verwendete den Terminus in seinen Schriften nur selten, benutzte aber an einigen Stellen dessen metaphorische Kraft, um den radikalen Gegensatz der Psychoanalyse zur konventionellen positivistischen Bewußtseinspsychologie herauszustellen. Im Unterschied zu dieser begreift die Psychoanalyse alle manifest werdenden seelischen Regungen, einschließlich der pathologischen Phänomene, als hochkomplexe, verschiedene Schichten des Seelenlebens durchlaufende Vorgänge, die wesentlich in unbewußten Strukturen gründen. Das wache Bewußtsein stellt nur die Oberfläche eines komplizierten seelischen Geschehens dar, das in «tiefen», unbewußten, der Wahrnehmung nicht unmittelbar zugänglichen Strukturen und Inhalten seinen Ausgang nimmt. Der Begriff «Tiefe» rekurriert also nicht auf ein behauptetes Moment mystischer oder metaphysischer «Tiefe» des menschlichen Wesens, sondern weist auf eine Unterscheidung zwischen Erscheinung und Wesen psychischer Akte und Prozesse. Diese intrapsychischen Prozesse werden unter topischen bzw. strukturellen, dynamischen, (psycho-)ökonomischen, psychogenetischen und soziokulturellen Aspekten betrachtet. Die topographische Beschreibung, also die metaphorisch gemeinte Verräumlichung des «psychischen Apparates» in die Systeme Unbewußt, Vorbewußt und Bewußt (vgl. Freud, 1900), begreift alle seelischen Akte als Ergebnis des Zusammenspiels dieser «Schichten» oder «Provinzen» von tief unbewußten Triebstrukturen und Inhalten (das gemeinsame unbewußte «Erbe» der Menschheitsgeschichte und das individuell Verdrängte) bis zu bewußtseinsfähigen Wahrnehmungen; dies gab der Psychoanalyse den Namen «Tiefenpsychologie». Jenes erste topische Modell wurde in einer späteren Phase der psychoanalytischen Theoriebildung durch eine «zweite Topik» bzw. durch die strukturelle Einteilung der Seele in ein «Es», «Über-Ich» und «Ich» modifiziert (Freud 1923); wobei Freud grundsätzlich beide topischen Modelle in Einklang zu bringen versuchte (Freud 1940). An den Systemen «Unbewußt», «Vorbewußt», «Bewußt» wird festgehalten, ohne daß diese mit Es, Über-Ich und Ich einfach identisch wären; so ist das Ich nicht gleich dem Bewußtsein, weil die Instanz des Ich auch unbewußte Anteile enthält oder etwa das Über-Ich, die Instanz des Gewissens, unter bestimmten Umständen selbst unbewußt triebhaft funktioniert (wie in der Zwangsneurose). Die Freudsche «Tiefenpsychologie» betrachtet das Zusammenspiel topisch vorgestellter Seelenschichten des weiteren unter dynamischen, d. h. triebbestimmten und ökonomischen (Lustprinzip – Realitätsprinzip) Aspekten. Die dualistische Triebtheorie (ursprünglich libidinöse Triebe versus Sexualität und Aggression versus Selbsterhaltungstriebe) und in der zuletzt formulierten theoretischen Form die Unterscheidung zwischen Lebens- und

Todestrieb sind das Kennzeichen der Psychoanalyse Freuds. Da heute der gemeinsame Grund psychoanalytischer Theorie und Praxis in all ihren verschiedenen Richtungen kaum mehr zu bestimmen ist, bleibt auch der vereinheitlichende Begriff «Tiefenpsychologie» notwendig unscharf. Da er lediglich den historisch gegebenen Bezug zu Freud herstellt und zugleich ganz heterogene Theorien subsumiert, die oft keinerlei theoretische Gemeinsamkeit mehr aufweisen, empfiehlt es sich, die bestehenden differenzierenden Begriffe zu benutzen (etwa Psychoanalyse – Freud; Individualpsychologie – Adler; Analytische Psychologie – Jung etc.).

Literatur

Adorno, T. W. (1952/72). Die revidierte Psychoanalyse. Gesammelte Schriften Bd. 8. Frankfurt/M.
Bleuler, E. (1914). Die Kritiken der Schizophrenien. Zeitschr. ges. Neurol. Psychiat. Bd. 22.
Elhardt, S. (1990). Tiefenpsychologie. Eine Einführung. Stuttgart/Berlin/Köln.
Freud, S. (1900). Die Traumdeutung. Gesammelte Werke Bd. 2/3. Frankfurt/M.
Freud, S. (1923). Das Ich und das Es. Gesammelte Werke Bd. 13. Frankfurt/M.
Freud, S. (1940). Abriß der Psychoanalyse. Gesammelte Werke Bd. 17. Frankfurt/M.
Laplanche, J. & Pontalis, J.-B. (1972). Das Vokabular der Psychoanalyse. Frankfurt/M.
Mertens, W. (Hg.). (1993). Schlüsselbegriffe der Psychoanalyse. Stuttgart.
Nagera, H. (1974). Psychoanalytische Grundbegriffe. Eine Einführung in S. Freuds Terminologie und Theoriebildung. Frankfurt/M.
Schraml, W. J. (1968). Einführung in die Tiefenpsychologie. Für Pädagogen und Sozialpädagogen. Stuttgart.
Wyss, D. (1961). Die tiefenpsychologischen Schulen von den Anfängen bis zur Gegenwart. Göttingen.

Axel Krefting

Tod und Sterben

Der menschliche Tod als bloßes Erlöschen des Lebens kommt höchst selten vor. So gibt es den natürlichen Tod nicht (vgl. Fuchs 1969); er ist eine Konstruktion der bürgerlichen Gesellschaft. Gemeint ist ein Tod in hohem Alter und bei (bis auf die Todesursache) guter Gesundheit unter ärztlicher Aufsicht, der sich der lebensverlängernden Fürsorge verweigert.

Gegen den Widerstand der Kirchen tanzten die Menschen ein Jahrtausend lang auf den Gräbern ihrer Toten – Ausdruck lebensbejahender Freude und einer Sichtweise, der Tod sei die Erneuerung des Lebens. Im Spätmittelalter tanzte ein jeder in Gestalt seines Körpers mit dem eigenen Tod durch das Leben, begleitet von Bangigkeit. Erst mit dem 15.

Jahrhundert datiert die Geburt der Idee des natürlichen Todes; er wird unvermeidlicher Bestandteil menschlichen Lebens, und an der historischen Schnittstelle, wo das zyklische Zeitmaß der linearen Zeitmessung aufgrund der neu aufkommenden Produktionsweise wich, ist er nicht mehr Ziel eines ganzheitlichen Lebens, sondern sein Ende. So ist der Tod seit der Reformation makaber. Mit dem Aufkommen der bürgerlichen Gesellschaft verbreitet sich die Vorstellung, nur jener Tod sei natürlich, der den Menschen in einem schon langen und aktiven Arbeitsleben ereile. Die Einstellung, zum Tode krank sterben zu müssen, mußte aus dem Alltagsdenken exiliert werden. Hier begann der anhaltende Prozeß, in dem die tödlichen Krankheiten vor dem Tod rangierten und der Arzt zum Ingenieur linearer Lebensverlängerung wurde. Damit steht er zwischen Menschheit und Tod und optiert somit auf soziale Kontrolle, als er um die rechte, von Geburt an medikalisierte und therapeutisierte Lebensführung des als Patienten gedachten Menschen weiß. Im Hinblick auf das Sterben bewirtschaftet er menschliche Ängste, was zu den bedeutendsten Quellen der Macht von Menschen über Menschen gehört (vgl. Elias, 1990, S. 57). Dem Arzt, formaljuristisch eher Vertragspartner denn Vertrauensperson, wird seitens des Patienten die Rolle des säkularen Priesters angetragen, die ihm angesichts des Kostendrucks immer mehr mißlingt. Im Sterben jedoch wird der Arzt als Zeremonienmeister der medizinischen (Überlebens-)Technologie zu einem Leichenbitter, der das Glöcklein der Allmacht des Menschen über die Natur läutet. So müssen Leichenfleck und Todesstarre dem ‹irreversiblen Koma› weichen, willkürlich gesetzt, aber ein für die Transplantationschirurgie unentbehrliches zerebrozentriertes Todeskriterium. Die Prognose, der Sterbende werde nie wieder das Bewußtsein erlangen, erlaubt es, die Organe von Menschen zu explantieren, deren Herzen noch schlagen und Lungen, wenn auch nur durch technische Hilfe, noch atmen. Die Analogie von kapitalistischer unbegrenzter Geldvermehrung und der egomanische Traum vom unendlichen Leben vermengen sich hier. Der Anteil der Menschen, die im Krankenhaus sterben, wächst progressiv. Die Kosten dieses Weges zum Exitus steigen in einer Rasanz, welche die Explosion der Kosten des Gesundheitswesens weit in den Schatten stellt. Den zu Hause Bleibenden, wenn sie denn von Angehörigen umgeben sind, bleibt die Sterbeerfahrung der Isolierung, der Einsamkeit und medizintechnologischer Demütigung erspart. Man weiß, daß die höhere Mortalität von Patienten, die in den zweifelhaften Genuß technischer Intensivpflege kamen, zumeist durch Angst bedingt ist, was heißt, daß sich die alltägliche Erfahrung, von sozialen Interaktionszusammenhängen ausgeschlossen zu sein, im Sterben verdichtet. «Die Vorstellung, die eine

Gesellschaft vom Tod hat, gibt Aufschluß darüber, wie unabhängig ihre Menschen sind, wie persönlich sie miteinander verkehren, wieviel Selbstvertrauen sie haben und wie lebendig sie sind» (Illich, 1995, S. 125). Schon Max Weber meinte, der «Kulturmensch» könne nicht «lebensgesättigt», nur «lebensmüde» werden, und der Tod müsse für ihn eine «sinnlose Begebenheit» bleiben. Verständlich also, daß die Leichen jugendfrisch und friedlich aufbereitet werden – Schein eines in Fülle gelebten Lebens. Wir sterben nicht, sondern wir verlassen in aller Regel ein ungelebtes Leben, eine vielleicht letzte Kränkung im Augenblick des Todes. So kann der Übergang in den Tod, ob in der Geborgenheit des Hospizes oder Angehöriger, nur ein Trost bleiben. Kritische Psychologie hat hier an Veränderung der Welt als Eröffnung von Subjektwerdung bis in den Bereich um Sterben und Tod zu denken.

Literatur

Améry, J. (1976). Hand an sich legen. Diskurs über den Freitod. Stuttgart.
Ariès, P. (1980). Geschichte des Todes. München / Wien.
Elias, N. (1990). Über die Einsamkeit der Sterbenden. Frankfurt / M.
Fuchs, W. (1969). Todesbilder in der modernen Gesellschaft. Frankfurt / M.
Illich, I. (1995). Die Nemesis der Medizin. Kritik der Medikalisierung des Lebens. München.
Kimbrell, A. (1994). Ersatzteillager Mensch. Die Vermarktung des Körpers. Frankfurt / Main / New York.
Paus, A. (Hg.). (1978). Grenzerfahrung Tod. Frankfurt / M.

Ingeborg Behr / Arnold Schmieder

Totale Institution

«Eine totale Institution läßt sich als Wohn- und Arbeitsstätten einer Vielzahl ähnlich gestellter Individuen definieren, die für längere Zeit von der übrigen Gesellschaft abgeschnitten sind und miteinander ein abgeschlossenes, formal reglementiertes Leben führen» (Goffman, 1972, S. 11). Der Begriff wurde 1961 von dem Anthropologen und Soziologen Erving Goffman geprägt. Er beschrieb damit die «gefängnisartige Struktur» des Innenlebens von Kliniken, Internaten, Schiffen, Kasernen, Klöstern und anderen Institutionen, deren gemeinsames Merkmal es ist, wesentliche Bedingungen subjektiver Identität in differenzierten Gesellschaften aufzuheben oder einzuschränken: die Trennung von Arbeit und Wohnen, die Existenz einer Privatsphäre und die Interaktion mit wechselnden Partnern in wechselnden Rollen unter den Bedingungen wechselnder Autoritäten ohne einheitlichen Plan. Goffman analysierte, wie und mit welchen Methoden diese Einrichtungen – unabhängig von ihren konkreten Leistungen und deren Bewertung – die ihnen angehörenden Menschen vereinnahmen. Sein Interesse war dabei, die in den totalen Institutionen auftauchenden Probleme und Fragen der Leitungen zu verstehen. Obgleich Goffman mit dem Konzept keine Gesellschaftskritik intendierte, hat es in mehrfacher Hinsicht eine solche Funktion entfaltet. Es erlaubte, Herrschaftsorganisationen aus der Perspektive der ihr unmittelbar unterworfenen Individuen zu betrachten. Die dehumanisierenden Methoden der Vereinnahmung wurden dargestellt, ohne die betroffenen Individuen als Opfer fremden Willens zu verdinglichen. Mit der Analyse ihrer subjektiven Reaktion in Form von Anpassung, Widerstand und Herstellung von Freiräumen gelang es, die «Insassen» als Subjekte ins Blickfeld zu rücken, die sich trotz aller Kontrolle von den Erwartungen der Organisation distanzieren können. Auch schärfte der Ansatz das Bewußtsein für die ambivalente Funktion der Angehörigen von «helfenden Berufen», die als akademisches Personal unter den strukturellen Bedingungen totaler Organisationen dazu tendieren, eben die sozialen Entwicklungsprozesse zu blockieren, die sie zu fördern beabsichtigen. Gesellschaftskritische Wirkung entfaltete der Ansatz ferner, weil Goffman die empirischen Grundlagen zunächst am Beispiel psychiatrischer Anstalten erarbeitete und dann zeigte, daß die Struktur des sozialen Geschehens in diesem Milieu auch in Institutionen herrscht, deren Innenleben der kritischen Untersuchung ungleich schwerer zugänglich ist und deren Mitglieder, z. B. als Mönche oder Soldaten, sich im Vergleich zu den verachteten Geisteskranken hoher sozialer Wertschätzung erfreuen. Weil auch soziale Organisationen, die nicht im strikten Sinn als totale Institutionen bezeichnet werden können, häufig dazu tendieren, einzelne ihrer Mechanismen auszuprägen, bietet deren Kenntnis zahlreiche Ansatzpunkte, um das soziale Leben in Institutionen zu humanisieren.

Literatur

Goffman, E. (1972). Asyle. Über die soziale Situation psychiatrischer Patienten und anderer Insassen. Frankfurt/M.

Hanne-Margret Birckenbach

Transaktionsanalyse

Transaktionsanalyse ist eine von Eric Berne begründete und von zahlreichen Mitarbeitern weiterentwickelte Theorie, die verhaltenstheoretische, tiefenpsychologische und systemische Denkweisen sowie die Werte humanistischer Psychologien integriert. Sie begreift den Menschen als Ganzheit von Verhalten, Denken, Erleben und Körperlichkeit, der mit konstruktiven Kräften in Richtung auf Autonomie und soziale Verantwortlichkeit ausgestattet ist. Sie betont seine Gleichwertigkeit, sein Recht auf Selbstbestimmung und seine Eigenverantwortlichkeit. Leitbild wie Zielvorstellung transaktionsanalytischen Handelns ist die autonome Person mit ihren Fähigkeiten zu sinnlicher Offenheit, unmittelbarem Ausdruck und gleichwertiger Beziehung. Ihre psychologische Theorie basiert auf dem Persönlichkeitsmodell der Ich-Zustände (Eltern-, Erwachsenen-, Kind-Ich) als organisierte Einheiten, mit deren Hilfe wir Realität definieren, Informationen über uns und andere gewinnen und auf die Umwelt reagieren. Mittels der Ich-Zustände lassen sich die Individualität konkreter Personen erklären sowie Merkmale und Regeln sozialer Interaktionen (hier: Transaktionen) einschließlich ihrer Störungen analysieren. Zentraler Begriff ihrer Entwicklungspsychologie ist der bis zum Alter von sechs Jahren beschlossene, vorbewußte Lebensplan. Zur Unterstützung menschlichen Wachstums sowie zur Veränderung von Beeinträchtigungen nutzt die Transaktionsanalyse die Struktur- und Funktionsanalyse zum Verstehen innerer Prozesse und lebensgeschichtlicher Entwicklungen, die Analyse der Transaktionen zum Erkennen von Kommunikationsproblemen, die Spielanalyse zur Erhellung sozialen Verhaltens und die Skriptanalyse zur Veränderung des individuellen Lebensplans. Transaktionsanalyse findet als Einzel-, Gruppen-, Paar- und Familientherapie im ambulanten, stationären und teilstationären Bereich Anwendung. Konkrete Ziele ihrer Beratung/Behandlung reichen von der Orientierung in Wachstumsprozessen bis zur Heilung psychischer Beeinträchtigungen. Darüber hinaus hat sich Transaktionsanalyse als Beratungs- und Interventionsmethode in jenen Berufsfeldern profiliert, in denen wesentliche Aspekte der angestrebten Leistung durch die Art der Kommunikation und Interaktion erbracht werden, z. B. Beratung und Seelsorge, Lehre und Erziehung, Rechtspflege, Organisation, Betriebsführung und Verwaltung. Die Fortbildung zum Transaktionsanalytiker erfolgt berufsbegleitend und basiert auf abgeschlossenen Berufsausbildungen. Sie dauert fünf bis sieben Jahre, wird durch ausgebildete Lehrtherapeuten angeleitet und mit einer Prüfung vor einem internationalen Prüfungsausschuß abgeschlossen.

Literatur

Berne, E. (1975). Was sagen Sie, nachdem Sie «guten Tag» gesagt haben? München.
Clarkson, P. (1996). Transaktionsanalytische Psychotherapie: Grundlagen und Anwendung – Das Handbuch für die Praxis. Freiburg / Basel / Wien.
Hagehülsmann, U. & Hagehülsmann H. (1997). Der Mensch im Spannungsfeld seiner Organisation. Transaktionsanalyse in Managementtraining, Coaching, Team- und Personalentwicklung. Paderborn.

Heinrich Hagehülsmann

Transsexualität

Transsexualität bezeichnet einen Zustand, der die Betroffenen verschiedene Grade geschlechtsspezifischer Veränderungen an ihrem Körper herbeiführen läßt, um eine Stimmigkeit mit ihrem Inneren zu erleben. Dabei geht es – besonders im Gegensatz zum Transvestitismus – nicht primär um das Ausleben einer Form von Sexualität, sondern vielmehr werden die bestehenden Sexualorgane als unpassend zum psychischen Geschlecht empfunden. Transsexuelle Menschen sind genetisch, physiologisch – und prinzipiell auch psychologisch – unauffällig, nur verlangt ihre Geschlechtsidentität nach einer passenden Hülle: Sie überschreiten also grundsätzlich die konventionellen Mann / Frau-Grenzen, was durch eine Anpassung des Erscheinungsbildes ihres Ausgangs-Geschlechts an das ihres Wunschgeschlechts – besonders in der Anfangsphase – sichtbar wird. Das Ausmaß der Auffälligkeit erscheint dabei als individuelle Entscheidung, die durch gesetzliche Vorlagen begrenzt ist: die Betroffenen haben die Wahl zwischen der «kleinen» und der «großen Lösung»: Erstere ermöglicht, ab einem Alter von 25 Jahren, eine Änderung des Vornamens (jedoch nicht der Geschlechtszugehörigkeit) im Ausweis – ohne daß ein körperlicher Eingriff stattgefunden haben muß. Letztere ermöglicht, ab 18 Jahren, eine Änderung aller registrierten Hinweise auf die jeweilige biologische Geschlechtszugehörigkeit, wobei der Nachweis einer geschlechtsangleichenden Operation (inklusive Unfruchtbarkeit) erbracht werden muß. Für beide «Lösungen» sind zwei positive Gutachten über das Bestehen von «Transsexualität» erforderlich. Bei der «großen Lösung» folgen darauf der ein- bis zweijährige «Alltagstest» (Leben in der angestrebten Geschlechtsrolle, Beginn der Einnahme gegengeschlechtlicher Hormone) und im weiteren die Operation, wobei die vorhandenen Organe weitgehend dazu benutzt werden, um die erwünschten Körperteile zu formen (zur Operationstechnik vgl. Eicher, 1992; zur Kritik bestehender Denkmodelle vgl. Kamermans, 1995). Wichtig bei der

Betrachtung von Transsexualität ist die Tatsache, daß es sich um ein gesellschaftliches Phänomen handelt (vgl. Runte, 1996) und daß die Operation *eine* - sozial legitimierte – Lösungsmöglichkeit für ein psychisches Leiden ist, das auch nichtchirurgische Zugänge haben kann. Transsexualität und die institutionalisierten Lösungswege können auch als Zeichen der Problematik mit der Sichtbarkeit – das Unterschiede-Sehen kommt in unserer Kultur einem Wahrheit-Sehen gleich – und der dahinterliegenden Realität in unserer Gesellschaft gedeutet werden: Männer- und Frauenbilder zu haben, Geschlechterdichotomien aufzubauen und zu erhalten – und nicht zuletzt durch das Zurechtschneiden von anderen die etablierte Normalität zu wahren –, ist eine gesellschaftliche Grundtendenz. Somit sind Transsexuelle und Nichttranssexuelle gleichermaßen Betroffene, wenn auch auf verschiedenen Seiten und mit unterschiedlichen Konsequenzen.

Literatur

Eicher, W. (1992). Transsexualismus. Möglichkeiten und Grenzen der Geschlechtsumwandlung. Stuttgart u. a.

Kamermans, J. (1995). Künstliche Geschlechter. Nirwana oder Götterdämmerung? Hamburg.

Runte, A. (1996). Biographische Operationen. Diskurse der Transsexualität. München.

Tonia Schachl

Traum

Träume sind die Begleiter der Menschen seit Beginn ihrer Geschichte. Wurden Träume in der Frühzeit als Botschaft der Götter betrachtet, mit deren Hilfe sie den Menschen Wissen um ihre Zukunft zukommen ließen, gelten sie heute als ein menschliches Produkt. Das bedeutet allerdings keine allgemeine Übereinkunft über eine individuelle Aussage des Traums für die träumende Person. Der Disput darum bewegt sich zwischen der Position C. G. Jungs mit seinem Konzept der archetypischen Träume als Ausdruck eines kollektiven Unbewußten, in dem die Erfahrungen früherer Generationen aufgehoben sind, und Vertretern der experimentellen Traumforschung, die Träume als einen nur somatisch bedingten Prozeß der Gehirnphysiologie während des Schlafs betrachten. Im allgemeinen geht man aber von einer Funktion der Träume für die Person und einem individuellen Sinn aus, auch wenn diese ganz unterschiedlich konzeptualisiert werden. Der Traum und die Traumanalyse sind der «Königsweg zum Unbewußten» (1900): 100 Jahre alt ist diese These

Freuds, und sie war lange Zeit Kernaussage des psychoanalytischen Traumverständnisses. Träume haben danach die Funktion einer Wunscherfüllung. Sie befriedigen kindliche, angestaute Triebwünsche, die durch verschiedene Mechanismen der Traumarbeit wie Verschiebung, Verdichtung, Symbolisierung und sekundäre Bearbeitung der träumenden Person entstellt und verschleiert werden, um ihrem bewußten Ich entzogen zu bleiben. Damit entsteht der Unterschied zwischen dem manifesten Traum, also der bewußten und erzählbaren Traumgeschichte, die den unbewußten, latenten Traum mit seinen verbotenen Inhalten verbirgt. Traumanalyse ist die Aufdeckung der latenten Traumwünsche mit Hilfe der Einfälle der träumenden Person und ihre Umwandlung in bewußte, vom Ich zu regulierende Wünsche. In neueren Theorien wird der Traum von einem aktuellen Konflikt ausgelöst, aktiviert damit alte ungelöste Konflikte oder traumatische Situationen und stellt sie der Traumorganisation zur Verfügung. Mit diesem Material gestaltet die träumende Person ihre Traumsequenzen. Die Traumgeschichte enthält deshalb eine Information über diese selbst in der Gegenwart auf der Basis ihrer Vergangenheit. Damit entfällt die strikte Unterscheidung zwischen latentem und manifestem Trauminhalt, die Interpretation von Träumen hält sich direkter an die Traumerzählung und die konkrete Lebenssituation der träumenden Person. Träume haben deshalb, jenseits des ursprünglichen triebtheoretischen Konzepts, eine wichtige Brückenfunktion zwischen Vergangenheit und Gegenwart. Sie enthalten Hinweise auf unbewußte traumatische und konflikthafte Kindheitserlebnisse, die es nach wie vor zu entschlüsseln gilt. Sie zeigen aber auch emotional belastende Situationen in der Gegenwart, und sie geben Auskunft über die Struktur der inneren Objekte des Träumers und der Träumerin, konflikthafte oder dissoziierte Aspekte ihrer Selbstbilder. Sie haben darüber hinaus Lösungsfunktionen, sie weisen den Weg zur Integration und Synthese gespaltener Selbst- und Objektrepräsentanzen und zur Konfliktregulierung und -bewältigung mit anderen Personen. Traumanalyse setzt damit auch ein differenziertes Konzept voraus: Entweder werden verschiedenartige Träume definiert, z. B. autosymbolische und narrative Träume, oder es werden vielfältige Bedeutungen eines Traums konzeptualisiert.

Literatur

Freud, S. (1972). Die Traumdeutung. Studienausgabe, Bd. 2, Frankfurt/M.

Knobloch-Droste, K. (1994). Traumpraxis, Psychotherapeutische Arbeit mit Träumen und Träumern. München.

Moser, U. & Zeppelin, I. von (1996). Der geträumte Traum. Stuttgart.

Brigitte Mittelsten Scheid

Unbewußtes

Eigentlich ist Psychologie die Wissenschaft vom Bewußtsein. Freud erst hat ihr zwei weitere Forschungsgebiete zugeordnet, das unbewußte und das pathologische Seelenleben. Es ist deshalb nicht verwunderlich, daß die akademische Psychologie, die sich ausschließlich der Bewußtseinsforschung verschrieben hatte, diese beiden Forschungsgebiete stiefmütterlich behandelte. Freud selbst definiert die Grundvoraussetzungen seiner Psychoanalyse so: «Die Unterscheidung des Psychischen in Bewußtes und Unbewußtes ist die Grundvoraussetzung der Psychoanalyse und gibt ihr allein die Möglichkeit, die ebenso häufigen als wichtigen pathologischen Vorgänge im Seelenleben zu verstehen, der Wissenschaft einzuordnen. Nochmals und anders gesagt: die Psychoanalyse kann das Wesen des Psychischen nicht ins Bewußtsein verlegen, sondern muß das Bewußtsein als eine Qualität des Psychischen ansehen, die zu anderen Qualitäten hinzukommen oder wegbleiben mag» (1978, S. 171 f). Freud konstruiert den «psychischen Apparat» aus Es, Ich und Über-Ich gemäß den dualistischen Denkkategorien cartesianischer Prägung. Parallel zur Geologie, die anhand der Gesteinsschichten die Erdgeschichte, und zur Archäologie, die anhand ihrer Ausgrabungsarbeit die Kulturgeschichte der Menschheit analysieren, steigt Freud in die Tiefenschichten des Bewußtseins, um das dort aufgrund frühkindlicher Traumatisierungen abgelagerte Vergessene und Verdrängte wieder zur Sprache zu bringen. Methodische Zugänge hierzu sind die Hypnose, die Traumdeutung und das freie Assoziieren. Im Gegensatz zu Freud ist bei C. G. Jung sowohl phylo- wie ontogenetisch zuerst das Unbewußte vorhanden, aus dem sich das Bewußtsein entwickelt, das sich wie eine Haut über die unbewußte Sphäre ausdehnt, deren Umfang wir nicht kennen. Da wir nichts vom Unbewußten wissen, können wir auch seinen Herrschaftsbereich nicht abstecken. Wenn wir vom Unbewußten reden, sind wir der Meinung, etwas Konkretes zum Ausdruck zu bringen, «aber in Tat und Wahrheit bringen wir nur zum Ausdruck, daß wir nicht wissen, was das Unbewußte ist» (Jung, 1975, S. 16). Was Freud und Jung nicht berücksichtigen, ist die Zeithaftigkeit menschlichen Bewußtseins. Analog zum Einsteinschen Raum-Zeit-Kontinuum sollten wir uns angewöhnen, von einem «Bewußtseinskontinuum» zu sprechen (vgl. Gebser, 1973).

Literatur

Freud, S. (1978). Das Ich und das Es. Frankfurt/M.

Gebser, J. (1973). Ursprung und Gegenwart. München.

Jung, C. G. (1975). Über Grundlagen der analytischen Psychologie. Frankfurt/M.

Wolfgang Deubelius

Verdinglichung

Verdinglichung heißt nach Marx, daß sich der Wert (d. h. das, was wir als Gefühl bezeichnen) im Geld darstellt. Das Geld ist das Ding an sich, das nach Kant aller unserer Erfahrung vorgängig sein soll. Wir betrachten nicht nur die Lebensmittel, die wir konsumieren, unter dem Aspekt des Geldes, sondern auch die Begriffe, mit denen wir uns verständigen (und auch der Mann die Frau, die Frau den Mann, wenn sie geschlechtlich miteinander verkehren wollen). Reflexion ist Verdinglichung, sagt Krahl (1971), d. h., wenn ich eine natürliche, mannigfaltige Sache benenne, mache ich sie schon zum Ding. So sind die allgemeinen oder Gattungsbegriffe (die Tauschwerte) verdinglichte Vorstellungen wie Tier, Obst, Baum, denn es gibt weder das Tier, das Obst noch den Baum, sondern nur konkrete Hasen, Löwen und Tiger; Äpfel, Birnen und Pflaumen; Eschen, Buchen und Pappeln. Begriffe sind verdinglichte Vorstellungen. Wenn ich eine nicht-bewußte Vorstellung (wie Gefühle) auf die Außenwelt projiziere, so daß es scheint, als wäre sie dort real vorhanden, obwohl sie doch ein Inhalt meines (Un-)Bewußten ist, dann wird aus dem Gebrauchswert ein Tauschwert und aus Geld Kapital. Durch Verdinglichung geht ein Bewußtsein in ein anderes (höheres) Bewußtsein über. Verdinglichung ist zugleich eine Entwürdigung des Subjekts und eine Aufwertung des Objekts, weil aus menschlichen Subjekten Objekte oder manipulierbare Dinge werden, wie wir sie heute vor uns haben. Als Zwangszusammenhang von Projektion und Verinnerlichung ist die bürgerliche Gesellschaft heute eine hochverdinglichte Gesellschaft.

Literatur

Harsch, W. (1995). Die psychoanalytische Geldtheorie. Frankfurt/M.
Krahl, H. J. (1971). Konstitution und Klassenkampf. Frankfurt/M.

Walter G. Neumann

Verelendung

Der Begriff der Verelendung entstammt weder dem gängigen psychologischen Vokabular, noch erhebt er Anspruch auf analytische Schärfe. Er verdankt sich der gesellschaftlichen Wahrnehmung des Massenelends in der Phase des Frühkapitalismus, als sich trotz allmählicher Steigerung der Güterproduktion die Lebensbedingungen der arbeitenden Schichten verschlechterten (Pauperismus). Theoretische Bedeutung erlangte das Verelendungskonzept erstmals in den Arbeiten des englischen Geistlichen und Nationalökonomen Malthus (1766–1834). Dieser bezeichnete in seiner Bevölkerungslehre Armut und Not der unteren Klassen als unabwendbar. Er behauptete, daß der Lohn der Arbeiter das Existenzminimum nie übersteigen könne, da die Bevölkerung schneller anwachse als die Menge der verfügbaren Lebensmittel. Damit schien das herrschende Elend naturwissenschaftlich-biologisch erklärt und legitimiert. Karl Marx (1818–1883) hat die Malthussche Bevölkerungslehre scharf kritisiert und als unhaltbar verworfen. Er führte das Massenelend des besitzlosen und lohnabhängigen Proletariats auf sozio-ökonomische Ursachen zurück und begriff es als Ausdruck kapitalistischer Herrschaftsverhältnisse. Verallgemeinert lassen sich der Verelendung Phänomene zuordnen, die gesellschaftlich bedingte – und geduldete – materielle, soziale und psychische Notlagen bezeichnen (z. B. Armut, Arbeitslosigkeit). «Verelendung» wird auf diese Weise zum Kampfbegriff radikaler Sozialkritik. Nun beschränkt sich die Verelendungsdiskussion bei Marx und Engels nicht auf deskriptive Aussagen zur sozio-ökonomischen Lebenslage der arbeitenden Bevölkerung. Die Unfähigkeit einer Gesellschaft, allen ihren Mitgliedern eine ausreichende Basis zur Selbsterhaltung zu verschaffen, sollte nach marxistischer Auffassung vielmehr zum Nährboden revolutionärer Bestrebungen werden. Verelendung wurde so zu einem strategischen Angelpunkt des kommunistischen Revolutionsverständnisses. Als Theorie über politische Lernprozesse und die Dynamik sozialer Bewegungen bleibt die Verelendungstheorie jedoch «hilflos». Die Marienthal-Studie hat in den 30er Jahren am Beispiel der Massenarbeitslosigkeit gezeigt, daß Verelendung keine hinreichende Bedingung sozialer Auflehnung ist (Jahoda, Lazarsfeld & Zeisel, 1960). Im Rahmen der Marxschen Frühschriften läßt sich das Verelendungskonzept der dort entfalteten Entfremdungstheorie zuordnen. Verelendung meint dann eine psychologisch, soziologisch und ökonomisch bestimmbare Lebenslage und Verfassung, die nicht den historischen Möglichkeiten der Gattung entspricht. So schreibt Hofmann: «An die Stelle der einst vermuteten Lohnverelendung sind Formen einer viel universelleren, viel tödlicheren Gefährdung und tatsächlichen Verkümmerung der allgemeinpsychologischen, der intellektuellen und sittlichen Kräfte des Menschen getreten» (Hofmann, 1969, S. 56). Das Verelendungskonzept wird damit zum Begriff der Kulturkritik, die sich zwangsläufig dem Anspruch ausgesetzt sieht, ihre Maßstäbe zu begründen. Richtig ist jedoch, daß sich etwa aus sozialisationstheoretischer Sicht zeigen läßt, daß jede Gesellschaft die individuellen Entwicklungsmöglichkeiten begrenzt und «Entwicklung» in spezifischer Weise Förderungs- und Verkümmerungsprozesse umschließt. Verelendung verweist dann auf depravierende Lebensbereiche und gesellschaftliche Institutionen (psychiatrische Anstalten, Erwerbsarbeit, Ehe u. a. m.), die in ihrer historisch gewachsenen Form als Schranke menschlicher Emanzipation begriffen werden. Wird der Verelendungsbegriff in dieser Weise als Baustein einer kritisch-historischen Anthropologie gefaßt, so ordnet er sich – als negative Bestimmung – notwendig der Emanzipationstheorie zu.

Literatur

Hofmann, W. (1969). Folgen einer Theorie – Essays über «Das Kapital» von Karl Marx. Frankfurt/M.

Jahoda, M., Lazarsfeld, P. F. & Zeisel, H. (1960). Die Arbeitslosen von Marienthal (1933). Konstanz.

Marx, K. (1974). Grundrisse der Kritik der politischen Ökonomie. Berlin.

Wagner, W. (1976). Verelendungstheorie – die hilflose Kapitalismuskritik. Frankfurt/M.

Ali Wacker

Verhalten

Definition

Der Verhaltensbegriff stellt einen zentralen wie umstrittenen Begriff in der Psychologie dar. In der anglo-amerikanischen Literatur war der Verhaltensbegriff lange das zentrale Bestimmungsstück der Psychologie, wodurch die Entwicklung der westlichen Psychologie maßgeblich beeinflußt wurde. 1983 definierte Zimbardo den psychologischen Gegenstand noch ausschließlich über das Verhalten: «Psychologen befassen sich mit dem Studium des Verhaltens lebender Organismen» (1983, S. 3). In einer neueren Auflage dieses Buchs heißt es dagegen: «Gegenstand der Psychologie sind Verhalten, Erleben und Bewußtsein des Menschen» (1988, S. 4). «Mit Verhalten sind vor allen Dingen Aktivitäten und Prozesse gemeint, die objektiv beurteilt werden können – d. h. also sowohl die isolierten Reaktionen von Muskeln, Drüsen und anderen Teilen des Organismus wie auch die organisierten, zielgerichteten äußeren Reaktionsmuster, die den Organismus als Ganzes charakterisieren. Beim Begriff Verhalten denken die Psychologen auch an interne Prozesse wie

Denken, emotionale Reaktionen etc., die eine Person nicht direkt an einer anderen beobachten kann, die aber dennoch aus Beobachtungen externen Verhaltens abgeleitet werden können» (1983, S. 25).

Begriffsgeschichte

Diese offene Verhaltensdefinition, die interne Prozesse einschließt, wurde von den Vertretern des klassischen Behaviorismus (z. B. Watson, Skinner) vehement abgelehnt. Sie verstanden sich als Gegenbewegung zur Bewußtseinspsychologie und gaben eine sehr enge Definition des Verhaltensbegriffs vor: Verhalten wurde als beobachtbare oder meßbare Reaktion von Lebewesen auf einen gegebenen Reiz betrachtet. Watson (1914) als wichtigster Wegbereiter des Behaviorismus drückte dies folgendermaßen aus: «Die Zeit scheint gekommen zu sein, in der die Psychologie jede Bezugnahme auf das Bewußtsein aufgeben muß und in der sie sich nicht länger einem trügerischen Denken hingeben darf, das seelische Vorgänge zum Objekt ihrer Beobachtung macht ... Es ist möglich, eine Psychologie zu schreiben und niemals die Begriffe Bewußtsein, seelischer Zustand, Geist, Inhalt, Wille, Phantasie, und dergleichen zu gebrauchen. Sie kann in Begriffen von Reiz und Reaktion, von Gewohnheitsbildung, Gewohnheitsintegration usw. geschrieben werden» (zit. n. Thomae, 1977, S. 51). Das beobachtbare Verhalten wurde zum zentralen Gegenstand dieser Psychologie, und die geforderte Tabuisierung jeglicher Bewußtseinsinhalte hatte über Jahrzehnte hinweg Bestand. Die lediglich dem Subjekt durch Introspektion zugänglichen Prozesse wurden als «Black Box» und daher als gegenstandslos angesehen. Diese klassische und mechanistische Betrachtungsweise menschlichen Verhaltens ist als Reiz-Reaktions-(S-R-)Theorie und paradigmatisch als klassischer oder auch «radikaler Behaviorismus» (vgl. Lückert, 1994) in die Psychologieliteratur eingegangen. Grundlegende Postulate des radikalen Behaviorismus sind die Verleugnung aller innerpsychischen Prozesse einschließlich des Bewußtseins, die Reduktion aller Erfahrungen auf Drüsensekretionen und Muskelbewegungen, die fast ausschließliche Bedingtheit menschlichen Verhaltens durch die Umwelt sowie die Orientierung am Modell der Physik (Reduktion auf das Beobacht- und Quantifizierbare). Der Verhaltensbegriff erfuhr eine Erweiterung, indem die inneren psychischen Prozesse (Emotionen, Gedanken, Erwartungen, Motivationen, Phantasien usw.) als verdecktes Verhalten umschrieben und somit begrifflich erfaßt wurden. Dabei wurde angenommen, daß das verdeckte Verhalten den gleichen lerntheoretischen Wirkmechanismen wie das offene, beobachtbare Verhalten unterliegt. Die Bedeutung des verdeckten Verhaltens blieb jedoch zunächst gering, da es lediglich als

Vermittler zwischen den Reizbedingungen und dem offenen beobachtbaren Verhalten gesehen wurde. Behaviorismus als eine Art des «Glaubensbekenntnisses» (Wehner, 1990, S. 31) ist heute lediglich von historischem Wert. Mit der «kognitiven Wende» in der Psychologie erfuhr der Verhaltensbegriff eine grundlegend neue Standortbestimmung. Bandura (1976) brach mit seinen Ausführungen zum «Lernen am Modell» mit den Grundsätzen des Behaviorismus. Er stellt die Kognitionen (die Annahme subjektiver Repräsentationen und motivationaler Aspekte) in den Mittelpunkt seiner theoretischen Ausführungen. Allgemein wird der Mensch nicht mehr als passives und auf die Umweltstimuli reagierendes Wesen, sondern aktiv, gestalterisch und dabei als zielorientiert und auf die Umwelt einwirkend betrachtet. Einen Einfluß auf diese Entwicklung hatten auch die Fortschritte der Wahrnehmungspsychologie, wobei nicht mehr davon ausgegangen werden konnte, daß die Umweltrepräsentationen passiv in einer quasi 1:1-Abbildung stattfänden, sondern es sich vielmehr um aktive und konstruktive Prozesse handelt.

Verhalten und Handeln

In der kognitiven Verhaltenspsychologie wurde so neben dem Verhaltensbegriff das Fühlen und Denken zum festen Bestandteil der wissenschaftlichen Forschung und der Erklärungsansätze menschlichen Verhaltens. In den sich entwickelnden handlungstheoretischen Ansätzen wird Verhalten betont als vom Handelnden zielgerichtet, zweckhaft und bewußt eingesetzt betrachtet (vgl. Dörner & Selg, 1996). Die Handlungstheorie sieht den Handelnden und die Umwelt als Einheit und reduziert die Umwelt sinnvollerweise nicht auf in der Forschung und Therapie zu isolierende Stimuli, die das Verhalten determinieren sollen. Zur Unterscheidung von *Verhalten* und *Handeln* führen Nolting und Paulus folgendes aus:

> «Zwar werden die Begriffe vielfach gleichwertig verwendet, doch scheint es sich in der Psychologie zunehmend einzubürgern, lediglich solches Verhalten als Handeln zu bezeichnen, das zielgerichtet und bewußt gesteuert ist. Reflexartige Körperreaktionen oder automatisierte Gewohnheiten wären danach zwar auch Verhalten, aber kein Handeln. So gesehen ist Verhalten der Oberbegriff, Handeln ein bestimmter Typ des Verhaltens ... Wie erkennbar ist, bezieht sich die Unterscheidung nicht lediglich auf das äußere Verhalten, sondern schon auf die inneren Grundlagen, von denen es gesteuert wird. So liegt denn auch der Akzent der sog. Handlungstheorien auf kognitiven Vorgängen wie den Zielvorstellungen und Erwartungen, dem planenden Denken und dem Überprüfen des Handlungsergebnisses» (Nolting & Paulus, 1990, S. 59).

Kritik erfährt der Verhaltensbegriff in seiner objektivistischen Verwendung und in seinem Stellenwert für die Psychologie aus der Richtung der «Kritischen Psychologie» und der qualitativen Forschungsansätze.

«Es gewinnen zunehmend Positionen an Gewicht, die nicht nur das Verhalten sowie die Bedingungen seines Auftretens und seiner Veränderung als einzig legitimen Gegenstand der Untersuchung betrachten, sondern dessen Bedeutung, also Sinnzusammenhänge und Symbolsysteme thematisieren ... Damit erhält die Subjektivität, nicht nur des Untersuchungsgegenstandes, sondern auch des Forschers, einen zentralen forschungsfördernden – statt wie bisher hindernden – Rang. Die Objektivität wird dabei zunehmender Kritik unterzogen. Es wird die kulturelle Einbettung und Bestimmtheit jeder Fragestellung und damit der Forschungsergebnisse gesehen, ihre vermeintliche Objektivität als ebenso kulturell bestimmt. Forschung wird zunehmend als Diskurs thematisiert» (Bruder, 1993, S. 45).

Kritische Psychologie

Hiermit geht eine prinzipielle Kritik an der (vor)herrschenden Psychologie als sog. Mainstream-Psychologie oder auch Variablen-Psychologie (vgl. Zygowski, 1993; Holzkamp, 1986) und des dort geltenden Forschungsverständnisses einher. Diese Kritik greift gleichfalls in Richtung der Bedeutsamkeit des Verhaltensbegriffs in der Psychologie. So wäre nach Holzkamp nicht das Verhalten als zu betrachtendes zentrales Konzept der Psychologie zu sehen, sondern der Handlungsbegriff. Die langjährige zentrale Rolle des Verhaltensbegriffs hätte den Einzug des Handlungsbegriffs als zentralen Gegenstand verhindert, wobei Holzkamp von einer «Unvereinbarkeit der variablenpsychologischen ‹Verhaltenskategorien› mit den kategorialen Grundbestimmungen des ‹Handelns›» ausgeht (1986, S. 382). Und:

«Aus dem Umstand, daß im in der Verhaltenskategorie implizierten Bedingtheitsmodell die subjekthaft-aktive Zentralbestimmung des Handelns nicht abbildbar ist, ergibt sich, daß hier auch alle weiteren der genannten Bestimmungen des Handlungskonzepts wenn nicht eliminiert, so doch ihrer eigentlichen Bedeutung beraubt sein müssen. Sofern hier z. B. in theoretischen Bestimmungen von Verantwortlichkeit, Freiheit, Begründetheit o. ä. der Verhaltensweisen die Rede ist, werden daraus – spätestens bei der ‹Operationalisierung› – lediglich ‹gedachte› psychische Zwischenvariablen zwischen den allein objektiv beobachtbaren Stimulus- und Response-Variablen, mithin Einstellungen o. ä., in denen das Individuum auf seine Umwelt reagiert: Freiheit, Verantwortlichkeit, Rationalität etc. als subjektive Beweggründe aktiver Veränderungen von Lebensverhältnissen sind also schon aus ‹kategorialen› Gründen hier nicht denkbar» (Holzkamp, 1986, S. 384).

Eine weitere Kritik ist ebenso grundlegender Art. Die einerseits objektivistische Betrachtungsweise, andererseits das Verständnis von Verhalten als generell fremdkontrollierbar verweisen auf die gesellschaftliche Brisanz dieser Sichtweise von Verhalten. Die Vertreter des Behaviorismus haben das ihre dazu beigetragen, indem sie die gesellschaftsändernden Möglichkeiten durch Konditionierung überschwenglich und nahezu provokativ darstellten. «Das Universum wird sich ändern, wenn ihr eure Kinder in behavoristischer Freiheit aufzieht ... Werden nicht diese Kinder ihrerseits mit ihren besseren Lebensgewohnheiten und Denkweisen unsere Gesellschaft ersetzen und ihre Kinder in einer noch wissenschaftlich fundierteren Weise erziehen, bis die Welt schließlich ein Platz wird, wo wahre Menschheit wohnen kann?» (Watson, 1930; zit. n. Thomae, 1977, S. 51f). Ebenso hat Skinner auf die Gestaltungsmöglichkeit der Gesellschaft bei einer uneingeschränkten Kontrollmöglichkeit menschlichen Verhaltens hingewiesen. Er ging so weit, daß er in seinen Beschreibungen von einer Gestaltung des «Himmels auf Erden» spricht und im Roman «Futurum II» (1970) die uneingeschränkte Verhaltenskontrolle szenarisch ausmalt. Die Implikationen und Gefahren derart verstandener Kontrollmöglichkeiten menschlichen Verhaltens liegen offen. Zumal die Möglichkeit eines politisch-philosophischen Diskurses im Behaviorismus und in der heutigen Mainstreampsychologie nicht aufgegriffen wird. Im Gegenteil – die eigene psychologische Wissenschaft oder auch Tätigkeit wird in der Regel als neutral, objektiv und quasi wertfrei deklariert. Dementgegen verweist insbesondere die kritische Psychologie darauf, daß Psychologie immer, aus ihrer Gegenstandsdefinition heraus, eine politische, gesellschaftliche Dimension beinhalten muß und die Mainstreampsychologie den «Herrschaftsinteressen» und der Stabilisierung bestehender Machtverhältnisse dient (vgl. Sonntag, 1993; Holzkamp, 1972; 1986):

«Damit ist der Unterschied zwischen der ‹kontrollwissenschaftlichen› Variablenpsychologie und dem Entwurf einer ‹subjektwissenschaftlichen› Psychologie von den politischen Konsequenzen her nochmals verdeutlicht: Während die Variablenpsychologie mit ihrem (vorgeblich bloß methodischen Notwendigkeiten geschuldeten) Grundschema vom bedingten Menschen (mindestens formell) dem Verwertungsinteresse des Kapitals subsumiert ist, wird in der subjektwissenschaftlichen Psychologie prinzipiell der Standpunkt der auf die Überwindung fremdbestimmt-restriktiver Verhältnisse zur Durchsetzung verallgemeinerbarer Lebens- und Entwicklungsinteressen gerichteten individuellen Subjekte eingenommen» (Holzkamp, 1986, S. 399f).

Anwendung

In der Anwendung wird der Verhaltensbegriff in einem modernen Verständnis weiterhin eine zentrale Rolle innehaben. In der Verhaltenstherapie, die weiterhin das Verhalten als zentralen therapeutischen Ansatzpunkt definiert, wird der Verhaltensbegriff sehr weit gefaßt. Nicht nur das äußerlich beobachtbare Verhalten, sondern ebenso physiologische, emotional-subjektive, motivational-affektive und verbal-kognitive Prozesse werden als therapeutischer Ansatzpunkt gesehen (vgl. DGVT, 1986), wobei sinnvollerweise nicht das Individuum isoliert, sondern in seinen sozialen und gesellschaftlichen Bezügen gesehen wird. Dabei wäre eine Weiterentwicklung einer modernen Verhaltenstherapie durchaus in Richtung einer «Handlungstherapie» mit einem hohen politischen Bewußtseinsgrad (im Sinne der Kritischen Psychologie) denkbar. Ansätze solcher Entwicklungen, einer durchaus parteilichen Verhaltenspsychologie oder besser dann Handlungspsychologie, könnten in der modernen Verhaltenstherapie, der «Verhaltensökologie» und allgemein in der Gemeindepsychologie gefunden werden. In dem «populär gewordenen Schlagwort der ‹Verhaltensökologie› steht das Bestreben, die menschliche Entwicklung durch Vermittlung von Bewältigungsstrategien zu fördern, das subjektive Kompetenzgefühl und das Selbstwertgefühl zu steigern sowie die Kräfte der Gemeinde und Organisationen zu mobilisieren und aufeinander abzustimmen, um die Lebensqualität zu verbessern» (McClure et al., 1980; zit. n. DGVT, 1986, S. 11). Der notwendige politisch-philosophische Diskurs ist dabei sicherlich in der Kritischen Psychologie zu finden. Unabhängig von allen sich wandelnden wissenschaftlichen Betrachtungsweisen des Verhaltensbegriffs bleibt eines gewiß: «Verhalten hat vor allem eine Eigenschaft, die so grundlegend ist, daß sie oft übersehen wird: Verhalten hat kein Gegenteil, oder um dieselbe Tatsache noch simpler auszudrücken: Man kann sich nicht nicht verhalten» (Watzlawick et al., 1985).

Literatur

Bandura, A. (1976). Lernen am Modell. Stuttgart.

Bruder, K.-J. (1993). Konditionierung als Metapher. In: H. Zygowski (Hg.), Kritik der Mainstream-Psychologie (S. 45- 54). Münster.

DGVT (Hg.). (1986). Verhaltenstherapie. Theorien und Methoden. Forum für Verhaltenstherapie und psychosoziale Praxis, Bd. 11. Tübingen.

Dörner, D. & Selg, H. (Hg.): (1996). Psychologie. Eine Einführung in ihre Grundlagen und Anwendungsfelder. Berlin.

Holzkamp, K. (1972). Kritische Psychologie. Vorbereitende Arbeiten. Frankfurt / M.

Holzkamp, K. (1986). Handeln. In: G. Rexilius & S. Grubitzsch (Hg.), Psychologie. Theorien – Methoden – Arbeitsfelder. Ein Grundkurs (S. 381–402). Reinbek.

Kraiker, C. (1980). Psychoanalyse – Behaviorismus – Handlungstheorie. Theoriekonflikte in der Psychologie. München.

Lamnek, S. (1988). Qualitative Sozialforschung. Bd. 1. Methodologie. München / Weinheim.

Lück, H. E., Miller, R. & Rechtien, W. (Hg.). (1984). Geschichte der Psychologie. Ein Handbuch in Schlüsselbegriffen. München / Wien / Baltimore.

Lückert, H.-R. & Lückert, I. (1994). Einführung in die kognitive Verhaltenstherapie. Allgemeine Grundlagen. München / Basel.

Nolting, H.-P. & Paulus, P. (1990). Psychologie lernen. Eine Einführung und Anleitung. München.

Skinner, B. F. (1970). Futurum II. Hamburg.

Sonntag, M. (1993). Maßlos normal. Zur gesellschaftlichen Genese und Funktion von Psychologie. In: H. Zygowski (Hg.), Kritik der Mainstream-Psychologie (S. 13–29). Münster.

Thomae, H. (1977). Psychologie in der modernen Gesellschaft. Hamburg.
Watzlawick, P., Beavin, H. J. & Jackson, D. D. (1985). Menschliche Kommunikation. Formen, Störungen, Paradoxien. Bern / Stuttgart / Wien.
Wehner, E. G. (Hg.). (1990). Geschichte der Psychologie. Eine Einführung. Darmstadt.
Zimbardo, P. G. (1983). Psychologie. Berlin.
Zimbardo, P. G. (1988). Psychologie. Berlin.
Zygowski, H. (Hg.). (1993). Kritik der Mainstream-Psychologie. Beiträge der 1. Frühjahrsakademie für Kritische Psychologie vom 18.-21. Juni 1992 in Bielefeld. Münster.

Peter Petereit

Verhaltensauffälligkeit / Verhaltensstörung

Die Begriffe der Verhaltensauffälligkeit und der Verhaltensstörung dienen als Oberbegriffe für bestimmtes Verhalten einer Person, das von den Erwartungen anderer Personen oder von Normen abweicht. Beide Begriffe werden in der Regel synonym verwendet; kennzeichnend für ihre Verwendung ist, daß ausschließlich negativ abweichendes Verhalten mit ihnen belegt wird (Nägelkauen, Schuleschwänzen, Überempfindlichkeit, Überangepaßtheit, Tics, Eßstörungen, Apathie, Distanzlosigkeit Suizidneigung). Der Begriff der Verhaltensauffälligkeit wird hauptsächlich in Schulen, Erziehungs- und Familienberatungsstellen für erziehungsschwieriges Verhalten von Kindern und Jugendlichen verwendet. Er ist gebräuchlich geworden, weil er als wertneutral gilt. Er ist jedoch unscharf und mehrdeutig, da er zum einen auch auf Kinder und Jugendliche angewendet wird, die durch ihr Verhalten nicht unbedingt auffallen (z. B. ängstlich-gehemmte oder regressive), und weil mit ihm zum anderen nicht alle, die auffallen, belegt werden (z. B. Hochbegabte). Dabei impliziert er, daß es ein gesichertes Vorverständnis von ‹normalem› und von ‹auffälligem› Verhalten gäbe, so daß auffälliges Verhalten objektiv gegebene Normen verletze, und daß es Verhaltensauffälligkeiten ‹an sich› gäbe, obwohl es sich dabei um Zuschreibungen von außen handelt.

Der Begriff der Verhaltensstörung hat im administrativen und im wissenschaftlichen Bereich die größte Verwendung gefunden, bisher wurde für ihn aber noch keine für Wissenschaft und Forschung verbindliche Definition akzeptiert (vgl. Myschker, 1993). Dieses spiegelt sich auch in den unterschiedlichen Schwerpunktsetzungen der verschiedenen wissenschaftlichen Disziplinen wider. Im Alltagsverständnis erscheint das als gestört bezeichnete Verhalten als etwas Objektives und konkret Vorhandenes, obwohl es sich dabei um eine rein subjektive Beurteilung handelt. Allgemein wird unterstellt, daß die Verhaltensstörungen auf Zuständen und Aktivitäten des / der Beurteilten beruhen. Das gilt auch für den Diagnoseschlüssel der Weltgesundheitsorganisation (ICD-10), der im Kapitel F9 «Verhaltens- und emotionale Störungen mit Beginn in der Kindheit und Jugend» die für dieses Alter spezifischen «Störungen» aufführt (vgl. Dilling u. a., 1991). Durch die Operationalisierbarkeit in einer diagnostischen Kategorie bei Ausklammerung des Kontextes werden die «Störungen» zu individuellen Problemverhaltensweisen. Tatsächlich finden sie aber stets im sozialen Bezugssystem statt und werden ausschließlich von anderen als problematisch bewertet und nicht von den Betroffenen selber. Diese werden, weil ihr Verhalten als störend / gestört angesehen wird, attribuierend als ‹verhaltensgestört› oder als ‹Verhaltensgestörte› bezeichnet; ein situationstypisches Verhalten wird damit zu einer Charaktereigenschaft gemacht.

Bei der Verwendung der Begriffe der Verhaltensauffälligkeit / Verhaltensstörung besteht keine Einigkeit darüber, ob die jeweils auftretende Erscheinungsform das Symptom im Sinne eines Merkmals für eine ursächlich wirkende Krankheit, Schädigung oder Störung ist oder ob sie selber als die Auffälligkeit / Störung anzusehen ist. Forschungen ergaben, daß die Erscheinungsformen eine hohe Geschlechtstypik aufweisen: Jungen zeigen eher extraversive (nach außen gerichtete) Formen (z. B. motorische Unruhe, Gewaltbereitschaft) und Mädchen eher introversive (nach innen gerichtete) Formen (z. B. Eßstörungen) (vgl. Remschmidt & Walter, 1990). Der Zusammenhang einzelner Erscheinungsformen zur geschlechtsspezifischen Sozialisation wird durch die Verallgemeinerung in den Begriffen der Verhaltensauffälligkeit / Verhaltensstörung verschleiert. Die Funktion beider Begriffe soll die einer Kommunikationshilfe sein, die Fachleuten dazu dient, sich über etwas zu verständigen. Durch die Art ihrer Verwendung gewinnen die Begriffe aber eine Eigenexistenz, so daß sie als (Quasi-)Realitäten verstanden werden.

Literatur

Bach, H. (1989). Verhaltensstörungen und ihr Umfeld. In: H. Goetze & H. Neukäfer (Hg.), Handbuch der Sonderpädagogik, Bd. 6. Pädagogik bei Verhaltensstörungen (S. 3–35). Berlin.

Dilling, H., Mombour, W. & Schmidt, M. H. (1991). Internationale Klassifikation psychischer Störungen. ICD-10, Kapitel V (F). Bern.

Myschker, N. (1993). Verhaltensstörungen bei Kindern und Jugendlichen. Stuttgart.

Remschmidt, H. & Walter, R. (1990). Psychische Auffälligkeiten bei Schulkindern. Göttingen.

Matthias Müller

Verhaltenstherapie

Als Verhaltenstherapie gelten psychotherapeutische Verfahren, die experimentell bzw. empirisch ermittelte Lerngesetzlichkeiten in den Vordergrund stellen. Die «behavioristische» Lehre, von der die Verhaltenstherapie ausging, sah beobachtbares Verhalten als wissenschaftlich einzig zulässigen Zugang zu psychischen Phänomenen an. Introspektives Vorgehen verwarf sie, ebenso Konstrukte wie «Geist», «Seele» oder «Trieb». Sie trug damit zur Kritik an traditionellen psychopathologischen Konzepten bei. Psychische Störungen werden in der Verhaltenstherapie als Zusammenhänge von gelerntem Verhalten aufgefaßt, bzw. der Anteil von gelernten Vorgängen an einer Störung wird thematisiert. Biographien werden dementsprechend auf Lernprozesse hin untersucht, die zu problematischem Verhalten geführt haben könnten. Die Interventionen zielen darauf ab, gelernte Verhaltensweisen wieder zu verlernen, sie in veränderter Form neu einzuüben oder Verhaltensalternativen zu finden. Einige in der Verhaltenstherapie häufig verwendete Lernmodelle: (a) Verknüpfung einer physiologischen Reiz-Reaktions-Abfolge mit einer neuen, nicht physiologisch vorgegebenen Reaktion («klassisches Konditionieren»); (b) Wahrnehmung und Bekräftigung des Erfolgs einer Handlung («operantes Konditionieren»); (c) Instruktion und Nachahmung, «Lernen am Modell»; (d) gedankliches bzw. phantasiertes Erproben einer Handlung unter begünstigenden («verstärkenden») Bedingungen; (e) Erproben neuer Handlungen in realen Situationen; (f) gedachte oder reale Konfrontation mit Gegebenheiten, die zuvor gemieden wurden («Exposition»). Klassisches und operantes Konditionieren gehören zum historischen Bestand der Verhaltenstherapie und werden oft als seelenlos oder manipulativ kritisiert. Die zunehmende Verbindung von physiologischen sowie neurophysiologischen Forschungen und Verhaltenstherapie, aber auch die Hinwendung zu kognitiven und emotionalen Prozessen haben eine Fülle von Forschungsergebnissen und Interventionsansätzen hervorgebracht (vgl. Fliegel et al., 1989). Die moderne Verhaltenstherapie überschneidet sich vielfach mit anderen psychotherapeutischen Richtungen. Fachlich ist sie zwischen psychosomatischer Medizin und klinischer Psychologie angesiedelt (vgl. Meermann & Vandereycken, 1996). Verhaltenstherapie wird häufig von Diplompsychologen mit entsprechender Zusatzausbildung angeboten; die Ausbildung zum Facharzt für Psychotherapie kann auf verhaltenstherapeutischem Gebiet erworben werden. Zu betonen ist, daß die Fundierung der Verhaltenstherapie in experimentell nachgewiesenen Zusammenhängen keine subjektunabhängige Wirksamkeit der Interventionen hervorbringt.

Auch «objektive» Zusammenhänge repräsentieren sich in Denkinhalten, Phantasien und Konstrukten von Patient und Therapeut, im Rahmen ihrer komplexen Interaktion.

Literatur

Faber, R. & Haarstrick, R. (1996). Kommentar Psychotherapie-Richtlinien. Neckarsulm.

Fliegel, S. et al. (1989). Verhaltenstherapeutische Standardmethoden. München.

Meermann, R. & Vandereycken, W. (1996). Verhaltenstherapeutische Psychosomatik. Stuttgart / New York.

Gunter Herzog

Verinnerlichung

Der Begriff bezeichnet einen aktiven Prozeß der Aufnahme äußerer sozialer bzw. gesellschaftlicher Realität in das Subjekt und bezieht sich sowohl auf frühe Lernprozesse des Säuglings oder Kleinkindes als auch auf Sozialisationsleistungen und -ergebnisse von Jugendlichen und Erwachsenen. Hierbei werden innere Strukturen wie auch Repräsentationen internalisiert und so zu einem intrapsychischen System adaptiert, daß die jeweiligen Aspekte äußerer Wirklichkeit individuelle Bedeutung erhalten und für das Individuum als erworbene Eigenschaften verfügbar sind. Die verschiedenen entwicklungs-, kognitions- und tiefenpsychologischen Modelle beschreiben und erklären den Prozeß der Verinnerlichung auf unterschiedliche Art und Weise, wobei lerntheoretische Modelle den Verinnerlichungsbegriff nicht benutzen. In der Entwicklungspsychologie Piagets führen interagierende Vorgänge der Assimilation und Akkomodation zur allmählichen Internalisierung von Handlungen zu kognitiven Strukturen, die er als operative Systeme von zunehmender Komplexität und Abstraktion erklärt. Wie Kohlberg unterstellt Piaget hierarchisch strukturierte kognitive Niveaus mit invarianter ontogenetischer Abfolge, die im Ergebnis die Egozentrik des Säuglings in dezentrierte Denkprozesse überführt. Der Verinnerlichungsprozeß wird als Schaffung intrapsychischer physikalischer und sozialer Objekte im Sinne symbolischer Repräsentationen äußerer Wirklichkeit begriffen. In den psychoanalytischen Modellen werden Verinnerlichungsprozesse der Internalisierung und der Introjektion beschrieben, die eng zusammenhängen: Introjektion bezeichnet einen Vorgang zwischen Subjekt (Ich) und Objekt (Außenwelt), in dem das Subjekt in seinen Phantasien äußere Objekte und die diesen inhärenten Qualitäten aus der Außenwelt in die Innenwelt übernimmt und die interpersonalen Beziehungen in intrapsychische Beziehungen von Selbst- und Objektrepräsentanzen überführt. Als Internalisierung werden Prozesse der (oralen) Einverleibung bezeichnet und die zwischen Innen und Außen trennende Körpergrenze betont. Sprachstrukturalistische Psychoanalytiker (Lacan, Derrida) betonen die konflikthafte orale Einverleibung (Inkorporation) als Paradigma der Verinnerlichung präverbaler Sprachstrukturen wie des Erwerbs verbaler Sprache und ihrer Symbole. Alle Verinnerlichungstheorien sind als individualistisch zu kritisieren: Sie beziehen gesellschaftliche Bedingungen von Internalisierungsprozessen nicht ein und reflektieren weder subjektbezogene Fragen verinnerlichter Gewalt als vermeintliche «innere Freiheit» (Osterkamp) noch deren sozioökonomische Bedingungen der Herrschaftssicherung, Entfremdung und «Selbstverwirklichung». Die zum Teil ahistorischen und asozialen Modelle der modernen Psychologie und Soziologie konstruieren infolge einer analytischen wie theoretischen Trennung von objektiver und subjektiver Wirklichkeit ein paradigmatisches, fiktives Subjekt jenseits der sozioökonomischen Realitäten konkreter Individuen.

Literatur

Flammer, A. (1990). Erfahrung der eigenen Wirksamkeit. Einführung in die Psychologie der Kontrollmeinung. Bern / Stuttgart / Toronto.

Schneider, H. (1981). Die Theorie Piagets: ein Paradigma für die Psychoanalyse? Bern / Stuttgart / Wien.

Ulrich Kobbé

Verkehrspsychologie

Eine erste namentliche Erwähnung der Verkehrspsychologie als ein eigenständiges Fachgebiet geschah 1944 durch Moede. Anstoß für ihre Entwicklung waren praktische Erfordernisse: Hugo von Münsterberg stellte 1912 Untersuchungen zur Berufseignung von Straßenbahnfahrern an; Moede hat 1916 Ausleseuntersuchungen an Heereskraftfahrern für den Ersten Weltkrieg entwickelt. Die Verkehrspsychologie hat sich bislang überwiegend mit dem motorisierten Individualverkehr auf der Straße beschäftigt, während der Verkehr auf Wasser, Schiene und in der Luft nur von wenigen Spezialisten beforscht wurde (Flugpsychologie; Militärpsychologie). Verkehrspsychologie hat bisher als ein Zweig der angewandten Psychologie nur sehr zögernd theoretische Konzepte gebildet. Neuerdings wird das Verkehrsverhalten eingebettet gesehen in einen Systemzusammenhang menschlichen Verhaltens und Erlebens.

Die Mehrzahl der 600 in Deutschland tätigen Verkehrspsychologen beschäftigt sich mit der Begutachtung und Förderung der Kraftfahreignung. Kraftfahrer, bei denen die Verwaltungsbehörde Zweifel an der geistigen, körperlichen oder charakterlichen Eignung zum Führen von Kraftfahrzeugen äußern muß, können die Bedenken mit Hilfe eines medizinisch-psychologischen Eignungsgutachtens einer dafür anerkannten Begutachtungsstelle für Fahreignung (oder Medizinisch-Psychologischen Untersuchungsstelle) ausräumen. Häufigste Untersuchungsanlässe bilden eine Verkehrsteilnahme unter Rauschmitteleinfluß (Alkohol, illegale Drogen) und / oder mehrfaches Überschreiten der verkehrsregelnden Bestimmungen. Weitere Untersuchungsanlässe betreffen strafrechtliche Auffälligkeiten, vorzeitige Erteilung von Fahrerlaubnissen, neurologisch-psychiatrische Erkrankungen und die Fähigkeit, Personen zu befördern. Die Untersuchung stützt sich vor allem auf das psychologische Gespräch (Exploration) sowie auf die Testung der verkehrsrelevanten Einstellungen und psychomotorischen Fähigkeiten. Insgesamt werden jährlich in der Bundesrepublik ca. 130000 entsprechende Fahreignungsgutachten durch die Träger AVUS, DEKRA, IAS, PIMA und TÜV erstattet. Begutachtungsstellen für Fahreignung bedürfen einer amtlichen Anerkennung durch die jeweilige oberste Landesbehörde ebenso wie die Obergutachter bzw. Obergutachterstellen. In zwei groß angelegten Evaluationsstudien, gefördert durch die Bundesanstalt für Straßenwesen (BASt), konnte die Wirksamkeit von Nachschulungskursen für erstmals alkoholauffällige Kraftfahrer sowie für mehrfach alkoholauffällige Kraftfahrer nachgewiesen werden. Weitere Kursmodelle betreffen alkoholauffällige Fahranfänger und verkehrsauffällige Kraftfahrer. Diese Nachschulungsangebote sind mit Rechtsfolgen verknüpft. Im Jahr 1995 wurden durch die im Fachausschuß Rehabilitation zusammengeschlossenen Anbieter bundesweit mehr als 30000 Kraftfahrer nachgeschult.

In Deutschland ist die Verkehrspsychologie aufgrund ihres eher angewandten Charakters eng mit der Sektion Verkehrspsychologie des Berufsverbandes Deutscher Psychologinnen und Psychologen e.V. (BDP) verbunden. An westdeutschen Universitäten war Verkehrspsychologie jedoch kaum vertreten. In der DDR dagegen bildete Verkehrspsychologie an der Verkehrshochschule Friedrich List in Dresden einen Schwerpunkt. Erst seit jüngstem sind zwei verkehrspsychologische Lehrstühle in Leipzig und Dresden eingerichtet worden. Eine verkehrspsychologische Ausbildung wurde daher allein tätigkeitsfeldbezogen in den Begutachtungsstellen für Fahreignung und an einigen Obergutachterstellen angeboten. Die Sektion Verkehrspsychologie des BDP hat 1995 beschlossen, eine verkehrspsychologische Weiterbildung mit Zertifizierung zu entwickeln und umzusetzen. Die Institution, die in Deutschland verkehrspsychologische Forschung initiiert hat, ist die BASt in Bergisch-Gladbach, eine dem Verkehrsministerium unterstellte Bundesbehörde.

Viele Veröffentlichungen aus techniksoziologischer und verkehrswissenschaftlicher Sicht setzen sich kritisch mit den ökologischen, sozialen und volkswirtschaftlichen Kosten der Massenmotorisierung auseinander und fragen nach Hintergründen des «Automobilismus» (Burkart, 1994; Abmayr, 1994; Kuhm, 1995) und den Grenzen des Mobilitätswachstums. Die Verkehrsplanung wird verdächtigt, einem einseitig autofreundlichen veröffentlichten Meinungsklima zu folgen statt de facto deutlich öffentlichen personennahverkehrs-freundlichen Einstellungen innerhalb der Bevölkerung. Inzwischen wird auch innerhalb der Verkehrspsychologie eine Erweiterung der Arbeitsschwerpunkte gefordert. Kroj (1995) sieht aufgrund der wachsenden Umweltproblematik die Notwendigkeit verstärkter Forschungsaktivitäten. Denkbar sei, daß die gegenwärtigen Mobilitätsansprüche nicht aufrechtzuerhalten sind. Die Nachfrage nach Mobilität müsse ebenso analysiert werden wie Möglichkeiten und Auswirkungen einer reduzierten Kraftfahrzeugbenutzung und Ansätze der Beeinflussung des Verkehrsverhaltens. Zum heutigen Zeitpunkt steckt die geforderte Integration der ökologischen Perspektive in der verkehrspsychologischen Forschung jedenfalls noch in den Anfängen (vgl. Kals & Becker, 1994).

Für die psychologische Beeinflussung von Verkehrsmittelwahlen gibt es inzwischen eine Reihe ermutigender Beispiele. Zumal wenn sich die Psychologie anschickt, einen Beitrag zur Überwindung der Verkehrskrise über eine Veränderung der Mobilitätsgewohnheiten zu leisten, ist die Kooperation mit Disziplinen wie der Verkehrswissenschaft, der Stadtplanung und -soziologie und der Gesundheitsförderung unverzichtbar (Giese, 1997).

Literatur

Abmayr, H. G. (1994). Der große Crash. Marburg.

Burkart, G. (1994). Individuelle Mobilität und soziale Integration. Soziale Welt, 45, 2, S. 216–241.

Flade, A. (Hg.). (1994). Mobilitätsverhalten. Weinheim.

Giese, E. (Hg.). (1997). Verkehr ohne (W)Ende? Psychologische und sozialwissenschaftliche Beiträge zur Verkehrswende. Tübingen.

Kals, E. & Becker, R.P. (1994). Zusammenschau von drei umweltpsychologischen Untersuchungen zur Erklärung verkehrsbezogener Verbotsforderungen, Engagementbereitschaften und Handlungsentscheidungen. Bericht Nr. 73 der AG «Verantwortung, Gerechtigkeit, Moral». FB I Uni Trier.

Kroj, G. (1995). Situation der Verkehrspsychologie in Deutschland unter Berücksichtigung umweltpsychologischer Aspekte. In: G. Pulverich (Hg.), Umweltpsychologie – Verkehrspsychologie. Bd. 3 der BDP-Schriftenreihe (S. 9–15). Bonn.

Kuhm, K. (1995). Das eilige Jahrhundert: Einblicke in die automobile Gesellschaft. Hamburg.

Schlag, B. (Hg.). (1997). Fortschritte der Verkehrspsychologie. Bericht vom 36. BDP-Kongreß für Verkehrspsychologie. Bonn.

Eckard Giese / Paul Brieler

Vernunft

Vernunft ließe sich definieren als Sammelbegriff jener Bedingungen, denen zufolge Aussagen für wahr gehalten werden können. Insofern Aussagen sich als Sprechakte interpretieren lassen, gilt umgekehrt, daß Handlungen am Leitfaden sprachlicher Äußerungen expliziert werden können. Nicht diese Behauptung oder jenes Verhalten wären demnach an sich vernünftig, sondern allein in Hinblick auf die explizit oder implizit mit ihnen gesetzten Geltungsansprüche als vernünftig zu beurteilen.

Nun wäre eine derart formale Definition der Vernunft in der Philosophie von Plato bis Hegel auf Widerspruch gestoßen. In Antike und Mittelalter galt es als ausgemacht, daß die Vernunft in der Welt geronnen sei oder Gott sie vernünftig eingerichtet habe und der Philosophie folglich die Aufgabe zukomme, dieser objektiven Vernunft innezuwerden. Das Gute, Wahre und Schöne galten als ein für allemal bestimmt; an ihrer unbestrittenen Realität hatte sich alle Erkenntnis zu messen; und die Vernunft war das Vermögen, diese der empirischen Welt transzendente Wirklichkeit zu erschauen.

Allerdings hatten die Philosophen, noch bevor die in den sozialen und politischen Verhältnissen geronnene Vernunft unter Verdacht geriet, ein Hirngespinst zu sein, damit begonnen, ihre Aufmerksamkeit vor allem erkenntnistheoretischen Fragen zu schenken: Wie vermag der menschliche Geist sich der Ergebnisse seiner Tätigkeit zu vergewissern? Woher weiß ich, daß das, was ich zu wissen behaupte, auch wahr ist?

Descartes war der erste, der, um sicherzugehen, die Wirklichkeit und keine Schimären zu erkennen, paradoxerweise vorschlug, vollkommen von ihr abzusehen und alles zu bezweifeln. Übrig bleibe allein das sich seiner selbst gewisse Subjekt. Descartes geht davon aus, daß alles eine Ursache habe und Gott an deren letzter Stelle stehe, weshalb es der menschlichen Vernunft obliege, die Wirklichkeit Schritt für Schritt als ein aus unzähligen Kausalrelationen geflochtenes Netz zu rekonstruieren. Damit, daß er den methodischen Vernunftgebrauch ins Zentrum der Philosophie rückt, wird Descartes zum Gründervater der neuzeitlichen Bewußtseinsphilosophie.

Vollends befreit Kant die Vernunft aus ihren dogmatischen Fesseln. Dogmatismus heißt, etwas als Gegenstand der Erfahrung auszugeben, was kein Gegenstand der Erfahrung sein kann: die Vernunft als Fähigkeit des menschlichen Geistes, sich selbst zu thematisieren oder, anders gesagt, über das Denken nachzudenken. Die Vernunft stellt allerdings nicht nur fest, was sich positiv behaupten läßt, sondern auch, was überhaupt nicht erkannt werden kann. Sie weiß nicht zu sagen, was das berühmte Ding an sich – d. h. außerhalb sowohl von Raum und Zeit als auch der ihm vom Menschen angetragenen kategorialen Bestimmungen – denn sei, sondern nur, daß es sich nicht erkennen läßt. Allein insofern die Vernunft sich selbst in die Schranken verweist, gilt ihr Urteil unangefochten. Daraus folgt jedoch, daß das, was wahr ist, nicht auch schön sein muß, was schön ist, nicht gut, und was gut ist, nicht wahr.

Die bis in die Neuzeit hinein fraglose Einheit der Vernunft ist mit Kant zerbrochen, der Zusammenhang von Wahrheit und Moral, von Erkenntnis und Anerkennung seither in Auflösung begriffen. Läßt sich aber nicht mehr sagen, was der Sache nach vernünftig ist, verkommt die Vernunft zum Kalkül. Virtuell steht sie im Dienst beliebiger Zwecke. Für Schopenhauer und Nietzsche ist Vernunft tatsächlich nur ein verschleierter Ausdruck eines allgemeinen Willens zur Macht. Daß die Vernunft instrumentell wird und sich zwischen ihr und bloßer Selbstbehauptung nicht mehr unterscheiden läßt, lautet auch die Diagnose der Kritischen Theorie; nur hält sie anders als etwa Nietzsche an dem Gedanken Kants fest, daß nur die Vernunft selbst ihren instrumentellen Exzessen Einhalt gebieten könne. Insofern die Kritische Theorie die Vernunft mit Hegel und Marx nicht als geschichtsloses Vermögen, sondern als Ausdruck gesellschaftlicher Verhältnisse begreift, rückt deren Kritik an die Stelle der Philosophie. Die Revolution wird zum Versprechen, nicht die abstrakte Vernunft zu rehabilitieren, sondern die Autonomie der Subjekte zu realisieren.

Von Foucault ist die neuzeitliche Geschichte der Vernunft ähnlich wie von den der Kritischen Theorie verpflichteten Autoren beschrieben worden. Am Beispiel des Diskurses über den Wahnsinn, der Geschichte der mit dem Wahnsinn verbundenen Vorstellungen und der ihn betreffenden Praktiken zeigt er, daß und wie sich die Vernunft in Abgrenzung zum Wahnsinn als dessen Spiegelbild konstituiert. Auch Foucault konstatiert eine Fragmentarisierung der Vernunft; genauer gesagt analysiert er ihre historisch je spezifischen Formen. Allerdings postuliert er keine ihren mannigfachen Gestalten vorgängige oder zugrundeliegende, wiederzugewinnende oder praktisch herzustellende Einheit, was ihm den Vorwurf eingetragen hat, seine Kritik entbehre des Maßstabs, sei folglich beliebig und damit selbst Ausdruck instrumenteller Vernunft.

Aufrecht erhalten ließe der Vorwurf sich dann, wenn es nachzuweisen gelänge, daß der Vernunft ein normatives Fundament eignet, der alte Zusammenhang von Erkenntnis und Anerkennung mithin wiederhergestellt werden könnte. Ebendies versucht Habermas in seiner Theorie des kommunikativen Handelns. Ausgangspunkt seiner Überlegungen ist der schon von Hamann und Herder gegen Kant ins Feld geführte Gedanke, daß das Wesen der Vernunft sich außersprachlich nicht begreifen lasse. Auch wenn Kants Plädoyer für einen kritischen Vernunftgebrauch den Begriff der Intersubjektivität als Hohlform impliziert, ist nichts gewonnen, solange die Sprache als Medium, das allein die Intersubjektivität garantiert, aus dem Begriff der Vernunft ausgeschlossen bleibt. Geht man also davon aus, daß über konfligierende Geltungsansprüche nur diskursiv entschieden werden kann, dann muß der Sprache ein regulatives Prinzip oder eine jeden konkreten Konflikt transzendierende Norm zugrunde liegen. Und in der Tat ist das normative Potential der Sprache Habermas zufolge nichts anderes als der virtuelle, in jedem Sprechakt explizit oder implizit als möglich unterstellte Konsens. Was theoretisch überzeugt, bleibt praktisch jedoch prekär; denn selbst dem Bösewicht wird unterstellt, letztlich nur das Gute zu wollen.

Literatur

Foucault, M. (1987). Wahnsinn und Gesellschaft. Eine Geschichte des Wahns im Zeitalter der Vernunft (zuerst 1961). Frankfurt / M.
Habermas, J. (1981). Theorie des kommunikativen Handelns, 2 Bde. Frankfurt / M.
Horkheimer, M. & Adorno, T. W. (1985). Dialektik der Aufklärung. Frankfurt / M.
Schnädelbach, H. (1985). Vernunft. In: E. Martens & H. Schnädelbach (Hg.), Philosophie. Ein Grundkurs (S. 77–115). Reinbek.

Axel T. Paul

Verwahrlosung

Der Begriff der Verwahrlosung ist bis heute von hoher definitorischer Unklarheit geprägt. Allgemein wird darunter ein Zustand der Abweichung von einem als «normal» bewerteten, d. h. sozial akzeptierten körperlichen und psychischen Entwicklungsstand, insbesondere bei jungen Menschen, verstanden. Mit Verwahrlosung wird aber auch Schmutz, mangelnde Hygiene und eine unregelmäßige und unkontrollierbare Lebensführung assoziiert. Mädchen und Frauen können darüber hinaus als «sexuell verwahrlost» gelten (vgl. Peukert & Münchmeier, 1990). Ausgehend vom medizinischen Modell werden Handlungsweisen, die nicht der Normalität entsprechen, als Hinweis auf einen Krankheitsprozeß gedeutet. Verwahrlosung gilt dann als Abweichung von Gesundheitsnormen und als psychische Krankheit (vgl. Herriger, 1987). Sozialpsychologische Ansätze betonen bei der Erklärung von auffälligem Verhalten den Zusammenhang von gesellschaftlich-kulturellen Rahmenbedingungen, familiärer Situation und individuellen Lebensumständen und fragen im Sinne des Labeling Approach (Etikettierungsansatz) auch, welche Bedeutung «Verwahrloste» für die Normalen haben. Eine juristische Definition bezieht sich auf soziologische und sozialisationstheoretische Ansätze und geht davon aus, daß unter Verwahrlosung ein Abweichen der Entwicklung eines jungen Menschen von der abstrakten Norm einer «gelungenen Sozialisation» verstanden wird, was einen Eingriff in die Erziehung notwendig macht (vgl. Herriger, 1987). Diese Beschreibung wiederum ist die Rechtsgrundlage für staatliche Eingriffe. Die Pädagogik betont Beziehungen in der Herkunftsfamilie als Ursache von Verwahrlosung. Die Zuschreibung Verwahrlosung impliziert, daß Kinder und Jugendliche z. B. von ihren Eltern «verwahrlost wurden», daß sie – quasi als Folge – «verwahrungslos» sind und daher ein akuter Erziehungsnotstand besteht, der durch staatliche Reaktionen im Rahmen der Jugendhilfe behoben werden soll. Aufgrund der Ungenauigkeit und der negativen Implikationen sollte der Begriff der Verwahrlosung nicht mehr benutzt werden. Er wurde im Kinder- und Jugendhilfegesetz von 1990 durch Begriffe wie soziale Auffälligkeit oder Dissozialität ersetzt, ohne daß definitorische Eindeutigkeiten erreicht wurden. Im Alltagsgebrauch wie auch in pädagogischen, psychologischen, psychiatrischen oder juristischen Kontexten wird der Begriff der Verwahrlosung weiterhin, meist unreflektiert, zum einen als psychopathologische Diagnose, zum anderen als juristischer Legitimationsbegriff für staatliche Eingriffe benutzt. Er legitimiert eine scheinbare Notwendigkeit von Kontrolle und den Zugriff staatlicher Instanzen und hat vor allem ordnungspolitische Funktion.

Literatur

Foucault, M. (1992). Überwachen und Strafen. Frankfurt/M.

Herriger, N. (1987).Verwahrlosung. Weinheim/München.

Peukert, D. & Münchmeier, R. (1990). Historische Entwicklungsstrukturen und Grundprobleme der deutschen Jugendhilfe. In: Sachverständigenkommission 8. Jugendbericht (Hg.), Materialien zum 8. Jugendbericht, Bd. 1 (S. 1–49). München.

Sabine Pankofer

Wahrheit

«Wahrheit» ist der zentrale Begriff zur allgemeinen Charakterisierung von Sinn und Ziel menschlicher Erkenntnistätigkeit. Er wird im Kontext des Alltagserkennens sowie des größten Teils der wissenschaftlichen Erkenntnis verwendet und gegebenenfalls durch Formulierungen umschrieben wie (a) «Eine Aussage ist wahr, wenn es sich so verhält, wie sie es darstellt» oder durch Kurzformeln wie (b) «Wahrheit = Übereinstimmung mit der Wirklichkeit». Auf diese Weise wird der Grundzug des kognitiven Verhaltens zum Ausdruck gebracht. Mißverständnisse hat es in den langen Auseinandersetzungen über «Wahrheit» zuhauf gegeben. Zwei Problemsorten müssen auseinandergehalten werden: einerseits Probleme, die die *Bedeutung* des Begriffs «Wahrheit» betreffen, andererseits Fragen danach, ob, wie und wieweit wir die Wahrheit erkennen können. Auf die Frage nach der Bedeutung antworten z. B. die obigen Formulierungen (a) und (b). Für diesen Typ von Antwort hat sich die Bezeichnung «*Korrespondenztheorie* der Wahrheit» eingebürgert. Sie ist allerdings mehrfach ambivalent. Zunächst ist die Korrespondenztheorie unproblematisch, solange man sie lediglich als das Bemühen versteht, in allgemeiner Form das zu umschreiben, was man im konkreten Einzelfall z. B. so ausdrücken würde: «Die Aussage, daß es regnet, ist wahr, wenn es regnet.» Wenn man die Sache ‹andersherum› sieht, handelt es sich um den Befund, daß man, um etwas Wahres zu sagen, im Normalfall nicht des Wortes wahr bedarf.

Um etwas anderes geht es, wenn die Korrespondenztheorie über eine bloße Bedeutungsanalyse hinaus mit dem (erkenntnistheoretischen) Realismus assoziiert oder gar identifiziert wird. Dann besagt sie nicht nur, daß wir das Wort «Wahrheit» in dem und dem Sinn – etwa der Formulierungen (a) und (b) – verwenden, sondern zusätzlich, daß wir die so verstandene Wahrheit auch *erkennen* können, obzwar vielleicht stets nur partiell, annäherungsweise und ohne letzte Gewißheit. Ein solcher Realismus bzw. die so verstandene Korrespondenztheorie besagt mithin, daß unseren Aussagen und Theorien «etwas Objektives», «etwas in der Wirklichkeit» entspricht. Es gehört bis heute zu den großen Streitfragen, ob dies plausibel ist oder nicht. Anti- oder zumindest nicht-realistische

Standpunkte gibt es in vielen Varianten, von den klassisch-idealistischen bzw. transzendentalphilosophischen Auffassungen bis hin zu zahlreichen neueren Positionen, wie sie u. a. von Konstruktivisten, Interpretationisten und Kulturalisten mit zum Teil sehr unterschiedlichem Radikalitätsgrad vertreten werden (vgl. Schmidt, 1987; Abel, 1993; Hartmann & Janich, 1996). Antirealisten argumentieren, das Erkannte werde zu großen Teilen oder gar ausschließlich durch die Strukturen des Erkenntnisvermögens bestimmt, die sog. Realität sei selbst ein Ergebnis von individuellen sowie kulturell-sozial bestimmten, sprach- und zeichenvermittelten Erzeugungen (vgl. Goodman, 1990). Des öfteren verbindet sich diese Sichtweise mit einem weitgehenden Relativismus oder «Perspektivismus», zuweilen tendiert sie sogar zu einer Verabschiedung (oder Dekonstruktion) der Wahrheitsidee als einer nutzlosen, wenn nicht gar schädlichen Illusion (vgl. Rorty, 1994). Nach wie vor gibt es für den Realismus gute Argumente, wenn auch keine strikten Beweise (vgl. Franzen, 1992; Schantz, 1996). Die Möglichkeit sprachlicher Verständigung etwa, genauso das nur schwer abstreitbare Faktum des wissenschaftlichen Fortschritts, aber auch die Tatsache, daß unsere Theorien scheitern können und oft auch wirklich scheitern – all dies ist unter realistischen Voraussetzungen leichter plausibel zu machen als unter nichtrealistischen, und vor allem bleibt der Realismus die beste Erklärung dafür, daß wir in der Lage sind, unsere Erkenntnisse und Theorien ‹in die Praxis umzusetzen›, beispielsweise technisch zu verwerten. Unsere Erkenntnisse und Theorien sind jedoch mitnichten schlichte spiegelbild- oder kopienartige Abbilder der Wirklichkeit. Vielmehr kommt im Erkenntnisprozeß den selektiven, schematisierenden, interpretativen, konstruktiven und diversen weiteren Faktoren große Bedeutung zu, auf individueller wie auf sozialer, auf natürlich-biologischer wie auf kulturell-geschichtlicher Ebene. Ein kritischer Realismus bzw. eine solchermaßen aufgefaßte Korrespondenztheorie der Wahrheit ist mit dieser aktiven, konstitutiven Rolle des Erkenntnissubjekts durchaus vereinbar, beide Aspekte erweisen sich in der Perspektive einer evolutionären Erkenntnistheorie sogar als zusammengehörig: Gerade dadurch, daß man die Ausbildung des ‹Erkenntnisapparats› als Anpassungsleistung begreift, kann man erklären, wieso dieser in beträchtlichem Maß auf die Wirklichkeit ‹abgestimmt› ist (vgl. Vollmer, 1994).

Viele Beiträge zu diesen Debatten treten nicht unter dem gesonderten Namen einer Wahrheitstheorie auf. Wo sie dies tun, handelt es sich hauptsächlich noch um drei andere: die pragmatistische, die Konsensus- und die Kohärenztheorie. Bei diesen ist nicht selten unklar, ob sie zur Korrespondenztheorie (bzw. auch dem Realismus) in einem neutralen

Verhältnis oder aber in Opposition und Konkurrenz stehen, des weiteren, ob es in ihnen um die Frage nach der Bedeutung von ‹Wahrheit› geht oder aber um das Kriterienproblem. Mit der Betonung des Zusammenhangs von Wahrheit und Praxis, die der amerikanische Pragmatismus und der Marxismus miteinander teilen, ist ein wichtiger und vielschichtiger Themenkomplex bezeichnet (vgl. Janich, 1996). Kurzschlüssig wäre es allerdings, wollte man für jeden Einzelfall eines Wahrheitsanspruchs behaupten bzw. fordern, daß über ihn nach dem Kriterium der Praxis oder des puren Nutzens entschieden werde. Die Konsensustheorie (vgl. Habermas, 1984) besagt, daß eine Aussage wahr ist, wenn ihr alle zustimmen können. Hier stellt sich das Problem, wie man die unumgängliche Unterscheidung zwischen echtem und unechtem Konsens vornehmen will, ohne daß die Argumentation zirkulär wird. Der Kohärenztheorie zufolge ist eine Aussage wahr, wenn sie in den Zusammenhang einer Reihe oder eines Systems von Aussagen eingegliedert werden kann (vgl. Rescher, 1987; Puntel, 1993). Da aber ein Aussagesystem intern hochgradig kohärent sein kann, ohne mit der externen Wirklichkeit etwas zu tun zu haben, fragt es sich, ob nicht zumindest einige Stellen des jeweiligen Systems kohärenz*unabhängig* auf die Realität bezogen und daher in einem nicht-kohärenzialen Sinn wahr sein müssen. Dessenungeachtet ist jedoch das Abzielen auf Zusammenhang und Verknüpfung zweifellos ein zentraler Bestandteil der Suche nach triftigen Theorien, Erklärungen und Begründungen (vgl. Bartelborth, 1996).

In neueren Diskussionen wird zwischen epistemischen und nicht-epistemischen Wahrheitskonzeptionen unterschieden (von griech. epistéme = Wissen). Epistemische Theorien machen das Wahrsein selbst in irgendeiner Form abhängig vom Verifiziertsein oder Als-wahr-(an)erkannt-Werden. Dazu tendieren einige der kohärenzialen Ansätze, meist noch stärker die konsens- oder diskurstheoretischen bzw. pragmatistischen, etwa auch in Form der Identifizierung von ‹Wahrheit› mit ‹gerechtfertigter Behauptbarkeit› oder ‹rationaler Akzeptierbarkeit› (vgl. Putnam, 1982).

Literatur

Abel, G. (1993). Interpretationswelten. Frankfurt/M.

Bartelborth, Th. (1996). Begründungsstrategien. Berlin.

Franzen, W. (1992). Totgesagte leben länger. Beyond Realism and Anti-Realism: Realism. In: Forum für Philosophie Bad Homburg (Hg.), Realismus und Antirealismus (S. 20–65). Frankfurt/M.

Goodman, N. (1990). Weisen der Welterzeugung. Frankfurt/M.

Habermas, J. (1984). Vorstudien und Ergänzungen zur Theorie des kommunikativen Handelns. Frankfurt/M.

Hartmann, D. & Janich, P. (Hg.). (1996). Methodischer Kulturalismus. Zwischen Naturalismus und Postmoderne. Frankfurt / M.

Janich, P. (1996). Was ist Wahrheit? Eine philosophische Einführung. München.

Künne, W. (1991). Wahrheit. In: E. Martens & H. Schnädelbach (Hg.), Philosophie. Ein Grundkurs. Bd. 1 (S. 116–171). Reinbek.

Puntel, L. B. (1993). Wahrheitstheorien in der neueren Philosophie. Darmstadt.

Putnam, H. (1982). Vernunft, Wahrheit und Geschichte. Frankfurt / M.

Rescher, N. (1987). Wahrheit als ideale Kohärenz. In: L. B. Puntel (Hg.), Der Wahrheitsbegriff. Neue Erklärungsversuche (S. 284–297). Darmstadt.

Rorty, R. (1994). Hoffnung statt Erkenntnis. Eine Einführung in die pragmatische Philosophie. Wien.

Schantz, R. (1996). Wahrheit, Referenz und Realismus. Eine Studie zur Sprachphilosophie und Metaphysik. Berlin / New York.

Schmidt, S. J. (1987). Der Diskurs des Radikalen Konstruktivismus. Frankfurt / M.

Siegwart, G. (1997). Vorfragen zur Wahrheit. Ein Traktat über kognitive Sprachen. München.

Tennant, N. (1997). The Taming of the True. Oxford.

Vollmer, G. (1994). Evolutionäre Erkenntnistheorie. Stuttgart.

Winfried Franzen

Wahrnehmung

Wahrnehmung bezeichnet den Prozeß der sinnlichen Erkenntnis. Er läßt sich hierarchisch gliedern in (1) Sensorik: Reizaufnahme und frühe Unterscheidungen nach einfachen Reizmerkmalen; (2) Organisation: Strukturierung und Klassifizierung der Reize mit dem Ziel der Prägnanzbildung; (3) Interpretation: Erkennen von Bedeutung oder Funktion in den Informationen der Sinnessysteme.

Der Wahrnehmungsprozeß ermöglicht eine optimale Orientierung des Individuums in seiner Umgebung und die Produktion angemessener Verhaltensweisen. Wahrnehmung zeichnet sich dadurch aus, daß ihre Inhalte durch tatsächlich gegebene physikalische Objekte oder Ereignisse in der Umwelt des wahrnehmenden Individuums bestimmt sind (externe Faktoren). Die Empfindungen, die den Wahrnehmungsprozeß begleiten, sind lebhaft und frisch: Es ist ein bewußter Prozeß. Die Inhalte hängen aber auch von den Erfahrungen und der Entwicklungsgeschichte des wahrnehmenden Individuums ab. Der Wahrnehmungsprozeß ist damit an die Funktion der Sinnesorgane und des Nervensystems gebunden (interne Faktoren). Er wird vom Individuum aktiv gestaltet. Wahrnehmungstheorien unterscheiden sich u. a. dadurch, daß sie interne und externe Faktoren unterschiedlich gewichten. Die ökologische Wahrnehmungstheorie betrachtet hauptsächlich die externen Faktoren: Wahrnehmung bedeutet die Extraktion von Umwelteigenschaften, die gegenüber Transformationen (z. B. Bewegung der Wahrnehmenden) invariant sind (Gibson, 1982). Auch einige Gestalttheoretiker halten die internen Faktoren für wenig relevant (Metzger, 1975). In modernen Wahrnehmungstheorien (Marr, 1982) wird jedoch stets die Wechselwirkung zwischen internen und externen Faktoren thematisiert.

Sensorik: Die Sinnessysteme sind mit spezialisierten Zellen ausgestattet (Sensoren), die physikalische Größen unserer Umgebung oder des Körperinnern in bioelektrische Signale im Nervensystem umsetzen. Diese Signale werden gleichzeitig an verschiedenene Instanzen des Zentralen Nervensystems weitergeleitet und dort verarbeitet. Die Funktionsfähigkeit der Sinnessysteme ist auf einen Ausschnitt der möglichen physikalischen Reizgrößen beschränkt. Veränderungen der Reizgrößen werden erst bemerkt, wenn sie einen Mindestbetrag überschreiten. Diese Zusammenhänge werden in der Psychophysik untersucht. Die maximale Empfindlichkeit von Sinnessystemen kann auf bestimmte Ausschnitte des Reizspektrums eingestellt werden. Orientierungsgrößen für diese Einstellung sind die mittleren Reizgrößen, die zu einem bestimmten Zeitpunkt in der Umgebung vorhanden sind (Adaptation). Erfordernisse der maschinellen Bilddatenverarbeitung und die Entwicklung «sehender» Roboter haben die Entwicklung stark formalisierter Theorien im Bereich der visuellen Wahrnehmung vorangetrieben. Diese Theorien werden häufig zur Erklärung der Funktion des Zentralen Nervensystems herangezogen. Sie abstrahieren jedoch sehr stark von der biologischen Realität. Bei der Projektion der Sinnessysteme in die Großhirnrinde (Cortex) werden Nachbarschaftsbeziehungen z. B. der Netzhaut oder – beim Tastsinn – der Körperoberfläche im Cortex aufrechterhalten. Bestimmte Teile der Großhirnrinde verarbeiten also Informationen aus bestimmten Teilen der Netzhaut oder der Körperoberfläche. Von höheren Zentren können in diesen Cortexbereichen Signale, die noch stark mit den Gegebenheiten der Umgebung korrelieren, «abgelesen» werden. Für eine stabile Funktion des Nervensystems im Zusammenhang mit einer angemessenen Orientierung ist diese Möglichkeit von großer Bedeutung. Von diesen «primären Sinnesfeldern» wird die Information gleichzeitig an andere Strukturen des Großhirns weitergeleitet. Möglicherweise gibt es eine funktionale Spezialisierung dieser Bereiche: So gibt es im visuellen System cortikale Areale, die überwiegend Farbinformation verarbeiten, andere sind auf Bewegung spezialisiert, wieder andere auf Ortsbeziehungen zwischen verschiedenen Reizkomponenten (Zeki, 1993).

Organisation: Die von den Sinnessystemen aufgenommene Information wird strukturiert: Verschiedene Objekte werden als zusammengehörig wahrgenommen und bilden so Gestalten. Die Gestaltpsychologie hat Eigenschaften von Objekten unserer Umwelt untersucht, welche den Gestaltbildungsprozeß hervorrufen oder erleichtern. Zu diesen Faktoren gehören «räumliche Nähe», «Ähnlichkeit» oder «gemeinsames Schicksal» (in einer zufälligen Anordnung von Punkten bewegt sich eine Teilmenge plötzlich mit gleicher Richtung und Geschwindigkeit: Sie wird als eine Einheit erlebt). Durch die Wirksamkeit der Gestaltfaktoren wird auf dem Reizmuster Prägnanz erzeugt, welche die Orientierung erleichtert und Erkennensleistungen ermöglicht (Erkennen eines durch Mimese getarnten Tiers im Moment der Bewegung). Die neurobiologischen Grundlagen, die der Gestaltbildung zugrunde liegen, sind weitgehend unbekannt. Einige Gestaltpsychologen haben sie mit der strukturerhaltenden Abbildung von Reizeigenschaften auf Hirnaktivität zu erklären versucht. Da eine sequentielle Analyse von Nachbarschaftsbeziehungen der Reizstruktur viel zu lange dauern würde, als daß sie das schnelle Erfassen von Gestalthaftigkeit erklären könnte, versucht man, mit Modellen paralleler Informationsverarbeitung diese Prozesse zu erklären. Hierzu gehören neuronale Netzwerkmodelle oder Modelle synchronisierter Aktivierung.

Interpretation: Die von den Sinnessystemen in den ersten Verarbeitungsschritten strukturierte und an verschiedene Instanzen weitergeleitete Information ermöglicht Erkenntnis. Einer Folge von Sprachlauten wird eine Bedeutung zugeordnet. Die sich verdichtende Struktur von Texturmerkmalen auf einer Oberfläche wird als räumliche Tiefe interpretiert. Hieraus erklären sich Größenkonstanzphänomene und perspektivische optische Täuschungen. Das Erkennen eines Gegenstandes inklusive seiner Funktionalität erfordert die Verknüpfung der visuellen Information mit – zumeist erworbenem – Gedächtnisbesitz. Selektive Ausfälle von Erkennensleistungen deuten auf eine modulare Funktionsstruktur des Nervensystems hin.

Literatur

Boff, K. R., Kaufman, L. & Thomas, J. (1986). Handbook of Perception and Human Performance. New York.

Gibson, J. I. (1982). Wahrnehmung und Umwelt. München.

Goldstein, E. B. (1997). Wahrnehmungspsychologie. Heidelberg.

Marr, D. (1982). Vision. San Francisco.

Metzger, W. (1975). Gesetze des Sehens. Frankfurt/M.

Rock, I. (1985). Wahrnehmung. Heidelberg.

Zeki, S. (1993). A vision of the brain. Oxford.

Wolfgang Möckel

Werbung

Werbung findet sich heute in Anzeigen, Plakaten und Werbespots, im Rundfunk und Fernsehen wieder. Mit Beginn des Privatfernsehens 1985 stiegen die Werbeeinschaltungen von 45 000 bis 1993 auf 741 000 Spots, mit steigender Tendenz. Werbung dient absatzpolitischen Zielen. Eine Analyse des Konsumentenverhaltens zeigt im Bereich der Werbewirkungsforschung, wo Werbung mit welchen Zielen im Kaufentscheidungsprozeß zu wirken vermag. Die Konsumentenforschung hat eine Vielzahl unterschiedlicher Ansätze zur Beschreibung und Erklärung des Kaufverhaltens hervorgebracht. Gemeinsam ist allen Ansätzen die Methode, Kaufentscheidungsprozesse modellmäßig zu erfassen, wobei der Modellbildung ein Stimulus-Organismus-Response-Schema zugrunde liegt (vgl. Rosenstiel & Neumann, 1982). Dies geschieht im Rückgriff auf das verhaltenswissenschaftliche S-I-R-Paradigma (Behaviorismus), das davon ausgeht, daß menschliches Verhalten als Ergebnis von bestimmten Umweltreizen und zwischen Reiz und Verhalten intervenierenden psychischen Prozessen aufzufassen ist. Der Gegenstand der Werbewirkungsforschung zielt auf den Bereich, in dem Werbung bestimmte Aufgaben als Kommunikationsinstrument zugewiesen werden. Werbung soll informieren, überzeugen, vor allem: Einstellungen ändern. Hiermit sind die psychologischen Werbeziele genannt. Werbung soll das Kaufverhalten positiv beeinflussen und den Absatz eines Produkts steigern. Hier sind die ökonomischen Werbeziele angesprochen. Diese Zielsetzungen erfordern verschiedene Kontrollverfahren, die nachweisen, ob sie von der Werbekampagne zufriedenstellend erfüllt worden sind. Dabei werden psychologische Werbeziele mittels qualitativer Verfahren analysiert, ökonomische Werbeziele mittels quantitativer Verfahren. Theoretische Grundlage der qualitativen Werbewirkungsforschung sind Stufenmodelle, die davon ausgehen, daß Werbung bestimmte Stufen der Beeinflussung erzielen muß, bevor zum Kaufakt motiviert wird. Qualitative Verfahren können in apparative und explorative unterschieden werden. Explorativ gewonnene Daten lassen sich über Befragungen gewinnen, apparative Verfahren wenden die Beobachtung als Methode der Datenerhebung an. Diese psychophysiologischen Meßverfahren greifen auf die Neurospychologie zurück und dienen zum Nachweis emotionaler Werbewirkung. Dies verweist auf den Aspekt der unterstellten Manipulation durch Werbung. Der führende Sozialpsychologe William J. McGuire hat dies anhand jahrzehntelanger empirischer Forschungen widerlegt. Die Allmacht der Werbung ist ein verstaubter Mythos. Die Dämonisierung der Werbung unterstellt eine unbegrenzte Leichtgläubigkeit und Beeinflußbarkeit der ‹Massen› und kann als pessimistische Fehleinschätzung der menschlichen Natur gewertet werden. «Die Werberealität sieht anders aus. Nur genaue Kenntnisse von der Verbraucherpersönlichkeit und eine saubere geprüfte Abstimmung von Produkt und Werbenachricht auf sie vermögen einen bescheidenen Erfolg zu sichern» (Nickel, 1993, S. 235).

Literatur

Nickel, V. (1993). Werbung ist keine Ursache für Produktmißbrauch. In: G. Kalt (Hg.), Öffentlichkeitsarbeit und Werbung (S. 235). Frankfurt / M.

Rosenstiel, L. & Neumann, P. (1982). Einführung in die Markt- und Werbepsychologie. Darmstadt.

Sabine Collmann

Widerspiegelungstheorie

Die Widerspiegelungs- oder Abbildtheorie, wie sie besonders W. I. Lenin ausgearbeitet hat, meint, daß sich das Sein im reinen Bewußtsein widerspiegelt und dadurch der einzelne Mensch die Dinge (die Welt, die Natur, den anderen Menschen) richtig erkennen würde. Widergespiegelt werden aber allerhöchstens die Erscheinungen der Dinge, nicht ihr Wesen, das dazu nach Marx' unausgearbeiteter Erkenntnistheorie selbst noch praktisch, d. h. beispielsweise durch Denken, aufgehoben werden muß. Die dogmatische Abbildtheorie, auf deren Standpunkt bis heute orthodoxe Marxisten stehen, liegt, erkenntnistheoretisch gesehen, auf dem Niveau der mittelalterlichen Philosophie eines Thomas von Aquin. Sie verweigert (wie der Positivismus) die Notwendigkeit der Reflexion und der praktisch-kritischen Tätigkeit des ausgebeuteten und unterdrückten, also auf ein Objekt reduzierten Menschen. Wenn das Bewußtsein ein bloßes Abbild des Seins wäre, wäre nicht mehr ersichtlich, wie die Gesellschaft noch verändert werden könnte. Sein und Bewußtsein sind immer nur die Einheit der Identität von Identischem und Nicht-Identischem, d. h., sie gehen nicht vollständig ineinander auf. Um die Wahrheit zu erkennen, sind nach Adorno vielmehr die Dinge mit Begriffen aufzumachen, die es den traditionellen nicht gleichmachen. So ist die Anpassung des Begriffs an die Sache Ideologie und Projektion; vielmehr hätten sich die Sachen ihrem Begriff anzuschmiegen, wie es die geschichtliche (ökonomische, gesellschaftliche, wissenschaftliche) Tendenz ist, nicht ohne dann noch selbst praktisch hinweggearbeitet werden zu müssen, wie es Marx' Programm ist.

Literatur

Brinkmann, H. (1978). Zur Kritik der Widerspiegelungstheorie. Gießen.
Die «Frankfurter Schule» im Lichte des Marxismus (1970). Frankfurt / M.
Greiff, B. v. (1977). Gesellschaftsform und Erkenntnisform. Frankfurt / New York.
Lenin, W. I. (1973). Materialismus und Empiriokritizismus. Peking.

Walter G. Neumann

Wille

Die sprachliche Aktion der Substantivierung des «ich will» führt zur Unterstellung einer psychischen Qualität namens «der Wille» oder «das Wollen». Die Philosophie hat seit ihren Anfängen diesen Begriff untersucht, und die Psychologie widmete sich der innerpsychischen Handlungssteuerung in der Abfolge aller Stadien vom Wunsch zur Aktion. Auf gesellschaftlicher Ebene ist die Kategorie «Wille» konstitutiv für das Individuum in der bürgerlichen Gesellschaft. Als juristische Kategorie ist sie in jedem Kaufakt präsent. Seit der Französischen Revolution sind mit «volonté générale» (der Wille der Allgemeinheit) und «volonté de tous» (der Wille aller) zentrale Begriffe in den gesellschaftlichen Diskurs getreten, die bis heute das politische Geschehen in den Demokratien kennzeichnen. Die Konstruktion des bürgerlichen Individuums, also einer Person mit der Fähigkeit bewußter Willensbekundungen, basiert auf der Annahme eines gelungenen innerpsychischen «managements» der personenspezifischen, miteinander konkurrierenden Bedürfnisse. Die Einbeziehung «unbewußter» Wünsche und Bedürfnisse in das gegenwärtige Menschenbild führt allerdings zu Widersprüchen in den Grundannahmen bewußter Willensbildungen auf personaler und kollektiver Ebene und u. a. zur Einrichtung von Instanzen (Psychotherapie) zur Korrektur der «brüchigen» Individuen. In der *Theoriegeschichte* hat es verschiedenartige Erklärungsversuche (Willenstheorien) gegeben, die sich in zwei Gruppen ordnen lassen. Wird der Wille als abgeleitete Qualität betrachtet, die von anderen psychischen Faktoren abhängt, spricht man von «heterogenetischen» Theorien (Plato, Aristoteles, Thomas von Aquin, Descartes, Kant, Hegel, Ebbinghaus u. a.). Andere Philosophen und Psychologen verstehen Willensprozesse als eigenständige und ursprüngliche – «autogenetische» – psychische Vorgänge (Würzburger Schule, Gestalttheorie, Lewin u. a.). In der *psychologischen Forschung* hat es nach einer intensiven Forschungstätigkeit in den 20er und 30er Jahren (Kurt Lewin, Narziß Ach u. a.) neuerdings im Rahmen der Motivationspsychologie und der Physiologischen Psychologie eine Art Renaissance unter dem Arbeitsbegriff «Volition» gegeben (vgl. Kuhl & Heckhausen, 1996). Die arbeitspsychologische Handlungstheorie (Hakker, 1986) bietet ein Grundmodell der psychischen Regulation von Handlungen. Aus Phantasien, teils noch organisch, vorsprachlich und bildhaft symbolisiert, bilden sich Wünsche als Übergang zu potentiell möglichen Handlungen. Mit Ausrichtung auf Realisierungen verbindet sich der Wunsch mit energetischen Komponenten im Begehren und Verlangen und gewinnt schließlich in der Verbindung mit Wertungen und Umsetzungsplänen Handlungsdimension im Willen. In der Zielbildung, dem Ausgangspunkt einer willentlichen Handlung, wirken situationsbezogene Bedürfnisse und Notwendigkeiten sowie individuelle und kulturelle Wertorientierungen zusammen. Die verschiedenen Komponenten der Handlung werden durch das Ziel koordiniert. Es wirkt als Antrieb des Handelns, lenkt das Vorgehen und dient als Vergleichsmuster, an dem die Annäherung an das Ziel fortlaufend kontrolliert wird. Im Entschluß entsteht das Programm des zu verwirklichenden Handlungsvorgangs. Bei der arbeitsteiligen Verrichtung gesellschaftlicher Produktion oder in der Verwaltung sind dagegen die verschiedenen Stadien zielgerichteter Tätigkeiten unterschiedlichen Personen zugeordnet. Diese verrichten dann nur Teilaufgaben, Teilhandlungen oder auch nur einzelne Bewegungen. Die psychische Regulation der Teilhandlungen wird in dem Maße zum Problem, in dem Zielfindung, Planbildung und Handlungsausführung nicht mehr in der Verfügungsmacht aller Handlungsbeteiligten stehen. Die Aktivierung von Energien zur Regulation der einzelnen Tätigkeiten wird dann zum Problem der «Motivierung der Mitarbeiter», der erzwungenen Herstellung von «Wollen». Die Frage nach der Willensfreiheit berührt ein Grundproblem der menschlichen Existenz. Ist der Mensch Regisseur seiner Entscheidungen, oder ist er Kräften und Bedingungen ausgesetzt, über die er nicht verfügen kann?

Literatur

Ach, N. (1935). Analyse des Willens. Berlin / Wien.

Hacker, W. (1986). Arbeitspsychologie. Berlin.

Kuhl, J. & Heckhausen, H. (Hg.). (1996). Motivation, Volition und Handlung. Göttingen / Bern / Toronto / Seattle.

Lewin, K. (1926). Vorsatz, Wille und Bedürfnis. Psychologische Forschung, 7, S. 330–385.

Heiner Zillmer

Wirtschaftspsychologie

Ein seiner Komplexität wegen nicht mehr oft verwendeter Begriff zur Bezeichnung menschlichen Denkens, Handelns und Erlebens, soweit er sich auf das Wirtschaftsleben in seiner ganzen Breite bezieht. Themen wirtschaftspsychologischer Forschung sind zum Beispiel das Verhalten von Menschen in Arbeitsprozessen sowie ihr Bestreben, Geld und Reichtum anzuhäufen. Konkurrenzdenken und die effiziente Organisation von Leitungsstrukturen in einem Betrieb zählen gleichfalls hierzu. Wirtschaft umfaßt neben dem Sektor der Produktion von Waren auch die Erbringung und den Abruf von Dienstleistungen durch Konsumenten wie die Verteilung von Gütern auf dem Markt. Darüber hinaus gehört der Umgang mit Geld als Bestandteil des täglichen Tauschgeschäftes von Menschen zum Bereich wirtschaftpsychologischer Fragestellungen wie die Psychologie des Sparens. Die Erforschung des spezifischen Kaufverhaltens von Konsumenten in Abhängigkeit von ihren Lebensbedingungen und ihren finanziellen Möglichkeiten einschließlich ihrer völligen Verschuldung ist ebenso Thema wie die Werbepsychologie. Wieso Menschen den Verlockungen des Marktes nicht widerstehen können, gehört ebenfalls zu den Themen der Wirtschaftspsychologie. Entsprechend formuliert Wakenhut: «In einer offenen Bestimmung läßt sich die Wirtschaftspsychologie als Teildisziplin der Angewandten Psychologie charakterisieren, die sich mit dem wirtschaftsbezogenen Erleben und Verhalten des Menschen unter mikro- und/oder makroökonomischen Perspektiven befaßt und daraus Folgerungen für die Gestaltung des Wirtschaftslebens ableitet» (1993, S. 737). Als Anwendungsfach greift die Wirtschaftspsychologie bei der Erforschung ihres Gegenstandes auf all jene Methoden zurück, die sich in der Psychologie bewährt haben (z. B. Befragung zum Kaufverhalten, Experiment zur Auswirkung von Lärm am Arbeitsplatz oder Durchführung einer Feldstudie zur Arbeitsorganisation in einer Versicherung). Gleiches gilt für den Rückgriff auf die psychologischen Theorien zur Erklärung wirtschaftsbezogenen Handelns von Menschen. Gerade hierin sind freilich zahlreiche Unzulänglichkeiten zum psychologischen Verständnis des Verhaltens von Produzenten wie Konsumenten und ihrem jeweiligen Verhältnis zueinander enthalten wie auch zur Frage der spezifischen Distribution und Konsumtion von Waren, weil der Blick auf das Individuum als psychologischer Monade den Zusammenhang mit den ökonomischen und gesellschaftlichen Bedingungen seines Handelns zumeist ausblendet (vgl. Ottomeyer 1977).

Literatur

Hoyos, C. Graf, Kroeber-Riel, W., Rosenstiel, L. von & Strümpel, B. (Hg.). (1980). Grundbegriffe der Wirtschaftspsychologie. Gesamtwirtschaft, Markt, Organisation, Arbeit. München.
Ottomeyer, K. (1977). Ökonomische Zwänge und menschliche Beziehungen. Reinbek.
Wakenhut, R. (1993). Wirtschaftspsychologie. In: A. Schorr (Hg.), Handbuch der Angewandten Psychologie (S. 736–742). Bonn.
Wiswede, G. (1991). Einführung in die Wirtschaftspsychologie. München.

Felix Warhammer

Wissen

Mit dem Begriff Wissen läßt sich ein Zentralbereich kognitionspsychologischer (vgl. Anderson, 1995) und (in interdisziplinärer Perspektive) kognitionswissenschaftlicher Forschung (vgl. Posner, 1989) abdecken. Die Zentralität des Begriffs resultiert daraus, daß Kognition im wesentlichen als wissensbasiert definiert wird. Für natürliche wie künstliche Gedächtnissysteme stellen die Wissensbasis, deren Organisation und die Zugriffsmöglichkeiten die zentralen Bestandteile dar. Als Organisationsform ist eine Strukturierung nach taxonomischen Kategorien (verschiedene Teile des Systems repräsentieren Wissen über Objekte aus verschiedenen Kategorien) oder nach Wissensmodalitäten (Komponenten für visuelle, auditive und andere Informationen) denkbar. Eindeutig lokalisiert die Psychologie Wissen als weitgehend dauerhaften Inhalt im Langzeitgedächtnis (vgl. Collins et al., 1993). Für die Psychologie relevant sind Fragen, wie Wissen erworben, repräsentiert, abgerufen, wie es für Entscheidungen, im Denken und Handeln angewendet wird und wie es sich modifizieren läßt. Die Analyse von Wissensprozessen kann dabei für viele Teilbereiche der Psychologie als relevant angenommen werden, z. B. für die Gedächtnis-, die Wahrnehmungs-, die kognitive Entwicklungs- und die kognitive Neuropsychologie. Diese allgemeine Definition erhält eine genauere inhaltliche Ausrichtung, wenn sie in Modellansätze informationsverarbeitender Systeme eingebettet wird. So definiert der traditionelle kognitionspsychologische Ansatz der Symbolverarbeitung Wissen als Menge mentaler Repräsentationen, das auf der Grundlage von Inferenztechniken (Regeln, Propositionen, Schemata, Konzepte) ein kognitives System zur Lösung von Aufgaben befähigt (vgl. Mandl & Spada, 1988). Die Künstliche Intelligenz hat derartige wissensbasierte Leistungen in Modelle mit bereichsspezifischem Wissen (z. B. Expertensysteme) überführt. Die Limitationen dieser semantischen Informationsverarbeitungsmodelle haben zu abweichenden Konzeptionen geführt, die stärker von neurophysiologischen Aspekten des Nervensystems inspiriert wurden. Einen Ansatz stellen parallel verteilte konnektionistische Netzwerke («neuronale Netze») dar, die gänzlich auf Symbole verzichten («subsymbolisch») und Wissen in einem Netz einfacher Verarbeitungseinheiten («units») enkodieren, die ähnlich einem dichten Netz von Nervenzellen ihr Wissen in den Verbindungsmustern speichern, d. h. in den Gewichten der einzelnen Verbindungen und in den Eigenschaften der Verbindungselemente (Rumelhart & McClelland, 1986). Die in Aktivierungsmustern verteilte Repräsentation von Wissen bietet verschiedene Vorteile: Sie erlaubt die Modellierung von partiell aktiven Repräsentationen (partielles Wissen), besitzt die Fähigkeit zur Generalisierung und zeigt Eigenschaften von gradueller Schädigung (Bechtel & Abrahamsen, 1991). Ihr Einfluß auf die Psychologie, besonders auf die kognitive Neuropsychologie, bietet inzwischen eine Vielzahl interessanter Ergebnisse (vgl. Plaut & Shallice, 1994).

Die begrifflichen Differenzierungen von Wissen erlauben verschiedene spezielle Ausrichtungen. Für die Psychologie sind vor allem die folgenden relevant (vgl. Baddeley, 1990): deklaratives Wissen (Wissen über Fakten und Ereignisse mit expliziter Abrufmöglichkeit, sog. «wissen was»); prozedurales Wissen (Handlungswissen, das an Bewegungen gekoppelt und in der Regel nicht mitteilbar ist, sog. «wissen wie»); episodisches Wissen (Gedächtnisinhalte, die mit Ort und Zeitangaben abgespeichert werden und meistens an persönliche Erlebnisse gebunden sind); explizites Wissen (bewußtes Wissen, über das bei Abruf direkt Auskunft gegeben werden kann); implizites Wissen (verborgenes Wissen, das eine Person zwar besitzt, auf das sie aber nicht bewußt zugreifen kann); Expertenwissen (ein Zusammenschluß aus Kontext- und bereichsspezifischem Wissen, das Begriffe, Relationen und Problemlösemethoden einer Domäne umfaßt); heuristisches Wissen (Erfahrungswissen, das in bestimmten Problemsituationen Kriterien für alternative Verhaltensstrategien liefert); Meta-Wissen (übergeordnetes Wissen über Wissen, z. B. wie Wissen einzusetzen ist); Alltagswissen (kulturspezifisches Wissen, das im Laufe des Sozialisationsprozesses erworben wird, sog. common sense); unsicheres Wissen (Wissen, das aufgrund von Unschärfen in Wahrscheinlichkeiten oder Fuzzy-Mengen gefaßt werden kann).

Neuere Entwicklungen in der Erforschung von Wissensphänomenen fokussieren die besondere Rolle subjektiver (emotionaler) Aspekte, die den Wissensgehalt an den persönlichen Erwerb und die damit verbundene entsprechende Erfahrung koppeln. Im Rahmen subsymbolischer Modellierung wird zudem Kritik an der Gleichsetzung von Wissen und

Wissensrepräsentation geübt. Repräsentation wird vielfach als Grundlage von Wissen angesehen, so daß jedes System auf der Basis interner Repräsentationen agiert. Diese Sicht erscheint allerdings problematisch, denn sie unterstellt, daß die Welt vorgegeben ist und damit auch die Merkmale jeglicher kognitiver Aktivität aufgrund von erworbenem Wissen vorgegeben sind. Ebenso wie aber ein neuronales Netzwerk durch einen Emergenzprozeß eine Reaktion lernt, spiegelt das Gehirn Welten nicht einfach wider, sondern legt sie fest bzw. konstruiert sie. Der Grundgedanke dabei ist, daß kognitive Fähigkeiten untrennbar mit der Lerngeschichte und dem Wissenserwerb eines Systems verflochten sind. Die Existenz eines betroffenen Systems macht sich daran fest, in dieser Welt erfolgreich handeln zu können.

Literatur

Anderson, J. R. (1995). Kognitive Psychologie. Heidelberg.
Baddeley, A. (1990). Human memory. Hillsdale.
Bechtel, W. & Abrahamsen, A. (1991). Connectionism and the mind. Oxford.
Collins, A. F., Gathercole, S. E., Conway, M. A. & Morris, P. E. (Hg.). (1993). Theories of memory. Hillsdale.
Mandl, H. & Spada, H. (1988). Wissenspsychologie. München / Weinheim.
Plaut, D. & Shallice, T. (1994). Connectionist modelling in cognitive neuropsychology. Hillsdale.
Posner, M. I. (Hg.). (1989). Foundations in cognitive science. London.
Rumelhart, D. & McClelland, J. L. (1986). Parallel distributed processing. Cambridge, Massachusetts.

Markus Pospeschill

Zeit

«Was ist Zeit? Wenn niemand mich fragt, weiß ich es. Will ich es einem Fragenden erklären, so weiß ich es nicht.» Dies ist ein berühmt gewordener Ausspruch von Augustinus (Confessiones XI, 14), der als einer der ersten Zeitforscher über die Differenz zwischen der objektiven Zeit und der subjektiven Zeiterfahrung nachdenkt. Intensive Ereignisse in der Vergangenheit können lange «präsent» sein, besondere Erwartungen an künftige Ereignisse können die Zeit lang werden lassen, Überraschungen lassen die Zeit wieder schrumpfen. Mit der mathematischen, abstrakten, meßbaren Zeit, die man auf einer linearen Achse in gleich große Teile zergliedern kann, ist die psychologische Zeit kaum in Einklang zu bringen.

Als eigene Kategorie ist Zeit erst mit der zunehmenden Strukturierung und Koordination zwischenmenschlicher Aktivitäten ins Bewußtsein der Menschen gelangt. Dies ist die Differenz zwischen mythischer und historischer Zeit (vgl. Duerr, 1978; Thompson, 1985; Dux, 1989) und damit in Verbindung stehend zwischen mündlicher und schriftlicher Überlieferung. Die Entstehung eines historischen Bewußtseins hat zwei Voraussetzungen: Zum einen muß etwas Berichtenswertes vorgefallen sein, zum anderen dürfen sich nicht alle Mitglieder einer Population am selben Ort und im selben Erfahrungsraum aufhalten, so daß eine raumzeitliche Distanz zu überbrücken ist. Je entwickelter, arbeitsteiliger und organisierter eine Gesellschaft ist, desto mehr Zeitbewußtsein entsteht durch gegebene Ungleichzeitigkeiten. Hier macht sich auch der Einfluß unterschiedlicher Ökonomien bemerkbar (vgl. Heintel & Macho, 1985). Eine für Stammesgesellschaften typische, stärker an der Naturbewältigung angebundene Produktionsweise denkt in Kreisläufen, kennt die ewige Wiederkehr gleicher Rhythmen, orientiert sich an Gestirnen und demzufolge an Tages-, Monats- und Jahreszyklen (vgl. Aveni, 1991). In Gegenden, in denen Landwirtschaft betrieben wird, sieht man die Dominanz zyklischer Zeitvorstellungen noch heute. Anders verhält es sich in den Epochen organisierter Ökonomie, die sich von Naturprozessen abkoppelt. Hier entstehen Erlöserreligionen mit Paradiesvorstellungen, die Zeit wird nicht mehr analog gemessen (die Form der Uhr bildet noch einen Kreis ab, die Zahlen beschreiben die Bahn der Sonne), sondern digital. Am konsequentesten hat dies die industrielle Produktionsweise realisiert, die sich an einer linearen Zeitvorstellung orientiert. Maschinen funktionieren im Prinzip immer, brauchen daher keine Rhythmen, wenn etwas kaputtgeht, muß man sie nur reparieren. Hatten Maschinen ursprünglich die Funktion, den Menschen zu dienen, kehrt sich das Verhältnis kraft Organisation um, nun ist es der Mensch, der die Maschinen bedient. Die Eigenlogik organisierter Arbeit verwandelt mit Hilfe der technisch-linearen Zeitauffassung die Menschen in Maschinenteile und die Organisationen zu Megamaschinen.

Individuell gesehen gibt es nicht nur eine Art von Zeit, sondern mehrere Formen des Zeiterlebens, die einander überlagern. Teilweise ordnen sie sich individualgeschichtlich nacheinander an, bleiben aber als Erlebnisqualitäten ständig präsent. So gibt es ein Zeiterleben, das sich nach Ereignissen richtet (der letzte Geburtstag, eine erlittene Kränkung usw.), unabhängig davon, wie weit entfernt diese Ereignisse «objektiv» auch sein mögen. Dann gibt es zahlreiche (zueinander oft asynchrone) Körperrhythmen, die meisten davon unbewußt, einige dagegen nicht zu übersehen und psychosozial sehr bedeutsam wie im Fall des Menstruationszyklus der Frauen. Zum dritten erfolgen ontogenetisch bereits früh

Eingriffe der Kultur; je älter Kinder werden, desto mehr Zeitdisziplinierung erfahren sie (Fütterungszeiten, Trennungszeiten, Schulstunden, Kalender, Arbeitszeit, Freizeit). Fremde Zeitbedürfnisse greifen von außen ein, interferieren mit den eigenen und vermitteln auf diese Weise nachhaltige Entfremdungserlebnisse (vgl. Zoll, 1988). Mit individuellen biologischen Zeitrhythmen beschäftigt sich die «Chronobiologie» (vgl. Meier-Kroll, 1995), die z. B. für die Pharmakologie bedeutsam ist. So weiß man, daß es für die einzelnen Organe des Körpers sensible Tages- und Nachtzeiten gibt, wo diese besonders gut durch Medikamente angesprochen werden können.

Individuen haben ihre «Eigenzeit» (vgl. Nowotny, 1993); je größer der Stellenwert des Individuellen in einer Gesellschaft ist, desto stärker tritt diese Eigenzeit zutage. Auch soziale Systeme (Paare, Familien, Gruppen) haben ihre Eigenzeit, was insbesondere für die moderne Organisationssteuerung bedeutsam ist (vgl. Lackner, 1995; Simsa, 1995). Das Zeitverständnis von Organisationen ist technomorph-linear, und der Konkurrenzvorteil, den Firmen gegeneinander anstreben, besteht heute im wesentlichen im Beschleunigen von Abläufen. Hier leistet die Informationstechnologie Erstaunliches, man ist online überall gleichzeitig und braucht auf Rhythmen keine Rücksicht zu nehmen. Vieles jedoch, was in Organisationen geschieht, läßt sich nicht beschleunigen (vgl. Heintel, 1983). Gruppen z. B. sind zwar «Instrumente», jedoch keine Menschen-Maschinen, sie brauchen, um als Teams arbeitsfähig zu werden, eine Entwicklungszeit, die nicht eingespart werden kann (vgl. Krainz, 1995). Konfliktbearbeitung braucht ihre Zeit, und in komplexen Lagen wäre es ganz allgemein günstig, man nähme sich mehr Zeit zum Nachdenken. Dabei auftretende Ängste stimulieren die Neigung zum Aktionismus. Wer Zeit als potentiell unendlich ausbeutbare Ressource versteht, bezahlt mit dem permanenten Gefühl, zu wenig Zeit zu haben. Vielfach wird daher unter «Zeitmanagement» nur verstanden, wie man in die zur Verfügung stehende Zeit noch mehr hineinpacken könnte, Fehlentscheidungen jedoch werden vor allem durch Zeitdruck begünstigt.

Literatur

Aveni, A. (1991). Rhythmen des Lebens. Stuttgart.

Duerr, H. P. (1978). Traumzeit. Frankfurt/M.

Dux, G. (1989). Die Zeit in der Geschichte. Frankfurt/M.

Heintel, P. (1983). Beschleunigte und verzögerte Zeit. In: P. Heintel & U. Arnold (Hg.), Zeit und Identität (S. 11–40). Wien.

Heintel, P. & Macho, T. (1985). Zeit und Arbeit. Wien.

Krainz, E. E. (1995). Steuern von Gruppen. In: B. Voß (Hg.), Kommunikations- und Verhaltenstrainings (S. 206–220). Göttingen.

Lackner, C. (1995). Zeit und Organisation im Psychiatrischen Krankenhaus der Stadt Wien. Gruppendynamik, 2, S. 223–235.
Meier-Kroll, A. (1995). Chronobiologie. Zeitstrukturen des Lebens. München.
Nowotny, H. (1993). Eigenzeit. Frankfurt / M.
Simsa, R. (1995). Wem gehört die Zeit? Frankfurt / New York.
Thompson, W. I. (1985). Der Fall in die Zeit. Stuttgart.
Zoll, R. (Hg.). (1988). Zerstörung und Wiederaneignung von Zeit. Frankfurt / M.

Ewald E. Krainz / Christian Lackner

Nachwort

Erst wenn ein Buch für die Drucklegung vorbereitet ist, alle Beiträge auf dem Tisch liegen und gesichtet wurden und das Gesamtkonzept schließlich Realität geworden ist, haben Herausgeber die Muße, noch einmal zurückzublicken und die Entstehung des Konvoluts, seine Schwächen und Stärken zu überdenken. Was dabei herauskommt, ist dann eben ein kurzes Nachwort, dessen Inhalt prinzipiell auch hätte im – üblicherweise parallel geschriebenen – Vorwort gesagt werden können, aber dort deshalb nicht untergebracht ist, weil Selbstzweifel und Mängelfeststellungen nicht angezeigt sind, Leser und Leserinnen zu einer unvorbelasteten Lektüre respektive zum aktiven Gebrauch des Handbuchs anzuregen.

Seit der Erstausgabe des hier völlig überarbeitet vorgelegten Werks sind nunmehr 16 Jahre vergangen. Ein Zeitraum, der in den objektiven gesellschaftlichen Verhältnissen und in den Subjekten, die in ihnen leben und arbeiten, einschneidende Veränderungen hat sichtbar werden lassen. Banal, aber sinnlicher Ausdruck unserer eigenen Arbeitsprozesse und deren veränderter Modalitäten ist die Tatsache, daß wir nicht mehr nur Manuskriptseiten, sondern Disketten herumgeschickt haben, die auf engstem Raum Hunderte von Dateien aufgespielt hatten und, ohne sich äußerlich zu verändern, schließlich den gewaltigen Umfang dieses Handbuchs auf sich vereinten. So lag von Anbeginn dieser Buchproduktion mit den Autorinnen und Autoren die Überlegung nicht fern, das gemeinsame Werk auf dem Wege der Internet-Nutzung zu fertigen. Aber nicht jeder Mitautor verfügt über ein entsprechendes Equipment, weshalb wir von dieser Idee alsbald wieder Abstand genommen haben. Gleichwohl bringt diese Denkmöglichkeit zum Ausdruck, wie sich wissenschaftliche Arbeit und deren Veröffentlichung inzwischen geändert hat.

Selbstredend haben sich die Kolleginnen und Kollegen, auf deren Sachverstand wir jetzt zurückgegriffen haben, seit der Erstausgabe dieses Handbuchs verändert. Das betrifft die individuellen Entwicklungprozesse ebenso wie die Gruppenzusammensetzung insgesamt. Einzelne Mitstreiter von damals waren erst gar nicht auffindbar, einige wenige mittlerweile verstorben. Andere haben gänzlich verschiedene Arbeitsschwerpunkte herausgebildet, so daß sie uns mitteilten, nicht mehr zum alten, aber zu einem anderen in unserer Liste enthaltenen Grundbegriff etwas schreiben zu können. Schließlich meldeten sich Kolleginnen und Kollegen, die vom Gesamtkonzept dieses nunmehr vorliegenden Handwörterbuches nichts mehr hielten. Es war ihnen nicht mehr entschieden kritisch genug, «puddingweich» in den psychologiekritischen Positionen und zu nahe an der Mainstream-Psychologie. Und weiter gab es Kolleginnen und Kollegen, die nach langer Kontaktabstinenz aus ihrer inzwischen etablierten Position heraus befürchteten, neuerlich in ein politisches Fahrwasser gezogen zu werden, oder aber meinten, sie hätten eine Mitautorenschaft in diesem Handbuch deshalb nicht mehr nötig, weil sie sich damit keine Lorbeeren mehr verdienen können. All diese individuellen Biographien mit ihren je besonderen Akzenten bewirkten einen nicht unbedeutenden Wechsel in der Gruppe der Mitautorinnen und -autoren. Es sind eine ganze Reihe junger Kolleginnen und Kollegen dabei, teilweise mit Erstveröffentlichungen. Nicht verwunderlich angesichts der auffälligen inhaltlichen Akzentverschiebungen in der Psychologie. In Kenntnis der Verlagsvorgaben (das Handbuch soll in der Neuauflage weniger Umfang haben und dem aktuellen Diskurs in der Psychologie wieder näherkommen) wurden nicht nur viele Begriffe der Erstausgabe fallengelassen und durch neue ersetzt, sondern wir fanden teilweise für die früheren Begriffe gar keine Autorinnen oder Autoren mehr. Aus der «eingeschworenen» Gemeinschaft der 80er Jahre, die ausdrücklich der etablierten Psychologie ein anderes Denken und Argumentieren gegenüberstellen wollte und – wie die Resonanz gezeigt hat – es auch geschafft hat, ist nunmehr ein breites Spektrum wissenschaftlichen Denkens ohne das fundamental einigende Band gesellschaftskritischer Positionen geworden. Hätten wir die Erstausgabe in diskettengespeicherter Form vorliegen, wäre es naheliegend gewesen, über einen Suchlauf die Häufigkeit der Worte Gesellschaft, Sozialisation oder Kritik mit der nunmehr vorliegenden Version zu vergleichen. Es hat sich etwas geändert: die Diktion, die Art der Herleitung psychischer Phänomene, die Betrachtungsrichtung in den Erklärungszusammenhängen oder – wie bereits gesagt – die Stichworte selber. Diese wie die Mitautorinnen und -autoren sind teilweise ausgetauscht oder eben in der Psychologie anders orientiert. Dennoch können wir mit Fug und Recht behaupten, daß ein gemeinsames Moment quer durch alle Beiträge dieses Handbuches erkennbar ist und damit auch die Tradition der Erstausgabe weiterträgt – vielleicht deshalb, weil sich mittlerweile auch die akademische Psychologie von der individuumszentrierten Sicht bei der Erklärung menschlicher Unterschiede zur Mensch-Umwelt-bezogenen Verhaltensanalyse verlagert hat. Menschliches Erleben, Verhalten, Hoffnungen und menschliches Leid sind Ausdruck der gesellschaftlichen Verhältnisse, in denen sie leben und arbeiten. Wollen wir das Leid der Menschen aufheben, müssen wir die leidverursachenden Lebensverhältnisse ändern. Das gilt ebenso für die unsäglichen Qualen schwer arbeitender Kinder in Asien oder Afrika wie für die sexuelle Gewalt, der viele Frauen in unserer Gesellschaft tagtäglich ausgesetzt sind. Solche Lebensumstände zu ändern setzt ein Wissen um die aufzuhebenden Verhältnisse und die Einsicht in deren Veränderungsmöglichkeiten voraus. Beides zu bewirken hat kritische Wissenschaft zur Aufgabe. Was die grundlegenden Erklärungszusammenhänge solcher Leidensprozesse anlangt, die Benennung ihrer Ursachenfaktoren und deren Aufhebung, darin unterscheiden sich zweifellos – und immer wieder belegbar – psychologiekritische von Mainstream-Psychologen. Die inzwischen verstrichenen 16 Jahre seit der Erstausgabe haben zudem bewirkt, daß die gegenseitige Toleranz etwas größer geworden ist. Zwischen beiden Positionen gibt es freilich viele Abstufungen und Nuancen. Diese additive Palette macht unser nunmehr neu gestaltetes Handbuch psychologischer Grundbegriffe aus. Viele neue Autorinnen und Autoren, neue Begriffe, die Überarbeitung der alten Stichworte und in der systematischen Umfangsgestaltung auch eine neue Sicht auf die aktuellen Zustände, Bedürfnisse und Probleme unserer Gesellschaft zeigen mögliche Wege, wie Psychologie als Wissenschaft zum Nachdenken und Eingreifen in bestehende Lebensprozesse befähigt. Wir hoffen auf eine ebenso gute Resonanz für dieses völlig neu überarbeitete Handbuch, und wir hoffen, daß es nicht nur ein enzyklopädisches Werk ist, sondern der Psychologie neue Anregungen zu geben vermag.

Siegfried Grubitzsch / Klaus Weber

Verzeichnis der Autorinnen und Autoren und ihrer Beiträge

Abel, Andreas H. – Erziehungsberatung
Ahbe, Thomas – Ressourcen
Albrecht, Richard – Deprivation
Ammann, Wiebke – Stigma
Appelsmeyer, Heide – Textauswertung (Qualitative Methoden)
Bales, Stefan – Männerbewegung
Balloff, Rainer – Forensische Psychologie, Gutachten, Kriminalität, Mediation, Resozialisation
Baumbach, Heiko – Autogenes Training, Psychotherapie
Becker-Stoll, Fabienne – Bindungsforschung
Behr, Ingeborg – Schmerz, Stigmatisierung, Therapie, Tod und Sterben
Behringer, Luise – Lebensführung
Benetka, Gerhard – Sozialgeschichte
Bertau, Marie-Cécile – Psycholinguistik
Beyer, Kathrin – Eßstörungen, Feministische Therapie
Bilden, Helga – Feminismus
Birckenbach, Hanne Margret – Gewalt, Militärpsychologie, Totale Institution
Bommersheim, Ute – Beobachtung/Introspektion
Borcsa, Maria – Begehren, Phänomenologie
Braunmühl, Ekkehard von – Antipädagogik
Breisig, Thomas – Organisationspsychologie, Personalbeurteilung, Qualitätszirkel
Brieler, Paul – Psychotechnik, Qualitätssicherung, Verkehrspsychologie
Brüggemeier, Martin – Mikropolitik
Busch, Thomas – Narzißmus
Caspary, Christiane – Suizid/Selbsttötung
Castro Varela, Maria del Mar – Antirassismus
Christeiner, Sigrid – Gesundheitsförderung, Gesundheitspsychologie
Collmann, Sabine – Humor, Werbung
Deubelius, Wolfgang – Angst, Erkennen, Leib-Seele-Problem, Seele, Unbewußtes
Deuse, Arno – Sprachbehinderung
Dick, Franz – Neuropsychologische Rehabilitation
Enders, Manfred – Familientherapie
Engel, Franz – Beratung
Englert, Ewald H. – Analytische Psychologie, Gefühl, Ich, Individualpsychologie
Fellner, Markus – Ausbildung in der Psychologie, Determinismus, Dialektik, Psychologismus
Felsch, Anke – Handlungstheorie, Mikropolitik
Fleßner, Heike – Berufsverbote
Fliegel, Steffen – Psychologenverbände
Franzen, Winfried – Wahrheit
Freese, Waltraud – Gestalttherapie
Fürnkranz, Wolfgang – Berufspraxis für Psychologen (Österreich), Gesellschaftswissenschaft, Individuum, Interdisziplinarität, Menschenbild, Psychologenverbände (Österreich), Rechtliche Rahmenbedingungen psychologischen Handelns (Österreich), Supervision
Galliker, Mark – Gerontopsychologie
Gander, Hans-Helmuth – Phänomenologie
Gerlof, Karsten – Lebenswelt
Geßmann, Hans-Werner – Psychodrama
Giese, Eckard – Verkehrspsychologie
Gieselmann, Torsten – Lebenswelt
Göhring, Stefan – Allgemeine Psychologie, Nonverbale Kommunikation
Gottwald, Peter – Intervention
Grubitzsch, Siegfried – Graphologie, Psychodiagnostik, Testpsychologie
Hackert, Björn – Fordismus, Taylorismus
Hagehülsmann, Heinrich – Transaktionsanalyse
Hanft, Anke – Einstellungen, Personalentwicklung
Haubl, Rolf – Gruppenanalyse, Medienpsychologie, Symboltheorie
Haug, Frigga – Arbeit

Haunschild, Axel – Entscheidung, Personalwissenschaft
Heinz, Walter R. – Lebenslauf / Biographieforschung, Sozialisation
Hellerich, Gert – Macht, Subjekt
Hermann, Ulrich U. – Schulreife
Hermsen, Hans – Pädagogische Psychologie, Schulpsychologie
Herzog, Gunter – Klassifikation psychischer Störungen, Verhaltenstherapie, Psychische Krankheit
Hildebrandt, Helmut – Neuropsychologie
Höfer, Renate – Prävention
Hoffmann, Rainer – Homosexualität
Höge, Holger – Ökologische Psychologie
Hohl, Joachim – Interviewverfahren (Qualitative Methoden)
Holzer, Horst – Sozialcharakter
Hörmann, Georg – Aktionsforschung, Depression, Gesundheitsförderung, Gesundheitspsychologie, Kognitive Therapie, Psychosomatik
Hörmann, Karl – Musikpsychologie, Musiktherapie, Tanztherapie
Jäger, Siegfried – Diskurstheorie
Kaps, Hans-Günther – Gentechnologie
Kardorff, Ernst von – Evaluation, Institution, Normalität, Nutzerkontrolle, Rehabilitation, Soziale Kontrolle
Karsten, Rainer – Strafvollzug
Kempf, Wilhelm – Psychologische Friedensforschung
Kerber, Harald – Anpassung, Erfahrung, Erkenntnistheorie, Motivation
Keupp, Heiner – Gemeindepsychologie, Identität, Kommunitarismus, Sozialpsychiatrie
Kieselbach, Thomas – Arbeitslosigkeit
Klein, Margot – Gerontopsychologie
Kliche, Thomas – Bildanalyse (Qualitative Methoden)
Kobbé, Ulrich – Alltagsbewußtsein, Beziehung, Differenz, Metapher, Phantasie, Verinnerlichung
Krainz, Ewald E. – Gruppendynamik, Zeit
Kraus, Wolfgang – Narrative Psychologie
Krefting, Axel – Therapieinflation, Tiefenpsychologie
Krull, Gerritt – Lebenswelt
Kühne, Adelheid – Rechtspsychologie
Küpper, Willi – Handlungstheorie
Lackner, Christian – Zeit
Landersdorfer, Ulrike – Sprache / Sprachpsychologie
Langel, Helmut – Religionspsychologie
Lempert, Joachim – Gewaltberatung
Maiers, Wolfgang – Lernen / Lerntheorie
Markard, Morus – Objektivität, Sexueller Mißbrauch
Mattes, Hans Peter – Kritische Psychologie, Postmoderne Psychologie
Matthies, Ellen – Konstruktivismus
Mecheril, Paul – Psychologie der Migration, Rassismuserfahrungen
Menasse-Wiesbauer, Elisabeth – Kindheit
Menzen, Karl-Heinz – Ganzheits- und Gestaltpsychologie, Kunstpsychologie / Kunsttherapie
Metzger, Jutta A. – Kritische Theorie
Mittelsten Scheid, Brigitte – Traum
Mitzscherlich, Beate – Heimat
Möckel, Wolfgang – Kognitionswissenschaft, Wahrnehmung
Moser, Helmut – Politische Psychologie
Muckel, Petra – Beobachtung / Introspektion, Messen
Mühlleitner, Elke – Psychoanalyse
Müller, Matthias – Jungenarbeit, Verhaltensauffälligkeit / Verhaltensstörung
Musfeld, Tamara – Aggression, Geschlechterverhältnis, Neugier
Nestmann, Frank – Beratung, Soziale Netzwerke / Soziale Unterstützung
Neumann, Walter G. – Bewußtsein, Denken, Verdinglichung, Widerspiegelungstheorie
Nickel, Peter – Ergonomie
Oelemann, Burkhard – Gewaltberatung
Orzessek, Peter – Freiheit
Pankofer, Sabine – Empowerment, Jugendhilfe, Mädchenarbeit, Selbsthilfe, Verwahrlosung
Paul, Axel T. – Entfremdung, Gesellschaft, Strukturalismus, Vernunft
Petereit, Peter – Biofeedback, Hospitalismus, Hyperaktivität, Sexualität, Verhalten
Pospeschill, Markus – Wissen
Probandt, Matthias – Hypnose
Raab, Stefan – Klinik / Krankenhaus,

Normalisierung, Psychohygiene, Subjektive Theorien
Reichmayr, Johannes – Ethnopsychoanalyse, Kindheit, Psychoanalyse, Psychologie der Folter
Rexilius, Günter – Differentielle Psychologie, Persönlichkeit / Persönlichkeitstheorien
Rokita, Walter – Gesprächspsychotherapie, Klinische Psychologie, Menschenkenntnis
Rommelspacher, Birgit – Antisemitismus
Rufer, Marc – Elektroschock, Eugenik, Psychiatrie, Psychochirurgie, Psychopharmakologie, Psychose, Schizophrenie
Schach, Tonia – Transsexualität
Schandl, Franz – Entwicklung, Natur
Scheer, Klaus-Dieter – Anthropologie, Rolle
Schiepek, Günter – Behaviorismus, Selbstmanagement, Selbstorganisation, Systemische Therapie, Systemtheorie
Schmereim, J. W. – Schmerzerleben
Schmid, Rudolf – Organisationsentwicklung, Psychosoziale Versorgung
Schmidbauer, Wolfgang – Helfersyndrom
Schmieder, Arnold – Alkoholismus / Drogenabhängigkeit, Bedürfnis, Motivation, Sozialpsychologie, Tod und Sterben
Schraube, Ernst – Technik
Schreiber, Werner – Interaktionismus
Schreyögg, Astrid – Coaching
Schülein, Johann A. – Selbstreflexion, Subjektivität
Schurig, Volker – Naturgeschichte des Psychischen, Nervensystem, Organismus, Physiologische Psychologie, Sinnesorgan
Schwarz, Heinrich – Technik
Schwerin, Alexander v. – Dyskalkulie
Seidel, Reiner – Gedächtnis und Erinnerung
Seitz, Rita – Diskurs, Körper
Seus, Lydia – Labeling Approach
Sieber, Samuel F. – Neuronale Netzwerke
Sommer, Jörg – Chaostheorie / Chaosforschung, Experiment, Fuzzy logic, Hermeneutik, Methodenkritik, Naturwissenschaftliche Psychologie, Paradigmawechsel, Statistik
Sonntag, Gert – Sucht
Straub, Jürgen – Textauswertung (Qualitative Methoden), Individualität, Life-Event-Forschung
Teo, Thomas – Entwicklungspsychologie
Teuber, Kristin – Selbstverletzung
Thielen, Manfred – Körperpsychotherapie, Kulturhistorische Schule, Reflexpsychologie
Tully, Claus. J. – Computer / Neue Technologien, Mensch-Computer-Interaktion
Vogt, Irmgard – Epidemiologie, Sexismus, Sozialtherapie
Volpert, Walter – Arbeits- und Betriebspsychologie, Ingenieurpsychologie
Wacker, Ali – Anlage und Umwelt, Verelendung
Wahler, Peter – Jugend
Walcher, Klaus Peter – Feldtheorie
Walter, Christel – Intelligenz
Walter, Paul – Forschungsmethoden, Intelligenz
Warhammer, Felix – Wirtschaftspsychologie
Weber, Klaus – Antirassismus, Charakter, Empowerment, Faschisierung, Ideologie, Psychologie des Faschismus, Psychologiegeschichte, Psychologiekritik, Sozialwissenschaft, Theorie und Praxis in der Psychologie
Weiß, Anja – Konflikt, Rassismus
Wild, Markus – Streß
Willutzki, Ulrike – Konstruktivismus
Witzel, Andreas – Attributionstheorie
Wölflingseder, Maria – Esoterik
Wollschläger, Martin – Berufspraxis von Psychologen, Rechtliche Rahmenbedingungen psychologischen Handelns
Zillmer, Heiner – Wille
Zucha, Rudolf O. – Assessment-Center-Verfahren, Humanistische Psychologie
Zuschlag, Berndt – Gentechnologie, Neurose, Psychopathologie, Rechtspsychologie

Ergänzendes Literaturverzeichnis

Die nachfolgende Literaturliste enthält Literaturangaben zu den wichtigsten Teilgebieten der Psychologie. Die Auswahl erfolgte nach Kriterien, die sowohl die Grundlagenwerke der Mainstreampsychologie als auch die kritischen und alternativen Veröffentlichungen dazu berücksichtigen. Die Gliederung entspricht teilweise den bundesweit üblichen Prüfungs- und Studiengebieten der Psychologie. Zudem sind Veröffentlichungen aus den theoretisch angrenzenden Bereichen sowie den psychosozialen Praxisfeldern der angewandten Psychologie aufgenommen.

Allgemeine Psychologie / Einführungen / Systematiken

Breuer, F. (Hg.). (1996). Qualitative Psychologie. Grundlagen, Methoden und Anwendungen eines Forschungsstils. Opladen.

Cohen, D. (1995). Lexikon der Psychologie. Namen, Daten, Begriffe. München.

Dieterich, R. & Rietz, I. (1996). Psychologisches Grundwissen für Schule und Beruf. Donauwörth.

Dörner, D. & Selg, H. (Hg.). (1995). Psychologie. Eine Einführung in ihre Grundlagen und Anwendungsgebiete. Stuttgart.

Fellner, M. (1997). Einführung in das Studium der Psychologie. München.

Fuchs, R. (1995). Psychologie als Handlungswissenschaft. Handlungsstruktur, Handlungskompetenz und Persönlichkeitsentwicklung. Göttingen.

Hoefert, H.-W. & Klotter, C. (Hg.). (1994). Neue Wege der Psychologie. Eine Wissenschaft in der Veränderung. Heidelberg.

Holzkamp, K. (1973). Sinnliche Erkenntnis. Historischer Ursprung und gesellschaftliche Funktion der Wahrnehmung. Frankfurt / M.

Holzkamp, K. (1983). Grundlegung der Psychologie. Frankfurt / New York.

Holzkamp, K. (1993). Lernen. Eine subjektwissenschaftliche Grundlegung. Frankfurt / New York.

Holzkamp, K. (1997). Schriften I. Normierung. Ausgrenzung. Widerstand. Hamburg / Berlin.

Holzkamp-Osterkamp, U. (1981 / 82). Grundlagen der psychologischen Motivationsforschung. 2 Bde. Frankfurt / New York.

Jansen, J. P. (1995). Grundlagen der Sportpsychologie. Wiesbaden.

Kruse, L. et al. (Hg.). (1996). Ökologische Psychologie. Ein Handbuch in Schlüsselbegriffen. Weinheim.

Maiers, W. & Markard, M. (Hg.). (1987). Kritische Psychologie als Subjektwissenschaft. Frankfurt / New York.

Nüse, R. (1995). Über die Erfindungen des radikalen Konstruktivismus. Kritische Gegenargumente aus psychologischer Sicht. Weinheim.

Ortner, C. (1995). Die Ideologie der Naturwissenschaften und die Grundlagen der Psychologie. Regensburg.

Rexilius, G. & Grubitzsch, S. (Hg.). (1986). Psychologie. Theorien, Methoden, Arbeitsfelder. Ein Grundkurs.

Rexilius, G. (Hg.). (1988). Psychologie als Gesellschaftswissenschaft. Geschichte, Theorie und Praxis kritischer Psychologie. Opladen.

Schönpflug, W. & Schönpflug, U. (1995). Allgemeine Psychologie und ihre Verzweigungen in die Entwicklungs-, Persönlichkeits- und Sozialpsychologie. Ein Lehrbuch für das Grundstudium. München.

Schorr, A. (Hg.). (1993). Handbuch der Angewandten Psychologie. Die Angewandte Psychologie in Schlüsselbegriffen. Bonn.
Seidel, R. (1976). Psychologische Analyse der Entstehung und Lösung von Problemen. Frankfurt / M.
Städler, T. (1997). Lexikon der Psychologie. Stuttgart.
Straub, J., Kempf, W. & Werbik, H. (Hg.). (1997). Psychologie. Eine Einführung. München.
Strohner, H. (1995). Kognitive Systeme. Opladen.
Ulich, D. (1989). Einführung in die Psychologie. Stuttgart.

Psychologiegeschichte / Historische Psychologie

Ash, M. G. & Geuter, U. (Hg.). (1985). Geschichte der deutschen Psychologie im 20. Jahrhundert. Ein Überblick. Opladen.
Benesch, H., Cremerius, J., Dorsch, F. & Mossau, E. (Hg.). (1990). Psychologie-Lesebuch. Historische Texte im Überblick. Frankfurt / M.
Bonin, W. F. (1983). Die großen Psychologen. Von der Seelenkunde zur Verhaltenswissenschaft. Forscher, Therapeuten und Ärzte. Düsseldorf.
Brückner, P. (1982). Psychologie und Geschichte. Berlin.
Fallend, K., Handlbauer, B. & Kienreich, W. (Hg.). (1989). Der Einmarsch in die Psyche. Psychoanalyse, Psychologie und Psychiatrie im Nationalsozialismus und die Folgen. Wien.
Flick, G. (1988). Zur Geschichte der Wehrmachtpsychologie 1934–1943. Aufbau der Bundeswehrpsychologie 1951–1966. Bonn.
Geuter, U. (1984). Die Professionalisierung der deutschen Psychologie im Nationalsozialismus. Frankfurt / M.
Geuter, U. (Hg.). (1986). Daten zur Geschichte der deutschen Psychologie. Bd. 1: Psychologische Institute, Fachgesellschaften, Fachzeitschriften und Serien, Biographien, Emigranten. 1879–1945. Göttingen.
Geuter, U. (Hg.). (1997). Daten zur Geschichte der deutschen Psychologie. Bd. 2: Psychologische Dissertationen, 1885–1967. Göttingen.
Graumann, C. F. (Hg.). (1985). Psychologie im Nationalsozialismus. Berlin.
Haug, W. F. (1986). Die Faschisierung des bürgerlichen Subjekts. Die Ideologie der gesunden Normalität und die Ausrottungspolitiken im deutschen Faschismus. Berlin.
Hermanns, L. M. (Hg.). (1995). Spaltungen in der Geschichte der Psychoanalyse. Tübingen.
Jaeger, S. (Hg.). (1995). Psychologie im soziokulturellen Wandel. Kontinuitäten und Diskontinuitäten. Frankfurt / M.
Jaeger, S. & Staeuble, I. (1978). Die gesellschaftliche Genese der Psychologie. Frankfurt / New York.
Jüttemann, G. (Hg.). (1986). Die Geschichtlichkeit des Seelischen. Der historische Zugang zum Gegenstand der Psychologie. Weinheim.
Jüttemann, G. (Hg.). (1988). Wegbereiter der Historischen Psychologie. München / Weinheim.
Klopffleisch, R. (1995). Lieder der Hitlerjugend. Eine psychologische Studie an ausgewählten Beispielen. Frankfurt / M.
Lockot, R. (1985). Erinnern und Durcharbeiten. Zur Geschichte der Psychoanalyse und Psychotherapie im Nationalsozialismus. Frankfurt / M.
Loewenstein, B. (Hg.). (1992). Geschichte und Psychologie. Annäherungsversuche. Pfaffenweiler.
Lück, H. E. (1991). Geschichte der Psychologie. Strömungen, Schulen, Entwicklungen. Stuttgart / Berlin / Köln.

Lück, H. E., Grünwald, H., Geuter, U., Miller, R. & Rechtien, W. (Hg.). (1987). Sozialgeschichte der Psychologie. Eine Einführung. Opladen.
Lück, H. E., Miller, R. & Rechtien, W. (Hg.). (1984). Geschichte der Psychologie. Ein Handbuch in Schlüsselbegriffen. München / Wien / Baltimore.
Lück, H. E. & Miller, R. (Hg.). (1991). Theorien und Methoden psychologiegeschichtlicher Forschung. Göttingen.
Lück, H. E. & Miller, R. (Hg.). (1993). Illustrierte Geschichte der Psychologie. München.
Maikowski, R., Mattes, P. & Rott, G. (1976). Psychologie und ihre Praxis. Geschichte und Funktion in der BRD. Frankfurt / M.
Politzer, G. (1974). Kritik der Klassischen Psychologie. Köln.
Reuter, M. (Hg.). (1990). Black Box Psyche? Texte zur Historischen Psychologie I. Pfaffenweiler.
Schmidt, N. D. (1995). Philosophie und Psychologie. Trennungsgeschichte, Dogmen und Perspektiven. Reinbek.
Schorr, A. & Wehner, E. G. (Hg.). (1990). Psychologiegeschichte heute. Göttingen.
Sonntag, M. (Hg.). (1990). Von der Machbarkeit des Psychischen. Texte zur Historischen Psychologie II. Pfaffenweiler.
Weber, K. (1993). Vom Aufbau des Herrenmenschen. Philipp Lersch. Eine Karriere als Militärpsychologie und Charakterologe. Pfaffenweiler.
Weber, K. (Hg.). (1998). Unterstellte Subjekte. Der Beitrag der deutschen Psychologie zur Faschisierung des Subjekts. Hamburg / Berlin.

Entwicklungspsychologie / Pädagogische Psychologie

Amendt, G. (1996). Das Sex-Buch. Aufklärung für Jugendliche und junge Erwachsene. Reinbek.
Ariès, P. (1995). Geschichte der Kindheit. Frankfurt / M.
Baltes, M. & Montada, L. (Hg.). (1996). Produktives Leben im Alter. Frankfurt / M.
Bowlby, J. (1995). Elternbindung und Persönlichkeitsentwicklung. Therapeutische Aspekte der Bindungstheorie. Heidelberg.
Braun, K.-H. & Wetzel, K. (Hg.). (1992). Lernwidersprüche und pädagogisches Handeln. Marburg.
Cohen, P. (1994). Verbotene Spiele. Theorie und Praxis antirassistischer Erziehung. Hamburg / Berlin.
Eberding, A. (1994). Kommunikationsbarrieren bei der Erziehungsberatung von Migrantenfamilien aus der Türkei. Frankfurt / M.
Enders-Dragässer, U. & Fuchs, C. (Hg.). (1990). Frauensache Schule. Frankfurt / M.
Friedan, B. (1995). Mythos Alter. Reinbek.
Graf, E. (1994). Lese-Rechtschreib-Schwäche. Ein prozeßanalytischer Ansatz. Bern.
Greuer-Werner, M. (Hg.). (1995). Psychologie – ein Beitrag zur Schulkultur. Berichte aus der Schulpsychologie. Bonn.
Hafeneger, B. (1995). Jugendbilder. Zwischen Hoffnung, Kontrolle, Erziehung und Dialog. Opladen.
Holzkamp, K. (1993). Lernen. Eine subjektwissenschaftliche Grundlegung. Frankfurt / New York.
Hurrelmann, K. & Ulich, D. (Hg.). (1991). Neues Handbuch der Sozialisationsforschung. Weinheim / Basel.
Klicpera, C. & Gasteiger-Klicpera, B. (1995). Psychologie der Lese- und Schreibschwierigkeiten. Entwicklung, Ursachen, Förderung. Weinheim.
Kohlberg, L. (1995). Die Psychologie der Moralentwicklung. Frankfurt / M.
König, K. (1995). Kleine Entwicklungspsychologie des Erwachsenenalters. Göttingen.

Kurz-Adam, M. & Post, I. (Hg.). (1995). Erziehungsberatung und Wandel der Familie. Probleme, Neuansätze und Entwicklungslinien. Opladen.
Lenzen, D. (Hg.). (1994). Erziehungswissenschaft. Ein Grundkurs. Reinbek.
Mansel, J. (1995). Sozialisation in der Risikogesellschaft. Eine Untersuchung zu psychosozialen Belastungen Jugendlicher als Folge ihrer Bewertung gesellschaftlicher Bedrohungspotentiale. Neuwied.
Meier, D. (1995). Lebensqualität im Alter. Bern.
Müller, J. G. (1994). «... und raus bist du». Soziale Kompetenzen deutscher und türkischer Kinder in der Hauptschule. Frankfurt/M.
Negt, O. (1997). Kindheit und Schule in einer Welt der Umbrüche. Göttingen.
Nemitz, R. (1996). Kinder und Erwachsene. Zur Kritik der pädagogischen Differenz. Hamburg/Berlin.
Oerter, R. & Montada, L. (1995). Entwicklungspsychologie. Ein Lehrbuch. Weinheim.
Pankofer, S. (1997). Freiheit hinter Mauern. Mädchen im geschlossenen Heim. Weinheim/München.
Robrecht, J. (1995). Konflikte im Lebenslauf. Ein empirischer Beitrag zur Psychologie der Lebensspanne. Regensburg.
Rosenmayr, L. (1996). Altern im Lebenslauf. Soziale Position, Konflikte und Liebe in den späten Jahren. Göttingen.
Schmitz-Scherzer, R. (1994). Ressourcen älterer und alter Menschen. Stuttgart.
Trautner, H. (1995). Allgemeine Entwicklungspsychologie. Stuttgart.
Trommsdorff, G. (Hg.). (1995). Kindheit und Jugend in verschiedenen Kulturen. Weinheim.
Tully, C. J. (1994). Lernen in der Informationsgesellschaft. Informelle Bildung durch Computer und Medien. Opladen.
Veith, H. (1996). Theorien der Sozialisation. Zur Rekonstruktion des modernen sozialisationstheoretischen Denkens. Frankfurt/M.
Weidenmann, B. & Krapp, A. (1986). Pädagogische Psychologie. Ein Lehrbuch. München/Weinheim.
Willis, P. (1991). Jugend-Stile. Zur Ästhetik der gemeinsamen Kultur. Hamburg/Berlin.

Dimensionen individueller Subjektivität/Persönlichkeitspsychologie

Belschner, W. et al. (Hg.). (1995). Wem gehört die Heimat? Beiträge der politischen Psychologie zu einem umstrittenen Phänomen. Opladen.
Bindseil, I. (1995). Es denkt. Für eine gesellschaftliche Definition des Geistes und einen Verzicht auf die Definition des Körpers. Freiburg.
Bruder, K.-J. (1973). Kritik der bürgerlichen Psychologie. Zur Theorie des Individuums in der kapitalistischen Gesellschaft. Frankfurt/M.
Bruder, K.-J. (1993). Subjektivität und Postmoderne. Der Diskurs der Psychologie. Frankfurt/M.
Brückner, P. (1981). Zur Sozialpsychologie des Kapitalismus. Reinbek.
Brückner, P. (1983). Zerstörung des Gehorsams. Aufsätze zur politischen Psychologie. Berlin.
Chomsky, N. (1996). Probleme sprachlichen Wissens. Weinheim.
Elias, N. (1978). Der Prozeß der Zivilisation. 2 Bde. Frankfurt/M.
Geier, M. & Woetzel, H. (Hg.). (1983). Das Subjekt des Diskurses. Berlin.
Hahn, C. (1995). Soziale Kontrolle und Individualisierung. Zur Theorie moderner Ordnungsbildung. Opladen.
Haug, F. (1994). Kritik der Rollentheorie. Hamburg/Berlin.
Hausser, K. (1995). Identitätspsychologie. Berlin.

Horkheimer, M. & Adorno, T. W. (1969). Dialektik der Aufklärung. Philosophische Fragmente. Frankfurt/M.
Jüttemann, G. (1995). Persönlichkeitspsychologie. Perspektiven einer wirklichkeitsgerechten Grundlagenwissenschaft. Heidelberg.
Keupp, H. & Höfer, R. (Hg.). (1997). Identitätsarbeit heute. Klassische und aktuelle Perspektiven der Identitätsforschung. Frankfurt/M.
Kraus, W. (1996). Das erzählte Selbst. Die narrative Konstruktion von Identität in der Spätmoderne. Pfaffenweiler.
Sennett, R. (1986). Verfall und Ende des öffentlichen Lebens. Die Tyrannei der Intimität. Frankfurt/M.
Sennett, R. (1995). Fleisch und Stein. Der Körper und die Stadt in der westlichen Zivilisation. Berlin.
Taylor, C. (1994). Quellen des Selbst. Die Entstehung der neuzeitlichen Identität. Frankfurt/M.
Tretzel, A. (1993). Wege zum «rechten» Leben. Selbst- und Weltdeutungen in Lebenshilferatgebern. Pfaffenweiler.

Sozialpsychologie/Kulturpsychologie/Politische Psychologie

Atabay, I. (1994). Ist dies mein Land? Identitätsentwicklung türkischer Migrantenkinder in der BRD. Pfaffenweiler.
Autrata, O. (1990). Krieg ist es nicht, Frieden ist es nicht. Subjektbezogene Friedensforschung. Frankfurt/Main.
Brockhaus, G. (1997). «Schauder und Idylle». Faschismus als Erlebnisangebot. München.
Brückner, P. (1979). Über die Gewalt. Sechs Aufsätze zur Rolle der Gewalt in der Entstehung und Zerstörung sozialer Systeme. Berlin.
Büchner, B. R. (1995). Rechte Frauen, Frauenrechte und Klischees der Normalität. Gespräche mit «Republikanerinnen». Pfaffenweiler.
Canetti, E. (1981). Masse und Macht. Frankfurt/M.
Dahmer, H. (Hg.). (1980). Analytische Sozialpsychologie. 2 Bde. Frankfurt/M.
Förch, M. (1995). Zwischen utopischen Idealen und politischer Herausforderung. Die Nicaragua-Solidaritätsbewegung in der Bundesrepublik. Eine empirische Studie. Frankfurt/M.
Hall, S. (1989). Ausgewählte Schriften. Ideologie, Kultur, Medien, Neue Rechte, Rassismus. Hamburg/Berlin.
Hall, S. (1994). Rassismus und kulturelle Identität. Hamburg/Berlin.
Jahoda, M. (1994). Sozialpsychologie der Politik und Kultur. Ausgewählte Schriften. Graz.
Kappeler, S. (1994). Der Wille zur Gewalt. Politik des persönlichen Verhaltens. München.
Keupp, H. (Hg.). (1994). Zugänge zum Subjekt. Perspektiven einer reflexiven Sozialpsychologie. Frankfurt/M.
Keupp, H. (Hg.). (1995). Lust an der Erkenntnis. Der Mensch als soziales Wesen. Sozialpsychologisches Denken im 20. Jahrhundert. München.
Keupp, H. & Bilden, H. (Hg.). (1989). Verunsicherungen. Das Subjekt im gesellschaftlichen Wandel. Göttingen.
Keupp, H. & Höfer, R. (Hg.). (1997). Identitätsarbeit heute. Klassische und aktuelle Perspektiven der Identitätsforschung. Frankfurt/M.
Krasemann, P. (Hg.). (1992). Der Krieg – ein Kulturphänomen? Studien und Analysen. Berlin.
Lefebvre, H. (1977). Kritik des Alltagslebens. Kronberg.

Marcuse. H. (1969). Versuch über die Befreiung. 1969.
Markard, M. (1984). Einstellung – Kritik eines sozialpsychologischen Grundkonzepts. Frankfurt / New York.
Müller-Hohagen, J. (1994). Geschichte in uns. Psychogramme aus dem Alltag. München.
Ottomeyer, K. (1992). Prinzip Neugier. Einführung in eine andere Sozialpsychologie. Heidelberg.
Passett, P. & Modena, E. (Hg.). (1983). Krieg und Frieden aus psychoanalytischer Sicht. Basel / Frankfurt.
Rommelspacher, B. (1995). Dominanzkultur. Texte zu Fremdheit. Berlin.
Thomas, A. (Hg.). (1994). Psychologie und multikulturelle Gesellschaft. Problemanalysen und Problemlösungen. Göttingen.
Weber, K. (1997). Was ein rechter Mann ist. Subjektive Konstruktionen rechter Männer. Pfaffenweiler.
Werner, H. (1989). Individualität, Bewußtsein, politische Kultur. Marburg.

Tiefenpsychologie

Bell, K. & Höhfeld, K. (Hg.). (1995). Psychoanalyse im Wandel. Gießen.
Brunner, R. & Titze, M. (Hg.). (1995). Wörterbuch der Individualpsychologie. München.
Cremerius, J. (1995). Die Zukunft der Psychoanalyse. Frankfurt / M.
Cremerius, J. et al. (Hg.). (1995). Psychoanalyse und die Geschichtlichkeit von Texten. Würzburg.
Eckstaedt, A. (1989). Nationalsozialismus in der «zweiten Generation». Psychoanalyse von Hörigkeitsverhältnissen. Frankfurt / M.
Elhardt, S. (1986). Tiefenpsychologie. Eine Einführung. Stuttgart.
Erdheim, M. (1984). Die gesellschaftliche Produktion von Unbewußtheit. Eine Einführung in den ethnopsychoanalytischen Prozeß. Frankfurt / M.
Görlich, B. & Lorenzer, A. (1994). Der Stachel Freud. Beiträge zur Kulturismus-Kritik. Lüneburg.
Kaiser, E. (Hg.). (1995). Psychoanalytisches Wissen. Beiträge zur Forschungsmethodik. Opladen.
Köhler, T. (1995). Freuds Psychoanalyse. Eine Einführung. Stuttgart.
Laplanche, J. & Pontalis, J.-B. (1986). Das Vokabular der Psychoanalyse. Frankfurt / M.
Lorenzer, A. (1994). Die Wahrheit der psychoanalytischen Erkenntnis. Ein historisch-materialistischer Entwurf. Frankfurt / M.
Mertens, W. (1996). Psychoanalyse. Stuttgart.
Pohlen, M. & Bantz-Holzherr, M. (1995). Psychoanalyse – das Ende einer Deutungsmacht. Reinbek.
Prasse, J. & Rath, C.-D. (Hg.). (1994). Lacan und das Deutsche. Die Rückkehr der Psychoanalyse über den Rhein. Freiburg.
Reichmayr, J. (1995). Einführung in die Ethnopsychoanalyse. Geschichte, Theorien und Methoden. Frankfurt / M.
Schneider, P. (1995). Wahrheit und Verdrängung. Eine Einführung in die Psychoanalyse und die Eigenart ihrer Erkenntnis. Berlin.
Tress, W. & Sies, C. (Hg.). (1995). Subjektivität in der Psychoanalyse. Göttingen.

Klinische Psychologie / Psychotherapie / Beratung

Beck, M. & Meyer, B. (Hg.). (1994). Krisenintervention. Konzepte und Realität. Tübingen.
Beck, R. & Schwarz, G. (1995). Konfliktmanagement. Alling.

Benesch, H. (1995). Enzyklopädisches Wörterbuch klinische Psychologie und Psychotherapie. Weinheim.
Bock, T. & Weigand, H. (Hg.). (1991). Handwerksbuch Psychiatrie. Bonn.
Caspar, F. (Hg.). (1996). Psychotherapeutische Problemanalyse. Tübingen.
Comer, R. J. (1995). Klinische Psychologie. Heidelberg.
Dörner, K. & Plog, U. (1996). Irren ist menschlich. Lehrbuch der Psychiatrie / Psychotherapie. Bonn.
Foucault, M. (1968). Psychologie und Geisteskrankheit. Frankfurt / M.
Foucault, M. (1976). Die Geburt der Klinik. Eine Archäologie des ärztlichen Blicks. Frankfurt / M.
Giernalczyk, T. (1995). Lebensmüde. Hilfe bei Selbstmordgefährdung. München.
Heinze, M. & Priebe, S. (Hg.). (1996). Störenfried Subjektivität. Subjektivität und Objektivität als Begriffe psychiatrischen Denkens. Würzburg.
Hellerich, G. (1985). Hilfe und Herrschaft. Eine Analyse des Wandels der psychosozialen Versorgung. Frankfurt / M.
Hochstrasser, F. (1995). Konsumismus und Soziale Arbeit. Bern.
Hörmann, G. & Körner, W. (Hg.). (1991). Klinische Psychologie. Ein kritisches Handbuch. Reinbek.
Jervis, G. (1978). Kritisches Handbuch der Psychiatrie. Frankfurt / M.
König, O. (Hg.). (1995). Gruppendynamik. Geschichte, Theorien, Methoden, Anwendung, Ausbildung. München.
Kovel, J. (1988). Kritischer Leitfaden der Psychotherapie. Frankfurt / New York.
Kühn, H. (1993). Healthismus. Eine Analyse der Präventionspolitik und Gesundheitsförderung in den USA. Berlin.
Kurtz, J. (1995). Grundlagen der klinischen Psychotherapie. Stuttgart.
Mentzos, S. (1984). Neurotische Konfliktverarbeitung. Frankfurt / M.
Pfeiffer-Schaupp, H.-U. (1995). Jenseits der Familientherapie. Systemische Konzepte in der Sozialen Arbeit. Freiburg.
Pühl, H. (Hg.). (1994). Handbuch der Supervision. Berlin.
Rattner, J. (1995). Klassiker der Psychoanalyse. Weinheim.
Schlippe, A. v. & Schweitzer, J. (1997). Lehrbuch der Systemischen Therapie und Beratung. Göttingen.
Schulte, D. (1995). Therapieplanung. Göttingen.
Selg, H. & Ulich, D. (1994). Klinische Psychologie. Stuttgart.
Thom, A. & Wulff, E. (Hg.). (1990). Psychiatrie im Wandel. Erfahrungen und Perspektiven in Ost und West. Bonn.
Wulff, E. (1996). Wahnsinnslogik. Von der Verstehbarkeit schizophrener Erfahrung. Bonn.

Arbeits-, Betriebs- und Organisationspsychologie

Bahnmüller, R. & Salms, R. (Hg.). (1997). Intelligenter, nicht härter arbeiten? Hamburg.
Brosius, G. & Haug, F. (Hg.). (1987). Frauen. Männer. Computer. Hamburg / Berlin.
Freimuth, J. & Kiefer, B.-U. (Hg.). (1995). Geschäftsberichte von unten. Konzepte für Mitarbeiterbefragungen. Göttingen.
Friedrich, J. & Rödiger, K.-H. (Hg.). (1991). Computergestützte Gruppenarbeit. Stuttgart.
Haraway, D. (1995). Die Neuerfindung der Natur. Primaten, Cyborgs und Frauen. Frankfurt / M.
Harych, H. & Harych, P. (1997). Arbeitslosigkeit und gesundheitliche Folgen in Ostdeutschland. Hamburg / Berlin.

Haug, W. F. (1980). Warenästhetik und kapitalistische Massenkultur. «Werbung» und «Konsum». Systematische Einführung in die Warenästhetik. Berlin.
Ingenkamp, K. (1996). Werbung und Gesellschaft. Hintergründe und Kritik der kulturwissenschaftlichen Reflexion von Werbung. Frankfurt / M.
Kern, H. & Schumann, M. (1984). Das Ende der Arbeitsteilung? Rationalisierung in der industriellen Produktion. München.
Kirchler, E. (1995). Wirtschaftspsychologie. Grundlagen und Anwendungsfelder der ökonomischen Psychologie. Göttingen.
Leithäuser, T. et al. (1995). Der alltägliche Zauber einer digitalen Technik. Wirklichkeitserfahrung im Umgang mit dem Computer. Berlin.
Leymann, H. (Hg.). (1995). Der neue Mobbing-Bericht. Erfahrungen und Initiativen, Auswege und Hilfsangebote. Reinbek.
Meyer, H. W. (1982). Arbeitszufriedenheit. Ein interessiertes Mißverständnis. Opladen.
Nerdinger, F. (1994). Zur Psychologie der Dienstleistung. Theoretische und empirische Studien zu einem wirtschaftspsychologischen Forschungsgebiet. Stuttgart.
Nerdinger, F. (1995). Motivation und Handeln in Organisationen. Eine Einführung. Stuttgart.
Pelz, J. (1995). Gruppenarbeit via Computer. Sozialpsychologische Aspekte eines Vergleichs zwischen direkter Kommunikation und Computerkonferenz. Frankfurt / M.
Projekt Automation und Qualifikation (1983). Zerreißproben. Automation im Arbeiterleben. Empirische Untersuchungen. Berlin.
Projekt Automation und Qualifikation (1987). Widersprüche der Automationsarbeit. Ein Handbuch. Berlin.
Rosenstiel, L. v., Molt, W. & Rütinger, B. (1995). Organisationspsychologie. Stuttgart.
Schenk, H.-O. (1995). Handelspsychologie. Eine Einführung. Göttingen.
Schuler, H. (1996). Psychologische Personalauswahl. Einführung in die Berufseignungsdiagnostik. Göttingen.
Ulich, E. (1994). Arbeitspsychologie. Stuttgart.
Verein für Automations- und Arbeitskulturforschung (1992). Arbeit soll auch Selbstverwirklichung sein. Mikroelektronik und Lebensweisen. Hamburg / Berlin.
Vieth, P. (1995). Kontrollierte Autonomie. Neue Herausforderungen für die Arbeitspsychologie. Heidelberg.
Volmerg, B. et al. (1995). Nach allen Regeln der Kunst. Macht und Geschlecht in Organisationen. Freiburg.
Volpert, W. (1994). Wider die Maschinenmodelle des Handelns. Aufsätze zur Handlungsregulationstheorie. Lengerich.
Wiswede, G. (1995). Einführung in die Wirtschaftspsychologie. München.
Wottawa, H. & Gluminski, I. (1995). Psychologische Theorien für Unternehmen. Göttingen.

Physiologische Psychologie / Psychosomatik / Medizinische Psychologie

Albrecht, H. (1995). Vom Sinn der Krankheit. München.
Brath, K. (1995). Lebensgeschichte und psychosomatische Symptomatik. Ätiologische und präventive Aspekte bei Jugendlichen. Frankfurt / M.
Braun, R. (1995). Manual der Schmerztherapie. London.
Condrau, G. & Gassmann, M. (1995). Das verletzte Herz. Zur Psychosomatik von Herz-Kreislauf-Erkrankungen. Frankfurt / M.
Cvetkova, L. S. (1996). Neuropsychologie und Rehabilitation von Sprache und intellektueller Tätigkeit. Münster.

Danzer, G. et al. (Hg.). (1995). Psychosomatische Medizin. Konzepte und Modelle. Frankfurt/M.
Finzen, A. (1996). «Der Verwaltungsrat ist schizophren». Die Krankheit und das Stigma. Bonn.
Frischenschlager, O. et al. (Hg.). (1995). Lehrbuch der psychosozialen Medizin. Grundlagen der medizinischen Psychologie, Psychosomatik, Psychotherapie und medizinischen Soziologie. Wien.
Haisch, J. (1996). Gesundheitsrisiken. Wege zur Bewältigung. Heidelberg.
Heilmeier, J. et al. (Hg.). (1991). Gen-Ideologie. Biologie und Biologismus in den Sozialwissenschaften. Hamburg/Berlin.
Hernegger, R. (1995). Wahrnehmung und Bewußtsein. Ein Diskussionsbeitrag zu den Neurowissenschaften. Berlin.
Herrmann, J. M. (Hg.). (1996). Funktionelle Erkrankungen. Diagnostische Konzepte, therapeutische Strategien. München.
Krischke, N. (1996). Lebensqualität und Krebs. München.
Lenz, A. & Meretz, S. (1995). Neuronale Netze und Subjektivität. Lernen, Bedeutung und die Grenzen der Neuro-Informatik. Braunschweig.
Michal, C. (1996). Neuropsychologisches Befundsystem für die Ergotherapie. Arbeitsmappe. Berlin.
Michels, H.-P. (Hg.). (1996). Chronisch kranke Kinder und Jugendliche. Psychologische und sozialpädagogische Betreuung und Rehabilitation. Tübingen.
Petermann, F. (Hg.). (1995). Verhaltensmedizin in der Rehabilitation. Ansätze in der medizinischen Rehabilitation. Göttingen.
Preuss, S. (1995). Ökopsychosomatik. Umweltbelastungen und psychovegetative Beschwerden. Heidelberg.
Redder, A. & Wiese, I. (Hg.). (1994). Medizinische Kommunikation. Diskurspraxis, Diskursethik, Diskursanalyse. Opladen.
Rufer, M. (1995). Glückspillen. Ecstasy, Prozac und das Comeback der Psychopharmaka. München.
Wirsching, M. (1996). Psychosomatische Medizin. Konzepte, Krankheitsbilder, Therapien. München.
Zimprich, H. (1995). Kinderpsychosomatik. Stuttgart.

Diagnostik

Amelang, M. & Zielinski, W. (1994). Psychologische Diagnostik und Intervention. Berlin.
Barth, K.-H. (1995). Schulfähig? Beurteilungskriterien für die Erzieherin. Freiburg.
Cierpka, M. (Hg.). (1996). Handbuch der Familiendiagnostik. Berlin.
Cramon, D. Y. et al. (Hg.). (1995). Neuropsychologische Diagnostik. London.
Fassnacht, G. (1995). Systemische Verhaltensbeobachtung. Eine Einführung in die Methodologie und Praxis. München.
Fisseni, H.-J. & Fennekels, G. P. (1995). Das Assessment-Center. Göttingen.
Fliegel, S. & Heyden, T. (1995). Verhaltenstherapeutische Diagnostik. Ausbildungsmanuale. Tübingen.
Grubitzsch, S. (1991). Testtheorie. Testpraxis. Psychologische Tests und Prüfverfahren im kritischen Überblick.
Jantzen, W. & Lanwer-Koppelin, W. (Hg.). (1996). Diagnostik als Rehistorisierung. Methodologie und Praxis einer verstehenden Diagnostik am Beispiel schwer behinderter Menschen. Berlin.
Krauth, J. (1995). Testkonstruktion und Testtheorie. Weinheim.
Kubinger, K. D. (1995). Einführung in die psychologische Diagnostik. Weinheim.

Osten, P. (1995). Die Anamnese in der Psychotherapie. Ein integratives Konzept. München.

Zimpel, A. (1994). Entwicklung und Diagnostik. Diagnostische Grundlagen der Behindertenpädagogik. Münster.

Methodenlehre

Berger, H. (1985). Untersuchungsmethode und soziale Wirklichkeit. Königstein.

Devereux, G. (1984). Angst und Methode in den Verhaltenswissenschaften. Frankfurt/M.

Diekmann, A. (1996). Empirische Sozialforschung. Grundlagen, Methoden, Anwendungsbereiche. Reinbek.

Diezinger, A. Kitzer, H., Anker, I., Bingel, I., Haas, E. & Odierna, S. (Hg.). (1994). Erfahrung mit Methode. Wege sozialwissenschaftlicher Frauenforschung. Freiburg.

Flick, U. (1995). Qualitative Forschung. Theorie, Methoden, Anwendung in Psychologie und Sozialwissenschaften. Reinbek.

Flick, U., Kardorff, E. v., Keupp, H., Rosenstiel, L. v. & Wolff, S. (Hg.). (1991). Handbuch Qualitative Sozialforschung. München.

Gigerenzer, G. (1997). Die Macht des Zufalls. Wahrscheinlichkeiten in Wissenschaft und Alltagsleben. Berlin.

Jäger, S. (1993). Kritische Diskursanalyse. Eine Einführung. Duisburg.

Lamnek, S. (1989). Qualitative Sozialforschung. 2 Bde. München.

Markard, M. (1991). Methodik subjektwissenschaftlicher Forschung. Jenseits des Streits um quantitative und qualitative Methoden. Hamburg.

Schorr, A. (Hg.). (1994). Die Psychologie und die Methodenfrage. Reflexionen zu einem zeitlosen Thema. Göttingen.

Strauss, A. (1991). Qualitative Sozialforschung. Datenanalyse und Theoriebildung in der empirischen soziologischen Forschung. München.

Strauss, A. & Corbin, J. (1996). Grounded Theory. Grundlagen qualitativer Sozialforschung. Weinheim.

Trimmel, M. (1994). Wissenschaftliches Arbeiten in der Psychologie. Leitfaden und Grundlagen zum Planen, Durchführen und Verfassen von Seminararbeiten, Diplomarbeiten und Dissertationen in den Sozial- und Humanwissenschaften. Wien.

Vinnai, G. (1993). Die Austreibung der Kritik aus der Wissenschaft. Psychologie im Universitätsbetrieb. Frankfurt/New York.

Wittkowski, J. (1994). Das Interview in der Psychologie. Interviewtechnik und Codierung von Interviewmaterial. Opladen.

Zech, R. (1988). Kollektive Autobiographieforschung. Begründung einer Methode zur Erforschung von Prozessen individueller Persönlichkeitsentwicklung. Hannover.

Berufspraxis/Angewandte Psychologie

Attia, I. et al. (Hg.). (1995). Multikulturelle Gesellschaft – monokulturelle Psychologie. Antisemitismus und Rassismus in der psychosozialen Praxis. Tübingen.

Auckenthaler, A. (1995). Supervision psychotherapeutischer Praxis. Organisation, Standards, Wirksamkeit. Stuttgart.

Barth, K.-H. (1995). Schulfähig? Beurteilungskriterien für die Erzieherin. Freiburg.

Beck, M. & Meyer, B. (Hg.). (1994). Krisenintervention. Konzepte und Realität. Tübingen.

Becker, H. (Hg.). (1995). Psychoanalytische Teamsupervision. Göttingen.

Bernler, G. & Johnsson, L. (1995). Das Praktikum in sozialen Berufen. Ein systemisches Modell zur Anleitung. Weinheim.

Brauner, E. (1994). Soziale Interaktion und mentale Modelle. Planungs- und Entscheidungsprozesse in Planspielgruppen. Münster.
Bundeskonferenz für Erziehungsberatung (Hg.). (1995). Scheidungs-Mediation. Möglichkeiten und Grenzen. Münster.
Cohen, P. (1994). Verbotene Spiele. Theorie und Praxis antirassistischer Erziehung. Hamburg / Berlin.
Egartner, E. & Holzbauer, S. (1994). «Ich hab's nur noch mit Gift geschafft ...». Frauen und illegale Drogen. Pfaffenweiler.
Glowitz, F. (1995). Umgang mit Sucht und Drogen im Ausbildungsalltag. Lübeck.
Halhuber-Ahlmann, M. (1987). Georg: Biographie eines kriminologischen Falles. Eine kritisch-psychologische Praxisanalyse. Köln.
Höfling, S. (Hg.). (1994). Angewandte Psychologie im Krankenhaus. Baltmannsweiler.
Kähler, H. D. (1997). Erstgespräche in der sozialen Einzelfallhilfe. Freiburg.
Katz, P. (1995). Der ganz alltägliche Ärger. Vom Umgang mit Alltagsproblemen. Münster.
Keupp, H. (1987). Psychosoziale Praxis im gesellschaftlichen Umbruch. Bonn.
Korte, J. (1994). Lernziel Friedfertigkeit. Vorschläge zur Gewaltreduktion in der Schule. Weinheim.
Kuhnt, B. & Müller, N. (1996). Moderationsfibel Zukunftswerkstätten. Verstehen, anleiten, einsetzen. Das Praxisbuch zur sozialen Problemlösungsmethode Zukunftswerkstatt. Münster.
Leffers, C. J. (Hg.). (1995). Interventionskonzepte. Frankfurt / M.
Osterkamp, U. (1996). Rassismus als Selbstentmächtigung. Texte aus dem Arbeitszusammenhang Rassismus / Diskriminierung. Hamburg / Berlin.
Plath, I. & Kowal, S. (Hg.). (1994). Beiträge zur psychologischen Wissensvermittlung in der Aus-, Fort- und Weiterbildung. Bonn.
Schmidbauer, W. (1977). Die hilflosen Helfer. Über die seelische Problematik der helfenden Berufe. Reinbek.
Schneider, W. (1995). Risiko Cannabis? Bedingungen und Auswirkungen eines kontrollierten, sozialintegrierten Gebrauchs von Haschisch und Marihuana. Berlin.
Teuber, K. (1998). «Ich blute, also bin ich». Selbstverletzung der Haut von Mädchen und jungen Frauen. Pfaffenweiler.
Vogt, I. & Winkler, K. (Hg.). (1996). Beratung süchtiger Frauen. Konzepte und Methoden. Freiburg.
Wagner, A. (1995). Rückfall und Emotion. Zur psychischen Beanspruchung von Suchttherapeuten. Frankfurt / M.
Weisbach, C.-R. (1994). Professionelle Gesprächsführung. Ein praxisnahes Lese- und Übungsbuch. München.
Weiß, A. (1996). Lieber biegen als brechen. Zwischen Anspruch und Anpassung im Beruf. Frankfurt / New York.

Wissenschaftstheorie

Adorno, T. W. (1970). Aufsätze zur Gesellschaftstheorie und Methodologie. Frankfurt / M.
Bateson, G. (1981). Ökologie des Geistes. Anthropologische, psychologische, biologische und epistemologische Perspektiven. Frankfurt / M.
Bonß, W. & Honneth, A. (Hg.). (1982). Sozialforschung als Kritik. Zum sozialwissenschaftlichen Potential der kritischen Theorie. Frankfurt / M.
Duerr, H. P. (1979). Traumzeit. Über die Grenze zwischen Wildnis und Zivilisation. Frankfurt / M.

Eagleton, T. (1993). Ideologie. Stuttgart.
Foucault, M. (1974). Die Ordnung der Dinge. Eine Archäologie der Humanwissenschaften. Frankfurt / M.
Fox Keller, E. (1986). Liebe, Macht und Erkenntnis. Männliche oder weibliche Wissenschaft? München / Wien.
Haraway, D. (1995). Die Neuerfindung der Natur. Primaten, Cyborgs und Frauen. Frankfurt / M.
Harding, S. (1990). Feministische Wissenschaftstheorie. Zum Verhältnis von Wissenschaft und sozialem Geschlecht. Hamburg / Berlin.
Honegger, C. (1991). Die Ordnung der Geschlechter. Die Wissenschaften vom Menschen und das Weib. Frankfurt / New York.
Jäger, M. (1985). Die Methode der wissenschaftlichen Revolution. Berlin.
Kuhn, T. S. (1967). Die Struktur wissenschaftlicher Revolutionen. Frankfurt / M.
Lichtman, R. (1990). Die Produktion des Unbewußten. Die Integration der Psychoanalyse in die marxistische Theorie. Hamburg / Berlin.

Psychologie des Geschlechterverhältnisses

Barrett, M. (1983). Das unterstellte Geschlecht. Hamburg.
BauSteineMänner (Hg.). (1996). Kritische Männerforschung. Neue Ansätze in der Geschlechtertheorie. Hamburg / Berlin.
Becker-Schmidt, R. & Axeli-Knapp, G. (Hg.). (1995). Das Geschlechterverhältnis als Gegenstand der Sozialwissenschaften. Frankfurt / M.
Benjamin, J. (1990). Die Fesseln der Liebe. Basel / Frankfurt.
Benjamin, J. (1993). Phantasie und Geschlecht. Studien über Idealisierung, Anerkennung und Differenz. Basel / Frankfurt.
Bittner, M. & Reisbeck, G. (Hg.). (1995). Aufbruch zu anderen Ufern. Lesbische und schwule Perspektiven in der Psychologie. München.
Brückner, M. & Meyer, B. (Hg.). (1994). Die sichtbare Frau. Die Aneignung der gesellschaftlichen Räume. Freiburg.
Butler, J. (1991). Das Unbehagen der Geschlechter. Frankfurt / M.
Butler, J. (1995). Körper von Gewicht. Die diskursiven Grenzen des Geschlechts. Berlin.
Chodorow, N. (1985). Das Erbe der Mütter. Psychoanalyse und Soziologie der Geschlechter. München.
Duden, B. (1991). Der Frauenleib als öffentlicher Ort. Vom Mißbrauch des Begriffs Leben. Hamburg / Zürich.
Egartner, E. & Holzbauer, S. (1994). «Ich hab's nur noch mit Gift geschafft ...». Frauen und illegale Drogen. Pfaffenweiler.
Gilligan, C. (1996). Die andere Stimme. Lebenskonflikte und Moral der Frau. München.
Gravenhorst, L. (1997). Moral und Geschlecht. Die Aneignung der NS-Erbschaft. Freiburg.
Grossmass, R. & Schmerl, C. (Hg.). (1996). Leitbilder, Vexierbilder und Bildstörungen. Über die Orientierungsleistung von Bildern in der feministischen Geschlechterdebatte. Frankfurt / M.
Harding, S. (1990). Feministische Wissenschaftstheorie. Zum Verhältnis von Wissenschaft und sozialem Geschlecht. Hamburg / Berlin.
Haug, F. (1990). Erinnerungsarbeit. Hamburg / Berlin.
Haug, F. (Hg.). (1991). Erziehung zur Weiblichkeit. Alltagsgeschichten und Entwurf einer Theorie weiblicher Sozialisation. Hamburg / Berlin.
Haug, F. (Hg.). (1983). Frauenformen 2. Sexualisierung der Körper. Berlin.

Haug, F. & Hauser, K. (Hg.). (1985). Subjekt Frau. Kritische Psychologie der Frauen. Bd. 2. Berlin.
Haug, F. & Hauser, K. (Hg.). (1986). Der Widerspenstigen Lähmung. Kritische Psychologie der Frauen. Bd. 2. Berlin.
Hauser, K. (1987). Strukturwandel des Privaten? Das «Geheimnis des Weibes» als Vergesellschaftungsrätsel. Berlin / Hamburg.
List, E. & Studer, H. (Hg.). (1989). Denkverhältnisse. Feminismus und Kritik. Frankfurt / M.
Nestmann, F. & Schmerl, C. (Hg.). (1991). Frauen – das hilfreiche Geschlecht. Dienst am Nächsten oder soziales Expertentum? Reinbek.
Teuber, K. (1998). «Ich blute, also bin ich». Selbstverletzung der Haut von Mädchen und jungen Frauen. Pfaffenweiler.

Funktion von Psychologie

Basaglia-Ongaro, F. & Basaglia, F. (1980). Befriedungsverbrechen. Frankfurt / M.
Castel, F., Castel, R. & Lovell, A. (1982). Psychiatrisierung des Alltags. Produktion und Vermarktung der Psychowaren in den USA. Frankfurt / M.
Foucault, M. (1981). Überwachen und Strafen. Frankfurt / M.
Hörmann, G. (Hg.). (1994). Zur Kritik systemischer Konzepte in den Sozialwissenschaften. Münster.
Illich, I. (1979). Entmündigung durch Experten. Reinbek.
Sonntag, M. (1988). Die Seele als Politikum. Psychologie und die Produktion des Individuums. Berlin.
Zygowski, H. (Hg.). (1993). Kritik der Mainstream-Psychologie. Münster.

Serviceteil

Psychologie im Studium

Es gibt verschiedene Möglichkeiten, Psychologie an der Hochschule zu studieren, wobei allerdings nur der Diplomstudiengang mit der Berufsbezeichnung Dipl.Psych. abgeschlossen werden kann. Da die konkreten Studienmöglichkeiten je nach Bundesland, Universität, Studienordnung und Lehrangebot, vor allem im Hauptstudium, erheblich variieren können, ist eine frühzeitige Beratung durch die allgemeine Studienberatung bzw. die Fachstudienberatung in jedem Fall empfehlenswert. Folgende Studienalternativen sind grundsätzlich möglich:

1. Diplomstudiengang Psychologie

Da an allen deutschen Universitäten Zulassungsbeschränkungen existieren, werden die Studienplätze von der Zentralstelle für die Vergabe von Studienplätzen (ZVS) in Dortmund vergeben. Informationen über den Zulassungsantrag sind bei der ZVS, bei den Studentensekretariaten der Universitäten und bei den Arbeitsämtern zu beziehen.

2. Psychologie als Nebenfach im Studiengang Magister Artium

Als Magisterstudent studiert man meist mehrere Fächer, in der Regel ein Hauptfach und zwei Nebenfächer oder zwei Hauptfächer. Welche weiteren Fächer sich mit dem Nebenfach Psychologie kombinieren lassen, hängt vom Angebot und den zulässigen Fächerkombinationen an der jeweiligen Hochschule und vor allem vom eigenen Interesse ab. Die Magisterstudienordnung wird von der jeweiligen Universität festgelegt.

3. Schulpsychologie im Lehramtsstudium

Lehramtsstudenten studieren das Fach «Schulpsychologie» zusammen mit einem oder zwei weiteren Fächern. Die möglichen Fächerkombinationen hängen wiederum vom Bundesland und vom Fächerangebot und der Prüfungsordnung der jeweiligen Hochschule ab.

Einführungsliteratur

Einen Einblick in den Aufbau, die Inhalte und Anforderungen des Psychologiestudiums ermöglichen folgende Veröffentlichungen:

Fellner, M. (1997). Einblick in das Studium der Psychologie. München.

Kuhn, M. (1997). Psychologie studieren? Ein Leitfaden – speziell für «Spätberufene». Weinheim.

Lindner, I. (1996). Studienführer Psychologie. Würzburg.

Stipendien

In Deutschland gibt es verschiedene Stiftungen und Begabtenförderungseinrichtungen, die nach unterschiedlichen Kriterien Stipendien an die entsprechenden Bewerber vergeben. Die jeweiligen Adressen, Förderungsmöglichkeiten und -voraussetzungen sind beim Studentenwerk, beim Allgemeinen Studentenausschuß (AStA) und der Studienberatung der jeweiligen Universität zu erfahren.

Literatur, Recherche, Datenbanken:

Die meisten (Universitäts-)Bibliotheken haben zumindest ihre neueren Bestände inzwischen elektronisch erfaßt, so daß mehr oder weniger komfortable Informationssysteme zur Verfügung stehen, in denen mit verschiedenen Suchbegriffen und Hilfswerkzeugen nach der gewünschten Literatur gefahndet werden kann.

Literaturdatenbank: Psyndex, Trier

Fachzeitschriften:

Viele aktuelle psychologische Beiträge werden zunächst in Fachzeitschriften veröffentlicht. Einen ersten Überblick über das breite Spektrum an Ausrichtungen, Schwerpunkten und Themen bieten die meisten Universitätsbibliotheken, die eine größere Anzahl von Zeitschriften beziehen. In den aufgeführten Zeitschriften sind u. a. auch Stellenausschreibungen zu finden:

- Psychologie heute. Das Bild des Menschen. Beltz-Verlag. Weinheim.
- Psychologie & Gesellschaftskritik. Mabuse-Verlag. Frankfurt / M.
- Zeitschrift für Psychologie (mit Zeitschrift für angewandte Psychologie). J. A. Barth Hüthig GmbH. Leipzig.
- Report Psychologie (BDP). Deutscher Psychologen Verlag. Bonn.
- Medien Psychologie. Zeitschrift für Individual- und Massenkommunikation. Westdeutscher Verlag. Opladen.
- Zeitschrift für klinische Psychologie. Forschung und Praxis. Hogrefe Verlag. Göttingen / Bern / Toronto / Seattle.
- Zeitschrift für Pädagogische Psychologie. Verlag Hans Huber. Göttingen / Bern / Toronto / Seattle.
- Zeitschrift für Arbeits- und Organisationspsychologie. Organ der Sektion ABO-Psychologie im BDP. Hogrefe Verlag. Göttingen / Bern / Toronto / Seattle.

Institutionen, Ausbildungsinstitute und Verbände:

Eine umfangreiche Übersicht über Adressen von Verbänden, Organisationen, Kommissionen, Hochschulinstituten, psychologischen Fachgesellschaften und Weiterbildungsinstituten findet man im vorliegenden Handbuch unter dem Stichwort «Psychologenverbände» und im Anhang bei: Rosenstiel, L. v., Hockel, C. & Molt, W. (1995). Handbuch der angewandten Psychologie. Grundlagen, Methoden, Praxis. Landsberg / Lech. Beispielhaft sind die wichtigsten Verbände erwähnt:

- Berufsverband Deutscher Psychologen (BDP). Heilsbachstraße 22, 53123 Bonn.
- Deutsche Gesellschaft für Psychologie (DGPs). Hollandstraße 61, 48161 Münster.
- Föderation Deutscher Psychologenvereinigungen. Heilsbachstraße 22, 53123 Bonn.
- Neue Gesellschaft für Psychologie. Institut für Psychologie, Technische Universität Berlin, Dovestraße 1–5, 10587 Berlin.

Psychologische Referenten:

Helmut Heyse von der Sektion Schulpsychologie des BDP verwaltet eine «Referentenbörse» zu Fort- und Weiterbildungen im psychologischen Bereich. Kontaktadresse: Helmut Heyse; Sektion Schulpsychologie / Referentenbörse, 54329 Koblenz; Albert-Schweitzer-Str. 7; Tel.: 0651 / 9494–347.

Psychologie im Internet

Um die vielfältigen und täglich wachsenden Möglichkeiten des Internet kennen- und nutzen zu lernen, ist die Aneignung von Suchverfahren und Orientierungshilfen oft hilfreicher als die Kenntnis konkreter Adressen. Es empfiehlt sich, entsprechende Einführungskurse zu belegen. Außerdem findet sich in zunehmendem Maß anwendungsorientierte Einführungsliteratur zur Internetnutzung für Psychologen:

Günther, A. (1997). Internet für Psychologen. Frankfurt / New York.
Batinic, B. (1997). Internet für Psychologen. Göttingen / Bern / Toronto / Seattle.
Nikkanen, K. (1996). 20000 WWW-Adressen. München.

rowohlts enzyklopädie

Kurt Bayertz
GenEthik
Probleme der Technisierung menschlicher Fortpflanzung (450)

Kurt Bayertz (Hg.)
Praktische Philosophie
Grundorientierungen angewandter Ethik (522)

Hartmut Böhme / Klaus R. Scherpe (Hg.)
Literatur und Kulturwissenschaften
Positionen, Theorien, Modelle (575)

Helmut Brackert/Jörn Stückrath (Hg.)
Literaturwissenschaft
Ein Grundkurs (523)

Eberhard Braun / Felix Heine / Uwe Opolka
Politische Philosophie
Ein Lesebuch. Texte, Analysen, Kommentare (406)

Herbert Bruhn / Rolf Oerter / Helmut Rösing (Hg.)
Musikpsychologie
Ein Handbuch (526)

Jean Delumeau
Angst im Abendland
Die Geschichte kollektiver Ängste im Europa
des 14. bis 18. Jahrhunderts
(kulturen und ideen 503)

Andreas Diekmann
Empirische Sozialforschung
Grundlagen, Methoden, Anwendungen (551)

Andreas Dörner
Politischer Mythos und symbolische Politik
Der Hermann-Mythos: Zur Entstehung des
Nationalbewußtseins der Deutschen
(kulturen und ideen 568)

Hans Ebeling
Martin Heidegger
Philosophie und Ideologie (520)
Das Subjekt in der Moderne
Rekonstruktion der Philosophie
im Zeitalter der Zerstörung (484)

rowohlts enzyklopädie

Ferdinand Fellmann
Symbolischer Pragmatismus
Hermeneutik nach Dilthey (508)
Lebensphilosophie
Elemente einer Theorie der Selbsterfahrung (533)

Ferdinand Fellmann (Hg.)
Geschichte der Philosophie im 19. Jahrhundert
Positivismus, Linkshegelianismus, Existenzphilosophie, Neukantianismus, Lebensphilosophie (540)

Uwe Flick
Qualitative Forschung
Theorien, Methoden, Anwendung in Psychologie und Sozialwissenschaften (546)

Uwe Flick (Hg.)
Psychologie des Sozialen
Repräsentationen in Wissen und Sprache (536)

James George Frazer
Der Goldene Zweig
Das Geheimnis von Glauben und Sitten der Völker
(kulturen und ideen 483)

Gunter Gebauer / Christoph Wulf
Mimesis
Kultur – Kunst – Gesellschaft (497)

Arnold Gehlen
Anthropologische und sozialpsychologische Untersuchungen (424)

Manfred Geier
Das Sprachspiel der Philosophen
Von Parmenides bis Wittgenstein (500)
Das Glück der Gleichgültigen
Von der stoischen Seelenruhe zur postmodernen Indifferenz (586)

Anne Harrington
Die Suche nach der Ganzheit
Die Geschichte biologisch-psychologischer Ganzheitslehren: Kaiserreich, Nationalsozialismus, New-Age-Bewegung (577)

Heiner Hastedt / Ekkehard Martens
Ethik
Ein Grundkurs (538)

rowohlts enzyklopädie

Gerhard Hauck
Geschichte der soziologischen Theorie
Eine ideologiekritische Einführung (401)

Anton Hügli/Poul Lübcke (Hg.)
Philosophie im 20. Jahrhundert
Band 1: Phänomenologie, Hermeneutik, Existenzphilosophie und Kritische Theorie (455)
Band 2: Wissenschaftstheorie und Analytische Philosophie (456)
Philosophielexikon
Personen und Begriffe der abendländischen Philosophie von der Antike bis zur Gegenwart (453)

Johan Huizinga
Homo Ludens
Vom Ursprung der Kultur im Spiel (435)

Andreas Huyssen / Klaus R. Scherpe (Hg.)
Postmoderne
Zeichen eines kulturellen Wandels (427)

Harald Kerber/Arnold Schmieder (Hg.)
Handbuch Soziologie
Zur Theorie und Praxis sozialer Beziehungen (407)
Soziologie
Arbeitsfelder, Theorien, Ausbildung. Ein Grundkurs (445)
Spezielle Soziologien
Problemfelder, Forschungsbereiche, Anwendungsorientierungen (542)

Roland Lambrecht
Melancholie
Vom Leid an der Welt und den Schmerzen der Reflexion (541)

Dieter Lenzen
Mythologie der Kindheit
Die Verewigung des Kindlichen in der Erwachsenenkultur. Versteckte Bilder und vergessene Geschichten (421)
Vaterschaft
Vom Patriarchat zur Alimentation (551)

Dieter Lenzen (Hg.)
Pädagogische Grundbegriffe
Band 1: Aggression bis Interdisziplinarität (487)
Band 2: Jugend bis Zeugnis (488)
Erziehungswissenschaft
Ein Grundkurs (531)

Ekkehard Martens / Herbert Schnädelbach (Hg.)
Philosophie
Ein Grundkurs. 2 Bde. (457)

Paul Mecheril / Thomas Teo (Hg.)
Psychologie und Rassismus (569)

Klaus E. Müller
Geschichte der antiken Ethnologie (589)

Klaus E. Müller / Jörn Rüsen (Hg.)
Historische Sinnbildung
Problemstellungen, Zeitkonzepte, Wahrnehmungshorizonte, Darstellungsstrategien (584)

Lutz Niethammer
Kollektive Identität
Ihre heimlichen Quellen und unheimliche Konjunktur (594)

Dietmar v. d. Pfordten
Ökologische Ethik
Zur Rechtfertigung menschlichen Verhaltens gegenüber der Natur (567)

Martina Plümacher
Philosophie nach 1945 in der Bundesrepublik Deutschland (571)

Manfred Pohlen / Margarethe Bautz-Holzherr
Psychoanalyse – das Ende einer Deutungsmacht (554)

Robert von Ranke-Graves
Griechische Mythologie
Quellen und Deutung (404)
Die Weiße Göttin
Sprache des Mythos (416)

Robert von Ranke-Graves / Raphael Patai
Hebräische Mythologie
Über die Schöpfungsgeschichte und andere Mythen aus dem Alten Testament (441)

Nicole D. Schmidt
Philosophie und Psychologie
Trennungsgeschichte, Dogmen und Perspektiven (556)